纪念岑仲勉先生诞辰130周年国际学术研讨会论文集

《纪念岑仲勉先生诞辰130周年国际学术研讨会论文集》编委会 ◎ 编

中山大学出版社
·广州·

版权所有　翻印必究

图书在版编目（CIP）数据

纪念岑仲勉先生诞辰130周年国际学术研讨会论文集／《纪念岑仲勉先生诞辰130周年国际学术研讨会论文集》编委会编．—广州：中山大学出版社，2019.2

ISBN 978-7-306-06581-0

Ⅰ. ①纪… Ⅱ. ①纪… Ⅲ. ①岑仲勉（1886—1961）—纪念文集 Ⅳ. ①K825.81-53

中国版本图书馆CIP数据核字（2019）第031319号

出 版 人：王天琪

责任编辑：裴大泉
封面设计：林绵华
责任校对：佟　新　刘丽丽　赵　婷
责任技编：黄少伟
出版发行：中山大学出版社
电　　话：编辑部 020-84110771，84110283，84111997，84110779
　　　　　发行部 020-84111998，84111981，84111160
地　　址：广州市新港西路135号
邮　　编：510275　　　　传　真：020-84036565
网　　址：http://www.zsup.com.cn　　E-mail:zdcbs@mail.sysu.edu.cn
印 刷 者：佛山市浩文彩色印刷有限公司
规　　格：880mm×1230mm　1/16　42.25印张　1132千字　彩版5
版次印次：2019年2月第1版　2019年2月第1次印刷
定　　价：268.00元

如发现本书因印装质量影响阅读，请与出版社发行部联系调换

▲ 中国现代著名历史学家岑仲勉先生

▲ 岑仲勉先生工作照

▲岑仲勉先生与夫人梁韵筌女士

▲岑仲勉先生与其次子岑公汉(陈克)先生

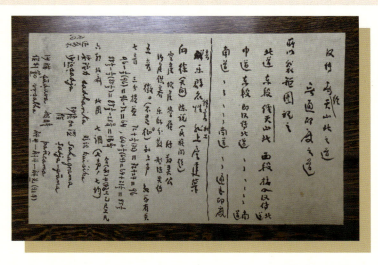

◀ 中山大学图书馆藏岑仲勉先生学术手稿：《隋唐史》讲义（一）

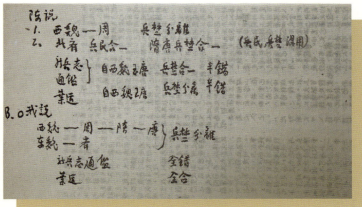

◀ 中山大学图书馆藏岑仲勉先生学术手稿：《隋唐史》讲义（二）

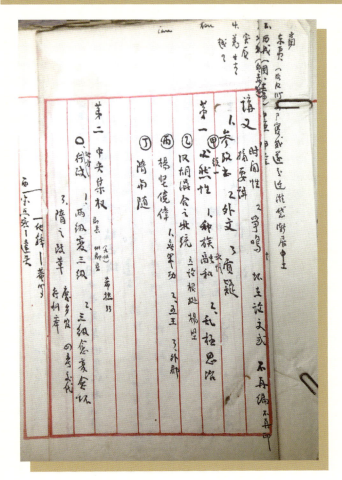

◀ 中山大学图书馆藏岑仲勉先生学术手稿：《隋唐史》讲义（三）

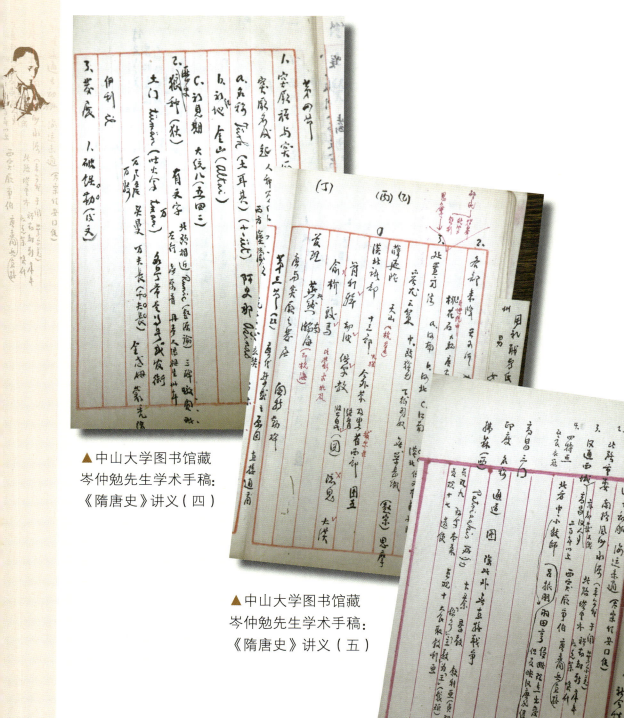

▲ 中山大学图书馆藏岑仲勉先生学术手稿：《隋唐史》讲义（四）

▲ 中山大学图书馆藏岑仲勉先生学术手稿：《隋唐史》讲义（五）

▲ 中山大学图书馆藏岑仲勉先生学术手稿：《隋唐史》讲义（六）

▲ 纪念岑仲勉先生诞辰 130 周年国际学术研讨会合照

▲ 元和姓纂书影之一

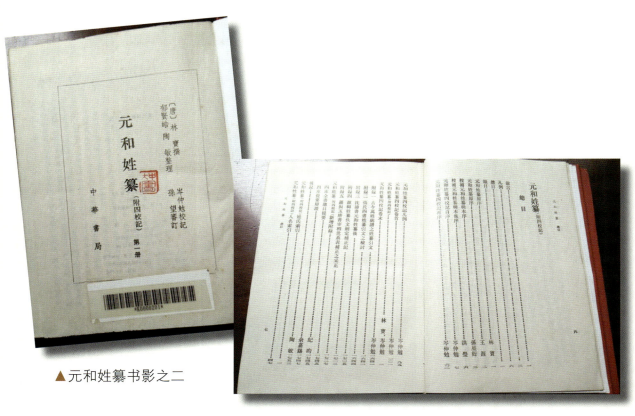

▲ 元和姓纂书影之二

▲ 元和姓纂书影之三

编委会

(排名不分先后)

名誉顾问：姜伯勤　蔡鸿生
主　　编：王承文　林有能
编　　委：向　群　江滢河　万　毅　林　英
编辑助理：吴　湘　彭海浪　卓晓纯　马　熙　陈宇衡　李超群
　　　　　　唐小惠　刘昭沂　王　楠　胡晓旭

目　　录

开幕式致辞 ·· 李　萍（1）
在"纪念岑仲勉先生诞辰130周年国际学术研讨会"上的讲话 ········· 王　晓（2）
闭幕式总结发言 ·· 冻国栋（4）

岑仲勉先生的学术人生

岑仲勉先生学记 ·· 姜伯勤（7）
岑仲勉先生论著学记 ·· 朱　雷（11）
岑仲勉与陈垣交谊述论 ··· 张荣芳（13）
唐史双子星中稍显晦黯的那一颗
　　——纪念岑仲勉先生诞辰130周年 ································· 陈尚君（30）
岑陈二老隋唐史观之比较 ··· 王　睿（38）
岑仲勉先生所著《佛游天竺国记考释》之学术价值辩证 ············ 谭世宝（53）
岑仲勉先生的学术生涯
　　——兼谈其历史文献学研究的贡献 ···································· 孟彦弘（61）
岑仲勉在史语所的工作及其旨趣 ·· 李欣荣（68）
点赞乱世游离于政学两界的自由知识人
　　——纪念母校中山大学历史系岑仲勉教授诞辰130周年 ······ 袁　刚（78）
从两广高等学堂到圣心中学
　　——岑仲勉先生早期行历考 ··· 万　毅　吴　湘（89）
岑仲勉先生早年行止补正 ·· 安东强（98）
格物致知：岑仲勉先生早年植物学研究引论 ··························· 向　群（102）

中国中古时代的历史变迁

岑仲勉与《隋书》研究
　　——读《隋书求是》 ·· 陈长琦（111）

岑仲勉《通鉴隋唐纪比事质疑》的卓识与局限
　　——兼论《资治通鉴》的叙事方式 ……………………………………… 刘后滨（120）
岑仲勉教授对石刻碑志的考释研究
　　——以唐与朝鲜半岛关联石刻碑志为中心 ……………………………… 拜根兴（124）
《岑仲勉先生史学论文》略考 ………………………………………………… 程存洁（133）
王黄之乱早期专题史料王坤《惊听录》考
　　——从岑仲勉先生的唐末史料表说起 …………………………………… 胡耀飞（143）
武英殿本与四库本《唐会要》非同本考 ……………………………………… 刘安志（155）
一种特殊形态的古籍公文纸本文献
　　——明刻《文苑英华》封皮裱纸文书简介 ……………………………… 孙继民（169）
明末书刻中的版式行款与文本舛讹
　　——以陈仁锡撰李贽《藏书》序为例 ……………………………………… 刘　勇（173）

从奏告之礼看唐宋国家礼仪空间的变迁 ……………………………………… 吴　羽（191）
"六骏"石刻与初唐国家意识形态
　　——太宗昭陵研究之一 …………………………………………………… 李丹婕（230）
行归净土
　　——唐代承远从天台到净土的转向 ……………………………………… 湛　如（238）
会昌灭法与宦官政治 …………………………………………………………… 严耀中（243）
法藏敦煌写本P.3875V《丙子年修造诸处伐木油面粟等破历》考释 ……… 郑炳林（252）
唐代佛教纪念碑性的展开及其挑战 …………………………………………… 陈怀宇（259）
己独不在天涯
　　——红峪村元墓壁画的"画中有画"形式再思 ………………………… 李清泉（269）
家事与庙事
　　——9—14世纪二仙信仰中的女性活动 ………………………………… 易素梅（282）

跋西州"白涧屯"纳粮账中的"执筹数函" ………………………………… 朱　雷（303）
敦煌莫高窟南山汉代烽燧的有关问题 ………………………………………… 马　德（306）
唐十道遣使刍议
　　——贞观至天授 …………………………………………………………… 张达志（314）
从蜀道的交通路线看唐朝皇帝入蜀与政权的关系 …………………………… 古怡青（333）
罗珦与唐代庐州 ………………………………………………………………… 张金铣（346）
唐代大理寺官员考略（之一）：大理评事
　　——以墓志资料为中心 …………………………………………………… 黄正建（349）
试论唐代胥吏的来源 …………………………………………………………… 张琰琰（359）
唐后期军镇员属"地著化"问题探索
　　——以河北宣化纪年墓志铭为中心 ……………………………………… 李鸿宾（368）
安史乱间唐廷惩治伪官问题兼论时人的忠节观念 …………………………… 豆兴法（379）
再论李克用之义儿 ……………………………………………………………… 罗　亮（391）

《元和姓纂》所叙拓拔昭成帝及其子孙史事释证 ………………………… 楼 劲（406）
北魏常山公主事迹杂缀 …………………………………………………… 罗 新（425）
东魏北齐尉长命子孙考
　　——中古尉迟氏研究之三 …………………………………………… 赵和平（434）
从洛阳新出土《裴清墓志》看李训的家世与门第 ………………………… 毛阳光（440）
从邈真赞看敦煌居民的本贯意识
　　——以张氏为中心 ………………………………… ［日］关尾史郎著 田卫卫译（450）
路氏家族与唐前期的岭南经营
　　——以《路季琳墓志》为线索 ………………………………………… 仇鹿鸣（458）
南汉王朝与北方家族关系新证
　　——以《王涣墓志》和《高祖天皇大帝哀册文碑》为线索的考察 …… 王承文（467）
沙陀李氏祖先记忆的重塑及其历史背景 …………………………………… 王 彬（492）

边疆史地、民族史及中外交通

岑仲勉先生唐代三夷教观试诠释 …………………………………………… 林悟殊（513）
纪念岑仲勉先生关于"祆"与"袄"之辨
　　——兼论"祆道"非"袄道"辨 ……………………………………… 王永平（535）
武周时期的景教 ……………………………………………………………… 王媛媛（543）
从新疆吐鲁番出土壁画看景教女性信徒的虔诚 ……………………………… 葛承雍（551）
《大晋故鸡田府部落长史何公墓志铭》发微 ………………………………… 张庆捷（558）
大明国景教考 ………………………………………………………………… 张小贵（566）

岑仲勉先生与丝绸之路研究
　　——以钢和泰藏敦煌写本于阗语行记为中心 ………………………… 荣新江（574）
岑仲勉先生与海外交通史研究 ……………………………………………… 李庆新（585）
唐宋海上交通史研究之回顾与展望
　　——以港口、市舶制度、航路与海运诸问题为中心 ………………… 曹家齐（588）
唐代外国留学生的调查与研究
　　——以在唐的韩国留学生为例 ………………………… ［韩］Yoon-rim Kim（金伦琳）（600）
南宋北部湾地区的水军与海防初探 ………………………………………… 彭海浪（606）
河西小月氏、卢水胡与河东羯胡关系探源 ………………………………… 沈 骞（619）
长安出土《统毗伽可贺敦延陁墓志》考释 ………………………… 杨富学 胡 蓉（629）
隋代的云南及西南夷爨氏史事探析 ………………………………… ［日］气贺泽保规（642）
唐代罗殿国与"鬼主"问题考释 …………………………………………… 付艳丽（654）
族属与等级：蒙古国巴彦诺尔突厥壁画墓初探 …………………… 林英 萨仁毕力格（661）

编后记 ……………………………………………………………………………………（668）

开幕式致辞

李 萍

（中山大学党委副书记）

尊敬的各位代表、各位来宾：

今天我们在这里召开"纪念岑仲勉先生诞辰130周年国际学术研讨会"，其意义不同寻常！首先，我仅代表会议的主办者之一的中山大学向应邀与会的国内外代表、岑仲勉先生的亲属代表以及本次会议的联合主办方——广东省社会科学界联合会表示热烈的欢迎！

岑仲勉先生为我国近现代著名史学家，自上世纪20年代末弃政从文，人到中年始锐意治史，三十余年间勤奋治学，著作等身，为学界一大佳话。仲勉先生的治学，将清代"朴学"传统与近代科学实证精神相结合，形成了自己严谨而朴实的学术风格，在隋唐史、中外关系、边疆史地、民族史等多个领域建树卓越，成就斐然，为海内外学界广泛推重。

仲勉先生祖籍广东顺德，曾长期执教于本校历史系，授业后学，惠泽至今。姜伯勤教授、蔡鸿生教授等当代著名学者，均为当年亲承其教泽的莘莘学子。其闪光的学术生涯和治学风范已经成为中山大学人文传统及资源中珍贵的历史记忆。今年正值岑仲勉先生诞辰130周年。此时此刻在美丽的康乐园——岑仲勉先生生前工作的地方，我们怀着敬仰之心，追忆与探究仲勉先生的学问与人生，进行相关学科领域的学术交流与互动。既是对岑仲勉先生最好的纪念，也有助于进一步扩大和加强中山大学、广东学术界与海内外兄弟院校、学术机构及业内同仁的交流与合作。正是由于岑仲勉先生与中山大学的不解之缘，才让我们有了这样一个难得的平台和空间。

我相信本次会议的举办，对于传承和弘扬岑仲勉先生及其他前辈学者在中山大学开创奠定的学术传统，促进中国古代史、中外关系史等相关学科建设及学术研究水平的提升，进一步密切同行之间、校际之间、国际之间的学术交流与合作均将产生积极而深远的影响与作用。

感谢国内外远道而来的代表，本地的专家学者，对本次盛会的重视和支持！感谢联合主办方广东省社会科学界联合会为会议的顺利举办所做的大量工作！最后预祝会议圆满成功！各位代表、来宾、专家学者身体健康，工作顺利，阖家幸福，万事如意。

在"纪念岑仲勉先生诞辰130周年国际学术研讨会"上的讲话

王 晓

(广东省社会科学界联合会党组书记、主席)

李萍副书记、各位专家:

上午好!金秋时节,叠翠流金。今天,由中山大学、广东省社会科学界联合会联合主办,中山大学历史系承办的"纪念岑仲勉先生诞辰130周年国际学术研讨会"在风景如画的康乐园隆重举行,来自海内外的专家学者汇集一堂,共同回顾、缅怀岑仲勉教授的生平业绩,这是我省社科界的一大盛事,我谨代表省社科联向大会的召开表示热烈的祝贺,对来自国内外的专家学者致以崇高的敬意,对为本次会议付出辛勤劳动的历史系师生表示衷心的感谢!

岑仲勉先生出生于广东,是我国现代著名的历史学家。他在先秦史、隋唐史、文献学、史地学、突厥史、蒙元史等领域辛勤耕耘,取得丰硕的成果,在海内外学术界产生了很大的影响,成为当之无愧的学术大师。他是岭南学术的重要代表,我们广东社科界的骄傲。近年来我省大力繁荣发展哲学社会科学,致力于打造理论粤军、建设学术强省。今年5月17日,习近平总书记在哲学社会科学工作座谈会上发表重要讲话。他指出,总的来看,我国哲学社会科学还处于有数量缺质量、有专家缺大家的状况,作用没有充分发挥出来,改变这个状况,需要广大哲学社会科学工作者加倍努力,不断在解决影响我国哲学社会科学发展的突出问题上取得明显进展。总书记的讲话同样适用于广东,我省要把哲学社会科学推上新台阶,迫切需要更多的学术大师出现。下面我就如何学习岑仲勉先生的精神,推动建设岭南学派,打造理论粤军谈三点意见:

(一)学习他经世致用的精神,树立为人民做学问的理想。岑仲勉先生虽然从事的研究大多数属于"纯学术"的范畴,但他一直关心民族命运和国计民生,认为做学问应该有补于世,对国家有所裨益。由于英、俄等列强的觊觎和蚕食,我国西北边疆形势危急,为挽救危亡,清季一批有志之士展开对中国边疆西北史地的研究。受此影响,岑仲勉早年进入史学领域时,最先进行的就是西北史地研究。新中国成立后,1950年中央政府决定大力治理淮河,他认为黄河和淮河关系密切,治淮成功后,必继之以治黄,而治理黄河更加复杂,因此他用了两年的时间写成《黄河变迁史》,为政府治理黄河提供决策参考。他在该书序言中说,写作该书的目的是要略尽一部分为人民群众服务的责任。我们要学习他这种精神,树立为人民做学问的理想,尊重人民主体地位,聚焦人民实践创造,自觉把个人学术追求同国家和民族发展紧紧联系在一起,创造出经得起实践、人民、历史检验的学术成果。脱离了人民,哲学社会科学就不会有吸引力、感染力、影响力和生命力。

(二)学习他大胆借鉴中外优秀文化成果的治学方法,大力推动理论创新。岑仲勉先生之所以取得如此非凡的学术成就，与他批判继承古今中外优秀的学术传统密不可分。新中国成立前，他首先批判地继承了清代嘉道以后的史学传统；其次，对于近代东西方汉学的成就也高度重视，并且持有一种批评的眼光；最后，在晚清新学潮流的激荡下，他又受到自然科学方法论的洗礼。新中国成立后，他自觉接受马克思主义的指导。可见，他既接受中国传统优秀文化的熏陶，又善于学习西方的优秀文化，因而能打通古今中外，做出超越前人的业绩。我们要学习他善于融通古今中外文化资源的方法，根据习近平总书记的要求，努力把握好马克思主义、中华优秀传统文化、国外哲学社会科学这三方面的资源，坚持古为今用、洋为中用，不断推进知识创新、理论创新和方法创新，提出体现中国立场、中国智慧和中国价值的理论和主张，让世界知道"学术中的中国"和"理论中的中国"。

（三）学习他献身学术的精神，大力推进我省的学风建设。岑仲勉先生青年时在财政、税务和邮政部门供职，待遇丰厚，仕途坦荡，但他以"一个人要咬得菜根，方才能实心教育"的精神，毅然放弃优越的生活条件，从事比较清苦的教育研究事业，于1931年后先后转入广州圣心中学和中央研究院历史语言研究所。他做学问，坚持实事求是的原则，有疑必质，其所不知，则从阙如。对待自己的著作，他总是精益求精，不仅反复修改原稿，而且对校样逐字逐句审正。他为人谦逊，从不骄傲自大。当前，在我们社科界还存在一些学术浮夸、学术不端、学术腐败等现象。我们要学习岑仲勉等老一辈学者淡泊名利、献身学术的精神，按照习近平总书记的要求，自觉树立良好的学术道德，自觉遵守学术规范，讲究博学、审问、慎思、明辨、笃行，真正把做人、做事、做学问统一起来，在为祖国、为人民立德立言中成就自我、实现价值。

各位领导、各位专家，岑仲勉先生给我们留下了一笔丰富的学术遗产和精神财富，我们应该好好珍惜。当代中国正经历着我国历史上最为广泛而深刻的生活变革，也正在进行着人类历史上最为宏大而独特的实践创新。这是一个需要理论而且一定能够产生理论的时代，这是一个需要思想而且一定能够产生思想的时代，也是一个需要大师而且一定能够产生大师的时代。让我们继承岑仲勉先生等老一辈大师的优良传统，认真贯彻习近平总书记系列重要讲话精神，振奋精神，不辱使命，以自己的智慧和努力，为促进我省哲学社会科学的大繁荣大发展做出新的更大的贡献。

最后，预祝大会取得圆满成功！

谢谢大家！

闭幕式总结发言

冻国栋

（中国唐史学会会长）

大家好！经过两天紧张的会议，包括大会发言和小组讨论，与会学者围绕"纪念岑仲勉先生诞辰130周年"这样一个主题，从不同角度进行了认真的探研。大家相互切磋，交流心得，在研讨会的主要议程上，达到了预期的目的。可以说至此我们的这次会议已经取得了圆满的成功。在这里我讲一下我的一些感受。

第一点是我们这个会议深入全面地回顾、总结、研讨了一代史学大家岑仲勉先生的学术贡献、巨大业绩、治史方法和学术精神，这个意义非常重要。特别是在当前的社会背景、学术背景下，更有突出的意义。因为我们知道近些年来，我们史学界受到多方面的影响，从某种意义上说，已非一片净土。一是学风浮躁，大家都知道。二是对一些新的理论存在着削足适履的现象。这其中当然与目前不尽恰当的考评体系有关，当然也有某种社会风气的影响。因此，回归学术本位，总结和继承本土经验，已成为我们许多学界同行的共同呼声。也正因为如此，进一步梳理继承岑仲勉先生的朴学传统，继承学习他"无信不征"的治史态度，运用名目制度、地理、碑石、掌故等多种材料，或者文史互证，或者金石互证的方法，进一步倡导以岑仲勉先生为代表的老一辈学者的正派学风，弘扬以岑仲勉先生为代表的老一辈学者献身学术的精神，至为重要。

第二点，就是这次会议，与会学者提交论文80多篇。其中三分之一的篇幅是纪念追忆岑仲勉先生的，还有三分之二是属于专论性的。各位学者所提交的论文，从研究时段上来看，上起汉晋，下至明清，但主要是集中于隋唐五代时期。可以说这些专论，在岑仲勉先生等前辈学者开拓的学术领域内，或者在前辈学者已有论考的启发下，围绕"中国中古时代的历史变迁"以及"中外关系、中西交通、边疆史地和民族史"等领域进行了深入探研。这些专论一个是在许多重要论题上，我认为取得了明显的推进。二是某些篇章是在前辈学者已经论及的某些史实的基础上，展开新的考证。有的论题是对传世文本某些已有的结论的重新审视，使不少传统课题焕发新颜，还有一些专论是通过挖掘、刊布、研讨包括石刻墓志、壁画、敦煌吐鲁番文书等若干新资料，提出了新的课题。可以说会议取得了多方面的丰厚的成果，这一点我对会议的组织者取得会议的成功，至为感佩。

第三点就是岑仲勉先生的学问确实是博大精深，他所涉及的领域之广，探研之精之深，可以说世所罕匹。而有关中国中古历史变迁，当然包括制度变迁、宗教文化、丧葬习俗的演变等等，包括中外关系、中西交通、边疆史地和民族史的诸多问题又十分复杂，因而绝不是通过一次研讨会，便可通盘解决的。但是我们相信本次研讨会所取得的成绩，一定能为相关问题的进一步探研，奠定坚实基础，或者提供新的思路。同时我们也相信这次会议所取得的成果也必将在21世纪学术史上留下深深的印记。这是我的感想，谢谢诸位！

岑仲勉先生的学术人生

岑仲勉先生学记

姜伯勤

蒙默先生《蒙文通学记》首篇为《治学杂语》，编辑自蒙先生论学书翰及短笺杂记。今仿此体例，辑录岑仲勉先生治学语录数条，略加引论。

桑兵教授近撰《国学与汉学》一书指出："近代中国学术界名家辈出，形成宋以来学术发展的又一高峰。究其原因，史料大量涌现，承袭清学余荫，沟通域外汉学，当在首要之列。"罗志田教授近撰《权势转移——近代中国的思想社会与学术》，论及陈寅恪先生所提出的"今日史学"，"显然意味着民国史学在学术典范上的新认同，其区别即正体现在'脱除清代经师之旧染'……而走向'今日史学'这一新的认同的过程中一些过去较少为人注意的面相"。例如，岑仲勉先生的学术理路，就既反映了国学与域外汉学的会同，又表达了"脱除清代经师之旧染"的新的学术规范的认同。

岑仲勉先生（1886—1961）以字行，名铭恕，又名汝懋，出生于广东省佛山市顺德区桂洲里村的一户书香之家，父为前清举人，伯父师事陈澧，二兄在北京翰林院供职。先生三岁丧父，十四岁前即已于家乡得受古典教育。弱冠之年，又从二兄游学于京师四年，毕业于北京高等专门税务学校第一届（1908.11—1912.12）。

《陈垣来往书信集》于1990年出版，而我1986年8月为《中国史学家评传》撰写《岑仲勉》传时，未及参考。今谨据这部珍贵的书信集，对仲勉先生学术传记作一补论。

一、"一个人要咬得菜根，方才能实心教育"：仲勉先生学术生涯的转折点。

1930年，岑仲勉先生四十四岁，放弃待遇优厚的海关、铁道、财政、盐运工作，而转向清淡的教育工作，1930—1934年主持圣心中学教务，1937年7月进入中央研究院，时年51岁。

1912年，26岁的岑仲勉先生毕业于北京高等税务专门学堂，在上海海关工作，月薪240大洋，后来任两广都司令部财政科科长、三水铁路局局长，待遇优厚。但岑先生毅然放弃，决心向学。1929年，郑师许氏在《新闻报》发表《我国学者与政治生活》，说道涉足仕途，"或不甘失足而回头愈早的人物，便是学术史愈有深造的人物"。[夏晓虹编：《追忆梁启超》（增订本），生活·读书·新知三联书店，2009年，第95页] 陈垣先生、于省吾先生和岑仲勉先生都是完成了这种转变的范例。

30年代初，仲勉先生经历着学术生涯的一个重要转折点。

1933年岁首，岑仲勉先生将广州圣心中学校刊第一册通过刘秉钧先生寄呈陈垣先生。这本名为《圣心》的校刊，除载有少量中学教务消息外，其余均为仲勉先生所撰的《课余读书记》，主要内容为《水经注》恒河（印度）注及中西交通史考证，后来多数收入《中外史地考证》一书。

陈垣先生对这位素未谋面的广东同乡圣心中学教导主任奖掖有加。他将这部《圣心》分送给陈寅恪、胡适、傅斯年等诸位名家。1933年12月17日，陈寅恪先生致函陈垣先生说："岑君文读讫，极佩（便中乞代致景慕之意）。此君想是粤人，中国将来恐只有南学……"

三天之后，1933年12月20日，仲勉先生收到陈垣先生来信，于1934年1月22日回信说："奉12月20日惠书，交陈寅恪手缄，奖誉备至，惭汗交并。"又云："《圣心》业即续寄十部，想早登记室。陈君缄附缴，便祈代达感意也。"

陈垣先生奖誉仲勉先生的信今已不见。但当年读过这些信的圣心中学同事马国雄先生，后来曾在香港出版物中回忆道：陈垣先生"遂亲笔致书于岑，其大意则云：寄来圣心校刊……得见尊著……考证明确而精审，珠江流域有此出类拔萃之学人，真可为吾乡扬眉吐气"。

著名中外关系史专家韩振华先生，1948年顷曾跟随岑仲勉先生治学。1992年7月，我在厦门大学向振华先生谈到前述的故事。韩先生说，当时胡适之先生喜欢研究《水经注》，他也读到岑先生在《圣心》上发表的《水经注》恒水注（印度恒河），也说了赞扬的话。1934年1月22日岑先生致陈垣先生函云："惠于文襄手迹乙册，已拜领并谢。内有涉《水经注》者二条，似足证实东原之攘窃公案也。"足证当时《水经注》也是岑先生关心的焦点话题。

总之，1933—1934年间，仲勉先生得到陈寅恪、胡适、傅斯年等大学者的激赏，终于从广州圣心中学教导主任、上海暨南大学校长秘书兼文书（1934.8—1936.9）、陕西省禁烟督察处潼关事务所职员（1937.4）等职位转变成为中央研究院历史语言研究所（1937.7）研究员。

在前述四十一封书札中，我们看到，由于陈垣先生的引荐及陈寅恪先生（中央研究院历史语言研究所历史组主任）的激赏，傅斯年所长1934年11月在上海约见先生，12月岑先生又去南京面见。1936年9月，岑先生记"孟真（傅斯年）先生适有书来寄下拙著单行本，傅先生意仍主勉入教育界"。可知其时傅先生虽帮岑先生在史语所发表文章，但对接受其进入史语所仍是犹豫的。1937年5月，傅斯年所长在陕西一火车站约见岑先生，"聘书闻下月乃可发，研究计划须与主任商定。寅恪先生常见否？"可知主任即寅恪先生，则二陈先生在促成此事中作用巨大。

六十年后，当我们重新回顾陈寅恪先生、陈垣先生、傅斯年先生这些大学问家提携一位中学教导主任进入史语所时，仍令人十分感动。也应该注意到，30年代著名中学的教师，也是备受尊敬的职业，吕思勉先生、钱穆先生都曾在江南当过中学教师。

岑仲勉先生52岁时从圣心中学教师转变成为史语所研究员，除了诸位大家的奖掖外，与仲勉先生中年崛起的骄人学术成就有关。

二、"仲勉早岁学殖荒落，中年稍振刷，视苏老泉已瞠乎其后。"作为一位自学成才的史学大家，仲勉先生是如何从中年崛起的呢？首先是对清学的继承。劳格"实事求是，多闻阙疑"八个大字是清学中唐史研究学术理性精神的概括。仲勉先生谓徐松《登科记考》三十卷，"搜采极勤，与劳格、赵钺合著之《郎官柱考》同为研唐史者必备之书"。仲勉先生对清学中的唐史学情有独钟：

1. 在清人"实事求是"的实学精神鼓舞下，对《全唐文》、《全唐诗》、金石、文集、姓氏之文、行第、地志做了全面的整理工作。

2. 在清人"实事求是，多闻阙疑"的理性精神鼓舞下，发掘了大量革新人物，如陈子昂、李德裕、王涯等，改变了司马光的一些成说，如对牛李党争问题，指出李氏无党。

3. 继承西北史地之学余绪，对《汉书·西域传》、突厥史、中亚史、中外交通史、元史均有建树。

4. 中年以后三十年间得一千万字，每日坚持写一千字，所以傅璇琮先生盛赞仲勉先生是一位勤勉的学者，极重效率，且天赋极高，又善于利用助手，其经验值得总结。

三、1938年入滇……"八、九月间在昆明青云街靛花巷初与陈寅恪兄会面，渠询余近状，

余以拟辑唐人行第录对。"［岑仲勉：《唐人行第录》（外三种）"自序"，中华书局，2004年，第3页］

1933年12月17日，陈寅恪先生致陈垣先生信，略云："岑君文读讫，极佩（便中乞代致景慕之意），此君想是粤人，中国将来恐只有南学，江淮已无足言，更不论黄河流域矣。"（陈智超编：《陈垣来往书信集》，上海古籍出版社，1990年，第377页）

陈寅恪先生《元白诗笺证稿》一书中，曾经肯定了岑仲勉先生的《白集醉吟先生墓志铭存疑》一文，肯定此志乃一伪撰之文，并指出前人因未曾质疑而致解释上"扞格而不能通"（《元白诗笺证稿》第320页）。岑仲勉先生《〈玉谿生年谱会笺〉平质》有云：陈寅恪兄曾谓"巴蜀游之说，实则别无典据"，"遇李回于荆州之说，亦非有佐证"。仲勉先生对此说极为首肯，并著《平质》一文，对冯氏之说"详辟之"（《岑仲勉先生史学论文集》，中华书局，1990年，第496页）。由此可以看出陈寅恪先生学术影响的脉络。

因此，我们可负责任地说，岑仲勉先生早年曾受到陈寅恪先生奖掖和学术影响，尽管在唐史具体论断上与陈先生有所讨论，但一直保持着对寅恪先生的敬重。

四、"沙畹氏著《西突厥史料》……说明东罗马与西突厥之交际，尤于中古之经济、外交史上，惠吾人以价值无比之解释……唐代突厥回纥何为急急以马易帛？历史直未发覆……我国皇华商队远出异域者，自古络绎于途，然卒未有能采访漠北人经营丝绢之事实，供本国参考，而终待沙氏言之……"（《西突厥史料补阙及考证》自序）

1934年发表《汉书西域传康居传校释》（《辅仁学志》第4卷第2期），指出了前人将"康居"与"康国"混同的问题。在西北史地研究中，《谈〈西辽史〉书所见》和《〈耶律希亮神道碑〉之地理人事》是有代表性的名篇。仲勉先生一生未能前往西域，然而对《辛卯侍行记》一类游记烂熟于心，因而在西北史地研究中以顽强精神取得了骄人的成果。

五、"吾国学术界流传一错误观念，迄今莫能廓清，致为文化进步之大碍，则所'为贤者讳'是也。"

"然僚友中如董作宾、向达、马元林，则因我的看法，讨论与友谊，应截然分为两事也。"（见《学原》载《关于贾岛年谱的讨论》）

在中西交通史研究中，仲勉先生最早发表的专著为《佛游天竺记考释》（上海商务印书馆，1934年），向达先生于《大公报图书副刊》撰文表示质疑（1935年2月28日）。同年5月23日有岑仲勉先生答辩及向达先生《答岑仲勉先生》，岑先生又有《〈佛游天竺记〉名称之讨论》，1962年刊于《中外史地考证》151—163页。

直到1985年章巽先生出版《法显传校注》称："《法显传》在历代著录中，有很多不同的名称，如《出三藏记集》卷二作《佛游天竺记》一卷"（第5页），"《集神州三宝感通录》卷中及《太平御览》卷六百五十七所引之《佛游天竺记》，其中所载佛上忉利天一夏为母说法云云，也和今《法显传》，僧伽施国一节中所载者相似。由此看来，《佛游天竺记》和《历游天竺记传》应当即是一书"（第7页）。

六、从《隋唐史》等书看岑仲勉先生的学术影响。

近二十年来，中国学术界中研究唐代文学的杰出学者，对仲勉先生的学术遗产高度重视。

傅璇琮先生在《唐代科举与文学》（陕西人民出版社，1986年，第19页）指出："如岑仲勉先生……有时涉及到（科举）这方面的问题所表示的见解，是足以使人启发的。"

傅璇琮先生在《李商隐研究中的一问题》中指出："过去有一种流行观点……认为牛党重进士科，代表'寒门'，李党重门第，代表'山东士族'，前者进步，后者落后甚至反动。岑仲勉先生不同意这种观点，在他所著的《隋唐史》、《唐史馀瀋》、《通鉴隋唐纪比事质疑》中曾列举史实，说明上述论点并无材料依据。近些年来，史学家对李德裕则倾向于持肯定的态度。"又在《唐代诗人丛考》（中华书局，1981年，第4页）指出："从资料考据的角度说，岑仲勉先生的书对我尤有帮助。这真是一位勤勉的学者，他的著作中材料的丰富是使人获益不浅的。我觉得，对唐代的研究，史学方面的成绩要比文学方面大得多。"（"史学方面的成绩比文学方面大得多"，这是1978年说的话，二十年后，情况转变，近二十年来，唐代文学方面的成就，如程千帆、傅璇琮、项楚、陈尚君诸先生，其成就值得唐史学研究者刮目相看，应致礼再三，好好学习！）

陈尚君先生最近在《唐代文学丛考》中指出："近人岑仲勉撰《续劳格读全唐文札记》（刊《历史语言研究所集刊》第九本，后收入《唐人行第录》时简称《读全唐文札记》）沿劳氏之例，'就小传泊人名、官爵、郡县、年月等数类，笔其偶见'，复得三百十条。"又云："笔者近年因从事裒聚唐人遗文之役，广涉文献，偶有所得，即为金出。数年之间，得唐人遗文逾六千篇，已别编为《全唐文补篇》一百六十卷，交中华书局梓行。其可订《全唐文》之误者，乃草成此文。称'再续'者，一为体例仍沿劳、岑二家之旧，二以二家已考者，一般不复絮及。"（《再续劳格读〈全唐文〉札记》，《唐代文学丛考》，中国社会科学出版社，1997年，第79页）又写道："自刘师培《读全唐诗发微》、岑仲勉《读全唐诗札记》、闻一多《全唐诗校读法举例》发表后，《全唐诗》存在的问题日益为世人所共识，改编或重编《全唐诗》之议也随之而起。"（同上，第497页）

岑仲勉先生的学术遗产，得到唐代文学研究新锐的发扬。我们今日出版此书，就是要表达一种心愿，我们作为仲勉先生故乡的后学，应该学习这精神，急起直追，继承和发扬仲勉先生优秀的学术遗产。

（作者单位：中山大学历史学系）

岑仲勉先生论著学记

朱 雷

刚才姜先生和张先生讲了对岑先生的怀念和评价，我觉得他们是最有资格讲的。我没有见过岑先生，也没有听过岑先生讲课。我只是看到他的文章和著作，在这里讲一讲我个人的体会。我们纪念岑先生的意义在哪里？我想应该是要挽救史学危机。我记得80年代我在武大当历史系主任的时候，当时最大的问题是系里没有经费。现在钱的问题解决了，知识分子的工资相对较高，但是也存在着危机。

我初中、高中的时候都喜欢历史，什么书都看，但还没有接触到岑先生的书。直到1955年进入武汉大学之后，有一天看到系里有一部不完整的《史语所集刊》，我深深记得岑仲勉先生发表在上面的一篇文章名为《〈绛守居园池记〉句解书目提要》。我觉得岑先生的考证非常有意思，但由于我刚上大学，还看不太懂，于是决定等学识丰富了再来看这篇文章，所以印象很深刻。一直到1976年我在上海社科院历史所借住，整理吐鲁番文书时，遇到武大中文系在做《鲁迅全集》的注释，他们就碰到《绛守居园池记》这篇文章。他们来问我的时候，我就想起了岑先生的这篇文章。我告诉他们去查《史语所集刊》上岑先生的这篇文章，里面有详细的断句和解释。

我进入大学之后，慢慢地开始多看岑先生的书，印象最深刻的是《隋唐史》。我当时反复看这本书，因为我觉得这本比当时已出版的《隋唐史》写得都好。有很多重大问题只有通过这本书才学得到，解释得通。这本书的注释也做的非常好，不夸张地说，书里的一个注释就可以写成一篇文章。后来我看到某教授写的一篇文章就是抄了岑先生的注释，他肯定看过这本书，也看过岑先生的注释，但他没提岑先生的名字。

1974年我到新疆整理吐鲁番文书，当时交通不方便，不能带很多书。于是除了带两《唐书》、《南北史》等基本史籍外，我就带了岑先生的《西突厥史料补阙及考证》和《通鉴隋唐纪比事质疑》。我认为这两本书是整理吐鲁番文书一定会用到的。当时我白天到博物馆去查吐鲁番文书，晚上就是自己看书的时间，也没有运动和政治学习。武汉冬天是很冷的，而在新疆那里有暖气非常好，而且因为有时差，所以也不知道什么时间，只要有精神就可以一直看书。我就是利用这段时间看的岑先生的书。《西突厥史料补阙及考证》我早就买了，但是只有用起来，才能体会到这本书的价值。这本书把西突厥史的文献材料都收集起来了，而且做了考证。例如有一条史料讲到唐太宗平高昌、龟兹时要对当地的人宽大处理，原文作"景移"，但岑先生考证应作"量移"。他还考证出高昌、龟兹使用的都是西突厥的封号。岑先生的《隋唐史讲义》讲职官，解决了我们相关的疑问。我们在实际使用这些书的时候才体会到岑先生的学识渊博，视野开阔。学识可以通过读书获得，眼界开阔则是要通过看书体悟出来问题。岑先生的书对于我们自己的学术成长有很大的帮助。

岑先生的治学方法和献身学术的精神在当今社会有更重要的意义。现在的学习工具很发达，可以从网上下载资料，不用再手抄材料了。虽然电脑提供了简便，但是没有手抄材料的过程，就很难对材料进行反复思考，就难以得出认识和成果。岑先生不是科班出身，但是终成史学大家，这是因为什么呢？是因为他的艰苦努力读书。当然岑先生获得了一些帮助，刚才张先生已经讲过，但主要还是靠岑先生本人的努力。只有经过本人的思考，观点才能形成，逻辑才能清晰。年轻人读岑先生的书，一定要读懂理解先生为什么选这个材料，为什么提出这个问题。他是从哪个角度切入，怎么分析，怎么得出结论。只有这样去读先生的书，对我们帮助才更大。所以今天的年轻人，不要去打听老先生们的奇闻异事，而是要看到先生们是怎样走进学术的。我这个月听到我的学生讲，现在的学生不读书了。现在竟然有学生花钱请人代替自己听课，如果回答了老师的问题、代做作业还要加价。如果年轻人都这样，怎么做学术的接班人？所以我说现在的史学比80年代更危机了。现在的学生都在讲"双十一"购物狂欢。听说大学生购物消费，郑州全国第一，武汉排第二。在武汉，武大第一，华科第二。大学生自己没有钱，向家里要，或者去借高利贷，让家长来还。现在的学生如果不想着学习，总想着购物，将来是很危险的。所以我们现在提倡年轻人要学习老一辈学者献身学术的精神是很有必要的。我就讲到这里，谢谢大家！

（作者单位：武汉大学历史学院）

岑仲勉与陈垣交谊述论

张荣芳

一、岑仲勉与陈垣学术交谊述略

陈垣（1880—1971）是中国近现代史学大师，出生于广东新会县石头乡富冈里一个药材商人家庭。青年时期毕业于广东光华医学专门学校，并留校任教。在医学杂志上发表大量文章，宣传现代医学卫生知识及医学史。参加孙中山领导的同盟会，从事反帝反封推翻清王朝的革命活动。1912年中华民国成立后，他当选众院员，于1913年至北京定居。他对从政不感兴趣，转而从事学术研究和教育事业。在宗教史、元史、校勘学、历史文献学等领域贡献卓著。1922年起任辅仁大学副校长、校长，北京师范大学校长，直至逝世。①

岑仲勉（1886——1961）出生于广东省佛山市顺德区桂洲里村的一户开米店的普通商人之家，自幼受中国古典文化的教育，诵读四书五经。1912年12月毕业于北京高等专门税务学校。毕业后在上海海关工作，为了反对袁世凯称帝，返广州参加倒袁工作，任两广都司令部财政科科长。其后虽在各机关任职十余年，但心中却向往教育及学术研究。1923年以后十余年间，曾业余致力于中国植物名实参订和植物分类学研究。经陈垣推荐，1937年7月，进入中央研究院历史语言研究所。1948年7月，回到广州，入中山大学文学院历史学系任教，至1961年逝世。岑仲勉在隋唐史、校勘学、边疆史地与民族、中西交通史等领域作出巨大贡献。②

陈垣和岑仲勉，这两位广东同乡，都非史学科班出身，靠自学成才，在各自的研究领域作出卓越贡献，成为史学名家。他们相交20多年，但从未晤面，他们的学术交谊是学术界的一段佳话。从现有资料看，陈垣与岑仲勉的交往开始于1933年。他们的交往是通过刘秉钧。1933年4月16日，刘秉钧致信陈垣：

> 援庵夫子：昨晤仲勉（按：即岑仲勉）先生，曾将馆事向之陈述，伊甚为感谢大人引用之厚意。不过仲勉还有恳求大人者，即请大人将北平文化机关之名目及主事者详列示下，又该机关等有无支干薪者。盖仲勉先生意欲自己设法谋一兼职，使将来在平方馆事上有伸缩之

---

① 参见陈智超：《陈垣学案》，见氏著《陈垣——生平、学术、教育与交往》，合肥：安徽大学出版社，2010年，第121—123页。

② 关于岑仲勉传记，参考姜伯勤：《岑仲勉》，陈清泉等编：《中国史学家评传》（下册），郑州：中州古籍出版社，1985年，第1299—1325页；《岑仲勉学记》，向群、万毅编：《岑仲勉文集》，广州：中山大学出版社，2004年，第1—6页；《岑仲勉》，《中国大百科全书·中国历史卷》，北京：中国大百科全书出版社，1992年，第65—66页。陈达超：《岑仲勉先生传略》，《岑仲勉史学论文集》，北京：中华书局，1990年，第1—10页。

余地，非谓二百五十元以上之生活费尚不足之故也。如何，乞即示复。敬候道安。生秉钧敬启。四，十六。①

据此信编者附注，刘秉钧，广东新会人。1932年辅仁大学史学系毕业。时为广州圣心中学训育主任。时岑仲勉任圣心中学教务主任兼教员。1933年5月31日，圣心中学致信陈垣：

> 援庵先生大鉴：龙门名重，久切钦迟。昨由刘君（按：即刘秉钧）传示手书，奖饰过当，恭读之下，以报以俱。敝校同人等今后自当努力上进，希于一得。惟僻在南服，时虞孤陋，终恐有负期许耳。《圣心》二卷行于暑假付刊，满欲借助鸿题，使价增十培，不情之请，先生或见许乎？专泐布臆，伫候福音。敬请道安。圣心中学校同人拜启。二十二年五月三十一日。②

该年12月6日，岑仲勉致函陈垣：

> 岁首邮呈敝校校刊（按：指岑仲勉当时任教的圣心中学所办的刊物《圣心》），由刘君秉钧转传温奖，惭悢莫名。嗣以敝同人不情之请，复承慨允题签。拜赐之余，既喜声价之借重龙门，益恐荒疏而贻讥獭祭。二期手稿，夏末早付手民，适因辍业转移，遂稽时日。顷印刷甫竣，别由邮附呈十部。故都贵僚好有不视为纸篓中物者，望为分致。浅学技痒，辄效喧呶，尚幸世而正之。③

这说明1933年"岁首"，由刘秉钧把《圣心》校刊寄给陈垣，陈垣复信后，又由圣心中学致信陈垣，请陈垣为《圣心》刊物题刊名。最后才有岑仲勉于1933年12月6日致信陈垣。

1934年1月22日，岑仲勉又致函陈垣：

> 奉十二月二十日惠书，夹陈君寅恪手缄，奖誉备至，惭汗交并。适校期将届结束，未及即复。南中学务，向无起色。私立者限于经费，不能严格以求，更有得过且过之感。旧京为昔游地，每怀囊迹，再切观光，惜一时尚未能成行耳。《圣心》业即续寄十部，想早登记室。陈君缄附缴，便祈代达感意也。④

---

① 陈智超编注：《陈垣来往书信集》（增订本），北京：生活·读书·新知三联书店，2010年，第454页。
② 陈智超编注：《陈垣来往书信集》（增订本），第455页。
③ 陈智超编注：《陈垣来往书信集》（增订本），第568页。
④ 陈智超编注：《陈垣来往书信集》（增订本），第568页。查岑氏在《圣心》第一期（1932年）发表的文章有14篇：《唐代阇婆与爪哇》、《唐代大食七属国考证——耶路撒冷在中国史上最古的译名》、《掘伦与崑崙》、《暮门》、《苦国》、《西域记》、《亚俱罗》、《末罗国》、《Zaitûn 非剌桐》、《Qninsai 乃杭州音译》、《憨野》、《〈拉苑特史〉十二省研究》、《明代广东倭寇记》、《朱禄国与末禄国》。在《圣心》第二期（1933年）发表的文章有17篇：《〈水经注〉卷一笺校》、《晋宋间外国地理佚书辑略》、《阇婆婆达》、《奇沙国》、《广府》、《阿牵荼国》、《波凌》、《〈翻梵语〉中之〈外国传〉》、《魏氏高昌补记》、《南海崑崙与崑崙山之最初译名及其附近诸国》、《〈诸蕃志〉占城属国考》、《黎轩语原商榷》、《王玄策〈中天竺国行记〉》、《义净法师年谱》、《法显西行年谱订补》、《柳衢国 致物国 不述国 文单国 拘蒌蜜国》、《再说大食七属国》（见岑仲勉《隋唐史》附《岑仲勉著述要目》，石家庄：河北教育出版社，2000年，第672—675页）。1962年岑仲勉将在全国报刊发表的关于中外史地的文章结集成《中外史地考证》一书，由中华书局出版。以上文章绝大部分收入该书，可见文章质量之高。

这说明陈垣收到岑仲勉的《圣心》刊物之后，曾转给陈寅恪阅。陈寅恪阅后，1933年12月17日致陈垣函：

> 久未承教，渴念无已。岑君（按：岑仲勉）文读讫，极佩（便中乞代致景慕之意）。此君想是粤人，中国将来恐只有南学，江淮已无足言，更不论黄河流域矣。寅近作短文数篇，俟写清后呈正。所论至浅陋，不足言著述也。①

这就是岑仲勉致陈垣函中所言"夹陈君寅恪手缄"。从此信可知，陈寅恪对岑仲勉评价甚高。

陈垣对岑仲勉评价如何？陈垣收到岑的来信及《圣心》之后，曾于1933年12月20日致函岑仲勉，回信没有保存下来。但1933年5月24日，陈垣在致儿子陈约的信中，说及此事。

> 昨日接圣心中学寄来《圣心》一册，汝见过否？其中佳作，美不胜收，尤以岑仲勉先生史地研究诸篇切实而难得。粤中有此人材，大可喜也。可惜其屈于中学耳。又见有张国华、马国维、沈谷生诸先生文艺之作，皆老手。又有黄深明先生才廿三岁，词采亦佳。谁谓粤无师友，如此诸人，不过在圣心中学，推之其他各校，则粤中实大有人在也。谓粤中无大图书馆，则岑先生又从何处阅书耶？如此看来，汝欲在圣心谋一席，恐不容易。汝如未见此册（非卖品），当即觅一册阅之，即知其内容也。②

由此可见，陈垣像陈寅恪一样对岑仲勉在《圣心》发表的史地研究诸篇赞赏有加，并推荐给儿子陈约阅读。1933年6月3日，陈约在致陈垣信中说"《圣心》未得见（按：陈垣25日批复曰：廿四日已寄汝一册）"。③ 可见陈垣对此的重视。

陈垣爱才若渴，把《圣心》分别寄给当时史学名家如胡适、傅斯年、顾颉刚等。胡适称"岑仲勉的《〈水经注〉卷一笺校》，当然远胜一切旧校。其附录五件，尤为有用。但其中亦有未尽人意处。"④ 顾颉刚于1934年3月19日复信陈垣说："承赠《圣心》第二期，谢谢。岑仲勉先生地理学至深佩甚。能由先生介绍，请其为《禹贡》作文否？不胜盼切，匆上，敬请道安。"⑤ 而岑仲勉1934年6月22日致信陈垣云："《禹贡》重在国地，与勉最近探讨不同，率尔操觚，恐无当处。"⑥ 傅斯年是中央研究院历史语言研究所所长。1934年2月17日，傅斯年致函陈垣：

> 承赐《圣心》季刊，至佩。其第一册犹可求得否？岑君（按：指岑仲勉）僻处海南，而如此好学精进，先生何不招其来北平耶？日内当走谒侍教，专此，敬叩著安。⑦

而1934年11月24日，岑仲勉致陈垣函云：

---

① 陈智超编注：《陈垣来往书信集》（增订本），第398页。
② 陈智超编注：《陈垣来往书信集》（增订本），第970页。
③ 陈智超编注：《陈垣来往书信集》（增订本），第971页。
④ 杜春和等编：《胡适论学往来书信选》（上），石家庄：河北人民出版社，1998年，第156页。
⑤ 陈智超编注：《陈垣来往书信集》（增订本），第200页。
⑥ 陈智超编注：《陈垣来往书信集》（增订本），第569页。
⑦ 陈智超编注：《陈垣来往书信集》（增订本），第409页。

> 前奉孟真（按：傅斯年字）所长驰函，以尊处《圣心》之介，来沪约见，嗣复驱车走访。临行时嘱赴宁参观图书，来月中或抽暇一走也。①

岑仲勉 1937 年受聘中央研究院历史语言研究所专职研究员。我们从岑仲勉致陈垣的书信中知道，整个过程，陈垣都参与其事。1934 年 12 月 21 日信云："在宁谭话中，孟真先生颇有援引入所之表示，并询志愿，当时唯唯应之"。② 1936 年 9 月 21 日信云："孟真先生适有书来，寄下拙著单行本，俟到时另邮呈正。傅先生意仍主勉入教育界，然此事总利害各参半，容当熟思之耳。"③ 1937 年 4 月 9 日信云："孟真先生近有书来，云得尊处推毂，约专任研究。"④

我们在《傅斯年遗札》中查到了 1937 年 4 月 2 日傅斯年致岑仲勉的信，略云：

> 数月前奉上一书，具陈弟等数年来拟约大驾到本所或其他学术机关，而谋之未成之经过，想早达左右矣。兹以本所有在国外研究满期返国者，经费上遂腾出若干可以设法周转。上周赴北平，与陈寅恪先生商量此事，皆以为当约先生惠来本所，以为弟等之光宠，以赞本所之事业，兹敢陈其梗概。
> 一、此次决定聘任先生为专任研究员，此职为本院研究人员之最高级，八年以来，除一个例外不计，敝所未尝有此聘任。（外任者则有之）
> 二、薪捧与同事商定为月三百五十元。本所设置之始，同人薪额皆低，以后逐渐加薪。兹以加薪一事，不易常行，故今竭其能力，定为此数，（三百元以上加薪事本极少。）以此时本所经费论，后来加薪之可能性极微，此与以前诸例不同者也。
> 三、区区之数，本不足以答高贤为学术致力之劳，然此等机关，能力有限，待遇较薄于大学，亦今日各国之通例也。若论研究之方便则非大学所能比，研究员不兼事务者，全部工夫皆是自己所有也。
> 四、专任研究员之著作，除通俗文字外皆交本所发表，（亦偶有例外，则因有特殊理由，如为读者较多，有时在国外发表。）不另给酬，此本院常规之一。
> 五、本所各专任职员，依院章不得兼任院外有给职务。
> ……数年积愿，今日始能出之于口，幸先生鉴其愚诚，不我遐弃。又此意弟在北平时，曾以商之于援庵先生，得其同情许可。
> 又专任研究员，每年度之研究计划，例与本组主任商妥后行之。第一组主任为陈寅恪先生。⑤

同年 5 月 18 日岑仲勉致信陈垣云："昨孟真先生赴陕，电约在站晤谈（按：时岑在陕西潼关任职），备悉台从会竣返平，至慰。聘书闻下月乃可发，研究计画须与主任商定。寅恪先生常见否？便见时恳略代一探（如何方式），俟接约后再通问也。邮寄清华想必能达。"⑥ 同年 6 月 1 日信

---

① 陈智超编注：《陈垣来往书信集》（增订本），第 571 页。
② 陈智超编注：《陈垣来往书信集》（增订本），第 571 页。
③ 陈智超编注：《陈垣来往书信集》（增订本），第 578 页。
④ 陈智超编注：《陈垣来往书信集》（增订本），第 584 页。
⑤ 王汎森、潘光哲、吴政上主编：《傅斯年遗札》（第二卷），北京：社会科学文献出版社，2015 年，第 603—604 页。
⑥ 陈智超编注：《陈垣来往书信集》（增订本），第 586 页。

云："顷南京已寄来聘书，拟下月初就职。寅恪先生邮址，盼能日间见告。"① 岑仲勉1937年7月初到南京中央研究院历史语言研究所任职。7月14日致陈垣信云："顷读致孟真先生书，知尊处乔迁。迩日外氛甚恶，阖潭受惊否？暑期多暇，或南行否？念念。勉五日晚即已抵京，因卜居奔走，致未修候，日间仍多在所中，赐教祈由所转更便。专此上达，顺候撰祺。"②

由此可见，岑仲勉能够进入历史语言研究所，陈垣、陈寅恪在促成此事中起了巨大作用。1946年2月3日，陈垣致长子陈乐素信中有一句话："一个人第一要有本领，第二要有人提拔。有本领而无人提拔，不能上台，有人提拔而无本领，上台亦站不住也。"③ 岑仲勉进入史语所及以后在中山大学，在学术上作出巨大贡献，证明陈垣这句话是一句至理名言。

陈垣对岑仲勉的提携，还表现在对岑仲勉著作的发表上。陈垣任辅仁大学校长二十多年，在二十世纪二三十年代，他对学生郑天挺、翁独健、陈述等反复讲过这样的话："现在中外学者谈汉学，不是说巴黎如何，就是说日本如何，没有提中国的。我们应当把汉学中心夺回中国，夺回北京。"④ 陈垣在辅仁大学创办《辅仁学志》，发表高质量的学术论文，是他"把汉学中心夺回中国，夺回北京"构想的组织部分。《辅仁学志》1928年创刊由陈垣主编，在发刊词中，首先在学术方法上，推崇中国传统的考据学，说："百年以往，乾嘉诸老努力朴学，极深研几，本实事求是之精神，为整理珍密之贡献，三古文史灿然大明。"但是，另一方面，并不因此而食古不化，相反，为了适应时代要求，又积极地鼓励学者努力发掘新材料，开辟新领域，采用新方法，提倡中外学术交流与合作。"然则欲适应时代之要求，非利用科学方法不可。欲阐发邃古之文明，非共图欧亚合作不可。昭昭然也。""吾人既承沟通文化之使命，发扬时代精神，复冀椎轮为大辂之始，揭橥斯志甄综客观材料。"⑤ 把刊物的使命定位在"沟通文化"，可谓继承了辅仁大学奠基人英敛之确立的办学精神：以文会友，以友辅仁，会通中西。⑥

《辅仁学志》自1928年12月创刊，至1947年终刊，前后近二十年时间共出版15卷21期，发表论文近150篇。作者既有陈垣、沈兼士、余嘉锡、张星烺、刘复、伦明、朱希祖、杨树达、英千里、常福元等名家、大师，也有魏建功、容肇祖、唐兰、周祖谟、岑仲勉、启功、陈乐素等中青年学者。主编陈垣对论文的取舍以其是否符合刊物宗旨及论文的质量为标准。对勤奋好学的中青年学者的扶植与提携，在促进他们成长方面起了重大作用。岑仲勉在《辅仁学志》发表几篇高质量的学术论文，使他声名鹊起。

1934年4月17日，岑仲勉致函陈垣："校务琐碎，日尔鲜暇，姑就拟议中之《汉书·西域传》校释，择其稍完整者《康居》、《奄蔡》二篇，录呈斧正，复祈为分致。如其无当，覆瓿可也。"⑦ 我们查1934年《辅仁学志》第4卷第2期，发表岑仲勉的《汉书西域传康居校释》和《汉书西域传奄蔡校释》两文。后来，岑仲勉把他从1930—1959年间陆续写成的研究西北史地积累的成果，集成《汉书西域传地里校释》，由中华书局出版。在该书《康居·奄蔡、粟弋附》的注释中说："拙著《汉书西域传康居校释》（《辅仁学志》四卷二期），本篇大旨相同，惟材料已

---

① 陈智超编注：《陈垣来往书信集》（增订本），第586页。
② 陈智超编注：《陈垣来往书信集》（增订本），第586页。
③ 陈智超编注：《陈垣来往书信集》（增订本），第1136页。
④ 桑兵：《晚清民国的国学研究》，上海：上海古籍出版社，2001年，第201页。
⑤ 《辅仁学志弁首》，《辅仁学志》第1卷第1期，1928年12月。
⑥ 孙邦华：《身等国宝，志存辅仁——辅仁大学校长陈垣》，济南：山东教育出版社，2004年，第226页。
⑦ 陈智超编注：《陈垣来往书信集》（增订本），第569页。

大半添易。"① 在《奄蔡》校释中，涉及到钦察族，学界争论甚大，国际汉学界如伯希和等亦参与讨论。1934年6月22日，岑仲勉致陈垣信中说："再者，奄蔡即钦察，《黑鞑笺注》早略说明，伯希和亦谓钦察之名已见九世纪撰述，更无害于前说之成立。惟检柯史（按：指柯劭忞《新元史》），只著库莫奚后人一语，来得太突兀，或屠记（按：屠寄《蒙兀儿史记》）更有详说（闻似在卷三）。而中大、莫氏（按：指莫伯骥）均无其本，不知除道园碑之外，更得信凭否？拟恳饬检节钞此段见示。现虽有附带论文之稿，未敢遽尔露布也。"② 显然岑仲勉在《辅仁学志》4卷2期发表的《汉书西域传奄蔡校释》在学界引起不同反响，故致信陈垣，"恳饬检节钞此段见示"，即提供岑手头所缺之资料，以便他就不同意见进行辩驳。同年同月27日，又致信陈垣说："上周曾复乙缄，计达左右。兹将改稿数纸另邮付呈，尚祈费神饬照删改，无任祷盼。"③ 此事应是指《再说钦察》一文。他在《汉书西域传地里校释》中说："伯希和之Coman（冯译库蛮）考，大意以为其名不见欧洲古史，余尝辨之（自注：见拙著《再说钦察》）。"④

陈垣向岑仲勉提供校勘《元和姓纂》的稿件在《辅仁学志》发表，岑仲勉1936年10月14日复函曰：

> 《姓纂》稿过繁，或有妨篇幅。如不弃瓦砾，则略有数短篇可供采择，兹别附乙目。……。
>
> 草目
>
> 汉书西夜校释：此是校释之一，颇谓一得，原拟俟全书刊布。大意以为西夜即塞之异译，而乾陀罗亦见于后书。有此则佛教入华时间问题似可上推西汉，而休屠金人等可研究也。
>
> 外蒙古地名四个：大意就于都斤、他人水等（已见《辅志》作再详细之研究。）
>
> 新唐书（突厥传）拟注一篇：此为拙稿《突厥集史》之一篇。清儒专唐书者少，窃谓旧、新不能偏废，而新书溢出之史料似不可不先考其本据。所谓注者，即注其本据。
>
> 再说钦察：前年寄奄蔡稿后，知伯希和主钦察（屠、柯）即库莫奚之说，即再作详细驳论。
>
> 汉书地理志序列之臆测：《汉书集注》有此讨论否？
>
> 已上各稿，尚须一度修正。如承摘出，稍暇当整理录呈。惟可否之间，总不必客气耳。⑤

我们查《辅仁学志》5卷1、2合期（1936年）发表岑仲勉《再说钦察》一文，此文当然与陈垣提供材料有很大关系，姜伯勤也说："陈垣先生对岑仲勉的工作更是十分关注，如岑先生的《再说钦察》等文，就是奉援庵先生的函诏而撰写的。"⑥ 1937年《辅仁学志》第6卷第1、2期合期，发表岑仲勉的《汉书西夜传校释》和《跋突厥文阙特勤碑》两文。1936年11月19日，

---

① 岑仲勉：《汉书西域传地里校释》（上册），北京：中华书局，1981年，第261页。
② 陈智超编注：《陈垣来往书信集》（增订本），第569页。
③ 陈智超编注：《陈垣来往书信集》（增订本），第570页。
④ 岑仲勉：《汉书西域传地里校释》（上册），第274、279页。
⑤ 陈智超编注：《陈垣来往书信集》（增订本），第575页。此信原定写于1935年10月14日。项念东定为1936年，见氏著《20世纪诗学考据学之研究——以岑仲勉、陈寅恪为中心》，合肥：安徽教育出版社，2014年，第291页。详说见本文第二节。
⑥ 姜伯勤：《岑仲勉》，陈清泉等编：《中国史学家评传》（上册），第1319页。

岑仲勉致陈垣信云:"又,丁麟年《阙特勤碑释跋》,想文字无多,不审外间购得否?如尊处有庋藏,极盼赐下一读也。"① 同年12月14日信又云:"接手示,诸荷教益。阙特勤碑跋,系据容媛金石目五,题日照丁麟年(黻臣)辑移林馆刻本。今承示东本,后署日照丁氏移林馆金石文字。盖同是一书。惟铃木跋称日照丁辅臣,辅黻相近,黼黻义近,或铃木跋有讹欤?此种拟即留下,该价多少,乞示悉奉璧。"② 说明此文与陈垣关系很大。1946年,《辅仁学志》14卷1、2期合期发表岑氏《陈子昂及其文集之事迹》一文。

我们还必须指出,20世纪30—40年代,日本发动对中国的侵略,辅仁大学的办学经费日趋紧张,《辅仁学志》为了节省经费,一是把每年的两期合为一期,二是几位老先生申明不要稿费。启功回忆说:"学校经费不足,《辅仁学志》将要停刊,几位老先生相约在《学志》上发表文章不收稿费。"③ 岑仲勉投稿《辅仁学志》也不收稿费。1935年10月14日致陈垣信云:"今春承惠稿费,觉有未安。……闻年来受环境影响,私校多支绌,稿费尤不愿滥领。"④ 1937年2月26日致陈垣信云:

> 本日奉贵校注册课通知,有五卷一、二期(按:指《辅仁学志》)稿费算讫等语。
>
> 勉前经声明不敢受酬,故屡次投稿,今若此,是意邻于贪,固非初衷,且迹近妨碍言路也(借喻)。无已,谨拟如次:
>
> 甲、可不支出,则充支出。
>
> 乙、为他方面计,如须支出,则拟恳赐赠《万姓统谱》乙部(修绠目似有其名,标价约三十金。此只合而言之,因未知采登若干种),以助勉一篑之功(稿费数不及,或市上无其书,此议均请取消)。余则购图书移送贵校图府,庶勉不至尽食前言,而受赐者在学,或庶几不伤廉也。⑤

可见岑仲勉投稿《辅仁学志》,既是陈垣对他的提携,也是他对陈垣工作的支持,而其行动与辅仁老辈是相一致的,深得陈垣的信赖。

陈、岑交谊深,岑仲勉不客气地请陈垣购书、借书。1936年12月31日致陈垣函云:

> 前上复缄计达。兹有请求者:
>
> 一、月前阅《潜夫论》(王氏汉魏本),讹错颇多。继购一《丛刊》本。亦复如是。
> 闻《湖海楼丛书》中有汪继培笺,如对五德志二章有详细笺校,乞代购乙部,否则可免置议。因余书皆非急要之本也。
>
> 二、《中国学报》五期(见《国学论文索引》),有陈汉章上灌阳唐尚书论注新唐书书,颇欲一阅。惟此是多年旧报,恐不易觅。辅大如有庋藏,厚赐假读。
>
> 三、年前辑法显、义净年谱,本意合玄奘为三。嗣见刘氏继作,故置之,玄奘出国,自以叶护为先决问题。叶护非必统叶护,尊论(按:指陈垣《书内学院新校慈恩传后》一文

---

① 陈智超编注:《陈垣来往书信集》(增订本),第579页。
② 陈智超编注:《陈垣来往书信集》(增订本),第580页。
③ 启功:《夫子循循然善诱人》,陈智超编:《励耘书屋问学记:史学家陈垣的治学》(增订本),北京:生活·读书·新知三联书店,2006年,第139页。
④ 陈智超编注:《陈垣来往书信集》(增订本),第575页。
⑤ 陈智超编注:《陈垣来往书信集》(增订本),第583页。

之论）不易。至燊之享龄，尚有疑问，多年未释。《岭南学报》之谱，亦无新表见。偶检《国论索引》三编，《东北丛镌》十七、八两期更有陈氏谱乙篇。该志出版尚近，能转坊贾代觅两本否？

以上均非急急，不过趁年暇顺为请求耳。①

岑仲勉从20世纪40年代开始研究《墨子》，至1956年完成《墨子城守各篇简注》一书，1958年由中华书局出版。岑仲勉把该书寄给陈垣。陈垣于1958年7月5日致信岑仲勉：

久未得消息，忽奉到大著《墨子城守各篇简注》一册，知起居安吉，至以为慰。在今日朋友辈中，出版著作堪称为多快好省者，阁下实其中之一人，敬仰之至。谨先复谢，并颂文祺！弟陈垣。②

由于陈垣与岑仲勉有深厚的友谊，相知甚深，1961年10月7日，岑仲勉逝世，陈垣是岑仲勉教授治丧委员会成员之一，并于10月9日致函岑仲勉家属，吊唁岑仲勉逝世。③

二、陈垣与岑仲勉著《元和姓纂四校记》

中国记录氏族世系之书，起源甚早，《世本》记黄帝以来到春秋时列国诸侯大夫的氏姓世系，已亡佚。魏晋南北朝时社会重门阀，士族为了维护其世代相传的优越地位，以区别于庶族寒门，谱牒成为重要的工具之一，于是谱牒之学广泛流行。魏晋南北朝重视门阀的风气，到唐代尚未完全消失，唐人仍讲究谱牒之学。《元和姓纂》之编纂就是明证。

《元和姓纂》，据《四库全书总目》载："唐林宝撰。宝济南人。官朝议郎、太常博士。序称元和壬辰岁，盖宪宗七年也。宝，《唐书》无传，其名见于《艺文志》。诸家书目所载并同。"④林宝，约经历了唐德宗至穆宗四朝，做过同州冯翊县尉、太常博士、沔王府长史等官，当时即以擅长姓氏之学知名。辑本《唐语林》卷二说："大历已后专学者。……氏族则林宝。"此书今尚存林宝自序，云：

元和壬辰岁（七年），诏加边将之封，酬屯戍之绩，朔方之别帅天水阎者，有司建茝茅之邑于太原列郡焉，主者既行其制，阎子上言曰："特蒙涣汗，恩沾爵土，乃九族之荣也；而封乖本郡，恐非旧典。"翌日，上谓相国赵公（按：指赵国公李吉甫）："有司之误，不可再也，宜召通儒硕士辩卿大夫之族姓者，综修《姓纂》，署之省阁，始使条其原系，考其郡望，子孙职位，并宜总辑，每加爵邑，则令阅视，庶几无遗谬者矣。"宝末学浅识，首膺相府之命，因案据经籍，穷究旧史，诸家图牒，无不参详，凡二十旬，纂成十卷，自皇族之外，各依四声韵类集，每韵之内，则以大姓为首焉。朝议郎、行太常博士林宝撰。

---

① 陈智超编注：《陈垣来往书信集》（增订本），第580—581页。
② 陈智超编注：《陈垣来往书信集》（增订本），第586—587页。
③ 参见刘乃和等著：《陈垣年谱配图长编》（下册），沈阳：辽海出版社，2000年，第789页。
④ 《四库全书总目》（下册），北京：中华书局，1965年，第1143页。

该书王涯序云：

> 赵公尝创立纲纪，区分异同，得之于心，假之于手，以授博闻强识之士济南林宝。宝该览六艺，通知百家，东汉有纲书之能，太常当典礼之职，其为述作也，去华撼实，亡粗得精，条贯禀大贤之规，网罗尽天下之族，虽范宣子称其世禄，司马迁序其先业，若揭日月，备于缥绁，昭昭然蔑，以加此矣。以涯尝学旧史，缪官纶阁，授简为序，不敢固辞，无能发挥，承命而已矣。①

岑仲勉在引录林宝序、王涯序之后说：

> 综上两节而剖解之，知《姓纂》之修、实根于下述各情状。
> (1)《姓纂》系奉旨而作，与私家撰述不同。
> (2)《姓纂》之纲纪异同，间由李吉甫指授。
> (3)《姓纂》因边臣疏辨，封乖本郡而作，则各姓原系，自不能不参据一般传述及私家牒状，以免将来之争辨。
> (4)《姓纂》系专备酬封时省阁参考之用。
> (5) 唐代封爵颇滥，求免有司之再误，其书不能不速成。
> (6) 宪宗谓子孙职位总绰，则无职位者不必其入录。
> 以上六节，于《姓纂》体例，饶有关系，非先洞察其要，未可与尚论林氏之书也。林氏谓二十旬而成书，王涯序则作于七年十月，以此推之，其始事约在七年三月。②

该书详载唐代族姓世系和人物，于古姓氏书颇多征引，因而也保存了一些佚书的片断。体例以皇族李氏为首，然后按四声韵部系姓氏。唐代崇尚门第，家谱往往攀附望族自重。《姓纂》取材包括私家谱牒，故所述族姓来源未必都翔实准确。但著名唐史专家黄永年指出：

> (1) 此书在两《唐书》有列传的人以外记录了大量人物的姓名和世系，有些还注明他做过什么官，不仅可以增补两《唐书》列传的不足，在研究唐代文献遇到生疏的姓名时也可试翻此书来查考。(2)《新唐书》里有个宰相世系表，大体同于此书，而又有增补（表记到唐末，而此书只到宪宗元和时），有些地方与此书还有详略出入，应该互相校补。(3) 此书所记唐代部分的世系比较可靠，唐以前特别所谓古代某某人之后则多出于子孙贵显后伪饰，和南北朝隋唐碑志之侈陈世系同样不尽可信。③

宋代以后，门阀世系在实际生活中已不甚起作用，因此《元和姓纂》明初以后即失传。现可见的版本有5种。

(1) 清乾隆修《四库全书》，四库馆臣从散见于《永乐大典》中的《元和姓纂》辑录出来，

---

① 上述两段序文，见（唐）林宝撰，岑仲勉校：《元和姓纂（附四校记）》，北京：中华书局，1994年，2012年第3次印刷，原序文，第1—2页。
② 岑仲勉：《元和姓纂四校记自序》，（唐）林宝撰，岑仲勉校：《元和姓纂（附四校记）》第一册，第11—12页。
③ 黄永年：《唐史史料学》，上海：上海辞书出版社，2002年，第121页。

并进行校勘，仍按自序及《新唐书·艺文志》等所云，分为十卷（《四库提要》作十八卷，黄永年认为"当系笔误"）。① 可称为"四库本"，《永乐大典》采录的《姓纂》，已不完整，而且割裂原文，《四库》辑本也有遗漏。

（2）嘉庆七年（1802）孙星衍据《四库》本和洪莹同加校勘后刊刻，称为孙、洪校本，此本较为少见。

（3）光绪六年（1880）金陵书局据孙、洪本重刻，称为局本，这个本子较为流行。

（4）民国三十七年（1948），上海商务印书馆出版岑仲勉著《元和姓纂四校记》。岑仲勉说："今取名四校记者，窃以为四库辑自大典，清臣所校，一校也。孙、洪录本刊布，始附入辑佚，二校也。罗振玉就局本成校勘记二卷，三校也。"② 而岑氏本书为四校。四校记所注重者有四点：芟误（正辑本讹误）、拾遗（补辑本脱失）、正本（移辑本冒文）、伐伪（辨后人附益）。本书的缺点是不全录《姓纂》原文，使用时仍需置孙刻或局刻本查对。该书晚出，后来居上，功力最深，收获也最大。所以，黄永年在讲《唐史史料学》时说："对于现代著作也是如此，凡是给有史料价值的文献作校勘、注释、订补、辑佚，以及提供其他有用史料的，如唐长孺先生的《唐书兵志笺证》、岑仲勉先生《元和姓纂四校记》等，都应该讲到。"③ 黄永年讲《元和姓纂》专门介绍了岑氏《四校记》。岑氏《四校记》出版的当年，王仲荦发表书评曰："考知欧阳修吕夏卿作《新唐书·宰相世系表》迄元和之季，大概本自此书，千载矜异之巨著，一朝得知其所从出，顾不大快人邪！"④ 复旦大学教授陈尚君说："《四校记》成书于岑先生学术研究的鼎盛时期，采用穷尽文献的治学方法，致力于该书的芟误、拾遗、正本、伐伪，程功之巨，发明之丰，校订之曲折，征事之详密，堪称其一生著述中的扛鼎之作，也是中国近代古籍整理工作中可与陈垣先生校《元典章》并列的典范之作。""《四校记》的意义已远远越过对一部书的校正，其揭示的大量汉唐人物线索为这一时期的文史研究提供了丰富的矿藏，称其为人事工具书也不为过。"⑤

（5）1994年中华书局出版《元和姓纂（附四校记）》，系以岑氏《四校记》编入正文，并附姓氏索引、人名索引，最便使用。

陈垣对岑仲勉著《元和姓纂四校记》起了什么作用呢？

前面说过，陈垣早知道岑仲勉在从事《元和姓纂》的校勘工作，想把他的部分成果在《辅仁学志》发表，岑仲勉以"《姓纂》稿过繁，或有妨篇幅"为由，提供其他稿件供陈垣选用。现在保存在《陈垣来往书信集》（增订本）中陈垣与岑仲勉的来往书信42通，有19通谈到《姓纂》。我们分析这些书信，陈垣对《元和姓纂四校记》起的作用主要是提供大量图书资料及解答疑难问题。

陈垣身处北京，又任辅仁大学校长，自己的藏书又丰富，为岑仲勉借阅或购买大量图书资料。

1936年7月7日，岑仲勉致函陈垣云：

> 惟旬前因年君（按：指年润孙）说之触引，现方作《姓纂》之校记乙篇，专就局本（按：指金陵书局本）勘斠，条数或尚比罗氏（按：指罗振玉）多一半，故未暇及也。犹有

---

① 黄永年：《唐史史料学》，第121页。
② 岑仲勉：《元和姓纂四校记自序》，（唐）林宝撰，岑仲勉校：《元和姓纂（附四校记）》第一册，第37页。
③ 黄永年：《唐史史料学·自序》，第3页。
④ 王仲荦：《关于岑仲勉元和姓纂四校记》，载《学原》第二卷第七期，第95页。
⑤ 陈尚君：《汉唐文学与文献论考》，上海：上海古籍出版社，2008年，第537页。

渎求者，勉所购《雪堂丛刻》，其《姓纂》校记下适缺一页（即董孔史等一页），拟恳饬草钞乙纸见惠，庶得对勘。①

1936 年 7 月 18 日，岑仲勉致陈垣信云：

> 启邮包，知慨以校库本（按：指陈垣校过的四库本）见假，如获瑰宝。窃谓吾人求学，虽未必确有心得，要须贡其所见所闻以为群助。拙稿正誊至上声之半，现拟再为修正，把库、洪本（按：指《元和姓纂》之四库本及洪莹校本）不同处暨尊批采入，藉光篇幅，或亦大君子所许乎？唯库、洪两本异同仍未尽明，下举数端，亟待明教：
> 一、各卷下所记某声某韵是否库本原文？
> 二、书眉楷字，当是校库本之文，间有尊笔行书（单字）者，是否漏校补上抑依罗校之说（例如卷一，一页之下信郡，书眉有行书"都"字）？
> 三、就牟君文看，似洪本"据秘笈新书补"者，皆洪氏补入，非库本所有。但如卷二董姓，书眉称，"董狐二字增"，则是洪氏所谓据补者，亦非洪补矣。然则，"据[秘]笈新书补"六字，库本有否？其余各条，洪称据补而书眉无校文者，是否均库本所有？
> 四、普通所谓洪校注而书眉无校文者，似皆库本所有，而为修书诸臣之注（恐未必是《大典》原有注）。若然，则洪氏之校注极少极少，然否？
> 五、牟君谓洪本于姓视库本例在某姓之后（某姓大公板刻不明），书眉未说及。
> 已上不过略举拙见，有未及处，并祈一一赐悉，厚幸厚幸。②

陈垣把自己使用的"校库本"寄给岑仲勉参考，而岑氏将"尊批采入，藉光篇幅，或亦大君子所许乎"？高情厚谊，难能可贵。关于陈垣以四库本与洪本相校，作出的发明，余嘉锡在《四库提要辩证·元和姓纂》中说："以《姓纂》在今日盛行洪氏本，故附纠之如此，其以之与库本校出脱误者，吾友陈援庵也。"③

1936 年 9 月 19 日，岑仲勉致陈垣函云：

> 《姓纂》一书，实有详注之必要，然兹事固不易言，是在合力，故其人（史无传）有散见他书者，亦如竹头木屑，不忍竟弃，略附校记中。约计稿本当可十万字（八万至少），不审《辅志》能容得否？校事本早毕，但近又泛览唐集十数种，亦间有一二难问，可资解答，

---

① 陈智超编注：《陈垣来往书信集》（增订本），第 573 页。此信原定写于 1935 年 7 月 7 日。信的内容是说因牟润孙的文章触引，而作《姓纂》校记。岑仲勉在《元和姓纂四校记自序》中也说："民二十五年（按：1936），见报载牟氏校《姓纂》十数条，念其中讹文极多，非数纸可尽，乃摘其涉姓源处之属文字错误及显而易见者，摘校若干，藉便览读，久之，觉未满意，则又旁推于各姓人物，如是再三扩展，盖不止于四次校勘矣。"（第 37 页）我们查《大公报·图书副刊》135 期，1936 年 6 月 18 日，载牟润孙《注史斋读书记》一则《元和姓纂》十卷（见氏著《海遗丛稿》初编，北京：中华书局，2009 年，第 239—242 页）。由此可见，此信应是写于 1936 年。岑氏开始校勘《元和姓纂》也是始于 1936 年。以此信为标准，《陈垣来往书信集》（增订本）原编为 1935 年 6 月 18 日、7 月 7 日、7 月 18 日、9 月 19 日、10 月 14 日、10 月 26 日、11 月 7 日、11 月 9 日等 8 通信，都应定为写于 1936 年。详细考订请参阅项念东著《20 世纪诗学考据学之研究——以岑仲勉、陈寅恪为中心》，合肥：安徽教育出版社，2014 年，第三章及附录。

② 陈智超编注：《陈垣来往书信集》（增订本），第 573—574 页。

③ （唐）林宝撰，岑仲勉校：《元和姓纂（附四校记）》，新增附录，第 1748 页。

故迟迟也。《大公报》屡载余氏其人，谓有详注稿，认识否？①

1936 年 10 月 26 日，又致函陈垣云：

> 此次校劳考（按：指陈垣为他代购之赵钺、劳格撰《郎官石柱题名考》），只及石刻，不及补遗，石刻中又只限《姓纂》有世系之姓。校时不及一一检页数，现只就检索表漏列者代填，今日由邮寄上。《大典》影本（按：指宋邓名世《古今姓氏书辨证》永乐大典影印本）未见，《提要》谓《姓纂》散见千家姓下，然则今影本当可见若干条，然否？又《姓纂》无独孤系，而劳考屡引《姓纂》，且屡注云原书误入《辨证》三十五。误入二字，颇费思索，能饬摘录此见示否？又《大典》为分韵类书，是否如旧日韵书以一竖（——）代韵脚，或偶见此例否？诸待明教，先此鸣谢。……
> 《姓纂》本稍迟再璧。②

陈垣对以上问题作了回答，所以岑仲勉同年 11 月 7 日致信陈垣云：

> 奉教暨《大典》、《辩证》等，始恍然于"误入"二字之解释，缘初未悟《辨证》亦出《大典》也。邓（按：指邓名世）旨在补正，郑（按：指郑樵）旨在厘分，初以《氏族略》为通行书，经前人从事，颇不注重。两校后乃取而逐条比对，所获竟比他书为多，殊出望外。然由此知成功多寡，固不必专恃珍刊秘籍也。《辩证》乙册，因便顺校乙过，如馆中暂无需用，能赐观全豹更佳（约借十天），否亦不必勉强。《大典》湛氏入勘，《广韵》入范，《通志》入上声，独辑本《姓纂》以入十二侵，殊不合。又后汉大司农湛重一语，非叙姓源，窃尝疑之。今观《大典》，《元和姓纂》上犹有豫章二文，似是《大典》倒错耳。馆存四五十本，倘无大姓，一二日当可校毕。……
> 承赠大著二册并谢，《辩证》、《大典》随璧。③

陈垣给岑仲勉寄去代购的由赵钺草创、劳格续成的《郎官石柱题名考》、《唐御台精舍题名考》和《古今姓氏书辩证》永乐大典影印本，对岑仲勉校《元和姓纂》非常重要，信中言及以劳考校《姓纂》。《古今姓氏书辩证》是宋邓名世及其子邓椿年"贯穿群书，用心刻苦"而成。《四库全书总目》云：

> 其书长于辩论，大抵以《左传》、《国语》为主。自《风俗通》以下各采其是者从之，而于《元和姓纂》抉摘独详。又以《熙宁姓纂》、《宋百卿家谱》两书互为参校，亦往往足补史传之阙。盖始于政宣而成于绍兴之中年，父子相继以就是编，故较他姓氏书特为精核。《朱子语类》谓名世学甚博，姓氏一部，考证甚详，盖不虚也。……宋时绍兴有刊本，今已散佚。《永乐大典》散附千家姓下，已非旧第。惟考王应麟所引原序，称始于国姓，余分四声，则其体例与《元和姓纂》相同。今亦以韵隶姓，重为编辑，仍厘为四十卷，目录二卷。

---

① 陈智超编注：《陈垣来往书信集》（增订本），第 574 页。
② 陈智超编注：《陈垣来往书信集》（增订本），第 575—576 页。
③ 陈智超编注：《陈垣来往书信集》（增订本），第 576 页。

其复姓则首字为主，附见于各韵之后。间有征引讹谬者，并附著案语，名为讹谬焉。①

今人著名文史学者陈尚君认为："《辩证》是对汉唐以来姓氏谱牒书进行系统清理编纂并作事实考订的集大成著作，足以代表宋代谱学的最高水平。"②

本书对于岑仲勉校《元和姓纂》的意义在于它的优长之处。其优长处表现在下列四点：（1）广泛征引了不同时代、不同类别但与姓氏相关的古代文献。这些文献在本书得以保存，虽是吉光片羽，但仍可在辑佚、补正、校勘、辨伪文献方面，具有很高的价值。（2）对一些大姓的世系源流、支派分布以及郡望数量的记载较其他姓氏书更为精确、翔实。（3）根据"近事"、"近诏"、名族家谱以及作者之"所见闻"，增补考订了一些姓氏，为后人留下了难得的史料。（4）补充了一直未被著录的姓氏四十余姓。③ 故岑氏得此书如获至宝。1936 年 11 月 25 日致陈垣信云："罗氏（按：指罗振玉）虽据《辩证》补佚，尚有漏略复误，今阅三册，已得数条，将来拟汇合删定，并作一总目。"④ 12 月 7 日又云："前上数缄，有所请益，又附还《辩证》拾册，计均达。此次校《辩证》所获亦不尠，《姓纂》有而《通志》无者，约七十姓，勘以《潜夫论》、《广韵》等，约去其半。今得宋本存目，则见《辩证》者，又约三分二，其存疑者不过十姓上下耳。《姓纂》有无错误，最要略知其人时代。"⑤

岑仲勉在校勘《姓纂》中，有疑难问题必请教陈垣，并恳请在北平购买相关图书。1936 年 9 月 5 日，致信陈垣云："去年曾在沪商务见有《汉书》无传人名检索（恍惚如此），颇可助校勘《姓纂》之用。昨去函购，竟谓无之，怪极。便祈费神转图书馆查出原名，示知一一。……日来稍暇，渐理旧业，《姓纂》四部，已竣其三。……余尚有请示商榷之处，当俟毕业时也。"⑥ 同年 11 月 19 日信又云："日来忙于整理，又《姓纂》工作未竟，只略涉序例。……《全唐文》固无力购，然每读一唐集，于《姓纂》校正，不无小补。"⑦

更值得一提的是 1936 年 11 月 25 日致陈垣信云："奉《十经斋集》暨《辩证》。月前读陈毅官氏中，屡引沈氏，检丛目又不知出自何种，正欲有所请教，不期先有以诏我也。"⑧ 而在《元和姓纂四校记》卷末附录三《沈涛书元和姓纂后》中说："去岁秋从校《姓纂》，陈前辈援庵以抄本《十德斋文集》卷四寄示，亟将此文录出，涉诵乙过，知近人罗振玉氏据《金石录》所补佚文，前此数十年，沈氏多已拈出，其用功至足敬也。篇中略有讹夺。……。" 而此文署"民国二十六年，顺德岑仲勉识。"⑨ 信和文的时间吻合，此文中的《十德斋文集》，应是《十经斋文集》之误。《十经斋文集》为清人沈涛（约 1792—1855）著作。孟宪钧《民国以来藏书家刻书举隅·周叔弢》一文说：1936 年 10 月，周叔弢先生刊印嘉兴沈涛撰《十经斋遗集》，封面刊记曰："丙子岁七月建德周氏刊。"沈涛字西雝，清浙江嘉兴人，一生著述甚多，主要有《十经斋文集》等十数种，各书均有道光刻本，但传本稀少，原本难得一见。周叔弢先生挚友劳健（字笃文）是浙江桐乡人，劳氏与嘉兴沈氏有姻亲关系，劳氏发愿刊刻沈氏遗著，以广流传。周叔弢先生出于

---

① 《四库全书总目》（下册），第 1147 页。
② 陈尚君：《汉唐文学与文献论考》，上海：上海古籍出版社，2008 年，第 569 页。
③ （宋）邓名世撰，王力平点校：《古今姓氏书辩证·前言》，南昌：江西人民出版社，2006 年，第 11—15 页。
④ 陈智超编注：《陈垣来往书信集》（增订本），第 579 页。
⑤ 陈智超编注：《陈垣来往书信集》（增订本），第 580 页。
⑥ 陈智超编注：《陈垣来往书信集》（增订本），第 578 页。
⑦ 陈智超编注：《陈垣来往书信集》（增订本），第 579 页。
⑧ 陈智超编注：《陈垣来往书信集》（增订本），第 579 页。
⑨ （唐）林宝撰，岑仲勉校：《元和姓纂（附四校记）》第二册，第 1709—1712 页。

对老友的友谊之情，乃出资刊刻了这部《十经斋遗集》。陈垣所提示的《十经斋集》卷四《书元和姓纂后》，系清儒自孙、洪之后，罗校之前有关《姓纂》研究最集中、最重要的一份学术文献。① 可见陈垣寄来的材料何等重要，岑仲勉"亟将此文录出"。

1937年1月14日，岑仲勉致陈垣函云："汪笺大体甚佳，如汪用之子续，劳用之金石，陈用之魏志，合沈氏书后，清儒治《姓纂》之成绩，殆已见六七。惟张澍注《风俗通》姓氏，以时考之，亦应引及。二毛丛书多史地本，价亦不昂，拟恳代觅一部。因函购或受欺，故敢奉劳也。丛镌二册，原只得奘谱之半，勉意留俟暇日溜览，亦祈嘱坊贾代觅本，或多或少，所不计也。"② 同年1月29日致信陈垣云："修绠书已寄来。受欺者时有缺本，故敢奉劳。张著虽是可传，惟裁择断制，大不如汪氏。《寻源》、《辨误》，闻其名而未知，行本若非单行本者，又不能不乞诸左右矣。"③ 1937年2月26日信又云："前上乙缄，乞便觅《寻源》、《辨误》（想不易得），……张辑《风俗通》引《姓纂》可廿条，均与今本及《通志》、《辨证》引文异。自序谓是早年所为，似总在洪本刊行而后（张生乾隆卅六）。不知其未见，抑竟未对勘也。此等来历，疑出自《统谱》，或牟君所谓明陈士元《姓觿》者。然明人多伪，似不能不慎用之。《姓纂》修稿过半，颇欲得《集古目》一勘。琉璃厂邃雅斋有其名（署价三元），暇恳电话一询，或略优厥值何如？类书文中用——代子目之字，明人已有之，究不知昉自何时，尊鉴宋元本类书有此款式否？诸乞见教为盼。"④

岑仲勉信中恳请陈垣购买之《潜夫论》、《寻源》、《辨误》、《风俗通》、《统谱》等书，都是校勘《元和姓纂》十分重要的书。

东汉王符之《潜夫论》，据《四库全书总目》："《潜夫论》十卷，江苏巡抚采进本。今本凡三十五篇，合叙录为三十六篇。卷首赞学一篇，论励志勤修之旨。卷末五德志篇，述帝王之世次。志氏姓篇，考谱牒之源流。"⑤《潜夫论》旧刻以《湖海楼丛书》的清汪继培笺注本为善，旧称"引证详核，深得旨趣"。所以岑氏信中说"闻湖海楼丛书中有汪继培笺，如对五德志二章有详细笺校，乞代购乙部"⑥ 阅过陈垣代购之书后，说"汪笺大体甚佳"。1985年，中华书局新编诸子集成（第一辑），收入《潜夫论笺校正》，由西北师院彭铎据以标点分章，彭铎的附注置于《汪笺》之后。在《志氏姓篇》，彭铎按曰：

> 吹律定姓，肇自轩辕，胙土命氏，传之唐世，由来尚矣。中叶以降，谱牒湮沉，澒冒因仍，昧其初祖，重以古今递嬗，南北迁移，声有转讹，字多增省，重悽舭谬，治丝而棼。盖在昔已病奇觚，后来几成绝学。考姓氏之书，《世本》最古。继是有作，则节信（按：节信为王符之字）此文及应劭《氏姓篇》、贾执《英贤传》之类，卓尔见称。次则林宝《元和姓纂》、邓名世《古今姓氏书辨证》、王应麟《姓氏急就篇》、郑樵《通志·氏族略》诸书，并伤龃龉。明季以还，又不下十余部，群相蹈袭，自郐无讥。凌氏《统谱》，更为妄作。清嘉庆中，武威学者张澍，寻潜夫之坠绪，慕仲远之博闻，为《姓氏五书》，刊行者有《寻源》、《辨误》二种，虽不无瑕颣，实洞见本原，李慈铭所谓凉士之杰出者也。今校正此卷，则有

---

① 参见项念东：《20世纪诗学考据学之研究——以岑仲勉、陈寅恪为中心》，第294—295页。
② 陈智超编注：《陈垣来往书信集》（增订本），第582页。
③ 陈智超编注：《陈垣来往书信集》（增订本），第582页。
④ 陈智超编注：《陈垣来往书信集》（增订本），第582页。
⑤ 《四库全书总目》（上册），第772—773页。
⑥ 陈智超编注：《陈垣来往书信集》（增订本），第580页。

取其说焉。①

彭铎此段按语，把古代姓氏之学的源流叙述得十分清楚，岑氏请陈垣代购之书，也是此学之重要者。

岑仲勉在《元和姓纂四校记》附录二《张氏四书姓纂引文之检讨》中说：

> 武威张澍氏著姓氏五书，传刻于今者，祇《姓氏寻源》、《姓氏辨误》二种，合其早年所辑《世本》及《风俗通·姓氏篇》，即余所谓张氏四书也。四书征《姓纂》常出今本外，别去赵、郑、邓、罗、凌诸家所引而后，其姓全不为今本著录者余百条，著录而词义差异者数十。孙氏校序有云："此外有宋谢维新《合璧事类·类姓门》亦引古代姓纂，按其词有引《通鉴》云云，则不尽林氏原书"，然则张氏所据，岂为宋末类书欤。……间尝裒而次之，审而辨之，则觉大概可分为十类：（一）可信为佚文者……。（二）可证今本之冒文及补阙者……。（三）可证今本之讹夺或删略者……。（四）真伪混杂者……。（五）为后人转录之讹者……。（六）姓纂本无专条，殆后人误会而析立者……。（七）似后人根据姓纂而引申或附释者……。（八）与《通志》相混者……。（九）可疑者……。（十）断为伪文者……。②

可见张澍这几种书的重要性。

至于《统谱》，即《万姓统谱》。《四库全书总目》：

> 《万姓统谱》一百四十六卷，附氏族博考十四卷，直隶总督采进本。
> 明凌迪知撰。……其书以古今姓氏分韵编次，略仿林宝《元和姓纂》，以历代名人履贯事迹案次时代，分隶各姓下。又仿章定《名贤氏族言行类稿》名为姓谱，实则合谱牒传记而其成一类事之书也。古者族系掌于官，……。秦汉以下，姓私相记录。自《世本》以下，纂述不一。其存于今者，惟林宝、邓名世、郑樵三家。余皆散佚。然散见他书者尚可考见，不过明世系，辨流品而已。迨乎南宋，启劄盛行。骈偶之文，务切姓氏。于是《锦绣万花谷》、《合璧事类》各有类姓一门。元人《排韵氏族大全》而下，作者弥众。其合诸家之书勒为一帙者，则迪知此编称赅备焉。其中庞杂牴牾，均所不免。至于辽金元三史姓氏，音译失真，舛讹尤甚。然蒐罗既广，足备考订。故世俗颇行用之亦未可尽废也。前别有氏族博考十四卷，大旨皆本之《氏族略》，无大发明。以其与原本相附而行，今亦姑并录之焉。③

由此可见《万姓统谱》对于校勘《元和姓纂》也很重要。

关于《集古目》，1937年3月5日致陈垣信云："昨上一函计达。《集古录目》已由修绠堂寄到，请不必再饬他坊代觅，特此布达，并颂撰祈。"④ 由此可知，《集古目》即《集古录目》。《四库全书总目》云：

---

① （汉）王符著，（清）汪继培笺，彭铎校正：《潜夫论笺校正》，北京：中华书局，1985年，第401—402页。
② （唐）林宝撰，岑仲勉校：《元和姓纂（附四校记）》第二册，第1644—1645页。
③ 《四库全书总目》（下册），第1154页。
④ 陈智超编注：《陈垣来往书信集》（增订本），第583页。

《集古录》十卷，通行本。

宋欧阳修撰。……古人法书惟重真迹。自梁元帝始集录碑刻之文为《碑英》一百二十卷，见所撰《金楼子》。是为金石文字之祖。今其书不传。曾巩欲作《金石录》而未就，仅制一序存《元丰类稿》中。修始采摭佚遗，积至千卷。撮其大要，各为之说。至嘉祐治平间，修在政府，又各书其卷尾。于是文或小异，盖随时有所窜定也。修自书其后，题嘉祐癸卯。至熙宁二年己酉，修季子棐，复摭其略，别为目录。上距癸卯盖六年，而棐记称录既成之八年，则是录之成当在嘉祐六年辛丑。其真迹跋尾则多系治平初年所书，亦间有熙宁初者。知棐之目录，固承修之命而为之也。诸碑跋今皆具修集中。其跋自为书，则自宋方松卿裒聚真迹，刻于庐陵。曾宏父《石刻铺叙》称有二百四十六跋，陈振孙《书录解题》称有三百五十跋，修子棐所记则曰凡二百九十六跋，修又自云凡四百余篇有跋。近日刻《集古录》者又为之说曰，世所传集古跋四百余篇，而棐乃谓二百九十六篇。虽是时修尚无恙，然续跋不应多逾百篇，因疑写本误以三百为二百。以今考之，则通此十卷，乃正符四百余跋之数。盖以集本与真迹合编，与专据集本者不同。宋时庐陵之刻，今已不传，无从核定，不必以棐记为疑矣。①

岑仲勉用欧阳修之子棐编的《集古录目》中的碑刻跋尾校勘《元和姓纂》，所以陈垣代购的《集古录目》犹如雪中送炭。

1937年4月9日，岑仲勉致陈垣信，说收到孟真来信，史语所拟聘他为专任研究员。他把《元和姓纂四校记》书稿的内容大体向陈垣作了汇报，以后还要不断修补。② 4月26日又致信云："月来得暇，或先作一弁言，稿竣当录呈指正。辱在爱末，此次用功复多承教益，苟获问世，尤愿求赐一序，以增光宠。"③

傅斯年于1939年4月17日致函岑仲勉云：

《全唐诗文札记》三册，弟读毕叹服之至，如是读书，方可谓善读书，方不负所读书，此应为一组（按：指史语所第一组）助理诸君子用作矜式者也。窃以为史学工夫，端在校勘史料，先生目下所校，虽限于全唐诗文，然而此等工夫之意义，虽司马涑水之撰《通鉴考异》，钱竹汀之订廿二史异同，何以异焉。况其精癖细密，触类旁通，后来治唐史者得助多矣。流徙中有此，诚不易事，谨当编入《集刊》，是亦弟之光宠也。……日后《姓纂》校成，必为一时之伟著，无疑也。④

三、陈、岑之交给我们有益的启示

我们从陈垣与岑仲勉二十多年的学术交谊中，得出几点教益：

---

① 《四库全书总目》（上册），第733页。
② 陈智超编注：《陈垣来往书信集》（增订本），第584—585页。
③ 陈智超编注：《陈垣来往书信集》（增订本），第585—586页。
④ 王汎森、潘光哲、吴政上主编：《傅斯年遗札》（第二卷），第727页。

（一）他们出身相似，并非史学科班出身，都是靠自学成为史学名家，靠的是刻苦努力，靠的是实事求是的科学方法，即继承乾嘉的朴学成就又能吸收西方的科学方法，与时俱进，视野开阔，走出自己的学术道路。

（二）一丝不苟的严谨学风。这种学风对时下浮躁急功近利之风是有力的鞭挞。

（三）他们之交是淡泊名利的君子之交，"君子之交淡如水"，这是难能可贵的。诚如1937年4月26日，岑氏致陈垣信云："人生世上，说来说去，总不外名利两途。利则积多年经验，已置度外。即不为名，而献所学以供商量，亦期守先人遗志也。"[①]

（四）尊师重道。陈垣对岑的提携不遗余力，岑对陈十分尊重。在信或文中常称陈垣为"陈前辈援庵"。[②] 他们虽然不是师生关系，但中国传统的师道尊严，在他们身上都有深刻的体现。

（五）两位前辈留给我们两笔财富：一是物质财富，就是他们丰硕的著作，二是精神财富，就是他们为追求科学真理而孜孜不倦地奋斗的精神。这两笔财富，我们都应该加以继承和弘扬，为今天我们实现伟大的民族复兴的中国梦而奋斗。

2017年3月
（作者单位：中山大学历史学系）

[①] 陈智超编注：《陈垣来往书信集》（增订本），第585页。
[②] （唐）林宝撰，岑仲勉校：《元和姓纂（附四校记）》第二册，第1709页。

唐史双子星中稍显晦黯的那一颗
——纪念岑仲勉先生诞辰130周年

陈尚君

在近百年唐史研究史上，唯一能与陈寅恪先生齐肩并论的只有岑仲勉先生，在圈内几成定论，但在圈外则冷热相差很大。虽然十多年前中华书局曾出版十六卷本的《岑仲勉著作集》，但对其成就的认识似乎又一直不是很高，读过几本的，初步印象都认为所论太过于琐碎，根本不足以与陈寅恪相提并论。过激的，甚至认为他最多只能算一个唐代文史资料员。我曾很认真地读过岑氏几乎所有能找到的论著，心追力仿，写过几篇几乎与岑氏同题的论文，体会他的治学方法，领会他研治唐史的总体格局与学术建树，有一些独到的体会。今年是岑氏诞辰130周年，也是他辞世55周年，他当年任教的广州中山大学历史系将召开纪念研讨会，我愿趁此机缘，将一些认识写出，纪念这位难得的史学大家。

一、自学成才、大器晚成的史学家

岑仲勉名铭恕，中年后以字行。1886年8月25日生于广东顺德。其家据说是商人家庭，祖辈都开米店。其父孝辕公为前清举人，他出生仅三岁就去世了。其父关心海防和新学，留心经世之学，岑氏自云志学之年曾得见其父批读的杜佑《通典》。其伯父简庵公曾师事粤中名儒陈澧，其二兄于光绪末在翰署任职。虽然到现在为止，因岑氏本人自述尚未公开，仅从他本人偶然叙述中披露一二，其门人也有简单叙述，详细情况还不太清晰，大体可以认为是富裕商家走向文化与仕宦的道路，两者并不违格。

岑仲勉就学以后的最初十年，接受的是传统科举教育，但风气遽变，科举废除，他的兴趣也转向史地、掌故、政典之学。十八岁入两广大学堂，习经史之学，对汉学之考据与宋学之义理皆有兴趣。虽也动过出洋的念头，终因经费难以筹措，弃而入北京高等专门税务学校，转学税务理财之学。在当时，文史之学唯大富贵之人方能玩转，博学如王国维，名声中天之时，为其酷爱文辞之学的二子，选定一学海关，一学邮政，即知此二途方能裕家存活。岑氏毕业后任职于上海江海关，月薪250元，收入很高。此后转任广三铁路局局长，从1930年起任广州圣心中学教务主任，达五年之久，初任课为微积分与解析几何。其间对生物分类学有了浓厚兴趣，尝试用西方分类学作中国植物名实考订，并撰植物分类学书稿五十多万言。当然更大的兴趣还在文史，主办校刊《圣心》，几乎只发他个人的论文，重点则在西北史地与唐史研究。因为一次机缘，他与史学大家陈垣建立通信，研究水平也为陈垣所激赏。陈垣向傅斯年推荐他到当时文史研究的最高机构中央研究院历史语言研究所专力从事学术研究，但他一直犹豫。1934年起任上海暨南大学秘书兼文书，1936年转任潼关禁烟会计专员。直到1937年方下决心放弃俗务，入史语所任职。

以上列举岑氏的早年经历，一是要说明其先人虽有一定的家学根底，但层次并不高，估计其父读过一些经世之书，其伯父知读经与碑帖之学，皆不足以名家，他的文史之学几乎完全靠阅读摸索而得。自学者最大的优势是兴趣浓厚，体悟深切，涉学无界域，无权威，无定见，缺点是不免绕弯路，出疵瑕。就起点言，岑氏与陈寅恪不可同日而语。二是他对西方自然科学和现代社会、经济的涉猎与理解，远较一般专攻文史者为系统。北京高等专门税务学校为1908年清廷为培养本国税务人员而建，主要请洋人任教，修业四年，设统计、海关、银行、商业四科，对外文要求很高。岑氏早年研究植物分类，并曾教授微积分与解析几何，对西方自然科学曾有系统认识。西方生物分类的基础是全球生物物种调查，其分类方法主要是形态分类，核心是复杂的层级分类和细微差异的观察记录，以这种态度研治唐代文献，当然与乾嘉以来一般的治学方法有了根本区别。三是在五十一岁转入专业治学以前，岑氏长期担任实务，在圣心中学和暨南大学的两段经历，主要职务仍属行政方面。即便有机会转入研究所，他仍难下决心，很可能主要原因还在于家累，在于经济压力。五十一岁后的二十年，他的著述总数超过一千万字，也实在很惊人。说大器晚成，恰如其分。

二、抗战迁徙岁月中建立学术丰碑

1937年以前，岑仲勉仅出版一种专著，即《佛游天竺记考释》，1934年上海商务印书馆出版，主要解读法显行记中的地名问题。此书引起同样关注西域南海问题的陈垣的关注。岑寄出自己的已刊各文，并请陈为《圣心》题签，来往遂密。此时他所著《隋书州郡牧守编年表》、《李德裕〈会昌伐叛集〉编证》等书也陆续完成，未能刊布，但许多论文在国内重要学术刊物如《金陵学报》、《东方杂志》、《史学专刊》、《辅仁学志》发表，声誉日隆，陈垣向傅斯年推荐他到史语所工作，得到积极安排。

1937年7月5日到史语所报到，过两天抗战就全面爆发了。其后战火遍及江南，乃随所迁徙长沙，次年初迁昆明，1941年迁重庆南溪板栗隘，1943年迁宜宾李庄。虽然不断迁徙，但凭借史语所的丰富藏书，岑氏全力以赴，迎来个人学术生涯的巅峰。虽然他仍坚持纯学术而不关涉时事，但今日读他当年的著作题记，如《唐集质疑序》"1937年记于长沙"，《唐人行第录序》"1938年入滇，维时研究所图书在途，供读者只随身零本"，《跋唐摭言》："时民国二十七年十二月，云南起义后四日，顺德岑仲勉跋于昆明。"《论〈白氏长庆集〉源流并评东洋本白集》"顺德岑仲勉记于昆明龙头村，时1939年6月月半"，《〈白氏长庆集〉伪文》"1939年11月，草成于昆明龙泉镇"，《〈文苑英华辨证〉校白氏诗文》附按"1941年3月，识于四川之南溪"，《从〈文苑英华〉中书翰林制诏两门所收白氏文论白集》"1942年7月下旬，仲勉识于板栗隘张氏新房"，《唐唐临〈冥报记〉之复原》"1945年1月19日，南溪李庄"，如此转徙无定所，仍坚持做最纯粹的学术，这种治学精神，以及在国难中史语所为保证同仁学术研究之努力，真值得今人三思。

岑仲勉一生最重要的成就是《元和姓纂四校记》，他在抗战转徙之间的所有工作，其实都是为此项工作而作文献搜录工作之间的意外收获。《元和姓纂》十卷，为唐人林宝元和七年（812）所著，缘起是因某次某官授爵，误属郡望，宰相王涯认为应有记录魏晋以来世家谱系与当代官阀望贯的专书，以便参考。林宝受命，广参群籍，以三月之力编成此书。内容其实包含两部分，一部分为依据从《世本》、《风俗通》、《潜夫论》、《姓苑》、《英贤谱》等书构筑的所有姓氏之得姓来源与房支递传，另一部分则是北魏以来至中唐为止约三四百年间皇室到重要官员的实际占籍与家族谱系。由于唐以前的谱牒类著作几乎全部失传，该书成为记载汉唐间士族谱系的唯一专书。如果举不太合适的譬喻来说明，汉唐士族社会的总体构成，如同参天的大榕树，无数支杈如同各大小家族，大支分小支，最后到无穷榕叶，就如同那个社会曾生存的无数个人。正史一般仅记载当时最重要人物的活动，至于这个社会是如何构成，各姓各房间又是什么关系，正史无传但曾生存于那个社会的次一等人物又处于什么位置，《元和姓纂》可以说是研究汉唐士族社会总体构成与所有支脉的唯一专书。宋以后社会转型，这本由近两万人名堆砌的书之不受重视，自可理解。原书明以后不传，清人从《永乐大典》中辑出，仍编为十卷，馆臣略有校订，是为一校；嘉庆间孙星衍、洪莹重加校补，是为二校；罗振玉作《元和姓纂校勘记》二卷，是为三校；岑校称《四校记》，原因在此。岑校采用穷尽文献的治学方法，致力于该书的芟误、拾遗、正本、伐伪，程功之巨，发明之丰，校订之曲折，征事之详密，堪称其一生著述中的扛鼎之作，也是中国近代古籍整理工作中可与陈垣校《元典章》并列的典范著作。在缺乏系统的古籍检索手段的情况下，岑氏从数千种古籍中采录《姓纂》所记近两万名历代人物（唐人占绝大多数）的事迹，逐一考次订异，并据以纠订前人辑校本的各类错误。《四校记》的意义已远远超越对一部书的校正，其揭示的大量汉唐人物线索为这一时期的文史研究提供了丰富的矿藏，称其为人事工具书也不为过。虽因此书刊布于沧桑巨变的前夕，传本不多，加上 50 年代后学术风气的变化，没有得到其应有的学术重视，另此书采用传统的校书不录全书的体例，仅于出校处录文，读者如不核对《姓纂》原书，则不尽能体会其真旨，也限制了一般学者对此书的利用。中华书局委托孙望、郁贤皓、陶敏整理该书，将《姓纂》原书与《四校记》拼合，1994 年出版，并编有索引。从署名来说，岑氏一生最重要的著作，与林宝与三位整理者一并列出，稍有些吃亏，但其学术意义仍无法遮掩。

  这期间岑仲勉完成大量论文与专著，中心是围绕《姓纂》校订工作展开，更大的规划则是对唐代史事站在现代学术立场上的重新认识。为求《姓纂》二万人名之取舍斟酌，他几乎翻检全部存世与唐五代史交涉的典籍，几乎所涉每一种书都发现各种文本脱误、事实讹晦、传闻不实、真伪混杂的情况。读《全唐诗》，目的是遴取人名记录，很快发现该书小传多误阙、录诗多讹脱之类大量问题，月余检遍，随手所札乃成《读〈全唐诗〉札记》一书。《全唐文》成书于嘉庆间，文献取资与作者小传皆较《全唐诗》为优，在他如炬目光下，仍发现众多误漏，乃成《续劳格〈读全唐文札记〉》，所得倍于劳氏。读唐人文集，则成《唐集质疑》。对白居易、李德裕等重要文集，则反复推敲寻研，皆有多篇长文加以研索。读唐人诗文，深感时俗喜以行第称呼，历经千年，多难得确解，乃排比文献，取舍归纳，为多数人落实了本尊身份。他特别重视对唐人缙绅名录之考订。对前人有专著者，如《登科记考》、《唐方镇年表》等皆有所补订。翰林学士在中晚唐政治史上的地位众所周知，但存世仅有丁居晦《重修承旨学士壁记》初备梗概，唐末僖、昭、哀三朝则尽付阙如。岑撰《翰林学士壁记注补》和《补唐代翰林两记》，使一代制度及学士出入始末得大体昭明。唐六部尚书下之各司郎官，多属清要官，传世有右司郎官题名石柱，清人赵钺、劳格撰《唐尚书省郎官石柱题名考》，考索每人事迹。岑氏反复斟酌原石及拓本，发现清人所据有误录、缺录，更严重的是石刻拼接有误，乃更精加校订，成《郎官石柱题名新考订》及《新著录》二种，尽力还原真相。《姓纂》清辑所载姓名多讹夺，要求其是，务必广征石刻。岑氏对宋代以来的石刻专书作了系统梳理，发现前人考订方法存在众多偏失，乃成《金石证史》、《贞石证史》、《续贞石证史》等系列札记，逐种考定，阐释义例，追求真相，足为石刻研究之典范。对正史、《通鉴》、《唐六典》、《唐会要》等基本典籍，用力更勤，如《通鉴隋唐纪比事质疑》摘出司马光疏失达数百则之多。以上论著,所涉问题之广,考订之细,征引之富,审夺之慎,发明之多,不仅并世无二,前后亦难见出其右者。在抗战及稍后的多期《史语所集刊》上,岑氏几乎每期都以三五篇以上论文同期刊发,著述之勤,亦皆可见。

今人阅读岑著,惊其骇博之余,也常会有所疑问,研治唐史,基本典籍已经可以解决大部分问题,用得着这样不避细琐地加以寻索吗?我想,传统史学重褒贬,讲义例和笔法,忠奸既分,颂德斥恶即可,不必计较细节和真相。但现代史学的任务则首先要穷尽文献,究明真相,再加以分析评判,务求准确可靠,以岑氏治学之严苛,阅读所及,都能发现前人之不足及究明之办法,因此留下大量具体的读书记录。看似琐碎,其实取向大端是明确的。或者换句话说,他早年学经济,习数理,特别是研究植物学,所学是西方一套科学精密的治学办法。转治史学,都用科学的态度审读群籍,不断发现旧籍之不餍所期。在生物分类中,由大的门类到具体属种的科学分类,任何细节的差异对判读物种归属都应加以考虑,以此方法治唐史,岑氏对所有一手文献不加区别地加以审夺,去伪存真,恰好他又精力过人,效率惊人,因此有如此多的涉猎。

三、《隋唐史》所见岑氏治隋唐史整体构想

以上所有岑氏的研究几乎都是具体入微的,表达他对唐史系统认识的著作只有《隋唐史》。该书正式出版在1957年,但其初稿《隋唐史讲义》完成则在1950年。我比较怀疑最初动手的触机是1948年脱离史语所,到中山大学任教,教学需要教材,方陆续编成。时当鼎革之际,应该经过几度改写,也不知最初的手稿有无保存,讲义虽存也不易得见,这里仅能就公开出版者加以讨论。

该书卷首有岑氏《编撰简言》,说明全书用浅近文言,一是求与中古文言史料之便于对接,二是引导专攻白话的中学生进入大学后养成阅读文言的习惯。特别强调断代史教学应与通史不同,应向各专门化途径转进,凡涉问题,必先胪列众说,"可解决者加以断论,未可解决者暂行存疑",为学生今后研究打下基础。这一点很重要,他在该书中对古人与今人之见解都有充分的讨论,因陈寅恪学说在当时影响巨大,故讨论亦多,此下节再说。

岑著凡隋19节,唐68节,对隋唐史的几乎所有重大问题,从国际大势到朝代兴亡,从民族冲突到制度变革,从军事冲突到政事纷争,从佛经翻译到文体迁变,无不有所涉及,这在当时的通史和断代史中都是少见的。他在隋史部分用四节述突厥史,特别讲到突厥因丝绢贸易而与东突厥发生联系,力辨铁勒非民族而只是史籍误译所致,都接受了欧美学者的新见。特别讲到隋代三大工程,即大兴城之兴建与通济、永济渠开凿之意义,也与一般只讲大运河有所不同。在唐史部分,他的所长在制度、氏族、经济、人事,各方面都有很充分的发挥。比如田制,他用"北魏均田之缘起及其制度"、"唐之均田"、"庄田"、"俸料、公廨本钱及职田等"四节作充分讨论。即便一般史家很少讨论到的文学问题,也有"佛徒撰译之文艺价值"、"文字由骈俪变为散体"、"西方乐曲影响于开元声律及体裁"、"盛唐、中唐、晚唐之诗人"加以论列。在唐史最后部分,更罗列地方区域及社会组织、手工业及物产、市墟及商务、交通、黄河、水利、学术与小说、历法与天文、乐舞及百戏、服饰等内容,可见其视野之广备与独到,部分已经触及90年代新史学论述的核心内容。在这些所有方面,岑氏既不循历代正史之定说,与海内外时贤之见亦多有商榷,显示了他的独到见地。

具体可举二例。唐三十四节为《西方宗教之输入》,分别介绍祆教、景教、摩尼教在唐代传

入之始末,这并非其治学所长,但援引陈垣、向达、沙畹、方豪、张星烺、冯承钧诸家之说,清晰叙述了三教之教义及入唐传教之始末,虽然认为《墨子》中的炎人国即祆教未必能成立,但在课堂上的这些讲授对学生无疑多有启示。五十八节《市虚及商务》,涉及唐前后期商业活动之不同,从长安东西市之繁荣,讲到各地因墟成市之发展,续讲对外四大商港比景(今在越南)、广州、泉州、扬州之盛况,复讨论陆路商务、南海商务及西域商路之变化,最后介绍海外输入物品之丰富。这些介绍,无不援据丰博,启迪思路,虽非皆发明,但准确周详,足可信据。

不过,《隋唐史》是教材性质的专著,它必须向学生提供各方面清晰的知识,岑氏折衷百家言,成一家说,与独立的学术专著稍有不同,加上此书岑著毕竟与50年代的主流史学相去甚远,得到一些前辈的认可,未必适合新时代的要求。能刊布已属大幸,授课成就能有多少,真很难说。几十年后再读,他所讲到的很多都成为显学,当然他的所见也为新说所超越。

四、岑、陈二氏史学分歧及治学方法之比较

陈寅恪的史学成就早有定评,无须讨论,需要讨论的是岑氏的成就。

岑仲勉年长于陈氏五岁,成名则要晚得多。1937年他到史语所任职,傅斯年在寄出聘书的同时,即告他研究计划须与历史组主任陈寅恪商定。岑赴所前曾两度信告陈垣以联络陈寅恪,均未果。他到所时,陈寅恪适因父丧在北平,至次年方在昆明见面。《唐人行第录序》云:"一九三八年入滇……八九月间在昆明青云街靛花巷初与寅恪兄会面,渠询余近况,余以拟辑《唐人行第录》对。"不知是否谈及其他话题。此后陈脱离史语所,岑则随所十一年,至1948年返粤任中山大学教授。巧合的是,院校调整时,陈也随岭南大学并入中山大学,唐史双雄遂同在一系。据蔡鸿生回忆,两人间私下来往不多,但能互为礼敬。岑著《隋唐史讲义》篇幅多达60万言,系统表达他对隋唐史几乎所有重大问题的看法,其中包含大量与陈氏商榷讨论的意见。据项念东的比读,对陈氏学术观点的批评多达78处,除少数几则为补充陈说或引陈说以为佐证外,绝大多数为对陈说的批驳,包括关中本位政策、李唐先世出赵郡李氏、太宗压制中原甲姓、府兵兵农合一、牛李党争所分阶级及始于元和、唐制承北齐、唐小说与古文运动之关系、唐将相文武分途说等等,几乎涉及陈氏大多主要学术建树。该书1957年由高等教育出版社出版,陈氏虽失明而不良于阅读,但他友生众多,对此应有所知闻,但并未作任何回应,也从未对岑氏有任何批评。

就岑氏之立场,凡学术问题自应以精密的文献与周圆的考虑予以立说,重要的结论尤应有多方面的考量与审视。他曾撰文批评李嘉言《贾岛诗注》与《贾岛年谱》,李氏回应颇有一些激烈言辞,岑奉覆云:"总言之,学术经讨论而愈明,留昆明时李君虽未谋面,固曾一度通讯,然僚友中如董作宾、向达、马元材、杨宪益诸先生,拙亦屡有讨论之作,则因我的看法,讨论与友谊,应截然划分为两事也。"他订补吴廷燮《唐方镇年表》时,认为"其声誉愈高,愈易得人之信受,辨正之旨,非抑彼以自高,亦期学术日臻于完满而已"。他与陈寅恪的学术讨论,也应属此一性质,仅属于君子之争。在50年代学术风气下,岑著仅就问题加以讨论,绝不引向政治问题,始终保持书生本色。但就他人特别是陈氏及门与追随者来说,未必愿意这样看。前辈史家金毓黻初读此书,认为岑走陈一路学术,"于极细微处亦一丝不苟","偏于专而短于通",仔细再读,方发现岑"旁征博引,证明陈氏之不尽确当,可见其善于读书",但更欣赏陈之"从大处着眼",认为岑"所引诸证亦能穷原竟委,为陈氏注意所未及",缺点是"不能贯通前后"(均见《静晤室日记》),均属中肯之言。海峡对岸的傅乐成看到岑著,感到骇异,极力反驳,有些感情

用事。到目前来说，以项念东《20世纪诗学考据学之研究——以岑仲勉、陈寅恪为中心》之讨论最为客观深入。

以下仅就牛李党争问题略作讨论。

牛李党争是中晚唐之际的大事，因大中后政局为牛党把持，晚唐史家多右牛而黜李，到司马光仍如此。陈寅恪向推崇《通鉴》之有识，多赞同其所见。岑则依据李德裕文集与史实比读，再加上对两造人物仕历与论政之反复比证，右李而斥牛，对李会昌间之建树及谋国公忠，多有揭示。因此力主李党无党，进而对陈说有关两党涉及不同的阶级、李党重门第而牛党重科举、两党分别代表旧门世族与新兴阶级提出商榷，进而涉及两党相关人员之立场，以及党争初起之原因。这些意见之讨论均涉及复杂之考证与具体之人事，岑之所言虽不能皆是，但确多发人深省之意见。就我近年感受，当时依违在两党间之人物，人数众多，如元稹、李绅近李，刘禹锡与李交厚，与牛党主人亦唱和不断，白居易则广泛交结，却又远远躲开，白敏中为李所引，但在武、宣之际打击李又不择手段。牛僧孺元和三年制策，陈推测针对德裕父李吉甫，此策近年在宋人编《唐策》中找到，并没有相应内容。李本人为门荫出身，对进士之浮华有所批评，但他南贬时，"八百孤寒齐下泪，一时回首望崖州"之民意，也足见李之主持公道，大中后牛党把控科场，丑行多有，更为世周知。本来阶级与操守就很难画等号，岑引《新唐书》作者宋祁说，认为牛李之李指李宗闵，则牛李为一党，并引晚唐北宋诸家说认为李德裕无党。《隋唐史》这一节的篇幅多达二万言，他贬斥牛党目的、手段"只是把握朝政，以个人及极少数之利益为第一位而不顾国家、人民，性质属于黑暗社会"，他力辩李德裕不结私党，赞同《云溪友议》认为他"削祸乱之阶，辟孤寒之路，好奇而不奢，好学而不倦，勋业素高，瑕疵不顾，是以结怨侯门，取尤群彦"之说，对从沈曾植之牛李以科第分，"牛党重科举、李党重门第"之说，以及陈寅恪以个人行为来界定旧族或新兴，皆致不满，排列陈氏认定的核心人物二十多人中大多为旧族出身，二李党人物则各占其半，证明沈、陈之说不能成立。他对司马光、陈寅恪都赞同牛僧孺放弃维州及将吐蕃降人交换吐蕃的说法尤致强烈的不满，考辩议论都非常详尽。当然，岑有时也因意气用事而有失冷静，如李德裕已出为女冠之配刘致柔，究竟为妻为姜大约还是陈氏为是，刘的身份是姜而非妻，但她所生子李烨已立为嗣子，丧事又有李烨操办，因此而与一般之姜志有所不同。岑对此段史实的研究，用力极度邃密，故能在讨论中占尽上风。后来傅璇琮撰《李德裕年谱》，为岑说提供了更坚强的支持。

具体说到陈、岑二家治史方法之不同，可以借缪钺谈唐宋诗之语为例，陈是登高远望，意气浩然，岑是曲径寻幽，得其精能。比如言农获，陈见万顷良田，禾稼盈丰，风雨调顺，灾害不兴，猜其致隆因由，断其秋获必盛，每多卓见，足启后学；岑则开沟通壑，勤耕细作，去草灭害，日日辛劳，至秋获已毕，粮谷入库，称量完成，方细说所得，总结始末，虽然琐碎，但精确无比。譬如绘画，陈所作为写意画，大笔挥洒，意境全出，文章生动，韵在象外，启人意志，观者如云；岑所作为超现实之工笔画，画树则每片绿叶之叶脉皆精准无讹，画山则山石飞走无不毕肖其真，读者骇其博，未必赞其艺。无论怎么说，百年来的唐史研究，总体水平高于其他时代，两位大师从不同立场的分析和探讨，互为竞争也互为补充的研究，是其中的关键。那么二人的共同点何在呢？我认为都是从基本文献出发，突破唐到北宋史家对唐史的基本叙述，用现代学术立场重新建构一代史学。

五、唐史学家引领唐代文学风气的转变

　　1949 年以后，岑仲勉治学勤奋如故。对于新的主流学说，他也试图加以尝试，故在《隋唐史》中附列一节以《试用辩证法解说隋史之一节》为题，所讲则为北朝及隋之对突厥馈赠引发东罗马与波斯间的争斗；另列《西方乐曲影响于开元声律及体裁：从〈实践论〉看诗词与音乐之分合》，也有些贴标签之生硬。在社会分期讨论兴起之际，他撰写了《西周社会制度问题》参与讨论。1953 年根治黄河方案推出，他以二年之力写出 60 万言《黄河变迁史》，提供决策参考。他努力适应并服务于新社会，方式则与那时的一般曲学阿世者有很大不同，基本治学方法与致力方向并没有大的改变。在五六十年代，纯学术著作之出版并不算太景气的情况下，他先后出版《黄河变迁史》（人民出版社 1957）、《隋唐史》（高等教育出版社 1957）、《府兵制度研究》（上海人民出版社 1957）、《西周社会制度问题》（同前 1958）、《墨子城守各篇简注》（中华书局 1958）、《突厥集史》（同前）、《西突厥史料补阙及考证》（同前）、《隋书求是》（商务印书馆 1958）、《两周文史论丛》（同前）、《唐史馀瀋》（中华书局上海编辑所 1960）、《唐人行第录》（同前 1962）、《中外史地考证》（中华书局 1962）、《通鉴隋唐纪比事质疑》（中华书局 1964），达十三种之多，其中许多是他早年的著作。此外《金石论丛》、《郎官石柱题名新考订》、《汉书西域传地里校释》等几种也基本定稿，到"文革"后出版。可以说，他生命的最后十来年，在忙碌而兴奋中度过，尽管这时他的健康状况已经大不如前，"双手颤抖，写字东歪西倒，但他却毅力过人，老来弥笃，著述不辍。"（陈达超《岑仲勉先生传略》）

　　在学界，岑氏基本是一位独行者。在前辈与同辈中，似乎只有陈垣始终关心有加。他指导或曾授课的学生中，陈达超坚持多年，陆续完成他遗著的刊布，较有成就的有姜伯勤与蔡鸿生，但治学路径已经有很大不同。

　　最近四十年中，岑氏最大的拥趸群体，则来自唐代文学领域。或者可以说，岑氏的治学方法影响了最近几十年唐代文学研究风气的转变。

　　较早地可以说到瞿蜕园、朱金城之分别或合作笺注李白、刘禹锡、白居易诗，瞿家与陈寅恪父子两代世交，瞿氏注刘诗特别关注贞元、会昌间之政局动向及在刘诗中的反映，注意揭示刘与各方政治人物来往交际中所存留的复杂痕迹，其对人、事、时、地及诗文寓意的揭示，兼得陈、岑二氏之长。朱金城注白居易诗，特别关注白氏一生交际中的人际变化，他的三篇《〈白氏长庆集〉人名考》长文，将白居易诗中不同称谓人物的具体所属逐一指明，从而揭示人际交往中白诗的具体指向，最得岑氏治学之精神。《中国大百科全书》中将《登科记考》、《唐两京城坊考》等列入文学卷，也出于他的手笔。

　　傅璇琮受法国社会学派影响研治唐诗，特别关注唐代诗人生平与创作研究如何走出传说的记录，而追溯诸人真实的人生轨迹，关键是据《姓纂》、石刻、缙绅职官录等可以准确定时、定地、定家世实际的记录，纠正笔记、诗话乃至《唐才子传》一类传闻记录的偏失，揭示诗人的人生真貌与创作原委，从而给唐诗以新的解说。傅主持所编《唐五代人物传记资料综合索引》，将以往很少为人关注的包括史传、全唐诗文、僧录、画谱以及包括《姓纂》在内的各种谱录做出精密的索引，以便学人充分利用。又著《李德裕年谱》光大岑说。晚年继岑氏而做《唐翰林学士传论》二种，将两百多位学士在政治、文学方面的建树作了更彻底的清理。

　　整理《姓纂》及岑氏《四校记》的郁贤皓、陶敏，对岑氏治学也深有体会。郁之成名作

《李白丛考》，循岑氏治学理路，广征当时还很难见到的石刻文献，对李白初入长安之人际交往、李白诗中崔侍御为崔成甫而非崔宗之、李白供奉翰林非出吴筠推荐等重大问题，作出精密考订。其后更感到唐诗中大量出现的王使君、李太守之类交往难得确解，确定这些人名的具体人物对考订唐诗作年的极其重要，乃发愤编纂《唐刺史考》，将岑氏《隋书州郡牧守编年表》的工作扩展到有唐一代。陶敏在笺注刘禹锡集中深感唐诗人名考订对诗歌作年、本事及文本校订之重要，在整理《姓纂》中对一代人事有极其精准的掌握，在完成《〈全唐诗〉人名考》前后两版及《〈全唐诗〉作者小传订正》等著中，主要依靠文本解读寻觅内证解决唐诗及诗人研究中许多重大问题，晚年并据岑著且补充新见文献，写定《姓纂》新本。

我本人在 80 年代初开始做唐诗辑佚，此前曾查阅了岑氏大量著作，体会基本方法，曾将《姓纂》通抄一过，比对岑校细读，从而认识唐一代人事的基本格局。此后为唐诗文考订补遗，作《〈全唐诗〉误收诗考》、《再续劳格〈读全唐文札记〉》、《〈登科记考〉订补》、《唐翰林学士文献拾零》以及石刻研究的系列论文，都依傍岑著而有所发明，并学会从文献流传过程中揭示真伪，追溯真相。

以上所述包括本人在内研治唐代文学诸家治学所受岑氏之影响，当然不包括当代研究唐文学的全部，但一位历史学家之治学如此密集地为文学研究者所追随，确实很特殊。如果一定要加以解释，我认为传统史学的关注重心在上层政治史，而岑氏著作几乎涉及唐代所有与文史相关的典籍，指示这些典籍存在的问题及校订办法，更揭示了以《姓纂》和郎官柱为代表的中层官员及文人群体的存在状况。多数诗人虽然偶然也涉足上层，但更多时间则行走基层，交往中低层级的官员，岑著的文献考订和治学追求，无疑提供了解读这些诗人及其作品的可靠途径。一些文学学者因此而涉足史学领域且乐此不疲，也就可以理解了。

项念东博士寄示其所著《20 世纪诗学考据学之研究——以岑仲勉、陈寅恪为中心》（安徽教育出版社，2014）及未刊稿本《岑仲勉先生学术年谱简编》，本文均曾充分参考，援据不能逐一注出，谨此说明并致谢。

2016 年 10 月 27 日
（作者单位：复旦大学中文系）

岑陈二老隋唐史观之比较

王 睿

  1957年12月，高等教育出版社出版了岑仲勉先生的《隋唐史》一书。该书是在岑氏1950年编定的、后由高等教育部印发各高校做参考资料的油印讲义基础上合并修改完成，其中未掩与同是中山大学历史系"中古史大师"（刘节语）[①]的陈寅恪先生有关隋唐史研究的学术分歧八十五条（详见附表），[②]商榷之点二十三四处，[③]内容主要围绕关陇集团问题、隋唐制度渊源问题、牛李党争问题、民族文化问题以及唐代文学和经济问题展开，批评之密集和有力，"为陈书刊布以来所仅见"。[④]鉴于陈寅恪学术观点对当时及后来学界产生的重大影响，如何正确看待岑氏《隋唐史》针对陈氏"唐史三稿"的批评，成为学界中人较为关注的一个问题。对此，金毓黻、贺昌群、牟润孙、傅乐成、卞孝萱、蔡鸿生等老辈学人或多或少都有文字论及，其对陈岑二老学术水平的论定也已成为学界共识，[⑤]但随着学术研究的深化和跨领域的思维借鉴，以项念东为代表的中青年学人开辟了新的研究路径，即将陈岑二老的治史风格视为两种可以互相弥合的考据进路，由此开启对岑仲勉学问价值的重新审视和再评价。

  项念东《20世纪诗学考据学之研究——以岑仲勉、陈寅恪为中心》一书颇汇聚不少文史学人的重要观点，尤其是第二章《岑仲勉对陈寅恪之学术批评及两种考据思路》[⑥]，对前人观点作了深入辨析和理论阐释，故成为本文渔猎采获的重要对象。先引作者意见如下，再逐条进行分疏：

> 迄今为止，学界对岑陈二公隋唐史研究之不同观点专门予以比较研究者，已见二文，观点稍有不同。傅乐成《陈寅恪岑仲勉对唐代政治史不同见解之比较研究》（《中国史论集》，57—63页）一文，从"李唐先世之籍贯""武曌以后将相是否分途"、"唐室是否压抑山东旧族"三个方面，辨析二者观点之分歧。名为比较，实为陈论张本。宋社洪《试析岑仲勉〈隋唐史〉对陈寅恪隋唐史研究的批评》（《福建师范大学学报》2008年第2期）一文，亦提出三点作讨论，"一、关陇集团问题"，"二、隋唐制度渊源问题"，"三、牛李党争问题及

[①] 蔡鸿生：《康乐园"二老"》，《仰望陈寅恪》，北京：中华书局，2004年，第120页。
[②] 据项念东统计有78条，我在他基础上增补了7条。参见氏著《20世纪诗学考据学之研究——以岑仲勉、陈寅恪为中心》第二章《岑仲勉对陈寅恪之学术批评及两种考据思路》，合肥：安徽教育出版社，2014年，第57—61页。
[③] 蔡鸿生：《康乐园"二老"》，《仰望陈寅恪》，第130页。
[④] 傅乐成：《陈寅恪岑仲勉对唐代政治史不同见解之比较研究》，《中国史论集》，台北：台湾学生书局，1985年，第57页。
[⑤] 诸位先生中，要以金毓黻的观点最具代表性，"岑君亦能旁征博引，证明陈氏所论之不尽确当，可见其善于读书。余因向未治此段历史，对于史料尚不熟悉，更谈不到大量占有史料，但终觉陈氏之论多从大处着眼，就此一节论之，似胜岑氏一著。"参见《静晤室日记》第10册，沈阳：辽沈书社，1993年，第7170—7171页。
[⑥] 项念东：《20世纪诗学考据学之研究——以岑仲勉、陈寅恪为中心》，第51—93页。

其他",其"余论"部分另略述二氏分歧之由及各自优劣所在。宋文指出,岑陈二氏都承续乾嘉实证学风,"在研究方法上并没有本质的区别";其分歧的原因,主要在二者"在编撰目的和体例上选择了不同的方向"——有"专"与"通"之别,故而岑著考证细密但乏贯穿主线,陈著立说宏通偶有文献失检,两者既有互补余地,亦为后来学术提出新问题。相对而言,宋文辨析较细,但"余论"似仍未出20世纪50年代贺昌群、金毓黻等人意见范围。①

一、岑仲勉与傅乐成治史风格的"同"与"不同"

项氏谓傅乐成"名为比较,实为陈氏张本",细按傅氏原文,的确如此。傅文首段有云:"兹将二氏见解不同之若干问题,作一比较研究,以冀扩充新知,稍求创获;如谓为两大家作仲裁,是不敢也。"② 但在具体结论方面,却为"一面倒"的质证表述:"一、李唐先世之籍贯",认为"李唐先世源出赵郡而非陇西已为定论。此实岑氏未谙南北朝下至唐初之社会风尚也"。③ "二、武曌以后将相是否分途",则说"仅就制度表面观之,岑说似颇有理,然如就事实真相加以分析,则岑说实有未洽也"。对岑氏举天宝后以蕃将为相的十一人作为唐代将相无显著分途的证明,又说"此辈之绝大多数,未尝一日身在政府,岑氏以此证明将相之不分途,固仍是皮相之谈也"。④ 平心而论,傅氏所言事理兼备,立论该洽,且谨守"政治史"的范围,可谓陈氏中古史政治创见的心曲发皇者。严耕望先生说他"凡所论述,多关涉大局,且具通识,有新意"⑤,确非虚誉。只是,此种"一面倒"的评价,对岑先生批评对了的地方一无表彰,无形中失掉了"比较"的真义。

以岑氏于财政制度方面"破陈氏河西地方化之说而立中央制度及于河西说"为例,时人认为岑仲勉对陈寅恪有关唐代帝王"就食"东都说的订正虽合乎史实,确可补正后者以帝王幸洛为据论唐代财政经济关注点转移说之不足,但这充其量仍只涉及陈氏证成其总论断诸多触角中的一个方面,并无损于其"大判断"本身。这里所说的"大判断",具指陈寅恪研究唐史的一个系统论观点,即唐开元中施行和籴本限于西北一隅,后逐渐推到关内,是即河西地方化经济制度走向中央集权制度的一个侧面。不仅如此,此一问题又可谓玄宗朝积极经略西北边疆之重要事例。而这些,又都关系到唐初以来"关中本位政策"的确立与发展这一唐史解释的"大判断"。⑥

但问题是,如果"和籴法确不始于开元间之河西,而是始自北魏迄于唐,由中央而及于河西"的话,那陈氏"大判断"中鼎立之三足就已缺了一足,上层建筑的基础既已陷落,如何能说于"大判断"本身无损呢?即以岑氏所举七证合而观之,和籴之法早行于隋代之前的北魏,实由常平、均输演变而来,贞观年间京师已设有不少和籴专官,开元十六年(728)又令所在和籴,

---

① 项念东:《20世纪诗学考据学之研究——以岑仲勉、陈寅恪为中心》,第53页注3。
② 傅乐成:《中国史论集》,第57—63页。
③ 傅乐成:《中国史论集》,第58页。
④ 傅乐成:《中国史论集》,第61页。
⑤ 傅乐成:《中国史论集》"严序",第1页。
⑥ 项念东:《20世纪诗学考据学之研究——以岑仲勉、陈寅恪为中心》,第82—83页。

足以证明其绝非"河西地方化"。① 岑氏的观点，相比于陈氏基于大量假设的结论似乎更有说服力，其他如府兵、均田、官制等，均对陈氏隋唐制度渊源说的多个层面都进行了详尽的辩驳和修正，如北周"丁兵"指服力役的平民，有时也有征戍之役，但与府兵不同，也已成为唐代兵制研究者的共识。② 对于岑先生取得的这些成绩和贡献，爱护陈先生观点者不能视而不见。因为用专题的形式，一个一个地解决问题，渐而累积成为信史叙述之基础，恰恰是实证主义传统和西方专题研究留给我们的一笔重要财富。

傅乐成虽然力驳岑仲勉的观点，但就治学风格而言，二人实有极相类的地方。作为史坛一代名师，傅乐成1960年撰述出版（1978年修正再版）的《中国通史》，广受青年学子欢迎的同时，也得到史界权威之认可，且无一例外都拿来与钱穆先生的《国史大纲》相提并论。上世纪80年代，严耕望先生曾评价说，"半个世纪以来，中国通史之撰述不下二三十家，除无锡钱先生《国史大纲》识解卓异，一世巨擘之外，允推秀实（傅字）此书，本之国史旧文，颇参时贤成绩，条理清晰，平实浅易，转较钱先生书易为青年学子所能接受也。"③ 许倬云说傅氏《通史》"是综合已经成定论的许多研究发现，做个总结"，并具体指明它包含了哪些"时贤成绩"，"例如：在隋唐史部分，他不仅采用了陈寅恪先生的《隋唐制度渊源略论》和《唐代政治史略论》两篇名著的观点，也大量地采用了严耕望、全汉昇、赵铁寒、傅乐焕、傅乐淑和方豪等等学者的意见。同样，在上古史部分，他采用了李济、梁思永、傅斯年、杨希枚和石璋如等人的研究。在其他各章节，无不如此，他广泛地收纳了抗战前后学者们的研究成果，也将台湾50年代以后二十多年的学术研究，都提精摘要，融入他的《中国通史》。"④ 尤为重要的，是许倬云的一句评价，"相对于钱穆先生的《国史大纲》，傅著并没有特殊的史观，却十分重视经过考订的历史现象。"⑤

恰好是在"没有特殊的史观"和"重视经过考订的历史现象"这两方面，岑仲勉与傅乐成是相一致的。傅氏反对"特殊的史观"，具指抗日战争期间钱穆在《国史大纲》中灌注的"国族主义"；岑氏反对的"特殊的史观"，则是陈寅恪的"系统论"。他在《隋唐史》第四十五节"李德裕无党"条中，曾明确指出：

> 质言之，从古史中寻出一种系统，固现在读史者之渴望，然其结果须由客观归纳得来。中唐以后，除非就选举法根本改革，任何人执政都不能离开进士，无论旧族、寒门，同争取进士出身，寒门而新兴，亦复崇尚门第，因之，沈氏"牛党重科举，李党重门第"之原则，微特不适于二三流分子，甚至最重要之党魁，亦须列诸例外。是所谓"原则"，已等于有名无实。如斯之"系统论"，直蒙马虎皮而已。⑥

在《隋唐史》的"后记"中，岑氏又作了进一步总结：

（4）以一个观点来总括许多问题，最容易流入唯心论的解释，一着错全盘皆错，贻误后

---

① 岑仲勉：《隋唐史》，北京：商务印书馆，2015年，第339—340页。
② 宋社洪：《试析岑仲勉〈隋唐史〉对陈寅恪隋唐史研究的批评》，《福建师范大学学报》（哲学社会科学版），2008年第2期，第114页。
③ 傅乐成：《中国史论集》"严序"。"意绪"系严耕望对傅斯年"学通中西，治史尚考证，有通识"的学术特点的评价。
④ 傅乐成：《中国通史》"简体版序"，北京：中信出版社，2014年。
⑤ 傅乐成：《中国通史》"简体版序"。
⑥ 岑仲勉：《隋唐史》，第377页。

学不少。(5) 大学生的攻读,应鼓励自觉而不应偏重灌输,如专凭个人意见来论断,则易注入暗示而阻窒其进步。①

"重视经过考订的历史现象",更是仲勉先生的学术专长。早在1942年的《续贞石证史·考订学与全史》中,他就指出考订对于全史整理的不可或缺性:

> 近人有谓考订之学无关全史者,然考订史之部分者有之,考订一史之全体者亦有之。吾人读书,常发见若干资料之间,或且同史之内,互为矛盾者,如曰阙疑,则不可胜阙,如曰择善,则究何适从?是知整理全史之功,要不能离考订而独立矣。②

1950年《隋唐史讲义》的"编撰简言",称其"编撰目的,即在向'专门化'之途径转进,每一问题,恒胪列众说,可解决者加以断论,未可解决者暂行存疑"。③金毓黻1956年阅读《隋唐史讲义》时,也留下"旁征博引"、"善于读书",能"殚见洽闻"的印象。④《隋唐史》初版时(1957)有一"出版说明",也提到"本书材料丰富,注尤多精辟,考据异同,辨别真伪,对各家意见不同的,有剖析,也有自己的见地"。⑤贺昌群《读〈隋唐史〉》一文亦谓,"岑仲勉先生这部《隋唐史》,是他所写的许多关于隋唐史论著的总结性的著作。他在隋唐史籍的校勘上和突厥史的研究上都有一定成就,在这部书里,还表现了著者对于隋唐史事的广泛的知识和勇于独立思考的精神。从书中各节本文和注文所称引的各种撰述看来,著者对现代人的研究成果也很留意,轻易不放过他对于那些研究的不同意见,这本书对于历史学习者和研究者,提供了不少有益的、可作参考的史料与研究线索。"⑥

相比"平实浅易"、"为陈论张本"的傅文,岑著更显出"躁率"⑦和"勇于独立思考"的个性与精神特征。与之相应的,是岑氏对陈寅恪"唐史三稿"的批评以及批评者对岑著"有心"立异之不满:如谓"岑氏则有意与陈氏为难,处处与之立异";又谓"陈说初非尽误,岑氏并其不误者亦抨弹之,徒增纠纷,且示人与陈氏争胜之意,是亦不可已乎!"⑧殊不知,凡持此类意见者,于岑先生其人其学皆未能有深知。岑氏的批评固有辞意激切的"过火"表达,但背后却饱含突破中国学术传统束缚的一片赤诚。在1945年的《唐方镇年表正补》中,岑仲勉就明确指出:

> 吾国学术界流传一错误观念,迄于今莫能廓清,致为文化进步之大碍,则所谓"为贤者讳"是也。间尝谓覆瓿之文,犹可等诸自郐,苟为名著,则有应纠正者断不宜拱手默尔。盖

---

① 岑仲勉:《隋唐史》,第602页。
② 岑仲勉:《金石论丛》,上海:上海古籍出版社,1981年,第201—202页。
③ 岑仲勉:《隋唐史》"编撰简言",第1页。
④ 金毓黻:《静晤室日记》第10册"1956年6月19、22日日记",第7170—7171、7174—7175页。
⑤ 转引自项念东:《20世纪诗学考据学之研究——以岑仲勉、陈寅恪为中心》,第54页。1980年中华书局编辑部的"出版说明"则说此书"尽可能溯源探流,考证异同,剖析诸家论说,提出自己的见解",较初版表述多出"史源探寻"一点。(参见中华书局1982年版《隋唐史》)
⑥ 贺昌群:《贺昌群文集》第3卷,北京:商务印书馆,2003年,第525页。本文根据抄本整理,发表时间不详。但据贺氏所评为"1957年高等教育出版社出版"判断,其文当不早于1957年。
⑦ 蔡鸿生:《康乐园"二老"》,《仰望陈寅恪》,第130页。
⑧ 金毓黻:《静晤室日记》第10册"1956年6月21日日记",第7174页。牟润孙:《记所见之二十五年来史学著作》,《中国史学史论文选集》下册,台湾华世出版社,1976年,第1121—1151页。

古今中外，都无十分完全之书，其声誉愈高，愈易得人之信受，辨正之旨，非抑彼以自高，亦期学术日臻于完满而已。①

1948年5月19日，岑仲勉亦曾就贾岛事与李嘉进行答辩。李嘉谓："拙《谱》（《贾岛年谱》）又用陈先生寅恪之说，以为贾岛不属于牛李任何一党，坎壈终身。此不过余推测之言，故仅附见注中。岑君谓余'惑于近人趋时之说'，似对余所本者亦有微辞，则非余之所能知矣。"（《为贾岛事答岑仲勉先生（通讯）》）岑仲勉的答辩则称："总言之，学术经讨论而愈明，留昆明时李君虽未谋面，固曾一度通讯，然僚友中如董作宾、向达、马元材、杨宪益诸先生，拙亦屡有讨论之作，则因我的看法，讨论与友谊，应截然划分为两事也。"② 时人认为"岑氏纵不免争胜之心，但他向来主张'讨论与友谊，应截然划分为两事也'，其批评也未逾越学术界限，实亦无可厚非"。③ 评价颇为公允。

蔡鸿生先生曾引岑氏《读全唐诗札记》（1939）中的一段自评："竞病之学，少即不近，诗家之鸣者多怨愤若柔婉，余持达观，又躁率，宜乎凿枘也。"④ 并对其为人作了细致入微的另类诠释：

> 岑仲勉是另一种风格的长老……"达观"是实，"躁率"是谦，仲勉先生的为人，其实十分可亲可敬。他似乎蓄意不沾"殊遇"之边，家住广州市区文明路，往返费时，竟拒绝学校派专车接送，宁愿挤公共汽车来康乐园。一身唐装布鞋，左上口袋挂个旧式怀表，右下口袋放包"白金龙"牌的中档卷烟，每次都是提前来到课室，边抽烟边与学生闲聊。谈笑风生，甚至自我调侃，说出版社登门约稿，预支稿费是逼他"老大嫁作商人妇"，推上"花轿"了。岑老乡音（粤语）甚重而坚持说普通话，担心听者难懂不得不勤于板书，手已微颤，两节课还是写满一黑板的人名、地名、官名。在学生心目中，仲勉先生没有丝毫精神贵族的气味，他是一位地地道道的"平民学者"。⑤

岑先生是达观的耿直人，虽涉文学，却以史学为旨归，也深知自己心性与"多怨愤若柔婉"的"诗家"不同（陈寅恪先生则差近之）。结合自评语后面的一段文字，"抑重思之，深于诗者尚意写，弗拘拘陈迹，甚或杜撰故实，自抒其怀，然则斯篇之成，宁曰读诗札记，直作读史札记观可也。若夫推敲之道，有词翰家专之，不敢涉"，当能对岑先生所谓的"宜乎凿枘"语有更准确的理解。

姜伯勤先生则早在上世纪80年代，就在《中国史学家评传》中对岑仲勉的为学与做人作了全面的梳理和总结。⑥ 最后一段特别指出，"作为一位爱国的、进取的史学家，岑仲勉先生还具有一种十分可贵的性格，这就是对传统的中国学术界'为贤者讳'的积习的批评"。所举例证皆

---

① 国立中央研究院历史语言研究所编：《史料与史学》第1册下，上海：独立出版社，1945年，第365页；吴廷燮：《唐方镇年表》，北京：中华书局，1980年，第1471页。
② 岑仲勉：《〈贾岛诗注〉与〈贾岛年谱〉》附录《为贾岛事李嘉言与岑仲勉辩答》，原载《学原》1948年第1卷第1期；此据《岑仲勉史学论文集》，北京：中华书局，1990年，第303、305页。
③ 胡文辉：《现代学林点将录》，广州：广东人民出版社，2010年，第217页。
④ 岑仲勉：《唐人行第录》（外三种），北京：中华书局，1962年，第201页。
⑤ 蔡鸿生：《康乐园"二老"》，《仰望陈寅恪》，第129页。
⑥ 陈清泉、苏双碧、李桂海、萧黎、葛增福编：《中国史学家评传》下册《岑仲勉》，郑州：中州古籍出版社，1985年，第1299—1325页。

能说明问题，尤其是对岑先生对陈寅恪的批评"看起来都有些近于过火"的释证，尤其值得征引出来，以正视听的同时，也可作为断章取义者之凛戒：

> 岑先生在《隋唐史》一书中，对陈寅恪先生意见的讨论，看起来都有些近于过火。但在1960年5月，当全国学术批判之风弥漫，出版物上已少见正面提及陈先生时，岑先生在《唐人行第录自序》中，却回忆了1938年"在昆明青云街靛花巷初与陈寅恪兄会面，渠询余近状"的情景，可见岑先生是严格把讨论与友谊区分开来的。岑先生在批评钱大昕、陈寅恪、冯承钧三位名家的论点时，确实有时让人感到"有点过火"，但这恰恰反映了岑先生对他们三位的看重。关于"过火"，岑先生亦有云："抑有些学子，对前辈往往估价过高，以为学到他也可以了。不思振奋，这对我国学术进步，发生很大阻力，与跃进的目标恰背道而驰。作者批评前人，似乎有点过火，然而这只希望百尺竿头，再进一步，读者幸勿误会为吹毛求疵啊！"（《金石论丛》第802页）。在这里，我们看到了仲勉先生对青年的希望和勇于批评前人的赤诚。的确，在中国的学术界，如能进一步抛掉因袭的重担，不"为贤者讳"，并把讨论与友谊划然分开，那么，中国的学术一定将如岑先生的希望那样，会有更大的进步。①

要之，就反对"特殊的史观"、重视"考订的历史现象"而言，岑、傅二先生的治学思路其实非常接近，只是由于个性、认知方面的原因，才让他们站在学术争鸣的两端，并让人误以为他们分属不同的学术派别。其中，"认知方面的因素"，就是下节要谈到的岑仲勉先生对"通史"弊端的深刻洞察。

二、岑仲勉对"历史时间性"及"问题"的重视

关注岑仲勉先生的学者，均会征引其1950—1953年完成的《隋唐史讲义》"编撰简言"以及1956—1957年修订完成的《隋唐史》"后记"，这当然是"读书先解其意"的必然路径，却鲜少有人注意他在"简言""后记"中反复强调的"历史时间性"和"问题"意识；而不通解这两点，就势难理解这样一位赤诚、达观的长者，何以偏偏对陈寅恪先生的"特殊史观"批评"过火"。《隋唐史讲义》"编撰简言"中说：

> 中国新史学研究会规定："各通史组都在讨论教学提纲，各断代史组都在讨论历史事件或历代人物。"本讲义之编撰，大致与此一规定相符，极力避免与通史之讲授相复，无使徒耗光阴，不裨实用。详言之，编撰目的，即在向"专门化"之途径转进，每一问题，恒胪列众说，可解决者加以断论，未可解决者暂行存疑，庶学生将来出而执教，不至面对难题，即从事研究，亦能略有基础。
>
> 通史讲授，多浑括全朝，然有利亦有弊，其结果往往抹煞多少时间性。本篇编次，有时序或重点可循者，仍按后先叙述，不特求与通史避复，亦以补其所略。②

---

① 陈清泉、苏双碧、李桂海、萧黎、葛增福编：《中国史学家评传》下册，第1322—1323页。
② 岑仲勉：《隋唐史》"编撰简言"，第1页。

"浑括全朝"的通史大纲，往往忽略具体时间中的事件和人物，为弥补通史"抹煞时间性"之不足，岑氏意在撰此一部断代史，以期矫正通史的弊端。紧接其后，他就举"韩文起八代之衰"的历史误识为例，认为唐代骈文至散文的文体改革，始自高宗、武曌间的陈子昂。欧阳修盛推的韩文，实已达唐文登峰造极之境域。"故推究唐文改革，分应附于高、武之间，以纠正九百年来之错觉，此又历史时间性不可抹煞之一例。"① 此实为岑氏有关陈子昂在唐文改革地位的卓越创见。在《隋唐史》"后记"中，他又再次提到这个问题：

（2）断代史与通史讲授应略有不同，前者似当对事实作最详细之叙述，倘过求总括，便易流于概论，与一般通史无异。（3）尤其是，每朝总有其极盛、中衰、崩溃的时期，各有环境，不断发展，同一类的事实未必能拉在一起，且容易抹煞时间性。

"后记"第（7）条，即列举了历史时间被抹煞的三个例证：

（7）一般承认之旧说，倘细加分析，仍不少误解。（如谓府兵废而唐衰，然府兵制亦具许多弱点，且处于不得不废之势。又谓开元之盛，产生李、杜之诗，然唐代极盛时期不在开元）即发觉前人许多错误，更不轻容易自以为是，而包括多个问题于一个观点之下。况杨隋御宇，先后仅三十余年，时间极短而事实颇复，情形亦自有异。②

细察"简言"和"后记"，会发现断代史的"历史时间"总与"问题"勾连在一起，而批评则自"问题"生发而出："简言"中"向'专门化'之途径转进，每一问题，恒胪列众说"即为一个显例。"后记"第（2）条说"断代史"当"对事实作最详细之叙述"亦然；第（3）条则谓盛衰、崩溃时期都有不同类的事实；第（7）条则以府兵、唐诗、杨隋问题皆有各自的历史时间性（杨隋的时短事复更体现出历史节奏之紧凑），都不能一概而论。

岑氏对历史时间、事实以及个性价值的关注，与他将"纪事本末体"取为撰史体裁的著述宗旨有关。《隋唐史》"后记"第（4）条略云：

若分题解释，是取法于纪事本末的体裁。

作为三种经典史体之一的"纪事本末体"，因"文省于纪传，事豁于编年"，③叙事简明扼要方便初学，以及发挥了纪传、编年二体的长处，熔时、地、人、事于一炉，合原因、结果于一篇，所以具有鉴往知来的历史价值。难怪梁启超认为"纪事本末体，于吾侪之理想的新史最为相近，抑亦旧史界进化之极轨也"④。当然，岑氏既意在"向专门化转进"，自非看中它"便于初学"的特点，而是为了体现"不同历史时间包含不同类型事实"的史学认知以及"因事命篇，不为常格"的纪事本旨。

---

① 岑仲勉：《隋唐史》"编撰简言"，第2页。
② 岑仲勉：《隋唐史》"后记"，第602—603页。
③ （清）章学诚撰，吕思勉评，李永圻、张耕华导读整理：《文史通义》卷1《内篇一·书教下》，上海：上海古籍出版社，2008年，第17页。
④ 梁启超撰，汤志钧导读：《中国历史研究法》第2章《过去中国之史学界》，上海：上海古籍出版社，1998年，第20—21页。

陈寅恪的观点与之不同，虽然同样认识到纪事本末的条目价值，但他更注重历史的整体性以及问题之间的联系。卞僧慧先生曾撰文指出，1988年出版的陈著《唐代政治史略稿》手写本序，与1943年重庆刊布的《唐代政治史述论稿》自序相比，多出一个重要细节：

> 吾国旧史多属于政治史类，《资治通鉴》一书，尤为空前杰作，今草兹稿，可谓不自量之至，然区区之意仅欲于袁机仲书中增补一二条目（《述论稿》作"区区之意，仅欲令初学之读《通鉴》者得此参考，或可有所启发"），以便初学，而仍恐其多所疏误，故付之刊布，以求并世学者之指正，本不敢侈言著作也。通识君子幸谅宥而教诲之！①

他由此联想起1935年陈寅恪先生讲授《晋南北朝隋唐史》导论课时，强调读《资治通鉴》而不读《通鉴纪事本末》的教学旨趣。② 1935年9月23日陈先生讲授"晋至唐史"第一课，介绍第（一）类最低限度必读书时说，政治部分要看《通鉴》，并以《通鉴纪事本末》为参考，还进一步解释了这样安排的原因：

> 今人每好看《纪事本末》，以为此书有合于西洋科学方法，而不看《通鉴》。这实在错误。因为：（一）《纪事本末》是袁枢读《通鉴》时心中所产生的问题，用以标题，分辑而成。不是人人阅《通鉴》时，心目中所可能发见的问题，尽在于此。所以如果只读《纪事本末》，就要受它的限制，以为除袁枢所标题之外，再无问题了。（二）《纪事本末》于一事与两问题皆有关，就在第二个问题下注明，不过也有忘了注的，或不知其有关系而不注的。如只看《纪事本末》，就不能发现其关系了。所以说《纪事本末》可谓《通鉴》带全文的索引，可作读《通鉴》时的参考，而不能代替《通鉴》。《纪事本末》不能作为依据，必须看《通鉴》原书。③

陈寅恪有关"牛李党争"的意见，即建立在"喜聚异同"的编年史认知基础上。编年体能将同一时间发生的各种事情作出年经事纬的井然安排，所谓"中国外夷，同年共世，莫不备载其事，形于目前"④，实便于理解一个时期的形势概况和历史发展的整体脉络。从当日"山东旧族"与"新兴阶级"这两大社会阶层的构成、斗争及其对社会文化影响的角度，陈氏提出重审唐代历史文化走向的"通识性"大判断，为此后学人解释中晚唐政局、文化等问题提供了重要的思考框架。

在编年史体的对照下，纪事本末体的缺陷就明白显露出来：既以一事为起讫，难免会忽视与之同时并存在关联的其他事件；或事件之间缺乏联系，难以反映历史的整体性和有机性。正是基于这方面的考虑，贺昌群才批评该书"不分篇，不分章，这样作为一代通史的这部《隋唐史》，轻重便无所统率；并且，节与节之间多不相联系，甚至每节之中段与段之间不相联系，看不出一代历史发展的线索来"；并在此基础上指出：

---

① 陈寅恪：《唐代政治史略稿手写本》"自序"，上海：上海古籍出版社，1988年。
② 卞僧慧纂，卞学洛整理：《陈寅恪先生年谱长编（初稿）》，北京：中华书局，2010年，第391—392页。
③ 卞僧慧纂，卞学洛整理：《陈寅恪先生年谱长编（初稿）》，第362—363页。
④ （唐）刘知幾撰，（清）浦起龙通释，吕思勉评：《史通》，上海：上海古籍出版社，2008年，第21页。

武则天排除唐宗室旧臣，树立扶持自己新朝的政治集团，唐代的党争遂开始剧烈，故后来的牛、李党争，并非突如其来。但本书第四十五节"牛、李之李指李宗闵，李德裕无党"，虽然有这样一个标题，却全没有触及到唐代朋党之争的实质。分析唐代党争，应当从隋唐史，特别是科举制度建立后的发展上考察其经济和政治背景的渊源关系。若斤斤于统治阶级内部小集团彼此间由于一时的利害恩怨而引起的小是小非，把问题局限在细节的考据上，有时虽然也有用处，但却不能解决朋党之争的实质问题，给读者以明确的历史线索。①

岑仲勉《隋唐史》无疑存在系统架构上的缺陷，但这不能成为否定这部书的理由，因为岑氏已然意识到了这个问题：

一九五○年初编隋唐史讲义，据学生反映，要求成立一完整中心系统，将各重要问题配合来讲授。我当时曾报告组织，以为此种提议，自是近年之迫切要求，故讲授各节之间，往往指出其联系性质，然亦自有许多困难之点……总之，此为讲授断代史方法之一个大问题，学生的要求，当尽可能副其期望，但不能完全迁就。全书大致都本此方针进行。②

正是对"通史"弊端的深刻洞察，才有岑氏《隋唐史》断代专著的书写。他一个一个解决问题，将逐一考证出来的隋唐史事累积而为可信的历史叙述，这种"反系统"的专题史识，使其具备实证史学作品的科学价值；而他对"个性之真实"的不懈追求，也使其著作超越形式架构上的缺陷，致令周法高先生在痛感断代史方面缺乏煌煌巨制时表示，"岑仲勉的《隋唐史》算是好的"。③

三、陈寅恪先生的开放型本位"系统论"

项念东评价宋社洪文章时指出，"宋文辨析较细，但'余论'似仍未出20世纪50年代贺昌群、金毓黻等人意见范围"。所谓"余论"，具指宋文借鉴贺、金二人的意见：贺氏批评岑著"不能解决朋党之争的实质问题，给读者以明确的历史线索"；金毓黻则指出岑仲勉"为偏于专而短于通之史学家"。④ 前者刻意带着一种"社会历史发展的客观规律"的眼光来看历史的观点，无疑落入陈寅恪20世纪30年代即已批评过的那种文化史研究"新派"的窠臼——"新派书有解释，看上去似很有条理，然甚危险。他们以外国的社会科学理论解释中国的材料。此种理论，不过是假设的理论……是由研究西洋历史、政治、社会的材料，归纳而得的结论。"后者则认为，倘与后来采用"新理论"的尚钺、杨志玖等人著作相比，岑、陈二氏著作仍不免偏向于"专"，所以金氏之"通"其实更接近贺氏之"通"：即按照"辩证唯物主义哲学观"揭示"一代历史发展的线索"的"社会历史发展的客观规律"。至于像金毓黻这样浸染"考据之学"多年者也不免受其影响，或许与马克思主义社会史观成为当时史学界之主流有关。⑤

---

① 贺昌群：《贺昌群文集》第3卷，第526、529页。
② 岑仲勉：《隋唐史》"后记"，第602—603页。
③ 周法高：《汉学论集》，台北：精华印书馆股份有限公司，1965年，第18页。
④ 金毓黻：《静晤室日记》第10册，第7169页。
⑤ 项念东：《20世纪诗学考据学之研究——以岑仲勉、陈寅恪为中心》，第71—76页。

上述观点以陈氏对文化史"新派"窠臼的批评作为他不认同西方社会史观的理论基础，又以马克思主义社会史观的采用与否作为通、专史家的划分标准，一方面固然点出时趋之下学术"汰旧换新"的必然态势，另一方面却将陈氏史观与西方社会史观判若两极，从而将"某种深具'史识'的文化想象和历史推断"的陈氏史观与金、贺二氏的"通性"史观截然两分，客观上导致"系统论"矛盾裂痕无法自圆的同时，也把陈寅恪的历史文化观推向神秘化境地。

但问题是，如果金、贺二人有关"专通之别"的认知与陈寅恪不同，那金毓黻基于"通性"认识对岑氏反驳陈氏有关"唐高宗、武后屡幸洛阳意在就食"的批评，以及贺氏基于"通性"认识对岑仲勉反驳"牛李之争"所作的批评，就都没有了立足的根据，也不应成为项氏认同陈寅恪"大判断"的证据。如果这些都能以金、贺受当时主流史观影响，以致改变原先观点加以解释的话，那么对于寅恪先生亲手写下的这段材料，就真的难以解释了。1950年6月15日，陈先生为中文系学生的学位论文《李义山无题诗试释》写过一段三百多字的评语（原件存中山大学陈寅恪纪念室），其中就有关于陈先生对当日流行史观的态度：

> ……唐代党争，昔人皆无满意之解释，今日治史者以社会阶级背景为说，颇具新意，而义山出入李、刘（牛），辛遭困厄之故，亦得通解。此关于史学方面今人又较胜于古人者，作者倘据此二点立论（第一点指义山研究材料方面今人胜于前人），更加推证，其成绩当益进于此。又第二类中仍有未能确定者，此则材料所限，无可如何，惟有俟诸他日之发见耳。①

对于此点，实有索解的思路和线索：陈先生确实批评过新派文化史"失之诬"，因为"新派是留学生，所谓'以科学方法整理国故'者。新派书有解释，看上去似很有条理，然甚危险"。②但他只是强调这样做"甚危险"，却没说这样做不可行。处于中西汇通时代，不接受西方文明的思想精华，就无活水源头开启新机，也无可能产生真正具有世界影响的重大学术成果。而接收输入的西方思想成果，往往以系统化的阐释性结构之有无作为区分特征。正因如此，蔡元培为胡适《中国史哲学大纲》作序时就曾断言："我们要编成系统，古人的著作没有可依傍的，不能不依傍西洋人的哲学史。所以非研究过西洋哲学史的人不能构成适当的形式。"③而根据桑兵先生的研究，陈寅恪并不排斥西方的系统，只是要看发明者"吸收输入外来之学说"与"不忘本来民族之地位"的"相反而适相成之态度"如何，是否真能"自成系统，有所创获"。④即使不得已而借鉴域外间架，也有相对适当与否的分别。1937年陈寅恪与吴宓谈及："熊十力之新唯识派，乃以 Bergson（亨利·柏格森）之创化论解佛学。欧阳竟无先生之唯识学，则以印度之烦琐哲学解佛学，如欧洲中世耶教之有 Scholasticism（经院哲学），似觉劳而少功，然比之熊君所说尤为正途确解也。"⑤陈寅恪痛批《马氏文通》用印欧语系的文法施诸汉藏语系的中国语文，而主张用同系语文比较研究得一定的通则规律，道理亦在于此。⑥

陈寅恪"甚危险"之警示，主要针对中国历史文化的独特性而言。1933年4月，浦江清曾

---

① 转引自蔡鸿生：《仰望陈寅恪》，第126—127页。
② 卞僧慧：《怀念陈寅恪先生》，引自蒋天枢《陈寅恪先生传》，载北京大学中国中古史研究中心编：《纪念陈寅恪先生诞辰百年学术论文集》，北京：北京大学出版社，1989年，第4页。
③ 欧阳哲生编：《胡适文集》6，北京：北京大学出版社，1998年，第155、182页。
④ 桑兵：《陈寅恪与中国近代史研究》，载《中华文史论丛》第62辑，上海：上海古籍出版社，2000年。
⑤ 吴宓著，吴学昭整理：《吴宓日记》第6册，北京：生活·读书·新知三联书店，1998年，第152—153页。
⑥ 桑兵：《横看成岭侧成峰——学术视差与胡适的学术地位》，《历史研究》2003年第5期。

对朱自清谈及:"今日治中国学问皆用外国模型,此事无所谓优劣。惟如讲中国文学史,必须用中国间架,不然则古人苦心俱抹杀矣。即如比兴一端,无论合乎真实与否,其影响实大,许多诗人之作,皆着眼政治,此以西方间架论之,即当抹杀矣。"① 理论方面的阐释,则以张荫麟评冯友兰的《儒家对于婚丧祭礼之理论》(1928)说得最为深透:"以现代自觉的统系比附古代断片的思想,此乃近今治中国思想史者之通病。此种比附,实预断一无法证明之大前提,即谓凡古人之思想皆有自觉的统系及一致的组织。然从思想发达之历程观之,此实极晚近之事也。在不与原来之断片思想冲突之范围内,每可构成数多种统系。以统系化之方法治古代思想,适足以愈治而愈棼耳。"②

正是面临这样的交流困局,而文化创新又势所必行,陈寅恪提出了他的终极思考,"窃疑中国自今日以后,即使能忠实输入北美或东欧之思想,其结局当亦等于玄奘唯识之学,在吾国思想史上,既不能居最高之地位,且亦终归于歇绝者。其真能于思想上自成系统,有所创获者,必须一方面吸收输入外来之学说,一方面不忘本来民族之地位。此二种相反而适相成之态度,乃道教之真精神,新儒家之旧途径,而二千年吾民族与他民族思想接触史之所昭示者也。"③

最后归结两点,首先,就二老的治学理路而言,除了"通性真实"和"个性真实"、"从史实中寻史识"和"史源追讨"的对立外,恐怕还存在两种思维域就同一问题进行的逻辑对冲,从而引发对新问题的关注(如牛李党争所引发的广泛讨论),这比在同一系统内部的封闭式演绎(如仅依循陈寅恪先生开创的学术范式进行研究)更能激发新的学术生长点,而且学术大家基于不同认知背景对某一问题的选择性聚焦,能在众多史学议题中筛选出带有"历史解释框架"性的大问题,从而给一味"找罅缝、寻破绽、觅间隙"的学术新人以精准明确的学术定位与指导。

其次,岑仲勉治史风格的形成,与他对西方自然科学以及现代社会经济知识的系统掌握,以及对隋唐历史资料的全面整理有关,可谓一种深具科学精神的"文献史学"。他意图通过全方位的精勤考订,廓清文献层累所带来的历史迷雾,只是始终停留在考订阶段,极少跨入历史解释的领域,未能达到理论思维创新的高境域。陈寅恪则深受人文主义和科学主义的双重熏陶,虽然精擅考据之术,却不以语文和历史的精密对照作为治学的宗旨,而是由细部考证运逼出历史的大判断,实为一种投身历史的"发覆史学"。论者揭出岑氏缺少陈氏关注"动相"和"不共相"的特点,对问题与问题之间的深层关联和复杂纠缠关系关注不多,洵属卓识;但谓金毓黻、贺昌群所谓的"专、通之别"以及"社会历史发展的客观规律"落入陈寅恪批评过的文化史研究的"新派"窠臼,则有树此摧彼的矛盾之嫌。陈氏固对基于西洋历史、政治、社会材料归纳而得的理论持批评态度,却并未否定(实有相当的肯定)依托中国材料归纳而得的科学研究成果(如陈寅恪对冯友兰《中国哲学史》的审查态度)。金、贺二人的"理论"表述虽然烙刻了时代印痕,但他们举证的唐高宗、武后屡幸洛阳的就食主因以及唐代党争与科举制建立发展的渊源关系,却都属于中国古代政治和社会经济史所能涵盖的范围,与陈寅恪的历史大判断和有意义的史学追寻并没有本质上的冲突,仅是对何种解释系统更能真实地反映和解释中国历史文化的层次区分罢了。

最后,当一贯反对系统论和唯心论的"平民学者"岑仲勉先生遇上旨在建构中国文化体系的"精神贵族"陈寅恪先生的时候,中国古史研究中高下对立的两极,完全可以并行不悖地融合相

---

① 朱乔森编:《朱自清全集·日记编》第9卷,南京:江苏教育出版社,1997年,第213页。
② 张荫麟:《评冯友兰〈儒家对于婚丧祭礼之理论〉》,《大公报·文学副刊》1928年7月9日。
③ 陈美延编:《冯友兰〈中国哲学史〉下册审查报告》,原载1934年8月商务印书馆冯友兰《中国哲学史》,此据《陈寅恪集·金明馆丛稿二编》,北京:生活·读书·新知三联书店,2009年,第283—285页。

长，无分轩轾地共存互生。毕竟，"顿渐之分"只是慧能开示的佛法假名，"比较近真"才是历史研究的不二法门。最后，引钱穆先生的一段话作为终结：

> 治通史必贵有"系统"，然系统必本诸"事实"。见仁见智，系统可以相异，而大本大原，事实终归一致。不先通晓事实，骤求系统，如无钱而握空串，亦复失其为串之意。①

附表：

《隋唐史》对陈寅恪学术观点之批评②

编号	节序	批评指向	岑书所标陈著及页码	岑著页码
1	以下"隋史"9节	驳隋大兴城建造有资于西域艺术之流传说	《略论稿》62—81	30/30
2	16节	驳华夷音乐之别不过今古之别说	《略论稿》120、《笺证稿》136	64注4/30注1
3	18节	驳隋末起义仅山东豪杰起作用	《论隋末唐初所谓"山东豪杰"》，《金明馆丛稿初编》	74/68
4	19节	驳"关中本位政策"	《述论稿》15、51	87/76
5	以下"唐史"1节	驳李唐先世出赵郡李氏说	《述论稿》11、12	95/84
6	5节	驳武后将相文武殊途说	《述论稿》48—49	120注3/105注2
7	6节	驳太宗压制中原甲姓之政策说	《李唐氏族之推测》	122—124/110—112
8	7节	驳唐得高丽不能实由吐蕃炽盛	《述论稿》139	131/118
9	10节	驳隋唐帝王幸洛与天灾之关系说	《略论稿》146—147	146/129
10	13节	驳武后早年为尼说		/142注1
11	17节	隐驳唐传奇末附韵文非受印度文学之影响		/161
		隐驳文艺演变取决于几个人或一个人（韩愈）		/161
12		驳古文运动起于萧颖士、李华等之说	《笺证稿》137	185注2/162注2
13		隐驳推重韩愈之论	《论韩愈》	186注5/164注2

---

① 钱穆：《国史大纲》"书成自记"，北京：商务印书馆，1994年。
② 此表在项念东所制表格基础上增补7条材料完成。项氏所据《隋唐史》版本为中华书局1982年新一版（分上下册），本文则根据商务印书馆2015年版（"中华现代学术名著丛书"本）撰写完成，为利用方便计，特将其页码标示于表格最后一栏（"/"之后）。

续表

编号	节序	批评指向	岑书所标陈著及页码	岑著页码
14	18节	驳关中本位政策	《述论稿》18—19	187【194注1】/166注1
15		驳高宗偏重进士科	《述论稿》19	188【195注5】
16		补正进士于诗、赋外又兼"经术"	《述论稿》83	/169注3
17		驳高宗武后时新学旧学之分	《述论稿》83	189【195注11】/170注1
18		同上	同上	190【196注12】/173注1
19		驳明经、进士为阶级划分依据	同上	193【196注14】
20	20节	驳唐府兵"兵农合一"说	《略论稿》134、140	202【210注2】/179注2
21		补正"郡守农隙教试阅非当日实情"	《略论稿》133	203【210注4】/180
22		补证"府兵为鲜卑兵制"说	《略论稿》131	203【210注5】/180注3
23		驳宇文泰汉化政策之来源问题	《略论稿》126	205【211注11】/182注3
24		驳"六户中等以上"行文	《略论稿》132	205【211注13】/183注2【184注1】
25		同17	《略论稿》124	206【211注14】
26		驳"丁兵"考	《略论稿》137	207—208【211注17】/185—186注1
27		驳隋府兵"兵农合一"说	《略论稿》139	208【211注20】/187注1
28		驳陈对《北史》所载开皇三年令文之解释	同上	209【注22】/187注3
29		同23	同上	209【211注23】/187注4
30		驳隋兵制"禁卫军化"说	同上	209—210【212注25】/188注1
31	21节	驳陈误引《通典》文	《述论稿》153	215【223注9】/192注3
32		驳唐府兵"兵农合一"说	《略论稿》2、138	217【223注14】/194注1
33		驳隋唐兵制承北齐说及隋唐"兵农合一"说	《略论稿》2、138	220【225注25、26】/198注1
34	24节	驳李白先世"谪居条支"考	《李太白氏族之疑问》	251—252注3/218注1
35	27节	驳安史叛军之族系考	《述论稿》29—35	269【274注7】/237注1
36		驳安史叛乱缘由解	《述论稿》34	270【274—275注8】/238注1及239
37	28节	驳安史败后与中央之对抗说	《述论稿》19	281/246
38		隐驳陈论唐室经济命脉说	《述论稿》20、154	284/248—249
39	33节	驳唐回马价考	《笺证稿》244—245	314—315/275—276

续表

编号	节序	批评指向	岑书所标陈著及页码	岑著页码
40		韩愈论王叔文与刘禹锡《子刘子自传》之主旨	《述论稿》97	333【337 注 4】/292 注 2
41	36 节	驳陈氏"课莳，余种桑五十树"断句于义不通	《略论稿》142	/299
42		驳太和立法初靠原有官地为本	《略论稿》142	/300
43	37	以授田驳陈氏所谓唐承齐制	《略论稿》（见前府兵节）	/306
44	40 节	驳安史乱后唐室经济命脉在东南八道说	《述论稿》20	378【391 注 27】/332 注 1
45		驳和籴出西北说	《略论稿》141	384【391 注 34】/337 注 1—340
46		同上	《略论稿》148—150	384—385【391 注 35、36、37】/337 注 1
47		同上	《略论稿》151	385【392 注 38】/338 注 1
48		驳开远为安远	《笺证稿》217	387【392 注 40】/341 注 1
49		驳西北富庶说	《略论稿》153	387—388【392 注 41】/341 注 2
50	45 节	驳党争始于元和说	《述论稿》94—95	419【433 注 1】/367 注 1
51		驳牛李之分为阶级		420/368
52		引证辨《玉泉子》不可信说	《述论稿》73	420【433 注 7】/368 注 6
53		驳党争源于崔常之别说	《述论稿》89	420【433 注 8】/369 注 1
54		驳旧族重门风说	《述论稿》77—78	421【433 注 9】/369 注 2
55		引证郑覃女故事	《述论稿》79	421【433 注 10】/369 注 3
56		驳刘氏为李德裕妾说	《历史语言研究所集刊》第五本第二分 173（《李德裕贬死年月及归葬传说辨证》）	421【433 注 11】/370 注 1
57		驳旧门破落与新阶级结合说	《述论稿》87	421【434 注 12】/370 注 2
58		驳"李党重门第"说	《述论稿》79—80	421【434 注 14】421【434 注 12】/370 注 4
59		驳杜牧为新阶级说	《述论稿》92—94	422【434 注 15】/371 注 1
60		驳新旧阶级之关联说	《述论稿》91	422【434 注 16】/371 注 2
61		同上	《述论稿》86—87	422【434 注 17】/372 注 1
62		驳牛李非此即彼说	《述论稿》	422【435 注 18】/372 注 2
63		驳阶级士族与新阶级之两分	《述论稿》87—89	422【435 注 19】/372 注 3
64		驳白居易之不孝说	《述论稿》91	424【436 注 21】/373 注 2

续表

编号	节序	批评指向	岑书所标陈著及页码	岑著页码
65		驳白居易父母甥舅为婚说	《笺证稿》292—303	424【436 注 22】/374 注 1
66		李德裕鄙白氏	《述论稿》91、《笺证稿》302	424【437 注 23】/374 注 2
67		李德裕之用白敏中可见白氏非牛党	同 58	424【437 注 24】/374 注 3
68		萧俛不主用兵非出党争	《述论稿》100	424【438 注 25】/375 注 1
69		驳武宗朝抑进士说	《述论稿》85	425【439 注 29】/377 注 1
70		驳牛党反对用兵藩镇说	《述论稿》97	428【440 注 39】/380 注 4
71		驳李德裕入相为仇士良派援引说	《述论稿》120	429【442 注 47】/383 注 2
72		驳《顺宗实录》之修改源于所载永贞内禅说	《笺证稿》236	431【442 注 49】/385 注 1
73		驳元和三年制策诋斥李吉甫	《述论稿》102	431【443 注 51】/386 注 2
74		驳《李相国论事集》出于牛党以诋李吉甫说	《述论稿》99	432【443 注 53】/386 注 4
75	53 节	驳九寺系统之隶属问题	《略论稿》98—99	556/477
76		驳将相文武分途说	《述论稿》48—49	557/477—488
77		补《六典》说	《笺证稿》184	558/479
78		同上	《略论稿》82	559/480
79		驳唐制承北齐说	《略论稿》1—2	563/483
80	55 节	以官俸制度屡有变革驳俸料钱随时随地不同说	《元白诗中俸料钱问题》	564【567 注 1】/485 注 1
81	62 节	驳旧族新学之分	《述论稿》83	643/557
82		隐驳唐代小说与古文之关系论	《笺证稿》	646/561
83		驳乐天父母甥舅为婚说	《笺证稿》300	683 注 1/590 注 1
84	67 节	驳唐代社会重婚宦说	《笺证稿》106	681【683 注 2】/591 注 1
85		驳"德宪之世"与"懿僖之时"词科进士之风习不同	《笺证稿》84	681【683 注 3】/591 注 2

(作者单位：广州大学人文学院历史系)

岑仲勉先生所著《佛游天竺国记考释》之学术价值辩证

谭世宝

欣逢母校举行纪念岑仲勉先生（1886—1961）诞辰 130 周年国际学术研讨会，承蒙邀请，不胜感慨。余生也晚，入读中大亦迟。无缘亲聆先生及陈寅恪先生等史学大师之教诲。然能受教于岑先生的入室弟子姜伯勤、蔡鸿生、陈达超等先生，并由姜伯勤先生指导撰写敦煌学专题的毕业论文，而成为"文革"后的首批历史学学士。这已经是在"文革"浩劫刚去，便能入读岭南最高学府的吾辈之一大幸事。如此说来，也可以谬称岑先生之徒孙了。岑先生的巨大学术成果与逸闻轶事，虽然只是老师之隔代传授，个人管窥蠡测，略知一二。但是对其超越时贤的论著数量之多，范围之广，质量之高，已经充满高山仰止之感。

至今犹记上世纪 90 年代中，姜伯勤先生给我提到，陈寅恪（1890—1969）阅岑仲勉论著后，于 1933 年 12 月 17 日覆陈垣（1880—1971）函说："岑君文读讫，极佩（便中乞代致景慕之意）。此君想是粤人，中国将来恐只有南学，江淮已无足言，更不论黄河流域矣"。[①] 姜先生还由此提及香港饶宗颐先生是当今南学之代表。但是，其时中国大陆学术界的北方学者乃至岭南学者之主流，都受某些权威人士的偏见影响，不太承认岑仲勉先生的成就。对饶宗颐先生的学术成就则是刚刚有所了解，也没有足够的研究认识。姜先生所传陈寅恪对南学的卓识远见之论，给笔者留下了极大的启示和深刻的印象。现在饶宗颐先生为当代硕果仅存的国学大师，已经为学术界之主流公认。然而，要对自学成家而"著作等身"的岑仲勉先生的学术地位作出公允的评价，则因为枉批岑先生之谬种流传太广，以致其蒙受不白之冤太久，故此尚有待我辈及后学继续努力为之洗雪。在此之前，只有其个别史语所的旧同事如何兹全先生，中大的同事与门人弟子作过一些较为正面而实事求是的评介。影响所及，就是北京中华书局 2010 年 5 月出版的《书品》，刊载了该局总编辑徐俊：《关于"不得"的后话》，对以往一些"权威"专家有关说法，作了有力的澄清。[②] 稍后于 2010 年 6 月 9 日，《南方日报》发表了李培的《岑仲勉：于无声处听惊雷》专文，在重新

---

① 原函写于 1933 年 12 月 17 夕，陈智超编：《陈垣往来书信集》，上海：上海古籍出版社，1990 年，第 377 页。陈美延编：《陈寅恪集》之《书信集》把"将来"误作"将奉"，北京：生活·读书·新知三联书店，2001 年，第 129 页。［谭 2017 年 3 月 20 日补记：陈寅恪大师此函盛赞岑君其人其文之语，乃发自肺腑之言，才有后来与陈垣合引岑入史语所之力荐。故吾不敢苟同当今某社科院人员以己之心度君子之腹，断作俗人应酬之虚语，而反对我等信引陈大师此说以论岑先生之才华与成就也。］

② 见 http://blog.sina.com.cn/s/blog_50a769280101593j.html（中华徐俊的博客）所载徐俊：《关于"不得"的后话》（2012 - 4 - 15，其文初稿撰于 2008 年 7 月 1 日，改写于 2009 年 4 月 18 日）。原载黄松主编：《书品》2010 年第 3 辑。（2016 年 11 月引）

恢复岑先生的学术大师形象方面作出新贡献，已在社会各界产生了一定的影响。① 窃以为本次研讨会的召开，应该是一个新的重要的里程碑。笔者原来只想步岑先生研究之后尘，狗尾续貂地写一篇有关刺桐等地名新探之文。但是，拜读了徐俊与李培等人之文，令我在深有同感之余，不揣浅陋，改撰此文，寓善恶之褒贬于历史的真伪与是非的厘清，以纪念岑先生诞辰 130 周年。

依笔者浅见，当年陈寅恪先生之所以将中国学术的将来发展，寄望于粤籍学者岑仲勉、陈垣等人所代表的"南学"，首先是因为粤籍学者独具研究中国古代历史语言的先天优势。正如傅斯年等人于 1928 年 5 月，在广州制定《历史语言研究所工作之旨趣》时指出：

> ……我们将要设置的研究所要有一半在广州。在广州的四方是最富于语言学和人类学的材料，汉语将来之大成全靠各种方言之研究，广东省内及邻省有很多种的方言，可以每种每种的细细研究，并制定表式，用语言学帮助，作比较的调查。至于人类学的材料，则汉族以外还有几个小民族，汉族以内，有几个不同的式和部居，这些最可宝贵的材料怕要渐渐以开化和交通的缘故而消灭，我们想赶紧着手采集。我们又希望数年以后能在广州发达南洋学：南洋之富于地质生物的材料，是早已著名的了；南洋之富于人类学材料，现在已渐渐为人公认。南洋学应该是中国人的学问，因为南洋在一切意义上是"汉广"。……②

与此同时的《本所对于语言学工作之范围及旨趣》的第一项就是《汉语方言》，其文指出："我们现在要于汉语学的致力，左也是方言，右也是方言。"③ 而粤方言是存古最多的一大方言，因此粤籍学者研究粤方言并利用粤方言的音韵知识，从事中国的历史语言研究，无疑具有天时、地利与人和的先天优势。岑先生成为有关学者公认的粤人"南学"的继起代表者，乃始于其最初发表的一系列史地研究论文。其中刊于 1932 年的《圣心》第一期的十五篇，及 1933 年 7 月的《圣心》第二期的十六篇，共三十一篇。已经运用了历史考据学、汉语音韵学和粤方言的知识，对很多历史地名的对音作了新的研究考释。④ 其于 1933 年初将第一期寄送陈垣，即获陈垣通过刘秉钧"转传温奖"。此陈垣"温奖"之语，应即时人马国雄所忆述之大意云：

> 寄来圣心校刊……考证明确而精审，珠江流域有此出类拔萃之学人，真可为吾乡扬眉吐气。⑤

其后，岑先生又于 1933 年末将第二期送了十本给陈垣，再由其转送陈寅恪、胡适、傅斯年等人。陈寅恪阅后即写了前引之信回覆陈垣，陈垣则在 12 月 20 日将陈寅恪手书之信转寄岑先生。此乃据岑先生于 1934 年 1 月 22 日覆陈垣函，以及前述岑先生 1933 年末寄十本书给陈垣之信，综合分析考定。今人误将寄十本书给陈垣之事，定在 1934 年 1 月 22 日覆陈垣函之时，并引

---

① 见 http://epaper.southcn.com/nfdaily/html/2010-06/09/content_6851215.htm 所载《南方日报》2010 年 6 月 9 日 A12 版，李培：《岑仲勉：于无声处听惊雷》。(2016 年 10 月 28 日引，下引网文同时不注)
② 见《中央研究院历史语言研究所集刊》第一本第一分第 9 页，1928 年 10 月，广州。
③ 见同上书第 115 页。
④ 有关论文后来皆收入岑仲勉：《中外史地考证》（上、下册），北京：中华书局，1962 年。
⑤ 转引自肖楚雄：《陈垣与岑仲勉的学术交往》，载《五邑大学学报》（社会科学版）第 13 卷第 2 期，第 20 页，2011 年 5 月。

起了对相关的陈垣"温奖"之语的时间误定。① 笔者认为，傅斯年是在稍后的此年二月覆函陈垣，也对岑先生的论文大加赞赏说：

> 承赐《圣心季刊》，至佩。其第一册犹可求得否？岑君僻处南海，而如此好学精进，先生何不招其来北平耶？②

足见傅斯年当时对岑先生也极为欣赏。此后，岑仲勉先生于1934年初出版了成名作《佛游天竺记考释》（以下若非引述他人之说，统从新标点作《〈佛游天竺记〉考释》）。③此书对东晋法显的名著《佛游天竺记》作了新的研究考释，其见识之广博，发现和研究问题之大胆与精细，不单超越近代以来中外众多前贤，也鲜有后来者能望其项背。这应该是其能获"慧眼识英雄"的陈垣与陈寅恪先后鼎力推荐的主要原因之一。正如张荣芳指出："岑仲勉能够进入历史语言研究所，陈垣、陈寅恪在促成此事中起了巨大作用。"④ 这也是其因此而终得位居史学国王而重英雄的傅斯年极度赏识，后来竟然打破其向来偏重北大科班出身之人的习惯，破格聘请这位既非北大出身，又无高校文史专业学历，半途转行而于业余治史论文，直到年近知命才推出一系列论著，震惊海内外学坛的岑先生为史语所专任研究员的主要原因之一。傅斯年于1937年4月2日礼聘岑先生之函说：

> 数月前奉上一书，具陈弟等数年来拟约大驾到本所或其他学术机关，而谋之未成之经过，想早达左右矣。兹以本所有在国外研究满期返国者，经费上遂腾出若干可以设法周转。上周赴北平，与陈寅恪先生商量此事，皆以为当约先生惠来本所，以为弟等之光宠，以赞本所之事业，兹敢陈其梗概。
> 一、此次决定聘任先生为专任研究员，此职为本院研究人员之最高级，八年以来，除一个例外不计，敝所未尝有此聘任。（外任者则有之）
> 二、薪俸与同事商定为月三百五十元。本所设置之始，同人薪额皆低，以后逐渐加薪。兹以加薪一事，不易常行，故今竭其能力，定为此数，（三百元以上加薪事本极少。）以此时本所经费论，后来加薪之可能性极微，此与以前诸例不同者也。⑤

又据傅斯年门人陈槃于其逝世后追忆说：

> ……顺德岑仲勉丈卒业关税学校，从公余暇，笃志潜修，覃精史地之学，著书二百余万言。丈之受聘为专任研究员也，但凭陈垣庵叟一纸之介绍，初非与师有一面之缘也。
> 岑君兀傲，闭户撰述，不与闻外事，不追逐应酬。师尝语槃曰：岑君一空依傍，特立独

---

① 有关岑仲勉发表于两期《圣心》的论文及其寄送陈垣等人的书信往来情况，主要参考同上肖楚雄的论文，《五邑大学学报》（社会科学版）第13卷第2期，第19—20页，而对时间先后有所修正。
② 见同上肖楚雄：《陈垣与岑仲勉的学术交往》，载《五邑大学学报》（社会科学版）第13第2期，第20页。
③ 岑仲勉：《佛游天竺记考释》，上海：商务印书馆，1934年。此书名后来多按照新的标点规范改作《〈佛游天竺记〉考释》，北京：知识出版社，2014年。
④ 张荣芳：《陈垣与岑仲勉》，《船山学刊》2017年第1期。其修改稿题为《陈垣与岑仲勉——以两人的书信为中心》，载《"纪念岑仲勉先生诞辰130周年国际学术研讨会"论文集》，2016年11月26—27日，广州，中山大学。
⑤ 原函载王汎森、潘光哲、吴政上主编：《傅斯年遗札》（第二卷），北京：社会科学文献出版社，2015年，第603—604页。转引自同上张荣芳：《陈垣与岑仲勉》及《陈垣与岑仲勉——以两人的书信为中心》。

行，以有今日之成就，豪杰士也。……①

陈说基本正确，但是其说略有偏颇，因为岑仲勉显然并非"但凭陈垣庵叟一纸之介绍"，就获傅斯年的聘用。除了陈垣，还有陈寅恪的极度赞誉推介。傅斯年本人也是内行识货之人，通读了岑先生的论著而佩服得五体投地。只要读清楚上引傅斯年于1937年4月2日礼聘岑先生之函，再对比傅斯年给予史语所其他人的聘用待遇，就可以知道傅斯年给予岑先生超一流的高级待遇，是已经竭尽其所能了。例如，1936年毕业于北京大学历史系的高才生张政烺（1912—2005），"由于对我国古代文献典籍（包括版本、目录）具有渊博的知识"，"进入南京中央研究院历史语言研究所，历任图书管理员（曾编印方志目录一册）、助理研究员、副研究员等职"，② 是从低级的职位图书管理员和助理研究员做起，历经多年最后才获升为副研究员，其在史语所工作的终点比岑仲勉先生入职的起点尚差一个台阶。又如与张政烺同年毕业于北大历史系的优异生邓广铭（1907~1998），虽然备受胡适、傅斯年及陈寅恪的赏识，其早期的就职经历也与张政烺差不多。毕业之始被胡适"将他留在北大文科研究所任助理员，并兼史学系助教"。"傅斯年当时从这一届的文、史两系毕业生中物色了几位有培养前途的人，要他们去史语所工作，其中也有邓广铭"。估计是由于要去南京工作而职务没有提高，故邓仍然愿意留在北大当助教。其后因抗战于1939年辗转去到昆明，仍然只能担任"高级助教"之职。直到1943年，才由傅斯年推荐，得以"受聘于内迁重庆北碚之复旦大学史地系，任副教授。"至1945年，才升任该系教授。而到了1946年应傅斯年之请回北大任教，又只能按北大规矩降职为副教授。③ 至于1935年在燕京大学本科毕业后，就读研究生期间到在清华偷听了陈寅恪的课，日后成为魏晋北朝史学大师之一的周一良，次年被介绍进史语所工作时，只能给予"图书员名义，担任助理员工作，月薪八十元。"④ 可见岑仲勉此书及有关论著，于其个人及海内外学坛之影响，皆具有非常重大的意义。

但是，笔者最近才发现，此一极其重要的学术成果在上世纪50年代以来却长期被中国有关专家学者无视。例如，其很多重要的创新观点，在五十年后被章巽（1914—1984）的《法显传校注》取用，而没有明确提及其取自岑仲勉先生的有关论著。虽然，章氏记述参考中国学者的有关研究时，曾一笔带过地提及岑先生的"《佛游天竺记考释》"。与此同时，汤用彤《汉魏两晋南北朝佛教史》，则认为"书中有关法显之记述及论断，最为精密。"⑤ 且未提及岑先生为了维护《佛游天竺记考释》所提出的一系列新见解，而在其书出版后不久即与向达就有关问题展开深入的论争。⑥ 虽然因抗战导致学术研究环境日益恶化，故有关的研讨中断了很长时间。但岑先生又在十年之后写成详细证明的总结性论文《〈佛游天竺记〉名称之讨论》，从学术的角度而言，实

---

① 陈槃：《师门识录》，原载国立台湾大学纪念傅故校长哀挽录筹备委员会哀挽录编印小组编：《傅故校长哀挽录》第2卷第56页，台北：台湾大学1951年6月15日印行。转引自王富仁、石兴泽编：《谔谔之士——名人笔下的傅斯年、傅斯年笔下的名人》，上海：东方出版中心，1999年，第50—51页。
② 张政烺：《张政烺文史论集》"出版前言"，北京：中华书局，2004年，第1页。
③ 参见 http://www.baike.com/wiki/邓广铭&prd=so_1_doc 所载的邓广铭"生平简介"及"个人年表"。（2017年3月20日引）
④ 周一良：《毕竟是书生》，《周一良集》第5卷，沈阳：辽宁教育出版社，1998年，第342—344页。
⑤ 章巽：《法显传校注》"校注说明"，上海：上海古籍出版社，1985年，第13—31页。
⑥ 首先是向达以其字"觉明"发表对岑仲勉《佛游天竺记考释》之"书评"的同名文章，原载国立北平图书馆编印的《图书季刊》1934年12月，1卷4期194—197页，后载1935年2月28日天津《大公报·图书副刊》。同年5月23日《大公报·图书副刊》开辟了"佛游天竺记考释讨论"的专栏，同时刊登了岑仲勉《答向觉明书》，觉明《答岑仲勉先生》两篇讨论文章。

际上已经胜利了结有关论争。① 因此，这是有关研究史中的一个重要公案，极具参考价值，绝对不能忽略不提。请看章巽在序言中花了相当篇幅讨论《法显传》"很多不同的名称"的问题，最后提到"唯《佛游天竺记》和《历游天竺记传》是否为一书，学者间尝有异说。" 如此轻轻的一笔带过，就隐没了围绕岑先生的新观点产生的一系列论争之学术公案。而实际上其论述的方法、资料与结论，都是基本袭用了岑先生的上述书、文所率先论述的史料与结论。这就会误导读者以为岑先生之说也是与其不同的异说，而其有关说法实为其本人独立收集新资料作新研究的创新之见。② 这种依靠违反严谨的学术规范，不清楚交代有关研究史而"光掩前人"的书，虽然也是在其身故之次年才出版，却为其赢取了数十年的身后虚名。

例如，在当今有关研究领域颇有影响的王邦维2003年发表专论有关研究史之文，其中过誉章巽的书说："在目前所能见到的，国内也包括国外有关《法显传》的研究著作中，我以为是做得最好的。"③ 笔者对此不敢苟同，因为此书的严重问题除了交代研究史不清，有隐没兼窃取岑先生之成果等毛病外，还有一点必须指出，就是其既窃用了岑仲勉的正说却又不敢用《佛游天竺记》为其书的正名，却使用《法显传》这一后出的讹名而名其书为《法显传校注》，这种自相矛盾的做法，可以看出此乃其非正说的原创者的马脚。由于此书的先例，以致后来很多论著包括王文都没有提及岑先生的《〈佛游天竺记〉名称之讨论》等论文，因而都仍然沿用《佛国记》和《法显传》等讹误之名。例如，郭鹏的《佛国记注译》仍然说："《佛游天竺记》非今《法显传》。……《佛游天竺记》为据梵本译成，自非今之《法显传》；再，不论是法显自撰，还是他人代撰，都不可能将法显称'佛'，因'佛'在《法显传》中是指释迦摩尼等佛教先祖，有特定含义，一般佛教僧众是不能称'佛'的。"④ 此乃不读岑先生文章之过。诸如此类的流行误论，其实早已被岑先生逐一破除。

笔者目前所见，能够明确而全面提到参考岑先生的"《佛游天竺记考释》"和"《〈佛游天竺记〉名称之讨论》"，并且能对岑先生的创新之见作了全面正确继承发展的，就是1982年从北京移居香港，并于1995年以硕士学位论文《隋以前中国古籍所载有关南海交通史料研究》，获香港

---

① 岑仲勉：《〈佛游天竺记〉名称之讨论》，原稿撰成于1945年，载其身故之次年出版的《中外史地考证》上册，北京：中华书局，1962年，第151—163页。
② 见同上章巽：《法显传校注》"序"，第5—8页。
③ 见王邦维：《法显与〈法显传〉：研究史的考察》，《世界宗教研究》2003年第2期，第20—27页。虽然，此文名为《法显与〈法显传〉：研究史的考察》，但是却没有只字提及围绕岑先生的新观点产生的一系列论争之学术公案。因而没有对岑先生作出巨大贡献的书、文给予应有的评论。相反，对日本学者足立喜六的《考证法显传》、汤用彤对足立书的简单评论的《评〈考证法显传〉》，都给予了过于溢美的评价，乃至将汤用彤称为"代表了当时中国学者在相关研究方面的最高水平"。另外，明知贺昌群的《古代西域交通与法显印度巡礼》并非专门研究法显，而是"带有普及历史知识的性质"之书，却把它作为上世纪五十至六十年代唯一可以列举的成果之例。而把其余的论著连带岑先生的《〈佛游天竺记〉名称之讨论》都全部抹煞了。其实，贺昌群之《序》结尾说："……国内岑仲勉的《佛游天竺记考释》，对于西人、日人的研究多所订补，亦是用力之作，但他采用僧祐《出三藏记集录》的'佛游天竺记'，作为《法显传》的书名是不妥的，那是另外一部书，向达先生在抗战前《大公报·图书副刊》第六十八期介绍岑书时已论之，今不赘。"（见贺昌群著：《贺昌群文集》第二卷，北京：商务印书馆，2003年，第213页）由此可见，贺对岑书的总体评价高于此后的很多人包括王邦维。遗憾之处，是贺当年乃向达的邻居好友兼北平图书馆编纂委员会的同事，又是《图书季刊》及《大公报·图书副刊》的编辑（见同上《贺昌群文集》第三卷，第652—653页），对向达与岑先生的论争有一定的了解和偏向性。其只提及"《大公报·图书副刊》第六十八期"亦即1935年2月28日之文，却不对有关论争的后续发展作深入的研究分析，尤其是罔顾岑先生破除向达误说的总结性论文《〈佛游天竺记〉名称之讨论》，便单凭对向达的一篇旧作误说之偏好，而妄断岑先生的创新之见不妥，显然是极为不妥不公之论。
④ 见郭鹏注译：《法显与〈佛国记〉》，《佛国记注译》，长春：长春出版社，1995年，第14页。

大学哲学硕士学位的陈佳荣。① 非常遗憾的是，内地学者在这方面的论著至今仍未有如陈佳荣此文。例如，南京大学教授杨维中晚于陈佳荣文近十年的《新译佛国记》，虽然已经超越了很多前人同类之作，对岑先生的新见也能够完全赞成。其美中不足之处，是既没有提及岑先生的《〈佛游天竺记〉名称之讨论》，也没有提及陈佳荣此文，而且其书名仍然沿用《佛国记》之名。另外有一大误笔就是将岑先生的《佛游天竺记考释》写为"《佛游天竺记地理考释》"，似乎是把它与丁谦的《晋释法显佛国记地理考证》混淆了。而且其对岑先生的贡献之赞誉远未能与其实际相称，而对章巽之书则有跟风而过誉溢美。② 最后还有一点，是其书的主要参考书目把1934年原版的《佛游天竺记考释》写作《〈佛游天竺记〉考释》，③ 这是把它和后来才出现的规范标点的书名混淆了。

时间又过了十多年，岑先生的《〈佛游天竺记〉考释》的价值日益获得学界的好评与重视。其书不但在2014年被重新整理出版，并被整理者誉为"全面考证游记不可不读的重要著作。"④ 窃以为，其美中不足之处，是没有把与此书相关的《〈佛游天竺记〉名称之讨论》等一系列文章作附录收入。因为这是岑先生回应向达（1900—1966）的批评论争的公案结果，非附录不足以彰显此书在有关研究史中的重要地位。值得注意的是，由于有关研究史之不清不楚，以致秦进才整理的《岑仲勉先生论著目录编年》，⑤ 虽然加收了《〈佛游天竺记〉名称之讨论》一文，却遗漏了岑先生于1935年5月23日在《大公报》发表回应向达之文。而此后有关岑先生与向达的论著目录记述，于此有一些张冠李戴之类的错乱。例如，吴平《编纂〈《法显传》研究文献集成〉的设想》没有记载岑先生1935年5月23日之文，却有如此记载："'佛游天竺记考释'岑仲勉 大公报图书副刊，1935.2.28。"⑥ 这显然是把向达批评岑先生的《佛游天竺记考释》之"书评"文，误作岑先生之作。而阎万钧所编《向达先生著译系年》，则有如下不同的误记：

  1934，12 《〈佛游天竺记〉考释》
         《图书季刊》1：4⑦

这里没有清楚说明此文是对岑先生的同名书《佛游天竺记考释》的"书评"，这就会使人误以为《〈佛游天竺记〉考释》是向达的书。而且，当时并无标点为《〈佛游天竺记〉考释》的书，只有《佛游天竺记考释》是岑先生于1934年10月出版的书。此书是多年之后才被标点为《〈佛游天竺记〉考释》。如前所述，向达后来又在1935年2月28日在天津《大公报·图书副刊》重发此文以批评反对《佛游天竺记考释》一书的一系列新观点，其中重点之一，是反对岑

---

① 见赵令扬指导，陈佳荣著：《隋以前中国古籍所载有关南海交通史料研究》的第四章《法显西行与南海交通》（香港大学硕士学位论文，1995年，引自陈佳荣的http：//www.world10k.com/blog/?p=23南溟网·海交篇）
② 见杨维中：《新译佛国记》的"导读：法显大师与《佛国记》"之"五、《佛国记》之书名及其研究、释译情况"，台北：三民书局，2004年。（转引自http：//www.360doc.com/content/16/0523/08/31614380_561507264.shtml，2017年3月23日）
③ 见同上书所载"附录三"《主要参考书目》。
④ 见刘江：《编后记》，载岑仲勉：《〈佛游天竺记〉考释》，北京：知识出版社，2014年，第113页。
⑤ 见秦进才据岑君成先生提供"他核对的陈达超编《岑仲勉教授生平论著综述》"整理的《岑仲勉先生论著目录编年》，载《隋唐史》"附录"，石家庄：河北教育出版社，2000年，第670—689页。
⑥ http：//www.fjdh.cn/wumin/2009/04/08064854627.html所载吴平：《编纂〈《法显传》研究文献集成〉的设想》（2007年4月12日刊布），原载2007年10月10日至11日在山西临汾举办的"法显学术座谈会"《论文集》。
⑦ 见阎万钧：《向达先生著译系年》，载阎文儒、陈玉龙编：《向达先生纪念文集》"附录一"，乌鲁木齐：新疆人民出版社，1986年。

先生主张《佛游天竺记》是《佛国记》（又称《法显传》）的原本正名之说。其开头即简介了岑书的出版资料，然后介绍作者其人其书说："岑仲勉先生是近来研究中西交通史最用功的人，他的著作散见于广东圣心中学出版的《圣心杂志》上，只因此志流传不广，是以不大为人知道。这部对于法显佛国记的考释，大致根据他的旧作《法显年谱》增订而成。……"其下文则有对岑书的四点批评，包括反对岑将《佛游天竺记》作为法显所著书名及其用作考释的书名。由此才引起岑先生的注意并作出回应讨论。两大高手过招，在互相尊重的自由讨论中坚持真理，修补错漏，求得历史之真相。相比较而言，向达因为在北平图书馆等机构工作，研究条件及使用资料方面略占优势而对岑先生的书不无小补。而岑先生在研究条件不如对方，连《大藏经》都无法查阅的情况下，凭其超凡的发现问题和解决问题的能力，终能略胜一筹地回应了对方的一系列错误质疑。堪称学术讨论的超卓典范。因为时间和篇幅所限，有关详情容后再细论。

有必要说明，笔者以往受章巽等人的书文误导影响，撰写有关论文也没有提及岑仲勉先生的书、文在这方面的创新贡献，故有必要在此为岑先生鸣不平，兼补吾过。例如，法显所撰《佛游天竺记》乃华僧以佛自称而撰自传的首例，具有特别重要的意义。① 后世中国佛教内外之人妄自菲薄，受一些汉译佛典的误导，以为只有印度中天竺国才有佛，于是妄改此书之名为《历游天竺记》、《佛国记》、《法显传》等，而现代学者的论著，亦多因此而反对岑先生之真知灼见。请看，岑先生于其书率先用其古正之名《佛游天竺记》为其考释之书名。并且在序言指出：

> 涉绝幕，渡重洋，在外十五年，学成而归，别出传记，克保于今者，邦贤中首推法显。此记传僧祐《出三藏记集》著录为《佛游天竺记》一卷，今人率曰《佛国记》，则唐以后之别称也。……②

这真是孤明独发的惊人创见。然而，具有不少诸如此类真知灼见之杰作，竟然很快就受到时任北平图书馆编纂委员会委员兼北京大学讲师的向达先生的强烈批评。向达于1924年毕业于东南大学历史系，较早成名而时年方三十五岁。③ 有关批评与回应之文，在上文已经记述，值得补充说明的，就是岑先生的回应，既以闻过则喜的态度，表示对向达的第二点补充意见可以在将来有便再版时吸取，又对其余三点都作了客气而认真的反驳。其后岑先生承认自己因为生活动荡，"连年奔走，迄未对勘《大藏》，抗战胜利后取僧祐《出三藏记集》等观之，知原文当日确有强辩之处"。才于1945年再撰《〈佛游天竺记〉名称之讨论》，对向达认为《佛游天竺记》是法显翻译印度西域之书的误说，及其后日本学者足立喜六"掇拾向说"，而"未尝深入探讨"的《法显传考证》之误，都作了彻底的纠正権清。④

虽然向达志大才高，自1936年至1965年的三十年间，著作甚丰，终成中外关系史领域中的

---

① 参考谭世宝：《印度中天竺为世界和佛教中心的观念产生与改变新探》，《法音》2008年第2期，第39—44页。
② 见同上岑仲勉：《〈佛游天竺记〉考释》之《序》。
③ 据 http://www.baike.com/wiki/%E5%90%91%E8%BE%BE 等网文所载（2017年3月21日引）。由其生平简介可知，向达自1926年起就在报纸杂志发表有关中外关系史的一系列论译，于1933年便已经出版名著《唐代长安与西域文明》。
④ 见同上岑仲勉：《〈佛游天竺记〉名称之讨论》。

一代大师,其对岑书的评论,也是出于自由思想的正常学术争鸣讨论,但是毕竟对少错多。或许其后来也意识到自己的错误,故其从此不再就此问题以及岑仲勉的回应再置一词,就连其当年与岑先生论争之文也不再提及,以致这一公案仿佛被大多数人完全"遗忘"了,而导致目前有上述莫名其妙的张冠李戴之类的错乱。由此可见,岑先生发现和研究解决有关古今中外史料与论著的问题之考辨功力深厚,可谓当时无匹,于今也难有企及者,甚至可以说鲜有正确理解者。

(作者单位:山东大学历史文化学院)

岑仲勉先生的学术生涯
——兼谈其历史文献学研究的贡献

孟彦弘

  今年是岑仲勉先生诞辰百三十周年。前不久，广州中山大学举办国际学术研讨会，纪念这位为中古文献的整理与研究作出卓越贡献的学人。岑仲勉的学术生涯，大致可以分为三个阶段。第一阶段，1937 年以前，特别是从 1933 年到 1937 年，主要是通过《圣心》上发表的文字，与陈垣建立了学术联系，并由陈垣的延誉，渐为学界所知。第二阶段，是 1937—1948 年在史语所工作的十年。这是他治学最勤奋、整理研究历史文献最有成就的黄金十年。真正奠定其学术地位的成果，都是在这个期间取得的，而且都是历史文献的整理与研究，如《读全唐诗札记》、《读全唐文札记》、《唐集质疑》、《元和姓纂四校记》、《翰林学士壁记注补》、《补唐代翰林两记》、《金石证史》、《贞石证史》、《续贞石证史》以及收入《岑仲勉史学论文集》中的主要论著。这都是傅斯年所着意表彰岑氏的"史籍碑版"之学。第三阶段，是 1950 年至去世，是在中山大学工作的最后十年。最大的成就，就是整理出版了此前就已一直在从事的《突厥集史》、《郎官石柱题名新考订》，也是此前相关研究的继续。同时，开始接受新理论，编撰《隋唐史》教科书。这部教科书的贡献，是对许多具体史事的考订，而不在于跟陈寅恪的商榷。

  岑仲勉有关历史文献的整理、研究的成果，为中古史特别是为唐史的研究，奠定了坚实的基础。这在当时，学界即已给予了高度评价。1945—1946 年，顾颉刚先生与方诗铭、童书业合撰《当代中国史学》，下编断代史研究的成绩中谈及隋唐五代史的研究，即说"以陈寅恪先生的贡献为最大……岑仲勉先生治唐史用力最勤，创获亦多，陈先生而外，当推岑氏。著有《翰林学士壁记注补》、《补唐代翰林两记》，足与劳格、徐松的书并驾。"[1] 1939 年 4 月 17 日，傅斯年致岑仲勉函：

> 全唐诗文札记三册，弟读毕叹服之至。如是读书，方可谓善读书，方不负所读书，此应为一组助理诸君子用作矜式者也。窃以为史学工夫，端在校勘史料，先生目下所校，虽限于全唐诗文，然而此等工夫之意义，虽司马涑水之撰《通鉴考异》，钱竹汀之订廿二史异同，何以异焉。况其精辟细密，触类旁通，后来治唐史者得助多矣。流徙中有此，诚不易事，谨当编入《集刊》，是亦弟之光宠也。……日后《姓纂》校成，必为一时之伟著，无疑也。[2]

顾颉刚将他的工作，与清代著名学者劳格、徐松并列；傅斯年则将他与司马光、钱大昕并举；这

---

[1] 顾颉刚：《顾颉刚古史论文集》第 12 卷，北京：中华书局，2011 年，第 399 页。
[2] 王汎森、潘光哲、吴政上主编：《傅斯年遗札》第 2 卷，台北："中研院"历史语言研究所，2011 年，第 688 号，第 961 页。

样的评价，不可谓不高。

此外，岑先生一直醉心于中外交通史的研究。最初在《圣心》发表并引起学术界关注的文字，正是中西交通史的作品。中西交通史，始终是岑先生的研究课题之一，这些作品大多收在其《中外史地考证》中。这些研究，在当时也引起了学界的关注。前引顾颉刚等《当代中国史学》，谈到中外交通史的研究，将岑与向达并列，称"以向达、岑仲勉二先生的贡献为最大"[1]；所举岑先生文，多是发表于《圣心》上的文字。岑氏另外还有一个研究课题，就是古史研究。代表作，大概就是收在其《两周文史论丛》中的文字[2]。这主要集中发表在抗战胜后的两三年。这是傅斯年下决心要解聘岑仲勉的直接原因。

与岑先生一生学术最为密切相关的，有两位学者。一位是陈垣，一位是傅斯年。陈垣对岑仲勉，有援引（主要是延誉），有帮助（主要是借书），但对岑仲勉的学术生涯，并未发挥大的作用和影响。还有一位，就是陈寅恪，于岑先生的生平出处，有关系，但关系不大；就隋唐史研究而言，他们二位却是同行。

对岑仲勉的学术人生发挥重大影响的，是傅斯年。岑先生的学术黄金期的十年，是在史语所；奠定岑学术地位的学术成果，是在史语所进行的中古史料的整理与研究。岑仲勉自己也说："我半途出家，年近四十才专门从事史学研究，在五十二岁到六十二岁，则是我做学问最努力的时期。"[3] 现在学术界通行的说法，是将岑仲勉之入史语所，归功于陈垣的推荐。如前引陈达超《岑仲勉先生传略》称"他是在1937年初得到陈垣先生的推荐入历史语言研究所的"[4]。但我们现在从相关信函中可以看出，岑仲勉之为学界所知，得益于陈垣的延誉，但聘岑入史语所，是傅斯年长期努力的结果——傅斯年曾劝陈垣想办法将岑聘入学术机构，最终未果。陈垣将启功从中学聘入辅仁，传为学界佳话，但在岑仲勉的去处上，却未能有所举动。1934年2月17日，傅斯年致陈垣函："岑君僻处海南，而如此好学精进，先生何不招其来北平耶？"[5] 1935年1月9日，傅斯年致陈垣函："岑仲勉先生想无法安居此百二秦关，弟时时思欲为之效劳，终想不出办法来，未知先生近接其来信否？"[6]

终于到1937年，傅斯年得到了将岑聘入史语所的机会。是年4月2日，傅斯年致函岑仲勉：

> 屡承惠赐大著，感佩之至。数月前奉上一书，具陈弟等数年来拟约大驾到本所或其他学术机关，而谋之未成之经过，想早达左右矣。……上周赴北平，与陈寅恪先生商量此事，皆以为当约先生惠来本所，以为弟等之光宠，以赞本所之事，兹敢陈其梗概。一、此次决定聘任先生为专任研究员，此职为本院研究人员之最高级……二、薪俸与同事商定为月三百五十元。……四、专任研究员之著作，除通俗文字外，皆交本所发表，不另给酬，此本院常则之一。五、本所各专任职员，依院章不得兼任院外任何有给职务。……数年积愿，今日始能出之于口，幸先生鉴其愚诚，不我遐弃。又此意弟在北平时，曾以商之于援庵先生，得其同情许可。……又，专任研究员，每年度之研究计画，例与本组主任商妥后行之。第一组主任为

---

[1] 顾颉刚：《顾颉刚古史论文集》第12卷，第420页。
[2] 岑仲勉：《两周文史论丛》，上海：商务印书馆，1958年。
[3] 转引自陈达超：《岑仲勉先生传略》，《中国当代社会科学家》第5辑，北京：书目文献出版社，1983年，第142页。
[4] 陈达超：《中国当代社会科学家》第5辑，第140页。
[5] 陈智超编注：《陈垣来往书信集》（增订本），北京：生活·读书·新知三联书店，2010年，第409页。
[6] 陈智超编注：《陈垣来往书信集》（增订本），第414页。

陈寅恪先生。①

"弟等数年来拟约大驾到本所或其他学术机关,而谋之未成",道出了傅多年的努力;"此意弟在北平时,曾以商之于援庵先生,得其同情许可",说明是傅要聘岑,因岑与陈垣关系密切且傅由陈而得识岑,故傅将聘岑事知会陈垣,而非因陈垣的推荐——如果是陈垣推荐,傅还会说"得其同情许可"这样的话吗?1937年4月23日,陈垣致傅斯年函:

> 接岑先生函,知我公爱才如渴,至佩至佩。②

可以说,岑之入史语所,不是陈垣的推荐,而是傅斯年"爱才如渴",努力推动的结果。倘若要感谢,实在是应该感谢傅斯年才对吧。

在史语所工作期间,傅对岑的古籍考订等工作是给予了充分肯定的。这从1944年哈佛燕京的补贴事上,即可见一斑。1944年9月20日,傅斯年致函董作宾,谈哈佛燕京社补助费事,岑被袁守和漏去,傅斯年将他人换去,将岑补入到补贴三万的名单;后又补上一万。11月6日,傅又致董函,为补助费事,"乞兄与济之、仲勉两兄一商"③。

然而,到1948年,傅斯年却决意要解聘岑仲勉。夏鼐在其日记中记录了岑离职并返粤事。1948年5月28日:

> 下午接傅先生来信,关于加薪晋级事,及辞退岑仲勉先生事。

5月29日:

> 上午陈槃君来通知,谓岑仲勉君决定辞职,此事即可如此解决。

6月20日:

> 晚所有宴请向觉明、岑仲勉二先生,连主人共八人。

7月11日:

> 晚间与高晓梅君同至岑仲勉先生处送行,以岑先生明日一早即上船离京也。④

曾有学者认为,岑仲勉的离职,是因为他在1944年发表的有关《史记》中"不得"的记载,徐俊以容甫笔名,发表专文,详加辨正,指出此系误传⑤。极是。傅、岑二人的分歧,措辞上看,是傅对岑的研究逸出约定范围表示不满;但究其实,则是傅对岑的古文、古史、古音的研

---

① 王汎森、潘光哲、吴政上主编:《傅斯年遗札》,第797—798页。
② 陈智超编注:《陈垣来往书信集》(增订本),第416页。
③ 王汎森、潘光哲、吴政上主编:《傅斯年遗札》,第1077号,第1534页;第1086号,第1561页。
④ 夏鼐:《夏鼐日记》第4卷,上海:华东师范大学出版社,2011年,第188、192、194页。
⑤ 容甫:《关于"不得"的后话》,黄松主编:《书品》第3辑,北京:中华书局,2010年,第6—12页。

究不以为然。

上引1939年4月17日傅斯年致岑仲勉函中，在大力表彰岑的文献学研究之后，谈到了对岑治古史的不以为然：

> 古史一道，弟观感稍与先生不同……今日治此一事，弟以为应兼顾下列两事，一、乾嘉经学之最高成就（声韵、训诂之学），益以金文、甲骨为之材料。二、近代考古学之发明……寅恪先生言，"书不读秦汉而上"，此或有激而作，然有至理存焉……夫古史材料，已成聚讼，若拉入后代中央亚细亚、印度各名词，似更如治丝而纷，恐此一路未能解决问题，徒引起无底之辩论，盖或出或入，皆无证据，故或如韩非所说后死者胜矣。然则第一组姑不治此一事，而以考古之学归之第三组，文字学归之经学家，可乎？此一大著疏通致远，弟所佩服。然其可能性究有多少，弟不能无疑。弟固不能断言周人不自于阗来，然其自于阗来说亦无证据。禹、于二字，古音绝不同，甸在金文即是田字；"维禹甸之"之田则动词也。故禹、甸决不能作为一名词。卤、周二字音形亦绝不相干。大凡声音字体，涉于语言学范围者，宜系统考定其相同违之处，若执一字辗转比之，三五转后，恐无不合者矣。①

1945年2月22日，傅斯年致岑仲勉：

> 顷看院报告稿，大著有《珊生簋释名》一文，此不在先生研究范围之内（在昆明时有此旧约也），故已代为删去。乞谅之。又，《元和姓纂注》、《突厥集史》两大书，可否今后集中精力，先成其一，其一既成，再成其一。如须同时办，可否先精力集中于此两书，姑舍其他。……古文古音古史，本所各自有专家，皆一时之俊，犹之先生擅长在中世史也。②

3月26日，傅又致函：

> 我辈既在第一组（史学），其所治之范围，自应以第一组为限，盖语言学者，自有其纪律，非自少专攻，精通各种文字，不能得其真谛，则猜谜之事，徒资后人以口实矣。先生所示今年工作，有突厥古文一事，此则非先治突厥今文不可也……西洋人治此古文者，皆先习土耳其今语，能说能写，然后参以蒙古、吐火罗之译名，然所得不过尔尔。若仅凭字典上之大写字母以论，则西洋人早发见矣……总之，鄙意以为治此等古语学，非治今语学不可也。而治今语学，非自少年从头来不可也。如先生工作之范围，能以史学为限，而不涉及语言（无论中外上古），则弟公私均所感幸。③

傅说得真是肯切之极！"猜谜之事，徒资后人以口实"，不特为学术计，也是为岑先生学术名誉计。大概岑先生接受了傅斯年的建议，隔不久的3月31日，傅致岑函："惠书谨悉。大雅风度，感佩无似！……循读来书，益觉先生诚所谓古之善人，而吾辈之交情，当因国家之患难愈感其深

---

① 王汎森、潘光哲、吴政上主编：《傅斯年遗札》第688号，第962页。
② 王汎森、潘光哲、吴政上主编：《傅斯年遗札》第1098号，第1582—1583页。
③ 王汎森、潘光哲、吴政上主编：《傅斯年遗札》第1110号，第1599—1600页。

且坚也。"① 然而，我们看《西周文史论丛》所收诸文，可知岑先生并未真正采纳傅的意见。而且，这些傅斯年不以为然的文章，又都集中发表在这封信之后的这几年（特别是集中发表在《东方杂志》上）。这大概是傅最终决定解聘岑的直接原因——从上引1945年2月22日函"在昆明时有此旧约也"一语，可能在昆明时，傅已鉴于岑对古史古音的研究，而有此约定，冀以约束未受过相关学术训练而进行猜谜式的古史古音研究。这个约定的时间，应该就是在1939年4月17日函、苦口婆心相劝之后不久吧。

当然，最终，岑仲勉并没有等傅斯年正式解聘，而是选择了自行离开。傅得知后，随即于1948年7月5日致函岑仲勉（7月11日岑买舟离京）：

> 弟于先生治学之精勤，史籍碑版之深邃，十余年中，佩服无间，今犹昔也。至于关涉语言学之不同见解，绝不影响弟之服膺先生之治史，此不能不曲予谅宥也。闻驾将归粤，恐未获在京祖送，实不能无所惓惓耳。所示抄写各费，均当遵命。大驾行前理应致送若干月薪水，已托作铭兄转请萨先生核定。先生不忮不求，学问之外一无所涉心，足以风兴，弟尤钦慕。今以一科上之不同，遂各行其所是，亦事之无可奈何，望先生不以此事为怀。以后敬乞时赐教言，不弃在远，固终身之厚幸也。②

仍认同岑仲勉"史籍碑版之深邃"，即历史文献的整理和研究的成果。次年，史语所即印行了岑仲勉的《元和姓纂四校记》。

事实上，傅斯年对上古史研究的取法是一贯的，并不特别针对岑仲勉。他始终强调要用考古资料，而不提倡仅作"文籍中之辨论"。这在1944年8月15日，他给杨向奎申请入所工作的覆函中，表达得尤为明确：

> 入所一事，一时恐无办法。盖第一组之范围，一部分为史学，一部分为文籍学（经子等）。后者规定仅当前者三分之一，今乃过之，不复能加人矣。而前者之古史一门，本所不提倡文籍中之辨论，乃愿以甲骨、金文、器物及考古学解决问题也。……一机关应有其学风，此即本所之学风也。③

关于岑仲勉先生的对音，学界亦有评论。蔡鸿生《岑仲勉中外史地考证的学术风格》，引用了如吴丰培对岑仲勉《汉书西域传地里校释》的评价：

> 近人岑仲勉《汉书西域传地里校释》确实超越前人，总结了中外学者研究成果，对于"地"、"里"、"传"都纠正了前人之误，别申己说，有特殊见解。虽未谙古代西域语言，对音译尚有问题，然对于《汉书西域传》的研究，确实推进一步。④

指出了岑"未谙古代西域语言"、"对音译尚有问题"。蔡先生在《我和唐代蕃胡研究》，谈及岑

---

① 王汎森、潘光哲、吴政上主编：《傅斯年遗札》第1111号，第1600页。
② 王汎森、潘光哲、吴政上主编：《傅斯年遗札》第1248号，第1819—1820页。
③ 王汎森、潘光哲、吴政上主编：《傅斯年遗札》第1070号，第1522页。
④ 蔡鸿生：《中外交流史事考述》，郑州：大象出版社，2007年，第425页。吴丰培语，见其《西域研究历史进程概述》，《吴丰培边事题跋集》，乌鲁木齐：新疆人民出版社，1998年，第326页。

的对音时说：

> 岑仲勉先生是顺德人，乡音甚重，用粤语拼读"突厥"古名，沉浑浩渺，别有一番韵味。①

"沉浑浩渺，别有一番韵味"，可谓意在言外。季羡林所言岑之离职细节，固属以讹传讹，但他对岑的对音的批评，却是中肯的："他不但不通梵文，看样子连印度天城体字母都不认识。在他手中，字母仿佛成了积木，可以任意挪动。放在前面，与对音不合，就改放在后面。这样产生出来的对音，有时极为荒诞离奇，那就在所难免了。"②

总之，岑仲勉之入职史语所，并非陈垣之推荐，而是傅斯年出于"爱才如渴"的积极推动；岑的离职，也并非如陈达超《岑仲勉先生传略》所言"因与该所主持人发生矛盾，借口所谓研究课题范围超越合同约束，备受打击排挤"③，而是双方学术理念不同。当然，站在今天的学术立场来看，傅斯年的理念无疑是正确的④。

陈尚君先生著文，称陈寅恪、岑仲勉是唐史研究的双子星，岑略显黯淡⑤。其实，陈、岑二人的研究方向、研究重点不同，陈着重于史的研究，岑着重于文献的整理和研究，不大具有可比性。谈唐史的线索，那只有引陈寅恪之论；但相关文献的整理成果，就只能征引岑仲勉的著作了。至于有学者贬岑仲勉为高级资料员，恐怕只能说明论者的狭隘，丝毫无损于岑仲勉的学术贡献和地位。

在上引徐俊文中，公布了邓广铭、周一良1959年给中华书局写的信函。二人在信中建议中华书局不能采用岑仲勉关于"禁不得祠明星出西方"的句读。在纪念岑仲勉诞辰百三十周年学术讨论会上，我有幸与谭世宝先生分在同一小组。他发言时，引用这些信，认为这是邓、周二人对岑仲勉的"诽谤"，对岑造成了不良影响。我认为，谭的这个认定是站不住的。邓、周二人的信，主要是针对《史记》的标点，并非审查岑仲勉的著作，此其一；其次，这些信是给中华书局供其判定《史记》标点的，并非公开发表的正式论著，故措辞不妥，大可理解；最后，事实上也没有对岑造成任何不良后果——第二年即1960年中华书局上编所印行了岑的《唐史馀渖》，1962年印行了《中外史地考证》，1964年印行了《通鉴隋唐纪比事质疑》；这还不说，近年的《岑仲勉著作集》也是由中华刊行的。所谓影响，从何谈起呢？

附带谈一句陈寅恪致陈垣函中谈及的"中国将来恐只有南学"事。1933年12月17日，陈寅恪至陈垣函：

---

① 蔡鸿生：《中外交流史事考述》，第430页。
② 季羡林：《台游随笔》之《扫傅斯年先生墓》（撰于1999年），《季羡林散文全编》（修订版）第4辑，北京：中国广播电视出版社，2007年，第163页。
③ 陈文载《中国当代社会科学家》第5辑，第142页。
④ 有学者认为，岑仲勉先生在对音时，引据《广韵》等，也有合理性，并非完全天马行空。但他不懂语言学，即有是处，于学理恐亦难于征信。即以汉语音韵论，恐也有问题。魏建功《由"高雄"说到"不得"》（《魏建功文集》第4卷，南京：江苏教育出版社，2001年）指出，buldha一词，无论是译作浮屠、浮图，还是译作佛陀、佛等，"声音条件都能对照"，"近年颇有人将'不得'两字当作佛陀的最早译名，又或当'吠陀'的译名。我以粗知音理，不敢赞同这种语言学上的论证"；"（一）'不'字的个性非浊声，非阳调，与'浮''佛'不相类。（二）'得'字的个性是入声，而非阳调，主要元音没有对读开口a的史实，与屠图陀不相类"（第371—372页）。谈的虽是"不得"的对音，且岑氏业已放弃此说，但这可以多少反映出岑先生在汉语音韵的修养方面，亦似有可议之处。此条承戴燕先生检示，谨致谢意。
⑤ 陈尚君：《唐史双子星中稍显晦黯的那一颗》，《文汇学人》2016年11月18日。

> 岑君文读讫，极佩（便中乞代致景慕之意）。此君想是粤人，中国将来恐只有南学，江淮已无足言，更不论黄河流域矣。①

这是陈垣将《圣心》转交陈寅恪之后，陈寅恪的回信。因为陈垣是粤人，陈垣所为延誉的岑仲勉也是粤人，故陈寅恪有此言。这完全是陈寅恪借粤人籍贯事，变相夸陈垣而已。岑仲勉其时只是在《圣心》上发表的那几篇文章，恐怕还不足以耸动陈寅恪。当时，岑仲勉请陈垣开在京学者名单，以便赠送《圣心》。其中接受赠送者，还有顾颉刚。顾在收到后，于1934年3月19日覆函陈垣："承赠《圣心》第二期，谢谢。岑仲勉先生地理学至深，佩甚。能由先生介绍，请其为《禹贡》作文否。"② 虽然说了"至深、佩甚"的话，但也不过是因编《禹贡》，向岑拉稿；此后，从顾的日记中，我们可以看出，顾、岑二位并未因此而多所过从。收到论著，回覆表示感谢时的夸奖的话，多半是虚套客气，不宜认作微言大义，大作发挥。其实，日记里骂人的话，反映了作者的真实感情，但多半有失公允和客观；收到赠书、覆信时对赠书者大加夸奖，多半靠不住的。

我们评价学者，指出其不足，正是为彰显其贡献。间草，方能秀苗。不足说得越中肯，贡献才能越突显。不分好坏优劣，笼统肯定，名为尊、实则贬。这是不可取的。

（作者单位：中国社会科学院历史研究所）

---

① 陈智超编注：《陈垣来往书信集》（增订本），第398页。
② 陈智超编注：《陈垣来往书信集》（增订本），第200页。顾氏是日日记有"写援庵、兼士、定生、殿英信"，《顾颉刚日记》第3卷，台北：联经出版事业公司，2007年，第170页。

岑仲勉在史语所的工作及其旨趣

李欣荣

岑仲勉（1886—1961）与陈寅恪（1890—1969）并称中古史研究的两大师，① 然而学界对他们的研究显有轻重厚薄之分。② 究其原因，除了陈氏特具政治和思想层面的影响外，两人的学术路径实有不同，而学界意见较为倾向于"新汉学"的陈氏而远于文献整理的岑氏，故有此差别对待。

观察岑仲勉的学术取径，不妨从其第一份学术工作——1937 年进入中研院史语所担任研究员开始。据其自言："仲勉早岁学识荒落，中年稍振刷，视苏老泉已瞠乎其后。"③ 较之 27 岁始发愤读书的苏洵，岑氏年过五旬方入史界，的确较晚。尽管如此，岑氏以其勤奋努力，迅速地成名成家。故其有言："在五十二岁到六十二岁，则是我做学问最努力的时期。"④ 是即任职于史语所的十二年。姜伯勤先生亦言："岑先生最优秀的盛年之作，都写成于这个时期。"⑤ 其中便包括其代表作《元和姓纂四校记》以及突厥学等著作。然而岑氏在 1948 年却被史语所当局劝退，留下一段不甚愉快的经历，则提示出两种学术路径的差异和冲突，值得认真探究。

一、入 所

岑氏任职史语所，藉此正式进入学界，颇得力于乡贤陈垣的提携与推荐。岑氏少习文史之学，颇有治学根柢，然却就读北京高等专门税务学校。毕业后在财政、税务、邮政部门供职十余年。1930 年 4 月，岑仲勉进入广州圣心中学，担任教务主任兼教员，至 1934 年夏辞职。1934 年 7 月至 1935 年 6 月，任上海暨南大学文书及秘书课主任。业余所撰《佛游天竺记考释》于 1934 年由上海商务印书馆出版，初获学界的好评。

1933 年 12 月，岑仲勉将《圣心》第二期多份寄予陈垣，请其分赠同好。该期刊有岑氏

---

① 1952 年全国院系调整后，刘节屡次在欢迎新生的例会上言之。见蔡鸿生：《康乐园"二老"》，《蔡鸿生史学文编》，广州：广东人民出版社，2014 年，第 567 页。
② 关于陈寅恪的研究甚多，最近新出版九江学院陈寅恪研究院编：《陈寅恪研究资料目录》，北京：清华大学出版社，2016 年。而对于岑仲勉的研究尚有待开展。陈达超：《岑仲勉》，《中国史研究动态》1983 年第 12 期；姜伯勤：《岑仲勉》，《中国史学家评传》（下），郑州：中州古籍出版社，1985 年；《岑仲勉》，刘绍唐主编：《民国人物小传》（四），上海：上海三联书店，2014 年；孙巍：《岑仲勉学术研究》，陕西师范大学硕士学位论文，2013 年；李婷婷：《岑仲勉史学研究》，湖南师范大学硕士学位论文，2014 年；近年来较为详尽的研究则有项念东：《20 世纪诗学考据学之研究——以岑仲勉、陈寅恪为中心》，合肥：安徽教育出版社，2014 年。
③ 岑仲勉：《金石论丛·自序》，北京：中华书局，2004 年。
④ 陈达超：《岑仲勉》，《中国史研究动态》1983 年第 12 期。
⑤ 姜伯勤：《岑仲勉》，《中国史学家评传》（下），第 1301 页。

《〈水经注〉卷一笺校》等文，得到陈垣回信赞赏，并"夹陈君寅恪手缄，奖誉备至"。陈寅恪之信言"极佩"岑文，"便中乞代致景慕之意"，并有"此君想是粤人，中国将来恐只有南学，江淮已无足言，更不论黄河流域矣"的评语。① 而陈垣闻言甚喜，回信有"考证明确而精审，珠江流域有此出类拔萃之学人，真可为吾乡扬眉吐气"等语。② 其中有一大背景值得注意，即陈垣不满太炎门生（多为浙籍）把持北平学界。杨树达指出："谈及北平教育界情形，援庵深以浙派盘据把持不重视学术为恨。"③ 故陈垣揄扬湘人杨树达，以及援引同为粤籍的岑仲勉，藉以打破浙派的垄断。

此外，顾颉刚回信言："岑仲勉先生地理学至深佩甚。能由先生介绍，请其为《禹贡》作文否？"④ 胡适亦称："岑仲勉的《〈水经注〉卷一笺校》，当然远胜一切旧校。其附录五件，尤为有用。但其中亦有未尽满人意处。"⑤ 陈垣又介绍北大史学系主任且同为粤籍的陈受颐与岑氏相识，似就岑氏进入北大的问题有所讨论。⑥

这是因为岑氏在致陈垣信中流露出不满在中学教书之意。"适校期将届结束，未及即复。南中学务，向无起色。私立者限于经费，不能严格以求，更有得过且过之感。旧京为昔游地，每怀曩迹，再切观光，惜一时尚未能成行耳。"⑦ 恰巧傅斯年阅《圣心》后亦感"至佩"，"岑君僻处海南，而如此好学精进，先生何不招其来北平耶？"⑧ 陈垣既为史语所的通信研究员，遂有引介岑氏入所之意。

1934年11月，傅斯年"来沪约见（岑氏），嗣复驱车走访，临行前嘱赴宁参观图书，来月中或抽暇一走也"。⑨ 次月，傅、岑在南京见面，谈及岑氏进入史语所的问题，但后者因家累及待遇问题并不积极。据云："在宁谭话中，孟真先生颇有援引入所之表示，并询志愿，当时唯唯应之。闻渠月底北上，勉意平粤往返费倍沪粤，月给若可至风信之数，决乎舍此就彼耳。惟去就之谊，常随遇而安，非真有意，请不必以此望进也。"⑩ 已有学人指出，"风信之数"为月薪二百四十元之隐语；⑪ 如此，则当时傅氏肯给予的聘任资格并非研究员。

惟8月间，岑仲勉因"暨南校长以秘书兼文书相约，责任较轻，且可多得自修时间，为计亦得，故已接受到校"。⑫ 但不久即因人事派别问题又萌去意，而再生北上进入学术界之念。"（与傅斯年）金陵谭话，固尝再三申言，不必勉强。但假有北上机会，复思由粤挈眷成行，最早须在夏历二月间也。"⑬ 然1936年9月，岑氏犹在犹豫当中，"傅先生意仍主勉入教育界，然此事总利害各参半，容当熟思之耳"。⑭

---

① 陈寅恪致陈垣，1933年12月17日，陈智超编注：《陈垣来往书信集》（增订本），北京：生活·读书·新知三联书店，2010年，第398页。
② 姜伯勤：《岑仲勉先生学记》，向群、万毅编：《岑仲勉文集》，广州：中山大学出版社，2004年，第2页。
③ 杨树达：《积微翁回忆录》，北京：北京大学出版社，2007年，第48页。
④ 顾颉刚致陈垣，1934年3月19日，《陈垣来往书信集》（增订本），第200页。
⑤ 杜春和等编：《胡适论学往来书信选》（上），石家庄：河北人民出版社，1998年，第156页。
⑥ 岑仲勉致陈垣，1934年6月22、29日，《陈垣来往书信集》（增订本），第569、570页。
⑦ 岑仲勉致陈垣，1934年1月22日，陈智超编注：《陈垣来往书信集》（增订本），第568页。
⑧ 傅斯年致陈垣，1934年2月17日，陈智超编注：《陈垣来往书信集》（增订本），第409页。
⑨ 岑仲勉致陈垣，1934年11月24日，陈智超编注：《陈垣来往书信集》（增订本），第571页。
⑩ 岑仲勉致陈垣，1934年12月21日，陈智超编注：《陈垣来往书信集》（增订本），第571页。
⑪ 马小卒：《增订本〈陈垣往来书信集〉小议》，《东方早报·上海书评》，2012年4月21日。
⑫ 岑仲勉致陈垣，1934年8月3日，陈智超编注：《陈垣来往书信集》（增订本），第570页。
⑬ 岑仲勉致陈垣，1935年，陈智超编注：《陈垣来往书信集》（增订本），第572页。
⑭ 岑仲勉致陈垣，1936年9月21日，陈智超编注：《陈垣来往书信集》（增订本），第578页。

1937年3月底，傅斯年赴北平，"与陈寅恪先生商量此事，皆以为当约先生惠来本所，以为弟等之光宠，以赞本所之事业"。又与陈垣商及聘请之事，"得其同情许可"。岑氏入职，史语所即聘为研究员。据傅言："此职为本院研究人员之最高级，八年以来，除一个例外不计，敝所未尝有此聘任。（升任者则有之）。"月薪为三百五十元，待遇或稍逊于大学，"若论研究之方便则非大学所能比，研究员不兼事务者，全部工夫皆是自己所有也"。① 傅、岑沟通以后，后者定于7月到所入职。② 实际则到8月初，方抵南京。③

二、行　踪

史语所第一组自1936年1月迁至南京新址，书籍亦集中于此。岑仲勉到所，也被要求在南京工作。④ 然其时已开始全面抗战，无法维持正常的研究秩序。自"八一三"上海事变后，史语所各组即开始装箱，准备迁徙。图书、拓片和杂志等物，先运至南昌，再转运至长沙，然后分两部分运至重庆和昆明。因为傅斯年有较强的社会活动能力，资料方面并无多少损失。史语所1939年的报告称："计自抗战以还，图书馆随本所转徙各地，而中文书一十二万六千二百九十九册，西文八千三百四十二册，以及杂志全份二百余种，拓片一万余份，皆毫无损失。现在加紧开拆邮包及清理图籍，希望能于最短期间恢复正常工作。"⑤

史语所之人员方面，自8月22至24日先后抵湘，迁入圣经学校。至10月23日止，到湘同人总计三十五人。岑仲勉到湘前，曾返顺德乡里小住一月，"翻先人手泽"。⑥ 从1937年12月起，大部分职员陆续离湘，分途向昆明集中。1938年三四月间，各组人员"先后到齐"。自7月起，史语所并租下靛花巷楼房全部，以作工作之所；又租到竹安巷四号之平房一院，全部作为职员宿舍。在滇时岑仲勉才见到第一组组长陈寅恪。据称："一九三八年入滇，维时研究所图书在途，供读者只随身零本，八、九月间在昆明青云街靛花巷初与陈寅恪兄会面，渠询余近况，余以拟辑唐人行第录对。"⑦

9月28日，因昆明被敌机轰炸，史语所当局为谋工作安全计，决定向昆明城北十一公里之龙泉镇疏散，租佃该镇棕皮营村之响应寺及毗连之龙头书坞为办公处，同镇龙头村之东岳庙前后大殿为职员宿舍。10月1日史语所由城中迁出，4日起继续在龙泉镇工作。城内竹安巷房屋自1939年1月起让与社会所，靛花巷房屋则仍保留为城内办事处，以维持与各方面之联络。⑧

1940年10月，因云南安全受到威胁，史语所开始搬迁至极为偏僻、位于四川宜宾的李庄板栗坳。罗常培尝这样描述板栗坳交通之不便："历史语言研究所的所址在板栗坳，离李庄镇还有八里多。……离开市镇，先穿行了一大段田埂，约有半点钟的光景。到了半山的一个地方叫木鱼

---

① 傅斯年致岑仲勉，1937年4月2日，王汎森等主编：《傅斯年遗札》第二卷，台北："中研院"史语所，2011年，第797—798页。
② 傅斯年致岑仲勉，1937年4月20日，王汎森等主编：《傅斯年遗札》第二卷，第801页。
③ 傅斯年致岑仲勉，1937年7月21日，王汎森等主编：《傅斯年遗札》第二卷，第818页。
④ 傅斯年致岑仲勉，1937年4月13日，王汎森等主编：《傅斯年遗札》第二卷，第799页。
⑤ 《历史语言研究所二十六年度至二十八年度报告》（1939年3月），《傅斯年全集》第6卷，长沙：湖南教育出版社，2003年，第545—546页。
⑥ 岑仲勉：《跋〈南窗纪谈〉》，《历史语言研究所集刊》第15本，1948年，第380页。
⑦ 岑仲勉：《唐人行第录·自序》，北京：中华书局，2004年，第3页。
⑧ 《历史语言研究所二十六年度至二十八年度报告》（1939年3月），《傅斯年全集》第6卷，第535—536页。

石,已经汗流浃背,喘得上气不接下气。躲在一棵榕树荫下休息一会儿等汗干了,才能继续登山。又拐了三个弯,已经看不见长江了,汗也把衬衫湿透了,还看不见一所像样的大房子。再往前走到了一个众峦逃拱的山洼里,才算找到板栗坳的张家大院。"①

至于住所情形,据时任史语所助理研究员的何兹全忆述:"史语所用的是一家大乡绅的房院。房舍的布局是环着一个小山头建造的,从进口处顺序排列有:田边上、柴门口、牌坊头、戏楼院。田边上斜对面有桂花院,戏楼院顺小路再往前走还有一个茶花院。田边上是图书馆,也有几个研究室,我就在那里,和胡庆钧同志一个屋。牌坊头是主房,史语所只占用了前院,后院厅房和配房仍由原主人住。柴门口是眷属宿舍,芮逸夫、劳榦、陈〈岑〉仲勉、董同龢等有家属的都住在这里。……柴门口是个长方形四合院,劳榦等四家分住主房,我和陈〈岑〉仲勉先生、董同龢住对面,芮逸夫家住左首偏房。我们的房是两层楼,顺坡造的,楼上比院子略高,有木板搭在房门和院子里梯田式的墙上,楼下有台阶上院子里来。楼上住人,楼下作饭。山上没有电灯,点燃两根灯草的桐油灯。天一黑,院门一关,房门一关,满院寂静,满野寂静,宇宙间都是寂静的。有时候也聚到一家房里聊天,劳贞一(榦)家的房子大些,一般是聚在他家。男男女女一屋子,海阔天空,小则家常,大则国事,无所不谈。"②

战时生活极为困难,精神生活也甚为枯燥、乏味。连傅斯年也对陈寅恪不来板栗坳表示同情,称当地的环境"寅恪未必能住下,彼处医药设备太差,一切如乡村。……李庄之闷,住久者亦真不了,故生精神衰弱者累累"。③ 岑仲勉却能甘之如饴,成果迭出,一直坚持到抗战胜利,直至史语所复员南京。

三、著　述

岑仲勉在史语所时期的著述,据姜伯勤先生的整理回顾:岑氏"1937 年抵南京,整录郎官题名竟。年底,转徙长沙,研究《文苑英华》、《白氏长庆集》等唐人文集。1938 年入滇,秋校《元和姓纂》,泛览《文苑英华》。8 至 9 月始作《唐人行第录》。1938 年秋至 1939 年 1 月,三个月中校读完《全唐文》,1939 年 1、2 月两月中,校读完《全唐诗》……1942 年整理《翰林学士壁记》。……在八年离乱中,完成了自三十年代初开始进行的《元和姓纂四校记》和《突厥集史》的主体部分。"④ 其说显然将《元和姓纂四校记》和《突厥集史》视为主要作品。

《元和姓纂》乃唐宪宗时,太常博士林宝奉敕于元和七年(812)修撰而成的大型姓氏谱牒文献。而岑氏校订《元和姓纂》则开始于 1936 年,肇因于看见牟润孙之文存有疏漏之处。"旬前因牟君说之触引,现方作《姓纂》之校记乙篇。"⑤ 傅斯年对岑氏此项校订工作颇为支持,去信有言:"目下堪告慰者,存联大书,开箱有期,而善本书均至龙泉镇,弟之五箱,亦多先生所需者,可以即开。日后《姓纂》校成,必为一时之伟著,无疑也。"⑥ 在 1948 年 7 月岑氏离所以

---

① 罗常培:《蜀道难》,郑州:河南人民出版社,2008 年,第 18—19 页。
② 何兹全:《爱国一书生·八十五自述》,上海:华东师范大学出版社,1997 年,第 196—197 页。
③ 傅斯年致梅贻宝,1943 年 11 月 26 日,王汎森等主编:《傅斯年遗札》第三卷,第 1458 页。
④ 姜伯勤:《岑仲勉》,《中国史学家评传》(下),第 1301 页。
⑤ 岑仲勉致陈垣,1936 年 7 月 7 日,陈智超编注:《陈垣来往书信集》(增订本),第 573 页。编者误将该信系年于 1935 年,因为牟文《〈元和姓纂〉十卷》,刊于《大公报·图书副刊》第 135 期,1936 年 6 月 18 日。
⑥ 傅斯年致岑仲勉,1939 年 4 月 17 日,王汎森等主编:《傅斯年遗札》第二卷,第 961 页。

前，《元和姓纂四校记》作为史语所专刊第二十九种出版。①

事实证明《元和姓纂四校记》极有学术上之价值。王仲荦称誉岑书"广征石志，用补旧史之阙文，其为功至勤也，且考知欧阳修、吕夏卿作《新唐书·宰相世系表》，迄元和之季，大概本自此书，千载矜异之巨著，一朝得知其所以出，顾不大快人邪！"②

而《突厥集史》亦至迟在1935年便有端倪。据云："新唐书（突厥传）拟注一篇：此为拙稿《突厥集史》之一篇。清儒专唐书者少，窃谓旧、新不能偏废，而新书溢出之史料似不可不先考其本据。所谓注者，即注其本据。"③ "抗战入川后某一个时期，更曾专心作过搜采、校订和考证的工作。胜利伊始，进行整理，事甫及半，离开南京，搁置者七年。"④ 可见该书亦是岑氏在史语所时期的核心工作。

史语所当局亦甚为关注岑仲勉两书的进展。据1939年3月提交的史语所年度报告，岑仲勉的工作主要有两项：（1）编辑东突厥史料。"法儒沙畹氏有《西突厥史料》之辑，东突厥尚付阙如。现由研究员岑仲勉着手搜罗编辑，材料已编，正在编年中。"（2）校补《元和姓纂》。"此为中世以前记姓族较详之书，研究员岑仲勉费一载光阴，分别校补，已成稿二十余万言，现正在继续整理中。此外又成论文四篇，送交集刊。（i）《唐郎官题名新著录》，（ii）《外蒙古于都斤山考》，（iii）《唐集质疑》，（iiii）《贞石证史四种》。其《跋封氏闻见记》及《跋唐摭言》两种，亦将于最近完篇。"⑤

1945年5月，中研院向国民党"六大"提出的工作报告书显示："突厥集史资料之总整理已完成三分之二，并已著成论文十九篇；《元和姓纂》四校证，已编成七卷。"⑥ 次年2月，史语所的工作报告又言："《元和姓纂》四校记业已完成；突厥集史，又译成论文二篇。"⑦ 1947年的报告则将岑仲勉的研究范围归于唐史及突厥史研究，称其写成《唐临冥报记之复原》一文，载于《史语所集刊》第十七本。⑧ 1948年的报告则谓岑氏写成《〈旧唐书·地理志〉旧领县之表解》一文。⑨

然启人疑窦的是，岑氏的工作成绩绝不止于上述两书，以及登载于《史语所集刊》的寥寥数文。蔡鸿生先生注意到："史语所的11年，是岑氏学术丰收的辉煌岁月。他的名著《贞石证史》、《读全唐诗札记》、《读全唐文札记》和《元和姓纂四校记》，以及对《白氏长庆集》的系列研究，都是这个时期完成问世的。其著述之勤，成果之多，在当年的史语所里，名列榜首。史语所《集刊》有时几乎成了岑氏专刊。如第9本（1947年出版），发表文章12篇，岑氏竟占9篇；第12本（1948年出版），发表文章26篇，岑氏仍占13篇。如此多产，其勤奋不能不令人惊叹。"⑩

此外，岑仲勉还在《东方杂志》等品类不一的刊物上发表大量的文章。以下仅举其要：

《论取鉴唐史》，《益世报·文史副刊》，1943年11月4日。

---

① 《商务印书馆初版新书及最近重版书》，《申报》1948年4月28日，第2版。
② 王仲荦：《关于岑仲勉〈元和姓纂四校记〉》，《学原》1949年第7期，第95页。
③ 岑仲勉致陈垣，1935年10月14日，陈智超编注：《陈垣来往书信集》（增订本），第575页。
④ 岑仲勉：《突厥集史》（上），北京：中华书局，1958年，第1页。
⑤ 《历史语言研究所二十六年度至二十八年度报告》（1939年3月），《傅斯年全集》第6卷，第537页。
⑥ 《国立中央研究院向国民党第六次全国代表大会提出的工作报告书》，《傅斯年全集》第6卷，第559页。
⑦ 《国立中央研究院1945年工作报告》，《傅斯年全集》第6卷，第565页。
⑧ 《国立中央研究院历史语言研究所工作报告》（1946年10月至1947年9月），《傅斯年全集》第6卷，第569页。
⑨ 《国立中央研究院历史语言研究所工作报告》（1947年10月至1948年9月），《傅斯年全集》第6卷，第595页。
⑩ 蔡鸿生：《康乐园"二老"》，《蔡鸿生史学文编》，第570页。

《秦代已流行佛教之讨论》、《景教碑书人吕秀岩非吕岩》,《真理杂志》第 1 卷第 1 期,1944 年 1 月。

《唐代戏乐之波斯语》,《东方杂志》第 40 卷第 17 期,1944 年 9 月。

《考据举例》,《北平图书季刊》(新)第 5 卷第 4 期,1944 年 12 月。

《揭出中华民族与突厥族之密切关系》,《东方杂志》第 41 卷第 3 期,1945 年 2 月。

《何谓生霸死霸》,《东方杂志》第 41 卷第 21 号,1945 年 11 月。

《外语称中国的两个名词》,《新中华》(复刊)第 3 卷第 4 期,1945 年。

《党项及於弥语原辨》、《卫拉特即卫律说》,成都金陵大学《边疆研究论丛》,1945 年。

《〈隋书〉之吐蕃——附国》,《民族学研究集刊》第 5 期,1946 年 4 月。

《陈子昂及其文集之事迹》,《辅仁学志》第 14 卷第 1、2 合期。

《禹与夏有无关系的审查意见书》,《东方杂志》第 43 卷第 2 号,1947 年 1 月。

这些均不见于史语所官方的成绩统计,反而成为 1948 年岑仲勉离开史语所的要因。提示出史语所当局与岑氏的学术理念大不相同。

四、旨 趣

傅斯年在 1937 年聘请岑氏入所任研究员,除了因为陈垣的极力推荐外,主要是佩服其史料整理能力,符合史语所的建所旨趣。傅斯年宣称:"假如有人问我们整理史料的方法,我们要回答说:第一是比较不同的史料,第二是比较不同的史料,第三还是比较不同的史料。"① 在岑仲勉入所之初,两人关系不错,尚有书信论学。傅氏指出:"《册府元龟》流行本为明刊本,闻人云不佳,近日商务印书馆集得宋刊约半数,配以抄本印入《四部丛刊·四编》,大约明年年底出齐,此或可为先生大著之一助。惟此书不注出处,其引何书有时或未易断。未知先生以为如何?"② 稍后岑氏将《册府元龟》的整理纲要寄上,傅回信表示肯定。③

即便后来两人不和,傅斯年仍表示:"先生治学之精勤,弟所极佩。思解之细,用力之专,并世学人,盖鲜其俦,此弟不特向先生言之,亦向外人道之者也。"④ 此亦非虚语。1943 年,蒋介石饬令史语所报告各研究人员从事唐文化的研究情况。傅斯年的报告除了强调陈寅恪的贡献外,亦特别称赞岑仲勉之成绩。"岑仲勉氏之《突厥集史》,实为治中古西北史地者荟萃之书,亦将付印。……岑氏之校理唐代石刻史料,皆为国内史学界所推重。论文有关唐事者,均为数不少,均在《历史语言研究所集刊》发表。"⑤

但是,岑仲勉毕竟年长十岁,治史自有定见,强调研究历史必具通识,提倡博通的治学取径,而与力主专精的傅氏显分途辙。故其有言:"历代制度、名物,每更一姓,虽必有所易,然易者其名,不易者其实。甚至外族侵入,仍有相联之迹(如唐府兵与元怯薛,特勤与台吉,莫离与贝勒等),故每论到典章、文物,非徒略溯其始,抑且终论其变,求类乎通史之'通',不锢

---

① 傅斯年:《史学方法导论》,北京:中国人民大学出版社,2009 年,第 2 页。
② 傅斯年致岑仲勉,1937 年 4 月 20 日,王汎森等主编:《傅斯年遗札》第二卷,第 801 页。
③ 傅斯年致岑仲勉,1937 年 7 月 21 日,王汎森等主编:《傅斯年遗札》第二卷,第 818 页。
④ 傅斯年致岑仲勉,1945 年 3 月 26 日,王汎森等主编:《傅斯年遗札》第三卷,第 1599 页。
⑤ 傅斯年致蒋介石,1943 年 9 月 1 日,王汎森等主编:《傅斯年遗札》第三卷,第 1445 页。

于断代之'断'。"①

傅斯年却颇有家长作风，决意将史语所打造成实践自己史学理想的基地，顾颉刚就因为与之旨趣不同而离开。钱穆注意到："有某生专治明史，极有成绩。彼曾告余，孟真不许其上窥元代，下涉清世。然真于明史有所得，果欲上溯渊源，下探究竟，不能不于元清两代有所窥涉，则须私下为之。故于孟真每致不满。"②

傅斯年支持岑仲勉的中古史考异工作，而对于其上溯古史则深致反对之意。此从台北史语所所藏的傅斯年档案（现已出版《傅斯年遗札》）中可窥内情。

1939年4月，岑仲勉将《全唐诗文札记》三册和古史研究一种，呈交傅斯年点评。傅氏回信，对于前者大表肯定之意。略谓："《全唐诗文札记》三册，弟读毕叹服之至。如是读书，方可谓善读书，方不负所读书，此应为一组助理诸君子用作矜式者也。窃以为史学工夫，端在校勘史料，先生目下所校，虽限于全唐诗文，然而此等工夫之意义，虽司马涑水之撰《通鉴考异》，钱竹汀之订廿二史异同，何以异焉。况其精辟细密，触类旁通，后来治唐史者得助多矣。流徙中有此，诚不易事，谨当编入《集刊》，是亦弟之光宠也。弟所深感悚惭者，两年中流徙无定，书籍秘之箧中，无以供先生参考，其犹能有此精制，皆先生精力过人之征。"③

然而傅氏对于岑仲勉偏重传统文献的古史研究则明确否定，因为需要新材料与新方法。"今日治此一事，弟以为应兼顾下列两事：一、乾嘉经学之最高成绩（声韵，训诂之学），益以金文、甲骨，为之材料。二、近代考古学之发明。故弟曾说一笑话，谓有一线之望，亦不敢必也。弟曾在所中说笑话，谓将上古史给第三组。"傅斯年还特别引用陈寅恪之语"书不读秦汉而上"，认为"有至理存焉"。

具体而言，傅斯年不认为岑氏具备释读上古语文的能力。

> 禹、于二字，古音绝不同，甸在金文即是田字（矢彝等）；"维禹甸之"之田则动词也。故禹、甸决不能作为一名词。（诗人用典则可耳）卤、周二字音形亦绝不相干。大凡声音字体，涉于语言学范围者，宜系统考定其相同违之处，若执一字辗转比之，三五转后，恐无不合者矣。④

至1945年，傅氏对于岑仲勉仍坚持己见已颇感不耐，以《瑂生㝢殳释名》"不在先生研究范围之内"，而直接将其从送院报告稿中删除。并劝告岑氏，今后应于《元和姓纂注》、《突厥集史》两书，"先成其一，其一既成，再成其一，若须同时办，可否先精力集中于此两书，姑舍其他"。同时要求岑氏放弃上古史的研究。"此或非于古文古音古史之用力有所割爱可为功，然古文古音古史，本所各自有专家，皆一时之俊，犹之先生擅长在中世史也，故弟敢冒昧重申在昆明时之旧意。"⑤

另一方面，傅斯年对于岑氏的中古突厥研究有所保留，也是怀疑其解读外族文书的水准。"先生所示今年工作，有突厥古文一事，此则非先治突厥今文不可也，（Osmali, eastern Turkish

---

① 岑仲勉：《隋唐史·编撰简言》，北京：商务印书馆，2015年，第2页。
② 钱穆：《八十忆双亲·师友杂忆》，北京：生活·读书·新知三联书店，1998年，第168页。所谓某生，大概指王崇武。
③ 傅斯年致岑仲勉，1939年4月17日，王汎森等主编：《傅斯年遗札》第二卷，第961页。
④ 傅斯年致岑仲勉，1939年4月17日，王汎森等主编：《傅斯年遗札》第二卷，第962—963页。
⑤ 傅斯年致岑仲勉，1945年2月22日，王汎森等主编：《傅斯年遗札》第三卷，第1582—1583页。

[Turkistani], etc.）西洋人之治此古文者，皆先习土耳基今语，能说能写，然后参以蒙古、吐火罗之译名，然所得不过尔尔。若仅凭字典上之大写字母以论之，则西洋人早发见矣，即如本所已有之《突厥方言字典》，在当时已为绝作，在今日濒滋议论。总之，鄙意以为治此等古语学，非治今语学不可也。而治今语学，非自少年从头来不可也。如先生工作之范围，能以史学为限，而不涉及语言，（无论中外上古）则弟公私均所感幸。（若人名、地名，自是史学上事，其他名词则属于语言学矣。）"①

在突厥研究中，岑氏多依据对音的方法来考订域外的古地名。朱杰勤指出此法利弊参半："根据对音来考订外域古地名，并不是唯一妥善的方法，因为数千年的古音演变未易确定，而且所谓对音，应用起来，可以非常灵活。如 p 和 m 可以通转；l 和 k 也可以通转；t 和 d 同属齿音，亦可以通转。甚至一个地名有四个音节，其中只有两个音节约略相符，就可以进行对比。因此有些学者认为专靠对音容易陷入穿凿附会。所以除对音外，应该注意地理位置及历史条件等，以为印证，力求全面地来看问题。不过在历代国境变化无常，而史料又极端贫乏的情况下，自不能不乞灵于地名对音。这是可以理解的。研究西域史地的学者，如伯希和、藤田丰八、白鸟库吉等都具有广博的历史知识，但亦广泛应用对音以求地名。"②

其实岑仲勉依其两广游学预备科的外语根柢，平时亦能重视外国语文的学习，其语言能力并不算低。据言："先生晓英语，并能阅读法语，这对后来的研究事业大有裨益。"③"他能够运用英、法、日文的材料，并对照东西史地学家有关的主要著作，进行批判的研究。岑先生对于一些西域古文字如突厥语、吐火罗语之类，亦能间接通过各种工具书籍，找出其所欲知的语源和语意。"④ 只是史语所定位于与国际汉学争胜，对于语言能力的要求极高，"语言学者，自有其纪律，非自少专攻，精通各种文字，不能得其真谛，则猜谜之事，徒资后人以口实矣"。⑤ 若不能有语言学的童子功，宁愿放弃研究。

相信这也是第一组组长陈寅恪的意见。1942 年 3 月，陈寅恪为其学生朱延丰《突厥通考》作序时，宣示退出西北史地的研究。"寅恪平生治学，不甘逐队随人，而为牛后。年来自审所知，实限于禹域以内，故仅守老氏损之又损之义，捐弃故技。凡塞表殊族之史事，不复敢上下议论于其间。转思处身局外，如楚得臣所谓冯轼而观士戏者。……龚自珍诗云，但开风气不为师。寅恪之于西北史地之学，适同瑶人之所志。因举其句，为朱君诵。兼藉以告并世友朋之欲知近日鄙状者。"⑥ 这一放弃西北史地研究之宣言，或不特意针对岑仲勉，却能在史语所产生效力。

史语所乃采用培训学徒式的办法，研究员负有训练所内青年学人之责。朱杰勤回忆称："岑先生在历史语言研究所时，曾向当局建议，要培养一两位年青学者来从事突厥语言及历史的研究，以免此种专门学问在中国无人嗣响。当时，该所被反动势力把持，对先生的提议置之不理，

---

① 傅斯年致岑仲勉，1945 年 3 月 26 日，王汎森等主编：《傅斯年遗札》第三卷，第 1599—1600 页。
② 朱杰勤：《岑仲勉先生对西域史地的研究——岑著〈汉书西域传地里考释〉校后记》，《朱杰勤文集·史学理论》，桂林：广西师范大学出版社，2011 年，第 345 页。
③ 姜伯勤：《岑仲勉》，《中国史学家评传》（下），第 1300 页。
④ 朱杰勤：《岑仲勉先生对西域史地的研究——岑著〈汉书西域传地里考释〉校后记》，《朱杰勤文集·史学理论》，第 345 页。
⑤ 傅斯年致岑仲勉，1945 年 3 月 26 日，王汎森等主编：《傅斯年遗札》第三卷，第 1599—1600 页。
⑥ 陈寅恪：《朱延丰〈突厥通考〉序》，《寒柳堂集》，北京：中华书局，2001 年，第 162—163 页。原载《读书通讯》第 58 期，1943 年 1 月。

使岑先生独为其难，无人继美，实在是一件很可惜的事情。"①

长此以往，史语所当局甚至认为岑仲勉"不顾忠告，固执己见，乱发表文章，损及所方声誉"。②1948 年 5 月 28 日，代理所长夏鼐接到远在美国的傅斯年来信，"关于加薪晋级事，及辞退岑仲勉先生事。前者与萨总干事商量，决定候傅先生返国后再决定。后者与李济之先生及陈槃庵君商量，决定由陈君先去函劝告。晚间写长信给傅先生"。③次日便得陈槃通知，"谓岑仲勉君决定辞职，此事即可如此解决"。④

对于岑仲勉之被动请辞，傅斯年回信照准，尽管语多客气。"弟于先生治学之精勤，史籍碑版之深邃，十余年中，佩服无间，今犹昔也。至于关涉语言学之不同见解，绝不影响弟之服膺先生之治史，此不能不曲予谅宥也。……今以一科上之不同，遂各行其所是，亦事之无可奈何，望先生不以此事为怀。"⑤

7 月 11 日，夏鼐与高去寻至岑氏住处送行。⑥次日一早，岑氏便上船离京，返回广东，任教中山大学，从此脱离史语所。

关于此次离职事件，学界前辈曾有所述及，惟意见各异。牟润孙言："岑到史语所果然作出了不少成绩，后来因为岑先生兴趣过泛，研究的方面太广，有时难免犯了错误。傅先生劝他少写，岑不肯听，终于胜利后不久离去。"⑦朱杰勤的评论则称："岑先生在研究所十多年，淡泊明志，守正不阿，终于受到以傅斯年为首的学阀集团排挤，1948 年转入中山大学任教。"⑧

朱氏为中外交通史专家，故其视角略有些偏向性。"岑先生的学术成就是多方面的，我们从他已经发表的作品就可以看出来。不过他的绝学，恐怕还在中外交通史，即在西域南海史地考证方面，其次才是隋唐史。其实隋唐史的研究也不能不涉及中外交通史。"⑨

但姜伯勤先生则谓："就更加长远的学术价值而言，岑先生的全部成就中居于第一位的，却应该是隋唐史考据。"⑩在中外交通史领域，"岑先生在此方面最大的长处是对道咸以来的清季宿学的西北史地学有价值部分的发扬。"⑪而且不无错误，"仲勉先生所失就在过于相信对音，所失就在对音方法上亦过于泛滥，以致影响到一些地名证定的信值。"⑫

荣新江教授也较为肯定岑氏对于隋唐史文献的整理考订之功，"为后人研究隋唐史，整理了几乎所有相关的隋唐史资料，同时也开启了隋唐文献研究的许多领域"。又言"《突厥集史》、

---

① 朱杰勤：《岑仲勉先生对西域史地的研究——岑著〈汉书西域传地里考释〉校后记》，《朱杰勤文集·史学理论》，第 342 页。
② 台北史语所藏傅斯年档案，Ⅲ：533，引自刘承军：《中央研究院历史语言研究所人才培养制度述论（1928—1949）》，《云南社会科学》2015 年第 3 期，第 166 页。其实，根据傅斯年的约定，"专任研究员之著作，除通俗文字外，皆交本所发表，不另给酬，此本院常则之一"。见傅斯年致岑仲勉，1937 年 4 月 2 日，王汎森等主编：《傅斯年遗札》第二卷，第 798 页。可见史语所亦非绝对禁止研究员发表通俗文字。
③ 《夏鼐日记》卷四，1948 年 5 月 28 日，第 188 页。
④ 《夏鼐日记》卷四，1948 年 5 月 29 日，第 188 页。
⑤ 傅斯年致岑仲勉，1948 年 7 月 5 日，王汎森等主编：《傅斯年遗札》第三卷，第 1819—1820 页。
⑥ 《夏鼐日记》卷四，1948 年 7 月 11 日，第 194 页。
⑦ 牟润孙：《傅孟真先生逝世二十周年感言》，《海遗丛稿二编》，北京：中华书局，2009 年，第 187 页。
⑧ 朱杰勤：《岑仲勉先生对西域史地的研究——岑著〈汉书西域传地里考释〉校后记》，《朱杰勤文集·史学理论》，第 342 页。
⑨ 朱杰勤：《岑仲勉先生对西域史地的研究——岑著〈汉书西域传地里考释〉校后记》，《朱杰勤文集·史学理论》，第 343 页。
⑩ 姜伯勤：《岑仲勉》，《中国史学家评传》（下），第 1305 页。
⑪ 姜伯勤：《岑仲勉》，《中国史学家评传》（下），第 1318 页。
⑫ 姜伯勤：《岑仲勉》，《中国史学家评传》（下），第 1319 页。

《西突厥史料补阙及考证》是对唐朝重要的北方游牧民族史料的整理和考证,后者是补沙畹《西突厥史料》一书之缺"。①

　　质言之,目前学界对于岑氏研究的主流看法,似乎支持傅斯年对岑氏的建言,即以整理、考订隋唐文献为主,兼可研究突厥之史,而不涉足于外族语文和上古历史。但就岑氏看来,要研究好隋唐史和突厥史,就必须打通中外古今,古文训诂与外族语文皆不过研究手段之一,不必置为前提条件。孰是孰非,不妨留待学术史的大浪淘沙、自然选择。

（作者单位：中山大学历史学系）

---

① 荣新江：《〈岑仲勉著作集〉书评》,《唐研究》第十卷,北京：北京大学出版社,2004年,第584页。

点赞乱世游离于政学两界的自由知识人
——纪念母校中山大学历史系岑仲勉教授诞辰130周年

袁 刚

  岑仲勉先生（1886—1961）诞辰130周年国际学术研讨会，是具有深远意义的学术盛会，得忝陪其间备感荣幸，也感触良多。"文革"后1977年恢复高考，我得以首届从江西乐安矿山考入中山大学历史系就读，在校列位老师常常述说已故4位顶级教授——陈寅恪、岑仲勉、梁方仲、刘节事迹，用于激励后学。陈寅恪先生"独立之精神、自由之思想"，后来更得到学林倡导，成为许多知识分子的座右铭。我等学生耳闻目染，高山仰止，倾心向往。由于大学本科得姜伯勤老师指导，我选择隋唐历史作为专业方向，因此对岑仲勉先生的著作多有阅读参考，然对其生平事迹思想旨趣则了解甚少。这次研讨会上，有多位前辈专家学者考述发微，对我启发很大，使我认识到：岑仲勉先生其实就是百年转型中国一位特立独行的自由知识分子，曾游走于政学两界，在动乱时局中不甘沉沦，最后咬定青山终于在故国史学上做出成绩，成就人生辉煌。作为一面镜子，岑仲勉先生的一生照见了一个动荡的时代，他在离乱之世忍受着颠沛流离，顶着高压不曲学阿世，坚守本色埋头著述苦干，其学人风骨和陈寅恪先生一样，都是中国知识分子的楷模。

一、清末民初新式学堂走出的第一批现代学人

  1905年清朝宣布废除科举制，创办新式学堂，终止了相沿千年的传统士人的科考进身之路，开启了新式知识分子更为广阔的读书做人从事择业前景。此年广东顺德孺子岑铭恕20岁，可谓生逢其时迎来了大好时光。1901年开始的清末新政，是具有现代化导向的政治体制改革，是中国现代转型中的大事，清最高当局在庚子乱后洗心革面，痛改前非，搞的是以"预备立宪"为中心的自上而下全方位改革，教育制度改革是其中的一个重要方面，这改变了岑铭恕的人生道路。

  岑仲勉原名铭恕，中年后方以字行。他出生于广东顺德殷富之家，祖辈开米店，却也以诗书传家，努力挤进官宦场，游走于政商两界，属典型的商绅阶层。亦官亦商乃旧时士大夫阶层安身立命之常道，岑父孝辕公乃前清举人，伯父简庵公曾师事粤中名儒陈澧，有一堂兄曾任翰林。岑仲勉三岁丧父，因家底丰厚和家学渊源，自小受到了很好的教育。据姜伯勤师所述，岑氏幼承庭训，童年摹写汉隶；十岁外出求学，十四五岁能写策论和浅近骈文，蒙学时代即接受了系统的传统科举文化教育，所学是奔着科举仕途走的。但废科举后学风遽变，岑的学业旨趣迅速转向"实学"、"新学"。加之广东开关最早，近靠港、澳，得风气之先，岑父就留心经世致用之学，关注海防，伯父也知经与碑帖之学，岑氏蒙学之年就读了其父批阅过的杜佑《通典》，点读《纲鉴》，应该说受到了很好的传统国学训练。

  新式学堂既起，岑仲勉考入两广大学堂（清广雅书院，后改为两广高等学堂），这是当时广

州最好的学校，也是经史之学重镇，岑氏在此学习两年有余，对汉宋学术皆有兴趣，又再次受到系统的国学熏陶与训练。接着考入两广游学预备科（清粤秀书院）学习外语，本想紧随时代潮流出国留学，不成，乃于 1908 年 10 月考入北京高等专门税务学校，1912 年底毕业。

北京高等专门税务学校是清末新政为培养财税专门人才而创办的新式学堂，主持人唐绍仪是广东香山人，早年系由乡贤容闳带到美国的留学幼童，属中国第一批留美海归，也是山东大学第一任校长。1906 年唐任税务处会办大臣主管全国税务总署，上任伊始即宣称要收回海关税务权。而说起中国近代海关税务，的确让国人痛心疾首，作为传统农业国，我国历朝都不甚重视海外贸易和海关税收，国税仰给于地税、户税外加盐税。鸦片战前广州一口通商乃由"十三行"包税，第二次鸦片战争时在上海竟拱手将海关税务控制权交给洋人，后英国人赫德主管中国海关竟长达 48 年。赫德任职后将英国现代管理引入中国海关，制定了严密的会计、统计、稽查、复核及年终报表制度，加上高薪养廉，使海关成为清朝唯一高效廉洁的现代化衙署，与清各级旧衙门的贪腐冗散形成鲜明的对照，但聘用的各级主管都是洋员。海关税务司为清政府提供了丰厚税收，并成为支付庚子赔款的主要税源，深入内地遍布各埠的税务司分支机构的洋员，为互通音信还开创了中国的邮政事业，对中国的现代化作出了突出贡献。对于如此"海关现象"，梁启超在《变法通议》中曾感叹："中国之行西政也，用西人者，其事多成，不用西人者，其事多败。询其故，则曰：西人明达，华人固陋；西人奉法，华人营私也。"唐绍仪创办高等专门税务学堂，就是要培养中国自己的海关高级行政主管，学习西人政法，以取代洋员，收回海关及邮政、路政的控制权，这显然是一项很有意义的改革举措。然而当时愿放下圣贤书而屈身学习财税"吏业"的人少之又少，就像当年幼童出洋留学，士大夫子弟多不愿从，容闳只好在广东选取商人子弟一样，唐绍仪也从广东开化之地选拔了岑仲勉等，应该说对这批子弟是寄予了厚望的。

北京高等专门税务学校培养的是高级职业文官，乃国家急需的栋梁之材，毕业后将逐渐取代各地海关税务司的洋员，负有为国把守海关的神圣使命。而这种"吏业"，科举进士及第即便是状元郎，若不经严格系统的学业培训，也胜任不了。可以想见其入学资格考试是很严格的，岑仲勉得以入选足以证明其天资聪慧，学业优秀。在校 4 年功课则以西学为主，包括数理化与生物等科学门类，英语、法语及西洋史地政法等广博知识，这使岑仲勉之于中学西学都打下了良好基础，日后得以学贯中西。由于海关进出口种类繁多，涉及的知识广，海关账目需要"精算"，要有高等数学微积分基础，又由于与外商外轮打交道，外语显然特别重要。岑仲勉虽然没有留洋求学，但在北京高等专门税务学校受到的应是当时最好的教育，教员也聘的是洋人，由于外语工具的掌握，打开了一片新的知识世界，也打下了广阔的事业基础。

我不太同意所谓岑仲勉"自学成才"的说法，不要说岑氏在税务学校 4 年专业培训，广雅学堂两年多国学训练，就是承家学渊源从其伯父学经学与碑帖之学，也是我辈所谓"科班"出身难以企及的。我 1977 年冬考入中山大学历史系时已 24 岁，班上最大有比我大 10 岁的，最小的比我小 8 岁，而当时我们的专业知识绝对比不上同龄的岑仲勉。记得头两年上中外通史课，从古到今用的是"文革"时自编的油印教材，讲阶级斗争"五朵金花"，重在"灌输"。政治大课更占去我们很多时间，教员尚在讲资本主义"绝对贫困化"。此时省委书记习仲勋治粤，正花大力气解决"逃港"问题，学生一句提问："资本主义绝对贫困化，那为什么还要逃港呢？"就让政治经济学大课教员讲不下去。只是在三四年级上选修课，我才感觉开了窍，真正进入了专业。胡守为老师的《唐史》、姜伯勤老师的《敦煌吐鲁番文书》、蔡鸿生老师的《中西交通·西北史地》等，把我带进古史专业殿堂。记得胡守为老师让每一个选课的同学整理一份唐代碑刻拓片，此乃顾颉刚、岑仲勉等老先生收集存放于图书馆的，我分得《于大猷碑》，虽仅一县令，但于氏先祖乃西魏北周八柱国之一于谨及开唐宰相于志宁，我于是兴致勃勃地考索于氏"虏姓门阀"家族，并找来《金石萃编》比对，发现几百年间碑文又磨损了很多，由此碑又比对他碑，作了些初步考证，算是进入了专业领域，而岑仲勉蒙学阶段就已接触碑帖之学。大学时我费很多时间学英语，毕业时仍未过关，考研补考才通过，且考研朦朦胧胧不知何往，是姜伯勤老师指点我才考到山东大学王仲荦先生门下。大学毕业分配时有北京国家文物局名额，我又傻乎乎想参加分配，姜师点拨说王仲荦大才乃章太炎弟子，你能入室毕业，去北京找个工作有何难处？所以说无论从哪个方面讲，大学科班出身的我，较之当年高等税务学校毕业的岑仲勉先生都差一大截，更何况清末全国正牌大学很少，当时尚无中山大学，岑氏上税务学堂其实就是当时一流的教育，所谓"自学成才"是当代人臆断。如果不论家学渊源而说岑仲勉是"自学成才"，那么从司马迁到王国维，都可谓是"自学成才"，这其实没有任何意义。

岑仲勉是清末新式学堂培养出来的我国第一代新型知识人，是时代的翘楚。辛亥革命爆发那年岑氏26岁，尚未毕业，他的恩师唐绍仪受袁世凯派遣，充当和谈代表去南方与革命军谈判，留美海归的唐氏倾向共和，在南下火车上就自行把辫子剪了，香港大律师出身的南方和谈代表伍廷芳也是广东人，他们可以用粤语交谈，最后商定了清室退位方案。1912年民国成立，唐绍仪出任第一任内阁总理，但共和怎么搞？三权分立如何展开，国人并无经验。这年27岁的在校学生岑仲勉在杜亚泉（时年39岁）主编的《东方杂志》上，编译发表了《美法英德行政立法比较简表》，虽说是常识性介绍，但应该说很有针对性且非常及时，对共和开局内阁开张很有参考价值。此文与唐绍仪及其行政班子有何关系，或受恩师指点与否？我们不得而知，但从中可以看出：青年岑仲勉对政治极具敏感性，表现了他对共和政治的热心和对民主的向往。1912年底至1913年初进行了全国性政党重组与议会选举，民众的政治参与热情空前高涨，长岑仲勉6岁的广东人陈垣、杨永泰均积极参选，竞得国会众议院议员席位，20岁的广西小青年梁漱溟作为《民国报》记者，对国会议员频频采访，他们都是民国开创之时的新型独立知识分子，在清亡后积极投身于共和政治，期望着在没有皇帝没有专制的民主政治中大显身手。

二、"混迹官场"还是以身许国

岑仲勉于民国元年即1912年12月由北京高等专门税务学校毕业。既为国家培养的用之于取代洋人的高级职业文官，作为紧缺人才"交由海关总税务司分派各关供职"，即被分派于上海黄浦江海关，应该说是关键岗位，月薪250大洋，收入很高，而洋主管薪俸更高。后岑氏在财政、税务、邮政、路政等多个政府部门任职，大都是专业要求很高的高级职业文官职位，而这恰恰是当时中国急需而难觅的"空缺"，受过系统职业训练的岑氏就职高级"公务员"，可谓以身许国。为支撑民国初创时的政府行政，需要大量像岑仲勉这样的高级职业文官，然这段经历却被不少史家讥评为"混迹于官场"，我认为是极不公平的！当年仅24岁的留美海归博士顾维钧，作为职业外交官供职于民国政府，就受到第一任总理唐绍仪的重用，并招为女婿。岑仲勉任职于政府机关，与顾维钧一样，都是报效国家，为国家奉献才智。说岑氏"混迹官场"是贪恋高工资以养家糊口，就更加荒谬了，岑家本出自商人，要挣钱以岑氏之才能及外语能力，何不去经商或充当买办呢？岑仲勉就读于高等税务学堂本来就是作为高级职业文官来培养，取代洋人收回利权更是神圣使命，他毕业后供职于政府机关乃大义所至，为国分忧，是理所当然，大可不必对此横加指责。

然而，共和政治并不如人愿。1913年3月20日，国民党实际操盘者宋教仁被暗杀，民国乱局自此开始，孙中山发起了"二次革命"，在上海海关工作的岑仲勉似未卷入，他"抱着收回海关权的热情"，坚持工作。但1916年袁世凯称帝，岑氏再也坐不住了，他毅然抛弃了有优渥待遇的海关职位，回广东参加护国运动。

民初乱局对每一个热心自由民主的知识分子，可以说都是一场考验，何去何从？如何安身立命呢？就拿陈垣先生来讲，他也曾从政，且绝非是有违心愿，当选国会议员要经激烈竞选才能博得席次，不主动投身参与焉能上位？然袁世凯取缔国民党后，随即解散了民选国会，民主政治搞不成了，怎么办？陈垣先生在袁倒行逆施闹"洪宪帝制"时，并没有离开北京，曾一度消沉于宗教信仰，但从1917年即开始了宗教史的研究，后被教会大学录用，走上了学术研究之路。梁漱溟也在一阵沉沦习佛之后，走上了北大讲堂，但后来又脱下教袍下乡搞"乡村建设"，最后又大张旗鼓地参政议政，在国共两党之外组织民盟，主张"第三条道路"。而像他们这样游离于政学两界的知识人还有很多，中国士人自孔孟以来就不把从政当陌路，亦官亦学，学而优则仕，修身齐家治国平天下，政治的清明也需要智者的谋划，达则兼济天下，穷则独善其身，而时逢乱世退守书斋埋头做学问，亦可谓士人独善其身的不二法门。

岑仲勉先生在乱世从政也有可点之处。他任职海关是收回利权，参加护国运动是"为四万万人争人格"（梁启超语）。然而，岑仲勉似乎没有站在孙中山的旗帜之下，他追随的是恩师唐绍仪和岑春煊。岑春煊曾任两广总督，是清末新政改革的急先锋，而尤重视新式教育，是山西大学堂的开创者，岑仲勉当年就读的两广高等学堂（广雅书院）和两广游学预备科（粤秀书院）都是岑春煊创办，同学有杨永泰。在岑氏考入北京高等税务学堂之时，杨也考入北京政法学堂，岑、杨都可谓岑春煊门生。但岑春煊与袁世凯势不两立，1907年遭中伤去职，此后坚决反袁反对北洋军阀，并加入国民党成为党国元老，而杨永泰鞍前马后为之跑腿，政治上非常活跃。以往由于国民党的"党化史学"，人们误以为国民党是孙中山"缔造"，民国乃孙文开创，1940年国民党中常会143次会议定孙为"国父"固化了这一印象。其实同盟会时期就"党内有派"，宋教仁与章太炎等对孙文就很有意见，黄兴从大局出发，摒弃分歧，维护了中山樵党魁地位。辛亥民国开创是各派力量合力完成，其中袁世凯、唐绍仪等也出力甚多，临时国会选孙中山当"临时"大总统只是过渡，不久即改选袁世凯，不存在所谓"相让"。作为议会党团的国民党，更由宋教仁一手操办，护国运动则是梁启超策动的。1916年5月反袁帝制的西南各派力量在广东肇庆酝酿成立军政府，推岑春煊为首，杨永泰随之南下，邀老同学岑仲勉同往。反袁护国势力在肇庆先组织了两广都司令部，岑春煊任都司令、梁启超为参谋长、李根源为副参谋长、章士钊为秘书长、杨永泰为财政厅长，岑仲勉则为财政厅第一科科长。岑仲勉以其税务理财之学，为反袁护国运动贡献了自己绵薄之力。

护国军政府在袁世凯暴死后解散，岑仲勉留在广东省财政厅任职，并兼管铁路路政。不久护法运动起，岑仲勉又随杨永泰任职于护法军政府，做财政管理方面的工作。护法运动是反北洋军阀维护民国宪政法统的政治运动，此时欧洲第一次世界大战已届末期，内阁总理段祺瑞主张参战，遭总统黎元洪等各方面反对，而德皇威廉在出资支持列宁回俄革命的同时，也出资支持中国的反战派，孙中山获得资金后即策动广东老乡程璧光拉久陷无米之炊的海军南下，打出"护法"旗号，所护之"法"，乃《临时约法》也。同时岑春煊也获得德皇一笔钱，拉了国会议员150余人及一批政客南下广州，1917年8月召开"非常国会"组织军政府，推举孙中山为"大元帅"，章太炎为秘书长，唐绍仪为财政部长。西南滇、桂、粤军队数万，在湖南与北洋军接战，而要支撑这样大的局面，军饷财政度支显然十分重要，岑仲勉在恩师唐绍仪辖下虽官不大名不显，但具体操办的却是关系成败非常重要的工作。那个时代没有钱是玩不转军队的，没有钱海军也不会南下，但如何用好钱管好钱，则需要理财专家。

然而护法军政府内部却非常复杂，南下议员既有国民党"商榷系"的吴景濂（吴三桂后裔，京师大学堂毕业生）等，也有原出进步党的"韬园系"孙洪伊等。孙中山的拥趸并非国民党而是中华革命党，"二次革命"失败后孙、黄逃到日本，孙总结失败教训认为是党徒涣散不听命，于是重组中华革命党，入党要按手印，宣誓无条件服从党魁总理。史家唐德刚认为此集权之举较袁世凯称帝早了三年，性质一样。以黄兴为首没有按手印的一批资深党人，另组"欧事研究会"，而护国军兴时，反而是欧事会成员李根源、李烈钧等配合聚义，李烈钧并率一支滇军东征两广，促广西陆荣廷反正，这支滇军以后一直留在广东，直到 1926 年参加北伐。护法战争时滇桂军仍为主力，却并不太听孙中山的。政治上一些欧事研究会成员与留在北京的国会国民党议员，在反袁帝制中组织政学会，李根源与杨永泰居中活动，推已是国民党元老的岑春煊为领袖，形成"政学系"。政学系继承民初国民党议会党团自由主义传统，对政权取恬静主义，"不走极端"、"不事对立"、"不崇拜个人"；对政治取温和改进主义，会务取公开主义，会员间取平等主义，他们在"非常国会"中占据了多数。政学系护法依照约法，反北洋政府不诉诸武力，而求诸舆论讲究谈判协商，采取了拉直系反皖系的策略，与孙中山力主北伐的主战要求明显不协。1918 年 5 月政学系议员通过"非常国会"民主议决机制，改组了军政府，行"七总裁"合议制。"七总裁"以岑春煊为首，另有孙中山、唐绍仪、伍廷芳、唐继尧（云南）、陆荣廷（广西）、林葆怿（海军），均为有功于民国的元老，共商国是。但孙中山并未赴任，且指挥军舰炮击"桂系"新政府。孙走后岑春煊为首的广州护法政府与公开反战的北洋军湖南前线师长吴佩孚谈判，最后提供一笔军费，让直系吴佩孚调转枪口北上推翻了皖系军阀段祺瑞。吴在北京解散了"安福国会"，恢复了《临时约法》和民初国会，广州"非常国会"议长国民党人吴景濂率大部分议员回到北京，并当选为新任议长。应该说护法运动至此取得了相当大的成功，其中专任理财的岑仲勉也立下了汗马功劳。筹措给吴佩孚的那一笔军费不可能再得之于德皇，因为中国已对德奥宣战了，广州政府的财源主要是粤海关的"关余"。所谓"关余"，即按条约交出庚子赔款后剩余的税款，本应交中央，但护法既不承认北京政府的合法性，于是将"关余"截留。由于中国海关长期被帝国主义控制，所以截留"关余"需要对外交涉，岑仲勉是否参与了此项交涉史无明文，但以其当时职务及财税专业知识和英语能力，我想是一定参与了的。当时广西、云南偏僻贫困，滇桂军均仰给于珠三角财税，没有此财税，护法军政府一天也混不下去。

岑仲勉并不是国民党员，只是懂财税的高级职业文官，但后来的政治越发淆乱，却让他进退失据。孙中山离粤后"化敌为友"，与北洋皖系段祺瑞及奉系张作霖达成"三角反直同盟"，1920 年得到皖系资助的驻闽粤军陈炯明部，回师广东驱走桂军，孙得回广州成立"非常政府"，自任"非常大总统"，又开始北伐。但陈炯明感到广东连年战争民穷财尽，主张息战搞"联省自治"，号召"粤人治粤"搞社会主义，并请来陈独秀创办广东大学（中山大学前身），于 1922 年 6 月叛孙推翻非常政府。孙中山转而策动滇桂军驱陈，并接受苏联援助提出"以俄为师，党在国上"，不再提约法，击败陈炯明重返广州后，即着手以苏联模式改组国民党。1924 年 1 月召开国民党"一大"并建立"党军"，国共合作开展"国民革命"，孙虽于次年逝世但其继承者终于北伐推翻了北洋政府。与孙中山不同调的党国元老岑春煊、唐绍仪及章太炎等，政治上也就彻底边缘化，躲进了上海租界，而 1928 年国民党上海党部竟下令通缉"民国遗民"章太炎。岑仲勉一段时间追随着老同学杨永泰，杨虽为政学系骨干，但作为粤人也加入过中华革命党，1927 年蒋介石北伐成功急需人才辅佐，杨纵横捭阖纠集了一些人为蒋出谋献策，称"新政学系"，以才干渐当枢要。但岑仲勉对污秽政治已经厌烦，作为技术官僚除继续做些财经路政工作外，始终未参与杨永泰的政客活动。

如何评价岑仲勉这十多年的从政生涯呢？岑本人对此着墨不多评价也不高，说自己愤世嫉俗"随着消沉下去"，而渐转入学问研究的途径，自后即不再留心政治。这当然只是日后检讨说的消极话。"人皆为政治动物"，大变革时代的知识人不留心政治是不可能的，就拿吾师王仲荦先生来说，上世纪 30 年代他追随章太炎研读国学，章氏把他推荐给老友李根源，后亦在李处当了秘书，也算有过从政经历。虽然此时政学系大佬李根源在政治上已边缘化，但他早年参加同盟会，辛亥革命与蔡锷一起领导重九起义光复云南，且是朱德的老师，参与并领导护国与护法，是国民党元老，仲荦师追随已靠边站的李氏，纵不能施展才华，却也可谓报国有门。又如唐长孺先生早年追随的李剑农，即与章太炎一样支持"联省自治"运动，作为宪政专家草拟了"湖南省宪"。李剑农是同盟会员参加了辛亥革命，又去英国研究宪政，他写的《中国近百年政治史》，是那个年代唯一能突破"党化史学"，较客观评述护国、护法等政治事件的历史著作，唐先生与他在一起能不留心政治吗？在党化政治峭刻的时代，对于有异于某党的事人们一般不敢再提，或有意隐去，这是可以理解的。如今情势已大变，政治禁忌一再被打破，何兹全先生和田余庆先生后来都坦言自己起先是搞政治的，岑仲勉先生当年从政做官，绝非负面经历，可视为铁肩担道义以身许国，可惜我们所知太少，还当努力发掘资料。

作为新式学堂走出来的第一代新型知识人，岑仲勉既有西学新知，又饱受传统文化熏陶，与杜亚泉等一样，同属具有文化保守主义倾向的自由知识分子，亦学亦官或亦商，乃这一代知识人的普遍特征或曰传统。在大变革大转型时代，越是精英就越难脱离政治。天下兴亡，匹夫有责。在动荡时局中关注政治参与政治，无论是士大夫还是自由知识分子，都是其本分。然共和政治纷乱变异，蒋氏独裁一党专政渐起，这让具有独立之精神的知识人，游离于政学之间，难以取舍。杨永泰以其纵横之术成为蒋介石的辅弼，具有自由之思想的岑仲勉并不依附老同学，没有利用关系走门路往官场上爬，反而渐次退出政界转向教育、学术。1930 年代初，岑氏在教会办的圣心中学教书，编《圣心》期刊并发表论文，1937 年经陈垣推荐得任中央研究院史语所研究员。而此前 1936 年 10 月，岑的老同学国民党新政学系领袖人物杨永泰，竟遭妒忌他"诸葛之才"的 CC 系暗杀，这对岑氏无疑震撼极大。他 7 月 5 日到史语所报到，两天后抗日战争即全面爆发，而居留上海租界的岑氏恩师唐绍仪，在 1938 年 9 月竟被军统误作"汉奸"诛锄。另一位恩师岑春煊早在 1933 年 4 月即已谢世，这位出身于广西僻壤的清封疆大吏、国民党元老，一生刚正不阿，对贪腐邪恶势力从不姑息，陈独秀系狱时他曾与章士钊出面营救，临死前曾资助十九路军抗日，但政治上却早已边缘化。技术官僚出身的岑仲勉在政坛上已无依无靠，党国政治的凶险残忍，也让岑氏自后彻底告别官场，义无反顾地走上了学术研究的道路，而此时他已是 50 出头的人了。岑氏在官场沉浮 20 年，守正不阿以专业特长吃饭，后来在研究唐代"牛李党争"时，结合自身正派不入党的实际，而认定李德裕"无党"。

岑仲勉兼通文理，在高喊"德、赛二先生"的五四时期，曾编写《华南植物志》，从事科教，有成为植物学家的潜质，何以又转向故国历史研究了呢？这显然与"九·一八"后中华民族的危亡局势密切相关。吾师王仲荦早年倾心于文词朴学，章太炎先生开导他，"民族危亡关头，欲保种姓，必须热爱祖国历史"。受章氏"读史救国"思想影响，才转而治史。晚清思想家龚自珍曰："灭人之国，必先去其史。"深具国史功底的岑氏 50 岁转向著史，真可谓是"知天命"呢！"国破山河在，城春草木深；感时花溅泪，恨别鸟惊心"。在抗战艰难时日，陈寅恪、岑仲勉等一大批学者，退守大西南，在昏暗的煤油灯下，挑灯奋笔疾书痛写国史，成果反而超过承平之时，这其实与持枪保卫疆土的战士一样，是救亡救国，是以身许国，或许也可称之为另一种形式的从政！"中国不会亡！中国不会亡！"他们与坚守上海四行仓库的"八百壮士"及谢晋元团长一样，是英勇奋不顾身，以其老病孱弱的身躯，撑起了我中华民族的脊梁。

三、退居书斋著述坚守学人本色

从1937年52岁进入中研院史语所，成为专职研究员，直到1961年75岁在中山大学历史系教授任上病逝，岑仲勉脱离官场投身学海，老骥伏枥潜心于治学，撰写了近200篇论文，19种著作，共计约1000万字，虽然此前利用业余时间也间有著述，有长年积累，但在23年时间里能"著作等身"如此，不能不让世人惊叹。这二十几年时间，岑先生分秒必争几乎是全身心倾注于著述之上，再也没有顾眷官场与政治事务。

岑仲勉等一代知识人先天下之忧而忧，关注政治、从事政治，最后却又远离政治，他们既无升官发财的愿想，也就不愿卷入权力争夺的污浊，虽有资历却不愿当政客。然书生既不能主导政治，却反而要被强势的党化政治所主宰。1948年岑氏回到广州，任中山大学历史系教授，随着国民党政权败退台湾及中国人民解放军南下接管广东，陈寅恪、梁方仲等一大批曾受国府拉拢，而又不愿离去的顶级学者教授，也因缘留住广州。然而在解放初全面移植苏联模式的情势下，1952年全国高校进行了"院系调整"，中山大学由石牌而入驻了原岭南大学校园，岭南大学作为教会大学被并入中山大学。我本人就读及工作的三所大学——中山大学、山东大学、北京大学，现校园都是原美国教会大学校址，济南的齐鲁大学被取缔后，校园成为由青岛迁来的山东大学，北京大学则迁入了燕京大学校园。然"院系调整"不光取缔了所有教会大学（如陈垣所在的辅仁大学），还按苏联模式对大学的院系设置作了重新调配，政治学、社会学、心理学甚至法学等，被认定是资产阶级"伪科学"而取消，经济系则改为马克思主义政治经济学，使大学文科仅剩文史哲外加政治经济学，这对中国高教事业的冲击无疑是有些伤筋动骨的。不过这场变革却让中山大学历史系获得意外收获，不仅岭南大学历史系被并入，陈寅恪等教授进入中大，而且原广东高校的政治学、社会学、人类学、法学等各科学者，因无处可归而纷纷改行来到历史系，中山大学历史系因缘际会吸纳了众多人才，成为当时史学研究的重镇。

我1978年春来到中山大学历史系时，岑仲勉等顶级教授都已谢世，经"文革"劫难出现了断档，中国古代史竟没有了教授，我本科毕业时该方向居然连硕士授予权也没有。陆键东《陈寅恪的最后二十年》一书，对中大历史系陈寅恪等一批民国过来的教授的生存状况，有过生动具体的描述。岑仲勉未至"文革"即已去世，在中大13年时间他潜心著述与教学，基本上是不问政治，学术上做出了很大成绩。岑氏历经历次政治运动，一直是埋头书斋，没有受到多大冲击，也未曲学阿世赶风头。当时中大学者出身的党委书记冯乃超，对有学问的老先生比较尊重，普遍配有助手，岑先生的助手陈达超即是第一位出场给我们讲授中国通史的老师，他为岑氏著述抄抄写写做了大量工作。岑仲勉等一批老先生，也都经历了极左风暴的考验，作为学生的我在中大耳闻目染，在此愿意谈一些亲身感受和切身体会。

记得刚入学的第一次开会训话，系领导向77级全班同学介绍系里情况，就提到"那些右派分子（记得以广东口音将'子'念成了'己'）呀"。当时"文革"刚结束，右派尚未"摘帽"，春寒尚在，"左"风仍很强劲。在介绍历届毕业生时，竟然提到："我们系出了个林杰。"林杰"文革"初与戚本禹一起在"中央文革"呼风唤雨，虽一时风头很劲，但随着戚本禹垮台他也垮台了，本不足为训，但当时的系领导还是把他作为"出色"的校友点了出来。接着给我们任命了一位辅导员，是毕业留校的工农兵学员，为人很热情，与同学们打成一片，却也常指称那些老死的先生没真学问，数风流人物，还看今朝，对"评法批儒"中"反潮流"学者杨荣国则赞不绝口。我们寝室相邻的廖仲恺楼一层一间不足10平方米的"陋室"，住着尚为讲师的蔡鸿生老师一家，晚饭时在门外摆个小方桌，一家人围坐着用餐纳凉，我们常去聊天胡侃。研究生林悟殊也常来，林是世界史蒋相泽教授的研究生，但蒋去了美国交流而由蔡师帮带，另已调暨南大学的朱杰勤老先生也拄着拐杖常来"侃大山"，在这里我们听到的却是另一番场景，感觉收获比课堂还要大！而谈得最多的就是陈寅恪、岑仲勉等老先生的博大学问。记得有一次谈到岑先生研究《南方草木状》，搞了几十万字的植物分类学书稿，我很是震惊。

岑仲勉带出的研究生姜伯勤老师也平易近人，当时四十多岁尚为讲师，我常会去姜师家请教各种事。姜老师参加了唐长孺先生主持的吐鲁番文书整理，1978年11月唐先生著《魏晋南北朝史论丛》及《续编》二书再版发行，我买了并读到其分别于1955年和1959年写的两篇"跋语"，大感不解。唐先生自贬到了令人难以置信的地步，前一篇引中国科学院院长郭沫若的话，说"大脑皮质"巴满了旧码头"商标"，不但自己要检讨改造，而且要人"帮助揭发"。后一篇说"整风击败右派"后，同学们对自己进行了严正批判，"批判得好！"表白要"在党和群众教育下"，迅速改造自己，其言可谓诚惶诚恐。不仅唐先生如此，很多人都如此，旧社会过来的教授，没有打成右派分子，就是因为做缩头乌龟，夹着尾巴做人，岑仲勉先生又何尝不是如此呢？上世纪五六十年代，高校就是处在这样一种峻刻肃杀的氛围中，后来到山东大学历史系，知道王仲荦先生当年也遭到有组织的学生围攻，"拔白旗"，扣上莫须有的罪名批斗。那时知识分子学术还是可以搞的，但必须接受"脱胎换骨"的思想改造。岑仲勉先生也无可避免要接受改造，在其编写的《隋唐史》教材中开始运用辩证分析，但总体上看并没有脱离学术轨道。其时岑仲勉与谷霁光两位先生都写了关于府兵制度考释的书，在陈寅恪《隋唐制度渊源略论稿·兵制》的基础上，收集史料详作考订，以补旧史无兵志之缺。两部关于府兵制度的书各有优长，但1962年出版的谷霁光《府兵制度考释》则获得了大奖，为什么能获奖呢？就是因为加入了马克思主义的分析，谷著运用马克思经济基础决定上层建筑的理论，说均田制是经济基础，府兵制是上层建筑，随着均田制的瓦解，建立在其之上的府兵制也就垮台了。由此亦可知当时史学研究之一瞥。王仲荦、何兹全等先生也无可避免地卷入了史学"五朵金花"的大讨论，要讲历史唯物主义，但他们仍能保持自己"独立之精神"，不盲从郭院长，提出了独到的"魏晋封建说"。岑仲勉先生也能坚持"自由之思想"，不懈于自己的古史研究，学术上敢提"异见"，虽接受"改造"却不曲学阿世，他们这代学人能自守至如此，应该说是很不容易的。

我来中山大学历史系求学时，见到还具右派身份的端木正老师。端木是留学法国的国际法学博士，共和国成立之初赶回来报效祖国，因法律系取消了才来到历史系，我选修了他开的法国大革命史课，所讲无套裤汉和法国共产主义先驱巴贝夫，给我留下很深的印象。我第一次去端木老师家可谓是惨不忍睹，挤住在一个筒子楼小屋，在过道生煤球炉做饭，其状犹如"杂役"，海归法学博士被当作"牛鬼蛇神"压到了最底层，职称也由副教授降为讲师，不许乱说乱动。但当我毕业去端木老师家告别时，他已迁居新楼房，为新成立的法律系主任，由讲师直接升为教授。就是此次我见到一个不到十岁很有教养的小姑娘，来给"端木爷爷"送东西，端木老师告诉我她是陈寅恪先生的外孙女，并说在中大历史系陈寅恪一家也就与他多有来往。端木夫人姜凝老师在校图书馆工作，当初陈寅恪先生选助手时，姜凝也参与了选拔，最终选的是黄萱，但姜凝老师也一直帮助做些资料工作，两家来往很密切。陆键东写作《陈寅恪的最后二十年》曾采访过端木老师，其中许多照片也是端木提供。八九十年代端木正进京当了最高法院副院长、大法官，曾参与香港基本法起草工作。而当我再到他北京的家拜访时，他说从政不搞学术了真可惜。但我认为端木老师本来学的就是法律（大学与硕士学的是政治学），是当时国内少有的海归国际法博士，是专才大才，当大法官正是学为所用，当年挤到历史系来反而有些不伦不类。端木正老师是由学转为从政，岑仲勉也是财政专才，先从政后致力于学，政学两界，实难做到泾渭分明。在大转型大变革时代的中国，需要大量高端的政、经、法专家人才，并非"党员"就能治好国家。"苟利国家生死以，岂因祸福避趋之"。端木正老师放弃从事了三十多年的法国史研究去当大法官，体现的就是一种担当精神！政学难分，且政治的清明好坏，直接关系到国家的前途，关系到每一个人的生存状态，知识精英要有担当，知识人若对政治漠不关心，反倒是异数。但在政治挂帅的环境下，埋没了众多政法人才，挡住了诸多政法专才的从政从业之路，端木正老师最后从政当上大法官，是国家拨乱反正的结果。

中国的改革开放，就是要突破并革除封闭落后的苏联模式，1977年的恢复高考是改革的第一声雷，邓小平出山自告奋勇要主管科教，并提出"科学技术是第一生产力"，这比安徽凤阳小岗村农民"包产到户"的经济改革，比"十一届三中全会"提出以经济建设为中心，突破苏式计划经济，均早一年！我辈77级大学生得沐春风，成为改革的第一批受益者。改革开放首先是在高教领域突破，1952年"院系调整"划定的苏联那一套被破除了，待1981年底我本科毕业离开中山大学时，被斥为"资产阶级伪科学"的法律系、社会学系、人类学系均得以恢复，"窝"在历史系的高端人才端木正、何肇发、梁钊韬，分别出任新恢复的法律、社会学、人类学系主任。记得端木老师在法国留学时的同学左景权（左宗棠后裔）来访，左搞敦煌文书，于是邀姜伯勤老师作陪，姜师让我做招待，席间侃侃而谈，我才知道学术思想的"开放"之神奇，先前固步自封太落后了。后中山大学政治学与行政学系成立，系主任夏书章是中国第一位哈佛MPA行政学硕士，1947年学成归来28岁即聘任为中大最年轻的教授，但"院系调整"行政学被废除，夏处无用武之地，一直默默无闻，我在中大四年竟从未听说过这个名字，而一旦恢复行政学，才发现中大大有人才却久被埋没。相比而言，历史系"大师级"教授陈寅恪、岑仲勉、梁方仲等应该说是幸运的，校方专门配备了助手，使他们即使是瞎了聋了仍能继续著述。曾庆鉴老师（刘节弟子）就告诉我，梁方仲著《中国历代户口、田地、田赋统计》，就是由助手汤明檖老师用算盘敲敲打打帮助算出来的。在高调意识形态"正西风落叶下长安，飞鸣镝"的上世纪50年代，被视为"老朽"的岑仲勉，在中大能潜心著述，并做出巨大成绩，也是个奇迹。岑先生未及"文革"去世算是逃过一劫，若活到"文革"恐会像陈寅恪先生一样，作为"反动学术权威"挨批斗，甚至过去从政的历史也会被翻出来清算，如此来说岑仲勉先生的确算是幸运的。

我1987年底在山东大学博士毕业，来到新成立的北京大学政治学与行政管理系，承担中国政治制度史与思想史的教学，虽说所事仍是"史"，学科上却已归入政治学，与历史学相去渐远，与政治的关系却无可避免地密切起来，有违诸多老师的嘱咐及自己的初衷，我也感到很无奈。同系同事陈恢钦老师是哲学系朱谦之教授60年代初培养的研究生，然朱谦之的名字，我最早是在蔡鸿生老师门前小方桌边，听坐在藤椅上"侃大山"的朱杰勤老先生说起，二朱也是师生关系。朱谦之五四时期是北大学生，且是政治上极活跃的无政府主义者，他在北大第一次贴出大字报，要求废除考试制度。时图书馆管理员毛泽东无人理睬，却与朱谦之往来密切（斯诺《西行漫记》对此有记述），二人谈天说地，读德国人海克尔著《宇宙之谜》（此书当时由广西人马君武文言节译，"文革"初毛又介绍给刚被打倒的刘少奇读，1972年重译大量发行，当时小青年的我也买了一本，至今留存），探究"宇宙真理"、"宇宙革命"，并积极投身"工读互助"运动，要以此

"互助精神"改造中国,最早提出"中国特色社会主义"主张。然而朱谦之一阵狂热之后,一事无成,他没有跟着老朋友毛泽东去干革命,30年代后退入书斋,研究《大秦景教流行中国碑》(此碑我在西安碑林见过,上竟刻有李根源题名),搞起了宗教史"三夷教"研究,曾任中山大学史学系主任,系里研究生中有朱杰勤。我记得朱杰勤老先生说他做学问的"路数"像岑仲勉、朱谦之,比较"杂博",且人生经历也"杂博",对中西交通中外文化交流情有独钟。在上世纪50年代初,中大历史系二朱与岑老先生常在一起论学,乃为"院系调整"前石牌老中大历史系一道靓丽的风景线。作为民国走过来的知识人,朱谦之也是经由从政转而潜心做学问,与岑仲勉以技术官僚从政不同,朱谦之曾是狂热的极"左"分子,但难能可贵的是始终保持"独立之精神",即使是新中国成立后也没有找老朋友毛泽东谋官职,而是老于学术,用唯物辩证法分析"三夷教",虽然观点有些左,但毕竟是书生。

另一位民国走来游离于政学两界的书生周一良,"文革"中受"四人帮"拉拢,成为"梁效"骨干,政治上"栽"了。我来北大时常会见到骑着小轮自行车的周先生,这时的他已非常"谦卑",每次碰到都会下车与我聊上几句,对已故王仲荦先生的学生很是关照。有一次聊着聊着他突然问我:"你们中大那个岑仲勉先生,为什么老是与陈寅恪过不去?"他指的是岑著《隋唐史》几十处质疑陈先生。周与陈寅恪一样出身于官宦世家,祖父周馥曾任清两江总督,后从陈氏学中古历史,又留美哈佛拿了博士,回国后受陈先生器重。然新中国成立后周先生的某些作为,为陈先生所不认可,不承认其为自己的学生。但周一良等北大陈寅恪先生的学生们,对陈师却是有感情的,对岑氏质疑大师感到莫名,故闲聊时问我。当时我说不出个名堂,现在反复考虑我认为其中应有误会,陈寅恪先生自拒回北京任历史研究所长后,就不再来过北京,当时学术交流开研讨会很少,陈先生眼瞎也不出门,岑仲勉先生耳聋也不交流,同行同门学者都是各搞各的。岑氏《隋唐史》是讲课教材,为吸引学生探讨问题,多提质疑可引发学生兴趣,追根问底。退据台湾的钱穆讲《历代政治得失》课,为引发学生注意,就特意请来张君劢来唱对台戏!效果很好。互相质疑的确能引发学生深入思考强化"问题意识",我读岑先生《隋唐史》就深有体会,所以不存在"老是过不去"的问题,陈寅恪先生本人也并不以为忤。而周一良先生也"毕竟是书生",虽曾游走于政学两界,本质上并不是政客,后来诚心诚意向陈师"谢罪",对自己的"曲学阿世"深表忏悔,他儿子周启博也写文章批评自己的父亲。我接触到的周一良先生坦荡诚恳,虚怀若谷,我认为最后的他还是回归了知识分子身份。

为什么岑仲勉最后十年同行同门学者间都少有交流呢?除年迈耳背等个人原因外,应该说还是与当时的政治氛围有关。王永兴先生就告诉我,所谓给学有专长的老先生配置助手,当时说是"抢救"其掌握的知识,以免人死失传,助手还负有"监视"责任。"反右"更使学术界人情淡漠,王永兴是"九一八"东北流亡学生,思想"左倾"但未入党(姚依林乃其同学好友),曾做陈寅恪先生助手,却也被打成右派下放山西,上世纪80年代初回到北大时,潦倒得连铺盖都没有,王仲荦先生曾托我一位师兄给他送去一床被子。汪篯先生则在"文革"一开初就挨斗自杀,北大几个陈寅恪先生的弟子,均未躲过"运动",即使周一良先生也因附"左"罹患。然而,端木正老师和姜伯勤老师都曾与我提起当年北大历史系右派教授向达先生,提着北京糕点来中大毕恭毕敬看望老师陈寅恪先生的情形,师生相见甚欢,情义深厚,令人感动,与汪篯当年奉旨南下"不知天高地厚"的情况,形成鲜明对比。"那些右派分己(子)呀"还是讲师道尊严有人情味的。岑仲勉不交往或少交往让自己吃了不少亏,受到学林一些误会一些排挤,但却也因此而避免了左右诸多运动的干扰,使自己能沉潜蛰伏于峻刻的政治环境中,潜心著述。总体来看岑先生还算是幸运,民国走过来的教授们,无论是左还是右,都经历了诸多难以言状的磨难,真正能挺身而立流传于后世的,除了著作等身,就是陈寅恪先生彰显于世人的:"独立之精神,自由之思想"。岑仲勉由清末民初新式学堂一路走来,在动荡的年代追寻着经世致用的人生抱负,先是从政报国,后转入学术,始终保持了自己独立知识分子的人格,虽艰难备尝,却志业坚定,坚守着学人的道义和良知,明道救世,学术成就卓然,和陈寅恪先生一样,都是中山大学历史系的骄傲,是大师级历史学者,是值得后来学子景仰与学习的知识分子的楷模。

(2017.1.20)

(作者单位:北京大学政府管理学院)

从两广高等学堂到圣心中学
——岑仲勉先生早期行历考

万 毅　吴 湘

从两广大学堂到北京高等专门税务学校

1903 年，岑仲勉先生考入两广大学堂（清广雅书院，后改为两广高等学堂）①。这是两广总督陶模于 1902 年开办的学堂，当时招收学生 160 人，分为四个班。同年 8 月 15 日《钦定学堂章程》颁布，新学制规定各省设立高等学堂，不设大学，新任两广总督岑春煊便将两广大学堂改为两广高等学堂。② 其后，岑仲勉先生计划出国留学，1905 年又考入两广游学预备科③，即岑春煊于是年在广州设立的两广游学预备科馆。该馆每年挑选 180 人先在馆内学习两年，再从中精选 120 人直接进入日本高等师范学校本科，一共预备两年，留学三年，主要学习史地、数理化、动植物、矿物、生理等学科，学成后作为师范储备人才。④ 1906 年，两广游学预备科馆和广州译学馆合并成立两广方言学堂。两广方言学堂"是年八月开始招收新生，连旧生共五百人。内设英文，德文、法文各一班，是晚清学习外国语种较为完备的一间外语学校"。⑤ 由于新学堂偏向培养翻译人才，非岑氏留学预备的本意，于是他离开学堂自谋留学之路。为筹措留学的经费，1906年，岑先生在广东灵山县高等小学及速成师范任教员⑥，1907 年到高州中学任理科教员两年⑦。

关于岑仲勉先生就读北京高等专门税务学校前的经历，陈达超先生《岑仲勉传略》云："一九〇八年，进两广游学预备科（设在广州粤秀书院）。一九一二年转读北京高等专门税务学校"⑧，而姜伯勤先生称："由于经费终难筹齐，遂毕业于北京高等专门税务学校第一届（1908、

---

① 姜伯勤：《岑仲勉》，陈清泉等主编：《中国史学家评传》，郑州：中州古籍出版社，1985 年，第 1300 页。中山大学档案馆藏（岑仲勉）干部档案·自我检讨中亦有括号内内容，故姜文似据岑氏自述撰写。
② 中国人民政治协商会议广东省广州市委员会文史资料研究委员会编：《广州近百年教育史料》，《广州文史资料专辑》，广州：广东人民出版社，1983 年，第 67 页。
③ 《自我检讨》，中山大学档案馆藏，（岑仲勉）干部档案 1 - YG - 0303 - 01。
④ 《署两广总督岑春煊等会奏筹设两广游学预备科造就高等师范折》，朱有瓛主编：《中国近代学制史料第二辑》（下册），上海：华东师范大学出版社，1989 年，第 453—454 页。
⑤ 曹思彬、张至、林维熊：《辛亥革命前后的广州教育》，中国人民政治协商会议广东省广州市委员会文史资料研究委员会编：《纪念辛亥革命七十周年史料专辑》（下），广州：广东人民出版社，1981 年，第 155 页。
⑥ 《自我检讨》，中山大学档案馆藏，（岑仲勉）干部档案 1 - YG - 0303 - 01。
⑦ 此据岑仲勉《自我检讨》，另有中大评价岑氏的小传称其曾为"嘉州府教员"，见《岑仲勉小传》，中山大学档案馆藏。1957 年 10 月 25 日，1 - 1957 - DQ11 专 - 002 - 0012。
⑧ 陈达超：《岑仲勉传略》，晋阳学刊编辑部编：《中国现代社会科学家传略》（第三辑），太原：山西人民出版社，1983年，第 222 页。

10—1912、12)"①。查岑先生保留在中山大学的档案②，岑在 1955 年 4 月 16 日填写的《干部简历表》③ 中"革命前主要经历"一栏第一项即是："1908.10—1912.12 北京高等专门税务学校，毕业"，《岑仲勉传略》所记岑 1908 年入两广游学预备科及 1912 年转读北京高等专门税务学校的表述有误。

早期译作

岑仲勉先生在填写个人简历时，均以北京高等专门税务学校为简历第一项，并将其作为"最后学历"。北京高等专门税务学校成立于 1908 年，由铁良、唐绍仪等创办，"系属税务处管辖，宗旨为培养税务行政人才，备为海关内班之用（海关分内班外班，即称楼上楼下是也）。四年毕业，由税务处督办颁发文凭，交由海关总税务司分派各关供职"。④ 由于是定向培养，毕业后分配到海关工作，所以此间岑氏接受了较好的外语训练。岑仲勉先生回忆称，在税务学校学习期间"除共同学习英语外还学习了法语"⑤，1952 年 12 月 9 日其所填《中山大学教师调查表》⑥ 中"通晓何种外文"一栏填有"英文、法文（懂一点）"，他后来以此为工具，翻译西学作品，并开始了早期的史地研究。

1912 年岑仲勉先生在《东方杂志》上发表译作《美法英德行政立法比较简表》⑦，这是目前已知岑氏公开发表时间最早的作品。1911—1919 年《东方杂志》的负责人为杜亚泉，杜亚泉时期的《东方杂志》"来源于英美等西方国家报刊的译述文章更多……介绍大量西方社会思潮"⑧。1912 年民国初立，在《美法英德行政立法比较简表》中，岑仲勉先生意在通过比较的方法向国人介绍美法英德四国的政治特征。他将文赊尔原作改成表格形式，并加小序："使人人有普遍政治之知识，为今日最要之图，年来出版法政书籍，不为少矣，第卷帙繁重，涉猎猎棼，殊非谋普及之道也。美人文赊尔氏所著四国行政立法比较，语颇赅括，不揣谫陋，译成国文。且改作表式，间有所知，略附解释，虽无当大雅，然自修者得此，亦足稍知四国政治之概略也"⑨。岑仲勉先生的这一想法，是当时翻译介绍西学的缩影，甚而言之，亦是"近代中国的知识与制度体系转型"⑩ 背景下的重要个案。

1918 年，杜亚泉主编的《植物学大辞典》出版，此时正是"新文化运动"提倡西方科学的时期。这部数百万字的大辞典，耗时 12 年编成，杜氏在序言中提及"吾辈同人毕业大学专攻植物学者，仅黄君以仁一人，且另有任务，不能专于此事，其余则仅窥门径，各非专家，其初既不

---

① 姜伯勤：《岑仲勉》，陈清泉等主编：《中国史学家评传》，第 1300 页。
② 另有两份岑仲勉档案亦作 1912 年 12 月毕业，见《中山大学文学院历史系教师填写表格》，1952 年 7 月 19 日，中山大学档案馆藏，（岑仲勉）干部档案 1 - YG - 0303 - 01；《中南区高等学校教师情况调查表》，1952 年 9 月 18 日，中山大学档案馆藏，（岑仲勉）干部档案 1 - YG - 0303 - 01。
③ 《干部简历表》（中共中央华南分局宣传部制），中山大学档案馆藏，（岑仲勉）干部档案 1 - YG - 0303 - 01。
④ 《税务专门学校季报》1923 年第 4 卷第 4 期。
⑤ 《自我批评》，中山大学档案馆藏，（岑仲勉）干部档案 1 - YG - 0303 - 01。
⑥ （岑仲勉）《中山大学教师调查表》，1952 年 12 月 9 日，中山大学档案馆藏，关于文科教师调查表 1 - 1953 - XZ11 哲 - 011 - 0007。
⑦ [美] 文赊尔著，岑铭恕译：《美法英德行政立法比较简表》，《东方杂志》1912 年第 9 卷第 3 期。
⑧ 陶海洋：《〈东方杂志〉研究（1904—1948）—现代文化的生长点》，南京大学博士学位论文，2013 年，第 11 页。
⑨ 岑铭恕译：《法英德行政立法比较简表》，《东方杂志》1912 年第 9 卷第 3 期。
⑩ 桑兵：《近代中国的知识与制度体系转型》，北京：经济科学出版社，2013 年。

料中途有若何之困难，毅然为之，及遭困难已有不能中止之势，则仍一意进行，共事者十数人，费时十余年，始有涯矣"①，可惜此书未列编者名单，岑仲勉先生是否参与《植物学大辞典》的编纂，目前尚不及考证，但岑氏受此思潮的影响，甚至直接参与到植物学的推动研究中是可以预见的。20世纪20年代，他发表了四篇关于植物学的文章：《对于植物学名词的管见》②、《楮构说》③、《中国树木志自序》④、《遵路杂缀》⑤。其中，1928年岑仲勉先生在浦津铁路管理局工作，他在《津浦之声》上发表《遵路杂缀》，此文开篇即云"本路林场，地跨江浦六合两属"，文中所谈植物之地域，正是工作地浦口附近，可见岑仲勉先生对植物学领域的关注和研究并没有因其参与行政性工作而停滞，而在中山大学图书馆藏岑氏晚年⑥手稿中，依然保留了可观的植物学资料。

1913年，他发表三篇译作：《西藏中部及西南部兽产》⑦、《西藏琐录》（未完）⑧、《哥萨之马》⑨。这三篇译作，前两者关注的领域是近代自然科学，但翻译《哥萨之马》则已经表露出仲勉先生关注史地的思维及偏好。《哥萨之马》介绍了哥萨克人的生活环境、马种特征、军队编制、兵器特征、部落结构等内容，这是目前已知岑仲勉先生公开发表的史地作品中时间最早的一篇。1914年岑仲勉在《申报》上发表译作《直隶口外游记》⑩，这是一篇英人希得利在直隶北部的游记，记录了沿途所见的碉楼、河流、蒙古人装束、古迹等事⑪。一般对岑仲勉先生的印象是："仲勉早年学殖荒落，中年稍振刷，视苏老泉已瞠乎其后"。⑫但其对史地，尤其是北方史地的关注和积累在民国初年便开始，并非"半路出家"，《哥萨之马》和《直隶口外游记》已经可以窥见岑仲勉先生在今后的学术生涯中的诸多兴趣点。

从政经历

从北京高等专门税务学校毕业后，岑仲勉先生到上海江海关工作。"学校毕业后，同学都抱

---

① 杜亚泉主编：《植物学大辞典》序四，上海：商务印书馆，1933年。
② 岑铭恕：《对于植物学名词的管见》，《科学》，1923年11月，第8卷第11期。
③ 岑铭恕：《楮构说》，《科学》，1924年1月，第9卷第1期。
④ 刘小斌、郑洪编：《岭南医学史》（中），广州：广东科技出版社，2012年，第755页："广东中医药专门学校廖伯鲁（景曾）主编《中医杂志》，反映20世纪二三十年代广州地区中医学术水平……先后刊登近代岭南名医李耀常《王清任医林改错论半身不遂证以元气亏五成为解，以补阳还五汤为治，其方论有可采用否请详究之》、陈惠言《读河间六书伤寒医鉴书后》……岑铭恕《中国树木志自序》……等有关学说探讨论著，也是研究近代岭南中医学术史重要资料。"
⑤ 岑铭恕：《遵路杂缀》，《津浦之声》，1928年第3、4期。
⑥ 岑氏手稿未署时间者较多，上世纪50年代后，手抖对其笔迹影响较大，其自填的1951—1957年之间档案及部分署有年份的手稿，可见其笔迹变化过程。
⑦ [英]花得荣调查，岑铭恕译：《西藏中部及西南部兽产》，《地学杂志》"说郛"，1913年第4卷2号，第449页，未见原文，著录见于中国科学院南京地理研究所、科技情报研究室编：《中国地理期刊文献目录》第1册（1910—1949）下，1984年，第353页。
⑧ 岑铭恕译：《西藏琐录》，《地学杂志》第四年第七号（总第三十七号）1913年7月（民国二年七月），著录见于上海图书馆编：《中国近代期刊篇目汇录》第二卷（下册），上海：上海人民出版社，1982年，第2812页。
⑨ 岑铭恕译：《哥萨之马》，《西北杂志（北京）》1913年第4期。
⑩ [英]希得利著，岑铭恕译：《直隶口外游记》，《申报》1914年4月2日。
⑪ 文中提及唐代古迹一处："余辈自大城子折西行至建昌县，土名塔子沟，缘城西数里有塔，建于唐代故名塔，今已圮坏。"
⑫ 岑仲勉：《金石论丛》自序，上海：上海古籍出版社，1981年。

着收回海关权的热情，我被派到上海关，服务了两三年，很不甘替外人做机械，适遇袁世凯称帝，我是极端反对的，趁着这个机会，决心抛弃了较为优的待遇，回粤参加倒袁的事业。"①1916年，他返回广东，参加护国运动，供职于设在肇庆的两广都司令部，任财政厅第一科科长。两广都司令部于1916年5月8日在肇庆成立，同年7月14日解散，此后岑仲勉先生任广东财政厅秘书，并兼任广三铁路管理局局长。据曾鲲化《中国铁路史》广三铁路条目下称："五年部派夏昌炽充任局长，六年因粤宣布自主回部，至今仍留名义"②，"部"即交通部，"粤宣布自主"即1917年8月孙中山在广州召开"非常国会"成立中华民国军政府，并通电否认以冯国璋为总统的北京国民政府，夏昌炽应是在此时"回部"，但名义上仍然是广三铁路管理局局长。1917年10月12日的《政府公报》载有交通部总长曹汝霖给广三铁路管理局局长夏昌炽的指令③，这与"至今仍留名义"可相印证。所以岑仲勉先生应是在1917年8月夏昌炽回交通部后，被中华民国军政府任命为广三铁路管理局局长，只是北京政府不予承认。

广三铁路即广州石围塘到佛山三水的铁路，全长16.5公里，"本为粤汉铁路支线，初名三佛铁路。于西历一千八百九十八年由前清铁路督办大臣盛宣怀及驻美使臣伍公廷芳与美国合同公司订约借款建筑"④，1903年12月10日通车。在铁路与财政厅两边供职给岑仲勉先生在实际工作中提供了便利：

  军饷催迫甚急，不得不设法维持，故已向台湾银行成立小借款。广三铁路管理局长岑铭恕以路基尚未修复，车费全无收入。昨奉当道令，饬将所有该路，按月认解，余利着即设法筹办。岑局长乃与沙面台湾银行揭借现款十万元，订明每月利息七厘半计算，自本年九月十五日起。至十一月一日止，分期偿还。昨已签字交付，由岑局长提解财政厅核收，以充军饷矣。⑤

而其在财政厅的地位也为广三铁路的运营提供了便利：

  机车多数购置于民国纪元前……嗣入民国后，由前广三铁路局局长岑铭恕在美国坡路云机车厂 Bolwin Loco. Wks. U. S. A 订购运输大机车二辆，每辆价值六万元，于民国八年运到行驶，即26、27号两机车是也。⑥

广三铁路1903年竣工，但进入民国后长期未添购新车。"（广三铁路）共役员工六百一十五名，五年度以前全路月支薪工警饷不过一万一二千元"⑦，1919年岑仲勉先生购买美国机车二辆的花费约相当于1916年以前广三铁路局每月支给员工工资的五倍⑧。

---

① 《自我检讨》，中山大学档案馆藏，（岑仲勉）干部档案1-YG-0303-01。
② 曾鲲化：《中国铁路史》"广三铁路"，沈云龙主编：《近代中国史料丛刊》（973），台湾：文海出版社，第792页。另，《申报》1918年9月20日称"广三铁路管理局长岑铭恕"，故岑仲勉就任广三铁路管理局局长当在1917—1918年之间。
③ 《政府公报》，1917年第647期。
④ 陈鸿荣：《路政之研究》，1920年第1期。
⑤ 《广东财政之近讯》，《申报》1918年9月20日。
⑥ 《浙赣铁路统计年报》"粤汉铁路广韶段史略（附广三段）"，沈云龙主编：《近代中国史料丛刊三编》（749—750），台湾：文海出版社，第175页。
⑦ 曾鲲化：《中国铁路史》"广三铁路"，沈云龙主编：《近代中国史料丛刊》（973），第792页。
⑧ 同上。

岑仲勉先生任两广都司令部财政厅第一科科长时，财政厅局长是其在两广高等学堂时期的同学杨永泰①。两广高等学堂期间，杨、岑和江琼并称为"广高三杰"：

> 江琼，字玉泉，号山渊，广东石城（今称廉江）人。生于光绪十四年（一八八八年），卒于民国六年（一九一七），得年廿九。早岁肄业于两广高等学堂（前身为两广雅书院），广州：与高州杨畅卿（永泰）、顺德岑铭恕（仲勉），共称为"广高三杰"。②

岑与杨两人曾有较多接触，"岑中年以前，曾在广东政治界活动一个时期和政学系头子杨永泰关系颇深。但沉浮宦海，任职不高"③。1919 年 5 月 4 日《申报》称"广三路局长岑铭恕……现兼财政厅秘书，系杨永泰部下之一人物"④，可见岑仲勉先生在杨永泰的属下中地位特殊。1920 年 4 月，杨永泰任广东省省长，有传言财政厅长的职位将由杨氏拟定的"同系人物"出任，岑即是四位最有可能的人选之一，但也有说法称岑可能充任广东造币厂厂长⑤。

> 杨永泰将升任省长，财政厅署……继任财厅长人物，杨氏极欲得伊同系人物接充，外间传说杨拟定之人，若谭礼庭、若林正煊、若岑铭恕、若周廷励凡四人，但据调查此席必属造币厂长龚政。龚为陆莫平昔所信任之人余外，未必为当道所允，至造币厂继任人物，则谭礼庭或岑铭恕均有希望。⑥

但杨永泰在西南军阀与孙中山之间摇摆不定的行为，使得他在广东地位并不稳固。此时岑仲勉先生给杨写信，劝其不要做投机的政客，但杨并未回复，加上 1921 年杨永泰离开广东，两人交往减少，"彼此便落膜起来"⑦。此后杨永泰渐渐成为民国政坛显要人物，而作为杨曾经的重要部下，岑仲勉先生却"沉浮宦海，任职不高"⑧。岑在自述中称"我也跟随着消沉下去。意味着靠人不如靠己，渐转入学问研究的途径，自此以后，即不再留心政治"⑨。1920—1930 年关于岑仲勉先生的资料非常少，而 1957 年中山大学给他写的传记性资料径称"1920—1930 年一段简历未明"⑩。有观点认为岑先生此期间渐已脱离政界，其实不然。岑所说"渐转入学问研究的途径"是一个过程，而不是杨离开广东及两人交往减少之后就不再留心政治。虽然任职不高，但他依然在铁路系统工作。

岑仲勉先生曾在 1923 年被国民政府授予三等宝光嘉禾章，"四月二十日大总统……又令国务总理张绍曾……又令萧秉良、成符孟、杨其观、陈同赞、游金铭、岑铭恕、佘澄清、邱芳流、谭汉章、纪吴、周瑞、陈永干、沈家瑶、林鹩、何文铎、陆国垣、李国瑜、江英弁、温翀远、余觉

---

① 沈云龙主编，刘寿林编：《辛亥以后十七年职官年表》，台湾：文海出版社，第 224 页。
② 周汉光：《张之洞与广雅书院》，广州：广东人民出版社，2012 年，第 471 页。
③ 《岑仲勉小传》，中山大学档案馆藏，1957 年 10 月 25 日，1-1957-DQ11 专-002-0012。
④ 《申报》1919 年 5 月 4 日。
⑤ 《广东莫督军请保广东造币厂分厂长龚政呈请》，《军政府公报》，1919 年，修字 122，第 21—22 页。
⑥ 《杨永泰长粤说》，《申报》1920 年 4 月 22 日。
⑦ 《自我检讨》，中山大学档案馆藏，（岑仲勉）干部档案 1-YG-0303-01。
⑧ 《岑仲勉小传》，中山大学档案馆藏，1957 年 10 月 25 日，1-1957-DQ11 专-002-0012。
⑨ 《自我检讨》，中山大学档案馆藏，（岑仲勉）干部档案 1-YG-0303-01。
⑩ 《岑仲勉小传》，中山大学档案馆藏，1957 年 10 月 25 日，1-1957-DQ11 专-002-0012。

之、黄文渊、胡宪徽均给予三等宝光嘉禾章,此令"①。

宝光嘉禾章是1916年国民政府《勋章令》中的一种勋章类型,一共有五等六种②,上述名单中,余觉之是广东造纸业巨头③,胡宪徽是与曹汝霖和梁士诒均有密切联系的交通系人物。1917年,曹汝霖取代梁士诒成为交通银行总理。"交行人事,也相应做了调整……胡宪徽为稽核"。④ 1918年9月,梁士诒任董事长的五族商业成立,胡宪徽又任该行经理。获得宝光嘉禾章之人应在各自领域均有一席之地⑤,岑先生能获得宝光嘉禾章与其在广东省财政厅的政绩尤其是广三铁路运营所取得的巨大成功有关。

1928年6月14日,京(平)汉铁路⑥管理局局长黄士谦任命岑仲勉先生为秘书⑦。但在此之前,岑先生还跟随黄士谦在津浦铁路管理局工作过,是1927—1928年前后黄士谦的重要助手。1927年5月,南京国民政府成立交通部,旋即着手"接管全国交通业务"。黄士谦被任命为津浦铁路管理局局长,"国民政府交通部令:第三十九号(中华民国十六年九月三十日):令黄士谦:兹派黄士谦为津浦铁路管理局局长此令"⑧。次日黄士谦正式就职⑨。10月20日黄士谦又被南京国民政府任命为交通部参事⑩,参与北伐战争后铁路系统的恢复工作。

1928年5月,黄士谦又被调任京汉铁路管理局局长⑪。黄士谦赴汉上任后,重用岑仲勉先生等熟悉铁路系统的精干力量,以极高的效率,于1928年6月打通了中断数年的京汉铁路。⑫

训令第八二六号⑬
十七年十月十七日

令秘书岑仲勉
各室处
  为令行事,本局长因公赴平,秘书主任黄护人随同出差,所有秘书主任职务着由改员秘书岑仲勉兼代除分,令外仰即遵知照,此令。

局长黄士谦

从这则训令可知,岑氏深得黄士谦信任,此时岑仲勉先生应为京汉铁路管理局"改员秘书",成为了北伐战争后改组铁路系统,恢复京汉铁路这一交通枢纽的重要参与者。

---

① 《申报》1923年4月22日。
② 张宪文、方庆秋等主编:《中华民国史大辞典》,南京:江苏古籍出版社,2001年,第1377页。
③ 吴玉成:《广东华侨史话》"华侨余觉之与江门造纸厂",香港:香港世界出版社,1996年,第292页。
④ 李吉奎:《梁士诒》,广州:广东人民出版社,2005年,第277页。
⑤ "中国之储蓄银行史·五族商业银行",沈云龙主编:《近代中国史料丛刊三编》(436),第116页。
⑥ "国民党中央政治会议第145次会议决定,南京政府于民国十七年6月28日将北京改名为北平",京汉铁路后称平汉铁路,见傅林祥、郑宝恒:《中国行政区划通史·中华民国卷》,上海:复旦大学出版社,2007年,第511页。
⑦ 《申报》1928年6月18日。
⑧ 《津浦之声》1928年第1期,第28页。
⑨ 《申报》1927年10月3日。
⑩ 孔庆泰等编著:《国民党政府政治制度史词典》,合肥:安徽教育出版社,2000年,第161页。
⑪ 《申报》1928年5月25日。
⑫ 《申报》1928年6月18日。
⑬ 《汉平新语》1928年第1卷第5期。

圣心中学时期

圣心中学原为圣心书院，由法国天主教士魏畅茂、俄美士于 1904 年创立①。"1914 年，改设为旧制中学，命名为私立圣心中学。教学上仍以传播宗教，传授外语为主。"1925 年，实行新学制，只设置了初中。1927 年春，国民政府禁止外国教会在华办学，圣心中学改由我国自办，此后圣心中学"另选董事，改聘校长，增设高中部，高中部设普通科和商科，学生增至七百多人，取消了把天主教义列入课程和师生必须参加校内各种宗教活动等规定"。② 新校长由毕业于香港圣约瑟英文书院的朱寿山担任③。

1930 年 4 月—1934 年 7 月，岑仲勉先生任广州圣心中学教务主任兼教员④，住在广州十八甫新街二号四三楼⑤。在圣心中学教职员一览表中，名字仅排在校长朱寿山之后。亦有说法称此时岑实掌圣心中学行政及人事权，"时校长朱寿山只负财政及事务责任，所有学校用人及行政悉由仲勉主持，其初自教微积分、解析几何，以后不担任课程，专心研究史地"⑥。

岑仲勉先生与陈垣先生的早期交往是通过刘秉均从中联络，此点姜伯勤先生在《岑仲勉先生学记》中有提及⑦。《陈垣往来书信集》（增订本）中也收录了一封刘秉均给陈垣先生的书信：

> 援庵夫子：
>   昨晤仲勉先生，曾将馆事向之陈述，伊甚为感谢大人引用之厚意。不过仲勉先生还有恳请大人者，即是请大人将北平文化机关之名目及主事者详列示下，又该机关有无支干薪者。盖仲勉先生意欲自己设法谋一兼职，使将来在平方馆事上有伸缩之余地，非谓二百五十元以上之生活费尚不足之故。如何，乞即示复。敬候道安。生秉钧敬启。四，十六。⑧

《陈垣往来书信集》（增订本）附注："刘秉钧：广东新会人。1932 年辅仁大学历史系毕业。时任圣心中学训育主任。"⑨ "训育主任"是国民政府设立的大中小学思想教育专员。1928 年，南京国民政府宣布"训政时期"开始，在教育方面提出普及三民主义的国民教育。1929 年 7 月，国民政府教育部通令全国实行《中小学训育主任办法》，设立训育主任和训育人员，专事考查学生的思想、言论和行动，在全国中小学实行训育制度。⑩ 1932 年 11 月《圣心》上的《历届教职员一

---

① 《基督教大辞典》作 1903 年，见丁光训、金鲁贤主编：《基督教大辞典》，上海：上海辞书出版社，2010 年，第 225 页。
② 中国人民政治协商会议广东省广州市委员会文史资料研究委员会编：《广州近百年教育史料》，《广州文史资料专辑》，第 202—203 页。
③ 连明德：《广东文史资料》第 57 辑，广州：广东人民出版社，1988 年，第 155 页。
④ 《干部简历表》（中共中央华南分局宣传部制），中山大学档案馆藏，（岑仲勉）干部档案 1-YG-0303-01。岑先生多份档案均只写其曾在圣心中学担任教务主任，但《圣心》中《历届教职员一览表》著名其为"教务主任兼教员"，因此岑先生在圣心中学除了参与行政性工作，也应该开有课程。
⑤ 《历届教职员一览表》，《圣心》，1932 年，95 页。
⑥ 刘绍唐主编：《民国人物小传》第 4 册，上海：上海三联书店，2014 年，第 135 页。
⑦ 姜伯勤：《岑仲勉先生学记》，向群、万毅编：《岑仲勉文集》，广州：中山大学出版社，2004 年，第 2 页。
⑧ 陈智超整理：《陈垣往来书信集》（增订本），北京：生活·读书·新知三联书店，2010 年，第 441 页。
⑨ 同上。
⑩ 孙培青主编：《中国教育史》（第三版），上海：华东师范大学出版社，2009 年，第 434 页。

览表》中并无刘秉均名字①，他应是 1932 年底至 1933 年初到圣心中学，但入职不久便向自己的同乡陈垣先生推荐岑先生。

1932 年 11 月《圣心》第 1 期出版，内有插图 13 张、训令两则、章程一则、自由言论 28 篇、学校消息 10 则等内容。此期《圣心》"史地研究"专栏中的 29 篇文章（论文 5 篇，课余读书记 24 篇）作者皆是岑仲勉。兹按篇目顺序胪列如下：《法显西行年谱》、《Kinsay 乃杭州音译》、《Zaitûn 非刺桐》、《唐代大食七属国考证》、《〈拉施特史〉十二省之研究》、《已不程国》②、《吴历》、《张勃吴录》、《晋至唐代之西域及南蕃地理书》、《老子化胡经》、《郭义恭广志》、《招隐寺夹纻像》、《徐广》、《甄權》、《拂菻王波多力》、《西域记》、《掘伦与崑仑》、《医书二则》、《亚俱罗》、《苦国》、《暮门》、《朱禄国与末禄国》、《提罗卢和国、乌拉国与末罗国》、《唐代阇婆与爪哇》、《赵汝适》、《憩野》、《Kuijun》、《玛吉士地理备考》、《元史译文证补》。1933 年 7 月 1 日《圣心》第 2 期出版，此期《圣心》分六个版块：图像、训令、章程、论著、学生文艺、学校消息。其中，图像部分含学校及广州市内照片共 6 张，训令部分含广东省教育厅训令及校长朱寿山训词共 5 则，章程部分含教学及自习时数表两则，学生文艺含课文、自由言论、韵文、小说四个部分，皆是中学生作品，如《论民权》、《恋爱的苦楚》等文章，学校消息部分是给家长的信、国文比赛成绩表、教师通讯录等内容。而"论著"部分文章皆出自岑仲勉先生，共有 31 篇（论文 7 篇，课余读书记 24 篇），按篇目顺序分别是：《〈水经注〉卷一笺校》、《麴氏高昌补记》、《南海崑仑与崑仑山之最初译名及其附近诸国》、《〈诸蕃志〉占城属国考》、《黎轩语原商榷》、《义静法师年谱》、《〈翻梵语〉中之〈外国传〉》、《法显西行年谱订补》、《好治食》③、《乌苏贵将指阙》、《魏略》、《后秦世系》、《昙无懺出经》、《竺法维佛国记》、《阇婆婆达》、《奇沙国》、《拂懍》、《魏书》、《翻梵语》、《〈翻梵语〉中之〈外国传〉》、《再说大食七属国》、《阿牟荼国》、《书舶庸谈所说两医书》、《王玄策〈中天竺国行纪〉》、《法苑珠林》、《唐代西域羁縻府州数》、《广府》、《波凌》、《瑜伽金刚性海曼殊室利千臂千钵大教王经序》、《柳衢国、致物国、不述国、文单国、拘蒌蜜国》、《打当》、《俞宗本种树书》。

岑仲勉先生在《圣心》第 1 期上发表文章 29 篇，第 2 期 31 篇，共 60 篇，其中部分篇目与其他收录或著录岑氏论文的记载略有出入。

《中外史地考证》④收录有 26 篇：《南海崑仑与崑仑山之最初译名及其附近诸国》、《晋宋间外国地理佚书辑略》、《阇婆婆达》、《奇沙国》、《〈水经注〉卷一笺校》、《广府》、《西域记》、《阿牟荼国》《王玄策〈中天竺国行纪〉》、《掘伦与崑仑》、《波凌》、《〈翻梵语〉中之〈外国传〉》、《唐以前之西域及南蕃地理书》、《唐代阇婆与爪哇》、《唐代大食七属国考证》、《苦国》、《暮门》、《朱禄国与末禄国》、《亚俱罗》、《末罗国》、《柳衢国、致物国、不述国、文单国、拘蒌蜜国》、《Zaitûn 非"刺桐"》、《Quinsai 乃杭州音译》、《〈诸蕃志〉占城属国考》、《憩野》、《〈拉施特史〉十二省之研究》、《明代广东倭寇记》。

陈达超先生整理的《岑仲勉著述要目》⑤列出了 29 篇来自《圣心》第 1、2 期的文章：《唐代阇婆与爪哇》、《唐代大食七属国考证》、《掘伦与崑仑》、《苦国》、《暮门》、《西域记》、《亚俱罗》、《末罗国》、《Zaitûn 非刺桐》、《Quinsai 乃杭州音译》、《明代广东倭寇记》、《朱禄国与末禄

---

① 《历届教职员一览表》，《圣心》，1932 年 11 月，287—295 页。
② 《已不程国》以下皆系于"课余读书记"条目之下。
③ 《好治食》以下皆系于"课余读书记"条目之下。
④ 岑仲勉：《中外史地考证》，北京：中华书局，1962 年。
⑤ 陈达超：《岑仲勉著述要目》，岑仲勉：《隋唐史》，石家庄：河北教育出版社，2000 年，第 672—675 页。

国》、《〈水经注〉卷一笺校》、《晋宋间外国地理佚书辑略》、《阇婆婆达》、《奇沙国》、《广府》、《阿钵荼国》、《波凌》、《〈翻梵语〉中之〈外国传〉》、《麹氏高昌补记》、《南海崑仑与崑仑山之最初译名及其附近诸国》、《〈诸藩志〉占城属国考》、《黎轩语原商榷》、《王玄策〈中天竺国行纪〉》、《义静法师年谱》、《法显西行年谱订补》、《柳衢国、致物国、不述国、文单国、拘蒌蜜国》、《再说大食七属国》。

陈达超先生列出的篇目中《明代广东倭寇记》不在1932年《圣心》第1期原刊之中。《中外史地考证》收录《明代广东倭寇记》时，岑仲勉先生于文末自注："此篇是一九三一年在圣心中学就手头所有基本乡土志书辑成，用授诸生"[①]，但文末又补注："原刊《圣心》第一期（一九三一年广州）"[②]。岑氏自注并未称该文发表于《圣心》，而《圣心》第1期出版于1932年11月，非1931年，故文末补注应非岑氏所加。《岑仲勉著述要目》中《Quinsai 乃杭州音译》一文标题与《中外史地考证》相同，与《圣心》原文有异，《圣心》作《Kinsay 乃杭州音译》。《末罗国》一篇是《圣心》原文《提罗卢和国、乌拉国与末罗国》的一部分，似是岑氏自选时单独拿出。《晋宋间外国地理佚书辑略》一篇《中外史地考证》文末注："原刊《圣心》第二期（一九三三年广州）"，但《圣心》第2期并无此文，此注与《明代广东倭寇记》体例相同。

《中外史地考证》是岑仲勉先生生前挑选早期史地研究文章汇编的"自选集"，只是尚在排版时，岑先生便去世[③]。《岑仲勉文集》[④]、《岑仲勉史学论文集》[⑤]和《岑仲勉史学论文续集》[⑥]未再收录新的《圣心》文章，这批被遗漏的文章依然有相当多的篇目值得整理和研究。

附：本文为广东省哲学社会科学规划项目"岑仲勉先生学行著述新考"（批准号：GD17DL14）成果。

（作者单位：中山大学历史学系）

[①] 岑仲勉：《中外史地考证》，第686页。
[②] 岑仲勉：《中外史地考证》，第686页。
[③] 岑仲勉：《中外史地考证》"出版说明"。
[④] 向群、万毅编：《岑仲勉文集》，广州：中山大学出版社，2004年。
[⑤] 岑仲勉：《岑仲勉史学论文集》，北京：中华书局，1990年。
[⑥] 岑仲勉：《岑仲勉史学论文续集》，北京：中华书局，2004年。

岑仲勉先生早年行止补正

安东强

  岑仲勉先生是近代中国著名史学家，治学范围广博，著述甚丰，夙为学界所公认。在 20 世纪 30 年代，岑先生考证史事的功力便得到陈垣先生和陈寅恪先生的认可和激赏，后者称"岑君文读讫，极佩（便中乞代致景慕之意）"①。前者则将岑先生推荐至中研院史语所任事，亦可谓得到傅斯年先生的认可。至抗战年间，由童书业执笔而署名顾颉刚的《当代中国史学》一书，在论及唐史研究的状况时，称"岑仲勉先生治唐史用力最勤，创获亦多，陈先生而外，当推岑氏"②。1948 年后，移席中山大学历史系，在教书育人的同时仍勤于著述。

  余生也晚，入中山大学历史系求学时，由岑先生再传弟子教授中古史及古代史籍等课程，后治学以清朝典章制度为范围，对于岑仲勉先生的学术贡献，不能赞一词。唯以研治清代教育史事之便，有相关数则材料涉及岑仲勉先生早年行止，兹略作梳理，对先生在清末广东学堂活动经历的史迹有所补正。

  据《岑仲勉先生学术年表》记，先生于 1903 年入两广大学堂（后改名为两广高等学堂），1906 年至 1907 年在灵州速成师范及高州中学任理科教员，后于 1908 年入两广游学预备科，同年 10 月转读北京高等专门税务学校。③ 兹就寓目所及清末广东学堂的相关史料，补正先生这一时期的活动情形。

  "两广大学堂"之称应为广东省大学堂之误。据两广总督陶模等奏陈遵旨设立广东大学堂开办情形折，该大学堂成立于 1902 年，名为广东省大学堂。④ 岑先生即于该学堂成立的次年入学。

  至于岑先生于 1906 年至 1907 年在灵州速成师范及高州中学任理科教员，后于 1908 年入两广游学预备科之说，恐有出入。事实上，岑先生应于 1905 年考入两广游学预备科馆。依据如下。

  两广游学预备科创办于 1905 年，由两广总督岑春煊所创。该学堂习称为两广游学预备科馆，以广东省城粤秀书院为址，"考选中学已有根柢及普通学略经研究之学生二百八十人，在内地预备两年，精选百二十人派赴日本，直入彼之高等师范学校本科留学"，从而培养和储备一批未来大规模兴办学堂的师资力量。因此，该学堂课程亦仿照日本高等师范学校来设定，按照日本学校分"部"标准分为三班，一班以地理、历史为主，一班以数学、理化为主，一班以动植、矿物、生理等为主。⑤

---

① 陈寅恪：《致陈垣十三》，陈美延编：《陈寅恪集·书信集》，北京：生活·读书·新知三联书店，2009 年，第 129 页。
② 顾颉刚：《当代中国史学》，上海：上海古籍出版社，2002 年，第 87 页。
③ 陈达超：《岑仲勉传略》，晋阳学刊编辑部编：《中国现代社会科学家传略》第三辑，太原：山西人民出版社，1983 年，第 222 页；王溪：《岑仲勉先生学术年表》，岑仲勉：《隋唐史》，北京：商务印书馆，2015 年，第 615 页。
④ 中国第一历史档案馆藏，军机处录副，陶模奏折，缩微号：537—3057。该大学堂后因癸卯学制的颁布实施，改为两广高等学堂。
⑤《署两广总督岑等会奏筹设两广游学预备科造就高等师范折》，《东方杂志》1905 年第 9 期。

是年夏间，广东当局颁布《两广游学预备科馆招考示》，称：

> 为出示招考事。照得兴学为目今第一要务，尽人皆知，然朝旨敦促业已数年，各属学堂仍未遍设，即有已经成立者，而教授管理亦不能悉皆合法，此其故固非一端，而大端则以无师范故。现在所办尚是小学学科程度，并不高深，物色教员已如此之不易。三五年后，中学遍设，须求高等师范，势必更难。本处现虽筹办优级师范学堂，然无合格之学生，仍须从初级师范办起，必待八九年后，方有毕业学生可用，仍属缓不济急。本处再三筹度，爰拟选派学生入日本高等师范学校本科留学，惟是该校本科必须具有中学资格学生方能直入，我两广之学生现尚无及此资格者，仓卒派往，仍须在外预备，不惟糜款，亦且旷时，是以本处议于广州省城设一游学预备科，期以两年预备毕业，即派往直入日本高等师范本科。现已详请两省督抚宪会奏立案，并派员前往东洋禀承驻使杨大臣与日本文部省商订一切，暨访聘教习，秋间回粤，即可开办。所有考选章程自应先行刊布，以便有志此科者报名应考。惟是本科专为造就师范而设，就今日时局而论，有志之士自宜安心毕业，从事于教育，以开民智而救危亡。但人群希望，万有不齐科举之见，深入人心，既入此科，势不可一二纷心于利禄。且以两年之时，期欲预备能及中学之程度，其课程繁密可想而知，举其将来半途退学或毕业后不肯遵限服务，致滋怨悔，不如此时量而后入，以免自误误人。合亟摘录章程出示晓谕。为此示。仰两广士民知悉，如有志愿来学者，即便遵章报名，听候考验，幸勿观望迟延，是为切要。①

不知岑先生当年是否即见此告示而报名投考？据1905年入学黎照寰（时用黎曜生名）回忆称，两广游学预备科馆随于广州贡院招考新生，"连考三日六场，分为国文、英文、算术、史地、理化、体格"，考试结束10天后在总督衙门前壁放榜，"正取生180人，备取生20人"，最终取定180人，后印有《两广游学预备科馆同学录》。②

黎照寰据该馆同学录所记，绝大多数学生来自广州省城的学堂，主要是广东高等学堂（时应为广东省大学堂）和广州府中等学堂；学生籍贯亦集中于广东，达169人，另有汉军旗5人、满洲旗1人、广西5人。学生的年龄：17岁者，4人；18至21岁者，90人；22至29岁者，83人；30至32岁者，3人。而岑仲勉先生，时以岑汝懋名，亦列其中，时年19岁（实岁），来自广东省大学堂。由此可见，岑仲勉先生入两广游学预备科馆的时间应为乙巳年（1905年）九月上旬。③

该馆分甲、乙、丙三班，各60名，甲乙两班学生多不超过22岁，丙班则几乎全在23岁以上。至于岑仲勉先生在哪个班，待考。九月中旬开始上课，甲班的是每周国文2时，英文5时，日文5时，日语2时，理化4时，史地4时，图画2时，体操2时，国语2时（后因无教员缺课），每周上课5天半，星期六、日下午休息。④

预备科馆的监督，名义为朱纮，实际主持者为陆尔奎（字炜士）。他的两名助理，是两位翻译员，一是其次子陆露沙，原名景禧，字鞠轩，曾留学日本；一是胡敦复，曾肄业于上海南洋公

---

① 《两广游学预备科馆招考示》，《（直隶）教育杂志》1905年第10期。
② 黎照寰：《两广游学预备科馆》，全国政协文史资料委员会编：《文史资料存稿选编（24）·教育》，北京：中国文史出版社，2002年，第815、816页。
③ 黎照寰：《两广游学预备科馆》，全国政协文史资料委员会编：《文史资料存稿选编（24）·教育》，第816、817页。
④ 黎照寰：《两广游学预备科馆》，全国政协文史资料委员会编：《文史资料存稿选编（24）·教育》，第817页。

学、爱国学社，也曾赴日本游历，在预备科馆结束后北上参加清华留美考试，成为留美学生。陆尔奎的两名助理日常住馆，与学生接触较多。此外住馆的教员为日籍教员：其一，教授日文的日本少壮派教师牧田先生；其二，教授理化及图画的日本老年人龟原先生；其三，教授体操的日本退休军官中村先生。其他教员往往上课始来，下堂即走，其中有教授国文的朱兆莘、吴玉臣，教授数学的陈竹芬、曹粲三、潘应祺，教授史地的利昆生、梁致祥，教授英文的熊崇志（熊离任后由半工半读的邝富灼继任）。① 因此，岑先生与胡敦复（后任上海大同大学校长）、邝富灼（后任商务印馆编译所英文部主任）等人，均为旧相识了。

1905 年底，因驻日公使杨枢欲规范留学管理和提高留学质量，引发留日学界风潮，对于国内派遣留日学生的举措也有所滞碍。这直接影响到两广游学预备科馆的前景。据称，两广学务处多次开会商议此事。广东巡抚张鸣歧建议从下学年始，预备科馆改为两广方言学堂，获两广总督岑春煊首肯，但秘而未宣。②

1906 年 6 月间，预备科馆即将改制的消息不胫而走。黎照寰回忆称，丙午年五月，一些从外省来落户的同学，因其亲友有与督署的幕宾相识者，获得"预备科迅将改变"的消息，转告于同房同学，遂广为传播。③ 与此同时，《香港华字日报》亦于 1906 年 6 月 10 日刊载报道称，两广游学预备科已决定并为译学方言馆，"兹闻已由岑督于日前拜晤于学司重行决定此事，准五月内即行先将游学预备科停办，随后再改为译学方言馆，学生中愿退愿留，悉听其便"④。

六月下旬的一天早上，预备馆的学生邹维明在礼堂门前吹响"银鸡"（警笛），集合同学商议对策。谢华国称："反对改变，即日罢课并质问当局。"后经到会学生一致举手表决，推定各班正副班长，及全体同学代表 9 人，负责与当局交涉事宜。岑仲勉先生即参与其中，任书记。据黎照寰记：主席：谢华国（英伯，嘉应州人，年 20 岁）、杨永泰（申卿，高州府人，年 21 岁）、容宝埙（伯挺，广州府人，年 19 岁）3 人；书记：岑汝懋（仲勉）、游金铭（诵盘）2 人；庶务：杨子毅（宏道）、林继昌（次飚）2 人；财务邹维明（介轩）、黎曜生（照寰）2 人。⑤ 这说明岑仲勉先生是当时反对游学预备科馆裁改的代表之一。

与广东当局意见不同的是，京师的学部却认为游学预备科与方言学堂宜分别办理，主张将游学预备科改为优级师范学堂。⑥ 尽管如此，广东当局仍决定将游学预备科馆改并两广方言学堂。不久，两广游学预备科馆以监督朱纮名义印发长函，劝谕各学生转入方言学堂。经此风潮和改制，原游学预备科馆的学生不得不散馆。所散的方向却不尽一致：一、有钱者自费出洋；二、转回原校或转入他校；三、原有职者复回原职或改任他职，有些直接就任各地学堂教员；四、转入两广方言学堂。关于预备科馆的学生转入两广方言学堂的人数，郭伯健称"仅一小部分"，但黎照寰则称约有 120 人之多。⑦

至于岑仲勉先生散馆后的去向，尚未能定。或有两种可能，一即为此前《学术年表》中所称的 1906 年至 1907 年在灵州速成师范及高州中学任理科教员。二是转入新成立的两广方言

---

① 黎照寰：《两广游学预备科馆》，全国政协文史资料委员会编：《文史资料存稿选编（24）·教育》，第 818 页。
② 黎照寰：《两广游学预备科馆》，全国政协文史资料委员会编：《文史资料存稿选编（24）·教育》，第 819 页。
③ 黎照寰：《两广游学预备科馆》，全国政协文史资料委员会编：《文史资料存稿选编（24）·教育》，第 820 页。
④ 《游学预备科停办有期》，《香港华字日报》1906 年 6 月 10 日，"羊城日闻"。
⑤ 黎照寰：《两广游学预备科馆》，全国政协文史资料委员会编：《文史资料存稿选编（24）·教育》，第 820 页。
⑥ 《议奏整顿广州译学馆并议改两广游学预备科为优级师范学堂折》，《学部官报》1906 年第 4 期；《游学预备科又改优级师范》，《香港华字日报》1906 年 9 月 7 日，"羊城日闻"。
⑦ 邬伯健：《清末广州三学潮》，《广东文史资料精编》下卷第 4 卷《民国时期文化篇》，北京：中国文史出版社，2008 年，第 17 页；黎照寰：《两广游学预备科馆》，全国政协文史资料委员会编：《文史资料存稿（24）·教育》，第 820 页。

学堂。现查得国内有机构藏有 1907 年的《两广方言学堂同学录》,仍需查核后排除或确定此一可能。

(作者单位:中山大学历史学系)

格物致知：岑仲勉先生早年植物学研究引论

向 群

一、岑仲勉先生学术生涯的"起点"

  岑仲勉先生中年锐意治学，于史学多个领域建树卓越，这一富有传奇性的"转身"早已成为学界佳话，然而"罗马并非一天就能建成的"，尽管岑仲勉先生以自身成才的非科班出身名闻于世，并未受过系统的史学训练，但从其自叙中，我们可以得知，岑先生十岁就学，"私塾没有历史那一课，我却取通鉴纲目来自行点读，造成了后来研究历史的基础"①。可见岑先生日后的学术成就与治学特色早于童蒙时期即已根植其中。另外，我们注意到，岑先生在转入史学之前的早期经历中，曾于上世纪20年代初撰写过一部洋洋数十万言的"自然科学"著作《华南植物志》②（此书为手稿，并未正式出版，于上世纪50年代捐赠华南植物园）。跳出历史学近代学术史的窠臼和局限，进入近代中国科学教育与知识体系生成与构建的大时代中，显然对岑仲勉先生早年植物学研究的经历，我们将不再会一笔带过，也许这会成为重新界定岑先生完整学术生涯新的"起点"。岑先生为何会在那个时代编撰这样一部看似与日后治学领域毫无关联的"自然科学"著作，这部著作及岑先生植物学研究的历史"语境"及其对作者本人学术生涯的意义，值得我们重新加以检讨。

二、旧学新知的交汇与接合：岑氏植物学研究的特色

  通过名物疏证、游历见闻等多少具有感性色彩的知识和信息的汇集途径，以"志书"或"史志"的形式记录山川万物的情状的"博物"传统在古代中国可谓源远流长，自晋代张华的《博物志》③，嵇含的《南方草木状》④ 始，历代博物著述层累叠加，不胜枚举，其中既有如沈括百科全书式的名著，亦有术业专攻式的分类著述，即如植物类方面，南宋陈景沂编纂的《全芳备

---

① 《自我检讨》，中山大学档案馆藏，（岑仲勉）干部档案1 - YG - 0303 - 01。
② 向群、万毅编：《岑仲勉文集》，广州：中山大学出版社，2004年。
③ （西晋）张华撰，范宁校正：《博物志》，北京：中华书局，1980年。
④ 张智主编的《中国风土志丛刊》将其与《岭表录异》、《岭南风物记》、《海语》合订，2003年由广陵书局出版。

祖》①、明代朱橚的《救荒本草》②、李时珍的《本草纲目》③，清代吴其濬的《植物名实图考》④等均堪称各个时代之不刊之典。岑仲勉先生旧学素养深厚，对中国古代博物志传统及相关经典自然了然于胸，然而可以肯定的是，《华南植物志》并非一部延续国故传统的翻新之作。晚清至民国初年的社会变局，西学东渐的与日俱增，无不迫使中国传统的"学问"或主动或"被动"地踏上了艰难的"转型"之旅。1858 年，李善兰、韦廉臣合译的近代科学著作《植物学》⑤ 由上海墨雨书局出版，可以被视为西方近代博物学（natural history）对中国古代博物志传统的又一重要挑战。

在那个纷扰无常、新旧交替的时代中，我们可以观察到，许多传统士人及学人通过错位参与及混搭新旧学的方式实现了向近代知识精英角色的跨越，如康有为、梁启超对西洋"美术学"功用性的主观嫁接与鼓吹等有趣的乱象等等。而在博物学领域，尽管存在着中西知识分类体系的巨大差异，但由于博物志传统及知识体系对于传统文人所具有的身份符号意义，因而藉此实现某种形式的新旧融合与转换遂成为一种与时俱进的文化选择，在近代化语境的时代，这样的个案并不鲜见，一如蔡哲夫、高剑父等为了践行艺术"写实主义"的创作宗旨，大力提倡并身体力行地参与近代"昆虫学"与"植物学"的研究，并创作了许多标本式的"博物图画"。故此，在这样一个特定的历史语境中，岑仲勉先生的《华南植物志》及其植物学的呈现方式及构成元素的解读将不再仅仅局限于个体行为和趣味这样一些感性层面的理解。

从前贤关于岑仲勉先生概括性的传略及岑仲勉先生的自叙材料中可见，岑仲勉的伯父曾师从晚清岭南大儒陈澧，陈氏当时为菊坡精舍掌教，故其伯父当时或曾进入菊坡精舍学习，其父亦曾为学海堂专课生，晚清时的书院无论新式旧式，均不同程度引进了西学的内容，故岑先生的伯父、父亲均有接受西学教育的背景，据岑先生的材料所言⑥："他（父亲）虽是前清的举人，但平日好求历代政治制度，当时上海制造局所翻译的新书，如《克虏炮图说》，《海塘新法》等等，都买了一大堆回家寻究，甲申安南失败后，他曾写过一篇广东海防说，约五六千字。"而其堂兄更有留学日本的经历，岑先生本人亦曾于晚清改制后入读两广高等学堂，因而从家庭环境与个人经历来看，仲勉先生对西学的了解和认识应非泛泛。故而他完全有条件在旧学与新知之间选择适合"对接"的领域和工具。

1928 年，仍未脱离"职场"生涯的岑仲勉先生于一份当时的行业刊物——《津浦之声》第三期、第四期发表了《遵路杂缀》⑦ 一文，案此文应为当日岑氏植物分类研究之新作，节引如下：

〔汉名〕榉树（《唐本草》）
　　　　榉柳（《本草衍义》）
　　　　榉（《植物名实图考》）
　　　　麻柳（四川）

---

① （宋）陈景沂编，祝穆订正：《全芳备祖》，燕京大学图书馆钞本。
② （明）朱橚著，倪根金校注：《救荒本草》，北京：中国农业出版社，2008 年。
③ （明）李时珍：《本草纲目》，北京：中医古籍出版社，2006 年。
④ （清）吴其濬：《植物名实图考》，北京：商务印书馆，1957 年。
⑤ 早稻田大学图书馆藏咸丰丁巳年墨海书馆刻本。
⑥ 《自我检讨》，中山大学档案馆藏，（岑仲勉）干部档案 1 - YG - 0303 - 01。
⑦ 《津浦之声》1928 年第 3、4 期。

鬼柳（河南）

柳（湖北）

嵌宝枫（山东）

〔外名〕（英）Chinese ash

（日）カソポーヘー又称泽胡桃

〔形态〕落叶乔木，高二三十米，围可四至六米，干通直；树皮厚，幼时赤褐色，平滑，老时灰色，鳞状深裂，枝肥大，开出；嫩枝及总柄生淡色毛，或甚平滑，冬芽长，裸露，叶互生，奇数羽状复叶，长二三十〔三十七〕糎，小叶九至二十一，有时二十五，叶轴之各双小叶间有翅（或无翅）；翅具疏齿，小叶无柄，长方形，长方状披针形，或狭楕圆形，先端尖，基部歪而圆，边缘有整齐细锯齿，长五至十二糎，阔八粍至五糎，背之中肋有毛，花偏性，四月开，黄绿色，雄葇荑花序长六至十二糎，悬垂于老枝；雌花序长十七至二十糎，自新枝顶生，果时下垂，或长达三十糎，坚果圆状椭圆形，有短咀，初青后褐，八月熟，果有二翅，自长方形至长方状披针形，先端尖削，长可二糎，基部阔约五粍，通常直而开出，如V字状，恰类元宝累累，故名嵌宝枫或元宝树，与P. fraxinifolia Spach（高加索原产）之异点，在叶柄有翅，果翅狭而直。

〔产地〕中部自苏浙以迄鄂川，皆视为荫道要树，亦产于陕甘鲁豫闽粤滇黔等省，上达海拔千米；好生河岸及浅豁沙石之处，亦耐燥地，在扬子流域中，凡新成洲渚，率此树先得插足，性阴阳中庸，生长迅速，支根四散，又能自以根芽繁殖，往往构成密丛，惜树龄颇促，易受虫害（aphis），只宜作临时道表耳。

〔用途〕材白色，轻软而脆，肌理均匀，少割裂，除作茶箱火寸柴薪而外，无他用；川人或取制火药炭。

树皮强韧，可搓绳织布，尤以一年生枝者为佳。

叶煎汁杀虫。

〔杂记〕案属名Pterocarya，语源希腊古文，有翅坚果也；同属约七种，都产东半球北温带。种名stenoptera，狭翅也，鉴定家Casmir Decandolle，瑞士人，大植物家De Candolle之孙，而A. De Candolle之子也。

榉树初见于《名医别录》。梁陶弘景注云，"榉树，山中处处有之，皮似檀槐，叶似栎槲，人多识之"；谓叶如栎槲，与本种之叶殊不类，岂皮叶二字误易耶，惟《唐本草》注云，"生溪涧水侧，叶似榉而狭长，皮极麤厚，俗人取煮汁以疗水及断痢"；又宋寇宗奭《衍义》云，"榉木皮，今人呼为榉柳，其叶谓柳非柳，谓槐非槐，最大者木高五六丈，合二三人抱，湖南北甚多，然亦不材也，不堪为器，嫩皮取以缘栲栳及箕唇"；与本种合。李时珍《纲目》谓即古之柜柳；考《尔雅》"椶柜柳"；晋郭璞注云"未详，或曰柳当为柳，柜柳似柳，皮可以煮作饮"；《玉篇广韵》并云柳柜柳；唐陆德明《释文》"柜，郭音举"；宋郑樵《通志》云，"榉乃榆类，其实亦如榆钱之状，乡人采其叶为甜茶"；清郝懿行《尔雅义疏》云，"今按榉柳多生豁涧水侧，其叶方柳为短，比槐差长，其材臃肿，不中器用，郭云皮可煮作饮者，陶注夏月作饮去热是也，南方采茗人，多杂取其叶为甜茶。北方无作饮者，俗呼之平杨柳，或谓之鬼柳，鬼柜声相转也"；似可为榉柳即柜柳之证，又汉赵岐《孟子注》，"杞柳柜柳也"；明方以智《通雅》云，"榉柳即杞柳，《尔雅》注作柜，与榉同，《杜诗》榉柳枝弱，杞于榉，犹丘于区也，讹为鬼柳，今盱泗间谓之榉榆，而呼冻杉为柳版，《说文》枠可屈而为杆（枠音伟。恫收绍遗），即鬼柳也，潜谷杞榉为二，泥其名异耳，杞作切,版让刀不烂,北人屈为柳,斗则椐与蒲柳枝皆可用";是榉柳又即古之杞柳,惟方氏以柍为杞柳,近于武断,盖因《说文系传》而引申作此说也。(《说文》,"柍,木也,可屈为杅者";南唐徐锴《说文系传》云,"按柍,柔木也,杅即孟子所谓杯棬也,若今屈柳器然";杞柳杯棬;固孟子之说,然小徐只以杅为杯棬,未云柍即杞柳也),或曰杞柳,今之 Salix 属。

今人亦称本种为枫杨;按汉马融《广成颂》云,"柜柳枫杨",枫杨度是二物,否则与柜柳并举,或当自为一种也,其详俟考。

《纲目》又云,"榉材红紫,作箱案之类甚佳";清吴其濬《植物名实图考·榉》云,"材红紫,堪作什品,固始呼胖柳";与寇说及近说不符,案日人称榆科之 Zelkova serrata Makino 为榉,俄人 Bretschsneider 亦言我国内地,似有用榉以称榆科树木者,今 Zelkova sinica Schneider 偏北中两部,其木材坚致,色纹并美,用途极广,疑《纲目》《图考》所指,实混榆科树木为一谈也。

榆科之 Zelkova serrata,美人 F. N. Meyer 曾自奉天采得标本,惟奥人 Schneider 以俄人 Komarov 所著《满洲植物》,并未著录,疑其并非野生;案清高宗《御制奉天咏物诗》,有榉柳,是否该种,待证。

《图考》卷三十三《榉图》,英人 A. Henry 认是本种,Bretschsneider 初疑漆科之 Rhus 属为较近,大约因叶轴有翅而然,德人 Faber 谓与 Zelkova 属相符,非也,按《纲目》之图,信为本种,《图考》之图。只转录耳。

本路林场所有,附记如次:

一区二段 九年生 高一八零寸 围一零六寸 四二五株 九年春栽。

岑仲勉先生的植物学著述,其文本形式和体例,呈现出明显的中西贯通、新旧融汇的特色。既有西方植物学严格的植物科属分类系统的构架,同时也包容整合了中国古代博物志的传统文化资源。这是换了新标鉴的古代博物志,还是近代博物学在兴起过程中的过渡形态?

如果将岑仲勉先生的学术生涯放在一个更长的时间周期和空间内进行考察,也许我们能够找出岑先生早年醉心于植物学的经历与其中年以后学术事业之间的逻辑关系。首先,文本中丰富的古典文献材料的信手拈来与征引,显示了岑先生深厚的传统文史素养,这表明传统古典"学问"仍然是岑仲勉先生从事近代植物学研究和著述的重要学术根基与文化资源,他没有疏离原有的古典知识体系,也不会在古今之间作"全盘西化"式的切割,而是以学以致用的精神和理念继续守护和关注着昔日的文化宝藏在近代学术、思想变迁大潮中的命运,这样一种独特的关怀方式也为他在中年以后学术转向和重新选择埋下了带有某种宿命因缘色彩的伏笔与铺垫。从更具学科专业性的文本内容来看,如 1923 年在《科学》杂志第八卷发表的《对于植物学名词之管见》[1],则显示出岑先生对近代科学研究方法论的理性态度与认知。该文开端即云:

> 博物学杂志二卷一期,载植物学名词第一次审查稿一篇,审查会诸君,意谓俟广征专家意见,方行发表,具仰虚衷。铭恕非该学专家,初不敢妄有论列。第以兹事体大,不厌求详,关于我国科学界名誉者甚重,用就显花植物一部,略述管见,还乞审查会诸博雅有以教

---

[1] 岑铭恕:《对于植物学名词之管见》,《科学》第 9 卷第 1 期,1924 年 1 月。

之则幸甚。（各科目之拉丁名已见原书者不备录。）

纵观岑仲勉先生的早年经历，不难看出其涉足植物学领域的研究是以业余研究者或爱好者的身份浸淫其中，故其自谦"非该学专家"，然而正是这样一位业余研究者，不仅长期关注国内相关领域的学术动态，而且还在专业杂志上就专门课题发表了专业性的学术论文，或许只有在近代中国学术史上才会出现如此独特的现象。

在该文第一节"似须加入之科目"，岑先生言道：

> 植物学分类法式，近多宗德儒（Engler）氏所定，但据该氏第七版刊行之 Syllabus，尚有改正，现时似应根据其最近意见，加入下列科目①。

其中我们可以看到岑仲勉先生对国际植物学领域最新进展和动态，亦即我们今天常常强调的"学术前沿"，有敏锐的关注和了解，这表明通过植物学等自然科学领域的实际工作经历，仲勉先生已充分认识和掌握了近代学术规范的要领和宗旨，从而在学术工具层面实现了从相对封闭的传统"书斋式"学人向近代学者的转型。显然这段看似"另类"的经历对岑仲勉先生日后在历史人文领域的学术生涯将产生潜移默化的重要影响。再次，植物学研究的科学理性与岑仲勉先生学术风格、治学特色的形成有无内在的关联？岑仲勉先生继承和发展了清代乾嘉"朴学"的学术精神，其金石证史、史地考证等多种治学工具及成果均体现出强烈的实证主义学风。虽然二者之间难以轻易画上等号，亦不能因为时间的先后顺序附会因果关系。少年时代的"朴学"训练，青年时期理性客观的科学思维经历，中年以后实证史学的异彩纷呈，我们似乎能从中感受和发现串联其间一条若隐若现的脉络。

三、余论：岑仲勉先生学术生涯的重新审视及其意义

通过以上讨论，我们有如下认识：

一、关于岑仲勉先生学术生涯的起点，学界一般的共识为人到中年，半路出家。然而现在看来历史学单一视角的认识，如果我们超越近代文理学科体制的屏障和局限，我们是否应当将这个起点适当向前延伸，以完整地还原一代学人岑仲勉先生更为丰富而多彩的学术生涯和经历？

二、岑仲勉先生的植物学研究，在特定的历史语境中，对中国传统的博物志资源与近代西方植物学的科学规范进行创造性的嫁接，体现出在西学东渐的背景下与时俱进的工具理性及其不忘民族文化本来地位之价值理性，在新的社会和历史空间中的统一。晚清至民国初年的近代中国知识精英，均面临着传统的知识体系和学术资源在西学冲击下如何重新定位与继承存在的难局，岑仲勉先生的个案也许能为进一步解决这一时代变迁的脉络提供又一个典型的样本。

世人皆视岑仲勉先生为自学成才的典范，然而这一美誉往往局限于其中年以后转入史学领域的学术生涯成就。以自然科学"专业"的眼光和标准来看，岑先生早年的植物学研究或仅属于业余"玩票"性质的个人雅好，但从其多年持续不懈怠的研究精神及取得的成果等方面观之，将其植物学研究视为岑氏学术生涯的起点与前期阶段似不为过。那么岑先生之中年转入史学，实具有

---

① 岑铭恕：《对于植物学名词之管见》，《科学》第 9 卷第 1 期，1924 年 1 月。

从自然科学跨越至人文领域,由业余研究者进化为专业研究者的双重意义。近代中国学术史中此种身份易位的个例并不鲜见,岑仲勉先生的学术人生经历为深入解读这一近代文化现象提供了一个经典的案例。

附:本文为广东省哲学社会科学规划项目"岑仲勉先生学行著述新考"(批准号:GD17DL14)成果。

(作者单位:中山大学历史学系)

中国中古时代的历史变迁

岑仲勉与《隋书》研究
——读《隋书求是》

陈长琦

岑仲勉先生是 20 世纪享有盛名的中国杰出的史学家之一，他一生著述宏富，在中国古代史、中外关系史、突厥史、历史地理学、中国历史文献学的多个领域都有杰出的贡献，隋唐史研究是先生着力较多的领域，除人们熟知的《隋唐史》之外，《隋书求是》，则是先生在隋唐史研究领域里的另一部大作。

一

《隋书》编于唐初，是记录有隋一代历史的断代史，毋庸赘言，其史料与史学研究的价值无可替代。然而，对于《隋书》的研究，唐以后学者皆重视不够，鲜少问津，这一状况至清方有起色。清代学者对《隋书》的系统整理，始于乾隆年间对二十四史的校勘，《隋书》与其他列入正史的诸史一起在乾隆初年得到校勘、刻印，这就是我们今天看到的清武英殿刊印的，俗称殿本的《隋书》。殿本《隋书》附有校书史臣的校语，称之为考证。殿本考证集中反映了当时《隋书》整理的成果，是清代学者研究《隋书》的结晶，值得我们的敬重。但是，由于当时二十四史的校勘属于集体操作的大工程，要求同时刊印，时间匆忙，校勘不细，还留下许多问题。

清代学者对《隋书》研究者有数家，但水平参差不齐。岑仲勉先生在《隋书求是》一书自序中提到的有牛运震、钱大昕、李慈铭以及章宗源、姚振宗、杨守敬诸人。

牛运震是康乾时期山东滋阳（今山东兖州）人，雍正十一年（1733）进士，做过秦安（今属甘肃）等地知县，主持过晋阳、河东书院，于经学、史学、文学皆有著述，史学方面的主要著作，就是收入其文集《空山堂全集》中的《读史纠谬》。《读史纠谬》其中有《隋书纠谬》一卷。然牛氏《读史纠谬》关于《隋书》的部分，局限于本书之体，对《隋书》研究未能深入。一是篇幅少，只有四条，涉及内容少；二是牛氏主旨在于讨论史法，其论史文之繁简得失，多出己意，客观讨论少。如论《隋书·高祖纪》，曰："（开皇）二十年十二月，诏禁毁佛及天尊像，此诏不必全录。"[1] 又论仁寿三年诏，"词意冗衍重沓，须节删之。"[2] 多见仁见智之论，不为深根不拔之见。正如岑仲勉先生所说："牛氏所重者，史料之取弃，书法之是非，文字之雅俗；然见

---

[1] 牛运震：《读史纠谬》第 14 卷，济南：齐鲁书社，1989 年，第 569 页。
[2] 牛运震：《读史纠谬》第 14 卷，第 569 页。

仁见智，派各不同，徒伸一己之主张，殊非史学之正轨。"① 对牛氏评价不高。

钱大昕乃清代考史大家，为清代史学之领军。钱氏名著《廿二史考异》有《隋书》考异一卷，收入关于《隋书》的考证十六条。钱先生之精力，专注于有隋一代之典章制度，考论所及，除帝纪三条，余皆为考志之作，其中对《地理志》考证用力最多、最为精细。然智者千虑，犹有未尽善之处。岑仲勉先生对钱氏之作，既尊重又有所不满。他评论说："《廿二史考异》固负盛名，亦间有凑数之作。钱校《律历》，自是专长，非门外汉所能评骘，若就《隋书》纪、传言之，则多与一般校勘记无异，且不著取舍。"②

李慈铭为清末道咸同光时期浙江会稽（今浙江绍兴）人，光绪六年（1880）进士，官至山西道监察御史。李氏一生科考不顺，屡试不中，年逾知命，方中进士，六十余岁即去世，殊为可哀。李氏生平爱书、藏书、嗜书，日有所得，辄为札记，临终，积有三十余年、七十余册日记遗世，而日记中有近千种书的读书札记，非常宝贵。李氏在文学、史学方面造诣颇深，自称在史学方面用力最多。1932年，北平图书馆将李氏日记中的读史札记辑出，题名《越缦堂读史札记》出版，其中《隋书札记》有一百余条。岑仲勉先生当年所读到的李慈铭读史札记即此。由于《越缦堂读史札记》一书是后来学者整理的，并不是作者生前有意出版所编订的著作，加以编者未审，所以掺入了许多李慈铭摘录自他人的学术成果。岑仲勉先生评论说："李慈铭《隋书札记》非完成之作，不过近人王重民氏从其书眉录出。然中有多条，实系李氏当日撮录《殿本考证》以省记忆，非谓出自己见，编者乃不一为比勘，使李负攘窃之嫌，李固不任咎也。"③ 岑仲勉先生分析札记内容说："抑综记之，李记凡一百十一条，纪占廿二，传占十四，只十分之三强，除去转录，更无此数，是李氏用力于志者实多，而《天文志》所言，或旧已有说，或说而不当，更无论矣。"④

李慈铭先生固当为清末史学一大家，但就《隋书》研究而言，却有一定之局限。通观其《隋书札记》111条之中，除去转录者外，真正抒发己见者仅有四条，远较岑仲勉先生估计的为少。四条之中，校《音乐志》一，校《地理志》一，校《礼仪志》一，校《诚节传》一。可见李慈铭先生对《隋书》的研究是有限的。

清代《隋书》研究的大家，不能不提章宗源、姚振宗、杨守敬诸先生。

章宗源先生是清乾嘉时浙江山阴（今浙江绍兴）人，乾隆丙午（1786）科举人。一生中花很大的精力研究《隋书·经籍志》，成《隋书·经籍志考证》一书，这部书第一次系统地对《隋书·经籍志》进行细致整理，功不可没。非常遗憾的是，此书后来被仇家所毁，仅有史部数卷保留下来。

姚振宗先生与李慈铭先生生卒约略同时，都是清末道咸同光时期浙江山阴（今浙江绍兴）人。姚氏一生未仕，终生以读书治学为务，特别是在中国古代目录学方面造诣深刻，灼然为一大家。姚振宗先生的代表作有《汉书·艺文志条理》与《隋书·经籍志考证》，这两部书都是过百万言的中国古代目录学巨著。而《隋书·经籍志考证》一书，计有52卷，不算标点，就有117万字。全书以《隋书·经籍志》所著录书目为经，以每部书的历代著录、存轶、传布为纬，详细地为每部书做考证，其用力之勤、用功之深，令人叹服，可谓《隋书·经籍志》研究第一人。

---

① 岑仲勉：《隋书求是》自序，北京：中华书局，2004年，第1页。
② 岑仲勉：《隋书求是》自序，第1页。
③ 岑仲勉：《隋书求是》自序，第1页。
④ 岑仲勉：《隋书求是》自序，第2页。

杨守敬先生为清末民初湖北宜都人，同治壬戌（1862）科举人，是清末民初杰出的历史地理学家。他在中国历史地理方面的代表作有《水经注疏》、《历代舆地沿革图》、《隋书·地理志考证》等。

杨守敬先生的《水经注疏》是中国古代历史地理学的一座丰碑，代表了中国古代历史地理学的最高成就，杨先生的《历代舆地沿革图》则是运用近代绘图方法绘制中国古代历史地图的杰出成果。正是由于杨守敬先生在历史地理学方面的深刻的造诣，使得他在《隋书·地理志》研究方面能够取得重要的成就。《隋书·地理志考证》是杨先生断代历史地理学研究的代表作，在对《隋书·地理志》著录政区沿革考证的基础上，着重对汉唐间近四百年的政区沿革进行了系统梳理，是《隋书·地理志》研究方面不可替代的成果。

此外，岑仲勉先生没有提到，但在《隋书》研究方面有成果的清代学者，还有赵翼、王鸣盛等。赵翼《廿二史札记》、王鸣盛《十七史商榷》都有关于《隋书》史法、史实的考订、评论数条。

民国时期，对二十四史以及《隋书》研究功劳最大的，当推张元济先生。20 世纪 30 年代，张元济先生主持商务印书馆的百衲本二十四史校勘、影印工作。找到了当时发现的较早的《隋书》刻本即元大德九路本（一称元大德饶州路刻本），并据此进行影印。张元济先生在《隋书》校勘中发现了一些问题，并写有部分校勘记，但由于囿于影印所限，校勘记并没有随书附印，而后校勘记丢失，非常可惜！至今只能在《校史随笔》中看到张元济先生校《隋书》笔记数条，难窥张元济先生校勘记全貌，是学术史上的一件憾事。

通过以上回顾，我们可以看到，清代学者对《隋书》的研究，是《隋书》研究史上的鼎盛时期。这一时期的成果，主要集中于对《隋书》诸志的考证、订补。如钱大昕先生的《隋书·地理志》、《隋书·律历志》考证；章宗源、姚振宗先生的《隋书·经籍志考证》；杨守敬先生的《隋书·地理志考证》等，皆为一时之名作，在《隋书》研究方面具有重要之地位。然而，清代学者之不足在于，一是对《隋书》之《纪》、《传》考证者少。二是缺少对《隋书》的通校，除乾隆四年至七年所进行二十四史刊印时，对《隋书》有过简单的整理外，没有再系统进行《隋书》的通校，而 20 世纪 30 年代张元济先生进行百衲本校勘、影印工作时，校勘记未能保留与刊布，则是民国时期二十四史整理中，又一大憾事。

二

有感于清代学者及民国学者对《隋书》研究、整理、校勘工作之不足，自 20 世纪 30 年代始，岑仲勉先生即着手对《隋书》的校勘、整理与研究。其之主要贡献，可概括为两个方面：

一是对《隋书》进行通校，并发现许多前人未发现的问题。

岑仲勉先生对《隋书》进行通校时，为了发现问题，他没有用善本作底本，而是用了当时流行的一个本子——竹简斋二十四史本《隋书》为底本。竹简斋二十四史本，是清末光绪十八年（1892）杭州竹简斋的一个石印本，它的底本，就是清乾隆年刊印的武英殿本。按照岑仲勉先生的考虑，可能是因为这个本子在当时发行量大，流行广，而校出问题则影响大。岑仲勉先生对校时用的本子则有百衲本，即影印元大德九路本，亦称元大德饶州路本、瑞州路本；清补本，即明嘉靖修，清补瑞州本；同文本，即影印清武英殿本。

除以上《隋书》诸本外，岑仲勉先生还参考了大量古籍及近人研究成果，笔者粗略检索，岑仲勉先生引用文献约 159 种，其中清以前古籍 130 种，近人研究文献 29 种。这当中有正史《史记》到《新唐书》，类书《册府元龟》、《初学记》、《太平御览》，石刻资料有罗振玉《芒洛冢墓遗文》及其《续编》、《续补》、《三编》、《四编》、《四编补》、《邺下冢墓遗文》，学者文集、笔记有王应麟《困学纪闻》、戴表元《剡源文集》、胡三省《通鉴释文辨误》、牛运震《读史纠谬》、张燧《读史举正》、王鸣盛《蛾术编》和《十七史商榷》、卢文弨《群书拾补》、钱大昕《廿二史考异》、洪颐煊《诸史考异》，佛教文献有《续高僧传》、《广弘明集》等，可谓搜罗宏富。

岑先生对《隋书》每卷逐一进行校勘，对《隋书》进行了系统的文字正讹、史实考订。

文字正讹是《隋书》校勘的基础。岑仲勉先生通过细心对校、参校《隋书》诸本及相关史料，发现竹简斋及诸本《隋书》的许多文字错讹，纠正了许多错误。例如：

《隋书》卷二十二《五行志上》："后齐河清二年二月，大雪连雨，南北千余里，平地数尺，繁霜昼下。是时，突厥木杵可汗与周师入并州，杀掠吏人，不可胜纪。"

岑仲勉先生校记曰："据《北齐书》七，乃十二月事，'二'上夺'十'字。又'杵'字讹，应作木杆。"①

按，岑仲勉先生所言极是。后齐河清二年，"大雪连雨，南北千余里"及北周与突厥联师攻略北齐并州地区的史实，确实发生于河清二年十二月，而非二月。《北齐书》卷七："冬十二月癸巳，陈人来聘。己酉，周将杨忠帅突厥阿史那木汗等二十余万人，自恒州分为三道，杀掠吏人。是时，大雨雪连月，南北千余里平地数尺，霜昼下，雨血于太原。戊午，帝至晋阳。己未，周军逼并州，又遣大将军达奚武帅众数万至东雍及晋州，与突厥相应。"②用《隋书·五行志》与《北齐书·武成纪》相对校，不难发现，二者所记史实应该属于同一时空之内，且《北齐书》叙事更详。不过，《隋书·五行志》在叙事顺序上有所调整，先序自然灾害，后言北周与突厥攻略北齐而已。"二月"，当为"十二月"。又，《资治通鉴》亦系此事于十二月③，而今中华书局点校本《隋书》卷二十二《五行志上》，仍作河清二年"二月"，未校改④。

又，《隋书》卷二十四《食货志》叙以官品高低荫庇佃客之制曰："都下人多为诸王公贵人左右、佃客、典计、衣食客之类，皆无课役。官品第一第二，佃客无过四十户。第三品三一五户。"⑤

岑仲勉先生校曰："第三品三一五户，应作三十五。"⑥

通览《隋书·食货志》，其下作"第四品三十户。第五品二十五户。第六品二十户。第七品十五户。第八品十户。第九品五户。"⑦可见其荫庇佃客数量多少与官品等级的关系，自第一第二品以下，每个等级皆以五户为差，第一第二品荫庇数量为四十户，第四品数量为三十户，那么，介于二者之间的第三品，自然就应该是三十五户。

同卷叙北齐田制："丁牛一头，受田六十亩，限止四年。"⑧

---

① 岑仲勉：《隋书求是》，第 27 页。
② 《北齐书》，北京：中华书局，1972 年，第 92 页。
③ 《资治通鉴》卷 169《陈纪三》，北京：中华书局，1956 年，第 5236 页。
④ 《隋书》卷 22《五行志上》，北京：中华书局，1973 年，第 627 页。
⑤ 《隋书》卷 24《食货志》，第 675 页。
⑥ 岑仲勉：《隋书求是》，第 28 页。
⑦ 《隋书》卷 24《食货志》，第 675 页。
⑧ 《隋书》卷 24《食货志》，第 678 页。

岑仲勉先生校曰："年是'牛'之讹，盖能受田之牛有限额也。"①

北魏、北齐的均田制度，在历史上有非常重要的影响。究竟是限止"四牛"，还是"四年"？文献记载不一。《魏书·食货志》、《通典·食货一·田制上》：太和"九年下诏：均给天下民（'民'，《通典》作'人'）田。诸男夫十五以上受露田四十亩，妇人二十亩，奴婢依良。丁牛一头，受田三十亩，限四牛。所授之田率倍之，三易之田再倍之，以供耕作及还授之盈缩。"②

学术界亦一直有不同看法。有依"四牛"者，有依"四年"者，亦有回避者。《资治通鉴》就仅言"牛受六十亩"，③回避了限"牛"、还是限"年"的问题。有学者，例如日本学者清水学士则以《资治通鉴》卷一百六十九胡三省注所引的《五代志》与《隋书·食货志》作"四牛"，认为《魏书·食货志》中的"四牛"为"四年"之误。④

笔者认为，岑仲勉先生所言是对的。首先，北齐制度系沿袭北魏而来，就均田制而言，更是如此。前揭《魏书·食货志》曰："丁牛一头，受田三十亩"，而后又有"所授之田率倍之"，也就是实际受田六十亩之意，《隋书·食货志》所言北齐"丁牛一头，受田六十亩"恰与北魏合。那么北魏"限四牛"，北齐亦当"限四牛"。其二，《五代志》与《隋书》十志其实是同书异名，是同一部书。我们知道，《隋书志》成于唐显庆元年（656），参与编撰的李延寿，称其为《隋书十志》。刘知几《史通》称："其篇第虽编入《隋书》，其实别行，俗呼为《五代史志》。"⑤可知，其在唐时已如此。《魏书·食货志》成于北齐，早于《隋书·食货志》，或者《五代志》，当从《魏书·食货志》。其三，从《魏书·食货志》、《隋书·食货志》所叙均田制的授田办法、原则来看，其限定的，都是受田者的数量，而不是受田者拥有授田的时间。如《隋书·食货志》："奴婢受田者，亲王止三百人；嗣王止二百人；第二品嗣王已下及庶姓王，止一百五十人；正三品已上及皇宗，止一百人；七品已上，限止八十人；八品已下至庶人，限止六十人。"⑥因此，参照这一原则，关于丁牛的授田限制，也应该是丁牛的数量，而不是丁牛拥有授田的具体时间。其四，关于百姓、奴婢、丁牛授田的土地的授还办法，北魏政府有明文规定。《魏书·食货志》："诸民年及课则受田，老免及身没则还田。奴婢、牛随有无以还受。"⑦也就是说，当百姓达到课田的年龄时，政府则授其土地；当百姓年老达到免课的年龄时以及死亡后，则需向政府还回所授土地；而针对奴婢、牛的土地授还办法，则是有则授，无则还。根据这条规定，我们理解，对于有丁牛的人家来讲，当其拥有丁牛时，可以根据政府授田办法与规则获得相应的授田，当其丁牛灭失，例如死亡、丢失、卖去时，则应该向政府还回相应授田。而向政府还回授田的时间，也有明文规定。《魏书·食货志》："诸还受民田，恒以正月。若始受田而身亡，及卖买奴婢牛者，皆至明年正月乃得还受。"⑧可见政府关于授田的授还规则考虑之细，因此，倘若文献是丁牛授田为"限止四年"，则明显违背授田法令的相关规定。

《隋书》卷七十六《诸葛颍传》："是以时人谓之'治葛'"。⑨

岑仲勉先生校曰："治字误，冶葛又作野葛，是有毒之草，故时人以比颍。"

---

① 岑仲勉：《隋书求是》，第28页。
② 《通典》卷1 食货1 田制上，北京：中华书局，1988年，第18页。
③ 《资治通鉴》卷169 陈纪3，第5241页。
④ 参见清水学士：《北魏均田考》，《东洋学报》第20卷2号，第179页。
⑤ 程千帆：《史通笺记》，北京：中华书局，1980年，第258页。
⑥ 《隋书》卷24 志第19，第678页。
⑦ 《魏书》卷110 食货志6 第15，北京：中华书局，1974年，第2854页。
⑧ 《魏书》卷110 食货志6 第15，第2855页。
⑨ 《隋书》卷76 列传第41，第1734页。

按，治葛确实是冶葛之误。冶葛属一种蔓草类植物。其毒性，在汉代已经为人们所认识。

王充《论衡》卷二十三《言毒篇》："天下万物，含太阳气而生者，皆有毒螫。毒螫渥者，在虫则为蝮蛇、蜂虿，在草则为巴豆、冶葛。"① 西晋嵇含《南方草木状》："冶葛，毒草也，蔓生，叶如罗勒，光而厚。一名胡蔓草。"②

唐代文献对冶葛的毒性，多有描述。《朝野佥载》卷一："岭南风俗，多为毒药。令奴食冶葛死，埋之土中。蕈生正当腹上，食之立死。"③

《岭表录异》卷中："野葛，毒草也，俗呼胡蔓草。误食之则用羊血浆解之。或说此草蔓生，叶如兰香，光而厚，其毒多著叶中，不得药解，半日辄死。山羊食其苗，则肥而大。"④

冶葛又名钩吻，亦有医学著作介绍其药性及医用价值。《千金翼方》卷三："钩吻，味辛温有大毒。主金疮、乳痓、中恶风欬逆上气水肿。杀鬼疰蛊毒，破症积，除脚膝痹痛、四肢拘挛、恶疮疥虫、杀鸟兽。一名野葛。"⑤

唐代的法律解释，将其列为杀人的毒药之一。《唐律疏议》卷第十八："议曰：凡以毒药药人，谓以鸩毒、冶葛、乌头、附子之类堪以杀人者，将用药人，及卖者知情，并合科绞。"⑥

在广东地区，冶葛被俗称之为断肠草，是广为人知的一种毒草。《本草纲目》卷十七《草部》："时珍曰：此草虽名野葛，非葛根之野者也。或作冶葛。王充《论衡》云：冶，地名也，在东南。其说甚通。广人谓之胡蔓草，亦曰断肠草。入人畜腹内，即黏肠上，半日则黑烂，又名烂肠草。滇人谓之火把花，因其花红而性热如火也。岳州谓之黄藤。"⑦

笔者揣之，冶葛之名，当取其草妖冶、有蔓而似葛而得之，不一定以产地之名为冶而名之。

又《隋书》卷二《高祖纪下》："淅江刺史元胄为灵州总管。"⑧

岑仲勉先生校曰："淅江，衲本、清补本均作淅州，《诸史考异》一三指为妄人所改。又淅应作浙，本书四六殿本已有考证，惟周建德三年建崇寺造像记碑阴实作淅，盖自六朝迄唐，从扌、从木之字，往往混用，未得为误。"⑨

按"淅江"当作淅州，岑仲勉先生所言为是。淅误为浙，古籍甚多。淅、浙二字皆从水，一为析声，一为折声，相去甚远。但其形近而易讹。古代刊印书籍，多凭书手、刻工之眼力，稍有不慎，缺笔成误，在所难免。但淅州误为浙州尚有情可原，而转误为淅江，两字皆错，则令人瞠目。淅州肇设于西魏，本北魏淅阳郡，其辖地约相当于今河南省之淅川、西峡、内乡与湖北省之郧县、丹江口、十堰诸县市部分地区，淅阳得名于其境内之淅水，以郡地部分于淅水之北，故名之曰淅阳。淅水发源于秦岭南麓，南流而汇于丹江，丹江东南流而汇于汉水，这一地区，今部分已没于湖北、河南两省间的丹江水库，成为南水北调之水的水源地。浙江作为水名虽起源很早，但作为政区名出现，则要到宋代以后，百衲本、清补本作"浙州"更是大误，古代历朝皆无浙州之设，隋无浙州，自隋上溯秦汉，下至明清亦无。浙州误自淅州，尚有文字所依，而误为浙江则

---

① （汉）王充：《论衡》，《诸子集成》第7册，北京：中华书局，1954年，第954页。
② （晋）嵇含：《南方草木状》，（晋）张华等撰，王根林等校点：《博物志》（外七种），上海：上海古籍出版社，2012年，第143页。
③ （唐）张鷟：《朝野佥载》卷1，北京：中华书局，1979年，第4页。
④ （唐）刘恂：《岭表录异》，北京：中华书局，1985年，第9页。
⑤ （唐）孙思邈著，李景荣等校释：《千金翼方校释》，北京：人民卫生出版社，1998年，第47页。
⑥ 刘俊文撰：《唐律疏议笺解》，北京：中华书局，1996年，第1304页。
⑦ （汉）王充：《论衡》，第1304页。
⑧ 《隋书》卷2，第35页。
⑨ 岑仲勉：《隋书求是》，第10页。

纯属妄改。

在中国古代史籍校勘中，最常见的问题，应该属于避讳字问题。唐代是史籍避讳字的流行时代，《隋书》编于唐初，亦有许多避讳字的使用，其中李世民的名讳，就是一个突出的问题，而把握避讳的规律，则是《隋书》校勘的锁钥。岑仲勉先生在通校《隋书》中，经认真细致的检索，对《隋书》的避讳规律进行了总结，并以李世民的名讳为例，提出了自己的看法。他说："《隋书》纪传成于太宗生前，各志则成于高宗之世，故论讳例时，首须区别纪传与志，不能混作一观。"① 这是非常正确的。正是因为《隋书》纪传与志成书之时间的差异，形成了《隋书》避讳的差异，不注意这一点，就难以正确把握《隋书》避讳的规律。同时，岑仲勉先生又不囿成说，指出《隋书》中多处不讲避讳的问题。他说："今本《隋书》或讳、或不讳，或讳改，或径缺，例最无恒。"② 岑先生指出："按《隋书》中不讳者，如王世积、虞世基、冯世基、薛世雄、李世师、阴世师是也。其讳者，如李世贤称李贤，王世充称王充，是也。有以'代'代世者，如本纪一，上世作上代；本纪二，席世雅作席代雅，李世贤作李代贤，是也。本纪四则世民二字俱不讳（例如将军薛世雄、蠹政害民、除名为民、阅视民间童女、募民为骁果等）。守二名不偏讳之义，太宗时初无敬避之条，修史者不一其人，各以己见行之，故义例遂杂。"③ 岑先生的结论，不仅正确指明了《隋书》校勘中应该注意的问题，同时也正确地指明了古籍校勘中应该注意处理的一般与个别的关系问题，即在把握避讳的一般规律时，也应该注意特殊情况。

三

岑仲勉先生《隋书》研究的第二个方面的重要贡献，是《隋书州郡牧守编年表》的编纂。

《隋书州郡牧守编年表》的编纂是一非常繁复的工作，也是岑先生在《隋书》研究中所花力气最大的工作。隋朝建立之初，继承南北朝时期政体，地方权力结构采取州、郡、县三级制。据《隋书》所言，隋代北周的前一年，即周大象二年（580），有州211④，这应该是隋初州的数据。开皇三年（583）废郡，实行州县二级制，开皇九年（589）平陈，收得陈所设州42，两者相加，应该有州253。炀帝即位，又事改作，大业三年，并省诸州，改州为郡，恢复郡县二级制，至大业五年（609），统计天下，有郡190。然而，有隋一代，政区的设置一直处于变动之中，不断有合并、有拆分、有废、有新设，如果不断代、不考证，很难准确摸清州郡的具体数目。因此，州郡设置与变动的复杂性、多样性是把握隋代州郡的存废、编制州郡牧守表的困难之一；困难之二，在于《隋书》现存州郡牧守的材料少。考证隋代州及改州为郡之后的郡（不算州郡县三级制时的郡），数量当在300余个，而许多州郡在《隋书》中不见牧守之事迹，史料收集难度大。岑先生在史料收集与考证方面下了很大的功夫，据岑先生自述，其参考史料有130多种，其考得的州郡牧守有370多人，远远超出《隋书》所载牧守数量。

岑先生的编辑方法是以州为纲，附以大业三年以后改州为郡的郡，在州郡之下排列州郡牧守的相关史料，使每个州郡的牧守先后任职、迁转情况一目了然。同时，岑先生对州郡设置及牧守

---

① 岑仲勉：《隋书求是》，第1页。
② 岑仲勉：《隋书求是》，第3页。
③ 岑仲勉：《隋书求是》，第3页。
④ 《隋书》卷29《地理志上》，第807页。

史料做了考证与补充，有许多新的收获。例如隋曾在仁寿元年之后改广州为鲁州的问题，就是岑先生的一大发明。

南北朝时期，北朝与南朝皆设有广州。开皇九年（589），隋平陈，遂有南、北两个广州。南方的广州，即南朝旧置广州，在隋大业三年改为南海郡，故《隋书·地理志》南海郡条下注："旧置广州，……平陈，置总管府。仁寿元年置番州，大业初府废。"① 对其在隋朝的变化有明确的交代。《元和郡县志》有更准确的记述："隋开皇九年平陈，于广州置总管府，仁寿元年改广州为番州，大业三年罢番州为南海郡。"② 而北朝广州之存废，则史料阙如。清代著名学者钱大昕以及杨守敬的《隋书》研究也因之而失误。

《隋书·地理志》襄城郡鲁县条下注："鲁，后魏置荆州，寻废。立鲁阳郡。后置鲁州。开皇初郡废。大业初州废。"③ 注文简略，甚至连北朝曾于鲁阳置广州的事实亦未提及，而后置鲁州之"后"在何时？更未言及。因此，钱大昕在其《廿二史考异》中考《隋书·地理志》时，发现这一问题，钱大昕指出："按，鲁阳之置荆州在太和十八年，至二十二年，移荆州于穰城，而以鲁阳为郡。永安中，置广州于鲁阳，而齐、周因之。史未见鲁州之名，当为广州之误也。"④ 提出"鲁州"为"广州"之误说。然从"鲁"、"广"二字的形、音、意相较，两者相去甚远，出现讹误的可能性不大。清代学者洪颐煊《诸史考异》首肯钱大昕之说："东平郡，后周置鲁州，寻废。颐煊按，上文襄城郡鲁县，后魏立鲁阳郡，后置鲁州，大业初州废，二州地相近，不应同名，钱氏以鲁阳之鲁州为广州之讹，其说是也。"⑤ 杨守敬再肯钱大昕之说，指《隋书·地理志》"后置鲁州"之说，"此误也。鲁阳为魏、齐重镇，史亦不见鲁州之名。按周尝于东平郡置鲁州。洪颐煊云，两地相近，不应同时同名。钱氏《考异》，以此为广州之误是也。"钱、洪、杨诸氏皆以鲁州为广州之误，似为坚定不移。

岑先生广泛收集、细致考证相关史料，为隋代鲁州之存废探赜索隐，实为隋史研究之一大发明。

首先，岑先生考证隋设广州之史实，以《魏书·地形志》："广州，永安中置，治鲁阳。"⑥之史料，证"鲁阳郡之地，原置广州，自是不易之论"。这也是清代学者钱大昕等所主张的。

其次，以《周书·阎庆传》阎庆，隋开皇二年薨，赠司空、荆谯等七州诸军事、荆州刺史，⑦ 内有广州，说明隋初广州沿置，此时隋尚未平陈，此广州为鲁阳所置之广州无疑。

再次，以《隋书·皇甫诞传》诞曾为鲁州长史、《金石录》所收《隋皇甫诞碑》作诞为广州长史，证明隋鲁阳之广州曾改为鲁州。赵明诚考证云："右隋皇甫诞碑，余尝得诞墓志，又得此碑，……传与墓志皆云为鲁州长史，而碑作广州。则疑碑之脱漏，墓志乃葬时所述，然碑亦贞观中其子无逸追建，不应差谬而不同，何也？"⑧ 岑先生轻松释疑："余按墓志与传，均隋人手笔，故讳广为鲁，碑立于唐，不必讳，故作广，碑不误也。"⑨ 可谓一语破的，亦可窥岑仲勉先生超越前人之卓识。

---

① 《隋书》卷31《地理志下》，第880页。
② 《元和郡县图志》卷34《岭南道一》，第886页。
③ 《隋书》卷30志第25，第837页。
④ （清）钱大昕：《廿二史考异》卷33，《嘉定钱大昕全集》第二册，南京：江苏古籍出版社，1997年，第725页。
⑤ （清）洪颐煊：《诸史考异》卷13，清光绪十五年广雅书局刻本，第8页。
⑥ 《魏书》卷160，第2543页。
⑦ 《周书》卷20，北京：中华书局，1971年，第343页。
⑧ （宋）赵明诚：《金石录》，济南：齐鲁书社，2009年，第196页。
⑨ 岑仲勉：《隋书求是》，第284页。

复次，由《元和郡县志》考证出广州讳改为鲁州时间之蛛丝马迹。《元和郡县志》虽然没有提到鲁阳之广州避隋炀帝杨广之讳改为鲁州的史实，但多处提到隋仁寿元年为避"广"字讳而改地名之史实。如《元和郡县志》卷三："广安县，隋仁寿元年，以广字犯皇太子名，改为延安。"① 又云："广洛县，……仁寿元年，以太子名广，改为金明县。"② 岑先生指出："凡此避广改名之例，志中不下十数"③，同时，又引钱大昕《十驾斋养新录》所列举隋以避"广"字讳改地名数十例，证明仁寿元年，隋曾为避太子杨广之名"广"字讳，大规模改易地名。岑先生指出：《隋书·地理志》"'仁寿元年，改广州为番州。'南之广州尚改之，而谓北之广州独不及乎？由是思之，襄城郡之广州当仁寿元年时，必尝易称，绝无疑义。然则所易者果何名乎？《元和志》六鲁山县云：'武德四年，又于县置鲁州。'唐初建设，率沿隋制，今适于此鲁县置鲁州，宁为巧合，是可推襄城郡之广州，当仁寿元年时曾改曰鲁州也。"④ 岑先生的考证，其思维之缜密，推理之精细，为我们提供了一个史学研究的典型范例。

四

通过以上回顾，我们可以看到，岑仲勉先生是 20 世纪对《隋书》研究做出最重要贡献的学者之一。无论在《隋书》研究的广度与深度方面，他都超越了同时代，甚至前代学者。

在岑仲勉先生之前，虽然有清代学者对《隋书》进行过校勘，形成了殿本考证；有张元济先生于 20 世纪 30 年代初主持进行的百衲本整理工作，但这些都是集体成果。而岑先生是以一人之力，独自完成了《隋书》的通校，其所花之精力、体力，所下之功夫，实非没有做过古籍整理的旁观者所能够体会。其考证之精细，思考之缜密超迈前人。如前述在《隋书州郡牧守编年表》中对隋曾改北广州为鲁州的考证，能够从前人视而不疑，不以为疑之处发现问题，弥补了钱大昕、杨守敬诸先生研究之不足，还为赵明诚先生释解了千年之疑，足见岑先生史学深厚之功力。另外，岑先生还根据墓志等考古材料，补写了《隋书》无传的隋朝重要官员扈志、庄元始、豆卢寔、姚辩、元寊、范安贵、段济等七人的传。也为《隋书》及隋史的研究提供了有价值的资料。

重读岑先生的著作，我们不禁为岑先生深厚的史学功力、深邃的学术洞察力所深深地折服，也为先生严谨治学的风格而肃然起敬。至此，我不由想起三十五年前，胡厚宣先生曾给我谈起岑仲勉先生的往事。胡厚宣先生追忆，在那战争与困苦的年代里，无论生活怎样艰难、学术条件怎样差，岑仲勉先生都把一切困苦置之度外，孜孜不倦地追求着学术。他的一些论文、著作的草稿，大都是在找来的旧账簿上，用铅笔头草就的，岑先生从不以为苦，而以学术追求为乐，常乐此不疲。在纪念先生的同时，我们不仅要继承先生所留下的宝贵学术遗产，更要继承先生那种一生孜孜不倦、死而后已、永不停步、追求学术的精神。

（作者单位：华南师范大学历史文化学院）

---

① （唐）李吉甫：《元和郡县图志》卷第 3，北京：中华书局，1983 年，第 77 页。
② （唐）李吉甫：《元和郡县图志》卷第 3，第 77 页。
③ 岑仲勉：《隋书求是》，第 283 页。
④ 岑仲勉：《隋书求是》，第 284 页。

岑仲勉《通鉴隋唐纪比事质疑》的卓识与局限
——兼论《资治通鉴》的叙事方式

刘后滨

岑仲勉先生写成于 1950 年代末的《通鉴隋唐纪比事质疑》①（以下简称《质疑》）一书，是对司马光主持编撰的编年体通史《资治通鉴》（以下简称《通鉴》）及其《考异》进行考证之作，名之曰"质疑"，实则为辩误。岑著所质疑的大都是所谓硬伤，即《通鉴》叙事中的技术性或史实性失误。全书共列史事考辨 670 余条，包括对《通鉴》叙事的质疑和对《考异》的考证，后者实际上乃是站在司马光相同的起点上重新考异，或者说循着司马光的考史路径重新做一遍考异。《质疑》的考证是建立在"比事"基础上的，将《通鉴》的叙事比对其他早出的史籍，不仅针对《通鉴》采录之史源，还包括《通鉴》未及之记载，或纠正《通鉴》的错失及相互抵牾之处，或批评其叙事言之过实及体例不当，或为《通鉴》叙事补充史实及证据、梳理内在逻辑。这是岑仲勉先生史学研究中非常重要的部分，也是在今天看来仍然非常科学的史学研究方法，体现出许多的远见卓识。

不过，随着近年来后现代史学之理论与方法的发展完善，对传统的历史编纂学和历史叙事学有了新的认识维度，我们对《通鉴》叙事宗旨和叙事方式也需要重加认识，对岑仲勉先生《质疑》中关于一部分《通鉴》叙事的批评和考证方法亦可提出商兑。本文拟举二例来说明岑著对《通鉴》的质疑所具有的卓越史识，及其在方法论上对《通鉴》叙事方式的歧解，以明其考证方法之局限。

一、关于唐初田令和租庸调法的制定时间

《通鉴》武德二年二月"初定租庸调法"与武德七年"初定均田租庸调法"两处叙事中，备受争议的一个问题是两次"初定"是否矛盾，是否颁布同样内容的法令。《质疑》"武德七年四月定均田租庸调法"条，采用明人严衍之说，对《通鉴》武德二年和七年两载其事加以否定，认为此法令应系于武德二年，而不应系于武德七年。严衍指出，"此条旧志系之于武德七年，新纪系之于此年，《通鉴》于此年、七年两载之，虽详略少有不同，然总之一事也。今依新纪详载于此，而去其七年所载"②。中华书局点校本并未依严氏之说移置。岑先生认为严氏"将此法令移入武德二年，是也，详说见一九五五年《历史研究》拙著"（39页）。他对司马光因为反对王安石变法，泥守不言利之旨，对国家财政弗知注重的态度颇不以为然，并认为这是导致《通鉴》

---

① 岑仲勉：《通鉴隋唐纪比事质疑》，北京：中华书局，1964年。其自序写于1958年4月。
② 冯惠民：《通鉴严补辑要》，济南：齐鲁书社，1983年，第196页。

此一段叙事之中错误数处的原因。至于为何《通鉴》要在武德二年和七年两记其事，《质疑》并未分析，但认同严衍将两处叙事看成"虽详略少有不同，然总之一事也"的意见。岑先生由于另有论文专论其事，故于本条并未展开。在一条简短读书札记中揭出此一有关唐代制度的问题关节点，本身就体现了作者卓越的史识。数十年之后，研究者还在就此进行讨论①，而且并未超出岑著的视野，可见其捕捉问题敏锐性之强。

或许正因为阅读《通鉴》而注意到此条叙事之疑点，所以当邓广铭先生发表《唐代租庸调法研究》（《历史研究》1954 年第 4 期）一文后，岑先生随后于《历史研究》1955 年第 5 期发表《租庸调与均田有无关系》，主要针对邓文展开讨论，重点论证租庸调都与均田有关。其中涉及到武德二年和七年"定租庸调法"的问题，但没有给出明确的结论。邓广铭先生认为唐朝前期有三次制定和颁布均田法令和赋役法令，分别是武德二年颁布的"向民户榨取赋役的办法"，武德七年"把所谓均田制和赋役制合并在一起而公布出来的"，开元二十五年颁布的关于均田和赋役的法令。当然，邓文遗漏了开元七年的田令和赋役令。岑仲勉先生没有正面回应武德二年是否同时颁布均田和租庸调法的问题，仅推测《唐律疏议》所引田令及赋役令时间各不相同，"疑田令指武德七年之制，赋役令指武德二年之制"。又说"均田则统治者给予人民之权利，在统治者的看法，固不妨稍缓须臾，以视赋役，其轻重之势迥不侔也"，因此承认赋役令比均田令先行。在这一点上，同意邓广铭先生关于武德二年只是颁布赋役征收办法、武德七年田令与赋役令一起颁布的观点，只是不同意邓先生关于租庸调法与均田制无关的观点，因为田令较晚颁布有着客观原因，需要统一以便完成全国造籍。如此，岑先生的观点则与《质疑》同意严衍"将此法令（《通鉴》记于武德七年的均田租庸调法）移入武德二年"的说法相矛盾，或许可视为一种纠正。

岑先生的矛盾，乃是基于其对《通鉴》叙事方式的某种误解，以为两个"初定"都是同样内容的法令，忽略了其间的差异。而这背后又存在一个误解，认为《通鉴》叙事只是按照其所据史源择优选用材料，没有认识到《通鉴》在叙事的过程中，多有根据史源重建史实或重新叙事的问题。其实，岑先生后来在论文中已经揭示出了（尽管表述还不是很明确）《通鉴》武德二年所叙是颁布租庸调的征收办法，武德七年所叙是同时颁布田令和赋役令。武德二年颁布过征收租庸调的"王言"，而且武德二年制成为武德七年令和开元二十五年令的基础，这一点已经被众多研究所证实②。《通鉴》的叙事并不矛盾。至于武德二年颁布的内容是《通鉴》所说的"初定租庸调法"是否包括庸，亦颇引争论。邓广铭先生认为庸字为《新唐书》和《通鉴》所误加，岑仲勉先生认为邓说不可信。后来张剑光提出了与邓说相同的观点，陈明光则予以反驳，认为司马光在《通鉴》武德二年说"初定租庸调法"，其"庸"字就非但不是"没有详考"的败笔，而是照应史料的点睛之笔了。不得不说，陈明光的说法深得《通鉴》叙事的精髓，将岑仲勉先生犹豫之处予以点破，惜未出注而已。

二、关于唐太宗剪灭突厥颉利可汗的战略部署

《通鉴》卷 191 记武德九年八月癸未，颉利可汗进至渭水便桥之北，遣其腹心执失思力入见，

---

① 参见张剑光：《标点本〈资治通鉴〉校读札记》，《古籍整理研究学刊》1992 年第 2 期；陈明光《〈标点本资治通鉴校读札记〉商兑》，《古籍整理研究学刊》1992 年第 6 期。
② 参见中村裕一、韩昇：《从武德二年制试论隋唐赋役令的渊源关系》，《学术研究》2010 年第 6 期。

以观虚实。思力盛称"颉利、突利二可汗将兵百万,今至矣"。上让之曰:"吾与汝可汗面结和亲,赠遗金帛,前后无算。汝可汗自负盟约,引兵深入,于我无愧?汝虽戎狄,亦有人心,何得全忘大恩,自夸强盛?我今先斩汝矣!"思力惧而请命。

《质疑》"太宗责执失思"条引用《通鉴》作为史源的《通典》和两唐书《突厥传》,认为太宗责让执失思力之语应如各种史源所记,作"我与突厥面自和亲,汝则背之,我实无愧。又义军入京之初,尔父子并亲从我,赐尔金帛,前后极多,何故全忘大恩,自夸强盛?我当先戮尔矣"(第48页)。进而指出《通鉴》将诸史源中太宗所言赠遗金帛的对象从执失思力父子改为颉利可汗,是一种失误,造成下文之"全忘大恩"语反无着矣。岑先生注意到了《通鉴》叙事改变史源旧说而重述历史的叙事方法,且认为这种重述是一种失误。《通鉴》的重述与《通典》和两唐书《突厥传》的叙事,哪个更符合历史实际,这个问题不应仅在文献学的视野下进行考证,需要在历史叙事学理论的关照下重新思考。《通鉴》比其所据史源之叙事,更加突出了唐朝和突厥双方矛盾,也凸显了唐太宗指斥颉利可汗的气概。

《通鉴》卷192记贞观二年年底,"突厥北边诸姓多叛颉利可汗归薛延陀,共推其俟斤夷男为可汗,夷男不敢当。上方图颉利,遣游击将军乔师望间道赍册书拜夷男为真珠毗伽可汗,赐以鼓纛。夷男大喜,遣使入贡,建牙于大漠之郁督军山下,东至靺鞨,西至西突厥,南接沙碛,北至俱伦水;回纥、拔野古、阿跌、同罗、仆骨、霫诸部落皆属焉"(6061—6062页)。卷一九三记贞观三年八月丙子,"薛延陀毗伽可汗遣其弟统特勒入贡,上赐以宝刀及宝鞭,谓曰:'卿所部有大罪者斩之,小罪者鞭之。'夷男甚喜。突厥颉利可汗大惧,始遣使称臣,请尚公主,修婿礼(6065页)"。《通鉴》此两处叙事明显存在着时间错乱,《质疑》"薛延陀"和"颉利称臣"条对此进行了考证辨析,指出册立薛延陀毗伽可汗事件前后经历了三个段落:北边推戴、乔师望册拜、遣使入贡,而且其顺序应该是先由北边诸姓推戴,接着是夷男遣使入贡,然后才有唐太宗派遣乔师望册立之事,册立夷男为毗伽可汗应在贞观三年八月之后。《质疑》引用《唐会要》卷九四《北突厥》(1689页)所载贞观三年十一月,"颉利因薛延陀之封,大惧,始遣使称臣,请尚公主。代州都督张公瑾上突厥可取六状。乃命李靖为行军总管讨之,公瑾为副",指出颉利十一月遣使称臣事正与八月后册立毗伽可汗一事若合符辙,所以北边推戴一截仍可系于贞观二年末,但贞观二年底的那条叙事中乔师望册拜事,则当于下文贞观三年八月统特勒入贡条终言之,遣使入贡应该在册拜之前,所以本条"遣使入贡"句应删却。

这两条考证将各种史源的叙事进行综合分析,指出《册府元龟》所载朝贡在先,册拜在后,情势亦合,"盖唐代当日足以自制颉利,非急急有需于延陀。因其朝贡而后立之,斯不启其骄慢也"。而"颉利之惧,既因夷男已册可汗,非关乎区区刀鞭之赐也"(52—53页)。这种在史源考证基础上的综合分析,无疑显示出卓越的史识,并切中《通鉴》叙事缺陷的要害。不过,有必要进一步指出,这是《通鉴》作为编年体史书其叙事方式中的一个普遍缺陷,即将迁延时间较长的历史事件压缩在一个时间点叙述,导致因果关系的倒置或一些重要关节点的缺失。《通鉴》叙事的此种缺陷,所见甚多,此处举一例以说明。《通鉴》卷六秦始皇元年:"韩欲疲秦人,使无东伐,乃使水工郑国为间于秦,凿泾水自仲山为渠,并北山,东注洛。中作而觉,秦人欲杀之。郑国曰:'臣为韩延数年之命,然渠成,亦秦万世之利也。'乃使卒为之。注填阏之水溉舄卤之地四万余顷,收皆亩一钟,关中由是益富饶。"

毫无疑问,从郑国入秦、中作而觉到渠成,其间要经历很长时间,而且涉及到吕不韦被贬和秦国逐客等许多重大历史事件。而《通鉴》的这种叙事方式,却掩埋了这种重要的信息。

三、小　结

　　《质疑》中绝大部分的考证是严密和科学的，无论是考订出来的《通鉴》沿某书而舛，还是《通鉴》自身之误，都符合严密的史料逻辑与史事逻辑。不仅如此，《质疑》的众多条目还涉及隋唐制度的源流始末，在《通鉴》叙事的基础上发掘出更深的历史内涵，显示出高于司马光的卓越史识。

　　由于我们进入历史的通道只有各种不同性质和介质的文本，而任何文本都具有其特定的语境和情境，后出之史书与其所据以叙事的史源之间，往往存在对立与竞争，但并非一定存在客观上的是非对错，更不能以编写时间之先后来断定叙事之真伪。如果我们将各种文献都当作一种特定语境下的叙事文本来看，客观看待不同记载之间的竞争关系，则可避免是此非彼甚至以是为非的偏见。

（作者单位：中国人民大学历史学院）

岑仲勉教授对石刻碑志的考释研究
——以唐与朝鲜半岛关联石刻碑志为中心

拜根兴

岑仲勉教授是活跃于上世纪前半著名的历史学家,其研究领域广泛、著作等身,涉及隋唐史、中西交通史、黄河变迁、姓纂谱系,以及西北民族史等等,其中对当时所见石刻碑志亦颇多校订研究,是不可多得、令人崇敬的学问大家。有关岑仲勉教授对隋唐史、西北民族史、黄河变迁等领域的研究贡献,以往学人均有不同程度的探讨[①],进而使得岑仲勉教授的研究为更多的学人所了解。不仅如此,对于唐代东亚历史,特别是唐朝东北边疆,以及与朝鲜半岛政权交往的诸多人物和事件,岑仲勉教授也充分展示其史学视野和史料功底,得出许多令人信服的结论。鉴于学界对此领域的介绍和发掘还有一定的空间,本稿仅对岑著中涉及唐与朝鲜半岛政权关联的人物事件略作爬梳,以就教于诸师友方家!

一、石刻碑志所见新罗人

新罗国位于朝鲜半岛东南部,依据《旧唐书》《新唐书》及高丽时人金富轼《三国史记》等史书记载,新罗公元前57年建国,可分为上代、中代、下代三个阶段[②],其中从上代末真平王在位期间开始和唐朝建立关系,并与唐朝存亡相始终,935年归附新兴的高丽而不复存在。由于诸多原因,研究朝鲜半岛古代史最大的困难来自史料的匮乏,上述《三国史记》及另外一部《三国遗事》均为12世纪以后出现的史书,但却号称双璧,是韩国现存最古的史学著作,因而探讨韩国古代史,特别是古代中韩关系史,中国正史及相关古籍、石刻碑志史料,成为其中重要的史料来源。岑仲勉教授早年专注于石刻碑志史料的考释研究,其中也涉及来自遥远朝鲜半岛诸多人物事件,他的某些考释论证结论迄今仍被学界奉为圭臬,令人信服。

---

① 张继海:《〈黄河变迁史〉与岑仲勉的经世思想》,《中国图书评论》2005年第1期。蔡鸿生:《岑仲勉中外史地考证的学术风格》,《暨南学报(哲学社会科学版)》2005年第4期。项念东:《岑仲勉早年边疆史研究与其文献考据思路之形成》,《中国典籍与文化》2010年第3期。张峰:《专精与通识:岑仲勉的隋唐史研究特色》,《广东社会科学》2011年第5期。李松松:《略论岑仲勉的突厥史研究》,《湖南科技学院学报》2011年第1期。
② 高丽时代金富轼编撰的《三国史记》中,将新罗历史区分为三段(代),即"自始祖至此(新罗灭亡)分为三代,自初至真德二十八王,谓之上代,自武烈至惠恭八王,谓之中代,自宣德至敬顺二十王,谓之下代云"。参金富轼《三国史记》卷12,韩国乙酉文化社,1997年。

1. 入唐新罗使者金仁问

金仁问为新罗武烈王金春秋的次子，曾经七次往返唐朝与新罗，最终病逝于洛阳；武则天遣使护送其尸骨到新罗，韩国庆州至今仍可看到金仁问的坟墓遗址。对此，《三国史记》卷44《金仁问传》亦有较为详细的记载。而位于陕西宝鸡麟游县九成宫遗址所在，保存有著名的《万年宫铭》碑石，其碑阴则有随从唐高宗巡幸万年宫三品以上臣僚军将题名。对此，清人学者多有探讨，如清人王昶（1725—1806）《金石萃编》卷50《万年宫铭》，谈及《万年宫碑阴题名》云：

……是文成于三月，碑刻于五月耳！碑文琢句錬字极尽妍丽，得泮奂优游之致。迨闰五月丁丑，水涨暴溢，漂溺麟游居人及卫士，死者三千余人。《旧唐书》"本纪"特书之语，又见《（新）唐书·薛仁贵传》。回视此碑所云，忧乐之情景迥别矣，薛仁贵在从官之列。今碑阴有"左领军将军臣□仁□"，当即其人。稽之本传，则其时仁贵官右领军中郎将，与碑少异耳！

就是说，王昶认为《万年宫碑阴题名》中的"左领军将军臣□仁□"，应该就是"薛仁贵"。但清人洪颐煊（1765—1837）在《平津读碑记》卷4明确指出：

碑阴有"左领军将军臣□仁□"，《金石萃编》谓即薛仁贵，谛视之，"仁"上字有金旁，可辨非仁贵明矣！仁贵时为右领军郎将，正五品，例不得书。

可见，王昶的看法存在问题，洪颐煊虽指出"仁"字前一字有金字旁，但却将探讨的方向引入歧途，即要寻找有金字旁的字，这样就为此后将"□仁□"释为"刘仁轨"提供了可能。而刘仁轨此时官职并非"左领军将军"，而是正五品的"给事中"，根本不具备唐高宗规定的三品以上题名碑阴的资格。

清人毛凤枝（1835—1895）在《关中金石文字存逸考》卷10则认为：

《金石萃编》云，"碑阴有左领军将军臣□仁□，系薛仁贵题名。"今以石本证之，臣字下系金字，当系金仁□，非薛仁贵也。按《通鉴》，仁贵是年方为右领军郎将，系正五品上，不得与三品以上题名之列。考《通鉴》高宗上元元年，有右骁卫员外大将军临海郡公金仁问，新罗人，以外藩而入宿卫者，今碑阴问字形势尚可识，即其人矣。盖仁问于是年方官左领军将军，系从三品，扈从巡幸，故得题名也。

当代著名历史学家岑仲勉教授（1885—1961）则依据文献及石刻碑志史料，考释辨认"□仁□"题名并非薛仁贵，云：

王（昶）云："曰□仁□疑即薛仁贵。"按碑刻："左领军将军臣□仁□"，据《通鉴》考之，永徽五年仁贵从幸万年宫时为右领军郎将，显庆二年冬十二月，苏定方击西突厥沙钵罗可汗时，仍为右领军郎将，显庆四年十一月败高丽将温沙门时为右领军中郎将。按郎将正五品上，中郎将正四品下，若左领军将军则为从三品，官阶与时代不合。复考碑文，姓氏字泐其半，但可确认其非"薛"字，有类"金"字，疑为金仁问，待考。抑显庆五年《平百济碑》有"副大总管左领军将军金□□"，以时代考之，殆同一人。唐制武官常久不调，可于前引《契苾何力传》见之。①

考察毛凤枝与岑仲勉对"□仁□"的考释，两位前辈学人均认为王昶将其释为"薛仁贵"存在问题，并得出其为新罗人金仁问的结论。从最终结论或者学说看，两人的看法无疑是正确的，但两人运用的史料却存在些许差异。即毛凤枝利用传统的文献史料，而岑仲勉则在运用文献史料的同时，还采用远在朝鲜半岛的第一手石刻碑志史料，增加了说服力，有利于这一问题的最终解决。与此同时，岑仲勉似并未最终做结论，以此亦可看出他对史实考释的慎重。众所周知，岑仲勉对石刻碑志史料的考释探究享誉学界，一般来说，他得出的结论无可辩驳。即就是如此，岑先生对自己的考释仍持审慎态度。需要说明的是，上述两位前辈均没有看到朝鲜半岛出现的史书《三国史记》，这部出现于12世纪高丽时代，朝鲜半岛现存最古的史书，其中就有"金仁问传"②，而且对解决上述问题可提供翔实的史料佐证。

2. 在唐新罗人薛氏

如上所述，7世纪中叶唐朝与新罗联合，共同灭亡朝鲜半岛所在的百济、高丽两个政权，虽然此后唐朝与新罗出现长达七年的唐罗战争③，但这一时期新罗使者、商人等入唐者络绎不绝，有的人因此定居唐朝，并终老于此。新罗人薛氏的父亲曾是上述新罗使者金仁问的随从，薛氏在唐朝长大，信奉佛教，后许配与7世纪末年叱咤风云的名将郭元振。薛氏三十岁左右病逝，著名诗人陈子昂为其撰写墓志。对此，岑仲勉教授撰《郭元振之新罗尼姬》一文，详加考释。不妨抄录如下：

……《伯玉集》六有《馆陶郭公姬薛氏墓志铭》，余以为郭公即元振也。《旧书》卷39"后魏分馆陶西界置贵乡县于赵城。"馆陶即贵乡之旧称，则其贯合。《志》记姬之卒云："以长寿二年太岁癸巳二月十七日遇暴疾而卒于通泉县之官舍"。通泉，元振所尉之县，刚在其出使前四年，则官合，时亦合。《志》复详姬之身世云："帝畴厥庸，拜左武将军。姬人……年十五，大将军薨，遂剪发出家，……静心六年，清（青）莲不至，……遂返初服而归我公。郭公豪荡而好奇者也，杂珮以迎之，宝瑟以友之，其相得如青鸟翡翠之婉娈矣。"盖尝经天子指婚，既寡而尼者也，正足为《旧传》细务不介意之注脚。《志》又载姬之所出及盛道其美而艳云："姬人姓薛氏，本东明国王金氏之胤也，昔金王有爱子，别食于薛，因姓焉，世与金氏为姻，其高、曾皆金王贵臣大人也，父永冲，有唐高宗时与金仁问归国。……幼有玉色，发于秾华，若彩云朝升，微月宵映也，故家人美之，少号仙子。"则姬本出新罗。《旧书》199上《新罗传》云："贞观五年，遣使献女乐二人，皆鬓发美色。"东方之美，其誉有自来矣。夫元振官不过一从九品通泉尉耳，盖世女豪如武曌与语而奇之，开代文雄如陈

---

① 岑仲勉：《金石论丛》，上海：上海古籍出版社，2004年，第266—267页。
② 拜根兴：《金仁问研究中的几个问题》，《海交史研究》2003年第2期。拜根兴：《唐朝与新罗往来研究二题：以西安周边所在石刻碑志为中心》，《当代韩国》2011年第3期。
③ 有关唐罗战争，参见拜根兴：《论罗唐战争的性质及其双方的交往》，《中国边疆史地研究》2005年第1期；拜根兴：《"唐罗战争"关联问题的再探索》，《唐研究》第16卷，北京：北京大学出版社，2010年。

子昂，睹事而奇之，宠彼美姬，则得拾遗之为文，文而传于今，使千余年后好奇如余者词知其为通泉尉郭公之故姬，不若"郭公夏五"，尚留史阙，掩卷读竟，夫益叹馆陶郭公之信为奇人也！①

据笔者考察，有关陈子昂《馆陶郭公姬薛氏墓志铭》，岑仲勉先生之前，似无有其他人关注和考索，故对初唐名臣郭元振的这段奇异姻缘了解得并不多。通过上引岑仲勉先生文字，我们可以看出以下几点：首先，岑仲勉确定墓志铭中所及"馆陶郭公"，就是武周时代文武双全、大名鼎鼎的郭元振。其次，薛氏的出自和来历。薛氏出自东明国即海东新罗，其父亲薛永冲追随新罗使者金仁问入唐，唐高宗授予其左武卫大将军；在随后的岁月里，薛永冲与金仁问一样，终老于唐。正因如此，年登十五岁的薛氏削发为尼，黄卷青灯坚守六年，可能在二十一岁时归于郭元振。第三，岑仲勉先生依据墓志铭文字，认为郭元振与薛氏的婚姻，曾是当朝天子的撮合而成。从时间看，可能是垂帘听政时期的武则天。当然，郭元振什么时间应诏到达长安，并得到武则天的接见，这是问题的关键②。第四，指出薛氏的绝代美貌，以及郭、薛联姻的美好。郭元振得到武则天的垂青，薛氏病故后，又因陈子昂与郭元振故乡相邻，薛氏出自新罗的缘故，"开代文豪"陈子昂为朋友同乡故姬撰写墓志随即成为事实。总之，陈子昂为薛氏撰写墓志铭，源自郭元振"豪荡而好奇"，与寓居大唐的新罗孤女、美丽动人的薛氏成婚，是为一奇；郭、陈二人同出于剑南道，此前可能已有所过从交往，得到郭元振拜托或者闻知郭元振美姬病故，甚乃感佩撰写墓志铭，是为二奇；通过这篇令人扼腕好奇的墓志铭，后世人们了解到文武双全的名将郭元振，在通泉担任县尉等官职之时，还有这一段旷世姻缘，是为三奇；岑仲勉先生发掘出这篇在唐新罗人薛氏墓志铭，不仅将这名湮没于历史尘埃中的新罗美女展现在现代人面前，并自然与唐—武周名将郭元振联系起来，有利于探讨唐代涉外婚姻涉及的诸多问题，并对探讨唐代石刻墓志、唐与新罗关系等均有重要的启示作用，此可谓第四奇也。

当然，自岑仲勉先生大作刊出之后，虽然对薛氏墓志铭关注者仍不多，但近年来中韩学界对薛氏墓志铭的研究成果亦多有刊出。如韩国学者李钟文③、卢重国④，中国学者拜根兴⑤、于赓哲⑥等均有论文发表，其中探讨的议题涉及薛氏的名讳，薛氏在新罗的发展，返俗谣研究等问题。相信在岑仲勉教授大作的启发下，与薛氏墓志铭关联的诸多问题，一定会吸引更多的海内外学者参与研究，推动唐代石刻墓志及古代中韩关系研究走向深入。

二、7世纪唐与高丽交涉关联人物

唐朝建立之后，位于东北的高丽（高句丽）频繁入朝朝贡，贞观年间与唐矛盾加深并恶化，

---

① 岑仲勉：《陈子昂及其文集之事迹·郭元振之新罗尼姬》，原载《辅仁学志》第14卷第1、2合期，1946年。收入氏著：《岑仲勉史学论文集》，北京：中华书局，2004年，第11—12页。
② 参吴明贤：《郭震入蜀考》，《西华大学学报》2009年第5期。
③ [韩]李钟文：《对薛瑶〈返俗谣〉的考察》，韩国启明汉文学会编《汉文学研究》，1994年，第4—14页。
④ [韩]卢重国：《新罗时代姓氏的分枝化和食邑制的实施：以薛瑶墓志铭为中心》，韩国古代史学会编《韩国古代史研究》第15辑，1999年，第185—234页。
⑤ 拜根兴：《七世纪中叶唐与新罗关系研究》，北京：中国社会科学出版社，2003年，第258页，第267页。
⑥ 于赓哲：《馆陶郭氏新罗姬薛氏墓志铭考释》，韩国庆州文化财研究院编：《新罗学国际学术研讨会论文集》第3辑，2009年。

贞观十九年唐太宗亲征高丽，但并未实现最终目的；唐高宗继位后，660 年灭亡朝鲜半岛西南部的百济，构筑高丽南线据点，初步达成南北夹攻高丽的战略态势。随着高丽权臣泉盖苏文的去世，高丽内讧，668 年唐朝与新罗联合灭亡高丽，朝鲜半岛为新罗所统一。与此同时，大量高丽移民入唐，唐廷分散安置，仍然居住辽东的高丽人则全盘接受唐朝统治。岑仲勉教授关注的入唐高丽人高仇须，以及为参与征讨高丽移民，并赴新罗指挥作战的唐将高侃补作传记，应该说抽丝剥茧，发掘出一片新的研究天地。

1. 辽东都督高仇须

因为陈子昂文集收录有陈子昂为建安王武攸宜撰写的多篇表文，其中涉及辽东都督高仇须事迹，岑著发掘其中学术隐秘，以小见大，成为此后学界层出不穷的探讨话题。不妨抄录岑仲勉教授文如下：

> 《伯玉集》四《为建安王破贼表》云："今月日，得辽东都督高仇须等月日破逆贼契丹孙万斩等一十一阵露布，并捉得生口一百人送至军前事。"同集一〇《为建安王与辽东书》云："清边道大总管，建安郡王攸宜致书于辽东州高都督蕃府，贤甥某至，仰知破逆贼孙万斩十有余阵，并生获夷贼一千人。"即一事也。《书》言"尽灭已死"，又言"初春向暖"，则其时为万岁通天二年初无疑。高仇须是高丽高氏之后，亦可断定。考《旧书》一九九上及《新书》二二〇《高丽传》，于高宗末招还高藏后，高丽事如何处置，均甚缺略，观此文，则知武后通天中辽东尚是高氏为都督，犹奉唐命，可稍弥其缺矣！[①]

岑仲勉教授从《陈子昂文集》中检出两篇表文，填补了唐高宗末年遣派高句丽末代王高藏返回辽东事件平息之后，正史史料记载辽东状况缺略之空白。他还认为虽然武则天万岁通天时期，辽东地方高氏仍然担当都督，但却受武周政权号令，尊奉武周朝廷的权威。从学界现有研究业绩看，应该说岑著首次关注辽东州都督高仇须事迹，肯定其在武周平定契丹叛乱中的作用，并对此后学者的研究提供了扎实的依据。韩国学者卢泰敦在岑著的基础上，认为唐高宗末至武周时期，在辽东地域出现朝鲜郡王、安东都护府羁縻体系相互协力并相互监督的治理方式，而亲唐的辽东州都督高仇须，就是这种体制中脱颖而出的人物。与此同时，卢氏依据上述两篇表文，认为武氏家族曾嫁女与高仇须的父亲，其中可能与解决高藏谋反事件中高氏所建立的功勋有关，故而才有表文中出现"贤甥"之文字表现[②]。已故黄约瑟亦依据岑著脉络，认为武周时期曾奉行和亲政策，嫁武氏宗室女到辽东[③]。笔者认同卢泰敦、黄约瑟两位的看法，认为从高藏谋反到被流放邛州，随后唐朝将和蕃公主嫁与高仇须的父亲、高仇须的父亲担当辽东州都督这件事看，可能唐朝在处理高藏谋反事件中，高仇须的父亲扮演的角色应是一个不容忽视的问题。其一，唐朝没有将皇后一族的女子（和蕃公主）嫁与高丽王高藏的子孙，也没有顾及投诚唐朝、对唐朝忠心耿耿的

[①] 岑仲勉：《陈子昂及其文集之事迹·辽东都督高仇须》，原载《辅仁学志》第 14 卷第 1、2 合期，1946 年。收入氏著：《岑仲勉史学论文集》，第 15—16 页。
[②] ［韩］卢泰敦：《高句丽遗民史研究：以辽东、唐内地及突厥地区的遗民集团为中心》，收入《韩沽劢博士停年纪念史学论丛》，1981 年。
[③] 黄约瑟：《武则天与朝鲜半岛政局》，香港：香港大学亚洲研究中心编《古代中日韩关系研究》，1987 年。收入刘健明编《黄约瑟隋唐史论集》，北京：中华书局，1997 年。

泉氏家族，而选择了高仇须的父亲，可预见的原因不外乎以下几点：其一，要么高仇须父亲可能作为高丽王室近支，高藏身边人物，他以实际行动效忠唐朝，在辽东高丽人中有一定的影响力，唐朝因此选择他接替高藏担任辽东州都督；要么他在挫败高藏密谋反叛阴谋中起到特殊作用，唐朝用下嫁和蕃公主、授予辽东州都督官职奖励他。笔者以为后者可能性较大。其二，唐朝仍然没有放弃利用高丽王室安抚高丽人的策略，史载此后武周曾任命高藏的孙子高宝元、儿子高德武为朝鲜郡王，前往辽东，安辑辽东高丽移民，但另一方面，唐朝从辽东高丽王室之外或者王室近支的实力派中培植代理人，不失时机地将这些人推至前台，下嫁和蕃公主，利用和皇后武氏家族的姻亲关系，也应是采取的必要措施之一。此后，高仇须率领麾下兵士为武周政权英勇作战，以少胜多剿灭契丹叛军，说明唐朝在辽东一带奉行的双管齐下策略还是具有一定成效的。另外，高宝元、高德武赴辽东统摄高丽旧户的同时，依附武周的高丽移民高仇须势力的存在，成为武周朝廷制衡辽东高丽王室势力策略的着眼点。697 年高宝元没有按计划赴辽东，一年后派其父辈高德武成行，其中高仇须因素应当引起研究者注意①。

无论如何，岑仲勉教授依据一些不为人们关注的史料，开启入唐高丽移民研究的大门，成为此后学者进一步探讨其中问题不可或缺的参考资料，并为解决一些悬而未解的问题提供了忠实可信的见解。

2. "补高侃传"

668 年，唐朝与新罗联合共同灭亡高丽，但随后唐罗间摩擦冲突不断，爆发"唐罗战争"。对于双方长达七年的冲突，韩国学界卢泰敦、徐荣教、金相勋等，日本学者池内宏、古畑彻、井上直树、植田喜兵成智等人均有论文或专著发表，而中国学者似关注得并不多。其实，早在上世纪 40 年代，岑仲勉教授就依据当时可以看到的《册府元龟》、《通鉴考异》、《千唐志斋藏墓志》等史书，探讨与此相关内容。曾官拜安东都护、东征西讨颇负盛名的将军高侃，《旧唐书》、《新唐书》中没有传记，值得一提的是，高侃还曾与靺鞨著名将领李谨行并肩战斗，活跃于朝鲜半岛战场。岑仲勉可能意识到高侃在唐朝对外战争中的巨大贡献，补写《高侃传》，道出了此前学界不甚知晓的东西。不妨抄录主要内容如下：

> 高侃，渤海脩人。父祐，隋左散骑常侍，宕州别驾。贞观末，突厥车鼻可汗遣其子车钵罗入贡，太宗遣使征之，不至，帝大怒。使侃引回纥、仆骨等兵袭击之。侃时官左骁卫中郎将。高宗永徽元年六月，军至阿息山。车鼻闻唐师至，发诸部兵皆不应，遂携爱妾从数百骑遁。侃追至金山，擒之，送京师。旋为北庭安抚使，累迁营州都督。会高丽泉男生与弟男建、男产相攻，男生遣子献诚入唐求救，乾封元年六月，诏侃为行军总管，偕右骁卫大将军契苾何力等经略之。三年二月，辽东道行军大总管李勣等进攻扶余城，侃及庞同善等为后殿，尚在新城，男建遣兵救新城，夜袭同善，左武卫将军薛仁贵援兵破之；侃等移军进至金山，不胜。会侍御史贾言忠奉使回，高宗问诸将孰贤，言忠对称侃"俭素自处，忠果有谋"。咸亨元年四月，高丽酋长钳牟岑率众反，立前王高藏外孙安舜为王，诏遣司平太常伯（即工部尚书）杨昉往安东，安抚高丽余众；又诏侃以左监门大将军为东州道行军总管，发兵讨之。安舜遽杀钳牟岑，走投新罗。昉、侃始拔安东都护府，自平壤城移于辽州。二年七月

---

① 拜根兴：《唐代高丽百济移民研究：以西安洛阳出土墓志为中心》，北京：中国社会科学出版社，2012 年。

乙未朔，侃破高丽余众于安市城，三年十二月，复与其余众战于白水山，大破之。时新罗遣将救高丽以拒唐军，侃与副将李谨行等引兵迎击，斩首三千级。官至安东都护。又尝历陇右道持节大总管，封平原郡开国公，食邑二千户。卒，赠左武卫大将军，谥曰"威"，陪葬昭陵。有子崇德、崇礼；玄孙固，别有传。①

笔者查阅岑著《唐史余渖》目录，其中为唐人补写传记的只有这篇，可见高侃其人在唐高宗朝开疆拓土过程中所建功勋之大，以及岑著对高侃其人的重视。因为有了这篇高侃传记，我们就可利用岑著，了解高侃其人的生平传记了。当然，从采用资料源流看，40年代身处战乱的煎熬之中，岑教授困居西南危地，可供参考的书籍相当有限，其能够潜心钻研，从《册府元龟》、《通鉴考异》，散见的"千唐志斋"藏墓志拓片等文献石刻资料，以及《旧唐书》、《新唐书》关联传记中找出如此多的史料，为唐代东征西讨建功立业的著名将领高侃补修传记，不仅堪称填补空白之作，无疑也是探讨7世纪中叶唐朝与朝鲜半岛关系的大胆尝试。当然，从现在的角度看，有关高侃事迹，亦可从域外史籍中找到相关记载，如韩国史书《三国史记》中就有不少高侃的事迹，虽然其中有些和中国史籍记载大同小异，但也有少许记载可以补充岑著。不管怎么说，作为唐史研究大家，岑仲勉教授从细微之处洞见学术之奥妙，发掘整理探讨一些不为人们注意，但却是不容忽视的事件和人物，既为唐史研究添砖加瓦，又为探讨古代中韩交流打开便利之门，其精神必将激励后来从事唐史研究的学者：勤于钻研，勇于探索。

三、《隋唐史》中存在的一些问题

除过上述有关新罗人金仁问、薛氏，以及高丽移民高仇须，参与征伐高丽移民、新罗反唐等战斗的高侃等事迹之外，上世纪50年代中期，岑仲勉教授还在高等教育出版社出版了《隋唐史》一书（1957）。该书其实就是岑教授为大学学生讲授隋唐史的讲义。单从全书分量看，同时期出版的杨志玖《隋唐五代史纲要》（1955，上海人民出版社）、吴枫《隋唐五代史》（1958，人民出版社）等教材讲义，显然难以匹敌。具体到谈及唐代东北及朝鲜半岛历史，岑著分两小节论述，即第七节"高宗继成大业"中谈及唐高宗时代联合新罗先后灭亡百济、高丽；第八节的"新罗、渤海及日本之汉化"②。岑著对此所用篇幅并不多，但主要问题均涉及到了，并在一些问题上提出自己的看法。当然，其中对有些小问题的探讨也存在瑕疵。

首先，从排列顺序看，岑著将唐高宗时代的开疆拓土与对外交往分开，这就有了将新罗、渤海、日本并列探讨的论述方式出现，显示出50年代国内对东北边疆地区及域外日本研究的趋向。因为按照当下的研究态势以及国外对某些问题的不当理解看，将新罗和渤海并列探讨，显然是不

---

① 参见岑仲勉：《唐史徐渖》，台湾弘文馆出版社，1985年；此书首次出版于1944年，是岑仲勉教授早期唐史研究的重要著作之一。
② 该书（《隋唐史》）1957年首次出版，出版机关为高等教育出版社，精装本，一册；笔者手头有中华书局1982年出版的平装本，分上、下两册，文中讨论诸问题，即以中华书局版本为准。

合适的①。因为按照一般通说，渤海是唐代东北地区的少数民族地方政权，而新罗则是有宗藩之名，并与唐朝保持良好关系的朝鲜半岛国家，日本更是和上述高丽、渤海完全不同的域外国家。

其次，在50年代当时，岑著依据所能看到的史料，为学界勾勒出新罗国家与唐交往的大致脉络，有利于一般人通过这种探讨按图索骥，了解朝鲜半岛国家新罗政权的出现、运营过程，以及这一时期与唐朝交往的大势，在当时来说，其确实是难能可贵的事情。因为同一时期的其他著作，像如此粗线条式的论述并不多，从这一点理解的话，岑著对学界的启迪、开拓作用不可低估。

最后，可能是没有看到相关史书，特别是朝鲜半岛现存史书的缘故，岑著在第八节中有的表述明显有误。如认为贞观廿一年（647），新罗善德女王去世，其妹金真德继位，永徽五年金真德卒，其弟金春秋继位。其一，金真德为新罗真平王的兄弟国饭葛文王的女儿，即善德女王叔父之女，严格来说，金善德和金真德两位新罗女王为堂妹关系，并非胞妹，对此应该界定明白。其二，继真德女王之后担当新罗国王的金春秋，其出自新罗真智王之子伊飡龙春（龙树）之子，其母亲为真平王另一女儿天明夫人，这样看的话，肯定就不是善德女王的弟弟了，而应该是两位女王的外甥才对②。岑著利用《旧唐书》中的记载，故才有如是之误。其三，岑著中将金春秋的谥号和其子金法敏的谥号搞混了，即认为金春秋为新罗文武王，此显然是不对的。依据中韩现存史料记载，金春秋死后谥曰"武烈王"，其子金法敏死后谥曰"文武王"。岑著中还将新罗文武王金法敏误写为新罗孝昭王，而垂拱二年（686）新罗王并非孝昭王，而是文武王金法敏的长子金政明，金政明在位十二年（681—692），其死后谥曰神文王。金政明的长子金理洪继立新罗王，在位十一年，唐长安二年（702）薨亡，谥曰孝昭王。

总之，岑著《隋唐史》出版于上世纪50年代中期，有关朝鲜半岛古代新罗的研究还不是很多，强调中朝友好交往的格调并未涉及上述诸多具体人物事件，中国史书中有关记载还未得到更多的考订，韩国自身相关史书可能并不好找，故书中有关新罗的论述出现一些笔误亦可理解。应该说，虽然如此，但瑕不掩瑜，其丝毫不会影响我们对岑著的喜爱，对岑仲勉先生本人的崇敬。相信该书在以后再版过程中，会以注释或其他方式，标示出其中笔误，并对相关文字予以修正，以便使更多的人了解朝鲜半岛古代历史相关问题。

结　语

本稿对于岑仲勉教授论著中涉及的朝鲜半岛古代新罗历史涉及的人物事件，古代中韩关系史中关联问题，做了相应的探讨，认为岑著从浩如烟海的石刻碑志资料中，找寻出和古代朝鲜半岛关联的人物，并利用其他史料严密考证，首次论述如馆陶郭氏新罗姬薛氏墓志，认定《万年宫碑阴题名》中的"左领军将军臣□仁□"为新罗人金仁问，首次收集赴朝鲜半岛征战的唐将高侃事迹，补写《高侃传》等，不仅填补了相关研究的空白，而且通过这些点点滴滴探讨，有利于后来研究者整体了解这一时期唐与朝鲜半岛关系概貌。作为上世纪隋唐史全方位研究的历史学家，

---

① 韩国学界自上世纪90年代之前，将新罗统一朝鲜半岛之后的时期称为"统一新罗时代"，但从90年代开始，将其改为"南北国时代"，所谓的南国就是新罗，北国则为渤海。显然韩国学界已经将渤海纳入韩国历史的叙述范畴之内。参王健群《"南北国时代论"纠谬》，《社会科学战线》1995年第2期；张碧波《评"南北国时代论"》，《黑龙江民族丛刊》1998年第3期。

② ［高丽］金富轼：《三国史记》卷5《新罗本纪》，韩国乙酉文化社，1997年，第135—139页。

岑仲勉先生涉及研究领域宽广、具体研究深邃无穷,他的众多的著作,特别是有关朝鲜半岛古代史的论述,必将对隋唐时代边疆史、古代中韩关系史的研究手段、方法、理念等提供指导,促进这一时期海内外东亚史整体研究更上一层楼。

(作者单位:陕西师范大学历史文化学院)

《岑仲勉先生史学论文》略考

程存洁

岑仲勉先生（1885—1961）是我国20世纪最杰出的隋唐史专家之一，他的学术成就早已为学术界所公认。早在1933年，陈寅恪先生在12月17日夕《致陈垣函》中写道："岑君文（按指《圣心季刊》刊登的岑仲勉撰写的论文）读讫，极佩（便中乞代致景慕之意）。此君想是粤人，中国将来恐只有南学，江淮已无足言，更不论黄河流域矣。"[①] 1958年，陈垣先生在收到岑仲勉先生惠寄大著《墨子城守各篇简注》后，于7月5日致函岑仲勉先生："在今日朋辈中，出板著作堪称为多快好省者，阁下实其中之一人，敬仰之至。"[②]

上世纪90年代初，我在广州北京路广州市古籍书店二楼旧书室买到一本《岑仲勉先生史学论文》精装本残册。这册精装本横18.4厘米，纵24厘米，厚7.3厘米，封套为朱红色硬卡纸（图一）。在封面及书脊处，均凹印"岑仲勉先生史学论文"等字，还在书脊处凹印"第一辑"三字，并填上金色（图二）。书中未编统一页码，依旧保留各篇论文在原出版刊物里的页码。这册精装本所收论文均为抽印本汇编。显然，这是供正式出版时参考使用的一本论文集，属非正式出版的读物。

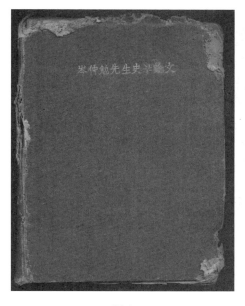 

图 1　　　　　　　　　　　图 2

---

① 陈寅恪：《陈寅恪集·书信集》，北京：生活·读书·新知三联书店，2001年，第129页。
② 陈智超主编：《陈垣全集》第二十三册，合肥：安徽大学出版社，2009年，第462页。

那么，这本论文集到底编于何时？由于这本论文集编辑年代久远，保管又不善，致使原装封套霉烂，封套和内文发生脱落剥离。我们在封套书脊部位裸露在外的内贴纸上看到贴有一张残存印刷体文字：

ATHÉMATIO/ PURES ET APPLIQUÉE/……PARIS/ ……1954/（ce Recueil paraît tous les trios mois）/（FASG. III. ——Juillet à Septembre 1954）（图3）

表明这是1954年9月在法国巴黎印制的一份印刷品。由此我们可推断，这本论文集的编辑时间不会早于封套书脊部位内贴纸上显示的1954年9月。

在这本论文集的封底内页，还贴有两张剪报，一张是岑仲勉先生逝世"讣告"，另一张是1961年10月8日《南方日报》刊登的《省人民代表、中山大学教授岑仲勉在穗逝世》简讯。（图4）这两张剪报是后人张贴上去的。由此可见，这本论文集编辑时间的下限当不会晚于岑先生逝世时。可见，这本论文集是在岑仲勉先生生前编辑并经他本人审阅过的合订本。因此，这本论文集虽未正式出版发行，但弥足珍贵。

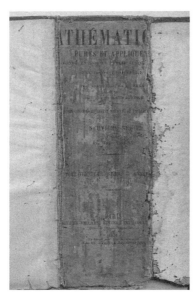
图3

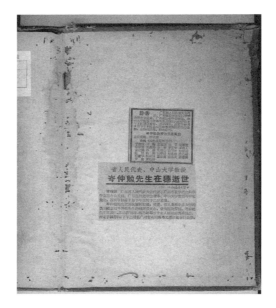
图4

在论文集的第一页和第二页，各贴有一张用钢笔抄写整理的目录（图5、6），是反映本册论文集所收全部论文的一份目录。目录内容如下：

读全唐诗札记	集刊9本
续劳格读全唐文札记	集刊9本
论白氏长庆集源流并评东洋本白集	集刊9本
白氏长庆集伪文	集刊9本
补白集源流事证数则	集刊9本
白集醉吟先生墓志铭存疑	集刊9本

文苑英华辨证校白氏诗文附按	集刊 12 本
从文苑英华中书翰林制诏两门所收白氏文论白集	（笔者按：集刊 12 本）
从金泽图录白集影页中所见	（笔者按：集刊 12 本）
绛守居园池记集释	集刊 19 本
附绛守居园池记句解书目提要	集刊 19 本
玉谿生年谱会笺平质	集刊 15 本
旧唐书逸文辨	集刊 12 本
唐方镇年表正补	集刊 15 本
旧唐书地理志"旧领县"之表解	集刊 20 本
跋唐摭言（学津本）	集刊 9 本
跋封氏闻见记（校证本）	集刊 9 本
唐唐临冥报记之复原	集刊 17 本
两京新记卷三残卷复原	集刊 9 本
翰林学士壁记注补	集刊 15 本
补唐代翰林两记（卷上）	（笔者按：集刊 11 本）
补唐代翰林两记（卷下）	（笔者按：集刊 11 本）
登科记考订补	（笔者按：集刊 11 本）
续贞石证史	集刊 15 本
跋南窗纪谈	集刊 15 本
宣和博古图撰人	集刊 12 本
"回回"一词之语原	集刊 12 本
元初西北五城之地理的考古	集刊 12 本
天山南路元代设驿之今地	集刊 10 本
理番新发见隋会州通道记跋	集刊 12 本
四库提要古器物铭非金石录辨	集刊 12 本
抄明李英征曲先（今库车）故事并略释	集刊 15 本
跋历史语言研究所所藏明末谈刻及道光三让本太平广记	集刊 12 本

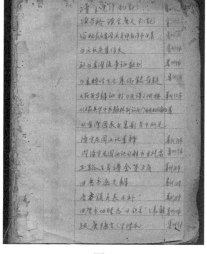

图 5

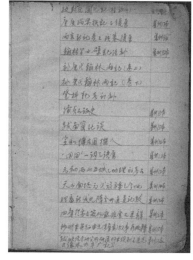

图 6

图 7

按上引"集刊"是指"国立中央研究院历史语言研究所集刊"（图 7）。从上引目录，可知这本论文集所收论文全部取自岑仲勉先生发表在《国立中央研究院历史语言研究所集刊》上的论文。通过比对，我们发现岑仲勉先生发表在《国立中央研究院历史语言研究所集刊》上的论文尚有以下几篇未被这本论文集收录：

蒙古史札记	集刊 5 本
郎官石柱题名新著录	集刊 8 本
外蒙于都斤山考	集刊 8 本
贞石证史	集刊 8 本
唐集质疑	集刊 9 本
吐鲁番一带汉回地名对证	集刊 12 本
吐鲁番木柱刻文略释	集刊 12 本

根据岑仲勉著《郎官石柱题名新考订（外三种）》"引言"介绍："《郎官石柱题名新考订》是岑先生在耄耋之年的最后著述，写于一九六一年上半年。……鉴于遗篇系岑先生对《郎官柱》最后一次的全面性考证，与他早年的考证文章《郎官石柱题名新著录》属姊妹篇。"可知岑仲勉先生直至逝世前都一直有对郎官石柱题名进行修订的意愿，故岑先生在编辑这本论文集时始终没有考虑收进《郎官石柱题名新著录》一文。另据岑仲勉著《唐人行第录》一书"自序"记录："旧著读全唐诗、文札记及唐集质疑三篇，与此录多可互相发明，因取殿其末，是为序。时一九六〇年五月三日。"其中，读全唐诗、文札记，均被收进《岑仲勉先生史学论文》中，这就表明《岑仲勉先生史学论文》的编辑时间当早于《唐人行第录》一书的编辑时间，即 1960 年 5 月前。

又据岑仲勉著《金石论丛》一书"自序"记录："此书收拙稿大小二十一篇，除一、二、三、四、五、八、十四、十五、十七、十八等十篇外，余十一篇或属旧作，或为近稿。"该序写于 1959 年国庆后。其中，一（《宣和博古图撰人》）、二（《四库提要古器物铭非金石录辨》）、五（《续贞石证史》）、八（《理番新发见隋会州通道记跋》）等四篇论文均见于《岑仲勉先生史学论文》中。由此可知，《岑仲勉先生史学论文》的编辑时间应早于《金石论丛》一书的编写时间，即 1959 年国庆前。

《外蒙于都斤山考》一文被岑仲勉先生收进 1958 年 10 月中华书局出版的岑仲勉著《突厥集史》一书中。据该书《引言及编例》一文写道"一九五六年十一月岑仲勉记于广州"，表明《突厥集史》一书实际完稿时间是在 1956 年 11 月。由此可进一步推论，岑仲勉先生在编辑《岑仲勉先生史学论文》时，《外蒙于都斤山考》一文已被考虑或已编入《突厥集史》一书中，《岑仲勉先生史学论文》的编辑时间当在 1956 年 11 月之后。

岑仲勉先生在《中外史地考证》一书的"前言"里介绍："这个册子编成于 1957 年，初分为（上）本国、（中）西域、（下）海外三编，以空间性为主，其中显有不妥当的地方，现接纳中华书局编辑同志的提议，取消地域划分，约以时间先后为主，定名曰《中外史地考证》，一九六〇年五月重编告成。"虽然《中外史地考证》一书重编时间是 1960 年 5 月，但完稿时间是在 1957 年。在《中外史地考证》一书里，既收录了《岑仲勉先生史学论文》未收录的《吐鲁番一带汉回地名对证》一文，也收进了《岑仲勉先生史学论文》已收录的《天山南路元代设驿之今地》、《元初西北五城之地理的考古》和《抄明李英征曲先（今库车）故事并略释》等三篇论文。由此可判断，《岑仲勉先生史学论文》的编辑时间也应早于《中外史地考证》一书的编辑时间，即 1957 年。

结合以上所述若干个时间节点，我们可判断《岑仲勉先生史学论文》的编辑时间应在 1956 年 11 月至 1957 年这段时间。

在《岑仲勉先生史学论文》中，还夹有一张钢笔书写《岑氏著作，先后发表于下列杂志或学报》和《岑氏著作先后在下列书局（店）或出版社出版》便笺：

1、圣心 1、2 期；
2、中大史学专刊从 1 卷 1 期起
3、辅仁（大学）学志从 4 卷起
4、史语所集刊从 8 本到 20 本
5、东方杂志从 40 卷 17 号到 42 卷 11 号
6、南京文史周刊从 40 期到 70 期
7、重庆真理杂志从 1 卷 1 期起
8、史语所专刊之 29
9、香港大公报新史学
10、民族学研究专刊 6 期
11、新疆论丛
12、金陵大学边疆研究论丛
13、珠海（大学）学报 1 集
14、历史教学 2 卷 5、6 期起
15、中学历史教学
16、新黄河
17、历史研究

18、安徽学报从 1 期起
19、史料与史学下
20、中山大学壁报
21、中山大学学报社会科学版从 1955 期（误，应为"年"字）1 期起

岑氏著作先后在下列书局（店）或出版社出版：

1、新知识出版社
2、上海人民出版社
3、三联书店
4、高等教育出版社（图 8）

这张便笺为我们全面了解和收集岑仲勉先生发表的学术论著提供了重要线索。其中，"史语所专刊之 29"是指岑仲勉撰《元和姓纂四校记》。

2016 年 11 月 26 日，中山大学举办"纪念岑仲勉先生诞辰 130 周年国际学术研讨会"。为配合研讨会，中山大学图书馆在该馆 4 楼举办"岑仲勉著作手稿展"。我们有幸欣赏到岑先生的手迹。通过比对《岑仲勉先生史学论文》钢笔字迹和"岑仲勉著作手稿展"展出岑先生笔迹（图 9、10、11），我们不难看出，《岑仲勉先生史学论文》钢笔字迹应属岑先生本人笔迹。现将二者作一比较：

《岑仲勉先生史学论文》钢笔字迹　　　"岑仲勉著作手稿展"展出岑先生笔迹

由此可以判断，笔者所藏《岑仲勉先生史学论文》是由岑先生本人编辑并作注释的一部未刊论文集。

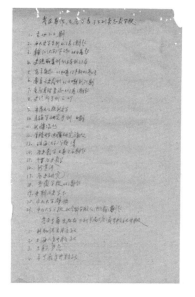

图 8

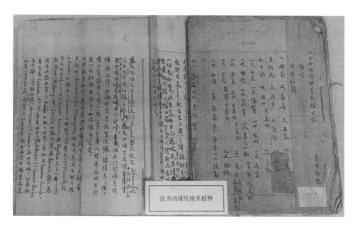

图 9

图 10

图 11

《岑仲勉先生史学论文》所收论文主要集中在以下几大领域：一是关于对唐代文献和唐人诗歌文集著作进行考证等方面的内容，重点是关于白居易、樊宗师、李商隐等人的著作和事迹；二是对清人唐史著述的再补充和再考订；三是有关金石方面的考证；四是关于西北史地方面的考证。

这些论文在写作时间上均有一个共同点，主要是写于抗战期间。岑仲勉先生在每篇论文里均保留有写作时间的介绍文字。如：

《读全唐诗札记》："时民国二十八年二月，顺德岑仲勉识。"

《续劳格读全唐文札记》："前年秋，余从校《元和姓纂》，为搜唐代史料，取《英华》泛览之，随录所见，甫数十条而抗战之役作。湘、桂转徙，图籍分散，去秋九月，始得取《全唐文》为之代。忆往岁陈前辈援庵函谓，其书多舛误，不可恃。及此观之，意专为编中之小传发也。""时民国二十八年一月，顺德岑仲勉识于昆明。"

《论白氏长庆集源流并评东洋本白集》："顺德岑仲勉记于昆明龙头村，时民国二十八年六月月半。""民国二十八年十一月六日再识"。

《白氏长庆集伪文》："民国二十八年十一月下旬，草成于昆明龙泉镇。"

《补白集源流事证数则》："时三十一年八月先师诞日撮记"。按"三十一年"是指民国三十一年，下同。

《文苑英华辨证校白氏诗文附按》："民国三十年三月，识于四川之南溪。"

《从文苑英华中书翰林制诏两门所收白氏文论白集》："三十一年七月下旬，仲勉识于板栗隘张氏新房。"

《从金泽图录白集影页中所见》："前岁之秋，据《明刊马本白氏集》、《汪辑香山诗集》等，完成《白集源流》一作。顷以图书迁川，在叙受渍，协助曝凉间，得见《金泽文库图录》景印彼中所藏古残零本若干页，亟移录如次（唯旁注无关重要者不录）。今春图书再启，乃取各本校其同异，末复略抒管见云。民国三十年三月下旬记于南溪。"

《绛守居园池记集释》："民三十七年一月上旬顺德岑仲勉识"。

《附绛守居园池记句解书目提要》："三十七年一月中旬谨识"。

《玉谿生年谱会笺平质》："卅一年九月中旬稿成，偶检得近人朱偰氏《李商隐诗新诠》一文……同年十一月下旬仲勉再识于南溪。"

《旧唐书逸文辨》："中华民国三十一年五月国家动员日写记，越二日成篇。"

《唐方镇年表正补》："时中华民国三十二年六月夏至后一日，顺德岑仲勉识于南溪板栗隘。"

《旧唐书地理志"旧领县"之表解》："卅六．十二．一．南京"。

《跋唐摭言（学津本）》："时民国二十七年十二月云南起义纪念后四日，顺德岑仲勉跋于昆明。"

《跋封氏闻见记（校证本）》："时民国二十七年十二月，云南起义纪念前十日，顺德岑仲勉跋于昆明。"

《唐唐临冥报记之复原》："三四．一．十九．南溪李庄。"

《两京新记卷三残卷复原》："抗战三年十一月朔，顺德岑仲勉识。稿创于长沙，案头只得粤雅本及毕校长安志，功甫半而辍。……抗战第三年除旧布新之前夕，校文写毕，因念原卷次序，或前后互错，或同节而离析为二，几不可循读，今经钩补，已非复昔之陵躐无序，故命名曰复原云。仲勉再识。"

《翰林学士壁记注补》："丁丑七月，余抵南京，重新整录《郎官题名》既竟（见本所《集刊》八本一分），即拟著手为之校注。无何，抗战军兴，本所播迁，是岁岁底居湘，翼年入滇，时所中图籍在转运中，乃据知不足斋鲍本，就手存参考书一一钩稽，画分为十二宗，粗成注补两钜帙，庋之行箧。今岁季夏，小疟初愈，覆阅旧稿，略事修缀。……时中华民国三十一年七月，抗战五周年纪念日，顺德岑仲勉自识。"

《补唐代翰林两记（卷上）（卷下）》："时中华民国三十一年七月小暑日，顺德岑仲勉识。"

《登科记考订补》："中华民国卅年三月中旬，四川南溪。"

《续贞石证史》："三十一年六月，顺德岑仲勉识。"

《跋南窗纪谈》："抗战军兴，本所迁湘，余因便旋里，乡居一月，翻先人手泽，偶及《南窗纪谈》，则觉其书凡二十三条……因比较同异，成一短篇，阅一岁入滇，承友人示以余氏新著，乃知所计条数相合。""中华民国二十六年九月，初写于敝居桂洲裏村乡，三十一年四月，修正于四川南溪板栗坳。稿成，同事傅君乐焕见告，徐自明《宰辅编年录》引《纪谈》，似有出见本外者，亟猎一过，约得六条，皆涉官制事。……同年八月念一日仲勉再识。"

《宣和博古图撰人》："民国二十八年十一月下旬，草于昆明龙头村。"

《"回回"一词之语原》："右引文件，公布于抗战军兴之后，尚未为学者注意，爰揭出之。三十一年双十节前二日，记于四川南溪。"

《元初西北五城之地理的考古》："篇内涉斡罗孩研究，系民二十三旅沪时所撰《达旦考》（未刊）之一节，灵州考证，系去春迁阳朔后略成轮廓，至本月乃拼合续成之者。民二十八年四月月半，仲勉附记。"

《天山南路元代设驿之今地》："三十一年三月下旬，南溪板栗坳。"

《理番新发见隋会州通道记跋》："三三.一.二六"，"三十四年十一月，旧同事李方桂先生新自理番归成都，曾亲见此碑，贻书相告。（三六.五.七附识）"

《四库提要古器物铭非金石录辨》

《抄明李英征曲先（今库车）故事并略释》："三十一年八月下旬顺德岑仲勉识"，"卅二年一月中旬仲勉附识"。

《跋历史语言研究所所藏明末谈刻及道光三让本太平广记》："中华民国三十一年五月四日，继《御览》跋写成。"

通过以上所述，我们可理清岑仲勉先生在抗战期间撰写并发表在《国立中央研究院历史语言研究所集刊》上的这批论文的大致撰写经历。在这批论文当中，除《旧唐书地理志"旧领县"之表解》一文于1947年12月1日在南京完稿、《绛守居园池记集释》一文于1948年1月上旬完稿、《附绛守居园池记句解书目提要》一文于1948年1月中旬完稿外，抗战期间最早完成的一篇论文是1938年12月在昆明完稿的《跋封氏闻见记（校证本）》，随后完成的论文是1938年12月在昆明完稿的《跋唐摭言（学津本）》、1939年1月在昆明完稿的《续劳格读全唐文札记》、1939年2月完稿的《读全唐诗札记》、1939年4月月半完稿的《元初西北五城之地理的考古》、1939年11月6日完稿的《论白氏长庆集源流并评东洋本白集》、1939年11月下旬在昆明龙泉镇完稿的《白氏长庆集伪文》、1939年11月下旬在昆明龙头村完稿的《宣和博古图撰人》、1940年11月朔《两京新记卷三残卷复原》、1941年3月在四川南溪完稿的《文苑英华辨证校白氏诗文附按》、1941年3月在四川南溪完稿的《登科记考订补》、1941年3月下旬在四川南溪完稿的《从金泽图录白集影页中所见》、1942年3月下旬在南溪板栗坳完稿的《天山南路元代设驿之今地》、1942年5月完稿的《旧唐书逸文辨》、1942年5月4日完稿的《跋历史语言研究所所藏明末谈刻及道光三让本太平广记》、1942年6月完稿的《续贞石证史》、1942年7月7日抗战五周年纪念日完稿的《翰林学士壁记注补》、1942年7月小暑日完稿的《补唐代翰林两记（卷上）（卷下）》、1942年7月下旬在南溪板栗隒张氏新房完稿的《从文苑英华中书翰林制诰两门所收白氏文论白集》、1942年8月完稿的《补白集源流事证数则》、1942年8月下旬《抄明李英征曲先（今库车）故事并略释》、1942年8月21日在南溪板栗坳完稿的《跋南窗纪谈》、1942年9月中旬在四川南溪完稿的《玉谿生年谱会笺平质》、1942年10月8日在四川南溪完稿的《"回回"一词之语原》、1943年6月夏至后一日在南溪板栗隒完稿的《唐方镇年表正补》、1944年1月26日完稿的《理番新发见隋会州通道记跋》。

在这批论文当中，一部分论文是岑仲勉先生在云南昆明完稿的（从1938年到1940年），一部分是在四川的南溪完稿的（从1941年到1944年）。岑仲勉先生是随中央研究院从南京避难到云南、四川等地。在战火纷飞的艰苦岁月里，岑仲勉先生为寻求学术真理，克服重重困难，辛勤耕耘，始终没有停下学术脚步。

从这批论文中，我们还可学习到岑仲勉先生的治学精神和优良品质。在学术上，他既尊重前辈学者的学术成就，又能坚持真理，实事求是，勇于纠正学术错误。如他在《唐方镇年表正补》一文中说到："自道光中徐松氏著《登科记考》，近百年来，能于唐史一部分作有系统之整理者，莫吴廷燮氏《方镇年表》若。（劳氏《郎官柱题名考》搜采之功勤，而编制之事少。）唐代制诏，除少数篇章外，率尚四六，糟粕旧文者辄视为无足重轻，吴氏独能出其所长，为之疏解，以骈俪供考证之具，尤一般新史家所望而却步。余年来涉猎唐史，闲有参稽，亦便利弗少，此则吾人对吴书不能不深致歌颂者也。"他进一步说道："吾国学术界流传一错误观念，迄于今莫能郭清，致为文化进步之大碍，则所谓'为贤者讳'是也。此种见解，施于个人私德，吾无间然，若以律问学求知，夫岂孔门当仁不让之旨。顾或知之而噤口不言，甚且曲予回护（前贤曲辨班史，是其著例。）遂使沿讹弛谬，贻累无穷。闲尝谓覆瓿之文，犹可等诸自郐，苟为名著，则有应纠正者不宜拱手默尔。盖古今中外，都无十分完全之书，其声誉愈高，愈易得人之信受，辨证之旨，非抑彼以自高，亦期学术日臻于完满而已。如《方镇表》等，性属参考工具一类，检之者尤易据为结论，弗事深求，则辨误之更不可已者也。"

岑仲勉先生治学极为勤奋、严谨，著作等身。他留下的史学论著是我国一笔丰厚的文化遗产，值得后人永远学习；他的治学精神和学术风范，值得后人永远敬仰。

（作者单位：广州市博物馆）

王黄之乱早期专题史料王坤《惊听录》考
——从岑仲勉先生的唐末史料表说起*

胡耀飞

关于王（仙芝）黄（巢）之乱，历来重视《旧唐书·黄巢传》、《新唐书·黄巢传》以及《资治通鉴》中的相关记载，美国学者 Howard S. Levy（1923—?）即将《新唐书·黄巢传》翻译为英文，作为其对黄巢进行研究的基础文本。② 但这些毕竟是如今我们所能看到的经过整合的史料，算不上原始文献。那么，最早专门记载黄巢史事的又有哪些文本呢？这就需要从已有史料中去发掘已亡佚的史书。对此，笔者已经对从唐末到两宋的关于王黄之乱的历史记载进行了初步的整理，并单独考察了韦昭度、杨涉《续皇王宝运录》和王坤《僖宗幸蜀记》的史料价值。③ 但对于王黄之乱来说，尚有一种专门的史料需得重视，即署名"王坤"的《惊听录》。此书虽已亡佚，却是《新唐书·艺文志》中唯一注明"黄巢事"的著作，亦可视之为最早的黄巢研究"专著"。不过，学界尚无专门就此书流传情况、佚文存亡和史料价值予以整理者，故本文即就此加以讨论。

一、王坤《惊听录》的流传与辑佚

晚唐五代史料之缺乏，特以武宗（840—846 年在位）以后为甚，对此学界多有认识。不过真正正视这一问题并极力加以解决的，首推岑仲勉（1886—1961）先生。上世纪 50 年代前期，岑先生编撰了共和国第一部断代隋唐史《隋唐史》，辟专题讨论唐武宗以后的史料问题。④ 即卷下"唐史"部分第 49 节《唐末之一瞥及其史料》，并将见于《资治通鉴考异》征引的史料，"分为晚唐、五代及宋三部分"录之为一表。这充分体现了岑氏史学的特色，即"专门化"，无论是

---

* 本文为国家社科基金重大项目"五代十国历史文献的整理与研究"（编号：14ZDB032）、中国博士后科学基金面上资助项目"唐末五代南方地区刺史政治研究"（编号：2015M582601）、陕西省社科基金年度一般项目"唐宋之际州级政治的变迁"（编号：2016H011）阶段性研究成果。

② Howard S. Levy: *Biography of Huang Ch'ao: Translated and Annotated*, Berkeley and Los Angeles: University of California Press, 1961.

③ 胡耀飞：《战争·回忆·修史：论黄巢史事的史料产生过程》，杜文玉主编《唐史论丛》，第 22 辑，西安：三秦出版社，2016 年，第 277—309 页；胡耀飞：《小议〈续皇王宝运录〉及其所载唐末广州史料的价值》，《中国港口博物馆刊》第 2 期，2016 年 6 月，第 123—126 页；胡耀飞：《唐宋之际诸家"幸蜀记"流传考》，"中古社会与东亚世界"学术研讨会，上海：上海开放大学，2016 年 10 月 6—7 日。

④ 岑仲勉：《隋唐史》，北京：高等教育出版社，1957 年。此书虽出版于 1957 年，但作者"编撰前言"写于 1950 年。又据作者"后记"，此书前身为其授课讲义，在 1950 年即付教学实践。此后，至 1953 年暑假，陆续写完此书唐史部分第 53 节以下内容。（全书唐史部分共 68 节）故可知岑氏此书定稿于上世纪 50 年代前半，且其中论及唐末的第 49—52 节，当已在 1950 年左右即已成稿。

对具体史料的重视，还是对具体问题的研究，都遵循乾嘉传统。① 自此之后，学界进一步认识到晚唐五代之重要性，并进入对相关史料的发掘与整理阶段。

在岑氏所整理的这一表格中，晚唐部分，即"唐人作品"中，便有"王坤《惊听录》（黄巢事）"一条。岑氏又加注曰："《崇文总目》三及《宋·志》均有《惊听录》一卷，当即《新·志》之王坤《惊听录》。《宋·志》作沈氏撰者，误。"② 知岑氏在据《资治通鉴考异》摘出相关征引史书时，又据各种书目加以考辨。就王坤《惊听录》而言，岑氏参考了三种目录，并指出《宋史·艺文志》所列《惊听录》作者为沈氏有误。即此，可视作岑氏对于王坤《惊听录》一书流传之观点。不过，岑氏所论毕竟十分简单，尚需进一步全面梳理。

（一）王坤《惊听录》的流传

最早著录王坤《惊听录》的是宋仁宗庆历元年（1041）由王尧臣（1003—1058）领衔上奏的《崇文总目》，其中"传记类"有"《惊听录》一卷"③。随后是嘉祐五年（1060）成书的《新唐书·艺文志》，其中"史部·杂史类"记载："王坤《惊听录》一卷。黄巢事。"④ 征引至此，似可判定《惊听录》一书有一卷，作者是王坤。但到元顺帝至正五年（1345）成书的《宋史·艺文志》中，又出现了不同的说法。其中"子部·小说类"有"沈氏《惊听录》一卷"⑤。于是，关于《惊听录》作者，有了两种不同的说法：1，《新唐书·艺文志》署王坤；2，《宋史·艺文志》署沈氏。清人对于《崇文总目》的辑释补正也说："《宋·志》沈氏撰。补曰：《唐·志》'王坤《惊听录》一卷'，注'黄巢事'。"⑥

关于这两种说法，前引岑仲勉观点是《宋史·艺文志》有误，但并未说明原因。此后，陈乐素（1902—1990）《〈宋史·艺文志〉考证》一书在考证沈氏《惊听录》时，仅给出"《崇文目》无撰人"⑦ 这一句话，即认为《宋史·艺文志》所著录的沈氏《惊听录》即《崇文总目》中的"《惊听录》一卷"。然而，需要注意的是，《崇文总目》归类于"史部·传记类"，《新唐书·艺文志》归类于"史部·杂史类"，《宋史·艺文志》却归类于"子部·小说类"。亦即，《崇文总目》所著录的《惊听录》更接近于《新唐书·艺文志》的归类，而非《宋史·艺文志》的归类。

需要注意的是，《宋史·艺文志》中，归类于"史部·传记类"的尚有"王坤《僖宗幸蜀记》一卷"⑧。刘兆佑认为："坤，始末未详。按：《新唐·志》杂史类有王坤《惊听录》一卷，注云：'黄巢事。'与此编疑为一书，所题不同也。"⑨ 陈乐素对此亦认为："《唐·志》无此，而有王撰《惊听录》一卷，注云'黄巢事'，见杂史类。疑即一书。"⑩ 亦即，两人都认为《宋史·艺文志》中的王坤《僖宗幸蜀记》一卷，当是《新唐书·艺文志》中的王坤《惊听录》一卷。

---

① 宋社洪：《试析岑仲勉〈隋唐史〉对陈寅恪隋唐史研究的批评》，《福建师范大学学报》（哲学社会科学版）2008 年第 2 期，第 117 页。
② 岑仲勉：《隋唐史》，第 452、457 页。
③ 陈汉章：《崇文总目辑释补正》卷 2，中国历代书目丛刊本，北京：现代出版社，1987 年，第 229 页。
④ 《新唐书》卷 58《艺文志二》，北京：中华书局，1975 年，第 1469 页。
⑤ 《宋史》卷 206《艺文志五》，北京：中华书局，1985 年，第 5222 页。
⑥ 陈汉章：《崇文总目辑释补正》，第 229 页。
⑦ 陈乐素：《〈宋史·艺文志〉考证》，广州：广东人民出版社，2002 年，第 230 页。
⑧ 《宋史》卷 203《艺文志二》，第 5112 页。
⑨ 刘兆佑：《宋史艺文志史部佚籍考》，台北："国立"编译馆，1984 年，第 411 页。
⑩ 陈乐素：《〈宋史·艺文志〉考证》，第 102 页。

如果前文所指出的《崇文总目》中的《惊听录》即《新唐书·艺文志》中的《惊听录》，则《崇文总目》中的《惊听录》也就是《宋史·艺文志》中的《僖宗幸蜀记》，而非沈氏《惊听录》。亦即，《宋史·艺文志》中的沈氏《惊听录》、王坤《僖宗幸蜀记》是两部不同的书，前者与黄巢史事无关。由此再来看岑氏观点，可知岑氏认为《宋史·艺文志》所载沈氏《惊听录》作者有误，只是对了一半。亦即，还存在另一部王坤《僖宗幸蜀记》可与《崇文总目》、《新唐书·艺文志》中的《惊听录》相对应，而沈氏《惊听录》别为一书。

关于沈氏《惊听录》别为一书，可以通过此书的一条佚文来证明，即见于明人徐应秋（？—1621）所撰《玉芝堂谈荟》卷七的"修文地下"条：

《惊听录》：韩文公寝疾，梦神人金铠持戟，自称大圣，谓韩曰："睢邅骨梲国，世与韩为仇，讨之不能，如何？"韩曰："愿从讨焉。"不旬日而薨。①

此条记载韩愈（768—824）轶事的内容，无论从时间来看，还是从内容性质来看，都不在王坤《惊听录》的记载范围内。则很有可能是沈氏《惊听录》的佚文，盖此书在《宋史·艺文志》中归为"小说类"，正与此条佚文的怪谈性质相近。

至于王坤《惊听录》和王坤《僖宗幸蜀记》，目前来看，似乎也并非一本书。虽然《新唐书·艺文志》将王坤《惊听录》归类于"史部·杂史类"，且因其附注"黄巢事"三字而在内容上与唐僖宗幸蜀有关，故导致陈乐素、刘兆佑皆疑为一书。但首先，黄巢事自为黄巢事，唐僖宗幸蜀自为唐僖宗幸蜀，两者虽有一定程度上的因果关系，即王黄之乱期间黄巢占领长安导致唐僖宗幸蜀，但并不能完全等同为一事，故两书内容当各有偏重。其次，从目前尚存于《说郛》的《僖宗幸蜀记》唯一一条佚文"僖宗因马而崩"条来看，其内容确为与唐僖宗相关，而与黄巢无涉。② 根据下文所辑录的王坤《惊听录》在《资治通鉴考异》中的佚文来看，也与唐僖宗本人的动向关系不大。最后，《僖宗幸蜀记》在书名上完全对应唐僖宗幸蜀之事，且取法于此前已有的记载唐玄宗幸蜀的三种"幸蜀记"③；而《惊听录》则完全是另一种风格的书名，且以"惊听"来表达对于王黄之乱所造成政治和社会动荡的惊讶之情。因此，笔者认为《惊听录》和《僖宗幸蜀记》是王坤撰写的两部书，分别侧重于黄巢和唐僖宗。总体而言，为便于理解，可列表如下：

表一　书目所载《惊听录》、《僖宗幸蜀记》对比

	《崇文总目》	《新唐书·艺文志》	《宋史·艺文志》
王坤《惊听录》	《惊听录》一卷（传记类）	王坤《惊听录》一卷。黄巢事。（史部·杂史类）	

---

① 徐应秋：《玉芝堂谈荟》卷 7《修文地下》，文渊阁四库全书本。
② 王坤《僖宗幸蜀记》在《说郛》中的唯一一条佚文，有涵芬楼一百卷本和宛委山堂一百二十卷本两种版本，笔者已有整理。至于收入于傅璇琮主编《五代史书汇编》（杭州出版社，2004 年）的刘石点校、署名"（宋）居白"的《幸蜀记》，其实并不存在所谓宋人居白这样一个人及其所谓《幸蜀记》这样一本书，其内容其实是《蜀梼杌》加上那条属于王坤《僖宗幸蜀记》的佚文而已。参见胡耀飞：《唐宋之际诸家"幸蜀记"流传考》，会议论文，未刊。
③ 分别是李匡文《明皇幸蜀广记图》二卷、宋巨《明皇幸蜀记》一卷、宋居白《幸蜀记》三卷。参见胡耀飞：《唐宋之际诸家"幸蜀记"流传考》。

	《崇文总目》	《新唐书·艺文志》	《宋史·艺文志》
王坤《僖宗幸蜀记》			王坤《僖宗幸蜀记》一卷（史部·传记类）
沈氏《惊听录》			沈氏《惊听录》一卷（子部·小说类）

明确三种书的异同之后，可附带考证王坤生平。然而无论是《崇文总目》，还是《新唐书》、《宋史》等书的艺文志，都没有给出详细内容。但从《惊听录》记载黄巢史事来看，王坤当是唐末人无疑。此外，在宋初编纂的《太平广记》所引张读《宣室志》中，也出现过一位王坤。此则故事今已收录于单行本《宣室志》辑佚部分，据点校本载：

> 太原王坤，大中四年春，为国子博士。有婢轻云，卒数年矣。一夕，……坤素与太学博士石贯善，又同里居，坤因与偕行至贯门，……轻白坤云："石生已寝，固不可诣矣。愿郎更诣他所。"……忽悸然惊寤，背汗股栗，时天已晓。心恶其梦，不敢语于人。……坤益惧，因告妻孥。是岁冬，果卒。①

此处王坤，实有其人，其中提及的太学博士石贯也有其人，并且在大中十三年（859）以郑州司马的身份刊石纪念祖先西汉人石奋（？—前124）。② 但很明显，这里在大中四年（850）冬天去世的太原王坤，并非日后撰写《惊听录》的王坤。

因此，关于撰写《惊听录》的王坤，只能暂时记录为唐末人。此外，从《僖宗幸蜀记》这一书名来看，王坤可能是随唐僖宗入蜀的唐廷大臣之一。下文对于《惊听录》的佚文考证中，多见引用唐廷朝臣的奏章，可知其对于唐廷内部动向之明晰。下文所论《资治通鉴考异》指责王坤对于王仙芝、黄巢军队内部情况的不了解，应该也是出于这种原因。

（二）王坤《惊听录》的辑佚

王坤《惊听录》虽然没能得到更详细的作者信息，但并不妨碍我们对此书本身进行考索。现根据《资治通鉴考异》，按照时间顺序，列出相关佚文如下：

> 1，乾符四年，丁酉，仲夏，天示彗星。草寇黄巢、尚君长奔突，即五年戊戌之岁。狂寇王仙芝起自郓封，而侵汝、郑，即大寇黄巢、尚君长并贼帅之徒党，仅一千馀人，攻陷汝州。③
>
> 2，黄巢望闽、广而去，仙芝指郢州南行，尚君长期陈、蔡间。取群凶之愿，三千馀寇

---

① 张读撰，张永钦、侯志明点校：《宣室志》辑佚，北京：中华书局，1983年，第179—180页。
② 王钦若等编：《册府元龟》卷140《帝王部·旌表四》，江苏：凤凰出版社，2006年，第1567页。
③ 《资治通鉴》卷252唐僖宗乾符三年十二月条《考异》所引，北京：中华书局，1956年，第8188页。其中"郓封"一词，点校本《资治通鉴》断为"郓、封"，而河南道实无封州，疑为"郓封"一词，盖王仙芝起自郓州节度使境内郓、曹、濮诸州，皆为郓州封域。

属仙芝、君长，二千馀人属黄巢所管。①

3，巢与仙芝俱入蕲州，以仙芝独受官而怒，殴仙芝伤面，由是分队。②

4，拥李迢在寇，复并蕲海隅，又陷桂州，次攻湖南，屯衡州，方知王仙芝已山东没阵，又尚君长生送咸京，遂召李迢，怒而骥害。③

5，宰臣豆卢瑑奏："缘淮南九驿使至泗州，恐高骈固守城垒，不遮截大寇；黄巢必若过淮，落寇之计。又征兵不及，须且诱之，请降节旄，授郓州节度使，候其至止，讨亦不难。"宰臣卢携言之不可，奏以"黄巢为国之患久矣，昨与江西节制，拥节而行，攻劫荆南。却夺其节，但征诸道骁勇，把截泗州"，因此不发内使，罢建双旌，乃发使臣诸道而去。寻汴州、徐州两道告急到京，报黄巢过淮，卢携托疾不出。④

6，朝廷议骈以文以武，国之名将，今此黄巢，必丧于淮海也，寻淮南表至云："今大寇忽至，入臣封巡，未肯绵伏狼狐，必能晦沈大众。但以山东兵士屯驻扬州，各思故乡，臣遂放去，亦具闻奏，非臣自专。今奉诏书责臣无备，不合放回武勇，又告城危，致劳征兵劳于往返。臣今以寡击众，然曰武经，与贼交锋，已当数阵，粗成胜捷，不落奸谋，固护一方，臣必能了。但虑寇设深计，支梧官军，迤逦过淮，彼岸无敌，即东道将士以至藩臣，系朝廷速下明诏，上委中书门下，速与商量。"表至，中书咸有异议，遂京国士庶浮谤日兴，云淮南与巢衷私通连，自固城池，放贼过淮也。⑤

7，（唐弘夫败在）四月。⑥

以上是从《资治通鉴考异》中按引用时间先后辑录的《惊听录》的所有佚文。其中，第7条佚文并未给出原文，仅说明《资治通鉴考异》信从《惊听录》关于唐弘夫战败的时间记载，即在广明二年（881）四月。当然，其他六条佚文，也并不一定就是原文引用，或由《资治通鉴考异》进行了加工，或删节，或简写，然已不可考，姑信其原文如此。

需要说明的是，以上从第1条至第7条的编号，仅仅是《惊听录》原文在《资治通鉴考异》中的引用顺序，而非在《惊听录》原书中的行文顺序。其实，从所引文可知，《惊听录》的体例原本并非《资治通鉴》那样属于编年体，而可以说是纪事本末体，虽然纪事本末体彼时尚未问世。特别是，从引文中可以发现，在第2条和第3条中，基本是第2条可以接续第3条。这一点，对于认识《惊听录》的史料价值颇有关系，下文将予讨论。

二、王坤《惊听录》史料价值述评

有了以上的佚文，即可以逐条讨论王坤《惊听录》此书的历史价值。综合而言，此书的价值包括两方面：一是史实方面，二是文献方面。

---

① 《资治通鉴》卷252唐僖宗乾符三年十二月条《考异》所引，第8188页。
② 《资治通鉴》卷253唐僖宗乾符四年四月条《考异》所引，第8191页。
③ 《资治通鉴》卷253唐僖宗乾符六年九月条《考异》所引，第8217页。
④ 《资治通鉴》卷254唐僖宗广明元年十一月条《考异》所引，第8235页。
⑤ 《资治通鉴》卷253唐僖宗广明元年七月条《考异》所引，第8229页。
⑥ 《资治通鉴》卷254唐僖宗中和元年四月条《考异》所引，第8250页。

（一）史实方面

前文已经提及，《惊听录》是早期关于黄巢史事的一种专门史料，甚至可以说是唯一一种专门记述黄巢史事的专题史料。但在原书散佚的情况下，无论其所记载之事是否符合历史事实，其史料本身的价值颇被忽略。不过根据上文的辑佚，可以逐条对其内容进行解读：

第1条、第2条。

这两条同时出现于乾符三年（876）十二月条《考异》所引，因《资治通鉴》原文叙述此时王仙芝攻蕲州，并因蕲州刺史裴偓而向唐廷求官，随后黄巢因不满唐廷对王仙芝的封官不及己而与之分道扬镳。《考异》对《惊听录》的引用，是为了否定其混乱的记载。确实，在《惊听录》佚文中，出现很多错误，《考异》即曰："明年二月，仙芝陷鄂州，巢陷郓州，则非巢趣闽、广，仙芝趣郓也。王坤此书，年月事迹差舛尤多，但择其可信者取之。"① 所谓"明年二月"，指《资治通鉴》时间在线的乾符四年二月。王仙芝在乾符四年二月攻下鄂州②，黄巢在乾符四年三月攻下郓州③，这是无可置疑的事实。④ 但并不就表明《惊听录》的记载混乱。

根据《惊听录》原文，佚文第1条一开始即明确给出时间，即"乾符四年，丁酉，仲夏，天示彗星。"表明下文所述时间在乾符四年夏天之后，与《考异》提及的乾符四年二月发生的事无关。此外，《惊听录》关于彗星的记载，与《新唐书·天文志》的记载吻合，后者曰：乾符"四年七月，有大流星如盂，自虚、危，历天市，入羽林灭。占为外兵。"⑤ 可见《惊听录》的记载应当是对此后发生之事的一种总括性描述，其出发点当即彗星事件引起的恐慌，所谓"占为外兵"，表明有乱事将起。

这里涉及到蕲州刺史裴偓（或作渥）何时上任的问题。据《旧唐书·僖宗纪》，乾符四年三月，"兵部员外郎裴渥为蕲州刺史。"⑥ 对此记载，胡如雷以《旧唐书·僖宗纪》在纪年方面多有误差而否认之。⑦ 俞兆鹏以《旧唐书》所载任命宋威为招讨使亦在此月，而宋威实已于乾符二年十二月为招讨使，故认为裴偓当在《资治通鉴》所载乾符三年十二月王仙芝下蕲州之前即已在蕲州刺史任上。⑧ 但这两种观点的逻辑是以《旧唐书·僖宗纪》中其他事件的系时错误来论证裴偓出任刺史的时间错误，似乎并不严谨。因此，方积六不予相信，而是引用李山甫《送蕲州裴员外》一诗涉及春天的词语，来证明裴偓确实在乾符四年三月份出刺蕲州，当可信从。⑨ 这样，王仙芝与黄巢在蕲州分道扬镳之事，如果确实与裴偓有关，便不是《资治通鉴》所载的乾符三年十二月，而是在乾符四年。

---

① 《资治通鉴》卷252唐僖宗乾符三年十二月条《考异》所引，第8188页。
② 《新唐书》卷9《僖宗纪》，第266页；《资治通鉴》卷253唐僖宗乾符四年二月条，第8189页。
③ 《旧唐书》卷19下《僖宗纪》，北京：中华书局，1975年，第699页；《新唐书》卷9《僖宗纪》，第266页；《资治通鉴》卷253唐僖宗乾符四年二月条，第8189页。其中，《资治通鉴》系于二月，而不取两唐书之说，不知何故。
④ 胡耀飞：《黄巢史事与藩镇格局——从王黄集团（未）占领地到黄齐政权政区的考察》，张达志主编《中国中古史集刊》，第2辑，北京：商务印书馆，2016年，第367、370页。
⑤ 《新唐书》卷32《天文二》，第847页。
⑥ 《旧唐书》卷19下《僖宗纪》，第698页。
⑦ 胡如雷：《唐末农民战争》，北京：中华书局，1979年，第89页。
⑧ 俞兆鹏：《黄巢起义史》，南昌：江西人民出版社，1982年，第108页。
⑨ 方积六：《黄巢起义考》，北京：中国社会科学出版社，1983年，第36—37页。

又据《资治通鉴》，乾符四年十月，"黄巢寇蕲、黄，曾元裕击破之，斩首四千级，巢遁去"。① 可知在乾符四年十月也有一次黄巢进攻蕲州的记载，并战败遁逃。另据《唐大诏令集》，有系于"乾符四年九月"的《遣使宣慰蕲黄等州敕》，而敕文中则谓"其有留州留使钱物，皆是十月已前，秋赋之初，须仗循良，渐自收敛。"② 可知此敕针对的是蕲、黄等州十月战乱之后的情况，可证黄巢于乾符四年十月"寇蕲、黄"而战败之事。敕文又提及"应汝、随、申、安、蕲、黄等州，凡经王仙芝、尚君长所攻劫处，悉加抚辑，遍问存亡"。③ 其中汝州当指王仙芝单独作战时于乾符三年七月至九月围攻汝州之事④；而"随、申、安、蕲、黄"，既可以指王仙芝单独作战时于乾符三年十月至乾符四年二月间经过唐、邓、郢、复、申、光、寿、庐、舒、蕲等州并最终攻下鄂州之事⑤，也可以指王仙芝、黄巢合兵后自乾符四年八月至十月，先后对随州、安州、蕲州的进攻。⑥ 而既然乾符四年八月至十月期间王仙芝、黄巢依然合兵，那么两人于蕲州分兵之事，最大可能是在乾符四年十月，而非乾符三年十二月。⑦

由此，亦可证《惊听录》对于王、黄分兵之事的大范围时间判定没有问题。至于《惊听录》又提及"五年戊戌之岁"，盖《资治通鉴考异》对于上引第1段佚文的断句理解稍有误差之故。其实，第1段佚文可以分为三段：

1-1，乾符四年，丁酉，仲夏，天示彗星。
1-2，草寇黄巢、尚君长奔突，即五年戊戌之岁。
1-3，狂寇王仙芝起自郓封，而侵汝、郑，即大寇黄巢、尚君长并贼帅之徒党，仅一千馀人，攻陷汝州。

以上三段，分别有各自的叙述重点。即第1-1段是首先以天文现象为引子，引出天文所对应的时局。这一时局，即第1-2段所述黄巢、尚君长于"五年戊戌之岁""奔突"之事。而第1-3段属于追溯时局的倒叙，即将黄巢、尚君长"奔突"之事追溯至王仙芝"起自郓封"，并叙述了王仙芝与黄巢、尚君长合兵攻陷汝州。当然，事实上汝州是王仙芝所部单独攻下，时间在乾符三年七月至九月间，而当时黄巢尚未起兵。总之，不能将"即五年戊戌之岁"一句与"狂寇王仙芝起自郓封"连读，乃至以此判定《惊听录》"年月事迹差舛尤多"。

第3条。

前文已提示，《资治通鉴考异》所载《惊听录》佚文先后顺序并非原书叙述时间顺序，特别是第2条和第3条，从行文上来看，第2条当接续第3条的叙述，亦即可还原如下：

3+2，巢与仙芝俱入蕲州，以仙芝独受官而怒，殴仙芝伤面，由是分队。（……）黄巢

---

① 《资治通鉴》卷253唐僖宗乾符四年十月条，第8193页。
② 宋敏求编：《唐大诏令集》卷117《遣使宣慰蕲黄等州敕》，北京：商务印书馆，1959年，第615页。
③ 《唐大诏令集》卷117《遣使宣慰蕲黄等州敕》，第615页。
④ 《旧唐书》卷19下《僖宗纪》，第696页；《新唐书》卷9《僖宗纪》，第266页；《资治通鉴》卷252唐僖宗乾符三年九月条，第8185页。
⑤ 胡耀飞：《黄巢史事与藩镇格局——从王黄集团（未）占领地到黄齐政权政区的考察》，第367页。
⑥ 胡耀飞：《黄巢史事与藩镇格局——从王黄集团（未）占领地到黄齐政权政区的考察》，第368—369页。
⑦ 此一时间判定，亦可从黄巢迟至乾符四年二月或三月方才以占领郓州为标志首次起事得到佐证，这一点各种史料均无异议。参见：《旧唐书》卷19下《僖宗纪》，第699页；《新唐书》卷9《僖宗纪》，第266页；《资治通鉴》卷253唐僖宗乾符四年二月条，第8189页。

望闽、广而去，仙芝指郢州南行，尚君长期陈、蔡间。取群凶之愿，三千餘寇属仙芝、君长，二千餘人属黄巢所管。

以上还原，于叙述逻辑、行文风格而言，并不突兀。其中括号内所附省略号，则指前后两段之间或另有佚文，或无佚文，于整体而言皆可成立。

《资治通鉴考异》此处对《惊听录》的征引，旨在说明王仙芝、黄巢在蕲州城内产生冲突时，"时君长亦在座，非仙芝死后，巢方依让也。"① 因尚君长为尚让之兄长，尚君长既然在座，则尚让亦必同在，从而为黄巢于乾符四年四月与尚让合兵保查牙山提供依据。当然，查牙山合兵之事，其实不止黄巢与尚让，而是黄巢与王仙芝。王仙芝在此之前的乾符四年二月，经过一个冬天绕大别山补充给养之后，"陷鄂州"，并考虑继续北上。② 无论尚让此前是否在查牙山，王仙芝的北上，必然会与尚让合兵，并遭遇刚刚于乾符四年三月攻陷郓州、沂州的黄巢所部。因为王仙芝、黄巢的目标，并非南方，而是洛阳。只有当在乾符四年七月宋州围城战失利之后，方才再次南下。③ 而王仙芝、黄巢产生冲突，则已经到了乾符四年十月，故而《资治通鉴考异》对《惊听录》的征引，可以证明，在此前，尚让与黄巢早已在一处活动。

第4条、第5条、第6条。

此三条，皆属于黄巢与王仙芝分开后单独活动时期。这三条所载，第4条指黄巢自岭南经湖南北上之事，第5条和第6条皆涉及黄巢北上渡淮之事，总体而言并无大误。但其中第4条，谓黄巢在南方活动屯于衡州时方知王仙芝遇害并因此而杀李迢，此事确是《惊听录》误记。盖王仙芝死于乾符五年二月④，而乾符五年三月时，黄巢尚在滑州、濮州一带。⑤ 当时，黄巢必然有听闻王仙芝被杀之事。盖此后不久即渡江南下，彻底避开唐军，以免唐军在消灭王仙芝之后将目标转向自己。李迢之死则首先并非因为听闻王仙芝遇害，而是李迢拒绝为黄巢写降表。至于其被害时间，一说在广州，时间在乾符六年五六月间黄巢攻下广州之后；一说在江陵，时间在乾符六年十一月。在没有李迢墓志出土的情况下，可两存之，但应该不会在衡州。⑥ 不过从《惊听录》的记载来看，若是黄巢进攻湖南之后方杀李迢，似也可以作为李迢之死在江陵的一个旁证。

第7条。

这一条涉及的已经是黄巢占领长安之后，周围藩镇对长安进行包围的局面。⑦ 不过这条佚文并无完整原文，仅有时间提示为"四月"。但通过《资治通鉴考异》对这一时间的相信来看，其为肯定《惊听录》史料价值无疑。

---

① 《资治通鉴》卷253 唐僖宗乾符四年四月条《考异》，第8191页。
② 胡耀飞：《黄巢史事与藩镇格局——从王黄集团（未）占领地到黄齐政权政区的考察》，第367页。
③ 宋州之围，参见《资治通鉴》卷253 唐僖宗乾符四年七月条，第8192页。
④ 《旧唐书》卷19下《僖宗纪》，第701页；《新唐书》卷9《僖宗纪》，第267页；《资治通鉴》卷253 唐僖宗乾符五年二月，第8199页。
⑤ 胡耀飞：《黄巢史事与藩镇格局——从王黄集团（未）占领地到黄齐政权政区的考察》，第370—371页。
⑥ 前一说见《资治通鉴》卷253 唐僖宗乾符六年九月条，第8217页，然而黄巢攻下广州当在五六月间，参见胡耀飞：《黄巢史事与藩镇格局——从王黄集团（未）占领地到黄齐政权政区的考察》，第374—375页；后一说参见《新唐书》卷9《僖宗纪》，第269页；《新唐书》卷225下《黄巢传》，第6455页。
⑦ 胡耀飞：《黄齐政权立都长安时期的攻防战研究》，长安学与古代都城国际学术研讨会，西安：陕西师范大学，2014年11月25—26日。

（二）文献方面

除了对具体史实的价值之外，《惊听录》有限的佚文，也有其文献价值。因为这部书原本篇幅也就"一卷"，字数应该不会很大。古人撰文分卷，基本上一卷为一万字左右。[①] 故上文所辑得约一千字的佚文可以说已经是《惊听录》原文的十分之一左右，其文献价值也就十分可贵了。就此而言，可分两个层面加以探讨：

第一，可以反映晚唐战事类专门史著的特点。

前文提及，《惊听录》从体例上来看，类似于后世的纪事本末体。盖纪事本末体虽然是袁枢（1131—1205）《通鉴纪事本末》一书问世之后方有的体裁，但在此前很多史书都可以归入纪事本末体。就晚唐而言，前揭岑仲勉从《资治通鉴考异》中摘出的各种史料，很多都是这类专门事件的专门史书，包括李德裕《会昌伐叛记》、郑言《平剡录》、郑樵《彭门纪乱》、郭延诲《广陵妖乱志》等等。盖晚唐时期战事纷纭，为某一战事之始末专门集中进行著述，以总结经验教训，亦属形势所需。

论及此点，即不得不赞赏岑仲勉先生视角之独特，盖此前未有学者专门谈到这类史料。兹据岑氏表中所列唐人部分，其见于《新唐书·艺文志》非集部者整理如下：

表二 《资治通鉴考异》和《新唐书·艺文志》所见晚唐人所撰杂史比较

《资治通鉴考异》所引		《新唐书·艺文志》著录		
作者	书名	归类	卷数	附 注
李德裕	文武两朝献替记	杂史类	三卷	
李德裕	会昌伐叛记	杂史类	一卷	
韦昭度	续皇王宝运录	杂史类	十卷	韦昭度、杨涉撰
令狐澄	贞陵遗事	杂史类	二卷	绹子也，乾符中书舍人
柳玭	续贞陵遗事	杂史类	一卷	
郑言	平剡录	杂史类	一卷	裘甫事。言，字垂之，浙西观察使王式从事，咸通翰林学士、户部侍郎
郑樵	彭门纪乱	杂史类	三卷	庞勋事
王坤	惊听录	杂史类	一卷	黄巢事
范摅	云溪友议	小说家类	三卷	咸通时，自称五云溪人
高彦休	唐阙史	小说家类	三卷	
樊绰	蛮书	地理类	十卷	咸通岭南西道节度使蔡袭从事
张云	咸通解围录	杂史类	一卷	字景之，一字瑞卿，起居舍人
郭延诲	广陵妖乱志	杂史类	三卷	高骈事

---

① 袁逸通过统计清代刊刻的书籍卷数、字数，得出平均每卷10200多字。参见袁逸：《读书破万卷，一卷是多少》，《博览群书》2012年第4期。事实上，清代以前的书，一卷字数应该还要少一些。以七十四卷的《新五代史》为例，中华书局新点校本《新五代史》的总字数为618千字，每卷8000字多。而这里其实还包括了校勘记，以及现代标点符号，故原文更少。

续表

《资治通鉴考异》所引		《新唐书·艺文志》著录		
作者	书名	归类	卷数	附 注
康骈	剧谈录	小说家类	三卷	字驾言，乾符进士第
裴廷裕	东观奏记	杂史类	三卷	大顺中，诏修宣、懿、僖实录，以日历注记亡缺，因摭宣宗政事奏记于监修国史杜让能。廷裕，字膺馀，昭宗时翰林学士、左散骑常侍，贬湖南，卒。
徐云虔	南诏录	地理类	三卷	乾符中人。
韩偓	金銮密记	杂史类	五卷	
阙名	玉泉子见闻真录	小说家类	五卷	
阙名	乾宁会稽录	杂史类	一卷	董昌事。

通过上表所列，可以见到《资治通鉴考异》所征引的著作，集中出现于《新唐书·艺文志》的杂史类（13 种）、小说家类（4 种）、地理类（2 种）三类。其中又以杂史类所著录之著作为最多，可见杂史类对于晚唐史事的补史作用最为明显，而不是大家经常提及的笔记小说。① 这一现象所反映的，则是晚唐士人对于这类杂史著述的撰写热度。对于这类著述的集中出现，瞿林东在论述晚唐史学特点时，仅仅将上表中两种地理类著述樊绰《蛮书》、徐云虔《南诏录》作为晚唐著述所体现之民族史特征的一个例证，似未专门关注杂史类。② 对于归入杂史类和小说家类的这些杂著，目前只有文献学者的关注③，且依然未能就这类杂史的性质予以特别考察。

在上表所列这类杂史中，《新唐书·艺文志》除了通常记录其作者和卷数外，还有关于其书内容的附注。这一方面是因为这些杂史有各自的专门主题，或裴甫事，或庞勋事，或黄巢事，或高骈事，或董昌事；另一方面，也能看出这些杂史在命名上较为追求典雅，虽非直接体现该书内容，却能提示关键词。比如，《平剡录》作为裴甫事的专门史书，其书名使用了裴甫活动地区的地名剡县；《彭门纪乱》则用了庞勋活动地区徐州的旧称彭门。此外，从书名来看，杂史类和小说家类中的这些书，多为"某某录"的形式，从而突出其与正史所用之"书"、"史"、"起居注"、"实录"等之间的差别。加上这类书的作者多是亲身经历相关历史事件，如郑言为平定裴甫之乱的王式之从事，从而使归入杂史类或小说家类的这些书，成为晚唐史料缺乏之下不可多得的私家著述。④

而就撰述形式来说，这类杂史一般以某个事件为专题纪录对象，突出故事核心人物和事件。因此，这类杂史的篇幅一般较小，上表中所列最多不过十卷。更重要的是，这类杂史著作的体

---

① 此方面最集中的论述参见章群《〈通鉴〉、〈新唐书〉引用笔记小说研究》，北京：文津出版社，1999 年。最新研究参见 Maddalena Barenghi, "Rumour and Historiography: The Use of Tenth-Century Collections of Hearsay in the Zizhi tongjian"，第二届北京大学—威尼斯大学双边学术会议"人文传统与方法分梳：多元文化视野下的中国语言文学"，北京：北京大学，2016 年 10 月 14—15 日。

② 瞿林东：《晚唐史学的特点与成就》，收入氏著：《唐代史学论稿》，北京：北京师范大学出版社，1989 年，第 46 页。

③ 对这些具体书目的存亡和流传，散见于：刘兆佑：《宋史艺文志史部佚籍考》，台北："国立"编译馆，1984 年；张固也：《新唐书艺文志补》，长春：吉林大学出版社，1996 年。

④ 关于这类著述史料价值的体现，主要在于被《资治通鉴考异》征引。对此，学者多有论列，比如：王仲荦、郑宜秀：《〈通鉴考异〉的史料考订价值》，《史学史研究》1984 年第 2 期；孙永如：《论〈通鉴考异·唐纪〉的史料价值》，《陕西师范大学学报》（哲学社会科学版）1986 年第 2 期；周征松：《〈资治通鉴考异〉对史学的贡献》，《晋阳学刊》1986 年第 5 期。

裁，因所涉及的事件多较短暂且复杂，不方便使用编年体，且也明显不是私人传记类作品，无法完全使用纪传体。上文分析的《惊听录》佚文第1条中对时间的倒叙手法，即可作为例证。故这类杂史著作，颇类似于后来的纪事本末体，在《通鉴纪事本末》中，亦有《武宗平泽潞》、《裴甫寇浙东》、《庞勋之乱》、《黄巢之乱》、《钱氏据吴越（董昌僭逆附）》等篇目。① 当然，纪事本末体是在编年体的基础上出现的体裁，本身的时间线索依然延续了编年体的模式。故而这类杂史著作在行文风格并不突出时间线，又夹杂了纪传体风格的情况下，成为一种特别的著述形式。②

对于这样一种著述形式，由于上列类似的著述如《续皇王宝运录》、《平剡录》、《彭门纪乱》、《咸通解围录》、《乾宁会稽录》等皆已亡佚，故而难以得到其撰写体例。唯一几近完整留存至今的《广陵妖乱志》，可以作为特别的考察，笔者将另文论述。单就《惊听录》来说，大概可以得到这一著述形式的两个特点：一，以事件为核心，并不完全按照时间线来论述，颇有倒叙插叙手法；二，多引诏令、奏议原文，作为对于事件始末、因果的凭证。

第二，《惊听录》佚文中保存的其他类型文本。

毫无疑问，《惊听录》所存佚文，可以作为《资治通鉴考异》史料价值的体现。在《惊听录》中所保存的其他文献的佚文，则可以作为《惊听录》史料价值的体现。对此，可以根据上引《惊听录》佚文，整理其中所包含的其他文献如下：

> a，宰臣豆卢瑑奏："缘淮南九驿使至泗州，恐高骈固守城垒，不遮截大寇；黄巢必若过淮，落寇之计。又征兵不及，须且诱之，请降节旄，授郓州节度使，候其至止，讨亦不难。"
>
> b，宰臣卢携言之不可，奏以"黄巢为国之患久矣，昨与江西节制，拥节而行，攻劫荆南。却夺其节，但征诸道骁勇，把截泗州"，因此不发内使，罢建双旌，乃发使臣诸道而去。
>
> c，寻淮南表至云："今大寇忽至，入臣封巡，未肯绵伏狼狐，必能晦沈大众。但以山东兵士屯驻扬州，各思故乡，臣遂放去，亦具闻奏，非臣自专。今奉诏书责臣无备，不合放回武勇，又告城危，致劳征兵劳于往返。臣今以寡击众，然曰武经，与贼交锋，已当数阵，粗成胜捷，不落奸谋，固护一方，臣必能了。但虑寇设深计，支梧官军，迤逦过淮，彼岸无敌，即东道将士以至藩臣，系朝廷速下明诏，上委中书门下，速与商量。"

以上这三条从《惊听录》中析出的佚文，可分两类：一即第a条和第b条所示，分别为豆卢瑑和卢携的奏章；二为第c条所示淮南节度使高骈上表。通过对于这三条佚文内容的考察，可以认识到《惊听录》这部书本身的史料价值，并非《资治通鉴考异》一句"年月事迹差舛尤多"所能涵盖。

笔者曾讨论王黄之乱的史料产生过程，其中将这类表章归入"当时人的史料"中的"战争文书"一类，并制表"现存黄巢史事期间残存奏表一览"以见其实。③ 不过当时未能注意从《惊听录》中挖掘佚文，故第a、b条史料可继续补之，其内容则是关于黄巢北上渡淮之前的朝廷议论，即豆卢瑑和卢携针锋相对的文辞。这两条佚文，一方面反映了豆卢瑑和卢携之间的矛盾，可

---

① 袁枢：《通鉴纪事本末》目录，北京：中华书局，1964年。
② 对于此种特别的著述形式，很难具体归入杂史类或小说类，导致学人取舍标准亦不一致。如彭健所整理的《资治通鉴考异》中之"小说"，既有虚构类小说著作，亦有纪实类杂史著作。参见彭健：《〈通鉴考异·唐纪〉引小说考论》，重庆工商大学硕士学位论文，2015年。故而彭文中梳理的"小说"，虽然包括《文武两朝献替记》等杂史和《云溪友议》等小说，却漏了包括《惊听录》在内的其他一些杂史。
③ 胡耀飞：《战争·回忆·修史：论黄巢史事的史料产生过程》，第286—287页。

视为所谓党争的例证。① 另一方面，从佚文中还可以得到一些新发现的使职，比如"缘淮南九驿使"。这一个使职，此前未能得到学者关注，但从其名称来看，能够反映很多信息，笔者将另文探讨。

至于第 c 条内容，反映的是广明元年（880）七月前后黄巢北上经过淮南道时，淮南节度使高骈与唐廷之间的虚与委蛇。对于高骈与唐廷之间的关系，以新罗崔致远（857—?）《桂苑笔耕集》所保存史料最为大宗。不过因为崔致远与高骈之间的合作关系始于广明元年底，终于中和四年（884）回国，故未能在其《桂苑笔耕集》中保存高骈与唐廷之间就黄巢北上所产生的文书。如此，《惊听录》所保存的高骈此一奏表，即颇为珍贵了。

结　语

在岑仲勉先生《隋唐史》一书中，专门就唐末史料缺乏问题辟有一个小节，列表整理了《资治通鉴考异》所引各类专题史料。其中，即有《新唐书·艺文志》所载王坤《惊听录》一种，是为唐人记载黄巢史事的唯一一种专门著作。然而此书虽有诸家著录，但已经亡佚，作者信息也十分有限。目前只能从《资治通鉴考异》中整理出 7 条佚文。不过通过这些佚文的整理，可以得到此书在史实和文献方面皆有价值。其中，就史实而言，其内容颇可印证相关黄巢行军路线的记载。就文献而言，此书本身可作为晚唐杂史类著述的一个代表，与后世的纪事本末体异曲同工。对于这类杂史类著述的特点来说，一是其叙事介于编年体和纪传体之间，二是其中多引用各类原始文书文本。故此，在《惊听录》中，还保存了王黄之乱时期当时人的奏章，可作为日后进一步分析的文本。

（作者单位：陕西师范大学历史文化学院）

---

① 潘子正：《唐僖宗朝前期（873—880）的政治角力分析》第四章《郑卢党争》，台湾师范大学硕士学位论文，2013 年，第 305—402 页。

武英殿本与四库本《唐会要》非同本考

刘安志

一、序　言

　　北宋王溥所撰《唐会要》一百卷，是研究唐代历史不可或缺的基本史籍。惜宋刻本不存，仅以钞本传世，故脱误颇多。清乾隆三十八年（1773）四库开馆，馆臣对征集来的《唐会要》钞本进行加工整理，修成武英殿聚珍本（以下简称"殿本"）和四库全书本（以下简称"四库本"）两种《唐会要》本子，流传至今，其中尤以殿本及在此基础上进一步加工完善的江苏书局本（以下统称"殿本"），影响最为深远。今天通用的中华书局本（以下简称"中华本"）、上海古籍出版社本（以下简称"上古本"）、陕西三秦出版社本（以下简称"三秦本"）等，即属此类①。

　　随着文渊阁四库全书本的数字化与电子化，四库本《唐会要》的原貌及其与殿本之间的差异，已逐渐为学人所熟知。然殿本与四库本之间究竟存在何种关系？同为一书，二本为何差异颇大？这种差异反映了什么问题？等等，都是有待进一步探讨和解明的问题。同时，对这些问题的探讨，也有助于准确认识殿本与四库本的原貌及其相关史料价值，为今后《唐会要》的整理与研究提供某些参考和借鉴。

　　学界一般认为，殿本与四库本《唐会要》所据底本，同属浙江汪启淑家藏本。如日本学者岛田正郎先生、周殿杰先生及上古本《唐会要·前言》等皆持此说②。吴枫、黄永年等先生虽未明言出自汪启淑家藏本，但都指出武英殿本据《四库》本排印③。当然，也有个别学者持折中说法，如牛继清先生即认为，后来收入四库全书史部的《唐会要》，就是汪氏家藏本，而武英殿本则是四库馆臣并四库本与"又一别本"而成的本子④。

---

① 《唐会要》，北京：中华书局，1955年；上海：上海古籍出版社，1991年、2006年新1版（本文据新1版）；牛继清：《唐会要校证》，西安：三秦出版社，2012年。按中华本乃殿本的翻刻本，并做了一定的校勘。上古本则以江苏书局本为底本，校以殿本、上海图书馆所藏四种《唐会要》钞本，以及《旧唐书》、《册府元龟》、《通典》等书，被认为是整理精良的本子。三秦本同样以江苏书局本为底本，校以殿本、四库本，及两《唐书》、《通典》、《资治通鉴》、《太平御览》、《册府元龟》等文献。

② ［日］岛田正郎：《在台北·国立中央图书馆藏钞本·唐会要について》，《律令制の诸问题》，东京：汲古书院，1984年，第669—689页；罗亮译，刘安志校汉译文，载《魏晋南北朝隋唐史资料》第三十三辑，上海：上海古籍出版社，2016年。周殿杰：《关于〈唐会要〉的流传和版本》，《史林》1989年第3期。上古本《唐会要·前言》，第11页。

③ 吴枫：《隋唐历史文献集释》，郑州：中州古籍出版社，1987年，第105页；黄永年：《唐史史料学》，上海：上海书店出版社，2002年，第70页。

④ 牛继清：《唐会要校证·前言》，第6页。

四库本与殿本如果是同本，为何会在内容上出现差异？董兴艳博士认为这是后人校改的原因①。顾成瑞先生通过考察殿本与四库本及国家图书馆藏钞本卷57《翰林院》"中书待诏"与"书待诏"之异同，指出殿本"中"系衍字，认为四库本修成在先，殿本后来刊行时，并未使用馆臣校勘的成果，殿本非尽善之本，四库本则经馆臣整理，具有很高的校勘价值②。黄正建先生在细致比较四库本与殿本《唐会要》卷39《定格令》与《议刑轻重》之后，指出四库本可能更接近《唐会要》原貌③，但未论证二本何以出现这种差异的原因。

日本学者古畑徹先生在认真比较四库本、殿本、台北图书馆所藏《唐会要》两钞本、日本静嘉堂所藏《唐会要》钞本五个版本基础上，首次指出，殿本与四库本存在多方面的差异，二本源自不同的底本，认为四库本所据底本为浙江汪启淑家藏本，而殿本所据底本则为清初存在的某个"刻本"之节本④。

古畑徹先生从其所掌握的三种《唐会要》钞本入手，通过比较其与殿本、四库本之异同，进而对《唐会要》版本流传问题提出新解。这一研究极具启发性。虽然他有关殿本与四库本所据不同底本的相关判断和认识，尚存扞格难通之处，但首次指出二本为不同版本的观点，却是值得充分重视的。本文拟在古畑徹先生及前人已有相关研究成果基础上，参据目前所掌握的数种《唐会要》钞本及相关文献，对殿本与四库本所据底本问题续作探讨，以期对四库本《唐会要》有更为深入的认识，进而为今后《唐会要》的整理与研究工作提供参考和借鉴。

二、《唐会要》钞本存在不同的传抄系统

迄今所知国内外所藏《唐会要》钞本，总有十六种之多，其中国家图书馆藏三种，中国科学院图书馆藏二种，北京大学图书馆藏一种，上海图书馆藏四种，浙江图书馆藏一种，江苏镇江图书馆藏一种，广东省立中山图书馆藏一种，台北图书馆藏二种，日本东京静嘉堂文库藏一种。古畑徹先生在比较台北、东京所藏三钞本与四库本、殿本之异同后，指出清初《唐会要》钞本应该有一个以上的版本传写，所言甚是⑤。据笔者目前所掌握的七种《唐会要》钞本⑥，可以证明这

---

① 董兴艳：《〈唐会要〉研究》，厦门大学博士学位论文，2008年，第119—120页。
② 顾成瑞：《〈唐会要〉版本献疑——从标点本〈唐会要〉一条材料说起》，《书品》2012年第6期。
③ 黄正建：《〈唐会要〉校证献疑：以卷三九为例》，《东方早报》2015年5月17日，第010版。
④ 按古畑徹氏在《〈唐会要〉の諸テキストについて》（《东方学》第78辑，1989年，第82—95页。罗亮译，刘安志校汉译文《〈唐会要〉的诸版本》，载《山西大学学报》2017年第1期）一文中，最先提出清初存在某种《唐会要》刻本的观点。其后，又在1998年发表的《〈唐会要〉の流伝に関する一考察》（《东洋史研究》57—1，第96—124页）一文中，进一步修正、完善其既有观点，认为殿本所依据的底本，是流传至清初的某种宋刻本之节本。
⑤ ［日］古畑徹：《〈唐会要〉の諸テキストについて》。
⑥ 七种钞本情况大致如下：国家图书馆藏有三种《唐会要》钞本，已全部上网。其中编号10521为明钞本（以下简称"国图A钞本"），03873号（以下简称"国图B钞本"）、04216号（以下简称"国图C钞本"）两种为清钞本。郑明《〈唐会要〉初探》（中国唐史学会编：《中国唐史学会论文集》，西安：三秦出版社，1989年，第167—182页）一文，曾对此三种钞本有过介绍。广东省立中山图书馆所藏《唐会要》钞本一种（以下简称"广图本"），亦属清钞本，已于2015年由国家图书馆出版社影印出版，收入《中国古籍珍本丛刊：广东省立中山图书馆卷》第24、25册。台北图书馆藏有《唐会要》康熙旧钞本（以下简称"台北A钞本"）、旧钞本（以下简称"台北B钞本"）两种，日本学者岛田正郎、古畑徹在前揭文中对两种钞本都有过介绍和考释。尤其是台北A钞本，业已确认即浙江汪启淑家藏本。笔者曾蒙台湾中正大学历史系朱振宏教授慷慨相助，获得此两种钞本的复印件。日本东京静嘉堂文库藏有《唐会要》钞本（以下简称"静嘉堂钞本"）一种，日本平冈武夫先生早年有过介绍，认为是明钞本（《唐代的行政地理》，京都大学人文科学研究所，1955年，第19页），古畑徹先生则考证认为是康熙年间钞本（氏著《〈唐会要〉の諸テキストについて》）。笔者通过购买方式获得静嘉堂钞本的复印件。

些钞本其实存在着不同的传抄系统。最为明显的例子，就是这些钞本中卷九二至九四数卷文字的残阙与否。按台北 A、B 两钞本与静嘉堂钞本，经古畑彻先生考证，认为皆属康熙或康熙以前写本①。这三种钞本中，卷 92《内外官料钱下》皆仅存长庆二年至会昌二年诸条内容，其后《内外官职田》、《诸司诸色本钱上》及卷 93、94 皆阙。国图 A 钞本乃明钞本，仅存 40 卷，其卷 85 以后皆阙；国图 B、C 两种钞本皆为清钞本，然 B 钞本卷九二残阙情况同台北 A、B 两钞本与静嘉堂钞本，卷 93 与其他各卷书法不同，似为后人所补，因此卷子目分为《诸司诸色本钱上》、《诸司诸色本钱下》，且内容也与殿本《唐会要》卷 93 同，故极有可能乃后人据殿本所补。该钞本卷 94 书法与卷 93 有异，子目内容虽与殿本相近，但差异至为明显，如多次使用"嗣圣"年号纪年，以致达"十八年"者，而殿本只使用"嗣圣三年"、"嗣圣四年"两次。尤其值得注意的是，此卷抄有"弘"、"曆"二字，完全不避乾隆皇帝讳，可见其抄写时间在乾隆以前。国图 C 钞本、广图本卷 92—94 三卷与殿本同，已避"弘"、"曆"二字讳，当为后人据殿本所补。

上述情况足以证明，清初的《唐会要》钞本，实际存在着不同的传抄系统。值得一提的是，与国图 B 钞本卷 94 相比，四库本《唐会要》卷 93、94 除把《北突厥》分为上下外，其余文字内容皆与国图 B 钞本同，尤其是"嗣圣"纪年的使用上，二本完全一样，这说明国图 B 钞本与四库本所据底本之间，当存在着某种密切的渊源关系。殿本则与二本有所不同。据黄丽婧、吴玉贵二位先生考证，四库本卷 93、94 与殿本卷 94，乃后人据朱熹《资治通鉴纲目》所补②。从国图 B 钞本不避"弘"、"曆"二字讳看，这一补撰工作早在乾隆以前就已完成了。以此言之，四库本卷 93、94 文字内容，并非四库馆臣所补撰，应该是可以肯定的。而殿本卷 94 内容，与国图 B 钞本、四库本已有若干差异，三种版本之间究竟是何种关系，就值得考虑了。不管如何，乾隆以前的《唐会要》钞本存在着不同的传抄系统，则是可以肯定的，这对考察四库本与殿本是否同本问题极有助益。

三、殿本与四库本《唐会要》之差异

古畑彻、黄正建、董兴艳诸先生都在其前揭相关论著中，指出了殿本与四库本《唐会要》存在的种种差异，本节拟从二本目录与子目差异、内容是否完整、文字有否异同等方面展开进一步论证，确认二本非同一版本。

1. 目录与子目差异

通过比较可以发现，殿本《唐会要》有完整的目录，而现存文渊阁、文津阁、文溯阁、文澜

---

① ［日］古畑彻：《〈唐会要〉の诸テキストについて》。
② 黄丽婧：《〈唐会要〉阙卷后人伪撰考》，《江淮论坛》2012 年第 4 期。吴玉贵：《〈唐会要〉突厥、吐谷浑卷补撰考》，《文史》2015 年第 2 辑。

阁诸四库本皆无①，为何如此？刘远游先生曾对此有过探讨，认为文渊阁本《唐会要》、《春秋经解》、《元史》、《元丰九域志》四种原本应该是有目录的，后来因为底本和《提要》出现撤换，导致目录遗失②。仅就《唐会要》而言，刘氏这一看法，或许对认识和理解殿本与四库本《提要》相同这一特点有所助益（详后），但没法解释文津、文溯、文澜三阁本为何目录也同样缺失这一问题。从现存种种迹象看，笔者推测，四库本所据底本可能原来就没有目录。比较后人增补的卷7—10、卷93—94子目，与殿本和国内外所藏诸钞本目录和子目之异同，即可看出此点。

笔者曾考证指出，四库本《唐会要》卷7—10内容，乃清人沈叔埏据秦蕙田《五礼通考》所补③。殿本明言此数卷文字据四库本录入，但各卷子目并未从四库本。为便于说明问题，兹列表分析如下。

四库本、殿本《唐会要》卷七至十子目异同表

版本 卷数	四库本	殿本
卷7	《封禅上》	《封禅》
卷8	《封禅下》	《郊议》
卷9上	《郊祭》	《杂郊议上》
卷9下	"斋戒"、"陈设"、"省牲器"、"銮驾出宫"、"奠玉帛"、"进熟"、"銮驾还宫（上辛雩祀并同）"④	《杂郊议下》
卷10上	《亲拜郊（正月祈谷）》、《亲迎气》、《后土（方丘）》、《后土（社稷）》	《亲拜郊（正月祈谷）》、《亲迎气》、《杂录》、《后土（社稷）》
卷10下	《藉田》、《九宫坛》、《皇后亲蚕》	《藉田》、《藉田东郊仪》、《九宫坛》、《皇后亲蚕》

据上表，殿本与四库本《唐会要》卷7—10的子目名称，明显存在着差异。笔者掌握的七种《唐会要》钞本中，除台北B钞本无目录外，其余六种钞本目录均为：卷7《封禅》（按：国图A钞本缺卷7目录），卷8《郊议上》，卷9《杂郊议下》，卷10《亲拜郊》、《杂录》、《亲迎气》、《后土》、《藉田》、《藉田东郊仪》、《九宫坛》、《皇后亲蚕》。这应即《唐会要》原本目录。殿本虽据四库本抄录，但目录和子目基本依据原目，仅把卷8改为《郊议》、卷9《杂郊议》分上下两卷、卷10《杂录》移至《亲迎气》之后。而四库本子目则与原目存在较大差异。这种差异说

---

① 除文渊阁四库全书本《唐会要》外，笔者在朋友和学生帮助下，对现存文津阁本、文溯阁本、文澜阁本《唐会要》进行了调查，确认诸本皆无目录，且文渊、文津、文澜三阁卷7—10各子目下亦无殿本"原阙。今照四库全书本增补"之类的双行小字标记。值得一提的是，浙江图书馆所藏文澜阁本《唐会要》，虽无目录，但卷7—10、卷92—94子目与其他阁本有异，而与殿本同，推测原本有可能毁于1861年太平军攻占杭州时，后人乃以殿本补抄而成，已非四库全书本了。浙图所藏文澜阁本《唐会要》的调查，承蒙该馆曹海花博士的热心帮助，谨致谢忱！另外，文溯阁《唐会要》的情况有些特殊，承甘肃兰州文溯阁《四库全书》藏书馆易雪梅副馆长见告，卷7、10有"补"字，卷8、9无"补"字。文溯阁为何与其他三阁不同，尚待进一步求证。
② 刘远游：《〈四库全书〉卷首提要的原文撤换》，《复旦学报》（社会科学版）1991年第2期。
③ 刘安志：《〈唐会要〉"补亡四卷"考》，《魏晋南北朝隋唐史资料》第33辑，上海：上海古籍出版社，2016年。
④ 按"斋戒"等条，实乃补撰者照抄秦蕙田《五礼通考》而不加细查。其实，这些条目属"皇帝冬日至祀圆丘仪"中的文字，作为本卷的子目实在有些不伦不类，这也反映了补撰者工作的粗疏。

明四库本整理者并未按照《唐会要》原目进行增补，其原因或在于四库本所据底本目录原已佚失。

除卷7—10外，四库本卷93—94的分卷与子目，同样也与殿本有异。四库本卷93子目为《北突厥上》，卷94为《北突厥下》、《西突厥》、《西陀突厥》、《吐谷浑》，而殿本卷93为《诸司诸色本钱上》、《诸司诸色本钱下》，卷94为《北突厥》、《西突厥》、《沙陀突厥》、《吐谷浑》，与四库本明显有异。再看诸钞本的目录，国图B、C钞本及广图本、台北A钞本、静嘉堂钞本皆为：卷93《诸司诸色本钱下》，卷94《北突厥》、《西突厥》、《沙陀突厥》、《吐谷浑》，这同样也是《唐会要》原目。殿本只是把卷92的《诸司诸色本钱上》下移至卷93，做了适度的调整，而四库本则与原卷目次完全不合。这种把原属卷94的《北突厥》，强行拆分为《北突厥上》与《北突厥下》，并为《北突厥上》单列一卷，置于卷93，致使原卷93《诸司诸色本钱下》消失不存，而原目卷92《诸司诸色本钱上》也因此失去前后依托。四库本所据底本抄写者或补撰者为何进行如此分卷安排？感觉有些不可理喻。个中原因，或与原本目录缺失有关，否则不会率意如此。

综上所述，再结合目前所见文渊阁、文津阁、文溯阁、文澜阁诸四库本皆无目录这一特点，笔者判断，四库本《唐会要》所据底本，极有可能原本目录缺失。类似情况，在现存诸钞本中也有存在，如台北B钞本即是如此。

另外，四库本与殿本在子目方面存在的差异，也有若干，如四库本卷57《左右仆射》"建中元年三月"条乃错简，其后子目为《左右司员外郎》，同样也是错简，殿本则无此问题。诸钞本中，国图B钞本、台北A钞本、静嘉堂钞本同样出现错简，而国图C钞本、台北B钞本则无错简，这说明当时的诸钞本之间其实存在着不同的传抄系统。

又如，四库本卷66《北京军器库》，殿本作《西京军器库》；四库本卷75《附科甲》，殿本作《附甲》；四库本卷98《雷国》，殿本作《雷殨国》；四库本卷99《朱俱婆国》，殿本作《朱俱波国》；四库本卷100《大辞弥国》、《舍利毗迦国》、《波罗舍利国》，殿本分别作《火辞弥国》、《金利毗迦国》、《哥罗舍分国》。等等。

四库本与殿本不仅在子目名称上存在差异，而且殿本中有些子目，如卷96《渤海》、卷99《南平蛮》、卷100《多福国》等，均不见于四库本，也反映了二本之间的明显差异。

总之，四库本与殿本在目录、卷次及子目等方面，均存在着不少差异。这些差异表明二本极有可能属于不同的版本。

2. 内容是否完整

在内容是否完整方面，相较而言，殿本《唐会要》除卷3《内职》末尾标有双行夹注"此条原本有阙"六字外，其余皆完整无缺。四库本则不一样，多处标"阙"，如卷38《葬》、卷43《五星临犯》、卷50《观》、卷53《杂录》、卷60《御史台》、卷69《州府及县加减员》、卷70《州县改置上·关内道》、卷75《东都选》等；也有少数几处标"原阙"，如卷31《裘冕》、卷92《内外官职田》等。"阙"与"原阙"皆表明这些地方原本是残缺不全的。从目前所见《唐会要》诸钞本情况看，普遍存在残缺不全的情况，《四库全书总目》称"今仅传钞本，脱误颇多"[1]，确属实情。很明显，殿本之相对完整，乃是四库馆臣进行增补、修订和完善之故。此点

---

[1]《四库全书总目》卷81《唐会要·提要》，北京：中华书局，1965年，第694页。

日本学者岛田正郎、古畑徹在前揭文中早已指出。问题是，这些增补和修订，是否符合《唐会要》原貌，需要引起我们足够的重视。

值得一提的是，《唐会要》各钞本之间也存在着这样那样的差异，如国图 B 钞本卷 31《裘冕》显庆元年九月十九日条"又云悉与"后空阙十数行，其后接抄"礼惟从俗"云云。而其余六种钞本"又云悉与"后皆不阙，接抄"宰相二十三人"云云，内容与上文绝不相干，这里明显出现了错简。台北 A 钞本该页上有粗笔眉批："宰相以下至谥曰圣穆景文止，应改入帝号，以补懿宗、僖宗并昭宗前半之缺。此处系传钞之误。"此后第 3 页又有眉批："礼惟从俗以下，仍接前裘冕事。中间疑有阙误。"这一眉批是否为四库馆臣所为，尚待求证。然四种钞本均出现同样的错简，表明它们当源自同一钞本系统。有趣的是，四库本《唐会要》卷 31《裘冕》显庆元年九月十九日条"又云"后同样空阙十数行，其后接抄"天下礼惟从俗"云云。这种残阙情况和抄写格式，与国图 B 钞本相同，而上文所言四库本与国图 B 钞本卷 57《左右仆射》、《左右司员外郎》同样出现错简，四库本与国图 B 钞本之密切关系至为明显，二本有可能源自同一钞本系统。上文对二本卷 93—94 内容之分析，也已表明此点。

殿本卷 31《裘冕》前后内容完整，明显乃四库馆臣所增补①。殿本所据底本原貌为何？尚不清楚，然其卷 92《内外官职田》与四库本之间存在的明显差异，足可证明二者并非源自同一钞本系统。按殿本卷 92《内外官职田》总存二十余条记事，内容前后完整。而四库本卷 92《内外官职田》下标"原阙"，中空 2 行半后再接抄"五品以上田"等内容，总存四条记事，其中有二条并不见于殿本记载，另外二条文字也与殿本不尽相同。古畑徹先生曾考证指出，殿本此处乃后人据《册府元龟》等书增补，并非《唐会要》原文，而四库本所残存的四条记事，则是《唐会要》原文②。这种差异表明殿本与四库本不可能出自同一底本。如果二者同出一个底本，殿本只需在原有四条记事基础上进行增补完善，而不会无缘无故删除原本所记条文内容了。

另外，殿本有些内容并不见于四库本，如卷 41《酷吏》载初元年九月条"十日求破家"之后，殿本尚有双行夹注："王宏义戏谓丽景门为例竟门。"③ 国图 B、C 钞本、广图本与台北 A、B 钞本皆同殿本，然四库本并无此注。值得注意的是，静嘉堂钞本卷 41《酷吏》"十日求"后阙 1 行，亦无双行夹注，情形与四库本略同④。这说明四库本卷 41《酷吏》下阙双行夹注这一情况，早在康熙年间的《唐会要》钞本中就已出现，其并非个案或孤例，是显而易见的。诸钞本之间存在不同的传抄系统，于此又添新证。双行夹注的有无，也可证明殿本与四库本并非出自同一个版本。

3. 文字异同

有证据表明，殿本与四库本的整理者并非同班人员。如《唐会要》卷 39《定格令》贞观十一年正月十四日条，除国图 C 钞本外，其余六种钞本皆空阙二字：

---

① 国图 A 钞本即明钞本，同样出现错简，有可能是后来钞本之源头，但相关内容错入卷 2《帝号下》宣宗条后。殿本所记内容与之不合，可证为清人增补。认真考察殿本所记文字，实据《旧唐书》卷 45《舆服志》所补。此涉及《唐会要》佚文问题，容另文探讨。
② [日] 古畑徹：《〈唐会要〉の诸テキストについて》。
③ 中华本，第 740 页。上古本，第 866 页。三秦本，第 634 页。"宏"，上古本与三秦本皆作"弘"。
④ 古畑徹先生已最先指出此点，参见氏著：《〈唐会要〉の诸テキストについて》。

> 正观十一年正月十四日，颁新格于天下，凡律五百条，分为十二卷，减（阙二字）入徒者七十一条。

按国图 C 钞本亦空阙二字格，但有后人补入的"军流"二字，四库本与殿本对此则有不同的增补：

> 贞观十一年……分为十二卷，减死罪入徒者七十一条。（四库本）①
> 贞观十一年……分为十二卷，大辟者九十二条，减流入徒者七十一条。（殿本）②

四库本补入"死罪"二字，虽不知其所据为何，但所补内容与钞本残阙二字情况正相吻合。而殿本据《旧唐书》卷50《刑法志》补入"大辟者九十二条"、"流"等八字，与四库本明显有异。此种情况的出现，当与二本分属不同人员整理有关。同卷《议刑轻重》会昌三年十二月条，可进一步证明此点。

与《定格令》一样，除国图 C 钞本外，其余六种钞本卷39《议刑轻重》"刑部郎中"后皆空阙二字：

> （会昌）三年十二月，泽潞刘稹平，欲定其母裴氏罪，令百寮议之。刑部郎中（阙二字）议曰（后略）。

国图 C 钞本亦阙二字，后人补一"等"字，四库本与殿本所补同样不同：

> （会昌）三年十二月……刑部大理等议曰（后略）。（四库本）③
> （会昌）三年十二月……刑部郎中陈商议曰（后略）。（殿本）④

殿本于"刑部郎中"后补"陈商"二字，正与前揭钞本残阙情况相吻合。而四库本作"刑部大理等议"，与殿本和诸钞本皆不合，其原因或在于所据底本不同，或是整理者随意增补、删改所致。不管如何，四库本与殿本的这一差异，可进一步说明二本整理者并非同班人员。

类似诸钞本残阙而四库本与殿本所补文字并不一致的例子，尚有不少。当然，如上文所述，四库本并非对原底本所有残阙之处都进行了增补，故书中多处标记"阙"、"原阙"字样，从而大致保留了所据底本的若干原貌。殿本则不然，对原底本进行了全面增补，然所补内容是否皆《唐会要》原文，就很难说了。因此，在利用殿本《唐会要》所记相关史料时，有必要对四库本和诸钞本予以充分关注。

四库本与殿本文字上的差异，不仅表明二本整理者不同，而且所据底本也有不同。兹再举一例，以证此点。据《唐会要》卷100《日本国》载，武周长安三年（703），日本遣其大臣朝臣真人来朝事，四库本与殿本所记略有不同：

---

① 《唐会要》，四库本，第520页。
② 《唐会要》，中华本，第701页。
③ 《唐会要》，四库本，第531页。
④ 《唐会要》，中华本，第715页。

> 长安三年，遣其大臣朝臣真人来朝……好读经史，解属文，容止温雅。则天宴之，授司善卿而还。（四库本）①
> 长安三年，遣其大臣朝臣真人来朝……好读经史，解属文，容止闲雅可人。宴之麟德殿，授司膳卿而还。（殿本）②

相较殿本而言，四库本多了"则天"二字，但又无"可人"、"麟德殿"五字。这种文字上的差异，导致文义也出现了不同。如果二本所据为同一底本，如何理解这种差异？对此，《唐会要》诸钞本又是如何记载的呢？经核查，诸钞本皆无"麟德殿"三字。"可人"，国图B钞本同殿本，台北A钞本、静嘉堂钞本作"则人"，国图C钞本、广图本、台北B钞本作"则天"。可见，诸钞本存在"则天"、"则人"、"可人"三种不同的记载，四库本与殿本所记，皆渊源有自，各有所本。据《旧唐书》卷199上《东夷日本国传》、《太平御览》卷782《四夷部三·日本国》引《唐书》，皆云"（朝臣真人）容止温雅，则天宴之于麟德殿，授司膳卿，放还本国"③，可证《唐会要》原本作"则天"。由此不难看出，"则人"实乃"则天"传抄之误，"可人"则是"则人"传抄之误。诸钞本之间各自不同的传抄关系，于此可见一斑。至于殿本中出现的"麟德殿"三字，推测整理者感觉"宴之"二字有些不词，遂据《旧唐书》进行增补。从诸钞本所记情况看，《唐会要》原本并无此三字。

总之，上述四库本与殿本"则天"、"可人"之不同记载，均能在诸钞本中找到其源头，说明二本各有所据，其并非出自同一版本，这是可以肯定的。那么，四库本与殿本各自所据底本为何？《四库全书总目·〈唐会要〉提要》中，曾提及"浙江汪启淑家藏本"、"又一别本"两个《唐会要》钞本，这两个钞本与其后成书的四库本和殿本是何关系？如何理解四库本与殿本《唐会要·提要》内容相同这一问题呢？下节拟对此展开探讨。

四、《四库全书总目·〈唐会要〉提要》辨析

关于《唐会要·提要》，存在《四库全书总目》、《四库全书简明目录》、四库本、殿本等多个版本。其中《四库全书总目》明确记载《唐会要》出自"浙江汪启淑家藏本"，《四库全书简明目录》乃《四库全书总目》的删节版，四库本《唐会要》书前提要记有"恭校上"时间和总纂官、总校官姓名④。除此之外，在具体介绍《唐会要》作者、成书过程及其版本流传等方面，诸本《提要》大体一致，并无什么明显差异。那么，如果认定四库本与殿本源自不同底本的话，又将如何认识和理解二本《提要》内容的高度一致性呢？故而有必要结合四库本与殿本的实际情况，重新对《提要》所记内容展开分析与考辨，确认其与四库本和殿本之关系。

据《四库全书总目》卷81《唐会要·提要》载⑤：

---

① 《唐会要》，四库本，第433页。
② 《唐会要》，中华本，第1792页。
③ 《旧唐书》，北京：中华书局，1975年，第5340—5341页。《太平御览》，北京：中华书局，1960年，第3466页。
④ 四库本《唐会要》书前提要，也存在文渊阁、文溯阁、文津阁、文澜阁之别。文渊阁"恭校上"时间为乾隆四十六年十一月，文溯阁则为乾隆四十七年五月。参见《金毓黻手定文溯阁四库全书提要》，北京：中华全国图书馆文献缩微复制中心，1999年，第358—359页。本文所论《唐会要》，主要依据文渊阁四库全书本。
⑤ 《四库全书总目》，第694页。

《唐会要》一百卷（浙江汪启淑家藏本）

宋王溥撰。（中略）今仅传钞本，脱误颇多。八卷题曰《郊仪》，而所载乃南唐事；九卷题曰《杂郊仪》，而所载乃唐初奏疏，皆与目录不相应；七卷、十卷亦多错入他文。盖原书残阙，而后人妄摭窜入，以盈卷帙。又一别本，所阙四卷亦同，而有补亡四卷，采摭诸书，所载唐事依原目编类，虽未必合溥之旧本，而宏纲细目，约略粗具，犹可以见其大凡。今据以录入，仍各注补字于标目之下，以示区别焉。

上揭《提要》所记，尤可注意者，有如下三个方面：

其一，"今仅传钞本，脱误颇多"，说明当时四库馆臣所见《唐会要》版本，皆为钞本，这与明末清初大儒朱彝尊所言可以相互印证。按朱氏《曝书亭集》卷45《唐会要跋》有如下记载[①]：

今雕本罕有，予购之四十年，近始借抄常熟钱氏写本。惜乎第七卷至第九卷失去，杂以他书，第十卷亦有错杂文字。九十二卷缺第二翻以后，九十三、九十四二卷全阙。安得收藏家有善本借抄成完书？姑识此以俟。

按朱彝尊生于1629年，卒于1709，其购之四十年而不得"雕本"，此事当发生在清初时期。至乾隆四十六年（1781）四库本《唐会要》修成进上，四库馆臣仍称"今仅传钞本"，说明当时所见《唐会要》，皆为钞本。不仅如此，参与《四库全书》编纂工作并担任四库全书馆副总裁的彭元瑞（1731—1803），也在其手校钞本《唐会要》书前题有"是书传钞都无善本"之识语[②]。即使到嘉庆初年刊刻武英殿本《唐会要》，其书前提要仍说"今仅传钞本"，未提及此前有任何刻本发现之事。清末周星诒述及常熟钱氏钞本时，亦明言"此书旧无刊本"[③]。因此，古畑徹先生推测当时存在某个《唐会要》刻本之节本，并认为是殿本所据之底本，其说颇感理据不足。另外，古畑氏据《国朝宫史续编》卷94《书籍二十·校刊》所记"御定重刻唐会要一部。宋王溥撰，凡一百卷。奉敕校刊"[④]，指出《御定重刻唐会要》即指武英殿聚珍版《唐会要》，既称"重刻"，说明殿本以前尚有刻本，并可能是殿本的底本[⑤]。按《国朝宫史续编》卷94所记，除"御定重刻唐会要一部"外，尚有"御定重刻论语集解义疏一部"、"御定重刻补后汉书年表"、"御定重刻九家集注杜诗一部"等[⑥]，皆明记"奉敕校刊"。然除《唐会要》外，其余三书皆不在目前所确认的138种《武英殿聚珍版丛书》中[⑦]。另外，《补后汉书年表》10卷，为宋代熊方所撰，后收入《四库全书》，所据底本为编修汪如藻家藏本，而此前于敏中等于乾隆四十年（1775）撰成的《钦定天禄琳琅书目》中，亦明确记载"宜其此书刊行流传绝尠，是不能不有赖

---

① （清）朱彝尊：《曝书亭集》，上海：世界书局，1937年，第545页。
② 《唐会要·前言》，上古本，第7页。
③ （清）邵懿辰撰，邵章续录：《增订四库简明目录标注》卷8《史部十三·政书类》，上海：上海古籍出版社，1979年新1版，第334页。
④ （清）庆桂等编纂，左步清校点：《国朝宫史续编》，北京：北京古籍出版社，1994年，第918页。
⑤ ［日］古畑徹：《〈唐会要〉の诸テキストについて》。
⑥ （清）庆桂等编纂，左步清校点：《国朝宫史续编》，第917—918页。
⑦ 参见张升《四库全书馆研究》附录二《〈武英殿聚珍版丛书〉纂校表》，北京：北京师范大学出版社，2012年，第390—404页。

于影钞矣"①。若按古畑氏之推断，《补后汉书年表》与《唐会要》一样，此前都已有刻本的话，那如何理解如上清人的相关记载呢？其实，所谓"重刻"，乃指重新刻印图书，并非在原刻本基础上重新刊刻，古畑氏的理解似有偏差，其推断恐难成立。

其二，"又一别本，所阙四卷亦同，而有补亡四卷，采撷诸书，所载唐事依原目编类，虽未必合溥之旧本，而宏纲细目，约略粗具，犹可以见其大凡"，表明当时四库馆臣所掌握的《唐会要》钞本，除浙江汪启淑家藏本外，尚有另一"别本"，当然也可能还有其他钞本。此"别本"具体情况如何，并不清楚，然其卷7—10残阙情况亦同汪启淑家藏本，并有后人采撷诸书予以增补的"补亡四卷"。换言之，此本卷7—10文字，已属后人增补的"补亡四卷"。有趣的是，如上文所指出的，四库本《唐会要》卷7—10内容，乃清人沈叔埏据秦蕙田《五礼通考》所补，殿本《唐会要》卷7—10又据四库本增补。很明显，就卷7—10内容皆为后人所补这一相同特点看，"别本"与四库本当存在某种关联。

其三，"今据以录入，仍各注补字于标目之下，以示区别焉"。所谓"今据以录入"，即指据"别本"中"补亡四卷"录入书中。然其后"仍各注补字于标目之下"一语，颇值注意。观四库本与殿本卷7—10标目下是否有"补"字，即可知《提要》所述究竟是指何书了。

殿本目录中，卷7、卷8、卷9上、卷9下、卷10上、卷10下皆注"补"字；正文中，子目"唐会要卷七"、"唐会要卷八"、"唐会要卷九上"、"唐会要卷九下"、"唐会要卷十上"、"唐会要卷十下"下，皆有双行夹注"原阙。今照四库全书本增补"十一字。其后同治年间刊印的江苏书局本，亦复如此。可见，殿本《唐会要》明确标记"补"字注文，是确凿无疑的。反观四库本《唐会要》，文渊阁、文津阁、文澜阁诸本，皆阙目录，且正文卷7—10子目下并无殿本"原阙。今照四库全书本增补"之类的注文，也无"补"之类的字样②。可见，四库本与殿本在是否标注"补"字这一点上，差异至为明显。

《提要》所言"今据以录入"，与殿本夹行标注"原阙。今照四库全书本增补"，二者正相吻合，昭昭显示汪启淑家藏本与殿本之密切关系。再联系现存四库本《唐会要》皆无"补"字这一特征，则《提要》所述，是指殿本而非四库本，足可肯定矣。

关于四库本与殿本是否标注"补"字，郑明先生较早注意到这一差异，然不解其缘故③。结合上节所述四库本与殿本存在之种种差异，以及《提要》所言与二本是否吻合之情况，笔者认为，其原因即在于《提要》所述，其实是对殿本之介绍，而与四库本无关。这可进一步证明上述四库本与殿本实为不同版本之观点。

那么，如何理解四库本《唐会要》书前提要除"恭校上"时间、总纂官与总校官名外，其余主体内容与殿本书前提要完全一致呢？前揭刘远游先生在《〈四库全书〉卷首提要的原文撤换》一文中④，曾论及文渊阁本《唐会要》、《春秋经解》、《元史》、《元丰九域志》等书，因底本撤换而导致书前提要出现不同的问题。另外，在《金毓黻手定本文溯阁四库全书提要》一书"影印前言"中，亦举出若干例证，指出《四库全书》因版本更换而导致提要不同的问题⑤。可

---

① （清）于敏中等撰：《钦定天禄琳琅书目》卷4《影宋钞史部·集补后汉书年表（一函四册）》，收入《摛藻堂四库全书荟要》，第242册，台北：世界书局，1990年，第594页。
② 承兰州文溯阁《四库全书》藏书馆员易雪梅副馆长调查见告，文溯阁《唐会要》卷7、卷10有"补"字，卷8、卷9无"补"字。文溯阁《唐会要》的这一标记，与文渊阁、文津阁、文澜阁《唐会要》不同，原因为何，尚待进一步求证。
③ 郑明：《〈唐会要〉初探》，中国唐史学会编：《中国唐史学会论文集》，西安：三秦出版社，1989年，第178页。
④ 刘远游：《〈四库全书〉卷首提要的原文撤换》，《复旦学报（社会科学版）》1991年第2期。
⑤ 金毓黻辑：《金毓黻手定文溯阁四库全书提要》，北京：中华全国图书馆文献缩微复制中心，1999年，第4—6页。

见,在《四库全书》编纂过程中,因底本或版本发生更换而导致相关问题的出现,并非个别现象。上文业已论证,四库本与殿本《唐会要》并非同一版本或底本,这种提要相同而版本不同的现象,有无可能也是因为底本或版本发生更换而导致的呢?不排除这种可能。按《四库全书总目》自乾隆三十八年(1773)开始编修,至乾隆四十六年(1781)二月初稿完成,四十七年(1782)七月修改定稿①。而汪启淑家藏本早在乾隆三十八年十一月就已进呈四库全书馆(详下),四库馆臣当据汪本初拟《提要》,《四库全书总目》标注《唐会要》出自"浙江汪启淑家藏本",可明此点。然后来基于某种考虑,四库馆臣用某一别本替换汪启淑家藏本收入《四库全书》,又未及撰写新本《提要》,继续沿用汪本《提要》,故而导致版本不同而《提要》相同的问题。限于史料,这当然仅是笔者的一种大胆推测,尚有待进一步证实。不过,北宋孙觉所撰《春秋经解》一书,同样分别编入《四库全书》和《武英殿聚珍版丛书》,亦存在底本有异而《提要》基本相同的情形②,这说明《唐会要》并非个案或孤例。

五、殿本与四库本各有所本考

上节结合殿本与四库本实际情况,对《四库全书总目》卷81《唐会要·提要》进行了若干考辨,确认《提要》乃是对殿本的介绍,而与四库本无关,这与二本之间存在的种种差异也颇相契合。《提要》明记出自"浙江汪启淑家藏本",可知殿本所据底本即汪启淑家藏本。据日本学者岛田正郎先生调查,台北图书馆所藏《唐会要》康熙旧钞本(即台北A钞本),实即浙江汪启淑家藏本。该钞本第一册裱纸中央上部押有6.3×9.9厘米的朱印,上书:

乾隆三十八年十一月浙江巡
抚三宝送到汪启淑家藏
　　唐　会　要　壹　部
　　计书贰拾肆　　本③

其中下划线部分系朱笔所书。同册卷首中央上部押有10.2厘米的方印,上面刻有满汉两种文字的"翰林院印"。这件钞本宽17.3厘米,长26.5厘米,半页12行,每行25字。第7卷到第10卷散佚,后人用他书补充而成。岛田先生还指出,该钞本卷92第二条(内外官职田)以下及卷93、94皆阙失,其与朱彝尊在借抄常熟钱氏本跋中的记载完全一致。两者应该来自同一个足本。钞本是清乾隆三十八年(1773)四库开馆时浙江汪启淑进献的家藏本,四库馆抄录后退回汪家④。经核查原钞本复印本,岛田先生所言,除朱印位于裱纸中央上部(应为下部)有误外,其余皆属实。

如前所述,古畑彻先生认为四库本《唐会要》所据底本为汪启淑家藏本,然在比较汪本与四库本之异同后,感觉此说尚存若干疑问,尤其在目录、分卷及子目关系问题上,二本彼此无法相

---

① 参见崔富章《关于〈四库全书总目〉的定名及其最早的刻本》,《文史》2004年第2辑。
② 参见葛焕礼《孙觉〈春秋经解〉四库本讹误考析》,《史学月刊》2005年第7期。
③ "本",岛田正郎先生原文作"部",今据原钞本影本改。参见前揭岛田氏文。
④ 参见前揭岛田氏文。

互对应。首先，汪本 100 卷目录完整无阙，而四库本阙目录，且不仅文渊阁本如此，其余文津阁、文溯阁、文澜阁诸本亦复如此，这恐怕不是因为个别阁本抄漏的问题，也不是因为底本撤换所导致的问题，而是四库本所据底本原本就没有目录。其次，就二本的分卷与子目情况看，汪本（即台北 A 钞本）卷 7—10 目录与子目皆同其他钞本，依次为卷 7《封禅》、卷 8《郊议上》、卷 9《杂郊议下》、卷 10《亲拜郊》等；而四库本无目录，其子目及分卷与汪本颇有不同，《封禅》分上、下卷，卷 9 上为《郊祭》，卷 9 下则出现《斋戒》等引文条目，并非子目名称，卷 10 上为《亲拜郊（正月祈谷）》、《亲迎气》、《后土（方丘）》、《后土（社稷）》，卷 10 下为《籍田》、《九宫坛》、《皇后亲蚕》，二本差异极为明显。值得一提的是，如上文所述，殿本虽据四库本抄录，然子目并不从四库本。殿本除改《郊议上》为《郊议》、《杂郊议》分上下两卷、卷 10 分上下两卷外，其余皆同汪本。此外，上文还指出，四库本卷 93、94 子目也与殿本和其他诸钞本不同。汪本卷 93、94 目录同其他诸钞本，卷 93 为《诸司诸色本钱下》，卷 94 为《北突厥》、《西突厥》、《沙陀突厥》、《吐谷浑》，惜两卷子目和具体内容完全阙失；而四库本卷 92《内外官料钱下》、《内外官职田》后阙，卷 93 子目为《北突厥上》，卷 94 为《北突厥下》、《西突厥》、《西陀突厥》、《吐谷浑》，与汪本目录完全不合。更值得注意的是，四库本卷 93、94，乃后人据朱熹《资治通鉴纲目》所补，然其相关内容已见于国图 B 钞本，只是分卷不同而已。国图 B 钞本卷 94 不避 "弘"、"历" 二字讳，表明后人对突厥等卷的补撰工作，早在乾隆之前就已完成了。乾隆四十三年（1778）九月，清人沈叔埏奉鱼门太史程晋芳之命校《唐会要》，亦称该本（即江淮马裕家藏本，详下）卷 92、93、94 三卷尚存，同样可以证明突厥等卷在此前已被补撰。再比较四库本与汪本卷 92 的相关记载，不难发现，汪本卷 92 首页存《内外官料钱下》、《内外官职田》、《诸司诸色本钱上》三条子目，然正文仅存《内外官料钱下》诸条，其后阙；而四库本卷 92《内外官料钱下》后，尚存《内外官职田》四条，明显也与汪本不合。综上所述，四库本与汪本不少方面均存在着明显的差异，尤其是二本卷 93、94 两卷内容的有无，可证四库本不可能以汪启淑家藏本为底本。当然，汪本与殿本之间也存在着种种不同，殿本如何在汪本基础上进行增补、修订和完善，仍有待另文探讨。

　　既然确认殿本与四库本并不同本，且殿本所据底本为浙江汪启淑家藏本，那四库本所据底本为何呢？前揭《唐会要·提要》所言 "又一别本"，与四库本有无关系？清人沈叔埏《颐綵堂文集》卷 8《书自补〈唐会要〉手稿后》的一段记载，或有助于这一问题的解答[①]：

> 乾隆戊戌（四十三年，1778 年）九月，鱼门太史属余校《唐会要》百卷，内第七卷至九卷，竹垞跋所谓失去杂以他书者也。余因钞新旧《唐书》及《太平御览》、《文苑英华》、《册府元龟》诸书补之，且以七卷之《封禅》分作二卷，八卷之《郊议》、九卷之《杂郊议》并为一卷，则十卷之《亲拜郊》以《杂录》并入，继以《亲迎气》，《后土》则分《方丘》、《社稷》，《藉田》则以《藉田东郊仪》并入，《九宫坛》则专抄《礼仪志》，终以《皇后亲蚕》，四卷遂成完书。至竹垞所阙之九十二三四三卷，此本尚存。盖馆书之进，自邗上马氏嶰谷、涉江兄弟所藏者，胜虞山钱氏本多矣。昔褚少孙补《史记》……诸人皆以补史著称，而余以抄撮成此，于少孙辈特札吏比耳，岂可同年语耶！

[①] （清）沈叔埏：《颐綵堂文集》，《续修四库全书》集部别集类，第 1458 册，上海：上海古籍出版社，2002 年，第 429 页。

沈氏的这一记载，对重新认识《唐会要》版本流传，以及四库馆臣如何纂修《唐会要》诸问题，均极富研究价值。"鱼门太史"，即时任四库馆总目协勘官的程晋芳。乾隆四十三年九月，程晋芳令沈叔埏校《唐会要》时，已距乾隆三十八年十一月汪启淑家藏本入馆近五年时间，这说明四库馆臣当时至少掌握了两种《唐会要》钞本，而且有关《唐会要》的整理工作，至乾隆四十三年九月仍未完成。据沈氏所记，其所整理的《唐会要》100卷，"自邘上马氏嶰谷、涉江兄弟所藏者"，即江淮马裕家藏本。由此不难推知，当时对《唐会要》的整理，是由不同的人员进行的，这与本文第一节所揭殿本与四库本分由不同人员整理的情况，是彼此吻合的。沈氏自言"余因钞新旧《唐书》及《太平御览》、《文苑英华》、《册府元龟》诸书补之"，虽非事实，但所述"以七卷之《封禅》分作二卷，八卷之《郊议》、九卷之《杂郊议》并为一卷，则十卷之《亲拜郊》以《杂录》并入，继以《亲迎气》，《后土》则分《方丘》、《社稷》，《藉田》则以《藉田东郊仪》并入，《九宫坛》则专抄《礼仪志》，终以《皇后亲蚕》，四卷遂成完书"，则与四库本《唐会要》卷7—10子目完全相符。牛继清先生曾指出："沈氏所云与《四库》本《唐会要》分卷目次恰同，而其时程晋芳（字鱼门）在四库馆任总目协勘官，据此则《唐会要提要》所言'又一别本'抑即沈氏所补本欤？倘如此，《提要》撰写者又何不直言为沈氏所辑补呢？姑存疑待考。"① 牛氏所疑不无道理。据《唐会要·提要》："又一别本，所阙四卷亦同，而有补亡四卷。"此"别本"已有"补亡四卷"，与沈氏所言"四卷遂成完书"，也颇相契合。因此，沈叔埏所补《唐会要》，极有可能就是《唐会要·提要》中的"又一别本"，即马裕家藏本。

又据沈叔埏所记，他所整理的《唐会要》卷92、93、94三卷内容尚存，而台北A钞本（即汪启淑家藏本）卷92第二页后阙，卷93、94两卷全阙，残阙情形与朱彝尊所见常熟钱氏钞本同。现已确知，《唐会要》卷93、94两卷乃后人增补，而沈氏所补本此二卷尚存，说明此事并非四库馆臣所为。而且，如上文所言，国图B钞本卷94不避"弘"、"历"二字讳，表明后人对突厥等卷的补撰，早在乾隆之前即已完成。四库本卷92《内外官职田》后虽有残阙，但其卷93、94是完整的，且其内容除避"弘"、"历"二字讳外，其余皆与国图B钞本卷94相同，表明四库本卷93、94并非四库馆臣所补撰，其内容应早已存在于所据底本中。这一情形与沈叔埏所补本也颇相契合，再结合沈氏所补卷7—10的分卷目次及目录名称，皆与四库本完全一致情况看，沈氏所补《唐会要》，应该可以判定就是四库本所据底本了。换言之，四库本的底本乃江淮盐商马裕家藏本。

乾隆三十八年十一月，汪启淑家藏本就已入献四库馆，而沈叔埏奉程晋芳之命校马裕家藏本《唐会要》，已迟至乾隆四十三年（1778）九月，此相距文渊阁四库本"恭校上"时间"乾隆四十六年十一月"，仅三年多时间。要在短期内完成《唐会要》卷7—10的补辑任务，诚非易事，故沈叔埏虽据秦蕙田《五礼通考》完成了"补亡四卷"这一工作，但疏误、失查之处仍有不少②，也在一定程度上透示了当时补辑工作的紧迫性。沈氏何时完成这一增补工作，未见其明言，但四库馆臣最终确定沈氏所校马裕家藏本，取代汪启淑家藏本入选《四库全书》，只能发生在沈氏增补工作完成之后，其后还有抄写、校订等一系列工作。沈氏从乾隆四十三年九月开始接手《唐会要》的整理工作，至乾隆四十六年十一月四库本成书定稿，其间时间的紧迫是毋庸置疑的。而殿本"原阙。今照四库全书本增补"的相关标记，表明当时四库馆臣对汪启淑家藏本的整理工作尚未完成。在此情况下，相较汪本而言，经沈叔埏整理的马裕家藏本，既有"补亡四卷"，又

---

① 牛继清：《唐会要校证·前言》，第6页。
② 参见拙文《〈唐会要〉"补亡四卷"考》，载《魏晋南北朝隋唐史资料》第33辑。

卷92—94三卷尚存，全书除目录残缺外，整体尚较完整，故最终被四库馆臣选定，取代汪本编入《四库全书》。可能因为时间紧迫之故，仓促之间未及对四库新本撰写《提要》，仅在原拟汪本《提要》基础上进行加工完善，然后直接附于四库本《唐会要》书前，从而导致版本不同而《提要》相同的问题。尽管如此，四库本残阙之处仍有不少，书中"阙"、"原阙"标注时有所见，难称完本。因此，在《四库全书》编纂工作完成后，四库馆臣继续对汪启淑家藏本进行加工整理，并参据相关史料和记载，大致补足所有残缺之处（仅卷3《内职》一处未补），使之在体系和内容上更趋完备，直到嘉庆初年才正式刊刻问世，形成在后世影响极大并广为流传的武英殿本《唐会要》。

六、结　语

以上对四库本和殿本《唐会要》的底本问题进行了若干粗浅探讨，初步认为，四库本所据底本为江淮马裕家藏本，而殿本所据底本则为浙江汪启淑家藏本，《四库全书总目》之《唐会要·提要》，其实是对殿本的介绍，而与四库本无关。至于四库本与殿本《提要》之所以相同，其原因有可能是底本发生替换所致。

正因为四库本与殿本所据底本各自不同，故二本在子目和具体内容上都存在不少差异。这两个版本分别都经过了四库馆臣的整理，相对而言，四库本对原底本的加工整理不是太大，其原因或许受时间所限，但因此保留了原底本的不少面貌，故书中多次标记"阙"、"原阙"等字样。而殿本则对原底本进行了大量加工、修补和完善，虽在体系和内容上更趋完整和齐备，但不少内容已非《唐会要》原貌，观其与四库本和诸钞本之间存在的种种差异，即可明白此点。因此，在使用殿本及相关整理本时，实有必要认真参考四库本及诸钞本的相关记载。从这一意义上讲，今后《唐会要》的整理与研究，依然任重而道远。

（作者单位：武汉大学历史学院）

一种特殊形态的古籍公文纸本文献
——明刻《文苑英华》封皮裱纸文书简介

孙继民

《河南图书馆学刊》2009 年第 2 期发表的王曼茹、潘德利《〈文苑英华〉版本装帧拾遗》一文,介绍了沈阳师范大学图书馆所藏古籍善本《文苑英华》,称该书为明隆庆元年（1567）福建刻,隆庆六年（1572）、万历六年（1578）、万历三十六年（1608）递修,并称:"《文苑英华》一千卷,四周单边,半叶十一行,每行二十二字,白口,单白鱼尾,版心有镌卷数,大十六开,正文一百册,目录一册,合计一百一册。"据其所述:该书前有明隆庆元年涂泽民序,次有同年胡维新序,由序得知出版者当是胡维新、戚继光刻,参加者还有福州太守胡帛;该书封皮均为万历年间所配原书封皮,封皮衬纸均用当时福建官府废弃公文纸托裱,公文纸所署时间为万历三十六年（1608）至万历四十一年（1613）,据此确定该书印刷装订时间当在万历四十一年（1613）。对于该书封皮托裱所用"废弃公文纸",《〈文苑英华〉版本装帧拾遗》称之为一个"重要发现","经专家鉴定,未发现有此种版本装帧的《文苑英华》,查阅多种古籍善本书目均没有记载。"关于裱纸内容,该文介绍称:"这部《文苑英华》是利用明代万历年间,福建官府当时废弃的公文纸作书皮衬纸托裱印制而成的。逐本翻阅该书的封二封三,更多的是用万历三十六年（1608）至万历四十一年（1613）六年期间手写的福建官府账簿册纸,其中监察御史、主簿、典史等官衔人名,年月和记项,还有带蓝色花边的'宪票',均历历可辨,上面还留下不少明代福建官府的朱文印记和钤记,大小两款。"

笔者近年从事古籍公文纸背文献的整理研究,投入相当精力搜集现存古籍公文纸背所保存的原始文献,当得知上述信息后,遂于 2015 年 7 月带领研究生前往查阅抄录,经亲手翻阅和实测,得知该书为 20 函 101 册,除第 1 函为六册外,其余 19 函每函均为 5 册。书籍尺寸为书长 30.1 厘米,宽 19.2 厘米,框高 20.8 厘米,宽 15.1 厘米。每册封皮所用公文纸托裱情况不一,多则四叶,少则一二叶,共计用公文纸托裱为 316 叶。每叶公文裱纸的形式多为单纸托裱,部分为两张或多张残缺公文纸拼合托裱。公文形成的时间,上至万历三十七年（1609）,下至万历四十一年（1613）,内容均为福建福州府、建宁府、延平府、镇江府、宁波府、泉州府、江宁府各府县的官府行文,主要为各府县上呈巡按福建监察御史的公文,内容包括记载官府日常开支的账簿（宴席及其席面物品、印刷书籍所用纸张、收孤老情况等）；向上级（监察御史）呈报辖内的各项事宜（出巡事、公务事、礼仪事等）等,部分公文既有朱印也有蓝色戳记。公文撰写者涉及知县、县丞、主簿、典史等官衔人名。另外还有带蓝色花边的"宪票",多为表格形式,加盖有朱印和签押。这些花边宪票虽多有残缺,但仍能反映出宪票的整体面貌。

公文纸本文献主要是指公文纸本古籍纸背的官私文书、账簿文献（极少数文书、账簿内容与古籍内容位于同一面）。公文纸本古籍,又被称为"公牍纸本"、"文牍纸本"、"官册子纸本"古籍等,因是利用古代官私废弃的文书档册、账簿、书启等纸背来刷印或抄录书籍而得名。古籍纸背文献的典型形态是线装古籍内文背面的文献，但是我们上述介绍的明本《文苑英华》却是作为书籍主体构成的内文背面没有任何一纸存有文献，倒是作为书籍附属构成的封皮和内封的裱纸保留了大量的明代府县公文。《文苑英华》因为部帙较大，共有 20 函 101 册，尽管每册有公文残存的裱纸最多不过 4 叶，但积少成多，总数多达 316 叶，堪称蔚为大观。沈阳师大所藏明本《文苑英华》的价值，除了《〈文苑英华〉版本装帧拾遗》一文作者概括的"公文纸痕迹可作为推断版刻年份的参考"、"是一种经济实惠的古籍装帧表现艺术"、"非但没有降低价值反倒为此增添了特色"、"是一份难得的四百年前的行政管理和经济史料"、"透露了明万历年间中国福建省的经济信息"和"为我国珍善本古籍园地增添一朵艳丽奇葩"等几个方面之外，还有一个重要价值，就是在人们熟知的公文纸本古籍纸背文献典型形态之外，提供了一种保存于线装古籍封皮裱纸的新形态，从而丰富了公文纸本古籍纸背文献的形态构成，因而值得向学界朋友推荐。

后附明刻《文苑英华》封皮裱纸文书两例：

一、第一函第二册封皮裱纸文书之一（见图 1）

（前缺）

1. ☐建☐安县为出巡事。万历叁拾捌年捌月拾贰日蒙
2. ☐☐☐监察御史陆　宪票：仰县官吏即将
3. ☐☐院☐曾　　送到折仪贰拾两，折程拾两。
4. ☐☐☐☐送节程、折席各拾贰两俱查收，候文取用。具领 ☐同☐.
5. ☐☐,
6. ☐☐☐☐送到折程拾贰两俱查收，候文取用。具领同票缴 ☐去.
7. ☐☐粘☐连原蒙宪票具申。伏乞
8. ☐☐行☐，须至申者。
9. ☐☐☐☐　　　　　　申
10. ☐☐☐☐福建监察御史陆

（后缺）

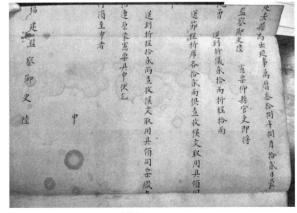

图 1

二、第四册封皮裱纸文书之一（见图2）

（前缺）

1. ☐府 邵武县为出巡事。本年闰叁月贰拾陆日蒙
2. ☐宪票：仰县官吏即将
3. ☐院彭　　送到折程拾两、折仪贰拾两查收，候文取☐。
4. ☐院彭　　送到礼仪银贰封共叁拾两，俱收贮库，候文☐．
5. 行，须至申者。
6. ☐　　　　　　　申

7. ☐　福　建　监　察　御　史　陆

8. ☐　叁　拾　捌　年（半朱印）闰　叁　月贰拾陆．
9. ☐　　　出　巡　事

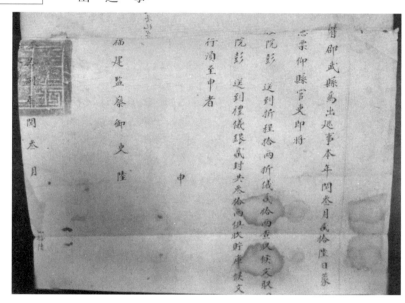

图2

三、第四册封皮裱纸文书之二

（前缺）

1. 福州府候官县为出巡事。本月贰拾肆日蒙
2. 巡按福建监察御史陆　　宪票：仰县官吏即将
3. 抚院丁送到折仪贰拾两、席拾贰两查收，候文．
4. 粘连具申。伏乞
5. 照验施行，须至申者。
6. 右 申

7. 巡按福　建　监　察　御　史　陆

8. ☐☐☐　肆拾年拾☐（半朱印）.
   （后缺）

五、第十三册封皮裱纸文书之一
   （前缺）
1. 建宁府建阳县为公务事。万历肆拾壹年肆月初贰日蒙
2. 巡按福建监察御史陆　　宪票：仰县即将
3. 本院原发大轿壹乘，油帏等项全，差人送至崇安县收用。其原☐☐☐.
4. 壹乘、油帏等项全，于本年肆月初叁日批差义官，胡朝赍至崇.
5. 县。除批差义官胡朝赍文前赴告授外，合行备由，粘连原蒙☐.
6. 照验施行，须至申者。
7. 右申
   （后缺）

（作者单位：河北省社会科学院）

明末书刻中的版式行款与文本舛讹
——以陈仁锡撰李贽《藏书》序为例

刘 勇

一、李贽《藏书》的晚明刊行史

李贽（1527—1602）《藏书》68卷，收录传记约八百个，"起自春秋，讫于宋元，分为纪传，总类别目"而成。① 此书编纂历时甚久，从初具规模至校刻刊行亦费时十年，期间与博学学者、状元焦竑（1540—1620）多所商订，迭经修改，最后于万历廿七年（1599）由焦竑在南京首刻。②

《藏书》最引人瞩目之处，在于其看待历史人物的独特是非观念。在作者李贽眼中，此书"系千百年是非"、"其是非堪为前人出气"。但由于书中论断与正统论述大有抵牾，故万历十六年（1588）当此书还是"未定稿"时，李贽本人就表示"宜闭秘之"、"断断然不宜使俗士见之"。③ 书中秉持的是非无定质、是非无定论之说，批评千百年来"咸以孔子之是非为是非，故未尝有是非"④，主张断以"己之是非"等惊人之论，皆不"合于儒者相沿之是非"。这种特别的道德和价值立场，既是此书作者本人的自觉取向，也是为此书作序的众多当时士大夫的共同感受。⑤ 如应邀作序"发出编次本意"的焦竑，在序言中指出："先生（李贽）程量今古，独出胸臆，无所规放。闻者或河汉其言，无足多怪。"并发挥李贽是非无定质、无定论说，鼓励"有能抉肠剔肾，尽翻窠臼，举先生所是非者而非是之，斯先生忻然以为旦暮遇之矣"。⑥

从《藏书》在晚明被反复刊刻的情形，可知其在当时是非常受书籍出版者追捧的。此书于万历廿七年在南京初刻后，不久李贽自杀于狱中，著作也遭到朝廷禁毁。然而，很快此书就被反复刊刻，仅现存明末刊本就至少有五六种之多。⑦ 同样有助于说明此书在晚明受认可程度的是，它

---

① （明）李贽：《藏书世纪列传总目前论》，《藏书》卷首，《李贽文集》第二卷，北京：社会科学文献出版社，2000年，第7页。
② 林其贤：《李卓吾事迹系年》，台北：文津出版社，1988年，第256—258页；林海权：《李贽年谱考略》，福州：福建人民出版社，2005年，第204—205页；张建业：《李贽评传》，福州：福建人民出版社，1981年，第185—206页。
③ （明）李贽：《答焦漪园》，《焚书》卷1，《李贽文集》第一卷，第7页。
④ （明）李贽：《藏书世纪列传总目前论》，《藏书》卷首，《李贽文集》第二卷，第7页。
⑤ 分别参焦竑、刘东星、梅国桢、祝世禄诸序，见《藏书》卷首，《李贽文集》第二卷，第1—5页。
⑥ 焦竑：《藏书序》，《藏书》卷首，《李贽文集》第二卷，第1页。
⑦ 《中国古籍总目》"史部·纪传类·通代之属"，中华书局、上海古籍出版社，2009年，第1册，第33页。又，《国家图书馆善本书志初稿》"史部·纪传类"著录4种本子："皆题作'明万历己亥金陵刊本'，版式行款全同，然而四部之字体各小有差异……盖当时覆刊之本甚多故也。"台北：国家图书馆，1997年，第21页。

迅速被改题为《遗史》翻刊①，又被改头换面为《衡鉴》出版。②此书的续作即《续藏书》在晚明多次刊刻，也有助于辅证《藏书》的受欢迎程度。③同样，《续藏书》也被时人改造出版：现存题为焦竑撰《熙朝名臣实录》一书，实则正是《续藏书》经过简单改装后的面目，情形一如《遗史》、《衡鉴》之于《藏书》。④《藏书》和《续藏书》的"组合装"也很快被推出：万历四十五年（1617）由顾大韶"参详"付梓的《李氏六书》，其中就同时包括《藏书》和《续藏书》，并分别改名为《前/历朝藏书》和《皇明/朝藏书》。⑤

流行于晚明出版市场的李贽《藏书》和《续藏书》，受到明末以编纂和出版书籍为志业的江南文人陈仁锡（1579—1634）的青睐。后者在天启元年（1621）和三年（1623），先后"评正"并作序出版了《藏书》与《续藏书》。

二、书序编入作者文集时的文本舛讹现象

陈仁锡字明卿，号芝台，长洲人，是晚明最著名的书籍编纂和出版者之一。在万历二十五年（1597）成为举人之后，陈氏先后八次参加会试，终于在天启二年（1622）中进士，入翰林院，授编修，历任天启、崇祯两朝日讲官，仕至国子监司业、南祭酒。

陈仁锡一生编刻书籍的数量非常惊人，其友人姚希孟（1579—1636）在天启四年前后对此有非常生动的描述：

> 明卿踬公车时，所纂辑每岁不下数十种。今在苫由中，而雌黄杀青，岿然成巨帙者，日夜辇载以售贾人，至使枣材垂尽，而剞工为之血指。令文庄（丘濬，1421—1495）而在，当拜下风。⑥

所谓"纂辑"，在书籍出版大繁荣的晚明时期，究竟意味着哪些具体工作，还需要细致深入的案例来说明。但可以肯定的是，这些书籍绝非都由陈氏亲笔撰写而成。陈仁锡的传记作者张世伟（1568—1641）在罗列其众多"动辄数百卷"的大部头书籍时，特别使用了"批评删定"一语，这些书籍包括："《资治通鉴》、《会纪》、《纲目》、《五经》、《性理》、《经济八编》、《潜确类书》、《大学衍义》、《续衍义》、《无梦园初集》、《古文奇赏》，最后成《皇明世法》。"张氏还

---

① 林海权：《李贽年谱考略》，第520页；《国家图书馆善本书志初稿》"史部·纪传类"，第20—21页。
② 崔文印：《籍海零拾》，北京：中华书局，2010年，第81页。书名"衡鉴"，当是出版者取自焦竑《藏书序》中"学者复耳熟于先生之书，且以为衡鉴，且以为蓍龟"之语。
③ 《中国古籍总目》"史部·纪传类·通代之属"著录了至少7种晚明刊本，见第1册，第33页。并参林海权《李贽年谱考略》，第520页。
④ 朱鸿林：《〈熙朝名臣实录〉即〈续藏书〉考》、《试论〈熙朝名臣实录〉冒袭〈续藏书〉缘由》，《明人著作与生平发微》，桂林：广西师范大学出版社，2005年，第37—59页。
⑤ 崔文印：《籍海零拾》，第70页；林海权：《李贽年谱考略》，第515—516页。"六书"中还包括了抄撮自王阳明、林兆恩和李贽其他著作而成的《说书》。
⑥ 姚希孟：《陈明卿稿序》，《响玉集》卷10，《四库禁毁书丛刊》集部第178册明崇祯张叔籁等刻清闲全集本，第575页。按：姚文中已提到"十九成孝廉，八上公车不第"，又称陈仁锡在居丧期间，结合黄道周撰《陈祭酒传》指出其居母丧在天启二年中进士后不久（见《黄石斋先生文集》卷10，《续修四库全书》第1384册影印清康熙五十三年郑玫刻本，第232页），故姚文的"今"大约在天启三四年间。

表示,"总之,(陈仁锡)无书不读,无读不授之于墨,且付镌厥,诸坊获利无算"。① 显然,将"批评删定"用于描述陈仁锡与其文集《无梦园初集》的关系,并不完全妥当。② 所谓"动辄数百卷"、"获利无算"云云,则如同姚希孟所说"日夜辇载"、"枣材垂尽"及刻工"血指"般,不无夸张之处。③

尽管如此,这些极尽夸张因而明显不够确切的感性表述,仍然能够反映出陈仁锡与书籍编纂出版活动的紧密联系,虽然具体联系还有待更多研究来逐步揭示。就目前而言,能够初步说明这种紧密联系的数据,可从迄今著录中国古籍范围最广、数量最多的《中国古籍总目》中获得。从该书"著者索引"来看,仅已知的现存中国古籍中,系于陈仁锡名下的就多达118种。④ 以传统的书籍分类法来看,陈氏编刻的书籍,经、史、子、集、丛五部皆有(分别为32、35、12、32、7)。当前的晚明书籍史研究,也有助于说明陈仁锡的书籍编刻活动。周启荣在探讨晚明"士商"编刻者的几种类型时,就特别以陈仁锡作为其中士文化出版者的代表,并以编年方式尝试性地展现了陈仁锡作为出版者、编辑者、评论者、汇编者、校对者所出版的44种书籍。⑤

正如上述同时代人的观察那样,在天启二年中进士之前的漫长科举生涯中,陈仁锡早已成为书籍编纂出版领域高产、高效和高回报的行家里手了。对于像《藏书》、《续藏书》这类轰动读书人的流行书籍,陈氏没有错过,分别在天启元年和三年,出版了《藏书》和《续藏书》的"评正"本,同时各为之撰写序言。

笔者首先接触到的陈仁锡为其评正本《藏书》所撰序言,是收录在其本人生前出版的文集《无梦园初集》中的《藏书序》(下文简称《初集本序》),全文如下:

(1A)卓吾先生隐矣,而其人物之异,著述之富,如珠玉然。山晖川媚,有不得而自掩抑者,盖声名赫赫盈海内矣。或谓先生之为人,与其所为书,疑信者往往相半,何居?余谓此两者皆遥闻声而相思,未见形而吠影者耳。先生高迈肃洁,如泰华崇严,不可昵近。听其言泠泠然,尘土俱尽,而寔本人情,切物理,一一当实不虚。盖一被其容接,未有不爽然自失者也。吾慨学者沈锢于俗流,而迷沿于闻见。于人之言,非其所耳熟不以信。先生程量今古,独出胸臆,无所规放。闻者或河汉其言,无足多怪。夫孔翠矜其华采,顾影自耀,人咸惜之,固矣。若蛟龙之兴,云雨雷电皆至,霜霄百里,即震惊者不无,而卒赖其用,岂区区露细巧、媚世好而足哉!先生之言,何以异是?总之,众人之疑,不胜贤豪者之信,疑者之恍惚,不胜信者之坚决。余知先生之书当必传。久之,学者复耳熟于先生之书,且以为衡鉴,且以为著龟,余又知后之学者当无疑。虽然,(1B)海内又以快意而歌呼读之,天下嗜卓吾者,祸卓吾者也。故爱卓吾之文章,遂信卓吾之是非,过;又或疑卓吾之是非,遂掩卓吾之文章,亦过。予是以两悬之。不然,弱侯读书人也,与卓吾知己也,何必欲取知己之所是非,而更非是之也哉!⑥

---

① 张世伟:《大司成陈公小传》,《张异度先生自广斋集》卷13,《四库禁毁书丛刊》集部第162册影印明崇祯十一年刻本,第384页。
② 不过,对于本文讨论的案例而言,将此描述用于陈仁锡的文集,却也揭示出某些真实的面相。
③ 黄道周《陈祭酒传》称"所著有《易简录》、《大明世法录》、《四书语录》、《经济八编》诸书,千馀卷,行于世",见《黄石斋先生文集》卷10,第233页。
④ 仅以《总目》编号计算,未区分同种书的不同版刻,但也不计同一编号下的不同版本。
⑤ Kai-Wing Chow(周启荣). *Publishing, Culture, and Power in Early Modern China*. Stanford: Stanford University Press, 2004. pp. 123–125、264–265.
⑥ 陈仁锡:《陈太史无梦园初集》马集四《藏书序》,《续修四库全书》第1382册影印崇祯八年刻本,第603页。

此序末尾部分（即1B）所表达的意思，与前面大部分内容（即1A）所述明显有不能相互照应之处。首先，在以"虽然"表达转折之意后，突然以"海内又以快意而歌呼读之"承之，但前文全无相似或相对、相反的表达，故此说极为突兀。其次，反复以"文章"与"是非"对举立说，但句前加"故"字，前文却完全没有原因之类的陈述。第三，突然转折性地点出焦竑之说，前文也缺乏交代。对于《初集本序》在文意上出现的这些问题，首要的解决之道，是与陈仁锡评正本《藏书》卷首的陈序进行对比。

所幸明天启元年刻陈仁锡评正本《藏书》仍然存世。此本卷首先后有"万历己亥（廿七年，1599）秋日琅琊焦竑书"《藏书序》（下文简称《书前焦序》）、"万历己亥秋赐进士出身吏部左侍郎前都察院左副都御使协理院事翰林院庶吉士沁水刘东星撰"《藏书序》、"衡湘梅国桢撰"《藏书叙》、"万历岁己亥秋七月朔豫章祝世禄顿首撰"《藏书序》、"耿叔子定力撰"《藏书叙》，以及陈仁锡撰《评正藏书序》（下文简称《书前陈序》）。陈序全文如下：

> （2A）始卓吾先生书盛行，咳唾间非卓吾不欢，几案间非卓吾不适。予笑而置之：书自佳耳，何与吾事？然卓吾读书人也，真赝毂杂，谁置辨者？间取《正、续藏书》阅之，焦弱侯先生叙云："有能抉肠别肾，尽翻窠臼，举先生所是非者而非是之，斯先生欣然以为旦暮遇之矣。"弱侯读书人也，言若此，彼置卓吾于咳唾间、几案间固宜去之远。予所评正，既书臆于颠，又伸辨于末，不敢与卓吾争非是，但使有取我所非是者而是非之，不更快乎？嗟乎！自古定是非之极，仲尼一人耳。董狐洵良史，要亦一人一事之直笔，不然，董狐与仲尼并矣，而可乎？《左》、《国》自分体裁，《公》、《穀》殊近训诂，安能是非一人哉！马、班二史，犹唐人之选唐诗，今人之辑时艺，畴一人听其是非哉！唯不听二史之是非，而自以文章行，故可永也。如卓吾之文，峻简爽洁，波澜老成，自可以卓吾之文章行，何必问其非是？且夫立言匪易，忽然捉笔，不暇深思，乃卓吾自以快意而淋漓书之，（2B）海内又以快意而歌呼读之，天下嗜卓吾者，祸卓吾者也。故爱卓吾之文章，遂信卓吾之是非，过；又或疑卓吾之是非，遂掩卓吾之文章，亦过。予是以两愚之。不然，弱侯读书人也，与卓吾知己也，何必欲取知己之所是非，而更非是之也哉！
>
> 天启辛酉（元年，1621）季秋望日长洲陈仁锡书于潜确居。①

陈仁锡在序文中清晰表达了自己对待流行的李贽著作的态度转变，点明了导致这个转变的关键性因素，在于受到名学者焦竑为《藏书》所撰序言的影响。同时，陈氏明确指出自己所作的"评正"工作主要包括：在形式上，"既书臆于颠，又伸辨于末"，前者指眉批，后者指各篇之末以"陈明卿曰"开头的评论（见图1）。在内容上，着重回应由李贽提出并经焦竑强调的独特是非观。

---

① 李贽撰，陈仁锡评：《藏书》卷首，美国柏克莱加州大学东亚图书馆藏明天启间刻本，叶1—5。

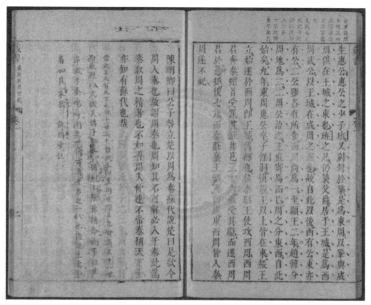

图 1　明天启元年刻陈仁锡评正本《藏书》书影①

《书前陈序》与《初集本序》相比，文本差异极为明显。除了由书前序言收入文集时，例行性地删除末句的署款外，两序仅有末尾部分"海内又以快意而歌呼读之"以下相同，前面绝大部分篇幅皆完全不同（即1B＝2B、1A≠2A）。在此尤其值得注意的，是这种差异显得过于整齐划一。从文意上看，《书前陈序》自身的前后文意能够相互呼应，《初集本序》存在的表述突兀、文意断裂问题，在《书前陈序》中皆不存在。随之而来的疑问是：《初集本序》开头绝大部分篇幅（即1A）来自何处？

对此，《初集本序》和《书前陈序》自身提供了明显可以跟进的线索，即文中反复提及的晚明著名学者"弱侯"焦竑。在《初集本序》中，这是通篇序言中除了《藏书》作者李贽、序言作者陈仁锡之外，唯一被提到的人物；在《书前陈序》中，则是除了古人和李贽、陈仁锡之外，唯一被提及的"今人"。从提及焦竑处的表述来看，显然是在引述焦氏对李贽的某种看法。循此线索，首先应注意的是焦竑与《藏书》有关的文字，而《藏书》卷首的焦竑序，自然是首要关注对象。

《藏书》的万历廿七年南京初刻版，如前所述正是由焦竑主持的，卷首有焦竑撰《李氏藏书序》。在天启刻陈仁锡评正本《藏书》卷首，焦序改题为《藏书序》②，全文如下：

（3A）卓吾先生隐矣，而其人物之高，著述之富，如珠玉然。山晖川媚，有不得而自揜抑者，盖声名赫赫盈海内矣。或谓先生之为人，与其所为书，疑信者往往相半，何居？余谓此两者皆遥闻声而相思，未见形而吠影者耳。先生高迈肃洁，如泰华崇严，不可昵近。听其

---

① 李贽撰，陈仁锡评：《藏书》卷1，叶1b—2a。
② 美国华盛顿大学图书馆藏明万历间刻本《藏书世纪列传》，卷首焦序亦题为《藏书序》，见台北国家图书馆古籍与特藏文献资源"古籍影像检索"系统：http://rbook2.ncl.edu.tw/Search/SearchDetail?item＝a69c392482d94268b5499866aac6f7d7fDcyODY0MA2&image＝1&page＝2&whereString＝IEBUaXRsZV9NYWluICLol4＿mm7giIA2&sourceWhereString＝ICYgQHNvdXJjZV9zb3VyY2UgICLLj6TnsY3lvbHlg4＿mqqLntKLos4fmlpnluqsi0&SourceID＝&SourceID＝。检索日期：2016/9/1。

言泠泠然，尘土俱尽，而寔本人情，切物理，一一当实不虚。盖一被其容接，未有不爽然自失者也。吾慨学者沈锢于俗流，而迷沿于闻见，于人之言，非其所耳熟不以信。先生程量今古，独出胸臆，无所规放。闻者或河汉其言，无足多怪。夫孔翠矜其华采，顾影自耀，人咸惜之，固矣。若蛟龙之兴，云雨雷电皆至，霍霁百里，即震惊者不无，而卒赖其用，岂区区露细巧、媚世好而足哉！先生之言，何以异是？总之，众人之疑，不胜贤豪者之信，疑者之恍惚，不胜信者之坚决。余知先生之书当必传。久之，学者复耳熟于先生之书，且以为衡鉴，且以为蓍龟，余又知后之学者当无疑。虽然，（3B）此非先生之欲也。有能抉肠剔肾，尽翻窠臼，举先生所是非者而非是之，斯先生忻然以为旦暮遇之矣。书三种：一《藏书》，一《焚书》，一《说书》。《焚书》、《说书》刻于亭州，今为《藏书》刻于金陵，凡六十八卷。

万历己亥秋日琅琊焦竑书。（末有"漪园居士"、"古太史氏"阴文方印）。①

对比可知，《书前焦序》的前面绝大部分文字，与陈仁锡《初集本序》的前面绝大部分完全相同。开篇"人物之高"与"人物之异"的一字之差，可视为形讹。陈序"海内又以快意而歌呼读之"以下的末尾部分，则与《书前焦序》完全不同（即1A＝3A、1B≠3B）。从《藏书》的刊行史来看，焦、陈二序文字完全雷同的部分（即1A＝3A），可以肯定是陈序沿袭焦序。

天启刻陈仁锡评正本《藏书》卷首的陈序，位于焦竑、刘东星、梅国桢、祝世禄、耿定力五篇序言之后。其中，焦、刘、祝三序皆署万历廿七年（1599）。陈序的内容，却仅仅呼应其中的焦竑序言。原因大概在于，在撰序诸人中，焦竑不仅与李贽关系密切，而且尤以博学的"读书人"著称，更能与此书作者李贽的"读书人"身份契合。

至此，《初集本序》、《书前焦序》与《书前陈序》，这三篇序言相互间的关系，可以概括为一种明显的文本舛讹现象。《初集本序》实际上由两部分组成：前面绝大部分文字截取自焦竑序的前面部分，文末几句截取自《书前陈序》的结尾部分。用图示来表示舛讹现象如下：

《初集本序》　＝1A＋1B
《书前陈序》　＝2A＋2B→2B＝1B
《书前焦序》　＝3A＋3B→3A＝1A
文本舛讹——《初集本序》＝3A＋2B

对于产生上述文本舛讹现象的直接原因，则需要结合书刻实物来进行分析。

三、文集所收序言出现舛讹的原因

前文通过将三篇序言的文字进行对比，从而确认陈仁锡文集所收序言产生了文字舛讹现象。在此基础上，笔者将天启刻陈仁锡评正本《藏书》卷首焦序、陈序的文字和版式加以反复比勘后，进一步确认导致文字舛讹现象的直接原因，在于两篇序言的书叶发生舛讹。具体而言，当编辑陈仁锡文集时，负责文字抄录者分别截取《书前焦序》的第一至三叶，合《书前陈序》的第

---

① 李贽：《藏书》卷首，中国基本古籍库收录明万历廿七年焦竑刻本，叶1—4。按：此序以及焦氏所撰《续藏书序》、《李氏焚书序》、《李氏续焚书序》，均未收入其万历三十四年刻本《焦氏澹园集》、三十九年刻本《焦氏澹园续集》中，未知何故。

四、五叶，由此组合成新的陈序即《初集本序》。这个舛讹现象，从书影来看，最为直观：《书前焦序》第三叶末行，正好以"虽然"结束；而《书前陈序》第四叶首行，刚好从"海内又以快意而歌呼读之"开始。《初集本序》出现文字舛讹的接缝处，正好分别与书前焦序、陈序中的两张书叶的文字起讫完全吻合（见图2）。由此看来，文字舛讹现象无疑就是在书叶舛讹情形下发生的。

图 2　明天启元年刻陈仁锡评正本《藏书》卷首焦序与陈序书叶舛讹对比图①

继续追问导致书叶舛讹的原因，则陈仁锡评正本《藏书》卷首序言在版式、行款上的几个特征，具有重要助推作用。第一，书叶版式上的共同特征助推舛讹的产生。首先，此本卷首的六篇序言均无界栏，更重要的是，其中唯有焦序与陈序的每半叶行数、每行字数均相同。这种版式上的高度雷同现象，既容易导致两篇序言的书叶舛讹，也使得在舛讹产生之后不易得到纠正。其次，六篇序言每篇的起讫均是以完整的一版亦即一整叶为单位的。这种方式对于书籍制造者来说具有相当的便利，为随时增、删新旧序言，或调整序言位置留下了操作空间；但与此同时也具有

---

① 李贽撰，陈仁锡评：《藏书》卷首，焦序叶3b—4b，陈序叶3b—5a。"书叶舛讹"体现在：以陈序叶4a，接续焦序叶3b。

助推舛讹之弊。比如，刘序末叶即第八叶，文字仅至第八叶的前半叶，后半叶被留白，随后的梅序从第九叶开始。同样的情形也发生在梅序末第十一叶与祝序始第十二叶之间。因此，当完整的书叶（折叠后呈现出前半叶与后半叶）相互混淆舛讹时，无法以下一篇序言的开头作为提示，因为下一篇序言在另一叶上。在这种情形下，虽然焦序正好以第四叶后半叶结束，而陈序有半叶即第五叶后半叶留白，仍然为以陈序的最后两整叶（第四、五叶）与焦序的最后一整叶（第四叶）互换留下隐患（见图3）。

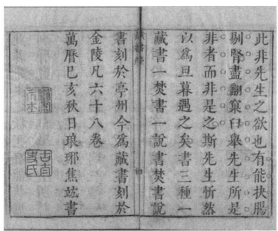

图3　明天启元年刻陈仁锡评正本《藏书》卷首焦序与陈序书叶整版舛讹图示①

第二，版心。此本诸序版心上部仅有大题"藏书序"或"藏书叙"，没有再区分序言作者的标识，如"焦序"、"陈序"之类字眼。版心下部只题叶码。叶码从焦序首叶起，至第五篇耿序末叶止，为前后连贯地从"一"至"十八"。唯第六篇陈仁锡序，叶码自为起讫，从"一"至"五"。前者看来是延续既有版本中五篇序言的叶码标识方式，后者则是此本增刻之序，但增刻时没有延续前面的叶码，而是自为起止。从叶码的角度来看，六篇序言中只有可能在焦序与陈序之

---

① 李贽撰，陈仁锡评：《藏书》卷首，焦序叶4a—b，陈序叶4a—5b。"整版舛讹"体现在：以陈序第4、5两整版/叶，取代焦序第4整版/叶。

间产生舛讹混淆①,因为只有这两篇序言具有共同的叶码数字——尽管陈序还有第五叶,但该叶上仅有署款末尾"仁锡书于潜确居"七字,完全不可能跟同为第五叶的刘东星序首叶舛讹互换。

第三,字体。在六篇序言中,只有首篇焦序和末篇陈序均为楷体,字体一致。其余第二篇刘东星序为行草,第三篇梅国桢叙为行书,且署款在标题次行,第四篇祝世禄序亦为行草,第五篇耿定力叙为行书。从字体来看,除焦序外,其他四篇序言都不可能与陈序发生舛讹现象。

第四,序言作者的署款。《书前焦序》共四叶,《书前陈序》五叶,署款都在各自的序末,而非首叶标题之下。此点使得编辑陈仁锡文集之际,抄录者从《藏书》卷首抄录序言时,对于从序文开篇就发生的误将焦序作陈序错误浑然不觉——因为标识陈序身份的标志即署款在序文最末。此点从序文标题也可以看出来,抄录者依据的是焦序标题《藏书序》,而非陈序标题《评正藏书序》。

必须强调指出的是,结合雕版印刷书籍的制作流程来看,直接使得这个书叶舛讹错误发生的,也许并非《初集本序》的抄录者,更可能是刷印和装订陈仁锡评正本《藏书》的书叶折叠和装订工匠。日后编辑陈仁锡文集时,《初集本序》的抄录者只不过延续此误而已。一个类似的错误可以提示这一点:上海图书馆藏陈仁锡评正《藏书》和《续藏书》的明天启间合刻本,卷首陈仁锡序同样出现了与焦竑序的书叶舛讹,但舛讹不是从第四叶开始,而是从第三叶开始的,亦即误以焦序第一、二叶,合上陈序第三、四、五叶。然而,十分明显的是,日后编辑陈氏文集时,并非根据这个合刻本《藏书》卷首序言抄录的,否则《初集本序》当呈现另一面貌,即焦序前半部分"卓吾先生隐矣……若蛟龙之",加上陈序后半部分"《公》《谷》殊近训诂……而更非是之也哉"。(见图4)

图4　陈仁锡评正《藏书续藏书》明天启间合刻本卷首焦序与陈序书叶舛讹图②

还可推论的是,造成这种舛讹现象的最初因素,可以追溯到陈仁锡本人。这是由于,从陈仁锡《评正藏书序》的内容,结合上述版式、行款方面的多种迹象,大可作如此推测:当陈仁锡撰写和付梓自己的序言时,在《藏书》已有的五篇序言中,刻意选择了对话、呼应和模仿焦竑序。

---

① 但《无梦园初集》中也有版心叶码明显不同的两叶,竟然也发生书叶互换之误之例,详见下文。
② 李贽撰,陈仁锡评:《藏书、续藏书》卷首,上海图书馆藏明天启间合刻本,叶2—3。其中,叶2b属焦序,3a属陈序。此条信息蒙孙天觉君提示,谨致谢忱!

在内容上的对话与呼应，最明显地体现在反复引述焦竑序，特别是其有关"是非"观念的讨论。在形式上的模仿迹象，包括字体、半叶行数、行字数、版心叶码——这些都是六篇序言中唯有焦序与陈序相同的元素。正是这些元素最终导致两序发生书叶和文字舛讹。

同样是陈仁锡评正本，《续藏书》卷首的几篇序言，版心标识情形差异很大。首篇《续藏书序》，文题次行署"建业焦竑弱侯甫撰"，版心上部题"序一"、"序二"。次篇《续藏书序》，文题次行署"京山李维桢本宁甫撰"，版心上部题"李序"，下部题叶码。第三篇《续藏书序》，版心上部题"藏书"二字，中部单鱼尾下题"序"字，下部题叶码，末署"天启癸亥孟夏史官陈仁锡书于潜确居"。然后是全书总目录"续藏书目次"，版心上部题"续藏书"，中部单鱼尾下题"目次"，下部题叶码。中国基本古籍库所收上海图书馆藏万历三十九年王惟俨刻本，首篇《续藏书序》，版心上部题"序一"、"序二"，共三叶，末署"辛亥秋石渠旧史焦竑题"。次篇《续藏书序》，版心上部单鱼尾下题"序"，下部题叶码一至五，文末次行署"京山李维桢本宁甫撰"，隔行题"莆中洪宽书"，末叶版心下部叶数下象鼻处有"□□蒙阳礼刊"。两序字体不同。中国基本古籍库所收汪修能刻本，卷首《续藏书序》，版心上部题"焦叙"，下部题叶数一至二，末署"辛亥旧史焦竑题"；随后另起一叶为李维桢序，但没有标题，序言正文从该叶首行顶格排版，版心上部题"李叙"，下部题叶数一至五，末另行署"京山李维桢本宁甫撰"。两序均为楷体，但文字大小不同。王、汪刻本序言字体不同，正文版式不同。

更令人费解之处在于，这篇遭舛讹形成的、文意前后明显不连贯的《初集本序》，居然能够存在于陈仁锡生前编刻的文集中。对此，需结合陈氏文集的刊行情况进行分析。

四、陈仁锡文集本的问题所在

就目前掌握的陈仁锡文集刊行情况而言，收录这篇遭舛讹而成的《藏书序》的《陈太史无梦园初集》，是崇祯六年陈仁锡生前编定刊刻的。以下首先结合现存陈氏文集梳理其早期刊行历程。

《中国古籍总目》集部著录五种陈氏文集，分别是：

1. 《陈太史无梦园初集》十四集三十四卷遗集八卷家乘一卷小品二卷，明崇祯六年张一鸣刻本，上海图书馆藏。
2. 《陈太史无梦园初集》三十四卷，明崇祯六年张一鸣刻本，国图、中科院、天津、南京、山东、湖北图藏。
3. 《无梦园遗集》八卷附家乘一卷小品二卷，明崇祯八年古吴陈礼锡、陈智锡刻本，南京图藏。
4. 《陈太史无梦园初集》不分卷，抄本，傅斯年图藏。
5. 《翠娱阁评选陈明卿先生小品》二卷，明丁允和、明陆云龙编，明陆云龙评，崇祯间刻《皇明十六家小品》本、崇祯间刻《翠娱阁评选诸名家小品》本。①

---

① 《中国古籍总目》集部第 2 册，第 918 页。《明别集版本志》仅著录一种《无梦园初集》三十四卷，题为崇祯六年张叔籁刻本，封面镌"陈明卿先生 无梦园初集 张叔籁梓行"；及南京图、安徽图藏崇祯八年刻《无梦园遗集》八卷《家乘》一卷《小品》二卷。第 703 页。

目前使用方便的陈仁锡文集有四种影印本。一是《续修四库全书》本:《陈太史无梦园初集》三十四卷,据崇祯六年张一鸣刻本影印;《无梦园遗集》八卷,据安徽省图书馆藏明崇祯八年陈礼锡、陈智锡等刻本影印。二是《四库禁毁书丛刊》本:《陈太史无梦园初集》三十四卷,据山东省图书馆藏崇祯六年张一鸣刻本影印;《无梦园遗集》八卷,据南京图书馆藏明末刻本影印。三是"中国基本古籍库"本:崇祯六年刻本《无梦园初集》三十四卷,崇祯八年刻本《无梦园遗集》八卷。从《续四库》本和"中国基本古籍库"本的藏书印章可知,其《初集》所据亦为山东省图藏本。四是《域外汉籍珍本文库》本:《无梦园初集》三十五卷《遗集》八卷《小品》二卷《家乘文》一卷,据美国国会图书馆藏明陈礼锡刊本。①

然而,就《无梦园初集》的实际刊行情状而言,无论是《中国古籍总目》的著录,还是几种影印本的标识,均有不清楚、不完备和容易误导读者之处。《中国古籍总目》的不备之处显而易见,例如缺载《续四库》影印的安徽省图藏本《遗集》,及美国国会图书馆藏本。其不清楚和容易误导之处,在于没能准确指出《初集》先于崇祯六年刊刻,复于陈仁锡去世后的崇祯八年经其弟及子增补这个重要变化,致使易将八年本误为六年本;此外,八年还同时编辑刊刻了《遗集》。

事实上,陈仁锡的文集在明末清初的刊行情况很可能远较目前所知更为复杂,具体情形还有待后续研究加以揭示,此处举三例以资说明。例一,《初集》"有集·日讲讲章",卷首题"天启二年直讲",误,因天启二年陈氏仅为编修,尚未侍讲,当为六年。讲章中,"有子曰礼之用和为贵"章之末叶即第三叶,与"有子曰信近于义"章之末叶即第六叶,同样发生了位置互换之误②,致使文意不通。这两叶的版心叶码明显不同,也非常清晰,原则上不应有此错误,未知何故。并且,这两处错误均在《遗集》中得到了纠正。③例二,《遗集》首卷目录叶最后两行,《续四库》影印安徽省图藏本有"《皇明世法录》、《通鉴纲目评》、《奇赏汇编》,三书俱未有序,不敢以赝稿诬世。附白"的告白,但《域外汉籍珍本文库》影印美国国会图书馆藏本这两行全为空白,而《四库禁毁书丛刊》影印南京图书馆藏本此处似乎有铲削的痕迹,看起来正好处于前两种本子的过渡形态(见图5)。例三,黄虞稷《千顷堂书目》著录"陈仁锡《无梦园集》四十(别本作四十三)卷,又《补集》四卷,又《遗集》十卷,又《小品》四卷",书名、卷数都大异于目前存世诸本。④根据以上三例,结合陈氏家族与书籍出版的密切关系,完全可以作这样的推测:陈仁锡的文集的刊刻经历了较长时期,在这个过程中,陈氏兄弟子侄对文集内容陆续有所改动、增补、删订;而崇祯六年和八年,只不过是这个延续时间较长的、断断续续的过程中比较重要的两个刻书年份。下文为讨论方便,姑且仍以崇祯六年本和八年本称之。

---

① 美国国会图书馆藏崇祯八年刻本《无梦园初集》三十五卷《遗集》八卷《小品》二卷《家乘文》一卷,16册,其中《初集》惊集亦为2卷,故较其他本子整体上多出1卷。详见王重民:《国会图书馆藏中国善本书录》,第1022—1023页;《中国善本书提要补遗》,第19页。
② 见《四库禁毁书丛刊》集部第59册,第150页上叶与第151页下叶互换。
③ 见《四库禁毁书丛刊》集部第142册,第17—19页。例二亦蒙孙天觉君提示,谨致谢忱!
④ 黄虞稷:《千顷堂书目》卷27,瞿凤起、潘景郑整理,上海:上海古籍出版社,2001年,第665页。

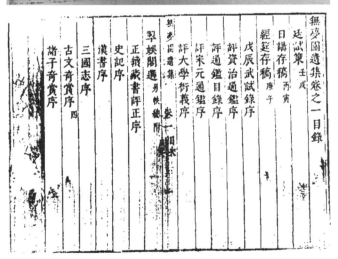

图 5 明崇祯刻本陈仁锡《无梦园遗集》首卷目录书影对比①

① 分别见陈仁锡:《陈太史无梦园遗集》卷首,《续修四库全书》第 1383 册, 第 349 页;《域外汉籍珍本文库》第四辑集部第 16 册, 第 644 页;《四库禁毁书丛刊》集部第 142 册, 第 9 页。

《初集》的崇祯六年本与八年本有明显差异。完整的八年本，以杜甫诗句用字，分为"岂有文章惊海（3卷）内（2卷），漫（2卷）劳（4卷）车（3卷）马（4卷）驻（4卷）江（3卷）干（4卷）"14集，共34卷。而六年本不分卷，内容仍为14类，但较八年本少海、漫、车三集（见附表）。① 两本均收录崇祯六年陈仁锡撰《无梦园初集自叙》，其中有云：

> 莳花种竹之馀，略简旧帙，成若干卷，多得之僧舍山寮破甓败壁间，且以谢客请也。其文目凡十有四：一曰大廷对策之文，一讲筵入告之文，一主考进呈之文，一制科应试之文，一草莽臣恭谒定陵庆陵、登第直讲、除名策塞之文，一扈从郊祀幸学、陪祭太庙、宣诏出关、持节入洛之文，一成均解经之文，一䡝轩采访之文，一咨询酬对之文，一情事揣摩之文，一叙述今古之文，一编纂杂记之文，一游览探奇之文，一山水纪迹之文，大都三十年来存稿千百之一二耳。唯制诰代言与腐儒析理、读史漫评，未敢遽出，亦藏拙之初念也。刻成，系以无梦园。②

末署"崇祯癸酉（六年）季春朔日长洲陈仁锡书于白松堂"。序中所谓"文目凡十有四"，在随后的总目录《无梦园初集目》中有更为清晰的罗列（见图6）。

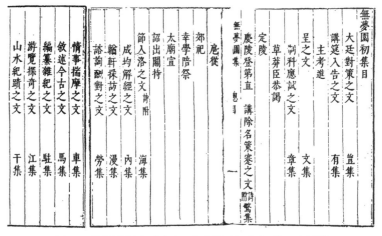

图6 明崇祯刻本陈仁锡《无梦园初集》总目书影③

通过附表的对比可知，在陈仁锡生前编刻的崇祯六年本中，已经收录了这篇遭舛讹而成的《藏书序》。在崇祯八年本中，《藏书序》位于"叙述今古之文"的马集第4卷。马集共4卷：第1卷共收28篇文字，以赠序为主；第2卷为寿序，24篇；第3—4卷皆为书序，多达119篇，既有自序，也有为他人著述所作序言。从附表可知，马集的收录内容和数量，在崇祯六年本和八年本中完全一致。由此可知，在六年本中已经收录《藏书序》了。据此，可以排除在陈仁锡去世后

---

① 杜婉言等：《明刻本史料二种要录》，载王春瑜主编：《明史论丛》，北京：中国社会科学出版社，1997年，第386—437页；武新立：《明清稀见史籍叙录》，南京：江苏古籍出版社，2000年，第274—277页。所据明崇祯六年张一鸣叔籁刻本，不分卷，藏于中国社会科学院历史所图书馆善本室。
② 陈仁锡：《陈太史无梦园初集》卷首，第631—634页。
③ 陈仁锡：《陈太史无梦园初集》卷首，第634—635页。

的崇祯八年由其兄弟子侄误收入文集这种情形。

在陈氏自序与总目《无梦园初集目》之间，还有一篇简短的《征文自引》：

> 海内征文于吴门，滥及予者，间亦不少。然随构随发，别无副本，更苦记忆。《初集》多出友人觅寄，而至者甚少。伏恳续发。他如游客假序以自媒，贾客伪书而滋蔓，不在此集，其赝明矣。淡退居士启。①

文末另行小字"吴门张一鸣叔籁梓行"。这篇《征文自引》同样冠于《无梦园遗集》卷首。《遗集》卷首分别有洪周禄《无梦园集序》、陈仁锡《无梦园初集自序》、《征文自引》、陈礼锡《跋伯氏遗集》。其中，《遗集》的陈氏《自序》与《初集》内容相同，唯无序末署款和印章。《征文自引》正文文字全同，但《遗集》本没有"吴门张一鸣叔籁梓行"一行，文末却又多出双行小字"癸酉（崇祯六年）至日"。陈礼锡《跋伯氏遗集》有云：

> 吾兄邈矣，生平著述，不具在耶！购求编辑，补《初集》未备，礼也敢辞后死之责！爰偕成卿弟洎诸侄聚首从事……，始克成帙。凡甲戌春稿，强半简自药裹中。盖先兄无他（耆）〔嗜〕，在床褥不废楮墨……新编多忱时借箸语，及叙一二门人问世之业云，乃有《遗集》。岁月先《初集》者，曩方崇心制义，雅不欲以古文词名世，勉应征索，往往不存笥，散轶什之五，《初集》不遑遍搜。顾论者谓，少年之文其神全，阅久愈光焰；末年之文其神淡，摄才情，就纪律，骎骎乎化矣。丹头垂熟，惜天夺之算，因不忍偏废，广罗而并录焉。至若对策、讲义、武录，暨家乘，再授剞劂，则惟是先兄杜机不异儒生，矢臆凛然忠孝，所见褎于纶綍者，其人其心，于两种文见之，不尤真挚欤？附刻《翠娱阁小品》，以识玄赏，遂称合璧。……乙亥（八年，1635）清和弟礼锡敬识。②

从跋语所述来看，《遗集》是在陈仁锡身后，由兄弟子侄辈"购求编辑，补《初集》未备"的义不容辞之举。其中包括（但不限于）四类文字。一是《初集》刊行之后的续作，如崇祯七年春所撰的"甲戌春稿"，亦即下文所说"末年之文"。二是《初集》"不遑遍搜"的"少年之文"，在时间上早于《初集》之作。三是"再授剞劂"的重刻文字，包括对策、讲义、武录和家乘。四是作为附录的《翠娱阁小品》中所选陈仁锡文字。不过，跋语所说与实际刊刻之间看来仍有落差。例如，纳入"附刻"范畴的不仅有《翠娱阁评选〈初集〉小品》，也包括"家乘"即《继志堂家乘》。（见图7）

---

① 陈仁锡：《陈太史无梦园初集》卷首，第634页。
② 陈仁锡：《陈太史无梦园遗集》卷首，第347—348页。

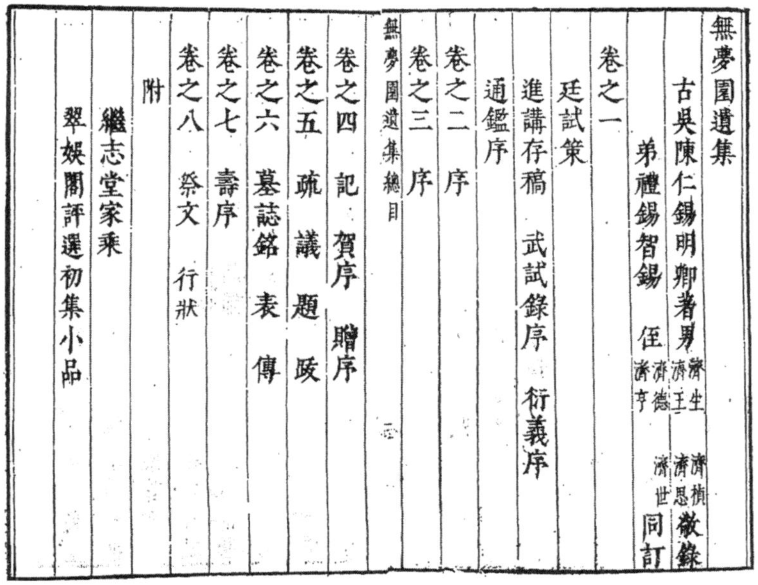
無夢園遺集
古吳陳仁錫明卿著男濟生 濟王 濟楨 濟恩 敬錄
弟禮錫智錫 侄濟德 濟亨 濟世 同訂
卷之一
廷試策
進講存稿 武試錄序 衍義序
通鑑序
卷之二 序
卷之三 序
無夢園遺集總目
卷之四 記 賀序 贈序
卷之五 疏 議 題 跋
卷之六 墓誌銘 表 傳
卷之七 壽序
卷之八 祭文 行狀
附
繼志堂家乘
翠娛閣評選初集小品

图 7 明崇祯刻本陈仁锡《无梦园遗集》总目书影①

五、结 语

本文的讨论表明，收录在陈仁锡《无梦园初集》中的《藏书序》，大部分文字其实截取自天启元年刻陈仁锡评正本李贽《藏书》卷首的焦竑序，末尾小部分文字截取自该书卷首的陈仁锡《评正藏书序》。导致文字舛讹的直接原因，在于焦序与陈序的书叶发生了舛讹：以焦序第一至三叶，误合上陈序第四至五叶而成。而导致书叶舛讹的因素，则在于两篇序言在诸如叶码、字体、半叶行数、每行字数等版式行款上的高度雷同。这种雷同现象，推测当是由于陈仁锡在撰写和刻版自己的《评正藏书序》时，刻意选择了仿效与对话《藏书》卷首既有五篇序言中的焦竑序所致。然而，这样一篇主要由于物质性、技术性、操作性问题导致发生文字舛讹错误，并因而明显文意不畅的序言，居然能够存在于作者生前编刻的文集中而不被发现，却提示出了更多值得注意的问题。

在中进士前长达二十余年的漫长举业生涯中，陈仁锡撰著、编纂、评点、刊刻了数量相当可观的各种书籍。如同李贽那样，他既是晚明出版业的弄潮儿和受惠者，也以其在出版业中挣得的“品牌效应”回馈给出版市场。对于《无梦园初集》和《遗集》卷首《征文自引》“他如游客假序以自媒，贾客伪书而滋蔓，不在此集，其赝明矣”的声明，我们宁可视为出版业中“陈仁锡牌”的广而告之。同样，对于《遗集》首卷目录之末，《皇明世法录》、《通鉴纲目评》、《奇赏汇编》书名下“三书俱未有序，不敢以赝稿诬世。附白”的告白（见图 5），则完全可以视为维护品牌的具体案例，无论“赝稿”是否已经出现。

对于收录遭舛讹而成的“赝品”《藏书序》，陈仁锡文集的编刻者或许可以辩解说，尽管

① 陈仁锡：《陈太史无梦园遗集》，卷首，第 348 页。

《征文自引》有"不在此集其赝明"的声明,但这个声明并未承诺"在此集其不赝明"。事实上,"不在此集其赝明"的承诺,也只是一种修辞而已,它不可能真正落实。因为这个修辞性的承诺显然需要如此预设作为前提:文集编刻者已经完整无遗地搜集到了陈仁锡数十年来撰写的所有适合于收入文集这种载体的文字。然而,陈仁锡在文集自序和《征文自引》中却同时又声称自己的文字"随构随发,别无副本",因此呼吁"友人觅寄",结果"至者甚少",不得已需要继续公开进行"征文"活动。其弟陈礼锡在《遗集》跋语中,也明确称"曩方尚心制义,雅不欲以古文词名世,勉应征索,往往不存笥,散轶什之五,《初集》不遑遍搜",于是才有为已故兄长编刻《遗集》之举,因而"购求编辑,补《初集》未备"。从这个情形来看,前述预设只能是高度理想化的产物,"不在此集其赝明"的承诺显然是不可能完成的任务。在陈仁锡刚刚去世之际,对于兄弟子侄而言,这种承诺不仅是义不容辞之举,更可能是延续和维系出版市场上"陈仁锡牌"的尝试。对于已成著名作家和书籍编刻者的陈仁锡而言,对照其文集的上述真赝情形,值得再次重温陈仁锡本人最初对待流行的李贽著作的态度:

书自佳耳,何与吾事?……真赝殽杂,谁置辨者?①

这个案例同时也说明,尽管陈仁锡在数十年中坚持跟文字打交道,制造了数量相当可观的出版物,但他看来并没有对自己撰写的文字格外珍视——即使迟至天启元年撰写的《评正藏书序》,他也没有保留底稿。因此,当崇祯六年开始编辑文集时,这篇序文只好从由其评正刊刻的《藏书》卷首过录(这也能印证《征文自引》及兄弟子侄序跋所说陈氏不留底稿,因而编文集时需要"征文"),并在过录过程中发生了如上所述的舛讹现象。

陈仁锡文集中这篇遭到舛讹的《藏书序》还促使我们思考,在晚明的书籍出版活动中,选编、汇辑、编辑、编纂、校订、参阅,以及诸如此类的题名的实质究竟为何?舛讹而成的陈仁锡序言,语意明显前后不连贯,但看来它通过了崇祯六年陈仁锡生前编刻的《无梦园初集》的审查,也通过了崇祯六年陆云龙刻本何伟然《十六名家小品·陈明卿先生小品》抄录和编刻时的重审②,然后又通过了崇祯八年陈仁锡的兄弟子侄增补《初集》和附刻《翠娱阁小品》时的反复检查③,以及明末贺复征编《文章辨体汇选》时的再审④,此后它还通过了名学者黄宗羲的审查,溜进其所编《明文海》中。⑤ 问题在于,这些抄录者、编辑者、校订者、刊刻者们,对于这篇遭舛讹而成致使文意不通之序的内容,究竟理解多少?

---

① 陈仁锡:《评正藏书序》,李贽撰,陈仁锡评《藏书》卷首,叶1。
② 《陈明卿先生小品》二卷,其中卷一收录27篇序,《藏书序》、《续藏书序》、《史记序》、《汉书序》、《三国志序》五篇紧排在一处。又,从《无梦园遗集》卷首总目录末行附录《翠娱阁评选〈初集〉小品》来看,《小品》与《初集》的关系是前者从后者中选取文字,而非《初集》抄录《小品》文字。此点有助于说明:《初集》本《藏书序》的文字舛讹,是由《初集》编刻者犯下的,而非沿袭《小品》编刻者的错误。
③ 美国国会图书馆藏本所附《翠娱阁评选无梦园集小品》,在内容遭舛讹的《藏书评正序》之末,甚至还有一段评语:"但凭几句史书,个中埋没英雄多少?掩去奸雄多少?自须另出手眼,方为读史,又何惜世人之怪乎?信非真能信,疑亦岂真为疑?卓老(李贽)亦自听之已耳。"《域外汉籍珍本文库》第四辑第16册,第257页。
④ (明)贺复徵编《文章辨体汇选》卷289《序九》,影印文渊阁《四库全书》本,叶7—8。本卷共收5篇书序,全为陈仁锡之作,分别是《史记序》、《汉书序》、《三国志序》、《藏书序》、《续藏书序》。
⑤ 黄宗羲《明文海·补遗》,北京:中华书局,1987年影印涵芬楼藏钞本,第5册,第5251页。按:"补遗"是据浙江图书馆藏钞本补辑而成。又,"补遗"还收录了黎遂球《李氏藏书序》(第5261—5262页),但在黄宗羲用于授子的精选本《明文授读》中,仅保留黎序,放弃了陈仁锡序。

附表：陈仁锡《无梦园初集》明崇祯六年与八年刻本篇卷对比

集	六年本篇数①	八年本篇数②	八年本卷数	内　　容
岂	2	2	1	大廷对策
有	2	2·6	1	讲筵入告
文	3	3	1	主考进呈
章	3	3	1	制科应试
惊	7+	7+	1	谒定陵庆陵、登第直讲、除名策蹇
海		海集一：1·41	3	扈从郊祀幸学、陪祭太庙、宣诏出关、持节入洛
		海集二：1·8		
		海集三：1·118		
内	54	内集上：54	2	成均解经
		内集下：19		
漫		漫集一：54	2	輶轩采访
		漫集二：51		
劳	3	劳集一：1·47	4	咨询酬对
		劳集二：1·9		
		劳集三：1·23+		
		劳集四：7		
车		车集一：1·38	3	情事揣摩
		车集二：1·10		
		车集三：7		
马	171	马集一：28	4	叙述今古
		马集二：24		
		马集三：80		
		马集四：39		
驻	157（记20，传11，墓表等116，纪事10）	驻集一：20（记）	4	编纂杂记
		驻集二：43（传11 墓表6 志铭12 行状2 祭文12）		
		驻集三：73（赞28 疏2 题跋15 书18 约纪事10）		
		驻集四：20		

① 据武新立：《明清稀见史籍叙录》，第275页。按：作者有时举大题而言，有时用"等"字，则以"+"表示。
② 据陈仁锡：《陈太史无梦园初集》卷首目录，《续修四库全书》第1381册，第636—679页。

续表

集	六年本篇数	八年本篇数	八年本卷数	内　容
江	60	江集一：20 江集二：39 江集三：46	3	游览探奇
干	61	干集一：10 干集二：6 干集三：38 干集四：9	4	山水纪迹
	未出			制诰代言、腐儒析理、读史漫评

（作者单位：中山大学历史学系）

从奏告之礼看唐宋国家礼仪空间的变迁

吴 羽

一、引 言

关于唐代礼制的研究已经取得了许多积极进展①,在我们看来,以往的唐宋礼制研究有两个重要特点,一是对五礼中某些具体礼仪的细致探讨,特别是郊祀、宗庙等礼仪的专题研究;一是以地方祠祀为对象,探讨国家、地方、宗教及各种信仰之间的互动。具体到礼仪空间的研究,自梅原郁发表《皇帝·祭祀·国都》、妹尾达彦刊布《唐代长安的礼仪空间》以来②,研究礼仪空间的论著基本视点有两个,一是讨论某具体地理空间中举行的礼仪,一是某种礼仪运行在何种空间。

本文的研究思路与前贤有所不同,我们想探讨多种国家礼仪相似的部分——奏告之礼的运行空间,这一空间既是地理空间,更是一个与信仰、宗教紧密相连的具有象征意义的空间。

唐宋时期祭天礼仪中的告礼发生了重大的变化,例如,《大唐开元礼》中有告礼,但无专篇记载奏告之仪。逮至宋代,徽宗朝整备礼乐的集大成之作《政和五礼新仪》中有四卷专载奏告之礼,所奏告的宫观是景灵宫、佑神观、醴泉观、上清储祥宫、太清储庆宫、九成宫、中太一宫③;南宋绍兴元年(1131)、绍兴四年(1134)、绍兴七年(1137)明堂大礼御札降所奏告的宫观有所不同。④ 绍兴十八年(1148)太一宫建成之后,国家大礼的奏告宫观稳定为景灵宫、天庆观、报恩光孝观、太一宫。⑤《中兴礼书》卷3有完整的奏告宫观仪注。⑥

---

① 参见甘怀真:《礼制》,胡戟、张弓、李斌城、葛承雍主编:《二十世纪唐研究》第五章《礼制》,北京:中国社会科学出版社,2002年,第178—192页。朱溢:《隋唐礼制史的回顾和思考》,《史林》2011年第5期。
② 梅原郁:《皇帝·祭祀·国都》,中村贤二郎编:《历史のなかの都市——続都市の社会史——》,京都:ミネルヴァ书房,1986年,第284—307页;妹尾达彦:《唐长安城の仪礼空间——皇帝仪礼の舞台を中心に》,《东洋文化》第72号,1992年,第1—35页。
③ 郑中居:《政和五礼新仪》卷7至卷10《序例》,《景印文渊阁四库全书》第647册,台北:台湾商务印书馆,1986年,第157—169页。参《政和五礼新仪》卷4《序例》、卷166《嘉礼》,《景印文渊阁四库全书》第647册,第148、731页;卷4《序例》所载宫观虽有阳德观,然诸国家大礼奏告的宫观中无阳德观。
④ 《中兴礼书》卷52《吉礼五十二·明堂奏告》,《续修四库全书》第822册,上海:上海古籍出版社,2002年,第221—222页。之后所引《中兴礼书》,若无特别说明,均系《续修四库全书》影印蒋氏宝彝堂抄本,页码也是《续修四库全书》的页码。
⑤ 参见吴羽:《唐宋道教与世俗礼仪互动研究》讨论玉清昭应宫的章节,北京:中国社会科学出版社,2013年,第91页。
⑥ 现存于《宋会要辑稿》礼2之24至25,《宋会要辑稿》此处未标明《中兴礼书》卷数,此卷数乃据《中兴礼书》目录补。

近人也已经注意到了宋代祭天奏告礼中的宗教因素，汪圣铎先生敏锐地指出宋朝"逢重大典礼如南郊祭天地、明堂等前后，皇宫内往往建道场，预祈神仙保佑或向神仙表示感谢"，"宋朝通常每三年举行一次皇帝亲自主持的郊祀大典。郊祀前依例要向诸神'奏告'，其中就包括佛教、道教的神。""除郊祀、明堂外，其他重要大典（如祫飨）前后，官方也有向佛教、道教诸神祈祷的情况"。[①]

唐宋奏告礼仪的变迁不止于此，宋人对此有清醒的认识，《宋会要辑稿》礼14之4至5云：

> 古者天子巡狩、出征，有亲告宗庙之礼，国朝因之。故幸西京、封泰山、祠后土、谒太清宫，皆亲告太庙。三岁皇帝亲行郊祀，每岁祈谷上帝、祀感生帝、雩祀、祭方丘、明堂大飨、祭神州地祇、祀圜丘，并遣官告祖宗配侑之意。他大事自祖宗以来登位、改名、上尊号、改元、立皇后、太子、皇子生、纳降、献俘、亲征、籍田、朝陵、肆赦、河平、大丧、上谥、山陵、园陵、祔庙，皆遣官奏告天地、宗庙、诸陵及告社稷、岳渎、山川、宫观、在京十里内神祠。其仪用牺樽、豆、笾各一（樽实以酒，豆笾实以脯醢，宫观以素馔、时果代）祀（吴羽按，当为祝）版、币、帛，行一献礼。

这其实是说了两层意思：一层是天子巡狩、出征、亲郊以及大型礼仪和祭祀需要事先奏告宗庙，是沿袭古礼；另一层意思是所谓"祖宗以来"的许多国家大礼在举行之前"皆遣官奏告天地、宗庙、诸陵及告社稷、岳渎、山川、宫观、在京十里内神祠"。很明显，这里所谓"祖宗以来"的奏告之礼比"古者"的奏告宗庙扩大了许多。当然，需要特别强调的是，《宋会要辑稿》虽然将这段文字系于太宗太平兴国三年（978）十一月之后，但在玉清昭应宫建成之前，道教宫观并没有和国家大礼发生如此密切的关系，这并非是"祖宗以来"的旧制。

这直接昭示着唐宋一些国家大礼运行的地理空间及所涉超自然空间呈越来越大的趋势。值得追问的是，唐宋告礼的变化究竟经历了一个怎样的过程？唐宋奏告之礼持续变迁背后的动因是什么？

为了凸显唐宋奏告之礼的历时性变化，我们将按照时间，分阶段地梳理相关的奏告之礼。为了探讨其背后的动因，我们又不仅仅关注奏告之礼的具体空间，还涉及皇帝的意图，士大夫的观感以及与之相关的政治、宗教与社会情景。

当然，本文的终极目的是希望借此个案研究，从一个特定角度审视唐宋国家意识形态建构的变迁，皇帝、士大夫、民间社会在特定政治与宗教情景中的互动。

二、唐代告礼的演变

为便于和宋代对比，我们在讨论唐代告礼时依照前揭《宋会要辑稿》的次序，即天子巡狩出征、祭天、地，登位、改名、上尊号、改元、立皇后、太子、皇子生、纳降、献俘、籍田、朝陵、肆赦、河平、大丧、上谥、山陵、园陵、祔庙的顺序来展开。唐礼对前代既有继承，也有扬弃，限于篇幅，我们难以对所有相关礼仪都追根溯源，告礼不出天地、宗庙、社稷、五岳四渎、名山大川、古代帝王、名臣等这样一个网络，皇帝的巡狩之礼牵涉最广，这里仅略及南北朝以来

[①] 汪圣铎：《宋代政教关系研究》，北京：人民出版社，2010年，第287、366、370页。

的沿革，以见一斑，不再追溯其他礼仪的沿革。

1. 皇帝亲征、巡狩、行幸时所行的告礼

梁满仓先生在研究魏晋南北朝誓师之礼时，注意到其中关于祭祀的材料①，给我们许多有益的启发，不过，梁先生的关注点不在分析祭祀对象及其空间。在我们看来，皇帝巡狩、亲征、行幸时的祭祀制度形成甚早且在北朝相对稳定，从礼仪运行的地理空间而言，其实牵涉到从都城祭祀空间到地方祭祀空间的转换。

《通典》记载周时已有告庙、天地、祃祭，及告所过大山川之礼②，所用材料实为《周礼》之文，说明相关制度的设计早已经完成。《隋书》卷 8《礼仪三》载南朝梁有出征用牲币告天、社、宗庙之礼③，北齐的制度颇有《周礼》遗风，亲征未出发之前需告宗庙、天地、岳镇、海渎、建牙旗，出发后需致祭所过名山大川，至战所需祃祭，战前一日祭祖社神。④ 其中体现出几层富有兴味的信息。首先时人认为皇帝出京牵涉到上至天、下至地、中到宗庙的空间，必须征得这三个空间神灵的同意，并祈求福佑。其次在地上，岳镇、海渎、源川、社形成了一个完整的神灵空间和网络。最后，皇帝所经之处既是一个行动路线，也是一个带状的祭祀礼仪空间。

北周皇帝出都城有軷祭，軷祭乃汉晋已降祖道旧礼⑤，《周书》卷 4《明帝纪》载武成元年（559）"三月癸巳，陈六军，帝亲擐甲胄，迎太白于东方"。⑥《隋书》卷 8《礼仪三》载其仪，北周"孟秋迎太白"出国门的軷祭之礼不见于北齐。軷祭的意义在于，明确显示，京城门既是皇帝离开京城礼仪空间的终点，也是正式进入地方海、渎、岳、镇、源川祭祀网络空间的起点，路是连接这个祭祀网络空间的线条，軷祭就是顺畅地走在这一祭祀网络路线上的开始。正是沿着皇帝的行进路线，形成一个带状祭祀空间，经由这一带状祭祀空间上的节点，与神灵进行沟通，并祈求他们的福佑。

隋代皇帝出都礼仪是北齐和北周相关礼仪的结合体，且在炀帝时有所扩大。《隋书》卷 8《礼仪三》载：

> 隋制，行幸所过名山大川，则有司致祭……亲征及巡狩，则类上帝、宜社、造庙，还礼亦如之。将发轫，则軷祭。⑦

可见隋兼采北齐、北周之制，有材料表明，此制施行的可能性较大，《隋书》卷 1《高祖纪上》载开皇七年（587）十一月甲午"幸冯翊，亲祠故社"⑧，卷 2《高祖纪下》载"十五年春正月

---

① 梁满仓：《魏晋南北朝五礼制度考论》，北京：社会科学版文献出版社，2009 年，第 448—449、464 页。
② 杜佑：《通典》卷 76《礼三十六·军礼一·天子诸侯将出征类宜造祃并祭所过山川》，北京：中华书局，1988 年，第 2061—2062 页。
③ 《隋书》卷 8《礼仪三》，北京：中华书局，1973 年，第 159 页。
④ 同上。
⑤ 軷祭，即祖道之礼，汉代事参《后汉书》卷 64《吴祐传》，北京：中华书局，1965 年，第 2100 页。魏晋事参《三国志》卷 60《吴书十五·贺齐传》，北京：中华书局，1959 年，第 1379 页；《晋书》卷 40《贾充传》，北京：中华书局，1974 年，第 1172 页。
⑥ 《周书》卷 4《明帝纪》，北京：中华书局，1971 年，第 56 页。
⑦ 《隋书》卷 8《礼仪三》，第 159—160 页。
⑧ 《隋书》卷 1《高祖纪上》，第 25 页。

……丙寅，旅王符山。庚午，上以岁旱，祠太山，以谢愆咎，大赦天下……三月己未，至自东巡狩。望祭五岳海渎"。①《隋书》卷 7《礼仪二》记载："大业中，炀帝因幸晋阳，遂祭恒岳……十年，幸东都，过祀华岳，筑场于庙侧。"② 据《隋书》卷 3《炀帝上》亲祭恒岳在大业四年（608）八月辛酉。又载大业五年（609）二月"戊戌，次于阌乡。诏祭古帝王陵及开皇功臣墓"。③《隋书》卷 8《礼仪三》载大业七年（611）隋炀帝"行幸望海镇，于秃黎山为坛，祀黄帝，行袡祭。"古帝王陵、开皇功臣也成为隋炀帝出京祭祀网络中的节点，相比北周和北齐而言，这无疑是某种程度上的扩大。

逮至唐代，皇帝巡狩、亲征，在城内举行的告礼及出城軷祭、祭所过山川、古帝王陵沿袭隋制。④

高宗时，皇帝巡幸的礼仪空间有引人注目的扩大，虽然仍然基本是一个带状的祭祀空间，但是与超自然界的联系却不局限于海、镇、岳、渎、古帝王陵这样一个祭祀网络空间。《旧唐书》卷 5《高宗下》载"（永淳）二年春正月甲午朔，幸奉天宫，遣使祭嵩岳、少室、箕山、具茨等山，西王母、启母、巢父、许由等祠"。⑤ 祭启母庙、西王母、巢父、许由等祠已经溢出了唐初名山大川、古先帝王陵的范畴。这似乎只是一时权制。中宗时期的祭祀便未有特别扩展。⑥

有资料表明，真正扩展隋和唐初祭祀网络空间上的节点是在唐玄宗开元中期。《册府元龟》卷 33《帝王部·崇祭祀第二》载：

> （开元）十二年十一月庚午，幸东都，敕有司："所经名山大川、自古帝王陵、忠臣、烈士墓，精意致祭，以酒脯、时果用代牲牢"。丙寅，至华阴，命刺史徐知仁与信安王祎勒石于华岳祠南之通衢，帝亲制其文。⑦

忠臣、烈士墓正式成为皇帝出京祭祀带状祭祀空间上的节点。

《大唐开元礼》卷 81 至 84 载皇帝亲征需"类于上帝"、"宜于太社"、"告于太庙"、"軷于国门"、"袡于所征之地"、"告所过山川"，卷 56 至卷 62 载皇帝巡狩需告圜丘、太社、太庙。卷 62 载皇帝巡狩"軷于国门，祭所过山川如亲征之礼"，卷 63《皇帝封祀于泰山·銮驾进发》载"皇帝出宫，备大驾卤簿，軷于国门，祭所过山川、古先帝、名臣、烈士，皆如巡狩之礼"。既是对唐前期告礼的继承，也是对开元新制的制度化。这不仅仅是祭祀的增多，更是对所有名臣、烈士的尊重，从单纯的谢功过渡到了提倡主流意识形态和增强教化的功能。

---

① 《隋书》卷 2《高祖纪下》，第 39—40 页。
② 《隋书》卷 7《礼仪二》，第 140 页。
③ 《隋书》卷 3《炀帝上》，第 72 页。
④ 现无直接材料证明唐初有无軷祭，但可确定，开元十八年已行此礼，见《唐会要》卷八，北京：中华书局，1955 年，第 123—124 页。鉴于隋代已有此仪，我们倾向认为出国门軷祭乃唐前期通例。中唐軷祭亦可述，见《旧唐书》卷 24《礼仪四》载肃宗祭祀九宫鬼神时有軷祭，北京：中华书局，1975 年，第 913 页。晚唐仓皇出京的诸帝未必会严格按照礼仪行事。关于祭所过山川、古帝王陵，章群先生已经注意到此点，章群：《唐代祠祭论稿》，台北：学海出版社，1996 年，第 101—102、104 页。章群先生此书第 101—108 页为《唐代祠祭异动表》，给人许多重要的启发，本文所用史实与章先生相同之处，将直接引用章先生的成果，而与章先生先生所引史料不同，祭祀项目详于章先生者，则直接列出史料，不再引用章先生之书。高祖武德七年幸龙跃宫途中曾到楼观谒老子祠，又以太牢祭隋文帝陵，参见《资治通鉴》卷 191，北京：中华书局，1956 年，第 5994 页。
⑤ 章群先生注意到这些事实，然未指出是幸奉天宫途中所祭，与本文有所不同，见氏著《唐代祠祭论稿》，第 108 页。
⑥ 参《册府元龟》卷 33《帝王部·崇祭祀第二》，北京：中华书局，1960 年，第 358 页。
⑦ 同上，第 359 页。

值得提出的是，皇帝所经的带状祭祀空间是怎样的？《唐六典》卷4"祠部郎中、员外郎"条注文曰："车驾巡幸，路次名山大川、古昔圣帝明王名臣将相陵墓及庙应致祭者，名山大川三十里内，圣帝明王二十里内，名臣将相十里内，并令本州祭之。"① 《宋会要辑稿》礼14之20载上封事者言引《开元礼仪鉴》云："车驾行幸，路次有名山大川，去三十里内则祭之；前代帝王，二十里内则祭之；名臣，十里内则祭之。"《开元礼仪鉴》即《开元礼义鉴》，是专门解释《大唐开元礼》的著作，不少内容沿自何承天《礼论》、隋《江都集礼》等文献②，看来唐代这种规定当有所因袭，只是迄今尚不知道因自何代。

2. 祭天、地告礼

《大唐开元礼》规定亲郊、祈谷上帝、祀感生帝、雩祀、祭方丘、明堂大飨、祭神州地祇、圜丘、皇帝即位有告宗庙之礼，这类奏告之礼是命太尉在正式祭祀前两天"告以配神作主之意"，有预先邀请的意味，而不是"告"太庙中每一个神主。③ 这可以代表唐前期的奏告礼仪制度。

唐初未见祭天、地礼仪前后专门祭祀岳、渎、海、镇之礼，更无论古帝王等。玄宗时期，祭天地礼仪确有重要的扩大，但非告礼，章群先生指出开元八年（720）玄宗令元行冲祠南郊，命太常长官分祭华岳、温汤④，此时已经比唐初南郊的祭祀有所扩展。之后，皇帝祭天、迎气礼仪被进一步扩大，例如，开元十八年正月丁巳亲迎气于东郊，下制曰："其海内五岳四渎，及诸镇名山大川，及灵迹，并自古帝王、得道升仙、忠臣、义士先有祠庙者，各令郡县逐处设祭。"⑤ 然而这次祭礼还不是惯例，开元二十六年（738）正月丁丑亲迎气于东郊，祀青帝，便无类似祭礼。开元二十年（732）之后，其事渐多，逐渐形成惯例。⑥ 中唐以后，这种扩大了的分祭之礼时行时辍。⑦

---

① 李林甫等撰，王仲夫点校：《唐六典》卷4，北京：中华书局，1992年，第124页。
② 参吴羽：《今佚唐〈开元礼义鉴〉的学术渊源与影响》，《魏晋南北朝隋唐史资料》第26辑，2010年。
③ 仪见《大唐开元礼》卷4"皇帝冬至祀圜丘"、卷5"冬至祀圜丘有司摄事"、卷6"皇帝正月上辛祈谷于圜丘"、卷7"正月祈谷于圜丘有司摄事"、卷29"皇帝夏至祭方丘（后土礼同）"、卷30"夏至祭方丘有司摄事"、卷8"皇帝孟夏雩祀于圜丘"、卷9"孟夏雩祀圜丘有司摄事"、卷31"皇帝孟冬祭神州于北郊"、卷32"孟冬祭神州于北郊有司摄事"、卷10"皇帝季秋大享于明堂"、卷11"季秋大享于明堂有司摄事"。
④ 章群：《唐代祠祭论稿》，第116页。
⑤ 《册府元龟》卷85《帝王部·赦宥第四》，第1008页。
⑥ 开元二十年十一月庚午祀后土于脽上，下制致祭五岳四渎、名山大川及自古圣帝、名王、忠臣、辅相。天宝六载南郊礼毕下制封四渎为公，差使告祭，修葺毁坏的"古圣帝、明王、忠臣、烈士陵墓"并致祭，令所在长官致祭五岳及诸名山、大川。天宝十载南郊礼毕大赦天下，令致祭五岳四渎及诸镇山，"名山大川及诸灵迹并自古帝王及得道升仙、忠臣、义士、孝妇、烈女有祠庙者"，封四海为王，"差使备礼册祭"。《册府元龟》卷85、86《帝王部·赦宥》，第1010、1021、1026页。
⑦ 代宗广德二年（764）南郊礼毕令所管致"五岳四渎、名山大川、今古圣帝、明王、忠臣、义士"，《册府元龟》卷88《帝王部·赦宥第七》，第1051页。但是《册府元龟》卷89《帝王部·赦宥第八》载建中元年（780）南郊后大赦天下，同卷载贞元六年（790）南郊礼毕大赦之文，均无祭五岳四渎等礼。逮至元和二年（807）南郊礼毕，又命致祭"名山大川及古圣帝、明王、忠臣、烈士"，章群：《唐代祠祭丛稿》，第146页。《册府元龟》卷90《帝王部·赦宥第九》载长庆元年（821）郊禋礼毕无此礼，同书同卷载唐文宗大和三年南郊礼毕无此礼。武宗会昌五年（845）郊天赦文又令所在祭"五岳四渎、名山大川"，章群：《唐代祠祭丛稿》，第153页。之后未见再行此礼。行不行此礼，当是视是否"有事"而定。

3. 即位

金子修一、吴丽娱均指出皇帝即位的告祭郊庙的史实。① 高祖至玄宗即位无告五岳四渎及名川大山等之礼，安史乱后也仅仅寻得两例，唐肃宗至德元年（756）即位于灵武，御南门，下诏曰："……择日昭告于上帝……自古圣帝、名王、忠臣、烈士、五岳、四渎、名山、大川，并令所在致祭"②；唐懿宗即位，委本道长吏祭五岳四渎、名山大川。③ 当仅是一时权制，但似乎是后来宋代礼仪的先声。

4. 改名

唐代一般被立为太子之后改名，皇帝改名者少，现仅知宪宗、武宗曾经改名，并分命宰臣告天地、宗庙，事见《唐大诏令集》卷5载会昌六年（846）三月十二日《武宗改名诏》。④ 不知是不是制度性规定。

5. 加尊号

《册府元龟》卷85《帝王部·赦宥》载开元二十七年（739）加尊号大赦文，并无奏告或祭祀五岳、四渎名山大川之文，说明这时应该还没有形成惯例。《册府元龟》卷86《帝王部·赦宥第五》载天宝七载（748）五月壬午，帝加尊号之后大赦天下，制曰：

> 自古受命之主，创业之君……亦从禋祀。其历代帝王肇迹之处，未有祠宇者，宜令所繇郡县量置一庙，以时享祭。仍取当时将相德业可称者三人配祭，仍并图画立像，如先有祠宇，沾享祭者，亦宜准此。式闾表墓，追贤纪善，事有劝于当时，义无隔于异代，其忠臣、义士、孝妇、烈女，史籍所载德行弥高者，所在亦置一祠宇，量事致祭……朕每以道元有属，思竭精诚，经教所在，岂忘崇奉？且宗其道者，师其人；行其道者，尊其礼。晋琅琊王公府舍人杨真人、护军长史许真人、丹阳上计掾许真人……为上清之宗。后汉张天师……梁中散大夫贞白陶先生……并令有司审定子孙，将有封植，以隆真嗣。天师册为太师，贞白册赠太保。其洞宫山各置坛祠宇，每处度道士五人，并取近山三十户，蠲免租税差科，永供洒扫，诸郡有自古得道升仙之处，虽先令醮祭，循虑未周，宜每处度道士二人，其灵迹殊尤，功应远大者，度三人，永修香火……其五岳四渎、名山大川，各令本郡长官致祭。⑤

特点在于不仅重视道教圣贤灵迹，而且对先代帝王、忠臣、义士、孝妇、烈女，史籍所载德行弥高者、五岳四渎、名山大川均有涉及。天宝八年、天宝十三载（754）上尊号，又有大肆封神的

---

① 金子修一：《中国古代皇帝祭祀の研究》，东京：岩波书店，2006年，第474—561页。吴丽娱：《终极之典——中古丧葬制度研究》，北京：中华书局，2012年，第148—149页。
② 《册府元龟》卷87《帝王部·赦宥第六》，第1031页。
③ 章群：《唐代祠祭丛稿》，第155页。
④ 宋敏求：《唐大诏令集》卷5，北京：中华书局，2008年，第34页。
⑤ 《册府元龟》卷86《帝王部·赦宥第五》，1022—1023页。

致祭的记载。①

加尊号扩大祭祀，是玄宗天宝新制。这种祭礼具有昭告并将喜庆之事扩展到各地神祠的意涵。这种做法在中唐之后时断时续，《册府元龟》卷86《帝王部·赦宥第五》载乾元元年（758）加上玄宗徽号，无类似祭告之礼。《册府元龟》卷89《帝王部·赦宥第八》载元和三年宪宗受徽号曰睿圣文武皇帝，无类似奏告之礼。迨至元和十四年（819）上尊号，又委本州府长吏祭五岳四渎，亦令所在祭名山大川、自古圣帝、明王、忠臣、烈士。此后，穆宗长庆元年（821）七月己酉，册尊号礼毕，宣制曰"五岳四渎、名山大川并自古圣帝、明王、忠臣、烈士，各令所在以礼致祭"。敬宗宝历元年（825）受册尊号，诏所在致祭五岳四渎、名山大川、忠臣烈士。会昌元年（841）加尊号，无奏告五岳四渎、名山大川之礼。武宗会昌五年加尊号后郊天，大赦天下，令所在祭五岳四渎、名山大川。宣宗大中二年（848）受尊号，委本州长吏祭五岳四渎，所在祭名山大川。懿宗咸通十二年（871）受尊号大赦不载奏告五岳四渎等之礼。唐僖宗光启元年（885）受尊号也无奏告五岳四渎等的迹象。② 大约是随着政治形势和政局的变化而有所不同。

6. 改元

唐初改元未见昭告之礼，武则天自立，改元光宅，诏文中不仅加封老子之母为"先天太后"，还说"洛州界内，所有帝王之陵，及自古清直之臣、忠廉之佐，并令州县就其茔域，一申祭享"③，不过似乎未成为正式制度，直至天宝之前的改元赦文都未见类似礼仪。玄宗改元天宝，大赦天下，曰："前王重典，在乎祭祀。况属惟新，事宜昭告。五岳、四渎、名山、大川、诸灵迹，及自古帝王、忠臣、义士，并令所繇州县致祭。"④ 肃宗即位，改元至德，"自古圣帝、明王、忠臣、烈士、五岳、四渎、名山、大川，并令所在致祭"⑤，然《册府元龟》卷37、卷87载肃宗改元乾元元年赦文，无昭告之礼，直至肃宗改元上元，才又委州县长吏择日致祭"自古明王、圣帝、名山、大川"。⑥ 宋敏求：《唐大诏令集》卷4《去上元年号大赦》曰："名山、大川、明王、圣帝所在庙、祠，各委州县长官虔诚致祭"⑦，《册府元龟》卷87、88载代宗改元宝应、广德赦文，无祭告之礼。⑧ 唐代宗改元永泰、大历，均令祭五岳、四渎、名山、大川，德宗改元贞元委长吏祭名山大川。⑨ 之后未见改元昭告五岳四渎、名山大川等礼。

---

① 同上，第1025、1028页。
② 章群：《唐代祠祭丛稿》，第147页；《册府元龟》卷90《帝王部·赦宥第九》，第1078页；章群：《唐代祠祭丛稿》，第148页；《册府元龟》卷91《帝王部·赦宥第十》，第1091页；章群：《唐代祠祭丛稿》，第153页；章群：《唐代祠祭丛稿》，第154页；《册府元龟》卷91《帝王部·赦宥第十》，第1091页；《册府元龟》卷91《帝王部·赦宥第十》，第1092页。
③ 宋敏求：《唐大诏令集》卷3《改元光宅诏》，第16页。
④ 章群：《唐代祠祭丛稿》，第124页。
⑤ 宋敏求：《唐大诏令集》卷2，第8页。
⑥ 章群：《唐代祠祭丛稿》，第136页。
⑦ 宋敏求：《唐大诏令集》卷4，第24页。
⑧ 《册府元龟》卷87、88，第1045、1047—1049页。
⑨ 章群：《唐代祠祭丛稿》，第138—139、141页。

7. 册皇后、太子、皇帝加元服、纳后

吴丽娱先生据《大唐开元礼》指出皇后、皇太子受册需告天地、宗庙。① 皇帝加元服、纳后也需要奏告圜丘、方泽、宗庙，仪见《大唐开元礼》卷91"皇帝加元服上"、卷93"纳后上"。目前所见材料中，中唐以前册皇太子并无祭祀五岳四渎、名山大川之礼。《册府元龟》卷87《帝王部·赦宥第六》乾元元年十月甲辰，肃宗御宣政殿，册成王为皇太子，大赦天下，无祭祀五岳四渎、名山大川之文。② 中唐以后，册礼之后往往有祭祀五岳四渎、名山大川之文。贞元二十一年（805）、元和四年（809）、元和七年（812）册皇太子均委所在长吏祭"五岳四渎、名山大川"。③ 然之后未见再行此礼。

《大唐开元礼》卷110"皇太子加元服"有"告太庙"之礼；卷111"皇太子纳妃"有"告庙"之文。这意味着皇太子加元服并不需要告知天地神祇。

8. 皇子生

唐代未见有前述《宋会要辑稿》所载类似礼仪。

9. 纳降、献俘

唐代纳降、献俘告礼，其制不恒，宗庙必告，太社亦多，诸陵偶见，告天不多，中唐以后，亦多告太清宫，观《册府元龟》卷12《帝王部·告功》即可明了，不必详引史料。

10. 亲耕籍田

《唐会要》卷10下《籍田》详载唐代亲耕籍田，未见有告礼，唯《册府元龟》卷85《帝王部·赦宥第四》载开元二十二年（734）正月乙亥亲耕籍田，大赦天下，制曰："五岳四渎、名山大川及自古圣帝、明王、忠臣、良相，并令所在长官以礼致祭"④，大概是玄宗欲崇重其事，有意为之，非常例。

11. 皇帝拜陵

《大唐开元礼》卷45"皇帝拜五陵"记载"将拜陵，所司承制，内外宣摄随职供办，前发二日，太尉告太庙如常仪"，有预先请示的意味。《册府元龟》卷85《帝王部·赦宥第四》载开元十七年（729）十一月丙申，谒桥陵，大赦天下，云"自古帝王、贤臣、将相陵墓，宜令所在州

---

① 吴丽娱：《终极之典——中古丧葬制度研究》，第148页。
② 《册府元龟》卷87《帝王部·赦宥第六》，第1038—1039页。
③ 章群：《唐代祠祭丛稿》，第145—146页。
④ 《册府元龟》卷85《帝王部·赦宥第四》，第1012页。按北京中华书局本为二十三年，《景印文渊阁四库全书》本为二十二年，后者确，故文中取《景印文渊阁四库全书》本。

县致祭"。① 当为权制。

12. 加（追尊）谥号

吴丽娱先生根据《白虎通》及《唐大诏令集》卷77《光陵（穆宗）优劳德音》证明皇帝告谥南郊之制曾经实行。② 这里可以补充几条唐前期的材料。李峤《攀龙台碑》有云"钦若大君，奄荒天位。率由礼乐，仰尊名器。禋郊展仪，升坛立谥"，《唐中宗孝和皇帝谥议册文》云："礼彻三献，北有因山之名，法崇二言，南有至郊之议"，《代宗睿文皇帝哀册文》曰："有司即南郊定仪，上尊谥曰'睿文孝武皇帝'"。③《顺宗至德大圣大安孝皇帝谥议》曰："臣上稽太古，皇帝之建尊谥也……备礼于郊，即天成命"④，可以进一步证明唐代需在南郊上皇帝谥号。

后妃之谥的情况，吴丽娱先生据《旧唐书》卷52《顺宗庄宪皇后王氏传》指出，"皇后谥议还须告庙"。⑤ 事在元和十一年（816），文中云读谥于太庙"既符故事，允合礼经"，故而可以认为之前皇后谥号应告于庙。

唐代追尊加谥号告于陵、庙，仅见大中三年（849）宣宗追尊顺宗宪宗等尊号一例。⑥

相比前代而言，唐代道教与国家礼仪的关系更加紧密，唐玄宗时期对始祖老子的进一步尊崇，使皇帝亲郊的奏告之礼发生了重要的变化，天宝十载之后，亲郊前二日朝献太清宫，前一日朝享太庙成为定例，⑦ 北宋沈括早就敏锐地注意到这是对奏告之礼的重大改革，他在《梦溪笔谈》卷1中说：

> 上亲郊庙，册文皆曰"恭荐岁事"。先景灵宫，谓之"朝献"；次太庙，谓之"朝飨"；末乃有事于南郊。予集《郊式》时，曾预讨论，常疑其次序若先为尊，则郊不应在庙后；若后为尊，则景灵宫不应在太庙之先。求其所从来，盖有所因。按唐故事，凡有事于上帝，则百神皆预遣使祭告，唯太清宫、太庙则皇帝亲行，其册祝皆曰："取某月某日有事于某所，不敢不告。"宫庙谓之"奏告"，余皆谓之"祭告"。唯有事于南郊，方为"正祠"。至天宝九载，乃下诏曰："'告'者上告下之词，今后太清宫宜称'朝献'，太庙称'朝飨'。"自此遂失"奏告"之名，册文皆谓"正祠"。⑧

沈括云"凡有事于上帝，则百神皆预遣使祭告"，现今未见确切证据，然沈括时唐代史料遗存远胜于今，或有所据。

以往，学界一般把太清宫的出现及其在礼仪中重要地位的确立当作皇室尊崇道教的象征，这无疑是正确的，如果从奏告之礼的变迁来看，则是将郊祀这一礼仪扩展到了道教的神灵世界，如此一来，皇帝亲郊这一礼仪影响到的超自然空间便被大大扩展了。

---

① 同上，第1007页。
② 吴丽娱：《终极之典——中古丧葬制度研究》，第91页。
③ 《文苑英华》卷875，北京：中华书局，1966年，第4620页；同书卷835，第4404页；同书卷836，第4413页。
④ 宋敏求《唐大诏令集》卷13，第77页。
⑤ 吴丽娱：《终极之典——中古丧葬制度研究》，第263页。
⑥ 《旧唐书》卷177《杨收传附杨发传》，第4596—4597页。
⑦ 关于唐代皇帝亲郊与宗庙的详细情况及其程序的变迁，请参金子修一：《中国古代皇帝祭祀的研究》，第309—428页。
⑧ 沈括撰，胡道静校证：《梦溪笔谈校正》，上海：上海古籍出版社，1987年，第9页。

太清宫不仅仅是进入了皇帝亲郊的奏告之礼，贞元十九年献祖、懿祖新庙成奏告了太清宫和太庙①。太清宫还进入了皇帝即位、上尊号的奏告之礼。② 中唐之后处决叛臣之前或后也有告太清宫之礼，然而不清楚是否是通则。③

经过以上稍显冗长的梳理，我们可以把唐代国家大礼的告礼稍作归纳。

从唐代告礼所告的神祇结构上来说，以都城的天地、宗庙、社稷为核心，加以遍布各地的以岳、镇、海、渎为代表的名山大川神祇，辅以自古帝王陵、忠臣、烈士墓等，形成了一个与超自然界沟通的神灵祭祀网络空间，对这些神灵的祭祀，以往多被归入五礼中的吉礼，事实上，通过以上考察，这一神灵祭祀网络空间结构逐渐渗透到了不少国家大礼。

从唐代告礼的变化来讲，武则天即位之前，除帝王出京之外，国家大礼告礼的祭祀空间基本在都城之内，不出天地、宗庙、社稷的范围。而武则天时期，改元已经开始祭告"洛州界内所有帝王之陵，及自古清直之臣、忠廉之佐"，有祭告之礼扩大化的倾向。逮至玄宗时期，尤其是在开元中后期和天宝年间，一些国家大礼的祭祀空间得到了进一步扩展，扩大到了分布全国的名山、大川、自古帝王陵、忠臣、烈士墓，从传播角度讲，这就将在都城举行的礼仪扩大到了整个国家的祭祀网络空间；从政治象征意义来讲，玄宗可能是想在全国展示举行于都城的礼仪，借此扩大国家大礼的影响，通过超自然界的神祇祭祀礼仪，来沟通都城与地方之间的关系，借此加强全国民众与地方神灵世界对国家大事、大礼的认同。从信仰层面上讲，传统的天地、宗庙、社稷仍然占据着核心地位，但是地方祭祀网络得到了空前的重视。玄宗以来另一个重要的变化是太清宫出现并渗入到国家大礼的多个方面，这意味着，传统的不少国家礼仪，具有了在道教神祇世界的正统性。当然，也应指出，此时的道教神祇介入国家大礼，还穿着一件皇家祖先的外衣。尽管诸礼祭告地方祭祀网络空间之礼因着政治和政局的关系有时不尽行，但是毕竟显示出唐玄宗以来将各种国家大礼神圣化、扩大化的倾向。

从诸礼的祭告对象而言，也有明确的分界，只有和皇帝、天相关的礼仪才会告祭天、地、宗庙，因为太子是将来的皇帝，故其册礼也必须放在天地、宗庙的大祭祀空间之中，而皇子、皇太子加元服、皇太子纳妃和皇子相关的礼仪则只需告知太庙即可。

五代时局混乱，各种国家礼仪难以按照盛唐时期的规范进行。宋初国家礼仪是在五代基础上，借鉴盛唐礼仪制度进行整备的结果，其核心部分与唐代诸礼基本相同，但也出现了许多新特点，尤其是在告礼上。并且告礼很快便发生了重要的变化。由于诸大礼的核心内容基本相同，下面我们将集中于考察五代宋初对告礼的建构与变化，不再像考察唐代那样逐个列出相关礼仪的奏告情况。

三、五代宋初奏告礼仪的建构与地方祠庙地位的上升

五代政局混乱，典礼疏简，奏告之礼亦不例外，然仍有可纪，一方面，其核心内容仍基本沿

---

① 《旧唐书》卷 26《礼仪六》，第 1009—1010 页。
② 吴丽娱：《终极之典——中古丧葬制度研究》，第 148 页。然其他皇帝即位未见告太清宫，可能是失载。《册府元龟》卷 16《帝王部·尊号一》载天宝七载、八载上尊号，曾告太清宫，而其他皇帝则少见告太清宫的记载，这应该也是史籍失载，而非只是偶然一行，例如柳宗元贞元十九年（803）《为文武百官请复尊号第六表》便载德宗上尊号时曾告太清宫，见《柳宗元集外集》卷下。《册府元龟》卷 12《帝王部·告功》其他处死叛臣没有记载要告太清宫。
③ 《旧唐书》卷 114《周智光传》，第 3370 页；《册府元龟》卷 12《帝王部·告功》，第 136、137 页。

唐制而略简,另一方面也出现了一些新变化。

五代礼制资料保存的不完整,就目前所掌握的资料来看,皇帝巡幸、告功告礼仍基本沿唐制①,祭祀岳镇、古先贤神庙。祭天、地之礼仍奏告天地、宗庙,皇后崩告太庙、册皇后奏告天地、上谥号告圜丘、太庙②,也基本沿袭唐制。

祭告五岳四渎之礼虽未常行,但是仍受重视③,五代改元、皇帝即位告礼仍重视前代帝王、名臣烈士的坟墓祠庙。④ 这与唐代开元已降的精神是一致的。

相比唐礼而言,五代告礼的新变化也有迹可寻,在我们看来,值得注意的有三个方面:

一是对皇帝出京沿途祭祀带宽度的改变,《册府元龟》卷114《帝王部·巡幸第三》载后晋高祖天福二年:

> 三月敕曰:……"宜取今年(《景印文渊阁四库全书》本'年'为'月',当以月为正)二十七日巡幸汴州……"中书奏:"车驾经过河南府、河阳、郑州、汴州管界所有名山、大川、帝王陵、庙、名臣等去路十里内者,伏请下本州府各排比祗候,俟车驾经过日以酒、脯、醢祭告。"从之。⑤

虽与唐代的祭祀基本相同,但行进途中的祭祀带宽度比唐代有缩小。

二是对都城各种神祠的重视。《册府元龟》卷114《巡幸第三》载唐明宗天成二年(927)八月"甲辰,敕少府监聂延祚等以大驾巡幸告祭神祠,帝御兴教门慰谕楼前兵士"。⑥ 此处神祠是洛阳神祠,这正是五代的新特点。

三是在一定程度上突破了原来的岳、镇、海、渎、古帝王、忠臣、烈士的祭祀空间网络,对相关载在祀典的地方神祠均给予了足够的重视。后唐庄宗同光元年(923)四月己巳即位于魏州,升告礼毕,御应天门,改元,肆赦,制曰:"山林、川泽、祀典神祇,各随处差官崇修祭享"⑦,这是对载在祀典神祇的重视。后晋天福二年八月乙巳制曰:"昨出师之时,将帅虔祷,颇闻阴祐,成此战功。唐卫国公宜封灵显王,其余郑州并汜水管内神祠,宜令长吏差官点检,如有隳损处,便委量事修葺,贵伸严禋,以答阴功"⑧,对征伐所在地的神祠也极为重视。

第二、三个变化非常值得分析。学界对唐代地方祭祀的研究取得了积极的进展,业师姜伯勤先生及台湾学者高明士先生曾从不同角度对唐代敦煌的地方祭祀进行了卓越的研究,让我们认识到敦煌地方政府对载在祀典的神祠的祭祀。⑨ 冻国栋先生和雷闻先生的研究则使我们认识到祀典

---

① 《册府元龟》卷114《帝王部·巡幸第三》,第1366页。《册府元龟》卷34《帝王部·崇祭祀第三》,第374页。《册府元龟》卷50《帝王部·崇儒术第二》,第565页。《册府元龟》卷12《帝王部·告功》,第138页。
② 《旧五代史》卷46《唐书第二十二·末帝纪上》,北京:中华书局,1976年,第634页;《旧五代史》卷81《晋书第七·少帝纪一》,第1068、1078页。《五代会要》卷3《庙制度》,上海:上海古籍出版社,1978年,第39页。
③ 《册府元龟》卷93《帝王部·赦宥第十二》,第1119页。
④ 《册府元龟》卷95《帝王部·赦宥第十四》,第1136页。《册府元龟》卷96《帝王部·赦宥第十五》,第1142页。
⑤ 《册府元龟》卷114《帝王部·巡幸第三》,第1364页。
⑥ 同上,第1361页。
⑦ 《册府元龟》卷92《帝王部·赦宥第十一》,第1099页。
⑧ 《册府元龟》卷93《帝王部·赦宥第十二》,第1119页。
⑨ 参姜伯勤:《唐敦煌城市的礼仪空间》,《文史》2001年第2辑,第229—244页。高明士:《唐代敦煌官方的祭祀礼仪》,《1994年敦煌学国际研讨会文集(宗教文史卷上)——纪念敦煌研究院成立五十周年》,兰州:甘肃民族出版社,2000年,第35—74页。

之外的一些地方神祠被地方政府祭祀的情况。① 那些未载在祀典却被地方政府祭祀的神祠无一例外首先受到了当地民间的高度崇信,也就是说,民间某些重要神祠受地方政府重视,正是地方祭祀有别于国家祭祀的一个鲜明特点。由此,相比唐代而言,五代国家告礼发生这两个变化的深层原因在于,五代的国家是由地方割据政权转变而来的,地方神祠祭祀是其割舍不断的传统,等到这些地方藩镇之主转化成皇帝的时候,也并未彻底与地方祭祀传统割裂,所以在举行国家礼仪时,便一方面采纳唐代的基本原则,另一方面在奏告之礼中加入了唐代国家礼仪中所没有的一些地方神祠。

宋初告礼是沿着五代时期的新传统继续前进和建构的,这可以从以下史实中得到明确例证。《宋会要辑稿》礼14之5记载:

> 太祖建隆元年正月五日,太常礼院上言:"皇帝登极,请差官告天地、社稷、群祀"。从之。……八月(当为日),遣宗正少卿郭屺以即位告周高祖、世宗庙。

当时赵氏并无宗庙,故告后周高祖、世宗庙。与唐代相比,多出"群祀",《宋会要辑稿》礼14之1所载宋代群祀乃两宋总括情况,并非宋初群祀实况,此"群祀"是哪些祠祀不详,应该是当时都城内载在祀典的神祠的泛称。

《宋会要辑稿》礼14之5又载:

> (建隆元年)四月六日,太常礼院言:"车驾征潞州,出宫日,请遣官告天地、太庙、社稷。城门外軷祭,用羝羊一。所过州府河桥及名山、大川、帝王、名臣陵庙,去路十里内者,各令本州以香、酒、脯祭告。"从之。六月二十三日,平泽潞,及车驾还宫,皆遣官奏告天地、太庙、社稷,仍祭祓(可能为祆②)庙、太山庙、城隍庙。十二月征扬州、太平兴国四年二月征河东,并用此礼。

在贯彻唐礼的基本原则的同时,强调车驾所经十里之内的"名山大川、帝王名臣陵庙",显然是五代的规制,增加了州府河桥、祆(存疑)庙、泰山庙、城隍庙,显然延续了五代重视地方神祠,尤其是重视都城一般神祠的特点。宋代亲征亦有祃祭,见《宋会要辑稿》礼48之1—2,此不赘。

宋太祖建隆四年(963)郊祀前的奏告之礼不仅可以集中体现五代已降告礼的新特点,而且对认识唐宋都城国家礼仪空间的变迁有重要意义。《宋会要辑稿》礼14之5至6记载:

> (建隆四年)十一月七日,诏以郊祀前一日遣官祭告东岳庙、城隍庙、浚沟庙、五龙庙,祓(可能为祆)、子夏、子张庙。车驾出京日,设軷祭于城门外及所过桥梁:升平桥、惠民

---

① 冻国栋:《唐宋间黟、歙一代汪华信仰的形成及其意义》,《魏晋南北朝隋唐史资料》第二十五辑,2009年。雷闻:《郊庙之外——隋唐国家祭祀与宗教》,北京:生活·读书·新知三联书店,2009年,第220—275页。
② 陈垣先生指出"祆或作祓",见氏著《火祆教入中国考》,收入《陈垣学术论文集》,北京:中华书局,1980年,第326页。张小贵指出《宋史》卷102《礼志》建隆元年太宗平泽、潞,仍祭"祆庙、泰山、城隍",《宋会要辑稿》礼18载命官祈雨祭祀中有祆庙,见氏著《中古华化祆教考述》,北京:文物出版社,2010年,第46页。《文献通考》卷89《郊社考二二》引同条为"祓",北京:中华书局,1986年,第816页。我们倾向此处及下引《宋会要辑稿》礼14之5至6中的"祓"可能是"祆"之误。

河、龙津桥、玉津园桥。命开封府遣官分告十里神祠。

五龙庙、祆庙和子夏、子张庙为开封本地神祠，可不置论。唐代长安郊祀告礼无宋初祭东岳庙、城隍庙、浚沟庙、軷祭及所过桥梁这类礼仪，值得进一步分析。

城隍是保护本地城池的守护神，前贤研究已多[①]，可不详考，浚沟庙所祀当是掌管开封府主要河道之一浚沟之神，亦可不赘。杜光庭《录异记》卷4的一则故事对我们理解本次国家大礼告礼中地方神祇的结构极为重要，值得做较长征引：

> 进士崔生自关东赴举，早行潼关外十余里，夜方五鼓……忽遇列炬，呵殿、旗帜、戈甲二百许人……不三二里，前之队仗复回……有一步健押茶檐子，其行甚迟。生因问为谁，曰："岳神迎天官也。天官姓崔，呼侍御。秀才方入关应举，何不一谒以卜身事？"生谢以无由自达。步健许侦之。既及庙门，天犹未曙……押茶檐先入，良久出曰："侍御请矣。"……逡巡，岳神至，立语，便邀崔侍御入庙中，陈设帐幄筵席……饮且移时，生倦，徐行周览，不觉出门。忽见其表丈……衣服褴褛，泣而相问，生曰："丈人恰似久辞人间，何得于此相遇？"答曰："仆离人世十五年矣，未有所诣，近作敷水桥神，倦于送迎，而窘于衣食……知侄与天官侍御相善……故来投诚，愿为述姓字，若得南山觜神，即粗免饥穷……"生辞以乍相识……然试为道之……侍御寻亦罢宴而归……生因以表丈人所求告之，侍御曰："觜神似人间遗补，极是清资，敷水桥神，其位卑杂，岂可使得，然试为言之，岳神必不相阻。"即复诣……岳神果许之，即命出牒补署，俄尔受牒，入谢迎官将吏一二百人，侍从甚整。生因出门相贺，觜神沾洒相感，曰："……今年地神所申，渭水泛溢，侄庄当飘坏，上下邻里，一道所损，三五百家，已令为侄护之……更有五百缣相酬。"……其夏渭水泛溢，飘损甚多，唯崔生庄独得免，庄前泊一空船……船有绢五百匹……宗正王大卿鄩说。[②]

崔生遇神一事无可信之理，然当时此事由宗正口中说出，且时人深信不疑，却可以说明这个故事中的神灵结构实乃当时通行观念。从中可以看出，时人眼中，潼关附近，岳神最高，南山觜神下之，敷水桥神、土地又下之，而岳神又隶属于更高级的"天官"，刚好是一个较为完整的地方神祇等级结构。

反观建隆四年亲郊的告祭礼，告祭东岳庙、城隍庙、浚沟庙、桥梁，恰好可以与此则故事互证。值得再次强调的是，唐代的告礼并不重视长安类似的地方神祇结构。这次告礼表明，宋代国家礼仪对民间所理解的地方神祇结构有着充分的重视，再加以对开封本地传统神祠的尊重，昭示着宋代的国家大礼不似唐代国家那样高高在上，而是与庶民的信仰有着更多的共同之处。这正是宋初皇帝出身寒素，信仰与庶民信仰本无实质区别所致。

虽然建隆四年这次郊礼并未提及土地神，事实上土地神在宋代的国家礼仪中并未缺席。更重要的是，这里的土地神并不是传统国家祭祀中的土地神，而是起源甚早，流行民间的掌管大至一

[①] David Johnson, "The City-God Cults of T'ang and Sung China", Harverd Journal of Asiatic Studies 45:2 (1985), pp. 346–457；吴泽：《汉唐间土地、城隍崇拜与神权研究》，吴泽主编、简修炜选编：《魏晋南北朝史论集》，《华东师范大学学报》丛刊，1986年，第244—265页。冻国栋先生指教笔者吴泽先生曾撰此文，又承陈长琦先生惠借参考，在此谨致谢忱。赖亮郡：《唐五代的城隍信仰》，《兴大历史学报》第17期，2007年，第293—348页；雷闻：《郊庙之外——隋唐国家祭祀与宗教》，第240—246页。

[②] 《道藏》第10册，北京：文物出版社、上海书店、天津古籍出版社，1988年，第866—867页。

方，小至一寺一观、一宅一坟土地的土地神，这里可以做一点必要的介绍。《新辑搜神记》卷 5 云蒋子文死后显灵之初自称"当为此土地之神"，吴泽先生指出，"六朝时蒋子文土地神是人鬼，是住在祠庙或庙里的"，还说"六朝时并不是专门奉祀蒋子文为土地神，其他土地神也是不少的"。① 我们可以做一点补充，《真诰》卷 7 记载：

> 许长史所使人盗他家狗六头，于长史灶下蒸煮，共食之……有一白犬，俗家以许祷土地鬼神，云何令人盗烹之？土地神言，许长史教之使尔，不言小人盗自尔也。密寻之，尔在宇下而不觉，恐方有此。此亦足以为一病，宜慎。②

《太平广记》卷 283 "师舒礼"条引《幽明录》记载曰巴丘县巫师舒礼病死于晋永昌元年（322），土地神将之送往泰山。③ 可见主掌一方或者一家的土地神信仰渊源甚久。

至迟晚唐时期土地神已经进入了地方的图经，成为受地方重视的神祠，例如姜伯勤先生已经注意到 P2005 号敦煌文书《沙州都督府图经》载"四所杂神"中有土地神④，但是目前没有见到材料表明这种土地神进入了唐代国家告礼。逮至宋代，土地神在国家礼仪中的重要性日益突出，《宋会要辑稿》礼 14 之 5 记载：

> （建隆）四年七月九日，诏以修葺太庙，遣官奏告四室及祭本庙土地。自后凡太庙有修葺，皆遣官及差宗正寺官奏告。如迁移神主，则修毕复奏告奉安。

足见土地神对宋初国家礼仪的重要影响。

五代宋初这种重视东京本地祠庙的传统被继承下来，《宋会要辑稿》礼 14 之 9 至 10 记载：

> 雍熙四年十二月二十一日，诏以亲耕藉田，遣官奏告外，又命官祭九龙、黄沟、扁鹊、吴起、信陵君、张耳、单雄信七庙。自后每大礼，皆遣官祭此七庙。后又添德安公庙。咸平五年，又告岳台庙。景德二年，又告南熏、朱雀门外二坊桥。大中祥符元年东封，又告开封县文宣王、胡王、樊将军三庙。天禧三年，又告池亭三桥。遂著定式。

九龙、黄沟、扁鹊、吴起、信陵君、张耳、单雄信庙、胡王、樊将军庙均系开封本地神祠，可不置论。德安公庙则供奉被真宗加封为德安公的夷门山神，被认为是都城形胜之地，国姓王气所在，实为笃信风水之说，意在求子。⑤

---

① 于宝撰，李剑国辑校：《新辑搜神记》卷 6，北京：中华书局，2007 年，第 107 页。吴泽：《汉唐间土地、城隍神崇拜与神权研究》，第 259 页。关于蒋子文信仰的研究颇多，参见梁满仓：《论蒋神在六朝地位的巩固与提高》，原载《世界宗教研究》1991 年第 3 期，此据《汉唐间政治与文化》，贵阳：贵州人民出版社，2000 年，第 98—117 页；胡阿祥：《蒋山、蒋州、蒋王庙与蒋子文崇拜》，《南京晓庄学院学报》1992 年第 2 期；陈圣宇：《六朝蒋子文信仰探微》，《宗教学研究》2007 年第 1 期；姚潇鸫：《蒋子文信仰与六朝政治》，《学术研究》2009 年第 11 期，此不备举。
② 陶弘景撰，赵益点校：《真诰》，北京：中华书局，2011 年，第 120 页。
③ 《太平广记》卷 283，北京：中华书局，1961 年，第 2253 页。
④ 姜伯勤：《唐敦煌城市的礼仪空间》，《文史》2001 年第 2 辑，第 235 页。
⑤ 高承：《事物纪原》卷 7，北京：中华书局，1989 年，第 376 页；《续资治通鉴长编》卷 312，北京：中华书局，1990 年，第 7560 页。《续资治通鉴长编》卷 329，北京：中华书局，1990 年，第 7917—7918 页。《续资治通鉴长编》卷 392，北京：中华书局，1992 年，第 9540 页。《续资治通鉴长编》卷 495，北京：中华书局，1993 年，第 11767—11768 页。

在太祖、太宗之后，尽管记载国家大礼祭告在京诸祠庙、土地神的材料不多，但是有证据表明，太祖、太宗的时期这种重视那些中晚唐时期已经流行于民间的地方神祇的做法，仍然被延续下来了。活跃于仁宗至神宗朝的王珪有《明堂祭告在京诸神庙祝文》、《车驾出内前一日祭告在京诸神庙祝文》、《南郊坛祭告土地祝文》及其他皇家修造、动土时祭告土地的祝文。① 其中的《南郊坛祭告土地祝文》曰："夫郊者，就阳位之吉也。今墓出坛壝之内，非所以导善气，将发而改瘗之。维土有灵，不敢不告。"显然是在早已流行于民间的那种土地神。

总而言之，相比唐代的国家大礼而言，宋代的国家大礼更加重视开封的传统神祠，也更加重视在地方社会上业已形成共识的地方神祇网络结构，呈现出告礼空间密集化的特点，也和庶民的地方神祇信仰结构有了更多的共同点。唐宋间国家礼仪告礼的这一变化，又不能不说是晚唐以来国家分崩，五代各政权的地方性，诸统治者的庶民性所导致的结果。

随着北宋政权及其与邻国关系的稳定，国家礼仪中的告礼发生了进一步的变化，最突出的特点是道教宫观的加入，这是我们下面将要讨论的问题。

四、宋真宗和仁宗朝以降国家告礼中道教宫观因素的增强

宋真宗朝奏告礼仪的基本结构沿袭了五代宋初的传统，这从真宗举行封禅、祠汾阴后土、朝谒太清宫大礼时出京、还京的礼仪中看的很清楚。《宋会要辑稿》礼 14 之 21 至 23 记载：

> （大中祥符元年）四月四日，以将封禅……二十七日，详定所言："车驾东封，所经致祭处多，有司艰于集事。欲望惟名山大川、先代帝王有功德者，敕差官精洁祭告。仍出京日，遣官告后庙及诸陵。"从之。七月八日幸亳，用此例……十五日，车驾诣启圣院朝拜太宗神御殿，以封禅有期致告。十一月二十八日，诏："自今祭告天地、社稷、宗庙、岳渎，其后土亦致祭，著于令。"二十九日，封禅礼毕，还京，遣官告天地、社稷，及后庙、诸陵、四海、岳渎、河中府后土、凤翔太平宫、亳州太清、洞霄宫、舒州灵仙观、郑州灵显王庙。令开封府差官祭告京城内祠庙。自后凡行大礼，皆如此例。外州遣官告者，又增兖州会真、河中府太宁宫、亳州明道宫、江州九天使者、泗州普照王寺。河渎又于澶州别告。又有五岳真君观、茅山、龙游山、虎丘山、龟山神，亦尝祭告，而不著例。
>
> 三年九月四日，详定所言："河中府河中县伏羲、神农、汉文帝庙，河西县舜庙，龙门县禹庙，宝鼎县汤庙，临晋县周文王、周公庙，永乐县周武王庙，望于祀汾阴前十日，用中祠礼料致祭。中牟县列子庙、灵宝县老君庙、中岳、西岳真君庙，望以车驾经过日以香、币、酒、果致祭。郑州灵显王庙，周嵩陵、庆陵，河南府偃师县魏文帝庙，河南县周六庙，新安县后唐庄宗庙，陕州湖城县轩辕庙，阌乡县女娲陵、中岳启母、少姨庙、济渎、洛水、太行山，并望以中祠礼料致祭。西海、北海旧于河中府、孟州望祭，亦同此例，仍请特诏遣官。其余十里内神祠非有大功德者，止令本州府设祭。"诏可。四年三月四日，诏东京留守司："应都城内祠庙，候车驾还京日，令开封府普差官祭告。"七年，朝谒太清宫还，亦用此礼。

---

① 王珪：《华阳集》卷 14，《景印文渊阁四库全书》第 1093 册，第 99—104 页。

北宋国家重视开封祠庙的程度远胜唐代国家对长安一般祠庙的重视，而皇帝出京的沿途祭祀，除唐代已经备受重视的五岳四渎、名山大川、先帝王、功臣、烈士陵墓之外，"十里内神祠非有大功德者"也令"本州府设祭"。无疑比唐代扩展许多，这是五代宋初的新传统。同时，值得重视的是，道教宫观正式进入国家大礼的奏告礼仪，是有别于宋初的重要特点。下面我们将重点进行讨论。

唐亡之后，后梁政权为了消除唐王朝的影响，很快便宣布"废雍州太清宫。改西都太微宫、亳州太清宫皆为观，诸道州紫极宫并为老君庙"。① 除后唐一度恢复之外，道教宫观在国家礼仪中不再具有重要地位。宋太祖时期，建隆观比较重要，乃从后周太清观改修而来，太祖曾经多次驾临建隆观。② 但是建隆观并没有出现在各种国家大礼的奏告之礼中。宋太宗在陕西凤翔大修了上清太平宫，在东京兴建了上清宫、太一宫、寿宁观、洞真宫，在舒州兴建了灵仙观③，迄今所知，这些道教宫观在太宗朝也与国家大礼的奏告之礼无关。

直到宋真宗发生天书降临事件时，道教宫观才开始与奏告之礼发生了关系，但是仍有明显的临时性，奏告的宫观也还没有完全确定，《宋会要辑稿》礼 14 之 21 记载：

> 大中祥符元年正月四日，以天书降，命吏部尚书张齐贤等奏告天地、宗庙、社稷、京城祠庙，仍遣使告凤翔府太平宫、亳州太清宫、舒州灵仙观。故事，京城神祠皆开封府遣官，帝欲重其事，特命京朝官。

这次奏告道观只是宋真宗为了宣传天书神圣性的特别举动，太平宫、亳州太清宫、舒州灵仙观虽然在大中祥符年间备受重视，但是并非真宗之后国家大礼的固定奏告宫观。

大中祥符元年（1008）四月封禅大礼前的奏告礼仪，奠定了之后国家大祀御札降奏告礼仪的基本规制，《宋会要辑稿》礼 14 之 21 至 23 记载：

> （大中祥符元年）四月四日，以将封禅，遣官告天地、宗庙、社稷、太一宫、河中后土、五岳、海渎、京城神祠。其在外者，乘传以往。命澶、郓、兖州长吏告高阳氏、帝喾、帝尧、文宣王庙。九年五月，以将上玉皇圣号，恭谢南郊，及天禧元年正月礼毕，遣官奏告，皆用此礼。自后将行大祀，御札降，皆告焉。

国家大祀御札降的奏告范围最广，其他国家大礼的奏告之礼视情况而定，或有稍简，但道教的因素在增加。大中祥符六年（1013）正月十七日，以立皇后，遣官奏告天地、宗庙、社稷、诸陵、圣祖天尊大帝④，《宋真宗御制玉京集》卷 3《谢降制立后表一道》，是给玉皇⑤，若说奏告圣祖与唐代奏告太清宫类似，主要特点在于崇祖，而皇帝给玉皇的上表，则是更纯粹的道教信仰。

玉清昭应宫在尚未完全建成时已经开始进入国家礼仪的奏告之礼，《宋会要辑稿》礼 14 之 23 大中祥符五年（1012）闰十月二十四日详定所言："朝元殿告谢，前二日先告配帝圣祖于玉清

---

① 《五代会要》卷 12《观》，第 203 页。
② 最近的研究参见汪圣铎：《宋代政教关系研究》，第 3—4 页。
③ 卿希泰主编：《中国道教史（修订版）》第二卷，成都：四川人民出版社，1996 年，第 531—541 页。汪圣铎：《宋代政教关系研究》，第 18—34 页。
④ 《宋会要辑稿》礼 14 之 23。
⑤ 《道藏》第 5 册，第 805—806 页。

昭应宫本殿，太祖、太宗于本室。其日，太宗配坐南郊，望至平明奏告……望遣官奏告玉皇大帝、圣祖天尊大帝、太庙。"这一意见被采纳。大中祥符六年又准备朝谒亳州太清宫，十一月二十二日下诏："皇帝亲诣太清宫行朝谒之礼，以十二月十五日躬告太庙、玉清昭应宫。"①《宋会要辑稿》礼14之24载"（大中祥符）七年九月二日，诏以司天监所奏紫微宫中瑞光如宫阙，及含誉星再见，遣官告天地、宗庙、社稷及玉清昭应宫。二十日，以奉上玉皇圣号，分命辅臣告郊庙、社稷、玉清昭应宫。九年五月十三日，以景灵宫、会灵观成，遣官告天地、社稷、太庙、玉清昭应宫、太一宫。"

景灵宫和会灵观建成之后，随即进入了国家大礼的告礼，而太一宫则没有成为国家大祀御札降之外的国家大礼的固定奏告宫观。《宋会要辑稿》礼14之24至25载：

> 天禧元年正月七日诏，以天书不入太庙，遣官奏告太庙、玉清昭应宫。三月六日，兖州太极观上圣祖母宝册、仙衣。前二日，命官分告天地、社稷、宗庙、玉清昭应宫、景灵宫、会灵观。其宝册经过桥道，及路左右五里内、太极观十里内神祠，随处遣官，以册宝未到前一日致祭。宝册至县日，先遣官诣景灵宫、太极观奏告。旦，奉册至岳下日，先令诣会真宫、天齐仁圣帝庙、真君观。至澶州，诣河渎显圣灵源公庙祭告。五月二十八日，迎奉太祖圣容赴西京。礼仪院言："经由永昌陵，望官前一日奏告。诏遣左谏议大夫戚纶往。仍出京前一日，分遣官奏告天地、宗庙、社稷、玉清昭应、景灵宫、会灵观。经由五里内神祠及西京城内外神祠，并本府遣官，未到前一日祭告。"乾兴元年正月四日诏："以二月二日御正阳门肆赦，其每年南郊合奏告去处，并以此月七日祭告"。

玉清昭应宫、景灵宫、会灵观是真宗为了加强政权和国都神圣性而有意设立的宫观，其进入国家的奏告之礼，也是真宗为了增加相关礼仪的神圣性。

祥源观后来也成为国家大礼的奏告宫观，但是其与玉清昭应宫、景灵宫、会灵观的情况有所不同。《续资治通鉴长编》卷91天禧二年（1018）闰四月辛亥条记载：

> 先是，皇城司言拱圣营之西南，自去年营卒有见龟蛇者，因就建真武祠，今泉涌祠侧，汲之不竭，疫疠者饮之多愈。甲寅，诏即其地建道宫，以"祥源"为名，士女徒跣奔走瞻拜。屯田员外郎、判度支勾院河南任布言朝不宜以神怪衒愚俗，不报。②

汪圣铎先生对此观的殿堂设置有考证，并且注意到《东都事略》卷30《刘温叟传》所载刘温叟对修建祥源观的反对。③《宋史》卷288《任布传》记载任布反对修建祥源观之后云"遂忤宰相意"。在我们看来，这其中透露出民间、一些士大夫、皇帝对龟蛇见、疗疾水出这一神怪之事的不同态度。一般民间百姓对这种神怪之事颇为迷信；一些士大夫则基于子不语怪力乱神的理念，为防止后来有人效尤，所以极力反对；而真宗皇帝和一部分官僚则更倾向于尊重、利用并控制这种民间信仰。在修成祥源观之后，真宗一方面亲自驾临此地，不仅表达了对民间信仰的尊重，也加强了他本人在此地的存在感，还通过在此祈雨等活动将之变成了一个展示皇帝关心百姓的空

---

① 《宋会要辑稿》礼14之24。
② 《续资治通鉴长编》卷91，北京：中华书局，1985年，第2112—2112页。
③ 汪圣铎：《宋代政教关系研究》，第63页。

间，让专门官员管勾，派兵把守，定时开放，让道士在其中主持，则又严格控制了该信仰，使其不能无限制地发挥影响。①

此后四宫观成为最重要的国家大礼奏告宫观，而太一宫的地位稍次之，在遇到特别重要的事件时，才成为奏告宫观。《宋会要辑稿》礼14之9云："天禧四年合河口讫功亦然（笔者按，指告天地、五岳、四渎），又遣使祭谢玉清昭应宫、景灵宫、上清宫、太一宫、会灵观、祥源观及诸陵。"

宋初尚无册皇太子奏告道教宫观之礼，真宗至道元年始行之，事见《宋会要辑稿》礼14之10载"至道元年八月十八日，皇太子行册礼，前二日，遣官奏告天地、太庙。天禧二年八月册皇太子亦如此例，又加告玉清昭应宫、景灵宫"。

真宗朝的奏告宫观还没有完全固定，比如上清宫，有时出现，有时不出现。而且真宗朝最突出的是几次大型祭祀活动，道教宫观在其他国家大礼中的影响还较少见到。也就是说，真宗朝开了北宋道教宫观进入国家礼仪的先河，却尚未完全完成其与各种国家大礼的结合。

同时，我们也不能忽视士大夫对真宗朝加强意识形态建设手段的反省和批评，随着真宗的去世，在相关大臣的主张下，玉清昭应宫退出了郊祀奏告礼仪，《续资治通鉴长编》卷105载："南郊礼仪司刘筠言：'天圣二年南郊，朝享玉清昭应宫、景灵宫，又宿斋于太庙，一日之内，陟降为劳，请罢朝享玉清昭应宫，俟郊祀毕行恭谢之礼'。从之"。②虽然玉清昭应宫退出了郊祀前一日的奏告礼仪，并不意味着玉皇和其他道教神灵退出了郊祀奏告之礼，根据汪圣铎先生所揭宋庠在南郊前的表文③，奏告对象有诸佛、三清、玉皇、北极、圣祖。

仁宗朝，道教宫观进入了更多国家大礼的告礼之中，尤其是表现在凶礼方面。乾兴元年（1022）真宗驾崩，《宋会要辑稿》礼29之17记载该年二月二十日礼仪院言："准礼例，合差官奏告天地、社稷、太庙、诸陵。"尽管这里没有提到道教宫观，但是我们认为当时实有奏告宫观之礼，因为《宋会要辑稿》礼29之25记载：

（乾兴元年六月）二十九日，诏："山陵出京日，应皇亲并文武百僚及宫观等处合排祭，令阁门将官品高下分定资次，告报皇亲及诸臣僚。"设祭之次，请以楚王为先，次定王……次枢密院，次玉清昭应宫，次景灵宫，次会灵观，次祥源观……并自迎真桥西从宜陈设。

既然在皇帝灵柩出京时四宫观需要设祭，皇帝驾崩亦当有告礼。尤其重要的是，《宋会要辑稿》礼14之37记载嘉祐八年仁宗驾崩，英宗即位"告天地、社稷、宗庙及景灵宫、集禧、建隆、醴泉观"，治平四年亦如例。甚至皇帝生病都需要奏告宫观，"（嘉祐六年）六月七日，以皇帝不豫，命近臣分告天地、社稷、宗庙、景灵宫、相国寺、集禧、醴泉观，又命朝臣祷五岳四渎及诸名山、庙寺、宫观。及上躬康复，又命辅臣告谢"。④这应当是真宗驾崩、仁宗即位之后逐渐形成的制度。同书礼29之69载：

---

① 玉清昭应宫、五岳观（即会灵、集禧观）等皇家宫观均在特定时间才对一般百姓开放，参徐松辑，陈智超整理：《宋会要辑稿补编》，北京：全国图书馆文献缩微复制中心，1988年，第25—27页。祥源观亦当如此。
② 《续资治通鉴长编》卷105，北京：中华书局，1985年，第2444页。另参吴羽：《唐宋道教与世俗礼仪互动研究》关于玉清昭应宫的讨论，北京：中国社会科学出版社，2013年，第89—90页。
③ 汪圣铎：《宋代政教关系研究》，第367页。
④ 《宋会要辑稿》礼14之38。

（元符三年四月）十八日，大殓成服，群臣入哭于福宁殿下，俟皇帝行礼毕，移班奉慰。又进名慰皇太后、皇太妃、皇后于内东门。分遣三省官告于天地、宗庙、社稷，内侍告诸神祠，使臣刘安民等告诸路官吏、兵民等。

这里虽然没有明确提出告宫观，但是有"告神祠"的记载，我们知道，四宫观的地位在一般的神祠之上，既然有告神祠，不当独缺宫观。大殓成服犹须告之，驾崩亦不应例外。

《宋真宗御制玉京集》卷4《谢上二圣谥号表一道》是给"天"①，上太祖、太宗谥号是在东封之后②，这里仅谢"天"，而无道教神灵。仁宗即位之后，宫观才出现在议定大行皇帝谥号之后的告礼中。乾兴元年七月十三日，仁宗即位，未改元，礼仪院言："真宗谥册，旧礼上告圜丘、太庙。今请更差官奏告四宫观及后庙、社稷。"从之。③ 这里的四宫观应该是指玉清昭应宫、景灵宫、会灵观、祥源观。④ 之后，上谥册奏告宫观便成为制度，嘉祐八年（1063）"九月十九日，以大行皇帝谥奏告天地、宗庙、社稷、宫观。十一月祔庙，奏告一同"。⑤《宋会要辑稿》礼14之57载元丰"三年正月十三日，以上慈圣光献皇后谥册宝，分遣近臣从官奏告天地、宗庙、社稷、宫观。"而《宋会要辑稿》礼14之57至58载元丰六年（1083）"八月十三日，尚书礼部言：'议定仁宗皇帝、英宗皇帝徽号，集百官诣太庙本室奏请，及遣官奏告天地、宗庙、社稷、永昭、永厚陵。'从之。"没有记载奏告宫观，怀疑属漏记。

《宋会要辑稿》礼14之57载元丰二年（1079）"十月二十九日，以大行太皇太后上仙，遣侍从分告天地、太庙、社稷，升朝官分告诸陵。大观二年（1108）十月六日，靖和皇后崩，亦如之。"元符三年（1100）哲宗崩，"七月二日，遣官以启殡奏告天地、宗庙、社稷及宫观。同日，以谥号册宝奏告天地、宗庙、社稷"。⑥ 我们怀疑这里元丰二年太皇太后上仙、元符三年上哲宗谥号册宝奏告礼仪的记载漏记了宫观。

帝、后祔庙也一样要奏告天地、宗庙、社稷、宫观。仁宗祔庙奏告告天地、社稷、宫观。治平四年（1067）九月七日，奉安太庙八室，升祔英宗皇帝，遣官奏告天地、社稷、宗庙、宫观。⑦ 可是，《宋会要辑稿》礼14之57载元丰六年"六月二十二日，尚书礼部言：'将来孝惠、孝章、淑德、章怀四后升祔，请差官先诣天地、宗庙、社稷、景灵宫、诸陵奏告。'从之。""神宗皇帝祔庙前二日奏告天地、宗庙、社稷"⑧，没有明确记载奏告宫观，怀疑同属漏记。

真宗即位之初立郭氏为皇后，无告礼。⑨ 据前揭《宋会要辑稿》礼14之23及《宋真宗御制玉京集》卷3大中祥符六年立皇后时曾奏告玉皇、圣祖，而未见奏告其他宫观。

有材料表明，真宗之后，纳后告礼得到扩展，《续资治通鉴长编》卷472载元祐七年（1092）四月：

---

① 《道藏》第5册，第810页。
② 上太祖、太宗谥册是在大中祥符元年十一月甲申，《续资治通鉴长编》卷70，北京：中华书局，1980年，第1579页。
③ 《宋会要辑稿》礼14之25。
④ 神宗之前未见太一宫使之名，而祥源观使至迟在乾兴元年已经存在，这表明在仁宗即位之初，太一宫的地位尚不及祥源观，因此这里的四宫观应该是指玉清昭应宫、景灵宫、会灵观、祥源观。
⑤ 《宋会要辑稿》礼14之38。礼29之42云在九月七日，待考。
⑥ 《宋会要辑稿》礼29之73。
⑦ 《宋会要辑稿》礼14之39。
⑧ 《宋会要辑稿》礼29之66。
⑨ 《宋会要辑稿》礼14之10。

己巳，太常寺言："将来皇后纳采前择日告天地，册礼前一日告宗庙。检会景祐元年立皇后故事，行册礼前择日告天地、宗庙、社稷、宫观、诸陵，今参详欲并于行册礼前一日差官奏告，"从之。①

说明仁宗景祐元年（1034）立后已需要奏告天地、宗庙、社稷、宫观、诸陵，这种制度被哲宗沿袭。《政和五礼新仪》卷166载《纳皇后仪》有奏告天地、社稷、宫观之礼。《宋会要辑稿》礼14之10载英宗治平二年（1065）、神宗熙宁二年（1069）、哲宗元符二年（1099）、徽宗政和元年（1111）册后均未载奏告社稷、宫观，有可能是漏记，因为《宋会要辑稿》礼14之60记载绍圣三年（1096）"十月二十六日，以皇后孟氏废君（当为居）瑶华宫，差官奏告天地、宗庙、社稷、宫观"。元符三年"六月十六日，以复元祐皇后，差官奏告天地、宗庙、社稷、宫观"。既然废、复需告宫观，册立也不应例外。

值得指出的是，北宋前期国家大礼的奏告宫观，在不同时期有相对的差异，玉清昭应宫建成后，在真宗朝曾经是奏告宫观，在天圣七年被焚毁之后自然不复存在。而在仁宗至神宗登基期间，奏告的宫观基本固定为景灵宫、会灵观（后改名集禧观）、祥源观（后改称醴泉观）。除了郊祀大礼御札降及上述有限的几次大礼之外，未见提及奏告太一宫。即使范围颇广的郊礼之后恭谢礼仪中，仁宗朝也没有太一宫，参见《宋会要辑稿》礼25之52。

神宗时期，太一宫才逐渐出现在亲郊、明堂礼毕的恭谢礼仪中，《宋会要辑稿》礼25之54载："（熙宁）十年十二月……十四日，诣慈孝寺神御殿恭谢，遂幸中太一宫、集禧观、大相国寺"，只是郊祀毕恭谢礼仪中顺便驾幸太一宫。《宋会要辑稿》礼25之55载"（元丰）六年十一月十四日，诏：'南郊礼毕，以十八日诣景灵宫行恭谢礼。'……二十六日，仍诣万寿观、凝祥池、中太一宫、集禧观、太相国寺。"此后元祐二年（1087）、元祐四年（1089）恭谢礼仪中均有中太一宫。② 应该已经形成惯例。

当然，并非所有的国家大礼都有奏告宫观之礼，尊、册皇太后则不需告社稷及宫观。《宋会要辑稿》礼14之10记载真宗尊皇后为皇太后时奏告天地、宗庙，治平二年（1065）十月册皇太后，熙宁二年三月册太皇太后、皇太后，元祐二年册太皇太后、皇太后、皇太妃，崇宁二年（1103）册太皇太后，并奏告天地、宗庙、诸陵。无奏告宫观的记载。

北宋皇帝上尊号和改元要告天地、宗庙、社稷，不需告宫观，参见《宋会要辑稿》礼14之5、6、37的相关记载，此不赘引。然真宗受尊号后有谢玉皇表，《宋真宗御制玉京集》卷4载《谢上尊号表二道》是上给"天"和"玉皇"。③ 但是我们仅见到这一例，颇疑是真宗权制。有迹象表明，皇帝死后被增上徽号奏告之礼与生前上尊号同，均无奏告景灵宫外宫观的礼仪④，故而上尊号应无奏告除景灵宫之外宫观的礼仪。

嘉祐七年（1062）八月二十六日立皇子，命翰林学士王珪告天地、宗庙，遣官告诸陵⑤，然此礼不常见。

北宋皇子冠礼不常行，真宗大中祥符八年（1015）曾行皇太子冠礼，未明确记载奏告之

---

① 《续资治通鉴长编》卷472，北京：中华书局，1993年，第11269—11270页。
② 《续资治通鉴长编》卷406，北京：中华书局，1992年，第9884页。《宋会要辑稿》礼24之53。
③ 《道藏》第5册，第807页。
④ 参见《宋会要辑稿》礼14之60、73。
⑤ 《宋会要辑稿》礼14之37。

礼。① 徽宗对冠礼颇为重视，亲自制定冠礼沿革，《宋会要辑稿》礼14之73载政和四年（1114）二月七日，"诏以皇长子冠礼，差官奏告天地、宗庙、社稷、诸陵。自是皇子冠礼，皆差官奏告如礼"。

北宋区别于唐代告礼的另一个重要特点就是对生皇子后的奏告礼颇为重视。太祖、太宗朝早有子嗣，故并无皇子生后奏告之礼。然而真宗晚年得子、仁宗无子、哲宗无子、高宗无子，对皇位继承和政治局势造成了重大影响，因此与生皇子相关的礼仪从真宗开始很突出。真宗早年所生子皆夭②，故颇重视祈祷，曾因各种原因为皇子而感谢、祈祷三清、玉皇、圣祖。③

尽管真宗时为皇子已经开始祈祷天、玉皇、圣祖，但是尚未见正规公开的礼仪。仁宗时，皇子难得，遂有高禖之祀的兴起，宝元二年（1039）皇子生以太牢报祠高禖④，庆历元年（1041）因皇第三子生而遣官奏告宗庙，之后遂成故事。⑤ 徽宗朝皇子生奏告之礼比神宗朝更隆重，《宋会要辑稿》礼14之60载：

> 元符二年……八月五日，以皇子茂生，差官奏告天地、宗庙、社稷、诸陵。……三年四月一日，太阳亏，遣官奏告太社。二十三日，以皇太子生，命辅臣奏告天地，宗室奏告太庙，侍从官奏告社稷、高禖，又令吏部差官奏告诸陵。自是，皇子生皆遣官奏告如礼。

这也直接意味着，徽宗朝礼仪的神圣化程度进一步加深。

讨论至此，我们可以稍作总结。真宗朝之后道教宫观在国家大礼的告礼中凸显，背后有多重因素，一重是澶渊之盟后真宗急欲增加本政权的威望和国家凝聚力，玉清昭应宫、会灵观、景灵宫创建和进入国家礼仪的奏告之礼始末便是其证；一重是晚唐五代以来国家政权重视民间信仰的传统，祥源观的创建和进入一些国家大礼的奏告之礼便是最鲜明的例证。借由这些道观，相比唐代而言，与超自然界，尤其是与道教神圣空间的联系得到了进一步加强，使不少国家大礼被进一步神圣化，也使得国家礼仪关涉的神祇发生了结构性变化，在传统国家礼仪中并不重要的玉皇、真武、道教中的五岳，成为北宋国家大礼和民间信仰共享的神祇。

徽宗朝的奏告之礼又发生了重要的变化，这是我们下面将要讨论的问题。

五、宋徽宗对奏告礼仪的新调整

宋徽宗以崇道广为人知，同时也对国家礼仪有重要的整顿，《政和五礼新仪》是具有里程碑式意义的成果，我们可以从审视其中的奏告礼仪出发探讨徽宗朝对之前奏告礼仪的整顿，并观察其变化。

先看需奏告的情况。《政和五礼新仪》卷7有"亲祠降御札奏告天地太庙别庙太社太稷（祠庙附）"，卷8有"亲祠降御札奏告宫观（非泛奏告同）"，卷8《序例》为"亲祠奏告配帝室（常祀同）"，说明但凡皇帝亲祠均有奏告之礼。具体而言，皇帝祀昊天上帝（卷25，前祀二日奏

---

① 《续资治通鉴长编》卷85，北京：中华书局，1985年，第1958页。
② 《续资治通鉴长编》卷54，北京：中华书局，1980年，第1190页。
③ 《道藏》，第5册，第797、802、803、815页。
④ 《续资治通鉴长编》卷124，北京：中华书局，1985年，第2923页。
⑤ 《宋会要辑稿》礼14之37、57、58。《续资治通鉴长编》卷279，北京：中华书局，1986年，第6831页。

告太祖皇帝室如常告之仪）、祀昊天上帝有司行事（卷29，前祀二日奏告太祖皇帝如常告之仪）、皇帝宗祀上帝（卷30，前祀二日奏告神宗皇帝室如常告之仪）、宗祀上帝仪有司行事（卷34，前祀二日奏告神宗皇帝室如常告之仪）、皇帝祈谷祀上帝仪（卷35，前祀二日奏告太宗皇帝室如常告之仪）、祈谷祀上帝仪有司行事（卷38，前祀二日奏告太宗皇帝室如常告之仪）、皇帝雩祀上帝仪（卷39，前祀二日奏告太宗皇帝室如常告之仪）、雩祀上帝仪有司行事（卷42，前祀二日奏告太宗皇帝室如常告之仪）、皇帝祀感生帝仪（卷43，前二日奏告僖祖皇帝室如常告之仪）、祀感生帝仪有司行事（卷46，前祀二日奏告僖祖皇帝室如常告之仪）、皇帝祀五方帝仪（卷47，仪式中无，目录中有）、皇帝祭皇地祇仪（卷80，前祭二日奏告太祖皇帝室如常告之仪）、祭皇地祇仪有司行事（卷84，前祭二日奏告太祖皇帝室如常告之仪）、皇帝祭神州地祇仪（卷85，前祭二日奏告太宗皇帝室如常告之仪）、祭神州地祇仪有司行事（卷88，仪阙）；军礼命将出征有告武成王庙（卷159）、皇帝田猎有祭告（卷160，皇帝将猎遣官告于宗庙、社稷，如常告之仪，有司祃祭于田所）、合朔伐鼓有祭告（卷164，在坛设告）；嘉礼，纳后（卷166、前期太史局择日差官奏告昊天上帝、皇地祇、太社、太稷、中太一宫、佑神观、醴泉观、上清储祥宫、太清储庆宫、九成宫，并如常告之仪；卷一六八奏告太庙、景灵宫、诸陵，前期太史局择日差官奏告太庙、景灵东宫、景灵西宫、永安陵、永昌陵、永熙陵、永定陵、永昭陵、永厚陵、永裕陵、永泰陵，并如常告之仪）、皇太子纳妃（卷172，前期大司局择日差官奏告太庙、别庙、景灵东宫、景灵西宫、永安陵、永昌陵、永熙陵、永定陵、永昭陵、永厚陵、永裕陵、永泰陵，并如常告之仪）、皇太子纳夫人（卷174，前期太史局择日差官奏告景灵东、西宫，如常告之仪）、帝姬降嫁（卷175，前期太史局择日差官奏告景灵东、西宫如常告之仪）、皇太子冠（卷180，前期太史局择日差官奏告昊天上帝、皇地祇、太庙、别庙、太社、太稷、景灵东宫、景灵西宫、中太乙宫、佑神观、醴泉观、上清储祥宫、太清储庆宫、九成宫、永安陵、永熙陵、永定陵、永昭陵、永昌陵、永厚陵、永裕陵、永泰陵，并如常告之仪）、皇子冠（卷182，前期太史局择日差官奏告景灵东宫、景灵西宫，如常告之仪）、册皇后（卷187，前期太史局择日差官奏告昊天上帝、皇地祇、太庙、太稷、太社、景灵东宫、景灵西宫、中太乙宫、佑神观、醴泉观、上清储祥宫、太清储庆宫、九成宫、永安陵、永昌陵、永熙陵、永定陵、永昭陵、永厚陵、永裕陵、永泰陵，并如常告之仪）、册皇太子（卷191，前期太史局择日差官奏告昊天上帝、皇地祇、太庙、别庙、太社、太稷、景灵西宫、中太乙宫、祈神观、醴泉、上清储祥宫、太清储庆宫、九成、永安陵、永昌陵、永熙陵、永定陵、永昭陵、永厚陵、永裕陵、永泰陵，并如常告之仪）均有奏告之礼。

和之前相比，首先，明确规定亲祠奏告的仪节，这应当是对以往已行之礼的继承和规范。其次，太一宫成为必要的奏告宫观。最后，也是最重要的，奏告的宫观与之前有重要的差别，除了之前已经进入国家大礼的宫观之外，新增了上清储祥宫、太清储庆宫、九成宫①，奏告宫观的礼节也被详细规范。奏告宫观的变化直接关系到奏告礼仪所涉超自然空间的变化，反映了一系列非常重要的问题，值得详细考察。

景灵宫、醴泉观、太一宫前贤着墨已多，不必详论。佑神观②所奉何神，位于何地，建于何时，尚未见学界专门考证，值得稍作考证。我们认为，佑神观即集禧观大火之后重建的道观，供

---

① 除前揭奏告礼制中明确注明这几所宫观之外，《政和五礼新仪》卷4《序例·玉币》记载："宫观：景灵宫币以苍，上清储祥宫、储庆宫币以青，醴泉观币以赤，九成宫币以黄，佑神观以五方币，中太一宫立春币以青、立夏以赤、立秋以白、立冬以皂。"注云："景灵宫苍币一、上清储祥宫青币五、储庆宫青币十一、醴泉观白币一、阳德观赤币二、九成宫黄币一、佑神观五方色币五、中太一宫币十一。"也可证明《政和五礼新仪》中的奏告宫观即这几种。

② 《政和五礼新仪》中多作祐神观，卷4作佑神观的，其他文献多作佑神观。

奉五岳。理由如下：

首先，从位置上看佑神观与五岳观位置吻合。五岳观又名会灵观，仁宗时大火重建，改名集禧。① 有史料表明，集禧观的位置与佑神观吻合，1. 集禧观与佑神观均与中太一宫相邻，《东京梦华录》卷2"朱雀门外街巷"记载佑神观与中太一宫相邻②，汪圣铎先生据《玉海》指出，中太一宫在集禧观东③，《宋会要辑稿》礼52之9载集禧观与中太一宫相邻。2. 集禧观与佑神观均在迎祥池侧，《东京梦华录》卷6"十四日车驾幸五岳观"载五岳观在迎祥池侧④，欧阳修《归田录》卷上云："内中旧有玉石三清真像，初在真游殿……遂迁于集禧宫迎祥池水心殿。"⑤ 则迎祥池中有殿属集禧宫，集禧宫（观）自然在迎祥池侧。3. 佑神观与太学东门距离不远⑥，前揭《东京梦华录》卷2五岳观也与太学东门距离不远。总之，从地理位置上看，佑神观与集禧观（宫）吻合。

其次，从职官设置上看，佑神观即集禧观改名而来。《宋宰辅编年录》卷10载元祐八年（1093）特除右仆射苏颂观文殿学士充集禧观使。⑦《宋史》卷63《五行二上》："建中靖国元年六月壬寅，集禧观火，大雨中久而后灭"⑧，从此遂无集禧观使之名。代之而起的是佑神观使开始出现，目前所见的文献中，较早担任佑神观使的是赵挺之，《宋宰辅编年录》卷12记载大观元年（1107）三月丁酉赵挺之罢右仆射，原注云"授特进、观文殿大学士、佑神观使"⑨，也是罢相之后带观文殿学士、佑神观使。因此，正像会灵观火，重修之后改名集禧观，会灵观使消失，代以集禧观使一样，佑神观使取代集禧观使也应该是集禧观火后重建改名之后的结果。只是尚难断定集禧观火后何时重修，何时改名佑神观。但必然是在建中靖国元年（1101）至大观元年之间。

最后，从祭祀用币上看，其中当是供奉五岳。《政和五礼新仪》卷4《玉币》记载："宫观……九成宫币以黄，佑神观以五方币，中太一宫立春币以青、立夏以赤、立秋以白、立冬以皂。"唯独佑神观中一次用五方币，说明必然是五个方位神，可能是五方帝或五岳，但两宋并未为五方帝建观，故而当是五岳。

既然佑神观即是原来供奉五岳的集禧观，说明徽宗修《政和五礼新仪》规定的奏告宫观其实分两部分，一部分是对真宗、仁宗朝传统的继承，另一部分是之后新加的内容。这里值得对新加的部分稍作考证。

---

① 牛敬飞：《百年盛衰事——宋代开封城的五岳观》，《亚州研究》（韩国）第16辑，2012年，第57页。
② 孟元老撰，伊永文笺注：《东京梦华录笺注》，北京：中华书局，2007年，第99—100页。
③ 汪圣铎：《宋代政教关系研究》，第616页。
④ 孟元老撰，伊永文笺注：《东京梦华录笺注》，第583页。
⑤ 欧阳修撰，李逸安点校：《欧阳修全集》第9册，北京：中华书局，2001年，第1918页。
⑥ 孟元老撰，伊永文笺注：《东京梦华录笺注》卷3 "大内前州桥东街巷"，第283—284页。
⑦ 徐自明撰，王瑞来校补：《宋宰辅编年录校补》卷10，北京：中华书局，1986年，第604页。
⑧ 《宋史》卷63《五行二上》，第1379页。牛敬飞先生根据《说郛》及《宋史》卷314《范纯礼传》推测集禧观火于宋徽宗即位之初，即建中靖国元年左右，见氏著《百年盛衰事——宋代开封城的五岳观》，《亚州研究》（韩国）第16辑，2012年，第59页。其说不误，惜未引《宋史》卷63此条材料。
⑨ 《翰苑新书前集》卷37"佑神观"条记载："大观六年，尚书右仆射兼中书侍郎赵挺之除观文殿大学士充使"，注云采自《续会要》，《景印文渊阁四库全书》第949册，第289页。然《宋史》卷20《徽宗二》、《宋宰辅编年录》卷12（徐自明撰，王瑞来校补《宋宰辅编年录校补》，第737页）均记载赵挺之大观元年卒，则《韩苑新书前集》中之"六"乃"元"之讹。然而，既然《翰苑新书前集》的编者见过《续会要》，而以赵挺之置于佑神观之下，则可能暗示着赵挺之是第一任佑神观使。

1. 上清储祥宫

上清储祥宫源于太宗所建上清宫，上清宫庆历三年（1043）大火，只剩下寿星殿，嘉祐七年（1062）七月改名崇先观，神宗时命王太初自筹款项，辅以国家资助重建，未果，直至神宗去世，哲宗登基，高太皇太后垂帘听政，力排众议、极力支持，元祐四年再次兴工，元祐六年（1091）九月最终建成，汪圣铎先生对此有详细考证。①

我们想指出的是，高太皇太后之所以力排众议建立此宫，除公开所讲尊奉神宗遗意之外，还有两个原因，一是此地和皇嗣有关，一是强调自己的权威。

《宋会要辑稿补编》载："元丰二年二月神宗皇帝采方士之言，以宫之所在为国家子孙地，赐名上清储祥宫。命道士灵慧大师王初居之"②，然神宗朝并未正式建成，高太皇太后极力主张重建，在建成之后还说神宗建立此宫"意为皇嗣"，这不能不说是与哲宗无子有紧密关系。虽然意为皇嗣，也确实是一所典型的道教宫观，但是其布局却和原来的上清宫有重要差别，太宗时上清宫的布局是，"正殿奉三清，后阁上层奉玉皇，中阁奉玉虚上帝、三十二天帝，后殿奉太微、七元、二十八宿、天蓬、翊圣，南楼奉安南极、南斗，又分设五岳、九曜、五师官、本命、监生、长生，凡十六殿"，上清储祥宫中轴线上正殿凡三：前殿名景霄，供奉三清；次曰紫极，供天皇大帝；后曰蕃厘，奉后土圣母。③ 在重修的道观中特别突出后土圣母的地位，不能不说与高太后意欲抬高自己的地位有关。徽宗朝道教发生了重要变迁，但是三清的地位并没有被削弱，这也是徽宗修撰《政和五礼新仪》时将上清储祥宫列入礼制宫观的重要原因之一。

2. 太清储庆宫

待考，颇疑也与为皇嗣有关。

3. 九成宫

如所周知，九成宫供奉九鼎，徽宗朝九鼎的铸造与方士魏汉津有关④，不必详论。这里想强调两点，一方面，魏汉津受重视，既与蔡京关系密切；另一方面，也与徽宗朝整顿礼乐有关，首先《宋史》卷462《魏汉津传》云：

> 魏汉津，本蜀黥卒也。自言师事唐仙人李良号"李八百"者，授以鼎乐之法。……皇祐中，与房庶俱以善乐荐，时阮逸方定黍律，不获用。崇宁初犹在，朝廷方协考钟律，得召见……当时以为迂怪，蔡京独神之……于是请先铸九鼎……四年三月鼎成，赐号冲显处士。八月，《大晟乐》成。徽宗御大庆殿受群臣朝贺，加汉津虚和冲显宝应先生，颁其乐书天下。⑤

---

① 汪圣铎：《宋代政教关系研究》，第624—630页。
② 《宋会要辑稿补编》，第23页。
③ 参《宋会要辑稿补编》，第22—23页。
④ 最近的考述参方诚峰：《祥瑞与北宋徽宗朝的政治文化》，《中华文史论丛》2011年第4期；汪圣铎：《宋代政教关系研究》，第152—154页。
⑤ 《宋史》卷462《魏汉津传》，第152—154页。

魏汉津蹉跎于仁宗至哲宗之际，而显扬于徽宗，显然是顺应了徽宗、蔡京君臣欲整顿礼乐的想法，也顺应了徽宗欲神化自己的心理。

其次，九鼎的铸造时间和过程。《宋会要辑稿》礼51之22载"徽宗崇宁三年二月，以隐士魏汉津言，备百物之象，铸鼎九。四年三月告成，诏于中太一宫之南为殿以奉安。各周以垣，上施睥睨，墁以方色之土，外筑垣环之，名曰九成宫"，崇宁四年（1105）八月二十日，奉安九鼎，次日车驾幸九成宫酌献。证明九鼎的铸造始于崇宁三年（1104）二月，成于崇宁四年三月。①

关于九鼎的象征意义，可通过徽宗《九鼎记》稍窥其蕴，《续资治通鉴长编拾补》卷25引《续资治通鉴长编纪事本末》原注有其节文，云：

> 朕荷天顾諟，相时揆事……朕取成于心，请命上帝，屏斥邪言，乃诏有司，允徒趋事。以崇宁四年乙酉三月戊戌朔二十有一日戊午，即国之南铸之。中曰帝鼐，后改为龙鼐……镕冶之夕，中夜起视，炎光烛天，一铸而就。上则日月星辰云物，中则宗庙、朝廷、臣民，下则山川、原隰、坟衍，承以神人，盘以蛟龙，饰以黄金，覆以重屋。既而群鹤来仪，翔舞其上，甘露感于重屋，屋之下，不迁之器，万世永固。万物东作于时为春，故作苍鼎，后改曰育，以奠齐、鲁。万物南讹于时为夏，故作彤鼎，后改曰明，以奠荆、楚。平秩西成于时为秋，故作晶鼎，后改曰蕴，以奠秦、陕。平在朔易于时为冬，故作宝鼎，依旧，以奠燕、赵。西北之区为乾，物以资始，鼎曰魁鼎，后改曰健。西南之区为坤，物以资生，鼎曰阜鼎，后改曰顺。东北之区为艮，艮为终始，鼎曰牡鼎，后改曰穌。东北之区为巽，巽以申命，鼎曰风鼎，后改曰洁。于以赞天地之化，协乾坤之用，道四时之和，遂品物之宜，消水旱之变，弭兵甲之患，一夷夏之心，定世祚之永。非上帝博临，宗庙眷佑，何以臻此？②

《宋会要辑稿》礼51之23所载史料亦可作参考：

> （大观元年）内出手诏曰："鼎之为物久矣，其义莫传。比览居中等所上，调（当为网）罗遗失，稽参制度，合若符契，灿然可观。其论《易卦》，谓应鼎星之象。《易》莫非象也，有取象于天，有取象于地，有取象于人，皆象其一物而已。至鼎则备天地人之象，故《易》于鼎独曰象者，此也。可令改正，余依所请。"先是，议者请用王与之所献《皇（当为黄）帝崇天祀鼎仪诀》并上帝锡夏禹隐文，同修为《祭鼎仪范》。内出手诏曰："九鼎以奠九州，以御神奸，其用其法后失其传。阅王与之所上《祀仪》，推鼎之意，施于有用，盖非今人所能作。去古绵邈，文字杂揉，可依所请，择其当理合经，修为定制，颁付有司。"乃命居中等刊修，至是书成来上，故有是诏。

方诚峰先生对九鼎的象征意义有重要的研究，给人很多有益的启发。③从前揭材料看，九鼎的铸造模仿黄帝、夏禹铸鼎的意图非常明显，而从宝成宫的修建中看的更加清楚，《宋会要辑稿》礼

---

① 据黄以周等辑注，顾吉辰点校：《续资治通鉴长编拾补》卷25所引，知此段史料实乃《政和会要·祭鼐鼎篇》的文字，准确无误，可信，北京：中华书局，2004年，第835页。
② 《续资治通鉴长编拾补》卷25，第835—836页。
③ 方诚峰：《祥瑞与北宋徽宗朝的政治文化》，《中华文史论丛》2011年第4期。

51之23至24记载:"大观三年(1109)四月,诏以铸鼎之地作宝成宫,总屋七十一区。中置殿曰神灵,以祠黄帝;东庑殿曰成功,祀夏后氏;西庑殿曰持盈,祀周成王及周公旦、召公奭;后置堂曰昭应,祀唐李良及隐士嘉成侯魏汉津。"这是九鼎铸造和传承的一个谱系,是想说明本朝铸造九鼎是上接黄帝、夏后、周成王、周公旦、召公奭的传统。而对汉武帝得宝鼎事件的有意忽略,蕴含着鄙薄秦汉已降传统的深意。

九鼎的出现虽然不能说是神宗朝整顿礼制延续的必然结果,但在精神上却是一脉相承,可以说是继承了熙丰学术崇尚先王之政的继承和发展。理由如下:

王安石变法对抗反对声音的一个重要理论武器便是"先王之政"①,表现在学术上便是对经学的重新阐释以及对《周礼》的重视。到了徽宗朝,打着追踪神宗之政的旗号,更有继续发展,为了防止有人以历代典章制度,尤其是本朝法制反对新政,有意抵制史学,时间上越来越推崇上古,大观二年专门下诏"诸路州学有阁藏书,皆以经史为名。方今崇八行以造多士,尊六经以黜百家,史何足言!应置阁处赐名曰稽古"。②吴曾之后的反复有更详细的记载,马端临对此有明快的评断。③

无论出于什么政治企图,徽宗朝先王之学与先王之政互为表里,均是鄙薄秦汉以降而尊三代。徽宗朝在整顿礼制时,也明确表示法先王之意,《政和五礼新仪》卷首云:

> 大观元年七月二十六日,承御笔:"承平百五十年,功成治定,礼可以兴。而弥年讨论,尚或未就,稽古之制,适今之宜,而不失先王之意,斯可矣!防民范俗,在于五礼,可先次检讨来上,朕将裁成损益,亲制法令,施行之天下,以成一代之典。"

所以,熙丰"发先王之政"的学术精神继续前行,便是直追黄帝、夏禹,除前揭材料证明徽宗认为制鼎乃黄帝、夏禹盛事之外,王安中《初寮集》卷5《贺帝鼐成表》有云:

> 窃以轩帝聿兴三鼎,是用大亨;夏后爰铸九金,以图百物。自禹而降,莫得其真;逮汉以来,乌睹其瑞。天祚明德,人与成能,灼知一言之孚,深发独智之蕴,作新大器,增重皇基,睿谟俯授于工师,神宝遂隆于国镇,兹为能事,夐迈前修。④

亦可为证。徽宗也明确表示法先王之意是遵循神宗的传统,《御制八宝记》曰:

> 我神考以圣德嗣兴……是正典礼。爰诏侍臣,作天子皇帝六玺,追琢其章,未克有就;永惟盛德洪烈,夙夜钦翼,父作子述,敢忘阙志……在皇祐中,有进镇国宝文曰"镇国之宝"……制作非古,工亦不良。在绍圣中,得受命宝……其制秦也,盖不可以传示将来,贻训后世。方参稽究度,自我作古。有以古印献者……有以宝玉献者……有以古篆进者……有以善工进者……四者即备,于是揭而玺之,乃以"受命于天,既寿永昌"之文,作受命宝

---

① 《续资治通鉴长编》卷188,北京:中华书局,1985年,第4531页。王安石:《答司马谏议书》,王安石著,唐武标注:《王文公文集》,上海:上海人民出版社,1974年,第96—97页。
② 《续资治通鉴长编拾补》卷28,第949页。
③ 吴曾:《能改斋漫录》,上海:上海古籍出版社,1979年,第371—372页;马端临:《文献通考》卷31《选举考四·举士》,北京:中华书局,1986年,第296页。
④ 《景印文渊阁四库全书》第1127册,第96页。

>……又以元丰所作天子皇帝行信六玺，继而成之，通而为八……于以修未备之典，成一代之器。①

这里有几层意思，第一层意思，做成八宝是继承神宗遗志；第二层意思是，之所以不用皇祐、绍圣之宝，是因为前者"制作非古，工亦不良"，后者仅为秦制，也就是不够"古"；第三层意思是，正因前皇祐、绍圣之宝不够"古"，所以要"参稽宪度"，也就是说参考先王的法度，加上有古印文"承天福，延万亿，永无极"、"宝玉"、"古篆"、"善工"四个条件，其中两个都是"古"，这才有了"自我作古"的可能，因此，徽宗这里的"自我作古"并不是随意创制，而是有"古"意可法，借之而成一代之器。虽然这则材料说的是八宝，以此观察和解释九鼎也是合适的。

正因为鼎具有像黄帝、夏禹时铸鼎那样的象征意义，自然应该享有极高的祭祀规格，上述祭祀规定实在情理之中。也正因如此，帝鼐进入了国家大礼的奏告之礼，《宋会要辑稿》礼14之72载大观二年"正月七日，以受宝礼毕，遣官奏告帝鼐"。

九成宫随即进入了其他的国家大礼。《宋会要辑稿》礼14之72又载：

>政和元年正月十八日，皇后将受册，改用二月九日。正月十四日奏告，差官：昊天上帝，差左仆射何执中……景灵西宫，待制李孝寿；中太一宫，秘书少监赵存诚；醴泉观，秘书监何志同；上清宫，起居郎陈噩；储庆宫，起居舍人任熙明；九成宫，侍御史毛注。

政和二年（1112）十二月二十八日正式编成新的国家礼典，政和三年（1113）二月二十七日命名为《政和五礼新仪》，其中奏告宫观便有了九成宫，显然是对崇宁、大观年间新礼的吸纳。为进一步增强九鼎铸造在学术上的正统性，还特将宝成宫置为祠，《宋会要辑稿》礼51之24对之有详细记载，此不赘述。

大礼奏告九成宫也就形成了制度，参见《宋会要辑稿》礼14之74，此不赘引史料。

综上所考，九成宫进入奏告之礼，是徽宗朝继承神宗推崇先王之政的精神、整顿礼乐影响及于奏告之礼的一个重要体现。后来，王仔昔建议九鼎神器不可藏于外，于是诏纳鼎于大内②，政和六年（1116）差蔡京为礼仪使奉安于大内③，相关的奏告之礼有无改变，待考。

奏告之礼的变迁并未随着《政和五礼新仪》的完成而结束，而是在进一步演进。随着徽宗对道教倡导程度的加深，道教对北宋礼仪空间的渗透也得到加强，体现在奏告之礼上，便是玉清和阳宫进入一些国家大礼的奏告程序。

4. 玉清和阳宫

玉清和阳宫始建于政和三年四月二十四日，《宋会要辑稿》礼51之14载：

>以福宁殿东今上诞圣之地作玉清和阳宫，凡为正殿三，挟殿六。前日玉虚，以奉三清、

---

① 《续资治通鉴长编拾补》卷27，第924页。
② 蔡絛：《铁围山丛谈》卷5，北京：中华书局，1983年，第89页。
③ 《宋会要辑稿》礼51之23—24。

玉皇、圣祖、北极天皇、元天太圣后、后土等九位；东挟曰三光，以奉十一曜；西挟曰宰御，以奉南北斗。中曰泰畤，以奉太一；东挟曰灵一，以奉天蓬、天猷、翊圣、真武；西挟曰正一，以奉正一静应真君。后曰景命万年，以奉皇帝本命；东挟曰峻极，以奉五岳；西挟曰三洞琼文，以奉《道藏》。

政和四年，宫成，总屋一百四十二区。《宋会要辑稿》礼51之15载"（政和）四年正月十九日，诏岁中及大礼开建道场日数，并仍旧制，天宁节七昼夜，老君生日、年交、保夏、大礼前预告、大礼毕恭谢，各二昼夜。"《摛文堂集》卷10有《冬祀礼毕奏谢内中玉虚殿三清诸圣等表》、《同前奏谢内中玉虚殿上九位表》①，证明这一规定确曾施行。随着徽宗对神霄学说的信奉与倡导，政和七年（1117）五月十六日，"诏改玉清和阳宫以玉清神霄宫为名"。②之后未见奏告玉清神霄宫的记载，这大概是地处宫禁，一般由皇帝自己奏告，不必特别下旨规定的缘故。

前贤对玉清和阳宫多有讨论。③我们想探究的是，徽宗为什么会在自己出生之地修建玉清和阳宫？一般认为是徽宗崇道的自然延伸，其实有更具体的原因，蔡絛《国史补·道家者流篇》记载：

> 政和初，上有疾，逾百日稍康复，夕，梦有人召。上方其梦中，谓："若昔在藩邸时，如赴哲庙。"宣召者及至，乃一宫观尔，即有道士二人为傧相焉。遂至一坛上，谕上曰："汝以宿命，当兴吾教。"上再拜受命而还。二傧相者复导上而去。及寤，作记良悉，尝遣使示鲁公。鲁公时犹责居于杭也，始大修宫观于禁中，即旧奉天神所在玉清阳和宫玉虚殿，羽人以岁时入内讲斋醮事。亲制步虚乐章，调其音声焉。而道家遂谓上为赤明和阳天帝。然上肃祗神祇，所崇者祀事而已，亦未有如少君、栾大者。④

这里的玉清阳和宫显然是玉清和阳宫之误。值得注意是，这里说徽宗崇道兴趣的高昂是因为政和初（当为政和元年，因政和二年二月蔡京已经回到东京，不在杭州⑤）病初愈时一梦⑥，由于这则史料叙述了徽宗修建玉清和阳宫的直接原因，非常重要，故而有必要对之进行仔细审视。

首先，徽宗在政和初确实曾经大病一场，而且牵涉到重大的宫廷事件。《九朝编年备要》卷28政和三年二月崇恩太后刘氏暴崩条有云：

> 后负其才，每曰："章献明肃大误矣，何不裹起幞头，出临百官。"上尝谓蔡京曰："朕前日大病，那个便有垂帘意。"那个者，谓后也。又曰："朕不得不关防，使人当殿门，与之剑，若非宣召，勿问何人，入门者便斩之。"至是，后以不谨，无疾而崩。……始事觉，上谕辅臣以后不谨，且重曰："不幸。"京曰："宫禁比修造多，凡事失防护，宜有此等，且古今自有故事，不足烦圣心忧闷。"何执中忽进曰："太后左右，愿陛下多置人侍奉，以妇人女

---

① 《景印文渊阁四库全书》第1123册，第423页。
② 《宋会要辑稿》礼51之16。
③ 最近的研究参汪圣铎：《宋代政教关系研究》，第157—158页。
④ 《续资治通鉴长编拾补》卷28注，940页。
⑤ 《宋史》卷21《徽宗纪三》，北京：中华书局，1977年，第389页。
⑥ 久保田和男先生根据这则材料，认为徽宗此梦与神霄派兴起有着直接关系，见氏著《宋代开封研究》，上海：上海古籍出版社，2010年，第235—236页。我们关注的重点在玉清和阳宫。

子加之愧惧，万一不虞，则陛下不可负杀嫂之名也。"上愕然，因曰："不欲即此决之，晚当召卿来议。"晚，果复召辅臣，既入殿议将废之，而太后已崩。盖为左右所逼，自即帘钩而缢焉。上曰："孟氏已废，今崇恩又废，则泰陵无配矣。"会其已崩，故掩其事云。①

虽然未言明徽宗之病具体在何时，但是必在政和三年二月刘氏暴崩之前不久，而且徽宗生病期间对刘氏猜忌颇甚。

其次，徽宗可能确实做过此梦，而且直接影响到后来的崇道举动。《续资治通鉴长编拾补》卷27注载：

> 孙觌供到蔡京事迹……徽庙尝梦被召，如在藩邸时，见老君坐殿上，仪卫如王者，谕上曰："汝以宿命，当兴吾教。"上受命而出，梦觉，记其事。是年十一月冬祀，老志亦从上在太庙，小次中，老志曰："陛下昔梦尚记之乎？时臣在帝旁也。"黎明，车辂出南薰门，天神降于空中，议者谓老志所为也。道教之胜，则自此始。②

孙觌既然是供到蔡京事迹，必然有所依据，细节与蔡絛所载有所出入，恰好证明二者并无因袭关系，可以互证。无论如何，徽宗可能做了一个与后来道教崇奉极有关系的梦，正是在这个梦中，埋下了大兴道教的伏笔。另外，此处言"是年十一月冬祀"，则在政和三年，前揭《九朝编年备要》记载徽宗之病也在政和三年初。则蔡絛《国史补》所载徽宗病后之梦当不误，然云在政和元年恐不确。《建炎以来系年要录》卷129载：

> 绍兴九年六月己酉朔，签书枢密院事楼炤与东京留守王伦同检视修内司，趋入大庆殿，过斋明殿，转而东，入左银台门，屏去从者，入内东门，过会通门，由垂拱殿后稍南至玉虚殿，乃徽宗奉老子之所，殿后有景命殿，复出，至福宁殿，即至尊寝所，简质不华。③

可进一步说明玉清和阳宫的修建与徽宗梦见老君有关。

最后，玉清和阳宫其实是以徽宗此梦之后对宫内道教祭祀的一次整合。宋庠《元宪集》卷18有《为南郊于大内在京外处道场祈恩保安圣躬奏告三清诸圣表》、《为南郊预前奏告内中福宁殿玉皇北极诸圣表》、《为南郊预前奏告内中东园门圣祖、天皇诸圣表》④，均在仁宗时。汪圣铎先生指出，神宗时王安石有《福宁殿开启南郊道场青词》，苏辙《福宁殿开启明堂预告道场青词》载预告道场里有一百二十分位道教神祇。⑤ 这正是玉清和阳宫中最主要的神灵。徽宗在自己出生地修建玉清和阳宫，只不过是表示遵从老君在梦中的吩咐，实现自己命中注定的使命而已。而奏告玉清和阳宫，也是对业已形成的旧习惯的提升。后来将自己说成是昊天上帝的元子、神霄帝君，大礼事先奏告便更加容易理解了。

---

① 《景印文渊阁四库全书》第328册，第756—757页。
② 《续资治通鉴长编拾补》，第908页。
③ 《建炎以来系年要录》，北京：中华书局，1956年，第2083页。
④ 《景印文渊阁四库全书》第1087册，第538—539页。
⑤ 汪圣铎：《宋代政教关系研究》，第287、369页。

六、南宋奏告之礼与国家祭祀结构的重整

北宋灭亡，赵构称帝，建炎年间（1127—1130）战事吃紧，政权不稳，行在不固定，从礼仪建构来说，有三个必须要处理的问题，一是在漂泊中尽量维持北宋国家礼仪的基本原则以显示政治中心的存在；二是如何利用行在的既存宗教和信仰条件举行国家礼仪；三是如何在礼仪上对待仍然活着的徽宗和钦宗。事实上，南宋初国家礼仪正是这三方面交织形成的画面。南宋奏告之礼的建构也必须放在这样一个背景下进行观察，下面我们将进行力所能及的考察。

南宋初国家礼仪仍然遵循北宋的基本原则，开始将奏告、恭谢的宫观改为行在的相关宫观，建炎二年（1128）十一月二十三日郊祀大礼毕，车驾诣寿宁寺章武殿奉安神御处行恭谢之礼，其天庆观、蕃厘观差执政官分诣。① 当然，南宋初大礼仪式仅取其意，不如承平时繁缛。②

建炎二年开始重视皇帝行在地方道观的做法成为惯例，这在绍兴元年奏告之礼中体现的极为明显。绍兴元年隆祐皇太后崩，又有明堂大礼举行，均有奏告之礼。先看隆祐皇太后凶礼中的奏告之礼。《宋会要辑稿》礼14之86载：

> （绍兴元年）四月十七日，太常寺言："大行隆祐皇后崩，依古例，合奏告天地、宗庙、社稷、诸陵。"从之。五月三日，太常寺言："大行隆祐皇太后攒宫下手，合祭告五方五帝、太岁帝君诸神。"从之。二十日，太常少卿苏迟言："将来大行隆祐皇后灵驾发引，前一日合依礼例奏告在京及越州宫观庙宇、经过十里内神祠。"从之。二十六日，礼部尚书胡直孺言："大行隆祐皇太后登配庙庭册礼，奏告天地、宗庙、社稷。"从之……六月五日，太常寺言："奉上大行隆祐皇太后尊谥昭慈献烈皇后号册，前期告庙。"从之。八月十一日，太常少卿苏迟言："昭慈献烈皇后祔庙前二日，奏告天地、宗庙、社稷、宫观、庙宇。"从之。

对比前面所述凶礼奏告，确是延续北宋仁宗以来旧制。最可注意之点在于，此处云"奏告在京及越州宫观庙宇"，一方面说明"在京宫观"仍有其正统性，另一方面正式开启了奏告宫观的行在化。《中兴礼书》卷259《凶礼二十四·昭慈圣献皇后·发引一》所载可以与之互证：

> （绍兴元年）五月二十日，礼部太常寺言："依礼例，发引前一日奏告在京宫观庙宇，并灵驾经过十里内神词（国家图书馆藏叶渭清先生《中兴礼书校记》抄本指出，'词'当为'祠'）。今欲乞下越州随宜备办酒、脯、币、帛，修撰祝文，差官于前一日致斋，至日祭告行礼。"诏依。③

这里的奏告"在京宫观"其实并非真的到东京，而是在越州随宜备办。随着这一趋势的进展，奏告之礼中的宫观逐步发生了重要的变化。

绍兴元年明堂奏告之礼可以更明确地显示出南宋奏告之礼既继承北宋传统又进一步演变的趋

---

① 《中兴礼书》卷40《吉礼四十·郊祀恭谢》，第179页。
② 《宋会要辑稿》礼14之75至76；《建炎以来系年要录》卷三九，第733页；《建炎以来系年要录》卷42，第764页。
③ 《中兴礼书》卷259《凶礼二十四　昭慈圣献皇后·发引一》，第245页。

向,《中兴礼书》卷 52《吉礼五十二·明堂奏告》对之有详细的记载,且对认识南宋高、孝两朝的明堂大礼奏告有重要意义,值得详引其文:

> 绍兴元年五月二十九日礼部太常寺言:"准《御札》,今年九月有事于明堂。勘会,依《条》,御札降合奏告天地、宗庙、社稷、宫观、诸陵。据太史局状:'奏告天地、社、庙、宫观(叶渭清先生《中兴礼书校记》指出当为"奏告天地、宗庙、宫观")宜用六月三日,奏告诸陵宜用六月八日。'今参酌到礼例下项:一,奏告天地、社稷,乞依例于天庆观设位望祭行礼,所有合用神位版并铺设学生,乞下太史局差办,前一日赴祠所。一,奏告天地,依礼例系朝廷降敕差宰臣或执政官一员,太社、太稷、龙瑞宫、天庆观、告成观差侍从官共四员,诸陵于圆通院设位望祭,差宗室南班官二员并前一日赴祠所致斋,至日五更行事。一,今来奉迎太庙神主见在温州,兼见权停祭享。所有今来奏告日并合行事件,候将来大行隆祐皇太后神主祔庙毕及降香祝到日,令提点所一面选日排办奏告。一,今来奏告天地、社稷,每位合用酒二升、鹿脯⋯⋯并奏告龙瑞宫、天庆观每位各合用酒二升、酱二合半⋯⋯一,今来奏告天地、宗庙、社稷、宫观、诸陵合用祝文、青词、表文(并述以御札降奏告之意)乞下学士院预先修撰,进书讫,付太常寺,内奏告宗庙祝文,依近例系学士院一面付进奏院入,急递降付温州奉迎神主提点所交割。⋯⋯一,今来奏告天地、社稷、宫(叶渭清先生《中兴礼书校记》云当有'观'字)、诸陵合差奉礼郎太祝、太官令共十八员(原注:并以文臣充,如阙,除太祝外贴差文〔曾钊校,'文'当为'武'〕臣充),并乞下越州差官。"诏依(⋯⋯)。
>
> 六月十一日,太常寺言:"今年九月有事于明堂,依例合降御封香祝,祭告五岳四渎,系吏部差使臣管押香祝至东岳衮〔叶渭清《中兴礼书校记》指出当为'兖'〕州,东渎⋯⋯北渎孟州,其逐州府俟香祝到日,本处排办告祭。今来道路未通,昨郊祀大礼毕祭告五岳、四渎,止就行在寺观设位望祭,今参酌欲乞就越州天庆观设位望祭。"诏依。⋯⋯(四年用六月五日于临安法惠寺设位,七年用五月二十八日于建康府保宁寺设位,并如元年之制。)①

明堂大礼及天地、宗庙、社稷祭祀的地点不必深究,最值得注意者在于奏告礼中的宫观奏告,并未像祭告道路未通处五岳、四渎那样设位望祭东京宫观,而是在龙瑞宫、天庆观、告成观奏告②,具有明显的奏告宫观行在化的特点。

前贤对天庆观多有注意,这里不再赘述。龙瑞宫、告成观则有必要稍加考证,以便分析。

关于龙瑞宫,宋施宿等《嘉泰会稽志》卷 7 载:

> 龙瑞宫在县东南二十五里,有禹穴及阳明洞天,道家以为黄帝时尝建候神馆于此。至唐神龙元年置怀仙馆,开元二年因龙见,改今额。宫正居会稽山南,峰嶂道崒,其东南一峰崛起,上平如砥,号苗龙上升台。③

---

① 《中兴礼书》卷 52《吉礼五十二·明堂奏告》,第 221—222 页。
② 这自然也应该是隆祐太后凶礼奏告的宫观。
③ 《嘉泰会稽志》卷 7,《宋元方志丛刊》,北京:中华书局,1990 年,第 6820 页。

按，禹穴与晋唐道教有密切的关系①，贺知章撰有《唐龙瑞宫记》碑，施宿等所编《会稽志》时碑已漫灭，龙瑞宫内有重刻本。② 龙瑞宫为道教中所谓的阳明洞天所在地，唐代国家已经在此投龙简，元稹曾以春分日投金简于此而赋诗一首，其诗现存。③《嘉泰会稽志》卷16《碑刻》又有唐大和三年（829）刻于石的《元威明春分投简阳明洞天诗》。这说明唐代此观已经是得到国家承认的宗教圣地。宋代国家亦有投龙，《宋会要辑稿》礼18之8记载：

> （天圣）三年九月六日，帝宣谕："内近（当为近内）臣南中勾当回，言：'诸处名山洞府投送金龙玉简，每开启道场，颇有烦扰，不得清净'。速令分析诸路投龙处所，仍今后不开建道场。"宰臣王曾等曰："亦闻投龙之处，每建道场，预差人夫般送贵料物色，逾越山岭，烦扰贫民。或如圣意，今后务从简省，实为至当。"

天圣三年（1025）之后投龙仪式虽有简省，却并未停废。龙瑞宫作为唐代以来的洞天福地，自然亦不例外。绍兴元年将此观作为国家大礼的奏告宫观，明显是考虑到此地乃传统上的道教圣地。也应指出，龙瑞宫固然是传统的宗教圣地，国家颇加尊崇，然所供神不详④，在龙瑞宫奏告，虽借依例奏告宫观之名，但只是皇帝乞求行在宗教圣地神灵保佑的一种举动，与东京奏告诸宫观的象征意义明显有所不同。

告成观，本为禹庙，政和四年敕即庙为道士观，赐额曰告成。⑤ 禹庙是传说中禹陵所在地，隋唐时期已经在越州地域社会中具有崇高的地位，是一个非常重要的宗教和地方信仰中心，备受当地政府重视。⑥ 宋代依然如此，《嘉泰会稽志》卷13载：

> 三月五日，俗传禹生之日。禹庙游人最盛，无贫富、贵贱，倾城俱出，士民皆乘画舫，丹垩鲜明，酒樽食具甚盛，宾主列坐，前设歌舞。小民尤相矜尚，虽非富饶，亦终岁储蓄以为下湖之行（下湖，盖乡语也）。春欲尽数日，游者益众。⑦

徽宗改禹庙为道观而不改禹祀，显然是要将国家提倡道教的信号植入本地信仰中去。建炎元年，翟汝文"作三清于正殿"，又作真武像，建殿于观西北隅，"后以奉安御书碑，移殿西庑下，南向"。⑧ 是在自己信仰的基础上对徽宗政策的进一步发挥。⑨

高宗时则将勾践植入了禹庙，绍兴元年，"言者请春秋仲月祠禹于越州告成观，飨越王勾践于其庙，以范蠡配。移跸则命郡祀如故事"。⑩ 高宗在此时此地行此举有强烈的政治意图和现实

---

① 关于大禹及禹穴与晋唐道教之间的密切关系，请参王承文：《敦煌古灵宝经与晋唐道教》，北京：中华书局，2002年，第697—711页。
② 《嘉泰会稽志》卷16，《宋元方志丛刊》，第7019页。
③ 元稹撰，冀勤点校：《元稹集》卷26《集外诗》，北京：中华书局，1982年，第313—314页。
④ 洪迈怀疑主龙瑞宫之神为"琼王"，见洪迈《夷坚乙志》卷3"王夫人斋僧"条，见氏著《夷坚志》，北京：中华书局，2006年，第206页。此承冻国栋师指教。
⑤ 《嘉泰会稽志》卷6，《宋元方志丛刊》，第6804页。
⑥ 参见雷闻：《郊庙之外——隋唐国家祭祀与宗教》，第89—90页。
⑦ 《嘉泰会稽志》卷13，第6950页。
⑧ 《嘉泰会稽志》卷7，《宋元方志丛刊》，第6819—6820页。
⑨ 翟汝文信仰道教的史实，参李志鸿《道教天心正法研究》，北京：社会科学文献出版社，2011年，第41—47页。
⑩ 《宋会要辑稿》礼21之4。《宋会要辑稿》礼20（上）之21亦载："夏禹祠。一在会稽山，绍兴元年禹陵告成，光尧皇帝车驾驻跸本府，诏有司春秋仲月择日差官致祭。"

需要，《建炎以来系年要录》卷6记载建炎元年六月庚申李纲上十议，其中有言："今日法勾践尝胆之志则可，法其卑词厚赂则不可"①，表明徽、钦二帝被俘，赵构渡江至勾践故地，不仅让时人想起了越王勾践，还直接影响到赵构政权对金的战略战术。同书卷22载建炎三年（1129）四月戊午张浚上疏言："巡幸所至，不免营缮，重困民力。勾践之栖会稽，似不如是。不若权时之宜，茅茨土阶，以俟升平为之未晚。"且"时论以为当"。也可证明赵构渡江，让人想起勾践栖会稽之事。其实，这不仅仅是臣僚的看法，同书卷23载建炎三年五月辛丑："上亲书御制《中和堂诗》赐浚，曰：'愿同越句践，焦思先吾身'"②，赵构也以勾践自况。其他相关记载不必一一列举，总之，勾践在此时对新立的南宋政权具有特别的意义，绍兴元年赵构在越州古会稽之地，将勾践祭祀放在当地重要的信仰和娱乐中心，无疑是要传达自己忍辱自强的决心和政治信号。

有鉴于此，可以认为，将告成观作为明堂大礼御札降的奏告宫观背后，有着特殊的历史情境，既是对当地传统信仰的尊重，也是要传达新政权忍辱自强的政治信号，尽管均牵涉到道教，但是与北宋末的奏告宫观的象征意义有明显不同。更有甚者，绍兴元年十一月"丁巳，日南至，命资政殿大学士提举万寿观兼侍读王绹祀昊天上帝于告成观，初复旧礼也"。③ 连正式祭祀昊天上帝也在告成观举行，可见南宋初利用地方宗教中心构建新国家礼仪的努力。

建炎至绍兴元年的奏告宫观行在化，不仅仅是奏告宫观的差别，还体现出南宋的现实政治、军事情景，其象征意义与北宋末相比，发生了重要的变化。对于南宋奏告之礼的发展演变，绍兴四年明堂大礼的奏告宫观具有更加重要的意义，《中兴礼书》卷52《吉礼五十二·明堂奏告》记载：

> （绍兴）四年驻跸临安府，奏告用五月十九日，内宫观止告天庆、天宁观。诸陵用五月二十六日，是年添告昭慈圣献皇后横宫，候香表到宫日，令绍兴府一面排办，选日差官行礼。七年驻跸建康府，天地、社稷于保宁府（叶渭清先生《中兴礼书校记》指出"府"当为"寺"）设位。宗庙、天庆观、报恩光孝观各就本处……十年于临安府，告礼如四年之制，……内诸陵别载于后。④

从中可以可看出两个问题，一方面南宋政权稍稳之后，除后来建太一宫之外，并未在临安修建其他北宋时已有的礼仪宫观，而是利用了当地已有的宫观，这显然是绍兴元年奏告礼仪行在化的延续。另一方面，绍兴四年时天宁观、报恩光孝观在奏告之礼中出现，之后报恩光孝观还成为稳定的奏告宫观，这直接牵涉到国家大礼奏告宫观的变迁，值得做进一步的研究。

天庆观不必讨论，关键问题在于天宁观和报恩光孝观进入奏告之礼。

其实，天宁观和报恩光孝观有传承关系，汪圣铎先生曾经梳理过天宁观和报恩光孝观之间的关系，指出，徽宗崇宁二年石豫上言，因徽宗诞圣节——天宁节许天下置崇宁观，徽宗诏节镇州许建崇宁观，为徽宗皇帝祈福，崇宁三年二月八日改名崇宁万寿观，政和元年八月下令将崇宁改为天宁，政和七年诏令天宁万寿观改为神霄玉清万寿宫，钦宗下令复为天宁万寿观，南宋绍兴七年下令把大部分天宁万寿观改名为报恩广孝观（后又改"广"为"光"）。⑤ 因此，绍兴四年之后的奏告宫观，除天庆观之外，徽宗是个最重要的因素。

---

① 《建炎以来系年要录》卷6，第143页。
② 《建炎以来系年要录》卷22，第474、488页。
③ 《建炎以来系年要录》卷49，第879页。
④ 《中兴礼书》卷52《吉礼五十二·明堂奏告》，第222页。
⑤ 汪圣铎：《宋代政教关系研究》，第522—523、532—533页。

既然绍兴四年开始的国家大礼奏告宫观与徽宗紧密相关，这就需要稍引文献考察南宋初国家礼仪中的徽宗。《中兴礼书》卷231《巡幸视师二》载：

（绍兴六年八月十六日）太常寺言："勘会已降诏巡幸，所有进发合奏告，今参酌比附，条具到合行事件下项：一，检会故事，合遣官告天地、庙、社、京都神祠……一，乞于车驾进发前二日遣官告天地、社稷于望祭斋公（叶渭清先生《中兴礼书校记》指出当为'宫'）……一，临安府载在祀典神祠，乞……于车驾进发前一日祭告……一，沿路所过桥梁、十里内神祠、名山大川并合致祭……"，诏"以巡幸为意，余依"。……十八日中书门下省言："勘会巡幸用九月一日进发，诏'是日先赴上天竺寺烧香'。"同日御史台言："勘会昨车驾巡幸平江府日，本台申明'沿路遇遥拜道君皇帝、渊圣皇帝朝参等，更不集官。若住程州军，遇前项朝会，告集官趁赴外，所有六参更不集官起居。'奉圣旨'依。'续准尚书省劄子，太常少卿陈桶（叶渭清先生《中兴礼书校记》云桶当为桷）言：'检会亲征故事，忌辰、假日并权停内遥拜，乞依巡幸礼例权免'。奉圣旨：'依亲征故事。其御史台申明已降指挥更不施行'。所有今来车驾巡幸，若住程州军，如遇忌辰行香并宣麻庆贺、六参起居、朔望遥拜道君皇帝、渊圣皇帝，及开启满散圣节道场，合与不合集官？"诏："沿路权免，侯至住程州军，并集官趁赴"。……二十三日礼部太常寺言："……一，将来车驾进发，若巡幸至还驻跸处，遇天宁节前一月，文武百官分日启建道场，至日拜表满散。今来九月十日，欲乞更不分日启建道场。是日，宰执率应从文武百僚诣所至州县寺院启建道场，至天宁节日，拜表满散，更不作斋筵，其表不入。词，行在礼部收掌，候问安使行日附行。其启建满散寺院，及合排办事件，欲乞令所在州县预行踏逐排办，关报所属施行。一，所有应在行宫文武百僚，诣明庆寺启建道场，并拜表满散，不作斋筵等，亦乞依此施行……"诏依。①

可见，虽徽宗在远，但在南宋政权的国家礼仪中并未缺失，南宋国家礼仪仍然在特定时节集官遥拜，照常在天宁节为徽宗祈福，各地的天宁万寿观仍然有其礼仪上的功能，绍兴四年选择天庆、天宁观为奏告宫观，显然是考虑到这是真宗、徽宗时已有的正统道观。之后，国家大礼的奏告宫观基本稳定下来，尽管天宁万寿观被更改了名字。

绍兴七年四月"癸卯，诏诸路天宁万寿寺、观并以报恩广孝为额"。② 为什么偏偏是在绍兴七年改天宁万寿观为报恩广孝观呢？我们认为，这与徽宗驾崩的消息在绍兴七年传到江南有关。史载，尽管徽宗绍兴五年（1135）四月二十一日已经驾崩，而南宋王朝正式得到消息是在绍兴七年正月二十五日何藓奉使还时③，之后才正式举行了丧礼。在得到正式的消息之前，无论徽宗死活，南宋王朝的国家礼仪均假设其健在，因此前揭《中兴礼书》中有绍兴六年（1136）遥拜道君皇帝之礼，且在天宁节为之祈福。绍兴七年正式得到徽宗去世的消息之后，为徽宗诞节祈福的天宁万寿观已经失去了其存在的意义，若不改名，已经显得不合时宜，而将之改名为报恩广孝观，主为徽宗焚修，可以充分展示赵构的孝道，掩饰自己无力迎回徽宗的无能，显示自己政权的正统性。宋人对这次改名的观感可以证明这并非我们的肆意揣度，宋袁甫撰《蒙斋集》卷12《衢州光孝寺记》曰：

---

① 《中兴礼书》卷231《巡幸视师二》，第101—102页。
② 《中兴小纪》卷21，《景印文渊阁四库全书》第313册，第1003页。
③ 《中兴礼书》卷236《凶礼一·永佑陵·讣音》，第111页。

光孝禅院，在阛阓嚣尘中……宝庆丁亥冬十月，郁攸挺灾，寺果不免，念此朝廷崇奉名刹也，非他寺比……我徽皇更名天宁，高庙南渡，思念弗替，令天下天宁悉名报恩广孝，旋又以光孝名。臣某伏思，我高皇之以孝名寺也，岂徒若世人追悼其先，徼福于佛而已哉！……天下后世徒见寺以孝名，岂知志所不忘者乎？不忘徽皇也，不忘徽皇者，不忘中原也。①

袁甫说高宗改天宁万寿寺观为报恩广孝寺观是为了不忘中原，未必得高宗之本心，但是这则材料表明高宗此举确实给人以展孝思的印象。

孝在中国古代具有强大的道德约束力，宋代皇室更是对孝百般强调，实乃国家意识形态中最核心的内容之一。如所周知，尽管南宋建立以来不断有臣僚力主恢复中原、迎回二帝，可是高宗并未殚精竭虑致力于此。为人子而不竭力迎回父兄，事实上是孝行有亏，如何营造高宗"孝"的形象，维护这一主流价值观，实在是一个重大的问题，所以我们能看到在绍兴七年前国家礼仪中道君皇帝的存在，又看到了徽宗死后把天宁万寿寺、观改为报恩广孝寺、观继续为徽宗追福。固然不能说高宗对徽宗之死无动于衷，毫无孝心，但是或许可以认为，维护自己尽孝的形象，维护国家意识形态中的核心价值观，才是改天宁万寿寺、观为报恩广孝寺、观继续为徽宗追福的深层原因。

高宗后来又将报恩广孝寺、观为报恩光孝寺、观。文献所载地方上的光孝寺观改名广孝寺观时间有绍兴七年、十二年、十三年、十七年四种情况。② 我们倾向于朝廷下旨改名在绍兴七年，因为绍兴七年八月十二日礼部太常寺中提到奏告报恩光孝观③，绍兴七年十一月礼部太常寺上言中有两次提到"报恩光孝观"④，绍兴十年（1140）十一月十七日礼部太常寺言提到的是报恩光孝观。⑤ 绍兴十二年六月二十日礼部太常寺言中提到报恩光孝观。⑥ 说明绍兴七年官方文书已经是广孝观。而广孝寺则仅出现在绍兴九年（1139）四月二十九日太常寺言中⑦，因此，此处"广孝寺"当是"光孝寺"之误，不足以推翻我们的结论。同时，这么多地方志记载报恩广孝观改名报恩光孝观在绍兴十三年或其他时间，似乎不能认为全部都是误记。我们怀疑朝廷下旨是在绍兴七年四月癸卯之后不久，不晚于八月十二日。但是有可能在时局混乱之时，政令不畅，有些地方的报恩广孝寺、观可能因循未改，后来才正式改名。

从此之后，天庆观和报恩光孝观成为固定的国家大礼奏告宫观，绍兴七年在建康如此，绍兴十年在临安则奏告临安的天庆观和报恩光孝观，尽管临安的报恩光孝观规模不大，连专门的致斋殿都没有⑧，但是其礼仪功能却不是其他宫观所能取代的。临安完整的国家礼制宫观是随着宋金和议的完成而逐渐建立起来的，随着绍兴十三年临安景灵宫和绍兴十八年太一宫的建成，国家大

---

① 《景印文渊阁四库全书》第 1175 册，第 477 页。
② 《淳熙三山志》卷 33、卷 38，《宋元方志丛刊》，第 8156、8165、8239 页；《宝庆四明志》卷 11，《宋元方志丛刊》，第 5130 页；陈著：《本堂集》卷 48，《景印文渊阁四库全书》第 1185 册，第 234 页；罗愿：《新安志》卷 3，《宋元方志丛刊》，第 7640 页；《嘉泰会稽志》卷 7，《宋元方志丛刊》，第 6819、6825 页；《咸淳临安志》卷 75，《宋元方志丛刊》，第 4027 页。
③ 《中兴礼书》卷 263《凶礼二十八·显肃皇后·奉上谥册宝》，第 267 页。
④ 《中兴礼书》卷 239《凶礼四·永祐陵·虞祭》，第 128、130 页。
⑤ 《中兴礼书》卷 173《嘉礼一·奉上皇太后册宝一》，第 573 页。
⑥ 《中兴礼书》卷 278《凶礼四十三·懿节皇后·奉谥册宝》，第 345 页。
⑦ 《中兴礼书》卷 288《凶礼五十三·濮安懿王园庙》，第 407 页。
⑧ 《中兴礼书》卷 40《吉礼四十·郊祀恭谢》载绍兴十三年三月二十九日礼部太常寺言："已降指挥，差从官二员诣天庆观、报恩光孝观行恭谢之礼……恭谢报恩光孝观，合差侍从官一员，前一日依例赴明庆寺宿斋，至日赴本观行礼，并乞降敕差官。"诏依。注云："自后亲郊礼毕恭谢分诣行礼并仿此"。若报恩光孝观地步宽敞，有自己的斋殿，便不必到明庆寺宿斋了。见该书，第 179 页。

礼的奏告宫观完全稳定下来。

我们在讨论玉清昭应宫时已做过考证，天庆观是奏告圣祖天尊大帝，报恩光孝观是奏告三清，太一宫则是奏告五福十神太一。① 有两点值得注意，一，奏告宫观时，所告神祇没有玉皇，与北宋情况有所不同，这是因为宋徽宗政和六年已经将玉皇奏与昊天上帝合二为一，而且南宋也承认了这一事实②，奏告天时已经算是奏告过了，没有必要再专门奏告玉皇。二，高宗及显仁太后颇信四圣神力，于绍兴十四年（1144）建有四圣观，绍兴二十年（1150）改名四圣延祥观，③ 四圣为天蓬、天猷、翊圣、真武。淳熙三年（1176）改兴礼坊内孝宗皇帝旧邸为道宫，供奉真武。④ 然此二观一直不是国家大礼的奏告宫观，与北宋奏告宫观中有祥源观（后名醴泉观，供真武）明显不同，且没有像重建太一宫那样重建供奉五岳的宫观，也没有重建上清储祥宫、太清储庆宫、九成宫、玉清和阳宫（或神霄万寿宫）。这应该与当时朝廷和士大夫对北宋大兴宫观一直持批评态度有关，其例甚多，仅录洪迈之说以见其概，《容斋三笔》卷13"政和宫室"载：

> 自汉以来，宫室土木之盛，如汉武之甘泉、建章，陈后主之临春、结绮，隋炀帝之洛阳、江都，唐明皇之华清、连昌，已载史策。国朝祥符中，奸臣导谀，为玉清昭应、会灵、祥源诸宫，议者固以崇侈劳费为戒，然未有若政和蔡京所为也。京既固位，窃国政，招大珰童贯、杨戬、贾详、蓝从熙、何䜣五人，分任其事。于是始作延福宫……其后复营万岁山、艮岳……徽宗初亦喜之，已而悟其过，有厌恶语，由是力役稍息。⑤

对东京大型宫观基本持否定态度，而如所周知，徽宗朝的大兴宫观又与各种祥瑞和崇道政策有关，其合理性已经随着北宋的灭亡而烟消云散，自然不可能再恢复。

但是也应看到，尽管没有在形式上恢复北宋旧制，但是在所奏告的道教神灵上，仍然基本保持了北宋旧制，和超自然空间的联系并未削弱，甚至有加强的趋势，其重要反映便是更多的国家大礼需要奏告天地、宗庙、社稷、宫观、诸陵。除郊祀、明堂大礼御札降要奏告天地、宗庙、社稷、宫观、诸陵、欑宫之外，我们在考证玉清昭应宫的情况时曾经指出，《中兴礼书》记载高宗和孝宗时，尤其是绍兴十八年之后，奉安神御，祀昊天上帝、皇地祇，奉上皇太后册宝，册命皇后，皇帝登宝位、改元、天申节建道场，凶礼中如发引、奉谥册宝，皇后神主祔庙，奉上钦宗皇帝谥册宝，钦宗皇帝神主祔庙，均需告天地、宗庙、社稷、宫观、诸陵、欑宫。⑥ 北宋将国家大礼神圣化的传统不仅得到了延续，还进一步加深了。

进一步要追问的是，奏告礼仪究竟是怎样进行的呢？奏告天地、宗庙、社稷及五岳、四渎的礼仪有先例可循，容易理解，宫观奏告又是按照什么仪式进行的呢？这直接牵涉到如何认识国家

---

① 请参《中兴礼书》卷252《凶礼十七·钦宗恭文顺德仁孝皇帝·祔庙》，第198页。
② 参《宋会要辑稿》礼13之9绍兴元年八月十六日知温州林之平上言及《宋会要辑稿》礼13之17庆元二年二月一日，礼部、太常寺上言，其中都提到万寿观中有昊天玉皇上帝。
③ 《咸淳临安志》卷13，《宋元方志丛刊》，第3486页。
④ 《咸淳临安志》卷13，《宋元方志丛刊》，第3483页。
⑤ 洪迈：《容斋随笔》，上海：上海古籍出版社，1978年，第568—569页。
⑥ 吴羽：《唐宋道教与世俗礼仪互动研究》，北京：中国社会科学出版社，2013年，第91页。而且绍熙二年（1191）加上高宗徽号、绍熙四年（1193）加上寿圣隆慈备福皇太后尊号册宝行礼、庆元三年（1197）太皇太后圣体违和、庆元六年（1200）六月寿仁太上皇后、庆元六年七月圣安寿仁太上皇帝、庆元六年十月恭淑皇后圣体违和、开禧三年（1207）五月寿慈太皇太后圣体违和，及升祔神主祔庙、庆元六年（1200）诞皇子、开禧二年兴师、开禧三年立皇太子均奏告天地、宗庙、社稷、宫观、诸陵、欑宫，需要奏告宫观的礼仪有增无减，参《宋会要辑稿》礼7之37至39。

以何种方式吸纳道教进入国家礼仪，并通过什么方式使传统的礼仪神圣化。下面，我们将就此做一点力所能及的探讨。

七、奏告宫观仪注

两宋奏告礼仪的具体仪节最集中和完整地保存在《政和五礼新仪》、《中兴礼书》卷3之中①，两者基本相同，现不避烦冗，引《政和五礼新仪》所载仪注，在［ ］中注明《中兴礼书》与之不同处，以便分析。《政和五礼新仪》卷8《序例·亲祠降御札奏告宫观（非泛奏告同）》载：

> 前二日，仪鸾司设行事、执事官次于宫观。前一日质明，行事、执事官赴本宫观清斋，集告官斋所肄仪，太祝习读青词、祝文，眡礼馔、香币讫，俱还斋所。告日前三刻，礼直官、赞者、诸司职掌各服其服，太常设篚于神位之左，青词、祝文于神位之右，香炉并合［合并］置于案上（以御香封）；次设祭器，皆藉以席，光禄实之［《中兴礼书》无此四字］，每位各左一笾（实以时果）、右一豆（实以法酱），牺［为著］尊一，置于坫，加勺幂，在殿上前楹间，北向（实以供内法酒，《中兴礼书》为实以祠祭酒）；太常设烛于神位前。洗二，于东阶之东北向（盥洗在东、爵洗在西），罍在洗东，加勺。篚在洗西南肆，实以巾（若爵洗之篚，则又实以爵，加坫），执罍篚［匜］者位于其后，设燎柴于殿庭之东南隅北向；设望燎位于其北，告官在北南向，奉礼郎太祝在其后西上，又设告官席位于殿下东阶之东西向，奉礼郎、太祝、太官令位于殿庭北向西上，又设奉礼郎、太祝位于殿上之东西向北上，太官令于酒尊所北向。告日未明，告官以下并常服以俟，赞者引奉礼郎、太祝、太官令诣殿庭各就席位，礼直官引告官就位（凡告官行事礼直官引，余官赞者引），礼直官稍前，赞"有司谨具，请行事。"赞者曰："再拜。"在位者皆再拜，次引奉礼郎、太祝、太官令升殿，就位立定。次引告官诣盥洗位，北向立，搢笏，盥手、帨手，执笏，升自东阶，诣神位前，搢笏，三上香，跪。次奉礼郎搢笏，西向，跪。执事者以币授奉礼郎，奉礼郎奉币授告官讫，执笏，兴，复位，告官受币，奠讫，执笏俛伏兴，再拜讫，复位（若诣以次神位，［则］奉礼郎、告官行礼并如上仪）。少顷，引告官再诣盥洗位，北向立，搢笏、盥手、帨手，［《中兴礼书》此处有"执笏，诣爵洗位，搢笏，洗爵，拭爵，以授执事者，执笏"］诣酒尊所，西向立。执事者以爵授告官，告官搢笏，［《中兴礼书》此处有"跪"］执爵、执尊者举幂［羃］，太官令酌酒，告官以爵授执事者，执笏［《中兴礼书》中此处有"兴"］诣神位前，搢笏，跪，执事者以爵授告官，［《中兴礼书》此处有"告官"］执爵，三祭酒，奠爵（景灵宫进酒［天庆观、报恩光孝观三进酒。］）。执笏，俛伏兴，少立，次引太祝诣神位前东向，搢笏，跪读青词祝文讫，执笏兴，复位。告官再拜，复位（若诣以次神位前［《中兴礼书》无"前"字，有"则"字］，太祝告官行礼并如上仪）。少顷，引告官诣望燎位，有司各诣神位前，取词币置于燎柴，次引奉礼郎、太祝诣望燎位立定，礼直官赞曰："可燎。"火燎半柴，礼直官赞［《中兴礼书》有"礼"字］毕，引告官以下退。②

---

① 《中兴礼书》卷3的内容现存于《宋会要辑稿》礼2之24至25。
② 《景印文渊阁四库全书》第647册，第161—162页；《宋会要辑稿》礼2之24至25。

从行事官、执事官到礼直官、赞者，都是国家相关部门的官吏；从礼器到行礼程序，均是模仿传统的国家祭祀礼仪。若未注明是宫观仪注，很难看出和道观有任何关系。

事实上，即使在徽宗崇道的重要时刻，有道士参与的仪式，国家礼仪的基本规范仍然是最重要的。《宋会要辑稿》礼 51 之 14 载奉安玉清和阳宫圣像均是按照传统的国家礼仪的仪节进行，如果说这都是正式的国家礼仪，使用传统祭祀仪节比较容易理解，那么，政和五年（1115）太上老君诞日，皇帝行酌献之礼就更加值得分析，《宋会要辑稿》礼 51 之 15 至 16 载：

> 五年二月四日，诏二月十五日太上老君诞日，于玉清和阳宫设道士登歌乐，皇帝行酌献之理（当为礼）。其日早，皇帝入玉清和阳宫，归小次，俟设馔等毕，读祝道士诣殿庭北向三礼，升诣香案之右，东向立（自是前导及执事摄官并奏请行礼等，并以道士充）。前导皇帝服靴袍，登东阶，登歌《乾安》乐作。诣殿上西向褥位立定，乐止。降真《诚安》乐作，一成止。奏请皇帝再拜讫，乐作。皇帝盥帨，诣香案前褥位北向，三上香，执事者跪进币，皇帝跪受币，奠币，执事者受币。皇帝再拜讫，归褥位，乐止。少顷，《真安》乐作，皇帝盥、帨爵讫，执事者受爵，赴著尊所。摄太官令实爵，皇帝诣香案前褥位北向立，执事者以爵坫跪进。皇帝跪受，执爵三献酒，执事者受爵，皇帝俛伏兴，少立。摄太祝东向读祝文讫，置于案，皇帝再拜讫，还褥位，西向立。送真《钦安》乐作，一成止。皇帝诣望燎位，《乾安》乐作。至南向褥位，乐止。执事者取祝文币帛，俟火燎半，奏礼毕，皇帝还位。

这个仪式中，道教因素当然很明显，道士参与整个仪式，老君诞日举行仪式，本来也应该用纯粹的道教仪式。有意思的是，这些道士却是充当传统国家祭祀礼仪中的前导及执事官等，音乐也是宋代的皇帝行礼时的音乐，仪节与传统国家祭祀礼仪极为接近。

可见，虽然国家大礼的奏告对象掺入了道教神灵，但是国家表达对道教神灵崇奉的方式，却是传统的国家祭祀仪节。或者可以说，借由传统的国家祭祀仪节，国家提升了道教崇拜的品位，将原本的私人信仰形式转变成为国家礼仪；也借由道观祭祀仪式的儒家化，使得国家在道观的祭祀具有了在传统礼仪上的合理性。

八、小　结

通过以上稍显繁复的考察，我们得到以下几点认识：

一，隋唐时代，都城的天、地、祖先和地方的岳镇海渎、名山大川、先代帝王、功臣烈士祠墓，形成了皇帝祭祀的网络空间结构。在隋和唐初，除皇帝出京及一般的常规祭祀之外，国家大礼如南郊、皇帝即位等礼仪基本局限在都城，逮至唐玄宗开元中后期，不少国家大型礼仪开始涉及地方的祭祀网络，这昭示着国家大礼运行空间的扩大化。而太清宫建成之后，迅速介入了不少国家大礼，也使得国家大礼的运行延伸到了道教主张的超自然空间。礼仪空间的扩展，无异加强了相关国家大礼的神圣性。隋唐地方祭祀也有自己的网络空间，除载在国家祀典的岳镇海渎等之外，还有具有本地色彩的神祠，未必尽在地方祀典。

二，相比唐代而言，在礼仪先后上，宋代告礼大多是在大礼举行之前进行奏告，而唐代则多在大礼完成之后。如果说唐代的告礼更多是想让国家大礼所带来的喜庆或好处也分给地方相关神祠，仍有高高在上的姿态，那么宋代的皇帝则显得更加谦恭。更值得重视的是，五代宋初国家大礼的奏告礼仪沿着两个方向发生了重要的变化，一是对都城一般神祠的重视，一是对唐代民间业已存在的地方祭祀网络空间的重视，祭祀网络更加密集化。其背后的深层原因在于政权建立者本来就在一定程度上具有庶民性，政权带有地方性。可以说五代宋初国家奏告之礼的建构，在继承唐代国家祭祀网络空间的同时，又将都城那些原本属于唐代地方祭祀的网络空间节点进行了提升，使之国家化。从而使得国家大礼在某种程度上渗入了民间或地方信仰的超自然空间。

三，宋真宗、仁宗朝国家奏告礼仪发生了重要的变迁，最鲜明的特点便是京城四宫观的建成并进入多种国家大礼的奏告礼仪。而发生这一重要变化背后的原因，可以从两条线索进行探索，一条是宋真宗朝为增强国家政权的凝聚力和皇家血统的神圣性而大建宫观，一条是对民间崇信的灵异事件进行礼仪的提升和控制。

四，徽宗朝奏告宫观的变化，则又可从三个方面进行观察，一是对神宗朝推崇三代之制，鄙薄汉唐之制，在此基础上重新构建宋代政治文化；二是徽宗本人的宗教信仰与体验，三是对真宗朝以来宫观崇祀的继承与规范。

五，南宋国家奏告礼仪的建构则沿着三条路径进行。一是在利用北宋时期在地方建成的国家宫观如天庆观的基础上，在新的政治、军事情景下使奏告宫观行在化，以表达新的政治理念。二是对北宋末年奏告礼仪的扬弃，抛弃了一些具有浓郁北宋末政治文化特点的宫观，例如在南宋仅保存了太一宫的祭祀，而上清储祥宫、九成宫等均未重建，供奉真武的道观未进入国家奏告礼仪。三是更多的国家大礼开始奏告道教宫观，更多的国家大礼被神圣化。

六，北宋士大夫对真宗、徽宗朝大兴宫观的批评，体现出多方面的内涵，具有多方面的影响。从那些批评中，我们能看到，皇帝的意图与不少士大夫的理念、民间信仰三者之间的张力，也能看到皇帝在兴建大型宫观时恰恰和民间信仰有不少契合点，醴泉观的兴建体现得非常明显，而圣祖降现、玉皇崇祀等均与民间流行已久的宗教体验及信仰很类似。可以说，北宋国家大礼奏告礼仪中道教宫观作用的加强，意味着不少士大夫学术理念的挫折。当然，不宜认为这些士大夫的批评没有作用，其影响表现在，一方面，在吸纳道教宫观进入国家礼仪时，相关的仪式被儒家化；另一方面直接导致南宋奏告宫观的减少。

总而言之，唐宋奏告礼仪的变化，从一个特定的角度反映出，唐宋国家礼仪神圣化日益加深，越来越多的国家大礼的运行空间日益扩大。其中，唐宋之间不少国家大礼日益与庶民信仰共享祭祀空间，国家和一些士大夫提升民间或地方信仰以增强皇家大礼的神圣性是值得重视的特点。同时，唐宋奏告礼仪的变迁也反映出唐帝国崩溃后，五代两宋建构新政治文化的努力，更反映出在社会变动期，皇权、地方信仰、士大夫学术理念之间相互影响、竞争、结合的一个历史细部，是唐宋政治、社会、文化变迁的一个缩影。

（作者单位：华南师范大学历史文化学院）

"六骏"石刻与初唐国家意识形态
——太宗昭陵研究之一

李丹婕

  昭陵是唐太宗的陵墓,位于今陕西省礼泉县东北部海拔 1224 米的九嵕山上,这座山主峰高耸孤立,可说是远近大小之宗主,是太宗生前亲自择取的位置。六骏石刻位于昭陵北司马门,是这座陵墓建筑最具象征意味的景观之一①。2001 年,考古工作者对昭陵北门祭坛遗址进行清理和发掘,发现唐代放置昭陵六骏的原始底座、被移位的二层座及西侧用于放置十四国番君长石像(七尊)与六骏(三件)的七间廊房,新出土六骏残块五件。这些新的考古成果为认识昭陵六骏的意义提供了新的重要线索②。据目前清理唐代遗迹的情形判断,昭陵北司马门以两阙间南北中线为纵轴东西对称,并以门址为界,分门内外两部分;其中门址内(以南)西部遗存保存较好,最南端的长廊状房址形制轮廓基本完整③。七间廊房,四间用来放置君长像,三间用来分置六骏④。新发现的六骏石雕残块中,有两件马腿部残块可以与现藏碑林博物馆的"青骓"、"什伐赤"两匹屏风浮雕马的残损部位相拼接⑤。考古发现的新进展,使得围绕这六座石雕的"老问题"再次成为值得探讨的议题,本文将重点考察这一创制的政治语境和社会功能。

  隋末群雄争霸的乱世中,李渊父子的胜利,与他们对骑兵的利用有密不可分的关系,这一点李世民尤其深得体会,因此,以马匹刻石陪葬似乎不难理解⑥,然何以是"六骏",还需要更具体的分析。目前学界对此主要有三种解释。第一种根据六骏的来源、名称、陪葬习俗乃至"六"这一数字的特殊含义,认为唐昭陵六骏与突厥习俗密切相关⑦。第二种指出昭陵建制和同时期宫殿建制具有很强的相似性,北司马门放置六骏,对应着唐代宫城北面有"六厩"之设⑧。第三种强调昭陵六骏马种及其来源或与域外有关,但从昭陵制度的造仿对象来看,应该还是源自汉代,六骏的设置当是融合了汉代霍去病墓马雕和北魏方山永固陵青石屏风的表现形式⑨,此外,据《六马图赞》的记载,每匹马的颜色,或可与萧吉《五行大义·论配五色》相对应,因此"六骏

---

① 如同昭陵其他文物一样,伴随着考古学的发展、博物馆的出现以及文物倒卖活动,六骏早已离开了其最初所在位置,几经流利失散,目前飒露紫、拳毛䯄两件收藏在美国费城宾夕法尼亚大学博物馆,其余四件藏于西安碑林博物馆,参王世平:《昭陵六骏被盗经过调查》,《四川文物》2008 年第 5 期,第 119—126 页。
② 李浪涛:《昭陵六骏考古新发现》,http://www.guobao.info/6steeds05.html。
③ 张建林、王小蒙:《2002 年度唐昭陵北司马门遗址发掘简报》,《考古与文物》2006 年第 6 期,第 6 页。
④ 同上,第 8 页。
⑤ 张建林、王小蒙:《对唐昭陵北司马门遗址考古新发现的几点认识》,《考古与文物》2006 年第 6 期,第 19 页。
⑥ 以马陪葬是游牧文化的传统,参沈睿文:《内亚游牧社会丧葬中的马》,《北方民族考古》第 2 辑,北京:科学出版社,2015 年,第 251—265 页。
⑦ 葛承雍:《唐昭陵六骏与突厥葬俗研究》,《中华文史论丛》第 60 辑,第 182—209 页。
⑧ 张建林、王小蒙:《对唐昭陵北司马门遗址考古新发现的几点认识》,第 20 页。
⑨ 沈睿文:《唐陵的布局——空间与秩序》,北京:北京大学出版社,2009 年,第 246 页。

实际上代表着五方色，应该是寓意大唐帝国的国土疆域"①。

以上三种看法，都有进一步讨论的余地。与前贤侧重于追溯其思想资源或认定其文化属性稍有不同，本文将重点考察"六骏"的制作动机和政治功能。

初唐文化与北方突厥汗国之间确实有着千丝万缕的联系，隋末数万计的北方民众亡于突厥，贞观初年，唐太宗还专门遣使以金帛赎回那些百姓，在东北与西北地区的情况也是一样，大量民众时而北属北方游牧民族政权，时而又回归中原王朝的管辖，可以说，狭长的中原北方地区，无论对于属地还是民众，中原王朝和北方政权之间都存在着对抗和争夺，因此很多当地民众在文化属性上是双重的。唐太宗本人，很可能就懂突厥语②，当时也有供学者使用的突厥语词典③。然而，文化彼此交织，并不能直接对等于主观认同，特别是帝陵这种具有礼仪功能的建筑，更需要基于经典依据。高祖去世后，太宗曾下诏让大臣商议在太原建立高祖庙之事，颜师古指出"寝庙应在京师，汉世郡国立庙，非礼"④，太宗不得不由此作罢。太宗固然有其以今易古的一面，不过在他所法祖的历代帝王中，都是自上古三代而来的华夏君王，加上身边不乏礼学专家，太宗应当不会公然择取突厥葬俗⑤。

高祖武德年间，北方突厥汗国颉利可汗经常南下侵掠，滋扰边境，高祖曾遣使者郑元璹北上会见颉利，当时突厥精骑数十万盘踞山西北部一带，郑元璹见到颉利，当面批驳颉利背信弃义，特别指出，"唐与突厥，风俗不同，突厥虽得唐地，不能居也"⑥，这表明，唐朝官僚在文化认同上，有着清晰的自我意识。至于丧葬礼俗，贞观八年（634）春，突厥颉利可汗卒，太宗命国人从其俗，焚尸葬之⑦，针对陪葬昭陵的突厥将领阿史那思摩，太宗同样下诏"任依蕃法烧讫然后葬"⑧，无论是"从俗"还是"依法"，都反映出太宗对突厥习俗有着明确的界定，相应的，也就表现了他对自身文化归属有着相应的判别，所以我们不宜将六骏之制直接归诸突厥礼俗。

那么，六骏名称是否有其特殊所指呢？正如前人已经指出的，自《穆天子传》以来，良马有其名号几成传统做法。《唐会要》卷七十二"马"条记载道：

> 贞观二十一年八月十七日，骨利干遣使朝贡，献良马百匹，其中十匹尤骏。太宗奇之，各为制名，号曰十骥：其一曰腾云白，二曰皎雪骢，三曰凝露白，四曰玄光骢，五曰决波䠗，六曰飞霞骠，七曰发电赤，八曰流金䯄，九曰翔麟紫，十曰奔虹赤。⑨

可见，太宗用胡语为战马命名并不限于六骏，毋宁说这已是当时的习惯做法，也是他与坐骑之间

---

① 沈睿文：《唐陵的布局——空间与秩序》，第240—241页。
② 便桥对峙事件似乎反映了李世民和颉利可汗之间可以直接对话，《资治通鉴》卷191高祖武德九年，北京：中华书局，1956年，第6019页。
③ 这本叫《突厥语》的书在日本一直保存到了9世纪末年或更晚。该书著录于藤原佐世《日本国见在书目》（890—891），小长谷惠吉《日本国见在书目录解说稿》附录，小宫山出版株式会社，1956年，第7页。
④ 《资治通鉴》卷194太宗贞观九年，第6116页。
⑤ 虽然殉马葬确实是突厥葬俗之一，文献可参铁勒人哥舒季通曾撰《葬马铭》，《唐文拾遗》卷16，上海：上海古籍出版社，1990年，第73—74页；研究请参考刘永连：《祭帐仪式·置尸马上·待时而葬——突厥葬礼三考》，《人文杂志》2001年第6期，第129—133页。
⑥ 《资治通鉴》卷190高祖武德五年，第5955页。
⑦ 《旧唐书》卷194上《突厥传》，北京：中华书局，1975年，第5159页；《资治通鉴》卷194，第6099页。
⑧ 《大唐故右武卫大将军赠兵部尚书谥曰顺李君（思摩）墓志铭并序》，吴钢主编：《全唐文补遗》第3辑，西安：三秦出版社，1998年，第338页。
⑨ 王溥：《唐会要》卷72《马》，北京：中华书局，1955年，第1302页。

亲密关系的表现①。此外，《唐会要》同卷"诸监马印"、"诸蕃马印"等条也说明，唐代国家不仅在观念上重视马，对四方马种有着详细的知识储备，而且对马匹管理有着井然有致的制度体系②，因此，就名称源于突厥语或其他胡语的事实，最多只能构成六骏存在的时代背景，并不能说明其文化源流③。

与六骏关系最为切近的文献，是从游师雄《昭陵六骏碑》中抄录下来，后收入《金石萃编》的《六马图赞》，由太宗亲自撰写，兹录如下：

> 飒露紫，平东都时乘，西第一，紫燕骝，前中一箭。（赞曰：）紫燕超跃，骨腾神骏，气詟三川，威凌八阵。
> 特勒骠，平宋金刚时乘，东第一，黄白色，喙微黑色。（赞曰：）应策腾空，承声半汉，入险摧敌，乘危济难。
> 拳毛䯄，平刘黑闼时乘，西第二，黄马黑喙，前中六箭，背三箭。（赞曰：）月精按辔，天驷横行，弧矢载戢，氛埃廓清。
> 青骓，平窦建德时乘，东第二，苍白杂色，前中五箭。（赞曰：）足轻电影，神发天机，策兹飞练，定我戎衣。
> 白蹄乌，平薛仁果时乘，西第三，纯黑色，四蹄俱白。（赞曰：）倚天长剑，追风骏足，耸辔平陇，回鞍定蜀。
> 什伐赤，平世充建德乘，东第三，纯赤色，前中四箭，背中一箭，（赞曰：）瀍涧未静，斧钺申威，朱汗骋足，青旌凯归。④

对于这条材料，前贤多力图发掘其中关于马匹名称和颜色等信息的深意，然而，若参照上述《唐会要》卷七二"马"条所记便会发现，无论是马名，还是马色，应当都是客观的陈述；就赞文整体来说，其文字虽简短，却扼要清楚地描述了六马的战功及阵亡原委。因此，本文认为，"六骏"极富写实意味，是对太宗秦王时代战争功业的追溯与书写，进而也是贞观朝有关政权合法性构建和历史书写的重要载体之一。

李世民登上皇位在正当性和优先权方面没有优势，他通过暴力政变攫取权力之后，构建自身合法性的重要策略，是基于战功和德性的舆论宣扬，秦王时代的系列功勋成为他最重要的书写资本。通过渲染这段历史，太宗也把自己和众多开国功臣以及王朝命运紧密连在了一起，因此，武功和勋德作为关键词频繁见诸贞观时代的国家文书，武德九年（626），高祖禅位诏书已有体现：

> 皇太子世民……英图冠世，妙算穷神，伐暴夷凶，无思不服。薛举负西戎之众，武周引北狄之兵，蝟起蜂飞，假名窃号，元戎所指，折首倾巢。王世充藉府库之资，凭山河之固，信臣精卒，承间守险；建德因之，同恶相济，金鼓才震，一纵两擒。师不逾时，戎衣大定，夷刘黑闼于赵魏，覆徐朗于谯兖。功格穹苍，德孚宇宙，雄才宏略，振古莫俦，造我大唐，

---

① 谢弗（Edward Schafer）著，吴玉贵译：《唐代的外来文明》，北京：中国社会科学出版社，1995年，第151—153页。
② 参罗丰：《规矩或率意而为——唐帝国的马印》，荣新江主编：《唐研究》第16卷，北京：北京大学出版社，2010年，第117—150页。
③ 关于唐朝马匹命名政治文化的进一步考察，可参罗新：《昔日太宗拳毛䯄——唐与突厥的骏马制名传统》，《文汇学人》2015年5月15日。
④ 《金石萃编》卷139，《石刻史料新编》第1辑，第2593页。

系其是赖。①

上文实可化约为太宗本人经常念兹在兹的一句，即"北剪刘武周，西平薛举，东擒窦建德、王世充"②，可说是当时国家意识形态的核心内容，得到反复书写与宣扬，太宗"拨乱之主"的形象也就借此得以被一再确认。将六骏的由来具体化，我们就会发现，它们恰好对应李世民登上皇位前的六次关键性战役，依次是平薛仁果（称帝建元，年号西秦），平宋金刚（被刘武周封为宋王），平窦建德（称帝建元，国号大夏）、平王世充（称帝建元，国号郑）、平东都、刘黑闼（称帝建元，为汉东王）。

这里以六骏之一、也是唯一一具与人像同雕于一体的石刻"飒露紫"为例稍作展开。传世文献中有关于这匹战马阵亡的详细记录，时值李世民征讨王世充、平东都的战役：

> 丘行恭为光禄大夫，从讨王世充，会战于邙山之上。太宗欲知其虚实，虽弱乃与数十骑冲之，直出其后，众皆披靡，莫敢当锋，所杀伤甚众。既而限以长堤，与诸骑相失，唯行恭独从，寻有劲骑数人追及太宗，矢中御马，行恭乃回骑射之，发无不中。行恭然后下马，拔箭以其所乘马进太宗，行恭于御马前步执长刀，巨跃大呼，斩数人，突阵而出，入大军。贞观中，有诏刻石为人马以象行恭拔箭之状，立于昭陵门前。③

六骏之中的飒露紫，正是对这一瞬间战争场景的再现。从丘行恭的衣着形容到飒露紫的装备姿态④，都极具写实意味，其雕像造型和题赞文本，皆指向具体而实在的史事，题赞文字详细记载飒露紫"前中一箭"，也可与图像鲜明对应。飒露紫石碑制作原委亦见于《册府元龟》卷四二《帝王》部，与上述记载重点略有不同，更详细记载了"飒露紫"这一石像的雕琢时间和动因：

> （贞观）十年十一月，帝谓侍臣曰："朕自征伐以来，所乘戎马，陷军破阵，济朕于难者，刊石为镌真形，置之左右以申帷盖之义。"初，帝有骏马名及露紫骦（当即飒露紫），每临阵多乘之，腾跃摧锋，所向皆捷。尝讨王世充于隋，盖马方酣战移景，此马为流矢所中，腾上古堤，右库直立（丘）行恭拔箭而后马死。至是追念不已，刻石立其像焉。⑤

文字略有相异，但两处一致表明，飒露紫这块石制雕刻在于以写实的图像形式记载秦王李世民平定王世充的艰难时刻，既是对阵亡战马的追念，也是对战争功业的写照。

除了飒露紫，我们还可以看到其他一些有关六骏历史的文献。昭陵《许洛仁碑》记："公于武牢□下进马一匹，□□追风，……无以□其神速，（上）每临阵指麾，必乘此马，……圣旨自为其目，号曰洛仁骝。及天下太平，思其骖服，又感洛仁诚节，命刻石图像置于昭陵北门。"⑥

---

① 《传位皇太子诏》，宋敏求编：《唐大诏令集》卷30，北京：中华书局，2008年，第115—116页；《徙居大安宫诏》再次重申，《全唐文》卷3，北京：中华书局，1983年，第40—41页。
② 吴兢：《贞观政要集校》卷10《灾祥》，北京：中华书局，2009年，第289页。
③ 《册府元龟》卷133《褒功》2，北京：中华书局，1960年，第1603—1604页；另参《旧唐书》卷59《丘行恭传》，第2327页。
④ 其造型与唐墓所出马具可相对应，参王炳华：《盐湖古墓》，《文物》1973年第10期，第31—36页。
⑤ 《册府元龟》卷42《帝王部·仁慈》，第477页。
⑥ 《唐故左监门将军冠军大将军使持节都督代忻朔蔚四州诸军事代州刺史上柱国许公□□并序》，张沛编著：《昭陵碑石》，西安：三秦出版社，1995年，第151页。

单据这条材料，我们无法将洛仁骝直接比定为六骏中的哪一匹，但可以明确的是，许洛仁所进战马也是太宗生前极其钟爱的一匹坐骑，曾陪伴李世民东征西讨，死后被太宗命人刻成石像，置于昭陵北司马门。进一步细读《许洛仁碑》便可以推断，这座石刻极有可能是六骏之一。许洛仁很早进入李世民麾下，所谓"文皇引公于内营，为领兵坠主，授之禁旅，委以兵权"，平薛仁果、王世充、窦建德等战役中更是屡建功勋，始终是唐太宗身边的一员大将。武德九年，他因卷入一场政争而遭遇免官。待太宗登基后，贞观初年，许洛仁很快被委以重任，职位不是别的，正是宿卫玄武门的军将，自后一直是太宗身边非常信赖的侍从亲卫，以至于太宗曾对他说，"卿□□别，与朕相见，欲得时论昔日之事"①。何谓"昔日之事"呢？应当就是一起打天下、创洪业的胜利战事。《昭陵碑石》编者在案语中提示，洛仁献马于武牢（即虎牢），当指太宗虎牢关大破窦建德之战，那么，洛仁骝极有可能就是青骓②。事实上，不管许洛仁这匹马是六骏中的哪座，结合此前飒露紫的来龙去脉，我们都可以基本判定，这匹马也是贞观年间，一并刻石树立于昭陵北门的。其初衷并非仅仅出于"感洛仁诚节"，而是和飒露紫雕刻缘由一样，在于记录并纪念太宗登基之前的某次重大战事。至此，六骏意在记录、书写秦王战功的创制动机已基本可以确认。以石雕来写照历史，与李世民本人的历史态度和统治理念有关，这与他对文学、礼仪、音乐乃至图像等方面的看法一致，而其态度在《秦王破阵乐》这一作品中可说表现得淋漓尽致③。

《秦王破阵乐》得以被精心制作和编排舞蹈，并于元会等最为重要的政治场合上演，正是贞观初年中央朝廷反复宣扬太宗秦王时代战争功业的具体作品之一。与此相关的，太宗还于贞观三年十二月一日下诏，在七处战地营建寺庙，《唐会要》卷四八"唐兴寺"条记：

> 有隋失道，九服沸腾，朕亲总元戎，致兹明伐，誓牧登陑，曾无宁岁，思所以树立福田，济其营魄。可于建义以来，交兵之处，为义士凶徒，陨身戎阵者，各建寺刹，招延胜侣。法鼓所振，变炎火于青莲；清梵所闻，易苦海于甘露。所司宜量定处所，并立寺名，支配僧徒。及修院宇，具为事条以闻。仍命虞世南、李百药、褚遂良、颜师古、岑文本、许敬宗、朱子奢等，为碑记，铭功业。破刘武周于汾州，立宏济寺，宗正卿李百药为碑铭；破宋老生于吕州，立普济寺，著作郎许敬宗为碑铭；破宋金刚于晋州，立慈云寺，起居郎褚遂良为碑铭；破王世充于邙山，立昭觉寺，著作郎虞世南为碑铭；破窦建德于汜水，立等慈寺，秘书监颜师古为碑铭；破刘黑闼于洺州，立昭福寺，中书侍郎岑文本为碑铭。已上并贞观四年五月建造毕。④

对照《广弘明集》卷二八"唐太宗于行阵所立七寺诏"条，上文当遗漏了"破薛举于豳州，立诏仁寺"一条⑤。以太宗务实求治的行事风格，他在各地分立寺院，并非单纯是亲近佛教的表现，"建寺刹、延僧侣"之举，既在于用福田的形式缅怀战争中阵亡的勋臣与将士，更意在以庙宇建筑与碑铭文字刻记统一天下的功业，整篇诏书的"文眼"实落在"为碑记，铭功业"六个字上。《秦王破阵乐》和七座战地寺院的出现表明，太宗即位之初，便以各种形式追记唐朝建国的"破阵"功业。如果我们将"七寺"和"六骏"加以对比，会发现两者之间虽有出入，亦不

---

① 张沛：《昭陵碑石》，第 151 页。
② 同上，第 152 页。
③ 李丹婕：《〈秦王破阵乐〉的诞生及其历史语境》，《中华文史论丛》2016 年第 3 期，第 143—174 页。
④ 王溥：《唐会要》卷 48《寺》，第 849—850 页。
⑤ 道宣：《广弘明集》卷 28，上海：上海古籍出版社，1991 年，第 339 页；此条由刘安志教授提示，特此鸣谢。

乏相当重合度。"七寺"中刘武周和宋金刚虽是两地，却实为武德二年（619）末李世民率兵出征的同一次战争，因此坐骑或许皆为"六骏"之一的"特勤骠"，"七寺"中破薛举与"六骏"平薛仁果亦属李世民的同次出征。战地建寺和昭陵雕刻之间最大的区别在于，"六骏"中不见"破宋老生"之役，而与其他几次由秦王李世民亲自率领的征战不同，"破宋老生"是大业十三年八月在高祖李渊指挥下取得的胜仗①。此外，宋老生是隋朝将领，亦与薛仁果、宋金刚、王世充、窦建德、刘黑闼等称帝颁号、建立割据政权的身份有所不同，而后者无一例外均曾被秦王李世民击败或俘虏，因此，《六马图赞》一文中的"平"字，除表示战争取胜，还意味着对割据政权的成功征服。

并非没有人揣测出太宗营构六骏石刻的心思。贞观七年，太常卿萧瑀曾奏言："今《破陈乐舞》，天下之所共传，然美盛德之形容，尚有所未尽。前后之所破刘武周、薛举、窦建德、王世充等，臣愿图其形状，以写战胜攻取之容。"以萧瑀对太宗的了解，口出此言，恐非奇想，必有着一定的心理预期。不过，太宗没有同意萧瑀的建议，他回应说，"雅乐之容，止得陈其梗概，若委曲写之，则其状易识。朕以见在将相，多有曾经受彼驱使者，既经为一日君臣，今若重见其被擒获之势，必当有所不忍，我为此等，所以不为也。"②可见李世民拒绝萧瑀的提案是出于对很多当朝将相感情的顾忌；想到他们与那些隋末称雄一方的霸主曾有"一日君臣"之谊，故不忍让他们直接看到昔日之主被生擒或斩杀的场景。但李世民此语也透露出，他未必没有考虑过将那些战事或败将付诸"形状"，以记录自己开疆拓土的功德。因此，太宗看起来拒绝了萧瑀的建议，其实只不过换了一种间接的形式，即制作六骏石刻，这些图像没有直接描写战争中的成王与败寇，不过加以像赞文字，意义便得以圆满；可以说，这六块石雕及其赞语，构成了关于太宗秦王时代战争勋功的完整叙事。因此本文以为，与其说太宗的昭陵六骏，源于突厥习俗，或者对应长安北门六厩，甚至用来象征天下疆域，毋宁说，它们正是李世民平定天下的六座纪功碑。这一属性，不仅在于其具体的物质形式强化了当时的权力概念，更在于其指向具有鲜明纪念意味的历史情节，这些情节显然经过了刻意的选择、提炼和提升，最终变作当时历史论调的定本，也成为左右后人记忆的重要媒介和载体。

太宗对历史的格外重视，不仅表现在他"监督"实录编撰和国史书写方面，还表现在他对于历史的娴熟与巧妙利用方面。贞观六年，在群臣陪同下，太宗回到自己的出生地庆善宫，在他看来，这里意义非凡，"有同汉之宛、沛焉"③，即好比宛县之于光武帝，沛县之于汉高祖。他于渭水之滨设宴，与从臣同饮，并赋诗十韵，成《幸武功庆善宫》，这首诗起头写道，"寿丘惟旧迹，酆邑乃前基；粤予承累圣，悬弧亦在兹"，寿丘位于山东曲阜，传为黄帝出生地，酆邑则是汉高祖刘邦故里，太宗借用这些典故，巧妙地将自己嵌在历代伟大帝王的"神圣序列"之中。此诗末句"共乐还乡宴，欢比大风诗"则在回应公元前 155 年汉高祖在沛宫款待故人父老的宴会，便是在那次宴会上，刘邦写下了著名的《大风歌》：

> 发沛中儿得百二十人，教之歌。酒酣，上击筑自歌曰："大风起兮云飞扬，威加海内兮归故乡，安得猛士兮守四方！"令儿皆和习之。④

---

① 《旧唐书》卷1《高祖本纪》，第3页。
② 《新唐书》卷21《礼乐志》11，北京：中华书局，1975年，第468页。
③ 《旧唐书》卷28《音乐志》1，第1046页。
④ 《汉书》卷1下《高祖本纪》，北京：中华书局，1962年，第74页。

贞观朝的《功成庆善乐》和《九宫舞》，显然就是受到汉高祖这一先例启发的结果，足见太宗极其善于利用历史资源。事实上，太宗生前亲自选择九嵕山作为自己去世之后的归宿，也是援引"汉家"作为先例。贞观十八年，太宗曾对侍臣说："昔汉家皆先造山陵，既达始终，身复亲见，又省子孙经营，不烦费人功。我深以此为是。古者因山为坟，此诚便事。我看九嵕山孤耸回绕，因而傍凿，可置山陵处，朕实有终焉之理。"①

就此而言，"六骏"是否也存在可资参照的先例呢？

我们注意到，李世民在同萧瑀讲述这些手下败将时谈到，之所以不刻石成像，在于目前健在的将相，很多和这些人有过"一日君臣"的关系，也就是说，在太宗心目中，这些败在自己手里的将领，也曾是威震一方的霸主。我们不妨回到隋末的乱局中，品味刘彬曾经对窦建德说的话："天下大乱，唐得关西，郑得河南，夏得河北，共成鼎足之势。今唐举兵临郑，自秋涉冬，唐兵日增，郑地日蹙，唐强郑弱，势必不支，郑亡，则夏不能独立矣。不如解仇除怨，发兵救之，夏击其外，郑攻其内，破唐必矣。唐师既退，徐观其变，若郑可取则取之，并二国之兵，乘唐师之老，天下可取也！"②俨然是群雄逐鹿的"战国时代"，在当时，秦王李世民不过是群雄之一。就这个意义而言，隋唐更迭之于曾经只是地方政权之一的李唐而言便有了更丰富的意味，在太宗本人看来，他几乎可说是灭"诸国"而统一天下的，于是他才会反复强调自己通过军事征服而一统天下的事实③。

这不由让我们想到秦始皇，秦二世而亡，使得秦始皇的历史风评一向偏于负面，但就秦始皇纪功碑来看，他本人却非常恰当地将自己塑造成平乱救世之主④，因为他终结了长久的混战，迎来了和平，实现了一统。太宗曾多次提到过秦始皇，多是总结其教训，比如贞观元年，他对侍臣说，自己坚决不营建宫室，追求返璞归真，乃是"遥想秦皇之事"，自为警戒⑤。但他从不否认秦始皇得天下的功业，他曾和萧瑀讨论秦始皇和周武王的区别，他认为秦始皇败在守天下，平六国的功绩值得肯定⑥，这一看法他表达过不止一次，比如"朕闻周、秦初得天下，其事不异"⑦，显然太宗对秦始皇平定六国、一统天下的事迹是相当正面的评价。不止如此，他还乐于将自己与之进行比较，贞观十二年，他对侍臣说，在定四海、服远夷方面，"自谓不减二主（秦皇、汉武）"⑧。可见在太宗的心目中，始终以前代帝王伟业作为参照。就此而言，太宗虽然没有营建新都，其昭陵"六骏"的创制却与秦始皇的咸阳城无形中发生款曲暗合之处：当最后一个敌国在中国版图中消失时，秦始皇六国宫殿的建造也随即完成了，每一座宫殿都纪念着征伐过程中的一个特殊的历史时刻，既是对手覆亡的证明，又是自己权威的象征，于是，咸阳城被视为"一个令人深思的建立敌国纪念碑的范例"⑨，反观六骏，可说是异曲同工，都是征服四方、一统天下的

---

① 王溥：《唐会要》卷20《陵议》，第395页。
② 《资治通鉴》卷188高祖武德三年，第5896—5897页。
③ 李丹婕：《承继还是革命？——唐朝政权建立及其历史叙事》，《中华文史论丛》2013年第4期，第123—156页。
④ 关于秦始皇纪功碑碑文所体现的政治文化的创造，参刘泽华：《中国的王权主义》，上海：上海人民出版社，2000年，第128—137页；Martin Kern, The Odes in Excavated Manuscripts, Martin Kern ed., *Text and Ritual in Early China*, University of Washington Press, 2005, pp. 149–193；柯马丁著，刘倩译：《秦始皇石刻——早期中国的文本与仪式》，上海：上海古籍出版社，2015年。
⑤ 吴兢：《贞观政要集校》卷6《俭约》，第317页。
⑥ 吴兢：《贞观政要集校》卷8《辨兴亡》，第464—465页。
⑦ 吴兢：《贞观政要集校》卷3《君臣鉴戒》，第148页。
⑧ 吴兢：《贞观政要集校》卷8《贡赋》，第458页。
⑨ 巫鸿著，郑岩等译：《中国古代艺术与建筑中的"纪念碑性"》，上海：上海人民出版社，2009年，第139页。

写照。

至此可以断定，太宗借六骏石刻以记录自己秦王时代的战功，进而确立继承皇位的正当性。还有一点值得我们留意，六骏写实且巨幅屏风浅浮雕的形式，并非中国雕塑的传统手法，不见于前代帝王陵墓，倒与三、四世纪以来萨珊石雕的风格更为接近①，在波斯皇帝记述帝王战争功勋的浮雕图像上，高大俊朗的马匹往往占据着核心位置。太宗的宫廷礼仪受到相当多萨珊波斯王Chosroes II Parviz（590—628）的启发和影响②，于此可见一斑。这样的影响，很可能是通过当时横跨东西的突厥汗国实现的③。其中显著特征之一，是六骏形象塑造中所采用的"三花"马鬃样式，这种样式不见于此前，而于初唐突然出现，最早例证就是昭陵六骏，这一样式也见于6—7世纪阿尔泰地区的突厥岩画中，与萨珊波斯传统的花马文化当有联系④。这也有利于我们理解何以唯独昭陵有着如此具有写实风格的战马浅浮雕石屏，而乾陵之后的唐陵，石马都只是程式化的造像。因为两者有着截然不同的功能，石马仅在于其抽象的礼仪功能，与时人心目中的陵墓建制和凶礼仪式有关⑤，意在服务于逝者，而六骏昂然竖立在北司马门，则是在向生人展演着"历史"，这一"历史"具有高度的训诫和教化意味，使得这一作品承载了超出其内容本身的意义，成为贞观王朝统治权正当性整体建构事业的一环，而身为"天可汗"的太宗在制作这一政治艺术作品时借鉴了多元的再现技法。而无论从技术角度而言，六骏的设计与制作受到哪些外来文化因素的启发，这一作品的诞生都当与太宗个人的政治理念有关，是他对个人声望的用心演绎。在任何王朝创建史诗中，祖先骁勇征战都是常见的内容，但我们必须谨记，历史不曾发生，直到它被讲述。讲述历史往往是有心编撰的结果，就"昭陵六骏"而言，历史、雕塑和记忆可说形成一个紧密的同盟，如此这般呈现历史意在服务当下、左右记忆，此举与政治秩序与身份认同的构建也是密切相关的。

2016/11/20
2017/3/31 修订
（作者单位：中山大学历史学系）

---

① Zhou Xiuqin, Zhaoling: The Mausoleum of Emperor Tang Taizong, Doctoral Dissertation of University of Pennsylvania, 2008, pp. 174 - 193.
② Samuel Adrian M. Adshead, T'ang China, The Rise of the East in World History, Palgrave Macmillan, 2004, pp. 43, 154.
③ 马在突厥艺术中的表现，参 Emel Esin, The Horse in Turkic Art, Central Asiatic Journal, vol. 10, no. 3 - 4, 1965, pp. 165 - 227。
④ 冉万里：《花马世界》，《丝路豹斑——不起眼的交流，不经意的发现》，北京：科学出版社，2016 年，第 293 页。
⑤ 即表现皇帝生前之仪卫，见沈睿文：《唐陵的布局——空间与之秩序》，第 133—139 页。

行归净土
——唐代承远从天台到净土的转向

湛 如

绪 论

南岳般舟承远，在《佛祖统纪》第 26 卷中被列为莲社三祖，在同书的 22 卷，又被列为未详承嗣的天台宗传人①。虽然唐代天台宗玉泉系以"其教禅律净兼学，非天台教观正统"② 而著称，但如承远及其弟子法照，被列入他宗祖师之位，可算少见之极。二人对中国净土宗的影响至今仍存，但对承远为何以天台宗嫡系身份，专注弘扬净土这一问题，现代学者的一些解释虽有一定说服力，却不够充分③。柳宗元的《南岳弥陀寺承远和尚碑》（以下简称"柳碑"）中记载，承远去找慈愍三藏的原因是"学如不足，求所未尽"，目的是询问戒律中的细节，因此本文试图对承远弘扬净土的原因再进行探究。

对承远的研究，1976 年日本的冢本善隆《南岳承远传及其净土教》一文，对承远进行了深入而细致的研究，为探讨承远的生平及思想奠定了重要基础④。随后国内外学者在此基础上不断深入细化，他们的著作为本文的写作提供了翔实的材料，令本文能进一步展开。

一、不退初心：承远学佛及出家因素探讨

对于承远的生平，在冢本善隆等众多学者的文中已经清楚的描述，此处将众人的研究结果进行一些综述：承远生于睿宗太极元年（712），年轻时对儒家的礼乐诗书有所不满，因遇见一位信士以《尊胜真言》质疑承远所学，辩论之后崇信佛法，最初在禅宗的处寂门下学习禅法，开元二十二年（734）处寂圆寂后，承远四处参学，开元二十三年（735）到玉泉寺遇见惠真老和尚，

---

① 《佛祖统纪》卷 26："三祖南岳般舟法师（承远），四祖长安五会法师。法照，善导后身，师承远师。"《大正藏》，49 册，第 260 页；《佛祖统纪》卷 22："未详承嗣传第八"，《大正藏》，49 册，第 244 页。
② 慧岳：《天台教学史》，蓝吉富：《现代佛学大系》37 册《天台教》，台北：弥勒出版社，1983 年，第 209 页。
③ 圣凯：《晋唐弥陀净土的思想与信仰》，第五章《承远的生平与净土思想》："与世绝缘的独世主义背景下，明显缺乏教化众生的热情，承远正是基于对当时佛教的反思，才会不远千里，接受慈愍三藏的教导。"北京：中国社会科学出版社，2009 年，第 180 页。
④ 冢本善隆：《南岳承遠伝とその净土教》，《东方学报》第 2 号，1931 年。后收入《冢本善隆著作集》第四卷，《中国净土教史研究》，东京：大东出版社，1976 年，第 511—565 页。

因此剃度出家。开元二十六年（738）惠真又派其前往南岳，从昙清受戒学律，后又转入法证门下学习，之后前往广州从慈愍三藏学习净土，天宝初年（742）从广州回南岳，别立精舍号弥陀台，专修净土①。

承远的法脉传承比较杂多，出家前的禅宗学习，剃度之时的台宗法脉，受戒后的戒律传承，慈愍三藏的净土教导，前后共有四种。以此而言，有必要探究这些传承的共通性。柳碑与吕温的《南岳弥陀和尚碑》（以下简称"吕碑"）② 中，对承远出家一事记载较为详细，是不可多得的材料。其中记载，承远是因信士以《尊胜真言》质疑其所学，因而崇信佛法。《尊胜真言》应是指《佛顶尊胜陀罗尼经》，这部经前后多次翻译，据《佛顶尊胜陀罗尼》所说，此陀罗尼应该有九本③。佛陀波利本经序中说，此经是在永淳二年（682）由佛陀波利带到长安，由杜行顗译出一本留在皇宫，佛陀波利译出一本流通，垂拱三年（687）志静与日照三藏对佛陀波利本校勘，流行天下④。

但是经查各种经录，其中对此经的翻译记载则略有不同，《大周勘定众经目录》中说周武帝宝定四年（564）阇那耶舍译出《佛顶咒经并功能》一卷，永隆元年（680）此经由地婆诃罗在东都东太原寺译出，到天册万岁年间（695）入藏。永淳二年佛陀波利再译此经，三本属于同本别译⑤。《开元释教录》卷9中则记载，此经是佛陀波利带来，杜行顗翻译，地婆诃罗证译，仪凤四年（679）译成，未及校勘杜行顗便过世，后日照三藏校勘再译。⑥ 同书的12卷又说此经有五译，顺序分别是杜行顗、地婆诃罗、佛陀波利、地婆诃罗再译、义净⑦。卷14中则对《大周勘定众经目录》中关于《佛顶咒经》与《佛顶尊胜经》同本别译一事提出质疑⑧。《贞元新定释教目录》大体与《开元释教录》相似，但是在22卷增补入不空译本⑨。善无畏翻译的是仪轨法，全名《尊胜佛顶修瑜伽法仪轨》，未见记载于经录。金刚智所译本在《大唐贞元续开元释教录》中有记载⑩，未见译经时间。不空译本是《佛顶尊胜陀罗尼念诵仪轨》，未见译经时间。

经过对经录的分析整理，综合今人何梅、魏郭辉的研究⑪，《佛顶尊胜陀罗尼经》翻译过程如下：676年佛陀波利将此经带往长安，679年杜行顗是初译，但因事常常不能出席，680年证译的地婆诃罗译成是二译，682年未及校勘杜行顗便过世。此后佛陀波利又自行翻译是三译，地婆诃罗对原本不满意再译一次是四译，687年日照三藏与志静对杜行顗本校勘是五译，699—712年义净是六译。善无畏到洛阳的时间是开元四年（716），金刚智与不空则是在开元八年（720）到达长安，三人译本都是晚出。由此观之，杜行顗与地婆诃罗、日照三藏等人的应是同一本。实际译本应是六本，除金刚智本之外，其余五本见存藏经。

---

① 以上结论来自冢本善隆、圣凯二人对承远生平考证的综合。
② 吕温：《南岳弥陀和尚碑》，《全唐文》卷630，北京：中华书局，1982年影印本，第6354页。柳宗元：《南岳弥陀寺承远和尚碑》，《全唐文》卷587，第5934页。
③ 《佛顶尊胜陀罗尼》卷1："师云，此陀罗尼凡有九本，所谓杜行顗、月照三藏、义净三藏、佛陀波利、善无畏三藏、金刚智三藏、不空三藏等所译本，及法崇注释、弘法大师所传梵本等也"，《大正藏》，19册，第385页。
④ 《佛顶尊胜陀罗尼经》卷1《佛顶尊胜陀罗尼经序》，《大正藏》，19册，第349页。
⑤ 《大周刊定众经目录》卷4，《大正藏》，55册，第396页。
⑥ 《开元释教录》卷9，《大正藏》，55册，第564页。
⑦ 《开元释教录》卷12，《大正藏》，55册，第600页。
⑧ 《开元释教录》卷14，《大正藏》，55册，第634页。
⑨ 《贞元新定释教目录》卷22，《大正藏》，55册，第930页。
⑩ 《大唐贞元续开元释教录》卷3，《大正藏》，55册，第767页。
⑪ 何梅：《五台山高僧佛陀波利译〈佛顶尊胜陀罗尼经〉考略》，《五台山研究》1997年第3期，第7—10页。魏郭辉：《佛陀波利译〈佛顶尊胜陀罗尼经〉相关问题考略》，《敦煌学辑刊》2007年第4期，第222—229页。

此处讨论《尊胜真言》的译本，是为明确影响承远学佛的经文，一个人最初的学佛心态会影响其一生，有必要进行慎重考察。从时间上来看，最可能的是前五译。通过对比藏经中现存的佛陀波利本、杜行顗本、义净本，三本大同小异，全经分为三个部分：第一部分是善住天子即将落入恶道轮回，寻求解脱之法；第二部分是佛陀宣说神咒；第三部分是神咒的功用威德。从善无畏等人的仪轨上看，此经的修持方法是以禅观结合密咒为主。柳碑中所说的"以尊胜真言，质疑于学"，应是指用此经中善恶轮回观点，与承远进行辩论，辩论结果对承远影响极大，因此开始潜心学佛。

据此可知，影响承远出家的是此经中对于生死、善恶轮回的宣扬，这也决定承远一生中对超脱生死轮回的渴望，为他学习"横超三界"的净土法门埋下种子。

二、方便念佛：承远前期的修学特点

梳理完承远学佛的主要因素，众多法脉的共通性清晰地呈现在世人面前。处寂的禅法属于净众禅法，其弟子金和尚之禅风，在《历代法宝记》中记载是先引声念佛，后息念禅坐①，印顺法师认为这与东山法门"齐念佛，令净心"的方便有明显一致的迹象②，也证明弘忍—智诜—处寂—金和尚的禅风代代传承。

其后是玉泉寺的惠真和尚，惠真是弘景弟子，在天台上的造诣自不必说，止观之禅法修持高深。而据李华《荆州南泉大云寺故兰若大和尚碑》的记载，惠真曾从义净三藏学律，又与善无畏、一行等密宗之人往来，其传法时带有明显密宗传法的特点③。

在南岳学习律宗时，只能知道其所学是四分律，具体是当时哪一流派不可知。最后在慈愍三藏座下学习之时，慈愍三藏的净土法门特点，因其著作的缺失，而不可具见，但以延寿的《万善同归集》中引用慈愍三藏的言语观察，其念佛思想是禅净合流。延寿对慈愍三藏的评价也颇有意思，在他看来，慈愍三藏的念佛与天台宗的止观法门一致④。

纵观承远一生亲近学习的高僧大德，始终是以念佛、禅法贯穿其中。从承远学佛到前往南岳学戒这一段记载中，并无太多转变，承远一直沿着自己学佛的初心，探究着佛法的奥秘。其转向净土的关键是在去慈愍三藏的过程中，这期间发生了什么事情？由于并没有直接史料记载，因此无法得知二人之间的具体故事。

承远具体何时见慈愍三藏，史料中未有记载。从开元二十六年（738）承远去南岳受戒学律后，至少应有一年时间是在南岳。因为受戒不是一个简单的过程，依《关中创立戒坛图经》，道宣在乾封二年（667）二月八日在关中建立戒坛，四月十五日在戒坛上供奉舍利，九月请印度的释迦蜜多观看戒坛符合戒律记载与否。此次戒坛建立应该耗费两个多月，完成后邀请众人受戒，

---

① 《历代法宝记》卷1，"先教引声念佛，尽一气念，绝声停念讫，云：无忆、无念、莫妄。无忆是戒，无念是定，莫妄是惠，此三句语即是总持门。"《大正藏》，51册，第185页。
② 印顺：《中国禅宗史》，北京：中华书局，2012年，第145页。
③ 圣凯：《晋唐弥陀净土的思想与信仰》，第172页。
④ 《万善同归集》卷1："圣教所说正禅定者，制心一处，念念相续；离于昏掉，平等持心。若睡眠覆障，即须策动，念佛诵经、礼拜行道、讲经说法、教化众生，万行无废。所修行业，回向往生西方净土。若能如是修习禅定者，是佛禅定与圣教合，是众生眼目，诸佛印可。一切佛法，等无差别，皆乘一如，成最正觉，皆云念佛，是菩提因。何得妄生邪见？故台教行四种三昧，小乘具五观对治，亦有常行、半行种种三昧，终不一向而局坐禅。"《大正藏》，48册，第963页。

受戒人来自各个州府①。受戒仪轨虽然现在已不可见，但从专门建立戒坛这一点推断，应是相当复杂长久。承远也是学《四分律》，应与道宣一样，对戒坛颇为注重。

受戒的时间长短，现已不可考，据明末清初见月的《一梦漫言》所记，见月是从二月初八起期受戒，到四月初八完成，前后历时2个月②，可做一参照。此外，唐王朝对出家人的管理严格，从《入唐求法巡礼记》中记载而言，僧人要远行进入其他寺院，需要先向自身所在寺院提出申请，寺院上报地方政府，地方政府上报到祠部，获得允许后才能出行③。因此至少要在南岳一年左右时间，才能完成基本的受戒流程。

因此，见慈愍三藏是在开元二十七年（739）到天宝初年（742）之间，最初去见慈愍三藏的目的，应该是如柳碑中记载："学如不足，求所未尽"。承远应是去找慈愍三藏，解释自己对戒律中不理解的地方。据僧传中记载，慈愍三藏因为亲游西域，对很多戒律的微细之处了解深刻，如中土之人迷惑不解的"兴蕖"他就明确指出中土无此物，到于阗等西域才有④。向有印度亲身经历的人请教戒律的微细之处，自道宣开始就存在。道宣在慈恩寺译经过程中，曾经亲自向来自印度的僧人询问关于僧衣的类型、使用方法等戒律中细节的问题⑤，因此承远作为一个精研戒法的人，去向慈愍三藏请教也是理所当然。

对承远后期的教法特点，吕碑中记载："凡化人，立中道。而教之权，俾得以疾至？故示以专念。"⑥ 柳宗元的碑中记载与慈愍三藏的对话："如来付受吾徒，用宏拯救。超然独善，岂曰能仁？"⑦ 由此可见，承远的教法，在理论上是以中道之理为基础，在修持法门上用念佛教导他人。选择念佛的目的有两个，一个是"宏"，一个是"疾"。在承远见慈愍三藏的过程中，究竟发生什么事情，使得承远的修持方式，从念佛为辅变为专注弘扬净土？

三、路见疾苦：承远转向净土因素的探讨

在承远去拜谒慈愍三藏的一路上，到底发生了什么？按《元和郡县志·岭南道》记载，如以广州为起点"西北至上都取郴州路四千二百一十里，取虔州大庾岭路五千二百一十里。西北至东都取桂州路五千八十五里"⑧。可见北路交通线主要有郴州路、虔州大庾岭、桂州路三条。我们无法得知738—742年间承远的具体行迹，738年他从荆州玉泉寺出发，前往南岳学习，因为律中明文规定弟子须常侍师，如义净的《根本说一切有部毘奈耶杂事》卷35中就记载弟子侍师法，因此承远虽前往南岳受戒学律，但是有可能往返于荆州、南岳之间。

陈伟明《唐五代岭南道交通线路图略述》一文考证，其中郴州路和桂州路，都经过江陵。虔

---

① 道宣：《关中创立戒坛图经》卷1，《大正藏》，45册，第807—819页。
② 见月：《一梦漫言》，上海：世界书局，1937年，第24—26页。
③ 圆仁：《入唐求法巡礼记》，上海：上海古籍出版社，1986年，第77—79页。
④ 赞宁：《宋高僧传》卷29《唐洛阳罔极寺慧日传》，《大正藏》，50册，第890页。
⑤ 道宣《四分律含注戒本疏行宗记》卷3："余因参译，亲见梵僧，自唐国已西已南，至于大海，百余国僧，现今所披，并非绵帛、非毡、非布无成法衣，问何所以，为断杀故，斯成现量何用，谩言止可知披而谓非，不可迷非而谓是。"《续藏经》，40册，第44页。"立法中四句，一人、二春残月求衣分齐，三浴衣，制名相也。诸师解者多途，皆不可用，今西土来者，亲自对之，还同三衣可披着也"，第70页。
⑥ 吕温：《南岳弥陀和尚碑》，第6354页。
⑦ 柳宗元：《南岳弥陀寺承远和尚碑》，第5934页。
⑧ 李吉甫：《元和郡县图志》，北京：中华书局，1983年，第886页。

州大庾岭路有两条，一条经过襄州。郴州路是从广州起，经韶州、郴州、衡州、潭州、岳州、江陵、襄州、邓州、商州至长安。桂州路则是从广州起，经端州、康州、封州、梧州、富州、韶州、桂州、永州、衡州、潭州、岳州、江陵、襄州、邓州、汝州到洛阳。大庾岭路是从广州起，经韶州、吉州、洪州、江州、鄂州、安州、随州、襄州。这三条路线是到广州的官道，唐代出家人远行要经官府同意，承远去见慈愍三藏所走的应是其中一条。因此承远可能的经过的地方有：广州、端州、康州、封州、梧州、富州、韶州、桂州、永州、吉州、洪州、江州、鄂州、安州、随州、襄州、郴州、衡州、潭州、岳州、江陵。

这些地点中在739—742这几年内，正是多灾多难之时，《新唐书》卷36记载，开元二十七年（739）"三月，澧、袁、江等州水"。岳州在开元二十九年（741），发生了大旱灾。据《欧阳使君神道碑》记载，当时"时属荒旱，人多荸馁"①，不管承远从哪条路前往广州，都会碰见灾情或者灾后重建的困苦，前文已经提及，影响承远出家的主要因素是对轮回之苦解脱的追求，这样一位怀有对死亡深刻认识的僧人，在旅途中看见众多人的死亡，会发起让众人迅速、方便地脱离轮回的大愿也不足为奇了。因此，我们有理由相信，承远出发前往广州之时，是为了向慈愍三藏请教戒律问题，但是在路上看见众生的苦难之后，发起"用宏拯救"众生，令众生"以疾至"解脱的心态，禅法固然能令人解脱，但是因其需要各种条件，如《童蒙止观》中言，修禅之前要"息诸缘务"一个人远离世俗独处②，这明显无法达到普度众生的目的，因此他向慈愍三藏请教普度法门，获得净土传承，这是承远从天台转向净土的原因。这样的转变并非只有承远一人，历史中众多著名的净土高僧也是如此，如永明延寿就是"念世间业系众生不能解脱，惟念佛可以诱化"③。因此以法眼宗第三代祖师的身份，广劝世人念佛。

旅途中所见的悲惨的难民生活，是承远放弃山林静修的禅观，转入弘扬净土的重要因素。

四、后　论

承远一生，因经文的影响，以追求对生死的超脱进入佛门。其自初学佛开始，就与念佛法门结下不解之缘，前期是以禅法为主，包括拜处寂为师，从惠真剃度，都是为了学习禅观法门。虽然因资料的缺少，难以断定739—742年间，承远的具体经历，但根据官道的行程以及碑记记载，承远在向慈愍三藏请教戒律的路上，因见灾情或灾后惨状，从而发出使困苦众生迅速解脱的宏愿，由山林静修的禅观，转向慈愍三藏学习净土。总而言之，承远的旅行经历是他后期专注弘扬净土的重要原因，但是这并不意味着他放弃禅观，柳碑中记载，他在教理上还是以中道教化众生，但是修持上则是完全从天台止观走向念佛观。

（作者单位：北京大学东方语言学系）

---

① 董诰等编：《全唐文》卷343，第3485页。
② 《修习止观坐禅法要》卷1："息诸缘务。有四意：一、息治生缘务，不作有为事业。二、息人间缘务，不追寻俗人朋友亲戚知识，断绝人事往还。三、息工巧技术缘务，不作世间工匠技术、医方禁呪卜相书数算计等事。四、息学问缘务，读诵听学等悉皆弃舍。此为息诸缘务。"《大正藏》，46册，第463页。
③ 普度编：《庐山莲宗宝鉴》卷4，《大正藏》，47册，第325页。

会昌灭法与宦官政治

严耀中

所谓会昌"灭法"其实并不是"灭",而是一次对佛教较为严厉的限制。在"三武一宗灭佛"的笼统概念下,一般都把它们的性质混为一谈,其实拿北魏太武帝灭佛和会昌灭法相比,彼此差别还是很大的。太武帝是要把佛教连根拔起,下诏:"诸有佛图形像及胡经,尽皆击破焚烧,沙门无少长悉坑之"①。唐武宗的所谓灭法,实际上只是对佛教的限制,如在长安"其上都、下都每街留寺两所,寺留僧三十人",及"隶僧尼属主客"等②。这种对寺庙僧侣的保留,虽然数量很少,也足以说明会昌灭法并非出于信仰上或意识形态方面的原因,而主要是一场政治较量。试说如下。

一、宗教管辖权的转移

宗教在社会上具有信仰和组织的双重功能,因此对宗教的控制于任何政权来说都是很重要的,当然这也意味着一种政治权力之实施。任何地方,存在着权力也就存在着政治。在唐朝,佛教虽然往往排位在道教之后,但其势力之大在社会上已远远超出道教之上,从而也成了政治与宗教关系上的主要方面。此外,唐代的宗教管理有些特殊,道教是一条线,以佛教为主的其他宗教则在另一条线。由此,基本上从唐中期开始,管理佛教成了依附于内侍省的一个行政职能,所以会昌灭佛与内侍省官员的关系以及他们对这次灭佛的态度,是了解这一大事件背景的一个重要切入点。

中唐开始的宦官政治是通过宦官以内侍省官员兼领各职而实施的。他们所领"北衙的诸司使分部细密,组织庞大,与南衙以宰相为首的行政系统相互对立"③。内诸司之设也是宦官政治权力扩张的组成部分,而功德使由于所辖特殊而似乎高于其他的内诸司。唐初,属于"诸卿"建制的内侍省大体上承袭隋代之制,"领内侍、内常侍等官",及具"领掖庭、宫闱、奚官三署"④,基本上是一个管理宫内事务的机构。后来宦者一般以此省官员身份分兼它职,实现了权力的扩大。安史之乱之后,内侍省成了宦官势力的大本营,内侍省权力的重要扩张在于内侍官员接管多项原属行政部门的职能,尤其是参与掌管军事和宗教。后者,"唐玄宗天宝末年新设'功德使',有关佛教大部分的管理权逐渐转移到功德使之手"⑤。如孙常楷是"右神策护军中尉右街功德使

---

① 《魏书》卷114《释老志》,北京:中华书局,1974年,第3035页。
② 《旧唐书》卷18上《武宗纪》,北京:中华书局,1975年,第605页。
③ 唐长孺:《唐代的内诸司使及其演变》,载氏著《山居存稿》,北京:中华书局,2011年,第252页。
④ 《通典》卷二十七《诸卿下》"内侍省"条,北京:中华书局,1988年,第756页。
⑤ 刘淑芬:《中古佛教政策与社邑的转向》,载荣新江主编:《唐研究》第13卷,北京:北京大学出版社,2007年。

开府仪同三司守右武卫大将军知内侍省事"①，表明内侍官员集军权、教权于一体。又如文宗时"护军中尉擢才奏闻录右街僧务兼纪纲寺宇，条而不紊"②，都说明宦官兼职两街功德使已成为一种制度，至少是形成了惯例，刘淑芬先生曾提到的兼任功德史的内侍省宦官从德宗贞元四年（788）起，先后有王希迁、窦文场、田令孜、杨复恭等18位③。不仅如此，"功德使的属下，也由宦官所兼，功德使衙门实际上成了内侍省的一个子系统"④。这个过程恰与宦官掌控佛教的时期大体一致，恐怕也不是纯粹巧合。

就宗教而言，由于佛教是当时信众最多，影响最大的宗教，所以也成了内侍官员宗教管理中最重要的事务，成了"教权"的实际掌执者。与此同时，"唐代的内侍省宦官对佛教的信奉，既然有着通过'功德使'这样制度性的联结来得到强化，那末这种关系就不是一般的信仰关系，而是一种政治上的结合体了"⑤。由此也使宦官们在社会信仰和意识形态上具有相当的影响力。我们在《旧唐书》中可以见到不少宦官通过佛寺体现威权的场面，如高力士造宝寿佛寺，"初，宝寿寺钟成，力士斋庆之，举朝毕至。凡击钟者，一击百千；有规其意者，击至二十杵，少尚十杵"。又如鱼朝恩在大历二年"献通化门外赐庄为寺，以资章敬太后冥福，仍请以章敬为名，复加兴造，穷极壮丽。以城中材木不足充费，乃奏坏曲江亭馆、华清宫观楼及百司行廨、将相没官宅给其用，土木之役，仅逾万亿。三年，让判国子监事，加韩国公。章敬太后忌日，百僚于兴唐寺行香，朝恩置斋馔于寺外之车坊，延宰臣百僚就食。朝恩恣口谈时政，公卿惕息"等⑥。因此在讨论唐代后期的宦官势力时，不能仅仅着眼于他们在军权上的染指，而忽视了他们在宗教上的影响力。

简而言之，宗教管辖权是有着广泛社会影响的政治权力，宦官集团得到如此权力，是从中唐开始宦官势力扩张的重要组成部分，为此展开的斗争当然不会停息，会昌灭法则是一个高峰。

二、关于事件背景的辨析

关于会昌灭法之起因，众说纷纭，"固然有政治、经济方面的原因，也有宗教上的因素"⑦，如佛道之争⑧。但其中的政治方面不仅仅事关皇权，还涉及行政体制中权力的归属。由此不能遗漏的一点是：会昌灭法是唐武宗与"南衙"一起和以内侍省为代表的宦官势力所进行的一次重大政治较量，是这次事件的一个组成部分。与此相关的是一系列的问题：如佛教等为何归属内侍省官员所管辖？会昌灭佛是否与宦官和其他政治势力之间的斗争有关？以及会昌灭法对此后各方的

---

① 权德舆：《唐故右神策护军中尉右街功德使开府仪同三司守右武卫大将军知内侍省事上柱国乐安县开国公内侍省少监致仕赠扬州大都督府孙公神道碑铭并序》，载《全唐文》卷498，北京：中华书局，1983年，第5075页。
② 《大唐崇福寺故僧录灵晏墓志并序》，载周绍良、赵超主编：《唐代墓志汇编续集》，上海：上海古籍出版社，2001年，第1012页。
③ 刘淑芬：《中古的宦官与佛教》附《唐功德使人名录》，载《郑钦仁教授荣退纪念论文集》，台北：稻乡出版社，1999年。
④ 严耀中：《唐代内侍省宦官奉佛因果补说》，载《唐研究》第10卷，2004年。
⑤ 严耀中：《唐代内侍省宦官奉佛因果补说》，载《唐研究》第10卷，2004年。
⑥ 《旧唐书》卷184《宦官传》，第4758、4764页。
⑦ 刘淑芬：《中古的佛教与社会》，上海：上海古籍出版社，2008年，第66页。
⑧ 于此还不如说是夷夏之争，因为《唐会要》卷47"议释教上"条灭佛同时，"勒大秦、穆护祆三千余人还俗，不杂中华之风"。但这样一来，说明这次灭佛与各教的教义无关，佛教和祆教教义南辕北辙，因此即使是佛道之争也是一种准政治的势力之争，起根本作用的是站在佛、道背后的政治力量。

政治力量消长有何影响？等等。这得说明该事件的来龙去脉，说明宗教管辖权落入宦官之手的背景。

为什么佛教要归属宦官的管辖？首先恐怕在于宫室系统的信仰之需要，由皇室、后宫、宦官、卫士等组成了一个人数不小的群体，其政治影响力之大更是其他社会群体所难以比拟的，所以他们的信仰在社会上起着某种风向标的作用。在唐代，这个群体里的大多数人信仰佛教或兼信佛教。为了满足信仰的需要，除了外出拜佛烧香，引进僧尼在宫里建立内道场也是必需的，这些都要牵涉到很多事务工作。鉴于统治者奉信佛教并非国事而系皇帝个人及宫内属下的事，由内官领旨操办相关事务比较符合情理，在中唐之前也不乏事例。若在开元十六年为大惠禅师建碑设斋，"复有常侍徐公、内侍尹公等，圣朝鹓鹭，命代圭璋，咸奉纶言，恭亲法事"①。

其次在于历史原因。至少是从北魏开始，内官就和佛教关系密切。其标志之一就是由宦官出面建造寺院。如北魏时洛阳的长秋寺"刘腾所立也。腾初为长秋卿，因以为名"，凝圆寺，"阉官济州刺史贾璨所立也，在广莫门外一里御道东"②。又如阉人孟鸾"文明太后时，王遇有宠，鸾以谨敏为遇左右，往来方山，营诸寺舍"③。宦官多立尼寺，这也是个特色。如北魏洛阳"魏昌尼寺，阉官瀛州刺史李次寿所立也"，及"石桥南道有景兴尼寺，亦阉官等所共立"④。这一方面是宦官为着自身的需要，如昭仪尼寺"阉官等所立也，在东阳门内一里御道南"，寺中"尽是阉官之嫠妇"和"黄门之养息也"⑤。另一方面，北魏也有专门为后宫所设的寺院，若洛阳瑶光寺系"椒房嫔御，学道之所，掖庭美人，并在其中"⑥。隋唐制度主要渊源于北朝，宦官参与宫内的佛教事务亦是继承下来的一种习制。宦官参与佛教若建尼寺等，能够讨好后宫，如"胡僧慧范矫托佛教，诡惑后妃，故得出入禁闱，挠乱时政"⑦。因唐代后宫及皇族中女性信佛者较多，宫中还有带官品的"内尼"⑧，甚至"从命宫闱，方得出家"⑨。这些能在一定程度上成为影响最高权力的一个途径，从而构成宦官势力的奠基石之一。

更主要的是在宦官群体里有着本自的强烈信佛倾向。在现存史料里，不乏敬信佛教的内侍省官员，据作者初步统计有33人之多，其中不乏巨擘⑩。如"左神策军押衙李元佐——是左军中尉亲事押衙也。信敬佛法，极有道心"⑪。在法门寺地宫的题记中宦官是除佛教徒外题名最多的群体⑫。这种记载从开始崭露头角的高力士起，与唐代宦官势力发展史几乎相始终。若高力士曾

---

① P.3535，录文见王书庆编：《敦煌佛学·佛事篇》，兰州：甘肃民族出版社，1995年，第35页。
② 分见《洛阳伽蓝记》卷1"长秋寺"条、卷5"凝圆寺"条，范祥雍校注本，上海：上海古籍出版社，1978年，第43、248页。
③ 《魏书》卷94《孟鸾传》，第2032页。
④ 分见《洛阳伽蓝记》卷2"魏昌尼寺"条及"景兴尼寺"条，第87、88页。又：李次寿即《魏书》卷94《李坚传》的李坚。
⑤ 杨衒之：《洛阳伽蓝记》卷1"昭仪寺"条，北京：中华书局，2010年，第54页。
⑥ 《洛阳伽蓝记》卷1"瑶光寺"条，第46页。
⑦ 《旧唐书》卷91《桓彦范传》，第2929页。
⑧ 如《宋高僧传》卷14《唐京师崇圣寺文纲传》。另外，在《大唐故亡尼七品大戒墓志铭并序》的行文中说明墓主系"亡宫者，不知何许人也"，即是个宫中尼姑。又如有一位"亡尼捌品，尼者不知何许人也"，却是个由良家而"椒宫入选"者。还有一位七品宫人"椒房共号法师"等等。分载周绍良主编：《唐代墓志汇编》，上海：上海古籍出版社，1992年，第642、890、341页。
⑨ 《大唐德业寺故尼法矩墓志铭并序》，载《唐代墓志汇编续集》，第120页。
⑩ 严耀中：《唐代内侍省宦官奉佛因果补说》，载《唐研究》第10卷，2004年。
⑪ 圆仁撰，白化文等校注：《入唐求法巡礼行记》卷4，石家庄：花山文艺出版社，2007年，第429页。
⑫ 李斌城：《法门寺地宫题记考释》，载《唐研究》第10卷，2004年。

"于来庭坊造宝寿佛寺"。又在寝殿侧院中"修功德处"①；李辅国："不茹荤血，常为僧行，视事之隙，手持念珠"；窦文场：其病，帝"令于诸寺为僧斋以祈福"②。另外还如位居"内寺伯判内侍省事内给事"的吴承泌"酷好浮图氏，不茹膻饮酒。另一位内寺伯刘奉芝"口不茹荤，心唯奉佛"③。还有一位内常侍孙常楷"尤深象教，靡茹荤血，务施缁徒"。内侍省少监孙荣义崇佛修寺院。知内侍省事、护军中尉梁守谦"读佛言，亲释氏"④。等等。但史料中找不出一个内侍官员反佛的实例来。甚至有名为焦希望的宦官任神威军中护军时，"乃于军中建立精舍"，称"贞元达磨传法之院"⑤，在军队中展开佛教信仰，鉴于当时"京城驻军和近畿诸镇作为神策军的主体部分始终由宦官统领"⑥，其所产生影响是很大的。中晚唐时毗沙门天王成为唐的护国军神，与宦官奉佛在军中产生影响在时间上之重合，应该不仅仅是一个巧合。

此外我们还可以看到其他一些两者结合的迹象。如律僧智悟是"晚岁归道"的，他出家前有二个儿子分为"守内侍省奚官局令"和"守内侍省内府令"⑦。僧海云的"门人守节即高力士之子也"⑧。法律禅师死，"将军段公，内给事刘公，皆御庖近臣，弥敦久要，凡所举措，靡不演成"⑨。而另一位内侍省官员同国政的墓志却由"内供奉三教讲论引驾赐紫大德沙门清澜撰并书"⑩。他们都是在内庭供职的。又宦官还和僧侣一起结净土社等佛教社团，如有的因此与僧人结成特殊关系，如窦文场称："千福寺先师楚金是臣和尚"，即两者系师徒关系，窦文场因此为其争得"大圆禅师"的谥号⑪。而唐末，则是两者关系密切的一个反证。

叶适认为："浮屠氏书，至唐始盛行于中国。"⑫此言虽稍过其实，但唐之佛学兴盛达中国佛教史之巅峰，是属于当时主流的意识形态，也是不争的事实。宦官中的绝大多数皈依佛教而不信仰道教，有着他们自身的原因。宦官因为身体的残缺今生今世是难以修成神仙了，但佛教还能给他们来世的希望。不仅如此，宦官参政历来为儒家所不齿，所以他们崇信和力挺佛教不仅在于解决前文所述的自身心理问题，因为众生皆有佛性等说，含平等之义，"若能于食以平等性，而入一切法平等性；以一切法平等之性，入于一切佛平等性。其能如是，乃可取食"⑬。这些说法能够起着使社会不在乎他们身份之功能，至少在晚唐之前，宦官在社会意识里并不"臭"，致使他们在参政谋事时显得颇"理直气壮"。所以"灭法"中提及"惟我元元，务在长育，擅自髡削，亦宜禁断"⑭，于亦属"髡削"的无须"刑人"无疑会触及隐痛而有一种被指桑骂槐的感觉，这对内侍官员群体在心理上和感情上也是一种伤害。

---

① 《新唐书》卷196《吴筠传》也说"高力士素事浮屠"。
② 均见《旧唐书》卷184《宦官传》，第4759、4766页。
③ 分见裴庭裕：《大唐故内枢密使特进左领军卫上将军知内侍省事上柱国濮阳郡开国侯食邑千户食实封百户吴公墓志并序》，赵昂：《唐故朝议郎行内侍省内侍伯上柱国刘府君墓志铭并序》，载《唐代墓志汇编》，第2533、1747页。
④ 于邵：《内侍省内常侍孙常楷神道碑》，权德舆：《唐故右神策护军中尉右街功德使开府仪同三司守右武卫大将军知内侍省事上柱国乐安县开国公内侍省少监致仕赠扬州大都督府孙公神道碑铭并序》，杨承和：《邠国公功德铭》，分载《全唐文》卷429、卷498、卷993、卷998。
⑤ 吴通微：《内侍省内侍焦希望神道碑》，载《全唐文》卷481，第4920页。
⑥ 李碧妍：《危机与重构——唐帝国及其地方诸侯》第2章，北京：北京师范大学出版社，2015年，第243页。
⑦ 裴迪：《大唐故净住寺智悟律上人墓志铭并序》，载《唐代墓志汇编》，第1780页。
⑧ 《宋高僧传》卷27《唐五台山海云传》，第689页。
⑨ 姚骥：《大唐荷恩寺故大德敕谥号法律禅师墓志铭并序》，载《唐代墓志汇编》，第1774页。
⑩ 《唐故朝议郎行内侍省宫闱局丞员外置同正员上柱国同府君墓志》，载《唐代墓志汇编》，第2297页。
⑪ 《宋高僧传》卷24《唐京师千福寺楚金传》，第619页，又见《全唐文》卷987《建塔国师奉敕追号记》，第10214页。
⑫ 叶适：《习学记言序目》卷39，北京：中华书局，1977年，第582页。
⑬ 玄奘译《说无垢称经》卷2《声闻品第三》。
⑭ 宋敏求：《唐大诏令集》卷113《条流僧尼制》，北京：中华书局，2008年，第591页。

再次，任何历史事件的发生，都是多种因素交错而成的。但在中国古代，政治权力决定着其它一切利益，同时各种利益也构成了权势所在的实际内容，两者一体进退。鉴此，灭法要收归寺院财产，其实也是割去了宦官的一大占有利益之功能。会昌灭佛的成果为："天下所拆寺四千六百余所；还俗僧尼二十六万余人，收充两税户；拆招提、兰若四万余所；收膏腴上田数千万顷；收奴婢为两税户十五万人"①。当时全国的佛教规模应该比这些数字所包含的更大，如开元时"凡天下寺，总五千三百五十八所"②，还因为这次灭佛由于种种原因仍有许多不彻底的地方③。如此规模的寺院财富无疑是管辖部门和相关官员的一种重要资源，至少在一定程度上是可以被权力利用和支配的④。这就不仅仅是一个宗教事务，而是重大政治斗争的一个侧面，如有学者认为是与"想削弱宦官仇士良权力的努力有关"⑤，或说"毁佛之举逼得仇士良去职，收到了剪除宦官势力的效果"⑥。会昌灭法在规模和影响上，远远超出了针对个人的范围。与此同时，被功德使所管辖的佛教无疑因此得到更多的政治和经济上的好处。唐代那么多高成本的石窟寺院之修造，其中有着宦官的努力，也应该是没有什么问题的，所以两者的结合还有着经济上的相得益彰。

最后要提一下的因素是皇帝和宦官之间的复杂关系。宦官和皇权之间，既有联合的一面，因为宦官势力在本质上是皇权之延伸，但也有尾大不掉"家奴"反制皇帝的一面，后者耻为"宦竖所立，恶其专横而畏其害己也"⑦。当宦官"横制海内，号曰北司，外胁群臣，内侮天子"⑧时，皇权与行政部门联合算计北司就构成了会昌灭法的一个背景。认识这个大形势，就能更深入地理解会昌灭法之为何会发生。

会昌灭法这场由政治和宗教交错而成的事件反映出在唐帝国中、晚期的一种独特形态。作为国家行政体系的南衙是皇帝制度的基础，而以北司为代表的宦官势力则是皇权之扩展。它们既是皇帝的左右手，彼此又因权力之争而矛盾尖锐。无论是作为基础还是作为扩展势力都是与皇帝个人权力存在着差别，有差别就有矛盾，有矛盾就会有明争暗斗，因此当时是一个呈三角形的帝国权力结构，东汉和明代的情况与此类似。在通常的情况下，皇帝在宦官集团和行政系统之间尽量进行平衡。虽然这种平衡也有利于维护皇权，但付出的代价却是国力的内耗和社会价值观念的低落。西晋之后，佛教作为一种新的意识形态进入了社会政治领域，并且拥有了各种可观的社会资源，这对国家权力体系来说既有补益也有矛盾，由此成为各种权力所要迫切控制的对象。由于宦官集团对行政权力的侵蚀意味着对儒家观念的冲击，为抵消计，对佛教的利用在宦官政治上就显得相当重要。会昌年间，皇帝和行政系统联合抑制过分膨胀的宦官势力，消除被宦官控制的佛教及其影响就成了一个焦点，使得宦官们在一度失去对宗教控制权的，道义支撑的意识依据也受到了冲击，一如本文前面所述。

---

① 王溥：《唐会要》卷47"议释教上"条，北京：中华书局，1960年。
② 李林甫等撰，王仲夫点校：《唐六典》卷4"祠部郎中"条，北京：中华书局，2014年，第125页。
③ 严耀中：《会昌灭佛后的湖州唐陀罗尼经幢——兼论武宗灭法对佛教的影响》，载《佛学研究》2000年第9期。
④ 如叶炜在《元和七年议与唐德宗至武宗时期的货币政策》（载《中华文史论丛》2016年第3期）中指出："被废寺院和私家的铜像一律送官，但不禁土木等佛像，'灭佛'政策之经济目的显而易见。"其实这也是满足财政部门的职能需求，足以使相关行政官员赞同灭法。
⑤ 迈克尔·多尔比：《剑桥中国隋唐史》第九章，北京：中国社会科学出版社，1994年，第677页。
⑥ 刘淑芬：《中古的佛教与社会》，上海：上海古籍出版社，2008年，第68页。
⑦ 王夫之：《读通鉴论》卷26"文宗三"，北京：中华书局，1975年，第789页。
⑧ 王鸣盛：《十七史商榷》卷89"南衙北司"条，北京：中华书局，2010年，第1266页。

三、矛盾的曲折与反复

  佛教被当作行政官员和内侍官之间矛盾的一个接触点，早在文宗时已有反复较量。"文宗性守正疾恶，以宦者权宠太过，继为祸胎，元和末弑逆之徒尚在左右，虽外示优假，心不堪之。思欲芟落本根，以雪仇耻"。其所倚宰相李训"既秉权衡，即谋诛内竖"①。在李训等发动甘露之变前约三个多月，"李训奏僧尼猥多，耗蠹公私。丁巳，诏所在试僧尼诵经不中格者，皆勒归俗，禁置寺及私度人"②。僧籍、寺额等皆属功德使职权之内，因此该诏令是对其的一种削权措施，是和他们对待宦官的态度能够联系得起来的。此沙汰僧尼诏下达时，杜悰为凤翔节度使，"有五色云见于岐山，近法门寺，民间讹言佛骨降祥，以僧尼不安之故。监军欲奏之，悰曰'云物变色，何常之有！佛若果爱僧尼，当见于京师'"③。监军是宦官，可看出他是想通过上奏这件事来保护僧尼不受沙汰，态度与此诏之本意有所对立。与此相反，灭法诏下达后，"百官奉表称贺"④。态度上的对比，十分鲜明。但这样一来，宦官与行政官员之间的对立昭然若揭，但皇权偏向何方却在于皇帝的感受，究竟是谁对皇权的冒犯大一些？

  文宗为内侍官员所拥立，死前却对大臣说"'赧、献受制彊臣，今朕受制家奴，自以不及远矣'！因泣下"⑤。武宗虽也是被宦者所立，却同样也不会容忍皇位被"家奴"所操弄，所以如何削弱宦官的权柄，和文宗一样，是心头所一直挂念的，如"上虽外尊仇士良，内实忌恶之"⑥。因此，武宗之灭佛，不管有什么其他的原因，至少和他要消减宦官的权力和影响是很一致的。灭法和对宦官势力的抑制贯穿着整个武宗一朝，武宗重用李德裕，"中贵人上前言德裕太专，上意不悦"⑦。李德裕出于政治需要，基本倾向是崇儒排佛的，所以宦官和武宗对他的态度泾渭分明，应该与此也有一定的关系。武宗即位后在皇权行使上不断体现出强势，"时枢密使刘行深、杨钦义皆愿悫，不敢预事，老宦者尤之曰：'此由刘、杨懦怯，堕败旧风故也'"⑧。两者之间的对立和斗争十分明显，"朝官与宦官斗争的另一方面是限制宦官权力的扩张"⑨，管辖宗教当然也属于要被抵制的"权力的扩张"一类。

  在武宗紧锣密鼓开展打击佛教的同时，会昌三年正月，军容使仇士良贴请外国僧人"同集左神策军军容衙院，吃茶后，见军容。军容亲慰安存"⑩，因为"仇乃信佛者也"⑪。不久，政治事件伴随着对佛教态度的对立而来，会昌四年九月，"仇军容儿常侍知内省事，吃酒醉颠，触悟龙颜，对奏曰：'天子虽则尊贵，是我阿耶册立之也'。天子怒，当时打杀，敕令捉其妻女等流出于

---

  ① 《旧唐书》卷169《李训传》，第4396页。
  ② 《资治通鉴》卷245唐文宗太和九年七月，第7906页。据同书同卷，在甘露之变前不到一个月，李训同党"郑注欲收僧尼之誉，固请罢沙汰，从之"。其实这也是另一种形式的争夺。
  ③ 《资治通鉴》卷246唐文宗开成三年三月，第7933页。
  ④ 《资治通鉴》卷248唐武宗会昌五年八月，第8018页。
  ⑤ 《新唐书》卷207《仇士良传》，第5874页。
  ⑥ 《资治通鉴》卷247唐武宗会昌三年四月，第7983页。
  ⑦ 《旧唐书》卷18上《武宗纪》，第608页。
  ⑧ 《资治通鉴》卷247唐武宗会昌三年五月，第7985页。
  ⑨ 贾宪保：《"甘露之变"剖析》，载《唐史论丛》第3辑，西安：陕西人民出版社，1987年，第151页。
  ⑩ 圆仁：《入唐求法巡礼行记》卷4，第408页。
  ⑪ 汤用彤：《隋唐佛教史稿》第1章，北京：中华书局，1982年，第42页。

外，削发令守陵墓"①。这是灭法前夕皇帝与内侍省官员之间矛盾的一次严重爆发。

为何不在削弱宦官的军权上下功夫？其实这也并非没有尝试过。顺宗时王叔文等就想过要夺取禁军的兵权，不过失败了，并引起宦官们的警觉。在会昌年间可能也有过类似的尝试，据日本僧圆仁叙说，在会昌五年"四月初，有敕索两军印。中尉不肯纳印。有敕再三索。敕意：索护军印付中书门下，令宰相管。两军事，一切拟令取宰相处分也。左军中尉即许纳印，而右军中尉不肯纳印，遂奏云：'迎印之日，出兵马迎之；纳印之日，亦须动兵马纳之'。中尉意：敕若许，即因此便动兵马，起异事也。便仰所司暗排比兵马。人君怕，且纵不索"②。即这次夺神策军权之事同样引起宦官的警觉而也没有成功。且灭法而架空功德使并非与宦官手中的军权没有关系，因为"从文献和墓志资料可知，德宗后出任功德使的宦官大多都是神策军的护军中尉，常见的情况是，以左军中尉兼左街功德使，右军中尉兼右街功德使"③。这样子一来，灭法也意味着对身兼功德使的宦官军头们的变相损害。圆仁笔下武宗和宦官之间如此剑拔弩张的对立，说得有模有样，虽然没有获得其他史料的支持，但系采自当时长安街头之流言，应当是没有问题的。这也就是说，在当时人们的眼里，会昌灭法和武宗与宦官作对是齐头并进的事。而灭佛则可以打着佛道之争等名义，避免彼此直接摊牌。关于这一点，即使是当时的旁观者也看得很清楚，若日本求法僧圆仁在其《入唐求法巡礼行记》的"记叙中把宦官权势的消长及其与皇权关系夹杂在灭法的过程中"④，如在上述武宗夺宦官兵权失败后，紧接着就述其进一步灭佛，反映政治斗争中的迂回曲折。

会昌灭法的结果，在无形之中，宦官所掌握的"教权"也自然而然地失去了。王夫之说："唐自肃宗以来，内竖之不得专政者，仅见于会昌"⑤。灭法导致宦官丧失对宗教的管理权，无疑也是其中的一个内容。

过了灭法的高潮之后，会昌六年（846年）三月"上笃疾，旬日不能言，诸宦官密于禁中定策"⑥，以宪宗子李忱为皇太叔，数日后即位为宣宗。宦官之拥立宣宗，恐怕别有隐情。据《宋高僧传》卷十一《唐杭州盐官海昌院齐安传》记载，宣宗在未登基时曾"隐曜缁新"，当过和尚。而且是因为受"武宗恒忌惮之，沉之于宫厕，宦者仇公武潜施拯护，俾髡发为僧，纵之而逸"。此条记载正史无，恐为当时佛家传言，但至少也反映了宦官在结合佛教与皇帝本人关系中的特殊作用。

于是宦官势力复振，所谓灭法也随之结束。当年五月，诏准"上都两街旧留四寺外，更添置八所"，并"诛道士刘玄靖等十二人，以其说惑武宗，排毁释氏故也"⑦，可能还包括"敕杨钦义充两街功德使"⑧等内容。先前，"会昌二年，以僧、尼；隶主客"，现在也马上翻了过来，"僧、尼依前隶功德使，不隶主客"⑨，宦官们收复了失地。次年，大中元年（847年）闰三月，敕"灵山胜境，天下州府，应会昌五年四月所废寺宇，有宿旧名僧，复能修创，一任住持，所司不

---

① 圆仁：《入唐求法巡礼行记》卷4，第447、448页。
② 圆仁：《入唐求法巡礼行记》卷4，第457页。
③ 尚民杰：《唐墓志中所见宦官诸使及相关问题的探讨》，载《唐研究》第17卷，2011年。
④ 严耀中：《"法显传"与"入唐求法巡礼行记"》，载《欧亚学刊》2015年第13辑（新三辑）。
⑤ 王夫之：《读通鉴论》卷26"武宗一"，第799页。
⑥ 《资治通鉴》卷248 唐武宗会昌六年三月，第8023页。
⑦ 《旧唐书》卷18下《宣宗纪》，第615页。
⑧ 志磐撰，释道法校注：《佛祖统纪》卷43，上海：上海古籍出版社，2012年，第989页。
⑨ 《资治通鉴》卷248 唐武宗会昌六年五月，及胡三省注，第8024页。

得禁止"①，不到一年实现了完全的倒转。直到唐皇朝灭亡前夕，"昭宗朝，宰臣崔某奏诛宦官，内诸司使一切停罢，功德使宰执带之"②。管辖佛教的权力仍是政治斗争中的一项内容。

正因为会昌灭法具有政治斗争性质，所以其过程始终会伴随着政治变化而波动，而且在政治矛盾继续的情况下，往往对立的现象同时出现。若其余波仍在宣宗一朝延续着，这主要表现在三个方面：其一是大兴佛寺的举措不断遭到士大夫乃至行政部门的反对。先是，进士孙樵上言肯定武宗灭法，反对"陛下即位以来修复废寺"，并"愿早降明诏，僧未复者勿复，寺未修者勿修，庶几百姓得以息肩也"③。接着，据《资治通鉴》卷二四九所载，"中书门下"分别在宣宗大中五年七月、十月，及大中六年十二月数次上奏，要求对复兴佛教作出限制。第一次是"恐财力有所不逮"，而"望委所在长吏量加撙节，所度僧亦委选择有行业者"；第二次是"大县远离于州府者听置一寺，其乡村毋得更置佛舍"，第三次除了对修造寺院进行限制外，"严禁私度僧、尼；若官度僧尼有阙，则择人补之，仍申祠部给牒。其欲远游寻师者，须有本州公验"。值得注意的是，中书和门下是当时朝廷的中枢决策部门，可以说代表着整个行政系统的态度，唐宣宗也每次都"从之"。其二是唐宣宗对宦官的态度起了变化。先是，"上自即位以来，治弑宪宗之党，宦官、外戚乃至东宫官属，诛窜甚众"。这里，宦官是被当成首恶而放在要惩办者的最前面。接着宣布甘露之变中"王涯、贾餗等无罪，诏皆雪其冤"。最后直截了当地"上又尝与令狐绹尽诛宦官"④。其三，宣宗表现出和武宗一样对神仙道教的爱好，如"大中五年五月，河中节度使郑先奏永乐县道士侯道华上升"，及"十一年九月，上命中使赍诏就罗浮山迎道士轩辕集"等⑤。说明皇帝的奉佛或灭法其实与他是否信仰道教没有什么联系。这些情况和当时佛教的大规模复苏奇异地伴随共生，正好印证了宦官政治及其所引起的各种矛盾在会昌后的延续存在。后来，"宣宗以后宫禁阉寺一致对外之新形势，不独在内廷无派别，亦试在外朝无党争，统制中央全局，不可动摇分裂"⑥。在这种形势之下，不仅宣宗诛灭宦官之计只好胎死腹里，对佛教也仅能作些略微的限制。"成都有唐剑南西川安抚副使冯涓撰《重起中兴草玄寺碑》，序会昌大中年释寺废兴之事。其略云：'释氏不可以终废者，由学徒之心一也；国令不能以终行者，由时代之意殊也'"⑦。这里所谓时代之意当指包括南衙北司在内的各种政治势力之彼此消长。宣宗之后，政治格局已成定势，把对佛教的态度与政治相联已无任何意义。上层政治人物之奉佛与否，就仅和自身的信仰相关了。

在上述灭佛到佛教的再次复兴，始终伴随着宦官势力的高低起伏，也始终伴随着他们与皇帝的关系分分合合，因此完全可以说佛教在会昌年间遭受的打击，决非仅是宗教原因，而是政治斗争表现出来的一个侧面。会昌灭法严重打击了佛教，虽然在宣宗朝佛教也得到一定程度的复兴，但在唐代由此走入下坡路也是不争的事实。而宦官势力在武宗之后也过了权势的顶峰，这应该不是一个巧合，也从另一侧面说明了会昌灭法中的政治因素。

---

① 《旧唐书》卷18上《宣宗纪》，第617页。
② 赞宁撰，富世平校注：《大宋僧史略》卷中，北京：中华书局，2015年，第127页。
③ 《资治通鉴》卷249唐宣宗大中五年六月，第8047页。
④ 分见《资治通鉴》卷249唐宣宗大中八年正月、九月，第8053、8055页。
⑤ 王溥：《唐会要》卷50"杂记"，上海：上海古籍出版社，2006年，第1032页。
⑥ 陈寅恪：《唐代政治史述论稿》中篇，上海：上海古籍出版社，1982年，第122页。
⑦ 田况：《儒林公议》，载《全宋笔记》第1编第5册，郑州：大象出版社，2003年，第132页。

四、余言及小结

虽然皇权的倾向性在灭法中起着决定性的作用，但儒家士大夫和宦官之间的矛盾，是这次政治事件发生之基础，因为这牵涉到权力与观念的双重冲突。

从本文前面所引的史料里我们可以看到在对待佛教的态度上，以士大夫为主导的行政部门大体上是赞成限制或打击佛教的，他们之间虽也有佛教信徒和党派斗争，"但就他们与宦官的关系而言，对立是主要的，妥协是次要的"[①]。当然宦官也有不同集团，他们与士大夫的"党派"关系错综复杂，但这些都不影响他们对佛教的支持，很多宦官是佛教的虔诚信徒，没有一个宦官曾站出来反对佛教，就像没有一个宦官反对神策军一样，因为这是他们立足政治的精神力量之基础。自中唐起，各个皇帝对佛教的态度并不固定，但和他对宦官的基本态度却是一致的，具有利用和防范的两面性，武宗的灭法正是在后面一种焦虑占了上风的时候。

士大夫官员中虽然有些人是反对宦官的，但他们只是反对一部分宦官，矛头所指也主要是一些权力过分膨胀的宦官，并非其全体，至少在唐末之前是如此。与此相反，与宦官相结交却是士大夫中的普遍现象，甚至连李德裕也是如此。《全唐文》里许多内侍省官员及其亲属的碑铭都充斥着歌功颂德的文字，应该也是当时社会舆论的一种反映，而作者们大多是士子。不过由于士大夫基本上都是读着儒家的经典走入仕途的，虽然其中不少同时兼信佛教，但在涉及政事和礼制等问题上，他们的观念与态度还是认同儒家的。

另一方面，佛家观念在社会上下的盛行使得儒家士大夫在宦官们面前显不出道义上的心理优势，那时理学尚未成势，佛学的奥妙使得士大夫心目中的儒家意识呈现碎片化，在政治行为上当然也统一不起来，这应该也是内侍官员势盛的一个深层原因。虽然有些士大夫心中仍不以为然，但主要出于在经济和政治方面对朝廷利益的考虑。所以会昌年间士大夫和宦官之间矛盾的主要方面在于行政权力上，而以观念为次。

需要附加说明一下是会昌灭法事件里冲突各方与道教的关系。道教因为李唐皇朝尊奉老子李耳为太上玄元皇帝，成为皇权在宗教信仰中的标识，所以开成五年正月武宗即位后，次月便"敕二月十五日玄元皇帝降生日宜为降圣节"[②]，由此可窥见扬道抑佛意味着皇帝对宦官的一种胜利。另一方面，鉴于被尊为道教祖师的老子也被唐皇室奉作"太上玄元皇帝"，道教和宦官势力也没有什么瓜葛，所以士大夫们不反道教是自然的。

简而言之，会昌灭法固然系多种因素促成，却可视为一场政治权力的较量，虽然这种斗争并非黑白分明般的清晰，但作为一种起作用的因素是应当被考虑的。中国的宗教与政治一直有着非常密切的关联，而且一般是被政治所支配，所以当政治发生波动时也会有殃及池鱼之灾。在唐代的特殊情况下，由于佛教被宦官和多数士大夫所信仰，所以无妨部分朝官和部分宦官之间的联合。另一方面也因为对教权的控制总体上有利于宦官的势力，所以反对佛教有时也可以视作削弱宦官政治力量的一个潜在动力。由于佛教在中国古代体制中的工具价值不变，政治风波平息后，佛教的社会作用依然突出，于此完全可以解释会昌之后佛教复兴的势头。

（作者单位：北京师范大学历史学院）

[①] 周建国：《李德裕与牛李党争考述》，载《唐研究》第5卷，1999年。
[②] 《旧唐书》卷18上《武宗纪》，第584页。

法藏敦煌写本 P. 3875V《丙子年修造诸处伐木油面粟等破历》考释

郑炳林

敦煌写本 P. 3875 号，分正背两面书写。其主要抄写内容，根据《敦煌遗书总目索引新编》记载正面抄写两项，第一是《癸未年社司转帖》，第二件是首尾完整的《开蒙要训》；背面抄写有残转帖一件、残片八件（内有田骨子契约一件、残契一件、习字一件）、入破历（甚残，八十行）。我们从 P. 3875 号形式内容分析，应当是废弃文书二次利用，是一批废弃文书，经过裁剪粘连利用背面书写，因此我们推断《癸未年社司转帖》和《开蒙要训》是后来抄写的。《癸未年社司转帖》记载："社司转帖：右缘年支秋社座局席，次至李留通家送，人各麦一斗，粟一斗，面二斤，油半升，送纳足，幸请诸公等，帖至，限今月廿二日辰时于普光寺内取齐，捉二人后到，罚酒一角；全不来者，罚酒半瓮。其帖立弟分付，不得停滞；如滞帖者，准条科罚。帖周却付本司，用凭告罚。癸未年录事□□□。社官宋谒龙，社长索少得，庆子，留通（后缺）"，关于癸未年，宁可、郝春文《敦煌社邑文书辑校》辑录《癸未年社司转帖》并认为："本件用干支纪年，其时当属归义军时期。在敦煌文书中，归义军时期计有三个癸未年，即咸通四年（863）、龙德三年（923）和太平兴国八年（983）。帖究竟在上述哪一个癸未年，尚待进一步研究。"① 土肥义和《敦煌氏族人名集成》将癸未年确定为龙德三年（923?）。② 如果土肥义和推断无误的话，与之连抄的《开蒙要训》应当抄写于这个时间段，同时也可以确定另外一面的文书撰写于龙德三年之前。而粘连于 P. 3875 号背面的《丙子年修造及诸处伐木油面粟等破历》的时间应当在 923 年之前的 916 年。《丙子年修造及诸处伐木油面粟等破历》，施萍婷《敦煌遗书总目索引新编》记载："P. 3875b 入破历。说明：甚残，八十行。"唐耕耦《敦煌社会经济文献真迹释录》第三辑定名为《丙子年（976 或 916 年）修造诸处伐木油面粟等破历》，显然唐耕耦先生是将 976 年第一考虑的年代，而 916 年作为参考年代。③ 通过以上各家的研究，我们基本可以确定《丙子年修造及诸处伐木油面粟等破历》的丙子应当指 916 年。914 年是西汉金山国与曹氏归义军政权交替的年代，而 916 年是曹氏归义军建立之初，作为这一关键时期的敦煌曹氏归义军政权，大兴土木工程，进行修造，到底是什么原因，而又修造了些什么样的工程。因此这篇《丙子年（916）修造及诸处伐木油面粟等破历》记载的内容非常重要。

为了学术界对这篇《丙子年（916）修造及诸处伐木油面粟等破历》有一个全面的了解，我们根据唐耕耦等先生的录文将其释录如下：

---

① 宁可、郝春文著：《敦煌社邑文书辑校》，南京：江苏古籍出版社，1997 年，第 188 页。
② 土肥义和：《敦煌氏族人名集成》，东京：汲古书院，2015 年，第 707 页。
③ 唐耕耦：《敦煌社会经济文献真迹释录》第三辑，北京：全国图书文献缩微复制中心，1990 年，第 217 页。

［丙］子年八月廿六日修造都师……

□及诸处伐木油面粟等□……

面六斗，油半升，秋碨面人及□……

□碨人夫食用。油半升，碨粗面……

□所油安住子及父破用，道［力］。……

□麦贰斗、油壹升，粟叁斗……

□十一月一日，载碨及迎碨车破……

□面叁斗酒肆瓮，正月八日屈……

□［局］席用，道力。粗面壹斗，□□□斗，油贰升半，粟叁斗，［于］郎君庄上斫木人夫食用。□□□油壹升、粟肆斗，正月□日□手打养日看都了（料）等□□面陆斗、粗面捌斗□半、粟壹斗，与上油面□□□王家庄、寺家庄人夫［众］僧食用。道力。面壹斗伍升，［粗］面贰斗，第二日王僧政庄□木食用。面贰斗、油壹合，第二日打养都匠等看博士［斫］木食用。粟叁斗日仵都了用。面伍斗、油贰升半，粟壹硕贰斗、粗面□□，与上油面等起养局席用。粗面五斗、油半升，氾法律庄□木众僧食用。又粟壹斗，亦于庄上赛神用。面捌斗、［粗］面壹硕贰斗、苏壹升、荠头油半升，于郎君庄□□□博士及僧食料。面陆斗、粗面壹硕三斗、油壹升，酒□□，亦于郎君庄上看博士用。面伍斗、粗面捌斗，于□阇梨庄上斋僧看博士用。面伍斗、粗面柒斗□升，粟贰斗，寺家庄上看博士众僧食用，道力。面壹斗、粗面叁斗，寺家庄上载木人食用。面□斗，□二日早上看博士食用。面叁斗、油壹升，粟二斗，氾都［知］庄载木早上设斋时破用。面壹斗，氾家庄载木□□博士食用。面陆斗伍升、粗面壹斗、油壹升、酒壹瓮，□□博士局席食用。面壹斗、粗面叁斗、王僧政庄载［木］看博士众僧食用。面壹斗，载木博士夜食用，道力。□壹斗，粟一斗，诸庄看木早上看博士食用。面壹斗、粟叁斗，看□日仵食用。面壹斗，博士放木日仵食用。粗面陆斗，□都知团戒木叁日造食用。面壹斗，早上看铁博士及［博］士食用。面二斗看吴都了用。面贰斗、粟贰斗、油□□，日仵看铁博士及木博士破用。面壹斗、油一抄，夜头看铁博□，道力。面叁硕贰斗、粗面叁硕贰斗、油叁升，□□□酒赛神油半升然灯酒精两瓮，于索家庄上两团□□□□博士叁日食用。粗面贰斗，于都衙庄上掘树人夫食用。面玖斗、粗捌斗、油壹升、酒壹瓮，索都知庄上□载木博士两团僧破用，道力。粗面三斗，都衙拽锯［人］夫食用。面叁斗、粟贰斗，索法律载木到来夜［头］食用。面贰斗，第二日看博士用。面壹斗、油一合、粟壹斗，其□□看博士用。面贰斗、油一合、粟二斗，□□第三日夜看博士用。面叁斗、粗面肆斗、油半升，□张都衙庄上第二日僧食。面叁斗、粗面叁斗、油半升，第三日载木众僧食用，道力。面贰斗，第三日早上看博士用。面叁斗，粟叁□（斗）油半升，打鹞尾檐样看博士食用。面叁斗、油半升、粗面陆斗，亦第四日张都衙庄载木众僧食用。面贰斗，早上看博士食用。面贰斗、油壹合，第四日夜看博士用。面叁斗、粗面五斗，第五日载木食用。油半升，与富子□□将疮用，面壹斗五升，粟贰三斗，充除碨看博士用。面陆斗、粗面壹石三斗、油半升，氾家庄上斫木及载看博士用。酒壹斗，亦赛神看博士用。面贰斗，第四日早上看［博士］食用。道力。面肆斗、油半升、粟贰斗，第四日夜头看博士用。面肆斗，第五日早上两庄博士食用。面四斗、粗面五斗，粟二斗、油一抄，亦第五日日仵看博［士］食用。面壹斗五升，酒壹角，第二日氾家庄载木到来仵时看博士食用，道力。面叁斗、粗面二斗、粟贰斗，第五日载木根看博士夜食用。面陆斗，二月□日早上戒斋用。粟壹斗，看博士用。面柒斗、油壹□、酒壹瓮，放木日看博士用。粗面五升，女妇食用。粗面叁斗，汜都知解木人食用。面一斗，宋博士错锯食用。面壹斗五升，早上、日仵、夜头看错锯博士食用。粗面五斗、汜都［知］、郎君、张乡官三团拽锯食用。粗面柒斗，第□日汜都知等三团人夫食用，道力。面贰斗、粟贰斗，第□日看错锯博士用。面贰斗、粗面五斗，第五日看博士及解木人食用。粟一斗，早上看吴都了、李骨子用。粗面四斗、粟一斗，第六日张乡官解木人夫食用。粟壹斗、酒壹角，阴都衙葬日看僧官用。面四斗、油一抄，早上放木博士食用。面陆斗、油一升、酒叁斗，放木日仵看博士食用。粗面四斗，曹都衙解木两日人夫食用。粗面五斗，曹都衙、罗都知两日解木人夫食用。面柒斗、油壹升壹抄，酒四斗，吴都了（料）等博士放木日局席用。道力。面一斗□起看团锯博士用。粗面一斗、油半升，罗都知、翟都头、张乡官等三团解木人夫食用。面三斗、油半升、粟三斗，日仵及夜食用及□博士食用。面四斗、油半升，□三升，第二日三时看铁□博士拽木博士食用。面一斗，开锯齿博士两日食用。粟二斗，卖（买）炭用。麦贰斗，卧白酒用。面柒斗、粗［面］一斗、油一升，看伐锯初下手日看博士用。面柒斗、油壹升、酒半瓮第□日看博士食用。麦二斗，充吴上座卧酒用。麦三斗，充索法律□□□用，道力。二月廿五日□□□□、油壹升壹抄，（后缺）。①

这是丙子年八月廿六日修造都师为某项工程诸处伐木开支情况的破用历，记载该工程从前一年十月已经开始，到次年二月廿五日于王家庄、郎君庄、寺家庄、王僧政庄、汜法律庄、□阇梨庄、汜都知庄、汜家庄、索家庄、索都知庄、张都衙庄等村落还记载到很多人即张都衙、曹都衙、阴都衙、罗都知、翟都头、张乡官等归义军政权高级官员，还记载吴都料和宋博士、李骨子等一批木博士、铁博士等工匠，同时还记载到参与伐木、斫木、载木等汜都知、郎君、张乡官三团参与这项工程项目，从记载来说，这项工程是围绕着某个寺院进行的。

  修造司是晚唐五代敦煌佛教教团都司所管辖的一个主管工程修建的部门，修造司的头目叫某修造，因为工程是由敦煌地区工匠完成的，也有工匠的头目兼任修造司的都料之职或者都匠之职。P.2613《唐咸通十四年（873）正月四日沙州某寺交割常住物点检历》记载敦煌某个寺院将部分家具交与修造司："伍硕柜子壹口，在灯司。大柜壹口，在修造司。小柜壹口，［在］行像司。"修造司和灯司一样，是敦煌佛教教团都司管辖下的一个机构。修造，是指修建性质的工程建设，P.3774《丑年（821）十二月沙州僧龙藏牒——为遗产分割纠纷》记载："齐周所是家中修造舍宅，竖立庄园，犁铧锹镬，车乘钏铜靴鞋、家中少小什物等，并是齐周营造。"修造就是营造、营建。李盛铎旧藏《唐开元二十五年（737）律疏——杂律疏残卷》记载："其有用功修造之物，谓楼观垣堑之类，而故损毁者，计修造功庸坐赃论，谓十匹徒一年，十匹加一等，仍令依旧修立。"修造也可以解释为修立。P.4745《唐年代未详（贞观或永徽）吏部格或式断片》记载："其桥将作修造，十字街侧，令当铺卫士修理。其京城内及罗郭墙，各依地分，当坊修理。"修造又可以解释为修理。P.2837V《辰年支刚刚等施入疏十四件》记载吐蕃统治敦煌时期敦煌佛教教团举办法会活动与舍施者施入物品进行修造的情况："（一）：粟壹硕，施入修造。右弟子所施意者，为慈母染患，未能痊减。今投道场，请为念诵。辰年正月卅日弟子支刚刚疏。（二）：白布裙壹腰，施入修造。右弟子所施意者，为己身染患，未能痊损。今投道场，请为念诵。辰年正月卅日女弟子无名疏。（三）：白壹丈，施入修造。右弟子所施意者，己身染患，圣力加持，似得减损。今投道场，请为念诵。辰年正月卅日女弟子王氏疏。已前壹拾柒道疏。卅日，荣照。

---

① 唐耕耦：《敦煌社会经济文献真迹释录》第三辑，第217—221页。

（四）：胡粉半两，施入修造。镜一面，施入行像。右所施意者，为慈母舍化以来，不知神识，今头（投）道场，请为忏念。二月八日女弟子十二娘疏。（五）：白杨树壹根，施入修造。右弟子所施意者，为亡母愿神生净土，今头（投）道场，请为念诵。二月八日弟子康为谨疏。（六）：把豆三颗，龙骨少多，并诸杂药，施入修造。右弟子所施意者，愿报平安，今头（投）道场，请为念诵。二月八日，弟子杜善和疏。（七）：布八尺施入修造。右所施意者，愿合安平安，请为念诵，今头（投）道场，乞垂家护。八日弟子无名疏。（八）：米壹槃施入修造。右所施意者，愿家愿报平安。今头（投）道场，请为念诵。二月八日弟子无名疏。（九）：发五箭施入修造。右女弟子所施意者，为弟西行，愿无灾难，早得回还。今投道场，请为念诵。二月八日女弟子无名疏。（十）：绯绢五尺施入修造。右弟子所施意者，为慈母昨因劬疾，今得痊平，报佛慈恩，希沾福利。今投道场，请为念诵。二月八日弟子李小胡谨疏。（十一）：白绫头绣袜一量，草禄绢衫子一，已上施入修造。右女弟子所施意者，为［亡］（故）过慈父没化已来，不知神识落在何道。今投道场，请为忏念。二月八日女弟子宋氏谨疏。（十二）：苊篱五扇，施入修造。右弟子所施者，为见存慈母，卒染时疾，药食虽投，未蒙痊损，虑恐多生垢感，见世尤。今对慈尊发露忏悔，请为忏念。二月八日弟子张意子谨疏。（十三）：麦壹石、粟壹石，施入修造。右弟子所施意者，一为亡过（故）慈母，愿得神生净土；二为见存慈父、今患两目，寝膳不安，日夜酸痛，无计医疗。今投道场，请为念诵。二月八日弟子无名谨疏。（十四）：椓五根，施入修造。右弟子所［施］意者，为慈母染疾已来，已经旬日，渐似注羸，未蒙瘳减。今投道场，请为念诵。二月八日弟子男雷志德谨疏。"① 这是某寺院修造接受舍施的记载，接受舍施的东西是五花八门，有木料、衣服、化妆品、粮食、布料、丝绸、头发等，值得我们注意的是施舍者在舍施物品的同时，还指定物品的用途，除了修造之外还舍施的有行像等司。舍施的目的多为疾病染化或亡故亲人祈福。P.3541《年代不明趋舍施疏五件》记载："（一）：麦一驮、发三剪、花一斤入修造。右所施意者，为女彦子深患，已经数目，药饵虽投，竟无痊愈，次为已身［保］，愿平安，无诸灾障，今投道场，请念诵。正月卅日弟子无名疏。（二）：升麻杓药共二两，槐子柒课入修造。右所施意者，为已身染患，经今数□［日或旬］，药饵虽投，竟无瘳减，虑恐多生宿，今投道场，请为念诵。正月卅日弟子无名疏。（三）：麦一马犬入修造，右所施意者，为先亡父母舍化已来，不知落在何道，今投道场，请为念诵。正月卅日弟子无名疏。（四）：□子廿入修造，右所施意者，亡兄神识及为二男去岁落贼，深愿平安，早得相见，今投道场，请为念诵。正月廿三日［□□□□□□］。（五）：冒子一七综布段一，铁袴腰一挺，刀子一靴一两，靴带一只已上施入修造，苏一升乳药，右所施意者，奉为父母自破落已来，小别生离，不知在何方所，今投道场，请为念诵。［正月卅日弟子无名疏］。"② 从舍施疏上有"勤"字署名，得知是吐蕃时期敦煌寺院文书，表明修造司在吐蕃统治敦煌时期已经存在。舍施的东西也是什么都有。我们通过这些记载得知，修造司将以上物品货卖变成粟麦之类等价物，然后使用在修造工程中。S.6829V《丙戌年（803）正月十一日已后破用历》是吐蕃时期敦煌佛教寺院修建开支账目，记载道："丙戌年正月十一日已后，缘修造破用斛斗布等历。"记载寺院为修造而支付给康家等买木、解木、修佛殿、将窟取赤土、灵图金光佛木价、修佛像等支付粟麦52.21石，油9升，布139尺。这是吐蕃占领时期敦煌佛教教团修建寺院石窟造像的账目，至于到底指哪个寺院或者石窟我们目前还难于确定，但是我们可以确认当时寺院修造工程都是由修造司负责进行的。

---

① 唐耕耦：《敦煌社会经济文献真迹释录》第三辑，第59—63页。
② 唐耕耦：《敦煌社会经济文献真迹释录》第三辑，第78—79页。

破历记载这次工程支出伐木支出面 42 硕 9 斗 5 升，粟麦 8 硕，油 3 斗 4 合 4 抄，酒 11 瓮 8 斗 2 角，这是不完全的统计，而且这仅仅是为修造伐木的饮食支出，并不包含木料价格支出。所以这次工程规模到底有多大，我们很难推测。但是我们根据吐蕃时期的一项修窟工程开支可以佐证。S. 6829V《丙戌年（803）正月十一日已后》记载了当时一个修窟工程支付的经费为："以前都计，出麦粟五十二石二斗一升，（内一十七石八斗一升麦，卅四石四斗粟。）油九升，布三百卅九尺。又布一丈一尺出卖，每尺五升。"① 布折合粟麦 19.95 石，合计 71.15 石。丙子年这次工程要比丙戌年规模大得多。P. 2049V《后唐长兴二年（931）正月沙州净土寺直岁愿达手下诸色入破历算会牒》记载净土寺一项工程开支："叁伯贰拾肆硕柒斗壹胜半抄麦粟油面黄麻麸查豆布缳等沿寺修造破用：壹伯肆拾陆硕叁斗麦，陆拾伍硕壹斗壹胜粟，叁硕叁斗肆胜半抄油，肆拾柒硕伍斗叁胜面，叁硕贰斗叁胜连麸面，玖硕黄麻，玖硕贰斗麸，壹拾壹饼查，玖硕豆，贰伯捌拾叁尺布，贰拾陆尺缳。"② 以其中面的开支相比较，丙子年开支稍微少于长兴二年开支，考虑到残缺等因素，这两项工程项目开支接近，可以肯定丙子年修造工程是一项很大的工程项目。

914 年曹议金代替张承奉出任归义军节度使，915 年敦煌就开始大规模的修建工程，很显然这项工程是为了纪念曹议金出任归义军节度使而进行的造窟或造寺活动。而参与这项工程的关键性人物就是张都衙和曹都衙，这两个人很可能就是张保山和曹良才。曹良才，是曹议金的长兄，敦煌文书中有其邈真赞，详细记载了他的生平事迹。P. 4638《马步军诸司都管将使曹良才邈真赞并序》记载："公乃是亳州鼎族，因官停徹（辙）于龙沙；谯郡高原，任职已临于西府。祖宗受宠，昆季沾恩；官禄居宰辅之荣，品袱列三公之贵。门传阀阅，输匡佐之奇才；勋业相丞（承），有出入之通变。年芳小俊，英灵雄勇而出群；弱冠之秋，从戎东征而西伐。挥戈塞表，狼烟怙静于沙场；抚剑临边，只是输诚而向国。威宣白起，机运张良；七德光标，六奇在念。故德（得）儒宗独步，裁诗而满树花开；指砚题文，动笔乃碧霄雾散。秉心洁己，清名久播于人伦；端直守忠，奉上贞心而廉慎。前任衙内师长，位绾管内军戎。领兵而战敌艰危，计谋而丰渊涌出。临机变策，止渴前示于梅林；颖脱囊锥，滤饥遥瞻于画饼。弓开满〔月〕，犬戎才见而低心；矢动流星，猃狁观之而下意。治民德（得）众，士卒恋〔之〕而的亲；雄猛超群，志列共陈平竟誓。威权将略，恩广义深。遂乃别选携持，重迁大务，荣加五州都将，委任一道指挥。更乃恪节当官，不犯清闾之道；差科赋役，无称偏傥之音。断割军州，例叹均平之好。遂使八方赞美，声传于凤阙之中；四道扬名，德播于丹墀之内。因兹荣高麟阁，位透齐坛。佩朱紫于门庭，降鸿恩而受宠。荣登上将，陈王珪十在之能；历任崇资，亚昌业忠言之谏。将谓松年永茂，为大国之栋梁；岳石同期，作衙庭之纲纪。"③ 曹良才一进入归义军政权就位置很高，即前金大务后超都将，就是说担任归义军官职就从大务都将开始的。S. 11343《衙内都押衙守玉门军使曹仁裕献酒状》："衙内都押衙守玉门军使银青光禄大夫检校国子祭酒兼御史大夫上柱国曹仁裕：酒贰瓮。伏以一阳初□，万类潜萌，云物申庆，依郡……于此日，前件物产自土宜。……憨。"曹良才最初担任的官职应当就是归义军三个都押衙之一的衙内都押衙，主要负责衙门警卫工作的。后来迁升马步军都指挥使。S. 3399《书仪》中贺加指挥使谢语："某乙奉牒补充应管内左右两厢马步军都指挥使，有幸得累，伏事旌麾，下情无任战惧。"亦指曹良才。S. 8665《都押衙曹仁裕张保山征敦煌诸乡器物牒》："（前缺）西州使下敷驿于要安架壹并踏床一张，敦煌大床一张并常木盆，莫高又

---

① 唐耕耦：《敦煌社会经济文献真迹释录》第三辑，第 221 页。
② 唐耕耦：《敦煌社会经济文献真迹释录》第三辑，第 376 页。
③ 郑炳林：《敦煌碑铭赞辑释》，兰州：甘肃教育出版社，1992 年，第 255—256 页。

安架一并大床一张，神沙下井灌头并切刀牙盘一面，龙勒塔床两张，洪闰已前诸色并便于东驿送纳。正月四日都押衙张、应管内外都指挥知都押衙曹。"即张保山和曹良才。① S. 8683《知左马步都押衙曹仁裕为算会敦煌十一乡及通颊退浑部落所收物状》："应管内外诸司都指挥使知左马步都衙曹仁裕、右马步都押衙张保山、敦煌计使知上司都孔目官杜太初、都头知内亲从观察孔目官贾荣实：右奉处分，令算会一十一乡及通颊、退浑所收（后缺）。"② S. 1181《长兴二年十二月二十六日河西节度使结坛供僧燃灯舍施祈愿文》记载都指挥尚书，就是曹良才③。S. 5952V《长兴二年御史大夫曹某请僧疏》记载："长兴二年八月十六日弟子检校左仆射兼御史大夫曹□□□。"④ P. 2638《清泰三年六月沙州儭司教授福集等状》记载："乙未年曹仆射临圹衣物，唱得布叁仟伍佰肆拾尺。大王临圹衣物，唱得布捌仟叁佰贰拾尺。"⑤ 大王指曹议金，仆射指曹良才。曹良才与曹议金一前一后去世。P. 2049V《净土寺同光三年直岁保护牒》记载："黄麻伍硕叁斗，曹指挥入麦换将用。"⑥ 从这件文书我们得知曹良才是同光三年（925）之前。这也证实914年曹议金代替张承奉之后的同时，就任命曹良才为归义军的衙内都押衙。敦煌莫高窟第108窟甬道北壁西向第四身："故兄归义军节度应管内二州六镇马步军诸司都管将使检校司空兼御史大夫上柱国谯郡曹□□一心供养。"⑦ 指的就是曹良才。

张都衙就是张保山，与曹良才同时出任归义军都押衙之职。P. 3518V《大唐河西归义军节度左马步都押衙银青光禄大夫检校右（左）散骑常侍兼御史大夫上柱国故张府君邈真赞并序》记载："金王会临，超先拔选。东陲大镇，最是要关。公之量宽，金然委任。新城固守，已历星霜。兹镇清平，人歌邵（绍）泰。堰都河而清流不乏，浚沟洫而湍涌沄波。五谷积山，东皋是望。贮功廪什（实），抚备边城。效壮节得顺君情，念衣冠而入贡。路无阻滞，亲入九重。上悦帝心，转加宠秩，得授左散骑常侍兼御史大夫。回骑西还，荐兹劳绩，当金左马步都虞候。一从注辖，五载有余。内外告泰安之声，图囹止讹斜（邪）之迹。冰清月皎，六街无奸盗之非。防险虑虞，百坊叹长年之庆。谯公秉节，头（倾）慕忠贞。公之英奇，颇能携荐。辕门指挥，须凭盛族之良。军府杞材，仍藉有功之士，转迁右马步都押衙。公干当世，韬钳（钤）满怀。胆气出群，辛勤百战。不辞寝甲，皓首提戈。常进智谋，再收张掖。洪军霸战，四路传声。要达皇王，刻名玉案。公之猛列（烈），不顾艰危。又至天廷，所论不阙。慕公忠赤，报以前勋，乃荐左都押衙。于是大纵龙韬，布雄芒于陇上。顿置横纲，截十角之胸襟。"⑧ 由此得知，张承奉时期，张保山出任新城镇遏使，后因入贡得授左散骑常侍兼御史大夫，回到敦煌升迁左马步都虞候。曹议金上台之后，迁升右马步都押衙，张掖之战，迁升左马步都押衙。这些记载与丙子年修造诸处伐木破历可以相互印证，足以印证丙子年是916年，而其中记载曹都衙、张都衙就是曹良才和张保山。

曹良才和张保山两位都押衙都参与这项修建工程，足见这项修建工程与归义军政权关系密切。至于进行于丙子年（916）这项工程是指哪个寺院，目前我们还不能确定，但是有很多修造寺院石窟的工程项目可以提供给我们参考。根据 P. 3541V《唐故归义军管内释门正僧政京城内外

---

① 中国社会科学院历史研究所、中国敦煌吐鲁番学敦煌古文献编辑委员会、英国国家图书馆、伦敦大学亚非学院合编：《英藏敦煌文献》第12册，成都：四川人民出版社，1995年，第181页。
② 《英藏敦煌文献》第12册，第195页。
③ 《英藏敦煌文献》第2册，成都：四川人民出版社，1990年，第253页。
④ 《英藏敦煌文献》第9册，成都：四川人民出版社，1994年，第228页。
⑤ 唐耕耦：《敦煌社会经济文献真迹释录》第三辑，第391—392页。
⑥ 唐耕耦：《敦煌社会经济文献真迹释录》第三辑，第364页。
⑦ 敦煌研究院编：《敦煌莫高窟供养人题记》，北京：文物出版社，1986年，第51页。
⑧ 郑炳林：《敦煌碑铭赞辑释》，第506—507页。

临坛［供奉大德毗尼藏］主兼阐扬三教大法师赐紫沙门张和尚［邈真赞并序]》记载："师俗姓张氏，香号善才。诞迹豪□，□□□□。□（幼）居襁褓，以（与）众不群。长至龆年，超□□□。□□□岁，辞眷而乐出家。弱冠之龄，习业□□□□。□乘銮晓，穷海藏而该通。三教俱明，罄龙宫而遍览。故得悬谈万法，波涛不滞于倾盆。剖释千门，驰骤岂殊于海决。破邪迷而执有，指有而不有之途。定渐次而澄空，建空而不空之道。持真弃伪，将传极位之风。济末扶危，尤膺深慈之化。遂乃灵图守行，冬夏不失于安居。葺治鸿资，春秋靡乖而旧积。所以芳声远播，元戎擢法律之班；秉仪五坛，重锡奖三窟之务。委司任后，温恭不忒于来人；拾有五年，清政恐怀于私己。仙岩再饰，祥鸟送喜而排空；宝树新栽，山僧呈疑而溢路。洎金山白帝，闻师守节英明。时遇三界摧残，请移就住建立。官宠释门僧政，并赐紫绶恩荣，仍封京城内外之名，别列临坛阐扬之号。奉命届此，仅经九秋，除古新崇，毕工六所。况且临瓃坏寺，化成雁塔祇（祇）园，废业疲徒，合众全为龙象。方欲须弥座上，立马鸣之高踪；师子案中，留世亲之盛德。奈何化周现疾，祇婆顶谒而遥辞；示灭同凡，日暮嵎山而可驻。别亲告姪，劝寻半偈之灵文；遣嘱门人，只念送师而舍泣。感伤数众，叹之无穷；悲悼倾城，念之不息。写真绵帐，用祀标尊，祐忝寡才，奉赞不毕。其词曰：伟哉释首，间代英贤。奇聪神异，膺世半千。龙沙贵族，举郡高源。辞荣割爱，披削情□。幼能进具，秋月同圆。长成守道，非而不言。三乘通达，八藏俱诠。波涛海口，驰骤心□，乃居西寺，蕴业周旋。清□□□，□□□□。讲堂庄饰，采样中天。两廊□□，□□□□。河西法主，中国流传。昏迷炬烛，□□□□。官超僧政，班列头边。衣荣服紫，□□□□。方保遐寿，大教亲宣。何图逝速，卞璧□□（沉湘）。飞登福地，归依四禅。中间去住，捧足红莲。长途杳杳，再睹边边。双林变鹤，七众哀缠。千僧叹美，泣泪潺湲。四部无望，失绪愕然。门人痛切，哽噎悲煎。龙华会上，奉结良缘。图形写影，无异生前。宗亲永祀，不绝香烟。"[1] 就是说在西汉金山国张善才移居三界寺，当时三界寺被毁坏，张善才用九年时间，重新修葺了三界寺。如果说丙子年修造司张都衙的账目是关于敦煌某个寺院的修缮开支账目，很可能就是三界寺的修缮工程。

经过我们对 P.3875V 号进行考释得知，丙子年（916）曹氏归义军建立初期，由郎君、张都衙、曹都衙以及罗都知、张乡官等归义军一批高级官员参与并在居住的村落砍伐了大量木材进行寺院修建，经考证张都衙是归义军右马步都押衙张保山，而曹都衙是曹议金长兄归义军左马步都押衙曹良才。他们所修建的寺院就是在 900 年前后甘州回鹘攻打敦煌期间被焚烧的寺院三界寺。

（作者单位：兰州大学敦煌学研究所）

---

[1] 郑炳林：《敦煌碑铭赞辑释》，第 352—353 页。

唐代佛教纪念碑性的展开及其挑战

陈怀宇

一、问题的提出

唐代佛教史上有个独特的现象，一些原本是移动的、活动的佛教物质制品逐渐以石质建筑的形式固定化，还有一些原本是临时性举行仪式的道场也逐渐固定化，甚至常常也以追求永久性的建筑形式出现。随着唐代官方佛教寺院网络的建立，这类实践逐渐被推广到全国范围。前者移动的、活动的佛教物质制品包括从石经到经幢的变化，从供灯到石灯的变化。后者则主要是指经台的出现与戒坛的建立。这些追求永久性的石质建筑的出现，我称之为佛教纪念碑性现象。这些佛教中体现纪念碑性的建筑，在唐代造成风起云涌之势，值得仔细探讨。

什么是纪念碑性，为何用纪念碑性概念来研究上文所说的唐代佛教史现象？这里有必要做一点理论的提示与反思。纪念碑与纪念碑性在艺术史领域已有相当多的讨论，而对于中国古代艺术与建筑中纪念碑性的探讨，则主要体现在巫鸿先生的开拓性工作。巫鸿在《中国古代艺术与建筑中的纪念碑性》中说，纪念碑一直是古代西方艺术史的核心，从埃及的金字塔到希腊的雅典卫城，从罗马的万神殿到中世纪教堂，这些体积庞大、集建筑、雕塑和绘画于一身的宗教性和纪念性建构，最集中地反映了当时人们对视觉形式的追求和为此付出的代价。巫鸿还认为石制纪念性建筑的出现是一种特殊的历史现象，需要重构其出现过程及其社会、文化、宗教背景。建造石质丧葬纪念性建筑在东汉成为一种普遍现象。[①] 蒋人和则认为北齐时代响堂山地区出现的佛教石经也是佛教纪念碑性的体现[②]。

纪念碑性的概念之提出，要追溯到 1943 年塞特（J. L. Sert）、莱热（Fernand L Léger）、基提恩（Siegfried Giedion）合作发表的《纪念碑性九点》一文[③]。其中前三点特别重要，对于本文的论述具有特殊的意义。这篇文章首先指出，纪念碑乃是人类的里程碑，这些里程碑被创作出来体现人的理想、目标和行动。它们注定要超越它们被制造的时代，成为以后很多世代的遗产，正是在这个意义上，所谓纪念碑实际上是过去与未来之间的纽带。其次，纪念碑也是人的最高文化需要的表达方式。它们被创造出来必须能够满足人的永恒需要，这些纪念碑体现了人将集体力量转变成一种象征。再次，每个过去的时代，只要它能塑造一种真正的文化生活，它就有权力和能

---

① 巫鸿：《中国古代艺术与建筑中的纪念碑性》，上海：上海人民出版社，2009 年，第 154 页。
② Katherine R. Tsiang, "Monumentalization of Buddhist Texts in the Northern Qi Dynasty: the Engraving of Sūtras in Stone at Xiangtangshan and other Sites of the Sixth Century," *Artibus Asiae* Vol. 56, No. 3–4 (1996), pp. 233–261.
③ J. L. Sert, F. Léger, S. Giedion, "Nine Points on Monumentality," *Harvard Architecture Review* vol. 6, 1943.

力来创造这些象征，纪念碑的出现体现了人们的意识与文化的密切结合。换言之，那么没有创造出真正文化生活匆匆逝去的年代则创造不出纪念碑。后面的几点主要基于作者们对现代建筑的理解和现代建筑的文化语境，虽然也具有很大的启发意义，但常常不完全适用于讨论本文所提到的一些佛教建筑形式。但第八点说建造纪念碑的地点是需要计划的也值得注意，作者们认为纪念碑常常要选择在一个很开阔的地点，而现代很多城市在有计划选择地点上有些衰落。纪念碑选在开阔地带当然是为了使其区别于其他建筑从而吸引更多的人来观礼。第九点主要讨论建筑的材质和建造技术。为了体现建筑存在更持久的理想，材质的选择和特殊的建筑技术处理是非常重要的。

基于上面几点的讨论，本文也想提出一些问题，唐代是否是一个特殊的时代，在这个特殊的时代，人们特别是佛教徒是否试图创造出能够体现当时文化特征的建筑？这些建筑是否反映出佛教徒对当时政治、宗教历史与现状的理解？是否是为了建筑能够持久的物品？他们是否对建造这些建筑的地点进行了特别的考虑和规划？他们所留下的这些建筑是否体现了他们的宗教与文化理想？这些建筑又是如何将佛教历史传统以及对未来的关怀结合在一起？在何种意义上我们甚至可以说每一座中古寺院本身其实也是佛教纪念碑性的体现？毕竟每一座寺院都体现了佛法僧三宝的物质化，也都将佛教的过去、现在和将来紧密地连接在一起。本文试图结合具体建筑来探讨这些问题。

佛教的纪念碑性建筑常常利用对佛教历史叙事的重新书写来回顾自己的文化传统，试图通过这种叙事来建立作为信徒的生者与历史上的圣者之间的情感关联，这些历史上的圣者，可以是释伽牟尼佛，传统的历史创造者，也可以是佛教宇宙观中出现的其他觉者，如过去佛燃灯佛、未来佛弥勒佛，以及前代的得道高僧或者是对佛教文化传统作出巨大贡献足以成为表率的在俗信徒，这些人也是期望成佛得道的虔诚信徒的榜样和楷模，众生都期待沿着佛陀走过的成佛之路以及先贤开辟的道路实现自己获得救度的目标。所以佛教纪念碑一般都会体现纪念佛教"先王先圣"的意味。一旦这种纪念碑性建筑出现在寺院中，它们本身所镌刻的铭文也称为传统的一部分，历史、文化、文本、教义、仪式合为一体，变成塑造其崇拜者朝圣者佛教宇宙观、世界观、人生观的重要精神和物质力量，成为塑造佛教僧俗社区的重要纽带。

我上文提到的唐代佛教石灯、戒坛、经幢、经台均是建筑、雕塑与绘画结合在一起的宗教性与纪念性建构，它们不仅为佛教徒追求佛法久住提供了物质基础，也同时为佛教徒从事瞻仰、巡礼以及祈福等仪式表演提供了场所，并且在增进僧俗两众之间的密切社会关系方面起了很重要的作用。这些新型建筑的出现，不仅丰富了佛教建筑，也丰富了佛教的文本，因为这些建筑上的铭文常常出自地方非知名人士之手，且保留在这些建筑上，而不见于高僧编集的佛教文献合集之中。这些佛教建筑也常常用于佛教寺院仪式，所以是建构佛教寺院主义极其重要的因素。佛教寺院主义，是以寺院修行和仪式实践为中心的一种佛教理想的实现、佛教寺院建筑设计规划建造为物质基础的制度和生活方式。早期僧团并无固定居所，僧人长期游走四方，以乞食为生，只有夏安居时才在固定的场所停留举行布萨仪式①。佛教传入中原之后，首先是在都市地区获得立足之地，官府给予寺院作为僧人的主要活动场所。而在南北朝时期，带有中原特色的寺院开始逐渐成形，寺院的建筑主要体现在三方面的功能，礼佛修行、日常生活、仪式表演，不仅服务于住寺以及挂单僧人的修行，也服务于当地的在俗信徒，这些寺院实际上连接着佛教的古代传统与当代生活，中古信徒的理想与现实，朝廷的意志与当地的利益。

---

① 平川彰：《律藏之研究》，东京：山喜房佛书林，1960年，法藏馆。

二、纪念碑性在唐代佛教中的体现

唐代建构佛教寺院主义过程中所出现的纪念碑性建筑，基本上都是唐代以前已有一些原型，到唐代逐渐定型，并随着佛教寺院网络的展开而逐渐流传开来。这些建筑的共同特点是大多数是石质建造，在寺院中或寺院附近处于一个较为醒目较容易为僧俗信徒巡礼之处。这些建筑的主要代表是石灯、石戒坛、石经台、石经幢。它们的原型都出现在唐以前，但在唐代开始发扬光大，而在唐以后则有衰落的迹象。它们的共同特点是物质上以石质建造，强调持久性甚至永恒性，希望佛法久住，能一代一代传承下去；同时它们也都雕刻佛像以及其他佛教的神圣图像，可以看作是纪念佛教创造者佛陀，试图让观众通过视觉建立一种与佛陀之间的精神联系，换言之，观众通过观看和禅思这些佛像可以感受到历史和传统的延续；最后，观看由佛像所象征的佛陀使得观者感到一种精神联系实际上也将佛陀权威化，将这一石质建筑合法化。总之，这些石质建筑是体现唐代佛教文化极为重要的物质化产品。

石灯是最早出现并开始流行的寺院石质建筑。目前已知最早的有纪年的石灯是山东灵岩寺般舟殿遗址发现的石灯，建于唐高宗永徽元年（650），其次是河北廊坊所见纪年为垂拱四年（688）的大唐幽州安次县隆福寺长明灯楼。目前已知的十几座石灯大多数建造于唐玄宗在位时期。而在唐睿宗景云二年曾出现同一地点佛教和道教都建造石灯的现象，比如山东青州龙兴寺即留下了佛教和道教同时建造石灯的记载。石灯并非唐代佛教的新发明，但在唐代获得蓬勃发展。目前最早遗存的石灯是山西龙山童子寺石灯，该灯风化严重，没有留下铭文可以识别。但根据其附近所出土的佛教造像和土层，以及石灯上的造像风格，考古学家认为这座石灯是北齐时代所造。

佛教的供灯实践出现很早，可能佛陀时代即已出现。佛经中经常提及有关佛教信徒燃灯供养佛陀的实践。在早期汉文佛教文献中，最为著名的例子是北凉《贤愚经》中所记贫女难陀燃灯供养佛陀的故事，虽然她不是很富裕，所带金钱只够购买一盒灯油，但她的虔诚赋予她供养的灯一种超自然力量，彻夜不灭。这一奇迹显然感动了佛陀，为她的觉悟铺平了道路。所以在佛教文献传统中，长明灯其实即是所谓难陀灯（Nanda-dipa）。但是早期佛教的这种供灯作为一种仪式不是基于一个固定的灯，灯是移动的，灯只是供养品。

石灯的出现，等于将灯固定下来，成为一个建筑。这个建筑常常也吸引一些当地的信众作为礼拜的对象。石灯的建造地点和风格也变得更为重要，需要供养者和建造者进行严肃的思考和精心的选择。因为这些石灯建造的地点有举行仪式的考虑，石灯的风格也反映了佛教的教义，信徒建造石灯，围绕石灯所举行的仪式，与石灯建造地点之间关系密切，反映出供养者对佛教教义和实践的理解和认识[1]。一般石灯都建在佛殿之前，上面刻有一些佛像，所以同时也是信徒礼拜的对象。尽管灯台可能想反映早期佛教的世界观和宇宙观，所以尽量塑造须弥山以及摩尼珠等象征佛教世界和力量的主题，但建造灯台的工匠在建造灯台时大概也受到他所了解的其他中国佛教建筑以及自身所熟悉的建筑形式的影响，从而加入了个人的经验、理解，来再现灯台。灯台并非是单一的、独立的建筑，而是和佛堂、戒坛、钟楼、鼓楼一起构成佛教寺院的礼仪空间，建构佛教寺院主义。石灯也有纪念性，特别是从铭文来看，常用于纪念释伽牟尼佛，以物质形式建立新建

---

[1] 陈怀宇：《唐代石灯名义考》，包伟民主编：《唐宋历史评论》第1辑，北京：社会科学文献出版社，2015年。

立的建筑与历史上建立佛教传统的创始人佛陀之间的联系，这种联系赋予了灯台一种合法性和正当性，说明它传承并弘扬佛教的悠久传统。兹举一例为证，河北廊坊博物馆收藏的石灯上所刻《大唐幽州安次县隆福寺长明灯楼颂》铭文起首即追溯了佛教的历史起源，特别是佛陀的开教，以及佛教初传中华的历史[①]。其文云：

> 释迦之开宗也，大矣哉！自波郡诞灵，超城降迹，天子（汉明帝）入梦，中郎访道。悠然莫测，裹天地而为仁；曜乎不穷，包日月而居烛。津梁庶物，既何有而何无；拔脱群迷，亦不生而不死。岂灵仙步骤之能事，在应供天人之谓乎？
>
> 国家七百开元，五千疏教，车同轨，书同文，祥符杂还于川陆，辙迹骈闻于国土。万机无事，金牒于是乎游心；四海宴如，宝台于是乎周览。雁塔龙宫之不日，则枯树生花；禅域雪岭之顺风，则干溪出水。

紧接着佛教传入中华历史之后，文中也涉及佛教的基本宇宙观和世界观、人生观，佛教宇宙广不可测，天地日月都包括在内，而世界万事万物也处于一种非有非无的状态，这即是诸法无我的思想。而众生有情则是不生不死的状态，在六道中轮回，经历成住坏灭、转世再生的生命历程。第二部分点明了佛教在唐代借助全国政权的稳定而出现的繁盛。读者读到这些内容，应该会建立与佛教历史传统的亲近感。石灯在造型上体现了经典化与本地化的结合，有些石灯底座是须弥山造型，这些是比较经典的造型；而也有建造石灯当地的造型，如五台山造型，反映出了当地化的特色。

另一个石灯的铭文则反映出佛教史上的圣者所体现出现的精神，成为后世信徒的指引。如吕芝所撰《岘山普光法堂前石灯台之颂铭并序》文云，"（前略）菩萨祈师，宁辞割命。既剜身千处，次第燃灯，亦舍臂一双，从头爇火。以彼贤圣，行此法而诱群迷；令我凡夫，各标心而求解脱。验生前而恭塔庙，即灭后而证菩提。"佛陀在其前世曾为了众生的觉悟在修行中燃"身灯"，以大无畏精神来诱导迷失的众生，都是为了让凡夫俗子了解证得菩提的圣道。

戒坛也是一种唐代较为流行的寺院建筑，尤其以道宣设计的石戒坛最为知名，并且这一戒坛样式随着道宣创作《关中戒坛图经》以及道宣成为西明寺上座并传授《四分律》传统而广为流传，甚至被鉴真和尚传到日本，成为东大寺、西大寺戒坛建筑的模仿原型。道宣所设计石戒坛的原型，也并非完全是唐代的发明，在此之前已经有求那跋摩在5世纪建立的南林戒坛。按照道宣在其《感通录》中的说法，南方地区之所以佛教发达，没有经历浩劫，主要是因为有戒坛使得佛法能够久住。他说：

> 又今日戒坛之兴。佛所重也。只桓一寺。顿结三坛。两居佛院。惟佛所登为集诸佛登坛。而论僧尼结戒也。僧院一坛为受具者。庄严别窟如须弥座。神景石柱守护不亏。下至水际经劫无没。北天竺东。见有石坛相状。弘律师今何缘特立坛相。天人幽显莫不赞悦。余答云。曾见僧传南林戒坛。意便重之。故仰则也。彼云。岂惟一所。今重幽求。南方大有。初昔宋求那跋摩。于蔡州立坛。晋竺法护于瓦官寺立坛。晋支道林于石城汾各立一坛。晋支法存于若耶溪谢敷隐处立坛。竺道一于洞庭山立坛。竺道生于吴中虎丘山立坛。宋智严于上定

[①] 《民国安次县志》卷10，吴钢主编：《全唐文补遗》，第七辑，西安：三秦出版社，2000年；陈尚君辑校：《全唐文补编》卷18，北京：中华书局，2005年，第221页。

林立坛。宋慧观于石梁寺立坛。齐僧敷于无湖立坛。梁法超于南涧立坛。梁僧佑于上云居迁霞归善爱敬四处立坛。今荆州四层刹基。长沙刹基。大明寺前湖中并是戒坛。今以事断。江右渝州已下。迄于江淮之南。通计戒坛。总有三百余所。山东河北关内剑南。戒坛事不绝。使江表佛法今四五百年曾不废退。由戒坛也。

当然这些戒坛有些可能并不是石质戒坛。荆州、长沙所谓的刹基很可能是石戒坛的遗址。不过，这三百多个戒坛的存在，只有道宣提到，似乎并不能从其他文献记载或石刻铭文中得到呼应。是否道宣采用夸张的策略为其新设计的戒坛做宣传，仍然是一个尚待解决的问题。但这一文本中所体现的修辞，是道宣追溯了戒坛的起源乃是佛陀时代的三座戒坛，为其现实实践提供历史和文化根源，从而塑造其所设计戒坛的历史合法性。我们知道，任何可靠的历史文献资料都无法证明佛陀时代会有受戒的戒坛，正如下文我将提示的，早期佛教只有戒场，并无戒坛。道宣的文本只是一种宣传策略的修辞。

道宣设计和建造的石质戒坛在唐代影响深远，它的三层设计体现了道宣对佛教内部宇宙秩序的重新解释，最上层供奉着佛陀的画像甚至舍利，象征智慧、修行最高的圣者。而中层则是三师七证的高级僧人，他们一般来说都是较为资深的僧人，对佛教教义、实践以及戒律文献的理解，在僧团中都是佼佼者，他们在这一层迎接即将受戒的戒子，对其进行传戒，从而确认其僧人的身份，将其正式引入佛教僧团。而最下一层，也即是地面这一层，则是观摩受戒仪式的普通僧人和观众，他们的修行和智慧，尽管没有被公开讨论，仅以戒坛的等级设计和人们的普遍认知而言，要低于最高的圣者和台上的三师七证。按照道宣的说法，戒子正是经过这样的受戒仪式，才能真正得到戒体，从而将自己融入僧团，并通过渐进的修行，有朝一日与三师七证一样平起平坐，将自己获得的修行智慧和实践再传承给下一代戒子。同时道宣设计的戒坛上刻有守护神以及其他各种佛教宇宙观中的神或者飞天，等于是将佛教的基本宇宙观以图像和雕刻的形式固定化、永久化、视觉化，让观摩的人有机会通过视觉的感受体会并理解佛教宇宙观，从而说服观众感受佛教的魅力。佛陀画像或舍利的设置也有纪念的意义，在道宣的《戒坛图经》文中，已经特别追溯了佛陀时代戒坛的设置和受戒仪式的出现[1]。

这种石质戒坛在唐代流传较广，在传戒仪式之后则有当地在俗大众以素斋供养僧人的聚会，这一聚会将僧俗两众紧密结合在一起，体现出在俗社区对僧团的物质支持，目的也是为了宣扬在俗社区感谢和支持僧团，将僧团的影响扩展出去。在固定戒坛出现之前，类似的传戒仪式也是存在的。在古代南亚，正如我们在《四分律》和其他广律中所见，受戒并无固定的建筑场所，而有所谓戒场，这一戒场只是一块空地，僧人们集合在一起，现以结界仪式将这一空地神圣化，使其变为所谓的法界，作为新进僧人受戒的场所。受戒时，并没有三层空间的考虑，主持受戒的资深僧人也没有位于一个凸起的平台之上，而是坐在与观摩传戒仪式的大众处同一个水平线上。他们也没有特别设置佛陀的画像或舍利，以便象征智慧修行最高境界的圣者出席这样一个盛会，并作见证。所有参与者实际上居于同一个水平线，而且在受戒仪式结束之后，随着解界仪式的进行，这个神圣的场地也就消失了。所以这个戒场只是临时指定的仪式空间，并不是永久性的。戒

---

[1] Chen Huaiyu, *The Revival of Buddhist Monasticism in Medieval China*, chapter 3, New York, Peter Lang, 2007.

坛的出现使得受戒仪式空间固定化、永久化，至少是追求一个长期的、稳定的仪式实践空间①。

第三种有趣的建筑是经幢。一般学者均将其当作是仪式建筑，这没有问题，但也可以看作是纪念碑性建筑，因为它也体现一些前文所讨论的纪念碑性建筑的特征，如建立历史与现实之间的联系，纪念佛教圣者，追求持久性，甚至其体量也有如大型纪念碑。根据经幢上经常镌刻的《佛顶尊胜陀罗尼经》所说："佛告天帝，若人能书写此陀罗尼，安高幢上，或安高山，或安楼上，乃至安置窣堵波中……若有苾刍、苾刍尼、优婆塞、优婆夷、族姓男、族姓女，于幢等上或见，或与幢相近，其影映身，或风吹陀罗尼上幢等尘落在身上、彼诸众生所有罪业，应堕恶道、地狱、畜生、阎罗王界、阿修罗身恶道之苦，皆悉不受，亦不为罪垢染污。此等众生为一切诸佛之所授记，皆得不退转于阿耨多罗三藐三菩提。"实际目前所见经幢多半树立在寺院、街道或僧人塔侧，如果是建立在寺院之中，则纪念意味是比较明显的，因为它的功能之一是供人礼敬并瞻仰，加上其上的铭文和佛教，可以视为连接历史与现实的重要媒介，也是建构佛教寺院主义的重要因子之一。

经幢的出现，目前已知最早出现在7世纪初期，从时代上来看要比石灯晚一些，但其造型却和石灯极为相近，可能都受到北凉、北齐石塔的影响。经幢上也有佛像和铭文，铭文一般也刻有陀罗尼经文以及祈愿文，以及供养人的名字，祈愿文和供养人名字部分与石灯颇有类似之处。无论如何，这种祈愿实际上是供养者通过供养石灯、支持佛教僧团或在俗社区来与佛陀取得精神上的联系，从而获得佛陀的救度和福报，这种关系实质上是一种宗教的交换仪式，实践者通过供养交换功德②。

第四种值得一提的纪念碑性建筑是经台。美国学者肖本（Gregory Schopen）1975年提出早期大乘佛教的展开具有"文本崇拜"（the cult of book）的特点，他通过讨论《金刚经》中一段话，提出早期大乘佛教徒对文本的崇拜，特别体现在一个产生大乘经文的地点也可能成为崇拜的对象③。这一说法极有启发性，我在几年前接着他的讨论研究了南北朝隋唐时期在一些地方也围绕文本的崇拜产生了所谓经台的建筑，有些经台只是自然界存在的石头，但因其与一位在当地活动的高僧有关，成为特定文本实践的地点，被后世神圣化，成为纪念该高僧以及文本的重要物质留存。这样的经台与经文的翻译、讲读、诵读、注释等实践密切相关，所以被称为翻经台、讲经台、诵经台等等，成为后世佛教徒瞻仰的目的地。比如在庐山即有所谓佛教翻经台，用于纪念高僧慧远在此地的译经活动。

然而在唐代，朝廷则建造了经台建筑，作为一些特殊文本被崇拜的场所，这样的经台也是崇拜的对象。高宗永徽二年，曾建造梵本经台，用于安置玄奘从印度取经带回来的一些梵文文本④。

---

① 义净设计的少林寺戒坛也有类似的意义，见他所撰写的戒坛铭文，"粤以长安四年，岁次甲辰四月七日，此寺纲维寺主义奖上座智宝都维那大举法济禅师及众德等，议以少林山寺，重结戒坛，欲令受戒忏仪，共遵其处。遂乃远之都下，屈结大德，殷勤致礼，延就山门。是时我老苾蒭义净及护律师、瑳禅师、恂律师、晖律（师）、恪律师、威律师等，既至寺所，解旧结新，金议此边，名为小戒，标相永定，冀无疑惑。于是获鹅珍之嘉士，无召自来；得草结之英贤，不期而会。数逾一百，行道三旬，共系颈珠，俱修跌足，诚五浊之希有，慕四依之住持，虚法实归，绍隆无替。庶乎桑田屡改，长存立石之基，沙界时迁，无爽布金之地。恐田成碧海，岭变青川。迷此结诫，乃为铭曰：羯磨法在，圣教不沦。式得金口，是敬是遵。目睹西域，杖锡东巡。睹盛事而随喜，聊刊刻乎斯文。"

② Marcel Mauss, *The Gift: Forms and Functions of Exchange in Archaic Societies*, New York: W. W. Norton and Company, 2011.

③ Gregory Schopen, "The Phrase sa prthivīpradeśaś caityabhūto bhavet in the Vajracchedikā: Notes on the Cult of the Book in Mahāyāna," *Indo-Iranian Journal* vol. 17 (1975), pp. 147–181.

④ 冥祥：《大唐故三藏玄奘法师行状》，《大正藏》第五册，218页中栏。

这一经台恐怕除了有安置佛经的功能之外，也是佛教信徒礼拜的目标。经台常常将历史与现实连接在一起，南朝的佛教与唐代的佛教借助经台的修葺形成一种传承，南朝佛教历史文化遗产在唐代实现一种复兴。这样的例子可见于抚州纪念谢灵运组织翻译佛经活动的翻经台。颜真卿《抚州宝应寺翻经台记》略云：

> 抚州城东南四里有翻经台，宋康乐侯谢公元嘉年初于此翻译《涅槃经》，因以为号……除临川内史。公以昙无谶所翻《大涅槃经》，语少朴质，不甚流靡，品数疏简，初学者难以措怀。乃与沙门范惠严、顾慧观依旧《泥洹经》共为润色，勒成三十六卷。义理昭畅，质文相宣，历代宝之，盛行于天下。其余感神征应，具如《高僧传》所说。逖乎阶扃不改，栋宇具无。真卿叨刺是邦，兹用忾息。有高行头陀僧智清，绪发洪誓，精心住持，请以佛迹寺僧什喻、仙台观道士谭仙岩同力增修，指期恢复。自是法堂之遗构克崇，先达之高踪不泯。百里而遥，四山不逼；三休而上，十地方超。经行之业既崇，斗薮之功斯楙。大历己酉岁四月丙午，都人士庶，相与大会，设严供而落焉。以真卿业于斯文，见咨纪述。后之君子，其忘增修乎？

谢灵运因遭朝廷同僚谗言被贬为临川内史，遂组织一些地方高僧润色《泥洹经》并修葺当地法堂弘扬佛法。这篇文章则是为了纪念法堂的修葺落成而撰写的功德记。翻经台则是围绕经文的润色实践而命名的纪念碑。这一佛教历史传统在颜真卿的文章中得到体现，反映一种唐人对南朝佛教文化的纪念和传承[①]。

颜真卿最后在铭文部分说，"摩诃般若，解脱法身。是则涅槃，众经中尊。昙无肇允，严观是因。实赖同德，宏兹法轮。谢公发挥，精义入神。理绝史野，文兼郁彬。一垂刊削，百代咸遵。遗迹忽睹，高台嶙峋。载悲徂谢，曷践音尘？真卿愀然，悯故孰新？檀那衣钵，悉力经纶。不日复之，周邦仰仁。缅怀敦慕，子亦何人？徒愿神交，愧非德邻。刻铭金石，永永不泯。"这一文本反映出撰写者期望经台传统"百代咸遵"以及"永永不泯"的永恒性，而其前提是因为大般若的智慧会带来功德，这是将大乘佛教的教理与唐代现实宗教追求结合在一起。不过，这一经台具有前文所说的佛教史上其他纪念碑性建筑所不具有的特点，它并没有特别强调对佛陀本人的崇拜，而是表彰一位在俗信徒谢灵运的功德，其目的是将谢灵运塑造成佛教史上的圣徒，将其打扮成在俗信徒宗教实践的人生楷模，从而引起在俗信徒的共鸣。这表明到颜真卿的时代，佛陀的权威也下移到作为圣徒形象出现的佛教在俗信徒这里，可能使得佛教更容易被一般在俗信徒接受。翻经台在佛教寺院出现的例子还有一些，而这一传统也体现在天台山上著名的古拜经台，这里也是僧俗两众信徒朝拜瞻礼（pilgrimage）的目的地。

三、唐代佛教纪念碑性展开的历史与社会条件

如果说，正如蒋人和所提示的，石经的出现乃是文本与教义的纪念碑化（monumentalization），那么上文讨论的石灯、石戒坛、石经幢、石经台的出现则是仪式实践的纪念碑化（the

---

[①] Huaiyu Chen, "The Rise and Decline of the Scriptural Platform in Medieval Chinese Buddhism," *Material Religion: The Journal of Art, Objects and Belief* vol. 9, no. 2 (2013), pp. 140-165.

monumentalization of ritual practices），这些建筑的出现是为了时间上永久的、空间上固定的仪式实践，并在实践中实现教义的传递和文化的传承。石灯的出现使得供灯仪式纪念碑化，石戒坛的出现使得受戒纪念碑化，石经幢的出现使得陀罗尼持诵仪式纪念碑化，而经台的出现则使得文本崇拜（the cult of book）仪式纪念碑化。佛教信徒因这些纪念碑性建筑的出现，能够在时间和空间两方面实现其对永久性和固定性的追求。那么这种追求是什么样的历史和社会条件得以实现？我认为有两个方面的因素，一是佛教在南北朝以来面临中原地区政治和宗教的双重挑战，佛教内部出现末法思想的流行，这一因素促使了佛教纪念碑性建筑的出现并被广泛接受；二是唐朝统一天下以后，政权相对稳定，各地区之间相对联系密切，而朝廷对佛教采取较为灵活的支持和利用政策，实际上有利于佛教僧俗两众动员其经济和文化资源，建造这些大型石质建筑。

南北朝时期佛教社区面临着双重挑战，一是政治上的挑战，北魏、北周两度出现由朝廷主导的全国性大规模灭法运动，佛教社区除了在政治上遭到迫害，在经济上、人员上也蒙受了巨大损失，大批佛像被毁，僧尼被迫还俗。这些经历对于佛教社区来说，是一个历史性的创伤。末法思想也随着政治迫害逐渐流行开来[1]。而末法思想造成了寺院追求石质建筑的倾向，房山石经的出现即是这样一种对末法思想的应对。

其二是宗教方面的挑战，尽管儒家思想在南北朝时期不再成为佛教发展最重要的思想阻力，但随着道教的兴起，这一传统对佛教造成了巨大的挑战，道教不仅理解并接受一些佛教思想观念、制度和仪式，并加以改造，从而造成你中有我、我中有你阴阳莫辨的混浊局面，也同时发展出一些护教思想与文化传统，对佛教形成强有力的挑战。这些挑战在《广弘明集》、《续古今佛道论衡》中有非常鲜明的反映，道教的道观制度、仪式实践，逐渐在南北朝时期成熟起来，也发展出《老子化胡经》这样专门针对佛教的经文，对佛教进行批判和挑战。佛教的教义、仪式、政治思想、生活方式等等，各个方面都受到道教的挑战[2]。

对于佛教社区来说，外部的因素是一方面，内部的因素也很重要，教团制度不成熟，教团人员意志不坚定等等，也引起了教会内部领袖的反思。唐初高僧道宣主张重整旗鼓整顿僧团内部，改革佛教制度，重塑教团形象，以反思的精神撰写了一系列有关佛教制度和仪式的文本，作为复兴佛教社区的指南，比如《关中戒坛图经》、《释门归敬仪》、《释门章服仪》、《新学比丘行护律仪》等等，这些文本给寺院制度建设、新进比丘的生活方式提出一些改革建议，实际上是要重新塑造佛教寺院主义在制度和仪式方面的规则，让佛教的政治、社会、宗教形象面貌一新。

佛教教团从佛陀时代到早期佛教结集、部派分裂，再到大乘佛教的兴起，最后入华，在制度上和物质上，有一个漫长的演进历程。佛陀时代的佛教并没有固定的寺院，而是一个游牧式的僧团，僧徒都是四处游走，最初过着以乞食为生的生活方式，可以称之为游乞佛教（begging Buddhism）。后来随着僧团的扩大，受俗家弟子供养的深度和广度扩大，才开始建设寺院并定居下来，而寺院的格局也是随着僧团功能的变化而不断改变发展，出现了固定的寺院，僧人主要生活在寺院之中，这一阶段才可以称为寺院佛教（monastic Buddhism），当然也有一些僧人仍然进行孤单的修行，即所谓头陀行，如同辟支佛的修行，算是头陀佛教（Dhuta Buddhism）的一种形式。早期大乘佛教，按照一些学者的说法，本来一些僧人也是出身于普通的主流佛教（mainstream Buddhism）的寺院之中，但他们发展出独特的大乘教义和修行，去森林中进行自己的修

---

[1] Jan Nattier, *Once Upon a Future Time: Studies in a Buddhist Prophecy of Decline*, Berkeley: Asian Humanities Press, 1991.
[2] 见许理和、Christine Mollier, Stephen Bokenkamp 的研究。

行，逐渐脱离了主流寺院佛教①。佛教入华之后，朝廷即允许僧人在寺院生活，所以一开始便有固定的居所。而一开始寺院制度并不完善，戒律的实行颇有捉襟见肘之感，这才有法显等人西行求法寻找律本的活动。到唐代时，寺院中出现这么多新式建筑，即是寺院不断演进的结果。中原僧人一方面保持了一些传统，比如接受俗家弟子的供养，在寺院进行礼佛和禅修仪式，另一方面也对寺院制度进行了革新，石灯、戒坛在寺院中的建造便是这种制度革新的典型代表，这些新式建筑丰富了寺院佛教的传统。道宣的一系列论述正是为了适应唐代寺院佛教的新发展。

从道宣和其他一些唐初僧人的论述来看，他们对北朝时期佛教所面临的问题确实带有很强的反思精神，也对政教关系持有疑虑，唐初的沙门不拜王者运动即是这种疑虑的反映，这不仅仅是一个尊重政权或者尊重教权的议题，也是一个佛教内部对历史经验反思所提出的适应性议题。道宣和玄奘等人一方面对于政权对佛教的支持感到乐观，但另一方面也对政权对教权的侵犯保持相当谨慎的态度。玄奘从印度取经归来，备受皇室礼遇，他虽然享受这种礼遇，但也心存疑虑，所以在晚年一再提出要离开皇家支持的寺院回归平静的修行生活。但是道宣设计的戒坛模式之所以得到广泛的宣传和推广实际上还是得益于他晚年被召入皇家大寺西明寺担任上座，随着他的寺院领袖地位被认可，他所宣传的律学和寺院制度广受欢迎，很快被其他寺院效仿，后来甚至被鉴真传播到日本。而梵本经台的建立，正如前文所说，与玄奘在朝廷备受礼遇分不开。无论如何，高僧的佛教地位及其政治背景对于这些纪念碑性寺院建筑的建设和推广影响深远。

还有一点，唐代的佛教与前代较为不同。自武则天已降，皇帝经常下令全国各地建立使用同一名称的寺院，逐渐形成一个全国性的寺院网络。武则天时期，690年下令各地建大云寺，睿宗时有龙兴寺，玄宗时有开元寺。这些寺院网络也有助于一些特殊寺院建筑的推广。如石灯即通过全国性寺院网络建造了一些。在山东青州龙兴寺、四川筇峡龙兴寺遗址，都发现了石灯的遗迹。看起来这些石灯是随着龙兴寺网络的建立而出现在全国各地。

从社会史角度来说，上文讨论的大多数纪念碑性建筑并非出自顶层设计，不是朝廷或皇室大寺的发明。这些石质建筑有些出自都城高僧的设计和推广，有些则出自地方寺院的建造。即使是出自高僧的设计，但一开始出现，也并非是在皇室支持的大寺，而是边缘性寺院。比如唐代新型石质戒坛的出现，虽然是高僧道宣设计建造，但一开始出现并非是在道宣晚年任职的皇家大寺西明寺，而是长安南郊终南山北麓的净业寺。石灯虽然也在长安地区的青龙寺、石牛寺等地有发现，但也不是首先出现在慈恩寺、兴善寺、荐福寺、西明寺等大寺院。目前知道比较早期的石灯是出现在山东青州和河北安次这些地区。

戒坛的命运要比石灯强一些，因为道宣创作了《关中创立戒坛图经》一文，得以进入佛典之中，完成了经典化（canonization）。石灯就没有这样的便利，虽然它在唐朝特别是在玄宗时一度出现繁盛的局面，但并没有高僧撰写有影响的文本，并使其进入佛典，没有经典化。石灯甚至没有在宋代志磐编撰的《佛祖统纪》中被列为燃灯的四种传统之一，因而在佛教文化的积淀和传承中并没有被发扬光大，尽管在五代以后仍然有一些寺院建造石灯，已不复唐代之盛，很快即被更为简单实用的香炉取代。不过有趣的是，它在朝鲜半岛和日本则获得了前所未有的生命力，以至于今天相当多的人认为它是日本佛教文化的象征。大多数石灯铭文也没有机会进入佛典，因为它们并非由知名僧人或士人创作。石灯铭文也没有能够作为一种独特文体，进入学问僧的视野，纳入其佛教文本体系。

---

① Daniel Boucher, *Bodhisattvas of the Forest and the Formation of the Mahāyāna: A Study and Translation of the Rāṣṭrapālaparipṛcchā-sūtra*, Studies in the Buddhist Traditions, Honolulu: University of Hawai'i Press, 2008.

四、结语：唐代佛教纪念碑性的悖论

虽然佛教的基本观念是主张诸法无我、诸行无常，但其发展常常是历史性的，无法完全与历史和文化处境绝缘。早期佛教并不主张制作和崇拜佛像，但因为受到希腊化艺术的影响，逐渐发展出犍陀罗艺术，出现大量造像，佛教也因此被称为"像教"。佛陀时代的佛教也是没有经典的，佛陀涅槃后很长时间也不用任何文本。佛经的结集出现很晚。虽然佛教主张依法不依人，但佛经很快获得令人尊崇的地位。佛经在佛教僧团中的权威地位是在佛陀涅槃后才确立的，甚至后来出现所谓"经教"的说法。早期大乘佛教对于佛经文本的崇拜，发展出所谓"文本崇拜"，不需要读懂内容，礼敬崇拜实践即可获得功德，也简化了仪式实践行为。无论如何，佛教本身实际上也存在一个物质化的过程，和其他宗教传统一样，不仅是人的宗教，也是物质宗教（material religion）。

石经、石灯、石戒坛、石经幢、石经台这些永久性物质性的出现，虽然是为了抵抗对佛教的攻击和破坏，为了追求永恒性，这实际上与佛教的诸法无我、诸行无常的观念相冲突。无常与永恒之间存在一种张力，但这种张力也正反映了佛教发展的历史性，它是历史发展的产物，也会随着入华而适应在华发展的历史性，创造出新的物质化因素，以适应在历史中生活的信徒的需要。这些物质建筑与其他寺院建筑因子一样，其发展变化反映了佛教思想实践的物质性变化。正如有关成佛的观念变化导致从佛堂到御影堂的变化，导致禅学传统中从供养佛像转为供养禅僧真身。而对佛法的观念理解之变化也从法堂发展出对文本（法舍利）的仪式，又出现围绕经文实践建造的经堂、藏经楼、经台、经坛、转经筒等等。有关僧团观念和实践的变化也引起寺院设置的变化，戒坛之在地化、固定化反映了进入僧团仪式场所的物质化。不过，大乘佛教重视自觉觉他，通过物质方式造出石质建筑保存佛法世世代代传承下去，也是为了让其为他人做功德，也是为了觉他。佛教的发展本身也因为充满悖论而为了克服悖论不断更新。

（作者单位：美国亚利桑那州立大学）

己独不在天涯
——红峪村元墓壁画的"画中有画"形式再思

李清泉

引 言

2008 年 4 月发现于山西兴县康宁镇红峪村的一座元代至大二年（1309）壁画墓，以其精美的壁画而为人注意[①]。尤其特别的是，该墓墓室内部，绝大多数的壁画内容竟以"挂轴"的形式出现，充分显示出一种画中有画的艺术趣致；其中，有些画面还配有题诗，更是反映了当时墓葬装饰的诗意化表达趋势。相关问题，王玉冬、郑岩等学者已有专门的论述[②]。与以上学者的着眼点不同，本文集中关心的，是该墓壁画本身的视觉表现问题——即，由这种"画中之画"所造成的新的视觉语言逻辑，及其对墓葬空间的重塑问题。最终得出的认识是：红峪村元墓壁画中的许多挂画，应是画工应对一种特殊墓葬类型的一套特殊视觉表达方案。

一、不寻常的"挂画"

根据发掘报告，红峪村元墓位于村北 3 公里的山梁上，其西 60 公里为黄河；墓葬坐西朝东，平面呈八角形，因东壁开为墓门，墓室周壁的壁画内容实际分布在七个壁面，以及由各壁之间的倚柱所构成的八个长条形平面上（图 1）。七个壁面和八个倚柱上的画幅，皆以黑色绘天头和地头，画心周围以细线表示镶边或套边，只是形态略有不同：前者画心呈正方形，天头上方无惊燕带，后者画心为长条形，天头上方有惊燕带。各画幅的表现题材或内容分别为：西壁，墓主夫妇对坐像，其南侧倚柱绘三名孝子，北侧倚柱绘两个僧人（图 2）；西南壁，荷花蒲草（图 3），其南侧倚柱绘"蔡顺分椹"孝行故事；西北壁，牡丹湖石图（图 4），其北侧倚柱绘所谓"时礼涌泉"孝行故事（图 5）[③]；南壁，备酒图，其西侧紧接"蔡顺分椹"孝行故事，其东侧倚柱绘

[①] 山西大学科学技术哲学研究中心、山西省考古研究所、山西博物院：《山西兴县红峪村元至大二年壁画墓》，《文物》2011 年第 2 期。

[②] 王玉冬：《蒙元时期墓室的"装饰化"趋势与中国古代壁画的衰落》，巫鸿、朱青生、郑岩主编：《古代墓葬美术研究》第 2 辑，长沙：湖南美术出版社，2013 年，第 339—357 页；郑岩：《夕阳西下——读兴县红峪村元代武庆夫妇墓壁画札记》，巫鸿、朱青生、郑岩主编：《古代墓葬美术研究》第 3 辑，长沙：湖南美术出版社，2015 年，第 253—272 页。

[③] 何有祖：《山西兴县红峪村墓所出元至大二年壁画"时礼涌泉"孝行图解读》，武汉大学历史文化学院主编：《珞珈史苑》（2011 年卷），武汉：武汉大学出版社，2012 年，第 231—236 页。

"孟宗哭笋"孝行故事（图6）；北壁，备茶图（图7），其东侧倚柱绘"黄香扇枕"孝行故事；东南壁和东北壁，各绘一匹回首视向墓门方向的鞍马；位于这两幅鞍马图之间的墓门两侧倚柱表面，则是该墓壁画中唯一没有采取挂轴形式的两个壁面，所绘内容为直通上下的两个槅扇门（图8、图9）。此外，墓室各壁的上方还施有一周彩绘的阑额、斗栱和檐椽等仿木构装饰（图10）。也就是说，在上述壁画内容中，只有那两个槅扇门，与墓壁上方的彩绘阑额、斗栱和檐椽装饰一样，被视为这个地下居室建筑的组成部分，而其余的所有壁画内容，则全部被分门别类地装进了"挂轴"，看上去俨然一个地下画廊，或古人常说的"画堂"①。

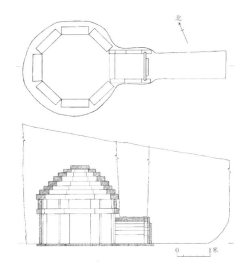

图1　红峪村元墓平、剖面图

图2　红峪村元墓西壁壁画"墓主夫妇像"等

图3　红峪村元墓西南壁壁画"荷花蒲草图"

图4　红峪村元墓西北壁壁画"牡丹湖石图"

图5　红峪村元墓西壁北侧依柱壁画"时礼涌泉图"

---

① 如：唐人李肇《翰林志》所记："翰林院又北为少阳院……厅西舍之南，其一门，待诏戴小平尝处其中死而复生。因敞为南向之宇，画山水树石，号为画堂。"文同《嘉川道中寄周正儒诗》有云："争如画堂上，日日听新词"；辛稼轩《为娣母王氏庆七十感皇恩》词有云："遥想画堂，两行红袖。妙舞清歌拥前后。大男小女，逐个出来为寿。一个一百岁，一杯酒。"

图6　红峪村元墓南壁 壁画"孟宗哭笋图"、"备酒图"、"蔡顺分椹图"

图7　红峪村元墓北壁壁画"备茶图"

图8　红峪村元墓东南壁槅扇门与鞍马壁画

图9　红峪村元墓东北壁"黄香扇枕"、鞍马、槅扇门壁画

挂轴，无疑是专为装堂铺壁而设计的一种中国画形式。根据巫鸿先生的最新研究，这种绘画形式可能最初出现于唐代，并在宋代定型，成为居室厅堂中的壁面挂设①。的确，发现于洛阳邙山的一座北宋壁画墓，其东、西两壁绘有四幅对称的花鸟画挂轴，显然是目前所知绘有挂轴的一个较早的墓例（图11）②；之后，北方地区金元时期墓葬中的这类发现又有多例，明显呈现增多的趋势，表明正是受到当时地上居室流行挂画风气的影响。从这个意义上说，红峪村元墓壁画之所以满壁施以挂轴的形式，自然可以被理解为对地上"画堂"的模仿。

然而，很多迹象表明，红峪村元墓的画工，似乎并非仅仅想要为死者营造一个犹如人间"画

---

① 巫鸿：《墓葬考古与绘画史研究》，《古代墓葬美术研究》第4辑，长沙：湖南美术出版社，2017年，第1—26页。
② 洛阳市第二文物工作队：《洛阳邙山宋代壁画墓》，《文物》1992年第12期。

图 10　红峪村元墓壁面上方的彩绘阑额、斗栱和檐椽等仿木构装饰

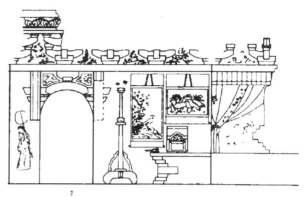

图 11　洛阳邙山宋墓墓室西壁壁画线描图

堂"的墓葬，因为墓壁上的所有"挂画"，其表现题材——如表现墓主人家居生活活动的备酒图、备茶图、鞍马图、用以表达死者后人孝思的"二十四孝"图，以及夫妇合葬墓中所流行的墓主夫妇对坐像等——都是宋元时期墓葬壁画中所常见的。只是在当时的墓葬壁画中，这类题材通常不会呈现以"挂画"的形式。换句话说，如果隐去所有画面的画心以外部分——即去掉作品的"装裱"形式，这座墓葬会立刻变得和其他所有墓葬一样，普普通通、了无新意了。

可以推想，绘制该墓壁画的画工显然是将自己所描绘的视觉图像划分为两类：一类属于建筑本身的建筑构件和装饰，这是画工心目中的实有之物；另一类则是依附于这个建筑空间的"挂轴"——虽说挂轴也是一种实物存在，但挂轴当中所描绘的事物，则显然不过是一种虚拟的存在，与墓葬空间本身并不直接相关。然而，这一分类方式，却导致整个墓葬装饰在许多方面都不合常理，明显违背了以往的惯例。

众所周知，古人事死如事生，墓葬总是被理解为死者在地下的居所；也正因为如此，墓葬才被装饰打扮得宛如一座座人间家宅。然而，以一个地下或人间"家宅"的角度来观看红峪村的这座元代壁画墓，除了其中的荷花蒲草图和湖石牡丹图，可以是悬挂在家宅墙壁上的两幅地地道道的挂画，恐怕也只有四幅古代孝行故事图可以勉强借以挂画的形式，来满足装堂铺壁的需要了；而其余的表现题材，都不适合以挂画的形式出现——因为这些题材，都是些北宋以来壁画墓中常见的"家居生活"题材；所绘物象，都被视为墓室中的实有之人和实有之物，与墓主人及其在地下的生活空间直接相关。

首先，"墓主夫妇对坐像"，是迎合了唐代以降夫妇合葬墓的盛行，而从北宋开始风靡一时的一种墓葬艺术表现题材，其在墓葬中的实际意义，是表现死者灵魂（即"神主"）的在场——他们是整个墓葬空间的实际居有者，因而也就是这个地下家宅里的主人。以往发现的宋元时期墓主夫妇像材料很多（图12），但画在挂画或画屏当中的却十分罕见[①]。而该墓以挂画形式出现的"墓主夫妇对坐像"，不仅无助于显示出墓主人是这个地下家宅的居有者，反而使得他们在墓中的存在或其作为"神主"的意义，变得模棱两可、似是而非。

---

① 唯一例外的是内蒙古凉城县后德胜元墓，该墓室后壁描绘墓主夫妇家居图，东、西两壁绘孝行故事。由于壁画的周边皆有黑色边框，所以看上去颇似画屏的形式。可参看内蒙古自治区文化厅文物处、乌兰察布盟文物工作站：《内蒙古凉城县后德胜元墓清理简报》，《文物》1994年第10期。

图 12　内蒙古赤峰市元宝山元代壁画墓墓室后壁"墓主夫妇对坐像"

图 13　河北宣化 1 号辽墓后室西壁备茶图壁画

其次，"备茶图"与"备酒图"这类内容，显然都与墓主人的家居生活有关，无论是其中所描绘的酒具、茶具和桌案，还是忙碌于各种活计的侍者，都是画工所能想到的、实际存在于这个地下家宅当中的事物，和正在发生于这个地下家宅里面的活动；它们是墓主人生活质量的象征和保障（图13）。被画进挂轴的茶具、酒具、桌案、侍女等，不但不能为这个地下家宅增加丝毫的诗情画意，相反却令人大有这些器具和人物都难以为墓主人所实际使用和支配的顾虑。

还有，画在墓门两侧的鞍马，本也不过是墓主人衣食住行方面的一种保障而已，只是这类内容在条件允许的情况下，通常都被画在墓葬的前室或墓门甬道处；将这两匹马转移到挂轴当中，恐怕也不便于墓主人的日常驱使——即便墓主人确实对鞍马绘画有着特殊的审美爱好，那恐怕也不足以令画工置灵魂的实际生活需求于不顾，硬是先要满足他对"画"的喜爱。

基于以上情况，本文感到：虽说元代墓室壁画向"装饰化"和"艺术化"转变，是一个不争的事实；但这一总的趋势，似乎还不足以完全解释红峪村元墓壁画，为何全部采取挂轴形式这一特殊问题。

二、画像与题诗所透露的信息

红峪村元墓壁画之所以引人瞩目，不仅因为其模仿挂画的空前彻底，同时还因为其题写在三个主要画面当中的三段诗文和题句。这三段诗文题句，与三个主要画面之间的互文关系，似乎未曾引起太多的注意，读来十分耐人寻味。

该墓壁画中最为重要的画面，无疑是那幅墓主夫妇像（图14）。画面的中央绘一立屏，立屏前方设一条案，条案上方摆放着一个下承红莲几座、上盖荷叶状额首的牌位，牌位中央偏上部位以较为粗壮的正书，书写"祖父武玄圭"五个大字，"圭"字的右下侧和左下侧分别以小字题写"父武庆"、"母景氏"；立屏和条案的前方，右侧绘袖手坐于圈椅之上的男主人，左侧绘袖手坐

图 14 红峪村元墓墓室西壁墓主夫妇像

于方凳之上的女主人，与牌位上的父、母之位刚好对应，说明即是武庆和景氏；武庆和景氏之间，还摆放着一个红色矮足小供桌，桌上有三足香炉和小盒等物；立屏的表面书有七行行书，内容为："瘦藤高树」昏鸦，小桥流水」人家，古道西」风瘦马。夕阳」西下，已独不在」天涯。」西江月"。

墓主像背后设立书屏的做法，在宋元时期的墓葬壁画当中很常见，用意无非是想为墓主人所居的地下厅堂增加几分文雅，使其看上去更像是一个诗书人家①。发掘报告业已指出：这首所谓的"西江月"小令，实际源于传为马致远的《天净沙·秋思》词，其常见的版本最早见于元周德清的《中原音韵》，曰："枯藤老树昏鸦，小桥流水人家，古道西风瘦马。夕阳西下，断肠人在天涯。"而元盛如梓《庶斋老学丛谈》卷中下所录，文字与前一版本略有差异，曰："瘦藤老树昏鸦，远山流水人家，古道西风瘦马。斜阳西下，断肠人去天涯。"②可见这首词在当时的民间流传当中，虽然文字略有出入，但词意却是完全一致的。

值得注意的是，题在立屏上的这首词，却似乎有意改变了《秋思》词的文意，将"断肠人在天涯"一句，改写成"已独不在天涯"。在本文看来，这一改动，与前面几句的意境格格不入，读来颇觉别扭，其背后的用意，不免令人感到既费解，又好奇。相关问题容稍后讨论。

图 15 红峪村元墓西壁南侧壁画

现在，让我们将目光转向墓主夫妇像左侧的画面（图15）。这幅长条形挂轴的下半部分画面，描绘了一排三个侧身朝向墓主夫妇的青壮男子，从其身高的些微差别来看，似有长幼之分。其中，身材略高的男子居于画面右侧，他，头戴米黄色瓦楞帽，内着红色窄袖交领长袍，外穿交领右衽短袖衫，脚蹬黄色络缝靴，左手曲肘指向墓主夫妇像的方位，右手伸向右侧方，仿佛在引导后面的两位男子前来谒见墓主人；居中的男子，头戴褐色瓦楞帽，内着团领米黄色窄袖长袍，外穿交领右衽短袖衫，脚蹬红色络缝靴，正袖手拱于胸前，侧脸面向其身后一人；个头略矮的最后一名男子，头戴红色笠帽，内着青灰色交领襦衫，外穿浅青交领右衽短袖衫，脚蹬褐色尖头短靴，腰间束带，手中捧着一个玉壶春瓶——这个玉壶春瓶，应是南壁备酒场面的一个延伸——，面朝墓主夫妇像的方向。画面上方的空白位置有五行题字。前四行，为四句文意浅白的诗文，曰："安措（厝）尊灵至孝贤」西州□尔得皆先」荣昌后代绵又继」岁服人心乐自然"；最后

---

① 杨爱国：《墓壁题诗——中国古代墓葬诗歌装饰初探》，《中国美术研究》2016年第1期。
② 山西大学科学技术哲学研究中心、山西省考古研究所、山西博物院：《山西兴县红峪村元至大二年壁画墓》，《文物》2011年第2期。

一行是纪年题记,曰:"维大元至大二年岁次己酉蕤宾有十日建"。

结合画面人物活动和所题诗文的"安厝尊灵至孝贤"、"荣昌后代绵又继"之类字句,可知这里的三个男子,应是武庆夫妇的三个儿子;至大二年(1309)为父母建造此墓的,应当正是他们三人。

最后再来看墓主夫妇像右侧的那个画面(图16)。在这个与上一挂轴形制一致的画面中,画有一大一小两个光头人形象,被发掘报告描述为"两个出家人"。其中,年岁较长者,身穿深褐色右衽交领广袖长袍,脚着黑色圆头布鞋,双手捧一带托的茶盏——这个茶盏,显然也可以被视为北壁备茶场面的一个延伸;年岁较幼者,身穿浅色右衽交领长袍,双手捧一灰色包裹,包裹内露出一不明红色物品。画面上方的空白处亦有四句题诗,曰:"茔(茔)域皆然莫悬量」,尽忠孝子岂容常」,但愿」尊公千岁后,子孙」无不出贤良"①。

图16 红峪村元墓西壁北侧壁画

这里先要说明的是,关于这两个光头人形象,虽说发掘报告的"僧人"说亦非全无道理,但这两人的头上并无戒疤,穿着的又不是明显的僧装,所持之物更是不见有能够辨识的佛教法器,估计即便曾经入过寺院,也不见得真正受过戒;相反,从两人的面目和头大手小等身体特征来看,其年龄比前一幅画面中的三个成年男子明显要小,故显然应是两名年幼未冠的孩童。更何况,这一画面与前两个画面之间的位置关系,以及该画当中"子孙无不出贤良"之类题句,也都在暗示着这两个光头男童形象应是武庆夫妇的孙辈。

至此,墓主夫妇像两旁的画面分别描绘了武庆夫妇的儿孙们,可谓殆无可疑之处。这样一来,在这座墓葬中实际出现了包括墓主夫妇在内的三代人的画像;如果再计入写在牌位上的"祖父武玄圭",则已故的和当时尚且健在的一门四代,全都汇聚于一堂了。所以说,将这三幅画像合而观之,简直就是一幅四世同堂的"家庆图"②。

然而,面对这样一座墓葬,我们还是会对其超乎常情的装饰逻辑,感到一连串的不解和迷茫:

首先,墓中绘制墓主夫妇像,本是北宋以来的一种流行现象;可是像红峪村元墓这样,将当时显然还年轻健在的墓主人儿孙们绘进墓葬的情况,虽非绝无仅有,但也是所见很少的③。因为在常人的心目中,墓葬毕竟是一个死亡空间。那么究竟是什么原因,使得画工将墓主人的儿孙们也一同绘进墓葬了呢?仅仅是因为示孝的需要么?

其次,从该墓残留的骨骸遗迹可知,死者仅为一男一女,表明该墓即是武庆夫妇的合葬墓,

---

① 此题诗中"尽忠孝子"的"忠"字,原报告录文误作"终",今据图像显示的文字改正。
② 相关讨论,参见李清泉:《"一堂家庆"的新意象——宋金墓主夫妇像与唐宋墓葬风气之变》,收入巫鸿、郑岩、朱青生主编:《古代墓葬美术研究》第2辑,长沙:湖南美术出版社,2013年,第319—338页;又见《美术学报》2013年第2期。
③ 就目前所知的同类情况,较为明确的似乎只有发现于陕西甘泉的一座金代壁画墓(见王勇刚:《陕西甘泉金代壁画墓》,《文物》2009年第7期)和发现于陕西蒲城洞耳村的一座元代壁画墓(见陕西省考古研究所:《陕西蒲城洞耳村元代壁画墓》,《考古与文物》2000年第1期)两例。

不是家族丛葬墓；可是，造墓者为什么要将已故的"祖父武玄圭"的名字也写进这座墓葬，而且还以牌位的形式，将其安置在立屏的中央呢？难道只是为了让刚刚故去的父母在地下继续供奉其祖父的亡灵？

再次，事实证明，在晚唐以降的祖先祭祠活动中，肖像早已等同于甚至很大程度地取代了传统的牌位——"木主"①。假定建造该墓时武玄圭和武庆夫妇都已先后去世，那么为什么武庆夫妇的灵魂可以以画像的形式来表现，而武玄圭的灵魂则要转换成传统的牌位或木主形式呢？在这组仿佛四世同堂的肖像性画面中，画工究竟为什么要将武庆夫妇及其儿孙们归为一类，而偏偏又要以这样一种冷冰冰的方式，将辈分最高的"祖父武玄圭"与他们截然分隔开来？

这些问题，令我们回想起那两个光头孩童画面中的题画诗里的一段话语：

但愿尊公千岁后，子孙无不出贤良。

这里所谓"尊公"，显然是题书者对出资造墓者父亲的尊称；所谓"千岁后"，即千年之后，义同我们今天所说的"百年之后"。这等于是在说：墓主人武庆当时依然健在；而刚刚建成的这座墓葬，只不过是一座为他防老的"寿冢"或"生圹"②。

由此再看题诗末尾的那段纪年题记——"维大元至大二年岁次己酉蕤宾有十日建"，仿佛也别有一番意味。

三、蕤宾时节与红峪村元墓的营建

有关这段纪年题记，发掘报告已据以《礼记·月令》等文献，指出："仲夏气至，则蕤宾之律应"，"蕤宾"即指时值仲夏的五月。也就是说，这座墓是至大二年的五月十日（农历）建成的。可是为什么题书人不直写"五月十日建"，而偏要用"蕤宾"这个与古代音律有关的时节名称来指代？除了暗指农历五月，"蕤宾"这个概念还有没有什么其他意涵呢？

首先，蕤宾是自古以来飨荐宗庙以安定社稷的例定之月。《国语·周语下》曰："蕤宾，所以安靖神人，献酬交酢。"③《汉书》曰："蕤宾：蕤，继也，宾，导也，言阳始导阴气使继养物也。"④杜佑《通典》曰："奏蕤宾，歌［函］（林）钟，以祀宗庙。（蕤宾，所以安静［神人］（社稷），祖宗有国之［本］（大），故奏蕤宾以祀之。）"⑤《册府元龟》引《隋书·乐志》曰：

---

① 参见李清泉：《墓主像与唐宋墓葬风气之变——以五代十国时期的考古发现为中心》，收入石守谦、颜娟英主编：《艺术史中的汉晋与唐宋之变》，台北：石头出版股份有限公司，2014年，第311—342页；北京：北京大学出版社，2016年，第291—324页。

② 有关"寿冢"和"生圹"的资料很多，可参看张勋燎、白彬：《中国道教考古》5，北京：线装书局，2006年，第1383—1450页。

③ 徐元诰撰，王树民、沈长云点校：《国语集解》卷3《周语下》，北京：中华书局，2002年，第115页；另见郑玄注、孔颖达疏：《礼记注疏》卷16"月令"，阮元校刻：《十三经注疏》，北京：中华书局，1980年，第1369页上；卫湜：《礼记集说》卷42解释说："按何氏胤曰：《周语》：'安静神人，献酬交酢'者，乾九四。是月阳反于下为复，阴生阳中为姤，各应其时，所以安静，是安静神人也。阴生为主，阳谢为宾，宾主之象，献酬之礼。献酢又酬之，阴阳代谢之义也。"（收入《景印文渊阁四库全书》，第117册，台湾：商务印书馆，1986年，第832页上。）

④ 《汉书》卷21上《律例志第一上》，北京：中华书局，1964年，第959页；另见张虙撰：《月令解》卷5，《景印文渊阁四库全书》，第116册，第562页下。

⑤ 杜佑著，颜品忠等校点：《通典》卷142《乐二》，长沙：岳麓书社，1995年，第1905页。

"明堂宗庙，所尚者敬，蕤宾是为敬之名，复有阴生之义，故同奏焉。"①直到明代，朱载堉所撰《律历融通》中还说："五月也，律中蕤宾。蕤宾者，言阴气幼少，故曰蕤痿；阳不用事，故曰宾……其于十二子为午。午者，阴阳交，故曰午。其于十母为丙丁。丙者，言阳道著明，故曰丙；丁者，言万物之丁壮也，故曰丁。"②可见阴历的五月，被视为一个阳气下降、阴气上升、万物开始生长发育的时节。所以，在这个时节祭祀宗庙，安定祖宗、社稷，也便成为古代中国的一个通行的习俗，甚至被认为有利于家族后代的繁衍生息。至于其于民间的实践情况，也有相关的祭文和诗文可证。如：宋人翟汝文有《夏至祭文》："伏以日永星火，律中蕤宾，当禴事之恭修，感天时而增慕，仰惟先烈歆此荐羞，伏惟尚飨。"③；范成大有《夏至》诗："石鼎声中朝暮，纸窗影下寒温。逾年不与庙祭，敢云孝子慈孙。"④这类祭文和诗文，或直接或间接地透露了五月时节民间祭祖习俗的存在。

其次，"蕤宾"不仅泛指农历的五月，也特指五月初五日（端午），称为"蕤宾节"。这一天，是中国传统的五个"腊日"之一，称为"地蜡"。许多道教文献都记载说，腊日宜于斋戒和祭祀祖先。如：唐道士朱法满在其所著的《要修科仪戒律钞》卷八中，就引用了《圣纪经》的说法说："正月一日，名天腊；五月初五日，名地腊；七月七日，名道德腊；十月一日，名民岁腊；十二月节日，名王侯腊。五腊通三元，名八解日，皆可设净供，建斋求福，兼祀先亡，名为孝子，得福无量。余日名为淫祀，有罪。"⑤按：所谓"三元"，指的是正月十五日、七月十五日和十月十五日；三元日与五腊日合称"八解日"。照这一说法，一年当中只有这八个"解日"，才适合建斋祈福、兼祀先亡，否则不但不会得到福报，反而会获罪。再如：宋元时期符箓道派的道法总集之一《上清灵宝大法》中说："凡腊日，按天尊所说《父母恩重经》，此日宜斋戒，祭祀先亡祖考，诵经行道，拔度亡者，名为孝子。余日祭祀，非缘淫祀，亦亡者不祭，所祀不获其福。"⑥由此可见，每年当中的五个"腊日"，被视为孝子祭祀先亡祖考的例定时日。

再次，"蕤宾"既然亦指端午节这一传统节日，端午期间为祛病禳灾，家家蒲艾簪门，彩丝虎符系臂，互祝老人长寿、子嗣平安的特定习俗⑦，自然会与蕤宾时节的祖祭习俗相重叠、相交织，从而为这个祠祀先人的例定节期罩染了一重浓郁的向生气息。权德舆《端午日礼部宿斋有衣服彩结之贶以诗还答》曰："良辰当五日，偕老祝千年。彩缕同心丽，轻裾映体鲜。寂寥斋画省，款曲擘香笺。更想传觞处，孙孩遍目前。"；李商隐《端午日上所知衣服启》，有"伏愿永延松寿，长庆蕤宾"之句⑧；北宋胡宿撰《皇后合端午帖子》词曰："蕤宾干气盛炎方，坤德资生茂百昌；西域葡萄初蔓衍，成周瓜瓞更绵长。"⑨元无名氏《中吕·迎仙客·五月》曰："结艾人，

---

① 王钦若等编修：《册府元龟》卷566《掌礼部·作乐第二》，收入《景印文渊阁四库全书》第912册，第56页上。
② 朱载堉：《律历融通》卷3，收入氏撰《圣寿万年历》，《景印文渊阁四库全书》，第786册，第607页。
③ 翟汝文：《忠惠集》卷10，《景印文渊阁四库全书》，第1129册，第300页下。
④ 范成大：《石湖诗集》卷23，《景印文渊阁四库全书》，第1159册，第774页上。
⑤ 朱法满：《要修科仪戒律钞》卷8"斋日钞"条，收入张继禹主编：《中华道藏》第四十二册，北京：华夏出版社，2004年，第195页下。按：此段引文中的"十二月节日，名王侯腊"与《中华道藏》所收书于隋唐的《洞玄灵宝太上六斋十直圣纪经》相应文字略有出入，后者作"十二月腊日，名王侯腊。"（见《中华道藏》第四册，第185页下。）
⑥ （南宋）宁全真授，王契真纂：《上清灵宝大法》卷之8"斋戒禁忌门"，"五腊"条，收入张继禹主编：《中华道藏》第三十三册，第236页上。
⑦ 应劭撰，吴树平校释：《风俗通义校释·佚文》："五月五日以五彩丝系臂，名长命缕，一名续命缕，……辟鬼及兵，令人不病瘟，亦因屈原。"（天津人民出版社，1980年，第414—415页）以后相沿成习，直至近现代还在延续。
⑧ 李商隐：《李义山文集笺注》卷5，《景印文渊阁四库全书》，第1082册，第357页上。
⑨ 胡宿：《文恭集》卷28《帖子词》，《景印文渊阁四库全书》，第1088册，第864页下。

赏蕤宾，菖蒲酒香开玉樽。"①明人郑真亦有端午诗云："椿庭孝养舞斑衣，玉律蕤宾正及时；毛义已应称孝子，惠连终不似常儿。淮鱼细斫银丝脍，闽果新供锦荔枝；海上仙山如可到，便从王母醉瑶池。"②这些运思挥毫于端午期间的诗词章句，归结起来，无外乎表达了对老人长生的祝愿和对子孙繁昌的希冀——当然，还有传统文化的孝亲情思流溢于其间。

此外还有，按阴阳五行之学说，四季之月以阳干为天德，五月天道在西北方之乾位，合于天德，因而是适合兴土功、营宫室的好时节。如，清《御定星历考原》引宋人《堪舆经》曰："天德者，正月丁，二月坤，三月壬，四月辛，五月乾……五月阴气将生，乾道变化也。"③；又引宋人《乾坤宝典》曰："天德者，天之福德也，所理之方，所直之日，可以兴土功，营宫室。"④营建墓葬亦当不能例外。

如将红峪村元墓放在这样一种时令文化的背景下来考虑，我们便不难确信：正是因为临近"蕤宾"这样一个具有特殊文化意味的时节，武庆的三个儿子们才想到了已经过世的祖父和尚且健在但已经年老的双亲；所以，为年老的双亲建一座寿冢，并以其兼为供祭祖父灵位之所，显然是他们当时所能想到的一种既能体现对长辈的孝道、又可能令后辈因此得福的孝行和善举。

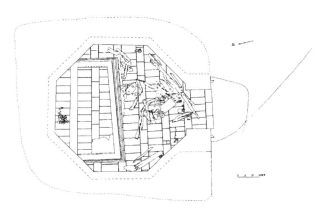

图17　河北涿州元至顺二年李仪夫妇墓平面图　　图18　河北涿州元至顺二年李仪夫妇墓墓室北壁壁画

无独有偶，发现于河北涿州的一座元代壁画墓——李仪夫妇合葬墓，建于至顺二年（1331），葬于惠宗至元五年（1339），更是一座确切无疑的寿冢或生茔。该墓坐北朝南，平面八角形，墓室后方砌棺床（图17），八角形墓室的北壁、东北壁和西北壁绘竹雀围屏与帐幔（图18）；靠近墓门两侧的东南壁和西南壁绘孝义图；而东、西两壁，则分别绘奉侍图（图19）与备宴图（图20）。其中，奉侍图与备宴图中的两段墨书题记，明确交代了该墓的性质和建造时间——"长男秉彝造此寿堂"、"至顺二年五月十五日造"——等消息；其中还特别提到这个寿堂的主人李仪的生日——"正蕤宾节生"，以及他平素"严斋正五九月，又常怀济众之心，爱成人美事，故秉

---

① （元）无名氏：《中吕·迎仙客·五月》，隋树森编：《全元散曲》，北京：中华书局，1964年，1683页。
② （明）郑真：《荥阳外史集》卷92，《景印文渊阁四库全书》，第1234册，第550页上。
③ （清）《御定星历考原》卷3，《景印文渊阁四库全书》，第811册，第39页。
④ 同上引，第39页上。

图19 河北涿州元至顺二年李仪夫妇墓墓室东壁奉侍图壁画线描本

图20 河北涿州元至顺二年李仪夫妇墓墓室西壁备宴图壁画线描本

彝知父百千年后端居神道"的信息①。估计，蕤宾节在当时很有可能被视为建造寿冢的好时光之一。

至此，关于红峪村元墓壁画中的墓主夫妇像、孝子孝孙像，乃至备酒备茶图和鞍马图为什么采取了"挂画"的形式，看来只能被理解为画工用以缓解、消弭一套惯用的墓室壁画装饰题材与"寿冢"、"生圹"之类特殊墓葬之间矛盾张力的一个智慧的手段。因为壁画中的肖像挂画，即在着意强调主人们只是以"画"的形式出现的，其本人并不在墓中。这，或许也是书屏中，为何将《天净沙·秋思》词的末尾一句，改作"己独不在天涯"的原因所在。如前所述，该墓西距黄河60公里，属于偏僻的吕梁山地区，而且是位于红峪村村北3公里以外的一道山梁上，可见其周围环境至今依然比较荒僻。因此可以设想，当年该墓装绘期间或即将竣工之日，或许正当某个夕阳西下之时，画工（抑或是墓主人的家人）环视墓外的一派空寂清凉之景，再转观这座墓内的一堂"其乐融融"之象，心中不免悲喜交集，脑海里油然浮现出马致远那首脍炙人口的小令，于是在书屏上写下了："瘦藤老树昏鸦，小桥流水人家……"然而，他显然十分明了这座墓实际是一座为武庆夫妇防老的"生圹"或祈愿墓主人长命百岁的"寿冢"，于是便将原词的"断肠人在天涯"一句，改作"己独不在天涯"。毕竟，按照前文分析的图像话语逻辑和文字话语逻辑，画工于荒郊野外为这座墓画壁时，武庆夫妇显然仍在自己的家中，与儿孙们共享着天伦之乐。

---

① 河北省文物研究所、保定市文物管理处、涿州市文物保管所：《河北涿州元代壁画墓》，《文物》2004年第3期。有关该墓壁画文化内涵的讨论，可参看邹清泉：《"三教圆融"语境中的元代墓葬艺术——以李仪墓壁画为例》，《南京艺术学院学报》（艺术与设计版）2014年第2期。

余 论

综合以上讨论，我们不难得出以下认识：红峪村元墓并不是一座普通的墓葬，它是武庆夫妇的儿子们于一个具有特定文化意味的蕤宾时节（农历五月），为了表达对当时尚且健在的双亲的孝心，而特意为武庆夫妇预修的一座寿冢；虽说墓室壁画的"挂画"化已是金元时期墓葬装饰的一个显著趋势，但红峪村元墓壁画中的挂画却绝不止是对当时地上"画堂"的简单仿效，相反在更大程度上，它是画工应对"生茔"这类特殊墓葬的一套具有特定形式寓意的视觉表达方案——在并不改变当时墓葬装饰流行题材的前提下，这套"画中有画"的形式语言，有效地规避了画像将给人造成的人已入墓错觉，匠心独运地暗示出墓主人只是以"画"中影像的形式存在于墓中，而真实的主人并不在场。

当然，对红峪村元墓的上述认识，也给我们带来了几点有益的启示。其一，建造生茔寿冢的传统古来有之①，宋元时期更不乏其事。在现有考古发现中，仅是其中有文字明确题为"寿堂"的，就有北京地区的辽代韩佚墓②、四川成都、大足和荣昌的三座宋墓③、山西屯留康庄工业园元墓（M2）④，以及本文前面提到的河北涿州元代李仪夫妇合葬墓等；没有明言为"寿堂"的生茔，自然还有很多。从目前所掌握的材料看，宋元时期的生茔，除少数仍带有作为道教解注器的木人、石真和买地契⑤，在墓葬装饰方面，似乎很难看出与一般墓葬有何差别。而红峪村元墓，不见有任何与道教解注器有关的痕迹⑥，但画工却以"挂轴"的壁画形式来消解了"生"与"死"的矛盾，有效达成了对一座"生茔"的视觉化表述，因而可被视为对原有道教生茔话语的一次革新。这一革新尝试，无疑透露了当时涉及生茔营造的一些新的观念动态，值得在今后的研究中密切注意。其二，古人造墓，似乎是无时不可、无时不为的；但，红峪村元墓的营造日期，却为我们提供了一把打开其意义黑箱的有效钥匙，提示我们不同的时间有可能赋予墓葬以极不相同的意义。其三，这座墓葬的画中有画，以及画中肖像与木主等形式语言的有机变换⑦，无疑也

---

① 如：东汉赵岐"先自为寿藏，图季札、子产、晏婴、叔向四像居宾位，又自画其像居主位，皆为赞颂。"（《后汉书》卷64《赵岐传》，北京：中华书局，1965年，第2124页）；东吴范慎在武昌自造家，名长，作"长室"（《太平御览》卷547《礼仪部》三十八《冢墓》三，石家庄：河北教育出版社，1994年版，第5册，第378页）；西胡梁国儿，"于平凉作寿家，每将妻妾入冢饮谯。"（《晋书》卷118《载记·姚兴下》，北京：中华书局，1974年，第2996页）东魏傅永曾于北邙山买地数亩造坟，谓其子曰："此吾之永宅也。"（《魏书》卷70《傅永传》，北京：中华书局，1974年，第1554页）；等等。

② 黄秀纯等：《辽韩佚墓发掘报告》，《考古学报》1984年第3期。

③ 蒋美华：《四川大足县继续发现带精美雕刻的宋墓》，《文物参考资料》1955年第8期；四川省博物馆、荣昌县文化馆：《四川荣昌县沙坝子宋墓》，《文物》1984年第7期；成都市文物考古工作队：《四川成都市西郊金鱼村南宋砖室火葬墓》，《考古》1997年第10期。

④ 该墓建于元至元十三年（1276），第一次下葬的年代为至元二十二年（1285），至大德八年（1304）才最终完成合葬，显然是一座造于墓主人生前的生茔；其题记文字中有"受堂公韩赟"字样，估计其所谓的"受堂"，应系"寿堂"二字的笔误。参见山西省考古研究所、长治市文物旅游局等：《山西屯留县康庄工业园区元代壁画墓》，《考古》2009年第12期。

⑤ 从目前情况看，这类材料多出自南方地区的四川、贵州与江苏、江西等地。参见前引张勋燎、白彬：《中国道教考古》第5卷，第1384—1499页。

⑥ 该墓因为发掘前已被盗掘，有无随葬器物遗失的情况不得而知；但根据以往的发现，宋元时期一般社会阶层的墓葬随葬器物普遍很少。

⑦ 先是，山西文水北峪口的一座元墓和山西交城的一座元墓，也都发现过墓主夫妇画像中间带有长辈牌位的现象（见山西省文物管理委员会等：《山西文水北峪口的一座古墓》，《考古》1961年第3期；商彤流、谢光启：《山西交城县的一座元代石室墓》，《文物季刊》1996年第4期），可见与红峪村元墓属于同样的情况，所以也不排除为"生茔"的可能。

显现出当时画工乃至世人区分处于同一时空中的现实事物与非现实事物的图画智力,对于理解中国古代绘画之形式语言与符号学逻辑,更有弥足珍贵的启发价值。

(作者单位:广州美术学院人文学院)

家事与庙事

——9—14世纪二仙信仰中的女性活动*

易素梅

关于世俗女性宗教生活的研究，有助于我们重思构成中国传统社会基础的"家"与"庙"之间的关系。赵世瑜认为，虽然明清文人往往对世俗女性参与宗教活动持批评态度，但这些活动对女性而言其实具有走出家门、进行交往的社会意义。① 周轶群进而分析"家"的宗教内涵：一方面，男性文人为了捍卫儒家贞节观，强调家与庙的隔绝，将"家"塑造成相对于"外"的封闭的圣地；另一方面，实际上女性的宗教活动显示家与庙并非隔绝的空间，而是一个延续体。② 可见，学者不仅注意到"家/庙"关系与"内/外"关系密不可分，而且关注二者在文本与实践层面的意义。然而文本与实践的分析容易顾此失彼，唐宋、宋元之际的社会文化转型使之更显扑朔迷离，因此在进行个案分析之前，笔者将以此为线索，反思前贤的研究成果。

一、文本与实践中的"家/庙"关系

目前对中国古代"家/庙"关系的探讨，一般强调话语霸权体系的复杂多元性以及话语与实践的差异。多位学者以实证打破了女性在家谱类文本中不受重视的刻板印象，指出即便在主流话语体系中，女性于"家事"亦具不可或缺性。但是现有研究仍不时落入以一元性、普适性的父系制为特征的"中国宗族制"陷阱。③ 姻亲（母、妻、媳的本家与出嫁女的夫家）是巩固与延续家族地位的重要助力，重视女性谱系是中古谱牒最重要的特征之一。④ 唐宋之际，谱牒之学衰而复兴，旧士族之礼渐及新型士人、平民家族。重姻亲既具维系家族地位的现实意义，又是新、旧权贵家族地位的重要标识，姻亲仍然是谱牒类文本的核心内容。⑤ 学者已经注意到，宋代女性可任

---

* 本文为国家社会科学基金项目"宋元时期女性神灵的塑造研究"（14BZS023）成果之一。感谢匿名审稿专家的宝贵意见。
① 赵世瑜：《明清以来妇女的宗教活动、闲暇生活与女性亚文化》，《狂欢与日常：明清以来的庙会与民间社会》，北京：生活·读书·新知三联书店，2002年，第259～296页。
② Zhou Yiqun, "The Hearth and the Temple: Mapping Female Religiosity in Late Imperial China, 1550 – 1990," *Late Imperial China*, vol. 24, no. 2. (Dec. 2003), pp. 109 – 155.
③ 以父系制为中国宗族制恒久不变特点的观点受到学者质疑，参见 Patricia Ebrey, *Confucianism and Family Rituals in Imperial China*, Princeton: Princeton University Press, 1991, pp. 220 – 229；侯旭东：《汉魏六朝父系意识的成长与"宗族"》，《北朝村民的生活世界：朝廷、州县与村里》，北京：商务印书馆，2005年，第60～107页；包伟民：《唐宋家族制度嬗变原因试析》，《暨南史学》第1辑，广州：暨南大学出版社，2002年，第76～93页。
④ 参见陈爽：《出土墓志所见中古谱牒探迹》，《中国史研究》2013年第4期。
⑤ 参见 Beverly Bossler, *Powerful Relations: Kinship, Status, & the State in Sung China* (960 – 1279), Cambridge: Harvard University Press, 1998, pp. 12 – 24；饭山知保：《金元时期北方社会演变与"先茔碑"的出现》，《中国史研究》2015年第4期。

家长，宋人编纂族谱大多会著录男性族人的婚姻状况（母、妻的信息），对待女儿的信息则态度不一。但是，宋代理学家构筑的宗族制理念成为后世讨论家族制度的范本，学者往往误将个别理学家的宗族观、性别观等同于社会现实与实践，片面地根据理学家构筑的宗族制强调"夫权"的原则，断言宋代谱牒一般不书女性，或认为女性是宗族的附属物。①

有关"家事"的话语与实践之间的关系是研究者关注的另一领域，庙事、佛事等宗教实践则是这一领域的突破口。20世纪90年代，学者以女性丰富的宗教活动质疑以"家内"角色为主的传统女性形象。邓小南指出信佛对士人家族女性而言是一种排遣内心寂寞、宣泄个人情感、忘却尘世纷扰、寻求心境的安宁与超脱的方式。② 研究者固然试图将有关"家事"的话语与实践区分开来，但是对二者的认识仍然停留在"专心家事/逃离家事"的二元对立结构之内。

"专心家事/逃离家事"的对立意味着家事与庙事、话语与实践的对立，实则将庙事中的女性抽离出她们所处的家庭、社会环境，不去追究她们以及书写她们的男性化解家、庙之间张力的能动性，不去考察话语的协商性、策略性及其与实践之间的勾连。早期女性结社研究集中体现出这种困境。敦煌、吐鲁番出土文书中有珍贵的北朝至宋初世俗女性（间或夹杂女尼）结成"女人社"的资料传世，北朝造像记中也有世俗女性"邑母"与僧人组成乡村义邑并且担任"维那"（总理诸事者）的记载。邓小南、郝春文强调女性的经济地位、宗教信仰、志趣爱好、性别意识是形成女人社的重要因素；刘淑芬则强调作为邑母的北方女性在家内地位（特别是经济地位）比南方要高，而且北方城乡女性普遍有活跃的社会组织能力。③ 姑不论南、北女性的经济地位、社会组织能力高下，结社女性可以无视她们的男性亲属、邻里乃至社会吗？为何众多男性书写者"无视"女主内的原则？家事与佛事边界的可协商性以及女性、男性书写者在其间的能动性被忽视。因此，即便出土材料显示女性在家外活跃的信仰活动，学者也无法解释女性在家内、外迥然不同的面相，遑论男性书写者对待"家/寺"关系飘忽不定的态度。

走出"家/寺"、"家/庙"对立困境的第一步是反思"对立"语境的形成。杜德桥（Glen Dudbridge）、高万桑（Vincent Goossaert）等人指出，明清笔记、小说、政令往往将女性拜庙等活动描述为充满色情诱惑与骗局的危机之旅，或是指斥女性的参与会亵渎圣地。④ 何复平（Mark Halperin）则指出，宋代墓志铭作者往往接受、肯定女性墓主人在家吃斋念佛的行为，却较少记载她们参加公共慈善事业的活动，说明这类记载容易使她们受到质疑：对夫家不尽心、不够忠诚以及跨越内外的阈限。⑤ 上述研究显示文类以及书写者立场的差异深刻影响着文本所呈现的女性形象，造成文本中偏离实践的家与寺庙的对立。

家、庙"兼容"语境的形成应是学者研究的下一个目标。有关家事与佛事关系的研究可资借鉴。何复平揭示了宋代女居士墓志铭作者处理墓主家事与佛事之间张力的策略和动机：一方面，

---

① 参见王善军：《宋代宗族和宗族制度研究》，石家庄：河北教育出版社，1999年，第41～43、160～161、281～284页。
② 参见邓小南：《宋代士人家族中的妇女：以苏州为例》，《国学研究》第5卷，北京：北京大学出版社，1998年，第519～556页。
③ 参见邓小南：《六至八世纪的吐鲁番妇女：特别是她们在家庭以外的活动》，《敦煌吐鲁番研究》第4卷，上海：上海古籍出版社，1999年，第215～237页；郝春文：《再论北朝至隋唐五代宋初的女人结社》，《敦煌研究》2006年第6期；刘淑芬：《五至六世纪华北乡村的佛教信仰》，《"中央研究院"历史语言所集刊》第63本第3分，1992年，第497～544页。
④ Vincent Goossaert, "Irrepressible Female Piety: Late Imperial Bans on Women Visiting Temples," *NanNü*, vol. 10, no. 2 (Sep. 2008), pp. 212–241; Glen Dudbridge, "Women Pilgrims to T'ai Shan: Some Pages from a Seventeenth-Century Novel," in Susan Naquin and Chun-fang Yu eds., *Pilgrims and Sacred Sites in China*, Berkeley: University of California Press, 1992, pp. 39–64.
⑤ Mark Halperin, "Domesticity and the Dharma: Portraits of Buddhist Laywomen in Sung China," *T'oung Pao*, vol. 92, no. 1 (Aug. 2006), pp. 50–100.

墓志铭书写采取变"佛事"为"家事"的策略，如女性念佛被描述为不仅不妨碍家事，还会使其更专注于家事；另一方面，北宋后期墓志铭出现女性弃家事而兴佛事的描写，是因为女居士恬淡自处的美德成为因党争而遭贬黜的士人自身道德理想的投射。① 对男性书写策略与动机的考察逐步将"家/寺"关系嵌入历史情境，因而带动对政治文化等相关研究领域的再思考。对"家/庙"关系的考察也应如此。

对世俗女性宗教生活的研究虽有令人振奋的突破，但是对庙事主体、书写者阶级性与历史性的探讨尚未提上日程，对家、庙衔接方式的考察尚未真正落实到基层实践，有关"家/庙"对立的话语体系中的歧见尚未获得重视。对北朝佛教造像记的初步研究显示，母、妻、女的姓名频频出现在士族、平民个人或家庭的铭记之中②，说明时人赞同女性参与庙事；国家、士人一致抨击参与佛事、庙事的女性，是晚出现象。唐宋时期，一场以建立地方性"社/祠庙"体系为目标的运动拉开序幕，它以国家控制为表征，以世俗平民而不是世家大族或僧道为主力。③ 但是，学者在解释家族制度转型、基层宗教与社会组织变迁时，往往忽视这场组织形态难以被归纳的运动，遑论其中比比皆是的女性。造像记、祠庙题记等基层民众撰写的文本尚未与文人著述、官方政令对照来看，三者呈现女性形象之间的异同亦未得到合理解释：造成这些异同的原因究竟是历史的因素（女性的阶级、地域、族群等）还是历史书写的因素（文类、写作目的、预设读者群等）？即便家、庙衔接的现象在中国历史上持续存在，唐宋时期家族、宗教制度业已改变，联结家、庙的方式何以不变？

作为研究家事与庙事关系的个案，兴起于 9 世纪、流行于晋豫之交的乐氏姐妹二仙信仰题记具备显著优势。二仙庙现存 9—14 世纪 29 种庙记、题名记（敕牒、题诗碑除外），其分布跨越晋东南、豫北 16 个村庄④，其性质比较多元。因阶级、性别偏见，村民、女性的题记一般较易散佚。但是，二仙庙题记书写者包括官员、文人、村民，庙事规模包括单个村社及跨州县村社联盟，参与女性的身份包括个体及家族、村社、女人社成员。在与该地区石刻材料、以往研究较为集中的士人书写进行对比之后，二仙庙有助于理解该地区女性宗教生活的历史变迁。

在具体考察家族、村社如何呈现家、庙之间的女性前，有必要对祠神形象与女性庙事活动的关联略作交待。二仙信仰的兴起与中央、地方官府的扶持有关，更与民众在战火等困境中的自助自救有关。唐末至北宋，晋豫之交是李克用集团对唐，后周对北汉，宋对北汉、辽、西夏用兵的军事要地，生平不详的二仙被塑造为能保境安民的女神，而二仙作为孝女的形象迟至金代才正式

---

① Mark Halperin, "Domesticity and the Dharma."
② 参见石越婕：《北魏女性佛教造像记整理及研究》，硕士学位论文，中山大学哲学系，2016 年，第 15～17 页；邵正坤：《造像记中所见的北朝家庭》，《西安欧亚学院学报》2012 年第 1 期。
③ 参见雷闻：《郊庙之外：隋唐国家祭祀与宗教》，北京：生活·读书·新知三联书店，2009 年，第 250～276 页；皮庆生：《论宋代的打击"淫祀"与文明的推广》，《清华大学学报》2008 年第 2 期；孟宪实：《敦煌民间结社研究》，北京：北京大学出版社，2009 年，第 66～76 页；郝春文：《东晋南北朝时期的佛教结社》，《历史研究》1992 年第 1 期。
④ 9—14 世纪二仙庙今存 13 处遗址：山西省长治市有古墟任村（今壶关县树掌镇森掌村）、某村（今壶关县树掌镇神南村）、隆德府壶关县某村（今壶关县树掌镇神郊村）、壶关县□阳乡归善□归善上庄（今壶关县五龙山乡归善村）4 处，山西省晋城市有泽州高都县移风乡招贤管某村（今泽州县柳村镇东中村）、泽州招贤管崔家社（今泽州县金村镇东南村）、晋城县莒山乡司徒村/举义乡丁壁村（今高平市河西镇岭坡村）、某村（今高平市北诗镇南村）、高平县东秦赵二庄（今高平市南城街道办事处南赵庄）、泽州陵川县某村（今陵川县平城镇苏家湾村）、潞城乡某村（今陵川县附城镇小会岭村）、泽州陵川县鸡鸣乡鲁山村（今陵川县崇文镇岭常村）、某村（今陵川县礼义镇西头村）9 处。另有 3 处二仙庙已知在高平县南张庄/李门之间（今山西省高平市内）、河内县赵寨（今河南沁阳境内）、大名路浚州西阳涧村（今河南浚县境内），今不存。

确立。① 二仙因孝成仙的传说蕴含对权威的服从与抗争两股力量，对男女、士庶均具吸引力。金大定五年（1165），前南京路兵马都总管判官、陵川人赵安时《重修真泽二仙庙碑》（《9—14世纪晋豫之交二仙庙题记表》15，以下直接注明编号）记载，二仙竭尽全力而未能完成继母无理、严苛的指令，于是孝感升仙。换言之，二仙以死抗争继母乃至沉默的父亲，"子孝"伴随"父慈"的缺失而终止。二仙形象的内部张力及其象征意义可为不同性别、阶层的信徒提供精神力量，但不能简单断言它对女性活动有无影响。

二、二仙庙题记的书写方式

祠庙立碑的传统至迟可以追溯至汉代。早期祠庙碑刻立于祠神墓前或庙中，显示它们与墓碑的密切关联，而立碑纪功原本是王侯将相的特权。现存早期地方性神灵碑刻的内容以叙述神灵身世、灵验故事为主，出资立碑者、灵验见证人多为士族、道士、巫觋。② 从佛教造像记中比比皆是的平民题记来推测，中古参与祠庙信仰的平民或许也曾留下题记。但是，唐以前国家祀典体系尚未正式确立，加之朝廷、官府屡次打击淫祠，即便士族撰写的祠庙碑记亦大多不存，平民题记更为罕见。③

无论是从石刻形制还是从参与者的呈现方式来看，9—14世纪二仙庙题记的书写方式均发生了转变。石刻的形制呈现多样性：除10、19、25、26情况不明之外，有形制完备的碑（圭形，额、题俱备，如1—5、11、15、20—23、27—29），形制不全的碑（矩形，缺额或题，如8、9、17、18），亦有器物（6刻于燋财盆）、建筑构件（7刻于石柱，12、24刻于门楣，13刻于须弥座，14、16刻于基阶）。石刻形制的多样化折射出石刻功能与立石者身份之间的关联及其变化。

---

① 参见罗丹妮：《唐宋以来高平寺庙系统与村社组织之变迁——以二仙信仰为例》，《历史人类学学刊》第8卷第1期，香港：香港中文大学出版社，2010年，第107～159页；易素梅：《战争、族群与区域社会：9至14世纪晋东南地区二仙信仰研究》，《中山大学学报》2013年第2期；宋燕鹏：《晋东南二仙信仰在唐宋时期的兴起：以碑刻资料为中心》，《社会科学战线》2014年第11期。

② 参见宫川尚志：《水經注に見えた祠廟》，《東洋史研究》1939年第5卷第1期，第21～38页；Patricia Ebrey,"Later Han Stone Inscriptions," *Harvard Journal of Asiatic Studies*, vol. 40, no. 2 (Dec. 1980), pp. 325 – 353；施舟人：《历经百世香火不衰的仙人唐公房》，林富士、傅飞岚编：《遗迹崇拜与圣者崇拜》，台北：允晨文化实业股份有限公司，2000年，第85～100页；程章灿：《从碑石、碑颂、碑传到碑文：论汉唐之间碑文体演变之大趋势》，《唐研究》第13卷，北京：北京大学出版社，2007年，第419～436页；易素梅：《宋代孝女文化转型论略：以曹娥与朱娥并祀为中心的历史考察》，《中山大学学报》2016年第6期。

③ 参见雷闻：《郊庙之外：隋唐国家祭祀与宗教》，第250～276页。

9—14 世纪晋豫之交二仙庙题记表

编号	刻石年代	庙址	著作人	碑额、题（拟题）	村民头衔	出处
1	乾宁元年（894）	古墟任村	乡贡进士张瑜撰，都虞候司十将冯□书	额□当兴□君堆记，题大唐广平郡乐公之二女灵圣通仙合葬先代父母有五瑞记	村人、镌匠	胡聘之：《山右石刻丛编》卷9，台北：新文丰出版社，1979年，石刻史料新编本，第20册，第15129～15130页；刘泽民、李玉明、王雅安编：《三晋石刻大全·长治市壶关县卷》，太原：三晋出版社，2014年，第10～11页
2	显德三年（956）	泽州陵川县	西□人赵如游撰	额乐氏二神仙圣德之碑，题大周潞州大都督府泽州陵川县龙川、普安、鸡鸣等三乡共造二圣神碑并序	老人、乡批书、录事、里正	刘泽民、王立新编：《三晋石刻大全·晋城市陵川县卷》，太原：三晋出版社，2013年，第6～8页
3	开宝八年（975）	（今壶关县树掌镇神南村）	县令、主簿立石	额重建二圣之碑，题重建二圣碑铭并序	都维那	刘泽民、李玉明、王雅安编：《三晋石刻大全·长治市壶关县卷》，第16～17页
4	大中祥符五年（1012）	隆德府壶关县（今壶关县树掌镇神郊村）	前代州军事推官张仪凤撰，壶关县令刁志仓篆额，主簿李□书	额情况不明，题再修壶关县二圣本庙记	邑首都维那	冯俊杰：《山西戏曲碑刻辑考》，北京：中华书局，2002年，第1～8页
5	嘉祐四年（1059）	泽州高都县移风乡招贤管	知县、录事举意立碑	额修二仙行宫碑，题大宋国泽州高都郡晋城县移风乡招贤□神禅长老重兴二仙行宫记	乡录翁/首领人、管社知事老人、副乡首领同意人纠司	刘泽民、王丽编：《三晋石刻大全·晋城市泽州县卷》，太原：三晋出版社，2012年，第29～30页
6	熙宁四年（1071）	潞城乡	无	无（二仙庙燎财盆记）	乡录翁、（乡）纠司、神官、庙子、石匠、博士	实地考察

续表

编号	刻石年代	庙址	著作人	碑额、题（拟题）	村民头衔	出处
7	不详	泽州招贤管崔家社（今泽州县金村镇东南村）	无	无（王安一家题记）	税户	刘泽民、王丽编：《三晋石刻大全·晋城市泽州县卷》，第39页
8	崇宁五年（1106）	同7	无	无额，题二仙铭记	老人、维那、村众、客户、乐人	刘泽民、王丽编：《三晋石刻大全·晋城市泽州县卷》，第41页
9	大观元年（1107）	同7	苟显忠撰	额二仙庙记，无题	都/副维那、维那	乾隆《凤台县志》卷13，《中国地方志集成·山西府县志辑》，第37册，南京：凤凰出版社，2005年，第259～260页；晋城市地方志丛书编委会：《晋城金石志》，北京：海潮出版社，1995年，第367～368页；刘泽民、王丽编：《三晋石刻大全·晋城市泽州县卷》，第42页
10	政和元年（1111）	同4	壶关县令李元儒撰，县尉武栋立石	已泐（二真人封号记）	无	乾隆《潞安府志》卷29，南京：凤凰出版社，2005年，《中国地方志集成·山西府县志辑》，第31册，第21页；道光《壶关县志》卷9，《中国地方志集成·山西府县志辑》，第35册，南京：凤凰出版社，2005年，第118～119页
11	政和七年	同7	霍秀西社卫尚撰，招贤西社王重书	额二仙庙记，题新修二仙庙记	都维那、副维那、老人、女弟子	刘泽民、王丽编：《三晋石刻大全·晋城市泽州县卷》，第45页
12	正隆二年（1157）	晋城县莒山乡司徒村	无	无（众社民户施门一合题记）	纠司、石匠、木匠	刘泽民、李玉明编：《三晋石刻大全·晋城市高平市卷》，太原：三晋出版社，2011年，第31页

续表

编号	刻石年代	庙址	著作人	碑额、题（拟题）	村民头衔	出处
13	正隆三年	举义乡丁壁村（同12）	陇西刘涧书	题举义□仙□□村重修献楼□□记	长老、石匠、木匠	王潞伟：《高平西李门二仙庙方台非"露台"新证》，《戏剧》2014年第3期
14	大定三年	同13	乡贡进士魏□年隅记	题举义乡丁壁村砌基阶记	老人、保录事	实地考察
15	大定五年	泽州陵川县鸡鸣乡鲁山村	前南京路兵马都总管判官赵安时撰，中靖大夫潞城县上骑都尉、太原县开国子王良翰书，都维那张举同化缘人赵达立石	额重修真泽之碑，题重修真泽二仙庙碑	维那、化缘人、邑婆	胡聘之：《山右石刻丛编》卷20，第20册，第15392～15394页；雍正《泽州府志》卷46，《中国地方志集成·山西府县志辑》，第32册，南京：凤凰出版社，2005年，第537～538页；晋城市地方志丛书编委会：《晋城金石志》，第380～383页；刘泽民、王立新编：《三晋石刻大全·晋城市陵川县卷》，第21～22页
16	大定十二年	（今高平市北诗镇南村）	无	无（本村维那甃基地题记）	维那	刘泽民、李玉明编：《三晋石刻大全·晋城市高平市卷》，第35页
17	大定二十一年	同15	陵川县主簿王禧撰	无（祈雨灵验题记）	无	刘泽民、王立新编：《三晋石刻大全·晋城市陵川县卷》，第25页
18	崇庆二年（1213）	（今陵川县礼义镇西头村）	张振铎书丹，里人秦彦立石	无（祈雨灵验题记）	维那、水官、主首、里人	刘泽民、王立新编：《三晋石刻大全·晋城市陵川县卷》，第34页
19	蒙古国庚子年（1240）	高平县南张庄、李门之间①	李俊民撰	题重修真泽庙碑	无	李俊民：《庄靖集》卷9，影印文津阁《四库全书》本，第1195册，北京：商务印书馆，2006年，第120～121页
20	蒙古国丁未年（1247）	同15	鹤鸣老人李俊民撰、书，李真书丹篆额，张重信立石②	额、题重修真泽庙记	无	刘泽民、王立新编：《三晋石刻大全·晋城市陵川县卷》，第35页

① 李俊民：《庄靖集》卷8《重修悟真观记》，影印文津阁《四库全书》本，第1195册，第112～113页。
② 原碑仅题鹤鸣老人撰，据李俊民撰《新修会真观记》，鹤鸣老人即李俊民。（刘泽民、王丽编：《三晋石刻大全·晋城市泽州县卷》，第95页）

续表

编号	刻石年代	庙址	著作人	碑额、题（拟题）	村民头衔	出处
21	至元七年（1270）	同4（在22反面）	上党宋渤记及书，邑人李泽民题额	额真泽庙记，题重修真泽庙记	里人、邑人、木匠、石匠、瓦匠	《山右石刻丛编》卷25，第20册，第15520～15521页；道光《壶关县志》卷9，《中国地方志集成·山西府县志辑》，第35册，第124页；冯俊杰：《山西戏曲碑刻辑考》，第69～75页；刘泽民、李玉明、王雅安编：《三晋石刻大全·长治市壶关县卷》，第22～23页
22	至元七年	同4（在21反面）	乡贡进士韩仲元撰，乡贡进士刘天祐书、篆，北城头司英□立石	额真泽庙记，题重修真泽庙记	耆宿、石匠	《山右石刻丛编》卷25；冯俊杰：《山西戏曲碑刻辑考》，第69～75页；刘泽民、李玉明、王雅安编：《三晋石刻大全·长治市壶关县卷》，第24～26页
23	至元二十一年	高平县东秦、赵二庄	高平县儒学教谕韩德温撰，长平进士董怀英篆额并书丹，守庙者秦全同妻庞氏立石	额、题重修真泽庙记	老人、纠司、社长、奥鲁长	刘泽民、李玉明编：《三晋石刻大全·晋城市高平市卷》，第58～59页
24	至大三年（1310）	壶关县□阳乡归善□归善上庄	无	无（重修前檐挟殿记）	（都）维那、石匠、瓦匠	刘泽民、李玉明、王雅安编：《三晋石刻大全·长治市壶关县卷》，第29页
25	延祐七年（1320）	河内县赵寨	本寨常思明篆额，天党郡乡贡进士陈宾道撰文并书丹	额、题情况不明（重修真泽庙记）	耆老人、社首、里人、维那	道光《河内县志》卷21《金石志补遗》，《中国地方志丛书》，台北：成文出版社，1975年，第475册，第1051～1057页
26	泰定元年（1324）	大名路浚州西阳涧村	河西陇北道肃政廉访司经历梁枢撰，彰德路临漳县儒学教谕男梁克燧篆额并书，土民梁安立石	额情况不明，题元大名路浚州西阳涧村二真人纪德碑记并铭	土民	陈垣、陈智超、曾庆瑛：《道家金石略》，北京：文物出版社，1988年，第1161～1162页；嘉庆《浚县志》附金石录卷3，《中国地方志丛书》，第493册，第1317～1322页

编号	刻石年代	庙址	著作人	碑额、题（拟题）	村民头衔	出处
27	至元五年（1339）	高平县举义乡话壁村（同16）	郭良撰，张彦书，李从道额，社长秦弘、乡司郭良立石	额重修二圣庙记，题大元国泽州高平县举义乡话壁村翠屏山重修真泽行宫之记	社长、乡司、总维那、庙官、木匠、都料	刘泽民、李玉明编：《三晋石刻大全·晋城市高平市卷》，第79～80页
28	洪武二年（1369）	同15	维杨儒士吴善撰并书丹，陵川县儒学教谕张韶题额	额、题陵川县二仙感应碑	不明	刘泽民、王立新编：《三晋石刻大全·晋城市陵川县卷》，第45页
29	洪武十八年	同15	陵川县儒学训导乔宣撰，儒学生吴臬书丹并篆额	额重修真泽之碑，题重修真泽二仙庙记	不明	刘泽民、王立新编：《三晋石刻大全·晋城市陵川县卷》，第46～48页

石刻形制与立石人的阶级属性有关。地方官为辖地二仙庙出资立碑或撰记、书丹、篆额，其碑大多形制完备（仅17例外）。除了纪念二仙获得赐封的碑石（10），它们集中分布在唐末、五代、宋初、明初（1至5、28、29），旨在为处于国家性或地方性重大历史事件（改朝换代、战争）中的官员记功。[①] 其他涉及官员的碑刻虽为平民记功（如待阙或退休官员为乡人撰书，地方官吏作为监管人在记文末尾署名），形制亦完备（11、15、20～23、27，仅18例外）。完全不见官员的题记有10例（6～9、11～14、19、24），大多刻于器物、建筑构件、形制不全的碑石。平民创作、为平民记功的题记增多，是宋以后二仙庙题记书写最显著的变化。

创作题记的平民大多不以文学见长，读者主要是当地村民。政和七年记（11）碑石与清朝县志录文在内容、形式上存在较大差异，当与碑文收入县志时被删改有关。县志编纂者大概不满原文措辞粗鄙、毫不关心二仙对国家的贡献，因此据后出文献补入二仙助宋抗夏的事迹。碑石在"传"字旁注明声调"平"、"上"，显示庙记预设的读者是粗通文字的村民。碑刻不仅是村民记录自己建庙缘由与经过的媒介，或许还充当他们习字的读本。

以家、社为中心，二仙庙题记趋向凸显村社组织领袖、平民家族在庙事中的贡献。无论参与者来自单一聚落还是同乡、跨越州县的多个聚落，"社"成为他们认同的最基本的地缘、信仰合一的组织单位。[②] 题名显示村民一般以村、庄、邑等聚落为单位建社，有的村落可能分设二社。如有必要，则冠以管、乡、县、州、路等政区名称加以标识。信徒题名较少使用官方设立的基层管理职位头衔，胥吏（县衙录事、列曹、乡批书、乡司等）、乡村行政管理人员（里正、社长

[①] 参见宋燕鹏：《南部太行山区祠神信仰研究：618—1368》，北京：中国社会科学出版社，2015年，第125～128页；易素梅：《战争、族群与区域社会：9至14世纪晋东南地区二仙信仰研究》，《中山大学学报》2013年第2期。

[②] 关于"社"的含义，可参见杜正贞：《村社传统与明清士绅：山西泽州乡土社会的制度变迁》，上海：上海辞书出版社，2007年，第7～13、254～261页。

等）等头衔主要出现在官员出资或者监管的石刻（2、23、25、27）。① 相形之下，"老人"（又称耆老、长老）等民间社会领袖以及祠庙、私社管理人员名称（维那、纠司、录翁、化缘人、庙官等）更受青睐（2、5、8、11、13、14、22、23、25）。② 至迟到五代，各村村民已在老人率领下，以特定二仙庙为中心，跨乡结成祭祀联盟。秦汉以来，因为老人谙熟民事，兼具调解仲裁、慈善救济的能力，他们既是村民的代表，又是官府管理基层社会的重要助力。③ 然而唐以前，晋豫之交石刻材料中较少出现作为自我身份认同标签的"老人"，这种历史书写的变化显示刻石立碑成为地方社会精英树立权威的新手段。

一社之内偶或使用官方户籍分类名称，显示乡村社会的等级性与祠庙信仰整合地方社会的功能。崇宁五年记（8）依次记泽州招贤管崔家社"老人"、"维那"、"村众"、"客户"、"乐人"若干；该庙后殿东石柱上有"孔亭社税户"一家题名记（7）。税户、客户是宋代法律文书中对有、无常产人户的称谓。④ 宋元时期，虽然宫廷教坊部分乐人可以转官，但是州县乐人隶属乐籍，当为贱民。⑤ 税户、客户、乐人栏目的设立显示有产者对无产税者、平民对贱民的优越感，大概也为标识他们在庙事中的贡献大小与权益高下。不过，客户、乐人并没有因为无产税、身份低贱而被排除在题名之外，显示出祠庙信仰整合社会各阶层的作用。

从修建二仙庙的融资、施工过程来看，记功方式逐渐从分摊实物、实务转向划分份额、折算钱钞，这有助于明确各村社、各社员之间的权利关系。9—12世纪，捐助者主要通过施财、施料、施力等方式参与建庙。碑刻中除了少数捐助者以特殊贡献（如施舍田地、金箔等重要物资或者独自承包塑像、翻瓦等较大工程）而被单独列出，其他捐助者的贡献往往略去不书。至元代，则出现"验元定老人分数计费鸠工"的建庙形式以及列举各人捐银钞数目的记录（23、27）。根据经济贡献标识各村社、各社员的权利和地位正逐渐成为民间成文惯例，有利于富民通过施财在地方建立权威。

与其说宋以前二仙庙庙事由官吏而不是平民主导，不如说唐宋时期贵族社会向平民社会的转变，导致题记书写方式的转型，平民得以在历史中发声。对家族谱系的记录同样体现世族体制扩及平民的趋势。唐末、五代二仙庙题名记中家族谱系信息不显；宋以后，题名记逐渐成为地方势力记录亲属关系、家族谱系的重要方式。显德三年记（2）盛赞朝廷派遣至陵川镇使臣的家世背景，称其为"簪缨□户，钟鼎朱门"，却并未列举他的家族成员姓名。宋以后二仙题记中不时出现当地有影响力的平民家族谱系信息，家族谱系书写的焦点从远代祖先的门第、官爵转向现世子嗣的亲属关系（7—9、11—12、15、20、22、23、25—27）。

这种书写方式的改变亦体现于晋豫之交出土墓志铭、墓碑。五代宋初，世族凋零殆尽，起自草莽的新贵一方面仰视旧贵族的家门声誉，企图照搬挪用他们标榜家世的话语体系（如郡望），

---

① 参见张国刚：《唐代乡村基层组织及其演变》，《北京大学学报》2009年第5期；杜文玉：《唐五代州县内部监察机制研究》，《江西社会科学》2013年第2期；王棣：《从乡司地位变化看宋代乡村管理体制的转变》，《中国史研究》2000年第1期；杨讷：《元代农村社制研究》，《历史研究》1965年第4期。

② 关于社内管理人员名衔的研究，可参见郝春文：《东晋南北朝佛社首领考略》，《北京师范学院学报》1991年第3期。

③ 参见堀敏一：《中国古代の家と集落》，东京：汲古书院，1996年，第185页；侯旭东：《北朝"三长制"》，《北朝村民的生活世界：朝廷、州县与村里》，第108～133页；梁庚尧：《豪横与长者》，《新史学》（台北）1993年第4卷第4期，第45～95页；柳田节子：《宋代の父老》，《东洋史学报》第81卷第3号，1999年，第293～318页；杜芝明、张文：《长者与宋朝地方社会》，《云南社会科学》2011年第2期；高柯立：《宋代的粉壁与榜谕：以州县官府的政令传布为中心》，邓小南主编：《政绩考察与信息渠道：以宋代为重心》，北京：北京大学出版社，2008年，第411～460页。

④ 参见王曾瑜：《宋朝阶级结构》，北京：中国人民大学出版社，2009年（1996年初版），第12～13页。

⑤ 参见项阳：《山西乐户研究》，北京：文物出版社，2001年，第13～17页。

宣称"李氏先祖上望陇西郡人",董氏之先宗来自"渭州陇西郡";另一方面,旧有的以记录祖先官爵为主的谱系书写方式已不适用于平民家族。墓志往往称墓主先祖因"官"迁至现居地,却不能说明他们曾任何官,墓主祖、父又显然不仕。有的坦陈墓主"本非贵族",或"自十世为丰厚之农民也"。为了显示他们并非"寒微",墓志转而注重记录现世子嗣的成就和谱系(子、孙以及他们的配偶等)。繁盛的亲属关系本身就成为家世兴旺的表征,因此墓志等材料中的家族谱系往往也包括旁系宗亲(兄弟、侄子等)与姻亲(女婿、姊妹及其夫婿)。①

最后,二仙庙题记书写方式的平民化转型,还表现为专业化宗教人士在庙事中被呈现为辅助性角色。巫觋虽然是迎神赛会等祠庙仪式的重要承担者(1、15),但是题记不书其名,不予重视。② 乡人尊重僧(5)、道(21、23、26)。特别是道士,不仅帮助修庙,而且以道教观念丰富乡人对二仙的想象。但是,佛、道仪式并未取代祠庙杀牲献祭的传统,僧、道亦不能取代村民作为立石人、灵验见证人、出资出工者的主导角色。③

总之,无论从石刻形制还是从参与者的呈现方式来看,二仙庙题记书写方式均体现出平民化转向。有关家、社的书写变化表现为呈现平民之间亲属、权力关系的方式日益丰富:平民家族谱系开始见诸题记;村社管理人员题名凸显乡村社会精英(如老人)的地位;信众偶以官方户籍类别划分等级,元代则出现以更精确的经济手段确立社员之间责任与义务的题名方式。以下从家、社两方面分述这一转向与女性的关联。

三、关于家、族之中女性的书写与实践

北宋后期,二仙碑刻中涌现诸多平民家、族的信息,反映出家族组织方式、观念的转变。首先,依靠荐举制、门第观念维系的士族逐渐被平民家族所取代。参与二仙信仰的家、族没有显赫的家世,并未孕育官僚,亦不以读书为培养子弟的主要手段。其次,平民家族在沿袭士族注重血亲、姻亲等发展策略的同时,开发出多元化的家族管理与组织方式。他们选择性吸收理学家提倡的小宗之法;他们联合投资建庙,其延续与发展的模式显现出与强调父系原则的儒家理念不尽相同的特点。在家与庙之间,女性发挥着不可或缺的作用,家族与村民也认可她们在其中的地位。

新型平民家族利用祠庙信仰维系自身地位,以绵延二百余年的泽州陵川县鸡鸣乡鲁山村张氏宗族最为成功。11世纪,张氏一族创建二仙庙,具体经过已不可考。此后,二仙庙先后毁于宋金、金元之际战火。两次重修中,张氏一直是投入资财、土地、劳力最多的家族。据大定五年碑记(15),二仙庙毁于红巾军,张氏第四房始祖张志率领子侄择地重修。第二代张举、张愿作为

---

① 唯一的例外是今高平市三甲镇邢村承安二年《邢氏宗族墓铭》,以石浮图、佛堂碑证明从魏到开元高平邢氏来源、祖先历史。(刘泽民、李玉明编:《三晋石刻大全·晋城市高平市卷》,第37~38页)唐至金,晋东南平民墓志多出土于长治县,见《唐故处士范君(澄)夫人韩氏墓志铭》、《大周故公士田君(德)志铭》、《唐故隰州司马董君(师)墓志》、《大汉故董府君墓志铭并序》、《大宋故李府君(进祖)墓志铭并序》、《大宋故冯府君墓志铭并序》、《宋圣记苗村坐化郭氏(清)碑并序》、《宋故隆德府上党韩君(习)墓志并序》、《金故申公(宗)墓铭》,刘泽民、李玉明、贾圪堆编:《三晋石刻大全·长治市长治县卷》,太原:三晋出版社,2012年,第11、21、23、39~40、43、44~45、46~47、48~49、53~54页;宣和二年王用石棺铭,刘泽民、李永红、杨晓波编:《三晋石刻大全·晋城市城区卷》,太原:三晋出版社,2012年,第24页。

② 林富士:《汉代的巫者》,台北:稻乡出版社,1999年,第27~42页;林富士:《"旧俗"与"新风":试论宋代巫觋信仰的特色》,《新史学》2013年第4期,第1~54页;王章伟:《在国家与社会之间——宋代巫觋信仰研究》,香港:中华书局,2005年,第29~37页。

③ 易素梅:《道教与民间宗教的角力与融合:宋元时期晋东南地区二仙信仰之研究》,《学术研究》2011年第7期。

"都维那"继承张志遗志,"先舍资财,次率化于乡村及邻邑"。他们的堂兄弟们"独办后殿塑像","重龘瓦前殿",增施神山周围的土地。最后,修成"正大殿三间,挟殿六间,前大殿三间,两重檐梳洗楼一坐,三滴水三门九间,五道、安乐殿各一坐,行廊前后共三十余间"。据蒙古国丁未年庙记(20),金元之际,张氏一族外出逃难。战火平息之后,张氏返回故里,从戊戌年(1238)开始,花费十年重修二仙庙,其中第六代张昌续施神山西松岗一所。鲁山村二仙庙的历史与张氏家史交织在一起,集中体现在祖先、宗族谱系、地方关系网络三方面。

(一) 祖先

祖先既是曾经祭祀家族庇护神的主体,也因与二仙的关联在后世成为祠庙传统的一部分。宋元时期,儒士企图以儒教改造祠庙信仰。然而伴随祠庙体系的确立,家事与庙事的结合有助于平民家族的发展,女性祖先凭借庙事得以在家史、庙史中留名。

张氏宗族是否在二仙庙内供奉祖先牌位已不可考。树立在庙内、记载祖先事迹以及族人姓名的庙记、题名碑应该给每一位拜庙的族人带来荣耀感、归属感。丁未年庙记称张氏子孙"事如家庙"。张氏家族并未孕育高官,因此原则上不应享有高级官员才具备的修建家庙的特权。[①] 张氏施舍的山地是否用作赡坟田,亦不可考。[②] 二仙庙大概为张氏宗族提供祭祖的场所与资源,因此被谀赞为家庙。

祖先庙事活动的呈现与现世子孙的价值观念直接相关。伴随儒家观念在基层社会的普及,人们相信男性才具有祭祀祖先、家族庇护神的资格。大定五年、丁未年张氏题名均以各房男性最长者并列为始祖。至治二年,大名路浚州西阳涧村梁安为了答谢二仙送孙,求得河西陇北道肃政廉访司经历梁枢撰文,其子彰德路临漳县儒学教谕梁克燧篆额并书。碑文(26)称,

> 土民梁氏,昔年夜梦二真人抱送一孙,且云:"庙庭树石,以纪其德。"良为骇窹,未期遂得一孙男,今已二载。门深阴德,故有吉□之符;神达玄□,遂显灵通之兆。《诗》、《书》云"作善降之百祥",又"吉梦维何,维熊维黑"。"男子之祥。"信不诬矣。盖神不歆非类,当以致敬服亦宜哉!故孔子言:"敬鬼神而远之。"梁氏因宗亲之故,敦余为记。

官员梁枢父子"因宗亲之故",为"土民"梁安撰文、篆额并书,显示敬神求子在新兴宗族组织事务中的重要性。梁枢通过堆砌儒经词句,强调梁安的善行而不是庙事活动使之获得福报。同时,二仙出现在男性家长而不是待孕女性的梦中,意味着传宗接代主要被视为男性家长的责任,能够出头露面、光宗耀祖的角色也着落在男性家长身上。

女性参与庙事的形象深受文类影响。墓志受"女主内"价值观影响较大,较少呈现女性的庙事活动。魏晋以降,墓志撰者往往秉持女性外事不可有、内事不可彰的原则,通过她们男性亲属

[①] 参见刘雅萍:《宋代家庙制度考略》,《兰州大学学报》2009年第1期;游彪:《宋代的宗族祠堂、祭祀及其它》,《安徽师范大学学报》2006年第5期;远藤隆俊:《宋元宗族的坟墓与祠堂》,《中国社会历史评论》第9卷,天津:天津古籍出版社,2006年,第63~77页。

[②] 宋元时期,民众施舍田地用于祭祀男、女亲属的情况以佛寺多见,道观亦有。参见竺沙雅章:《宋代坟寺考》,《中国佛教社会史研究》,京都:同朋舍,1982年,第111~144页;黄敏枝:《宋代佛教社会经济史论集》第7章《宋代的功德坟寺》,台北:学生书局,1989年,第241~300页;游彪:《宋代寺院经济史稿》,保定:河北大学出版社,2003年,第74~86页。

的赞誉或成就间接彰显其闺门懿行。① 即便是比丘尼墓志，撰者也会将活动空间设置在女性群体之中，强调她们对家事的关注、与本家的关系。② 宋代墓志中母亲、妻子的名讳以及她们的庙事活动则大多隐而不书。③ 北宋末年，长子县酒商陈礼墓志铭称其治家有法，"虽邻居妇女，亦不令妄出入……闺庭整肃，士族矜式焉"。④ 这说明一方面平民墓志书写亦以士族为榜样，另一方面邻居妇女串门其实是平民生活的常态，墓志书写传统对此有所限定。

与墓志铭形成鲜明对照的是，寺观、祠庙题记中世俗女性参与其事的记载比比皆是。北朝造像记有大量出资祈福的已婚女性题名，不少姓、名俱全。⑤ 唐以后，晋豫之交寺观、祠庙题名记不时显现已婚女性，然而这些女性题名并不能如实体现当地女性的庙事参与度。长子县慈林山法兴寺元丰四年《造像功德施主名号碑》列举各村都/副维那等200多人，仅记录一位女性（固益村张智妻）；长子县成汤庙正隆元年题名记共计20多个村庄施主姓名，也仅一位女性（庙子李元妻胡氏）被记录下来。⑥ 与其说这些庙事缺乏女性参与，不如说性别歧视造成女信徒题名的大量缺失。即便女性凭借出资、职务便利而题名，她们大多以夫妻、家族为单位参与庙事，以本姓相称，排名在夫、子之后，显示从夫、从子、隐讳闺名等儒学理念对唐以后寺观、祠庙题记书写的渗透。⑦

虽然"男外女内"的儒学理念逐渐渗入基层民众的宗教生活，女性独立参与庙事的记载却并未消失，如后唐天祐十三年（916）出府巡祀至泽州县青莲寺的弘农郡君夫人、金崇庆元年潞州屯留县王村崇福院赐牒碑助缘人郭下村王许氏、元延祐元年长治县上王村神农庙"起盖都维那苏夫人"。⑧ 题记全然不提这些命妇或民妇的配偶、子嗣或女性亲友。她们或单独题名，或题名居首，后缀老人、首领或工匠题名，说明她们完全独立参与庙事，而且居功至伟，得到当地民众的认可。

夫妻、母子联合参与庙事的现象更为常见，说明世人认可家事与庙事的衔接以及世俗女性在庙事中的贡献。女性凭借其自身努力、家内威信、家族地位，可以规避儒家教条，凸显她们在庙事中不逊于甚至高于男性亲属的贡献。泽州县金村镇府城村玉皇庙至元三十一年碑记称"黄头社

---

① 参见陈爽：《出土墓志所见中古谱牒探迹》，第69～100页；刘静贞：《欧阳修笔下的宋代女性：对象、文类与书写期待》，《台大历史学报》第32期，2003年，第57～76页；姚平：《唐代妇女的生命历程》，上海：上海古籍出版社，2004年，第257～281页；邓小南：《从出土材料看唐宋女性生活》，《文史知识》2011年第3期。
② 参见王珊：《北魏僧芝墓志考释》，《北大史学》第13期，北京：北京大学出版社，2008年，第87～107页；张梅雅：《同行解脱之道：南北朝至唐朝比丘尼与家族之关系》，《文献》2012年第3期。
③ 参见邓小南：《"内外"之际与"秩序"格局：兼谈宋代士大夫对〈周易·家人〉的阐发》，邓小南主编：《唐宋女性与社会》上册，上海：上海辞书出版社，2003年，第97～126页；张文：《宋朝民间慈善活动研究》，重庆：西南师范大学出版社，2005年，第253～266页；Mark Halperin, "Domesticity and the Dharma."
④ 蓬汝为：《陈侯（礼）墓铭》，刘泽民、申修福编：《三晋石刻大全·长治市长子县卷》，太原：三晋出版社，2013年，第49～50页。
⑤ 参见石越婕：《北魏女性佛教造像记整理及研究》，硕士学位论文，中山大学哲学系，2016年，第15～17页；邵正坤：《造像记中所见的北朝家庭》，《西安欧亚学院学报》2012年第1期。
⑥ 刘泽民、申修福编：《三晋石刻大全·长治市长子县卷》，第37～39、57～61页。
⑦ 崇寿寺天圣十年、宣和元年题名，某寺政和元年题名，济渎庙宣和四年题名，显庆寺泰和四年题名，玉皇庙泰和八年题名，刘泽民、王丽编：《三晋石刻大全·晋城市泽州县卷》，第27、44、47、50、71、79页；定林寺大定二年题名，资圣寺至元十九年题名，悬壶真人庙元贞元年题名，刘泽民、李玉明编：《三晋石刻大全·晋城市高平市卷》，第32～34、53、64～65页；全道庵大德六年提名，刘泽民、李树生编：《三晋石刻大全·长治市武乡县卷》，太原：三晋出版社，2012年，第51～52页；灵泽王庙延祐四年题名，刘泽民、李玉明、王雅安编：《三晋石刻大全·长治市壶关县卷》，第32页。
⑧ 刘泽民、王丽编：《三晋石刻大全·晋城市泽州县卷》，第17页；刘泽民、冯贵兴、许松林编：《三晋石刻大全·长治市屯留县卷》，太原：三晋出版社，2012年，第21～22页；刘泽民、李玉明、贾圪堆编：《三晋石刻大全·长治市长治县卷》，第56页。

尹家门下金氏同男忠显校尉千户尹彦忠、妻刘氏施神马一匹，又香钱宝钞一百五十四贯文"，作为尹家家主的母亲排名在任官的儿子之前。泽州县硖石山福严院大定七年题名有"宣州中厢徐法荣并妻郭法憨"，妻子与丈夫一样具全名。① 高平市原村乡良户村玉虚观至元十六年碑记中都功德主泽州长官夫人、清真散人李同善不仅书全名，而且题名位置十分特殊，不在碑阴其夫都功德主泽州长官段直题名之后，而在碑题与撰者题名之间。撰记者并未说明李同善与玉虚观全真道道人之间的关系。从原村乡上董峰村仙姑祠、玉皇庙至元二十一年题记看，李同善热衷于支持与真大道教密切相关的马仙姑一派。② 关于金元时期全真道、真大道等道教新流派与异族统治者、地方势力重建社会秩序的合作，前人论述已备，世俗女性如李氏在其中的角色却罕被论及。③ 李氏积极参与道教各派活动，有助于其夫、其子施政，家事与国事、庙事的衔接应是她题名显著的根本原因。

鲁山村二仙庙题记中的女性祖先形象亦需从书写方式、实践二方面来看。一方面，受儒学传统影响，题记中已婚女性题名只录姓氏，她们能否题名很大程度上取决于其夫家的家世背景；女性庙事活动的记录往往被置于关于家事的叙事框架之中。另一方面，寺观、祠庙题记的书写传统给予书写者变庙事为家事、展现女性才能的自由。大定五年庙记凸显女性祖先在选取二仙作为张氏家族庇护神过程中的重要角色：

> 先是百年前，陵川县岭西□张志母亲秦氏因浣衣于东南涧，见二女人服纯红衣，凤冠俨然，至涧南弗见。夜见梦曰："汝前所睹红衣者，乃我姊妹二仙也。汝家立庙于化现处，令汝子孙蕃富。"秦氏因与子志创建庙于涧南，春秋享祀不怠。自尔家道自兴，良田至数十顷，积谷至数千斛，聚钱至数百万，子孙眷属至百余口。则神之报应信不诬矣。

这篇庙记由秦氏曾孙张举、张愿请士人撰写，对其曾祖不着点墨，亦未刻画秦氏如何相夫教子，而是通过秦氏见证灵验、建庙、祭祀等庙事活动凸显其对家事的贡献。张氏后人大力依托庙史构建家史，其中秦氏是张氏家族中辈分最高的祖先，是家道兴盛的始发者。

女性祖先在家/庙史之中占据独特地位，亦见于大观元年庙记(9)。田宗和他的母亲李氏共同担任都维那，创建泽州招贤管二仙庙，并且施金箔，用于装饰彩绘二仙塑像。至政和七年庙成，碑阴题名记(11)独辟一栏，专记以李氏为首的田氏一家五代人的姓名。

二仙庙题记对祖先的刻画反映出部分士人试图以儒家理念改造平民对宗族、祠庙的看法。他们强调庙事即家事，应由男性家长主持，并且需以敬德延嗣而不是敬事鬼神为先。但是，对女性祖先的刻画反映出这种尝试并不成功。虽然女性祖先不再以全名示人，但是女性在家门之外的庙事活动得到士人、村民的肯定，儒家强调的相夫教子等角色反而不被看重。

（二）宗族谱系

中古谱牒与选官密切相关，一般标注家主的母、妻、出嫁女配偶的郡望及其父祖的官职，女性名讳隐现不定。宋元时期，敬宗收族的理念渐及平民，宗族谱系的编撰方式兼具灵活与务实

---

① 刘泽民、王丽编：《三晋石刻大全·晋城市泽州县卷》，第89、59页。
② 刘泽民、李玉明编：《三晋石刻大全·晋城市高平市卷》，第51～52、54～57页。
③ 参见赵世瑜：《圣姑庙：金元明变迁中的"异教"命运与晋东南社会的多样性》，《清华大学学报》2009年第4期。

性。我们不知道张氏是否编修族谱,二仙庙题名记却是他们记录家族谱系的重要手段。

大定五年题名记开篇即记录张氏150多位族人姓名,丁未年记续录40多位族人。第一列冠以"长"字,张愿称"房弟",可见张氏已有长房之设。题名分列书写政、密、言、权、珪、端、林七房族人姓名。宋代士人一般主张"五世则迁"的小宗之法,张氏略作调整。大定五年记遵守小宗之法。端房其实已传至第六代,但各房最多只记五代。丁未年记中,前五房恪守小宗之法,从第六代开始续写;后二房则从第三代开始记录,当与他们迁至集贤村,重新确立始迁祖有关。

张氏各房人口不均,组织方式不一。政、端二房为兄弟合居的联合式家庭;珪、林房内兄弟分居,包括若干个直系、主干、核心家庭;其余三房为直系家庭。① 有的利用中古以来国家彰表义门"累世同居"的宣传口号,以凝聚族人。大定五年,端房题名记末尾载:

> 下至来孙众多,不可复知。古者孝义之家,朝廷闻之,必表门锡爵,以精显之。端五世同居,未蒙此宠,故刻于是。

金朝法律规定汉人家庭不得令子孙别籍,但是可以析分财产。一些汉人家族则延续宋代累世同居的做法。② 端房五世同居,所记族属28人。蒙古灭金之后,端房已经无法达到"五世同居"规模,但在题名末尾仍注明"三世同居"。端房积极利用官府表彰义门的传统,进行自我表扬,当出于现实的考量。二题名记撰写时间相隔80余年,期间新增人口仅40余人。各房世代最多只延长三代,原本丁兴旺的张端一房甚至出现世代逆增长的现象。第六、七房第三至四代人口构成巨变,第五代及以下人口缺失。张氏族丁锐减应当是受金元之际战乱的影响。在战乱年代,大家族聚族而居,可以整合财力、人力等资源,比飘散零落的小家庭更具自保的优势。这种情况亦见于宋、辽边境,紧张的军事局势促成多个累世同居大家族的形成。③

张氏注重族内女性。大定五年记盛赞秦氏之举使张氏"子孙眷属至百余口",二仙保佑信徒"求男者生智慧之男,求女者得端正之女"。虽然书写者、立碑人持有男重才、女重德的偏见,但是他们期待的家族新成员有男性子嗣,也有女儿、媳妇。

张氏族内女性与当地同时期女性题名的书写方式一致。9—14世纪,晋豫之交墓志、佛教题记往往著录出嫁女(墓主或施主妻子、儿媳、孙媳、女儿、孙女等)本姓及配偶的姓氏,与中古相比,其名讳从时或隐去变为一般隐去;在室女(女儿、孙女等)记录较少,不过一旦著录,往

---

① 有关家庭结构的界定,可参见郑振满:《明清福建家族组织与社会变迁》,北京:中国人民大学出版社,2009年,第20页。

② 关于金朝义门制度的发展,可参见刘晓:《试论累世同居共财在元代的发展及其特点》,《中国经济史研究》2001年第1期。

③ 参见中岛乐章:《从累世同居到宗族形成:宋代徽州的区域开发与同族结合》,平田茂树、远藤隆俊、冈元司主编:《宋代社会的空间与交流》,开封:河南大学出版社,2008年,第232~267页;许怀林:《陈氏家族的瓦解与"义门"的影响》,《中国史研究》1994年第2期;徐扬杰:《宋明家族制度史论》,北京:中华书局,1995年,第156~159页;王善军:《宋代宗族与宗族制度研究》,第153、165~168页。

往出具名讳。① 这说明一方面隐去女性名讳已成民间惯习，因此出嫁女不书名，无外姓标识的在室女容易失载；另一方面女性在家内、外的祭祀活动中并不缺席，出嫁女亦参与本家祭祀活动。② 张氏题名登录各位嫁入张家的女性，书妻某氏。只有两位女儿的名字被记录在张氏一栏：长房六世孙蔺英、珪房五世孙朱郎姐，均为孤女。蔺英书全名，当是在室女。以"某（夫姓）郎妇"称出嫁女在晋豫之交较为流行，但朱郎姐不称"妇"，大概为待嫁或归宗女。③ 因此张氏题名原则上不录女儿的名字，除非该户户绝。但是，我们不能以此认为张氏女儿在题名记中不被重视。正如嫁入张家的女性留有题名，二仙庙题名记中其他家族的媳妇不少姓张，有的应该就来自鲁山村张氏。

整体而言，当地平民家族、民众对出嫁女参与建庙等活动持肯定态度。出嫁女是否能够题名，主要取决于社会经济因素，即她所在家庭社会地位越高，她就越有可能获得题名。在室女是否能够题名，取决于尊长是否允许她们以闺名示人，绝户女题名机会较大。

（三）地方关系网络

潞州壶关县是唐末至北宋官方认定二仙祖庙所在地。大定五年、丁未年题名记均见壶关信众，说明泽州陵川县鸡鸣乡鲁山村已成为新兴的二仙信仰中心，这与张氏及其姻亲对地缘关系的成功经营不无关系。二记反映陵川县鸡鸣、潞城、云川、普安四乡是建庙主力，参与者以多姓村居多。大定五年记计有陵川、壶关二县30多个村落360多位信徒姓名，多见张、秦、赵、司、苟、申等姓；丁未记计有二县20多个村庄120多位信徒姓名。此外，泽州高平、晋城市20多个村落、坊巷90多人见于大定记，以吴、雍、赵等姓居多；卫州汲县（今河南卫辉）、怀州（今河南焦作）9人及蒙古国官吏与家属40余人见于丁未记。

二记中张、秦、赵姓最为多见且互通婚姻。张氏原本聚族居住在鲁山村，其后二房迁居集贤村。他们出地、出资最多，在题名记中居首要位置，其宗族谱系体现最为完整。秦氏、赵氏散居各县。秦氏是张氏最重要的乡党，鸡鸣乡鲁山村、西唐村、集贤村均有较多秦氏族属。因此，秦氏在庙事中表现出众：他们是灵验见证人（如张志母），其题名紧接张氏之后。赵氏多居于外乡，尤以云川乡为多。大定五年记载云川乡南马村两个赵氏家族50多人姓名。丁未碑面积较小，"随

---

① 《清河郡崔府君（宣）墓志铭文并序》，刘泽民、王立新编：《三晋石刻大全·晋城市陵川县卷》，第12页；《大汉故董府君墓志铭并序》，刘泽民、李玉明、贾圪堆编：《三晋石刻大全·长治市长治县卷》，第39～40页；《大宋故李府君（进祖）墓志铭并序》、《大宋故冯府君墓志铭并序》，郭用章：《宋圣记苗村坐化郭氏（清）碑并序》、《金故申公（宗）墓铭》，刘泽民、李玉明、贾圪堆编：《三晋石刻大全·长治市长治县卷》，第43～47、53～54页；《宋故郭（用）府君墓志铭》，刘泽民、李玉明编：《三晋石刻大全·晋城市高平市卷》，第26页；《宋故赠左中卫大将军窦府君（璘）碑铭》、《三晋石刻大全·晋城市沁水县卷》，第15页；大历八年长子县法兴寺燃灯塔束腰塔铭、《陈侯（礼）墓铭》，刘泽民、申修福编：《三晋石刻大全·长治市长子县卷》，第24、49～50页；焦守约：《宋故隆德府上党韩君（习）墓志并序》，刘泽民、李玉明、贾圪堆编：《三晋石刻大全·长治市长治县卷》，第48～49页；姬世英：《金故杨公（皋）墓志铭》，刘泽民、王立新编：《三晋石刻大全·晋城市陵川县卷》，第29页；元祐二年景德寺石柱题记、天会八年崇圣寺门楣题记、大定十八年高都东岳庙石柱题记、至治元年《崔公（通）墓志》，刘泽民、王丽编：《三晋石刻大全·晋城市泽州县卷》，第36、54、61、100页；《大宋故牛府君（仅）墓志并序》、《大宋元祐七年慈父慈母李氏百母三兄墓志铭》、绍圣五年龙门寺大雄宝殿重建题记、皇庆元年大铎白衣堂碣文，刘泽民、申树森编：《三晋石刻大全·长治市平顺县卷》，太原：三晋出版社，2013年，第21～22、28～29、38页。

② 太平兴国九年《清河郡崔府君（宣）墓志铭文并序》载，出嫁女赵郎妇、秦郎妇为本家扩建祖茔，购买外宅、茔地。（刘泽民、王立新编：《三晋石刻大全·晋城市陵川县卷》，第12页）

③ 至元二十一年崇寿寺石柱题记有"妹张郎姐"、"女焦郎妇"之称，可见某郎姐与某郎妇身份不同。（刘泽民、王丽编：《三晋石刻大全·晋城市泽州县卷》，第86页）

县乡村众施主"姓名大多省略不书，但云川乡栏仍书"赵氏"。

大定五年记显示三姓之间庙事分工明晰，且呈现地缘特征。张氏"保选"从南马村迁来鲁山村的赵达及其妻秦六嫂为"化缘人"，主持"兴修庙宇、其绘像什物等并甃砌"。领导层囊括三姓，首席执事者以外乡人充当，既能整合三姓资源，又能平衡三姓之间、鸡鸣乡与外乡之间的势力。

三姓建立婚姻、祭祀联盟的对象大概还包括蒙元异族统治者。二仙庙事胡汉合作的传统，至迟可追溯至唐末沙陀人李克用集团。金代，泽州举义乡丁壁村二仙庙大定三年所砌基阶上有胡、汉共同起舞娱神的线刻图。鲁山村二仙庙大定五年记末尾有女真官员徒单、妻刘氏题名。① 礼义镇西头村二仙庙崇庆二年记称女真官员完颜□□□等与水官同行至壶关二仙庙祈雨（18）。丁未年题名记最后一段冠以"大蒙古国"字样，下署蒙古、女真、契丹、汉等族官吏、平民及其家属的姓名。其中，二位张氏、二位赵氏的丈夫名字分别为怅急压、小达达兀鲁都、韩家奴、察孛海，带有浓郁的异族色彩。此处张氏、赵氏或即当地三姓的族人，她们是沟通胡汉文化的桥梁，将本家的信仰带入夫家。

张氏善于利用亲属关系、同乡之谊、地缘便利，引地方官吏、武装势力为奥援。大定五年记载，张氏坚持十余年，最终求得同乡官员赵安时撰写碑记。题名记末尾是县令、主簿题名，起首鲁山村一栏张氏、秦氏家族后紧接"寨主张、首领秦"等36人的姓氏、姓名，其中"秦"居15。寨主、首领应是鲁山村一寨头目的称呼。② 宋金时期，堡寨既受官府扶持、整编，又具民间自卫武力组织特征。③ 这些张姓、秦姓堡寨首领与兵丁应来自地方，与主持建庙的张、秦二族有亲缘关系。丁未年庙记有陵川县长官、前长官权达鲁花赤、次官等数位官僚的题名，各村信徒中地方武装势力首领、胥吏的身份也一一标出，如鲁山村宋元帅、云川乡崔村将军杨进。张氏家族能够渡过宋金交替的难关，在外逃避金元之际的混乱长达30余年，应与拥有地方官吏特别是地方武力组织的庇护有关。

在各地二仙庙的施主之中，具有张氏规模、掌管庙宇长达二百年之久的家族绝无仅有。然而这种由家族主持建庙的模式比较常见。如田氏家族历时20年主持修建泽州招贤管二仙庙（9、11）。又如延祐七年，怀庆路河内县赵寨刘氏家族历时17年，修复毁于地震的二仙庙（25）。修庙耗时长，动辄需要二代人的努力，变庙事为家事既有利于维持管理层的稳定，亦有助于家族建立地方影响力。

士人撰写、官吏署名的庙记仍然是增加祠庙声誉的重要助力（如鲁山村二仙庙），但是平民撰写的庙记开始出现（如招贤管二仙庙），为平民家族而不是僧道、士人记功的题记也逐渐增多。这些平民家族与士人一样，注重家族谱系、姻亲、武装势力的支持。与士人理念不尽相同的是，他们追溯祖先事迹、记录家族谱系的方法是建立祠庙而不是家庙、祠堂、功德寺；在庙里立碑而不是撰写族谱，根据家族境况掺杂使用小宗之法、义门理念而不是恪守教条；争取而不是隐讳异族统治者的支持。

在平民家族的"家/庙史"中，女性的身影不时显现，与士人家族女性墓志铭罕见庙事记载的状况截然不同。总体而言，基于家事与庙事间相得益彰的关系，基层民众对女性施财、化缘等

---

① 参见易素梅：《战争、族群与区域社会：9至14世纪晋东南地区二仙信仰研究》，《中山大学学报》2013年第2期。
② 《宋会要辑稿·兵》18之7，上海：上海古籍出版社，2014年，第9673、8979页；《金史》卷24《地理志》，卷42《仪卫志》，北京：中华书局，1975年，第550、963页。
③ 参见黄宽重：《从坞堡到山水寨：地方自卫武力》，刘岱编：《吾土与吾民》，台北：联经出版社，1982年，第227～280页；黄宽重：《南宋地方武力：地方军与民间自卫武力的探讨》，台北：东大图书股份有限公司，2001年，第203～238页。

行为往往持肯定态度。阶级和辈分的联合作用可以塑造出女性"类始祖"的形象，如张志母秦氏、田宗母李氏，其夫君的名字反而不载。妻子、绝户女凭借夫家、本家地位，在祠庙这一公共空间中留名。这些特点与强调男性始祖名分、主张女无外事的士人家族墓志铭书写明显不同。

造成这些书写方式差异的原因既与变化中的祠庙题记、墓志铭叙事传统有关，也与立石人、书写对象的阶级属性有关。上述家族大多是农耕之家，或许投入地方武力组织，但是读书仕进不是他们追求的主要目标。一方面，他们仰慕士人文化，接受士人隐去出嫁女名讳的做法；另一方面，他们灵活、务实，并不恪守女无外事的书写规范，不时记录在室女的全名、女性在家门之外的活动。同时，相较于墓志铭等文类，祠庙题记的书写传统有助于凸显女性在庙事中的贡献。然而阶级与性别因素的共同作用，仍然使得许多女性的庙事活动不能体现在碑刻记录之中：当家族的参与被化约为一位代表时，除非作为户主，女性往往被忽略。当个体的诉求不能透过家族题名显现之时，女性尚可诉诸村社组织。

四、关于结社女性的书写与实践

社既依赖家、族的参与，又创造超越家族的关系网络。一方面，影响平民家族呈现的因素同样影响村社的呈现，如隐去女性名讳。另一方面，呈现平民社众之间权力关系的方式日益丰富，为参与庙事的女性创造机遇。一社之内可分男众、女众，或者单设女人社。女人社呈现的频次与祠神性别有关。现存9—14世纪晋豫之交寺观祠庙题名中，女人社记录共4条：今高平市原村乡上董峰村仙姑祠、泽州招贤管二仙庙、泽州陵川县鸡鸣乡鲁山村二仙庙、泽州高平市举义乡鲁村玉帝庙各1条。其中3条与女性神灵相关，显示女人社题名与祠神性别具有一定相关性。但是，其他村社二仙庙、潞州潞城县九天圣母庙题名不见女人社；男性祠神信仰罕见女人社的题名，说明大量女人社的活动其实失载。① 女人社的组织、呈现方式受村社管理层男女构成比例影响，以下分述之。

1. 泽州招贤管二仙庙

泽州招贤管二仙庙政和七年题名（11）所见各社均为多姓，男、女均多见王、张、李氏，说明三姓之间大概互通婚姻。但是，社众选择分男、女登录姓名，淡化其亲属关系，突出同性在庙事中的团结一致性。男、女分录题名应是女性争取庙事发言权的结果。大观元年，招贤管二仙庙初建，题名仅录男、女都维那、维那姓名：田宗等与母亲李氏共任都维那；除南下社苏清妻牛氏、苏文进妻王氏、新妇田氏、施金人刘氏等人之外，其余五社均无女性（9）。夫家的支持、慷慨的布施可能有助于女性获得维那一职，但是女性维那集中出现于一社，说明男女、夫妻并举的题名方式或许掩盖了女性通过庙事形成的亲密关系。她们只有互通声气、互相声援，才能在男性主导的管理层中占据一席之地。

这种男女混杂的管理层设置并不持久。政和七年，二仙庙建成。此时，管理层分工更细致，设都、副维那、管老人、纪司、各社老人等职。他们姓、名俱全，全是男性，女性全线退出管理

---

① 《大宋国大都督府潞州潞城县圣母仙乡重建之庙》，刘泽民、申树森编：《三晋石刻大全·长治市平顺县卷》，第30~32页。

层。田宗与其子出任都维那，其母李氏仅作为"施地人母亲"题名。管理层女性代言人的缺失并不意味女性放弃发言权，她们争取到独立结社、题名的机会。

政和七年题名显示，男/女、夫/妻分离不仅体现为题名书写方式，还体现为庙事实践。约90余名男性的题名分列于招贤、招贤西、北村、南下、崔家五社栏下。可辨识的女性题名约30余个，分列东村、南下、崔家三社栏下。编写者亦开具招贤、北村社女弟子二栏，但其下空白，或已泐。女人社抬头书"某社女弟子"，成员称"某氏"，一社之中出现数位王、张、李氏。这种题名方式显示女人社的私密性、排他性，即向外公布的成员个人信息极其有限。① 女众题名以本姓或夫姓，排名是按年齿或按家庭，均已不可知。不过，东村社仅见女性题名，可见女性不依附男性参与庙事。

金大安二年（1210）泽州高平市举义乡鲁村重修玉帝庙题名亦以性别区分，女人社内部成员信息较为详细。题名分设长老、修庙维那、总领修崇、糺率立碑、众邑婆等栏目，"具合村大小人户从老至幼姓名"。前四栏记86位男性姓名。"众邑婆"栏记55位女性姓名：成珎妻韩氏、李溥妻牛氏题名居首，且特别注明夫名，可能是众邑婆的首领；魏遇贞、姚善净、毕遇贞、緱净贞等4位邑婆的姓氏不见于男众，另有9位邑婆亦书全名，她们的婚姻、家庭状况均未标识，显示她们参与庙事的独立性；其余邑婆以夫姓加本姓相称。邑婆以自身而不是配偶的年龄排名：如成珎妻排首位，其夫在维那中排第四；李溥妻排第二，其夫排第三。邑婆应具一定财产支配权力。对比该村大姓韩、李，经济实力较强的韩姓女性题名比例较高：韩姓男子21名，其中3位分任长老（3人）、总领修崇（1人）、糺率立碑人（1人），相应地，韩姓女性题名较多（夫姓韩的女子15名、本姓韩且婚姻状况不明的女子2名、本姓韩的出嫁女6名）；李姓男子12名，夫姓为李的女子仅2名，本姓李的出嫁女3名。②

招贤管二仙庙政和七年题名、鲁村玉帝庙大安二年题名显示女性结社受到村民的认可，女人社兼具独立组织性、包容性：女性可以独立或者以妻子的身份参加，但是排名不凸显她们的家庭属性；她们有自己的首领，不一定加入祠庙管理层。女性入社、题名的资格受到财产支配权的影响：不仅在财产分配上更具优势的男众多于女众，富裕家族比贫困家族女性也有更多题名机会。

2. 泽州陵川县鸡鸣乡鲁山村二仙庙

大定五年二仙庙题名涉及跨州县50多个村庄、450多位信徒（约1/3为张氏宗族成员）。各村题名混杂个体、家/族、女人社等多种形式，以适应不同财产、家庭、组织状况的信徒。

女性题名方式分为三类：第一类是家庭成员联合署名，如"高平县富教坊郭震、妻张氏"、"积善村王□、母亲元氏"、"郭佑、外婆秦氏"、"秦阿李、女夫刘贤"；第二类为个体题名，如"南张寨张阿李、张阿韩"，即女性独立以夫姓加本姓示人；第三类是约1/3村社题名末尾署"众邑婆"，不开列成员姓名。

第一类女性题名以家庭为单位，反映以女子从人为指导的性别观（除非招赘，如秦阿李），强调庙事即家事。第二、三类题名以女性个体、社团为单位，强调女性对独立、自主空间的诉

---

① 北宋山东佛教社邑题名中有"女邑"、"女弟子"等栏目，成员大多称某氏，可参见谭景玉：《北宋前期山东地区的佛教结社初探》，《民俗研究》2014年第4期。

② 《重修玉帝庙记》，刘泽民、李玉明编：《三晋石刻大全·晋城市高平市卷》，第40~43页。

求。第二类题名显示题名者已婚，单独具名意味着她们或许失婚、招赘，但一定具有财产支配权。① 相较于零星的社众、寨众集体题名（如"任家庄上社众施主、北尹寨众施主"），第三类"众邑婆"题名出现频率较高。这说明各个村落中普遍存在一批中老年女性信徒，她们与男性相比有较强的结社意愿。与同村的男性相比，女性获得社会承认的家外联系较少，结社为她们提供了一种合法的归属感，一些互助、互励的机会。题名不书众邑婆姓名，反映她们首领、成员的封闭性。这既可能因为女性在庙事中的发言权受限，也可能是女性为提高组织的凝聚力、淡化个体角色而采取的策略。

多元化的女性题名方式亦见于高平市原村乡上董峰村仙姑祠。金蒙之际，马仙姑与其夫共同修道，方式简便易行。她死后不仅得以立祠，而且下庙遍布晋城、阳城、沁水、永年等县，声名远在其夫之上。她的成功之道在于"在家而能忘家"，且能治病救人。② 至元二十一年题名显示马仙姑门徒、信徒中颇多女性，她们担任都功德主、助缘人、庙主等职位。女信徒践行"在家而能忘家"的方式多样，她们在家、庙之间的选择亦透过题名方式呈现出来：有的仅署全名以示"忘家"，如李法善、翟法善（法善大概是当地女性常用名，如牛宅董法善）；有的在全名前冠以配偶的官称、姓名、姓氏，兼顾个体性与家庭属性，如都功德主前泽州长官夫人李同善、杨顺妻张妙德、成宅王淑芳、霍宅王淑直、赵家门下刘志明；更多女性采取夫姓加本姓的题名方式，隐去己名而凸显家庭属性，如助缘李宅浩氏、张家门下李氏、唐庄唐元妻张氏。③

仙姑祠本庙、下庙庙主不少为女性，如本庙主韩贵志、朱姑（其余5位署全名，性别不明），庙主张老姑、杨老姑，沁水县郭壁村下庙庙主苗宅吴氏。一方面，她们的题名方式受民间对世俗女性称谓影响，如以夫姓加本姓相称，又如尊老。另一方面，她们受道教、民间对神鬼、女道称谓方式的影响，称全名、称姑。④ 庙主大概是奉事香火的守庙人，如高平市东二仙庙秦全、妻庞氏所事（23）。祠庙运营对女性管理人员的需求除了显示民众信任女性的管理能力，还意味着她们的服务对象中有一定数量的女性。

仙姑祠中女性结社现象突出：仅次于首列都功德主题名的就是"本村女善众助缘人元婆婆、陈婆婆、秦婆婆、赵婆婆"；不少女性题名成串出现，如"助缘李宅浩氏、浩宅陈氏、郭宅李氏、张宅李氏、段宅□氏、成宅王淑芳、霍宅王淑直、闫宅王氏、赵宅坤氏"，"汩村助缘宠宅李氏、郭宅许氏、唐宅□氏、郭宅王氏、郭宅焦氏、郭宅赵氏、宠宅靳氏、马宅魏氏"，"玉井和宅徐氏、马宅陈氏"，"梁宅李氏、翟法善、牛宅董法善、王宅吴氏"。"婆婆"与"众邑婆"一样，是民间对女性年长者的尊称。"助缘人"与化缘人职司应当相近，如鲁山村二仙庙化缘人赵达、妻秦六嫂负责集资建庙事宜（15）。仙姑祠本庙所在村落的诸婆婆、诸庙庙主应属管理层，与其余各村女善众助缘人之间有一定统属关系。但是，各村女善众助缘人题名方式并不统一，大多略去标识性别的字眼。有的连续女性题名之中还夹杂男性题名，如"赵家门下刘志明，陈静善，李法□，赵家门下魏氏，程宅潘氏、侄程泰、赵氏"，说明该社以女性参与为主，但并不彻底排斥

---

① 类似的例子可见大定七年《碳石山福严院创建钟楼台基记》施主有建福上社秦二婆王氏（刘泽民、王丽编：《三晋石刻大全·晋城市泽州县卷》，第59页）；延祐四年《灵泽王庙重修基阶记》有功德施石人东坊马阿程（刘泽民、李玉明、王雅安编：《三晋石刻大全·长治市壶关县卷》，第32页）。
② 曹飞：《万寿宫历史渊源考》，《山西师大学报》2004年第1期。
③ 董庭谏：《仙姑祠堂记》，刘泽民、李玉明编：《三晋石刻大全·晋城市高平市卷》，第54～55页。
④ 女冠题名称全名、称姑，可参见至元三年武乡县监漳镇陈嘉：《会仙观起本碑》，《三晋石刻大全·长治市武乡县卷》，第40～41页；民间厉鬼信仰中有丁姑、紫姑、梅姑、蒋姑等，可参见林富士：《六朝时期民间社会所祀"女性人鬼"初探》，《新史学》（台北）1996年第4期，第95～117页。

男性。因此，女人社的开放度与管理层女性所占比例成正比。

题名方式反映了参与者的自我认同、各色信仰组织单位的宗旨与规则。招贤管、鲁山村二仙庙的女人社题名共同强调女弟子、众邑婆的性别一致性而不是她们的亲属关系，但是前者包括成员署名，后者则仅录组织名称。对照鲁村玉帝庙、上董峰村仙姑祠等处题名，我们发现，虽然隐去女性名讳的题名方式在唐以后已经普及，但是女性题名的方式仍然保持多样性，她们对呈现自身家庭属性的态度不一，不少女性仍以署全名的方式彰显其独立自主性。女性社众对接纳男性成员的态度也不尽相同，主要取决于女性在管理层的影响力。

结　论

综上，晋豫之交二仙信仰有助于加深我们对中国宗教、宗族组织发展的多元性、历史性的认识，重思女性在家、庙之间的生活。村民依凭祠庙祭祀对家族制度进行继承与改造，是值得家族史、宗教史研究者关注的现象。从强调门阀士族的郡望官爵到凸显平民家族的宗族谱系，维持家族延续性的手段从来不止一途。从比比皆是的佛教造像记到祠庙题记，为平民记功的书写方式日益丰富。

伴随历史书写的平民化转向，女性在家、庙之间的形象与活动呈现不同特点。9—14 世纪，国家在基层社会的统治日趋严密，乡村社会的首脑人物与官府、士人的互动更为频繁。一方面，"男外女内"的儒家观念深入基层社会，性别偏见存在于宗教活动与历史书写之中。祠庙题记撰写者多为男性，即便粗通文字的村民也知道并且践行不书女性名讳的原则，女性的庙事活动信息大多被屏蔽，譬如她们参与庙事的心态、感受与过程以及她们在家外的社会联系。男性撰者还为我们制造出种种幻象：只有倚赖男性亲属，女性才能参与庙事；女性结社无关紧要，祠庙管理层应由男性组成。家事与庙事的衔接并不意味着基层社会不存在性别偏见，抑或女性可以轻易跨越内、外之间的阈限。

另一方面，不仅女性参与庙事不是罕见的现象，而且她们的活动得到家庭与地方社会的普遍认可。这首先与唐宋时期逐渐确立的地方祠庙体系及其社会功能有关。祠庙祭祀可以整合不同阶层与族群的个体与家庭，庙事成为平民家族争取在地方社会影响力的家事。女性在庙事中扮演的角色因此被认可：从发起组织建庙、筹集资金、出工出料、祠庙建成并进入日常运营到刻碑立石等各个环节，她们的身影随处可见。在异族入侵之前的北宋时期，晋豫之交乡村女性已经享受以个人、家庭或者结社等方式参与庙事的自由，这种自由不以新儒学的兴起而改变。

其次，女性积极利用其亲属关系、财产支配权、社会网络，在地方社会中发声。官员、富裕家族的女性更容易名垂庙史，而贫民女性则不易留名。同时，以阶级、亲属关系框定的女性题名方式可能掩盖了女性之间连同合作的复杂关系。换言之，女性之间的交往不限于结社，只是这些松散的合作关系难以在以父系原则为指导的题名记中反映出来。在阶级、经济优势之外，女性之间的同气连声能够增加她们发声的机会以及入主村社管理层的胜算。

（作者单位：中山大学历史学系）

跋西州"白涧屯"纳粮账中的"执筹数函"

朱 雷

自秦汉以来，为应对西北方向的游牧民族对农耕社会的冲击，在防御和进攻的方向和地方，都要驻扎戍守重兵，而广大驻军的粮秣均需内地供应。长途运输，又缺乏运输工具的状况下，如何利用防戍军人，在非战时从事农耕，以弥补内地调运之阙。有关研究勿论宏观、微观研究成果甚多，皆可借鉴。

在唐代处于西北的新疆，在解决军需上，亦是除内地供给外，还是依秦汉旧制，实行驻军的屯垦。《大唐六典》云："凡军州边防镇守，转运不给，则设屯田，以益军储。"① 出土文书除垦耕外，也有如"白涧屯"的纳粮记录。

"白涧屯"在位于交河县去到唐时轮台县间，据出土文书所记，有残缺的纳粮账反映了"函"作为量词，由"函容"义引申出来并云专用于"书函"。② 但见梁《高僧传》卷13竺慧达传记："中有一铁函，函中又有银函，银函里金函，金函里有三舍利……"③ 故此处已将"函"作为容器解了。

在"白涧屯"纳粮历中"函"非是此意。有释此白涧屯纳粮历中之函，是"量"制中高于硕的量。但唐的量制，根据《中国历代度量衡考》，在唐代"量"以上，并无有"函"一级"量"器。④ 但据《大唐六典》所记，凡天下租税及折造转运于京，都皆阅而纳之……凡受租皆于输场，对仓官、租纲、吏人执筹数函。其函大五斛，次三斛，小一斛。⑤

这里"函"大小分三等，即"函"容分别为五、三、一斛。是"吏人执筹数函"过程中采用"函"，并"函"又分大小三等。这里"吏人执筹数函"就应是刘宋时檀道济为元嘉北伐失利，《南史》本传记云："道济时与魏军三十余战多捷，军至历城，以资运竭乃还。时人降魏者俱说粮食已罄，于是士卒忧惧，莫有固志。道济夜唱筹量沙，以所余米散其上。及旦魏军谓资粮有余，故不复追，以降者妄，斩以徇。"⑥ 因而，檀道济之"夜唱筹量沙"，成为古书典故。也可作为上引《唐六典》所云，执筹数函的"脚注"。

《六典》所云函有三等，而白涧屯所记云函之量为"二斛"，不同于《六典》三等之制。从而表明"函"并无一固定容量，因而只是在"唱筹"时临时所定，所以唐制"量器"在"斛"以上并无函。

---

① 《大唐六典》卷7"屯田郎中员外郎"条，日本广池学园本昭和四十八年版，第165页。
② 刘世儒：《魏晋南北朝量词研究》，北京：中华书局，1965年，第157页。
③ （南朝梁）释慧皎撰，汤用彤校注，汤一玄整理：《高僧传》卷13《晋并州竺慧达》，北京：中华书局，1992年，第477页。
④ 丘光明编著：《中国历代度量衡考》，北京：科学出版社，1992年。
⑤ 《大唐六典》卷19"司农寺丞条"。
⑥ 《南史》卷15《檀道济传》，第2册，北京：中华书局，1975年，第445页。

至于画"尚"字记数，在上世纪1998年整理文书至此时，我们按文书所记，也知"尚"字作计数，犹今日之画"正"字作"五"之计数。是当时杭州大学蒋礼鸿先生所著《敦煌变文字通释》中所指出："下金筹"和点"尚"字，就是点筹。同时，在制定为"量入制出"财政原则而制定乡账时，当分别统计人户时，也同样采取画"尚"字作计数。①

在和平里的人户统计中，见到文书如下：

老户 ┬ 寡户 |

丁户　尚尚尚尚尚尚尚尚　小户 |

次户、②

很显然，这里按"手实作分乡账"时，分别统计老、丁、中、小、寡等户，分别有若干，而画"尚"字分别统计。一个完整的"尚"字，即代表十户，一户即是"|"，五户即是"┬"。表明唐代用"尚"字计数，一个"尚"字作十笔计，代表"十"的统计。从而表明在唐代就已普遍采用的"尚"字作为计数，犹如今日以"正"字作"五"的计数。

上世纪70年代初，唐代洛阳含嘉仓的发掘除了屯粮仓址的发现、出土了解仓的规模，形制以及按《大唐六典》所云：

凡凿窖置屋，皆铭砖为斛之数，与其年月日，受领粟官姓名，
又立碑如其铭焉。

从本窖所出"铭砖"及过去金石之书所收"铭砖"，可见李锦绣女士《唐代财政史稿》（上卷）第一分册。③

作为白涧屯，唐代文献中不见记载，但在日本大谷文书集成第二册中，大谷三七八六文书记"天山屯营田五十顷"，"柳中屯卅顷"。此上二项宋版《唐六典》（日本近卫家本）记：

凡天下诸军州管屯总九百九十有二，
……安西二十屯……天山一屯。

以上只见有天山一屯，而大谷文书中见到柳中一屯卅顷，天山一屯五十顷，据上引《六典》所记：

大者五十顷，小者二顷。凡当屯之中，地有良簿，岁有丰俭
各定为三等。凡屯有屯官屯副。④

---

① 蒋礼鸿：《敦煌变文字义通释》（增订本），上海：上海古籍出版社，1997年，第88页。
② 朱雷：《敦煌吐鲁番文书论丛》，上海：上海古籍出版社，2012年，第110页；唐长孺主编《吐鲁番出土文书》（图文本第七册），北京：文物出版社，1986年。
③ 李锦绣：《唐代财政史稿》，北京：北京大学出版社，1995年，第151—157页。
④ 《大唐六典》卷7"屯田郎中"条，第171页。

则白涧屯，应属"大者"，至于土质、水源、年成"丰俭"不清，但仅据残剩文书所记，仅据九月十五日交纳青稞和大麦陆佰陆拾硕，五月十五日后，到九月廿十九日前，至少一次交纳青稞杂大麦数，已残。仅剩三"尚"字，知至少交纳陆拾斛已上。

以上三笔交纳共见有玖佰捌拾硕，除了青稞、大麦外，根据《唐六典》所记，犹有秣草。惜白涧屯纳粮账的残失，不见有秣料交纳记载。根据均田制下，交租二石，亦有秣料交纳。这在吐鲁番出土文书中即可见到。①

（作者单位：武汉大学历史学院）

---

① 唐长孺：《吐鲁番出土文书》（图文本第四册），第 556 页。

敦煌莫高窟南山汉代烽燧的有关问题

马 德

一、莫高窟南山沙波墩汉唐烽燧

敦煌莫高窟之南约3公里处的沙丘上，有一处最高的山峰，屹立着一座唐代烽火台遗址（图1）；因这一大片地方在地图上都叫大沙坡，故于敦煌的相关历史遗迹的记录为沙坡墩烽燧。敦煌研究院和敦煌市博物馆都在那里采集到过与莫高窟洞窟铺在地面上的那种唐代花砖。目前这座烽燧残垓周围还有唐代花砖残块。（图2）

图1 沙坡墩现存唐五代烽燧

图2 烽燧旁的唐代花砖

唐代烽燧位置是大泉河西岸最高处的山巅上，远远看去犹如鹤立鸡群，十分醒目。而身处这座残燧，便有一种居高临下、一览众山小之感，举目北望，巍峨的三危山和浩瀚的鸣沙山，东西两山夹着北流而去的宕泉河，仙境一般的莫高窟静静地镶嵌其中，让人心旷神怡；加上千百年的岁月沧桑留在这块大地上的印痕，颇有"前不见古人，后不见来者。念天地之悠悠，独怆然而涕下"的千古情怀，让人们切切实实地体会到当年陈子昂登幽州台的心境。因为唐烽在莫高窟的特殊位置，加上越野车可以到达山脚，一般在莫高窟工作的同仁及敦煌本地的许多游客都到过此处。

从唐燧沿山梁向东北方向顺山势而下，至唐燧约百米左右为一座汉代烽燧遗址，由沙土、碎石与红柳、芦苇层层压盖、筑垒、夯实而成，虽然只剩底部，但堆积层也约有七八米之高；这种就地取材，用石块、砂土、芦苇、红柳、芨芨草等一层层筑垒起来的大型烽燧遗迹（图3）是敦煌一带现存汉代长城与烽火台建筑的典型构筑形式——即砂石积薪压盖垒筑形式；顶部被风沙碎石的薄薄遮盖下，有很厚的褐色生活灰层；在这个建筑遗迹的东南西三面斜坡上我们还看到大量的陶片，是典型的汉代灰陶残片。经过粗略的丈量，山包上部的人工堆积层约十米见方。[①] 从遗迹尺寸看，当时这里是一处颇具规模的军事设施，应该可容纳一定数量的军士兵卒驻守防戍。

图3　莫高窟南山汉代烽燧

平时，我们站在莫高窟的任何一个地方向南边眺望，所看到最高的唐代烽燧的旁边，有一处低于唐燧但又比其他山丘高的小山包，就是这座汉代的烽燧。而且，两座烽燧犹如姊妹组合，在莫高窟大景区中的位置十分突出。（图4）

图4　汉唐烽燧远眺

---

① 李并成先生早年就此做过叙述，引用他人之说以此处汉代遗址为沙坡头烽燧，且其中相关的数据，如"覆斗形"、与唐烽相距"半里"等，有失偏颇。沙坡墩烽燧指现存的唐烽；汉烽燧现为废墟，谓烽燧建筑形制"覆斗形"更是无从谈起。

莫高窟南山沙坡墩。虽然汉燧低于唐烽，但也仅仅就二者相对而言。在最高处的唐烽上能看到的地方，在汉燧处同样都是一览无余；在二者前后左右的开阔地带，能看到唐烽也就能看到汉燧。所以无论是从地理位置还是作用方面讲，它们都处在同一个要塞，东西相距不过百米左右。这里的问题就是沙坡墩现存是唐代或五代时期的遗迹，但这并不影响汉代就已经在这里筑垒了烽燧，现存唐代烽燧也应该是在汉代遗址上重建而已。

莫高窟南山沙坡墩烽燧虽然不能证明这里有很久远的历史，但仅残留下来的汉代遗物，足可以将莫高窟的人文历史提早到汉代！换言之，从汉代开始，宕泉河流域的这片土地就得到人们的精心守护和开发利用。而当年驻守烽燧的士卒们，也可以说是莫高窟历史的开拓者！

二、从新发现的红山口烽燧看沙坡墩燧的交通史标识

敦煌南部的阳关，千百年来颇负盛名。但目前最引人注目的，是阳关墩墩山烽燧，这里已经成为敦煌名胜。2014年初，敦煌市文物局的专业人员在敦煌市新发现一座汉代烽燧遗址。该遗址位于阳关镇墩墩山烽燧遗址东900米处的红山口砂砾石山顶，东经94°04′15.49″，北纬39°55′44.38″，残损严重，东西长3.6米，南北宽3.2米，残高0.30—0.40米，地面散布夹砂红陶与汉代灰陶片。[①]（图5）红山口烽燧西侧900米处即是早已成为汉阳关的标志和象征的墩墩山烽燧，被认为是汉代阳关的门户。红山口烽燧隔河与墩墩山烽燧遥相呼应（图6），虽然从高度上讲低于墩墩山烽燧，但二者其实是一组建筑；一高一低，一显一隐，之间虽无通道或屏障连接，但遇到紧急情况时可以相互支援和配合，平时也可以相互照应，低处应该是高处的预备队，这样就使原本作为防御设施的烽燧之间更好地增强了防御功能。同时，红山口烽燧地处野马河谷要道，扼守交通咽喉，在交通管理方面能够发挥巨大作用。因为汉设阳关的具体位置一直未得到学术界确认，所以红山口汉代烽燧的发现对研究敦煌汉代交通有重要意义。

图5　敦煌红山口汉代烽燧　　　　　图6　从红山口烽燧西望墩墩山

从遗址残存看，红山口烽燧的建筑结构与莫高窟南山汉燧完全一致。不仅如此，从大环境的结构方面也是如出一辙。两处烽燧的布局，西侧一处是筑垒在山顶上，东边一处则是位于比较宽阔的平台上，一高一低相辅相成。

---

① 相关资料及图片由敦煌市博物馆杨俊先生提供。

其次从两处姊妹烽燧的周边环境看，烽燧与其他人工设施一样，附近都有水源，这是赖以存在的基本条件。红山口的环境比沙坡头更好一些，山下约 200 百米处便是水源富裕、土地肥沃的野马川，早年应该是游牧民族的栖息之地，开发后成为农业区。但红山口与墩墩山一线地处汉代阳关周围，为交通要道、战略要塞，具有重要历史作用和意义。莫高南山沙坡墩约 500 百米处便是宕泉河谷。宕泉河虽然自古可能就是一条涓涓小溪，但河谷内水草丰满，上游还有大片比较肥沃的可耕地，在当时就是茂密的草滩湿地，加上这里本来就属于祁连山的支脉，祁连高原大草场很可能就是早年游牧民族经常出没的地区。作为新来的开发者，汉代在这里设立烽燧应该在情理之中。当然，从现存遗迹看，这里应该不是什么战略要地，汉燧的规模只是一个哨口，不足以多人驻扎，而且周围丛草不生，交通不便。驻燧兵卒的大部分平时可能生活在距此约五百米左右的宕泉河谷。两处烽燧的境况，红山口下的野马川显得喧嚣和热闹，是理想的农牧区；而沙坡墩下的宕泉河谷则是另一幅幽静、安宁的世外桃源，所以就有了晋代的仙岩寺和后来的莫高窟等佛教圣地。

更重要的可能还是这里作为战略要塞地位，似乎被淡化的军事意义。烽燧沿线应该有长城相连接。沙坡墩两烽燧之间以及周边的广阔地域内没有发现任何长城或其他屏障的痕迹，也可能以周围那叠宕的山丘作为天然屏障；而红山口与墩墩山烽燧之间也没有长城相连接。这就让我们意识到这样的烽燧是作为交通要道上的设施存在的，是为东来西往的经济、文化交流的使者们服务的，是守望者，也是保护者；它所见证的不是烽火连天、血雨腥风的战争场景，更多的则应该是平安祥和环境下的繁荣或宁静。

三、沙坡墩汉燧的历史丰碑意义

沙坡墩汉代烽燧建筑位于宕泉河西岸，而宕泉河谷保存有古代人类居住和生活的地方，离沙坡墩最近者是城城湾，放眼直观，其直线距离约有五六百米，起伏弯绕的通往城城湾的崎岖山道上，有多处明显的人为挖凿形成的避风雨石龛和便道痕迹，而烽燧周围除了山下环绕城城湾的宕泉河和更远的莫高窟以外，就是方圆数十公里连绵不断的群山、沙丘和星星点点的戈壁红柳等沙生植物，再没有人烟，也没有更近的其他水源。以此推断，当年驻守烽燧的士卒们的生活基地就应该在城城湾！如果这个推测无误，那么汉代驻守烽燧的士卒们是最早活动于城城湾的人群。也就是说城城湾既然在汉代就有人居住生活，那么晋代建寺则是顺理成章的了。而宕泉河谷正式有了大规模的人文活动，应该是在西晋时期的"敦煌菩萨"竺法护在这里创建仙岩寺之后。

唐代的敦煌历史文献《莫高窟记》将索靖题壁仙岩寺、乐僔法良创窟、隋代善喜建讲堂与两大像创建等并列为莫高窟历史上之大事。据贺世哲先生研究，索靖（239—303）字幼安，敦煌人，为西晋时以草书出名的"敦煌五龙"之首；索靖西晋时在朝为官，303 年战死，追赠司空。唐代敦煌文献在追述莫高窟早期历史时有云："虫书记司空之文，像迹有维摩之室。"（《吴僧统碑》）虫书又称鸟虫书，草书之一种，此处即指"晋司空索靖题壁号仙岩寺"之书体。又，10 世纪中期的《董保德功德颂》（S. 3329）也做了进一步的肯定："石壁刀削，虫书记仙岩之文；铁岭锥穿，像迹有维摩之室。"这里将"司空"作"仙岩"，实际上更明确更具体地说明了晋司空索靖的鸟虫书与仙岩寺的密切关系。所以，"索靖题壁仙岩寺"是莫高窟历史上不容怀疑的事实。

敦煌遗书 P. t. 993 是一幅风景画：山谷中，小河边，在佛塔与树木环绕的台地上，有一处类

图 7　敦煌遗书《大圣仙岩寺图》

图 8　莫高窟宕泉河谷的晋代仙岩寺遗址（今称城城湾）

似佛寺的建筑院落，内有藏文题书"下部的讲堂和僧舍"①，可知其绘制时间为吐蕃治理敦煌时期（图 7）。通过实地勘察和众多同仁的共识，已经基本确认 P. t. 993 所绘所绘风景实为莫高窟以南的宕泉河谷中的城城湾遗址的一部分（图 8），从其建筑格局上看，与建于 2 世纪的犍陀罗塔夫提拜山岳寺院的地形环境和建筑格局完全一致②，属于早期寺院形式。P. t. 993 残卷的左上角，残存一塔的檐角和基座，与僧舍和讲堂隔河相望。画中的这座塔，从规模上看，比僧舍和讲堂周围的塔都要大很多。根据现在遗迹，城城湾遗址对岸的山坡上保存一处直径约 10 米的圆形塔座

---

①　赵晓星：《莫高窟吐蕃时期塔、窟垂直组合形式探析》，《中国藏学》2012 年第 3 期。
②　参见贾应逸：《印度到中国新疆的佛教艺术》，兰州：甘肃教育出版社，2002 年，第 113—114 页。

图 9　仙岩寺对面的大塔遗迹

遗址，再往西还有十余座小型的塔座遗迹。看得出，这里古代曾是一处专门埋葬僧人遗骨的"塔林"，就在这里活动过的高僧而言，而且，从地形地貌及建筑格局上看，这里地处城城湾的门户，遂使大塔成为城城湾的标志性建筑之一；从莫高窟周围的各个角度，很远就可以看到这座塔。（图9）

吐蕃时代的画师绘制这幅城城湾的风景图的原因只有一个，即城城湾是佛教圣地或先贤圣迹。在敦煌石窟唐代以来壁画中，描绘佛教在中国传播的历史传说、圣迹、人物的画面比比皆是，其中如凉州瑞像和《五台山图》、《峨嵋山图》等，都是描绘在中国境内的佛教圣迹，都是用风景画的形式表现山川地貌，展示佛教建筑群；特别是《五台山图》，从吐蕃时期就多次出现，以至后来成为敦煌壁画形象地图之集大成者。而就莫高窟城城湾讲，它可能不仅是画家所处的吐蕃时代的重要活动场所；而且很可能是重要的佛教圣迹！作为历代高僧名僧聚居与活动场所，而且在画作当时更是众多僧人聚居、修习和生活之地，它理所当然地成为人们心目中的佛教圣地。参照壁画《五台山图》、《峨嵋山图》等，我们可将 P. t. 993 命名为《宕泉大圣仙岩寺图》，即《仙岩寺图》。而能够让这里成为早期佛教圣迹的，在敦煌历史上只有西晋时期的"敦煌菩萨"竺法护。索靖与竺法护为同时代的敦煌文化人，应该是先有法护及其僧团在仙岩寺的活动，后有索靖题壁。而 P. t. 993 所绘之僧舍，证明城城湾遗址为僧人长期居住与修习之所在：竺法护和他的弟子们早年应该就是在这里从事佛经翻译和佛教活动。而那座大塔很有可能就是竺法护的灵塔或纪念塔，是与仙严寺、莫高窟齐名的佛教盛迹。

中国的大乘佛教又称"入世"佛教，是外来佛教文化与中国传统文化互相融合后而根植于中国大地上成长起来的适应中国社会进步和发展的意识形态；大乘佛教提倡菩萨行即是为了人世间，为了人类社会的稳定、繁荣和进步、发展。而之所以有这种局面，与"敦煌菩萨"竺法护密不可分。据研究，竺法护230年前后出生在敦煌，后游历西域诸国，286年在长安建敦煌寺，310年前后去世，享年78岁。历代佛教史传对竺法护的贡献和历史地位都推崇备至。其中最值得注意的是，竺法护基于他丰富的知识积累和对经典思想内容的准确完整的理解认识，以个人之力译出促进佛教在中国传播和发展的大乘佛典，对中国的大乘佛教的传播和发展起到奠基作用，也正是因为如此，中国佛教史籍给他以很高的评价："经法所以广流中华者，护之力也。"

仙岩寺还是敦煌高僧昙猷建立的中国最早的禅修基地。僧传云："先是世高、法护译出禅经，僧先、昙猷等并依教修心，终成胜业。"昙猷遵循法护所译禅经在敦煌从事禅修的实践活动，发生在353年前后，比佛教史上的"达摩面壁"早了近180年，应该认定为是中国佛教禅学的奠基人。与达摩稍有不同的是,昙猷是在自己开凿的小龛里(图10)修行,而这些小龛作为敦煌石窟的创建之先声,成就了敦煌石窟的千年伟业;昙猷后来在浙江天台山等地的佛教活动,也主要是以禅修为主。莫高窟的创建也是禅修的产物,366年来到这里的乐僔也是禅僧,也是因为禅修的需要而创建石窟,也比达摩早160多年。专家们对石窟与禅修方面不乏高、精、深的论述;而贺世哲先生早年对莫高窟早期石窟与禅观的见解正好印证了佛教禅学的历史情景。①

图10 仙岩寺西侧的昙猷禅龛

竺法护和昙猷一前一后,确立大乘佛教的禅学理论并付诸实践,发生在敦煌同一块地域上;昙猷实践竺法护的大乘禅学理论,不仅是竺法护佛事活动场所的延伸,同时又是敦煌莫高窟创建的历史渊源。这一地域就是位于今天的宕泉河谷内莫高窟城城湾的敦煌晋代仙岩寺:它曾经因为有竺法护而成为最早的大乘译场,接着又因为有昙猷而成为最早的禅修基地。

仙岩寺在地形上与印度王舍城灵鹫山释迦说法处有极其相近之处(图11)。印度王舍城灵鹫山释迦说法处是当年佛祖释迦牟尼宣讲《法华经》的地方;而正是竺法护第一个将大乘主要佛典《法华经》译成汉文在中国传播,这就使得仙岩寺更加神秘,也更加神圣!

仙岩寺作为敦煌最古老的佛教建筑,它见证了佛教从印度经中亚传入中国的历史;作为历史上"敦煌菩萨"竺法护曾经活动过的西晋古刹,可称得上是中国大乘佛教的发祥地;作为中国最早的习禅场所,是敦煌高僧昙猷在竺法护译出禅经的前提下"依教修心,终成胜业"的历史见证!如果说是祖庭的

图11 灵鹫山佛说法台

话,敦煌仙岩寺应该是所有大乘佛教(密教之外)的祖庭,当然包括了所谓的"禅宗"祖庭。

据敦煌文献记载,莫高窟正式创建于366年,此后经历了一千年的不断发展。莫高窟是竺法护与昙猷创建和奠基的大乘佛教事业的延伸和发展。而以莫高窟为中心的敦煌历史文化今天被认作世界人类古代文明的象征和结晶,竺法护和昙猷都是居功至伟。竺法护和昙猷对中国佛教发展的贡献,就是敦煌对中国早期佛教发展的贡献,也是敦煌对世界人类古代文明的重大贡献。

---

① 贺世哲:《敦煌莫高窟北朝石窟与禅观》,《敦煌学辑刊》1980年第一集,第41—52页。

而所有这一切，有赖于汉代对敦煌的开发，特别是对宕泉河流域的开发，开发的标志就是这座早已为废墟的沙坡墩汉燧，和当时驻守在这里的兵卒。是他们开发了城城湾这块后来作为中国大乘佛教的发祥地的平台，建设了作为敦煌文化起源地的基础；它在这里见证了晋代竺法护译经、昙猷禅修和莫高窟创建与发展的两千年历史的辉煌。因是，就是沙坡墩这两处不起眼的汉燧废墟，却是敦煌文化的开拓者、守护者与见证人。

四、关于唐烽处原建汉燧的补充推测

目前在沙坡墩的唐代烽燧处看不到任何汉代遗迹。但这并不等于汉代在这座最高的山峰上没有过动作。除前述红山口与墩墩山提供借鉴之外，再就是由于岁月的流逝，到唐代或五代再建时，汉代的废墟已经被全部清理。而我们目前所看到的这座唐烽残垣断壁，实际也应该是五代以后重新垒砌的，这就和它东侧的宕泉河谷里的城城湾遗址相对应。

前述 P. t. 993《大圣仙岩寺图》绘于唐代后期（吐蕃时期或晚唐时期），图中所有的建筑物，应该是绘制时的景象，但除了对岸那座大塔还留有一堆废墟，主体平台上的建筑物，不仅下部的僧舍和讲堂，连那些林林总总的小塔，都没有一座保存到今天。平台上现在的建筑主体为一座正方略带梯形的土城，东外墙 16.1 米，南外墙 15.5 米，西外墙 15.9 米，北外墙 15.6 米，[①] 按敦煌文献记载，应该是五代时代重建的讲堂遗址。五代对仙岩寺有过一次大规模的重建，可能也包括对沙坡墩烽燧的重建。两处重建有一个非常明显的共同之处，就是将前代的建筑遗迹处理得一丝不剩！东侧仙岩寺讲堂是这样，西边的沙坡墩烽燧也是这样。至于沙坡墩另一座稍低一点的汉燧，五代时期也早已成为废墟，而且也没有再行重建，这样倒将废墟保存到了今天，为我们展示了宕泉河两岸最早开发的历史遗迹。

五、结　语

1. 敦煌莫高窟南山现存的沙坡墩汉唐烽燧，是汉代开发河西之初在宕泉河流域的中心位置设立的二位一体的交通管理建筑，它开辟了莫高窟人文历史的新纪元，是真正意义上的"西部开发"。

2. 沙坡墩汉代烽燧是宕泉河文化和莫高窟艺术的历史见证人和守护者：无论是沧桑岁月，还是辉煌盛世，都在它的眼皮底下走过；无论是作为中国大乘佛教的发祥地的仙岩寺，还是作为人类古代文明象征的莫高窟，都是依赖于这最初的开端肇始。

3. 沙坡墩一组两座汉代烽燧目前以汉燧废墟与唐或五代残垣保存于世，说它们在很早就被废弃，而唐或五代以后重建时只选取西侧最高处的一座，致使其汉代痕迹荡然无存，而东侧未被重建的这一座却一直以汉代废墟的面貌保存到今天。

（作者单位：敦煌研究院）

[①] 该信息由敦煌研究院保护研究所工程处提供。

唐十道遣使刍议
——贞观至天授*

张达志

一、十道分区之现实意义

隋唐史研究所依据的基本史籍在书写之初，史家处理材料时带有明显的"重内轻外"的选择性。诚如严耕望先生所发感慨："前世史家之侧重政治者，惟于中央为然；至于地方，则殊忽略，史志所记有关地方制度之材料，以视中央，十不当一，其明征也。"① 这为后世学者展开研究带来重重困扰，却也提出了更大的挑战。岑仲勉先生学问博大精深，尤以考据见长，晚生求学期间，受岑先生大作《隋书州郡牧守编年表》之感化，沉潜数年，学作《隋百官辑考》，获益良多。今能忝列岑先生纪念会议，幸甚至哉，深致谢忱！

唐代地方政治史研究中很多习以为常的概念，稍加推敲便会发现众说纷纭。譬如最广为人知的贞观十道，看似简单而题无剩义，但学界竟然还有八道、九道、十二道、十三道、十五道、十六道、十七道、二十二道之说，后学往往莫知所之。稍加梳理学术史，又有深陷泥沼之惧，贞观十道到底属于地理区划、监察区划还是行政区划，竟然言人人殊，难以调和。唐太宗分天下州县为十道后，以之作为分区的基本依据，向地方派遣使臣，分部巡察，这些使臣是按十道遣使，还是不统一的随时派遣；其职名是称观风俗使、黜陟使、巡抚使，还是巡察使、按察使、采访使，也缺乏清晰而系统的解说。因此，我们在胡宝国先生的激励之下②，不厌其烦、不离不弃地追问，试图弄清其中的来龙去脉。

秦郡、汉州与唐道，在中国古代地方行政体系的演变轨迹中具有显著的坐标意义。关于贞观十道问世的经典叙说见于《通典·州郡典》：

> 自因隋季分割州府，倍多前代。贞观初，并省州县，始于山河形便，分为十道：一曰关内道，二曰河南道，三曰河东道，四曰河北道，五曰山南道，六曰陇右道，七曰淮南道，八曰江南道，九曰剑南道，十曰岭南道。③

---

* 本文为国家社会科学基金青年项目"唐代前后期州县置废比较研究"（项目号12CZS017）的阶段性成果。
① 严耕望：《中国地方行政制度史》甲部《秦汉地方行政制度》，台北："中研院"历史语言研究所，1990年第3版，第1页。
② 胡宝国：《在题无剩义之处追索》，《读书》2004年第6期；收入氏著：《虚实之间》，北京：社会科学文献出版社，2011年。
③ 《通典》卷172《州郡典二·序目下》，北京：中华书局，1988年，第4478页。

对于十道分置,《旧唐书·地理志》载"贞观元年,始于山河形便,分为十道"①,《新唐书·地理志》曰:"太宗元年,始命并省,又因山川形便,分天下为十道"。② 欧阳修纂修《新唐书》相比《旧唐书》而言,"其事则增于前,其文则省于旧"③,《旧唐书·地理志》言"分为十道",观上下文意,应理解为将天下州郡分为十道,而不是将山河分为十道。《新唐书·地理志》追求文辞洗练,却在此特意加上了"天下"二字,也是针对天下州县而言,完整的解释是根据山川地形将天下州郡分为十道。④

长期以来,学界争论不休的焦点在于如何判定贞观十道的性质和历史定位,研究成果基本呈现三种倾向:(一)地理区划⑤;主要以严耕望、谭其骧、邹逸麟、周振鹤等为代表;(二)监察区划⑥;

---

① 《旧唐书》卷38《地理志一》,北京:中华书局,1975年,第1384页。
② 《新唐书》卷37《地理志一》,北京:中华书局,1975年,第959页。
③ 曾公亮:《进唐书表》,《新唐书》卷末附,第6472页。
④ 郭声波先生在严耕望先生的基础上提出"关河近便"较之"山川形便"更恰当。参氏著:《唐代监察道功能演变过程的考察》,陕西师范大学西北历史环境与经济社会发展研究中心编:《历史环境与文明演进——2004年历史地理国际学术研讨会论文集》,北京:商务印书馆,2005年,第426页。此外,鲁西奇先生指出,唐代山南道实为承袭西魏北周以来"山南"的地域观念和政治格局而来,并非当时朝臣根据舆图所示、仅据"山川形便"所划定的,并以此为例进而反思贞观十道各道划分和地域范围确定的深厚的历史政治地理背景,值得借鉴。参氏著:《"山南道"之成立》,《中国历史地理论丛》2009年第2辑;收入氏著:《人群·聚落·地域社会:中古南方史地初探》,厦门:厦门大学出版社,2011年,第153—154页。
⑤ 如严耕望:《括地志序略都督府管州考》(《"中研院"历史语言研究所集刊》第35本,1964年;收入氏著:《唐史研究丛稿》,香港:新亚研究所,1969年,第269页)、《景云十三道与开元十六道》(《"中研院"历史语言研究所集刊》第36本上册,1965年;收入氏著:《严耕望史学论文选集》,北京:中华书局,2006年,第167、168页)、《谈唐代地方行政区划》(《新亚生活》1965年第9期;收入《民主评论》1966年第3期;后收入氏著:《严耕望史学论文集》,上海:上海古籍出版社,2009年,第839页)、《中国政治制度史纲》(上海:上海古籍出版社,2013年,第163页),认为十道只是地理名称,而非行政或监察区域,对于施政无大关系,亦无严格约束力。王寿南:《唐代藩镇与中央关系之研究》(台北:大化书局,1978年,第2—3页)、《隋唐史》(台北:三民书局,1986年,第510页),认为十道只是地理区域名词,并未成为地方行政区划,也未成为地方行政区。谭其骧:《中国历代政区概述》(氏著:《长水集续编》,北京:人民出版社,1994年,第41页),认为贞观十道只是一种地理区划,并不是行政区划。李树桐:《隋唐史别裁》(台北:台湾商务印书馆,1995年,第259—260页),与王寿南先生观点类同。傅乐成:《隋唐五代史》(北京:九州出版社,2009年,第201页),认为十道并非行政单位,也不是为巡察吏治而分,最初可能只是一种地理上的区别。到武后、中宗时,才渐成监察区。邹逸麟:《中国历史地理概述》(上海:上海教育出版社,2005年修订版,第183页)认为十道属于自然区域。周振鹤:《中国历史政治地理十六讲》(北京:中华书局,2013年,第85—86页、第151页、第204页),认为贞观十道严格以名山大川及关隘要塞作为界限,并以之取名,形成在地貌组合方面相当完整的地理区域,是《禹贡》九州以来第二次最重要的自然地理区划,但都还不是行政区。罗凯:《唐前期道制研究——以民政区域性质的道为中心》(复旦大学硕士学位论文,2009年,第1—2页)认为贞观十道属于"综合地理区划",盛唐时成为"监察督理区",但又将唐代前期的道视为政治区域,即广义的行政区划。
⑥ 如严耕望:《中国地方行政制度》(张其昀等:《中国政治思想与制度史论集》,台北:中华文化出版事业委员会,1954年;收入氏著:《严耕望史学论文集》,第867页),认为贞观十道为监察区。王仲荦:《隋唐五代史》(上海:上海人民出版社,2003年,第443页)认为十道只是一种监察巡视的区域。张国刚:《唐代官制》(西安:三秦出版社,1987年,第128—129页),认为十道、十五道均为监察区。长部悦弘:《唐代州刺史研究—京官との関連—》(《奈良史学》9,1991年),认为贞观十道设定了监察区域。任爽:《唐朝典制》(长春:吉林文史出版社,1995年,第177页),认为唐初十道纯为监察需要所进行的划分,及玄宗时增为十五道,置采访处置使,立印信、定治所,道成为较固定的行政机构,原来临时指派的监察官员才成为常设的地方长官。许正文:《从汉州唐道的设置看中央集权与地方分权》(《唐都学刊》2001年第3期)、《汉州唐道的设置与分裂割据王朝的形成》(《中国历史地理论丛》2003年第3辑),认为贞观年间以山川形便为标准,划分全国为十道监察区域,对州县长官进行监察。郭锋:《唐代道制改革与三级制地方行政体制的形成》(《历史研究》2002年第6期;收入氏著:《唐史与敦煌文献论稿》,北京:中国社会科学出版社,2002年,第21—27页),认为中央对地方的管理方式分为三种:临时遣使、分道巡察、直接管理,贞观十道是一种以道为巡察区划,有事分道遣使,事毕使还的运行机制。成一农:《唐代的地缘政治结构》(李孝聪主编:《唐代地域结构与运作空间》,上海:上海辞书出版社,2003年,第25—32页),认为贞观十道是监察区划,而绝不是地理区划,从贞观十道到开元十五道都是监察区性质的道,在辖区划分上,多以便于巡察为原则。余蔚:《唐至宋节度、观察、防御、团练、刺史体系的演变》(《中华文史论丛》第71辑,上海:上海古籍出版社,2003年,第148页),认为中晚唐内地所设各观察使辖区是由贞观十道、开元十五道这种监察区发展而来。郭声波:《唐代监察道功能演变过程的考察》(《历史

（三）行政区划。①仔细爬梳不同研究的差异性认知可以发现，绝大多数学者将开元十五道作为贞观十道定性的参照系和衡量标尺。换言之，要想明确贞观十道的本质属性，首先需要界定开元十五道属于监察区划还是行政区划，而对后者的界定又取决于不同学者的学科背景与研究取向。因此，才会在上述三种判断之外出现糅合不同意见的类似排除法的变通方案：（四）介于地理区划与监察区划之间，但非行政区②；（五）介于监察区划与行政区划之间③；此外，还有综合处理方案：（六）未加区分。④以上观点大体可以展现学界对此问题的差异性看法，尤其是严耕望先生自身观点亦曾发生前后变化：1954年认为贞观十道属于监察区；1964年以后又旗帜鲜明地反复强调贞观十道只是地理名称，而非行政或监察区域，对于施政无大关系，亦无严格约束力。由于

环境与文明演进——2004年历史地理国际学术研讨会论文集》，第425—430页），认为道是监察区划，并详细阐述唐代监察道的功能演变，同时指出严耕望、田尚、程志等先生的观点为分期论，学者意见不一的原因是对监察区性质判断标准的宽严问题，但绝不会是地理区划。其后郭声波《中国行政区划通史（唐代卷）》（上海：复旦大学出版社，2012年，第11页）又修正了自己的部分观点，特别是将"监察"改为"监理"，突出监察之外的行政治理功能。宁志新：《隋唐使职制度研究（农牧工商编）》（北京：中华书局，2005年，第113页），认为唐太宗分十道后，经常派遣使职前往巡察。高明士、邱添生、何永成、甘怀真编著：《隋唐五代史》（台北：里仁书局，2006年增订本，第148页），认为十道是根据地理区将全国分成的十个监察区。任士英：《隋唐帝国政治体制》（西安：三秦出版社，2011年，第180—182页），将唐道细分为军事建制单位、监察区、军政合一的政区三种形态，其中贞观十道属于监察区。乔凤岐：《隋唐地方行政与军防制度研究——以府兵制时期为中心》（北京：人民出版社，2013年，第116页、第119页、第121页），认为贞观十道与开元十五道均属于监察区域，贞观十道设置的目的是便于监察官员，开元十五道因各道官员明确的办公地点而具备明确的政区性质。气贺泽保规：《绚烂的世界帝国：隋唐时代》（石晓军译，桂林：广西师范大学出版社，2014年，第174页），认为道并非行政区，而近似于监察区。

① 如戴何都（Robert des Rotours）：《中国唐代诸道的长官》（Les Grands Fonctionnaires des provinces en Chine sous la dynastie des T'ang）（《通报》第25卷，1927年，第222页），崔瑞德（Denis C. Twitchett）编，中国社会科学院历史研究所西方汉学研究课题组译：《剑桥中国隋唐史（589—906年）》（北京：中国社会科学出版社，1990年，第208页），认为唐太宗将全国划分为十道行政区域，没有常设行政机构和常任官员管理，不是新的行政单位，只是便于皇帝不定期遣使视察道内各州地方行政工作的巡行区。杜希德（Denis C. Twitchett）：《唐代藩镇势力的各种类型》（张荣芳译，《大陆杂志》1983年第1期），又认为："道是比州更高一级的地方政府，就字面的意义是一个监察'区'，道在初唐时期并没有固定的长官，或其他负责的官员、属吏，也没有独立的财政，它们只是充当中央政府大臣在较大规模调查时的便宜地区。"川胜守：《中国地方行政における県と鎮》（《九州大学東洋史論集》15，1986年），将唐代的道视为府州的上级行政区划。曹尔琴：《隋唐时期行政区划的演变》（《中国历史地理论丛》1992年第1辑），认为贞观分十道即为地方行政区划，实行地方三级制。华林甫：《中国地名学源流》（长沙：湖南人民出版社，2002年第2版，第146页），认为道是州之上更高一级政区。贾云：《唐贞观诸道的产生及其使职的作用》（《汉中师范学院学报》2002年第4期），认为贞观十道属于一级行政区划，实质上是唐中央政权对地方工作实行监察的中间环节。

② 如岑仲勉：《隋唐史》（北京：商务印书馆，2015年，第489页），认为"最初十道之分，与官制无甚相关，其与官制联系者自中、睿、玄时始"。韩国磐：《隋唐五代史纲》（北京：人民出版社，1977年，第121页），认为十道只是依山川形势划分，并非行政区域，开元十五道才成为行政单位。田尚：《唐代十道和十五道的产生及其性质》（《中国古代史论丛》第3辑，福州：福建人民出版社，1982年，第144页），认为十道的性质有一个从地理区域名称到州之上的监察区的演变过程。程志、韩滨娜：《唐代的州和道》（西安：三秦出版社，1987年，第84页），认为十道反映当时人的地理概念，又具有监察范围的含义，但不是地方行政区划。黄权生、杨光华：《中国古代一级政区方位名称探讨》（《历史环境与文明演进——2004年历史地理国际学术研讨会论文集》，第36页），认为贞观十道、开元十五道、天宝十节度辖区的命名均具有方位性，三者不是行政区划，"但它们仍然是封建统治的区划"。艾冲：《唐代都督府研究——兼论总管府·都督府·节度司之关系》（西安：西安地图出版社，2005年，第271—273页），认为唐代的道不是地方一级行政区划，起初是自然地理区划的空泛指称，逐渐演变为监察职能区划。李晓杰：《疆域与政区》（南京：江苏人民出版社，2011年，第104—105页），认为贞观十道的划分还不是真正的监察区，开元十五道分置采访使，道才成为正式的监察区。

③ 如贾玉英：《唐宋时期地方政治制度变迁史》（北京：人民出版社，2016年，第67页），认为贞观十道是唐朝行政监察道区的雏形，既具有监察性质，也具有行政性质。

④ 如史念海：《论唐代贞观十道和开元十五道》（氏著：《唐代历史地理研究》，北京：中国社会科学出版社，1998年，第35—36页；后收入氏著：《河山集》（七集），西安：陕西师范大学出版社，1999年，第530—531页），认为贞观十道以山川形便来划分疆域，因为高山大川有利于防守而实际上具有军事意义，同时为配合各方军事活动，还在各地设关置守，以补山川形便的不足。

史籍没有明确交代分十道的意图，所以看似简单的问题却始终难以达成统一的认识，而且绝大多数研究是没有经过论证而直接得出的判断。

在学界前贤研究基础上，我们稍加推敲，中央政府将地方州县分为十个大区，如果仅仅是自然地理意义上的区划，完全没有必要在史书中反复强调。同时，分区之后如果没有用处，也是完全说不过去的。《唐六典》所载户部职掌："郎中、员外郎掌领天下州县户口之事，凡天下十道，任土所出而为贡赋之差，分十道以总之"①，即为户部以十道为依据条列、统计户口与贡赋的明证。且《唐六典》成书于开元二十七年（739），当时十道已经分为十五道，为何在核准各道贡赋时不按十五道，而依旧按十道？这已明显溢出上述地理区划、监察区划或行政区划的讨论范畴。因此，鲁西奇先生指出十道并非全无实际意义，并将这一层面的十道视为"会计区划"。② 此外，岑仲勉③、日野开三郎④、冻国栋⑤、牛来颖⑥等先生亦曾揭示贞观十道在户口统计操作层面的意义。户部之外，《唐六典》还载刑部职掌："凡天下诸州断罪应申覆者，每年正月与吏部择使，取历任清勤、明识法理者，仍过中书门下定讫以闻，乃令分道巡覆。刑部录囚徒所犯以授使，使牒与州案同，然后复送刑部。"原注还特别说明，所择使人"若巡察使、按察使、廉察使、采访使，皆待制命而行，非有恒也"。⑦ 这又是刑部处理申覆案件择使巡覆时使用十道为分区标准的明证，是否可以称之为"法律区划"呢？尤其"若"字更是清楚交代刑部巡覆所择之使虽然与监察领域的巡察使等类似待命而行，但却完全是不同领域、不同系统的遣使。再有，罗凯先生指出太宗分十道是在贞观元年并省州县的同时进行的，当如隋炀帝一样也有系统性、全面性的"遣十使"举措，以便于使臣主持并省州县的工作。⑧

因此，是否存在这种可能，十道是贞观元年（627）制定的朝廷遣使的分区依据，这种基于山川形便的地理分区是客观存在的，而在不同领域的遣使运作中，产生了新的变化。正如日野开三郎先生所论，道最初没有长官，也没有严密的行政区划，但其与地方行政并非全无关系，在与巡察使臣地方差遣相关联的地方行政中起到重要作用。⑨ 纷繁复杂的表象背后，需要读史者加以鉴别的是，因更多史料集中于监察领域，所以学界研究多论证十道属于监察区划。但若对比其他系统观之，户部还存在按十道以总贡赋，刑部也存在分道巡覆断罪，也许其他领域同样存在分道施政，只是史料不够丰富而已。果真如此，我们基于史料多寡即认定十道仅仅属于监察区划或行政区划，或许是十分片面的。十道或许是适用于各个领域的总的分区原则，但不从属于任何一个具体的领域。是否如此，有待下文详细展开。

纵观学术史，最大的分歧主要针对贞观十道，武周天授二年（691）开始，十道遣使逐渐呈

---

① 李林甫等撰，陈仲夫点校：《唐六典》卷3《尚书户部》，北京：中华书局，1992年，第64页。
② 鲁西奇：《"山南道"之成立》，氏著：《人群·聚落·地域社会：中古南方史地初探》，第155页。
③ 岑仲勉：《〈旧唐书·地理志〉"旧领县"之表解》，《中研院历史语言研究所集刊》第20本上，1948年；收入氏著：《岑仲勉史学论文集》，北京：中华书局，1990年，第572—578页。
④ 日野開三郎：《唐・貞観十三年の戸口統計の地域的考察》，《東洋史学》24，1961年；收入氏著：《日野開三郎東洋史学論集》第11卷《戸口問題と糴買法》，東京：三一书房，1988年，第102—103页。
⑤ 冻国栋：《唐代人口问题研究》，武汉：武汉大学出版社，1993年，第148页；氏著：《中国人口史》（第2卷 隋唐五代时期），上海：复旦大学出版社，2002年，第193页。
⑥ 牛来颖：《〈唐六典〉户部卷与〈开元十道图〉》，《首都师范大学学报》（社会科学版）1994年第5期。
⑦ 《唐六典》卷6《尚书刑部》，第191—192页。
⑧ 罗凯：《唐前期道制研究——以民政区域性质的道为中心》，第24页。另见氏著：《隋唐政治地理格局研究——以高层政治区为中心》，复旦大学博士学位论文，2012年，第103页。
⑨ 日野開三郎：《観察処置使について—主として大暦末まで—》，氏著：《日野開三郎東洋史学論集》第3卷《唐代両税法の研究　前篇》，東京：三一书房，1981年，第182页。

现出简单划一的面貌。玄宗开元年间分天下为十五道，置采访处置使，学界观点普遍趋于一致地认为道开始成为明确的监察区划，随后又由节度使兼采访使，军事上的道和监察上的道逐渐合流，成为唐代后期藩镇体制的基本雏形。但采访使制度推行二十多年后安史之乱爆发，其后，地方格局进入全新的发展阶段，边境十节度的体制在中原内地得到推广，唐史也随之进入所谓的"藩镇时代"。因此，本文关注的时间范畴是从太宗贞观元年到武周天授二年，在此区间内，将这一传统命题下的诸多疑义进行新的探究，希望能对厘清上述迷障有所助益，并试图找寻到一条准确理解十五道成立以前十道基本面相的有效路径。敬祈方家不吝赐教。

二、所谓观风俗使与黜陟使

任何一种政治体制或政治制度都是被用来使用和执行的，史料所呈现的贞观十道最主要的使用场合是地方监察领域。诚如成一农先生提出的颇具启发意义的疑点：中国历史上从来没有中央王朝颁布没有实际用途的地理名称或者地理区划的例子，且十道设立后不久即开始按道派出各类具有监察职能的官员，不应仅仅是巧合。① 对于地方统治与地方治理，杜敬轲先生在中国政体演化的宏大视野下如是评价："唐朝的长久统治再一次证明了一个幅员辽阔又在位持久的帝国存在的实际可能性。此后，中国再也没有出现像隋以前那样的分裂局面。皇帝通过一个控制着广阔地区的精致复杂的官僚机构来有效地行使权力（至少在唐代前期是如此）。""面对监察州县官员的问题，唐朝政府起先依靠朝廷不定期地遣使前去督管各类政务。"② 堀敏一先生认为，唐初十道并不设置官职，朝廷不时派遣使者对地方行政进行监察。③ 周振鹤先生指出，"十道的作用虽不见载籍，但显然对三百余州起了分组的作用。唐初派遣按察使、巡察使赴各州进行监察工作，年底回京汇报，这些使节之间的分区巡视肯定与十道有关。道者，路也，分道与交通路线必然关联，以便监察。所以开元年间将十道分为十五道以后，就正式成为固定的监察区。"④ 李晓杰先生认为，太宗时期在州县二级制政区之上设立监察区，不失为有效治理三百多州的有效措施；但从前代历史教训中又看到设置监察区又会变成正式行政区。于是尝试一种变通的办法，即分十道派遣巡察使，负责监察地方官员。⑤ 罗凯先生更是明确指出，太宗没有立即设置稳定的监察区、相应的监察机构与固定的监察人员，而是采取北朝以来惯用的遣使巡察制度，而北朝巡察制很重要的一点，就是按道派遣⑥，贞观十道的意义正在于此。

即便是单纯从地方监察角度观察，我们依然必须首先确认贞观元年十道分区确立之后，朝廷派遣使臣巡察时是否以十道为单位。上述观点显然持肯定的态度，更何况有高宗龙朔三年（663）八月"遣按察大使于十道"⑦的记载，虽然使无定名，但应该说按十道遣使是确定无疑的。但

---

① 成一农：《唐代的地缘政治结构》，《唐代地域结构与运作空间》，第25页。
② 杜敬轲（Jack L. Dull）：《中国政体之演化》，罗溥洛（Paul S. Ropp）主编，《美国学者论中国文化》，包伟民、陈晓燕译，北京：中国广播电视出版社，1994年，第68—69页。
③ 堀敏一：《唐末諸反乱の性格—中国における貴族政治の没落について—》，《東洋文化》7，1951年；收入氏著：《唐末五代変革期の政治と経済》，东京：汲古书院，2002年，第285页。
④ 周振鹤：《中国历史政治地理十六讲》，第86页。
⑤ 李晓杰：《疆域与政区》，第104—105页。
⑥ 罗凯：《唐前期道制研究——以民政区域性质的道为中心》，第23页。另见氏著：《隋唐政治地理格局研究——以高层政治区为中心》，第103页。
⑦ 《新唐书》卷3《高宗纪》，第63页。

是，相反的意见却又十分突出，如王寿南先生即认为贞观十八年（644）遣十七道巡察使、贞观二十二年（648）遣大理卿孙伏伽等二十二人巡察天下，均不以十道为单位。① 王寿南先生的观点很有代表性，众多学者往往根据数据上的差异提出类似的质疑。显而易见，发生意见分歧的根本原因在于遣使人数与十道道数不相吻合。这种分析模式的潜在思路是人数是十人，则认可按十道遣使；人数不是十人，则否定按十道遣使。但人数和道数不一致的记载是真实存在的，仅仅揭示出按十道与不按十道遣使也是颇显苍白的，要解决这一问题，还需要从具体的遣使记载入手渐次展开。

十道遣使最重要的史料来源是宋王溥编撰的《唐会要·诸使》，历代学者广泛征引，但对其中存在的相互矛盾之处并未给出圆满的解释。在针对遣使人数与道数不相吻合问题而爬梳《唐会要》的过程中，我们偶然通过同书前后篇章的对读发现了更有趣的困惑。② 王溥将"诸使"进行分类，包括卷77《诸使上》的"观风俗使"、"巡察按察巡抚等使"类目；卷78《诸使中》的"黜陟使"、"采访处置使"、"五坊宫苑使"、"皇城使"、"元帅"、"都统"、"节度使"、"亲王遥领节度使"、"宰相遥领节度使"类目；其余不能确切判定属于何类的归入"诸使杂录上"（卷78《诸使中》）和"诸使杂录下"（卷79《诸使下》）。③ 如"贞观元年四月，发诸道简点使"一条④，即归入"诸使杂录上"，此"诸道"是否为"十道"，不能确知，但至少可以想象同年分十道后按道遣使的可能性。《唐会要》成书于宋太祖建隆二年（961），唐后期五代宋初，使职差遣盛行，王溥对唐代前期诸使的分类标准是否带有宋人基于对宋代使职的认识而产生的主观判断与理解偏差，值得认真考虑。虽然宋人对唐代的理解远比我们当下更为准确，但《唐会要》文本对读中发现的下列问题，却足以让我们对此产生怀疑。

A. 《唐会要》"观风俗使"类目

> 贞观八年正月二十九日，诏曰："昔者明王之治天下也，惟惧淳化未敷，名教或替，故有巡狩之典，黜陟幽明。……宜遣大使，分行四方，申谕朕心，延问疾苦，观风俗之得失，察政刑之苛弊。……"于是分遣萧瑀、李靖、杨恭仁、窦静、王珪、李大亮、刘德威、皇甫无逸、韦挺、李袭誉、张亮、杜正伦、赵弘智等，巡省天下。⑤

《唐大诏令集》收录此诏⑥，诏令标题《遣使巡行天下诏》为宋敏求所加，并未明确标示此次遣使的职名。而《唐会要·诸使上》所分类目，第一即为"观风俗使"，并称"自贞观八年以后不置"，意即贞观八年所遣大使的职名为观风俗使。观诏令"观风俗之得失，察政刑之苛弊"一句，颇疑王溥所谓的"观风俗使"之类目即取自"观风俗"之语义，而非固定的专有职名。其后中宗神龙二年（706）遣"二十人为十道巡察使"⑦，制文中有"古者天子巡狩，省方观俗"一句，即观风俗之意，故宋敏求《唐大诏令集》为此制文命名《遣十使巡察风俗制》；又言"若能

---

① 王寿南：《唐代藩镇与中央关系之研究》，第3页；《隋唐史》，第510页。
② 《唐会要》对读深受陈垣先生之启发，参氏著：《〈日知录〉部刺史条唐置采访使原委》，陈智超编注：《陈垣史源学杂文》（增订本），北京：生活·读书·新知三联书店，2007年，第43—46页。
③ 《唐会要》目录，上海：上海古籍出版社，2006年新版，第18—19页。
④ 《唐会要》卷78《诸使中·诸使杂录上》，第1700页。
⑤ 《唐会要》卷77《诸使上·观风俗使》，第1669—1670页。
⑥ 《唐大诏令集》卷103《政事·按察上》，北京：商务印书馆，1959年，第524页。
⑦ 《新唐书》卷49下《百官志四下》，第1310—1311页。

抗词直笔，不惮权豪，仁恕为怀，黜陟咸当，别加奖擢，优以名器"①，显见"观风俗"、"黜陟"均表动作，在唐初尚未成为诸道大使的正式名称。由此亦可明晰遣十三位大使巡省天下，内容分为观风俗、察政刑两个方面。且所遣大使人数为十三，并不一定就代表天下分为十三道，是否有可能遣十三人分巡十道，而每道所遣人数不一？若将《唐会要》同书前后文进行对比，更能加深此种怀疑。循此思路，我们再来看《唐会要·诸使中》所分第一类目"黜陟使"。

B. 《唐会要》"黜陟使"类目

> 贞观八年，将发十六道黜陟大使，畿内未有其人。上问房元龄："此道事最重，谁可充使？"尚书右仆射李靖曰："畿内事大，非魏徵莫可。"上曰："朕今欲向九成宫，事亦不小。朕每行不欲与其相离者，乃为其见朕是非得失，必无所隐。"乃命李靖充使。②

非常有趣的是，上条材料所记贞观八年发十三大使，与此条所记发十六道大使，应为同一史事，遣李靖充使即为明证。但同一史事的细节却又不能完全吻合：首先，关于遣使人数，一为十三，一为十六；其次，关于遣使职名，一为大使，一为黜陟大使。而王溥却将前者归入"观风俗使"之类，将后者归入"黜陟使"之类，自相矛盾，足见其划分诸道大使的标准十分模糊且随意。按《旧唐书·太宗纪》载"使于四方，观省风俗"③，《新唐书·太宗纪》言"遣使循省天下"④，均不能确知遣使道数与职名。

如果我们说宋人所作的《唐会要》值得怀疑，或许有学者会就唐吴兢所撰《贞观政要》中的"黜陟使"提出反对意见：

> 贞观八年，太宗将发诸道黜陟使，畿内道未有其人，太宗亲定，问于房玄龄等曰："此道事最重，谁可充使？"右仆射李靖曰："畿内事大，非魏徵莫可。"太宗作色曰："朕今欲向九成宫，事亦非小，宁可遣魏徵出使？朕每行不欲与其相离者，适为其见朕是非，必无所隐。今欲从公等语遣去，朕若有是非得失，公等能正朕否？何因辄有所言，大非道理。"乃即令李靖充使。⑤

《唐会要》所载为"黜陟大使"，《贞观政要》则为"黜陟使"，乍看上去应是贞观年间真实出现过的职名，且恰可证明王溥所立"黜陟使"类目的正确性。《贞观政要》记太宗贞观年间的言论，且明戈直还专门作注："将命所出，掌黜陟臧否，故曰黜陟使。"这就有必要考察该书的成书年代，学界虽说法不一，但据谢保成先生精深的考证，吴兢从开元八年（720）开始撰录《贞观政要》，至开元十七年（729）成书进呈。⑥那么，书中"黜陟使"措辞的使用，亦有后人用当下的官职去书写前代的嫌疑。

---

① 《唐大诏令集》卷103《政事·按察上·遣十使巡察风俗制》，第524—525页。
② 《唐会要》卷78《诸使中·黜陟使》，第1679页。
③ 《旧唐书》卷3《太宗纪下》，第43页。
④ 《新唐书》卷2《太宗纪》，第34页。
⑤ 吴兢撰，谢保成集校：《贞观政要集校》卷5《论忠义第十四》，北京：中华书局，2003年，第264页。
⑥ 谢保成：《贞观政要集校叙录》，《贞观政要集校》，第13—27页。

如所周知,《唐会要》所载高祖至德宗九朝典章制度沿革变迁源自德宗时苏冕纂集的《会要》①,成书晚于《会要》超过260年、晚于《唐会要》约100年的《新唐书》的纂修者可能即已意识到"观风俗使"、"黜陟使"之类目的失当,所以《新唐书·百官志》对此事的处理态度较为灵活:"贞观初,遣大使十三人巡省天下诸州,水旱则遣使,有巡察、安抚、存抚之名。"②也就是说,《新唐书》虽然认可此次遣使的人数为十三,但是对于不能确知的职名,认为有可能是巡察使、按察使,也有可能是存抚使,但既未视作观风俗使,又未视作黜陟使,总之没有采纳《唐会要》的定名与分类。可见,欧阳修等人的判断与王溥存在显著差异。综合对比《唐会要》前后文及《新唐书》,出现分歧的原因极有可能是王溥误在后一条材料中将"十三"记为"十六",且根据自己的理解为十三大使安上"黜陟大使"之名。

再来看《唐会要》另一条同书前后矛盾的记载:

A.《唐会要》"巡察按察巡抚等使"类目

(贞观)二十年正月,遣大理卿孙伏伽等二十二人,以六条巡察四方,多所贬黜举奏。③

B.《唐会要》"黜陟使"类目

(贞观)二十年正月,遣大理卿孙伏伽等,以六条巡察四方,黜陟官吏。④

面对完全相同的史事,王溥因A中"以六条巡察四方"一句,即将孙伏伽等二十二人判定为巡察使,列入"巡察按察巡抚等使"类目之下;但B中亦出现此句,王溥却没有将孙伏伽等定为巡察使,而因"黜陟官吏"一句定为黜陟使,列入"黜陟使"类目之下。由此可以看出,对于史料并未明确记载的唐代使职之名,宋人可能会根据史料中诸如"巡察"、"黜陟"等关键词而为之定名,这种思路与"观风俗使"的"命名"方式一脉相承,体现的是宋人对史料的认识和判断,但不一定是唐代的真相。⑤

然而,即便是有明确记载的职名,也会发生这种混同。成书于开元年间的《贞观政要》已经用"黜陟使"来指代改写之前出现的职名,到五代纂修《旧唐书》,宋代纂修《新唐书》、《册府元龟》时,则更为常见。以《资治通鉴》为例:

(神龙二年二月丙申)选左、右台及内外五品以上官二十人为十道巡察使,委之察吏抚人,荐贤直狱,二年一代,考其功罪而进退之。易州刺史魏人姜师度、礼部员外郎马怀素、

---

① 本文在2016年11月27日提交中山大学"纪念岑仲勉先生诞辰130周年国际学术研讨会"报告讨论时,刘安志先生提示《唐会要》前八十卷为唐人所作,后二十卷为宋王溥所补,因此《唐会要》分类类目体现的是唐人观念还是宋人观念,须再界定,对此我们深致谢忱。按唐德宗时苏冕纂集《会要》四十卷,唐宣宗时宰相崔铉主持编成《续会要》四十卷,但均晚于唐玄宗开元年间成书的《贞观政要》。因此,即便"观风俗使"、"黜陟使"的分类类目源自苏冕《会要》或崔铉《续会要》,但以《贞观政要》使用"黜陟使"一词视之,则开元年间即已出现后人用后代官职书写前代的迹象甚明。及至宋代,《唐会要》文本所呈现的分类类目对其后的典制书写产生着显著的示范效应。
② 《新唐书》卷49下《百官志四下》,第1310页。
③ 《唐会要》卷77《诸使上·巡察按察巡抚等使》,第1670页。
④ 《唐会要》卷78《诸使中·黜陟使》,第1679页。
⑤ 关于宋人误解唐代的案例,拙著曾就洪迈将租庸使视作观察使并得出观察使虐视支郡的结论作出澄清,参《唐代后期藩镇与州之关系研究》,北京:中国社会科学出版社,2011年,第1—13页。

殿中侍御史临漳源乾曜、监察御史灵昌卢怀慎、卫尉少卿滏阳李杰皆预焉。①

"两唐书"《本纪》明确记载神龙二年二月"遣十道巡察使"②，或"遣十使巡察风俗"③，因此《资治通鉴》选"二十人为十道巡察使"的记载十分审慎。然而其中的姜师度，《旧唐书·姜师度传》载"神龙初，试为易州刺史、河北道巡察兼支度营田使"④，但《新唐书·萧瑀传附萧嵩传》却称神龙元年"河北黜陟使姜师度表（萧嵩）为判官"。⑤再有马怀素，《旧唐书·马怀素传》载"（马）怀素累转礼部员外郎，与源乾曜、卢怀慎、李杰等充十道黜陟使"。⑥《册府元龟》亦同⑦，当源自《旧唐书》。再有李杰，《册府元龟》载"李杰神龙初为卫尉少卿，为河东道巡察黜陟使，奏课为诸使之最"⑧，甚至出现了将"巡察使"和"黜陟使"混用的现象。此外，还有这五人之外的路敬潜，《册府元龟》载"路敬潜，中宗神龙初为河南道巡察使"⑨，而《旧唐书·尹思贞传》却称神龙初"黜陟使、卫州司马路敬潜"⑩，《新唐书·尹思贞传》亦称神龙初"黜陟使路敬潜"。⑪由此基本可以肯定"黜陟使"仅为巡察使（有便宜黜陟之权）的俗称，并非标准职名。各种史籍的史料来源复杂，撰者未加鉴别，用后代职名去写前代的迹象非常清楚。

综上可见，更接近唐代的宋人的"成说"传诸后世，会对其后陈陈相因的史家立论产生不容置疑的深刻影响，从而使当今研究者易将宋人的误解视为唐代的真实。因此，吴宗国先生指出，隋唐史的研究过程"就是一个不断摆脱宋人种种成说的过程"。⑫有鉴于此，我们再来反观王溥《唐会要》对唐代诸使的分类采用"观风俗使"、"黜陟使"类目，也就不足为奇了。这种分类对后世的影响十分深远，南宋王应麟《玉海》⑬、元马端临《文献通考》⑭等均沿袭《唐会要》的类目与职名。这种误解延至当下，特别是作为检索结果出现时经常左右着各取所需的研究者对史料的基本判断，进而演化成为相关研究中无须论证的当然结论。⑮反而如陈仲安、王素先生将史料中出现的"观风俗大使"视作"以观风俗和巡察为名的使者，实际都是中央监察地方的使

---

① 《资治通鉴》卷208"唐中宗神龙二年二月条"，北京：中华书局，1956年，第6598页。
② 《新唐书》卷4《中宗纪》，第108页。
③ 《旧唐书》卷7《中宗纪》，第141页。
④ 《旧唐书》卷100《姜师度传》，第3945—3946页。
⑤ 《新唐书》卷101《萧瑀传附萧嵩传》，第3953页。
⑥ 《旧唐书》卷102《马怀素传》，第3164页。
⑦ 《册府元龟》卷654《奉使部·名望》，北京：中华书局，1960年，第7837页。
⑧ 《册府元龟》卷653《奉使部·称旨》，第7825页。
⑨ 《册府元龟》卷658《奉使部·论荐》，第7880页。
⑩ 《旧唐书》卷100《尹思贞传》，第3110页。
⑪ 《新唐书》卷128《尹思贞传》，第4459页。
⑫ 吴宗国：《材料、问题、假设与历史研究》，《史学月刊》2009年第1期。
⑬ 王应麟辑：《玉海》卷132《官制·使》，扬州：广陵书社，2003年，第2436页。
⑭ 马端临：《文献通考》卷61《职官考》，北京：中华书局，1986年，第555页。
⑮ 如黄绶：《唐代地方行政史》，北京：永华印刷局，1927年，第3章第3页。陈仲安：《唐代的使职差遣制》，《武汉大学学报》（人文科学版）1963年第1期。翁俊雄：《漫谈贞观年间的政权机构与行政效率》，《光明日报》1980年3月19日；收入氏著：《唐代人口与区域经济》，台北：新文丰出版股份有限公司，1995年，第616页。薛明扬：《唐代诸使研究》，硕士学位论文，复旦大学历史学系，1987年，第77—78页。何汝泉：《武则天时期的使职与唐代官制的变化》，中国唐史学会编：《中国唐史学会论文集》，西安：三秦出版社，1989年，第243页；收入氏著：《唐财政三司使研究》，北京：中华书局，2013年，第401页。谢元鲁：《唐代中央政权决策研究》，台北：文津出版社，1992年，第152页。万昌华：《秦汉以来地方行政研究》，济南：齐鲁书社，2010年，第207页。江小涛：《唐御史台考略》，《隋唐辽宋金元史论丛》第1辑，北京：紫禁城出版社，2011年，第164页。郭声波：《中国行政区划通史（唐代卷）》，第13页。

职"①；艾冲先生指出"贞观中，就派出十道大使巡省各大区域风俗（吏治）。执行此种任务的官员被授予'巡察使'的头衔，或称安抚使、存抚使之名，大体行于唐太宗、高宗、武后、中宗之时"②，虽未作严格区分，但在"观风俗使"这一职名的认定上却更显恰当。

雷家骥先生一针见血地指出，"因为诏令'黜陟幽明'，所以诸书传又称之为黜陟大使，诏令'观风俗之得失'，故又称之为观风俗大使，恐皆误。"在如此众多的相关研究中独树一帜，惜未加论证。雷家骥先生根据《旧唐书》所载李大亮"剑南道巡省大使"③之使衔指出只有"巡省大使"才是依隋制而来的正确名称④，"余名似皆因后来制度的演变而产生误会。"⑤ 如果将我们关于《唐会要》诸使类目的讨论与雷家骥先生的判断相互参证，或许能够成为经得起检验的论点。就像张国刚先生所说我们无须也无法深究"采访"与"观察"在字义上的细微差别一样，⑥我们的确很难精准区分"存抚"、"巡抚"、"按抚"、"巡察"、"按察"等使职名称。但如果从制度史意义上将其混成一团，会为理解历史带来重重障碍。在这一点上，日野开三郎先生作出了开创性的贡献，专门针对史传中"巡察使"、"按察使"、"采访使"、"观察使"的混同进行深入探讨，认为史料大多为其后时代所撰写，巡察使官员的传记为按察使、采访使时代以后所作，按察使官员的传记为采访使、观察使时代所作，采访使官员的传记为观察使时代所作。这种由后代所作的史传中，属于同源的巡察、按察、采访、观察诸使被混为一谈，不仅仅是因为历史传记作者的历史知识不足而招致的错误，其中也有有意识地将旧职名改写为新职名的情况。⑦ 我们在此着重探讨的观风俗使、黜陟使问题与日野开三郎先生的研究相比，可谓异曲而同工。

总之，史籍中明确出现作为兼职之名的黜陟使，应该从天宝末年开始；⑧ 唐代后期特别是德宗建中以后，正式的黜陟使才大量出现。⑨ 由此我们推测，史籍中出现的天宝以前的黜陟使，应是后人将黜陟使之名用于天宝以前并简单对应的产物。从《唐会要》对孙伏伽等二十二人出使一事的处理办法——既归入巡察使类，又归入黜陟使类——可以发现，所谓"黜陟使"、"观风俗使"均为宋人所加，黜陟、观风俗，均为动词，并非官职专名。由此可以进一步探究贞观十道到底是何性质，出现十道分区后是否遵照执行的谜团。

---

① 陈仲安、王素：《汉唐职官制度研究》，北京：中华书局，1993年，第221页。
② 艾冲：《唐代都督府研究——兼论总管府·都督府·节度司之关系》，第275页。
③ 《旧唐书》卷62《李大亮传》，第2389页。
④ 此点尚有疑义，《册府元龟》卷658《奉使部·论荐》（第7879页）载"李大亮为剑南巡察大使"，与"巡省大使"有异，不同史籍书写职名的不尽严谨，于此可见一斑。
⑤ 雷家骥：《隋唐中央权力结构及其演进》，台北：东大图书股份有限公司，1995年，第340页。
⑥ 张国刚：《唐代藩镇研究》，北京：中国人民大学出版社，2010年增订版，第19页。
⑦ 日野开三郎：《観察処置使について—主として大暦末まで—》，氏著：《唐代両税法の研究　前篇》，第190—191页。
⑧ 《新唐书》卷39下《百官志四下》（第1311页）："天宝末，（采访处置使）又兼黜陟使，乾元元年，改曰观察处置使。"《唐会要》卷78《诸使中·采访处置使》（第1681页）："乾元元年四月十一日，诏曰：'……其采访使置来日久，并诸道黜陟使便宜且停，待后当有处分。'（原注：其年，改为观察处置使。）"另，《旧唐书》卷112《李麟传》（第3339页）："（天宝）五载，充河西、陇右、碛西等道黜陟使，称旨，迁给事中。"说明天宝年间"黜陟使"之职名是切实存在的。
⑨ 《旧唐书》卷12《德宗纪上》（第325页）："（建中元年）二月丙申，遣黜陟使一十一人分行天下。"《旧唐书》卷17下《文宗纪下》（第564页）开成元年（836）正月，宰臣李石奏："十道黜陟使发日，更付与公事根本，令向外与长吏详择施行，方尽利害之要。"按虽然唐代后期地方行政层级早已不是按道来划分，但"十道黜陟使"的称谓依然存在，且遣使人数也不一定是十人，可为本文立论提供旁证。

三、武周革命前之道数

关于贞观十道分区确立后在遣使分道巡察时的实际操作，学界说法不一。1954 年，严耕望先生曾指出"分遣使臣巡察四方，然无定职，似亦不以十道为界。"① 对于贞观年间遣使无定职，我们表示高度赞同。但是，遣使是否"不以十道为界"呢？值得留意。1965 年，严耕望先生的观点出现变化："唐初十道仅为地理名称，而非行政或监察区域。但遣使巡察，亦时或以某道为奉职范围耳。"② 虽然前后发生摇摆，但正说明观察角度不同会带来理解上的巨大差异，可以提示我们进一步思考十道在遣使过程中的现实意义问题。

其实，在这一问题上比严耕望先生所提示的更为严重的理解障碍在于，学界在很长一段时间内都不能厘清到底史料记载贞观元年划分十道之后，又曾出现过多少道。而史料中只出现关于历次遣使人数的记载，所以很多研究直接将遣使人数与道数混同，甚至得出贞观元年以后曾经出现过很多版本不同数目的道的结论。

1997 年，史念海先生系统排查开元以前十道置使的情况，明确的记载有太宗贞观八年（634）十六道黜陟大使（实际派出十三人），贞观十八年（644）十七道巡察使，武后垂拱元年（685）九道大使，武周天授二年（691）十道存抚使，中宗神龙二年（706）十道巡察使，景龙三年（709）十道按察使，并指出十道遣使"并不是每道都有固定的人选，分别检察"。③ 1998 年，史念海先生进一步提出贞观至武周天授之间遣使人数和道数不尽相同的疑问，包括贞观初遣使十三人巡省天下；贞观十八年遣使十七道巡察；贞观二十年（646）遣使二十二人巡察四方；垂拱元年曾计议派遣九道大使等，但是未作深论。④ 虽然明言难以确知如何分配使臣的巡察区域，但是尚未被纷乱的数字所困扰，没有简单地将人数等同于道数认为当时十道已经出现了十三道、十七道、二十二道、九道的变化。

2003 年，成一农先生也注意到派遣各类大使的人数与十道不符，得出的结论是所派官员并不以十道为准，"我们可以推断由于某些地区比较重要或者某些道划分区域过于广大，因此需要对十道进行进一步的划分，由此而产生了十六道、十七道。"⑤ 这里可能存在一个逻辑上的误区，如果超过十道之数，就说产生了十六道、十七道，那么少于十道之数时，也应该承认天下只有九道，否则这种推论很难成立。此后至天授二年发"十道存抚使"，其数目和"十道"之数吻合，这种简单类比的理解模式才逐渐淡化，不再有十道以外的其他数目之说，直到景云十二道乃至开元十五道的出现。对于这种看似主流的观点，我们表示颇不能认同。派遣十六道大使，就表示天下出现了十六道，其中的数字"十六"，到底是人数，还是道数？如果不加区分，那么派遣一百大使也就表示天下出现了一百道，这显然是极其荒谬的。换言之，即便如成一农先生所推断需要

---

① 严耕望：《中国地方行政制度》，氏著：《严耕望史学论文集》，第 867 页。另，张国刚先生也曾根据贞观八年派萧瑀等十三人分巡天下，十八年遣十七道使臣巡察天下，垂拱元年陈子昂谏九道大使巡察天下，说明贞观以来至天授元年并不按十道遣使。参氏著：《唐代官制》，第 129 页。
② 严耕望：《景云十三道与开元十六道》，氏著：《严耕望史学论文集》，第 169 页。
③ 史念海：《疆域和行政区划及其变迁》，氏主编：《中国通史》第 6 卷《中古时代·隋唐时期（上）》，乙编·综述，上海：上海人民出版社，1997 年，第 262—263 页。
④ 史念海：《论唐代贞观十道和开元十五道》，氏著：《唐代历史地理研究》，第 30—31 页。
⑤ 成一农：《唐代的地缘政治结构》，《唐代地域结构与运作空间》，第 27—28 页。

对十道进一步划分，也是在遣使的操作层面所作的调整，但无论怎么调整，客观存在的十道还是十道，应该不会就此变成十六道、十七道。

2005年，郭声波先生认可了十三道的存在："贞观十道，不过是十大监察区之总名，实际上因有的监察区派遣两名巡按使者，已具有十三道之实。当然，使者数目在唐初尚未固定，多数情况只遣十人，有时也不到十人，多者达十七人，有事多遣，无事少遣或不遣，视当时当地情况而定。"① 但到2012年，其观点又有微妙的变化："贞观十道，不过是十大监理区之总名，实际上，使者数目在唐初尚未固定，一般情况每道只遣使者一人，但因有的道区域太大，也可以遣二人，有事多遣（多遣者则分一道为二道），无事少遣或不遣，视当时当地具体事件而定。盖民间有以使目为道目之习惯，道的数目往往溢出十道，便不足为怪了。"② 后面的表述中未再明确提出十三道的概念，显示了郭声波先生对此问题的深入思考，特别是将"使目"和"道目"区分开来，尤为可贵。但是，所谓民间以使目为道目的习惯，到底是唐人的观念，还是后世史家的书写习惯，抑或是史学研究者的理解，值得深思。这里仍然没有解决的障碍在于，使目超过十道之数，则道目就会溢出十道吗？

之后，十以下的"八道"版本竟又出现，2014年，余蔚先生提出贞观十道到开元十五道百余年间，区划变迁极其繁复，"尚有贞观十八年十七道、武周光宅元年八道、武周垂拱元年九道，又有反复重置的十道"。③ 作者坦言此"八道"的区划未见他处，惟据《玉海·唐御史台》④ 所载"两台岁再发使八人，春曰风俗，秋曰廉察"一句立论。其实，此段文字另见于《新唐书·百官志》："武后文明元年，改御史台曰肃政台。光宅元年，分左右台：左台知百司，监军旅；右台察州县，省风俗。寻命左台兼察州县，两台岁再发使八人，春曰风俗，秋曰廉察，以四十八条察州县。两台御史，有假、有检校、有员外、有试，至神龙初皆废。"⑤ 文意甚明，左右肃政台发使八人，巡察州县，但并不能以此"八人"即得出天下设"八道"的结论。此外，《唐会要·监察御史》明确记载"武德初，因隋旧制，置八员（监察御史）。……天后时，又有台使八人，俸亦于本官请，余并同监察，时人呼为'六指'"。⑥ 所谓"台使八人"，一方面说明"八人"与"八道"没有直接而必然的对等关系，另一方面也能说明肃政台层面派出的诸道大使八人，与肃政台下属的监察御史八人有着本质的区别。

与以上研究截然不同的是，罗凯先生指出成书于高宗朝末年的孙思邈《千金翼方》所列133个出药之州按道排列，已经出现十三道的划分（关内道、河南道、河东道、河北道、山南西道、山南东道、淮南道、江南东道、江南西道、陇右道、河西道、剑南道、岭南道），别具新意，若以此观之，严耕望先生主张景云二年始分十三道也是错误的。进而又将此十三道与贞观八年遣使十三人巡省风俗结合起来，推测"既然睿宗时初次派遣按察使要划小按察的区域，同理可证，太宗时分遣十三道大使观省风俗也当出于类似的考量"。⑦ 即便如作者所说《千金翼方》保持原貌未经后人窜改，但是却忽视了"遣大使十三人"与"发十六道黜陟大使"的史料出入问题，由

---

① 郭声波：《唐代监察道功能演变过程的考察》，《历史环境与文明演进——2004年历史地理国际学术研讨会论文集》，第426页。
② 郭声波：《中国行政区划通史（唐代卷）》，第13页。
③ 余蔚：《中国古代地方监察体系运行机制研究》，上海：上海古籍出版社，2014年，第79页。
④ 《玉海》卷121《官制·台省·唐御史台》，第2238页。
⑤ 《新唐书》卷48《百官志三》，第1237页。
⑥ 《唐会要》卷60《御史台上·监察御史》，第1241—1242页。
⑦ 罗凯：《唐前期道制研究——以民政区域性质的道为中心》，第30—33页。另见氏著：《隋唐政治地理格局研究——以高层政治区为中心》，第104—108页；《唐十道演化新论》，《中国历史地理论丛》2012年第1辑。

此得出的贞观年间十道已经细化为十三道的结论是值得商榷的。用十三大使印证贞观十三道，即已落入将遣使人数与道数等量齐观的窠臼，反而抵消了《千金翼方》独特的史料价值。

此外，雷家骥先生独具特色地采用另外一种观察角度来处理唐代前期的诸道遣使问题，即将地方监察分为由秦朝天子巡狩发展而来的"分巡"（巡省大使）与由汉代刺史分部巡察发展而来的"分察"两种形式；前者代表皇帝，而后者代表中央政府。由此出发，雷家骥先生指出历来史书对分巡与分察在概念上的混淆，武德年间有行台或安抚大使，贞观年间太宗最早恢复的是巡省而非巡察，故将贞观八年的所谓"遣大使十三人巡省天下诸州"判定为代天巡狩性质的巡省大使，并非固定制度，亦无固定道数。"诸书依后来分察区的观念而加揣测，显亦错误。""贞观二十年正月，差遣大理卿孙伏伽等二十二人，以六条巡察四方，自后巡省大使即以巡察方式出现，兼有代表皇帝及中央政府降临督察的性质，亦可视为临时的巡省及正常的巡察融合的制度。"[①] 这种观察角度固然可取，但是贞观元年分十道，贞观八年出现过一次"巡省大使"出巡，但贞观二十年之后就已是"分巡"与"分察"融合了，只能解释贞观八年十三大使的问题，却不能对贞观至开元百余年的发展有更好的把握。因为雷家骥先生区分的巡省大使（临时性）与分部巡察（常规性），后者属于御史巡察，但御史巡察中间又必须结合史事的变化区分为御史出使和诸道大使（使职差遣）两类，而巡省大使与诸道大使之间的区分界限又是非常模糊的。

综合以上出现的众多数字，八、九、十三、十六、十七、二十二，其中"八人"、"十三人"、"二十二人"都是人数，"九道大使"、"十六道黜陟大使"、"十七道巡察使"因数字与"道"字连用，所以学界一般都认可开元十五道出现以前，曾经有过九道、十六道、十七道的变化。如何认定这三种版本的道的分区是否存在，光靠逻辑推理是远远不够的，若要做出不同的判断，还需要建立在坚实的史料论证基础之上。但是，困境又在于上文所列绝大部分成果所使用的基础史料都是一致的。也就是说，要想提出新的见解，却拿不出新的史料，这一命题就极有可能陷入死循环。有鉴于此，我们只有另辟蹊径，从基础史料的文本分析角度略作尝试。

表 1　神龙二年十道遣使史料及出处

时　间	史　料	出　处
中宗神龙二年（706）二月	（神龙二年二月乙未）遣十使巡察风俗。	《旧唐书》卷 7《中宗纪》，第 141 页。
	（神龙二年二月）丙申，遣十道巡察使。	《新唐书》卷 4《中宗纪》，第 108 页。
	（神龙二年二月丙申）选左、右台及内外五品以上官二十人为十道巡察使，委之察吏抚人，荐贤直狱，二年一代，考其功罪而进退之。易州刺史魏人姜师度、礼部员外郎马怀素、殿中侍御史临漳源乾曜、监察御史灵昌卢怀慎、卫尉少卿滏阳李杰皆预焉。	《资治通鉴》卷 208 "唐中宗神龙二年二月条"，第 6598 页。
	神龙二年，以五品以上二十人为十道巡察使，按举州县，再周而代。	《新唐书》卷 49 下《百官志四下》，第 1310—1311 页。
	神龙二年二月，分天下为十道，置巡察使二十人，（原注：一道二人。）以左右台及内外五品以下坚明清劲者为之，兼按郡县，再期而代。至景云二年，改置按察使，道各一人。……	《通典》卷 32《职官典·州郡上·州牧刺史》，第 888 页。

---

① 雷家骥：《隋唐中央权力结构及其演进》，第 338—340 页。

时　间	史　料	出　处
	神龙二年二月敕："左右台内外五品已上官，识治道通明无屈挠者二十人，分为十道巡察使，二周年一替，以廉按州部。"	《唐会要》卷77《诸使上》，第1674页。
	唐中宗神龙二年二月，遣十使巡察风俗，下制曰："……宜于左右台及内外五品以上官，识理通明，立性坚白，无所诎挠，志在澄清者二十人，分为十道巡察使，二周年一替，以廉案州部。……"遂命易州刺史姜师度摄右御史以充此使。	《册府元龟》卷162《帝王部·命使二》，第1950页。

《唐会要》引中宗神龙二年敕文，对所节录的内容基本未改。如果设想史家当初面对"左右台内外五品已上官，识治道通明无屈挠者二十人，分为十道巡察使"这条材料，很可能会将之改写成以下两种版本：（一）遣十道巡察使；（二）遣二十道巡察使。对于书写者而言，这两种写法并无区别，也不会产生歧义，因为其心目中不言自明地了解天下州县分为十道这一不争的客观事实，写成"遣十道巡察使"，忽略遣使的具体人数；写成"遣二十道巡察使"，则重点突出遣使的人数，但却无论如何改变不了"遣二十人为十道按察使"或"向十道遣二十巡察使"之意。如果简单地将第二种版本解读为天下已分二十道，就是谬之千里了。

在没有确切证据的情况下，以上分析也许仅为一种臆测，但神龙二年敕的明文记载，使我们的推测有了最直接的依凭。加之《旧唐书·中宗纪》将此事记为"遣十使巡察风俗"，属于第二种版本；《新唐书·中宗纪》将此事记为"遣十道巡察使"，属于第一种版本，二者表述的是同一事件，并无本质上的差别。至于《旧唐书·中宗纪》"遣十使巡察风俗"与敕文所言的"二十人"不合，杜佑《通典》理解为"一道二人"①，即十道中每道派遣二位巡察使轮替，日野开三郎先生称之为"每道二使臣制"。②"十使"针对十道而言，"二十人"针对总人数而言，并不矛盾。

同时，若再将《新唐书·百官志》与《新唐书·中宗纪》进行对比，可以发现同书的不同部分对同一事件的记载呈现出较大的详略差异。《新唐书·百官志》载"以五品以上二十人为十道巡察使，按举州县，再周而代"，是《旧唐书·职官志》所没有的新内容，基本照录神龙二年二月敕文并进行简单的文句修改而成，体现出相较《旧唐书》"事增于前"的编纂宗旨。但在《新唐书·中宗纪》部分，则因正史本纪题材体例的限制进行了大幅度的节略改写，压缩到"遣十道巡察使"六字而已，比《旧唐书·中宗纪》"遣十使巡察风俗"的七字记载既精炼又准确，恰又体现了《新唐书》"文省于旧"的书写原则。而《资治通鉴》的记载更加翔实，与《唐会要》所载敕文相比，《资治通鉴》转录的字数有所增加，还保存了此次派遣十道巡察使中五人的官职信息，不见它载，当另有所本。

如果以此视角反观贞观年间遣使巡察天下的记载，将会呈现另外一幅图景：

---

① 《通典》卷32《职官典·州郡上·州牧刺史》，第888页。
② 日野開三郎：《観察処置使について—主として大暦末まで—》，氏著：《日野開三郎東洋史学論集》第3卷《唐代両税法の研究　前篇》，第183页。

1. 贞观八年：将发十六道黜陟大使——将发黜陟大使十六人巡省十道
遣大使十三人巡省天下诸州——遣大使十三人巡省十道

贞观元年，悉令并省。始于山河形便，分为十道。	《旧唐书》卷38《地理志一》，第1384页。
太宗元年，始令并省，又因山川形便，分天下为十道。	《新唐书》卷37《地理志一》，第959页。
贞观初，遣大使十三人巡省天下诸州，水旱则遣使，有巡察、安抚、存抚之名。	《新唐书》卷49下《百官志四下》，第1310页。
贞观八年正月二十九日，诏曰："……宜遣大使，分行四方。……"于是分遣萧瑀、李靖、杨恭仁、窦静、王珪、李大亮、刘德威、皇甫无逸、韦挺、李袭誉、张亮、杜正伦、赵弘智等，巡省天下。	《唐会要》卷77《诸使上·观风俗使》，第1669—1670页。
贞观八年，将发十六道黜陟大使①，畿内未有其人。……乃命李靖充使。	《唐会要》卷78《诸使中·黜陟使》，第1679页。
唐李大亮为凉州都督，贞观八年发十三道大使巡省天下，大亮持节使剑南，激浊扬清，甚获当时之誉。	《册府元龟》卷654《奉使部·名望》，第7836—7837页。

2. 贞观十八年：遣十七道巡察——遣十七人巡察十道

贞观十八年，遣十七道巡察。	《唐会要》卷77《诸使上》，第1670页。

3. 贞观二十年：遣二十二人巡察四方——遣二十二人巡察十道

（贞观）二十年正月，遣大理卿孙伏伽等二十二人，以六条巡察四方，多所贬黜举奏。	《唐会要》卷77《诸使上》，第1670页。
（贞观）二十年正月，遣大理卿孙伏伽等，以六条巡察四方，黜陟官吏。	《唐会要》卷78《诸使中》，第1679页。

4. 垂拱元年：降九道大使巡察天下诸州——降大使九人巡察十道

垂拱元年，秘书省正字陈子昂上疏曰："臣伏见陛下忧劳百姓，恐不得其所，将降九道大使，巡察天下诸州，兼申黜陟，以求民瘼。臣窃以为未尽善也。……"	《唐会要》卷77《诸使上》，第1671—1672页。

这样的分析模式存在很明显的弊端，即以后来的基本稳固的中宗时期遣十道巡察使来度之之前的太宗时期的遣使方式；且中宗时期为巡察使，太宗时期史料并未呈现出固定的职名。因此，得出十五道之前十道本身未曾发生变化的结论是非常危险的。但是，如果不尝试作文本与书写方面的对比分析，则中宗神龙二年"二十人为十道巡察使"的表述从逻辑上又无法说通。毕竟，一

---

① 雷家骥先生针对十三大使分巡十六道的矛盾记载，指出司马光《通鉴考异》因贞观元年已分十道，不敢断定具体遣使数目，故笼统称为"诸道"。事实上，太宗虽分天下为十道，但似非专为分察区，故贞观十八年置十七道巡察使，二十年置二十二使，垂拱元年置九道巡察大使。这种解释依然不能解决问题。参氏著：《隋唐中央权力结构及其演进》，第413页。

个显而易见的事实是，史料所示贞观年间三次遣使中，贞观初年"遣大使十三人巡省天下诸州"、贞观二十年遣二十二人巡察四方，并未明言遣十三道使、遣二十二道使，那么，据此即得出贞观年间曾分十三道、二十二道是更加危险的。《唐会要》明言贞观十八年"遣十七道巡察"，这也正是很多学者判定贞观十八年已分十七道[①]的史料依据，但如果贞观十三道、贞观二十二道、神龙二十道诸说均难以成立的话，贞观十七道之说能够成立的可能性也微乎其微。

因此，以上四组史料所示贞观至垂拱年间的遣使巡察，均可借鉴中宗神龙二年的模式理解为无论派遣多少人出使，均是按照贞观十道的区域划分来执行的。日野开三郎先生梳理贞观初至景云二年的十一次遣使作"巡察使臣差遣例表"，指出使臣的天下分遣大体以十道作为分担区域[②]，和我们通过文本分析得出的结论是一致的。贞观十道确立后，十道本身没有变化，变的是历次遣使的人数和所遣何道，遣使不足十人或超过十人，均不能说明遣使不以十道为标准，更不能说明十道道数发生了变化。如果历史实态果真如此，则能说明贞观十道分区在唐代国家政治运行中具有实际指导、参照和执行意义，以十道为依据派遣大使巡察地方是一以贯之的运作模式，针对这一问题看似纷繁复杂、争论不休的学术探讨也许从根本上只是由层层误读搭建起来的空中楼阁。

从武周开始，十道遣使的书写格式与记载模式逐渐趋于固定，天授二年发十道存抚使，使数与道数开始完全吻合。严耕望先生在中国地方行政制度的脉络下总结唐代前期道的演变："唐初贞观十道，本为地理名词，非行政区划，亦非监察区划。故此时尚为州、县二级制。高宗、武后以后，渐成为监察区，仍非行政区划。至玄宗时代成为正式且经常置采访使之监察区，有十五道，多至十六七道。"[③] 张国刚先生曾经指出，"从天授以后，十道巡察似乎已成定制，如天授二年（691）发十道存抚使，神龙二年（706）置十道巡察使，景云二年（711）置十道按察使。"[④] 通过上文的论证，我们认为贞观十道设置后，一直遵循按十道遣使分巡的原则，直到开元十五道的分置。限于篇幅，原拟继续探讨的更为复杂的"左右台、监察御史与十道巡察使"、"二十四都督与十道按察使"、"十道采访使与十五道采访使"等问题，无法一一展开。通过对十道遣使问题的重新爬梳，我们认为十道分区在遣使过程中一直发挥着重要作用，无论是十道巡察使、二十四都督、十道按察使还是十五采访使，都依然以十道作为最基本的分遣标准与地理观念骨架，留待另文继续探讨。

四、余 论

对于隋唐时期在中国古代地方监察体系之下的长时段的深邃体察，目前所见以余蔚先生的观点最具启发性："除了隋代曾短期恢复刺史监察之制，刺史作为监察机构，在东汉中平五年（188）之后，基本退出了历史舞台。在此后近八百年之中——包括魏晋南北朝隋唐，监察的理念和行动固然仍得到延续，又不断建置新的监察机构。不过，频繁地以新机构来取代旧机构，这正说明制度不稳定。确实，这八百年中，缺乏可与汉代刺史比拟的长时间起作用的地方监察机构。

---

① 余蔚：《中国古代地方监察体系运行机制研究》，第79页。
② 日野開三郎：《観察処置使について—主として大暦末まで—》，氏著：《日野開三郎東洋史学論集》第3卷《唐代両税法の研究 前篇》，第182—183页。
③ 严耕望：《中国政治制度史纲》，第163页。
④ 张国刚：《唐代官制》，第129—130页。

入宋以后，始复有一类新的地方监察体制发展成熟。"① 诚如斯言，我们关注的十道遣使问题，正可视为唐代地方监察制度不稳定前提下的不懈探索，无论施行结果能否令后世读史者满意，其设置之初的现实困境与宏观制度设计更应成为我们理解历史的基本出发点和落脚点。郭锋先生高度评价贞观十道的重要意义："贞观十道的名称和地理区划范围经此次确定便成定制，以后直到景云—开元十五道改革以前，百余年的时间里，一直在唐代国家的政治、行政事务中处于主导概念的地位，极大地改变并影响了时人的地理观念和行政管理思想。"②

表2 "两唐书"《地理志》分级纲目

《旧唐书·地理志》		《新唐书·地理志》	
一级纲目③（贞观十道）	二级细目	一级纲目（贞观十道）	二级细目（十五采访使·治所）
关内道	关内道	关内道	京畿采访使 / 京城内
			关内采访使 / 以京官领
河南道	河南道	河南道	都畿采访使 / 东都城内
			河南采访使 / 汴州
河东道	河东道	河东道	河东采访使 / 蒲州④
河北道	河北道	河北道	河北采访使 / 魏州
山南道	山南西道	山南道	东道采访使 / 襄州
	山南东道		西道采访使 / 梁州
陇右道	陇右道	陇右道	陇右采访使 / 鄯州
	河西道		
淮南道	淮南道	淮南道	淮南采访使 / 扬州
江南道	江南东道	江南道	东道采访使 / 苏州
	江南西道		西道采访使 / 洪州
			黔中采访使 / 黔州
剑南道	剑南道	剑南道	剑南采访使 / 益州
岭南道	岭南道	岭南道	岭南采访使 / 广州

贞观十道影响深远，终唐一代都是天下分区的基本方式和观念来源。⑤ 唐代记叙地理的典籍（如《括地志》、《元和郡县图志》、《初学记·州郡部》）⑥ 和后来的"两唐书"《地理志》均以十道为基准和框架，时人著述也多有以十道为名者（如《长安四年十道图》、《开元三年十道

---

① 余蔚：《中国古代地方监察体系运行机制研究》，第66页。
② 郭锋：《唐代道制改革与三级制地方行政体制的形成》，氏著：《唐史与敦煌文献论稿》，第26页。
③ 以《通典·州郡典》所载贞观初置十道时的排序为准，《新唐书·地理志》同；而《旧唐书·地理志》的十道排序为：关内道、河南道、河东道、河北道、山南道、淮南道、江南道、陇右道、剑南道、岭南道。
④ 蒲州，《舆地广记》为河中。
⑤ 罗凯先生指出，终唐之世，几乎没有十五道的说法，而是一直沿用十道通称。参氏著：《唐十道演化新论》，《中国历史地理论丛》2012年第1辑。
⑥ 唐大历至贞元年间杜佑作《通典·州郡典》，为何以古九州为纲，而未采纳贞观十道为纲，值得深究。

图》、《十道志》、《十道图》、《贞元十道录》)。① 杜希德先生为我们揭示出《旧唐书·地理志》以贞观十道为纲（下列州府一级行政单位：州、都督府、都护府），其史源出自柳芳《国史》，而柳芳《国史》最明显的资料来源是唐帝国最权威的地理著作《括地志》，还可能有柳芳之时已出现的大型地理著作如《十道图》、《十道四蕃志》。且五代时《旧唐书》的编纂者们并未努力去修订《国史》中的地理志材料，虽然安史之乱带来的天翻地覆的变化改动了唐帝国的地方行政区划。② 很显然，《旧唐书·地理志》以十道为纲的体系深受《国史》的影响，而《国史》所可能依凭的地理著作均是以十道命名的。平冈武夫先生指出《旧唐书·地理志》既不是十道，也不是十五道（分山南道、江南道为东、西，多出河西道，共十三道），立场不甚明确。③ 但是，若细察《旧唐书·地理志》即可发现，在序言之后和分列各道之前，明确标示"十道郡国"④，此后的一级纲目也是按十道分列的。虽然到二级细目将山南道分东、西，江南道分东、西，陇右道分出河西道，且注明河西道不在原十道序列之内⑤，但"十道"这样一种总括性的概念、体系、框架和观念已经深入人心，更具普遍的适用性。

  唐代十道不仅是划分全国地域的标准，而且具有天下的意涵。周振鹤先生将贞观十道与《禹贡》九州进行类比，认为大禹治水而有九州，大唐混一天下而有十道，都饱含奉天承运的重要意义，分天下为十道，表示大唐版图的完满。此后十道和九州一样成为天下的同义词，全国地图称十道图，全国地理总志称十道志。⑥ 鲁西奇先生指出，贞观十道打破战国以来以"九州"为基本架构的地理分划观念，奠定了宋辽金路制的基本框架，是中国古代地理区划及行政区划体系的一大变局。⑦ 以此视角观察北宋所修《新唐书·地理志》，虽然取材以唐朝末年政区为基准，但体例结构依然以贞观十道为纲，只在序言中提到开元十五道，但未载京畿道、都畿道和河西道。因此，正是从对唐人地理观念的关注上我们认为，即便是按照细致入微的历史地理考证所显示的开元年间天下已分为十五道甚至十六道，但是唐人依然明确地使用"十道"作为天下的代称，而不用"十五道"或"十六道"。安史之乱以后地方行政体系已经演变为以藩镇作为基本分区单位，但唐后期五代直到宋初，均有不断的修订《十道图》的做法。⑧ 诚如成一农先生所言，唐代的志书、图籍均以十道作为全国地域的划分标准，在制度上贞观十道从贞观元年沿用到开元二十二年，长达一百多年，在观念上已经根深蒂固，而开元十五道仅存在二十多年就被安史之乱所打破。⑨

  总之，贞观十道是客观存在且相对稳定的，在监察、户部、刑部等领域的施政过程中都有现实的按道遣使的现实操作意义。唐贞观十道与汉十三刺史部不同，后者是专门为监察地方郡县而特别设置的，而十道的适用面更为广泛，并不局限在监察领域。十道分区成立之后，其以山川形

---

① 参赵庶洋：《〈新唐书·地理志〉研究》，南京：凤凰出版社，2015年，第23—24页。
② 杜希德（Denis C. Twitchett）著，《唐代官修史籍考》，黄宝华译，上海：上海古籍出版社，2010年，第205页。
③ 平冈武夫：《〈唐代的行政地理〉序说》，平冈武夫、市原亨吉编：《唐代的行政地理》，上海：上海古籍出版社，1989年，第9页。
④ 《旧唐书》卷38《地理志一》，第1393页。
⑤ 王双怀、王昊斐：《唐代"河西道"述论》，杜文玉主编：《唐史论丛》第22辑，西安：三秦出版社，2016年，第230页。
⑥ 周振鹤：《中国历史政治地理十六讲》，第86页、第204页。
⑦ 鲁西奇：《"山南道"之成立》，氏著：《人群·聚落·地域社会：中古南方史地初探》，第153—154页。
⑧ 关于《十道图》在唐五代时期的众多版本、后唐时期十道排序的变化以及后唐政权秉承唐制在地域划分上以十道为准等问题的讨论，可参考郑庆寰：《辑本〈旧五代史·地理志〉所收"十道"内容辨析》，杜文玉主编：《唐史论丛》第23辑，西安：三秦出版社，2016年，第359—367页。
⑨ 成一农：《唐代的地缘政治结构》，《唐代地域结构与运作空间》，第28页。

便加方位的观念深刻影响并渗透入地理类文献的体例框架，成为地理类文献发凡起例的总纲目。后世学者关注十道问题，逆向从地理文献入手，主观意志上存在强烈的为十道定性的需要，所以衍生出众多争议。从贞观十道到开元十五道之间，十道的体系是稳固不变的，虽然史料呈现出众多不同的遣使记载，但学者更容易将遣使人数与道数对等，因而得出天下曾分八道、九道、十二道、十三道、十五道、十六道、十七道、二十二道等令人费解的结论。十道分区不变，遣使人数不定，也许更加接近历史的实态。

学界反复纠结的道一级区划是否有固定治所，与都督府、藩镇、州存在何种统属关系以及长官兼任之类问题，如果明晰十道区划的施用场合，就会发现都可迎刃而解。出于某一领域政务推行的便利，将全国划分为十道，这种大区划分仅局限于这一领域，并不影响其他领域乃至全局的仍然以州县二级制为基本骨架的政区层级。因此，我们还是倾向于认为不仅是道，包括唐代后期的藩镇，都不是全国层面州之上的正式行政区划，终唐之世，官方认可的正式地方行政层级都是州县二级制。① 虽然贞观十道从行政区划意义上曾经裂分为十三道、十五道乃至十六道②，但从分部巡察的地方监察意义上，按十道遣使的原则一直没有发生变化，即便是在官方明确认定的十五道行政区划出现以后，"十道采访使"的分遣模式和分区观念依然如故。

（作者单位：华中师范大学历史文化学院）

---

① 参刘诗平：《论唐后期的地方行政体制》，硕士学位论文，北京大学，1997年；陈志坚：《唐代州郡制度研究》，上海：上海古籍出版社，2005年；拙著：《唐代后期藩镇与州之关系研究》。

② 严耕望：《景云十三道与开元十六道》，氏著：《严耕望史学论文集》。

从蜀道的交通路线看唐朝皇帝入蜀与政权的关系*

古怡青

一、研究缘起及目的

唐代在全国设置的驿道，以首都长安都亭驿为中心，可分为七条路线：一是营州入安东道，二是登州海行入高丽渤海道，三是夏州塞外通大同云中道，四是中受降城入回鹘道，五是安西入西域道，六是安南通天竺道，七是广州通海夷道。① 这七条干线中，以往学界运用敦煌吐鲁番文书，将研究集中于西北路线的西域道。

但事实上，唐朝有两条值得重视的交通命脉：一条是往东亚路线的安东道，另一条是往西南路线的蜀道。东亚路线碍于文献史料，在研究上较困难。拙稿拟关注的"蜀道"指由长安的都亭驿到剑南道益州、姚州的西南线，成为唐代政治经济军事命脉的要道，此路线一直延续到明清时期都是非常重要的"茶马古道"。"蜀道"为何是唐朝的政治经济命脉？为什么是唐玄宗、德宗、僖宗和朝廷官员的逃亡路线？可知剑南道必定具有重要的战略地位，与政治重心。愚意以为安史之乱前，杨国忠已积极部署，将节度使、主帅与军队、物资运输紧密结合，为日后入蜀做准备。

唐朝历代皇帝几乎都很重视蜀道，唐高祖时修复骆谷道，太宗、玄宗、宪宗、敬宗、文宗、宣宗、僖宗先后在褒斜道设置馆驿，唐玄宗开辟荔枝道，宣宗大中年间开辟文川谷道。唐朝玄宗、德宗、僖宗四次仰赖蜀道出奔逃难，最后都能安然返回首都，蜀道牵动唐帝国的兴荣盛衰与政治命运②，蜀道在交通运输上的重要性可见一斑。

关于唐代交通研究方面，以严耕望《唐代交通图考》（第四卷 山剑滇黔区）最具代表③，该书详尽考证唐代入蜀交通网，以及绘制唐代蜀道的传驿路线、馆驿与路程。刘希为《隋唐交通》论述隋唐的交通路线④，但对于驿道的概念仅记述以长安为中心而已。青山定雄《唐宋时代の交通と地志地図の研究》论述唐宋时代的陆路交通，邮驿制度的发达，关津增减与分布，商税与转

---

* 本文为科技部研究计划（编号MOST104-2410-H-032-001-）专题研究计划成果之一，并曾以《中晚唐蜀道的交通运输——以皇帝入蜀为中心》为题，宣读于2016年11月26—27日广州中山大学历史学系主办"纪念岑仲勉先生诞辰130周年学术研讨会"，承蒙评论人李锦绣、罗新等诸位学者提供精辟的宝贵意见，据此增补修改撰写而成，特此致谢！

① 《新唐书》卷43《地理志下》"羁縻州"条，北京：中华书局，1975年，第1146页。
② 梁中效：《唐朝皇帝与蜀道》，《成都大学学报》（社会科学版），2003年，第4期，第59页。
③ 严耕望：《唐代交通图考》（第四卷 山剑滇黔区），台北："中央研究院"历史语言研究所，1986年。
④ 刘希为：《隋唐交通》，台北：新文丰出版股份有限公司，1992年。

运使,以及制作地志地图的研究,并绘制唐代主要交通图、水路图与漕运图。① 荒川正晴《ユーラシアの交通・交易と唐帝国》研究唐代交通系统,偏重河西以西的交通制度,兼论北庭地区的传驿制度、长行坊和军物输送。② 上述诸研究,均未探究巴蜀地区的交通路线,拙稿则拟增补这方面的缺漏。

学界对于传驿制度研究成果颇丰③,拙稿论述从《天圣·厩牧令》探讨唐宋监牧制度中畜牧业经营管理④,吴淑玲《唐代驿传与唐诗发展之关系》论述唐代驿传体系对于驿路诗发展、异地交流、诗歌传播、诗歌团体形成、诗风变迁影响与角色。⑤ 拙稿欲以剑南道为中心,从交通运输的角度探讨长安到成都的蜀道,对中晚唐政局的独特性角色。

大陆学界对四川成都专著,段渝等主编《四川通史》(第3册 两晋南北朝隋唐时期)⑥、谢元鲁《成都通史》(卷三 两晋南北朝隋唐时期)⑦ 详论四川政治地位、外族战争、人口移民、农商业发展、佛道教兴盛、艺术与学术兴起,但未突显出蜀道的交通运输,对四川发展的重要性。有关巴蜀交通与西南路线,目前最详尽专论为蓝勇《四川古代交通路线史》⑧、《南方丝绸之路》⑨、《交通贸易与西南开发》⑩ 系列专著。但蓝勇研究偏重经济贸易,如丝绸、盐棉等商品经济发展。梁中效《唐朝皇帝与蜀道》分析唐朝皇帝重视蜀道的原因、经过与影响⑪,但未论及蜀道在军事和财政上的交通运输的重要性。另外,王兴锋《唐玄宗奔蜀路线考述》,考察唐玄宗奔蜀在关内道、山南西道、剑南道路线,拙稿拟深入分析论述蜀道在政治、军事的重要地位。

日本学界有关四川的最新论著,有中林史朗《中国中世四川地方史论集》论述先秦两汉至魏晋南北朝巴蜀政权与变乱、益州发展。⑫ 及大川裕子编《中国古代の水利と地域开发》探讨古代巴蜀开发、秦川西平原的水利开发、四川盆地丘陵地开发。⑬ 惜两部论著仅论及两晋南北朝巴蜀的发展,本研究欲扩展研究断代至唐代,透过蜀道的交通运输,唐代对于巴蜀的开发。

针对剑南道研究有多部硕士论文,中国台湾学界偏向研究四川、剑南道与中央关系,如赖亮郡《唐代四川与中央关系之研究》⑭、张世伟《唐代剑南道的重要性及其分合与中央关系之研究》⑮、黄俊文《唐代剑南边防之研究》⑯ 论述剑南道在边防的重要性及军粮调度等问题。吴承翰《五到八世纪财政物流的形成——以军粮调度为线索》认为总管区内军粮调度可能形成相对独立

---

① [日]青山定雄:《唐宋时代の交通と地志地图の研究》,东京:吉川弘文馆,1969年。
② [日]荒川正晴:《ユーラシアの交通・交易と唐帝国》,名古屋:古屋大学出版会,2010年。
③ 学说史可参考胡戟主编:《二十世纪唐研究》,北京:中国社会科学出版社,2002年,第507—509页。
④ 古怡青:《从〈天圣·厩牧令〉看唐宋监牧制度中畜牧业经营管理的变迁》,收入台师大历史系、中国法制史学会、唐律研读会主编:《新史料·新观点·新视角:天圣令论集》(上),台北:元照出版社,2011年,第185—221页。
⑤ 吴淑玲:《唐代驿传与唐诗发展之关系》,北京:人民出版社,2015年。
⑥ 段渝等主编:《四川通史》(第3册 两晋南北朝隋唐时期),成都:四川大学出版社,1993年。
⑦ 谢元鲁:《成都通史》(卷三 两晋南北朝隋唐时期),成都:四川人民出版社,2011年。
⑧ 蓝勇:《四川古代交通路线史》,重庆:西南师范大学出版社,1989年。
⑨ 蓝勇:《南方丝绸之路》,重庆:重庆大学出版社,1992年。
⑩ 蓝勇:《交通贸易与西南开发》,重庆:西南师范大学出版社,1994年。
⑪ 梁中效:《唐朝皇帝与蜀道》,第59—64页。
⑫ [日]中林史朗:《中国中世四川地方史论集》,东京:勉诚出版,2015年。
⑬ [日]大川裕子编:《中国古代の水利と地域开发》,东京:汲古书院,2015年。
⑭ 赖亮郡:《唐代四川与中央关系之研究》,硕士学位论文,台湾大学历史所,1980年。
⑮ 张世伟:《唐代剑南道的重要性及其分合与中央关系之研究》,硕士学位论文,成功大学历史语言研究所,1992年。
⑯ 黄俊文:《唐代剑南边防之研究》,硕士学位论文,成功大学历史语言研究所,1991年。

的运作区域，军粮调度以州为单位①，惜未厘清总管与行军总管的分别，实因未有行军制度概念。②而大陆硕士学位论文较多针对西川研究，如张熊《唐代西川镇研究》③、向楠《唐代剑南西川节度使的政治地理研究》④、吕亮弯《唐代西川政治经济论述》⑤等。上述惜未论及唐代皇帝对蜀道修筑、中央与地方政区的军事部署，各级官员的统辖与调配，如何奠定蜀道的交通运输命脉。

拙稿探讨长安与剑南道间，蜀道沿线的传驿制度结合成绵密的交通运输网络，牵涉国家统治运作的环节，扮演上传下达的枢纽系统。希冀在学界研究基础上，从蜀道的交通运输与传驿制度等方面着手，进一步论述唐代四川巴蜀驿道在交通运输中维系政权运行的关键命脉及其重要的价值地位。

二、蜀道的军事地理：选定蜀地与修建蜀道

自古巴蜀是兵家必争之地，掌握巴蜀便能统一天下。因此唐朝自李密在太原出兵取长安后，基于地理上考虑，也为了安定大后方，开始规划先安定关中，定都长安，守住河西潼关，再往巴蜀成为天下重心所在。此外，唐朝面临吐蕃、蛮獠等西南方强邻，首当其冲之地为四川巴蜀地区，唐朝防御以西南方的驿道为重心，调配兵力与牧养军马才能形成长安西南方有力的防护网。开元二十一年（733），剑南节度使在成都府，管兵30900人，马2000匹⑥，可见唐朝在西南地区积极部署重兵与战马。

唐朝玄宗、德宗、僖宗三位皇帝四度避乱，均选择入蜀地逃难，不选择其他去处，显然不是偶然的巧合。实因唐朝皇帝极为重视蜀道的修筑、开辟新路、修建馆驿，以确保蜀道的畅通，早已规划蜀道为日后避难的交通命脉。

（一）陆运：长安到巴蜀的栈道

蜀道指蜿蜒于秦蜀之间，架设木栈通行，曲折于"天下之大阻"的秦岭、巴山的高山峡谷之中，连接关陇、汉中与成都平原的交通道路。"蜀道难，难于上青天"说明蜀道翻越秦岭、巴山两大山系，艰险难行的交通地理特征。

唐代战争多利用蜀道关隘险阻，易守难攻、出奇制胜，在战争中发挥重要的军事作用。蜀道沿途河流众多，途经宝鸡、汉中、广元等政治、军事、经济重镇，提供屯兵的后勤战备区。唐五代以后，政治重心东迁，蜀道成为沟通西北与西南的交通动脉，更在战争中具有举足轻重的地位。⑦

---

① 吴承翰：《五到八世纪财政物流的形成——以军粮调度为线索》，硕士学位论文，（台湾）"国立"政治大学，2009年。
② 关于行军制度参见拙著：《行军武官：以行军统帅为中心》，《隋代中央武官研究》，博士学位论文，台湾大学历史学研究所，2012年8月，第100—196页。
③ 张熊：《唐代西川镇研究》，硕士学位论文，上海师范大学，2012年。
④ 向楠：《唐代剑南西川节度使的政治地理研究》，硕士学位论文，北京大学，2012年。
⑤ 吕亮弯：《唐代西川政治经济论述》，硕士学位论文，浙江大学，2006年。
⑥ 《通典》卷172《州郡典》"序目·大唐"条，北京：中华书局，1994年，第4482页。
⑦ 马强：《蜀道历史军事地理论略》，《汉水上游与蜀道历史地理研究》，成都：四川人民出版社，2004年，第233—234页。

剑南通往长安的路线，在汉中以南的南栈道有金牛道和东川道两线；汉中以北的北栈道有骆谷道、褒斜道、斜谷道、子午道、阴平道五道。另有一条唐蕃古道。（参见附图2　巴蜀驿道图）

1. 北栈道：长安至汉中驿道

（1）骆谷道。

三国时骆谷道为兵家重视交通要道，东晋南北朝时渐废，隋朝复开，唐武德七年（624）开骆谷路，重加整治，通梁州（今陕西汉中市）而入剑南（治益州，今成都）。① 但至唐开元年间尚未置驿，说明此时还未成为唐朝主要交通干线。

骆谷道是从长安西南行经鄠县、盩厔县（今陕西周至县东终南镇），经终南山，入骆谷北口，南行经骆谷关、华阳关出谷南口傥谷，至洋州治所兴道县（今洋县），通往剑南的军事要道。② 盩厔为骆谷道入口的重镇，唐朝设镇遏使以守此要冲。③ 如唐德宗幸梁州，遇李怀光反叛军，严震任凤州刺史充兴、凤两州团练使、同山南节度使遣镇遏使迎驾，又遣大将张用诚带5000兵至盩厔护驾。④

隋唐时公私旅行多取骆谷道，特别是唐中后期，安禄山叛乱后，皇帝、大臣、名士仓促之间，不避艰险，取骆谷道往返长安与汉中间最为频繁，此后因行旅渐多而置驿馆。朱泚之乱，德宗逃至兴元府，高崇文用兵西川斜谷、骆谷两道并进，僖宗西逃入蜀均走此道，由骆谷道至兴元⑤，经绵州、汉州，沿金牛道南行至成都。唐朝中叶以后，骆谷道渐成为关中出山南道入蜀要道。此道直至五代，又因战乱而荒塞不通。

（2）褒斜道。

褒水、斜水发源于今陕西的褒城、武功，两县间衙岭山，斜水东北流入渭水，褒水东南流入汉水。褒斜道从陕西郿县西南，略沿斜水，南段略沿褒水抵汉中，后经剑阁到成都，古代关中至汉中最著名的古道，故名褒斜道。

唐代褒斜道是长安到汉中最重要的官驿国道，用兵征战、使臣往还、商贾出入均走此道，分为新、旧两条交通干线⑥：

一是褒斜旧道—文川谷道：由长安经凤翔、渡渭水至郿县，西南入斜谷口，逾衙岭山至武休以南，接斜谷道，循褒谷至褒城，为秦汉古道，即文川谷道。汉代褒斜道为关中地区通巴蜀的主要交通干线，晋朝南迁后逐渐荒废。唐朝褒斜旧道因常堵塞，甚少通行，渐失重要性。

二是褒斜新道—褒城散关道：北段由长安经凤翔、出散关，抵达凤州，古称陈仓道；南段从凤州，东南行经斜谷关，至武休以南，循斜谷到褒城的连云栈，全称为褒斜新道。

唐中叶以后屡次修筑褒城散关道，共五位皇帝六度下令修褒斜道。⑦ 第一位是唐宪宗。"元

---

① 《读史方舆纪要》卷56《陕西五》"傥骆道"条，上海：上海古籍出版社，1995年，第2668—2669页。
② 刘希为：《唐代的交通路线》，《隋唐交通》，第63页。
③ 《资治通鉴》卷245《唐文宗纪》"太和九年"条："李训素与终南僧宗密善，往投之。宗密欲剃其发而匿之，其徒不可。训出山将奔凤翔，为盩厔镇遏使宋楚所擒，械送京师。"（北京：中华书局，1956年，第7915—7916页）
④ 《资治通鉴》卷230《唐德宗纪》"兴元元年"条："上将幸梁州，山南节度使盐亭严震闻之，遣使诣奉天奉迎，又遣大将张用诚将兵五千至盩厔以来迎卫。"（第7408页）《旧唐书》卷117《严震传》："时李怀光连贼，德宗欲移幸山南。震既闻顺动，遣吏驰表往奉天迎驾，仍令大将张用诚领兵五千至盩厔已东迎护，上闻之喜。"（第3405页）
⑤ 《资治通鉴》卷254《僖宗本纪》"中和元年"条，第8245—8246页。
⑥ 刘希为：《唐代的交通路线》，《隋唐交通》，第63页。
⑦ 严耕望：《汉唐褒斜驿道》，《唐代交通图考》（第三卷　秦岭仇池区），台北："中央研究院"历史语言研究所，1985年9月，第716—728页。

和中兴"也重视蜀道，元和元年（806）正月十九日顺宗崩于兴庆宫，宪宗二十三日刚登基下制说明为讨伐西川刘辟，剑南西川成为安定天下的重镇，二十七日第一个建设便复置褒斜道的斜谷路馆驿，二十九日命神策行营节度使高崇文由斜谷路率师，神策兵马使李元奕由骆谷路率步骑，兴元严砺、东川李康犄角应接，会师于梓潼①，可见蜀道的重要性。

第二位是唐敬宗。宝历二年（826）正月十三日，兴元节度使裴度上奏修筑斜谷路及设置凤翔府境内的渭阳驿、过蜀驿、安途驿等三所馆驿皆已完成，并改甘亭馆为悬泉驿、骆驼鸶馆改为武兴驿、坂下馆改为右界驿。②

第三位是文宗。开成四年（839）山南西道节度使归融镇守兴元，修散关至褒城共15所馆驿③，该道为褒城散关道，仍走褒斜旧道，武休关以北，折西北行到凤州梁泉县（今陕西凤县东北），再北出散关至秦川。北段为陈仓道，南段即连云栈为北魏时所开"回车新道"路线。

第四位是唐宣宗。两度修建文川古道，第一次是大中三年（849）十一月，兴元节度使郑涯、凤翔节度使李玭奏准开文川谷新路，即文川谷道，代替归融所修的褒斜旧路，即西江口以南至褒城一段险栈。新路较旧路近捷10馆驿，但修成不到一年，因路基未稳，遭山路冲塌而废弃，郑涯为此受免职处分。④ 第二次是大中四年（850）六月中书门下宰相上奏开山南西道新路，宣宗又令山南西道节度使封敖重修散关至褒城间的褒斜旧道，七月二十日完工⑤，即褒城散关道，文献多称南段为"斜谷道"。

第五位是唐僖宗。光启二年（886）因田令孜逼迫请幸兴元，僖宗至兴元后，命晋晖及神策军使张造帅四都兵屯黑水，修褒城散关道。⑥

司马迁曾言褒斜道在蜀道中的重要地位："然四塞，栈道千里，无所不通，唯褒斜绾毂其口。"⑦ 由于唐代褒斜道是控制汉中、蜀地的重要军事驿道，唐朝皇帝屡修此道，尤其天下大乱时，往往凸显出褒斜道的军事地理价值，更加印证褒斜道在军事上发挥重要的作用，如唐初李渊遣将取梁州，唐宪宗出兵平定川西刘辟之乱，唐文宗温造出兵平定汉中兵乱，皆走褒斜道。⑧

（3）子午道。

子午道北口在长安县南60里处子午谷，西南行至洋州治所兴道县东20里的龙亭为谷道南口，南通金州安康县入兴元府。⑨

战国秦朝前开通，因走秦岭子午谷而得名，王莽开始取名为子午道。唐代沿用南朝梁所开新道，辟为子午道为初唐和盛唐时的驿路。天宝中（742—755）因驿贡山南道涪州（今重庆涪陵区）生鲜荔枝到长安，曾专辟一条通道，自涪陵循溶溪河谷北上，经垫江县、梁山县（今四川梁平县西）、新宁县（今四川开江县东）、东乡县（今四川宣汉县东北），越巴山至洋州治所西乡

---

① 《旧唐书》卷14《宪宗本纪》"元和元年"（806）条，北京：中华书局，1975年，第414—415页。
② 《旧唐书》卷17《敬宗本纪》"宝历二年"（826）条，第518页。《唐会要》卷61《御史台中》"馆驿使"条，上海：上海古籍出版社，1991年，第1064页。
③ 《全唐文》卷606刘禹锡《山南西道新修驿路记》，北京：中华书局，1983年，第6122—6123页。
④ 《全唐文》卷794孔樵《兴元新路记》，第8327—8328页。
⑤ 《唐会要》卷86《道路》，1575页。
⑥ 《旧唐书》卷19《僖宗本纪》"光启二年"条，第723页。《资治通鉴》卷256《唐僖宗纪》"光启二年"条，第8331—8333页。
⑦ 《史记》卷129《货殖列传》，北京：中华书局，1982年，第3261—3262页。
⑧ 马强：《蜀道历史军事地理论略》，《汉水上游与蜀道历史地理研究》，第238—239页。
⑨ 刘希为：《唐代的交通路线》，《隋唐交通》，第64页。

县,循子午道去长安,此条通道全程约 2000 里,后人称"天宝荔枝道"。① 安史之乱后此道渐失重要性。

（4）阴平道。

此道路线为长安西经凤翔府、秦川转南迄成州、文州、龙州之清川、江油县、沿涪江直下绵州至成都。较金牛道更险隘,又因位置接近吐蕃,安史之乱后部分路段陷于吐蕃,唐人甚少通行此道。②

2. 南栈道：汉中至剑南驿道

（1）金牛道。

秦汉称秦蜀通道为南栈道,即唐代金牛道。自成都至汉州 100 里,又 180 里至绵州,又 290 里至剑州,又 280 里至利州,又 490 里至汉中,全长 1340 里。其间馆驿自成都出发达汉中,依次为天回驿、金雁驿、罗江驿、万安驿、巴西驿、钟阳驿、奉济驿、上亭驿、深度驿、汉源驿、方期驿、益昌驿、嘉川驿、筹笔驿、三泉驿、金牛驿、褒城驿等 17 处。

剑门关是蜀道著名天险,两峰如剑,中通一道,由金牛道进入四川盆地最险要的关隘。李太白作"蜀道难"对剑门关感叹,见《唐语林校证》③：

> 剑阁峥嵘而崔嵬,一夫当关,万夫莫开。所守或非人,化为狼与豺。朝避猛虎,夕避长蛇。磨牙吮血,杀人如麻。锦城虽云乐,不如早还家。蜀道之难,难于上青天！侧身西望长咨嗟。

由此可见剑门关的军事地理重要性,唐代刘辟曾拥兵死守此地,迫使敌军改道入川。

（2）东川路。

此线自成都东经剑南东川节度使所在地——梓州,再往东经阆州（今阆中）。由阆州至汉中路线有两条：一条米仓道,经巴州（今巴中）、集州（今南江）,越米仓山的孤云两角等地而达汉中；另一条则是溯嘉陵江上行经望喜驿至利州,与南栈道合路而达汉中。

（二）水道运输网

嘉陵江和汉江是横贯汉中地区的两大河流。汉江谷地由汉江横贯汉中、东流襄鄂,及嘉陵江沟通秦陇巴蜀,土地肥沃,稻麦兼收,为著名的产粮区,承担战争期间后勤供应漕粮、军马的运输,因此汉江谷地也具有重要的战略意义。④

1. 嘉陵江

嘉陵江发源于宝鸡大散关西南,源头一段名冻河,流经宝鸡、凤县、两当、徽县、略阳、宁强,向南入川经广元、南充、合川至重庆流入长江,嘉陵江上游流经汉中地区,连接秦、陇、蜀

---

① 严耕望：《天宝荔枝道》，《唐代交通图考》（第四卷 山剑滇黔区），第 1029—1037 页。
② 严耕望：《汉唐阴平道》，《唐代交通图考》（第四卷 山剑滇黔区），第 908—925 页。张世伟：《剑州道在地理、军事上的交通地位》，《唐代剑南道的重要性及其分合与中央关系之研究》，第 7 页。
③ （宋）王谠撰，周勋初校证：《唐语林校证》卷 4《豪爽》，北京：中华书局，1997 年，第 330 页。
④ 马强：《汉水上游军事历史地理研究》，《汉水上游与蜀道历史地理研究》，第 50、59 页。

三地交通动脉，与褒斜道平行，军事地理位置十分重要。①

兴州城位于嘉陵江畔，为蜀地入秦陇的交通咽喉。唐高祖武德元年（618）废武兴郡置兴州，始有兴州之名，《元和郡县图志》记载兴州地势："城虽在平地，甚牢实，周回五百许步，唯开西北一门，外有垒，三面周匝。"②

兴州地理位置甚为重要。唐德宗贞元年间因军事需要，由兴州刺史严砺督师疏浚嘉陵江兴州至成州间航道险滩危石数十里，柳宗元曾作《兴州江运记》嘉颂严砺功劳：

> 以道之险隘，兵困于食，守用不固。公患之曰："吾尝为兴州，凡其土人之故，吾能知之。自长举北至于青泥山，又西抵于成州，过栗亭川，逾宝井堡，崖谷峻隘，十里百折，负重而上。若蹈利刃，盛秋水潦，穷冬雨雪，深泥积水，相辅为害，颠踬腾借，血流栈道，糇粮刍藁，填谷委山，马牛群畜，相借物故。馑夫毕力，守卒延颈，嗷嗷之声，其可哀也。若是者绵三百里而余，自长举之西，可以导江而下，二百里而至，昔之人莫得知也。吾受命于君而育斯人，其可已乎，乃出军府之币，以备器用。"③

柳宗元记载蜀道的险隘，原以士兵徒手转运军粮、马牛牲畜，常血流栈道，备极艰辛。严砺疏通水道后，解决"兵困于食，守用不固"的困境，在关陇与川蜀之间透过嘉陵江成为战争时期后勤运输的补给线。

2. 汉江（汉水）

汉江又称汉水，是流经汉中的第一大河，发源于宁强嶓冢山，流经汉中盆地、安康盆地，至白河县进入湖北，经襄樊、随州，至汉口汇入长江，也是长江最大的支流，全长1532公里，其支流有褒水、傥水、冷水、池水和丹水。安史之乱期间，因安史叛军占领中原地区，江淮财富由长江、汉江运抵洋川，再由洋川陆运至扶风唐朝军队本营，汉水成为唐朝中央军需运输的重要水道。④

"蜀道"为长安通往剑南的路线，可分为陆路与水路两种，陆路以汉中为转运站，水路有嘉陵江与汉江为重要运输水道。究竟走不同的陆路或水路，有何不同的政治、军事或经济考虑？如散关凤兴汉中道转金牛道至四川成都为蜀道中最远，也是最平坦、供给最易的蜀道，是否显示盛唐天子逃亡时的从容？如由骆谷道经金牛道至成都，是蜀道中最快捷方式，也是最艰险的蜀道，是否反映皇帝出奔时的仓皇与唐帝国的衰相？

三、皇帝逃难的蜀道为唐代政权延续的交通命脉

唐代因关中事变，有三位君主，凡四次南幸入山南、蜀中，分别是玄宗幸蜀，德宗幸兴元，僖宗幸蜀、兴元。

---

① 马强：《蜀道历史军事地理论略》，《汉水上游与蜀道历史地理研究》，第240页。
② （唐）李吉甫：《元和郡县图志》卷22《山南西道·兴元府》，北京：中华书局，1995年，第569页。
③ 《文苑英华》卷813《河渠记》"柳宗元·兴州江运记"条，北京：中华书局，1966年，第4295—4296页。
④ 马强：《汉水上游军事历史地理研究》，《汉水上游与蜀道历史地理研究》，第61页。

第一次是天宝十五载（756）马嵬驿事变，唐玄宗召见宰相杨国忠商议入蜀，对策是走褒城散关道，即由陈仓道接连云栈，再转金牛道至四川成都。① 玄宗入蜀的路线是天宝十五载六月十六日从长安城延秋门走陈仓道，即先向西往扶风郡至凤翔府，南行经陈仓道的陈仓县、大散关，六月二十三日至河池郡（凤州梁泉县），接连云栈的河池褒城道中斜谷、褒城，转金牛道，七月十日经益昌县，渡吉柏江，七月十二日经普安郡（剑州），当天太子李亨在灵武即皇帝位，七月十八日至成都巴西郡（绵州）②，共33日，平均日行67里。玄宗归程于至德二载（757）十月二十日由益州成都走金牛道，应转散关凤兴汉中道，取兴州经青泥岭至十一月二十二日至凤翔。③（参见附图1　唐玄宗入蜀路线图）

唐代30里置一驿④，急速大事发驿使，一日六驿，驿马日程180里为最低速度；事稍缓者给传，一日四驿，传马日程70里⑤至120里。⑥ 唐玄宗去程共33日，由长安至凤翔府约310里，走褒城散关道⑦，接金牛道⑧，共2210里，平均日行67里。玄宗归程共29日，共计2560里⑨，平均日行88里，仅比传马日程稍快一些，可能与玄宗归程未走连云栈的近路⑩，绕远道走散关凤兴汉中道至凤翔有关。

第二次是德宗去程兴元元年（784）从长安，二月二十六日到奉天（今陕西乾县），当天傍晚李怀光命别将达奚小俊烧乾陵，遣将赵升鸾入奉天胁迫德宗，德宗命令浑瑊戒严，命戴休颜守奉天，御史中丞齐映为沿路置顿使，因情况危急，德宗尚未部署完毕当晚已由城西出城⑪，从盩厔走艰险的骆谷道，三月二十一日出奔至梁州，共计26日，全程440里，平均日行17里。或因骆谷道是从盩厔至梁州最近的驿道，但因此道极为险峻，因此车驾速度较慢，也显示出德宗出行的迫于形势的为难。度过三个月危局后，回程自兴元元年（784）六月十九日从兴元走褒城散关

---

① 《新唐书》卷5《玄宗本纪》"天宝十五载"条记载玄宗入蜀路线："辛丑，次陈仓。闲厩使任沙门叛降于禄山。丙午，次河池郡。剑南节度使崔圆为中书侍郎、同中书门下平章事。七月甲子，次普安郡。"（第153页）玄宗经过陈仓、河池郡、普安郡，走的路线应为陈仓道接金牛道。
② 《旧唐书》卷9《玄宗本纪》"天宝十五载"条，第232—234页。
③ 《旧唐书》卷9《玄宗本纪》，第234—235页。
④ 《通典》卷33《职官典》"州郡·乡官·大唐"条："三十里置一驿，其非通途大路则曰馆。"（第924页）
⑤ 《唐六典》卷3《度支郎中员外郎》，"凡陆行之程：马日七十里，步及驴五十里，车三十里。"（第80页）
⑥ 《新唐书》卷46《百官志》"尚书省·礼部"条："乘传者日四驿，乘驿者六驿。"（第1196页）
⑦ 褒城散关道全程660里，由陈仓道280里，接连云栈380里。相关考证参见严耕望：《汉唐褒斜驿道》，《唐代交通图考》（第三卷　秦岭仇池区），第701—753页。
⑧ 秦汉称秦蜀通道为南栈道，即唐代金牛道。自成都至汉州100里，又180里至绵州，又290里至剑州，又280里至利州，又490里至汉中，全长1340里。相关考证参见严耕望：《金牛成都驿道》，《唐代交通图考》（第四卷　山剑滇黔区），第863—906页。
⑨ 散关凤兴汉中道，全程约910里，包含陈仓道约280里，由凤翔府（扶风县）向西南行至宝鸡县，渡渭水，入散关，循故道水，至凤州治所梁泉县，接兴凤道约630里，由凤州治所梁泉县经两当县、河池县、青泥岭、长举县至兴州治所顺政县，经兴城关，折而东南经分水岭，渡沮水至百牢关，循汉水北岸，经西县、褒城县至兴元府（汉中郡、梁州）治所南郑县。相关考证参见严耕望：《通典所记汉中通秦川驿道》，《唐代交通图考》（第三卷　秦岭仇池区），台北："中央研究院"历史语言研究所，1985—1989年，第755—797页。
⑩ 若走褒斜古道至眉县出谷口，渡渭河至扶风县、武功县，可旋即东回长安，不会西至凤翔，可见玄宗入蜀去程与归程并未走褒斜古道。参见严耕望：《汉唐褒斜驿道》，《唐代交通图考》（第三卷　秦岭仇池区），第730页。
⑪ 《旧唐书》卷12《德宗本纪》"兴元元年"（784）条，第341页。《资治通鉴》卷230《唐德宗纪》"兴元元年"条，第7410—7411页。

道，七月七日车驾至凤翔府①，共计19日，全程660里，平均日行35里，出发时虽遇大雨，也或因承平时代无须赶路，得以安然返回凤翔。唐德宗返回长安后将梁州升格为兴元府②，加强长安—兴元—成都间，兴元府在褒城散关道中由长安入蜀转运站的重要地位。

第三次是僖宗因广明元年（880）十二月黄巢义军攻破潼关，十二月五日田令孜带领神策军500人拥护僖宗逃奔成都，出行时仅福、穆、泽、寿四王及妃嫔数人从行，百官皆不知情，"上奔驰昼夜不息，从官多不能及"③，可知此行多仓促危急，取崎岖艰险的骆谷道，十二月十八日入兴。因补给困难④，中和元年（881）正月一日僖宗车驾才离开兴元府，经金牛道入蜀，元月二十二日至绵州，二十八日抵达成都⑤，全程共2030里⑥，扣除在兴元等待粮食补给天数，实际路程共四十二日，平均日行48里。

回程自中和五年（885）正月二十三日自成都府还京，经西县，二月十日车驾至凤翔⑦，共18日。史籍未详载僖宗归程究竟走散关凤兴汉中道，或是褒城散关道。若金牛道转较短程褒城散关道，共计2000里，平均日行118里。若走金牛道转较远程的散关凤兴汉中道，共计2250里，平均日行125里，相当于传马的日程。相较唐玄宗相同的归程，僖宗较玄宗快。

第四次是僖宗因田令孜威胁由凤翔南幸兴元，取道宝鸡、散关、经斜谷，可知僖宗来回均走褒城散关道。僖宗去程自光启二年（886）正月八日因田令孜逼迫自凤翔出发，正月十日车驾至宝鸡，三月十七日车驾至兴元⑧，共67日，全程660里，平均日行10里。僖宗归程自光启三年（887）三月十日车驾还京往凤翔。三月十八日，车驾至凤翔，共9日⑨，全程660里，平均日行73里。文德元年（888）二月返回长安。

唐光启元年（885）灭黄巢之乱记载于韦庄《浣花集》卷4《闻再幸梁洋》："才喜中原息战鼙，又闻天子幸巴西。延烧魏阙非关燕，大狩陈仓不为鸡。兴庆王龙寒自跃，昭陵石马夜空嘶。遥思万里行宫梦，太白山前月欲低。"唐僖宗从成都返回长安不久，宦官田令孜与河中节度使王重荣激战，王重荣联合河东节度使李克用攻进长安。同年冬，田令孜挟持唐僖宗西奔宝鸡。⑩ 来年三月，宦官田令孜专权，朱玫以诛田令孜为名在邠州起兵，田令孜挟持唐僖宗又从宝鸡走陈仓道接连云栈逃往兴元（今汉中地区）。朱玫派部将王行瑜随后追赶，追过山南西道的凤州，留禁

---

① 《旧唐书》卷12《德宗本纪》"兴元元年"（784）条："六月……癸卯，赠神策兵马使杨惠元右仆射。是日，李晟上收京城露布，上览之，涕下沾襟。泾州田希鉴斩姚令言，幽州军士韩旻于彭原斩朱泚，并传首至行在，乙巳，遣吏部侍郎班宏入京宣谕。……戊午（十九日），车驾还京，发兴元，是日大雨，及入斜谷，晴霁，从官将士欢然为天助。秋七月丙子（七日），车驾次凤翔府。……壬午，至自兴元。时浑瑊、韩游瓌、戴休颜以其众扈从，李晟、骆元光、尚可孤以其众奉迎，步骑十余万，旌旗连亘数十里，都民僧道，欢呼感泣。"（第343—345页）

② 李吉甫：《元和郡县图志》卷22《山南道》，第558页。

③ 《资治通鉴》卷254《唐僖宗纪》"广明元年"条，第8239—8240页。

④ 《资治通鉴》卷254《唐僖宗纪》"广明元年"条："黄巢逼潼关，浚避乱商山。上幸兴元，道中无供顿，汉阴令李康以骡负糇粮数百驮献之，以驴马负物为驮。唐递驮，每驮一百斤。从行军士始得食。上问康：'卿为县令，何能如是？'对曰：'臣不及此，乃张浚员外教臣。'上召浚诣行在，拜兵部郎中。"（第8243页）

⑤ 《资治通鉴》卷254《唐僖宗纪》"中和元年"条，第8245页。

⑥ 长安至盩厔130里，骆谷道由盩厔至洋州440里，洋州至兴元府120里，金牛道1340里，共计2030里。

⑦ 《旧唐书》卷19《僖宗本纪》"光启元年"（885）条："光启元年春正月丁巳朔，车驾在成都府。己卯（二十三日），僖宗自蜀还京。二月丁亥朔。丙申（十日），车驾次凤翔。三月丙辰朔。丁卯（十一日），车驾至京师。"（第720页）

⑧ 《旧唐书》卷19《僖宗本纪》"光启二年"（886）条，第723页。《资治通鉴》卷256《唐僖宗纪》"光启二年"条，第8331—8333页。《资治通鉴》卷256《唐僖宗纪》"光启三年"条，第8345页。

⑨ 《旧唐书》卷19《僖宗本纪》"光启三年"（887）条，第727页。《资治通鉴》卷256《唐僖宗纪》"光启三年"条，第8345页。

⑩ 马强：《论唐宋蜀道诗的文化史意义》，《汉水上游与蜀道历史地理研究》，第270页。

兵守石鼻为后拒，感义军于兴、凤二州，以杨晟为节度使，守散关，唐军李铤、李茂贞等拒战于大唐峰（今略阳县东南），战胜王行瑜，途经兴凤道复取兴州。山南西道节度使石君涉沿途设栅绝险要，烧邮驿，以断敌军后路。山南西道监军冯翊严遵美于西县迎僖宗，三月十七日，车驾至兴元。①

从凤翔、宝鸡、凤州至兴元，应走陈仓道接连云栈为通行大道，尽早到兴元才是安全上策，但田令孜却为何挟持僖宗从凤州向西南行，绕兴凤道至兴州向东转西县至兴元府？

将唐朝三位皇帝四度入蜀去程与归程制成下表：

表1 唐代皇帝入蜀避难表

	去程			回程		
	驿道	时间	天数/平均里数	驿道	时间	天数/平均里数
玄宗入蜀	长安→益州成都 长安→褒城散关道+金牛道=2210里	天宝十五载（756）六月十六日至七月十八日	33日/67里	金牛道+散关凤兴汉中道→长安=2560里	至德二载（757）十月二十三日至十一月二十二日	29日/88里
德宗幸兴元	骆谷道（440里）长安→奉天→梁州	兴元元年（784）二月二十六日至三月二十一日	26日/17里	褒城散关道=660里	兴元元年（784）六月十九日至七月七日	19日/35里
僖宗入蜀	益州成都至凤翔长安→骆谷道→洋州兴元→金牛道=2030里	广明元年（880）十二月五日至中和元年（881）一月二十八日	42日/48里	金牛道+散关凤兴汉中道=2250里 金牛道+褒城散关道=2000里	中和五年（885）一月二十三日至二月十日	18日/125里/118里
僖宗幸兴元	凤翔→兴元 褒城散关道=660里	光启二年（886）一月八日至三月十七日	67日/10里	褒城散关道=660里	光启三年（887）三月十日至三月十八日	9日/73里

上表中，唐玄宗去程走褒城散关道，而归程由凤州至兴元间有两条驿道，若走连云栈仅380里，另一条为散关凤兴汉中道630里。玄宗舍近求远，不走近路连云栈，而走散关凤兴汉中道是蜀道中最迂回的，但也是最平坦、供给最顺畅的一条驿道，虽比连云栈多出将近两倍路程，却也显示出玄宗逃亡入蜀时的从容。

反之，德宗与僖宗入蜀走骆谷道，是蜀道中捷径，但也是"道中无供顿"最艰险、补给最困

---

① 《资治通鉴》卷256《唐僖宗纪》"光启二年"条，第8330—8333页。

难的驿道。德宗与僖宗北返均未再走骆谷道，改由褒城散关道或散关凤兴汉中道。

上表中，僖宗入蜀后，由成都返回长安，全程二千余里，仅18日，日行约120里，可见连夜兼程赶回长安的惊险。尤其是唐朝最后一次皇帝南奔，僖宗由凤翔至兴元，来回均走平坦顺畅的褒城散关道，仅660里，去程耗费67日，平均日行10里，实因邠宁李昌符、朱玫等遣人焚栈道，阻断僖宗所经驿道，可谓惊险万分。归程同样走660里褒城散关道，日夜兼程，日行73里仅10日便抵达凤翔府，可见当时政府不稳，仓皇匆忙间奔赶回凤翔以稳定政局。

透过上述唐朝皇帝四次奔蜀的路线，反映出唐朝三位皇帝一次比一次惊险与狼狈，中央政府的控制力越来越衰弱。

四、结论：蜀道为长安西南方防护网

蜀地即唐朝十道中的剑南道，约今四川中部、南部，贵州西南部及云南北端。剑南地区为封闭性的高亢盆地，四面环山，易守难攻。剑南巴蜀具有独特的地理位置，具有独特的天然形势与交通，以及富庶与繁荣的雄厚经济实力，成为维护唐朝战略的大后方。中晚唐君主幸赖有"蜀地"作为安身立命的大后方，作为保命避难的重要后盾，挽救唐朝政权于危难之中，确保唐朝国家政权安定，唐朝国祚才得以延续。如唐玄宗、僖宗等因战乱逃难于此，称之南京。

蜀道是唐代长安的都亭驿通往剑南道的益州、姚州的西南传驿交通线，更是唐代政治经济军事命脉的要道。除平时官家商贾通行外；战乱时，更是唐室避难及平乱的主要路线。顾炎武《天下郡国利病书》："唐都长安，每有寇则出奔之举，恃有蜀也。所以再奔再北，而未至亡国，亦幸有蜀也。"唐朝中后期，玄宗、德宗、僖宗三位皇帝四次经蜀道入巴蜀避难，最后终能安然返回京师长安，可更具体了解"蜀道"的重要性。若唐朝仅唐玄宗一位皇帝，经蜀道入蜀避难后，再出蜀继续执掌政权，则蜀道的重要性或许是孤证与巧合；而中晚唐共有三位皇帝入蜀避难，再出蜀返回首都长安，可知"蜀道"是延续唐朝政权的重要传驿交通路线，唐朝政权兴衰与"蜀道"密切相关。

本文考察唐朝皇帝四次奔蜀来回路线，反映出政局的变化。第一次奔蜀，唐玄宗舍近求远，走蜀道中最迂回的散关凤兴汉中道，但也是最平坦、供给最顺畅的一条驿道，虽比连云栈多出将近两倍路程，却也显示出玄宗逃亡入蜀时的从容。反之，第二次德宗与第三次僖宗入蜀走蜀道中捷近的骆谷道，但也是最艰险、补给最困难的驿道。僖宗入蜀后，仅18日连夜兼程由成都返回长安，日行约120里，可见赶回长安的惊险。

尤其是唐朝最后一次皇帝南奔，僖宗来回均走平坦顺畅的褒城散关道，去程耗费67日，平均日行10里，实因僖宗所经驿道被阻断，可谓惊险万分。归程同样走褒城散关道，日夜兼程，日行73里仅10日便抵达凤翔府，可见当时政府不稳，仓皇匆忙间奔赶回凤翔以稳定政局。由唐朝皇帝四次奔蜀路线，反映出唐朝三位皇帝一次比一次惊险与狼狈，中央政府的控制力越来越衰弱。唐朝皇帝入蜀走不同的陆路或水路的入蜀路线，实具有不同的政治、军事或经济考虑。

蜀道之所以能发挥如此重要的作用，在于唐朝皇帝有先见之明，事先修筑蜀道、政区布局与军事部署等规划，环环相扣、缺一不可。蜀道的存在，不仅提供皇帝入蜀避难的交通要道，更是中央政权体制下，政令指挥与信息传递的国家行政网络之一。蜀道的功能，也是围绕在蜀道沿线对于政令文书上传下达、物资传递运输等流动，反映政治权力的运作格局与经济物资的运输传递。由此得知，蜀道在政治秩序、财政运输的重要性。

附图 1　唐玄宗入蜀路线图①

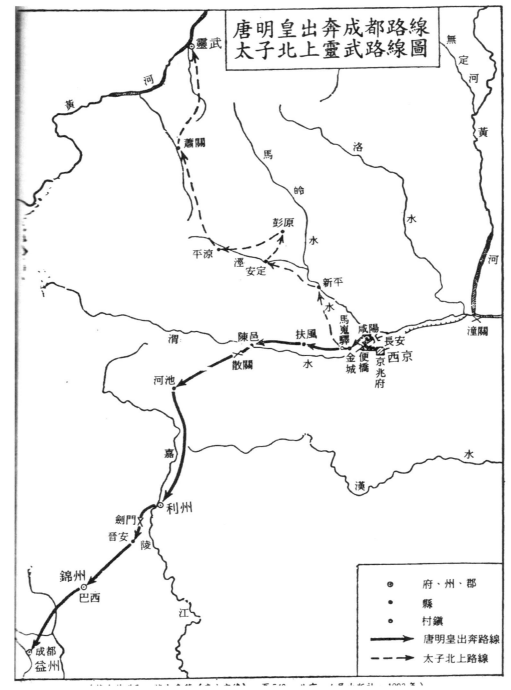

---

① 本图引自高明士、邱添生、甘怀真、何永成：《隋唐史》，台北：空中大学出版社，1997 年，第 259 页。

附图2　巴蜀驿道图①

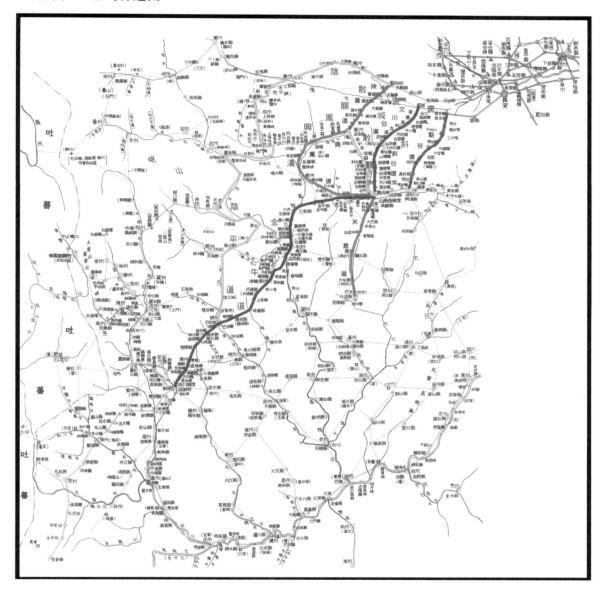

（作者单位：淡江大学历史系）

---

① 本图修改自严耕望《唐代渭水蜀江间山南剑南区交通图（西幅）》，《唐代交通图考》（第四卷 山剑滇黔区），台北："中央研究院"历史语言研究所，1986年1月。及严耕望《唐代关内道交通图》，《唐代交通图考》（第一卷 京都关内区），台北："中央研究院"历史语言研究所，1985年5月。

罗珦与唐代庐州

张金铣

清嘉庆、光绪《庐州府志》列举唐高祖至僖宗时庐州刺史（太守）凡三十人。今人郁贤皓《唐刺史考全编》考订出任庐州牧守者达五十八人，其中宪宗时王仲舒、昭宗时康儒并未到任，中和初年许勍是否担任庐州刺史，该书也存疑："中和二年后庐州刺史为杨行密控制，许勍不容插入。"① 又据《新唐书·杨行密传》及《资治通鉴》，滁州刺史许勍多次争夺庐州，均未成功。② 在这些牧守中，对庐州发展影响最大、治效最显著者，当属德宗时期罗珦。有关罗珦文献资料，主要是新旧《唐书》，另有杨凭《唐庐州刺史本州团练使罗公德政碑》（简称《罗珦德政碑》）和权德舆《唐故太中大夫、守太子宾客、上柱国襄阳县开国男、赐紫金鱼袋罗公墓志铭》（简称《罗珦墓志铭》），分别载于清代董诰主编《全唐文》卷四百七十八、卷五百〇六。

一、罗珦籍贯问题

关于罗珦籍贯，有越州会稽（今浙江绍兴）和庐州（今安徽合肥）两种说法。

《新唐书·罗珦传》称，"罗珦，越州会稽人。"权德舆《罗珦墓志铭》则云："公讳珦，其先会稽人。蜀广汉太守蒙，晋西鄂节侯宪，给事中龚，皆以茂绩焯于前载。曾祖彦荣，皇同州长史。祖思崇，韶、睦、常三州刺史；父怀操，桂州兴安县令，赠华州刺史。实有清行，藏于家牒。"

然五代何光远《鉴戒录》、王象之《舆地纪胜》、李贤《大明一统志》及《全唐诗》均称罗珦为庐州人。罗珦早年备尝艰辛，曾寄食于庐州浮槎山福泉寺。肃宗宝应（762—763）初上书言事，授太常寺太祝，历长水、河南县尉，万年主簿，授大理司直。嗣曹王皋以宗室出镇江西、荆襄，罗珦进入幕府，累迁为节度副使。曹王皋去世，江西军士趁乱劫府库，罗珦捕杀首恶十余人。入朝担任监察御史、殿中侍御史、祠部员外郎，调为奉天令，宦官、权贵不敢为非。贞元十二年（796 年）以功擢为庐州刺史。

何光远《鉴戒录》卷八《衣锦归》云："罗使君，本庐州人，不事巨产而慕大名，以至困穷，竟无退倦。常投福泉寺僧房寄足，每旦随僧一食，学业而已。历二十年间，持节归郡，洎入境，专游福泉寺，驻旌戟信宿，书其壁曰：'二十年前此布衣，鹿鸣西上虎符归。行时宾从过前

---

① 郁贤皓：《唐刺史考全编》卷 125《淮南道·滁州》，合肥：安徽大学出版社，2000 年。
② 另外，《唐刺史考全编》根据《太平寰宇记》所列"唐贞观十年，刺史杜公作斗门，与肥水相接"，得出"贞观年间杜某为庐州刺史"。然查考《舆地纪胜》、《元和姓纂》、《新唐书》等典籍，"贞观"实为"贞元"之误，时任庐州刺史实为杜佽，故所考实际任职庐州牧守者仅有五十四人。

事，到处杉松长旧围。野老共遮官路拜，沙鸥遥避隼旟飞。春风一宿琉璃殿，唯有泉声惬素机。'"文中所称罗使君，即贞元年间庐州刺史罗珦。

南宋王象之《舆地纪胜》卷四十五《淮南西路·庐州》亦云："珦，庐州人，以穷困尝投福泉寺，随僧饭。后持节归乡，至僧房书壁"，题写《行县至浮查山寺》。

《大明一统志》卷十四《庐州府·人物》亦云："罗珦，庐州人，仕为本州刺史，捐己俸给药济贫，禁淫祀，修学劝士，务崇其本，三年政化大洽，有芝草、白雀之瑞。"①

《全唐诗》卷三百十三存罗珦诗一首，其诗人小传云："罗珦，会稽人，家于庐州。贞元中，刺本郡（指庐州），以治行闻，再迁京兆尹。诗一首。"其诗即《行县至浮查山寺》，叙述自己衣锦还乡情景，今肥东县王铁乡有浮槎山，即"浮查山"。

二、罗珦治理措施

庐州原称合州，隋开皇三年改为庐州，领合淝、庐江、襄安、慎、霍山、渒水、开化等七县。唐贞观年间，调整州县，庐州领合淝、庐江、慎县、巢县。开元二十三年（735），析庐江、巢县之地置舒城县，共领五县。天宝元年（742），改州为郡，庐州复改为庐江郡。乾元元年（758），复改为庐州。据《旧唐书》卷四十《地理志三》，庐州"旧领县四，户五千三百五十八，口二万七千五百一十三。天宝领县五，户四万三千三百二十三，口二十万五千三百九十六"。庐州位于江淮之间，隋唐时期陋俗颇多，"不好学而酷信淫祀，豪家广占田而不耕，人稀而病于吏众，艺桑鲜而布帛疏滥，有札瘥夭伤，则损败生业，舍药物而乞灵于鬼神"②，罗珦移风易俗，革除陋俗，发展经济文化。

其一，开垦旷地，发展生产。庐州土地空旷贫瘠，农作物产量不高，赋役繁重，豪富之家广占田而不耕种。罗珦鼓励农民开垦土地，旷废田地，"有能兴耒耜者听耕之"，所垦之田即为垦殖者所有，结果"垦田滋多，岁以大穰"。同时在庐州劝民植桑养蚕，根据蚕桑多少予以奖惩，"数年之后，环庐映陌，如云翳日"，然后，发展丝织业，改进织机，推广纺织技术，"易其机杼，教令缜密，精粗中数，广狭中量，鬻之阛阓而得善价，人以不困"。

其二，减轻百姓赋役。庐州五县"人产寒薄，井赋尤重"，罗珦到任后，招集农户评议，根据土地资产确定征收数额，里胥登记在簿，"无得措一辞，是以赋均而无铢两之差"。③ 自军兴以来，钱重货轻，朝廷命两税以钱帛折价，罗珦"命一郡所出之货，人皆得而输之"，既方便赋税征收，又避免折算中盘剥百姓，结果"人人自便，吏无侵害"。合肥四面环水，州城常遭水浸崩坏，"命州兵食公之糇粮者，度其力役多少，加给饩功缯钱，寻尺推阙，随补隙坏"，尽量减轻百姓力役负担。

其三，整饬吏治，"政教简易"。④ 庐州所属五县每年分四次汇报治状，刺史根据治状考绩，县官因此奔走不暇，而猾吏乘机从中渔利。罗珦令县官平时不得离开县境，年终才到州汇报考课，"人乐易简之理"。以前"冗吏猥多"，乡里胥吏人多扰民，罗珦到任后，"每里置里胥一人

---

① 李贤：《大明一统志》卷14《庐州府》，西安：三秦出版社，1990年，第225页。
② 杨凭：《唐庐州刺史本州团练使罗珦德政碑》，董诰：《全唐文》卷478，北京：中华书局，1983年。
③ 权德舆：《罗珦墓志铭》，《全唐文》卷506，第5148—5149页。
④ 《新唐书》卷197《罗珦传》，第5628页。

而止，余悉罢之"。① 权豪占田而多漏税，贫民困苦投诉无门，罗珦一一整治。

其四，发展教育，开化风俗。罗珦重视学校教育，修复"废落"的乡校，聘请有才学者为塾师，以《易》、《礼》、《书》、《春秋》教授学生。又仿照汉文翁在蜀兴学的做法，"圆冠方屦者不补吏"，以激励士子向学。罗珦"修学宫"的努力取得很好的成绩，不到几年，"俊造之秀"进入长安国子监学校就有四十人。庐州之俗，"不好学而酷信淫祀"，百姓生病，"舍药物而乞灵于鬼神"，罗珦则"禁其听神，颁以良药，为求十全之术以救活之"，设法为老百姓求医问药拯救其生命，令百姓"春无疟寒，夏无痟首之疾"。②

三、罗珦治理成效

罗珦治理庐州凡七年，号称"政洽化淳"，"政事居最，惠养赡助，一邦阜安"③。"垦彼荆榛，化为莓苔。隘关溢廛，万商俱来。罢吏息人，老安少怀。提封之内，邑无旷土"，考绩为天下第一。④ 淮南节度使杜佑上奏其政绩，"诏赐紫金命服"。⑤ 贞元十八年（802），罗珦改寿州刺史兼本州团练使，加御史中丞。庐州父老感念其恩惠，赴长安奏请为其立《德政碑》，获得朝廷许可。元和初，入朝为司农卿、京兆尹。移疾乞告，改太子宾客，"凡莅十六官，考绩四十四年"。元和四年（809）十一月病卒于长安宣平里。

罗珦之子罗让，《旧唐书》有传。罗让，"少以文学知名，举进士，应诏对策高等，为咸阳尉。丁父忧，服阕除，尚衣麻茹菜，不从四方之辟者十余年。李郦为淮南节度使，就其所居，请为从事"。除监察御史，转殿中侍御史，历尚书郎、给事中，累迁至福建观察使兼御史中丞，"甚著仁惠"。同僚赠以婢女，罗让询问奴婢出身，婢女回答："本某等家人。兄姊九人，皆为官所卖，其留者唯老母耳。"罗让为之伤感，遂焚其卖身文契，将婢女归还其母亲。⑥ 后入朝担任散骑常侍，未几，除授江西都团练观察使兼御史大夫。卒年七十一岁，朝廷追赠为礼部尚书。

（作者单位：安徽大学历史系）

---

① 杨凭：《唐庐州刺史本州团练使罗公德政碑》，《全唐文》卷478，第4884—4886页。
② 同上。
③ 同上。
④ 同上。
⑤ 权德舆：《罗珦墓志铭》，《全唐文》卷506。
⑥ 《旧唐书》卷188《罗让传》，第4937页。

唐代大理寺官员考略（之一）：大理评事
——以墓志资料为中心

黄正建

金石资料是历史研究的重要史料来源，历来受到史学家重视。岑仲勉先生即非常重视金石资料：不仅研究考辨金石文献本身，也极重视利用金石资料来证史、补史。他的相关成果和研究方法值得我们后来者不断去学习、借鉴。

现在的金石资料比岑先生的时代有了成倍增长，仅唐代墓志一项，近30年新发现或新公布的就远远超过上世纪五六十年代之前。充分利用这些墓志资料，应该是历史研究者的自觉行为。本文即打算以唐代墓志资料为基础，对大理寺官员之一的"大理评事"进行初步研究，错误之处在所难免，敬请各位方家批判。

一

唐代与司法相关的机构，有刑部、大理寺、御史台。前二者一般被称为"法司"，后者一般称为"宪司"。御史台基本是监察机构，后来有了部分司法功能；刑部主要是司法行政机构，并不直接审判案件；因此真正的最高司法机构，实际是大理寺。研究唐代司法制度，必须首先研究大理寺。

关于大理寺的研究很多，就大理寺的官员而言，其长官和次官即大理卿和大理少卿，已经有专书予以梳理了[1]，而大理寺的其他官员，则专门梳理者少，研究者更少。这些官员主要是大理正、大理丞、大理司直和大理评事。

检索《旧唐书》[2]中的大理正、大理丞、大理司直、大理评事，出现的频率分别是：12、17、21、47次。大体是官品越低，出现的频率越高。其中最高的是大理评事。那么，大理评事出现次数多，只是因为它是大理寺中品级最低的官员吗？是否还有其他原因呢？它的职掌、地位、作用究竟如何？它在唐代前后期是否有所变化？这些问题就都值得研究了。

按理说，研究大理寺的某类官员，应该结合其他官员一并研究，在比较中看异同。不过这需要在一系列个案研究之后才能进行，因此本文只是选择了在史籍中出现较多的一类大理寺官员即大理评事予以分析，希望能得出一些值得注意的意见，为以后陆续研究其他如大理正、大理丞、大理司直等官员打下一个基础。

为研究大理评事，笔者在唐代墓志中进行了查找。由于时间关系，这一查找局限在《唐代墓

---

[1] 胡可先：《唐九卿考》，北京：中国社会科学出版社，2003年。
[2] 检索的《旧唐书》为《四库全书》本。

志汇编》① 及《唐代墓志汇编续集》②。两本书中，一共找到120位曾任过大理评事的官员。此外在《旧唐书》等其他史籍中还找到59位，共179位。以下论述就建立在这179位大理评事资料的基础上。当然。这一数字是极不完全的，有待将来继续搜集补充。

二

大理评事的品级、职掌、员额，在史籍中有明确记载。

员额大致是设置12人③，但期间略有变化。据《唐会要·大理寺》，贞观二十二年（648）置10员，后加2员，为12员。到元和十五年（820），"敕减大理评事两员，以增六丞之俸"，又成了10员④。《新唐书·百官三》则说是8人⑤，不知何据。

品级则各书记载相同，都是从八品下。在它之上的大理司直是从六品上。大理评事与大理司直之间差了8级（从8品上、正8品下、正8品上、从7品下、从7品上、正7品下、正7品上、从6品下），为何这么设计，令人费解。它造成的一个重要后果，就是从大理评事无法直接晋升大理司直，往往需要先晋升其他相近的品官。由于大理寺内缺少这一档次的官员，因此大理评事的晋升往往不能在本寺实现。在史籍中由大理评事直接晋升为大理司直的记载也就十分稀少了。这一设计还使得唐后期幕府官员的"带职"升迁造成混乱，直到宋代，大理司直降为正八品⑥，才解决了这一问题。

大理评事的职掌与大理司直类似，《新唐书·百官志》与《旧唐书·职官志》都是放在一起叙述。《旧唐书·职官志》说司直、评事"掌出使推核"⑦；《新唐书·百官志》则说司直、评事"掌出使推按。凡承制推讯长吏，当停务禁锢者，请鱼书以往"⑧。《新唐书·百官志》的说法当来自《唐六典》，而《唐六典》却是将司直、评事分开说的："司直掌承制出使推覆，若寺有疑狱，则参议之。评事掌出使推按。凡承制而出推长吏，据状合停务及禁锢者，先请鱼书以往，据所受之状鞫而尽之。若词有反复，不能首实者，则依法拷之。凡大理断狱，皆连署焉"⑨。《唐六典》的这一段话原缺，是后来的校注者依据《秘籍新书》以及《太平御览》所引六典补上的⑩。查《通典》，也明确说评事"掌同司直"⑪。

总之，大理评事的职掌主要是出使推按。大理司直的职掌虽然也是出使，但似乎主要是推覆（核），即复查，与大理评事其实略有不同。大理评事出使推按的实际例子，例如有"开元中张九龄为五岭按察使，有录事参军告龄非法，朝廷止令大理评事往按"⑫。《大唐新语》也有记载

---

① 周绍良主编：《唐代墓志汇编》，上海：上海古籍出版社，1992年。以下简称为《汇编》。
② 周绍良、赵超主编：《唐代墓志汇编续集》，上海：上海古籍出版社，2001年。以下简称为《汇编续集》。
③ 《唐六典》卷18《大理寺》，北京：中华书局，1992年，第503页；《旧唐书》卷44《职官三》，北京：中华书局，1975年，北京：中华书局，1975年，第1884页。
④ 《唐会要》卷66《大理寺》，上海：上海古籍出版社，2006年，第1356、1358页。
⑤ 《新唐书》卷48《百官三》，北京：中华书局，1975年，第1257页。
⑥ 《宋史》卷168《职官八》，北京：中华书局，1977年，第4016页。
⑦ 《旧唐书》卷44《职官三》，北京：中华书局，1975年，第1884页。
⑧ 《新唐书》卷48《百官三》，第1257页。
⑨ 《唐六典》卷18《大理寺》，第504页。
⑩ 参《唐六典》卷18的校勘记第30、31，512页。
⑪ 《通典》卷25《职官七》，北京：中华书局，1992年，第713页。
⑫ 《旧唐书》卷137《卢南史传》，第3761页。

说："延和（712 年）中，沂州人有反者，诖误坐者四百余人，将隶于司农，未即路，系州狱。大理评事敬昭道援赦文刊而免之。时宰相切责大理：奈何免反者家口。大理卿及正等失色，引昭道以见执政，执政怒而责之。昭道曰：赦云'见禁囚徒'。沂州反者家口并系在州狱，此即见禁也。反复诘对，至于五六，执政无以夺之。诖误者悉免。昭道迁监察御史。"① 墓志资料中有敬昭道墓志，将此事记为："寻转洛州王屋主簿，迁大理评事……擢拜监察御史，时邺郡妖贼□聚千余，俘臧黎人，郡县不之禁，朝廷特使公杖斧□而督其罪焉。公以过误所犯虽大□宥赦其支党，但诛其元恶，余一切奏免。恩诏许之。"② 两个记载的最大不同，是一个将此事记在他任大理评事时，一个则记为任监察御史时。从《大唐新语》的记载看，"时宰相切责大理"、"大理卿及正等失色"，应该是敬昭道担任大理评事出使推按时的事情。两项记载也有一个是一致的，即敬昭道是从大理评事升迁为监察御史的。这就是上面所说，大理评事往上升迁，本寺内没有相应品级，只好升任类似职掌的御史台官员。由此也可见，从大理评事升任监察御史，从唐前期的睿宗玄宗时就是如此了。后期延续了这一做法，详见后文。

大理评事掌出使推按，不仅唐前期如此，后期亦然。不过前期出使频繁，并有"出使印"，后来此印作废，以致出使时只能用州县印，等于提前泄露了出使的目的任务等，因此到武宗时又重新刻制了三面出使印。对此，《唐会要》有详细记录：

> 会昌元年（841）六月，大理寺奏："当寺司直、评事应准勅差出使，请废印三面。比缘无出使印，每经州县及到推院，要发文牒追获等，皆是自将白牒，取州县印用，因兹事状，多使先知，为弊颇深，久未厘革。臣今将请前件废印，收镂在寺库。如有出使官，便令赍去，庶免刑狱漏泄，州县烦劳。"勅旨："依奏，仍付所司。"其年十一月，又奏："请创置当寺出使印四面。臣于六月二十八日，伏缘当寺未有出使印，每准勅差官推事，皆用州县印，恐刑狱漏泄，遂陈奏权请废印三面。伏以废印经用年多，字皆刓缺。臣再与当司官吏等商量，既为久制，犹未得宜。伏请准御史台例，置前件出使印。其废印却送礼部。"勅旨："宜量置出使印三面。"③

至于出使的具体例子，例如去世于大和元年（827）的韦冰，大约在元和时"拜大理评事。两衔制命，连按大狱，酌三尺而出没萧章，览片言而涵泳由也。"④ 去世于乾符二年（875）的杨思立，大约在武宗时"授鄠县尉。秩满，调授大理评事。时有辰州封肃者，轻犯朝典，诏君评决枉直，若执热蒙濯，披云见景。属宰臣持权，横庇封肃，阅君推牍，深不乐之，遗御史皇甫燠迭往覆之，意欲以翻变奸状而宽肃之束也。君以贞正自守，刚健不拔，理直道胜，竟不能屈"⑤。

不过，后来却出现了大理评事逃避出使现象，成了唐末大理寺的一个问题。史载："大中三年（849）三月，大理寺奏：'当寺司直、评事从前不循公理，到官便求分司，回避出使。致令官职失守，劳逸不均。伏请从今以后，待次充使后，即往分司。如未出使，不在分司限。'勅旨：'依奏'。"⑥ 大理评事为何要逃避出使呢？只是因为怕太劳累吗？值得以后再认真探讨。无论如

---

① 《大唐新语》卷 4《执法第七》，北京：中华书局，1984 年，第 62 页。
② 《汇编》开元 222《敬府君墓志铭》，第 1310 页。
③ 《唐会要》卷 66《大理寺》，第 1359 页。
④ 《汇编续集》大和 002《韦府君墓志铭》，第 880 页。
⑤ 《汇编》乾符 011《杨府君墓志铭》，第 2479 页。
⑥ 《唐会要》卷 66《大理寺》，第 1360 页。

何，到了大理评事都逃避出使推按的地步，唐代司法运作已经是效用、效率都大大下降了。

出使之外，大理评事因为熟悉法典，也经常参加法典的编纂工作。史籍中记载的有两次，即参加太极元年（712）删定格式律令的大理评事张名播，以及参加开元三年（715）删定格式令的大理评事高智静①。

大理评事有时也以大理寺官员身份充任"三司使"断狱。例如德宗时"卢南史坐事贬信州员外司马，至郡，准例得厅吏一人，每月请纸笔钱，前后五年，计钱一千贯。南史以官闲冗，放吏归，纳其纸笔钱六十余千。刺史姚骥劾奏南史，以为赃，又劾南史买铅烧黄丹。德宗遣监察御史郑楚相、刑部员外郎裴潾、大理评事陈正仪充三司使，同往按鞫"②。

由此看来，大理评事官品虽低，但因掌推按、断狱权力，比起同等品级的官员来说，更受朝廷重视，在用人选人等方面相对来说也会更严格一些。

例如武则天圣历"三年（700）正月三十日勅：'监察御史，左右拾遗，赤县簿、尉，大理评事，两畿县丞、主簿、尉，三任已上，及内外官经三任十考以上，不改旧品者，选叙日，各听量隔品处分。余官必须依次授任，不得超越。'"③ 这里特别提出"大理评事"等可以隔品提拔，而其他官员"必须依次授任"，应是对大理评事的重视。又，唐玄宗天宝"九载（750）三月十三日勅：'吏部取人，必限书判，且文学政事，本自异科，求备一人，百中无一。况古来良宰，岂必文人，又限循资，尤难奖擢。自今以后，简县令，但才堪政理，方圆取人，不得限以书判，及循资格注拟。诸畿、望、紧、上、中，每等为一甲，委中书门下察问，选择堪者，然后奏授。大理评事，缘朝要子弟中，有未历望、畿县，便授此官，既不守文，又未经事。自今以后，有此色及朝要至亲，并不得注拟'"④。此条敕文，是说取人不必一定书判、一定文人，最后特别说朝廷势要至亲，没有经历（望、畿）县级职务，不能担任大理评事。由此反推，可见以往担任大理评事者，常有朝廷势要的亲戚。大理评事为人重视，于此可见一斑。再如，唐德宗"建中元年（780）正月勅：'大理司直、评事，授讫三日内，于四方馆上表，让一人以自代'"⑤。让人自代，并非所有官职，这里单提出大理司直、评事，亦可见朝廷对这两官的重视。

总之，大理评事虽然只是从八品下的低级官吏，但由于掌握出使推按刑狱的权力，一直为朝廷所重视，也成为朝廷势要亲戚愿意担任的职务。特别是唐后期成了外官的"带职"，使其更成为一个十分重要的职官了。

三

大理评事到唐后期，成了外官（主要是幕府职官）的"带职"。关于这一问题，研究成果甚多，陆续有张国刚、石云涛、杜文玉、赖瑞和等人多角度多层次的研究。最近的研究则有冯培红的《论唐五代藩镇幕职的带职现象——以检校、兼、试官为中心》⑥。

---

① 《旧唐书》卷50《刑法志》，第2149—2150页。
② 《旧唐书》卷137《卢南史传》，第3761页。
③ 《唐会要》卷75《杂处置》，第1610页。
④ 《唐会要》卷75《杂处置》，第1612页。
⑤ 《唐会要》卷66《大理寺》，第1357页。
⑥ 该文载京都大学人文科学研究所《唐代宗教文化与制度》，2007年，第133—210页。以下简称为"冯文"。有关前人研究成果的梳理，请参看"冯文"。

根据这些研究可知：藩镇幕职所带的检校、兼、试官官衔已经完全阶官化了[①]；基层幕职如掌书记、推官、巡官所带的职官（朝官宪官）并无固定搭配，比较多的有校书郎、协律郎、大理评事、监察御史、殿中侍御史等[②]；试、检校官呈现从低到高的顺迁趋势，形成一条直线，它们与兼官在官品上重叠交错；试、检校官与兼官是各自独立的两条系统，属于两条直线[③]。

这些结论基本都是可以成立的，但也有可补充处。此外，上述成果都是综合性研究，没有专门探讨某一种带职，例如就没有单独探讨大理评事的。不过，前面提到的研究者们大都发现了在这些带职中，大理评事占有重要地位，例如杜文玉说藩镇时代的外官带职"佐官多试大理评事、校书郎之类"[④]；冯文在列出试官的表格后也说："从试官的实际用例来看，秘书省的校书郎、太常寺的协律郎、大理寺的司直与评事、十六卫的左武卫兵曹参军被试的现象尤为集中，频率极高"[⑤]。

大理评事既然在带职中占有重要位置，从大理评事的角度研究带职，也许能对以上前贤的研究有所补充。

由此，本文拟探讨以下两个问题：①为何大理评事会被列入带职，并用例极多。②从大理评事看它是否必定与兼官属于两条各自独立的直线。

唐代幕府官员的带职，大致局限在几个官职中，一定有他的道理，值得逐个仔细研究，否则各个品级所含官员甚多，为何大致固定在这样一些官职上呢？

若仅就大理评事而言，我觉得可能有两方面原因。一个原因大概在于大理评事本身的职掌。如上所述，大理评事的职掌是出使推按。他们必定熟悉法典章程。幕府中有这样一个人，可以提供法律帮助。不仅大理评事如此，大理司直也是这样。例如大约天宝时的李朏，当时"主上虑宗子有才，精加搜择，宗正卿嗣鲁王以公有曹冏之文史，兼刘歆之经术，抗表闻荐，特授大理评事。公持法不挠，掌刑有伦，无冤著声，全活斯众……服阕，除大理司直。时谏议大夫李麟充河西陇右道黜陟使，以公闲练章程，详明听断，乃奏公为判官，佐彼澄清，审于殿最，皇华之选，时论攸归"[⑥]。这个李朏，就是因为懂法律，明章程，才被黜陟使用为判官的。他当判官，利用自己的优势，"佐彼澄清，审于殿最"。

我们注意到，这是发生在天宝年间的事。这就与我们要说的第二个原因有关系了，即大理评事之所以在唐后期被用作带职，有其历史传统。因为早在开元天宝年间，他们就被充作各种使节的判官之类幕职了。最早的例子是"开元九年（721）正月二十八日，监察御史宇文融请急察色役伪滥并逃户及籍田，因令充使，于是奏劝农判官数人，华州录事参军慕容琦、长安县尉王冰、太原司录张均、太原兵曹宋希玉、大理评事宋珣、长安主簿韦利涉、汾州录事参军韦洽、氾水县尉薛侃、三原县尉乔梦松、大理寺丞王诱、右拾遗徐楚璧、告成县尉徐锷、长安县尉裴宽、万年县尉崔希逸、同州司法边冲寂、大理评事班景倩、榆次县尉郭庭倩、河南府法曹元将茂、洛阳县尉刘日贞[⑦]。至十二年（724），又加长安县尉王寿、河南县尉于儒卿、左拾遗王惠翼、奉天县尉

[①] 冯文第138页转引张国刚观点。
[②] 冯文第186—187页归纳赖瑞和观点，并提出自己看法。
[③] 冯文第177—178页。
[④] 杜文玉：《论唐代员外官与试官》，《陕西师范大学学报》（哲学社会科学版）1993年第3期，第90—97页，转引自冯文第140页。
[⑤] 冯文第175页。
[⑥] 《汇编》天宝271《李府君墓志铭》，第1721页。
[⑦] 四库本作"刘日正"。

何千里、伊阙县尉梁勋、富平县尉卢怡、咸阳县尉库狄履温、渭南县尉贾晋、长安县尉李证、前大理评事盛廙等①，皆当时名士，判官得人，于此为独盛"②。这次设置的"劝农使"判官，主要是县尉，其次是大理寺官员，含大理评事3人，大理丞1人。考虑到大理评事总共只有12人，一次抽调2—3人，可见所占比例不小。除此之外，还有州府的法曹司法参军2人、司录录事参军2人。这些人看来都是熟悉法律、含有法官或纠察性质的官员。要注意这是开元九年的事，可以说是比较早的品官充任幕府官员。由法官充任幕府官员的传统，可能就由此被后来的使节继承下来了③。比如一个叫李□字霞光的，原以县尉"充本道劝农判官"，后来"转大理评事。佐士师无颇类之嫌，倅皇华有澄清之志。刘日正廉问江介，复奏为判官"。以大理评事充判官，是因为他"持法标吏师之首"，即以其执法能力而被选为判官④。甚至宋庆礼还以大理评事的职官"充岭南采访使"。事情也发生在开元年间⑤。

总之，以大理评事充任幕府官员，既因其本身职掌，又有历史传统。顺带说一句，在讨论带职起源时，先前的研究很少使用劝农使及其判官的这条史料。我以为，开元九年宇文融出任劝农使时挑选带职判官的做法，应该是各种使节幕府中官员带职出现的源头之一。

第2个问题是，虽然我们可以按照检校、兼、试官的系列研究幕府官员的带职问题，但其实这三个系列到唐末五代甚至宋初才比较清楚。宋人以此来推论唐代情况，多有不确之处。其实正如冯文已经指出的那样，实际在唐代，这些带职正处于形成过程，是逐渐变成三个系列（或两个系列）的。

正因为如此，冯文认为唐代的带职具有试官+检校，以及兼官两个独立的系列、独立的直线能否成立，就值得商榷了。从大理评事（所谓试官）与监察御史（所谓兼官）关系的角度，我们先来看看实际的例子。

1. 大约高宗时，魏靖"弱冠应制举，授成武尉，转郑县尉、大理评事、监察御史、殿中侍御史，出为□县令"⑥。这是唐前期直接从大理评事升任监察御史的例子。

2. 睿宗延和年间，敬昭道"秩满调选，转怀州获嘉县尉，寻转洛州王屋主簿，迁大理评事。时西戎叛唤，虔刘边邑，是时天子大□斯怒，亲齐六军，乃命凉州都督薛讷为前锋。公料其贼形，无庸必毙，乃抗表克日，请罢巡边。圣旨回环，优问臧否，信宿军书至，其日贼果败亡。天子嘉之，擢拜监察御史。时邺郡妖贼□聚千余……（公）但诛其元恶，余一切奏免……俄迁殿中侍御史。"⑦ 这条前面已引，也是直接从大理评事擢为监察御史的。当然，此时的大理评事与使职尚无关系。

3. 开元中杜暹"由是擢拜大理评事，开元四年（716），迁监察御史"⑧。这里明确表明了从大理评事到监察御史的升迁关系。

---

① 四库本作"萧廙业"。
② 《唐会要》卷85《逃户》，第1851—1852页。
③ 这其中，由于县尉不是朝官，自然被排除在幕府官员带职的范围内。
④ 《汇编》天宝099《李府君墓志铭》，第1600页。其中的刘日正，可能就是开元九年曾为宇文融判官的刘日贞。若是，则四库本《唐会要》所记"刘日正"是，而上古本的"刘日贞"则非。
⑤ 《旧唐书》卷185下《宋庆礼传》，第4814页。
⑥ 《汇编》开元241《魏公墓志铭》，第1323页。
⑦ 《汇编》开元222《敬府君墓志铭》，第1310页。
⑧ 《旧唐书》卷98《杜暹传》，第3076页。

4. 天宝中邓景山"自大理评事至监察御史"①。这也是从大理评事迁监察御史。

5. 天宝中韦伦"杨国忠署为铸钱内作使判官……改大理评事。会安禄山反，车驾幸蜀，拜伦监察御史、剑南节度行军司马，兼充置顿使判官"②。这里大理评事与监察御史都是判官的带职，但有递迁关系。

6. 天宝末权皋"淮南采访使高适表（权）皋试大理评事，充判官。属永王璘乱，多劫士大夫以自从，皋惧见迫，又变名易服以免。玄宗在蜀，闻而嘉之，除监察御史"③。这也是从大理评事迁为监察御史的。

7. 肃宗上元时，陈皆"二京初复，寓居汉南，为节度使来瑱所器。洎襄阳兵乱，梁崇义用公之谋，方隅底宁，授大理评事、观察支使，迁监察御史节度判官，转殿中侍御史，拜均州刺史。"④ 这里的大理评事已经是带职了，是观察支使的带职，但并未兼监察御史，而是后来"迁"监察御史。这里的监察御史是节度判官的带职。大理评事与监察御史不是两个独立体系，而是一种前后衔接的升迁关系。

8. 肃宗时张翔"历虢州阌乡、陕州□（夏？）县二县尉，改左金吾卫兵曹参军、太常寺协律郎摄监察御史，又改大理评事，特授监察御史。自夏县尉以后，皆在名公方镇之幕，每一人延请，升拜一官。"⑤ 这里也是从县尉到协律郎、大理评事、监察御史，是递迁的，并非两个系统，所以墓志说"每一人延请，升拜一官"，不断升迁。当然，这里的监察御史也是带职，所以张翔后来"真拜监察御史，转殿中侍御史"了。

9. 代宗时李汇"解褐授恒王府参军、太常寺协律郎、大理评事，佐陕运使幕，以转输勤劳，迁监察御史赐绯鱼袋，使停冬荐，授河中府田曹参军"⑥。这里的大理评事是"陕运使幕"的带职，后"迁"监察御史。

10. 代宗初张翃"时干戈未弭，太夫人寝疾，固求薄禄，就养于家，表授德清令，改大理评事。丁家艰，外除诣阙，吏部侍郎王公特为拜监察御史，转殿中侍御史，迁屯田员外郎，转本司郎中"⑦。这是唐后期的非带职，仍然是从大理评事拜监察御史的。

11. 大历初卢沈"弱冠孝廉登科，调补杭州富阳县尉，迁左骁卫兵曹参军，历萧山、海宁二县令，大理评事，监察御史，豪、鄞二州刺史。"⑧ 这里的大理评事和监察御史似非带职，但有递迁关系。

12. 大历中吕渭，"杜相国鸿渐代领其镇，表授公左金吾卫兵曹参军，充节度掌书记。……兵部尚书薛义训平山越□浙东，又辟公为节度巡官，假婺州永康令。……杭州刺史相里造业文求友，清樽邀路，以团练判官为公淹留之名。居岁余，御史大夫李公涵领浙江西道，表授公大理评事、充观察支使。田承嗣以魏州叛，李公奉诏宣抚两□，□英洛府，独以公从慰。公反侧感激，义勇筹策，简札悉出于公。使还，李大夫即真，公授监察御史，转殿中侍御史。今上嗣统，权臣长备，以李公为太子少傅，官名抵李氏家讳。公据礼法，抗表极言，

---

① 《旧唐书》卷110《邓景山传》，第3313页。
② 《旧唐书》卷138《韦伦传》，第3780页。
③ 《旧唐书》卷148《权皋传》，第4001页。
④ 《汇编》贞元130《陈公墓志铭》，第1933页。
⑤ 《汇编》建中002《张府君墓志铭》，第1821页。
⑥ 《汇编》元和025《李府君墓志铭》，第1966页。
⑦ 《汇编》建中001《张府君墓志铭》，第1820页。
⑧ 《汇编》永贞002《卢府君夫人李氏墓志铭》，第1941页。

出谕其势能，不宜退斥。上特嘉纳，擢拜尚书司门员外郎，赐绯鱼袋。"① 这里吕渭以大理评事充任观察支使，是带职；李涵"即真"御史大夫后，他升任监察御史，这里的监察御史应该不是带职。从大理评事的从八品下，到监察御史的正八品上、殿中侍御史的从七品上，最后是司门员外郎的从六品上，是递迁的关系。

13. 大历末建中初韦皋"行，月余日到岐，岐帅以西川之贵壻，延置幕中，奏大理评事。寻以鞫狱平允，加监察。以陇州刺史卒，出知州事"②。这条显示大理评事虽是带职，也履行断狱的职掌。他也是从大理评事"加"监察御史的。

14. 德宗时卢士琼"知泗州院事，得协律郎。郑少师之留守东都，奏为推官，得大理评事，韩尚书代为留守，请君如初。尚书节将陈许，奏充观察判官，得监察御史。府罢，岁余，除河南府户曹"③。这里的协律郎、大理评事、监察御史都是带职，实职分别是知泗州院事、东都留守推官、观察判官。无论带职还是实职，各自都是一个直线的递迁关系，此外并非还有个兼官的升迁系统。

15. 德宗时皇甫镛"试左武卫兵曹，充宣歙观察推官，转大理评事，诏征授监察御史，改秘书郎殿中侍御史内供奉，始赐朱绂银印"④。这个是从带职的大理评事直接召入朝廷，升为监察御史的。

16. 德宗时崔元亮"解褐补秘书省校书郎，从事宣、越二府，奏授协律郎、大理评事。朝廷知其才，征授监察，转殿中，历侍御史、膳部驾部员外郎、洛阳令、密州刺史"⑤。这个也是从带职的大理评事直接升迁为朝廷的监察御史。

17. 元和中于敖"释褐秘书省校书郎。湖南观察使杨凭辟为从事，府罢，凤翔节度使李鄘、鄂岳观察使吕元膺相继辟召。自协律郎、大理评事试监察御史。元和六年，真拜监察御史。转殿中"⑥。这时已形成了校书郎、协律郎、大理评事的序列，但他之所以能"真拜"监察御史，显然与此前在藩镇已得的大理评事试监察御史有关。

18. 文宗初杨假，"故相郑覃刺华州，署为从事。从覃镇京口，得大理评事。入为监察，转侍御史"⑦。这个也是因为有大理评事的带职，入朝后才能得监察御史，可见由大理评事到监察御史之间的升迁关系。

19. 文宗时的卢伯卿"既冠，擢明经第，始调补绛州万泉尉，秩满再补陕州安邑尉……三补河中府猗氏县主簿。县当郇瑕氏之故地，沃饶近盐，美声浃于人谣，时榷货之司愿移公猗氏之理以成权筦之用，授大理评事，充东渭桥给纳使巡官，寻以本官知京畿云阳院，迁监察御史，充两池使判官。俄以统职有归，不得专任，改知阆中院，转殿中侍御史，领盐城监。既而遇疾于淮上，北归别业，命诸子谨饬家政，亲服农圃。士君子谓公得出处之道焉。公尝尉三县，莅五职，静专一心，闲剧齐政。"⑧ 墓志说他"尉三县"，指万泉尉、安邑尉和猗氏县主簿；"莅五职"则指东渭桥给纳使巡官、知京畿云阳院、两池使判官、知阆中院、

---

① 《汇编续集》贞元060《吕府君墓志铭》，第777页。
② 李复言：《续玄怪录》卷2《韦令公皋》，北京：中华书局，1982年，第156页。
③ 《汇编》大和006《卢君墓志铭》，第2098页。
④ 朱金城笺校：《白居易集笺校》卷70《皇甫公墓志铭》，上海：上海古籍出版社，1988年，第3772页。
⑤ 《白居易集笺校》卷70《崔公墓志铭》，第3748页。
⑥ 《旧唐书》卷149《于敖传》，第4009页。
⑦ 《旧唐书》卷177《杨假传》，第4597页。
⑧ 《汇编》开成049《卢府君墓铭》，第2204页。

盐城监；并不提大理评事等，知后者只是带职。但从大理评事到监察御史、殿中侍御史，则为升迁关系。

20. 文宗时崔慎由"历秘书省正字、试太常寺协律郎、剑南东川节度推官、浙江东道观察判官、试大理评事、山南东道观察推官、入台为监察御史、试秘书省秘书郎、兼殿中侍御史、义成军节度判官，复入台为监察御史，转殿中侍御史、兼集贤殿直学士、尚书户部员外郎"①。这里的正字、协律郎、大理评事、秘书郎等试官已成序列，但监察御史则非兼官，其入台升迁的基础在于已是大理评事。可见二者有某种递迁的关系。

总之，从上述20个实际的例子看，由大理评事升任监察御史，是早就存在的升迁路线，这一路线延续到后期的带职时期。在幕府职官的带职中，除非明确写有"试大理评事兼监察御史"属于试官＋兼官，即属于两个不同系列外，很多场合都是由大理评事升任监察御史，即二者构成一条直线。其原因就是上面已经谈到的，在大理评事与大理司直之间相差8个等级，无法直接升任，需要有品级相近职掌相近的官员填充，监察御史就是这样一类官员②。大致来说，德宗以后逐渐形成兼官制度，大理评事兼监察御史或成惯例，但之所以存在这种兼任关系，与历史上大理评事多迁任监察御史是有关系的，因此即使德宗以后，仍然存在着由大理评事升迁监察御史的直线。因此之故，说试官与检校官是一条直线，兼官是另一条直线的看法，似乎有商榷的必要。

最后附带说一下光寺钱问题。

冯文最后提到，藩镇幕职若想获得带职，必须向朝廷交纳一笔台省礼钱，叫光台钱、光省钱。这些钱在五代记载比较详细，据研究应该来自唐代。在唐代除此之外，还有光署钱和光院钱。文章在列举了五代时带职交纳的台省礼钱后，说这些礼钱只收取检校、兼官，级别较低的试官不征收③。

现在可以补充的是，带职中的试官似也要交钱，例如大理评事就要交"光寺钱"。《国史补》记载说"韩令为宣武军节度使，张正元④为邕管经略使，王宗为寿州刺史，皆自试大理评事除拜，本寺移牒醵光寺钱，相次而至，寺监为荣"⑤。

这其中的"王宗"我们查不到，而韩令指韩弘。《旧唐书·韩弘传》云："少孤，依母族，刘玄佐即其舅也，事玄佐为州掾，累奏试大理评事，玄佐卒，子士宁被逐，弘出汴州，为宋州南城将，刘全谅时为都知兵马使，贞元十五年（799），全谅卒，汴军怀玄佐之惠，又以弘长厚，共请为留后，环监军使请表其事，朝廷亦以玄佐故，许之，自试大理评事检校工部尚书，汴州刺史，兼御史大夫，宣武军节度副大使，知节度事，宋亳汴颍观察等使。"⑥确实是从"试大理评事除拜宣武军节度使"。张正元，《旧唐书·德宗本纪》有记载说贞元十八年（802）八月"甲辰，以岭南节度掌书记、试大理评事张正元为邕州刺史、御史中丞、邕管经略使，给事中许孟容以非次迁授，封还诏书"⑦。确实是从试大理评事升任邕管经略使，而且从《国史补》看，虽有

---

① 《汇编续集》咸通053《崔府君墓志》，第1074页。
② 当然，也有从大理评事转为其他官员的。但起码可知，从大理评事升迁监察御史是其中的一条主要路径，而不必为各走各的升迁路线。
③ 冯文第206—208页。
④ 《唐会要》卷54《给事中》记为"张贞元"，第938页。
⑤ 《唐国史补》卷上，上海：上海古籍出版社，1979年，第31页。
⑥ 《旧唐书》卷156《韩弘传》，第4134页。
⑦ 《旧唐书》卷13《德宗纪》，第396—397页。

封还诏书的举措，任命还是实行了的。

由此可见，大理评事虽然在唐后期常为幕府官员的带职，但与本寺即大理寺仍有密不可分的关系，大约理论上仍属大理寺管辖，占有大理寺的名额。当然，交纳"光寺钱"的大理评事是只局限于刺史或节度使经略使之类高官的带职呢，还是作为一般巡官、推官、判官的带职也要交纳，我们就不十分清楚了。

总之，作为带职的大理评事要交纳"光寺钱"，是对先前研究成果所言"光台钱"、"光省钱"的一个重要补充。

简短结论

通过以上简单分析，我们知道了作为大理寺最低一级官员，大理评事却因为是幕府官员的带职而频繁出现在史籍中，出现频率远高于其上一级的大理司直。换句话说，担任过大理评事的官员非常之多（特别是唐后期），像元载、卢杞、杜牧、李德裕、白敏中、王徽等都曾任此职。

大理评事拥有出使推按刑狱的权力，地位重要，其人选受到朝廷关注，武则天、唐玄宗、唐德宗都曾下诏书对此有所规范或规定，特别是玄宗时的诏书要求不要将大理评事轻易授给朝廷势要的子弟或至亲。这些诏书中的要求可以反衬大理评事职务的重要。因此它才能以区区从八品下的低级官吏，出任三司使，参与外出推覆案件。

也正因为其权力重要，加之担当者多熟悉法典，闲练章程，因此最迟在开元时就陆续带职成为各种使节（劝农使、采访使、含嘉仓出纳使、铸钱内作使、河北海运使）的判官，到唐后期逐渐成为幕府带职中最常见的官员，往往成为校书郎（正字、奉礼郎）、协律郎的上级带职官员。

这一官员后来多带"试"字，成为试官，也常"兼"监察御史，形成"试大理评事兼监察御史"的固定官衔。但除此之外，或曰在形成固定官衔过程中，大理评事往往可以直接升迁为监察御史，即大理评事可以和监察御史构成一个升迁直线，而不是绝对分属两个相互独立的系统。之所以会这样，一是因为大理评事之上缺少一个官品等差较小的官员供升迁，而监察御史恰可以填补这一空缺，且二者职掌权力接近；另个原因是从唐前期开始，大理评事迁升监察御史已经形成了历史传统。

幕府官员带大理寺官或御史台官，虽然只是为了使幕府官员拥有相应的品秩，但在奏授或表授这些官员时，也会考虑其本人是否熟悉法典章程，以及是否拥有推按的能力，因此带职官员的选择，应该与本官原有的职掌有一定关系。

有实职的大理评事在唐后期依然出使断狱，武宗时还重新铸造了三面出使印，说明其权力依然存在。但在唐后期，大理评事出使一定成了苦差事，才会出现任命后逃避出使，只想当闲官（分司东都）的现象。如何解释这一现象，如何看待大理评事出现的这种变化，是留给我们今后的一个研究课题了。

（作者单位：中国社会科学院历史研究所）

试论唐代胥吏的来源

张琰琰

唐代胥吏是官员领导下负责处理具体事务的执事之人以及流外入流的低品阶职事官。研究唐代胥吏充任者的社会来源及其固有社会基因对吏途选择所产生的内在影响,是认知唐代胥吏的重要内容之一。学界已铺陈出唐代胥吏来源的六种途径,即前任官、勋官、品官之子、平民、工乐户、特殊户等①,但拘囿于史料的简单列举和归纳概括。胥吏充任者所属社会阶层与其所任胥吏职掌之间是否有内在关联性,不同社会阶层充任胥吏的实现途径怎样等问题,还有待深入挖掘。

唐代胥吏群体具有鲜明的层级结构,按照金字塔式由高到低的顺序可划分为流外入流的低品阶职事官,流外官即经补判、有流外品的流外行署、流外非行署和流外番官,以及未经补判、没有流外品的杂任、杂职、内外职掌等三个梯次。流外入流的低品阶职事官多由流外官、杂职掌等积劳累转而成,所以,在研究胥吏来源问题时,辨明流外官以及内外杂职掌充任者的来源,更具有直接性。此外,胥吏职掌非常丰富、名目繁多,不同胥吏在官僚体制中的作用和地位各异,那些分布广泛、人数众多、职掌重要、升迁潜力较大的吏职充任者才是胥吏队伍的骨干,辨明重要吏职充任者的来源,更具有典型性和代表性。

基于上述学术研究空间和两点研究思路,本文拟围绕重要吏职,采用胥吏群体内部的职掌梯次结构以及胥吏充任者的社会阶层梯次结构两条思考主线,分析论证不同梯次上的胥吏来源情况、实现途径及其成因。

一、带有胥吏"胎记"的流内职事官充任者的来源

流内品阶的职事官之中有一些官职,常由流外官积劳累转入流者担任,他们虽然身为官员,但并没有彻底摆脱胥吏身份,只有辨明其政治身份和家世背景,才能清楚来源情况。

中低品阶官员子嗣不能荫补为官,若不选择科举入仕之路,则一般都会选择充任吏职积劳转迁入仕。《大唐故中大夫上柱国行婺州东阳县令桑君墓志铭并序》记载:桑贞的祖父"明经高第,累迁梓州飞鸟、洛州温县二县令";父不仕,隐居。桑贞没有显赫的家世背景,不能享受父祖荫补为官,亦未见中举为官的记载,他在"解褐比部主事"之前,"幸承击壤之骥,方效营田之绩",② 记载非常晦涩,不明所任何职。但是桑贞"深知算术之数",这点与其解褐及转迁关系非常密切。流外官考满可授职事官,考课标准"一曰书,二曰计,三曰时务。其工书、工计者,

---

① 比较有代表性的研究成果可参阅,俞鹿年:《唐代的吏胥制度》,《中国法律史国际学术讨论会论文集》,西安:陕西人民出版社,1990年,第268—269页。

② 周绍良主编:《唐代墓志汇编》,上海:上海古籍出版社,1992年,第1060页。

虽时务非长，亦叙限"。① "计"即谙熟算数，是重要条件之一。桑贞为官所任"主事"，"并用流外入流者补之"②，随后所任"都事"，也是隋开皇初，由"令史"改易而来，与胥吏有着千丝万缕的联系。桑贞精于数术、解褐前记载晦涩、入流后所任官职均为流外入流者常任之职，这些足以证实桑贞解褐前是流外官身份。桑贞属于低品阶地方职事官子嗣，通过充任流外官累转入流为官。此外，《大周朝散大夫行凤阁主书皇甫君故妻南阳县君张夫人墓志铭并序》③ 等，亦有类似记载。亦有官员子嗣科举落榜而不得不另觅吏途以求入仕。左春坊录事郭药师，祖父是新兴县令，父亲是勋官。他"少落经策，遂历吏途"，所任吏职被刻意模糊为"参掌铨衡"，即参与掌管官吏铨选事宜，应为吏部胥吏，之后入流任低品阶职事官。④ 其所任奉乘、主事、录事等，虽为流内职事官，但亦被时人视同吏职。

有庶人积劳累转而入流。荆州大都督府检校长林县令韩仁楷"才逾冠岁，便参募旅。永徽元年，从太宗文武圣皇帝讨辽，蒙授勋官武骑尉。既参戎秩，思预文班，二年，选任殿中主事。六年转迁登仕郎，行尚书水部主事。……上元三年，复除荆州大都督府检校长林县令。"⑤ 墓志中亦有提到韩楷的上溯三代姓名，但均未提及官职，其应是庶民出身。韩仁楷的经历有两个转折点：第一个转折点是二十岁从军跟随唐太宗讨辽立了军功，韩仁楷由庶民转变为勋官；第二个转折点是他两年后充任从九品上阶殿中省主事，韩仁楷从此由武转文，积劳转迁，终至县令。韩仁楷的经历代表了庶民由功勋到积劳入流的典型入仕途径。此外，《大唐中书省主事乐安孙府君墓志铭并序》⑥ 等墓志亦有类似记载。

上述情况中，官员子嗣流外入流为官的现象明显多于庶民，可见，带有胥吏"胎记"的流内职事官充任者的来源，应是以官员子嗣为主，以庶民为重要补充。

二、流外官充任者的来源

据《通典》卷四十关于流外官的记载统计，唐代的流外官有五十余种之多。⑦ 但是，常见史料对流外官充任者吏途的记载却非常晦涩，很难见到具体职掌名称，需要先根据其转迁经历对其流外官的身份进行认定之后，再分析其来源情况。

内附属国王室后裔充任中央官署胥吏。唐武德中，大农康婆墓志记载："左仆射裴寂揖君名义，请署大农"，"虽复一行作吏，而未废平生之欢。"⑧ 文中所示"吏"字，对应康婆到任司农寺后，"降情屈志，俯而从之"的谦卑态度，以及隶属大农后并未明言其具体官职的表述方式，可以判断此"吏"为司农寺"胥吏"。根据《唐六典》司农寺的胥吏设置情况分析，司农寺所设吏员均为流外官，康婆所任流外官无疑。康婆之所以能够得到左仆射的推荐，署于大农，一则因为"家资丰渥，家僮百数"，二则因为颇具"名义"，这份盛名来源于康婆高贵的出身。康婆

---

① 《唐六典》卷2《尚书吏部》，北京：中华书局，1992年，第36页。
② 《唐六典》卷1《尚书都省》，第12页。
③ 周绍良主编：《唐代墓志汇编》，第811页。
④ 周绍良主编：《唐代墓志汇编》，第1563—1564页。
⑤ 周绍良主编：《唐代墓志汇编》，第662页。
⑥ 周绍良主编：《唐代墓志汇编》，第1763—1764页。
⑦ 《通典》卷40《职官二十二·秩品五大唐·大唐官品：开元二十五年制定》，北京：中华书局，1988年，第1103—1105页。
⑧ 周绍良主编：《唐代墓志汇编》，第96页。

本是康国王室后裔，其祖父是齐相府常侍，父亲是隋定州萨宝，又迁奉御。唐朝初年将内附臣服的康国王室后裔收纳为本朝吏员，既是对其的信任，也是一种很好的监管方式。

散官子嗣、勋官充任太子府吏职。武则天时期，珍州荣德县丞梁师亮，"起家任唐朝左春坊别教医生。……永隆二年，以运粮勋蒙授上柱国。……垂拱二年，以乾陵当作功别敕选，释褐调补隐陵署丞。"① 梁师亮释褐所任隐陵署丞为从九品下阶，是最低品阶的职事官，可知释褐之前起家所任左春坊别教医生应是吏职。在充任吏职时，梁师亮因运粮之功授正二品勋官上柱国，他以勋官身份又充任了7年胥吏之后才释褐任职事官。值得注意的是，梁师亮的父亲是唐朝从六品文散官奉议郎，梁师亮也是官员子嗣。

职事官子嗣充任中央官署吏职。吴兢的外孙蒋乂，经父亲引荐和宰相任命，充任集贤殿内小职，"小职"具体是何职不得而知。一年之后，蒋乂因整理编修图书二万余卷，而"迁王屋尉，充太常礼院修撰"②。王屋尉和修撰官这两个职掌朝廷应是同时授予蒋乂的，但一个是地方县尉，一个是中央官署的官员，他如何在不同地方同时任职？集贤殿书院修撰官"并无常员，以官人兼之"③。太常礼院修撰亦应如此。可知，授予王屋尉是给蒋乂一个从九品下阶的官员身份，他并没有真的到王屋县任县尉，按规定，有了官员身份即可兼任修撰官，蒋乂具体承担的应是太常礼院修撰的工作。通过蒋乂的官阶也可推断，蒋乂此前充任的"小职"是从九品下阶之下的职务，应为书吏、楷书手之类的流外吏职，负责抄写、整理书籍等工作。蒋乂能够进入集贤殿充任吏职与他的出身密切相关。蒋乂的外祖父吴兢是著名史官，父亲蒋将明历任侍御史、左司郎中、国子司业、集贤殿学士，出身于学富五车的官员家庭，是蒋乂得以在集贤殿任职的重要桥梁。

此外，有普通庶民充任流外官。"景龙初，有韩令珪起自细微，好以行第呼朝士。"④ 有周令史韩令珪者，"耐羞耻，厚貌强梁。王公贵人，皆呼次第。"⑤ 综合这两条史料可以看出，韩令珪是细微庶民出身者充任吏职。庶民之中有才学或财富者，是胥吏的重要补充。王彦威"世儒家，少孤贫，苦学，尤通《三礼》"⑥。一介平民书生除了科举入仕之外，能够借以谋生、踏入仕途的典型路径就是充任胥吏，再累转入流为官，王彦威最初就有过谋求"太常散吏"的想法。还有富民、高户充任流外官者，较为典型的是捉钱令史，一般选取"身能估贩，家足赀财"⑦ 的商贾之人。

流外官的充任者来源于前朝官员子嗣、当朝中低品阶职事官、散官子嗣以及勋官等，虽然个人经历千差万别，但是整体上以官宦子嗣为主，庶民是重要补充。他们凭借一定的才干与丰富的经历或功绩，或积劳累转或经他人荐举而就任流外官。

三、杂职掌充任者的来源

张广达曾指出，8世纪中叶唐朝盛世之时，官一万八千左右，吏五万七千左右，杂任三十万

---

① 周绍良主编：《唐代墓志汇编》，第900页。
② 《旧唐书》卷149《蒋乂》，北京：中华书局，1975年，第4026页。
③ 《旧唐书》卷43《职官二》，第1851—1852页。
④ （宋）王谠撰，周勋初校证：《唐语林校证》（下）卷5《补遗起高祖至代宗》，北京：中华书局，2008年，第452页。
⑤ 《太平广记》卷263《无赖一·韩令珪》，北京：中华书局，1961年，第2057页。
⑥ 《旧唐书》卷157《王彦威》，第4154页。
⑦ （宋）王溥撰：《唐会要》卷91《内外官料钱上》，北京：中华书局1995年，第1651页。

左右。① 按此计算，胥吏约占官吏总数的 95%，杂任约占胥吏总数的 84%。此处所谓"杂任"即杂职掌，包括内职掌、外职掌、杂任和杂职。杂职掌占到了胥吏总数的绝大部分。多数杂职掌需要分番上下，吏、役难分，但是，对于不同的充任者而言，吏役的意义不同，有的是劳役，有的却是官资。杂职掌之中清、要之职的充任者以品子或勋官、富民等权贵势力为主，其他则由普通庶民甚或特殊户充任。

1. 杂职掌之中的清贵之职：品子入仕的"跳板"

斋郎、亲事、帐内、辇脚等杂职掌，是品子入仕的理想"跳板"，充任者役满通过简试就可以入仕为官，且转迁速度快于一般吏途，可谓杂职掌之中的清贵之职。

太庙斋郎选取五品以上子孙充任，若人数不足，则取六品清资常参官子补充；郊社斋郎选取五品以上孙、六品常参官子，两府司录判司、詹事府丞、大理司直等五品官之子充任。② 补任斋郎者"必资清洁"，因为斋郎是"为万姓祈福"的"应致祭者"。③ 唐玄宗天宝年间恒州刺史张承休墓志所载，张承休的祖父是国子祭酒，父亲是少师。张承休荫补南郊斋郎后，解褐担任兖州兵曹、州司仓，随后又参加了科举考试，中科举而迁任郑州录事参军，累迁恒州刺史。④ 张承休仕途转迁经历了两个关键点，一是荫补任斋郎，以斋郎身份为跳板，顺利解褐为官，这是他入仕的关键点；二是参加科举，走科举之途，这是他日后累迁至高官的关键点。此外，通过对唐玄宗天宝年间慕容相⑤、邢州司士参军裴涓⑥、唐德宗贞元年间参军源府君⑦、唐昭宗时期崔俊⑧等盛唐至晚唐时期的墓志分析可知，斋郎多从五品以上子孙、六品以上职事官子中选取，是中高品阶官员子嗣的美差。斋郎出身者一般不到三十岁就可解褐为官，早于正常途径十年左右。⑨

亲事、帐内主要来源于十八岁以上的中低品阶官子嗣，亲事由六品、七品子充任，帐内由八品、九品子充任，可以纳资课。凡充任亲事、帐内满十年，通过吏部简试即可入流为官。⑩ 官员子嗣十八岁时如果充任亲事、帐内，积劳十年，不满三十岁即可释褐为九品官员，转迁速度快于一般吏途。从《□唐泗州涟水县主簿武骑尉故范君墓志铭》⑪、《大周天授二年赵王亲事洛州故王

---

① 张广达：《论唐代的吏》，《北京大学学报》1989 年第 2 期，第 7 页。
② 《唐会要》卷 59《尚书省诸司下·太庙斋郎》，第 1026—1027 页。
③ 《唐大诏令集》卷 66《典礼·封禅·处分行事官等敕》，北京：商务印书馆，1959 年，第 370 页。
④ （唐）张说撰：《张燕公集》卷 23《墓志铭·恒州刺史张府君墓志》，《四库全书·集部二·别集类一·唐》。
⑤ 慕容相的祖父是郡司马，父亲是侍御史。慕容相：弱冠以容貌补天后神岳斋郎——彭原郡参军——信都郡下博丞——临淄郡司法——河东郡录事参军。……——加朝散大夫，河内郡武德令。（参见周绍良、赵超主编：《唐代墓志汇编续集》，上海：上海古籍出版社，2001 年，第 583 页。）
⑥ 裴涓的曾祖是州刺史，祖是司农大卿，父是县令。裴涓：太庙斋郎——六载考绩，调授沧州盐山县尉——幽州归义县丞——任汴州尉氏县丞……——汝州司法参军。（参见周绍良主编：《唐代墓志汇编》，第 2556 页。）
⑦ （上泐）参军源府君的曾祖是州刺史。参军源府君：斋郎——邢州司士参军。（参见周绍良、赵超主编：《唐代墓志汇编续集》，第 784 页。）
⑧ 唐昭宗时期，崔祐甫之子崔植的再从兄崔俊，祖是大理寺卿之弟，父是大理寺丞。崔俊：太庙斋郎——太平、东阳二主簿——湖南江西廉察使辟为宾佐——宣州录事参军——江西节度副使、监察里行、河阴院盐铁留后——侍御史——膳部员外、转运判官——膳部郎中、荆襄十道两税使，赐金紫——苏州刺史理行、第一转潭州刺史、湖南都团练观察使……（参见《旧唐书》卷 119《崔祐甫传附植再从兄俊传》，第 3444 页。）
⑨ 黄正建：《唐代的斋郎与挽郎》，《史学月刊》1989 年第 1 期。第 32—33 页。
⑩ 《唐六典》卷 5《尚书兵部》，第 155—156 页。
⑪ 周绍良主编：《唐代墓志汇编》，第 498 页。

君墓志铭一首并序》①等唐代墓志可以看出，亲事选任标准在实际执行中较宽松，八品、九品子以及勋官五品以上子亦可充任亲事。

辇脚多由"贵戚子弟"充任，无荫阶限制，入仕较早。② 带有武职胥吏的性质。左金吾将军张嘉祐的祖父是州刺史，父亲赠州都督，张嘉祐"弱冠武举及第，充衬庙辇脚"③，劳满后补任武官，累至左金吾将军，辇脚是其武职转迁之路上由吏到官的关键。郑州管城县令杨玶的曾祖是"皇朝金紫光禄大夫蔡州总管上柱国鲁国公"，祖父是"皇朝通直散骑常侍、息州刺史、义阳郡开国公"，均为高品阶开国勋贵；父亲只是"右卫勋卫吏部选"。④ 根据唐代叙阶之法，三品以上荫曾孙、五品以上荫孙，子、孙、曾孙均可入仕为品官。但杨玶与其父均未直接被荫补为官，说明有荫补入仕资格者未必一定为官，还要受到当时职缺情况等诸多客观因素的限制。所以，他不得不退而求其次，选择了由吏到官的路径。杨玶在弱冠之年，先充任了左卫翊卫，再拜辇脚，解褐任贝州参军事，官居九品。

2. 外职掌之中的要职：地方权贵与才学之士汇聚的"磁石"

县录事、佐史、仓督、市令等外职掌，掌控地方官署之中文案、钱粮等要职，有明确的任职要求。

"州、镇仓督，州、县市令，取勋官五品已上及职资九品者；若无，通取勋官六品已下，仓督取家世重大者为之。州市令不得用本市内人，县市令不得用当县人。博士、助教部内无者，得于旁州通取。县录事通取部内勋官五品已上；若无堪任者，并佐、史通取六品已下子弟白丁充之。"⑤

这些地方要职的充任者以勋官、职资官、品子、家世重大者为主，重丁大户、家业殷富，与地方官员的关系盘根错节，非常密切，有时被某些家族所把控，具有家族承袭性的特点。例如，隋朝盐山县市令严依仁，其祖、父曾是前朝州级录事、曹属佐史之流，其一子严师奴任唐代县录事，另一子严师辱是上骑都尉，任多州市令。⑥ 严依仁一家四代为隋唐两朝的州县官吏，家族势力把持地方要职，任职时间较长、流动性不强。官方虽然在用种种方式严格限制家族把持地方政权，例如，规定市令不得用当地人，节察及监军使、刺史、县令到任，必须认真核查重丁大户所主管的仓廪情况等，但是，仍然无法完全阻止地方行政权力与家族势力以盘根错节的复杂方式组合起来，维系着地方的统治和家族的利益。再如，武则天神龙年间上柱国、怀州河内县景福府校尉李修己，曾祖李哲是隋朝易州参军，祖李＊是隋朝的青州司户，父李楷是唐朝怀州市令。⑦ 李修己一家四代为隋唐两朝低品阶官员或吏员要职，既在不同的地方任职，又能使地方基层要职维系在同一家族连续几代人之间，这种基层权力的分布情况值得思考。

---

① 周绍良主编：《唐代墓志汇编》，第800页。
② 《新唐书》卷117《列传第四十二·魏玄同》，北京：中华书局，1975年，第4253页。
③ 周绍良主编：《唐代墓志汇编》，第1533页。
④ 周绍良主编：《唐代墓志汇编》，第1230页。
⑤ 《唐六典》卷30《京兆河南太原三府官吏》，第748页。
⑥ 周绍良、赵超主编：《唐代墓志汇编续集》，第404—405页。
⑦ 周绍良、赵超主编：《唐代墓志汇编续集》，第425页。

3. 伎术类杂职掌：庶民为主，当色优先

"伎术类杂职掌"，即掌握一定专业知识，具有某种专门技能的胥吏职掌，包括天文生、漏刻生、药园生、医生、针生、按摩生、咒禁生、卜筮生、兽医学生等。"京师置药园一所，择良田三顷，取庶人十六已上、二十已下充药园生，业成补药师"。① "凡补兽医生皆以庶人之子，考试其业，成者补为兽医，业优长者，进为博士。"② 漏刻生亦属内职掌，"皆以中、小男为之"③，业成可补任典钟、典鼓。天文生为内职掌，"取当局子弟充，如不足，任于诸色人内简择"④，业成可补任天文观生，转迁为流外七品。可见，伎术类吏职以庶民为主要来源，有专门的转迁路线，当色子弟优先，带有一定的传承性。

4. 其他杂职掌："官资""劳役"的不同解读

其他杂职掌多以官府派任、分番上下、提供劳役的方式存在，更接近吏役，种类繁多，可以根据职掌的性质划分为上层、中层和下层吏役。吏役到底是"官资"还是"劳役"，不同阶层的充任者，解读截然不同。

上层吏役包括里正、坊正、门夫、斗门长、渠长等，主要分布于州县衙署及乡里等地方基层组织之中，承担一定的行政监管事务，兼具吏职和吏役的特点。充任者以勋官、官员子嗣以及普通庶民为主。一些吏役首选勋官或官员子嗣充任，勋官不足则以庶民补充。服吏役是勋官和庶民等积劳入仕的途径之一。"诸里正、县司选勋官六品以下白丁清平强干者充"。⑤ 勋官"分配监当城门、仓库，亦量于数内通融配给。当州人少者，任取五十已上、五十九已下及轻疾丁充，并五番，上皆一月。"⑥ 调配水源，安排灌溉等事宜的渠长、斗门长，"以庶人年五十已上并勋官及停家职资有干用者为之"⑦，王永兴先生认为他们既是一种职务，也是一种色役。⑧ 范隆仁"一县铨擢，任为百家之长"，"百户为里"，其所任应为里长，"驱役数年，选任高昌县佐使。……简拔贤能，补于新兴副城主。"⑨ 关于"城主"的性质，学者们已有研究。⑩ 从范隆仁"里长——县佐史——副城主"的经历可以看出，里长等吏役是有机会积劳升任更高吏职的。

---

① 《唐六典》卷14《太常寺·太医署》，第409页。
② 《唐六典》卷17《太仆寺》，第480页。
③ 《唐六典》卷10《秘书省·太史局》，第305页。
④ 《唐会要》卷44《太史局》，第796页。
⑤ 《通典》卷3《食货典·乡党条大唐令》，第64页。
⑥ 《唐六典》卷5《尚书兵部·兵部郎中》，第154页。
⑦ 《唐六典》卷23《都水监·使者》，第599页。
⑧ 王永兴：《敦煌唐代差科簿考释》，《历史研究》1957年第12期。
⑨ 周绍良、赵超主编：《唐代墓志汇编续集》，第131页。
⑩ 日本学者西村元佑认为，城主是"乡官"。（参见[日]西村元佑：《通过唐代敦煌差科簿看唐代均田制时代的徭役制度——以大谷探险队携来的敦煌和吐鲁番文书为参考史料》，见周藤吉之等著，姜镇庆、那向芹译《敦煌学译文集——敦煌吐鲁番出土社会经济文书研究》，兰州：甘肃人民出版社1985年出版。第978—1233页。）陈国灿认为，城主是"边防戍主"。（参见氏著：《唐乾陵石人像及其衔名研究》，《文物集刊》第2集，北京：文物出版社，1980年，第189—203页。）杨际平认为，城主是"色役"。（参见氏著：《关于唐天宝敦煌差科簿的几个问题》，韩国磐主编《敦煌吐鲁番出土经济文书研究》，厦门：厦门大学出版社，1986年，第129—136页。）姜伯勤认为，城主是"府兵"。（参见氏著：《敦煌社会经济文书导论》，台湾新文丰出版社，1996年。第181—182页。）徐畅认为，城主"既是官吏又形同色役"。（参见氏著：《敦煌吐鲁番出土文献所见唐代城主新议》，《西域研究》2008年第1期。）

中层吏役包括幕士、杂匠、掌闲、供膳、五坊色役、县衙杂役、驿吏等，职掌更多地体现出粗使杂役的特点，"役"味儿更足，充任者以普通庶民为主，庶民获勋者无论在制度规定还是实例层面，均已较少见到。豪富多提供资财保障，普通庶民提供劳役服务。例如，驿吏等吏役需要充任者以私人家财保障官署物资供给或作为抵押担保官资不受损失，多由富户充任。① 幕士、杂匠、掌闲、供膳等吏役以提供各种劳力为主，数量十分庞大，唐中期以前，户籍制度、赋役制度尚可执行，朝廷主要是征用京兆地区编户齐民充任，而且，这些编户齐民一般是"高户以下，例皆情愿"，豪族富户一般不用充任；唐中期以后，浮逃无籍者增多，朝廷下令"先取浮逃及无籍实堪驱使人充使"。② 此外，州县衙署中也充斥着"县伍伯""捕盗吏"等粗使杂役，多由微寒庶民充任。

下层吏役的充任者以特殊户为主，庶民为补充。乐工、兽医、陵户、骗马、调马、群头、栽接等均由官奴、杂户（官户）、放免从良者或平民充任，平民不番上者可以纳资代役。③

四、胥吏任职条件的变化对胥吏来源的影响

从上述分析可知，一般而言，官僚家庭是胥吏的主要来源，庶民是胥吏的重要补充。随着社会政治环境的变迁，胥吏任职条件、权限和转迁空间发生变化，充任者的来源随之亦变，逐渐呈现多元化、开放性特点。从微观而言，这是一些吏职对充任者来源的客观需要。例如，书吏（书史）、（揭）书手、写御书等吏职，是中央官署中从事撰写、抄录等文字工作的杂职掌，选人标准经历了从"门第"到"才学"的变化，身份认同由严渐宽，逐渐淡化。贞观年间，朝廷组织修缮史书，"选五品以上子孙工书者为书手"④。武则天时期，官员子嗣充任书手的现象仍然存在。登仕郎丁范出生官宦之家，曾祖是后魏虞部侍郎、北豫州刺史，祖仪是齐宁远将军，祖君逸是周州都主簿。丁范因"颇猎群书"，学识渊博而"弱冠知名，召补兰台书手"，"每国有纶册，命君濡翰，累侍簪橐"，积劳而授正九品下阶文散官登仕郎。⑤ 到了唐玄宗开元年间，书手的来源范围有所放宽，强调以书写能力为选人标准，但后来仍恢复为品子等充任。经过此次"扩充—再次收紧"的变化之后，书手的择选标准从贞观年间"五品以上子孙工书者"扩充至前资官、常选、三卫、散官五品以上子或孙。⑥ 到了唐德宗、宪宗之后，书手来源再次放宽，品子等身份的拘囿被突破，才学、吏能上升为主要选取标准。阳城原本官宦子弟，家道中落，到唐德宗时期已沦落为贫寒庶民，"家贫不能得书"，为谋生计"乃求为集贤写书吏，窃官书读之，昼夜不出房，经六年，乃无所不通"，经宰相李泌推荐为著作郎。⑦ 唐宪宗元和初，明经举人宋衎"因疾病废业，为盐铁院书手，月钱两千，娶妻安居，不议他业"⑧。宋衎心甘情愿地接受盐铁院书手的工作和胥吏的身份，除了这份差事报酬丰厚之外，也说明士人充任吏职的事实在社会上没有引

---

① 《通典》卷33《职官十五·乡官》，第924页。
② 《唐会要》卷65"卫尉寺"，第1139页。
③ 《新唐书》卷46《百官志一·刑部》，第1200页。
④ 《新唐书》卷57《艺文一》，第1422页。
⑤ 周绍良主编：《唐代墓志汇编》，第735页。
⑥ 《唐六典》卷9《中书省·集贤殿书院》，第280页。
⑦ 《旧唐书》卷192《方伎·阳城》，第5132页。
⑧ 《太平广记》卷106《报应五·宋衎》，第719—720页。

起太多的非议，身份门第观念逐渐淡化。从宏观而言，吏职来源逐渐呈多元性、开放性特点是唐代中期以后历史环境发生重大变化的结果。唐代中期以后，战事增多，军营中需要大量人力且具有更多转迁机会，从戎入仕路径的虹吸效应增强，官员子嗣、庶民等以军功入仕或充任僚属的现象增多，门第身份进一步受到冲击，以才能为核心的用人标准逐渐突显，胥吏来源的平民化和开放性特点愈加鲜明。天宝名将封常清，自幼清苦孤贫，跟随身为罪身的外祖父流放安西守胡城南门，在外祖父的教导下用功读书，学识广博，后来为谋生计而自荐成为都知兵马使高仙芝的傔从。① 封常清的胆识和才能，是其能够说服高仙芝而获得这份吏职的重要原因，也是其日后得以在诸多傔从中脱颖而出逐渐步入仕途的关键因素。

　　需要注意的是，胥吏选任标准由门第身份到才学的变化与士流的逐渐壮大以及士流向吏职的浸淫现象相伴而生，这增进了唐代胥吏来源的开放性和多元性的发展趋势。唐高宗以前科举取士每年不过数千，武则天以后每年常至五万人②，录取人数大幅提升，科举成为读书人入仕的主要路径。唐玄宗之后，录取人数进一步增加，考生增加得更多，"故没齿而不登科者甚众"③。科举制度的发展刺激了士流队伍的蓬勃发展，流外入流者通常所充任的官职逐渐被士流侵占。高宗永徽时，吏部侍郎刘祥道上言："三省都事、主事、主书，比选补皆取流外有刀笔者，虽欲参用士流，率以俦类为耻，前后相沿，遂成故事。"④ 三省都事、主事、主书等职是从七品至从九品的低品阶职事官，主管文案，唐初常为流外入流者充任的官职，为士人所不齿。可是到了唐代中期，情况发生了变化，不仅中央机构中设置的此类官职，即使是赤县录事，也成为士流争夺的热门职位，而良酝署、珍羞署、掌醢署的丞，已经为文士所占据。开元中，"河东薛據自恃才名，于吏部参选，请授万年县录事。吏曹不敢注，以咨执政，将许之矣。诸流外共见宰相诉云：'酝署丞等三官，皆流外之职，已被士人夺却。惟有赤县录事是某等清要，今又被进士欲夺。则某等一色之人无措手足矣。'于是遂罢。"⑤ 唐代中晚期，常见士流充任府使方镇的属职，被奏授一定官品，但是，职掌与官阶分离，且有些属职具有吏职的特点。李巨川是唐初十八学士道玄之后，宰相逢吉之姪曾孙，其父是大中八年登进士第，可谓出身官宦书香之家。李巨川在唐末乾符年间中进士，"属天下大乱，流离奔播，切于禄位，乃以刀笔从诸侯府"，辟为诸侯府刀笔属员，累迁幕职。⑥

五、结　语

　　综上所述，胥吏职掌由高到低的层级序列与胥吏来源的社会阶层高低之间，并不存在严格的一一对应关系，胥吏的转迁空间和权限，是调整不同吏职与胥吏来源的社会阶层之间对应关系的重要因素。一般而言，清要吏职的充任者主要是勋官、散官、前资官、品子等具有官宦家世背景者，斋郎、市令等吏职甚至对充任者的荫阶或官品等有明文规定；普通吏职首选有官宦家世背景者，其次是庶人；卑微杂职一般由庶人或特殊户充任。这种对应关系反映了唐朝统治者对行政执

---

① 《旧唐书》卷104《封常清》，第3207页。
② 《朝野佥载》卷1，北京：中华书局，1979年，第6页。
③ 《通典》卷17《选举五》，1982年，第420页。
④ 《文献通考》卷35《选举八·吏道》，北京：中华书局，1986年，第332页。
⑤ （唐）封演撰，赵贞信校注：《封氏闻见记校注》卷3《铨曹》，北京：中华书局，2005年，第23页。
⑥ 《旧唐书》卷190《文苑下·李巨川》，第5081页。

行权在不同阶层之间的分配方式和劳役征用的设计情况。除身份条件之外，对候选者才学和技能的考量，使得胥吏的选任在身份框架的基础上，具有了一定的灵活性和开放性，吸收不同社会阶层中有一定学识和专业技能者充实胥吏队伍。基层胥吏的选任还会考虑财富、家族势力以及行政经验等条件。

在如上条件下，不同社会阶层对不同吏职充任途径的选择各有不同。一是荫补。五品以上职事官、散官子、孙、九品以上职事官子以及勋官五品以上之子，通过荫补的方式充任清要吏职。结合唐代官员子嗣荫补流内九品以上的官职的"叙阶之法"可知，五品以上职事官、散官子、孙，既可以荫补流内九品以上官职，也可以荫补清要吏职，具有官途、吏途双重保障。二是荐举。这是吏职充任途径中最具普适性的方式。低品阶官员子嗣及普通庶人，通过他荐或自荐的方式充任吏职。三是积劳。唐代吏职纵跨胥吏与低品阶职事官两个层面，自下而上连接成一条较为完整的转迁线路，充任者通过一定年限的积劳，逐渐升任较高梯次的胥吏甚至入流为官，这也是胥吏转迁的主要方式。四是充役。唐代吏役难分，底层胥吏更是如此。有勋官、庶人等分番服吏役，有官府指派家世重大者等充吏役，亦有官府专立户籍管理的特殊户在本色内服役。上层吏役对于勋官、富民等而言，可能是积累官资的一种途径，下层吏役对于特殊户而言，是实现贱民向良民身份转换的重要方法。五是兼任。比较典型的是在唐代中晚期，常见官兼吏职的现象。六是科考。唐代中晚期，参加科考获得出身者有被府使方镇辟属就任吏职的情况。

唐初期，权贵及豪族对清要吏职的把控现象较为明显。中高品阶官员子嗣充任清要吏职有一定的制度保障，成为其转迁入仕的重要跳板；一些吏职在具有一定亲缘关系的人之间承袭，尤其是地方大家重口，通过长期占据掌管钱粮、处理公文文书等地方胥吏要职，操纵权力资源为家族牟利，出现一家几代人所任吏职相同或相似的现象。胥吏的任职带有了较为鲜明的阶层利益划分和家族承袭性特点。唐代中后期，科举制度兴盛，越来越多出身寒素阶层者获得举子出身，士流队伍壮大，逐渐侵染中央和地方官府的吏职，或辟属于府使方镇的一些属职，亦具吏职特征，胥吏的选任标准之中，门第观念淡化，才学渐受重视。胥吏充任者来源的多元化和开放性趋势，促使胥吏群体对国家政治的影响力逐渐增强，为宋代胥吏在国家政治中发挥突出的作用，成为官府之中的实权派，形成"官不足以制吏"[①] 的局面，酝酿着重要条件。

（作者单位：中山大学历史学系）

[①] 关于胥吏在宋代所发挥的作用及其影响，可以参见祖慧《论宋代胥吏的作用及影响》（《学术月刊》2002年第6期）。

唐后期军镇员属"地著化"问题探索

——以河北宣化纪年墓志铭为中心

李鸿宾

《文物》2008年第7期发表了张家口市宣化区文物保管所撰述的《河北宣化纪年唐墓发掘简报》（以下简称《发掘简报》），内含在当地发掘的6方墓志，引起我们关注的是墓志主人都是雄武军驻镇成员，他们死后就在本地安葬[①]，这与唐朝有关丧礼条例之返迁祖籍地安葬的习惯相悖，这一现象在唐朝后期不是个别而具有普遍性，说明当时社会发生了与此前时代有别的变化，值得我们再做研究。有关这一问题，美国学者谭凯曾撰写专文予以分析[②]，其他学者也不同程度、不同层面地有所涉及[③]，本文即就雄武军诸案作为剖析对象，通过该军的地著化分析河北道北部作为朝廷边地的农耕、游牧混合之地的政治军事布局安排之特点，及其引生的社会文化变迁的趋势

[①] 我将这种现象称之为"地著化"。意思是外来者因仕宦、充军等在某地长期居住，死后就地安葬，经此数代经营，遂成为当地之"土著"或"世居"者。参见拙文：《墓志铭映印下的唐朝河北粟特人"地著化"问题——以米文辩墓志为核心》，《暨南史学》第10辑，桂林：广西师范大学出版社，2015年，第23—42页。

[②] Nicolas Tackett, "Great Clansmen, Bureaucrats, and Local Magnates: The Structure and Circulation of the Elites in Late-Tang China," Asia Major 3rd ser. 21.2 (2008), pp. 101 – 152. The Transformation of Medieval Chinese Elites, Ph. D. diss. New York, Columbia University, 2006.

[③] 本文讨论的内容是雄武军军官（及夫人）因仕宦安守其地的问题，涉及的层面有唐后期节度军队地著化所反映的军队制度的变迁、地方势力与周边民族势力的崛兴、朝廷控制与地方分立之矛盾、中原文化与河北胡化之对峙等。这些内容，中外学术界多有研讨，近年的研究更加重视墓志石刻资料，结合传世史料对具体家族成员的细节做精深揭露，取得了不俗的成绩。上述诸项研究成果丰硕，主要有孙国栋：《唐宋之际社会门第之消融》，《新亚学报》（香港）4卷1期，1959年；严耕望：《唐代府州僚佐考》、《唐代方镇使府僚佐考》，氏著《唐史研究丛稿》，香港：新亚研究所，1969年，第103—236页；[日]礪波護：《唐代使院的僚佐及辟召制》，《神戶大學文學部紀要》1973年第2期；王寿南：《唐代藩镇与中央关系之研究》，台北：大化书局，1978年；陈寅恪：《唐代政治史述论稿》，上海：上海古籍出版社，1982年，第128—159页；樊文礼：《试论唐河朔三镇内外矛盾的发展演变》，《内蒙古大学学报》1983年第4期；方积六：《唐代河朔三镇的长期割据》，《中国史研究》1984年第1期；谷霁光：《泛论唐末五代的私兵和亲军、义儿》，《历史研究》1984年第2期；吴光华：《唐代幽州地域主义的形成》，淡江大学中文系主编：《晚唐的社会与文化》，台北：学生书局，1990年，第201—238页；[日]堀敏一：《藩镇亲卫军的权力构造》，索介然译，刘俊文主编：《日本学者研究中国史论著选译》第4卷《六朝隋唐》，北京：中华书局，1992年，第585—648页；张国刚：《唐代政治制度研究论集》，台北：文津出版社，1994年；郑炳俊：《唐代藩镇州州官的任用》，《东洋史研究》卷54，1996年；张泽咸：《唐代阶级结构研究》，郑州：中州古籍出版社，1996年；石云涛：《唐代幕府制度研究》，北京：中国社会科学出版社，2003年；王永兴：《唐代后期军事史略论稿》，北京：北京大学出版社，2006年；黄正建主编：《中晚唐社会与政治研究》，北京：中国社会科学出版社，2006年；张国刚：《唐代藩镇研究》（增订版），北京：中国人民大学出版社，2010年；唐长孺：《魏晋南北朝隋唐史三论》，北京：中华书局，2011年。更详细的内容可参阅胡戟等主编《二十世纪唐研究》，北京：中国社会科学出版社，2002年，第50—58、101—103、117—120、130、136、808—811页，因该书成于众人之手，具体撰著者不具注。

另一部分与本文有关的是近年发表的利用出土墓志铭研究的成果，其中比较典型的除上面谭凯的论文外，毛汉光对墓志进行了系统整理，其中《唐代统治阶层下降变动之研究》（台北：《人文及社会科学》第3卷第1期，1993年）、《唐代统治阶层父子间官职类别之变动》（台湾嘉义：《中正大学学报》第4卷第1期，1993年）与本文所论尤有关联。其他墓志铭的研究详见下文的讨论中。

与类型，进而回应学术界以往研讨此类问题所波及的如陈寅恪的河北胡化与长安江南分野、内藤湖南首倡的"唐宋变革论"等问题。

一

为方便起见，我先根据《发掘简报》将6方墓志中的相关内容摘录如下（标点符号系我新增）：

1. 杨钊："祖华……奉祖随官，荣任即袝茔雄武军东北囗原囗卅里是也。父前任本军故左清道率府兵曹参军，讳暄，行笔清高，芳名远著；风义取则，月轮彩空；乡贡立事，明经出身，即先囗囗应也。我公前节度驱使官、太常寺奉礼郎，后任衙前亲事兵马使、管桃林镇将、太中大夫、试殿中监，讳钊，受训立身，当年美正；一习乡传之教，守贞八品之名；侍主同金石之坚，文武俱闲……以乾符六载（879）春三月九日、受年卅有七不次之期，终于平州桃林镇私弟（应作第）也……日月以卜，扶护于本茔，岁在己亥夏四月廿五日，龟兆处宜蒿里路盈礼葬之丹兆所诰亏军城东南之原约三里所。"

2. 杨少愃："我公杨氏，讳少愃，菀氏夫人以咸通十一年（870）四月三日合附同棺也……曾王父讳邑，祖讳耆之，行叶清高，芳名远着，风义取则，月轮彩空。考讳迁林……我公少习专经，长弘维教；乡贡立事，明经出身……当年八品……俟忽以大中六年（852）正月九日附于雄武军，年居高五十有九……日月以卜，权殡于堂，岁在壬申子时二月戊戌朔廿三日庚申，龟兆庆宜蒿里路盈礼葬我公之丹兆所语填寂众之厝也，其兆卜得军城东南九百步内所置。"

3. 苏子矜："府君，武功郡人也……祖讳休，公即前晋定国侯之蔓孙也，公性好闲游，高步塞北，不仕公署，养神丘园，灌育狂歌，尽其寿矣。府君讳子矜……幼列军职，至贞元中迁于雄武押衙、云麾将军、守左金吾卫大将军。四十年间不亏法则，泊乎年耄，辞仕归宁，不图不谋，乃寝乃疾，享年八十二。于是军吏挥泪，五服增哀，会昌二年（842）七月廿九日大殁，终于幽州蓟县界卢龙坊之私弟（应作第）也，至会昌四年十月十二日乃扶灵归于本军，合袝葬于雄武军东三里原，礼也。夫人太原王氏，先以孤葬。有嗣子二人，长曰行简，节度堂前亲事将、银青光禄大夫、检校太子宾客；次曰存简，马军突将、游击将军、守左武卫大将军。"

4. 王氏："夫人族本太原，即汉司徒王龚之苗裔也，曾高百代，备于谱谋，略而不书，年才笄鬓，洲德以配君子，即武公苏君。起家立鹊巢之功，事夫有文姜之德，齐眉齐体，以礼以宾，三十余祀；令子二人、女四人，男则诗书幼习，女则闺壸不渝，并继室他门；武列荣班，文能礼节……居无何，以元和九年（814）九月二日疾，殁于广边军私第，呜呼！享年卅有四，以大和二年（828）十一月二日改窆于雄武军城东三里平原，礼也。嗣子长源，次子长顺。"

5. 苏全绍："公讳全绍，幽州雄武军知军副使、试左武卫郎将。皇考讳如林，不仕……声逾太守，名荐元戎，时遇涿州故刺史兼御史中丞李公，茸军之日，特为上论，迁授当军知军副使，才逾二纪，励志三移，怕法远财，亲功好义，正于修进，忽掩泉台，享年五十有二，以乾符四年（877）五月廿一日……以其年十月七日迁殡于军东西北之原茔域……夫人太原王氏，结发之亲，不尽偕老……嗣子室女八人，行简、行立、行友、行纲，女十二娘、十三娘、大贵、小贵。"

6. 张庆宗："讳庆宗，幽洲雄武军马步都将、衙前散兵马使、银青光禄大夫、检校太子宾客、兼监察御史。先考讳曜……公……以会昌初载，于雄武军遇雷霆震集，日月竖新，捧白刃以竭诚，展赤心而尽节。策囗囗先，张太尉燕国公降赴大燕，化行寰宇，始职亲事兵马使，续以于旒，复逾周朔，抠阐委重，密地宠深，旋又□□□而妙□，迁转瀛州马军大将，历过九镇四十余秋，名高塞上……又署衙前□军马步都将，实谓衣锦荣乡……享龄七十有六，缠绵疾瘵，□符三年四月十七日掩归……以乾符四年（877）□南□□村之茔域。"

二

根据《发掘简报》的介绍，这6方墓志中，杨钊、苏子矜、张庆宗3方系正式挖掘所得（王氏墓志未作交代）；杨少恒墓志系发掘杨钊墓征集；苏全绍墓志系收购，出土于宣化城东北坡地，与苏子矜墓有一定关系。我们先对墓志涉及的若干任职进行研究，再做其他讨论。

首先看杨钊的情况。根据墓志，其祖华死后即安葬于雄武军东北墓地，生平不详。其父暄充任雄武军、左清道率府兵曹参军，墓志说他"行笔清高，芳名远著"，表明他是雄武军之文职官员。按唐自采纳科举之后，进士科受社会倾重自不待言，明经科地位下滑也是时人所知①，但这主要就长安洛阳两京为代表的朝廷中心区而言②，至于边鄙之地，读书人或以读书为务者，尚不能与两京中心地带相颉颃。③ 后期有一种现象，即在内地考取名第无法就任者，常常外出屈赴藩帅府第就职④，如人们熟知的韩愈送友人北上渔阳即为显例。⑤ 宋人亦言："唐世士人初登科或未仕者，多以从诸藩府辟署为重。"⑥ 但杨暄的"明经出身"可能不在这样的范围里，因他的父亲安葬于雄武军，似乎表明杨暄也同样在当地生活，他的明经出身并非表明他另求职任转赴雄武，应系本地属性。

至于杨钊其人，他充任的军职先是节度驱使官，后任衙前亲事兵马使、桃林镇将。这里重点讨论驱使官和桃林镇将二职。驱使官一职在其他墓志铭中也多有出现，如刘建墓志的撰写者郭洪的职务"宣德郎、前节度驱使官、试左卫兵曹参军"⑦；敬延祚墓志的撰写者张宾亦为节度驱使官⑧；王公晟之次子宏雅，"授以文职，优之渐鸿，补充节度驱使官"⑨；冯广清的志文记载其子"入事旌旄，便蒙驱荣，授义昌军节度驱使官"等。⑩ 这里的驱使官，张国刚将其列为藩镇宦官

---

① （五代）王定保《唐摭言》卷1《述进士上篇》云："永徽已前，俊、秀二科，犹与进士并列。咸亨之后，凡由文学一举于有司者，竞集于进士矣。"至有"三十老明经，五十少进士"之喟叹！（黄寿成点校，西安：三秦出版社，2011年，第3—4、6页）。
② 吴宗国：《唐代科举制度研究》，沈阳：辽宁大学出版社，1992年，第274—278页。
③ 此地如陈寅恪所说，系胡风甚盛之处，青壮年骑马射箭而不知孔孟，颇为常见。参见氏著：《唐代政治史述论稿》，上海：上海古籍出版社，1982年，第25—28页。但情况亦非每个人都如此，《太平广记》卷70引《北梦琐言》曾记载："张建章为幽州行军司马。尤好经史，聚书至万卷。所居有书楼，但以披阅清净为事。"（张国风会校，北京：北京燕山出版社，2011年，第825页）。
④ 参见张国刚：《唐代藩镇使府辟署制度》，《唐代藩镇研究》（增订版），第132—144页。
⑤ 参见陈寅恪：《唐代政治史述论稿》，第26—27页。
⑥ （宋）洪迈：《容斋随笔·容斋续笔》卷1《唐藩镇幕府》，孔凡礼点校，北京：中华书局，2005年，第227页。
⑦ 周绍良主编：《唐代墓志汇编》下册，贞元089《唐故行涿州司马金紫光禄大夫彭城郡刘（建）公墓志铭》，上海：上海古籍出版社，1992年，第1899—1900页。
⑧ 《唐代墓志汇编》下册，中和005《唐故幽州随使节度押衙遥摄镇安军使充绫锦坊使银青光禄大夫检校国子祭酒兼御史中丞上柱国平阳郡敬（延祚）府君墓志铭》，第2509—2510页。
⑨ 《唐代墓志汇编》下册，咸通083《唐故幽州随使节度押衙正议大夫检校国子祭酒兼侍御史上柱国太原王（公晟）府君夫人清河张氏合祔墓志铭》，第2243页。
⑩ 《唐代墓志汇编》下册，大中017《唐故冯（广清）府君墓志铭》，第2264页。

监军使手下的卑职吏员，属"小使"之列。① 此前明确讨论的是严耕望《唐代方镇使府僚佐考》一文，认为唐初既有此类称号，其职能据《新唐书·朱滔传》、《五代会要》等，协助长官"供左右驱使之谓"，系节度使下文职僚佐的基层人员。② 石云涛据此又将文职属员划分为四个等次：第一个层次由副使、行军司马和判官构成，其次为掌书记、参谋、支使；再次为推官、巡官；驱使官则与衙推、随军、要籍、孔目官等属于卑职之列。③ 按《通典》所记节度使下属"有副使一人，行军司马一人，判官二人，掌书记一人，参谋无员，随军四人"④；《新唐书》："节度使、副大使知节度事、行军司马、副使、判官、支使、掌书记、推官、巡官、衙推各一人，同节度副使十人，馆驿巡官四人，府院法直官、要籍、逐要亲事各一人，随军四人。"⑤ 这两部文献涉及节度使属员均未提及驱使官，说明其地位如同上述学者所云，为基层缘属之故。⑥ 不过，晚唐的《李府君墓志》所记为我们了解驱使官提供了文献没有的情况，其中有这样的记载：

> 年及弱冠，投笔从戎，去宝历初（825），都护张公司空以公凤蕴干能，克勤奉职，补散驱使官。至大和中，节度使李公仆射补充正驱使官。后去开成三年（838），中都护刘太保改署节度要籍，迄今累至随军之职。⑦

李府君初仕散驱使官，递进为正驱使官，然后是要籍、随军，这个记载与《通典》排列合拍，而与《新唐书》及严耕望的排列有所出入，严先生将随军列在要籍之后，而此墓志正好相反，似应以墓志记载为确。⑧

桃林镇将一职⑨，依张国刚的说法，藩镇内部军制一般由方镇治所的牙兵（衙军）、下属各支州驻兵和州下各县军镇三个部分组成。⑩ 按《新唐书·兵志》，唐朝军队有边地驻防系统，即军、守捉、城、镇等级。⑪ 镇又分上中下三等，主事者称镇将，次为镇副，下有仓曹参军、兵曹参军、佐、史等属员；镇将的品级从正六品下至正七品下。⑫ 这是唐前期的情况，它隶属于朝廷，承担防边任务。后期节度使军队壮大成为主掌军队事务的单位，因与朝廷关系差别不等而被学者

---

① 参见张国刚：《唐代藩镇宦官监军制度》，《唐代藩镇研究》（增订版），第198页。
② 按严耕望罗列文职僚佐秩序依次为（1）副使、（2）行军司马、（3）判官、（4）掌书记、（5）支使、（6）推官、（7）巡官与馆驿巡官、（8）衙推、（9）参谋、（10）孔目官、（11）府院法直官、（12）要籍、（13）逐要、（14）驱使官、（15）随军·随使·随身、（16）傔人与别奏。见氏著：《唐代方镇使府僚佐考》，《唐史研究丛稿》，第177—236页。
③ 参见石云涛：《唐代幕府制度研究》，北京：中国社会科学出版社，2003年，第277页。
④ 《通典》卷32《职官十四·州郡上·都督》，王文锦等点校，北京：中华书局，1988年，第895页。
⑤ 《新唐书》卷49下《百官志四下》，北京：中华书局，1975年，第1309页。
⑥ 《唐会要》卷79《诸使下》在叙述各地节度使属员时亦不曾涉及驱使官之职，北京：中华书局，1955年，第1445—1455页。
⑦ 《唐代墓志汇编》下册，大中119《唐故振武节度随军登仕郎试左武卫兵曹参军上柱国李府君墓志铭》，第2344页。
⑧ 有关驱使官的新近研究，参阅李文才：《唐代驱使官渊源考论——兼论魏晋南北朝"干"的起源与性质》，《扬州大学学报》2016年第4期；《"安史之乱"以后唐代驱使官之分类及时代分布》，《陕西历史博物馆馆刊》第23辑，西安：三秦出版社，2016年，第10—18页。
⑨ 按桃林镇一名，似不见于唐传世文献。墓志记载为平州所属。查《新唐书》卷39《地理志三》，平州下辖卢龙、石城、马城三县，内含爱川、周夔、温昌、茂乡四镇（城）。墓志记载的桃林镇位于平州，文献不载（第1021页）。
⑩ 参见张国刚：《唐代藩镇研究》（增订版），第83—89页。
⑪ 《新唐书》卷50《兵志》，第1328页。
⑫ 《唐六典》卷30《三府都护州县官吏》，陈仲夫点校，北京：中华书局，1992年，第755页。

划分成不同的性质和类型①，但作为地方藩屏维系政权的法理职责，则是一贯的。后期诸镇隶属于节度使，但节度使与州之间，从制度上是两种不同的体制，前者为军队、后者为行政，职责明确。此处桃林镇按照学者们的划分，应当就是节度使属下的军队建置，即如严耕望所谓的"外镇诸职"。②杨钊充任的桃林镇将，应属节度使属下的县镇一级将领。③日野开三郎曾说自宪宗削藩之后，镇的管属转为州刺史，节度使不再专属④，镇从此就（通过州刺史）转归于朝廷。但从本文讨论的桃林镇及下文涉及的内容看，这些层级的镇将似乎仍在节度使的掌控之下（详后）。

其次是杨少愃。杨的墓志值得注意的，一是其曾祖、祖、父均无官职记载，志文称他们"行叶清高，芳名远着，风义取则，月轮彩空"。二是杨本人"乡贡立事，明经出身……当年八品"，说明他成年后以明经入仕，但与其祖、父一样，未曾担任职务。所谓"兵曹参军"系墓志题头，可能为撰述者所加，抑或是死后赠封，并非其生前的实际任职。

第三是苏子矜的墓志。志文记载，他"幼列军职"，至贞元（785—805）中迁为雄武押衙、云麾将军、守左金吾卫大将军。押衙又做"押牙"，按胡三省的说法是"尽管节度使牙内之事"⑤，是节度使的亲随侍从，严耕望将其置入使下武职行列，并有详细讨论。⑥按《新唐书·三宗诸子传》记云："（宗室李珍）与蔚州镇将朱融善，融尝言珍似上皇，因有阴谋，往语金吾将邢济曰：'关外寇近，京师草草，奈何？'济曰：'我金吾，天子押衙，以死生从，安自脱？'"⑦邢济充任的金吾卫将军职责是"掌宫中及京城昼夜巡警之法，以执御非违"，"凡车驾出入，则率其属以清游队建白泽旗、朱雀旗以先驱，又以玄武队建玄武旗以后殿，余依卤簿之法以从。若巡守师田，则执其左、右营卫之禁"。⑧可知金吾将军就是护卫皇帝的亲随。押衙比附金吾将军，就是节度使之亲随。苏子矜之"雄武押衙"，表明他是雄武军头领的亲信。"幼列军职"说明他从小就进入军队，未如杨少愃那样经过明经一类的选拔；他之入伍，按《文献通考》的说法是"唐有天下，诸侯（此处指藩镇节度使）自辟幕府之士，唯其才能，不问所从来"⑨，亦属于张国刚归纳的布衣入幕之列。⑩墓志说他"四十年间不亏法则，洎乎年耄，辞仕归宁，不图不谋"，正与"士之偶见遗于科目者，亦未尝不可自效于幕府取人之道"相互验证。⑪显然，苏子矜作为雄武军的一个重要将领，彰显可示。张国刚说，押衙属于节度使信任的属下，晚唐时常赋予支州刺史或外镇军将，苏子矜应属后者。⑫

其长子苏行简，任职节度堂前亲事将，次子苏存简是马军突将。这里的节度堂前亲事将，应

---

① 参见［英］崔瑞德：《唐代藩镇势力的各种类型》，张荣芳译，《大陆杂志》（台北）第66卷第1期，1983年；张国刚：《唐代藩镇类型的分析》，《唐代藩镇研究》（增订版），第42—59页。
② 严耕望：《唐代方镇使府僚佐考》，《唐史研究丛稿》，第211页。
③ 参见张国刚：《唐代藩镇研究》（增订版），第86—89页。
④ 日野开三郎：《五代镇将考》，索介然译，刘俊文主编：《日本学者研究中国史论著选译》第5卷《五代宋元》，北京：中华书局，1993年，第73—104页。
⑤ 《资治通鉴》卷216唐玄宗天宝六载（747）十二月己巳条胡注，北京：中华书局，1956年，第6887页。
⑥ 严耕望：《唐代方镇使府僚佐考》，《唐史研究丛稿》，第228—233页。
⑦ 《新唐书》卷81《三宗诸子·李珍传》，第3602页。
⑧ 《唐六典》卷25《诸卫府》，第638页。
⑨ 《文献通考》卷39《选举考十二·辟举》，北京：中华书局，1986年，第368页。
⑩ 张国刚：《唐代藩镇研究》（增订版），第132—134页。
⑪ 《文献通考》卷39《选举考十二·辟举》，第368页下栏。
⑫ 张国刚：《唐代藩镇研究》（增订版），第101页。

似文献中节度使属下的"十将"之流。① 按《资治通鉴》胡注曾谓"十将,军中小校也"。② 马军突将亦与此类似,应是骑兵中之基层将领。纵观苏氏一家,父子三人均在雄武军中充任节度使属下不同层级的武职,父亲的职务高于二子,押衙属节度使亲信,三人以军队为家,如同上文所称"不亏法则"、"不图不谋",心系军旅,说明这个家族与雄武军结合一体同甘共苦,至为典范。

第四是苏全绍。墓志记载他任职幽州雄武军知军副使。雄武军系由雄武城发展而来,该城由安禄山充任节度使时设置,由城发展为军的具体时间虽然不明,但建中二年(781)刘怦就已充任雄武军使一职,说明该军建置应在此前。③ 雄武军系节度使属下外军镇之列。④ 按军之建置始于唐前期,节度使系统形成后,原本防边的军连同其他戍边部队归属所在地区的节镇。《唐六典》记载节度使属下之建置,其中幽州节度使统辖经略等十军⑤,但未含雄武军,其时该军尚未设置⑥,宋人修纂的《新唐书·兵志》属于事后总结,范阳道自然包含雄武军。⑦ 按《唐六典》"诸军各置使一人,五千人已上置副使一人"⑧,苏全绍的知军副使即属此列。

第五是张庆宗。墓志说他任职雄武军马步都将、衙前散兵马使。都将一职,按严耕望的解释就是都知兵马使的简称,又称都头、都校。⑨《旧唐书·刘悟传》说刘为淄青节度都知兵马使。元和末,宪宗下诏诛李师道,刘悟率众响应,"众咸曰:'善,唯都将所命!'"⑩ 都知兵马使分布于节度使各层次军队之中,其职为要,重在掌握所在军队之兵权。张庆宗充任的是雄武军马步都将,意味着他主管这支军队的骑兵和步兵,属于节度使之亲信。衙前散兵马使一职,"衙前"系使府之谓⑪,散兵马使是节镇属下一般将领,张国刚认为它具有阶官性质。⑫

张庆宗"会昌初载,于雄武军遇雷霆震集,日月竖新,捧白刃以竭诚,展赤心而尽节。策□先,张太尉燕国公降赴大燕,化行寰宇,始职亲事兵马使……迁转瀛州马军大将……又署衙前□军马步都将"。会昌元年(841)的"雷霆震集",是指卢龙军节度使史元忠被乱军所杀引起的一系列行动。代史之后的是陈行泰,但他随后亦被杀,牙将张绛自立。雄武军使张仲武起兵攻击张绛,同时派吴仲舒上奏朝廷,称:"(陈)行泰、(张)绛皆游客,故人心不附,(张)仲武幽州旧将,性忠义,通书,习戎事,人心向之。"⑬ 李德裕主政的朝廷遂授之卢龙留后,张仲武平定幽州内乱后升任卢龙节度使。志文中的"张太尉燕国公"就是张仲武,他指挥平定卢龙内乱,并协助朝廷防守被黠戛斯攻灭了的回鹘残余势力,这在文献中多有记载。但两《唐书》张仲

---

① [日]渡邊孝:《唐藩鎮十將攷》,《東方學》第八十七辑,1994年,第1—16页。
② 《资治通鉴》卷240唐宪宗元和十二年(817)二月条胡注,第7730页。
③ 拙文:《唐幽州雄武军(城)位置再考》,《唐研究》第16卷,北京:北京大学出版社,2010年,第249—260页。
④ 张国刚:《唐代藩镇研究》(增订版),第84—85页。
⑤ 《唐六典》卷5《尚书兵部》,第157—158页。
⑥ 雄武城初设似在天宝五载(746)(参见拙文:《唐幽州雄武军(城)位置再考》,《唐研究》第16卷,第249—260页),《唐六典》成书于开元二十七年(739)(陈仲夫:《唐六典》书前《〈唐六典〉简介》),它修纂时尚无雄武城一事。
⑦ 《新唐书》卷50《兵志》,第1328页。
⑧ 《唐六典》卷5《尚书兵部》,第158页。
⑨ 严耕望:《唐代方镇使府僚佐考》,《唐史研究丛稿》,第211—215页。张国刚沿承其说,见《唐代藩镇研究》(增订版),第94页。
⑩ 《旧唐书》卷161《刘悟传》,北京:中华书局,1975年,第4230页。
⑪ 严耕望:《唐代方镇使府僚佐考》,《唐史研究丛稿》,第214页。
⑫ 张国刚:《唐代藩镇研究》(增订版),第101页。
⑬ 《资治通鉴》卷246唐武宗会昌元年(841)十月条,第7956页。

武本传说他官至司徒、中书门下平章事①，墓志的上述描述与文献有别，似为俗称。志文里的张庆宗"捧白刃以竭诚，展赤心而尽节"，表明他跟随了张仲武而仕途遽升，从亲事兵马使转任瀛州马军大将、衙前□军马步都将，可谓"荣华富贵"了。

三

前述6方志主的去世，最早者是苏子矜之夫人王氏，卒于元和九年（814）；最晚者杨钊于乾符六载（879）离世，大致属于唐后期至晚期这一阶段。墓志的特点，表现在它们出自邻近葬地，志主均系属雄武军，是同一军队将士死后又同葬一簇的案例。这种现象在中唐以后并非个别而颇有普遍性，其意义已超出了墓葬自身的限域。那么，我们从什么角度予以理解和阐释呢？

根据他们所在的军事组织，人们更喜欢从唐后期节度使军镇，尤其它所在的卢龙、幽州这个与朝廷关系不睦展现的河北藩镇割据的现象加以考量，这是最能吸引学者的注意力所在。从崔瑞德、张国刚等有关藩镇类型的框架性建构，到李碧妍河北"化外之地"的具体考察，再到冯金忠河北藩镇的专门而集中化的探求②，河北作为陈寅恪那代学者刻画的游离于朝廷控制之外、胡风盛行的割据性的整体概念，已经被内部各存的具体考索呈现出来的诸多差异性相貌所替代③，这应归功于中外同仁的持续努力。就本文探索的雄武军依托的幽州·卢龙镇而言，松井秀一的《卢龙藩镇考》是较早对其行政结构和经济基础进行全面而细致研讨的专论④，李碧妍继之又从纵向的演变进行了整理，这在众多将河北藩镇及其与朝廷关系做整体考察的论述中为我们提供了清晰可见的幽州镇自身的衍化理路，可谓独辟蹊径。但这些研究，无论是就藩镇与朝廷的交往，还是对藩镇内部的结构、权力博弈、彼此关联等，都置放在后期中央与河北地方双极对抗角色的政治性框架内予以考虑的。这应当是那个时代场景的"真实"写照。然而本文关注的问题则是这些军士们集约化安葬背后蕴藏的"地著化"的意涵。

"地著化"就是本土化、在地化，指外来者在某地经过一段时期的生活而安居其地，随之蜕变成为本地人，这里关注的重心是其发展和演变的过程。⑤

前述6合墓志中，杨钊墓志记载他的家族"连枝百代，奉祖随官荣任，即祔茔雄武军东北"，其父系雄武军兵曹参军。杨少愃家族亦"连枝伯（百）代，奉祖随官荣任"。苏子矜郡望武功，他"性好闲游，高步塞北""幼列军职"；其妇人王氏"起家立鹊巢之功，事夫有文姜之德"，她之身处雄武军，系随夫君而行。苏全绍墓志虽没有出处之载，但志文中"时遇涿州故刺史兼御史中丞李公葺军之日，特为上论，迁授当军知军副使"，可知他系外来者。张庆宗家族的出处墓志没有确指，但他的先祖不显、父亲亦无任职则是明确的。这6合墓志提供给我们的确切信息就是，他们并非雄武军本地出身而属于外来者，其差别则是步入当地时间的长短和缘由的不一，且

---

① 《旧唐书》卷180《张仲武传》，第4679页；《新唐书》卷212《张仲武传》，第5981页。
② 崔瑞德：《唐代藩镇势力的各种类型》，《大陆杂志》（台北）第66卷第1期；张国刚：《唐代藩镇研究》（增订版），第42—59页；李碧妍：《危机与重构：唐帝国及其地方诸侯》，北京：北京师范大学出版社，2015年，第296—355页；冯金忠：《唐代河北藩镇研究》，北京：科学出版社，2012年。
③ 毛汉光：《论安史之乱后河北地区之社会与文化——举在籍大族为例》，《晚唐的社会与文化》，第99—111页。
④ ［日］松井秀一：《盧龍藩鎮攷》，《史學雜誌》第68编第12号，1959年，第1—36页。
⑤ 有关"地著化"的研究，参拙文：《墓志铭映印下的唐朝河北粟特人"地著化"问题——以米文辩墓志为核心》，《暨南史学》第10辑，第23—42页。

其家世的追溯普遍空洞而玄妙，甚至有"连枝百代，奉祖随官荣任"这种程序化的词语。① 这种词语（如杨钊、杨少悒志文中的"高辛氏之苗裔、叔虞之胤绪、晋武公之子，遂封号于洪浓郡司空"，苏子矜之先"前晋定国侯之蔓孙"等等），表现的是他们的家世源远流长且负有名望，这在大族势力彰显的魏晋南北朝和隋唐尤盛的时代烘托下，成为普通家户提升门第的普遍做法，但事实则无足凭信。

有关唐朝大族势力的兴衰演替，一直成为学界持续关注的焦点，不论是陈寅恪所谓武则天上台以关中势力抵消关陇贵族势力的论述②，还是内藤湖南贵族势力的退出迟至唐朝解体的描写③，抑或姜士彬主张的大族与唐朝的相伴随④，大族（贵族）通过在朝廷任职产生的政治影响力和聚族而居的社会影响力，在唐朝即使后期所具有的影响，亦不可低估。但这是就整体情况而言，具体到唐朝后期诸如两京、中原乃至江南各地，其分布和影响则因地而异。新近出版的谭凯作品，专就大族势力在唐朝的流变和晚期走向消亡的情景，依托墓志并结合传世文献所作的研究，进一步厘清和揭示了其命运的图景，一个中心论点就是，在两京因种种缘故承受不了压力的大族，通过官职的迁转徙往外地，也是他们维系自身命运的一种手段。⑤ 在这种背景下再考虑雄武军将士们的出身与地位，我们就发现他们与所谓大族——不管他们持续荣光还是走向破落——均无任何瓜葛。上述墓志铭有关他们家世的湮没无闻，足以证明他们并非胪列于大族之属，相反，他们多系大族以外的"寒门"，在唐代的社会阶层分类中，他们应属通过军队服役而谋生的那类人群，特点是"皆成父子之军，不习农桑之业。一朝罢归陇亩，顿绝衣粮"⑥，以至于穆宗"销兵"命令下达后，"军士落籍者众，皆聚山泽为盗"⑦，说明他们已丧失了军职以外的生存能力。⑧

穆宗《德音》指明的"父子之军"、"不习农桑之业"，透露出军队的职业化倾向，《德音》说这是天宝以后形成的现象。从逻辑上讲，军队的职业化应始于节度使军队驻扎的常态化与固定化之时。众所周知，河北诸镇的形成是朝廷与安史叛军妥协的结果，河北节镇的自行割据促进了这种固态化倾向，与驻扎化相伴行的则是军队的地方化。⑨《新唐书·兵志》描述的"府兵法坏而方镇盛，武夫悍将虽无事时，据要险，专方面，既有其土地，又有其人民，又有其甲兵，又有其财赋，以布列天下"的情景⑩，其说法虽出自为总结历史经验和教训的宋人之口，但将兵员与

---

① 有关志文中程序化词语的采纳，参见拙文：《粟特及后裔墓志铭文书写的程式意涵——以三方墓志为样例》，荣新江、罗丰主编：《粟特人在中国：考古发现与出土文献的新印证》，北京：科学出版社，2016 年，第 176—190 页；《墓志书写的模式：唐朝国家权力的支配性作用》，即刊稿。
② 陈寅恪：《唐代政治史述论稿》，上海：上海古籍出版社，1982 年，第 18—19、21—23、48—49 页。
③ ［日］内藤湖南：《概括的唐宋时代观》，刘俊文主编：《日本学者研究中国史论著选译》第一卷《通论》，黄约瑟译，北京：中华书局，1992 年，第 10—18 页。
④ ［美］姜士彬：《中古中国的寡头政治》，范兆飞译，上海：中西书局，2016 年，第 160—198 页。
⑤ Nicolas Tackett, *The Destruction of the Medieval Chinese Aristocracy*, Cambridge (Massachusetts) and London: Harvard University Press, 2014.
⑥ 《唐大诏令集》卷 65 穆宗《叙用勋旧武臣德音》，洪丕谟等点校，上海：学林出版社，1992 年，第 331 页。
⑦ 《资治通鉴》卷 242 唐穆宗长庆二年（822）二月条，第 7808 页。
⑧ 雄武军军士地著化是唐朝中期以后文武分途导致行伍职业化的产物。应当说，职业化、世袭化与本土化之间存在着逻辑性的关联。参见 Cheng-hua Fang, *Power Structures and Cultural Identities in Imperial China: Civil and Military Power from Late Tang to Early Song Dynasties* (A. D. 875 - 1063), A Dissertation Providence, Rhode Island, May, 2001, p. 309、p. 315。
⑨ 孟彦弘对此的解释是：平定安史之乱的过程中，军队"地方化"的趋势是以食出界粮、行营及军合一为表征进而形成军费供给、军队组织、军队与地方关系（包括兵员来源）的制度化展现出来的。其转变端肇于节度使兵制之形成，臻至于两税三分之确立。地方化的形成，也就意味着兵员构成的本地化。参见氏著：《论唐代军队的地方化》，《中国社会科学院历史研究所学刊》第 1 集，北京：社科文献出版社，2001 年，第 264—291 页。
⑩ 《新唐书》卷 50《兵志》，第 1328 页。

土地结合在一起成为节度使向朝廷叫板的依凭，这也与人们理解的后期以河朔为主的抗拒型藩镇的特征颇为相符。换言之，这些藩镇之所以能够与朝廷颉颃而立，如宋人所言，"（节帅）遂擅署吏，以赋税自私，不朝献于廷。效战国，肱髀相依，以土地传子孙，胁百姓"。① 除了凭借自身的经济实力之外，人员的凝聚是节帅的重要依托，而人员之能够麇结于节帅周围，就在于那些出自本土或倚赖地方而父子相继、世代为兵者的拥赞。人们熟知的魏博节帅田承嗣"盗据相、魏、澶、博、卫、贝等六州，召募军中子弟置之部下……年代浸远，父子相袭，亲党胶固"之现象②，这些军中子弟既是节度使对抗长安的资本，也是他们自身不断被更换或被取代的决定性力量。节帅与其拥趸的结合，促使藩镇自身实力的强化，其内部结构、与地方社会的密切联系，早已为学界所关注③，雄武军6合墓志的描述再次坐实了人们对河朔藩镇的整体认识。

然而它对本文的意义不在于整体性而是河朔诸镇内部之间出现的差异及其因缘，诚如李碧妍讨论的那样，其差异的揭示早已突破了以往的"铁板一块"的刻板印象。④ 雄武军所依托的幽州，地处中原农耕的边缘、接近游牧势力而承担着守边防御的重任，其内部结构、地域结构、与长安关系之维系，均与魏博、成德有显著差别。在本文看来，主要的差异表现在如下两个层面。

首先是幽州内部的权力构成及其所处的区位特点。按照冯金忠的理解，幽州镇早期就形成了幽州和卢龙各自为准的独立格局，二者虽被并置在一个节镇系统内，但它与魏博、成德那种节帅属下州县的垂直式架构有所区别。他将幽州镇称为"二元体制"，但因卢龙人少、经济基础薄弱，天平遂朝向了幽州。⑤ 值得注意的是，幽州镇在150年的时间里，发生了20多起变乱，30人相继成为节帅⑥，其权力争衡使得它无暇顾及外部而深陷自我的消耗之中。

与此相对应的另一种消耗节镇的力量，是节镇属下其他支系的强势对幽州本部构成的威胁。张庆宗墓志言及的雄武军使张仲武上奏朝廷讨平叛乱后，他随即被受命主掌幽州节镇。他之成功，就在于本地出生，"老于戎事，性报忠义"⑦，于幽州有深厚的群体基础，这与他之前的陈行泰、张绛那些过客不可同日而语。而张所在的雄武军地处幽州北部，系防御众多族的前沿，军事地位之凸显，亦促使这一带所谓"山后地区"的位置遽然上升⑧，由此起家的张仲武之主宰幽州，被认为是开启了外镇军人主掌幽州节镇的"转向标"。⑨ 张的兴起，正在于他本土当地的出身乃至势力的聚集，这点从他的父亲任职于幽州本地、他的儿子张直方继续任职幽州的祖孙三代麇结一事中得到深刻的印证。⑩ 不仅如此，传世文献和出土的墓志资料中有关包括幽州在内的河北乃至其他地区节镇之军士，上下相乘、聚地而居的现象十分普遍，谭凯利用墓志资料考察两京以外随官任职并流落于地方社会的个人、群体的研究，证明唐后期（多系有政治和社会影响的人

---

① 《新唐书》卷210《藩镇魏博传》，第5921页。
② 《旧唐书》卷181《罗威传》，第4692页。
③ ［日］堀敏一：《藩镇亲卫军的权力结构》，索介然译，刘俊文主编：《日本学者研究中国史论著选译》第四卷《六朝隋唐》，北京：中华书局，1992年，第585—648页。
④ 李碧妍：《危机与重构：唐帝国及其地方诸侯》，第250—379页。
⑤ 冯金忠：《唐代河北藩镇研究》，第3—17页。
⑥ 李碧妍：《危机与重构：唐帝国及其地方诸侯》，第336页。
⑦ 《旧唐书》卷180《张仲武传》，第4677页。
⑧ 关于山后地位之要，参见任爱君：《唐末五代的"山后八州"与"银鞍契丹直"》，《北方文物》2008年第2期。
⑨ 李碧妍：《危机与重构：唐帝国及其地方诸侯》，第348页。
⑩ 《旧唐书》卷180《张仲武、张直方传》，第4677—4679页；《新唐书》卷212《张仲武、张直方传》，第5980—5981页。

户、官员等精英群体）人员分流的诸多倾向①，是否可以说，后期的唐朝，当高门大族聚集两京的同时，更多的人和家族则随着担任官职的需求而迁转于赴任的场所，并以居官的州县为死后安葬的归属，应当是更为常见的现象。本文讨论的雄武军将士墓地和墓志的集中出现，则从依附于节度使军将的角度，提供了他们通过从军谋讨生活的方式，如何从外来者蜕变成为驻军之地的常客，再变成为本地"土著"的典型案例。这6方墓志志主之能够前后延续，就在于他们出自同一支驻军，这个地点处于为朝廷戍边、防御外敌的前哨阵地，这正是幽州镇区别于承德、魏博的所在，反过来说，也正是有这些戍边任务在肩，雄武军军士的本土化才得以施行。

四

"地著化"的本质是外来者融入本土社会并成为其一员的社会现象，这个现象背后隐藏的是王朝国家与社会这对恒久关系博弈的一个场面。在晚唐的表现，则是以国家对社会整体控制能力的下降乃至丧失为背景的。雄武军的地著化，只有放在唐朝社会形势前后变化的背景下，其意义才能得以彰显。这里有两点值得考虑：

第一，在一个社会异常分化背景下建构起来的旨在强盛王朝的意识内，追求国家合法性地位确立的重要方式，就是国家与民族的统一。当唐太宗前后终以瓦解东西突厥并征服东西两翼（东北朝鲜半岛、西域腹地）构建帝国的整体相貌形成之时，也是唐朝合法性地位确立的开始。这似乎成为3世纪20年代东汉王朝瓦解后秉持内法外儒观念人士的夙愿。然而唐朝通过征服周边四域形成的空前帝国所付出的代价它自身虽然能够承受，并不意味着强盛局面维系的成本也同样能够担负得起。②自从高宗仪凤年间（676—679）吐蕃与唐朝的激烈交战宣告唐朝的攻势战略解体之后③，为保卫中原核心腹地而构建的节度使防卫系统，又被安禄山利用促发了三镇连兵的反叛，结果是：虽然中央费尽精力压制了叛乱，却无力再展雄图重现盛世。叛乱对唐朝造成的致命冲击是，它瓦解了一统性王朝的政治结构，打破了中央政府对全国各地的有效控制。随之出现的是朝廷所能指挥的地区仅限于关中、江南等地，以河北为代表的地区则自行其是。这意味着中央集权与地方分权成为后期政治运行的一个突出现象或曰张力。更重要的则是，这种政治权力结构的改变也直接影响了社会结构：

唐后期社会的发展演变的趋向是什么？这有助于我们理解雄武军军士地著化自身场景的同时，还能揣摩它所依托的社会局势的展向，并由此揣测出它所在地区在王朝整体运作中的特性及其成因。由此出发，也能使我们考察晚唐社会历经五代的嬗替直接演变成北宋发展的一般性趋势。只有这样观察，雄武军特性的价值和意义才能凸显出来。历史情境的细节之所以吸引人，除了细节提供的场景外，更加光鲜耀眼的，是细节里边展现出来的一般性趋势和特征。那么，雄武军处在后期社会里什么样的境况中、它又映现出什么样的趋向呢？

就中央与地方的关系而言，唐朝前后期经历了一个内重外轻向外重内轻转变的过程。后期的关系大体上就处在地方分权并对抗中央集权的状态，具体表现在藩镇与长安朝廷的矛盾斗争之

---

① Nicolas Tackett, "Great Clansmen, Bureaucrats, and Local Magnates: The Structure and Circulation of the Elite in Late-Tang China," Asia Major 3rd ser. 21.2 (2008): pp. 101—152.
② 参见拙文：《唐朝的南北兼跨及其限域》，《中国边疆史地研究》2016年第2期。
③ 唐长孺：《唐代军事制度之演变》，此据氏著：《山居存稿续编》，北京：中华书局，2011年，第329—352页。

中。就幽州而言，这种关系又牵涉到朝廷御边所针对的契丹、突厥及东北其他民族、部族势力，这些势力均脱离朝廷的羁控而成为异己的政治对手，并与朝廷抗争博弈，所以中晚唐的河北幽州节镇，它与朝廷的关系除了上述中央集权与节镇分权这对矛盾外，又将朝廷代表的唐与周边外族势力这种内外矛盾和博弈交织在一起。幽州在这两条线索当中，对内，它面临的是壮大或至少维系自身的势力（分权）以避免遭受朝廷的控制；对外，它又承担着防御外族势力的攻击而保护长安朝廷边地的安全。在朝廷、外族势力、自身这三者关系中，幽州节镇处于中间的位置，使它周旋于朝廷与外族之中而尤其体现在它与朝廷关系的处理之上。由于安史旧部盘踞河北故地历经多年并有深厚的地方基础，幽州与唐廷实际上已经发展成为如何在斗争当中获得自身最大的利益以保持一种微妙的平衡，正是这种平衡，才使得幽州的地位长期维持并能在晚唐混乱杂陈的时代保持自身的位置。

第二，雄武军为代表的地著化背后无疑隐藏着一个地方性势力的存在，其存在本身又是地方化的反映。这就涉及到上文我们理解唐朝后期社会的一个核心问题，即朝廷与地方社会之间的关系。唐朝前期地方社会的主宰势力即所谓大族，他们延续了魏晋南北朝尤其东晋皇权不振的现状而对各自所在地区施以控制和影响的传统。大族对地方的控制和主宰，又主要是通过家族配合朝廷及其下属州县对地方社会施行的管理、税收与司法约制等方式实现的，他们填补了朝廷上述势力伸展而下或尚未达到社会基层层面的"空白"。然而后期唐朝大族势力逐渐消泯所造成的悬缺，必然由其他势力所填补。一个值得注意的倾向就是，大族消泯导致的空缺，一方面由各地普通的民户尤其掌握权职而地位上升的势力（他们随后通过科举考试等途径发展衍生出了"士绅"阶层）所弥补，另一方面则由驻扎在地方的军事力量所主宰，更贴切地说是由这两种阶层汇合的势力所主宰。上述6合雄武军墓志映现的军士本土化及其蕴含的本土势力，正是这种趋势的具体体现。[①] 然而进一步追问的或者是它们所展现的意义则在于：这些填补大族势力空缺的军士地著化势力与科举晋身的势力因其活动的空间差异而呈现出区域性分布的特点。雄武军夹处长安朝廷的东北部边缘地带与外族势力之间，他们所浸染的浓厚的尚武精神和气质，将他们塑造成了与中原内地诸种分化势力（尤其文人士绅）差别明显的"边地"的性格特质。这种诸多势力交织互动的夹处地带，作为替朝廷戍边保护内地的雄武军军士，他们隶属并跟随朝廷固然是分内职责，然而一旦朝廷威权不再，遭受内外势力冲撞挤压的当地人群，当他们自身不能或无力自保之时，依托投靠任何眼前的强权势力，便成为他们获得生存的"恰当"选择。这种现象绝非个例而属一般。[②] 虽然本文讨论的时限尚在唐朝的统辖之内，但揆诸后事，雄武军所在地区随后晚唐五代之间激荡于中原朝廷与河北地方势力，乃至契丹之辽与党项西夏诸势力的争衡角逐之中，其地位的悬置转换，可谓瞬息万变。之所以如此，乃是其地处边缘、夹于诸势力之特性所决定。然而这一地带的人群在那个时代诸多势力的争衡博弈中扮演了什么角色和具体的发展演变乃至归属，这是一个饶有兴味的问题，但却需要另文解释。

（作者单位：中央民族大学历史文化学院）

[①] 就墓葬安置的格局而言，上述6合墓志（根据《发掘简报》）只是宣化城外唐代30余墓葬的一个组成部分。这6合墓志依托的墓葬分属各个家庭，虽然不乏聚族而葬的分布，但雄武军军士死后安葬此地的格局，与大族家系聚族而葬的风格显然有诸多差异。换言之，雄武军军士之安葬应属各自家庭为核心的聚集安葬，其墓地展现的是服役单位的聚集；而大族的安葬体现的则是家族势力的汇聚。二者安葬的风格恰是大族向个体家庭转移现象的映照。

[②] 参见拙文：《交叉区民众心态之研讨——以唐朝长城区域为例》，邢广程主编：《中国边疆学》第2辑，北京：社会科学文献出版社，2014年，第200—219页。

安史乱间唐廷惩治伪官问题
兼论时人的忠节观念

豆兴法

天宝十四载（755），安禄山起兵反唐，叛军先后攻陷洛阳、长安。大量唐朝官员投降或被俘之后，被安禄山建立的燕政权授予相应伪职。至德二载（757），随着唐朝收复两京，这些官员又被唐军俘虏。对于如何处置这批伪官，朝中主要有两种意见：一是主张按律严惩，代表人物是崔器；二是主张宽大处理，代表人物是李岘。大多数官员反对崔器而支持李岘，最终唐肃宗听取了李岘的意见，将伪官按罪行轻重分六等定罪。

有关安史之乱时期的伪官问题，学界已取得丰硕成果。[①] 其研究主题主要有三个方面：其一是对伪官问题的基本概述。这一类研究对安史之乱时期唐廷处置伪官的政策及变化进行了介绍和评价，但并未展开讨论。其二是利用墓志等新材料分析陷贼吏民的复杂心态。其三是讨论唐朝官员接受伪职的原因。一部分研究从政治斗争角度进行解读，认为是由于显贵之间的政治矛盾造成的。另一部分研究则深入到思想观念领域，如李德辉先生认为伪官的大量出现，是因为唐人不崇名教，"死事一君"的忠节观念尚未深入人心。

但以上研究都有进一步讨论的空间，如六等定罪的政策是如何形成的？扈从群臣为什么会反对按律惩处伪官？关于伪官问题的官场舆论如何？这些舆论的出现又反映出时人忠节观念的哪些特点？这些问题都值得深入研究。本文即围绕这些问题展开讨论，以期加深对安史之乱时期伪官问题的认识。

一、六等定罪政策的形成

天宝十四载（755）十一月，安禄山反于范阳。十二月，叛军攻陷东都洛阳。次年正月，安禄山建立大燕，称皇帝，正式与唐王朝分庭抗礼。六月九日潼关失守。十二日，唐玄宗下诏亲

[①] 马晓丽：《试析唐朝文官武将投降安史叛军的原因》，《东岳论丛》2000年第3期，第75—77页；冻国栋：《墓志所见唐安史乱间的"伪号"行用及吏民心态——附说"伪号"的模仿问题》，《魏晋南北朝隋唐史资料》第20辑，2003年，第176—186页；贺金娥：《说唐玄宗朝显贵之间的矛盾——以张说之子为何做伪官为例》，《陕西师范大学继续教育学报》2003年第4期，第79—80页；李德辉：《论唐代文人的反叛朝廷倾向》，《湖南科技大学学报》（社会科学版）2005年第3期，第93—98页；胡可先：《唐代重大历史事件与文学研究》第二章，杭州：浙江大学出版社，2007年，第202—216页；李文才：《李栖筠及其政治生涯："赞皇李氏与中晚唐政治"研究之一》第五章，北京：社会科学文献出版社，2011年，第121—132页；成松柳、李雪容：《王维任伪职与中国古代遗民心态》，《中国文学研究》2015年第2期，第45—48页；豆兴法：《唐廷处理降贼官吏的政策及其转变》，《怀化学院学报》2015年第2期，第44—47页；马强：《大动乱时期的士庶遭际与记忆——基于涉及安史之乱出土唐人墓志的分析》，《陕西师范大学学报》（哲学社会科学版）2016年第4期，第22—29页。

征。次日凌晨，玄宗等人出逃。十天之后，叛军攻占长安。由于玄宗是秘密出逃，大量官员未能一起撤离。留在长安的扈从官员家属被叛军屠戮，其余大小官员或是主动投降，或是无奈被俘。以陈希烈、张垍为代表的唐朝重臣被安禄山任命为宰相，其余官员则被授予相应伪职。至德二载（757）九月、十月，唐军经过一番苦战，先后收复长安、洛阳。一部分伪官随安庆绪逃往河北，另有大量伪官被唐军俘虏。① 如何处理这些伪官，就成为唐朝收复两京后，所立即面临的重大问题。

笔者曾撰文指出，收复两京之后，唐廷处置伪官的政策发生了重大的转变——由宽松转向严厉。② 这一转变与当时的政治局势以及肃宗的个人心态密切相关。安史之乱爆发后，河北诸郡"望风瓦解，守令或开门出迎，或弃城窜匿，或为所擒戮，无敢拒之者。"③ 接着"关门不守，京师大骇，河东、华阴、上洛等郡皆委城而走。"④ 随着两京陷落，大批官员投降，"禄山以（陈）希烈、（张）垍为相，自余朝士皆授以官。于是贼势大炽，西胁汧、陇，南侵江、汉，北割河东之半。"⑤ 玄宗等人仓皇出逃，沿途"自新平属之五原，二千石皆反为贼守，莫有勤王者。"⑥ 太子李亨到达新平郡时"所存之众，不过一旅"。⑦ 在玄宗逃往蜀郡的途中"军士各怀去就，咸出丑言，陈玄礼不能制。"⑧ 到达蜀郡时，"扈从官吏军士到者一千三百人，宫女二十四人而已。"⑨ 甚至玄宗在蜀郡安定下来之后，军士还两次谋逆作乱，致使玄宗两次登楼避贼，很是狼狈。⑩ 至德二载（757）二月，灵武自立的肃宗到凤翔指挥平叛。此时战事出现反复，叛军前锋逼近行在，在如此危急的时刻"中官及朝官皆出其孥，上使左右巡御史虞候书其名，乃止。"⑪

所谓"疾风知劲草，板荡识诚臣。"唐朝文武官员在面对危机时的不堪表现，想必给肃宗留下了深刻印象。随着两京的收复，叛军余孽逃亡河北，平叛形势一片大好，唐朝中兴已在眼前。此时惩治伪官，既可以震慑觊觎神器的乱臣贼子，又能重塑李唐王朝的权威，肃宗本人还可以一泄心头之恨，可谓一石三鸟。然而，让人奇怪的是，当肃宗授意崔器在朝堂上表达出这个想法时，却遭到了扈从群臣的普遍反对。《旧唐书·刑法志》载：

> 而执事者务欲峻刑以取威，尽诛其族，以令天下。议久不定，竟置三司使，以御史大夫兼京兆尹李岘、兵部侍郎吕諲、户部侍郎兼御史中丞崔器、刑部侍郎兼御史中丞韩择木、大理卿严向等五人为之。……器、諲多希旨深刻，而择木无所是非，独李岘力争之，乃定所推之罪为六等，集百僚尚书省议之。⑫

所谓"执事者务欲峻刑以取威"，看似是当权官员欲尽诛伪官。但从"器、諲多希旨深刻"可知

---

① 西京伪官人数不详，东京伪官有陈希烈等三百余人，且应该都是高级官员。见《旧唐书》卷10《肃宗本纪》，北京：中华书局，1975年，第247页。
② 参见拙文《唐廷处理降贼官吏的政策及其转变》，《怀化学院学报》2015年第2期，第44—47页。
③ 《资治通鉴》卷217 玄宗天宝十四载，北京：中华书局，2011年，第7053—7054页。
④ 《旧唐书》卷9《玄宗本纪下》，第232页。
⑤ 《资治通鉴》卷218 肃宗至德元载，第7099页。
⑥ 独孤及：《唐故特进太子少保郑国李公墓志铭》，《全唐文》卷391，北京：中华书局，1983年，第3974页。
⑦ 《旧唐书》卷10《肃宗本纪》，第241页。
⑧ 《旧唐书》卷9《玄宗本纪下》，第233页。
⑨ 《旧唐书》卷9《玄宗本纪下》，第234页。
⑩ 《旧唐书》卷10《肃宗本纪》，第245—246页。
⑪ 《旧唐书》卷110《王思礼传》，第3312页。
⑫ 《旧唐书》卷50《刑法志》，第2151页。

崔器等人是揣测上意，严惩伪官是唐肃宗的意思。《旧唐书·崔器传》也载："（崔器）希旨奏陷贼官准律并合处死。"① 同书《李岘传》载："上意亦欲惩劝天下，欲从器议。"② 这句话直接道出了肃宗想要达到的目的是"惩劝天下"。然而，从"议久不定"可以看出大多数官员并不赞同按律惩治伪官。这是十分奇特的一幕，在此之前的唐朝司法史上，发生的都是皇帝欲违法行事，遭到刚正不阿的大臣驳回的案例。比如唐太宗时期，有人伪造资荫，太宗下敕令其自首，否则即是死罪。"俄有诈伪者事泄，（戴）胄据法断流以奏之。"③ 太宗质问戴胄为何违背旨意时，他义正辞严地指出"法者，国家所以布大信于天下"④，不能因君主的意见，随意改变。又如肃宗至德二载（757）"将军王去荣以私怨杀本县令，当死。"⑤ 王去荣作为富平人，擅杀富平县令，已犯"不义"之罪，属于十恶之列，当处死刑。⑥ 史言"上以其善用礮，壬辰，赦免死，以白衣于陕郡效力。"⑦ 中书舍人贾至不即行下，并上表劝谏肃宗不要破坏法律。肃宗令百官讨论此事，群臣都认为应当依法处死，不可赦免。那么，同样的一批官员，此时为何会反对肃宗按律惩治伪官呢？《旧唐书·李岘传》所载的李岘奏文，可以给我们一些答案：

> 夫事有首从，情有轻重，若一概处死，恐非陛下含弘之义，又失国家惟新之典。且羯胡乱常，无不凌据，二京全陷，万乘南巡，各顾其生，衣冠荡覆。或陛下亲戚，或勋旧子孙，皆置极法，恐乖仁恕之旨。昔者明王用刑，歼厥渠魁，胁从罔理。况河北残寇未平，官吏多陷，苟容漏网，适开自新之路，若尽行诛，是坚叛逆之党，谁人更图效顺？困兽犹斗，况数万人乎！⑧

概括来说，李岘表达了三层意思。第一，伪官们所犯罪行，情节轻重不同，应当区别对待。第二，这些人大多是皇亲国戚、朝廷勋旧，全处以极刑，不符合仁恕之意。第三是残余叛军实力犹存，仍有大量官员被胁从。若将两京伪官一概处死，会坚定胁从官员的叛乱之心。这三点都有值得分析之处。

首先，依照情节轻重区别定罪，符合常理。但需要注意的是，按《唐律疏议·名例》："一曰谋反。谓谋危社稷。"⑨ 同书又载："谋反及大逆者皆斩，父子年十六以上皆绞。言'皆'者，罪无首从。"⑩ 唐朝官员投降叛军并接受伪政权官职，已经触犯"谋反"这项属于"十恶"之首的罪行，则当不分首从，皆斩。所以崔器等虽然是"希旨"提议处死这些伪官，但却是符合唐律

---

① 《旧唐书》卷115《崔器传》，第3374页。
② 《旧唐书》卷112《李岘传》，第3345页。
③ 《旧唐书》卷70《戴胄传》，第2532页。
④ 《旧唐书》卷70《戴胄传》，第2532页。
⑤ 《资治通鉴》卷219肃宗至德二载，第7144页。
⑥ 《唐律疏议》卷1《名例》，北京：中华书局，1983年，第15页。
⑦ 《资治通鉴》卷219肃宗至德二载，第7144页。
⑧ 《旧唐书》卷112《李岘传》，第3345页。
⑨ 《唐律疏议》卷1《名例》，第6页。
⑩ 《唐律疏议》卷17《贼盗》，第321页。

规定的。李岘提出"事有首从",实际上是将叛军与伪官区别看待。①

其次,伪官多是皇亲国戚与朝廷勋旧。虽然唐朝"八议"之中有"议亲"、"议故"、"议贵"之说,但是按《旧唐书·刑法志》载:"其犯十恶者,不得依议请之例。"② 需要特别关注是李岘提出"二京全陷,万乘南巡,各顾其生,衣冠荡覆。"③《旧唐书·玄宗本纪下》载:"(天宝十五载六月)乙未,凌晨,自延秋门出,微雨沾湿,扈从惟宰相杨国忠韦见素、内侍高力士及太子、亲王,妃主、皇孙已下多从之不及。"④ 李岘言下之意是玄宗秘密逃跑,导致官员们群龙无首,无奈被俘。

最后,安庆绪率叛军残余逃至相州,"旬日之内,贼将各以众至者六万余,凶威复振。"⑤ 在这种情况下,严惩两京伪官,会增加平叛难度。其实早在收复长安之前,大臣们就屡次向肃宗提出类似的建议。肃宗要发掘李林甫之墓"焚骨扬灰"时,李泌就曾劝阻说:"陛下方定天下,奈何雠死者!彼枯骨何知,徒示圣德之不弘耳。且方今从贼者皆陛下之雠也,若闻此举,恐阻其自新之心。"⑥ 肃宗要尽杀关东所献俘虏时,李勉也提出相似的意见:"元恶未殄,遭点污者半天下,皆欲澡心归化。若尽杀之,是驱天下以资凶逆也。"⑦ 当时急切于收复两京的肃宗都采纳了他们的意见。

要之,李岘此奏试图向肃宗说明,处置伪官是政治问题,而不是司法问题。因此处理这一问题要有政治智慧,不能照搬法律条文。

此外,至德二载(757)十一月壬申,肃宗颁布《收复京师诏》曰:

> 其京城内外文武官:有受贼补署……色类既广,人数又多,宜令御史台、宪部、大理寺三司据状勘责,条件闻奏……又贼中台府坊市所由人等,比与逆贼追捕,皆造事端,损害忠良……宜令崔光远禁身切加推问,一一具状闻奏,勿令漏网。⑧

从诏书中可以得知,肃宗决心惩处的伪官之范围,从两京伪官扩大到京城内外文武官和基层官吏,这一群体的数量是十分庞大的。扈从官员和伪官之间,或是同僚好友,或是亲眷家属,有着盘根错节的联系。为他们求情请托,是人之常情。揆诸史籍,我们发现为伪官求情是普遍现象,如王缙⑨、房琯⑩、崔圆⑪、李泌⑫等肃宗朝重臣都分别为王维、李华、郑虔、窦庭芝等伪官求过

---

① 需要指出的是,崔器是基于叛军的性质,推定伪官亦属谋反,当处死刑。而李岘可能认为伪官们触犯"谋叛"而不是"谋反"的罪行。《唐律疏议》卷1《名例》:"三曰谋叛。谓谋背国从伪。疏议曰:有人谋叛本朝,将投蕃国,或欲翻城从伪,或欲以地外奔,即如莒牟夷以牟娄来奔,公山弗扰以费叛之类。"(第8页)《唐律疏议》卷17《贼盗》载:"诸谋叛者,绞。已上道者皆斩,谓协同谋计乃坐,被驱率者非。"(第325页)如果将伪官们看作是"被驱率者",则不能处以死刑。但《唐律疏议》将"谋叛"解释为"谋背本朝,将投蕃国",叛军所建燕与蕃国(例如吐蕃)显然属于不同性质的政权,唐朝官员投降叛军的性质与"谋叛"有明显区别。
② 《旧唐书》卷50《刑法志》,第2137页。
③ 《旧唐书》卷112《李岘传》,第3345页。
④ 《旧唐书》卷9《玄宗本纪下》,第232页。
⑤ 《旧唐书》卷200《安庆绪传》,第5372页。
⑥ 《资治通鉴》卷218肃宗至德元载,第7117页。
⑦ 《旧唐书》卷131《李勉传》,第3634页。
⑧ 《唐大诏令集》卷123《收复京师诏》,北京:商务印书馆,1959年,第657页。
⑨ 《旧唐书》卷118《王缙传》,第3416页。
⑩ 李华:《祭刘左丞文》,《全唐文》卷321,第3258页。
⑪ 《太平广记》卷212《崔圆壁》,北京:中华书局,1961年,第1628页。
⑫ 《太平广记》卷150《李泌》,第1079页。

情，使他们得以被从轻处罚。显然以上官员都对伪官持同情态度，反对按律惩治。

一方面要处理的伪官人数众多，须考虑平叛大局；另一方面扈从官员与伪官之间又有复杂的关系，肃宗按律严惩伪官的想法难以施行。最终，肃宗决定听从李岘的建议，按罪行轻重分六等定罪——"重者刑之于市，次赐自尽，次重杖一百，次三等流、贬。"① 从"尽诛其族"到"六等定罪"，最终"河南尹达奚珣等三十九人，以为罪重，与众共弃"②，其余大多数伪官都得以保全性命。总之，六等定罪的政策是肃宗重塑权威的需要，与平叛大局及群臣人情关系等因素相妥协的结果。

二、"诡异"的官场舆论

然而，当肃宗召集百官讨论六等定罪的政策时，群臣的反应是"肃宗方用刑名，公卿但唯唯署名而已"③。可见对于六等定罪，官员们仍觉处罚太重，迫于肃宗权威才勉强同意。那么他们主张如何处置这些伪官呢？宰相苗晋卿的意见或许可以代表他们的想法。《新唐书·苗晋卿传》载"朝廷欲论陈希烈等死，晋卿曰：'陛下得张通儒、安守忠、孙孝哲等，何以加罪？'"④ 原唐太子太师陈希烈因失去恩宠，心怀怨恨，投降叛军，被安禄山任命为侍中。⑤ 按六等定罪，三司判决其罪当斩，可见他罪行之重。但苗晋卿仍主张"以四方犹虞，罪当宽宥"⑥。按《唐律》，伪官们已触犯谋反重罪，如果不能给予相应的惩罚，李唐王朝的尊严何在？苗晋卿等都是扈从之臣，为收复两京立下大功，应该能察觉到肃宗杀人立威的意图。六等定罪的政策既惩治了重罪之人，彰显了李唐权威，又使得大多数伪官免于死罪，应是比较务实的政策。但群臣仍然表示反对，其背后之原因，恐怕不是前文提到的平叛大局与人情关系两个方面所能解释的。

舆论在反对六等定罪的同时，对于主张宽宥伪官的苗晋卿、李岘等人赞誉有加。《苗晋卿墓志》载："伊昔南狩，衣冠下从。三司献议，万乘将同。谏书一出，天下称公。"⑦ 三司使中只有李岘"独得美誉"，而与此同时，"人皆怨谭、器之刻深"。⑧ 李岘也认为："谭、器守文，不达大体。"⑨《旧唐书·吕谭传》载："谭用法太深，君子薄之。"⑩ 从舆论对苗晋卿、李岘与吕谭、崔器等人的两极化评价，可以看出官场舆论普遍同情伪官。这种同情在《旧唐书·崔器传》中表现得更加明显：

（崔）器性阴刻乐祸，残忍寡恩，希旨奏陷贼官准律并合处死。……上元元年七月，器病脚肿，月余疾亟，瞑目则见达奚珣，叩头曰："大尹不自由。"左右问之，器答曰："达奚

---

① 《资治通鉴》卷220肃宗至德二载，第7167页。
② 《旧唐书》卷50《刑法志》，第2151页。
③ 《旧唐书》卷50《刑法志》，第2151页。
④ 《新唐书》卷140《苗晋卿传》，北京：中华书局，1975年，第4643—4644页。
⑤ 《旧唐书》卷10《肃宗本纪》，第247页；《资治通鉴》卷218，肃宗至德元载，第7099页。
⑥ 李华：《唐丞相故太保赠太师韩国公苗公墓志铭》，《全唐文》卷321，第3253页。
⑦ 李华：《唐丞相故太保赠太师韩国公苗公墓志铭》，《全唐文》卷321，第3254页。
⑧ 《资治通鉴》卷220肃宗至德二载，第7163页。
⑨ 《资治通鉴》卷2200肃宗至德二载，第7167页。
⑩ 《旧唐书》卷185下《吕谭传》，第4824页。

大尹尝诉冤于我，我不之许。"如是三日而器卒。①

在此段材料中，崔器被描写成了"阴刻乐祸"、"残忍寡恩"、"希旨深刻"的小人。崔器因冤杀达奚珣而遭报应之事，明显是小说家之言。此种异闻载入正史，可以在某种程度上反映出当时舆论对崔器的愤恨。更需要注意的是，这段材料认为达奚珣是冤枉的。叛军攻陷洛阳时，河南尹达奚珣投降并做了伪宰相。②在六等定罪的情况下，达奚珣仍被三司使判为处斩，可见其罪之重。肃宗在痛斥伪官的诏书中点名"达奚珣等"③，显然是将他作为反面典型。但此段记载却认为他是被冤杀，这与新出《达奚珣墓志》的描述一致，兹节录如下：

> 居无何，戎羯充斥，洛城陷没，官军败丧，节使逃亡，窜身无路，遂被拘执。积忧成疾，日益衰羸，孰谓寰宇再清，素诚莫达，享年六十八，以至德二年十二月廿九日奄弃孝养。……我先府君之□谞敏量，宏才硕德……礼乐忠信，洋洋乎布在众君子之口。④

此方墓志是达奚珣之子达奚说在大历四年（769）所作，对于其父自然是多有回护。如描述达奚珣被俘，积忧成疾，并未提及接受伪官之事；关于达奚珣死亡，也只是说"素诚莫达"，认为是被冤枉，并未明言死因。结合当时的舆论情况来看，墓志中所谓"礼乐忠信，洋洋乎布在众君子之口"，恐怕也不全是达奚说的溢美之词。

与达奚珣一样，因"同掌贼之机衡"而被诏书点名斥责的还有陈希烈。在《陈希烈墓志》中撰者感叹陈希烈时运不济："嗟乎太师！属元凶放命，大□滔天，剥丧鸿猷，栋折壤坏。不然者，我太师侍讲紫极，清论皇风，则张禹、胡广之俦，曷足为盛？"⑤乾元元年（758），王维游览由陈希烈宅邸改造的天长寺，有感而发，作诗曰："已相殷王国，空余尚父溪。"⑥王维在诗中满含敬仰之情，将陈希烈比作吕尚，并不在意陈希烈曾做过伪宰相。⑦

再如郑虔因做伪官被贬，好友杜甫甚是不平，作诗称："夫子嵇阮流，更被时俗恶。"⑧又如"贾生对鹏伤王傅，苏武看羊陷贼庭。可念此翁怀直道，也沾新国用轻刑。"⑨又如"得罪台州去，时危弃硕儒。……流恸嗟何及，衔冤有是夫。"⑩这些诗作都表达了杜甫对郑虔的同情以及对朝廷处置政策的不满。

在官场舆论中，比普遍同情伪官的现象更"诡异"的是舆论对忠臣的非议。天宝十四载（755）十二月，叛军攻陷洛阳，与投降叛军的河南尹达奚珣相反，东京留守李憕、御史中丞卢奕、采访使判官蒋清三人从容就义。但像卢奕这样的忠臣，竟然也遭到了批评。《旧唐书·卢奕传》载"或曰：'洛阳之存亡，操兵者实任其咎，非执法吏（卢奕）所能抗。师败将奔，去之可

---

① 《旧唐书》卷115《崔器传》，第3374页。
② 《旧唐书》卷200《安禄山传》，第5371页。
③ 《唐大诏令集》卷126《处置受贼伪官陈希烈等诏》，第680页。
④ 洛阳市文物考古研究院：《洛阳唐代达奚珣夫妇墓发掘简报》，《洛阳考古》2015年第1期，第40页。
⑤ 吴敏霞：《唐〈陈希烈墓志〉考释》，《碑林集刊》第6辑，2000年，第55页。
⑥ 王维撰，赵殿成笺注：《王右丞集笺注》卷11《和宋中丞夏日游福贤观天长寺之作》，上海：上海古籍出版社，1984年，第206页。
⑦ 这可能与王维也做过伪官有关，但王维将此种感情写于诗中，可见其并不避讳。
⑧ 杜甫著，仇兆鳌注：《杜诗详注》卷7《有怀台州郑十八司户》，北京：中华书局，1979年，第559—560页。
⑨ 《杜诗详注》卷6《题郑十八著作丈故居》，第470—471页。
⑩ 《杜诗详注》卷14《哭台州郑司户苏少监》，第1190页。

也。委身寇雠，以死谁憨？'"① 壮烈殉国的忠臣在这些人口中竟成了不识时务、白白送命之人。

又如张巡、许远等人在内无粮草、外无援兵的情况下死守睢阳，阻断了叛军南下的道路，城破后以身殉国。但由于张巡等困守孤城，又曾粮尽食人，成为了舆论攻击的焦点。史载："时议者或谓：'巡始守睢阳，众六万，既粮尽，不持满按队出再生之路，与夫食人，宁若全人？'"② 又如李翰的《进张巡中丞传表》载：

> 伏以光天文武大圣孝皇帝陛下聪明文思，睿哲神武，提一旅之众，复配天之业，赏功褒节，大赉群臣。遂赠（张巡）扬州（大都督），官及其子，此诚陛下发德音之美也。而议者或罪巡以食人，愚巡以守死，臣窃痛之。今特详其本末，以辨巡过，以塞众口，惟圣聪鉴焉。③

可以看出，在肃宗下诏褒奖张巡之后，官场上仍有人"罪巡以食人，愚巡以守死"，以至于李翰需要通过为张巡做传，并进献肃宗的方式来为其好友辩护。史言："众议由是始息。"④ 相较于对叛国伪官的宽容与同情，"议者"对忠臣张巡等人则非常苛刻。韩愈在《张中丞传后叙》中批评这些"议者"曰："当是时，弃城而图存者，不可一二数；擅强兵坐而观者，相环也；不追议此，而责二公（张巡、许远）以死守，亦见其自比于逆乱，设淫辞而助之攻也。"⑤

唐肃宗北上灵武时，沿途新平、安定等郡太守早已弃城而逃，只有彭原太守李遵率兵奉迎并提供粮草。⑥ 李遵一路追随唐肃宗平叛，收复两京后，进封郑国公，并没有什么瑕疵。即使如此，竟有人抓住他是唐朝宗室的身份，说他忠君奉上是因为"宗子与国同休，不得不尔也。"⑦ 言下之意竟然是如非皇室宗亲，则不必如此忠心为国，此种言论令人匪夷所思。

"为国之体，叛而必诛"⑧，这本是最直白不过的道理。但是在至德二载（757）唐廷处置伪官的问题上，官场舆论却有是非颠倒的感觉。清代学者赵翼曾言："堂堂大一统之朝，食禄受官，一旦贼至，即甘心从贼，此而不诛，国法安在？乃当时无不是李岘而非崔器，何也？"⑨ 我们要在此基础上进一步提出疑问，当时为什么会出现投降叛军的伪官广受同情，以死殉国的忠臣却遭到非议的"诡异"现象？这是学界以往较少关注之处，下面即对此展开分析。

三、时人的忠节观念与"诡异"舆论之关系

对于"当时无不是李岘而非崔器"的问题，赵翼给出的答案是："盖自六朝以来，君臣之大义不明，其视贪生利已背国忘君已为常事。有唐虽统一区宇已百余年，而见闻习尚犹未尽改。"⑩

---

① 《旧唐书》卷187下《卢奕传》，第4894页。
② 《新唐书》卷192《张巡传》，第5541页。
③ 李翰：《进张巡中丞传表》，《全唐文》卷430，第4377页。
④ 《资治通鉴》卷220肃宗至德二载，第7165页。
⑤ 韩愈撰，马其昶校注：《韩昌黎文集校注》卷2《张中丞传后叙》，上海：上海古籍出版社，1986年，第75页。
⑥ 《旧唐书》卷10《肃宗本纪》，第241页。
⑦ 《王右丞集笺注》卷18《与工部李侍郎书》，第330页。
⑧ 《旧唐书》卷10《肃宗本纪》，第250页。
⑨ 赵翼：《廿二史札记》卷20《六等定罪三日除服之论》，南京：凤凰出版社，2008年，第289页。
⑩ 《廿二史札记》卷20《六等定罪三日除服之论》，第290页。

李德辉也认为当时官场都赞成李岘而批评崔器，表明唐人不以"忠节"、"君臣大义"为怀的时代心理。① 两人都将目光投向唐人的"忠节"观念，或许我们提出的疑问也可以在其中找到答案。因此，有必要对唐代安史之乱前的忠节观进行一番梳理。②

关于什么是忠，唐代君臣曾经有很多的论述。唐太宗就认为：

> 人欲自照，必须明镜；主欲知过，必藉忠臣。……朕每思之，人臣欲谏，辄惧死亡之祸，与夫赴鼎镬、冒白刃，亦何异哉？故忠贞之臣，非不欲竭诚者。敢竭诚者，乃是极难。③

在太宗看来，忠臣应当竭诚奉上，极言直谏，即忠的含义是"竭诚"。太宗认为比干是忠臣的代表，称赞他"见义不回，怀忠蹈节"④。又称其"奋不顾身，有死无二"⑤。

垂拱元年（685），武则天下令修撰的《臣轨》完成。武则天在序中说，修撰此书的目的是："为事上之轨模，作臣下之绳准。"⑥《臣轨》卷上《至忠章》载：

> 盖闻古之忠臣事其君也，尽心焉，尽力焉。……夫事君者以忠正为基，忠正者以慈惠为本。故为臣不能慈惠于百姓，而曰忠正于其君者，斯非至忠也。……事无劳逸，无所避也……安危不变其志。⑦

强调忠臣要尽心尽力、慈惠于百姓、任劳任怨、安危不变其志。《说文解字》曰："忠，敬也。尽心曰忠。"⑧ 太宗与武则天要求臣下的"忠"乃是"竭诚、尽心"，与《说文解字》的解释大体相同。

玄宗时期关于"忠"的讨论，多集中于"移孝于忠"。如《孝经·士章》曰："故以孝侍君则忠"，玄宗注曰："移事父孝以事于君，则为忠矣。"⑨《谏诤章》曰："故当不义，则子不可以不争于父，臣不可以不争于君。"玄宗注曰："不争则非忠孝。"⑩ 所谓"移孝于忠"，显然是用父子关系来比拟君臣关系。虽然玄宗强调的是"孝"的方面，但是"父慈"才能"子孝"的含义也潜藏在"移孝于忠"里。玄宗在《孝经注序》中说："于是以顺移忠之道昭矣，立身扬名之义

---

① 李德辉：《论唐代文人的反叛朝廷倾向》，《湖南科技大学学报》（社会科学版）2005年第3期，第97页。
② 限于篇幅本文只讨论唐代安史之乱以前的忠节观念。"忠节观"是学界关注已久的问题，如唐长孺：《魏晋南朝的君父先后论》，收入《唐长孺文集》第二册《魏晋南北朝史论拾遗》，北京：中华书局，2011年，第235—250页；魏良弢：《忠节的历史考察：先秦时期》，《南京大学学报》（哲学社会科学版）1994年第1期，第110—120页；《忠节的历史考察：秦汉至五代时期》，《南京大学学报》（哲学社会科学版）1995年第2期，第119—130页；宁可、蒋福亚：《中国历史上的皇权和忠君观念》，《历史研究》1994年第2期，第79—95页；牛京辉："忠"的历史演变和基本内容》，《中国人民大学学报》1996年第2期，第28—33页；朱海：《唐代忠孝问题探讨——以官僚士大夫阶层为中心》，《武汉大学学报》（人文社会科学版）2000年第3期，第394—398页；胡小伟：《唐代社会转型与唐人小说的忠义观念——兼论唐代的关羽崇拜》，《文学遗产》2003年第2期，第32—46页。
③ 吴兢撰，谢保成集校：《贞观政要集校》卷2《求谏第四》，北京：中华书局，2003年，第83、88页。
④ 李世民：《追赠殷太师比干谥诏》，《全唐文》卷7，第88页。
⑤ 李世民：《祭比干文》，《全唐文》卷10，第130页。
⑥ 武则天：《臣轨序》，《全唐文》卷97，第1004页。
⑦ 《臣轨》卷上《至忠章》，丛书集成初编，北京：中华书局，1985年，第6、7、9、10页。
⑧ 《说文解字注》，上海：上海古籍出版社，1981年，第502页。
⑨ 《孝经注疏》卷2《士章第五》，（清）阮元校刻：《十三经注疏》，北京：中华书局，1980年，第2548页。
⑩ 《孝经注疏》卷7《谏诤章第十五》，《十三经注疏》，第2558页。

彰矣。"① 朱海师认为"以顺移忠",即安分守己,做好"分内之事";"立身扬名",即报效国家、君主,建功立业。②

《唐会要·谥法》"忠"字条曰:"危身奉上曰忠,危身惠上曰忠,让贤尽诚曰忠,危身赠国曰忠,虑国忘家曰忠,盛衰纯固曰忠,临患不反曰忠,安居不念曰忠,廉方公正曰忠。"③ 唐代安史之乱以前被谥为"忠"的有屈突通、陈叔达、戴胄、马周、魏知古等人。"隋室忠臣"屈突通抗击唐军,兵败被俘,仕唐以后屡立战功。陈叔达在陈、隋、唐三朝为官,戴胄先后效力隋、王世充、唐。侍奉过多位君主的经历并不影响他们被谥为"忠"。以屈突通为例,对于屈突通"忠于隋而功立于唐"的问题,唐朝史臣毫不回避,直言:"若立纯诚,遇明主,一心可事百君,宁限于两国尔!"④ 可见当时的忠节观念并不以仕多朝为意。又如魏徵、王珪、李勣等都侍奉过多位主公,这并不影响他们的声望。戴胄、马周、魏知古等则是以直谏敢言著称。

再来看唐初臣子对忠的认识。魏徵在给太宗的奏疏中经常涉及"忠"与"忠臣"并多次引用孔子关于君臣关系的名言"君使臣以礼,臣事君以忠"⑤。魏徵认为"夫君能尽礼,臣得竭忠,必在于内外无私,上下相信"⑥。他还特地撰写《论治道疏》来强调"君能尽礼"的重要性。文中引用诸如子思论"为旧君反服"、晏子论"(忠臣事君)有难不死,出亡不送"等事例,都强调只有君主尊重礼遇臣下,臣下才能为君主竭忠尽智。最后总结到:"虽臣之事君,无有二志,至于去就之节,尚缘恩施厚薄。然则为人上者,安可以无礼于下哉?"⑦ 魏徵想要表达的意思已经很明确了,臣子的忠诚需要君主的礼遇来交换,"去就之节"与"恩施厚薄"相对应,强调的是一种相互的君臣关系。正如孟子提出的"君之视臣如手足,则臣视君如腹心。君之视臣如犬马,则臣视君如国人。君之视臣如土芥,则臣视君如寇雠。"⑧ 英国学者史怀梅将此种类型的忠定义为"互惠互利型"。⑨ 在此种忠节观念里,即使是臣子犯了罪,也要求君主对臣子有一定的尊重,即所谓"士可杀,不可辱"与"刑不上大夫"。

我们来看两个案例。开元年间,玄宗下敕于朝堂决杖监察御史蒋挺,黄门侍郎张廷珪上奏曰:"御史宪司,清望耳目之官,有犯当杀即杀,当流即流,不可决杖。士可杀,不可辱也。"虽然没能阻止决杖,但"议者以廷珪之言为是"⑩。又如《旧唐书·张嘉贞传》载,开元十年(722),广州都督裴伷先下狱,中书令张嘉贞提议于朝堂决杖。兵部尚书张说奏曰:

> 臣闻刑不上大夫,以其近于君也。故曰:"士可杀,不可辱。"臣今秋受诏巡边,中途闻姜皎以罪于朝堂决杖,配流而死。皎官是三品,亦有微功。若其有犯,应死即杀,应流即流,不宜决杖廷辱,以卒伍待之。且律有八议,勋贵在焉。皎事已往,不可追悔。伷先只宜

---

① 李隆基:《孝经注序》,《全唐文》卷41,第444页。
② 朱海:《唐玄宗〈御注孝经〉发微》,《魏晋南北朝隋唐史资料》第19辑,2002年,第103页。
③ 《唐会要》卷79《谥法上》,北京:中华书局,1955年,第1461页。
④ 《旧唐书》卷59《姜暮传》,第2337页。
⑤ 《旧唐书》卷71《魏徵传》,第2555页;《新唐书》卷94《薛万均传》,第3831页;《贞观政要集校》卷10《论慎终第四十》,第539页。
⑥ 《旧唐书》卷71《魏徵传》,第2557页。
⑦ 魏徵:《论治道疏》,《全唐文》卷139,第1414页。
⑧ 《孟子注疏》卷8《离娄章句下》,《十三经注疏》,第2726页。
⑨ 史怀梅著,曹流译:《忠贞不贰?——辽代的越境之举》,南京:江苏人民出版社,2015年,第59、61页。
⑩ 《旧唐书》卷101《张廷珪传》,第3153页。

据状流贬，不可轻又决罚。①

他又对张嘉贞说："宰相者，时来即为，岂能长据？若贵臣尽当可杖，但恐吾等行当及之。此言非为仙先，乃为天下士君子也。"② 由以上两例可见"士可杀，不可辱"与"刑不上大夫"的观念，在玄宗朝的士大夫群体中具有很高的认同度。

总之，安史之乱前，唐朝君臣对于忠的认识，主要集中在君主要求臣下"竭诚尽心，忠于职守，移孝于忠"。没有"不事二主"的要求，虽然涉及"以死奉君"，但并不占主要地位。臣下则要求君主用厚待和礼遇来换取忠诚，甚至在犯罪时，也要求君主给予一定的尊重，是一种"互惠互利"的忠。这种忠节观是与安史之乱前唐朝基本和平稳定的国内局面相适应的。

明乎此，前文提到的"诡异"舆论也就可以理解了。官场舆论普遍同情伪官，与时人的忠节观念密切相关。无论是李岘提出的"万乘南巡，各顾其生，衣冠荡覆"③，还是史思明所说的"陈希烈已下，皆重臣，上皇弃之幸蜀，既收复天下，此辈当慰劳之"④，实际上都在指责玄宗父子抛弃群臣，逃跑在先。当时情况是"君子为投槛之猿，小臣若丧家之狗"⑤。在"互惠互利型"忠节观念里，皇帝既然抛弃群臣逃跑，同时就失去了要求臣下尽忠的前提，臣下被迫接受伪官，情有可原。《旧唐书·刑法志》载官军收复长安时，"西京文武官陆大钧等陷贼来归"⑥。《资治通鉴》载："广平王俶之入东京也，百官受安禄山父子官者陈希烈等三百余人，皆素服悲泣请罪。俶以上旨释之，寻勒赴西京。"⑦ 伪官们没有追随叛军逃往河北而是"素服请罪"透露出两层含义：首先伪官们意识到他们有罪；其次伪官们又预计他们不会受到惩处，或者即使受到惩处也罪不至死。这种预计既源于肃宗曾在诏书中保证"与人更始"⑧，也源于他们认为自己成为伪官，玄宗父子也要承担一部分责任。

令伪官们意想不到的是，收复两京之后，宽容的政策便不复存在。在肃宗回到长安的第三天⑨，礼仪使崔器就令西京伪官们在含元殿前"露头跣足，抚膺顿首请罪"，并"以刀杖环卫，令扈从群官宰臣已下视之"⑩。东京三百余伪官陈希烈等被押送长安后，"又令朝堂徒跣如初，令宰相苗晋卿、崔圆、李麟等百僚同视，以为弃辱，宣诏以责之。"⑪ 这显然是肃宗有意安排的一种政治仪式。时间、地点、导演、主角、配角、观众、仪式过程一应俱全。官军收复两京时正值寒冬，礼仪使（导演）令数百伪官（配角）在含元殿（象征权力的纪念碑式建筑）前免冠徒跣（剥夺了身为"士"的资格）叩头请罪，聆听肃宗（主角）痛斥他们罪行的诏书，扈从官员（观众）目睹了全过程。礼仪使崔器甚至还根据伪官职务的高低，匹配相应的观众级别（宰臣参加与否）。肃宗显然是希望通过这样的仪式彰显自己的权威，同时震慑、警醒扈从官员。但肃宗令他们亲眼目睹往日同僚被弃辱的过程，难免会使扈从官员们产生"兔死狐悲"之感。此种"移情"

---

① 《旧唐书》卷99《张嘉贞传》，第3091—3092页。
② 《旧唐书》卷99《张嘉贞传》，第3092页。
③ 《旧唐书》卷112《李岘传》，第3345页。
④ 《旧唐书》卷200上《史思明传》，第5379页。
⑤ 《王右丞集笺注》卷23《大唐故临汝郡太守赠秘书监京兆韦公神道碑铭》，第427页。
⑥ 《旧唐书》卷50《刑法志》，第2151页。
⑦ 《资治通鉴》卷220肃宗至德二载，第7161页。
⑧ 《唐大诏令集》卷115《宣慰西京逆官敕》，第602页。
⑨ 《旧唐书》卷10《肃宗本纪》，第248页。
⑩ 《旧唐书》卷115《崔器传》，第3374页。
⑪ 《旧唐书》卷50《刑法志》，第2151页。

很有可能让他们将肃宗对伪官的"弃辱",看作是对整个士大夫群体的侮辱。而导演认罪仪式的礼仪使崔器,更有可能被看作是士大夫群体的"叛徒"。如此一来,当崔器希旨提出按律处死伪官时,遭到扈从官员们的普遍反对就不难理解了。因为在他们的忠节观念里,君主要对臣下保持礼遇和尊重。"士可杀,不可辱"和"刑不上大夫"在他们的思想中占据着重要的地位。前引张说之言:"若贵臣尽当可杖,但恐吾等行当及之。"可以概括扈从官员们的想法,如果往日的同僚可以这样被侮辱,那么有朝一日也会轮到他们身上。所以,他们才普遍批评崔器而支持李岘,反对按律处置伪官,甚至连六等定罪的政策都不能接受。

同样,官场舆论对于卢奕、张巡等人的质疑,也是基于当时的忠节观念,认为他们的行为超出了"忠"的范畴。守城的责任在于武将,不是"执法吏"御史中丞卢奕所要"忠"于的"职守"。因此,卢奕在城破之时逃跑即可,不必以死殉国。对于张巡而言,睢阳能守则守。但在内无粮草、外无救兵的情况下,以当时的忠节观看来,他没有必要再困守,弃城带兵出逃即可。安史之乱爆发后,河东、华阴、上洛、新平、安定等郡的太守弃城而逃,可以说正是这种思想的实践。又如,叛军围攻平原时,太守颜真卿"以食尽援绝,弃城渡河"。① 这种行为并未影响颜真卿伟岸的忠臣形象。

基于以上讨论我们认为,无论是赵翼指出的唐人"君臣之大义不明",还是李德辉先生认为的唐人不以"忠节","君臣大义"为怀的时代心理,都不能完全解释官场上存在的同情伪官、非议忠臣的舆论现象。我们认为这种现象的产生是与时人的忠节观相适应的。唐人的观念中"君臣大义"之含义,不是赵翼所处清朝提倡的"死事一君",而是"君使臣以礼,臣事君以忠"。唐人也并非不以"忠节"为意,只是时人观念中的"忠节"是"竭诚尽心,忠于职守"。所谓过犹不及,卢奕、张巡之忠因超过此限,所以被时人质疑。我们之所以觉得这些舆论诡异,是因为我们所处时代的忠节观与唐人之间的差异造成的。

以上所说,并非意在得出唐人的忠节观念里没有"以死事君"这样的结论。相反,无论是前引唐太宗对比干"奋不顾身,有死无二"的赞誉、《唐会要》里的"危身奉上曰忠",还是唐肃宗在褒扬张巡等忠臣时强调的"忠臣事君,有死无二"② 都反映出唐人的忠节观念里有"以死事君"的成分。肃宗在《处置受贼伪官陈希烈等诏》也说:"人臣之节,有死无二。"③ 但从诏书中肃宗屡次斥责伪官们"不顾恩义"、"不知报恩"、"曾无感激"、"不怀国恩"等话语,可见肃宗愤恨的是他们没有回报与"国恩"相匹配的"忠诚"。张巡曾对其手下将士说:"吾受国恩,所守,正死耳。但念诸君捐躯命,膏草野,而赏不酬勋,以此痛心耳。"④ 言下之意是其手下将士"未受国恩",所以并没有义务"捐躯命"。由此可以看出,唐人忠节观中的"以死事君"是建立在"君使臣以礼,臣事君以忠"的语境下,其前提是受"国恩"。⑤

---

① 《旧唐书》卷10《肃宗本纪》,第244页。
② 《唐大诏令集》卷123《至德二载收复两京大赦》,第660页。
③ 《唐大诏令集》卷126《处置受贼伪官陈希烈等诏》,第680页。
④ 《资治通鉴》卷219肃宗至德二载,第7140页。
⑤ 虽然张巡认为自己受"国恩",所以要以死事君,但李翰认为张巡并没有得到朝廷的重用,他的"奋身死节"超出了所受之"恩",所以显得更为可贵。李翰《进张巡中丞表》载:"大臣将相,从逆比肩,而巡朝廷不登,坐宴不与,不阶一伍之众,不假一节之权,感肃义旅,奋身死节,此巡之忠大矣。"(《全唐文》卷430,第4377页。)

四、结　语

　　至德二载（757）收复两京后，唐肃宗希望通过按律惩治伪官来重塑李唐的政治权威，但这一借崔器之口提出的想法，遭到以李岘为代表的扈从群臣的普遍反对。肃宗无奈妥协，决定按罪行轻重将伪官分为六等定罪。但官场舆论对此政策仍不满意，同时还出现了同情伪官，非议忠臣等看似"诡异"的舆论现象。

　　如果我们抱着"了解之同情"的态度，将伪官问题放置在时人的忠节观念里进行分析，就会发现，这些舆论现象变得可以理解。在时人的忠节观念里，忠的主要内容是"竭诚尽心，忠于职守，移孝于忠"，更是一种"君使臣以礼，臣事君以忠"的"互惠互利型"忠节观念。甚至在臣下犯罪之时，君主也要给予臣下基本的尊重，即"士可杀，不可辱"和"刑不上大夫"。在此种忠节观念里，玄宗抛弃臣下在先，群臣被迫接受伪官，情有可原。肃宗令扈从群臣观看伪官认罪仪式的做法，被扈从群臣视为对士大夫群体的侮辱，更激发了他们对伪官的同情。同样，卢奕、张巡等忠臣受到质疑，也是由于他们的行为超出了一般人的忠节观念。

　　附记：本文初稿曾在"第二届华中师范大学研究生史学论坛"（武汉，2014年12月）上宣读过。华中师范大学历史文化学院陈冬冬先生、武汉大学历史学院王翠柏博士曾对该文给予很好的建议和意见，谨致谢忱！

（作者单位：中山大学历史学系）

再论李克用之义儿*

罗 亮

五代战乱频仍，政权更迭亦属常事。然一朝之内，帝位继承如后唐之乱，号为"唐一号而三姓"者①，亦为历代所少见。故欧阳修撰《新五代史》，后唐后妃宗室分为三传，意在"别其家者，昭穆亲疏之不可乱也。号可同，家不可以不别，所以别嫌而明微也"。② 其根源就在于唐明宗李嗣源、唐废帝李从珂皆由义儿而登帝位，非武皇李克用一系血亲。由此可见，义儿问题实乃后唐一朝政治之关键，与王朝兴灭相始终。因此，学界对此颇为关注，不少文章对义儿问题进行探讨，其主要焦点集中于对义儿制度历史渊源的考察。大部分学者认为，义儿制度来源于胡族风气③，但杜文玉先生则称这种行为中国早已有之，是"上古社会现象的延续，与胡人风俗根本无涉"。④ 有的文章则是从兵制的角度探讨了义儿与晚唐五代藩镇、牙兵的关系。⑤ 还有一些个案的考订，比如田玉英对前蜀义儿的探讨即较为细致。⑥ 又如王凤翔、李翔分别考察了李茂贞和李克用的义子情况。⑦ 日本学者栗原益男先生则从假父子的姓名、年龄入手，来讨论藩帅是如何支配部下。⑧ 以上研究为我们勾勒了唐末五代义儿的基本面貌，但空白之处仍有不少，尤其是义儿与后唐政局的关联之处尚值得作进一步的探讨。

一、问题的提出与李克用义儿的再考察

李克用收养义儿的情况，《新五代史·义儿传》小序中介绍得比较清楚：

---

* 本文为第61批中国博士后科学基金会面上资助项目"五代北方政权正统性与中枢政局研究"（2017M612786）阶段性成果。

① 《新五代史》卷16《唐废帝家人传》，北京：中华书局，1974年，第173页。

② 《新五代史》卷16《唐废帝家人传》，第173页。

③ 戴显群：《唐五代假子制度的历史渊源》，《人文杂志》1989年第6期。魏良弢：《义儿·儿皇帝》，《历史研究》1991年第1期。戴显群：《唐五代假子制度的类型及其相关的问题》，《福建师范大学学报》2000年第3期。赵荣织：《五代义儿与社会政治》，《新疆师范大学学报》2004年第2期。

④ 杜文玉、马维斌：《论五代十国收养假子风气的社会环境与历史根源》，《陕西师范大学学报》2010年第3期。

⑤ 谷霁光：《泛论唐末五代的私兵和亲兵、义儿》，《历史研究》1984年第2期。毛阳光：《唐代藩镇养子述论》，《商丘师范学院学报》2001年第5期。穆静：《论五代军阀的养子之风——从军政与时局角度谈起》，《华南理工大学学报》2010年第4期。

⑥ 田玉英：《论王建的假子在前蜀建立中的军事作用》，《重庆工商大学学报》2009年第2期。田玉英：《再论王建假子在前蜀政权（907—925）中的作用》，《重庆工商大学学报》2009年第4期。田玉英：《关于王建假子的情况及王建与假子的关系蠡测——兼论前蜀宦官干政的缘起》，《学术探索》2009年第5期。

⑦ 王凤翔：《晚唐五代李茂贞假子考论》，《唐史论丛》第11辑，西安：三秦出版社，2009年。李翔：《李克用义子问题考述》，《西南大学学报》2014年第3期。

⑧ ［日］栗原益男：《唐末五代の假父子的结合における姓名と年龄》，《东洋学报》第38卷第4号，1956年。

> 唐自号沙陀，起代北，其所与俱皆一时雄杰虓武之士，往往养以为儿，号"义儿军"，至其有天下，多用以成功业，及其亡也亦由焉。太祖养子多矣，其可纪者九人，其一是为明宗，其次曰嗣昭、嗣本、嗣恩、存信、存孝、存进、存璋、存贤。①

《旧五代史·李克宁传》亦云：

> 初，武皇奖励军戎，多畜庶孽，衣服礼秩如嫡者六七辈，比之嗣王，年齿又长，各有部曲，朝夕聚谋，皆欲为乱。②

这两条都是大家耳熟能详的史料，但所蕴含的信息却十分重要。如"太祖养子多矣"，"可纪者"为何又仅9人？所谓"衣服礼秩如嫡者六七辈"中的"六七辈"，具体指代的又是何人？是与"可纪者"完全重合么？从这两条材料来看，李克用义儿的待遇显然并不完全相同，那么造成这种差异的原因又在哪里？这种差异化对待又与其后的后唐易姓有何关联？对这些问题展开探讨，无疑会有助于理解后唐政局的演变历程。而要解决这些问题，首先就要对李克用诸义儿进行详细的考辨，以形成深入分析的基础。

关于李克用收养义子的情况，李翔在《李克用义子问题考述》一文中有过讨论。其文称：李克用义儿除《新五代史·义儿传》所载8人外，还有史书中有传的义儿3人，无传但明确记载为义儿者5人，共16人。③ 然所论不无问题，且并未涉及这些人在李克用时代的政治境遇。这里有必要做一些补充和修正。

首先是李嗣昭。李文采信新旧《五代史·李嗣昭传》中的说法，认为其是李克用之弟李克柔的养子。然事实并非如此，李嗣昭其实是李克用的亲子，杨冬升、杨岸青先生对此有过考证。④ 杨文中提出的证据很多，其中最为有力的一条来自于1989年山西代县城关七里营出土的《唐故河东节度观察处置等使、开府仪同三司、守太师兼中书令晋王墓志铭并序》（以下简称《晋王墓志》）。其志文称："今嗣王令公，实晋国太夫人之自出也。嗣王之兄，今昭义相公名嗣昭，乃王之元子也。"⑤《晋王墓志》中除嗣王李存勖和李嗣昭外，还列有李存勖"亲弟"23人。而李克用义子如李嗣源、李存孝、李存进等辈，在墓志中则只字未提。且其中不乏较李嗣昭年长者，若"元子"包含义儿在内，则不当是李嗣昭。由此可以确证，《晋王墓志》中所载者（包括李嗣昭在内），均为李克用亲子，而非养子。

但新旧《五代史》俱称李嗣昭是李克柔之养子，也并不好轻易否定。其实李克用元子与李克柔养子的身份并非决然对立，如李克用将李嗣昭过继给李克柔就是一个较为通融的解释。这一点虽无确凿证据，却可从《晋王墓志》中看出些许端倪。墓志中提到了嗣王（李存勖）的"亲弟"23人，分别是："存贵黠戛、存顺索葛、存美顺师、存矩迭子、存范丑汉、存霸端端、存规欢

---

① 《新五代史》卷36《义儿传·序》，第385页。
② 《旧五代史》卷50《李克宁传》，北京：中华书局，1974年，第686页。
③ 李翔：《李克用义子问题考述》，《西南大学学报》2014年第3期。
④ 杨冬升、杨岸青：《李嗣昭为李克用之"元子"辩》，《山西教育学院学报》2000年第1期。
⑤ 《晋王墓志》拓片照片见张希舜主编：《隋唐五代墓志汇编·山西卷》，天津：天津古籍出版社，1991年，第177页。录文见吴钢主编：《全唐文补遗》第7辑，西安：三秦出版社，2000年，第164—166页。但此录文有不少讹误，日本学者森部丰、石见清裕依据拓片图版重新进行录文、译注和研究，今依此本。参见森部丰、石见清裕：《唐末沙陀〈李克用墓志〉译注、考察》，《内陸アジア言語の研究》第18号，2003年。

郎、存璠喜郎、善意、大醑、重喜、小醑、住住、神奴、常住、骨骨、乔八①、小端、小惠、延受、小住、宝琛、小琛。"善意以下，均为小名，当是年纪尚幼，未及正式定名。但定名的诸子均以"存"字为行辈，与李嗣昭并不相同。而李克用之弟李克修有二子嗣弼、嗣肱，行辈正与嗣昭相同。以此推测李嗣昭过继给李克柔，非为无因。

又李翔文引《旧五代史·庄宗纪》："是月甲午，新州将卢文进杀节度使李存矩，叛入契丹，遂引契丹之众寇新州。存矩，帝之诸弟也，治民失政，御下无恩，故及于祸。"②然又称："李克用八子中并无存矩，可知存矩应为李克用假子。"现根据《晋王墓志》，则可确认存矩实为克用亲子。李文还将李建及划入李克用养子范围，其实亦为可疑。今本《旧五代史·李建及传》云：

> 李建及，许州人。本姓王，父质。建及少事李罕之为纪纲，光启中，罕之谒武皇于晋阳，因选部下骁勇者百人以献，建及在籍中。后以功署牙职，典义儿军，及赐姓名。③

然《通鉴》所载却与此不同：

> 建及，许州人，姓王，李罕之之假子也。（胡注：薛《史》：李建及本姓王，少事李罕之。光启中，罕之选部下骁勇百人以献李克用，建及在籍中，后以功赐姓名。）④

《通鉴》认为李建及是李罕之的假子，而非李克用之义儿。且胡注所引薛《史》中只有赐姓名的记载，并无"典义儿军"的事迹。而这恰恰是确认李建及为李克用假子的关键依据。问题是薛《史》和今本《旧五代史》哪一个更为准确呢？

首先我们知道，《旧五代史》今已散佚，现存《旧五代史》乃是清人主要依据《永乐大典》诸韵中辑佚出来的，在时间上要比胡三省看到的本子晚得多。胡注所引薛《史》并无"典义儿军"之记载，或许原书即是如此，而非胡三省节引。若薛《史》原有"典义儿军"记载，则与《通鉴》正文"李罕之之假子"相矛盾，胡三省不会不注意这一问题。

其次，就史实而言，今本《旧五代史》此段材料也有讹误。李罕之只见过李克用两次。一次是在中和四年（884）上源驿事变后，李克用逃脱途中经过洛阳，"罕之迎谒，供帐馆待甚优，因与克用厚相结托。"⑤第二次则是在文德元年（888），李罕之被张言（张全义）击破大本营河阳，"单步仅免，举族为言所俘。罕之奔于太原。"⑥无论哪次，都谈不上"光启中，罕之谒武皇于晋阳。"故而今本《旧五代史》此处记载有误。

综合上述两点分析，笔者更倾向于相信胡注所引薛《史》之记载。

李建及非克用养子的证据还有很多。如李克用诸义儿都以"存"和"嗣"为行辈，李建及并非如此。又《旧五代史》将李克用诸义儿集中在卷52、53，《李建及传》却在卷65，二者相隔悬远，也可说明这一问题。《新五代史》卷25有《李建及传》，可见其绝非"无可纪者"，却没有被纳入到《义儿传》"可纪者九人"的范围之中，又不像符存审那样有特殊原因。可见欧阳

---

① 森部氏录文为"高八"，但细看所附拓片图版，当为"乔八"。
② 《旧五代史》卷28《唐庄宗纪二》，第389页。
③ 《旧五代史》卷65《李建及传》，第863页。
④ 《资治通鉴》卷267乾化元年正月条，北京：中华书局，1956年，第8735页。
⑤ 《旧五代史》卷15，《李罕之传》，第206页。
⑥ 《旧五代史》卷15，《李罕之传》，第208页。

修也并不将其视作李克用的义儿。

综上所述，在李翔研究基础上，最终可以确认为李克用义子共 13 人，分别是：李嗣本、李嗣恩、李存信、李存孝、李存进、李存璋、李存贤、李嗣源、李（符）存审（以上 9 人有传）、李存颢、李存实、李存敬、李存贞（以上 4 人散见史籍）。《通鉴》卷 279 胡注称"晋王克用义儿百有余人"①，这 13 人能脱颖而出，青史留名，已经算是成功者了，但并不代表这些人就是上文所言的"衣服礼秩如嫡者六七辈"。他们在李克用时代的境遇其实大相径庭。下节将以李存孝、李存信兄弟的争斗为切入点，探讨李克用集团的内部矛盾以及此时诸义儿的政治生态。

二、李存孝、李存信兄弟之争背后的河东政局

在李克用时代，最受其信重的义儿是李存孝与李存信。《旧五代史·李存信传》称："自光化已后，存信多称病，武皇以兵柄授李嗣昭，以存信为右校而已。"② 说明此前掌"兵柄"的正是李存信。这种权力来源于"蕃汉马步都校"的职位，甚至引起了李存孝的强烈不满③，成为了李存孝倒向朱全忠的直接诱因。李存孝觊觎存信的"蕃汉马步都校"，李存信却也阻挠着存孝登上邢洺节度使的高位。两人的尖锐对立，其实恰恰反映出他们所任官职的重要地位。

当然，两人斗争的背后却并非如此简单，甚至结局也颇为蹊跷。李存孝叛乱后被擒，遭到处死，这不难理解。然李克用内心却颇为惋惜，乃至因此杀掉了大将康君立。《旧五代史·康君立传》称：

> 乾宁初，存孝平，班师。存孝既死，武皇深惜之，怒诸将无解愠者。初，李存信与存孝不叶，屡相倾夺，而君立素与存信善。九月，君立至太原，武皇会诸将酒博，因语及存孝事，流涕不已。时君立以一言忤旨，武皇赐鸩而殂。④

这件事显得颇不寻常。与李存孝直接对立的是李存信，李克用却视而不见，不仅没有任何处罚，还依旧任其为蕃汉都校。甚至后来存信在战争中屡屡失败，李克用对其也颇为回护，还称："古人三败，公姑二矣。"⑤ 言辞虽然强硬，但仍给其机会。相反，康君立只是在两人斗争中倒向了存信，竟招致杀身之祸。须知康君立并非一般将领，而是李克用起事时的从龙功臣。后唐闵帝时，张昭远撰《庄宗功臣列传》详述当时情境：

> 康君立为云中牙校，事防御使段文楚。时天下将乱，代北仍岁阻饥，诸部豪杰咸有啸聚邀功之志。文楚法令稍峻，军食转饷不给，戍兵咨怨。云州沙陀兵马使李尽忠私谓君立等曰："段公儒者，难与共事。方今四方云扰，皇威不振，丈夫不能于此时立功立事，非人豪

---

① 《资治通鉴》卷 279 清泰元年三月条，第 9107 页。
② 《旧五代史》卷 53《李存信传》，第 714 页。
③ 《旧五代史》卷 53《李存信传》云："大顺二年，武皇大举略地山东，以存信为蕃汉马步都校，存信闻之怒，武皇令存质代之，存孝乃谋叛。既诛，以存信为蕃汉都校。"第 713—714 页。据樊文礼的研究，李克用时期的最高军事将领即为蕃汉马步都校。参樊文礼《唐末五代的代北集团》，北京：中国文联出版社，2000 年，第 99 页。
④ 《旧五代史》卷 55《康君立传》，第 739 页。
⑤ 《旧五代史》卷 53《李存信传》，第 714 页。

也。吾等虽拥部众，然以雄劲闻于时者，莫若李振武父子，官高功大，勇冠诸军，吾等合势推之，则代北之地，旬月可定，功名富贵，事无不济也。"时武皇为沙陀三部落副兵马使，在蔚州，尽忠令君立私往图之，曰："方今天下大乱，天子付将臣以边事，岁偶饥荒，便削储给，我等边人，焉能守死！公家父子素以威惠及五部，当共除虐帅以谢边人。"①

这里说康君立为"云中牙校"，《旧五代史》本传还记载了他的家世，称其"世为边豪"。②李尽忠所谓"吾等虽拥部众"，并非仅针对自己的"云州沙陀兵马使"而言，还包括当地豪强。所以他们言语中充斥着浓烈的地域色彩。李尽忠、康君立等辈的"啸聚邀功之志"，要取的"功名富贵"也不过是代北之地而已。他们的目标就是要"除虐帅以谢边人"，推举的头目便只能是"以威惠及五部"的李克用父子。③

康君立这样的代北豪强就此成为了李克用的初期军事力量。陈寅恪先生称："克用客塞下，众才数千，益募达靼万人，则平黄巢前，克用军中达靼之数已多于沙陀。及大阅雁门，得忻、代、蔚、朔、达靼众三万、骑五千而南，则克用军中达靼成分甚多也。黄巢之平，殊得达靼之力，与败安史，复都城，得力于回纥者同。"④其实达靼固然出力甚多，但如康君立之流的代北豪强，亦是李克用集团的重要支柱。⑤

然而这样一个地域性质浓厚的团体，却并没有什么争霸天下的野心，盖寓即是其例。盖寓是蔚州人，和康君立一样，也是"世为州之牙将"，也参与了李克用的云中起事。且其人"性通黠，多智数，善揣人主情"，是李克用的谋主。⑥但就在乾宁二年，李克用出兵长安平定王行瑜、李茂贞、韩建三王之乱，准备觐见昭宗时，盖寓提出了反对意见。史称：

初，武皇既平王行瑜，旋师渭北，暴雨六十日，诸将或请入觐，且云："天颜咫尺，安得不行觐礼。"武皇意未决，寓白曰："车驾自石门还京，寝未安席，比为行瑜兄弟惊骇乘舆，今京师未宁，奸宄流议，大王移兵渡渭，必恐复动宸情。君臣始终，不必朝觐，但归藩守，姑务勤王，是忠臣之道也。"武皇笑曰："盖寓尚阻吾入觐，况天下人哉。"即日班师。⑦

李克用又一次解救了唐王朝的危机，却连天子也不能见上一面。盖寓所谓"但归藩守"的策略，其实还是希望李克用将势力局限在河东一隅，并不愿将触角延伸到长安这块政治斗争最为激烈的区域中来。他只希望李克用作一个"忠臣"，却绝没有那种"挟天子以令诸侯"的打算。李克用看到了盖寓所代表集团的态度，只得班师回朝。

需要说明的是，康、盖二人的这番言论都是在李克用扩张期时提出的，其间尚且充斥着强烈的地域因素。那么一旦到了危急关头，这种倾向就表现得更为明显。《北梦琐言》卷17"晋王上

---

① 《资治通鉴》卷253乾符五年二月条，第8197页。
② 《旧五代史》卷55《康君立传》，第737页。
③ 这里所谓的五部，未必是哪五个具体的族群，而是泛指代北蕃胡部落。参见樊文礼《唐末五代的代北集团》，第95—96页。
④ 陈寅恪：《陈寅恪读书札记·新唐书之部》，上海：上海古籍出版社，1989年，第153页。
⑤ 《旧五代史》卷55《康君立传》："俄而献祖失振武，武皇失云州，朝廷命招讨使李钧、幽州李可举加兵于武皇，攻武皇于蔚州，君立从击可举之师屡捷。及献祖入达靼，君立保感义军。武皇授雁门节度，以君立为左都押牙，从入关，逐黄孽，收长安。"第738页。
⑥ 《旧五代史》卷55《盖寓传》，第745页。
⑦ 《旧五代史》卷55《盖寓传》，第745—746页。

源驿遇难"条云：

> 天复中，周德威为汴军所败，三军溃散。汴军乘我，晋王危惧，与周德威议欲出保云州，刘夫人曰："妾闻王欲弃城而入外藩，谁为此画？"曰："存信辈所言。"夫人曰："存信本北方牧羊儿也，焉顾成败？王常笑王行瑜弃城失势，被人屠割，今复欲效之何也？王顷岁避难达靼，几遭陷害，赖遇朝廷多事，方得复归。今一旦出城，便有不测之变，焉能远及北藩？"晋王止行，居数日，亡散之士复集，军城安定，夫人之力也。①

上引史料中所谓"天复中，周德威为汴军所败"，指的是天复二年（902）二月，周德威"自慈、隰进攻晋、绛"，三月被汴军氏叔琮击败，最后"慈、隰二州复为汴人所据"，太原西南门户洞开，形势对李克用非常不利。②李存信在此时提议出走云州，其根源就在于那里才是他们的根基所在，有足够的人脉势力可以依凭。李克用妻子刘夫人虽贬低存信，称其为"北方牧羊儿"，出身似乎并不高，然其人"通黠多数，会四夷语，别六蕃书"③，至少在边地也能算活跃分子。这样的一个人和康君立等代北豪强抱有同样的政治立场，应该说是可以理解的。

反观李存孝虽同为代北飞狐人，本姓安氏，当与康君立一样属于昭武九姓粟特人，但他却是"俘囚"出身，没有任何势力可以倚仗，所能凭借的，也仅仅是自身的武勇和李克用的信任。他们出身差异上所带来的鸿沟远胜过地缘、族属上的亲近。李存孝自称是"沙陀求穴者"④，说明了其在代北故地其实无处容身，只能依靠自己的才干去夺取功名利禄。所以我们在史籍中常看到他与康君立、李存信等人争功的记载，乃至于"存孝虑存信离间，欲立大功以胜之，屡请兵于武皇，请兼并镇、冀"⑤。这种"欲立大功"的心态，是康君立等当权者所厌恶的，"兼并镇、冀"也不是他们这些保守派的既定方针。

李存孝并非一个特例，薛阿檀同样如此。薛阿檀在正史中无传，但两《唐书》、《五代史》中等都屡见其活跃的身影，可谓是李克用麾下一名战功赫赫的勇将。但此人也因牵连进李存孝叛乱事件中而自尽。《通鉴》叙李存孝被擒后事云：

> 存孝骁勇，克用军中皆莫及；常将骑兵为先锋，所向无敌，身被重铠，腰弓韣槊，独舞铁楇陷阵，万人辟易。每以二马自随，马稍乏，就陈中易之，出入如飞。克用惜其才，意临刑诸将必为之请，因而释之。既而诸将疾其能，竟无一人言者。既死，克用为之不视事者旬日，私恨诸将，而于李存信竟无所谴。又有薛阿檀者，其勇与存孝相侔，诸将疾之，常不得志，密与存孝通；存孝诛，恐事泄，遂自杀。自是克用兵势浸弱，而朱全忠独盛矣。⑥

所谓的"诸将"，自然是指李存信、康君立等人。他们厌恶的不仅仅是武勇，更厌恶这份武勇所立下的功劳，以及立下大功之后地位的提升。而这种敌视也会促使李存孝、薛阿檀等有着相

---

① （五代）孙光宪著，贾二强点校：《北梦琐言》卷17，"晋王上源驿遇难"条，北京：中华书局，2002年，第322—323页。
② 《旧五代史》卷26《唐武皇纪下》，第358—359页。
③ 《旧五代史》卷53《李存信传》，第713页。
④ 《旧五代史》卷53《李存孝传》，第715页。
⑤ 《旧五代史》卷53《李存信传》，第713页。
⑥ 《资治通鉴》卷259乾宁元年三月条，第8453—8454页。

似经历的人团结起来，形成一股与代北元从相抗衡的势力。存孝、存信之争，其实就是这两股势力的直接碰撞。李克用尝试过进行调解，但双方分歧已经无法消弭，只能进行非此即彼的选择了。樊文礼先生称李存孝之死是由李克用"性严急，左右有过，必峻于谴罚"的性格所导致。①这固然不错，但背后的矛盾更不能忽视。如果仅将其视为李克用冲动下的产物，又当如何解释"存孝登城首罪……武皇愍之，遣刘太妃入城慰劳"这一举动？②两军在交战之际，竟将夫人送入敌方城内劝降。城破之后，李克用并未立即处死存孝，反而将其带回太原。这种种迹象其实已经说明李克用态度软化，并不是真心想杀李存孝。

然而李存孝最终还是被"车裂于市"，这是极其残酷的刑罚。如果说诸将只是无人求情的话，事态未必严峻如此。李存信等人极有可能在此事上起了推波助澜的作用。《通鉴考异》引《太祖纪年录》云：

"先获汴将邓筠、安康八、军吏刘藕子、潞州所俘供奉官韩归范，皆与存孝连坐，同日诛之。骑将薛阿檀惧，自刺。"按旧《纪》，克用擒归范，寻遣归，因附表诉冤，不闻复往晋阳也。薛居正《五代史邓季筠传》，后复自邢州逃归汴。《纪年录》误也。《存孝传》曰："武皇出井陉，将逼真定，存孝面见王镕，陈军机。武皇暴怒，诛先获汴将安康八耳。"③

《太祖纪年录》是后唐天成四年宰相赵凤所主持编修的一部国史④，时代离此不远，从史源上来说应该是比较可信的。然而在此事上却出现许多明显的讹误。司马光已有所考订，此处不再赘述。⑤之所以会出现这种偏差，可能是当时产生了对应的传言。而似是而非的传言，恰好说明当时舆论之倾向。《太祖纪年录》中所涉诸人，薛阿檀已见上述，安康八、刘藕子两人事迹难考。邓季筠和韩归范却有着几个共同点。第一，他们都曾属于朱全忠势力；第二，他们都曾为李存孝所擒⑥；第三，他们被擒之后，却又为李克用所礼遇。⑦安康八、刘藕子等人大概也与之类似。

这些谣言夸大了李存孝叛乱的罪行。如邓季筠是在随李克用讨李存孝的途中叛归后梁⑧，未必与李存孝真的有所勾连。而将早已遣返长安的宦官韩归范加入谣言名单之中，则是意在指认李存孝与唐中央暗通曲款。这种半真半假的谣言最易引发当权者的猜忌，而不少直接的破绽，更是表明了李存信等人必置存孝于死地的立场。这就迫使李克用必须在两派之间做出抉择。

---

① 樊文礼：《唐末五代的代北集团》，第132—133页。
② 《旧五代史》卷53《李存孝传》，第717页。
③ 《资治通鉴》卷259乾宁元年三月条《考异》，第8453页。
④ 《册府元龟》卷554《国史部·恩奖》："后唐赵凤为宰相，监修国史。天成四年上新修懿祖献祖太祖《纪年录》共二十卷、《庄宗实录》三十卷。凤及修撰吴昭远、吕咸休各赐缯彩银器等。"北京：中华书局，1960年，第6660页。
⑤ 惟称"（邓季筠）后复自邢州逃归汴"稍有不妥。按《旧五代史》卷19《邓季筠传》称："景福二年（893），晋军攻邢台，季筠领偏师预其役，将及邢，邢人阵于郊，两军酣战之际，季筠出阵，飞马来归，太祖（朱全忠）大加奖叹，赏赉甚厚。"第262—263页。其逃归后梁，实在李存孝被杀之前。
⑥ 《旧五代史》卷53《李存孝传》："汴将有邓季筠者，亦以骁勇闻，乃引军出战，存孝激励部众，舞稍先登，一战败之，获马千匹，生擒季筠于军中。"第715页。《旧唐书》卷20上《昭宗纪》："（大顺元年秋七月）朱全忠奏已差兵士守潞州，请节度使孙揆赴镇。时中使韩归范押揆旌节、官告送至行营。丙申，揆建节，率兵二千，自晋州赴镇昭义。戊申，至长子县山谷中。太原骑将李存孝伏兵执揆与韩归范及牙兵五百，俘送太原，余兵悉为存孝所杀。"北京：中华书局，1975年，第742页。
⑦ 《旧五代史》卷19《邓季筠传》称："季筠为晋人所擒。克用见之甚喜，释缚，待以宾礼，俄典戎事。"第263页。同书卷25《唐武皇纪上》："武皇将用（孙揆）为副使，使人诱之，揆不逊，遂杀之。"第343—344页。按孙揆与韩归范同时被擒，李克用诱孙揆为河东节度副使，则礼遇归范当属合理。
⑧ 《资治通鉴》卷259景福二年九月条："李克用自引兵攻邢州，掘堑筑垒环之。……汴将邓季筠从克用攻邢州，轻骑逃归。"（第8448页）

最终，李克用还是下令将李存孝处死。这直接导致了"自是克用兵势浸弱，而朱全忠独盛矣"。其实，出现这种情况不在于一两个如李存孝、薛阿檀之类骁将的消失，更在于整个李克用集团政策重心的转移。樊文礼先生用了四个词来总结李克用的军事扩张期，即：兼并昭义、卵翼河中、羁服河朔、收复代北。① 其中兼并昭义是在大顺元年（890）完成的；卵翼河中、羁服河朔则是在乾宁元年（894）李存孝被擒之后；而收复代北则一直从中和元年（881）持续到天复三年（903）。这说明在李存孝还活着时，李克用集团是在不断进取的。然而李存孝死后，政策趋向于保守，"卵翼"、"羁服"等词，都表明李克用只是希望在河东周围扶持几个依附于自己的军阀，而不是将这些地区都收为己有。特别是在消灭卢龙李匡筹之后，又扶持卢龙将刘守光上位，这说明李克用是有能力统治幽州而选择了放弃。所以李袭吉在代表李克用写信修好朱温时云：

> 且仆自壮岁已前，业经陷敌，以杀戮为东作，号兼并为永谋。及其首陟师坛，躬被公衮，天子命我为群后，明公许我以下交，所以敛迹爱人，蓄兵务德，收燕蓟则还其故将，入蒲坂而不负前言。②

一个"以杀戮为东作，号兼并为永谋"的乱世军阀，最终变成"敛迹爱人，蓄兵务德"的仁厚君子。这种转折与其说发生在"天子命我为群后"时③，也即李克用出任河东节度使之时（中和三年，883），还不如说是在李存孝被杀之后。而"收燕蓟则还其故将，入蒲坂而不负前言"，所塑造一个存亡继绝的诸侯形象也掩饰不了李克用画地为牢的无奈。《五代史阙文》称李克用去世前以三箭付李存勖，首称："一矢讨刘仁恭，汝不先下幽州，河南未可图也。"④ 想必其死前也对当年"收幽蓟则还其故将"的方略颇为悔恨。

然而李克用毕竟还是整个集团的首领，无论是从整体利益还是派系平衡出发，都不能坐视代北元从在这次事件确立极大的政治权威，故而还要处死康君立以作警示。但代北元从毕竟是其根基所在，李克用可以处理一个康君立，却不能严重打击整个集团。康君立的昭义节度使还是要由拥有同样背景的薛志勤接任⑤，甚至李克用临终前指定的顾命大臣亦是当年参与了云中兵变的李存璋。⑥ 这些例子都说明了云中旧部的影响是贯穿整个李克用时代。在本节的最后，让我们来看一段李克用的独白，就能更清晰地理解云中旧部在整个集团中的地位了。《旧五代史·武皇纪下》云：

> 是时，亲军万众皆边部人，动违纪律，人甚苦之，左右或以为言，武皇曰："此辈胆略过人，数十年从吾征伐，比年以来，国藏空竭，诸军之家卖马自给。今四方诸侯皆悬重赏以

---

① 樊文礼：《唐末五代的代北集团》，第121—126页。
② 《旧五代史》卷60《李袭吉传》，第803页。
③ 按"群后"即诸侯，也即节度使。《汉书》卷73《韦贤传》："庶尹群后，靡扶靡卫，五服崩离，宗周以队。"颜师古注曰："群后，诸侯也。"北京：中华书局，1962年，第3101页。
④ （宋）王禹偁，顾薇薇点校：《五代史阙文·武皇》，《五代史书汇编》第4册，杭州：杭州出版社，2005年，第2452页。
⑤ 《旧五代史》卷55《薛志成传》："薛志勤，蔚州奉诚人，小字铁山。初为献祖帐中亲信，乾符中，与康君立共推武皇定云中，以功授右牙都校，从入达靼。……乾宁初，代康君立为昭义节度使。"（第739—740页）
⑥ 《旧五代史》卷53《李存璋传》："李存璋，字德璜，云中人。武皇初起云中，存璋与康君立、薛志勤等为奔走交，从入关，以功授国子祭酒，累管万胜、雄威等军。……五年，武皇疾笃，召张承业与存璋授遗顾，存璋爱立庄宗，夷内难，颇有力焉，改河东马步都虞候，兼领盐铁。"（第720页）

慕勇士，吾若束之以法，急则弃吾，吾安能独保此乎！俟时开运泰，吾固自能处置矣。"①

这和北魏末年高欢对杜弼所说的名言何其相似。② 只要明白当年六镇之众对高欢的意义，也就不难理解李克用某些看似矛盾的做法了。可惜的是，直到李克用去世，也没有等到"时开运泰"的那一天。这些矛盾，也只有留待唐庄宗李存勖来处理了。

三、李存勖时代的义儿政治

李存勖在继承其父基业时，遭遇了极大的政治动荡，也即其叔父李克宁权位过重，在李克用养子李存颢、李存实等人的煽动下欲擒李存勖送于汴州，最后事谋败露，反为李存勖所擒。这一事件似乎是我们所习见的宫廷斗争，但其中不少细节尚值得发掘。尤其是李克用诸养子在其间发挥了什么作用，更是值得思考。因为这关系到李存勖执政初年的政治走向。

要弄清整个政变的过程，首先要了解李克用对李存勖即位的安排。而关于此点，诸传记载颇有差异，尤其是托孤人选更是五花八门。现将诸说，列表如下：

托孤对象	遗　　　言	出　　处
张承业、吴珙	吾常爱此子志气远大，可付后事，唯卿等所教。	《旧五代史》卷27《庄宗纪一》
张承业、李克宁	亚子累公等。	《旧五代史》卷51《李克宁传》
张承业、李存璋	召张承业与存璋授遗顾。	《旧五代史》卷53《李存璋传》
张承业	吾儿孤弱，群臣纵横，后事公善筹之。	《旧五代史》卷72《张承业传》
张承业、吴珙、李克宁、李存璋、卢质	此子志气远大，必能成吾事，尔曹善教导之！嗣昭厄于重围，吾不及见矣。俟葬毕，汝与德威辈速竭力救之！以亚子累汝！	《资治通鉴》卷266

据上表，仅张承业是所有记载中都承认的托孤人选。李克宁、李存璋都只在各自传记中被提到受顾命一事。吴珙更是在新旧《五代史》中无传。《通鉴》在采纳诸说的基础上，又加入了一位掌书记的卢质和一条救援李嗣昭的遗命。卢质受顾命之事，除《通鉴》外不见其他记载，但考虑到其掌书记之于节帅几乎等同于翰林承旨学士之于皇帝，新皇即位都需要由翰林承旨撰写即位、大赦诏书，节帅将要去世之时，也往往由掌书记撰写表文请求以子弟为留后。虽然其时朱全忠已然篡唐为梁，李克用固然无处也无需上表，但对内也必有相应的文书体系宣告全境。这都需要卢质这样的"大手笔"参与，在旁聆听遗命亦属合理。因此《通鉴》将其列身其中，亦无不可。

除以上几点外，《张承业传》的记载十分值得注意。因为唯有此处提到了"吾儿孤弱，群臣

---

① 《旧五代史》卷26《唐武皇纪下》，第359页。
② 《北齐书》卷24《杜弼传》载：弼以文武在位，罕有廉洁，言之于高祖。高祖曰："弼来，我语尔。天下浊乱，习俗已久。今督将家属多在关西，黑獭常相招诱，人情去留未定。江东复有一吴儿老翁萧衍者，专事衣冠礼乐，中原士大夫望之以为正朔所在。我若急作法网，不相饶借，恐督将尽投黑獭，士子悉奔萧衍，则人物流散，何以为国？尔宜少待，吾不忘之。"北京：中华书局，1972年，第347—348页。

纵横"的政治局势，而与其他诸说中"此子志气远大，必能成吾事"的记载可谓截然不同。笔者认为，《张承业传》所言更符合当时情况。所谓"吾儿孤弱"并非指李存勖幼年丧父、孤苦伶仃，而是指他的政治威望不够。其实李克用去世之时，李存勖已有22岁，在军将世家中已不算年少。但在此之前，他在军中却并无什么资历可言。比之李嗣昭15岁即独立领兵的事迹，可谓相形见绌。李克用之所以不让李存勖上战场建功立业，可能是为了更好保护其人身安全。因为此前李克用的亲子落落、延鸾即为朱全忠所擒杀①，然而这也造成了李存勖根基浅薄，难以服众。

除了李存勖自身"孤弱"之外，"群臣纵横"亦是当时一大威胁。如果从后续发展来看，"群臣"好像指的就是李克用的诸养子，也即本章开头所言的："衣服礼秩如嫡者六七辈，比之嗣王，年齿又长，各有部曲，朝夕聚谋，皆欲为乱。"但这是我们以后事证前言的逻辑，未必是李克用的本意。否则他又何必以养子李存璋为顾命大臣呢？而且从李克宁反叛的经过看，所谓"朝夕聚谋，皆欲为乱"的养子其实只有李存颢、李存实两人。这两人在新旧《五代史》中皆无传，在诸多史籍中也无其他事迹可寻，甚至李存实只在《新五代史》中出现过。这当然有可能是二人因为谋反而被史官故意忽略，但连官职记载都未留存下来，恐怕也并非什么核心人物，李克用当不至于对其顾虑重重。

所谓"群臣纵横"，当是指昔日的从龙旧将。上节已经提及，这些代北边众素来横行不法，私利重于公心。以李克用的威望，尚且要等到"时开运泰"才能加以处置。那么在其弥留之际，面对着孤弱嗣子，对这群旧将顾虑重重也就不难理解了。更为值得注意的是，李存勖早就显露出对这些人的不满。史称：

> 武皇起义云中，部下皆北边劲兵，及破贼迎銮，功居第一，由是稍优宠士伍，因多不法，或陵侮官吏，豪夺士民，白昼剽攘，酒博喧竞。武皇缓于禁制，唯帝（李存勖）不平之，因从容启于武皇，武皇依违之。②

李存勖于光启元年（885）生于晋阳宫，生活环境与代北之地迥然不同，虽然也有"便骑射"等边地武人色彩，但所受的却是儒家式教育，史称其"十三习《春秋》，手自缮写，略通大义。"③ 与李嗣源等武将"目不知书"的文化水平可谓天差地别。在这种教育背景下成长起来的李存勖，自然与代北旧将存在着文化和思想上的隔阂。旧将们将"凌侮官吏，豪夺士民"视作寻常，在李存勖眼中却是威胁李家统治的恶行，心中自然"不平"。在李克用去世之后，两者之间失去了缓冲，矛盾似乎一触即发。

然而历史复杂而有趣之处正在于此。代北旧将中的代表人物李存璋竟然投靠了李存勖，反而成为了整治旧部的急先锋。史称：

> 初，武皇稍宠军士，藩部人多干扰廓市，肆其豪夺，法司不能禁。庄宗初嗣位，锐于求理。存璋得行其志，抑强扶弱，诛其豪首，期月之间，纪纲大振，弭群盗，务耕稼，去奸

---

① 《旧五代史》卷14《罗绍威传》："太祖遣葛从周援之，战于洹水，擒克用男落落以献，太祖令送于弘信，斩之，晋军乃退。"（第188页）《旧五代史》卷2《梁太祖纪二》："（天复二年）三月，友宁、叔琮与晋军战于晋州之北，大败之，生擒克用男廷鸾。"（第30页）按落落、廷鸾二人俱不见于《晋王墓志》，这可能是二人死于李克用之前，而《墓志》中只记当时在世之子。而且按当时记载来看，如是克用义子，梁方多记改易汉名。而此处记为小名，正为蔑称，反而可证其为克用亲子。

② 《旧五代史》卷27《唐庄宗纪一》，第366页。

③ 《旧五代史》卷27《唐庄宗纪一》，第366页。

究，息倖门，当时称其材干。①

乍看之下，李存璋的政治转向令人费解，但对于他本人而言却是一次正确的博弈。这还需从李克用的托孤政策说起，按照《通鉴》记载，李克用的托孤对象有张承业、吴珙、李克宁、李存璋、卢质五人之多，但在实际权力的分配上却很不均匀。李克宁占据了极大优势，早在天祐初年，已经"授内外都制置、管内蕃汉都知兵马使、检校太保，充振武节度使，凡军政皆决于克宁"②，可谓是李克用集团中的二号人物。

而当时李存璋却只是教练使而已。关于教练使，史籍中并无系统记录，但其出现至少不晚于唐宣宗大中五年。《册府元龟》卷124《帝王部·修武备》云："宣宗大中五年五月敕：……自今已后委诸道观察、节度、都防御、团练、经略等使，每道慎择会兵法及能弓马、解枪弩及筒射等军将两人充教练使。每年至合教习时，分番各以本艺阅试。其间或有伎艺超异者，量加优赏，仍作等第节级与进改职名。"③ 可见教练使主要负责军士日常训练。而其由观察、节度、都防御、团练、经略使"慎择"而来，地位自然在其之下。李存璋虽是河东的教练使，与李克宁的振武节度使并无直接统辖与被统辖关系。然而李克宁"内外都制使"的使职却使两人有了上下级关系。而从宗族伦理上论，李克宁又是李存璋的叔辈。这就造成本来是同受顾命的辅政大臣在地位上有了显著差别。这本身就会引起李存璋的不满，再加上二人关系又不和，很容易使他产生危机意识。只有打倒李克宁，李存璋才有可能保存自身安全。而要完成这一目标，李存勖的协助或者说名分必不可少。而李存勖也需借助李存璋的威望来整顿代北旧部，两人有着互补的政治诉求，可谓一拍即合，最终都达成目标。

李存勖、李存璋等人能够政变成功的一个重要原因，在于本该统管内外军政的李克宁在此时并未掌握到足够的军事力量。当时太原城内兵力十分空虚，这给了李存勖等人可乘之机。于是，掌握了整个河东集团军队的周德威成为最为关键的政治力量，也是李存勖为了稳固自身统治必须笼络的对象。他正率领晋军主力在救援被围困于潞州的李嗣昭。而周德威与李嗣昭的关系却是非常微妙。史称：

> 梁攻燕，晋遣德威将五万人为燕攻梁，取潞州，迁代州刺史、内外蕃汉马步军都指挥使。梁军舍燕攻潞，围以夹城，潞州守将李嗣昭闭城拒守，而德威与梁军相持于外逾年。嗣昭与德威素有隙，晋王病且革，语庄宗曰："梁军围潞，而德威与嗣昭有隙，吾甚忧之！"王丧在殡，庄宗新立，杀其叔父克宁，国中未定，而晋之重兵，悉属德威于外，晋人皆恐。庄宗使人以丧及克宁之难告德威，且召其军。德威闻命，即日还军太原，留其兵城外，徒步而入，伏梓宫前恸哭几绝，晋人乃安。遂从庄宗复击梁军，破夹城，与李嗣昭欢如初。以破夹城功，拜振武节度使、同中书门下平章事。④

周德威是朔州马邑人，"初事武皇为帐中骑督，骁勇便骑射，胆气智数皆过人，久在云中，谙熟边事，望烟尘之警，悬知兵势。"⑤ 可见其属于元从旧部一系。而上节已经着重分析了李克

---

① 《旧五代史》卷53《李存璋传》，第720页。
② 《旧五代史》卷50《李克宁传》，第686页。
③ 《册府元龟》卷124《帝王部·修武备》，第1492页。
④ 《新五代史》卷25《周德威传》，第260页。
⑤ 《旧五代史》卷56《周德威传》，第749页。

用对这样一派势力既利用又排斥的政治现实。他之所以要收养诸多义儿，也是要将一个部落式的多势力军事联盟逐步改造成以李家人为主体的团体。在这种大背景下，李姓将领（包括亲族和义子）与外姓将领就容易产生一些矛盾。上述李存孝与康君立是如此，周德威与李嗣昭也是如此。

但我们又要看到，整个河东集团却又面临着严峻的外部压力。契丹、幽州、魏博、凤岐、河中、汴梁，几乎所有与之接壤的势力都曾与之发生过战斗。故其内部矛盾并非总是以激烈的形式表现出来。这就使得李克用父子有了调解的余地。以对李嗣昭的救援为例，周德威是以内外蕃汉马步指挥使的身份领兵作战的，而这一使职其实来自于李嗣昭。换言之，李嗣昭在招降丁会，顺利进入潞州，并抵御后梁进攻的时候，被剥夺了最大的官职。这对有功无过的李嗣昭并不公平，却是当时紧迫形势下的必然选择。而且即便如此，李克用对周德威是否尽力救援依旧抱有疑虑，以致临死前还屡屡念及。

李存勖在除掉叔父兼顾命大臣李克宁之后，对手握"晋之重兵"的周德威当然要极力安抚。虽然周德威在史书记载中表现得忠心耿耿毫无顾忌，但出现这种记录本身就说明当时局面定然是极其紧张的，揣测周德威要发动兵变的人也一定存在。然而这一切终究没有发生，周德威马上表示了对李存勖的认可与支持，和李嗣昭还上演了一出冰释前嫌的佳话。我们当然可以相信这是周德威高风亮节，但李克用授予的"内外蕃汉马步指挥使"，李存勖授予的"振武节度使"，可能在其中也起了相当大的作用。

得到李存璋、周德威等实力派的支持，李存勖整顿旧部也开始顺利起来。同时，代北旧部自身也处于衰弱之中。当年推举李克用起兵的康君立、薛志勤（铁山）、程怀信、盖寓、李存璋等人，已经只剩下李存璋在世了。李克用诸子逐渐掌握了军权，并随李存勖一起参与了多次重大战役。其地位较之李克用时代，可谓有了重大提升。

如李存进，在李克用时代虽然也有讨王行瑜、讨契丹的事迹，但最后只是石州刺史。虽然当时号称"慈隰未归，西南为患。委之守郡，志在安边"，然而李存进到任之后，却是"和以养兵，仁而抚俗。轻其徭役，劝以耕农。茕嫠者由是遂生，逋窜者以之复业。远来近悦，老安少怀。五谷有年，一方无事"。① 可见并未发生什么战斗。"一方无事"的刺史对于志在立功的军将而言，实在称不上什么美职。而到了李存勖时代，李存进则变得活跃起来。《李存进墓碑》云："（天祐）七年十月转充右厢步军都指挥使，八年十二月转授权行营蕃汉马步都虞候。……九年正月，奉命再知汾州军州事，四月制加光禄大夫检校司徒，十二月授西南面行营招讨都指挥使。十一年三月，……寻制授慈州刺史。……十二月，奉命权知沁州军州事。五月正授诸道行营蕃汉马步使。……以公夙著廉勤，素有威望，九月补天雄军都部署巡检使，行营蕃汉马步使仍旧。……十四年正月转左厢步军都指挥使。二月，奉命权蕃汉马步副总管。……十六年三月制授单于安北都护御史大夫，充振武节度麟胜朔等州观察处置营田押蕃汉等使。……十七年二月。主上赏公之功，就加特进检校太保，仍赐御衣鞍马金银器物绫罗锦彩等。三月授天雄军马步都指挥使，行营蕃汉马步使仍旧。十九年……二月，以公之功加特进检校太傅陇西郡开国男，食邑三百户。"② 之所以如此长篇累牍地罗列李存进的仕宦履历，是因为其每一次加官晋爵的背后，都包含着其对后梁、契丹战斗的赫赫战功，同时也是李存勖对其重视的体现。

又如符存审。他是陈州宛丘人，随李罕之投奔李克用。其出身可谓与代北毫无关联，然而李克用却对其委以重任。史称："天祐三年，授蕃汉马步副指挥使，与李嗣昭降丁会于上党，从周

---

① （清）董浩：《全唐文》卷840《后唐招讨使李存进墓碑》，北京：中华书局，1983年，第8835页。
② 《全唐文》卷840《后唐招讨使李存进墓碑》，第8835—8836页。

德威破贼于夹城,加检校司徒,授忻州刺史,领蕃汉马步都指挥使。"① 需要说明的是,中华书局标点本在此条上标点存在瑕疵,"与李嗣昭降丁会于上党"后的逗号,应改为句号。这不仅是因为《新五代史·符存审传》即为句号,更重要的是下句"从周德威破贼于夹城"发生的时间。

周德威破梁军于夹城,在其本传中记有两次:一次在天祐三年,一次在天祐五年。符存审参与的应该是第二次。首先,天祐三年的夹城之战,虽然周德威本传中夸耀为:"前后俘馘,不可胜纪。"② 但其实也不过"斩首千余级"而已③,潞州之围也依旧没有解除。这样的功劳恐怕尚不足以使得身为副将的符存审加官晋爵。而且《庄宗本纪》也明确记载:"(天祐五年)五月辛未朔,晨雾晦暝,帝率亲军伏三垂岗下,诘旦,天复昏雾,进军直抵夹城。……周德威、李存审各分道进攻,军士鼓噪,三道齐进。……梁军大恐,南向而奔,投戈委甲,噎塞行路,斩万余级,获其将副招讨使符道昭洎大将三百人,刍粟百万。梁招讨使康怀英得百余骑,出天井关而遁。"④ 这里明确指出了周德威和李(符)存审一起担任主攻,并取得重大战果,斩首万余级,彻底解除了潞州的威胁。在这种大胜的背景下,符存审的加官晋爵才显得更为合理。

之所以要详细考证符存审参与夹城之战的时间,纠正此句标点上的瑕疵,主要是因为这两句之间发生了李克用去世这种重大政治事件。如果不断开,则容易混淆成事件都发生在天祐三年。而实际上,授予符存审"蕃汉马步副指挥使"的是李克用,而授予其"忻州刺史,领蕃汉马步都指挥使"的却是李存勖。只有断开此句,才能明了符存审在李克用父子易代时地位的变化。

所谓"蕃汉马步都指挥使"一职,实际上掌管河东集团的侍卫亲军,亦是后唐禁军的前身。符存审由"副"而"都",即是从副将变为主帅的飞跃,地位大大提高。但这远不是符存审仕途的终点。这里无需像李存进一样罗列履历,只看其终官为"宣武军节度使、诸道蕃汉马步总管"就能清楚一二了。而所谓"诸道蕃汉马步总管"其实就是符存审当年出任过的"内外蕃汉马步总管",是掌握整个晋系(后唐)军事实力的职位,乃名副其实的"诸将之首"。⑤

当然,最典型的例子莫过于李嗣源。在《旧五代史·明宗本纪》中大量记载了李嗣源早年在李国昌、李克用父子麾下的事迹,字里行间中无不透露出李克用对其的信任和重用。但需指出,《明宗本纪》的史源来自于后唐末帝时所修的《明宗实录》。李嗣源本是义儿出身,夺取了嫡兄李存勖的皇位,在法统上就存在着天然的缺陷。故即位后一再强调自己与李克用的关系是如何亲密。⑥ 显然,这种政治宣传也必然会渗透到史书的编撰之中,故而《明宗本纪》强调此点也就不足为奇了。

然而,仔细阅读《明宗本纪》时会发现,李嗣源早年虽历阵颇多,几乎参与过所有重大战役,但其官位却一直不显。我们知道,中古墓志都常夸耀志主,有一二小官,也会傲然书之,以示荣耀。何以成为了帝王的李嗣源,资历如此深厚(李国昌时代就跟随李克用了),战功如此显赫,却连一个像样的官职都没有,以致史籍中多以"河东将"、"骑将"代之呢?这很可能暗示着李嗣源当时的身份并没有《明宗本纪》中记载的那么显赫。其实,李嗣源的官职还是能找到相

---

① 《旧五代史》卷56《符存审传》,第755页。中华书局2015年修订本"加检校司徒"上加"以功"二字,"降丁会于上党"后仍做逗号,未改为句号。(第874页)
② 《旧五代史》卷56《周德威传》,第750页。
③ 《旧五代史》卷26《唐武皇纪下》将此事系于天祐四年,第362页。
④ 《旧五代史》卷27《唐庄宗纪一》,第369页。
⑤ 《资治通鉴》卷273同光二年三月条云:"李存审自以身为诸将之首。(胡注:李存审时为蕃汉马步军都总管。)"(第8917页)
⑥ 《旧五代史》卷35《唐明宗纪一》载明宗语云:"予年十三事献祖,以予宗属,爱幸不异所生。事武皇三十年,排难解纷,栉风沐雨,冒刃血战,体无完肤,何艰险之不历。武皇功业即予功业,先帝天下即予天下也。"(第491页)

关线索的。史称：

> 其年（乾宁三年），魏帅罗弘信背盟，袭破李存信于莘县，帝奋命殿军而还，武皇嘉其功，即以所属五百骑号曰"横冲都"，侍于帐下，故两河间目帝为李横冲。①

据此可知，在乾宁三年（894）时，李嗣源是"横冲都"的指挥使，下辖五百骑。"侍于账下"，即说明这是李克用的亲军。五代时，常以千人为一都。李嗣源所率却只五百，虽然是精锐骑兵，但人数毕竟不多。可以说李嗣源与李克用关系虽然亲近，地位却不算高。因此要以此来证明其在李克用手下如何受到重用，恐怕还是说服力不足。而且这是乾宁三年才有的待遇，说明此前李嗣源还未能有统率骑兵"侍于帐下"的资格。

不仅如此还有迹象表明，李嗣源和同僚之间的关系并不融洽。史称：

> 帝既壮，雄武独断，谦和下士。每有战功，未尝自伐。居常唯治兵仗，持廉处静，晏如也。武皇常试之，召于泉府，命恣其所取，帝唯持束帛数缣而出。凡所赐与，分给部下。尝与诸将会，诸将矜衔武勇，帝徐曰："公辈以口击贼，吾以手击贼。"众惭而止。②

上引材料说李嗣源"谦和下士"，这当是针对其部属而言。对于同僚，他展现的却是"雄武独断"的一面。而其所言"公辈以口击贼，吾以手击贼"，愤懑之情溢于言表。这是在表达自己屡立战功，却依旧沉沦下僚，只能和一群名不副实之人同列的不满。这里的"公辈"到底指谁，虽已经不得而知，然奉行保守政策的元从旧部，当最具"以口击贼"之嫌疑。值得注意的是，事情的结果虽然是"众惭而止"，却没有记载李克用对此事的态度。这种在众将聚会上直接挑破矛盾的做法，无疑给了李克用极大的压力。李克用将其置于亲近之地而不加以重权，恐怕也是为了缓和双方矛盾。

与之相对的，李存勖在即位后不久，便对李嗣源予以重用。天祐七年柏乡之役，李嗣源曾"引钟尽醽，即属鞭挥弭，跃马挺身，与其部下百人直犯白马都，奋挝舞稍，生挟二骑校而回，飞矢丽帝（李嗣源）甲如蝟毛焉。由是三军增气，自辰及未，骑军百战，帝往来冲击，执讯获丑，不可胜计。是日，梁军大败。以功授代州刺史。"③这一方面再次说明在天祐七年时，李嗣源所辖部下仍是数百人规模，本人还是冒死搏杀的斗将。另一方面，此役亦是其仕途腾飞的起点，战后出任代州刺史，代表其被委以方面之任。其后又历相州刺史、邢州节度使、蕃汉副总管、天平军节度使、汴州节度使、蕃汉总管、镇州节度使诸职，所临皆为剧镇，所管日益广阔。其权势地位与昔日五百骑横冲都指挥使，当然自有天壤之别。这种权力的膨胀，也为日后能发动兵变奠定了基础。

其实，不仅李存进、符存审、李嗣源在李存勖时代得到了超过李克用时代的信重，其他义儿如李嗣恩、李嗣本、李存贤等人都是如此。这一方面固然是因为河东集团实力日益壮大，幅员日益辽阔，有更多的机会和官位给予他们；另一方面也是和李存勖打压元从旧部，将权力集中至李姓宗室将领手中的既定方针是吻合的。李存勖不仅借助他们稳固了自己的权力，更凭藉其优秀的

---

① 《旧五代史》卷35《唐明宗纪一》，第483页。
② 《旧五代史》卷35《唐明宗纪一》，第482页。
③ 《旧五代史》卷35《唐明宗纪一》，第484页。

军事能力开疆扩土,为灭掉后梁提供了人才保障。

小 结

　　李国昌、李克用父子出身于沙陀部族,盘踞在代北云中一带,之所以对唐帝国时叛时降,倚仗的便是在当地笼络住了一大批豪强部族,具有较强的社会基础。而当中央所任命的云州防御使段文楚出现管理危机时,李克用在当地豪强军将的拥戴下发动兵变,最终成为大同军节度使,正式登上政治舞台。而这一批豪强军将,也成为其统治的基础。

　　之后,李克用在剿灭黄巢的过程中,不断扩充着自己的实力,然而其所倚仗的力量还是代北豪强。而当其成为河东节度使之后,政治重心由云州转移到了太原,所面对的敌人也不再是虚弱的唐中央和乌合之众的黄巢农民军,而变成了幽、镇、魏、梁、蒲、岐等多处统领精兵强将的军阀。在这种情况下,就要求李克用获取更多的人才,以一种更为开放的心态吸收、团结辖区的力量。因此,大量河东甚至是中原地区的人员进入到其军事系统之中。为了更好地整合这些人,李克用选择了将他们收为义子,通过建立一种虚拟的血缘宗法关系来获取其忠心。这股力量不仅可以用来开疆扩土,抵御外侮,对内也能树立李氏的权威。

　　然而新生的政治力量总会受到旧有势力的排挤。云中旧部对新人的态度并不友好,尤其是在整个河东集团的战略上存在着严重分歧。由于前者之所以拥戴李克用,就是因为段文楚损害了当地人的利益,而李克用恰恰能够保护这种利益。但现在李克用却利用他们南征北战,战略中心逐步南移。代北不再成为集团的核心地带,甚至在一段时间内被吐浑部赫连铎所攻取。换言之,这些代北旧将逐渐失去了其所能倚仗的乡里基础,而这恰恰是其所不能忍受的。

　　而李克用新收的义儿大多出身底层,更渴望猎取功名,这又要求李克用扩大战争规模。"欲立大功"与保有旧土之间于是出现了激烈冲突,最终以双方各失去一位领袖人物(李存孝与康君立)而告终。这当然是李克用平衡诸方利益的结果,但这种妥协没有也不可能化解双方的矛盾。李克用设想到"时开运泰"那天"自能处置",然而终其一生,这一天也没有到来。

　　李克用去世之后,李存勖接任父亲的位置。由于其成长经历的关系,他对代北旧部并无好感,少年时即表现出要整顿旧部的意愿。这种矛盾本身就是一个危机,又加之其叔父李克宁手握大权,其统治者的身份可谓是朝不保夕。这两个危机交织在一起,构成对李存勖的巨大挑战。然而李存勖却利用了旧部代表李存璋与李克宁的矛盾,成功拉拢了李存璋,诛杀了李克宁,同时整顿了旧部,树立了自己的权威。又安抚了手握重兵的周德威,稳定住了军心,成功击退了围攻潞州的梁军。如此,李存勖的统治得以稳固下来。

　　李存勖之所以能如此成功,与李克用的一个重大区别就在于时间。如上所言,代北曾经被赫连铎所占据。这使得代北旧将失去了地缘基础。而政治重心的转移,又使得代北成为边缘地带,新一代将领比之前更难进入河东集团的核心。这造成了整个派系实力的断层。相比于老一辈元从旧部的逐渐去世,李克用所招收的义儿们则开始崭露头角。许多在李克用时代尚未来得及展现自己军事才能的将领得到了重用,李存进、符存审、李嗣源等人就是其中代表人物。这些人构成了李存勖争霸天下的人才基础,在对梁作战中屡立功勋,为后唐的建立奠定了基础。而他们自身,也在这场旧部与新臣的政治角逐中成为胜利者,占据了整个朝廷的核心职位。

(中山大学历史学系)

《元和姓纂》所叙拓跋昭成帝及其子孙史事释证

楼 劲

唐代林宝《元和姓纂》(以下简称《姓纂》)一书，除叙氏姓源流、族属子裔外，所存中唐以前其他史料亦颇可贵。然其书南宋已残，至明渐佚，自清代四库馆臣从《永乐大典》中将之辑出，到孙星衍、洪莹初步董理的嘉庆刊本，近代以来再经罗振玉等校勘和岑仲勉四校，直到上世纪末郁贤皓、陶敏、孙望将之汇为一帙再加整理，遂甚可观①。回顾几代学人围绕此书展开的工作，其间接武继轨之迹斑斑可见。尤其是岑仲勉先生所著《元和姓纂四校记》(以下简称《四校记》)，非惟于《姓纂》义例、纲目、叙次运思入微多所是正，于诸姓谱系、人物亦博采广证一一订补，更建瓴于现代学理继往开来，遂能不捐其细而愈见其大，一新此书整理的局面，中古史界受惠深矣久矣。

值此岑先生诞辰一百三十周年之际，后学自当为文纪念。兹就《姓纂》所叙拓跋昭成帝及其子孙史事，基于《四校记》成果并申岑先生"正本"之体发其意蕴，明其史源，以为芹献。

一、《姓纂》记洛阳元氏源流及其叙次之异

《姓纂》卷4《元氏》首引《左传》所记卫大夫元咺之事，述其先食采于元，因以为氏而子孙无闻②。以下分述由拓跋改姓为元的洛阳、太原、纥骨、是云、扶风五支，而于洛阳元氏之下述其族源和诸帝建号、改姓之事及其支裔之况（括号内文字为笔者据《四校记》所加）：

> 自云黄帝子昌意之后，居北土，代为鲜卑君长……昌意三十九代，至昭成帝什翼犍，始号代王，都云中。道武改号魏，即尊号。孝文帝都洛阳，改为元氏。十一代、十五帝、一百六十一年，为后周所灭。献明帝生实（应作献明帝实，前脱昭成帝三字，或作昭成帝生献明帝、寔君）、寿鸠、纥根、翰、力真、阏婆……太武帝生景穆帝，嗣王，生天赐、子推、新成、云、休、桢、胡儿……道武帝生淮南王熙……明元帝晃（《魏书》明元帝名嗣，晃为景穆帝之名）生范……太武帝焘生临淮王、太尉谭……献文帝弘生禧、幹、雍、羽、勰……（文成帝濬）生安乐王长乐……孝文帝弘（《魏书》作宏）生广平王怀……文帝郁律（《魏书》名郁律而生乌孤者为平文帝）生乌孤……

---

① 其校勘整理过程之要，参郁贤皓、陶敏整理，孙望审订的《元和姓纂（附四校记）》前后收录的各家序文、提要，尤其是岑先生《四校记》诸序、凡例和附录。北京：中华书局，1994年版。
② 罗新、叶炜：《新出魏晋南北朝墓志疏证》（北京：中华书局，2005年）一九六《元氏宫人墓志》述"宫人姓元氏，魏郡人也，善长肇于命族，河朔世其桑梓"。大业三年五十一岁卒于景华宫所。似志主祖上世居河朔，其家谱牒叙为元城元氏之后。是《姓纂》溯元氏至元咺盖亦有当时谱牒为据。

所述拓跋源出黄帝子昌意云云，为北魏通行之说①。以下堪值注意之要节有三：

一是其述昭成帝什翼犍始号代王，都云中，于其前三十九世则一笔带过。这不仅与《魏书·序纪》及《北史·魏本纪一》载昌意以下世数不同②，更与二处所述拓跋氏"号代王"及"都云中"之事迥异。如《序纪》述永嘉以来拓跋桓帝猗㐌、穆帝猗卢助并州刺史司马腾、刘琨抗御刘渊、刘虎、刘聪、石勒，终得陉北五县之地，且被西晋怀帝、愍帝相继封为大单于、代公、代王。是拓跋猗卢始号代王，其后郁律、什翼犍等皆踵其号而已。《序纪》又述拓跋部自圣武帝诘汾徙至匈奴故地，至神元帝力微三十九年"迁于定襄之盛乐"，自此诸帝虽国势不一而多居此，昭帝禄官三分国人后，统领一部的穆帝猗卢亦居盛乐故城，至其总领各部后更"城盛乐以为北都，修故平城以为南都……于灅水之阳黄瓜堆筑新平城"。继而昭成帝之父平文帝郁律雄踞代北而国势大张，亦都盛乐，其末年至惠帝贺傉曾徙至东木根山，至炀帝纥那、烈帝翳槐又徙至大宁③，烈帝末又于盛乐故城东南十里筑新城，继立的昭成帝复"移都于云中之盛乐宫"④，并于故城南八里再筑盛乐城。依此则昭成帝只是在惠帝、炀帝以来相继徙至东木根山及大宁后还都云中，其事固亦甚要⑤，但汉魏以来的盛乐故城及其左近一带，早自神元帝，至晚自穆帝为代王以来即为其都。由此看来，《姓纂》所述盖为凸显昭成帝地位而隐去了神元以来诸帝事迹，多少有些夸大了昭成帝的功业。

需要指出的是，《魏书》和《北史》的上述记载，应是北魏前期《代记》至于孝文帝以来所修国史的标准口径，且其所载神元及于桓、穆二帝、烈帝与昭成帝诸史事，不少皆可证诸《十六国春秋》、《晋书》、《资治通鉴》等处所载⑥。是其事之近实唐宋固多认同，在北魏之时的权威性更毋庸置疑。而《姓纂》所述却与之判若有别，特别是其又截断众流，略过神元、桓、穆、平文诸帝创业开基之功而只以昭成帝建号立都为代魏之始，这就代表了不同于北魏国史的另一种口径。对今天的研究者来说，其间的孰是孰非当然也须予以关注，却更应意识到：在北魏国史编纂以及北齐以来《魏书》的撰定和后续几次重修过程中，关于拓跋氏早期的世系、史事一直都存在着另一些传说和记忆。

二是所谓"十一代十五帝一百六十一年"颇值推究。据《周书》卷3《孝闵帝纪》，西魏恭

---

① 《姓纂》在"代为鲜卑君长"后亦引"《宋书》云，李陵之后"。此为南朝国史系统对拓跋族源的记载，从而表明了唐人于拓跋元氏族源两存其说而以北为正的态度。
② 《魏书》卷1《序纪》载昌意少子受封北土，世为君长，积六十七世至成帝毛，再经十三世而至神元帝力微，又历四世而至昭成帝什翼犍。《北史》卷1《魏本纪一》"魏先世"所载略同而文简。《姓纂》述"昌意三十九世至昭成帝"，其后姓氏书袭此说"三十九世"者甚多，当非文有讹误而属别传之说。
③ 田余庆先生在《拓跋史探（修订本）》（北京：生活·读书·新知三联书店，2011年）之《代北地区拓跋与乌桓的共生关系》六《东木根山地名的来历和拓跋立都问题》中指出："拓跋以东木根山为都，前后共历六年……至327年炀帝迁走大宁止"。《序纪》则载惠帝后争立的炀帝、烈帝都于大宁，为时约十二年。
④ 《魏书》所称"定襄之盛乐"、"云中之盛乐"，是因西汉定襄郡至东汉并入云中郡而皆辖成乐县，其实皆指神元以来所居成乐故城一带。谭其骧先生主编的《中国历史地图集》标之于今内蒙古和林格尔县北。
⑤ 《魏书》卷14《神元平文诸帝子孙传·武烈将军谓传》附《元丕传》载孝文帝与丕等议迁都之事，称"卿等或以朕无为移徙也。昔平文皇帝弃背率土，昭成营居盛乐；太祖道武皇帝神武应天，迁居平城"云云。可见昭成帝"营居盛乐"确被当时公认为拓跋早期都城史之重大事件。
⑥ 如神元帝力微之事，《晋书》卷36《卫瓘传》载晋武帝时"幽并东有务桓，西有力微，并为边害"，瓘都督幽州时遂行反间，使"务桓降而力微以忧死"。《资治通鉴》卷80《晋纪二》咸宁三年载其事颇详。又如穆帝猗卢助刘琨之事，亦见《晋书》卷102《刘聪载记》及《通鉴》卷87《晋纪九》永嘉四年十月条，汤球《十六国春秋辑补》（上海：商务印书馆，1958年）卷3《前赵录三·刘聪》亦有辑补。猗卢被封代公、代王之事，又见《晋书》卷5《怀帝纪》、《愍帝纪》及卷62《刘琨传》等处。《通鉴》永嘉四年十月条《考异》且引《刘琨集·上太傅府笺》，证其于此年六月以前已封代公；又引同集《与丞相笺》述此前桓帝猗㐌被表为代公，惟因道途不通"竟未施行"。

帝三年（556）十二月庚子禅位，次年正月辛丑北周闵帝即天王位，由此上推161年，适为北魏道武帝皇始元年（396）①。只是，这样计年与"十一代十五帝"世系不合，其间似应别有义旨。②

据《魏书》及《北史》帝纪所载，自道武帝至明元帝、太武帝、文成帝、献文帝、孝文帝、宣武帝、孝明帝相继在位，共为八世；加上太武帝的"太子"，且被其子文成帝追尊而列入《魏书》本纪的景穆帝，亦仅九世。而孝明帝以下诸帝，孝庄帝、节闵帝皆献文帝孙，东海王、安定王皆景穆帝玄孙，孝武帝及西魏文帝皆孝文帝之孙，西魏废帝、恭帝皆文帝子，为孝文帝曾孙。以上共为十世十七帝③，而非十一世十五帝。只有不计西魏而仅计北魏帝系，再考虑《姓纂》前文特重昭成帝地位之旨，以此为端计其世系，也就是从昭成帝、献明帝到道武帝以下，计入景穆帝而至孝文帝之孙孝明帝，再加《魏书》列于本纪的孝庄帝、节闵帝、安定王而至孝武帝，则适为十一代十五帝。

然则《姓纂》述拓跋帝系的"十一代十五帝"之说，不仅是从昭成帝算起，又是按北周追尊宇文泰为帝的义例，把北魏帝系和国祚截止于孝武帝入关被弑的永熙三年（534）的。由此上溯161年，洵为《魏书·序纪》所载昭成帝什翼犍建国三十四年（373），而此年既是昭成帝"太子"献明帝拓跋寔救父御难的死年，又是其遗腹子道武帝拓跋珪的生年。鉴于昭成帝本是《姓纂》强调的拓跋王业开端，其"太子"寔作为道武帝皇考而被追尊献明帝，则因其使"宗庙复存，社稷有主"而被后世视为理所当然④，故《姓纂》述北魏"十一代十五帝"共历"一百六十一年"，恐怕正是指道武帝生年至孝武帝死年的诸帝世系和年数，其"十一世"中本应包括昭成帝、献明帝父子在内。也就是说，《姓纂》的十一代十五帝一百六十一年之说，是与其前文以昭成帝为拓跋王业开端之说相配套的。

三是《姓纂》叙洛阳元氏诸帝子孙之次亦有问题。如上引文所示，其首叙昭成帝子孙，次叙景穆帝子孙，其下方依次述道武帝、明元帝、太武帝、献文帝、文成帝、孝文帝子孙而末述平文帝郁律子孙。对这种不循诸帝先后，又非昭、穆之序的叙次，《四校记》以为《姓纂》此处原文在"生安乐王长乐"前当脱"文成帝"三字，及其将文成帝子孙错列于献文帝子孙之后，均属四库辑本从《永乐大典》中摘抄相关文字时的疏误，故宜将之改列于献文帝子孙之前。准此，则《姓纂》这段文字自道武帝子孙以下，仍是按诸帝在位之序依次叙其子孙的。接下来的问题，遂集中于其为何首叙昭成帝子孙而次述景穆帝子孙，又把平文帝郁律子孙列于其末。⑤

《姓纂》此处述拓跋"自云黄帝子昌意之后"云云，盖以明其族源由来。其下所述"昭成帝什翼犍始号代王，都云中；道武帝改号魏，即尊号；孝文帝都洛阳，改为元氏"；明显是划出了拓跋部发展史上的三个里程碑，而以昭成帝建号立都开其端。故其自昭成帝子孙叙起，说明的是

---

① 《北史》卷56《魏季景传》附《魏澹传》载隋文帝以魏收书褒贬不实，命其别撰魏史，"澹自道武下及恭帝，为十二纪，七十八列传，别为史论及例各一卷，合九十二卷"。是魏澹书正以道武至恭帝计其君统。
② 《魏书》卷1《序纪》的史臣曰，先称神元、桓、穆之事表明帝王之兴，"灵心人事，夫岂徒然"。继述昭成帝功业而称其"立号改都，恢隆大业。终于百六十载，光宅区中，其原固有由矣"。其160年之数，似是从皇始元年至西魏恭帝三年留头去尾计算的结果，但其述昭成帝"立号改都"即述"终于百六十载"云云，仍为后人留下了这160年或当自昭成帝时算起的想象空间。
③ 孝明帝以下诸帝中，孝庄帝、东海王、节闵帝、安定王、孝武帝要皆尔朱氏及高氏拥立，而东海王元晔《魏书》不列本纪或不应计入，则为十世十六帝。若不计尔朱氏及高氏拥立的孝庄帝以下诸帝，只计西魏、北周正统所系的孝文帝，下至西魏文帝、废帝、恭帝，上溯至昭成帝则为十二世十五帝。
④ 见《隋书》卷58《魏澹传》载其重修《魏书》的义例之二。
⑤ 至于其所述诸帝本有多子而不皆被录或唯叙其一，或某帝本有子裔而不见其载，则是《姓纂》只记其子孙在唐仍有官历者的体例使然，不足怪也。

昭成以一身而承昌意以下三十九世之系，也是在着力强调河南洛阳元氏作为北魏宗室，其主干皆为昭成之裔。而其接着提前叙次景穆子孙，亦非全因景穆帝身份地位特殊又子裔繁茂①，而应与《姓纂》辨诸姓支属的义例及其所录拓跋元氏各支之况相关。观其分述唐时所存元氏五支，纥骨一支晚至武周时方由胡氏改为元氏；其余除洛阳一支直承昭成外，太原一支则书其"称昭成帝后"，是云、扶风两支又分别书其"状称"、"自云"景穆帝后。其所传递的意思是，自孝文帝改姓而被记入《姓纂》的四支元氏，皆昭成、景穆帝后人，却有"正宗"、"旁支"以至于托附的不同②。故其于河南洛阳元氏之所以首述昭成帝子孙其次即述景穆帝子孙，或也是要首先明确当世元氏的"正宗"所在，以此突出书中所录昭成帝、景穆帝不同支裔的正、闰之分。③

至于《姓纂》述平文帝一支于洛阳元氏之末，盖因平文帝在拓跋帝系中位于昭成帝以前之故。这是因为其既竭尽突出了昭成帝在洛阳元氏发展史上的地位，也就不应再自乱其例，把平文帝子孙叙次于昭成帝子孙之前。不过，《姓纂》毕竟交代了"昌意三十九世至昭成帝"，其后所录的"纥骨元"氏，则为神元帝以前献帝邻的长兄匹麟之裔，因而与献帝同在此三十九世之列的平文帝一支，自然亦无不叙之理。况且平文帝本是道武帝时所尊的"太祖"，在当时太庙中位属不祧而尊于"高祖"昭成帝④，直至太和十五年（492）孝文帝重定庙制，改尊烈祖道武帝为太祖，其前诸帝包括神元、平文庙皆被迁撤，且与早期其他诸帝一并被归为"远祖"⑤。这就透露《姓纂》把平文帝子孙置于洛阳元氏昭成以下诸帝子孙之末的叙次，盖有鉴于孝文帝改尊道武帝为太祖以来平文帝地位跌落的现状。与魏收书为"神元、平文诸帝子孙"专立一传，置于宗室列传之首相比，《姓纂》把平文帝子孙置于洛阳元氏之末的叙次，应是其既要载明洛阳元氏子裔传于当世的脉络统系，又要体现北魏后期以来拓跋诸"远祖"地位已微的现实，更要强调昭成帝地位的结果。

以上三端在具体解释上容可再议，但《姓纂》洛阳元氏所叙代表了北魏后期至隋唐时人对拓跋早期帝系和史事的某种流行之说，并与《魏书》、《北史》等处承自北魏国史的相关记载殊异其趣，又特别强调了昭成帝什翼犍在拓跋开国历程及北魏宗室世系中的地位，则无论如何都是十分明确的。这一点不能不令人思考昭成帝及其子孙在拓跋氏发展史上的特殊性，亦引人探寻《姓纂》所述之背景和史源，以及北魏国史和北齐至隋唐所修北朝和后魏史在拓跋早期史事采择上的

---

① 赵超：《汉魏南北朝墓志汇编》（天津：天津古籍出版社，2008年）收录的神龟三年《元晖墓志》述其昭成六世孙，志文称其宗绪"厥初迈生于商，本支茂于緜瓞"；东魏武定三年《元晔墓志》述其为景穆玄孙，志文提到"穆帝诸子封王者十有二国，莫不政如鲁卫，德励闲平，入长百僚，出逾五等。故能积祚流祉，本枝实繁"。可见北魏宗室中昭成、景穆子裔尤盛，这与《姓纂》所录元氏子孙之况也是大体相符的。以下所引墓志非特注明者皆出此。

② 《颜鲁公集》卷11《元结墓碑铭》述其"盖后魏昭成皇帝孙曰常山王遵之十二代孙……高祖善祎，皇朝尚书都官郎中、常山郡公"。《姓纂》载"太原元氏"一支，首述"唐都官郎中元善祎，称昭成帝后"，后文述元结即其玄孙。墓志称其"盖"昭成帝之裔，笔法与《姓纂》述此支"称昭成帝后"类同，似其与洛阳元氏之别乃为当世元氏各支所公认。《金石萃编》卷98《元结碑》述碑在鲁山县学，录文略同。

③ 南宋邓名世《古今姓氏书辨证》卷7《元氏》述拓跋诸帝之裔多本《姓纂》，而景穆帝子孙已置于道武、明元、太武帝相嗣之后。这应当也是因其所叙拓跋元氏已无太原、是云、扶风之支的缘故。

④ 《序纪》述昭成帝之崩，已交代"太祖即位，尊曰高祖"。《资治通鉴》卷110《晋纪三十二》隆安二年十二月己丑载及道武帝即位改元及祭祀建制诸事："追尊远祖毛以下二十七人皆为皇帝，谥六世祖力微曰神元皇帝，庙号始祖；祖什翼犍曰昭成皇帝，庙号高祖；父寔曰献明皇帝。"所述未及平文帝之谥及其庙号太祖，胡注遂据《魏书·序纪》、《太祖纪》及《礼志一》所载，补文帝、思帝、昭帝、桓帝、穆帝至平文帝以来惠、炀、烈帝之谥及争统之事。

⑤ 事见《魏书》卷108之一《礼志一》太和十四年八月议丘泽配尚及十五年四月复始明堂，改营太庙诸节。后文又载太和十五年四月诏称平文帝为"远祖"，且曰"平文既迁，庙唯有六，始今七庙，一则无主"。所谓"庙唯有六"，显指太祖道武及太宗明元、世祖太武、恭宗景穆、高宗文成、显祖献文庙而言。是道武以前诸帝至此已皆称"远祖"，遂可推知道武帝所立神元、平文、昭成、献明诸庙，除太祖平文庙外，其余必自文成帝以来逐次迁撤。

种种问题。

二、昭成帝及其子孙史事与拓跋君统之争

昭成帝在拓跋氏发展史上的特殊性，这在拓跋早期史事撰录中也有反映。《魏书·序纪》自神元帝起系年记事，至昭成帝时忽有不少详至其月①，由此推想道武帝命邓渊编纂的《代记》（《国记》），其所据拓跋氏以往存留的传述载录，也是到昭成帝时才备其体式的。而这自然意味着拓跋氏早期史事自此一变其叙录之式而已加详，于昭成帝承前启后的地位则尤不免于刻意崇扬，从而使其传诸后世的形象越发变得高大、翔实起来。《序纪》述昭成帝在位之事所以系事井然又尤显其要，其源当在于此。以此综诸相关记载，即可看出昭成帝在早期拓跋君长中的尤异之处，主要集中在两个方面：

一是其功业甚隆有过于神元以来诸帝。像《序纪》载昭成帝即位于繁畤之北，"称建国元年（约公元 338 年）"。这是早期拓跋君长包括穆帝被封代王以来的首次建元②，其意义至为重大。无论是就建元本身在汉魏以来政治传统中的意蕴，还是对北魏开国前史的诸多事态来说，昭成帝什翼犍即位而建元"建国"，所标志的不仅是以往一系列发展过程的转折点，更是大量重要事件的开端③。由此观之，《姓纂》所述昭成帝"始号代王"，或即与其始立年号且名"建国"之事相关④；而北魏初年撰录的开国前史之所以名为"《代记》（《国记》）"，恐亦当与昭成帝即位"代王"而始号"建国"，道武帝则直承于此创立北魏之事相连考虑。⑤

当然昭成地位之要，除拓跋早期史事传录自此加详外，更是因其众多建树对代国发展来说影响深远。《序纪》接着昭成帝登位建元，即述其于建国"二年春，始置百官，分掌众职"，展开了一系列制度建设。具体如《魏书》卷113《官氏志》载拓跋氏自神元帝以来与魏晋交好而职司有所改创，至昭成帝则官司轮廓粗备：

---

① 《序纪》神元至昭成帝前记事详至月份者，唯有神元帝三十九年"夏四月，祭天"一例。这显然是因四月祭天自此相承为常之故。其后文记昭成帝建国五年"秋七月七日，诸部毕集，设坛埒，讲武驰射，因以为常"。这是《序纪》系事详至某日的特例，亦因其日秋射讲武自此为常之故。

② 《序纪》载神元帝史事，述其"元年，岁在庚子"。其时神元帝落难依附没鹿回部，此"元年"显然并不具有建元性质，而是后来史臣仿《春秋》之体，为定其系年记事之始而书。据其后文载力微四十二年遣子沙漠汗通使曹魏，时当景元二年。《资治通鉴》卷77《魏纪九》景元二年采记此事，并于此追叙拓跋先世至力微徙居盛乐之事。故"岁在庚子"即为魏文帝黄初元年（220），应自景元二年的干支推溯而来。

③ 《欧阳文忠公集》之《居士集》卷16《正统论下》："其私后魏之论者曰：魏之兴也，其来甚远。自昭成建国改元，承天下衰弊，得奋其力，并争乎中国……"其外集卷9《后魏论》又曰："魏之兴也，自成帝毛至于圣武，凡十二世而可记于文字，又十一世至于昭成而建国改元，略具君臣之法。幸遭衰乱之极，得奋其力，并争乎中国。"均强调了昭成建国改元的重要性。

④ 《文馆词林》卷665《后魏孝文帝迁都洛阳大赦诏》，其中提到宣帝南迁，事同公刘；神元北徙，岂异亶甫；"暨昭成建国，渐堵盛乐，何异周文，作邑乎丰"。亦强调昭成帝建国徙都之事。罗国威整理，日藏弘仁本《文馆词林校证》，中华书局，2001年。

⑤ 田余庆先生在《拓跋史探（修订本）》之《〈代歌〉、〈代记〉和北魏国史》二《〈代歌〉、〈代记〉及其与〈魏书·序纪〉关系的推测》中，认为"《代记》应是原始名称，《魏书》以魏为统，是北魏国史，故改《代记》为《国记》。"基此追究魏收书改称《国记》以前到道武帝时此书的名称，据"《真人代歌》"之名及天兴元年六月定国号为魏而又代、魏并称之事，则当时《代记》、《国记》之名应可共存互称。二称均呼应了北魏承代而建，代国自桓、穆至昭成、道武帝君统相承的国史口径，兼顾了其间所寓的一系列历史和现实问题。

> 昭成之即王位，已命燕凤为右长史，许谦为郎中令矣。余官杂号，多同于晋朝。建国二年，初置左右近侍之职，无常员，或至百数，侍直禁中，传宣诏命。皆取诸部大人及豪族良家子弟仪貌端严，机辩才干者应选。又置内侍长四人，主顾问，拾遗应对，若今之侍中、散骑常侍也。其诸方杂人来附者，总谓之"乌丸"，各以多少称酋、庶长，分为南北部，复置二部大人以统摄之。时帝弟觚监北部，子寔君监南部，分民而治，若古之二伯焉。

可见当时所定官制取仿于晋，同时兼顾了北族以大人为治的传统，并以扩大内侍班子便其专制众务，置南、北部大人分统四方来附诸部杂人为其特色①。同书卷111《刑罚志》载拓跋氏至神元帝时尚无囹圄考讯之法，犯罪皆临时决遣；穆帝时以军令行峻法，死者万计而国落骚骇；至昭成帝建国二年方有法律可言：

> 当死者，听其家献金马以赎；犯大逆者，亲族男女无少长皆斩；男女不以礼交，皆死；民相杀者，听其与死家马牛四十九头，及送葬器物，以平之；无系讯连逮之坐；盗官物，一备五，私则备十。法令明白，百姓晏然。

这应当是举其要者言之，但亦足见当时立法也像官制那样，是以强化君权和兼循胡俗为其旨归的②。由此看来，昭成时期的建制活动，不仅承续了神元帝以来的改创职司之举，而是真正创定了道武帝以来诸多建制的基调。③

除前面所述移都筑城等事外，官制、法律方面的这些发展，才更为典型地代表了昭成之时政权建设的成就，并可总体地说明代国声教文明已达前所未有的水平④。而与之同样突出的，则是其在外事方面的诸多功业。《序纪》继其"始置百官，分掌众职"一事，即述"东自濊貊，西及破洛那，莫不款附"。这大抵是说昭成继承了平文帝时期的势力范围，即位以来周围部落多有归附者⑤，并与四方各国、各族通使往来。以下《序纪》所述，基本上都是当时对外关系的大事节目，包括与前燕、石赵、前凉、前秦等国的交往，对北部高车、没歌等部族的征伐，以及与其西

---

① 《魏书》卷23《莫含传》载其子显，"知名于昭成帝世，为左常侍"而有策谋。同卷《刘库仁传》载其母平文帝女，妻亦拓跋宗女，昭成帝任以南部大人。卷25《长孙嵩传》载其父仁，昭成帝时为南部大人。卷26《长孙肥传》载其昭成帝时年十三，选为内侍。卷28《庾业延传》载其父、兄世典部牧，昭成帝时为中部大人。可见其设官立制之一斑。因而当时是否设有史职虽不得而知，但其军国要政及大人世系之事的记注自此已改进；下文所述拓跋自昭成帝以来"法令明白"，则同样会使文书记录的重要性益趋凸显。

② 当死者可赎及"大逆"者族诛盖仿汉魏之法，"男女不以礼交"则规范了胡俗，民相杀及盗官物以马牛等财物抵偿应属内亚传统。相类之俗如《金史》卷1《世纪》述其始祖约："凡有杀伤人者，征其家人口一，马十偶，牸牛十，黄金六两，与所杀伤之家，即两解，不得私斗"，并载"女直之俗，杀人偿马牛三十自此始"。《资治通鉴》卷96《晋纪十八》咸康四年十一月将此概括为"始制反逆、杀人、奸盗之法"。

③ 参楼劲《探讨拓跋早期历史的基本线索：田余庆先生〈拓跋史探〉一书读后》，《中国史研究》2005年第2期。

④ 《魏书》卷85《文苑传》序称"永嘉之后，天下分崩，夷狄交驰，文章殄灭。昭成、太祖之世，南收燕赵，网罗俊乂"。这是以昭成帝时燕凤、许谦诸人归附，为拓跋氏治下文学兴起之始。同书卷114《释老志》述拓跋氏与佛教的渊源："及神元与魏晋通聘，文帝久在洛阳，昭成又至襄国，乃备究南夏佛法之事。"此又以昭成帝为拓跋氏与佛教关系的重要一环。又《太平御览》卷346《兵部七十七·刀下》引陶弘景《刀剑录》曰："后魏元昭成帝建国元年，于赤冶城铸刀十口，金镂赤冶二字隶书。"是拓跋氏当时使用文字之证，其冶锻之艺亦甚可观。另参楼劲《关于北魏早期的文明程度》，《社会科学战线》2014年第3期。

⑤ 《序纪》述平文帝郁律盛时"西兼乌孙故地，东吞勿吉以西"，亦即自西域至辽东的广阔地带。又《魏书》卷24《许谦传》载其代人，建国时将家归附昭成；卷28《李栗传》载其雁门人，昭成时父、祖入国；卷30《吕洛拔传》载其曾祖渴侯，昭成时率户五千归国。皆属昭成即位后来归的实例。

邻铁弗刘氏所部持续不绝的和、战。这种向北征战以遏高车等族南下之势而掠其人口、牲畜，向南则在各国之间纵横捭阖而树立代国的大义名份①，向西又持续扩张以征服刘氏所属铁弗等杂胡而进取河西的态势，实已空前明确地展现了一段时期以来拓跋氏发展的总体战略，实际也已奠立了道武至太武帝时期国策的主题。②

因而《魏书》所载昭成帝时期内平外成的功业，确已表明了其在拓跋氏发展史上的划时代地位。而其最为突出的标志，即是代国从政权建设、文明形态到综合国力，均在此期得到了跨越式推进，且其已蜕却了晋封之壳，而以黄帝之裔世雄北土又崛起于当世的强盛之国自许③，已俨然漠南霸主而被公认为并峙于北方群雄的一大势力。尽管这自必导致群雄之忌，遭致前秦灭代之役④，但也适足以说明昭成帝在拓跋氏王图霸业中继往开来、无可替代的地位。

二是昭成帝什翼犍在道武帝所承拓跋氏帝系中位序特要。什翼犍功业虽隆，但其既遭前秦讨伐而国灭身死，终亦一时英雄过眼烟云而已。若非其孙道武帝复为代王又建立北魏，其事留于史乘也就会像同属拓跋雄主而创建代国的桓、穆二帝那样地位不彰，至如前秦及南朝国史则更书其逸事以为笑料⑤。要之，即便昭成帝在拓跋早期史事传录中功业尤盛，事实上也在不少方面奠立了北魏之基，但其地位的特殊重要却非仅凭功业可定，而更有赖于道武帝确立的拓跋氏帝系尤其与昭成一脉相承的直系宗统来确认。

关于道武帝时所定拓跋帝系的要旨及相关问题，笔者在《道武帝所立庙制与拓跋氏早期世系》一文中曾作阐论⑥。神元以来拓跋氏社会的发展和文明进路，已日益以其政治体制的变革为要，并突出地聚焦于拓跋君长是传子还是循旧推举这个根本问题，结果则是与专制君权相连的传

---

① 《资治通鉴》卷97《晋纪十九》建元元年七月，"代王什翼犍复求婚于燕，燕王𪷁使纳马千匹为礼，什翼犍不与，又倨慢无子婿礼。八月，𪷁遣世子僷帅前军师评等击代，什翼犍率众避去"。其事不见于《魏书》等处，文渊阁四库本《十六国春秋》卷25《前燕录三》亦记此事而依例改书什翼犍为"昭成"。由此判断，《序纪》记事自平文帝起始称东晋及前、后赵为"僭"，记昭成帝事仍循此例而以各国称帝者为僭。这固然是《魏书》义例使然，但也未尝不是平文、昭成帝已与各国颉颃而自矜其位的反映。

② 《序纪》述平文帝郁律大破刘虎，又断交石赵、东晋而与前凉通使。这一态势和战略已露端倪。至道武帝复为代王后，亦西灭刘氏，北破高车，继而南取后燕建立北魏，周旋于东晋及北方群雄之间，直至太武帝平定河西而统一北方，皆可说是这一战略的后续展开。

③ 《隋书》卷58《魏澹传》载其修《魏史》义例之二，述"平文、昭成雄据塞表，英风渐盛，图南之业，基自此始"。即强调了平文、昭成帝相继的"图南之业"。《序纪》述平文帝郁律绝东晋之使，即表明了拓跋代非复晋封旧国的立场，故其述昭成帝时与东晋并无交往。《魏书》卷23《卫操传》载桓帝崩后，操立碑于大邗城南以颂功德，其文提到"魏，轩辕之苗裔"。此处"魏"字当是魏收书依例所改，原文当是"拓跋"。这大概可以说明桓、穆二帝以来拓跋已自称黄帝之裔。参姚大力《北方民族史十论》收录的《论拓跋部的早期历史》一文，广西师范大学出版社，2007年。

④ 《十六国春秋辑补》卷34《前秦录四》记建元九年四月太史令张猛释天象有曰："尾，燕之分野；东井，秦之分野。彗起尾箕而扫东井，灾深祸大。此十年之后，燕灭秦之象。二十年后，当为代所灭。"建元九年为374年，两年后前秦灭代，亦当与此占相关。《资治通鉴》卷104《晋纪二十六》太元元年十一月载苻坚灭前凉、代国后酬赏功臣，诏称"索头世跨朔北，中分区域，东宾秽貊，西引乌孙，控弦百万，虎视云中"云云。可见当时拓跋代国势之盛。

⑤ 《序纪》载昭成帝三十九年败于前秦，其年十二月死，时年五十七岁。《宋书》卷95《索虏传》、《南齐书》卷57《魏虏传》、《晋书》卷113《苻坚载记上》所载与之不同，四库本《十六国春秋》卷37《前秦录五》、汤球《十六国春秋辑补》卷35《前秦录五》及上引《通鉴》太元元年条述此亦互异。有什翼犍被俘至长安入太学习礼而颇懑黠，以及什翼犍子翼珪缚父降秦而被迁蜀等说。近有倪润安《从叱罗招男墓志看北魏道武帝早年入蜀事迹》一文（《四川文物》2014年第2期），据志文述"夫人字招男，河南洛阳人，其先氏冑，出自成都"，以证拓跋珪确曾入蜀。但志文实谓叱罗氏自代迁改姓罗氏，而罗氏出于成都。这本是各家谱牒叙录氏姓源流的常见笔法，其语与《姓纂》于元氏首述其出自春秋元咺，洛阳元氏乃孝文帝改姓而来相仿。故此志实不足为招男祖上世在成都之证。

⑥ 楼劲：《道武帝所立庙制与拓跋氏早期世系》，《文史》2006年第4辑。

子制长期都在部落推举制影响下的兄终弟及之间浴血成长①。在道武帝为确立传子制而厘定君统取决于宗统的原则，也为强调自身继统合法性而理出其直承神元帝以来父子六世诸帝相嗣之脉时，其中的神元帝、文帝、思帝、平文至昭成帝五世，其间皆有兄弟相及的旁支君长在位或争立②。因而即便抛开拓跋氏婚俗所致的世系难明之惑，就按天兴初年追尊诸帝和建立庙制所示世次来加以梳理，道武帝所承拓跋诸帝父死子继的宗统，实际上要晚至昭成、献明帝父子方确切无疑，神元以来拓跋君统、宗统游离若二的状态，也一直要到昭成帝以来才真正合一了。

质言之，道武帝梳理拓跋帝系而尤其突出神元以来父子六世相嗣的宗统，不仅是要上承历代祖先陆续创立和积累的基业，更是要维护其自身继嗣在位的正当不二，并通过确立君位传子制来巩固专制皇权体制，以利其子孙世世承续北魏国祚。而昭成帝在这一帝系中的特殊重要，正在于其实际上是拓跋君位真正按父死子继规则相嗣的开端，也是拓跋君统、宗统终于合二为一的起点。因而昭成、献明和道武帝祖孙三代相嗣之次，实为天兴所定神元帝以来父子六世相嗣宗统得以成立的关键，而昭成帝在位更可谓其重中之重，乃是道武帝嗣位合法性、正统性的血脉之基。

由此可见，昭成帝在拓跋发展史上地位特重，不仅是因早期拓跋史事传录至其在位而骤详，也不单因其所建功业甚隆，而是这些方面与其在天兴所定拓跋帝系传承中的地位相互烘托、放大的结果③。但昭成帝的这种因缘深厚、特殊重要的地位，一方面成就了道武帝嗣为代王及基此开创的帝业，另一方面也不能不导致新的问题。《魏书》和《姓纂》述昭成地位虽均重要而仍有不小差异，即可视为这类新问题存至后世的某种余绪；而其在道武帝时期的突出表现，则是在推举制和兄终弟及等北族旧俗远未尽褪，专制君权和传子制虽已明确而待巩固的前提下，拓跋君位之争已集中在昭成子孙间展开。就是说，强调昭成帝功业之隆及其于拓跋帝系传承之重，在排除其前诸帝子孙争位的可能性，有助于道武帝按传子制继立为君的同时，也会因献明帝早死的事实而使昭成其他子孙嗣位的合理性相形凸显了出来。④

这一点在《魏书》等处所载道武帝前后拓跋君位的争攘中同样体现了出来。《魏书》卷2《太祖纪》载其登国元年正月即代王位，三月其南部大人刘显南走马邑；四月改称魏王，五月护佛侯部帅侯辰、乙弗部帅代题率众叛走；七月代题来降十余日又亡奔刘显；继而拓跋珪即遇其平生最大危机：

> 初，帝叔父窟咄为苻坚徒于长安，因随慕容永，永以为新兴太守。八月，刘显遣弟亢泥迎窟咄，以兵随之，来逼南境。诸部骚动，人心顾望。帝左右于桓等，与诸部人谋为逆以应

---

① 关于拓跋君长推举制的内亚背景及其直至东西魏时的余绪，参罗新《黑毡上的北魏皇帝》，北京：海豚出版社，2014年。
② 《序纪》载文帝为"太子"而死，同年神元帝死后相继即位的章帝、平帝皆为文帝兄弟；平帝死后文帝少子思帝在位一年，暴死后由文帝的兄弟昭帝即位，分国三部自统其一，分统另二部的桓帝、穆帝为思帝兄弟；至穆帝一统三部后不久死于其子六修之乱，六修又被桓帝子普根所灭，普根在位月余即死，其子立同年亦死，继位的平文帝为思帝之子；平文帝在位五年被普根以来操纵政局的桓帝祁后所杀，继立的是桓帝之子惠帝，惠帝死其弟炀帝即位，四年后又被平文帝长子烈帝夺位；此后七年烈、炀争位而烈帝终胜，三年后临死传位其弟昭成帝。
③ 正光三年《冯氏妻元氏墓志》述其为昭成曾孙女，志文夸耀其宗统"代承五运，选用三正，河图洛玺，世袭相传。故以彪炳玉牒，照灼金书，竹帛已彰，可略而言也"。也强调了昭成帝以来拓跋王业、帝系相传不绝而明载于史册、玉牒。
④ 《魏书》等处多强调道武帝为昭成帝"嫡孙"，这是要按君统取决于宗统的原则，明确昭成死后只能由其"太子"献明帝"嫡子"道武帝来继嗣大位，从而排除昭成帝其他子孙嗣位的可能。但《魏书》卷13《皇后列传》序称"昭成之前，世崇俭质，妃嫔媵御，率多阙焉，惟以次第为称……太祖追尊祖妣，皆从帝谥为皇后"。其《献明皇后贺氏传》载"后少以容仪选入东宫，生太祖"。拓跋早期"太子"、"东宫"之类皆为后来尊称，贺氏为后则系追尊，传称其"以容仪选入"已明其实无特殊地位，亦符当时君长嫔妃尚无等级之况，"嫡孙"、"嫡子"之说显为道武帝以来刻意渲染之辞。

之。事泄，诛造谋者五人，余悉不问。帝虑内难，乃北逾阴山，幸贺兰部，阻山为固。遣行人安同、长孙贺使于慕容垂以徵师，垂遣使朝贡，并令其子贺驎帅步骑以随同等。冬十月，贺驎军未至而寇已前逼，于是北部大人叔孙普洛等十三人及诸乌丸亡奔卫辰。帝自弩山迁幸牛川，屯于延水南，出代谷，会贺驎于高柳，大破窟咄。窟咄奔卫辰，卫辰杀之，帝悉收其众。

窟咄与刘显相结而率兵来逼，前后近五个月方被平息。从"诸部骚动、人心顾望"，左右谋逆、北避阴山以及借兵后燕而叔孙普洛等纷纷亡奔刘卫辰诸事，足见当时拓跋珪几濒绝境①。而推溯其因，端在珪十六岁即代王位又改称魏王，其事已致人心浮动，而窟咄既为昭成之子，前秦灭代时又被徙长安而地位亲要，故其纠合刘显、代题等部来争代王之位，拓跋及诸部大人多所认同。以此联系昭成帝得位于其兄烈帝，又因其弟拓跋孤逊让方得登位，至前秦灭代时，孤子斤以昭成不豫"国统未定"，联手昭成庶长子寔君作乱谋位之事②，即可想见当时兄终弟及之风仍盛，凡属昭成子孙本皆有望登位，则其在道武帝时期仍觊觎君位的活跃动态，也就绝非偶然了。

窟咄争立来逼，确实只是揭开了昭成子孙在道武帝以来屡有异动的一个序幕。其后续事态史有明文的，如秦明王翰为昭成第三子而早死，其子卫王仪才略过人，器望尤重，为道武帝进取中原第一功臣，却矜功而"与宜都公穆崇谋为乱"，伏武士欲弒帝，后被赐死。毗陵王顺为昭成子地干之子，道武帝平后燕时留守云中，闻帝军败柏肆，不知所在，"欲自立"而未果，后又因御前不敬被废。辽西公意烈为昭成子力真之子，窟咄乱时亦曾附逆，道武帝平中原，以和跋镇邺，意烈"自以帝属，耻居跋下，遂阴结徒党，将袭邺，发觉赐死"③。是昭成之孙在其同辈道武帝在位时，类皆自视为拓跋君位的当然候选人。对之作明白表述的典型，如《魏书》卷15《昭成子孙传·陈留王虔传》载其为昭成子纥根之子而死于王事，道武帝封其子悦为朱提王，特受亲宠：

> 后为宗师。悦恃宠骄矜，每谓所亲王洛生之徒言曰："一旦宫车晏驾，吾止避卫公，除此谁在吾前？"卫王仪美髯，为内外所重，悦故云……后遇事谴，逃亡，投雁门，规收豪杰，欲为不轨，为土人执送，太祖恕而不罪。太宗即位，引悦入侍，仍怀奸计……悦内自疑惧，怀刀入侍，谋为大逆。叔孙俊疑之，窃视其怀，有刀，执而赐死。

---

① 《魏书》卷15《昭成子孙传·窟咄传》载此事尤详，其述当时于桓等谋逆，莫题等七姓亦参与其事，而后"悉原不问"；安同、长孙贺使后燕借兵，贺竟在途中"亡奔窟咄"；安同借兵使还，"窟咄兄子意烈捍之"而阻其归途；道武避至阴山籍母族贺兰部自保时，其舅贺染干"阴怀异端，乃为窟咄来侵北部"。此皆足见当时形势极为凶险。莫题当时动向详见《魏书》卷28《莫题传》；刘显为铁弗刘虎宗人，昭成时南部大人刘库仁之子；刘卫辰为刘虎之孙，于拓跋屡有叛附。参《魏书》卷23《刘库仁传》、卷95《铁弗刘虎传》。
② 见《魏书·序纪》、卷14《神元平文诸帝子孙传·高凉王孤传》、卷15《昭成子孙传·寔君传》。
③ 以上皆见《魏书》卷15《昭成子孙列传》，另不谋逆而赐死者，如《常山王遵传》载其昭成子寿鸠之子，道武帝初有佐命勋，"天赐四年，坐醉乱失礼于太原公主，赐死，葬以庶人礼"。又《陈留王虔传》附子《崇传》载"卫王死后，太祖欲敦宗亲之义，诏引诸王子弟入宴。常山王素等三十余人咸谓与卫王相坐，疑惧，皆出逃遁，将奔蠕蠕，唯崇独至。太祖见之甚悦，厚加礼赐，遂宠敬之，素等于是亦安"。亦可见其时情势。

"宗师"例由拓跋族中位望高者担任①，悦述道武身后继位之序，卫王仪及自身理应居前，意即昭成孙辈和曾孙辈中当以二人为最。这就表明道武帝亟欲明确的直系、旁系之别至是仍待巩固②，兄终弟及则颇得人心，因而时人眼中可嗣大位的宗室子孙，实际上皆自昭成帝起叙其伦辈，道武帝父子也不过是其中之一，以至于昭成曾孙拓跋悦对君位的执念，直至明元帝时还在掀起波澜。

《魏书》卷112下《灵徵志下》载太平真君五年二月张掖郡奏称曹魏时大柳谷山石所示纹样，至此忽又呈现了"国家祖宗讳，著受命之符"：

> 其文记昭成皇帝讳，"继世四六，天法平，天下大安"，凡十四字；次记太祖道武皇帝讳，"应王，载记千岁"，凡七字；次记太宗明元皇帝讳，"长子二百二十年"，凡八字；次记"太平天王继世主治"，凡八字；次记皇太子讳，"昌封太山"，凡五字。

于是朝廷遣使图写其文，宣告于四海，俾"方外僭窃知天命有归"，且被史官记录存档。石文以昭成帝为北魏首位天命之主，表明其地位特高当时仍为朝野公认。尤其值得注意的是，这个灵徵不止是要明示诸帝的天命有归，更是要强调帝位由昭成、道武、明元、太武直系相嗣的天授之统，其落脚点显然是要配合此年元月皇太子拓跋晃"始总百揆"这件大事。可见册立"太子"之举，毕竟是对北族君长推举旧俗的改革而非无异议，进而命其监国或总统百揆，也无非是要巩固"太子"地位，从而需要在人事安排和舆论等方面为之扫清障碍③。这就透露拓跋君位的父系直系传承在当时仍有问题，宗室旁系子孙得与直系同预于君位候选者的风习，也还是要借助灵徵所示的天授之统来加以祛除④。而昭成帝地位既为举世公认，其子孙也就难说已完全不在时人认同的君位候选者之列。

昭成之裔与拓跋君位传承的纠葛，至太武帝以后似已消失。其原因必是专制皇权体制至此已大为巩固，君统从属于宗统的原则进一步明确，道武帝子孙一脉亦已壮大而昭成之泽已斩。但道武帝开国之时昭成地位特高，以至其子孙得以依循拓跋氏传统预于君位承嗣之列的历史和影响，自不会骤绝其绪，而必久久留于人们尤其是昭成后裔的记忆之中。《魏书》和《北史》载拓跋宗

---

① 《魏书》卷15《昭成子孙传·秦明王翰传》附子《仪传》载其被赐死后，"子纂，五岁，太祖命养于宫中……恩与诸皇子同"。此固因纂明敏有礼帝甚爱之，但也是道武帝与卫王仪皆为昭成之孙而礼同家人的反映。其后文又载太武帝时，"纂于宗属最长，宗室有事，咸就谘焉"。同卷《常山王遵传》附子《素传》载其文成帝时为"宗属之懿，又年老，帝每引入，访以治国政事"。《魏书》载北魏前期宗室领袖唯此二例，此亦可见昭成子孙在文成帝以前位望之高。

② 《魏书》卷16《道武七王传·清河王绍传》载其贺夫人所生，地位不若已行子贵母死之法的齐王，即后来的明元帝拓跋嗣。绍天赐六年弑帝，谓群臣曰："我有父，亦有兄，公卿欲从谁也？"长孙嵩曰："从王。"所谓父、兄当指道武帝、明元帝之同辈，可见当时兄终弟及仍属合理，而道武诸子继承权虽似有别而仍大致平等。长孙嵩之态度则表明当时大人亦不以嫡庶为意。《魏书》卷25《长孙嵩传》载昭成崩后，嵩与拓跋他曾率部归刘库仁，刘显谋难时又叛走离去。"时寔君之子亦聚众自立，嵩欲归之。见于乌渥，称逆父之子，劝嵩归太祖。嵩未决，乌渥回其牛首，嵩俛俛从之"。以此联系登国元年长孙贺叛从窟咄之事，又可见自来长孙氏的政治向背，常在昭成子孙及道武帝间依违不定。

③ 《魏书》卷4上《世祖纪上》延和元年正月立拓跋晃为皇太子；卷4下《世祖纪下》载太平真君四年十一月令皇太子副理万机，总统百揆；五年正月皇太子始总百揆；皆伴有人事、仪制等一系列举措。以此观之，道武帝所创"子贵母死"之制除防母后之族掣肘皇权的用意外，也可视为一种明示"太子"继嗣地位的非常方式。

④ 其时奏请宣告石文于天下的四位大臣中，乐安王范、建宁王崇为明元之子，常山王素为昭成之孙，恒农王奚斤，其父为昭成所宠。据诸人本传，乐安王范曾预刘洁之谋，事发暴薨；建宁王崇文成帝时预于京兆王杜元宝谋逆，父子并赐死；常山王素文成帝时曾与陆丽拥护传子制；奚斤在拓跋晃临朝听政时为左辅。

室子裔皆以诸帝为纲分列专传，足见北魏宗室世系曾几何时已各从本支直系在位之帝叙起①，而这本身就说明其各支皆自有谱牒和历史记忆，也就未必会与国史所载官方口径完全保持一致。《姓纂》述洛阳元氏突出昭成帝一支的做法，即从另一侧面反映了北魏初年的有关史实，体现了其子孙曾与道武帝同自昭成帝起叙其伦辈而皆可嗣位的种种记忆。同时这也应与昭成后裔在唐明显盛于元氏其他各支，其相传之说影响也要来得更大的状态分不开。

三、口碑、史乘互动与《姓纂》崇昭成之史源

《姓纂》义例，非子嗣在唐官爵堪称则不录其房支传承人名。其所叙洛阳元氏各支子裔人数，计有昭成子裔186人，景穆子裔62人，道武子裔4人，明元子裔31人，太武子裔12人，献文子裔14人，文成子裔3人，孝文子裔3人，平文帝子裔15人。足见昭成后人历经河阴、天保元氏之劫仍得不断开枝散叶，至唐已为拓跋诸帝子裔最盛的一支②。在理解和追溯《姓纂》之所以格外突出昭成帝地位的倾向时，这不是一个可以忽略的事实。③

1991年面世的熙平元年《元睿墓志》，留下了北魏孝明帝时昭成一脉关于本支世系及史事传承的渲染，志文开头曰④：

> 君讳睿，字洪哲，河南洛阳人也。六世祖彭城王，昭成皇帝第/七子。分崇峰之云构，派积水之深源，其弈叶连辉，纂戎继德，事/光于国传，声歌于风流矣。

所述其源高厚，其流绵长之况，固属谀墓之文的常套，但其"事光于国传，声歌于风流"两句，仍可表明北魏建立120年后，昭成子裔及其事迹非惟多有入传国史，且亦形诸声歌而流行于世。

将祖宗事迹形诸声歌当然并非昭成子孙为然，而是北族记事存史的久远传统。田余庆先生《〈代歌〉、〈代记〉和北魏国史》一文，已揭示了这一传统与《代记》的关联，且其直至迁洛以后，也仍是代人各部各家记其祖宗开基及先人事迹的重要方式。《魏书》卷109《乐志》记太和年间改革歌词乐章之事：

---

① 元氏墓志中亦有父祖皆帝而并叙者，如北周《拓跋育墓志》述其"文成皇帝之曾孙，献文皇帝之孙，高阳文穆王雍之第十子"。《魏书》卷19中《景穆十二王传中·任城王云传》附《元顺传》述其孝明帝时为吏部尚书兼右仆射，录尚书事高阳王雍欲用三公曹令史朱晖为廷尉评，顺执不从，"雍抚几而言曰：'身，天子之子，天子之弟，天子之叔，天子之相，四海之内，亲尊莫二，元顺何人，以身成命，投弃于地！'"此类皆强调其胄之贵而非史体，如拓跋育，《魏书》即附于《献文六王传上·高阳王雍传》下。参罗新、叶炜《新出魏晋南北朝墓志疏证》九二《拓跋育墓志》之疏证。

② 《张燕公集》卷25《故吏部侍郎元公希铭》（原注：崔湜撰序）："公讳字，河南洛阳人也。盖颛顼之裔，十三代祖魏昭成帝，勋格皇天，惠孚庶物，骏启灵命，大昌于后……"此即《文苑英华》卷898《职官六》张说《故吏部侍郎元公希声神道碑》，所述昭成"骏启灵命，大昌于后"，即指唐代昭成帝后裔的盛况。

③ 赵超《汉魏南北朝墓志汇编》及罗新、叶炜《新出魏晋南北朝墓志疏证》收录的2003年前所出北朝元氏墓志，志主为景穆之裔的50方，昭成裔17方，道武、献文子皆16方，明元裔14方，文成裔9方，平文裔7方，孝文裔6方，太武裔4方，另有10方世系待覈。即便加上近年所出景明五年《元忠墓志》（昭成曾孙）、熙平二年《元苌墓志》（平文裔）、开皇十一年《元威墓志》（昭成裔）、开皇十五年《元伦墓志》（昭成裔）等，亦难改变景穆之裔在历年所出北朝元氏墓志中数量最多的事实。这大概可以反映其在北魏后期盛于宗室其他各支的状况，因而昭成子裔至唐名位堪称者数量远超景穆之后的事实，本身就构成了一个有意思的问题。

④ 录文据罗新、叶炜《新出魏晋南北朝墓志疏证》三四《元睿墓志》。

> 七年秋，中书监高允奏乐府歌词，陈国家王业符瑞及祖宗德美，又随时歌谣，不准古旧，辨雅、郑也。十一年春，文明太后令曰："先王作乐，所以和风改俗，非雅曲正声不宜庭奏。可集新旧乐章，参探音律，除去新声不典之曲，禅增钟悬铿锵之韵。"

高允当时仍掌国史①，其奏请乐府歌词及随时歌谣所陈祖宗盛事的错杂不一，既是要将之统一到合乎古圣王雅乐的基调上来，也是要把其内容统一到皇朝国史的口径上来。但旧俗声歌各有统绪，根深蒂固，自然不会随文明太后"除去新声不典之曲"的意旨而骤然归一②，故事实是诸多杂音仍不绝于世，即便国史也须取此拾遗补阙。《魏书》卷44《孟威传》载其孝文帝以来曾给事史馆：

> 颇有气尚，尤晓北土风俗。历东宫斋帅、羽林监。时四镇高车叛投蠕蠕，高祖诏威晓喻祸福，追还逃散，分配为民。后以明解北人之语，敕在著作，以备推访。

孟氏尤晓北土风俗，且以明解北人之语"敕在著作"③，其用意不外是要搜访、翻译鲜卑语歌谣传说以备国史采择④。《北齐书》卷24《孙搴传》载其北魏孝明帝时亦参史事：

> 少厉志勤学，自检校御史再迁国子助教。太保崔光引修国史，频历行台郎，以文才著称……署相府主簿，专典文笔。又能通鲜卑语，兼宣传号令，当烦剧之任，大见赏重。

崔光引孙搴助修国史，显亦因其通鲜卑语，可助其访译北族歌谣传说，以补史之阙遗。⑤

这类记载表明，代人各部子孙包括拓跋诸帝之裔对其先辈史事和功业不仅各有所传，且其内容不免与国史有所出入而可参考。北魏前期如《魏书》卷29《奚斤传》载其代人而世典马牧，其父有宠于昭成帝，斤则历事道武、明元、太武帝，爵至王公，位至司空：

---

① 高允掌史事甚久而几无所成，其所事当以义例检讨和史料整理为主，其下有燕国平恒、河间邢祐、北平阳鹍、河东裴定、广平程骏、金城赵元顺等。参《魏书》卷48《高允传》、卷84《儒林平恒传》。

② 《乐志》载太和十五年冬孝文帝下诏乐官不得滥吹郑卫之音，十六年又以司乐多"习不典之繁曲"，诏中书监高闾与太乐参议其事，"遇迁洛不及精尽，未得施行"。其后又载普泰中定乐之事："初，侍中崔光、临淮王彧并为郊庙歌词而迄未施用，乐人传习旧曲，加以讹失，了无章句。后太乐令崔九龙言于太常卿祖莹曰：'……今古杂曲，随调举之，将五百曲，恐诸曲名，后致亡失，今辄条记，存之于乐府。'莹依而上之。九龙所录，或雅或郑，至于谣俗、四夷杂歌，但记其声折而已，不能知其本意。又名多谬舛，莫识所由，随其淫正而取之。乐署乃见传习，其中复有所遗，至于古雅，尤多亡矣。"这类"记其声折"不知本意的，显然是鲜卑语的歌谣，直至北齐乐府仍有传习。

③ 本传载其"河南洛阳人"，则似为孝文迁都改姓之代人。《魏书·官氏志》载当时无有改"孟氏"者，然有"壹斗眷氏，后改为明氏"。据《南史》卷50《明僧绍传》载其平原鬲人，"其先吴太伯之裔百里奚子孟明，以名为姓，其后也"。姚薇元先生《北朝胡姓考（修订本）》（中华书局，2007年）六一《明氏》以之为"子孙以王父字为氏之例"。据此则壹斗眷氏改姓明氏，亦有可能循例而称"孟氏"。

④ 《史通》卷11《外篇·史官建置第一》述北魏"代都之时，史臣每上奉王言，下询国俗，兼取工于翻译者，来直史曹"。《魏书》卷38《王慧龙传》附《王遵业传》载其宣武帝时曾"与司徒左长史崔鸿同撰《起居注》。迁右军将军，兼散骑常侍，慰劳蠕蠕。乃诣代京，采拾遗文，以补《起居》所阙。"其诣代京采拾的"遗文"，主要恐非文献记录，而是歌谣传说之类。同书卷105《自序》述崔鸿、王遵业续纂《高祖起居注》，但遵业既采拾遗文，似亦有志于补辑此前国史。《隋书》卷32《经籍志一》经部小学类著录《国语真歌》10卷、《国语十八传》1卷、《国语御歌》11卷等书，当即史馆采访此类史料至隋仍存者。

⑤ 《魏书》卷67《崔光传》附《崔鸿传》载正光元年敕崔光修高祖、世宗起居注，"光撰魏史，徒有卷目，初未考正，阙略尤多。每云：此史会非我世所成，但须记录时事，以待后人。临甍言鸿于肃宗。五年正月，诏鸿以本官修缉国史。"可见崔光至崔鸿皆有鉴国史阙略之多，而尤留意于保存史料。

> 聪辩强识，善于谈论。远说先朝故事，虽未皆是，时有所得，听者叹美之。每议大政，多见从用，朝廷称焉。真君九年薨，时年八十。

奚斤常追本溯源而说先朝故事，当时北族诸多传统影响仍大，故其所说虽不尽与朝廷认同的一致，却也颇受重视。晚近之例则如《北齐书》卷28《元晖业传》载其景穆帝玄孙，少险薄，长涉子史，亦颇属文，东魏北齐时位望虽隆而被猜忌：

> 晖业之在晋阳也，无所交通，居常闲暇。乃撰魏藩王家世，号为《辩宗录》四十卷，行于世。

当时元氏已有族灭之虞，故其从事藩王家世的整理辨析，实寓存亡继绝之义，且必有鉴于以往所叙宗室世系存在的问题①。其部帙多达四十卷表明此书所辨甚众，所述拓跋元氏诸帝子孙传承源流甚详。可见当时宗室各支子裔所传祖先史事、谱系，与定于一尊而书于国史的宗室世系和相关史事必定有着不少差异。②

这是因为国史对宗室史事的裁剪叙次，必以朝廷政策为其口径，而孝文帝以来这方面的基本趋势，正是以进一步明确宗法制度和围绕"今上"定其亲疏为特点的③。前已指出太和十五年重定庙制，太祖道武以前诸帝皆被归为"远祖"。这就为北魏宗室远、近划出了明确界线，诸远祖子裔自此遂为"远属"，其封爵得官及礼法等方面特权亦与太祖子裔骤然有别，况且同属太祖子裔，时移世迁之后亦当继续准此别其远、近和地位待遇④。其事当然会对宗室成员处境产生深远影响，对疏远之属则冲击尤大。《魏书》卷19上《景穆十二王传上·京兆王子推传》附《元遥传》载其景穆之孙，至孝明帝初年除其属籍：

> 遥大功昆弟，皆是恭宗之孙，至肃宗而本服绝，故除遥等属籍。遥表曰："……今朝廷犹在湣密之中，便议此事，实用未安。"诏付尚书博议以闻。尚书令任城王澄、尚书左仆射元晖奏同遥表，灵太后不从。

---

① 《魏书》卷104《自序》列《辩宗室录》为魏收撰《魏书》参考的几种要籍之一，可见其内容甚受时人所重。《隋书》卷33《经籍志二》史部谱录类著录元晖业《辩宗录》已仅二卷，是其唐初大部已佚；隋志另又著录"《后魏皇帝宗族谱》四卷"，似是周齐以来所纂，其修撰背景恐亦与《辩宗录》相类。
② 《魏书》卷108之一《礼志一》载太和十五年四月经始明堂，改营太庙。诏曰："祖有功，宗有德，自非功德厚者，不得擅祖宗之名，居二祧之庙。仰惟先朝旧事，舛驳不同，难以取准。今将述遵先志，具详礼典，宜制祖宗之号，定将来之法……"所述"先朝旧事，舛驳不同"，即各部各家所传多有出入，而定祖宗之号，则所以统一其说而为将来之法。
③ 参张鹤泉：《北魏后期诸王爵位封授制度试探》，《中国史研究》2012年第4期；王安泰：《再造封建：魏晋南北朝的爵制与政治秩序》第二章《魏晋南北朝的爵制变化与政治秩序》第三节《北朝爵制的变化》二《北魏孝文帝以降的爵制变革》，台大出版中心2013年版；窪添庆文：《北魏的宗室》，陈巍译，《西夏研究》2015年第4期。
④ 《魏书》卷7下《高祖纪下》太和十六年正月乙丑："制诸远属非太祖子孙及异姓为王，皆降为公，公为侯，侯为伯，子男仍旧，皆除将军之号。"同书卷108之二《礼志二》载熙平二年七月江阳王元继上表，以己太祖曾孙，而预拜庙庭及出身为官当时已受限制，称"斯之为屈，今古罕有"，请付博议。灵太后从博士李琰之议，"祖祧之裔，各听尽其玄孙"。同书卷111《刑罚志》载永平三年尚书李平请按宗室亲疏，定其可免刑讯者之范围，诏"诸在议请之外，可悉依常法"。而《正始律》议亲条的规定是"非唯当世之属籍，历世先帝之五世"。凡此可见太和以来宗室特权变化之要，其大体皆以五服定其亲疏，出服者除其属籍，而凡不祧之祖宗，其子孙待遇尤优。

是景穆之孙自此亦成宗室远属，此事背景并不单纯①，却仍不失为孝文帝以来相关政策的延续。堪值注意的是，对此持保留意见的元遥、元澄皆为景穆之孙，元晖则是昭成玄孙，三人代表的正是当时宗室各支子裔中新、旧"远属"的态度。由此推想，早在文成、献文帝时献明、昭成庙相继迁撤②，至孝文帝又进一步贯彻宗法原则，将道武以前诸帝后裔纷纷摒出属籍之时，面对既往特权待遇骤降的现实，包括昭成在内的拓跋早期诸帝后裔，自然也会鸣其不平而追念旧俗，又尤其会缅怀其祖先创定国基的功业，更加珍视那些足以弘扬其荣光的传颂和记忆。

除身份变疏待遇骤降的悲情外，国史记宗室世系不能不以"今上"为中心来定其远近亲疏，也是刺激这类传颂记忆长存不衰的一个要素。这一点在昭成子裔那里似要来得更为突出，因为昭成帝在奠定北魏国基诸帝中地位本就特殊，而太和以来七庙皆太祖道武一脉，其地位的至尊至上也不能不影响到官方记载对昭成子孙世系的叙次。这方面虽资料缺甚，但也不是无迹可寻，《册府元龟》卷264《宗室部·封建三》记后魏宗室封爵，至昭成帝子孙而笔法忽变③，如：

> 卫王仪，道武兄秦王翰子……从平中山，进封卫王。
> 常山王遵，道武兄寿鸠之子，道武初有佐命勋，赐爵雒阳公，后封常山王。
> 陈留公虔，道武兄纥根之子，登国初赐爵陈留公。
> 毗陵王顺，纥根弟地干之子，登国初赐爵南安公……进封为王。
> 辽西公意烈，地干弟力真之子，道武平中原，意烈有战获勋，赐爵。

再参看《魏书·昭成子孙列传》，其载秦明王翰为"昭成皇帝第三子"，常山王遵为"昭成子寿鸠之子"，陈留王虔为"昭成子纥根之子"，毗陵王顺为"昭成子地干之子"，辽西公意烈为"昭成子力真之子"。不难看出，魏收书无非写实而已，《册府元龟》所记则纯以道武帝为中心叙次昭成子孙的宗室身份。以此结合前述北魏初年的君位候选者中，道武帝及其兄弟皆曾一并自祖父昭成帝起叙其伦辈的习惯，即可推知《册府元龟》上引文所示笔法，正是要刻意与此划清界限，以突出道武帝的一尊地位，故其所据应是孝文帝以来国史对宗室封爵的记录④，而其体现的正是北魏后期昭成已为"远祖"，其子孙之贵端赖其为道武近属的官方口径。

据上所述，元晖业所以于亡国之际著就《辩宗录》，除据实删订诸帝支属谱系以存亡继绝外，显然亦有针对国史相关记录纠缪正误和弘扬景穆地位的隐曲；同理，昭成子裔自孝文帝以来面对

---

① 参《魏书》卷16《道武七王传·京兆王黎传》附《元叉传》、卷31《于栗䃢传》附《于忠传》。
② 道武帝所立太庙，由始祖神元、太祖平文、高祖昭成及皇考献明庙构成，至道武崩后庙号烈祖，太庙五庙已足。明元崩后庙号太宗，太武帝当时若仍维持五庙制，则献明庙应迁，若改行七庙制则仍存献明预留己庙。太武崩后庙号世祖，文成帝同时又追尊景穆帝庙号恭宗，至此已不能不行七庙制而迁撤献明庙。文成崩后庙号高宗，则应迁撤高祖昭成庙，故太和十五年重定庙制时，孝文帝有"远祖平文功未多于昭成，然庙号为太祖"之说。此次所定庙制则改以道武为太祖，与显祖献文为二祧，当时行七庙制而暂定六庙史载甚明。永平五年《元诠墓志》述其迁都时曾赴代"奉迎七庙"，亦可证此。循此推之，孝文崩后庙号高祖，七庙已备；至孝明帝时世宗宣武帝神主入庙，则太宗明元帝之庙自应迁撤，其地位及其子孙待遇亦当相应降杀。
③ 《册府元龟》此处记神元至烈帝子裔封爵，以及道武以来诸帝子裔封爵，皆如实记其为某帝子孙或某帝兄弟，唯昭成帝之裔笔法如此。
④ 《隋书》卷33《经籍志二》史部起居注类著录"《后魏起居注》336卷"，《旧唐书·经籍志》及《新唐书·艺文志》史部起居注类著录此书皆为276卷。似其至宋大部犹存。

地位骤然下降的现实①，以至国史记其祖先封爵亦隐去昭成而突出道武，则其尤为珍视本支谱系及其世代相传的昭成功业②，也就几乎是必然的反应了。由此再看《姓纂》分外突出昭成帝地位的倾向，除昭成功业、地位本就甚隆和姓氏之书特须明其当世人物谱系的义例使然外，显然也是对北魏国史口径的一种突破，而昭成之裔自北朝后期以来对其祖先功业颂扬尤力，且因其支派最盛而影响愈大，恐怕也是相当重要的背景。

从今存相关记载推溯，《姓纂》格外突出昭成帝地位的倾向可谓渊源有自，且承北齐、周、隋以来对昭成帝的评述而有所发展。从前引《魏书·灵徵志》记太平真君五年张掖郡所奏石文，即可看出《姓纂》以昭成为拓跋帝位相嗣之统的开端确有所本，但其说显然不符孝文帝以来国史突出道武帝地位的口径，与《序纪》述神元以来诸帝各有功业的状态亦不无抏格。如果说魏收书总体还是取准于北魏国史，把昭成帝功业放在神元、桓、穆、平文帝所奠基础上来叙说的，那么在隋唐所修北朝及后魏史中，把昭成帝视为拓跋帝系和王业开启者的倾向就已日益明显了起来。

《北史》卷19《献文六王传·彭城王勰传》附《元韶传》载北齐文宣帝天保十年诛诸元氏，以厌除旧布新之天象：

> 五月，诛元世哲、景式等二十五家，余十九家并禁止之。诏幽于京畿地牢，绝食，啖衣袖而死。及七月，大诛元氏，自昭成已下并无遗焉。

其述当时前后死者达七百二十一人而其状至惨，是为河阴之变后元氏宗室的又一劫③。所述"昭成已下并无遗焉"甚可注意④，这倒不是因为当时所诛元氏人数史载有异，或事实上元氏宗室还有不少幸免于难⑤，而是史官此处仍以"昭成已下"来概括元氏宗室。《北齐书》卷41《元景安传》载其昭成五世孙，高祖即陈留王虔，父永为奉朝请，永兄祚袭爵陈留王，子景皓嗣：

> 天保时，诸元帝室亲近者多被诛戮。疏宗如景安之徒议欲请姓高氏，景皓云："岂得弃本宗，逐他姓，大丈夫宁可玉碎，不能瓦全。"景安遂以此白显祖，乃收景皓诛之，家属徙彭城。由是景安独赐姓高氏，自外听从本姓。

是当时元氏被诛多为"帝室亲近者"，而昭成后裔本为"疏宗"，除个别如景皓者外，盖仅配流

---

① 与《魏书·昭成子孙列传》所载相比，今存昭成帝后裔墓志于其官历所叙尤详，也就更为具体地反映了北魏后期其地位跌落的现实。如太和二十三年（志未载葬年，此为卒年）《元弼墓志》述其为昭成玄孙，"释褐起家为荆州广阳王中兵参军"。永平四年《元保洛墓志》述其昭成六世孙，"父故太拔侯，出身城阳王府法曹参军，后除并州铜鞮令；身出身高阳王行参军，后除恒州别驾"。这类起家官，位望显然难与太祖后裔初除多秘书郎、太子洗马之类相比。

② 永平四年（卒年，葬日不详）《元伟墓志》述其昭成之后，光州史君之元子。志文哀其去世，有"伤澜源之绝浦，哀桂渚之断溆"之句。这显然因其为本房元子，故叹本支已绝。这也可见昭成子裔各房于其传承之脉所记甚晰。

③ 河阴之变所诛除朝臣外亦多元氏，赵超《汉魏南北朝墓志汇编》所录北魏元氏墓志，死于武泰、建义或永安元年四月十三日者不下二十五方，虽死地及葬日不一而皆同年同月同日罹难。

④ 《北齐书》卷28《元韶传》所载略同，亦述"昭成已下并无遗焉"。然此卷所传元氏诸人，元斌、元孝友、元晖业俱天保二年被害；元韶天保十年被害，元弼、元坦死年不详，其中元坦天保时坐子诽谤当死，诏并宥之，坦配北营州而死。

⑤ 《廿二史考异》卷38《北史一》以为"《齐本纪》云杀'三千人'，恐史家已甚之词"。又考其时种种原因得免者，指出其中除改姓者可考数人外，另有"元士将为昭成之后，武成时官将作大匠"。已明当时昭成之裔仍有幸免者。

而仍从本姓①。据此可知史官述"昭成已下并无遗焉",实际是以昭成以下来代表北魏诸帝子裔,其义实与《姓纂》述洛阳元氏主干皆为昭成之裔略同。

至于强调昭成帝开创北魏国基之说,如《北史》卷21《燕、许、崔、张、邓传》末论曰:

> 昭成、道武之时,云雷方始,至于经邦纬俗,文武兼资。燕凤博识多闻,首膺礼命;许谦才术俱美,驱驰艰虞。不然,何以成帝业也。

这是以昭成为北魏"帝业"的开端,《姓纂》述洛阳元氏以昭成、道武、孝文帝为拓跋发展三大里程碑,于此亦可见其由来。又同书卷93《僭伪附庸传》序称:

> 魏自昭成以前,王迹未显。至如刘、石之徒,时代不接,旧书为传,编之《四夷》。有欺耳目,无益湘素。

这同样是以昭成帝为北魏王迹显现之始,其说与隋时魏澹书口径相近而有所发展。《隋书》卷58《魏澹传》载隋文帝以魏收书褒贬失实,诏澹别成《魏史》,其义例与魏收多所不同而要者有五,其二曰:

> 魏氏平文以前,部落之君长耳。太祖远追二十八帝,并极崇高,违尧舜宪章,越周公典礼……但力微天女所诞,灵异绝世,尊为始祖,得礼之宜。平文、昭成雄据塞表,英风渐盛,图南之业,基自此始。长孙斤之乱也,兵交御坐,太子授命,昭成获免。道武此时,后缙方娠,宗庙复存,社稷有主,大功大孝,实在献明。此之三世,称谥可也。自兹以外,未之敢闻。

魏澹书以为神元帝力微被尊始祖堪称"得礼之宜",而拓跋帝系和王业则当以平文帝郁律为其开端。这种起点的确定,显然关系到对北魏开国前史和拓跋早期诸帝各种问题的权衡,相比于魏收书所述的神元、桓、穆帝时"王迹初基",其在时期上已大为推后,但较之上引《北史》述昭成始开王业帝基之说则又在前。也就是说,在北齐、周、隋以来把北魏帝基开端逐渐由神元推后到平文以至昭成帝的过程中,魏澹书似乎构成了一个过渡环节②,至唐初所撰《北史》则已近乎尘埃落定。

---

① 其后文载永弟之子景豫,"及景安告景皓慢言,引豫言相应和。豫占云:'尔时以衣袖掩景皓口,云:兄莫妄言。'及问景皓,与豫所列符同,获免。自外同闻语者数人,皆流配远方。豫卒于徐州刺史"。是当时昭成子孙尚有被流配而存者,且除景安外仍从本姓,如元豫后来官至徐州刺史。《北史》卷53《元景安传》所载与此略同,惟豫景后官东徐州刺史。

② 《魏书·序纪》末史臣曰:"帝王之兴也,必有积德累功博利,道协幽显,方契神祇之心……神元生自天女,桓、穆勤于晋室,灵心人事,夫岂徒然。昭成以雄杰之姿,包君子之量,征伐四克,威被荒遐,乃立号改都,恢隆大业,终于百六十载光宅区中,其原固有由矣。"所论昭成之功最巨,却仍强调其所承乃神元、桓、穆帝之业。同书卷23《卫操、莫含、刘库仁传》末史臣曰:"始祖及桓、穆之世也,王迹初基,风德未឴。操之托身驰骤之秋,自立功名之地,可谓志识之士矣。"其称神元、桓、穆时"王迹初基",显然与《序纪》所述一致,而《序纪》正体现了北魏国史述拓跋早期诸帝的标准口径。而《北史》卷20《卫操、莫含等代人功臣传》末论曰:"神元、桓、穆之际,王迹未显,操、含托身驰骤之秋,自立功名之地,可谓志识之士矣。"此论全袭魏收之语,却把"王迹初基"改成了"王迹未显"。这就观照了魏澹书把拓跋王业之始推后至平文帝时的看法,更与上引《北史》所论昭成帝时王迹始显之说保持一致,可见隋唐之际认定的北魏帝基之始正在进一步推后至昭成帝时期。

隋唐时修撰之后魏史，另有隋代卢彦卿《后魏纪》、平绘《中兴书》及唐张大素《后魏书》、元行冲《后魏国典》等①。凡此诸书皆早亡佚，其详不知，但其修撰缘起，类皆有鉴于魏收书的义例失衷、褒贬乖异，故其补缉史事阙遗的成分皆在其次，而要旨在于再覈义例，修正其叙事、评论的口径②。而这无疑意味着时论公议对其修书的更大影响，其中亦当包括北族各部各家对自身祖先的颂扬在内。若就昭成帝地位评价而言，其后裔至唐在拓跋元氏各支中声势尤盛的状态，自又会在上面所述北齐、周、隋以来看法的基础上推波助澜。

唐代元行冲所撰的《后魏国典》即为之提供了证据。《旧唐书》卷102《元行冲传》载其为昭成之孙常山王素连后裔，玄宗时历职清要，且参照其祖爵之名被封常山郡公，开元十七年卒。又载其曾撰《魏典》30卷，事详文简，为学者所称，传文且载其书内容之一是：

> 初，魏明帝时，河西柳谷瑞石有牛继马后之象，魏收旧史以为晋元帝是牛氏之子，冒姓司马，以应石文。行冲推寻事迹，以后魏昭成帝名犍，继晋受命，考校谣谶，特著论以明之。

关于曹魏时张掖大柳谷石纹的"牛继马后之像"，《魏书》及唐代所修《晋书》、《建康实录》皆以东晋元帝实乃牛氏之子释之③。但在元行冲所撰《后魏国典》中，却改循前述太平真君五年大柳谷石文所示昭成帝首得天命的灵徵，对此作了昭成帝什翼犍继西晋司马氏受命系统的解释。这一新的解释，完全合符隋唐时期对北魏昭成帝评价愈趋崇重的现实，同时也典型地反映了唐时昭成后裔强调其祖先功业、地位不遗余力的状态。

四、结　语

讨论至此，庶几已可解答本文开头就《姓纂》叙洛阳元氏之文提出的三个问题：其于神元帝前后拓跋早期帝系之所以一笔带过，而以昭成帝建号立都为拓跋国史的开端；其述"十一代十五帝一百六十一年"的北魏帝系和国祚，之所以要从昭成而非神元、平文或道武帝算起；其之所以把洛阳元氏宗室主干各房支裔皆列为昭成之后，而把平文帝之裔附于末尾述之；这都是因为《姓纂》取准的，乃是昭成地位在当时已远超拓跋早期诸帝的流行看法。其史源则应包括了唐代元氏后人尤其是声势最盛的昭成之裔所传谱牒和歌颂，同时也取鉴了隋唐所修北朝史及后魏史对拓跋早期诸帝的有关评述。

本文的考察当可表明，突出昭成帝在北魏开国史上地位的倾向，当然是以其功业甚隆的史实为据的，但亦有其曲折起伏的发展过程。在道武帝复为代王进又创建北魏之时，强调昭成帝地位

---

① 诸人修书之事，见《北史》卷30《卢玄传》附《卢怀仁传》、《隋书》卷58《魏澹传》、《旧唐书》卷68《张公谨传》附记其子张大素之事、《新唐书》卷200《元行冲传》。另有唐代高峻所著《小史》之类尚不在其内，参孙猛《日本国见在书目录详考》0462高氏《小史》五十卷之考证，上海：上海古籍出版社，2015年。

② 《北齐书》卷37《魏收传》述魏收书于诸人家世德业抑扬失当，"众口喧然，号为'秽史'"，修改诏行后仍难平息异议。其余波至隋不绝，《隋书》卷2《高祖纪下》开皇十三年五月癸亥，"诏人间有撰集国史、臧否人物者，皆令禁绝。"此诏禁私撰魏齐周史，即欲为魏收以后修史尤其人物家世的纷争画上句号。依理而推，这类家世之说自然也会涉及北魏宗室支裔的亲疏贵贱。另参《史通》卷12《外篇·古今正史第二》、中华书局点校本《魏书》末附的宋刘攽等所上《魏书目录叙》。

③ 《魏书》卷96《僭晋司马叡传》、《晋书》卷6《元帝纪》、《建康实录》卷5《中宗元皇帝》建武二年三月记事。《史通》卷17《外篇·杂说中第八》述此乃沈约《晋书》所说，而为《魏书》等处所袭。

既是其解释自身王业所基的需要，又是其力图确立拓跋君位传子秩序的必然，为此也就不能不承受昭成子孙因此得与道武帝共叙伦辈而地位特殊的后果。在拓跋君位按父系直系相嗣的原则一时未被公认的前提下，昭成子裔可预于君位候选者之列的状态在明元帝时尚在掀起波澜，直至太武帝时隐隐仍有其痕。这类在昭成帝荣光之下发生的事态，自不能不长留于其子裔的记忆之中，并且形诸声歌、谱牒而构成了其家史主题。

到文成、献文帝时献明、昭成庙相继迁撤，尤其是到孝文帝进一步推行宗法制度，重定庙制而严别宗室的远近亲疏，太祖道武帝地位自此至尊至上，昭成地位遂不能不像其他"远祖"那样不断跌落。承此发展的结果，则是诸"远属"范围不断增加而身份、待遇同趋于低下，加之国史记宗室世系和史事，又理当循此别其远近，定其轻重，即采择代旧歌谣传说亦不能不取准于此。在此种种刺激之下，北朝后期以来，包括昭成帝在内诸"远祖"后裔对其祖先功业史事的记忆和传颂，亦当因其身为疏属痛感不平而日渐高涨。

由此再到北齐、周、隋，元氏宗室屡经大劫之余，其近属子裔幸免者显然远不若疏属之多，他们与拥护或不满于孝文帝以来政策的其他各色人等，都不免会要在后魏史撰写中存其各自的故国之思和辉煌家世。但魏收所修之史仍大体取准于北魏孝文帝以来的国史口径，并在义例和人物门第抑扬方面留下了一系列问题，遂使后魏史重修一时成风。从唐初以来所修北朝史和后魏史所示状态来看，这类史乘与存诸私家的谱牒传说在当时已形成了更多的互动，在确认昭成帝为北魏帝系、王业奠基者的评价上，则明显存在着相互影响和靠拢的态势，而与魏收书所述则有不小差异。这也可见时移境迁之后，在再无必要据元氏宗室亲疏来别其轻重，又以修正魏收书义例、褒贬为其主旨的前提下，其书的修撰自会更多地受到舆论影响。而昭成之裔既然已成元氏宗室最为繁盛和影响最大的一支，其崇尚昭成帝地位的立场也就势必体现于这些史乘的相关结论之中。要之，《姓纂》叙洛阳元氏之所以呈现了上述三大问题，其背后所蕴大概正是这样一种历史。

最后还须一提的是，《姓纂》所叙"昌意三十九代至昭成帝什翼犍"，不仅世数远少于《序纪》所载，而且全然不见于今存此前的记载。不难设想其出于北族尤其是北魏帝族十姓及昭成之裔的谱牒或传说。《新唐书》卷75下《宰相世系表五下》述洛阳元氏出自拓跋氏，叙其族源有曰：

> 黄帝生昌意，昌意少子悃，居北，十一世为鲜卑君长。平文皇帝郁律二子：什翼犍、乌孤。什翼犍，昭成皇帝也，始号代王，至道武皇帝改号魏，至孝文帝更为元氏。

其述昌意少子名"悃"，又"十一世为鲜卑君长"，均为《魏书·序纪》所无，但与《姓纂》"三十九世"之说若可合符；至于其述昭成始号代王，道武改号为魏及孝文改姓之大节，则与《姓纂》完全相同。岑仲勉先生《四校记再序》已证《新表》内容大略依本《姓纂》，洵为相关学术史上的一大贡献，而若具体到上引《新表》所叙拓跋元氏之文，却仍应看到其间毕竟不同，尤其《新表》述昌意少子名"悃"而"居北"，则为《姓纂》所无。由此推想，两者除皆依本拓跋元氏后人包括昭成子裔所传谱牒之说加以删订外，也还存在着各有所本而别加取舍的状况。

倘再进一步推寻其取本之况，南宋罗泌《路史》卷14《后纪五·疏仡纪》之《黄帝上》有曰：

> 昌意逊德，居于若水。有子三人，长曰乾荒，次安，季悃……悃迁北土，后为党项之辟，为拓跋氏。至郁律二子，长沙漠雄，次什翼犍，初王于代。七子，其七窟咄，生魏帝道

武，始都洛为元氏。十五世百六十有一年，周、齐灭之（原注：十一世十五帝）。有党氏、奚氏、达奚氏、乞伏氏、纥骨氏、什氏、乾氏、乌氏、源氏、贺拔氏、拔拔氏、万俟氏、乙旃氏、秃发氏、周氏、长孙氏、车非氏、兀氏、郭氏、侯亥氏、车辊氏、普氏、李氏，八氏十姓，俱其出也。[1]

其中所述拓跋郁律以下诸事，与《魏书》等处所记相当不同，说道武帝"始都洛为元氏"则属明显错误，可见其必据晚近相关姓、族的传说而来。但其述"什翼犍初王于代"，仍与《新表》、《姓纂》相同；称魏室共历十一世十五帝百六十一年则同《姓纂》，记昌意少子名"悃"而"迁北土"，又与《新表》相同。由于《路史》这里已交代党氏、奚氏以至党项八氏十姓"俱其出也"，也就可断这些错杂不一的说法，大皆来自于此类氏姓部落的族源传说。据此又可联想其中不少皆已自附为当时拓跋元氏中声势最盛的昭成之裔，而其传说则至宋代仍得以某种方式留存于世。这似乎就是《姓纂》、《新表》所记拓跋元氏史事既相类同又有异文的背景[2]，今已不见于诸处所载的"昌意三十九世至昭成帝什翼犍"之说，亦必存于这些姓、族的传说而为《姓纂》所取。由此结合前面所论，即应承认这类传说虽参差不齐且有错缪，却仍是真实传承于相关姓族而被记录润饰的历史记忆，对其与北朝至唐宋有关记载的相互关系和影响，中古史界至今仍亟待予以充分关注和研究。

（作者单位：中国社会科学院历史研究所）

---

[1] 其下原注："八氏：细封氏、往利氏、费听氏、颇超氏、野辞氏、房当氏、米禽氏、拓跋氏；十姓者，兄伊娄氏、娄氏、丘敦氏、敦氏、万俟氏、俟氏，叔乙旃氏为叔孙氏，（疏）属车辊氏为车氏也。后魏改元览为元氏，太武赐秃发傉檀为源氏，周闵赐车瑶为车非氏。又是云氏者，任城王子避难为云家而姓，至隋而复。景元氏者，出自景昇，冒姓，乃元载之祖。而郭崇播党氏，赐也。他详余论。"所述细封等八氏，与《旧唐书》卷198《党项羌传》同；"后魏"以下之事多可与《魏书》、《周书》等处所载相证；是云氏之况则与《姓纂》述是云元氏略同而较简。

[2] 《姓纂》卷10《拓跋氏》："……孝文帝迁洛阳，改为元氏。开元后右监门大将军、西平公、静边州都督拓跋守寂，亦东北番也。孙乾晖，银州刺史；侄登岘，今任银州刺史。"这是以拓跋元氏为党项八姓中的拓跋氏所出，其所据自是拓跋守寂以来相传之说。《古今姓氏书辨证》卷38《代北人姓·拓跋氏》："……太和二十年正月丁卯，诏改姓元氏。自是拓跋氏降为庶姓，散在夷狄。唐时党项以姓别为部，而拓跋氏最强。有拓跋赤辞与从子思头，其下拓跋细豆皆降，擢西戎州都督，赐姓李……"所述孝文帝改后拓跋氏降为庶姓，亦如《路史》述道武帝始都洛同属显谬，是其所据亦为晚近谱牒、传说之类，又尤其以党项拓跋李氏的族源传说可能最大，《路史》上引文所本亦然。

北魏常山公主事迹杂缀

罗　新

温子升《常山公主碑》

《艺文类聚》卷一六有温子升《常山公主碑》①，显然不是全文，只是节选文学性较强的句子，没有收入那些介绍个人身世的文句。这就意味着，现存碑文不仅不能反映原文的全貌，而且现存部分也不是原文中一个完整的部分，文句间原有的表达个人信息的句子已为编选者删落。这种残碎的情况，对现代研究者来说当然是极大的遗憾，不过即使这一点点的孑遗，也是中古文献的吉光片羽，弥足珍贵。《艺文类聚》储宫部公主门碑文中，只选了温子升这一篇，可见在写公主的碑文中，编选者认定此文最为出色。一篇足以成为范文的碑文，怎样表彰公主的人生与品德呢？

现存碑文一开始就说："启泰微之层构，辟闾阖之重扉，据天下以为家，苞率土而光宅。"碑文开端本应是名讳、郡望和家世，已被删节，现存的是介绍公主家族背景的部分，以华丽的笔调歌颂拓跋鲜卑对华北的征服，以及北魏王朝的建立。接下来要说到常山公主高贵的出生，"然则昆山西峙，爰有夜光，汉水东流，是生明月"，芝兰玉树，生在皇家。公主的出身背景，本是碑志类文字的高光时刻，显然关于出生和家世这一部分都已删节，只剩下这几句"比兴"的话。那么公主的个人品质、性情和修养如何呢？碑文说：

> 公主禀灵宸极，资和天地，芬芳有性，温润成质。自然祕远，若上元之隔绛河；直置清高，类姮娥之依桂树。令淑之至，比光明于宵烛；幽闲之盛，匹秾华于桃李。托体宫闱，而执心搞顺；婉然左辟，率礼如宾。

如此淑德，当然应有良配，于是便说到出嫁："举华烛以宵征，动鸣佩而晨去。致肃雍于车乘，成好合于琴瑟。"良人是谁，夫家如何，以及公主在婚后的表现等等，也应是碑志叙述的重点所在，可惜都被删掉了。甚至丈夫去世这么重大的人生变故，现存碑文也没有提及，而是忽然就叙及公主守寡的生活："立行洁于清冰，抗志高于黄鹄，停轮表信，阖门示礼，终能成其子姓，贻厥孙谋。"表彰公主不改嫁，支撑门户，使夫家后继有人。"而钟漏相催，日夜不息，川有急流，风无静树。奄辞身世，从宓妃於伊洛；遽捐馆舍，追帝子于潇湘。"这是讲公主去世，但去世和下葬的时间、地点，俱已删略不存。所存铭辞部分，也省略了家世和品行方面的美词，只剩

---

① 欧阳询：《艺文类聚》卷一六"储宫部公主门"，汪绍楹点校，上海：上海古籍出版社，1982年，第306页。

下铭辞末尾描述死亡、安葬及坟垅的句子：

> 龙辔莫援，日车遂往，奄离形神，忽归丘壤。祖歌薤露，出奏巫山，永厝中野，终掩穷泉。萧瑟神道，荒凉墓田，松槚徒列，琬琰空传。

《北史》称温子升"博览百家，文章清婉"，他年轻时到广阳王元渊家当一个"贱客"，屈身于马坊教"诸奴子"写字。① 期间作《侯山祠堂碑文》，为名士常景所激赏，元渊才晓得他是个才子。东魏末年，高澄怀疑他参与了某起未遂政变，决意杀他，但还是等到他完成《神武碑》（即高欢碑）之后，才把他关起来活活饿死。温子升沉浮人生的两端都与碑文制作有关，可见他擅长碑文，是当时北方文坛上屈指可数的高手。可惜温子升的作品存世很少，其中没有一篇完整的碑文，以篇幅而论，《常山公主碑》已经算是保存较多的了。如果《常山公主碑》全文得以幸存，不仅有关常山公主的信息必定丰富得多，我们对温子升的文学成就也可以有更多切实的了解。

常山公主与陆昕之

常山公主的信息主要见于《魏书》卷二八陆氏列传中的《陆昕之传》②。传称陆昕之"尚显祖女常山公主，拜驸马都尉"。可见常山公主是北魏献文帝的女儿。从《魏书》记高阳王元雍称她为"常山妹"来看，常山公主应该比元雍年轻，从而可知她是孝文帝的妹妹。她下嫁给陆昕之的时间已无可考，但可以肯定的是这是她的第一次也是唯一一次婚姻。

在太和二十年（496）正月孝文帝主持代人姓氏改革之前，陆氏还是步六孤氏。也就是说，当常山公主出嫁时，她的夫家还不姓陆，而是姓步六孤。步六孤，我认为就是 Bilge，据说本意是智慧，但这个词早已演化为内亚阿尔泰语系（Altaic）各人群常见的官号、人名或部落名。按照代北传统，出于 Bilge 部的就以 Bilge 为姓，汉语音译就写作步六孤，当然这个词还有其他多种音译形式。据《南齐书·魏虏传》，陆昕之的叔父陆叡的鲜卑语本名是伏鹿孤贺鹿浑③，伏鹿孤即步六孤，是陆叡的姓氏，贺鹿浑则是陆叡的名字，我猜贺鹿浑与库傉官、骨利干等一样，都是 Küliqan 的汉语音译形式，与高欢的本名贺六浑是同一个词。这样的姓名与华夏传统差异太大，难怪陆叡的岳父博陵崔鉴感叹道："平原王（即陆叡）才度不恶，但恨其姓名殊为重复。"④ 北魏中后期，名字的汉化要早于姓氏⑤，而宗室大臣的汉名通常来自于孝文帝的赐名。⑥ 很可能陆叡的汉名叡也是得孝文帝所赐。姓氏改革时，从"步六孤"中提取中间的音节，改写为华夏已有的"陆"氏。这之后，"殊为重复"的伏鹿孤贺鹿浑（Bilge Küliqan）就一变而为华夏气息浓郁的陆叡了。大概崔鉴是乐于见到这个变化的，但从改姓氏当年年底陆叡的政治选择来看，他本人未必喜欢他的华夏式姓名。

---

① 《北史》卷 83《文苑传》，北京：中华书局，1974 年，第 2783 页。
② 《魏书》卷 40《陆俟传》附《陆昕之传》，北京：中华书局，1974 年，第 909 页。
③ 《南齐书》卷 57《魏虏传》，北京：中华书局，1972 年，第 996 页。
④ 《魏书》卷 40《陆俟传》附《陆叡传》，第 911 页。
⑤ 罗新：《北魏皇室制名汉化考》，《中国中古史研究》第 2 卷，北京：中华书局，2011 年，第 137—149 页。
⑥ 罗新：《说北魏孝文帝之赐名》，《文史》2011 年第 3 期，第 49—61 页。

常山公主的丈夫陆昕之是陆定国之子，陆定国是陆丽之子，而陆丽正是陆氏得以从北魏众多勋贵家族中脱颖而出的关键人物。在陆丽之前，陆氏并没有出什么高官显贵，他父亲陆俟的王爵也是在陆丽贵宠以后追赠的。452年3月太武帝死，南安王拓跋余继位，但在位才七个月多一点，即被中常侍宗爱所杀。宗爱本是奉立拓跋余的主要功臣，怎么他反而要杀掉本应对他很感激的新皇帝，这还是一个谜。《魏书》说拓跋余"疑爱将谋变，夺其权，爱怒，因余祭庙，夜杀余"①。很可能拓跋余企图摆脱权臣的控制，威胁到了宗爱，为宗爱所杀，由此引发皇位继承问题的重大危机。时任南部尚书的陆丽是拥立高宗文成帝的主要人物之一。据《魏书·源贺传》，文成帝被陆丽抱在怀里共骑一马，从苑中单骑直驱入宫即位②，可想而知此后文成帝对陆丽是何等的感激与信任。《魏书·陆丽传》称他"由是受心膂之任，在朝者无出其右"，是文成帝时期的第一贵臣③。在文成帝南巡碑碑阴随驾官员题名里，陆丽排在第一位："侍中抚军大将军太子太傅司徒公平原王步六孤伊"④，最末一字损泐不可辨识，应该是"利"或"丽"，伊利或伊丽，即El/Il，是阿尔泰世界极为常见的人名，这也就是后来陆丽一名的"源代码"。可知陆丽的本名应该是Bilge El 或 Bilge Il。

陆丽的显贵大大提升了陆氏家族的地位。陆丽之子陆定国也得到文成帝宠爱，"诏养宫中，至于游止常与显祖同处"⑤，和太子一起游玩憩息，六岁就当上了中庶子。文成帝死后，陆丽在宫廷动荡中被杀，但凭着继立的献文帝与陆定国之间自幼培养的感情，陆氏家族的地位丝毫不坠。陆定国虽把父亲的抚军大将军与平原王王爵让给年幼弟弟陆叡继承，但他"迁侍中、仪曹尚书，转殿中尚书"，也都是皇帝身边的要害职务。"前后大驾征巡，每擢为行台录都曹事，超迁司空"⑥，封东郡王，俨然是献文帝的超级心腹。可是，在献文帝与冯太后关系紧张的阶段，处在其间的宠臣们可能都遭遇过一个困难期，难以保持和两个主子同等的亲密度。《魏书·陆定国传》说"定国恃恩，不修法度，延兴五年，坐事免官爵为兵"⑦，很可能与他在太后与皇帝之间的立场或态度有关，使得献文帝对他起了疑心或不满，予以"免官爵为兵"的惩罚。不久献文帝暴死，陆定国得以恢复官爵。冯太后对陆定国、陆叡兄弟比较亲近，原因可能也就在此。兄弟二人娶妻，婚姻对象都是中原旧族，看起来像是冯太后的安排。陆定国死于太和八年（484），其子陆昕之不久得尚公主，这门亲事应该也是冯太后决定的。

据《魏书·陆昕之传》，陆定国前后娶了两个妻子，第一个是河东柳氏，生子安保；第二个是范阳卢氏，乃卢度世之女，生子昕之。两个妻子家世都有来历，没有地位上的妻妾差别，因而她们所生的两个儿子也没有嫡庶之别。陆定国死后，谁来继承东郡王的爵位呢？于是发生了北魏中后期相当常见的袭爵之争。这种纠纷最终要由朝廷来判决，而尚书仆射李冲的意见起了决定性作用，陆昕之得以袭爵。李冲之所以偏袒陆昕之，是因为陆昕之的母亲是卢度世的女儿，而李冲与卢度世之子卢渊"特相友善"，为子李延寔取卢渊之女，两家"结为婚姻"，关系不同寻常。陆昕之靠了李冲这层关系，得以胜过其兄陆安保而袭爵。陆昕之王爵加身，随后又尚常山公主，固然与冯太后感念其父有关，但背后起作用的应该都是和冯太后有特殊关系的李冲。

---

① 《魏书》卷18《南安王余传》，第435页。
② 《魏书》卷41《源贺传》，第920页。
③ 《北史》卷28《陆俟传》附《陆丽传》，第1015页。
④ 山西省考古研究所、灵丘县文物局：《山西灵丘北魏文成帝南巡碑》，《文物》1997年第12期，第72页。
⑤ 《魏书》卷40《陆俟传》附《陆定国传》，第908页。
⑥ 《魏书》卷40《陆俟传》附《陆定国传》，第908页。
⑦ 《魏书》卷40《陆俟传》附《陆定国传》，第909页。

袭爵与否，对陆安保和陆昕之兄弟二人以后的人生走向极为关键。《魏书》说"昕之由是承爵尚主，职位赫弈"，而异母兄陆安保因为失去了袭爵机会，竟然从此"沉废贫贱，不免饥寒"。① 当时袭爵之争那么普遍，从陆昕之兄弟的事例看，这种纠纷的确具有实际意义。当然，以陆氏之显赫尊贵，纵然不得袭爵，照说也不至于沦为贫贱饥寒，大概袭爵之争伤了兄弟感情，陆昕之后来未曾照顾兄长（再看不到兄弟两家之间有任何联系）。不过更重要的原因可能是陆氏人物在太后末年及宣武帝初期两次卷入谋反大案，整个家族遭受严酷打击，嗣后陆安保又得不到足够的救助，竟至于"沉废贫贱，不免饥寒"，与兄弟陆昕之形成了巨大反差。

据《魏书》，陆昕之"风望端雅"，"容貌柔谨"，孝文帝似乎很喜欢这个妹夫，"特垂昵眷"。据《金石萃编》卷二七所录孝文帝吊比干碑碑阴题名，太和十八年（494）跟随孝文帝从洛阳到邺城的侍臣中，有"散骑侍郎东郡公臣陆昕"②，这个陆昕，就是陆昕之，这时他也就二十来岁。在太和十六年改降五等之后，他的爵位东郡王已"例降"为东郡公。太和十八年时陆氏还是步六孤氏，但这个碑是五年后担任河内太守的陆琇所立，他把宗室的拓跋氏和自家的步六孤氏都按照改姓后的新姓氏来刻写，其他诸人则一仍其旧，所以出现了某种奇怪的不一致③。

太和二十年年底（497 年年初）陆叡和穆泰在平城策划针对孝文帝的政变，失败后陆叡的妻儿们都流放到辽西，陆氏宗支不免都受一定牵连（如从弟陆琇就因此被免官），但看起来似乎对陆昕之影响不大（或受影响的时间不太长），大概就是沾了驸马爷这个身份的光。但是当景明二年（501）夏发生咸阳王元禧谋反的重大变故时，在河内太守任上的陆琇涉嫌知情甚至参与。于是陆氏遭受五年之内的连续第二次打击，曾经豪贵一时的陆氏就此跌出顶级高门的序列。这次陆昕之也躲不过去了，被免官。不过很快"以主婿"复出为官，"除通直散骑常侍，未几，迁司徒司马"，获得机会，外出担任州刺史。《魏书》说他"世宗时，年未四十，频抚三蕃，当世以此荣之"④。所谓"频抚三蕃"，是指连续担任三个州的州刺史，这三个州是兖州、青州和相州。永平四年（511）夏，陆昕之死于相州任上，死时可能还不到四十岁。这就使得常山公主一下子进入中年丧夫的困境。

常山公主与陆子璋

常山公主在陆家，号称"奉姑有孝称"，姑，就是陆昕之的母亲卢氏，即卢度世的女儿，卢渊的姐妹。可是卢氏不久也去世了。《魏书》说："昕之卒后，母卢悼念过哀，未几而亡。"这之后就只有常山公主支撑门户了。公主育有三个女儿，没有儿子。《魏书》称赞公主"性不妒忌"，为了生儿子，曾主动为陆昕之纳妾，可也都是生女不生男。温子升《常山公主碑》赞美她忠诚夫家，不曾改嫁，所谓"立行洁于清冰，抗志高于黄鹄，停轮表信，阖门示礼"。陈留公主从刘氏改嫁王肃，以及在王肃死后几乎再次改嫁，就因为她没有生子。即便生有女儿，但如果没有子嗣，也可能改嫁。中山王元英的女儿、元澄的妹妹元纯陀，先嫁穆氏，生有一个女儿，夫死之后，改嫁邢峦，但与邢峦无儿无女，所以在邢峦死后她又投靠自己的女儿和外孙，见元纯陀墓

---

① 《魏书》卷 40《陆俟传》附《陆昕之传》，第 909 页。
② 《金石萃编》卷 27，北京：中国书店影印本，1985 年。
③ 罗新：《北魏孝文帝吊比干碑的立碑时间》，《文史》2005 年第 4 期。
④ 《魏书》卷 40《陆俟传》附《陆昕之传》，第 909 页。

志。陆昕之死后，没有生子的常山公主改嫁他人的可能性是存在的，所以温子升碑文的称颂也不全是虚美之辞。但她留在陆家，撑起了门户。碑文说"终能成其子姓，贻厥孙谋"，是指常山公主过继了陆昕之的从兄陆希道的第四子陆子彰，使陆昕之有后，也使自己老年有个依靠。

《魏书·陆子彰传》说他"年十六出后"，出后就是过继给陆昕之。陆子彰死于东魏孝静帝武定八年（550），年五十四，知他生在孝文帝太和二十一年（497），十六岁是宣武帝延昌元年（512）。可见常山公主是在陆昕之去世的第二年，就把陆子彰过继过来了。陆希道是陆叡的长子，太和十八年以员外散骑侍郎随侍孝文帝东巡邺城，见于吊比干碑碑阴题名，但《金石萃编》把他的名字误写为"陆怖道"。两年后陆叡谋叛被杀，陆希道和母亲、弟弟们一起，被流放到辽西边镇当兵，被赦免后才返回洛阳，"从征自效"，慢慢建功立业，部分地恢复了家族地位。他共有六个儿子，陆子彰是老四，本名士沈，可能在过继后就改名子彰。子彰字明远，名、字意义相应，说明这个字也是过继之后新取的，原来的名、字都已经放弃了。

陆希道同意把儿子过继到常山公主家，可能最大的动力是指望儿子能继承陆昕之的东郡公爵位。然而陆子彰袭爵似乎遇到了很大问题，一直到十来年之后的孝明帝正光年间（520—524），才得袭爵。由于没有爵位，政治上也很难获得一个像样的出身，因此在袭爵之前，陆子彰竟然一直没有出仕。没有史料解释陆子彰袭爵何以如此迟缓，但北魏后期与袭爵有关的纠纷相当普遍，可以推测陆子彰也可能遇到了行政手续或法律条文方面的麻烦。而他在正光年间竟得以袭爵，却可能是胡太后干预的结果。

《魏书》说常山公主"神龟初，与穆氏顿丘长公主并为女侍中"①。顿丘长公主当作琅琊长公主，是常山公主的姐姐，嫁给顿丘公穆绍，史书传写致误，讹为顿丘长公主。孝明帝神龟初（518），正是胡太后开始以太后身份控制朝政的时候。她很注意照顾元氏宗室的女眷们，孝文帝的几个妹妹，包括陈留公主、琅琊公主和常山公主等，都成为宫廷里的常客。大概就是在这个时候，常山公主把陆子彰袭爵遇阻的事说给了胡太后，胡太后发话，不久陆子彰得以袭爵。袭爵之后，陆子彰"寻除散骑侍郎，拜山阳太守"，气象一新，政治前景一下子就明朗得多了。

陆子彰过继到常山公主家以后，据《魏书》说，他"事公主尽礼"，就是说他对待常山公主就像对待母亲一样。常山公主的哥哥高阳王元雍，在胡太后掌权时大受重用，官拜丞相，神龟、正光间自然也是胡太后身边小圈子里的常客。他有这样评价："常山妹虽无男，以子彰为儿，乃过自生矣。"可见常山公主与陆子彰相处得不错。陆子彰过继时年仅十六岁，还没有婚娶，结婚的事情要由常山公主定夺。公主为子彰所选的妻子，则是她的哥哥咸阳王元禧的女儿。

蓝田公主

元禧是孝文帝的长弟。孝文帝在世时，不太看重他，而是更喜欢第六弟彭城王元勰，倚为膀臂，加以重用。孝文帝死后，元禧凭借行辈优势获得宰辅地位，一时间成为北魏最有权势的人。但是宣武帝继位时已经十七岁，身边有一批跃跃欲试的亲近人物，怎么能容忍大权旁落呢？等到为孝文帝守孝的日子一完，十九岁的宣武帝突然宣布亲政，把几个叔父从实权位置上调开。元禧对这种形势似乎既不习惯，又不太清楚，既不愿放弃权势，又不能有所作为，总之半年不到就酝酿出了宣武帝继位以后的第一个宫廷危机。《魏书》记元禧与部旧谋划政变，又狐疑犹豫，致使

---

① 《魏书》卷40《陆俟传》附《陆昕之传》，第909页。

计划泄露，被抓获处死。虽然谋叛之事可能出于朝廷栽赃指控，但元禧似乎至死也没有明白他的皇叔兼宰辅的地位本身就注定了悲剧（广受爱戴的彭城王元勰拼命躲避这两个身份的重合，最终也难逃一死）。

《魏书·元禧传》说元禧被处死之前，虽然紧张得话已说不利落，还是把孝文帝末年说过的一些话拿来为自己辩护。据说，孝文帝在一次家庭宴会后对几个弟弟说过，如果继位之君不足以成事，"汝等观望辅取之理，无令他人有也"，意思是要兄弟们考虑，可辅则辅，不可辅则取，宁可自家兄弟们篡位，也不能让皇位落于别人之手。《元禧传》称元禧虽然说出了这一细节，"然畏迫丧志，不能慷慨有所感激也"①，意思是他吓得精神涣散，未能利用这一条理由反过来打动宣武帝：你看，尽管有先帝的许可，我却只想辅佐皇帝，绝无取而代之之心。当然，即使他做到了"感慨有所感激"，也难逃被处死的命运。事实上，在此前的北魏历史上，没有一个年长的皇弟在新皇帝继位前后能避免遭遇暴死的下场。②

史书为了说明元禧罪有应得，特别描写他虽然政务能力平平，却贪赃奢靡，"潜受贿赂，阴为威惠"，"性骄奢，贪淫财色，姬妾数十，意尚不已，衣被锦绣，车乘鲜丽"，"由是昧求货贿，奴婢千数，田业盐铁遍于远近，臣吏僮隶，相继经营"。如果总结一下，元禧是贪色又贪财的，而且似乎贪财的原因正是他养了太多姬妾。《元禧传》说他"及与诸妹公主诀，言及一二爱妾"，就是临死与几个公主妹妹诀别时，还托付她们照顾自己的某一两个爱妾。这激起了其中一位公主的愤怒，一边哭一边骂道："坐多取此婢辈，贪财逐物，畏罪作反，致今日之事。何复嘱问此等！"骂得元禧"愧而无言"。骂出这等沉痛之辞的，不知是哪位公主，但前往诀别的公主中，一定有常山公主无疑。

元禧案被判死刑的有数十人，元禧自己的孩子，除长子已在河内被陆琇抢先杀掉外，正式判决"绝其诸子属籍"，就是取消了他们的宗室资格，沦为平民，一无所有。元禧的女儿们，则"微给资产奴婢"，还算是略有一点生计。元禧辛苦积攒的庞大家产，都被幸臣和内外百官瓜分了。《元禧传》说："于后，禧诸子每乏衣食，独彭城王勰岁中再三赈给之。"元禧诸子经济上衣食匮乏，政治上被绝属籍，满城官宦贵门中，只有叔父元勰愿意略加救济。这种走投无路的窘况，逼得元禧的几个儿子先后都逃奔到南方的萧梁。《元禧传》记元禧在洛阳的宫人有感于元禧的遭际，还编了一首歌传唱开来③：

  可怜咸阳王，
  奈何做事误。
  金床玉几不能眠，
  夜踏霜与露。
  洛水湛湛弥岸长，
  行人那得渡。

《元禧传》称："其歌遂流至江表，北人在南者，虽富贵，弦管奏之，莫不洒泣。"在江南听这首歌而禁不住洒下泪水的，不只是一般的"北人在南者"，大概主要是元禧的儿子们。他们到

---

① 《魏书》卷21《咸阳王禧传》，第539页。
② Andrew Eisenberg, *Kingship in Early Medieval China*, Leiden: Brill, 2008, pp. 23–60.
③ 《魏书》卷21《咸阳王禧传》，第539页。

江南后，得梁武帝善待，封爵加官，生活无忧，但回想洛中往事，感慨家门盛极而衰，惨绝人寰，为乐曲歌词所激，才会"莫不洒泣"。

元禧的女儿们都留在洛阳，然而她们也面临同样的困难，那就是愿意或能够出手救助她们的人不会很多，而其中最重要的救助者，依然是她们的叔父彭城王元勰。常山公主为陆子彰所娶的元禧之女，当初陷入家破人亡的绝境中时，正是元勰把她带回家，当自己女儿一样养了起来。她到元勰家时，元勰（473—508）刚好三十岁，其妻彭城王妃李媛华（483—524）年方二十。李媛华墓志记她所生有三子二女，而她嫁给元勰之前，已知元勰庶出的儿女还有两个，即长子元子直和女儿宁陵公主。宁陵公主的正式称号应该是宁陵县公主，很可能是宣武帝在杀害元勰后所赐，因为元子直墓志记他的真定县开国公就是在元勰死后获得的（李媛华所生两个女儿，一个获赐县主，一个获赐乡主，都是孝明帝时期胡太后特意照顾才得到的）。据宁陵公主墓志①，她死于宣武帝永平三年正月八日（即510年2月2日）夜里，二十二岁，可知她生于孝文帝太和十三年（489），那时李媛华才六七岁，还没有嫁到元勰家。元勰收养哥哥元禧的女儿时（501年），宁陵公主正好十二三岁，还没有出嫁到琅琊王氏，可以肯定她们那时是可以做伴的。

延昌元年（512）陆子彰过继到常山公主家时，他未来的妻子已经在彭城王元勰家里生活十来年了，而且那时元勰被杀也已四年。在元勰家的生活，一个对她和她未来的夫家非常重要的经历是建立与元勰第三子元子攸的感情联系。

元子攸就是后来的孝庄帝。元子攸一两岁时，元勰就被宣武帝杀害，虽然家境没有因此遭受大变，毕竟创深痛巨，一般来说这种环境下一起成长起来的兄弟姊妹情谊较深。大概就是这个原因，元子攸和这位堂姐非常亲近，史称"庄帝亲之，略同诸姊"，就是和自己的姐姐一样。常山公主为陆子彰迎娶有如此经历的侄女，必定是痛感自己两个哥哥的不幸，有帮助和提携的意思。到胡太后掌权时期，常山公主诸姊妹和元子攸的母亲李媛华等，都与胡太后走得很近，可以想见，在宣武帝时期被压抑的共同经历使她们结成了一个亲密的小圈子。虽然不久发生河阴之变，洛阳政局发生惊天巨变，尔朱荣控制了朝廷，但由于他选择了元子攸当皇帝，这使得常山公主一家的境遇不仅没有恶化，相反却骤然好转起来。

陆卬与《魏书》陆氏人物之"佳传"

建义元年四月十三日（528年5月17日），尔朱荣和他的并肆军团在黄河南岸的河阴大肆屠杀前来迎驾的洛阳官员，被杀的总人数已难以考实，可能高达两千多，几乎杀空了政府和朝廷，其中包括已被拥立为新皇帝的孝庄帝元子攸的哥哥和弟弟。那时在洛阳做官的人，无论官职高低，除了很少的一些，大都奉命前往河阴，而到了河阴的人，几乎无法避免被"乱军"围杀的命运。陆子彰有两个哥哥和一个弟弟，都横死于河阴。那些当时不在洛阳做官而热切等待入京机会的人，或在洛阳却身无官位正等候机会希冀一官半职的人，必定深深感到庆幸和后怕。当时陆子彰正在山阳当太守，从他的爵位和家庭背景来看，这是一个很不起眼的官职。从洛阳传来令人震骇的坏消息的同时，也传来了孝庄帝任命陆子彰为给事黄门侍郎的诏书。黄门郎由于贴近皇帝，在北魏中后期已成为热门职位。孝庄帝进入洛阳，立即要把他这位姐夫招入宫中。

而且，孝庄帝还封陆子彰的妻子为蓝田公主，真把她当作姐姐对待。蓝田公主后改封上庸公

---

① 王则：《魏故宁陵公主墓志考释》，《北方文物》2004年第3期。

主,改封的时间已不可考,很可能在东魏时期。好事还不止于此。由于太多王公贵人死于河阴,尔朱荣既急于取悦上层社会,又急于填充朝廷空缺,大拜群官,滥授爵位,甚至恢复了孝文帝改制以前的异姓封王的做法。陆子彰近水楼台,被封为濮阳王,食邑七百户。不过异姓封王的做法毕竟违背了孝文帝以来的政治传统,所以很快就被迫放弃,陆子彰又做回东郡公,"除安西将军,洛州刺史"。把陆子彰放到洛州,是因为洛州作为近州,有拱卫洛阳西门的意义。随后孝庄帝刺杀尔朱荣,尔朱氏疯狂报复,都没有涉及陆子彰,可见他因在外州,没有在这场宫廷大戏中扮演任何角色。而他的亲弟弟陆士廉和亲叔父陆希质则忠于孝庄帝,在建州(今山西晋城,是洛阳与晋阳之间的交通枢纽)阻击尔朱世隆等,城破被杀。他们对尔朱氏采取如此敌对的立场,一定是基于家里多人死于河阴的深仇大恨。但不知为什么,与孝庄帝关系更近的陆子彰却平安度过了这一危机。

  陆子彰再次得到重用,是在高欢所立的孝武帝永熙年间。而且由于他没有卷入高欢与孝武帝之间的斗争,在孝武帝西奔关中以后,陆子彰仕途依然顺畅,"一年历三州,当世荣之"。后来,陆子彰又先后主持瀛洲、沧州、冀州和青州的军政事务,显然是很得高欢信任的。武定八年(550)二月,他被任命为非常清显的中书监,一个月后去世。《魏书》评价说,陆子彰最初到外州任职时,"以聚敛为事",但后来幡然自新,"晚节修改,自行青、冀、沧、瀛,甚有时誉,加以虚己纳物,人敬爱之"。又说他"崇好道术",就是信持佛教,"不忍害物"。有一次他患了重病,医生开的药方有桑螵蛸,即一种螳螂科昆虫,俗称刀螂。陆子彰觉得吃桑螵蛸就是杀生,违背了佛陀教导,所以坚持不吃这味药,史书说"其仁恕如此"。①

  值得注意的是,《魏书》给陆氏诸人所列的传记中,陆子彰作为一个不怎么重要的历史人物,却获得相当长的篇幅和相当正面的评价,而且卷末"史臣曰"最末一句还说"希道风度有声,子彰令终之美也",特别称扬了陆子彰父子二人。这种情况发生在《魏书》中,原因通常是史书编纂者的偏袒,而这种偏袒的发生,往往是因为恰好有自家的代表人物参与了修史,或与修史者有良好的关系。在陆子彰这个案例中,是因为陆子彰的长子陆卬不仅参与了修史,而且还是东魏文坛上的一个人物,与包括魏收在内的修史诸人都是朋友关系。《北史》记陆"卬字云驹,少机悟,美风神,好学不倦,博览群书,《五经》多通大义。善属文,甚为河间邢邵所赏"。陆卬文才敏捷,多次参与接待萧梁使者,席间赋诗,他必是最先完笔的一个,"虽未能尽工,以敏速见美"。在东魏北齐受到信任的文人中,陆卬算得一个笔杆子,据《北史》说,"齐之郊庙诸歌,多卬所制"。②

  邢邵赏识陆卬,还有一些故事。《太平御览》引《北齐书》:"陆郎(郎当是卬之误)字云驹,洛阳人也,昆弟六人,并魏蓝田公主元氏所生。故邢邵尝谓人云,蓝田生美玉,岂虚也。"又引《北齐书》记邢邵对陆子彰说"吾以卿老蚌复出明珠"。《北史·陆卬传》记邢邵对子彰的话,还有"意欲为群拜纪可乎",用孔融"为群拜纪"的典故,夸耀陆卬的出类拔萃。邢邵与温子升在魏末是最享盛名的文人,世称"邢温",温子升死后,邢邵又与魏收并称"邢魏"。他们跟陆卬的特殊联系,似乎才是《魏书》为陆子彰立"佳传"的主导因素。当然,陆子彰与蓝田公主所生六个儿子,确实都有过人之处,他们几乎都在祕书、中书和著作担任过职务,显然都以文学见长。

  这也可以说明为什么常山公主死后,为公主撰写碑文的人会是当时文名最盛的温子升。那

---

① 《魏书》卷40《陆俟传》附《陆子彰传》,第910页
② 《北史》卷28《陆俟传》附《陆卬传》,第1017页。

么,《艺文类聚》所载的这篇《常山公主碑》写于什么时候?换一个问法,常山公主死于何时?《魏书·陆子彰传》:"天平中,(子彰)拜卫将军、颍州刺史,以母忧去职。"这个"母",应该就是常山公主。可见常山公主死于东魏孝静帝天平年间(534—537)。以陆子彰的政治地位,加上陆卬的社会交往,请动了温子升来写《常山公主碑》。由此也可以想见,常山公主的葬礼也是相当隆重的。陆子彰与公主虽非亲生母子关系,但似乎两人相处得不错,算得有始有终。当然,蓝田公主(上庸公主)在其间一定也发挥了很重要的作用。

陆子彰死于东魏孝静帝武定八年(550)。陆卬兄弟六人"相率庐于墓侧,负土成坟",孝义感人,朝廷"发诏褒扬,改其所居里为孝终里"。① 不过此后不幸的事接连发生。陆卬之母蓝田公主死于北齐文宣帝天保年初(可能在553年前后)。《北史》记陆卬"哀慕毁悴,殆不胜丧,遂至沉笃,顿伏床枕,又成风疾",从此一病不起。陆卬的第五个弟弟陆抟得病将死,特别叮嘱兄弟们说,大哥病成这样,我死了不要让他知道,哭声不可太高,免得他听到,他那么慈爱,知道我的死讯怎么受得了。家人照他的话做,直到下葬时才告诉陆卬。《北史·陆卬传》说:"卬闻而悲痛,一恸便绝。年四十八。"这时距蓝田公主之死,大概也才不过一两年。

(作者单位:北京大学中国古代史研究中心)

---

① 《北史》卷28《陆俟传》附《陆卬传》,第1018页。

东魏北齐尉长命子孙考
——中古尉迟氏研究之三

赵和平

近几年来，我选定的研究课题之一是"中古尉迟氏研究"，已经刊出《尉迟氏族源考——中古尉迟氏研究之一》①，大体内容是判定活跃在大代、大魏、东西魏、北周、北齐、隋、唐初的尉迟氏诸人，皆出于随魏圣武诘汾南迁的三十六国、九十九姓之一部；对《魏书·官氏志》"西方尉迟氏"的诠释则认为"西方"是指代都平城畿内的西方。同年，又刊出《于阗尉迟氏源出鲜卑考——中古尉迟氏研究之二》②，大体内容是说尉迟氏一部，在西晋末东晋初开始，即活动在今青海湖四周及河西走廊东部，与留在平城之西的尉迟氏并非一枝；445年，鲜卑吐谷浑首领慕利延率军攻入于阗，随其同入之尉迟氏即留镇于阗，故从5世纪至11世纪初，历代于阗王姓尉迟，于阗的"殿门东向"、"妻戴金花"等习俗及"貌不甚胡，颇类华夏"的人种特征显示，于阗王族尉迟氏或为吐谷浑鲜卑之一部。目前正对从《魏书》中的尉古真、尉元家族直至唐初的尉迟敬德家族诸个进行个案的梳理，恰逢中山大学历史系举办"纪念岑仲勉先生诞辰130周年国际学术研讨会"，遂以岑先生在《元和姓纂四校记》中做过先行研究的北齐尉长命家族作为对象，撰此小文，先行发表，以示对先贤的敬意。

一

《北齐书》卷19《尉长命传》：

> 尉长命，太安狄那人也。父显，魏镇远将军，代郡太守。长命性和厚，有器识。扶阳之乱，寄居太原。及高祖将建大义，长命参计策，从高祖破四胡于韩陵，拜安南将军。樊子鹄据兖州反，除东南道大都督，与诸军讨平之。转镇范阳城，就拜幽州刺史，督安、平二州事。州居北垂，土荒民散，长命虽多聚敛，然以恩抚民，少得安集。寻以疾去职。未几，复征拜车骑大将军，都督西燕、幽、沧、瀛四州诸军事，幽州刺史。卒于州。赠以本官，加司空，谥曰武壮。
>
> 子兴敬，便弓马，有武艺，高祖引为帐内都督。……高祖攻周文帝于邙山，兴敬因战为流矢所中，卒。赠泾、岐、邠三州军事，爵为公，谥曰闵庄。高祖哀惜之，亲临吊，赐其妻

---
① 《敦煌吐鲁番研究》第14卷，上海：上海古籍出版社，2014年，第245—260页。
② 《敦煌研究》2014年第3期，第201—212页。

子禄如兴敬存焉。子士林嗣。①

《北史》卷53《尉长命传》所记尉长命事比《北齐书》同传简略②，记其子则曰："子兴，字敬兴。便弓马，有武艺，位冠军将军。"仅十六字。但多出"位冠军将军"一条信息。

《北齐书》卷2《神武下》记尉兴庆战死事颇详：

〔武定元年（543年）三月〕西师尽锐来攻，众溃，神武失马，赫连阳顺下马以授神武，与苍头冯文洛扶上俱走，从者步骑六七人。追骑至，亲信都督尉兴庆曰："王去矣，兴庆腰边百箭，足杀百人。"神武勉之曰："事济，以尔为怀州，若死，则用尔子。"兴庆曰："儿小，愿用兄。"许之，兴庆斗，矢尽而死。西魏太师贺拔胜以十三骑逐神武，河州刺史刘洪徽射中其二。胜稍将中神武，段孝先横射胜马殪，遂免。③

《北史》卷53《綦连猛传附尉兴庆传》：

初，〔綦连〕猛与尉兴庆、谢猥馁并善射小心，给事神武左右。神武使相者视之，曰："猛大贵，尉、谢无官。"及芒山之役，兴庆救神武之窘，为军所杀。神武叹曰："富贵定在天也。"……

兴庆事见齐本纪。兴庆每入阵，常自署名于背，神武使求其尸，祭之，于死处立浮图，世谓高王浮图云。于是超赠仪同，泾州刺史，谥曰闵庄。④

《北齐书》卷19《尉摽传》：

以帐内从高祖出山东，有鞠珍、段琛、牒舍乐、尉摽、乞伏贵和及弟令和、王康德，并以军功至大官。
……
尉摽，代人也。太宁初（561）封海昌王。子相贵嗣，武平末（575），晋州道行台尚书仆射，晋州刺史，为行台左丞侯子钦等密启周武请师，钦等为内应。周武自率众至城下，钦等夜开城门引军入，锁相贵送长安。寻卒。弟相愿，强干有胆略。武平末，领军大将军。自平阳至并州，及到邺，每立计将杀高阿那肱，废后主，立广宁王，事竟不果。及广宁被出，相愿拔佩刀斫柱而叹曰："大事去矣，知复何言！"⑤

《北史》卷53《张保洛传附尉摽、摽子相贵》：

摽，代人。大宁初，位司徒，封海昌王。卒，子相贵嗣。
相贵，武平末，开府仪同三司，晋州道行台尚书仆射，晋州刺史（以下同《北齐书》

---

① 《北齐书》卷19《尉长命传》，北京：中华书局，1972年，第248—249页。
② 《北史》卷53《尉长命传》，北京：中华书局，1974年，第1906页。
③ 《北齐书》卷2《神武下》，第21—22页。
④ 《北史》卷53《綦连猛传附尉兴庆传》，第1928页。
⑤ 《北齐书》卷19《尉摽传》，第258页。

故不录。）弟相愿，强干有胆略，武平末，开府仪同三司，领军大将军（以下同《北齐书》故不录。）①

与《北齐书》对比，《北史》摽传多出"位司徒"三字，相贵，相愿多出"开府仪同三司"六字。

《元和姓纂（附四校记）》卷10"尉迟条"中说：

> 又司空、长乐公尉迟长命，生破侯、相贵。破侯，北齐尚书令，周汴州刺史、黄源公。相贵，左仆射、海昌王。②

岑仲勉先生在此条下有长篇校记：

> 《金石录》22云："广业王者，尉苌命之子破侯也。《碑》云，魏末离乱，苌命尝营护此寺，其后破侯与其弟兴敬复加营葺，故立此碑。按《北史》及《北齐书》有《尉长命传》，今碑乃作苌命。"何焯谓六朝碑中"长"与"苌"多通用，是长命、苌命确即一人。据史与碑，只知长命有子破侯及兴敬（《北齐书》2作"兴庆"），且未闻封爵。又《北齐书》19，尉摽封海昌王，子相贵、相愿，则尉长命与尉摽，殊难断为同人。劳格《读书杂识》一徒因《姓纂》长命生破侯、相贵之语，遂谓"摽与长命当即一人无疑"，未免断得太易。盖吾人既读前文，知《姓纂》此处，讹舛颇多，长乐公恰是侯兜封爵，已著错简之迹，不能遽谓是长命之封爵也。纵许是长命之爵，而与海昌王差要别矣。《北齐书》武定元年，"神武勉之曰，事济，以尔为怀州，若死，则用尔子。兴庆曰：儿小，愿用兄。许之。"不请用父而用兄。合观长命本传，长命之卒，似在兴庆前（本传年份可考者，讨平樊子鹄在天平元年），而摽封海昌王在太宁初，去兴庆之卒，又几二十年矣。故知劳氏摽即长命之说，不能据《姓纂》以立论也。复次，沈炳震云："《北齐书·尉长命传》，长命子兴敬，封集中侯，谥闵庄。按《北史·尉长命传》，长命子名兴，字敬兴，无封谥；《纂连猛传》，尉兴庆，不言何所人，谥闵庄。盖兴庆别是一人。《北史》兴庆无传，而庆、敬以音似而讹，遂以为长命子，当从《北史》为正。"不信先出之《北齐书》，而信后出之《北史》，殊无的据。况长命子名兴敬，有碑可证，是《北史》之"兴字敬兴"，以先示人以讹舛之迹。赵氏既比较碑传，亦不闻辨《北齐书》之非，吾故谓沈说未足凭也。《重藏舍利记》（会昌六年九月立）云："寺为后魏元象中（538年）幽州刺史尉苌命所造，号尉使君寺，后改为智果寺，唐则天时改为大云寺，开元中又改为龙兴寺。"（据《金石录》20引）

《金石录校证》卷22《北齐大安乐寺碑》条：

> 右《北齐大安乐寺碑》，其题额"广业王大安乐寺碑。"广业王者，尉苌命之子破侯也。《碑》云："魏末离乱，苌命尝营护此寺。其后破侯与其弟兴敬复加营葺，故立此碑。"案《北史》及《北齐书》有《尉长命传》，今《碑》乃作"苌命"。又史云其卒谥曰"武壮"，

---

① 《北史》卷53《张保洛传附尉摽、摽子相贵》，第1910页。
② 《元和姓纂（附四校记）》卷10"尉迟条"，北京：中华书局，1994年，第1515—1516页。

而《碑》乃作"武庄",当以碑为正。破侯尝仕为中书令、尚书左仆射、尚书令、录尚书事,封广业王,官甚显而《史》无传。①

姚薇元《北朝胡姓考》内篇第四尉氏条中说:

《姓纂》八物尉迟条云:"司空长乐公尉迟长命,生破侯、相贵,破侯尚书令,相贵海昌王。"按《北齐书》卷19有《尉长命传》,云"卒赠司空,子兴敬嗣。"《金石录·北齐大安〔乐〕寺碑跋》引碑云尉苌命尝营护此寺,其后其子与兴敬复加营葺。又《北齐书》卷19《张保洛传附尉摽传》,云"太宁初封海昌王,子相贵嗣。"劳格据谓尉摽即尉长命,摽盖长命之名,史讹为二人。故破侯、相贵、兴敬皆长命之子。史以原传讹夺,破侯之名不见。②

二

从赵明诚《金石录·北齐大安乐寺碑》中认为尉长命之子为破侯、兴敬,而"破侯尝仕为中书令、尚书左仆射、尚书令、录尚书事,封广业王,官甚显而《史》无传";劳格《读书杂识》认为"摽与长命当即一人",姚薇元也认为"劳格据谓尉摽即尉长命,摽盖长命之名,史讹为二人。故破侯、相贵、敬兴皆长命之子。史以原传讹夺,破侯之名不见"。岑仲勉先生不同意劳格之说,也批评了沈炳震否认兴敬为尉长命之子说,但对尉破侯在史籍中有无记载,尉破侯与尉摽有何关系,均未明言,本文讨论的重点即是破解尉摽究系何人。

尉长命一家世系,据《北齐书》《北史》《元和姓纂》及《金石录》所存之赵明诚《北齐大安乐寺碑跋》,考诸事实,其家族之世系斑斑可考。

"尉长命,太安狄那人也,父显,魏镇远将军,代郡太守。"尉长命遇"扶阳之乱寄居太原。③及高祖将建大义,长命参计策,从高祖破四胡于韩陵,拜安南将军"。讨平兖州樊子鹄反叛,此事在天平元年(534),后任幽州刺史,卒于州,元象中(538)造大安乐寺;据《广业王大安寺碑》,"苌命尝营护此寺,其后破侯与其弟兴敬复加营葺"。而尉兴敬于武定元年(543)三月为救神武高欢而死,是大安乐寺碑之立时,兴敬与其兄破侯可能都在世,也可能是兴敬战死后,其兄破侯以其兄弟二人名义共立,也未可知。

尉兴敬"便弓马,有武艺,高祖引为帐内都督"。《北齐书·尉摽传》,"以帐内从高祖出山东",其籍贯也是"代人也。""太宁初(561),封海昌王。子相贵嗣。"尉兴敬以身捍高祖,最后遗言"儿小,愿用兄"。若高欢遵守承诺,武定元年与兴敬战死后,尉破侯可能被任命为怀州刺史。

据《北齐大安乐寺碑》和《元和姓纂》,尉破侯与尉兴敬乃尉长命之子。问题是,尉破侯在《北齐书》、《北史》、《陈书》、《资治通鉴》等书中均不见,可见与此姓名相近的是尉破胡。

---

① 赵明诚撰,金文明校证:《金石录校证》,桂林:广西师范大学出版社,2005年,第381页。
② 姚薇元:《北朝胡姓考》,北京:中华书局,1962年,第191—192页。
③ 按:中华书局《校勘记》云:"按'扶阳'无考,疑是拔陵之讹,指破落寒拔陵领导的北镇起义。"此说可从。

《北齐书》卷12《南阳王绰传》

> 绰始十余岁，留守晋阳。爱波斯狗，尉破胡谏之，欻然斫杀数狗，狼藉在地，破胡惊走，不敢复言。①

和平按：此事当发生在河清三年后不久，尉破胡此时应为行台尚书令或仆射，辅佐南阳王绰留守晋阳。而《北史·尉摽传》云"摽，代人，太宁初，位司徒，封海昌王"，则摽与破侯似应为一人。

《北齐书》卷8《后主纪》：

> 是月〔武平四年（573）五月〕，开府仪同三司尉破胡、长孙洪略等与陈将吴明彻战于吕梁南，大败，破胡走以免，洪略战没，遂陷秦、泾二州。②

《北齐书》卷32《王琳传》记此事：

> 会陈将吴明彻来寇，帝敕领军将军尉破胡等出援秦州，令琳共为经略。琳谓所亲曰："今太岁在东南，岁星居斗牛分，太白已高，皆利为客，我将有丧。"又谓破胡曰："吴兵甚锐，宜长策制之，慎无轻斗。"破胡不从，遂战，军大败，琳单马突围，仅而获免。③

《陈书》卷39《萧摩诃传》记此事：

> 太建五年，众军北伐，摩诃随都督吴明彻济江攻秦郡。时齐遣大将尉破胡等率众十万来援，其前队有"苍头"、"犀角"、"大力"之号，皆身长八尺，膂力绝伦，其锋甚锐。又有西域胡，妙于弓矢，弦无虚发，众军尤惮之。④

尉破胡以"开府仪同三司"、"领军将军"之衔，率十万大军与陈将吴明彻战而大败，齐后主在位末期，能率十万大军出征，几乎是北齐的大部分主力部队，当此任者，也只有"破侯尝仕为中书令、尚书左仆射、尚书令、录尚书事、封广业王"，后改封海昌王的尉破侯。

至于尉破胡的人品，《北齐书》卷43《源彪（字文宗）传》中说："尉破胡人品，王（指赵彦深）之所知，进既不得，退又未可，败绩之事，非朝伊夕。"⑤ 是在尉破胡领兵援秦郡之前，大臣们对他已有负面评价。此战后不久，尉破胡可能即身故。

尉破侯之子为相贵，《北齐书》、《北史》的《尉摽传》云，"〔摽〕卒，子相贵嗣，武平末，开府仪同三司，晋州道行台尚书仆射，晋州刺史"，"〔相贵〕弟相愿，强干有胆略，武平末，开府仪同三司，领军大将军"；则尉摽与尉破侯为一人无疑。若将尉破侯、尉摽、尉破胡视同一人，则自赵明诚至岑、姚诸先生的疑问，均获解决。

---

① 《北齐书》卷12《南阳王绰传》，第159页。
② 《北齐书》卷8《后主纪》，第107页。
③ 《北齐书》卷32《王琳传》，第435页。
④ 《陈书》卷39《萧摩诃传》，北京：中华书局，1973年，第409—410页。
⑤ 《北齐书》卷43《源彪传》，第577—578页。

还可以补充的一点是，尉摽传中说他是"代人"，尉长命传中的"太安狄那"属代州，尉显即任代郡太守。尉兴敬"高祖引为帐内都督"，而尉摽与斛珍等"以帐内从高祖出山东"，"并以军功至大官"。尉兴敬、尉摽是以高欢"元从功臣"之子的身份，成为亲信的"帐内都督"。高欢若遵守对尉兴敬的承诺，尉摽（破侯、破胡）在543年后可能即任怀州刺史，在重新修葺大安乐寺立碑时，破侯爵为广业王，太宁初（561）改封海昌王，卒后由其子相贵嗣王爵，相愿也官至开府仪同三司、领军大将军。

若将史书中的尉摽与破侯、破胡视为同一人，一切问题迎刃而解，这样，尉长命一家之世系基本清晰：

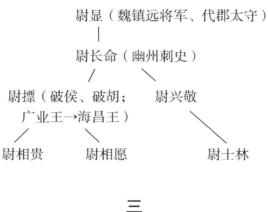

三

岑仲勉先生的《四校记》只差一步就可以还原尉长命一家之谱系。本文只是在前贤研究的基础上，往前迈了一小步，得出了一个相对合理的结论。

最后，需要强调三点：

其一，南北朝以来撰史通例，人物传大多以家族为单位，至唐初修《北齐书》时，尉长命一家谱牒已不存，否则不会将尉长命、尉摽、尉兴庆分入各传而不合为一传，致使后之读史者不明。

其二，尉长命是高欢之元从功臣，其子破侯、兴敬得以均为高祖帐内都督。兴敬战死，尉破胡（破侯、摽）更得信任，故官为开府仪同三司，爵为海昌王。长命之孙相贵、相愿与齐俱亡，入周。

其三，齐亡于周，周亡于隋，隋亡于唐，故至唐时此尉长命一枝湮没不闻。

(作者单位：北京理工大学人文学院)

从洛阳新出土《裴清墓志》看李训的家世与门第[*]

毛阳光

发生于文宗时期"甘露之变"是唐后期政治史上的一件大事，而文宗君臣剪除宦官努力的失败也使得这一时期的南衙北司之争以朝臣的失败而告终。此后宦官专权愈演愈烈，皇帝和朝臣都成为傀儡。而此次事件的重要策划者——李训，由于采用非常手段上位，又通过政变方式铲除宦官，功败垂成，身被屠戮。历史评价也呈现出两极化的分歧。总体上，甘露之变后的唐代官方以及两《唐书》、《资治通鉴》的记载和评价颇多贬词。[①] 而明清以降，李训、郑注剪除宦官，舍身犯难的行为从道义上得到了越来越多学者的认可和同情。[②] 但仍旧有许多学者认为二人颇具政治野心，属于政治投机分子，并非志士仁人。[③] 之所以出现这样的分歧，主要原因还是由于相关文献资料的缺乏。作为文宗朝的宰相，《新唐书·宰相世系表》却未见李训。以往我们对于李训的了解主要来自两《唐书·李训传》、《册府元龟》、《资治通鉴》的相关记载，其史源较为单一。[④] 而这一时期的历史记载本身就受到牛李党争以及宦官势力的干扰。李训、郑注二人本身的身世背景，依托宦官上位，受到士大夫的抵制。而二人为达到政治目的，又对两党成员持排斥态度。加

---

[*] 本文为国家社科基金重大项目"新中国出土墓志整理与研究"（批准号：12&ZD137）系列成果之一，得到国家社科基金专项资助，谨此致谢！

[①] 如《旧唐书·李训传》载李训"阴险善计事"，"训、注奸伪，血赖象魏。"北京：中华书局，1975年，第4395页。《新唐书·李训传》称"仲言持诡辩，激卬可听，善钩揣人主意。""浮躁寡谋"。北京：中华书局1975年，第5390、5326页。相关研究参董乃斌：《唐人看甘露之变》，《中华文史论丛》1981年第1辑，上海：上海古籍出版社，1981年，第392—393页。

[②] 王鸣盛在《十七史商榷》卷91"训、注皆奇士"条认为两《唐书》旧传"讥其诡谲贪昏，皆空诋无指实。""训杀守澄及陈弘志、杨承和、韦元素、王践言，剖崔潭峻棺，鞭其尸。元和逆党几尽，功亦大矣。"（上海：上海书店出版社，2005年，第829页。）陈寅恪指出"然则李训实为'天下奇才'，文宗之语殊非过誉，较当日外朝士大夫牛李党人之甘心作阉寺附属品者，固有不同矣。李文饶挟私嫌，其言不足信，后之史家何可据之，而以成败论人也。"（氏著：《唐代政治史述论稿》，上海：上海古籍出版社，1997年，第114页）；吕思勉在《隋唐五代史》中也认为：李训、郑注是奸邪小人，是此后宦官的污蔑之词。（上海：上海古籍出版社，1984年，第392—393页。）岑仲勉也认为"幸奸邪虽炽，正谊终存，寺人之阴狠、毒辣，可以掩当日之目，不能盲后世之心，可以钳百官之口，不能断史家之腕。吾人生千百年下，犹得发其覆，揭其私，使郑、李、王、顾诸君子之名，不至终于'昧没'。"对李训等人也持肯定态度。岑仲勉：《隋唐史》第35节《宦官之祸》，北京：中华书局，1982年，第335页。

[③] 范文澜认为李训、郑注只是利用了文宗谋诛宦官的想法，只从个人权益考虑。氏著：《中国通史简编》第3册，北京：人民出版社，1965年，第215页；贾宪保认为甘露之变是李训为了达到完全控制内朝、挟持皇帝、独揽朝政，实现其权力欲的产物。《"甘露之变"剖析》，《唐史论丛》第3辑，西安：陕西人民出版社，1987年，第145页；傅璇琮也认为李训、郑注之大半时期皆依附于宦官。两人按照文宗意旨，谋诛宦官，实纯从个人利害出发，并未如顺宗时王叔文施行新政来抑制宦官。氏著：《唐翰林学士传论（晚唐卷）》之《文宗朝翰林学士传·李训》，沈阳：辽海出版社，2011年，第77页；《剑桥中国隋唐史》第九章《晚唐的宫廷政治》（迈克尔·多尔比执笔）认为二人都有野心，但也不是像他们的敌手后来指控的那种坏蛋。北京：中国社会科学出版社，1990年，第663页。

[④] 从内容上看，两《唐书》、《册府元龟》、《资治通鉴》中李训的相关记载应该来自《文宗实录》。

之宦官在"甘露之变"中取胜,也存在宦官掌握话语权而篡改历史的可能。①

而洛阳近年来新出土的《裴清墓志》志主是李训之母,墓志序由李训撰写,其兄李仲京撰写铭并书丹。墓志为大和六年(832)五月其母去世后所撰。而这一时期,也正是史书记载李训"长流岭表,会赦得还。丁母忧,居洛中",并再度攀附李逢吉,结交郑注走向长安的重要阶段。墓志详细记载了李训家族的家世门第、科举、仕宦以及与当时其他世家大族的通婚情况,也印证了两《唐书》中关于李训的一些相关记载。从中也可以窥见甘露之变前李训的心态,具有重要的史料价值。该墓志也是目前仅见的李训撰写的两篇墓志文字之一,弥足珍贵。②

一

墓志出土于洛阳偃师市西北的邙山原上,具体时间不详。目前该墓志收藏于巩义收藏家手中。墓志为石灰岩,墓志盖正书"唐故泉州刺史陇西李府君夫人河东裴氏墓志铭"。墓志长、宽均72.5厘米。志文38行,满行38字。书体为正书。墓志全文如下:

唐故泉州刺史陇西李府君夫人河东裴氏墓志铭
第三男孤子仲言撰

孤子仲言生四十四年,以积行罪逆,不得自死,俾受楚痛,即降大祸。上延妣夫人。大和六年五月十三日薨于河南府洛阳县永通里之私第,享年七十八。男仲京等不胜荼毒,求死未果。恭闻礼训,不敢逾越。原著叶吉,以其年七月廿五日宁神于河南府偃师县亳邑乡祁里北邙故原,礼也。仲言奉兄姊命,俾叙妣夫人族氏志于墓。仲言衔哀茹毒,号慕失次,词理不文,典故是稽。谨按妣夫人实河东裴氏,讳清,号自然智。其先帝颛顼高阳氏之苗裔。五世祖文度,为高祖神尧皇帝行军长史,蒲、虞等十六州兵马总管。高祖大方,魏州司马。曾祖居士,皇殿中监。祖虚己,皇光禄少卿、驸马都尉。祖妣,霍国公主。父侑,皇尚衣奉御。妣陇西李氏。父默,皇沧梧太守。季弟汉卿,见任融州刺史。妣夫人年廿五归我皇考府君。府君自远祖后魏司空姑臧公凡十一代,代修婚姻,非五姓相姻联,无点于他氏者,莫得为敌。府君元夫人范阳卢氏,有子二人。长曰仲文,皇应进士举。次仲宣,皇衢州龙丘县令。元夫人先府君薨。府君奉皇大父建州府君命曰:且今无兄弟,无局姻旧,必广他族。熟备四德者纳之,冀其蕃子孙,以昌吾门。府君他日既除丧,遵理命,故归我妣夫人。妣夫人虽华族盛门,以苟非五姓之旧,故不得敌,以是常怏怏不乐。皇考府君尝为仲京等曰:《春秋》义,诸侯元妃薨,即次妃摄治内事,称继室。得封崇邑谥,子克嗣世。《传》惠公元妃孟子卒,继室以声子,生隐公,其例是也。故妣夫人奉祭祀,主婚嫁。事长抚下,尽敬极爱。德行昭彰,姻表间实居第一。贞元癸未岁,仲言兄弟等不天,遘悯凶于泉州。时秀才房举于京,长官房任于蜀,闽洛水陆隔七千里。妣夫人护从携孤凡七月达于故里,奉终大事于偃师北原。已而虞几筵于河南敦行里,财产羡二百余万尽付秀才房,遂偏居卑室,哀敬奠祀。每诲诸子曰:昔建州府君命若皇考俾舍甲姓,以广乃择。若皇考敬命室,余传于戒言。

---

① 唐长孺:《唐修宪穆敬文四朝实录与牛李党争》,氏著《山居存稿》,北京:中华书局,2011年,第247—249页。
② 据笔者所见,另一篇为《唐故太原府祁县丞李公(士华)墓志铭》,墓志署"从侄乡贡进士仲言撰",撰写于元和十一年五月。中国社科院考古研究所:《偃师杏园唐墓》,北京:科学出版社,2001年,第319—321页。

余祗惧明神，勤劳腑心，有若四子。曩意如果若等饰修于身，孝勤于家，必学与文，以成乃名，克报若考，俾考报祖，无忝尔生，以贻余羞。既而奉终丧制，仲言兄弟罪逆不死，家途空穷，私第为息利所夺。明年，秀才房薨，龙丘房寓居嫂氏第。妣夫人率诸子归偃师别业，躬蚕织以供祭祀，励僮仆以饱耕稼，命诸子各勤其教。逮仲京、仲言举进士，比年擢第。与婴甫更为诸侯从事。仲褒有学行，知名文场。秀才房一子早世，索于江淮间，得庶孙二人，立为后。龙丘房薨于官，嫂卢氏与诸孤终穷莫控，息债已廿万，甘民于衢。妣夫人尽出所有，俾婴甫径奔龙丘，护丧奉孀孤以归葬祔，给恤无遗事。凡六子，命仲京等为成宦名，已四人矣。其他婚姻、禄仕悉命必立，盖成我祖考之望也。妣夫人自今年春稍违起居，但偃息匡床，未尝有乖于寝膳。每顾诸子，常恬然解颜曰：余颇安。至于诸女启手足，实无病恙以伤其性者。《洪范》书五福曰考终命，谓其不遘疾，以寿考而终也。小子伏念妣夫人之德，其蒙我祖考锡灵，俾备终于五福乎。长男仲京，前度支巡官、试大理评事。娶范阳卢载女。次男婴甫，前怀州武德令。娶范阳卢顼女。次男仲言，前河阳节度推官、试秘书省校书郎。娶范阳卢宁女。幼男仲褒，以文章举进士科，未娶。长女适太原王鼎，皇侍御史。季女适博陵崔周桢，皇右补阙、史馆修撰。孤子仲言，攀号永远，心魂废失，恭叙德行，实不能既。长男仲京号慕攀奉，谨为铭曰：

邙原中岗，先府君幽宅在焉。岗之南，重岗之阳。奉宁于神，七百步之近。岗原环伏，龟从筮吉。仁宜德昭，惟千万年。

长男仲京书

墓志中的李仲言即李训。据《新唐书·李训传》记载，"李训字子垂，始名仲言，字子训。"① 大和八年（834），李训受到文宗宠遇后，于十一月三十日，改名李训。② 其母裴清于大和六年（832）五月十三日卒于洛阳永通里私第。之后，李训奉兄姊之命为母亲撰写了墓志铭的序，而其兄仲京撰写了铭的部分，还书写了墓志。

裴清出身河东裴氏，是隋唐时期的高门望族，与柳、韦、薛等诸姓同为"关中郡姓"。③ 而裴氏所出的东眷房更是与李唐皇室有着密切的联系，裴居道、裴休、裴澈为宰相，前后8人尚主。早在唐初建国时，裴清六代祖裴文度就任高祖行军长史，蒲、虞等十六州兵马总管。高祖大方，任魏州司马、司列员外郎等职。曾祖居士，曾任太子少詹事、殿中监。祖虚已，任光禄少卿、驸马都尉。其妻是睿宗之女霍国公主。裴虚已开元中因交通岐王李范，"兼私挟谶纬之书"，而被流放岭南。④ 裴清父裴侑，曾任尚衣奉御，相关记载文献失载。⑤ 裴清并非原配，李训父李震原娶范阳卢氏，并育有二子仲文、仲宣。⑥ 只是卢氏早卒，于是裴清在25岁时出嫁李震。

此后裴清"奉祭祀，主婚嫁。事长抚下，尽敬极爱。德行昭彰，姻表间实居第一"，担负着李氏一门主内的重任。贞元十九年（803），李震卒于泉州，此时裴清49岁。当时，李震长子仲文在长安应举，次子李仲宣在蜀地任职，都无法奔丧。裴清携诸子护李震之丧北上，历经七月，

---

① 《新唐书》卷179《李训传》，第5309页。
② 《旧唐书》卷17下《文宗纪下》，第556页。
③ 《新唐书》卷199《柳冲传》载柳芳论氏族语，5678页。
④ 《旧唐书》卷95《惠文太子范传》，第3016页。
⑤ 《新唐书》卷71上《宰相世系表一上》，第2224—2227页。其家族世系记载与墓志内容一致，惟裴侑失载，裴文度等职官亦多有补充。
⑥ 关于李震的考证，详见后文。

完成了从泉州到洛阳七千里的路程，并将李震安葬于偃师县西北的邙山原上。① 墓志记载，李震葬礼完毕后，仲文、仲宣兄弟与裴清分家。裴清将家中钱财二百万钱都交付长房，自己则"偏居卑室，哀敬奠祀"。她携李训兄弟四人居住李氏在洛阳的另一处宅第。守丧期间，由于裴氏失去了经济来源，李训兄弟又多数未成年②，不得不依靠借贷度日，私第最后也被债主收走。而此时仲宣家属寓居在敦行里宅第。裴氏则率诸子回到李氏在偃师县的别业，"躬蚕织以供祭祀，励僮仆以饱耕稼，命诸子各勤其教"，过起了自给自足的生活。

直到长庆年间，仲京、仲言兄弟先后中进士第，相继担任度支推官及河阳节度推官。婴甫也为诸侯从事，担任幕职，裴氏经济条件有所好转，于是又在永通里购置有宅第。

而此时李震前室二子家庭则遭遇困境。在李震丧事完毕的第二年，长子李仲文去世。③ 此后仲文一子又早逝，其二子失去依靠。裴氏遂命人将李仲文流落江淮的两个庶孙找寻回来，继承家业。而次子李仲宣也卒于衢州龙丘县令任上，其家生计无着，举债二十万钱。裴氏又倾其所有，命子婴甫前往龙丘，携其妻儿护丧归洛，主持其后事。并命诸子负责仲宣六子学业、仕宦及婚姻诸事。墓志生动刻画了一位贤良淑德的唐代大族家庭妇女形象。作为继室，裴清在丈夫去世之后，千里护丧归葬。之后又不吝钱财，将巨额家产交给嗣子掌握。并让出宅第，独自抚育年幼子女，训育他们成才，光耀门庭。④ 墓志尤其褒扬了裴清对于前室卢氏二子家族的支持与扶助。不吝钱财，善待前室诸子，爱恤孤遗。在唐代社会中，继室与前室子的关系问题是一个重要的社会问题。⑤ 从墓志来看，李震家族的情况也非常复杂，而裴氏对这些问题都给予了很好的处理。⑥ 当然，作为裴清之子，李训的描述或许也有溢美的成分。这也符合当时社会对于家庭中继母在家族中作用的道德期望与要求。充分体现了唐代官僚贵族妇女在维系家庭门风和门第，和睦家庭方面的重要作用。

裴氏卒年78岁，则其生于天宝十四载（755）。她25岁出嫁李震，李震卒于贞元十九年（803），当时裴清49岁。这样，裴清与李震共同生活了24年，之后寡居29年。这29年的漫长时光，她一方面将希望寄托在儿孙身上，"饬修于身，孝勤于家，必学与文，以成乃名。"不辜负父祖的期望，维持家族的门第与荣光。同时，对于裴清的信仰，墓志中虽然没有明言，但从其号"自然智"来看，她还信仰佛教，以此来寻找精神慰藉，这也是唐代寡居妇女的普遍选择。⑦

李训兄弟安葬裴清的墓地就在洛阳偃师县亳邑乡的北邙原上。其坟茔距离其夫李震的墓地有

---

① （唐）李吉甫：《元和郡县图志》卷29《江南道五》载泉州"西北至东都四千八百四十五里"，北京：中华书局，1983年，第720页。《旧唐书》卷40《地理志三》载泉州"至东都五千四百一十三里"，第1599页。而乐史：《太平寰宇记》卷102《江南东道十四·泉州》则记载"西北至东京五千八百三十五里"，北京：中华书局，2007年，第2030页。三者之间差异颇大，但都远低于七千里之数，故而墓志中李训所记并不准确。
② 根据墓志记载，李训此时只有15岁，李仲文大致刚成年。
③ 按照唐代27个月的丧期，李仲文去世之年当在元和元年或二年。
④ 姚平指出：唐代社会强调母亲的主要职责就是训育女儿、主持家政、执教诸子。姚平：《唐代妇女的生命历程》第八章《母亲的形象与地位》，上海：上海古籍出版社，2004年。
⑤ 张国刚：《论唐代家庭中父母的角色及其与子女的关系》，《中华文史论丛》2007年第3辑，上海：上海古籍出版社，2007年。万军杰：《唐代女性的生前与卒后——围绕墓志资料展开的若干探讨》第二章《唐代再娶习俗之下继室与前室子关系探讨——兼析唐代的两娶一门》，天津：天津古籍出版社，2010年。
⑥ 从墓志记载仲文、仲宣在李震去世之后，即与裴氏分家。在裴氏生活困窘之际，也并没有提供帮助。这固然与仲文未仕宦，仲宣仅为远州县令，自身境况不佳有关。但这明显有悖于中古世家大族所遵循的累世同居的生活伦理，似乎反映出裴氏与前室二子的关系并不和睦，也更突出了裴清品格的高尚。
⑦ 焦杰：《从墓志看唐代妇女与佛教的关系》，《陕西师范大学学报》2000年1期。张国刚：《唐代寡居妇女的生活世界》，《安徽师范大学学报》2007年5期。

七百步，并没有与李震合葬。这是因为李震的原配卢氏先于李震去世，李震贞元十九年去世后归葬偃师北原。虽然墓志中未提及李震具体的安葬情况。但按照唐代礼制，李震应该与原配卢氏合葬或祔葬，这种情况在出土的唐代墓志中非常普遍，对于那些秉持传统礼法的大族而言更是如此。① 而裴清作为继室，去世后只能安葬在李震坟茔的附近。即便此时卢氏二子均已去世，但主持丧事的李训兄弟仍然要遵守高门士族礼法的约束，这也是当时社会风气使然。

亳邑乡所在的北邙原也是陇西李氏姑臧大房的家族葬地，其地点大致位于今天偃师市西北杏园村南。李训的族叔，著名文人李益及其父李存、其子李当等都安葬在这里。② 隋唐时期，随着选举制度的变化，高门士族的著名房支逐渐向两京地区迁移，洛阳由于重要的政治与地理地位而吸引了大量高门士族迁居到这里。③ 洛阳周边邙山、万安山也成为居住在这里的高门荥阳郑氏、博陵崔氏、赵郡李氏以及范阳卢氏等山东五姓士族较为集中的葬地。而偃师县亳邑乡的邙山原也是五姓士族重要的葬区，上世纪八九十年代，考古工作者在这里科学发掘了60余座唐代墓葬，其中五姓家族墓占据了多数。

二

由于墓志是李训为其母撰写的，因此其父、祖的名讳都没有提及。但提到其祖建州府君，其父曾出任泉州刺史，贞元癸未年，即十九年（803）卒于泉州。查《唐刺史考全编》卷一五三《江南东道·泉州》，贞元中有刺史李震。④ 李震在《新唐书·宰相世系表》陇西李氏姑臧大房也有记载，并任泉州刺史。两李震应该是同一人。其父李皆，曾任司封员外郎。⑤ 而检《唐刺史考全编》，李皆在大历年间确曾出任建州刺史。⑥ 李皆只有一子李震，这也与墓志引述李皆"今无兄弟"的言论相吻合。因此，墓志中的建州府君就是李皆，泉州府君则是李震。李皆与肃宗宰相李揆为兄弟，李揆居长，李皆行五，其父是秘书监李成裕。李皆"自有时名"。只是李揆秉政时久不得迁，李揆被贬后三日，即擢为司门员外郎。⑦ 则李震正是李揆的亲侄，与宪宗朝宰相李逢吉是从兄弟。这一点与两《唐书·李训传》所记李训是李揆族孙，李逢吉从子吻合。而从血缘关系上而言，李训与李揆关系更近，而李逢吉确切讲应该是李震的四从兄弟。则李训出自姑臧李氏。可见两《唐书》中李训家族背景的记载基本上是准确的。⑧

姑臧大房是唐代陇西李氏最为知名的房支，具有很高的社会地位。尤其是李玄道这一支，俊彦辈出，在中晚唐担任过宰相的李揆、李逢吉、李蔚均出自此支，在唐代拥有很高的声望。《旧

---

① 相关研究参陈弱水：《唐代的一夫多妻合葬与夫妻关系》，《中华文史论丛》第81辑，上海：上海古籍出版社，2006年；万军杰：《唐代女性的生前与卒后——围绕墓志资料展开的若干探讨》第五章《丧葬与唐代女性》，第147页。
② 王胜明：《新发现的崔郾佚文〈李益墓志铭〉及其文献价值》，《文学遗产》2009年5期；《唐故朝议郎大理司直陇西李府君（存）玄堂志》，笔者收藏拓本；《唐故金紫光禄大夫刑部尚书上柱国陇西县开国子食邑五百户赠尚书左仆射姑臧李公（当）墓志铭》，笔者收藏拓本。
③ 毛汉光：《从士族籍贯迁移看唐代士族之中央化》，氏著《中国中古社会史论》，上海：上海书店出版社，2002年，第330—332页。
④ 郁贤皓：《唐刺史考全编》，合肥：安徽大学出版社，2003年，第2192页。
⑤ 《新唐书》卷72《宰相世系表二上》，第2453页。
⑥ 郁贤皓：《唐刺史考全编》卷152《江南东道·建州》，第2177页。
⑦ 《旧唐书》卷126《李揆传》，第3560页。《新唐书》卷150《李揆传》，误为李楷，第4808页。
⑧ 《旧唐书》卷169，第4395页；《新唐书》卷179，第5310页。

唐书·李揆传》称其"代为冠族"。其门第连肃宗也甚为赞叹，"尝谓揆曰：'卿门地、人物、文章，皆当代所推。'"在当时有"三绝"之誉。① 文宗《授舒元舆李训守尚书同平章事制》亦称其"轩缨鼎族，河岳间贤"②。故而《新唐书·李训传》称其"海内望族"并不为过。因此，李训出身并非一些学者所认为的破落望族或是家世卑微。③

《新唐书·宰相世系表》李震之下并无任何子嗣记载。④ 而传世文献中李训有兄仲京、弟仲褒。而从墓志来看，李震子嗣众多。除仲京、仲褒外，李训还有兄婴甫，并有二姊妹。另外，还有异母兄仲文、仲宣，其中仲文为李震嫡子。⑤ 裴清去世时，仲文、仲宣均已身故。婴甫曾任怀州武德县令。"甘露之变"中，仲褒也被杀。当时李训的宅第在胜业里，仲褒在长安应举，应该也居住在这里。受牵连的还有时任户部员外郎的再从弟元皋。元皋本非李训亲弟，本已获释。但仇士良询问李训家奴得知：元皋事变前一晚居住在李训家中，也被追捕诛杀。⑥ 当时宦官杀戮株连甚众，如宰相王涯诸子"其余稚小妻女，连襟系颈，送入两军，无少长尽诛之"⑦。因此李训家族成员此时都难于幸免。只有其兄李仲京，时任河阳三城节度使判官。因而躲过了宦官的诛杀，并逃到泽潞，受到了昭义节度使刘从谏的庇护。⑧ 但会昌三年（843）四月，刘从谏卒后，从侄刘稹自为留后，不受朝命。会昌四年（844）七月，唐军平定泽潞。"甘露之变"中诸人遗属均被泽潞大将郭谊诛杀。⑨ 正是由于李训家族被族灭导致这一系族谱资料湮灭，以致后人无从查考，故而其兄弟在《新表》中均失载。⑩

裴清出身河东裴氏东眷房，也是当时的高门望族。但和当时的五姓相比，还是有一定差距。正如墓志中所言"府君自远祖后魏司空、姑臧公凡十一代，代修婚姻，非五姓相姻联，无点于他氏者，莫得为敌"⑪。所谓"五姓"，就是唐代著名的五姓七望，分别是陇西李氏、赵郡李氏、博

---

① 《旧唐书》卷126《李揆传》，第3559—3560页。
② （清）董诰：《全唐文》卷69，北京：中华书局，1983年，第734页。
③ 田廷柱：《为李训、郑注的是非一辩》，《辽宁大学学报》1983年3期，第64页；史净罡：《甘露之变再研究》，山西大学2015年硕士学位论文。
④ 卢向前业已注意到《新唐书·宰相世系表》有同在"甘露之变"中罹祸的王涯、贾餗、舒元舆的记载，但却没有记载李训的家族世系。他认同文献中对于李训家族背景的记载，故而指出：在李氏姑臧大房李揆、李逢吉之下栏目应该有李训的世系，此为确论。卢向前还将李训之名补入《新唐书·宰相世系表》卷七二上姑臧李氏大房条，美中不足的是卢文依据李逢吉为李训从父的记载，将李逢吉与李训之父列为兄弟，故李训为李逢吉亲侄。见卢向前：《惜训恶注与时人心态——甘露之变研究之三》，荣新江主编《唐研究》第六卷，北京：北京大学出版社，2000年。
⑤ 孟二冬：《登科记考补正》卷十九"长庆二年壬寅"条，引明徐应秋《玉芝堂谈荟》卷四"兄弟十龙"条"唐李修子李亮、李训、李叔、李秀皆状元及第"。孟氏据此认为李训为长庆二年状元，父为李修，兄弟有李亮、李叔、李秀等。北京：燕山出版社，2003年，第797页。按此李训与"甘露之变"中之李训显非一人，孟氏引据有误。
⑥ 《新唐书》卷179《李训传》，"杀训弟仲褒、元皋。"第5313页。按《旧唐书·李训传》"训弟仲景、再从弟户部员外郎元皋，皆伏法。"仲景当为仲褒之误。西安大唐西市博物馆藏《卢沐夫人郑氏墓志》、《卢沐及夫人郑氏合祔墓志》（长庆三年十月四日）中提及"宣歙都团练判官、监察御史李元皋，其外孙也。"当即此人，李元皋母族亦为范阳卢氏。胡戟、荣新江编：《大唐西市博物馆藏墓志》375、376，北京：北京大学出版社，2012年，第810—813页。
⑦ 《旧唐书》卷169《王涯传》，第4405页。
⑧ 受到庇护的还有郭行余子郭台，王涯从孙羽，韩约子茂章、茂实，王璠子渥，贾餗子庠。《资治通鉴》卷248，第8008页。
⑨ 《新唐书》卷214《刘稹传》、《资治通鉴》卷248"武宗会昌四年"记载李仲京等在泽潞被郭谊诛杀。《旧唐书》卷18上《武宗纪》载李仲京与王涯侄孙羽、韩约男茂章茂宝、王璠男珪等被唐军俘获，被斩于长安，602页。据《唐大诏令集》卷127《诛张谷等告示中外敕》载"逆贼李训兄仲景、郭行余男台、王涯侄孙羽、韩约男茂章、茂实、王播男掘（涯），并就昭义枭斩讫。"（中华书局2008年，685页）。则《新唐书》、《资治通鉴》记载正确。
⑩ 至于世系表为何失载李训家族资料，卢向前认为可能与吕夏卿的历史观点有关。见卢向前前揭文。
⑪ 在为从叔李士华撰写的墓志中，李训声称：关中诸侯以声华富贵为实，山东五姓以俭德婚姻为实。体现出山东士族对关中诸姓的看法。

陵崔氏、清河崔氏、荥阳郑氏、范阳卢氏以及太原王氏。他们以门第自矜，互为婚姻。早在唐代太宗、高宗时期，为了打击山东旧士族，先后颁布《氏族志》、《姓氏录》，以官品、仕宦为标准重新厘定社会地位。高宗"又诏后魏陇西李宝，太原王琼，荥阳郑温，范阳卢子迁、卢浑、卢辅，清河崔宗伯、崔元孙，前燕博陵崔懿，晋赵郡李楷，凡七姓十家，不得自为昏。"然而，李唐政权的诏令并不能扭转数百年来形成的社会风气，即便有诏令，五姓之家"凡男女皆潜相聘娶，天子不能禁"①。五姓之间的婚姻仍旧贯穿于整个唐代，崇尚门第仍旧是一时的风气，这种情况在唐墓志中极为普遍。②

从李训家族的通婚情况来看，就以与其他四姓通婚为风尚。李震先娶范阳卢氏，尽管墓志中未提及其名讳，未知其家世，但从李氏家族的婚姻观念而言，应该出自五姓之卢氏。卢氏死后，李震在其父李皆"无局姻旧，必广他族。熟备四德者纳之，冀其藩子孙，以昌吾门"的教导下，才打破家族的惯例，续弦河东裴氏。裴氏门第虽高，但非五姓。故而裴清本人亦因为家族门第无法与李氏匹敌，"怏怏不乐"。这种观念在李训身上也有明显的反应。元和十一年（816），李训曾为从叔李士华撰写墓志，他在墓志中也提及"至于我祖姑臧公，咸彰闻于天下。当时第百氏，俾居实品。故以我族及山东他族凡五为天下甲氏。其后相婚姻，率俭德为常。故世世有令闻"。并对李士华家族四世与太原王氏联姻表示赞叹。③ 作为姑臧李氏的成员，他的言论明显有着家族的自豪感。

这种崇尚门第的婚姻惯例在李训兄弟及姊妹的婚姻上表现得极为明显。除李仲文妻姓氏不明，李仲褒未娶之外，仲京娶范阳卢载女。卢载出自范阳卢氏大房，其父为德宗时陕虢观察使卢岳。④ 所谓"门阀冠于五姓，轩冕盛于四朝。魏周隋唐，修之以婚姻，文之以礼乐"⑤。婴甫娶范阳卢顼女。卢顼出自范阳卢氏第二房，曾任泽州刺史。⑥ 仲言娶范阳卢宁女。卢宁出自范阳卢氏第三房。⑦ 李震长女适太原王鼐，王鼐时任侍御史，出自太原王氏大房。⑧ 季女适博陵崔周桢，崔周桢时任右补阙、史馆修撰，出自博陵崔氏第二房。⑨ 而仲宣妻亦为范阳卢氏，应该也是五姓之属。这样看来，李训家族与范阳卢氏、博陵崔氏、太原王氏之间保持着密切的联姻关系。

姑臧大房的其他家族与五姓士族的联姻也同样显著。《定命录》记载李揆早年事曾提及其寓宿长安怀远坊卢氏姑之舍，此卢氏应为李揆之妻母，说明其与卢氏联姻。⑩ 李揆之女某，出嫁卢初，卢初亦出范阳卢氏第二房。⑪ 再看李震再从兄弟，著名文人李益家族。其父李存妻卢氏，其

---

① 《新唐书》卷95《高俭传》，第3842页。
② 参张葳《从墓志看唐中后期士族的婚姻门第观念——以山东五姓婚姻为视角》，《郑州大学学报》2015年4期。
③ 《唐故太原府祁县丞李公墓志铭》，中国社科院考古研究所编《偃师杏园唐墓》，北京：科学出版社，2001年，第319—321页。
④ 《新唐书》卷73上《宰相世系表三上》，第2902页。卢载自撰墓志已经出土，见吴钢主编：《全唐文补遗·千唐志斋新藏专辑》，西安：三秦出版社，2006年，第376页。
⑤ 赵君平：《邙洛碑志三百种》272《卢从度墓志》，北京：中华书局，2004年，第323页。卢从度为卢载四从侄，为《卢载墓志》书丹。
⑥ 《新唐书》卷73上《宰相世系表三上》，第2919页。
⑦ 《新唐书》卷73上《宰相世系表三上》，第2927页。
⑧ 《新唐书》卷72中《宰相世系表二中》，第2635页。
⑨ 《新唐书》卷72下《宰相世系表二下》，第2806页。崔周桢又与卢载有交往，《卢载墓志》中有《与崔周桢书》一文。
⑩ 《太平广记》卷150《李揆》，引自《定命录》，北京：中华书局，1961年，第1083页。
⑪ 周绍良、赵超：《唐代墓志汇编》开成049《唐故知盐铁转运盐城监事殿中侍御史内供奉范阳卢府君（伯卿）墓志》，上海：上海古籍出版社，1992年，第2204页。《新唐书》卷73上《宰相世系表三上》，第2914页，表中卢翊下缺卢晏一系，并将卢初、卢伯卿误植于卢瑶下，且有错简。此据赵超：《新唐书宰相世系表集校》卷3，北京：中华书局，1998年，第516页。

祖卢从愿，出自范阳卢氏第三房。而卢从愿又是李存的外祖父，则李存父李成绩娶卢从愿女。①而李益也两娶范阳卢氏，"前夫人范阳卢氏祔焉，常州江阴县主簿集之息女。……今夫人陇西县君范阳卢氏，太子校书舒之女也。"② 李益子李当妻卢钵，鸿胪少卿卢词女。③ 李益及李当之妻具体房支虽然不明，但出自范阳卢氏应该无疑。而卢钵的母家崔氏，两代又皆娶姑臧李氏。由此可见中晚唐五姓士族联姻之风气。

而从此时李训兄弟的仕宦情况来看，仲京、婴甫和李训都曾任幕职。仲宣、婴甫官至地方县令，皆未显达。但对唐代崇尚门第、阀阅的五姓士族而言，这并不是问题。正如李训所言："大凡人物中各世其家实。关中诸侯以声华富贵为实。山东五姓以俭德婚姻为实。苟能修其实，则无坠祖先之业也。"④

毛汉光亦指出：中唐以降，由于圈内竞争的压力加剧，争取多项有利因素以求仕进，大士族子孙也缘引科举以达其保持地位。"进士第成为大士族振兴或延续其家族的重要因素。"⑤ 故而唐中后期，高门望族之成员仍锐意科举，并有着良好的文学传承。而李氏姑臧大房自李玄道之后，即"以文儒礼乐为海内冠冕"。李训伯祖李揆，就以"鸿文奥学"著称。其从叔李益更是"大历中四登文科。贞元、元和间以歌诗擅名，为一时独步。其所赋咏，流在人口，播为乐章。"⑥ 这种文化的传承对李训兄弟亦是如此。李仲文即长期在长安应进士举。裴清也对诸子谆谆告诫："曩意如果若等饬修于身，孝勤于家，必学与文，以成乃名，克报若考，俾考报祖，无忝尔生，以贻余羞。"李训兄弟二人具中进士，"比年擢第"。李训于长庆三年（823）中第，此时李训35岁。⑦ 李仲京应该在此前中第。其弟仲褒也锐意进士科，"有学行，知名文场"。唐代山东高门士族的文化传承和制度适应能力可见一斑。而李氏兄弟中，李训无疑是最为突出的。他"颇工文词，有口辩，多权数。"⑧ 这一点倒是与其伯祖李揆"美风仪，善奏对"、"甚博辨"的记载颇为相似。⑨ 故而得到郑注的欣赏，称其"文学优胜无比"。⑩ 中第后，他先任太学助教。⑪ 之后又受河阳节度使崔弘礼之聘任河阳节度推官，并得到了试秘书省校书郎的朝衔。⑫ 而仲京也任度支推官。唐代中后期，中第的文士在幕府担任文职也是当时重要的仕宦途径。且推官也是幕府中重要的文职，只有真才实学的文人才能够得到如此的殊礼。由此可见，甫一中第的李氏兄弟颇受重视。而此后李训也正是《易经》方面的深厚造诣而博得文宗的欣赏。可见李训的才学并非浪得虚名。

---

① 李益：《唐故朝议郎大理司直陇西李府君（存）玄堂志》，笔者收藏拓本。
② 王胜明：《新发现的崔郾佚文〈李益墓志铭〉及其文献价值》，《文学遗产》2009年第5期，第131页。
③ 李当：《唐故范阳郡夫人卢氏（钵）墓志铭》，笔者收藏拓本。
④ 李仲言：《唐故太原府祁县丞李公墓志铭》，中国社科院考古研究所编《偃师杏园唐墓》，第319—321页。
⑤ 毛汉光：《唐代大士族的进士第》，氏著《中国中古社会史论》，上海：上海书店出版社，2002年，第364页。
⑥ 李昭：《唐故金紫光禄大夫刑部尚书上柱国陇西县开国子食邑五百户赠尚书左仆射姑臧李公（当）墓志铭》，笔者收藏拓本。
⑦ （清）徐松撰，赵守俨点校：《唐登科记考》卷19长庆三年，北京：中华书局，1984年，第716页。
⑧ 《资治通鉴》卷245"文宗大和八年"，北京：中华书局，1956年，第7896页。
⑨ 《旧唐书》卷126《李揆传》，第3560页。
⑩ 《资治通鉴》卷245"文宗大和八年"，《考异》引《开成纪事》，第7896页。
⑪ 《新唐书》卷179《李训传》，5309页。
⑫ 宝历元年（825）十月，李训因为武昭案被流放到象州。《旧唐书》卷17上《敬宗纪》及《资治通鉴》卷243"敬宗宝历元年"均记载李训此前任河阳节度掌书记。但根据墓志，李训应为河阳节度推官。在唐代中后期幕府文职中，推官地位高于巡官，低于掌书记。受府主委任，有治大狱、理军讼、掌奏等职能。参赖瑞和《唐代基层文官》第五章《巡官、推官及掌书记》，北京：中华书局，2008年，第256页。而长庆四年至宝历二年间河阳节度使应为崔弘礼。吴廷燮《唐代方镇年表》卷4《河阳》，北京：中华书局，1980年，第364—365页。

三

　　墓志也提供了一些以往我们不了解的李训信息，如大和六年裴清卒时，李训44岁。则"甘露之变"时，李训47岁，已近知命之年。以此推算，李训生于德宗贞元五年（789）。

　　而墓志中的一些记载又可以和文献记载相印证。这也说明，尽管这一阶段牛李党争连绵不绝，李训与两党人士俱不相睦，且事变之后宦官集团对李训、郑注的憎恶。表现在当时的《实录》中，就是对二人的评价甚恶。但两《唐书》对李训的家世门第以及仕宦等方面的记载是有依据的。李训"会赦得还。丁母忧，居洛中"。正是因为裴清去世，李训在洛阳服丧。此时李训的境遇非常困窘，流放遇赦归来。而其之前依附李逢吉，参与排挤裴度，构陷李绅、李程的事情已经广为士林所知。"投谒诸处困乏，（李）逢吉叱之不顾。"连李逢吉对他也弃之如敝履。① 墓志中虽然没有明言此事，但李训"以积行罪逆，不得自死，俾受楚痛，即降大祸"等自责的词句，不难窥见其困窘落寞、悲观失望的心态。尽管唐代世家大族标榜门第而不看重仕宦，但此时通过进士科进入仕途，博取高位则又是五姓士族巩固其门第的重要途径。故而门第与进士第是当时仕宦的两大要素。② 如李训伯祖李揆，"开元末，举进士，补陈留尉，献书阙下，诏中书试文章，擢拜右拾遗。"其后历任美职，最终官居宰相。而此时的李训家族情况却很不理想，李震官至远州刺史，兄弟几人在仕宦方面均未有大的起色，仲文、仲宣早卒，仲宣和婴甫均官至县令。而李训已经44岁，且是流人的身份，前途暗淡，"罪逆不死，家途空穷"。此时其母又撒手人寰，可谓雪上加霜。走投无路之际，尽管母亲去世，他并没有在洛阳安于服丧，恪守礼法。③ 而是结交当地官员，企图东山再起。如此时以著作郎分司东都的舒元舆，与李训"性俱诡激，乘险蹈利，相得甚欢"④。李训又利用李逢吉希望再任宰相的意图，"自言与郑注善"，李逢吉遂使李训携金帛珍宝数百万贿赂郑注。⑤ 大和七年（833）春夏，李训进入长安，联结郑注、王守澄，并由王守澄推荐给文宗。⑥ 由于丧服未除，"难入禁中，帝令训戎服，号王山人，与注入内。"⑦ 直到大和八年（834）八月，李训除服。此时距离裴清去世之时，正好是27个月。李训剑走偏锋，利用李逢吉急于复相的心理，结交郑注，攀附权阉王守澄，选择了一条短时间内飞黄腾达的终南捷径。

　　通过对《裴清墓志》的分析来看，李训家族出自唐代五姓士族之一的陇西李氏姑臧大房，具有很高的社会地位和家世背景。同时，墓志中所反映的信息也证明了两《唐书》中关于李训家族门第和"甘露之变"之前李训的背景记载是有一定依据的，较为可信。而李训早年依附从叔李逢吉，号称"八关十六子"。构陷李绅，中伤李程，为士林所不取。后因武昭事被流放岭南象州，

---

① 《资治通鉴》卷245"文宗太和八年"，《考异》引《开成纪事》，第7896页。
② 毛汉光：《唐代大士族的进士第》，氏著《中国中古社会史论》，上海：上海书店出版社，2002年，第336页。陆扬亦指出：唐代中晚期进士词科的成功与任官清显的相互依托形成一种新的判定精英的核心标准，取代了以往以郡望或官品为主的评判标准。《唐代的清流文化——一个现象的概念》，氏著《清流文化与唐帝国》，北京：北京大学出版社，2016年，第223页。
③ 唐代官员守丧方面的研究参罗小红：《唐代官员服纪制度（子为父母）及守丧制度初探》，硕士学位论文，陕西师范大学，2002年4月。
④ 《旧唐书》卷169《舒元舆传》，第4408页。
⑤ 《旧唐书》卷169《李训传》，第4395页。
⑥ 《资治通鉴》卷245"文宗太和八年"，《考异》引《文宗实录》，第7897页。
⑦ 《旧唐书》卷169《李训传》，第4396页。

遇赦而还。又遭遇母丧。在服丧期间，他联结李逢吉、郑注，得到大宦官王守澄的支持，积极谋划仕宦。又利用文宗急于铲除宦官的心态，取得皇帝的信任，在极短时期内登上权力的巅峰。这反映出其政治上功利和急躁的一面，这也是为何他得不到在朝士大夫集团的支持，被称为奸邪之人的根本原因。墓志资料对于我们了解"甘露之变"前李训的心态世界，重新认识和评价李训有重要的意义。

（作者单位：洛阳师范学院历史文化学院）

从邈真赞看敦煌居民的本贯意识
——以张氏为中心

[日] 关尾史郎 著　田卫卫 译

前　言

本文从敦煌文献邈真赞之记述入手，尝试探讨唐、五代时期敦煌居民对本贯所持有的意识问题。

笔者曾以吐鲁番出土墓志为史料，讨论敦煌张氏出身者从高昌国时期到唐西州时期关于本贯的记忆和记录。① 3 世纪以降，从敦煌移居到吐鲁番的张氏后裔们，在曲氏高昌国时期（501—640），其出身地敦煌（燉煌）这一地名常常明确记载于墓志及随葬衣物疏中。但是，到了唐西州时期，虽然在西州（高昌郡）也维系了本贯，但似有故意宣扬南阳郡及清河郡出身之态。虽然也可以认为这大概是受到了唐代重视郡望的影响，但从一直居住于敦煌、如文字所示的敦煌张氏出身者，也通过邈真赞触摸到了残留于从南阳及清河移居至敦煌的传承。关于这一问题，姜伯勤很早就指出，随着时代的推移，系郡望于南阳的出身者有增加的倾向。② 限于篇幅，在本文中仅止步于涉及 10 世纪的两件邈真赞。③ 因为吐鲁番出土的墓志是以 7 世纪到 8 世纪初为中心，所以敦煌也很有可能是从十世纪之前的更早的时期开始谋求南阳及清河等中原之地的郡望。本文将证实这种假说，并从敦煌文献中抽取被认为是张氏出身者之作的邈真赞，尝试考察在敦煌的张氏出身者关于本贯有着怎样的认识。④

一、邈真赞

本文作为史料使用的邈真赞，是附有去世僧尼及官员等肖像的赞文。且和墓志铭一样，由于

---

① 关尾史郎：《本贯の记忆と记录——敦煌张氏の场合》，关尾史郎编《环东アジア地域の历史と〈情报〉》，东京：知泉书馆・新潟大学人文学部研究丛书，2014 年。并请一起参照：关尾史郎《トゥルファン出土墓志の本贯记载について—〈本贯の记忆と记录〉拾遗—》，《资料学研究》第 11 号，2014 年，同《五胡时代西北地域之传播与迁徙——以出土资料做一试论》，《考古与艺术　文本与历史——丝绸之路研究新视野国际学术研讨会》（2016 年 7 月，陕西师范大学）刊载论文。

② 姜伯勤：《敦煌邈真赞与敦煌名族》，姜伯勤、项楚、荣新江：《敦煌邈真赞校录并研究》，台北：新文丰出版公司・香港敦煌吐鲁番研究中心丛刊，1994 年。

③ 以下，如正文所示，有不少以写真赞为表题者，也有以"赞"代"赞"者，在本文中均总称为邈真赞。

④ 本报告为 2016 年度日本学术振兴会科学研究费补助金・基盘研究（B）《域圈论の视点による中国古代地域社会像の构筑》（代表：关尾/课题番号：16H05678）研究成果的一部分。

是为了彰显逝者而做成的东西，故而不会是仅仅记述客观事实。不过关于本贯和姓望，哪怕有不是客观事实的部分，但毫无疑问的一点是这也反映了当时流布的传承。另外，虽然断言做成邈真赞的张姓的全体人员与敦煌张氏有关存在风险，不过本文中暂且以与敦煌张氏有关这一前提进行讨论。

关于敦煌文献中的邈真赞，很早就有郑炳林及姜伯勤、项楚、荣新江等所作的集成①，笔者前文也参考了这些成果。不过最近，在这些前人研究成果的基础上，张志勇尝试做了新的集成及现代汉语翻译。② 新集成的邈真赞总数高达92件。虽然本文中主要根据张氏的成果揭载邈真赞的释文，但张氏的成果有不少问题点，必须加以注意。第一点，释文在换行的地方没有标识；第二点，因为释文用了简体字，以致原文文字不明。还有几件邈真赞上有涂抹的地方，但张氏的成果忽略了这些。虽然这些问题的起因全都是因为张氏将邈真赞作为文学作品来理解评价（根据撰者分类邈真赞大概也是此原因），但对作为史料使用邈真赞是极大的障碍。因此本文将参照《法藏敦煌西域文献》和《英国藏敦煌文献（汉文佛经以外部分）》等代表性的大型图录，以正释文。

在敦煌文献中，也包含与邈真赞有类似史料的性质的墓志铭原文。③ 而且有一些莫高窟内壁画上记载的供养人题记也可以提供线索④，不过对于始终是初步考察的本文不能言及的内容谨此放弃。

二、邈真赞所见张氏的本贯意识——五代

首先从前稿正文所示的 2 件邈真赞说起。⑤

【史料1】〈后晋年次未详（10世纪前期）张怀庆邈真赞〉（B.N.P.2482／张274页）
晋故归义军应管内衙前都押衙■银青光禄大夫■检校左散骑常侍兼
御史大夫■上柱国，南阳张府君邈真赞并序
府君讳怀庆，字思美，即南阳之派矣。受寄
龙沙，遂为燉煌人也．公乃天资灵异，神
授宏才。（中略）某乙忝
同衙佐，每受知怜，握管■■■■■潜悲，
而为颂曰，
天资盛儿，　神授英奇。　南阳上族，　胤派西■陲。三端膺世，
六艺生知。　门楼继宠，　姻铉台畿。（下略）

【史料2】〈后周年次未详（10世纪后期）张戒珠邈真赞〉（B.N.P.3556／张354页）

---

① 郑炳林：《敦煌碑铭赞辑录》，兰州：甘肃教育出版社，1992年，姜、项、荣，前注《敦煌邈真赞校录并研究》。
② 张志勇：《敦煌邈真赞释译》，北京：人民出版社，2015年。
③ 例如，《唐光启三（887）年闰十二月南阳张延绶别传》（B.N.P.2568），以及《后周广顺四（954）年九月南阳郡娘子张氏墓志铭并序》（B.N.P.3556）等。
④ 以有张议潮题记的莫高窟第98窟为首，有莫高窟第9窟及第94窟等。
⑤ 以下，（上缺）・（下缺）表示该行上部、下部有缺损。（前缺）不仅表示该行上部有缺损，还表示其前面有缺损。另外，文中"■"表示有涂抹，"□"表示不能释读。

周故炖煌灵修寺阇梨尼■临坛大德沙门，张氏■■
■香号戒珠邈真赞 并序
阇梨者，即前河西陇右一十一州张太保之贵
姪也。父，鰲﹃墨军诸军事使■守瓜州刺史■金紫
光禄大夫■检校工部尚书■兼御史大夫■上柱国张
公■之的子矣。阇梨乃莲府豪宗，叶崆山
之瑞彩，清河贵派，禀洛雪之奇姿。（下略）

虽然都是10世纪的事例，但【史料1】是南阳，而【史料2】是清河的郡望（后者的"张太保"指归义军节度使张议潮）。前者插入了一句"遂为敦煌人也"，把姓望（南阳）和本贯"敦煌"分开书写，后者则没有。①

但是，如前稿所触及的那样，从710年左右做成的《敦煌名族志》残卷（B.N.P.2625）中，可以知道号称从清河、绎幕县经过天水郡移居敦煌的北府张氏后裔一派的存在。② 另外，南阳张氏在《元和姓纂》卷五阳部张氏中，高居安定、范阳、太原、南阳的第四位（敦煌张氏为次于南阳张氏的第五位）。虽然细节不明，但很可能是和清河一样有移居的传承。

与此两件相同，也将五代（以降）的张氏邈真赞中本贯及姓望相关的内容揭示如下：

【史料3】〈后唐天成四年（929）二月张良真写真赞〉（B.N.P.3718/张200页）
唐河西节度押衙■知应管内外都牢城使■银青光禄大夫■检校国子祭酒■兼
■御史大夫■上柱国，清河郡张公生前写真赞并序
释门法律知福田司都判官灵俊抄
公字良真，则前凉天锡第二十八代之云孙矣.　　公乃早歳
清廉，神童立效，龆年殊杰，异绩纳于　　王庭. 恒怀□③
义之心，罕慕忠贞之操.（下略）

【史料4】〈后唐年次未详（10世纪前期）张清通写真〉（B.N.P.3718/张136页）
唐故宣德郎■试太常寺脇律郎（ママ）■行炖煌县令■兼御史中丞■上柱国，
张府君写真　都头知上司孔目官■兼御史中丞■上柱国杜□
府君讳清通，字文信. 裔派临池，燉煌人也。年初别俊，异杰天
聪.（下略）

【史料5】〈后唐年次未详（10世纪前期）六月张明集写真赞〉（B.N.P.3718/张325页）

---

① 【史料2】中，因为"莲府豪宗"与"清河贵派"为对仗句，虽然也有将这里的"莲府"解释为代指敦煌的可能性，但此语句本身只不过含有一般的含义，不能解释为以敦煌为本贯。
② 池田温在《唐朝氏族志の一考察―いわゆる敦煌名族志残卷をめぐって―》（初出于1965年，后收入《唐史论考―氏族制と均田制―》，东京：汲古书院，汲古丛书40，2014年）详细分析的基础上，在《八世纪初における敦煌の氏族》（初出于1965年，后收入前文所述书）中对这一移居传承的可信性表现出了疑问。但笔者的立场是，这些传承反映着一定的历史事实。请参考关尾史郎《もうひとつの敦煌―镇墓瓶と画像砖の世界―》，东京：高志书院，新大人文選书7，2011年。
③ 无法根据《法藏敦煌西域文献》的照片释读。虽说张释为"节"，但《敦煌社会经济文献真迹释录》第5辑释读为"信"。

唐故归义军节度押衙■银青光禄大夫■检校国子祭酒■兼侍御史■上柱国,
南阳郡张公写真赞并序
郎君讳明集,字富子。即今　河西节度曹太保亲禄甥也。都头知内
亲从张中丞长子矣。公以门传轩冕之宗,莲府琼枝,家承阀阅之
贵。(下略)

【史料6】〈后唐年次未详(10世纪前期)张善才邈真赞〉(B. N. P. 3541/张178页)
唐故归义军释门■管内正僧政■京城内外临坛□(下缺)
主■兼阐扬三教大法师■赐紫沙门,张和尚(下缺)
师俗姓张氏,香号善才,诞迹高(下缺)
(中略) 佑忝寡才,奉钻不毕。其词曰,
伟哉释首,　间代英贤。　奇听神异,　膺世半千。
龙沙贵族,　举郡高源。　辞荣割爱,　披削情□。(下略)

【史料7】〈后唐年次未详(10世纪前期)张明德邈真赞〉(B. N. P. 3718/张234页)
唐故河西节度都头■知玉门军事■银青光禄大夫■检校国子祭
酒■兼御史中丞■上柱国,清河张府君邈真赞并序
府君讳明德,字进达。则芝公弟廿一代之云孙也。
(中略) 俊以不才之器,粗当金石之言。孤陋无识,
耐为赞曰,
英髦雄杰,　济々仁风。　挺生五百,　胎膺星宫。
洛情为性,　守节存忠。　道超北海,　德亚芝公。
(下略)

【史料8】〈后唐？年次未详(10世纪前期)张灵俊写真赞〉(B. N. P. 2991B/张347页)
(前缺) 论大法师■毗尼藏主■赐紫沙门张灵俊写真赞
和尚俗姓张氏,香号灵俊,即清河郡天锡之贵系矣。
福星膺胎,遂为燉煌人也。　和尚早岁出家,童孺
敦业。(中略)某乙久蒙训示,惭亏刺股之辛,孤陋
匪然,聊申短颂,　师之仪兒,　肃穆爽然。
师之心境,　已绝攀缘。　清河贵派,　莲府应贤。
(下略)

【史料9】〈后晋乙巳(945)岁正月张和尚写真赞〉(B. N. P. 3792v/张279页)
大晋河西炖煌郡释门法律■临坛供奉大德兼阐扬三教
毗尼藏主沙门香号　俗姓张氏和尚生前写真赞
窃以龙塞首宗,陆垂方上。望玉立无点,冠冕
联镳,贤俊累现于　明时,智仕频彰于圣

代。(中略)永隆①才荒苹草,弱水浮萍。
奉難命辭,粗名年月。其詞曰,
南阳盛族塞标名,　　禀宿胎膺诞关西。
门传阀阅朱轩望,　　簪组联绵代降英。
(下略)

【史料10】〈后晋天福十(945)年二月张安信邈真赞〉(B.N.P.3390/张291页)
晋故归义军节度左班都头■银青光禄大夫■检校左散
骑常侍■兼御史大夫■上柱国,南阳张府君邈真赞
并序　上司内外都孔目官■检校左散常侍■上骑都尉孔
明亮撰
府君讳安信,字宁忠。瑚琏瑞彩,珪璧祯姿。门传阀
阅之勋,族诞龚黄之贵。公乃天假　盛兒,神受英
灵。(下略)

【史料11】〈后周显德二(955)年八月张福庆邈真赞〉(B.N.S.5405r,v/张295页)
(上缺)京城内外临坛供奉大德■兼
(上缺)门和尚邈真赞
(上缺)□僧政■兼阐扬三教大法师■赐紫沙门,道林撰
□俗姓张氏,香号福庆。先苗着姓,望在清河。后
嗣兴宗,传名沙府矣。和尚生之异俊,立性殊奇。
(中略)道林忝沾释侣,奉命固邀,不度荒虚,聊陈颂曰,
清河贵望,　玉塞良枝。　生之异俊,　禀性英奇。(下略)

相关史料是【史料3】～【史料11】的九件。根据朝代来看,后唐六件,后晋两件,还有后周一件。② 这种区分似乎没有什么太大的意义。结果是与【史料1】及【史料2】等相同,可以看到更多维系南阳及清河等姓望的例子。总结来看,如下所示:
南阳者:【史料5】,【史料9】,【史料10】
清河者:【史料3】,【史料7】,【史料8】,【史料11】
哪边都未能见的,仅有【史料4】与【史料6】两件。前者是明记本贯为"敦煌人";后者则在词的部分写有"龙沙(贵族)"这样的语句。因为这一说法并非特定指示敦煌③,所以严密说来,可能应该是未记载姓望及本贯。此外,与【史料8】中从南阳移居敦煌的【史料1】一

---

① 《敦煌社会经济文献真迹释录》第5辑释读为"隐"。
② 【史料11】的末尾涉别面,其最终行,张释读为"于时间顺德二年岁次丙辰八月"。但是该时期并未见有"顺德"年号,且"顺"残损,也有释读为"显德"的可能性。据此两点,或可释读为"显德二年"。后周955年,与同时所记干支丙辰(956年)有一年的差异,在此谨从年号。
③ 张氏将"沙漠边陲地区"解释为"龙沙",后面所指出的【史料12】的同一语句中,附有所谓"敦煌异名"的说明(前书103页【注释】二)。

样，也记载了从清河移动本贯到敦煌的情况。①

在邈真赞中，比起现住地、曾经应该是本贯的敦煌，姓望地南阳及清河似乎更受重视，在此值得瞩目的是【史料3】和【史料8】。两件都说是清河姓望，张天锡的后裔。张天锡其人，如【史料3】所示，是"五胡十六国"之一前凉政权的最后一位王（363～376 年在位）。但是前凉张氏是安定郡乌氏县张氏（《晋书》卷86 张轨传），无法确认与清河的关系。天锡自己在政权崩塌之后，经前秦归东晋而终。安定张氏，如前文所言，《元和姓纂》中位列第一位，如此进行附会可能也是原因之一。另外，【史料7】中，有张芝的后裔。② 张芝是东汉武威太守张奂的长子，因为精于草书，人称"草圣"。父亲张奂光和三年（180）年78岁、弟猛建安年间（196～220）先后卒于武威太守任上（《后汉书》卷65 张奂传）③，因此张芝也是生活于汉魏交替之际。关于张奂，本传云"敦煌渊泉人"，可知很早就系本贯于敦煌郡。另外，【史料4】的"临池"是敦煌乡治下的里名④，关于这一点，也将在下一节讨论。⑤

三、邈真赞所见张氏的本贯意识——唐代

在本节中，将对唐代的邈真赞进行探讨。首先列举对应事例如下。

【史料12】〈唐咸通十二年（871）三月张禄邈真赞〉（B. N. P. 4660／张 102 页）
故前河西节度使押衙■银青光禄大夫■检校太子宾客兼
炖煌郡耆寿，清河张府君讳禄邈真赞
从侄沙州军事判官■将仕郎兼监察御史■里行　球撰
龙沙豪族，塞表英儒。忠义独立，声播豆卢。
仁风早扇，横亮江湖。（下略）

【史料13】〈唐乾符三载（876）二月张僧政赞〉（B. N. P. 4660／张 105 页）
沙州释门故张僧政赞
燉煌甲族，墨池张氏。神假精灵，天资秀气。
早岁披缁，能攻妙理。行月孤高，心灯皎智。
（下略）

---

① 此外，可以说【史料9】词中的"关西"也有关中以西即敦煌的意思，而张氏释读为"玉门关以西"。另外，虽然【史料11】的"沙府"也即沙州等于敦煌，但不论哪一个，解释为以敦煌为本贯都有些牵强。
② 赞中也可以见到张芝之名，关于同一赞中的"北海"，前文所述张氏书中认定为孔融，今从之。
③ 关于张猛，请参照关尾史郎《汉魏交替期的河西》，《中国世界中的地域社会与地域文化に关する研究》第2辑，2003 年，同《汉魏交替期的河西四郡》，《丝绸之路古城邦国际学术研讨会》（2013 年 8 月，张掖市）提出论文。
④ 陈国灿：《唐五代敦煌乡里制的演变》，1989 年初出，收入氏著《敦煌学史事新证》，兰州：甘肃教育出版社・敦煌学研究丛书，2002 年。自赤木崇敏氏（四国学院大学文学部）处得知此信息。
⑤ 如文中所述，张氏根据撰者分类了邈真赞，但是【史料2】、【史料5】、【史料8】等三件撰者不明。此外的八件，撰者在文中有所明示，一起罗列如下。【史料1】：杨继恩，【史料3】・【史料7】：灵俊，【史料4】：杜太初，【史料6】：福祐，【史料9】：永隆，【史料10】：孔明亮，【史料11】：道林。撰者为灵俊的【史料3】与【史料7】都是以清河为姓望，但前者称是张天锡后裔，后者称为张芝后裔。恐怕不能说根据撰者定型了。

【史料14】〈唐乾符六年（879）九月张兴信邈真赞〉（B. N. P. 4660/张109页）
前河西节度押衙■银青光禄大夫■检校国子祭酒■兼
监察侍御■
沙州都押衙，张讳兴信邈真赞
燉煌豪族，墨池张氏。禀气精灵，怀仁仗义。
政直存公，刚柔双美。克俭于家，克终于事。
（下略）

【史料15】〈唐年次未详（9世纪后期）张议广邈真赞〉（B. N. P. 4660/张316页）
唐河西节度押衙■银青光禄大夫■检校国子
祭酒■侍御史，清河张府君讳议广邈真赞
彬彬秉直，　济济仁风。　衣冠盛族，　声振寰中。
（下略）

【史料16】〈西汉金山国年次未详（10世纪初期）张安左邈真赞〉（B. N. P. 3633v/张151页）
西汉金山国■■■左神策引驾押衙■兼大内支度使■银青光禄大夫■检校国子祭酒■御史
中丞■上柱国，清河张安左生前邈真赞并序
　　　　　　　　　　　　　大宰相吏部尚书■兼御史大夫，张□撰
公玉裕称安■■■左，　其先燉煌　人也。少怀清慎，已有曾□之风。
（下略）

　　唐代的邈真赞，即使包含西汉金山国时期的习字在内也不过5件，且全都是9世纪后半期以降的东西。并且，还没有序的部分，仅仅是后半部的词讼部分。但是这五件中，【史料12】、【史料15】、【史料16】三件明确记载姓望为清河。这也来自前文所提及的《敦煌名族志》残卷记述吧。其中，明确记载敦煌为本贯的仅有【史料16】。① 在其反面，与五代不同的是，很遗憾的没能看到姓望系于南阳的例子。还有应该注意的一点是，此外的两件，即【史料13】、【史料14】中，有"敦煌豪（甲）族，墨池张氏"。这个地方的敦煌，与其说是本贯也许更应该理解为姓望，接下来的"墨池张氏"正是前节所提及的张芝后裔。敦煌文献《沙州图经》（B. L. S. 2593v + B. N. P. 2005 + B. N. P. 2695 + B. N. P. 5034）中，古城项后即立为"张芝墨池"项。② 据此，这里的池位于敦煌县东北一里、效榖府东南五十步的位置。因为张芝临池学书、染黑池水之故③，被称为"墨池"。唐开元四年（716）赴县令任的赵智本，劝导张芝后裔们（诸张族一十八代孙）修正墨池，建立张芝庙宇。与此事相关，《沙州图经》中所列张姓十二人均难以认定为实际上的

---

① 【史料12】中，有"声播豆卢"之句，但恐怕不能说是系本贯于敦煌的意思。另外，张氏的注释中，附加了所谓"塞表"是"吐蕃时始对敦煌的一种称呼"的说明（前书104页【注释】三）。
② 以下《沙州图经》释文根据池田温《沙州图经略考》，《榎博士还历纪念东洋史论丛》，东京：山川出版社，1975年。
③ 这一轶事见于《后汉书》卷65张奂传注引《文志》。

张芝后裔①，8世纪所行的这一事业也有被添加写入《沙州图经》中的情况②，自此以降，敦煌在住的张氏之中，也出现了重新冒称张芝后裔之名的可能性。前节【史料4】中的"裔派临池"之句，也可能是以居住在墨池命名之里一事，来表示是张芝后裔意思吧。③

这样一来，唐代邈真赞可以把主张系姓望于清河的三件与主张敦煌人张芝后裔的两件分开。④不论前者还是后者都为五代所继承，进入五代后，在系姓望于清河的同时自称张芝后裔的【史料7】的例子⑤，甚至同样以清河为姓望而称安定张天锡后裔的【史料3】、【史料8】这样的例子，都有登场。现存的邈真赞中，五代集中以南阳为姓望者，没有表明为特定人物后裔的，这或许并非单纯的偶然。

结　语

在本文中，实证前稿的假说，选取被认为是张氏出身者之物的邈真赞，重新探讨五代邈真赞的基础上，又考察了唐代的邈真赞情况。遗憾的是，唐代的邈真赞很少，而且都属于9世纪后期以降的东西，虽然终于确定了几件系姓望于清河的事例，但是仍然很遗憾，没能从邈真赞中找到系姓望于南阳的事例，《唐光启三年（887）闰十二月南阳张延绶别传》（B.N.P.2568）如其标题所示的那样，是系姓望于南阳的张延绶的人物略传。⑥因此，唐代敦煌系姓望于清河、南阳两者的张氏出身者无疑是并存的。虽然时代方面比吐鲁番迟了近两个世纪，但这里应该探求史料残存状况的原因，且结合敦煌9世纪后半的情况，不妨认为存在这般利用（或者还是应该说借用）姓望的行为。只是眼下没有探索这一现象由来的充裕时间。暂且满足于前稿的假说得到了确切证实，就此搁笔。

［作者单位：关尾史郎（日本新潟大学人文社会·教育科学系）；田卫卫（北京大学历史学系）］

---

① 参前文池田氏《八世纪初における敦煌の氏族》。
② 参前文池田氏《沙州图经略考》，此《沙州图经》以上元三年（674）之后的数年间为原本成立年代，关于开元年间的张芝墨池，应该是部分插入。
③ 张芝本贯敦煌郡渊泉县，因为在《后汉书》卷65张奂传注中记载"故城在今瓜州晋昌县东北也"，可比定为现在的甘肃省瓜州县内（晋昌县治即瓜州县锁阳城镇锁阳城址）。但因为临池是敦煌乡治下的里，与墨池接近，墨池自身与张芝本贯有着很大的分隔。有待后考。
④ 关于唐代的邈真赞，根据张氏所见的撰者，【史料12】～【史料14】三件是张球（俅），【史料16】是张文彻，【史料15】撰者不明。确实，着眼于【史料13】与【史料14】类似"墨池张氏"这样的表现，以清河为姓望的【史料12】撰者也是同一个张球。
⑤ 如注（26）所示，据《后汉书》，张芝本贯是敦煌郡渊泉县。但是，根据《敦煌名族志》来看，从清河到敦煌的张氏被称为"北府张"。假设"北府"是应在敦煌县的敦煌郡府（的一角），则不能认为张芝与"北府张"有关联。
⑥ 下面串联相关内容。
　　南阳张延绶别传
　　　　河西节度判官权掌书记■朝议郎■兼御史中丞■柱国■赐绯鱼袋，张俅撰
　　张延绶，字摺绅，即河西节度■金紫光禄大夫■
　　检校尚书左仆射■河西万户侯，南阳张公，
　　字禄伯之第三子也。
　　正如文中也叙述的那样，撰者是与【史料12】之下三件的同一个张球（俅）。
此外，据敦煌研究院编《敦煌莫高窟供养人题记》（北京：文物出版社，1986年）第9窟（施主张承奉）即94窟（张议潮）等被定为"晚唐"的莫高窟供养人题记中，也有相关南阳张氏者，兹不详述。

路氏家族与唐前期的岭南经营*
——以《路季琳墓志》为线索

仇鹿鸣

文明元年（684）对于唐王朝而言正处于多事之秋，上一年末染痾多年的高宗刚刚去世，中宗甫继位，便被武后借故废黜，易以李旦，一代女主正紧锣密鼓地为称帝做着准备。一年之内，三易年号，因此是年七月广州都督路元叡被昆仑刺杀一事①，对于正忙着排除异己、巩固权力的武后而言只是癣疥之疾，并未在朝廷中掀起太大的波澜。由于此事牵涉唐代与南海的贸易往来及市舶管理，近世以降，备受学者瞩目，但传世文献中对于这次激烈的中外冲突着墨无多，使学者缺乏进一步探究此事及路氏家族在岭南活动的凭依②，新出路元叡之子《路季琳墓志》则在一定程度上弥补了史料的不足③，使我们得以更加清晰地了解路氏家族在岭南的经营及其影响，有助于廓清路元叡被杀事件的背景。兹据拓本校录如下，并略作考释，以求教于方家：

大唐故国子生阳平路君墓志铭

君讳季琳，字玄璲，平阳清泉人也。原夫帝鸿之祀，乔极胤于玄嚣；帝」营之孙，陶唐建其青社。由是珪璋百代，道存三五六经；华萼九州，称」为五二千石。象贤无替，可略而言。曾祖充，随右武候大将军、太府卿、」金紫光禄大夫、阌乡县开国公。祖文昇，随齐王属，皇朝左光」禄大夫、沙平爱泰衡五州诸军事、五州刺史、宣城县开国公。或望重」执金，便司列棘之府；或荣高托乘，载施行马之门。父元叡，尚书吏部」郎中、检校右骁卫将军、太子仆、陇瀛苏三州诸军事、三州刺史、使持」节都督广韶新康端封等廿二州诸军事、广州刺史、上柱国、宣城县」开国公。公在府严察，南夷忌之，遂为昆仑所害。雍容礼阁，鸡香之务克」宣；肃穆兵钤，魋珠之德斯应。漂缨鹤禁，俄出守以专城；建节禽乡，竟」亡躯而殉国。莫不金章紫绶，皂盖丹帷，纬武经文，绅河砺岳。君夜虎」生光，实蓝田之玉种；朝阳弄翰，即丹山之凤雏。爰在幼冲，早玩经籍，」延阁羽陵之简，淹中稷下之书，莫不韵以笙簧，味其糟粕。孝乎惟孝」，悌于昆弟，性好山水，不羁尘累。以国子生擢第，至

---

* 本文系上海社科基金一般项目（2014BLS004）的成果之一。

① 对于昆仑所指涉的具体地望，学者历来聚讼不已，并无定论，取其广义而言，一般指东南亚诸国。其中值得注意的是慧琳《一切经音义》卷61"破舶"：司马彪注《庄子》云：海中大船曰舶。《广雅》：舶，海舟也。入水六十尺，驱使运载千余人，除货物，亦曰昆仑舶。运动此船多骨论，为水匠用椰子皮为索，连缚葛览，糖灌塞仑水不入，不用钉鍱，恐铁热火生。累木枋而作之，板薄恐破，长数里，前后三节，张帆使风，亦非人力能动也。按骨论即昆仑，则昆仑唐时多指东南亚一带从事海外贸易的水手。徐时仪校注：《一切经音义三种校本合刊》，上海：上海古籍出版社，2008年，第1589页。另参蔡鸿生：《唐宋佛书中的昆仑奴》，《中外交流史事考述》，郑州：大象出版社，2007年，第200—201页。

② 桑原骘藏著，陈裕菁译订：《蒲寿庚考》，北京：中华书局，2009年，第132页。桑原骘藏将此事放在官员勒索，导致胡商反抗的脉络中，并罗列类似事件，代表了对于此事的普遍认识。

③ 拓片刊赵文成、赵君平编：《秦晋豫新出墓志蒐佚续编》，北京：国家图书馆出版社，2015年，第396页。

省不试，扶侍尊府君、太夫人至广州。」既而鬼瞰高明，神亏福善，尊府君为昆仑所刺。君」乃投身蔽刃，徒搏争锋，彼众我寡，出其不意，斗穷力屈，誓不全生。凶」手既加，因而遇害，春秋廿八，以文明元年七月九日终于广州之官」舍。今以垂拱元年八月十一日，迁窆于洛州缑氏县公路乡嵩山少」室三福之原，礼也。惟君禀粹山河，降神星象，立志闲雅，因心孝敬。梁」鸿始娶，载从南越之游；伯道无儿，遽掩西春之驾。芳尘可纪，遗嗣无」闻。悲夫，乃为铭曰：

轩辕降兮黄之神，乔极宴兮胤高辛，陶正气兮为明君，流间气兮为」贤臣，邈千古兮代有人，馨万叶兮兰有春，挺温玉兮昆山珍，碎明珠」兮合浦滨，松柏生兮丘陇陈，荆棘茂兮狐兔驯，青灯灭兮夜何晨，翠」琬雕兮德逾新。

一、路氏家族及其岭南渊源

关于路氏家族的世系与仕宦情况，《元和姓纂》及《新唐书·宰相世系表》中已有简要记载，清末陕西咸宁县曾出土路元叡之父路诠（字文昇）墓志①，亦有可资补正之处。毛凤枝对路文昇墓志出土情况曾有记录："乡人将磨为捣衣石，一村塾先生见之，因其有字，亟阻之，已十去七八矣。"② 遗憾的是志石拓本后未见刊布，原石今或已不存，但从《关中石刻文字新编》中保存的录文来看，虽后半部分残泐较多，但文字仍大体可读，将其与新出《路季琳墓志》对勘，除可补苴郡望世系之不足外③，两方墓志还透露了路氏家族与岭南的渊源，对于我们了解隋唐之际岭南政治形势的变化不无裨益。

路元叡一支，《元和姓纂》将归入京兆三原望下，《路文昇墓志》云其为阳平清水人，而《路季琳墓志》则作平阳清泉人，所记皆有所出入。北朝以降，路氏惯以阳平清渊为首望，如《魏书·路恃庆传》、《魏书·路邕传》、北魏武泰元年（528）《路宁墓志》皆自云为阳平清渊人。④ 曹魏置阳平郡，领有清渊县，至北魏仍之⑤，这是阳平清渊郡望的由来。清渊县，入唐后因避高祖讳，改县名作清水，但碑志亦多写作清泉。⑥ 由于平阳、阳平两名易讹，《元和姓纂》及《新唐书·宰相世系表》皆已承其误⑦，《路季琳墓志》亦误刻为平阳。目前唐代所见路姓墓

---

① 《新唐书》卷75下《宰相世系表》5下记文昇字文昇，误，第3408页；《元和姓纂》卷8亦作文昇，知其以字行，本文仍根据习惯称之为路文昇。
② 墓志的出土的情况及录文见毛凤枝：《关中石刻文字新编》卷3，《石刻史料新编》第1辑22册，台北：新文丰出版社，1982年2版，第17021—17022页；周绍良《唐代墓志汇编》显庆166据之移录，上海：上海古籍出版社，1992年，第333—334页。另毛氏于《关中金石文字存逸考》卷五中对其有简要考释，《石刻史料新编》第2辑14册，台北：新文丰出版社，1979年，第10477—10480页。
③ 岑仲勉《元和姓纂（四校记）》中已利用路文昇墓志补正路氏世系，北京：中华书局，1994年，第1217—1218页，陶敏《元和姓纂新校证》在岑校的基础上，据《裴札妻路氏墓志》等资料有所补充，沈阳：辽海出版社，2015年，第417页，路文昇墓志其他方面史料价值尚未得到学者注意。
④ 《魏书》卷72《路恃庆传》，第1618页；《魏书》卷88《路邕传》，第1903页；《路宁墓志》，拓片刊《秦晋豫新出墓志蒐佚续编》，第70页。
⑤ 《晋书》卷14《地理志》上，第417页；《魏书》卷106上《地形志》，第2457页。
⑥ 检新旧《唐书》，仅有一处作清泉，余皆作清水，可知其正式地名当作清水，但从所见路姓碑志来看，以作清泉者为多，可知公私文献书写习惯有所不同。
⑦ 《元和姓纂》岑仲勉四校记引罗振玉校及《路庭礼墓志》作"阳平"，第1214页。

志述及郡望者皆作阳平，新出《路励节墓志》则提供了更确凿的证据。① 路励节，事迹见于《元和姓纂》路氏平阳望下，其墓志明确叙其为阳平清泉人，亦可坐实《元和姓纂》及《新唐书·宰相世系表》之误。

至于《元和姓纂》为何将路元叡一支从其自称的、在当时也更具影响的阳平清泉望中析出，另立京兆三原郡望，这大约与中唐时路元叡侄孙路嗣恭的发迹有关。② 路嗣恭初以吏干为玄宗所赏识，后因安史之乱获致政治机遇，先后累历朔方军留后、江西观察使、岭南节度使等职，封冀国公，其子路应、路恕亦皆位至节镇③，显赫一时。从路氏家族自北朝以来的发展经历来看，路文昇的祖父路彩曾任魏奉朝请、礼部侍郎，周使持节□恒怀夏四州刺史，则其大约在魏末动乱时，随宇文氏入据关中，后定居于京兆三原。④ 但在唐前期仍保有阳平旧望，直至建中三年（782）所立路嗣恭之父路太一神道碑中依旧自称阳平临清人⑤，按清水县贞观元年（627）省并入临清县⑥，阳平临清不过是阳平清泉的变形。⑦ 但新旧《唐书·路嗣恭传》皆已改题京兆三原，不再署阳平旧望，可知正是由于路嗣恭一支的勃兴，使京兆三原从著籍地演化为路姓新望，并在元和时为《姓纂》所收录。⑧

路彩作为追随宇文氏进入关陇的二三流角色，循着这一系统人物的惯例，家族政治活动的重心位于关中，其子路究历任隋大兴县令、内史舍人、兵部侍郎、右武侯大将军、长秋令、太府卿等职，受封阌乡县开国公。⑨《路文昇墓志》中的一段记载，则透露出其命运如何与万里之外的岭南发生了联系：

> 奏为府属。东平宽□，难勖乐善之资；广陵骄□，竟速亡躯之祸。特诏府僚，金授远官，出为南海郡司功书佐，从班例也。

起初由于志文残泐，我们并不清楚路文昇因卷入何事而遭贬谪，赖《路季琳墓志》的出土，弥补这一史料缺环，墓志记其祖路文昇曾任齐王属。齐王㻋为隋炀帝第二子，元德太子杨昭早逝后，大业三年（607），炀帝命其为河南尹、开府仪同三司，朝野瞩目，有太子之望。正缘于此，朝中大臣多以子弟为齐王府僚，路文昇起家为隋文帝挽郎，兼元德太子通事舍人，此时也被选入齐王府中。但齐王㻋不久便因行事孟浪而失宠，后更被发现阴行左道厌胜之术，因此遭到炀帝的废

---

① 《路励节墓志》，拓片刊赵君平、赵文成编：《秦晋豫新出墓志蒐佚》，北京：国家图书馆出版社，2012年，第413页。
② 元和四年《路景秀墓志》云："爰泊巨唐而分珪列土扬旌藩者，其维宗叔嗣恭焉"，按路景秀为潞州当地人，未尝仕宦，其与路嗣恭的关系当出于攀附，但亦可见路嗣恭在中唐后成为路姓最显赫的人物，拓片刊《秦晋豫新出墓志蒐佚续编》，第1028页。
③ 《新唐书》卷148《路嗣恭传》，第4623—4624页。
④ 在东西魏分立时，路氏的主干仕于北齐，见《北齐书》卷72《路恃庆传》，第1618—1621页，此支即《元和姓纂》阳平望下所记，《元和姓纂》称京兆三原路氏与路励行同承于路藻，则入关者当是阳平路氏的旁支，第1214—1217页。
⑤ 《文苑英华》卷930《并州太原县令路公神道碑》，北京：中华书局，1966年，第4892页。
⑥ 郭声波：《中国行政区划通史·唐代卷》上，上海：复旦大学出版社，2012年，第268页。
⑦ 这种因现实中的行政区划调整，而更易家族郡望的例子在唐代并不罕见，如《旧唐书·路岩传》称其为阳平冠氏人，盖缘于"武德五年，以馆陶、冠氏及博州之堂邑，贝州之临清、清水置毛州，……贞观元年州废，省清水入冠氏"，《新唐书》卷39《地理志三》，第1011页。但值得玩味的是，郡望中的郡名仍保留了魏晋旧名，县名则改称当朝新制，成一非驴非马之象。
⑧ 按《新唐书·宰相世系表》中仍将路嗣恭一支归入阳平望下，第3409页。
⑨ 右武侯大将军，《路文昇墓志》作"左武侯将军"，由于《路文昇墓志》无拓本存世，今从《路季琳墓志》。

黜，于是这些曾任职于齐王府的贵戚子弟也一并受到牵连而遭远谪，"暕府僚皆斥之边远"①，即墓志所云"从班例也"：

> 而炀帝性多忌刻，齐王暕亦被猜嫌。（庾）质子俭时为齐王属，帝谓质曰："汝不能一心事我，乃使儿事齐王，何向背如此邪？"质曰："臣事陛下，子事齐王，实是一心，不敢有二。"帝怒不解，由是出为合水令。②

与庾俭的命运相似，路文昇被贬为南海郡司功书佐。③ 齐王暕案在大业间宫廷中掀起的巨大波澜，加剧了炀帝晚年对于臣下的疑忌之心，除了齐王府旧属之外，因此事而受到炀帝猜忌的有原来深受信用的潜邸旧臣、御史大夫张衡及宿将董纯等。④ 在此之后，炀帝虽保留齐王暕河南尹之职，但形同软禁，甚至在宇文化及谋乱之初，炀帝仍误以为是齐王暕起事，可知父子间嫌隙之深。

路文昇之贬，对其个人遭际而言，无疑属宦途失意，却得以幸运地躲过隋末中原的战乱，之后其在岭南近十年的经历，因志文残损已甚，无法确知，仅据"高祖太（缺）"、"变望气（缺）"等残存文字大致可以推测其在唐平定岭南的过程中曾率先归附。

路文昇归唐后，历任沙平爱泰衡五州诸军事、五州刺史⑤，受封宣城县开国公。其所历五州，除爱州属岭南道，衡州属江南西道，并无疑义外，其余三州，皆有待辨析。沙州，一般多指河西道敦煌之沙州，然武德五年（623）于敦煌所置者名西沙州，至贞观七年方去"西"字⑥，今检山南西道利州总管府下尝置沙州，武德四年（622），割景谷县置沙州，隶利州总管府。贞观元年，州废⑦，路文昇所历者疑是此州。平州，最著者为河北道之平州，位于唐帝国之北境，但唐平定南方的过程中曾于荆州大总管府下短暂地设置过平州，武德四年，于当阳置平州，领当阳、临沮二县，武德六年（624）改名玉州。⑧ 从当时的情况而言，似历此平州的可能性较大。泰州，则时置有二，一置于绛州总管府下，另一则在贞观七年置于岭南道桂州都督府下，毛凤枝考路文昇所任当是岭南道之泰州，可从。⑨ 由此可知，入唐之后，路文昇并未北返，其仕宦经历仍与南方特别是岭南关系密切，并最终卒于泰州刺史任上。⑩

---

① 《隋书》卷3《炀帝纪》，第70页；《隋书》卷59《齐王暕传》，第1442—1443页。《通鉴》卷281系齐王暕被黜事于大业四年，北京：中华书局，2011年2版，第5747页。

② 《隋书》卷78《庾季才传》，第1767页。

③ 《路文昇墓志》记其父路充的历官为大兴县令、内史舍人、兵部侍郎、右武侯大将军、长秋令、太府卿，长秋令之任有遭到贬谪的迹象，不知是否与齐王暕之事有关。

④ 《隋书》卷56《张衡传》，第1392页；卷65《董纯传》，第1539页。

⑤ 《新唐书》卷75下《宰相世系表》5下、《元和姓纂》卷8皆记路文昇为平、爱、秦三州刺史，其中秦州系泰州之讹，另《全唐文补遗（千唐志斋新藏专辑）》所收《裴札妻路氏墓志》云高祖文昇，国初银青光禄大夫、泰州刺史，亦可证。（西安：三秦出版社，2006年，第302页）

⑥ 《旧唐书》卷38《地理志一》，第1644页。

⑦ 《旧唐书》卷39《地理志二》，第1530—1531页，另参郭声波：《中国行政区划通史·唐代卷》下，上海：复旦大学出版社，2012年，第871页。

⑧ 《旧唐书》卷39《地理志二》，第1553页

⑨ 毛凤枝：《关中金石文字存逸考》卷5，《石刻史料新编》第2辑14册，第10478页。

⑩ 《路文昇墓志》题作"大唐故银青光禄大夫使持节泰州诸军事泰州刺史上柱国宣城（下缺）"，志文并记其"薨于州府正寝"，则知其卒于泰州刺史任上，《唐代墓志汇编》显庆166，第333—334页。若此，则其衡州刺史之任，疑是赠官。按衡州为中州，其之前所历各州，疑皆为下州。

二、路元叡之死

  武德四年，高祖命江夏王李孝恭为行军总管、李靖为行军长史，率军平定割据南方的萧铣。在进军过程中，唐王朝对岭南的策略采取以招抚绥辑为主，通过争取岭南溪洞豪族的支持，来加速南方的归附。"乃度岭至桂州，遣人分道招抚，其大首领冯盎、李光度、宁真长等皆遣子弟来谒，靖承制授其官爵。凡所怀辑九十六州，户六十余万"①，其中一项的重要举措便是广置州郡，任命冯盎、李光度、宁真长这些酋豪及其子弟为总管、刺史，掌握地方实权，这些职位具有一定的世袭性，进而认可其黔中、岭南、闽中州县官不由吏部，委都督选择土人补授②，以换取这些地方豪强对于唐王朝的效忠。③ 这一策略的推行或是有鉴于隋初的历史经验，隋文帝平陈之初，对于岭南酋豪曾一度临以兵威，于是夷、越数为反乱，造成了"州县生梗，长吏多不得之官，寄政于总管府"的困局，直至令狐熙易以绥靖之策后，方才稳住局势④，同时这也是对南朝后期以来岭南"郡邑岩穴之长，村屯坞壁之豪"所在纷起的既成事实予以认可。⑤ 当然唐廷与这些岭南酋豪的关系非常复杂，既有拉拢利用一面，亦处处小心防备，惧其反侧。在此背景下，出身关陇，谙熟岭南情势的路文昇较之于溪洞豪酋之流对于唐王朝而言自然要可靠许多，安排其长任南方便不足为奇。路文昇之子路元叡，虽曾任吏部郎中、太子仆等朝官，辗转陇、瀛、苏等州刺史，但最终仍受命使持节都督广韶新康端封等廿二州诸军事、广州刺史，踏上了出镇岭南的征程。

  唐代岭南素来号为难治，一方面因梯航之利，官吏贪鄙，又因民夷杂处，变乱易生；另一方面则地处边陲，选任颇轻。⑥ 以初唐而论，广州都督之位甚至成为安置政治失意者的位置，如贞观中，曾在玄武门之变中率军与李世民作战的太子建成、齐王元吉旧属冯立、谢叔方便先后外任为广州都督。⑦ 至于在唐前期，在广府任上因贪鄙而遭弹劾，或因与夷越作战失利而遭处分者，更是所在多有，对此这种事繁而选轻，或多以有贪残前科官吏充任的现象，当时人便有批评：

> 或俄复旧资，虽负残削之名，还膺牧宰之任，或江、淮、岭、碛，微示惩贬，而徇财默货，罕能悛革，委以共理，俟河之清……况边徼之地，夷夏杂处，负险恃远，易扰难安，弥藉循良，以寄绥抚。若委失其任，官非其才，凌虐黎庶，侵剥蕃部，小则坐致流亡，大则起

---

  ① 《旧唐书》卷67《李靖传》，第2477页。关于这些岭南酋豪家族中以冯氏和宁氏最为引人注目，较早对其加以讨论者可参读河原正博：《隋唐时代の岭南酋领》，《汉民族华南発展史研究》，东京：吉川弘文馆，1984年，第83—123页。
  ② 《资治通鉴》卷201，第6477页。
  ③ 参读王承文：《唐代"南选"与岭南溪洞豪族》，《中国史研究》1998年第1期，第89—101页。
  ④ 《隋书》卷56《令狐熙传》，第1386页。
  ⑤ 《陈书》卷35《陈宝应传》，第490页。陈寅恪：《魏书司马睿传江东民族条释证及推论》，《金明馆丛稿初编》，北京：生活·读书·新知三联书店，2001年，第113—119页。
  ⑥ 《旧唐书》卷64《江王元祥传》："时滕王元婴、蒋王恽、虢王凤亦称贪暴，有授得其府官者，以比岭南恶处，为之语曰：'宁向儋、崖、振、白，不事江、滕、蒋、虢'"，可见岭南之选在当时人心中的地位。当然这一情况在中唐之后发生了根本的转变，岭南的安定富庶，兼有市舶之利，已成为需贿赂权官方能获致的良选，"卢钧除岭南，朝士皆相贺。以为岭南富饶之地，近岁皆厚赂北司而得之；今北司不挠朝权，陛下亦宜有以奖之"，《资治通鉴》卷245，第8050页。
  ⑦ 《旧唐书》卷187上《冯立传》、《谢叔方传》，第4872—4873页。这两人因忠于所事而为太宗赏识，故广州之任当然不能算是贬谪，但毫无疑问，两人亦远非太宗信用的人物。

为盗贼。①

唐廷选用路元叡，大约是看中其因家世之故对岭南情势的熟稔。路元叡主政岭南，亦不乏安辑夷夏、绥服地方的功绩，《王师协墓志》中保存了一段相关的记载：

> 岭南道大总管、州将路元叡表请为偏裨，恩敕许焉。遂董循韶二州兵，于是跃马先登，运筹制胜。寇平，加勋上柱国。②

但作为一个在正史中仅著寥寥数笔的人物，路元叡与很多曾历岭南的官员一样，最终以贪鄙这一标签被定格于史籍之中，而路元叡更因死于往来南海贸易的昆仑之手，格外引人注目。

关于路元叡之死，新旧《唐书》、《通鉴》皆有记载，以《通鉴》所记载最详：

> 广州地际南海，每岁有昆仑乘舶以珍物与中国交市。旧都督路元睿冒求其货，昆仑怀刃杀之。方庆在任数载，秋毫不犯。③
>
> 七月戊午，广州昆仑杀其都督路元叡。④
>
> 南海岁有昆仑舶市外区琛琲，前都督路元叡冒取其货，舶酋不胜忿，杀之。方庆至，秋毫无所索。⑤
>
> 秋，七月，戊午，广州都督路元叡为昆仑所杀。元叡闇懦，僚属恣横。有商舶至，僚属侵渔不已，商胡诉于元叡，元叡索枷，欲系治之。群胡怒，有昆仑袖剑直登听事，杀元叡及左右十余人而去，无敢近者，登舟入海，追之不及。⑥

推考其史源，由于新旧《唐书》未给路元叡立传，此事附见于新旧《唐书·王方庆传》中，考《旧唐书·王方庆传》此段文字与《册府》卷六七九引录相同⑦，可知皆本自国史，《新唐书·王方庆传》仅做了文字上改写，未增益史实。《王方庆传》记此事盖是为了称美方庆在广州任上清正廉明，举路元叡之贪渎为对比，故其对路元叡被杀事记载恐也算不上是第一手的材料。《通鉴》所记不但详尽得多，而且与新旧《唐书》在具体史实上也稍有出入，除了光宅元年秋七月戊午这一具体时间同见于《新唐书·则天武后本纪》外，其余部分皆不见于新旧《唐书》，从文字来看，可能是出自路元叡的实录本传。

据墓志可知，路季琳便是《通鉴》所云与路元叡一起被杀左右十余人中的一位，志文于事变前后经过有更详尽的描写：

> 既而鬼瞰高明，神亏福善，尊府君为昆仑所刺。君乃投身蔽刃，徒搏争锋，彼众我寡，出其不意，斗穷力屈，誓不全生。凶手既加，因而遇害，春秋廿八，以文明元年七月九日终

---

① 《旧唐书》卷98《卢怀慎传》，第3067页。
② 《王师协墓志》，周绍良编：《唐代墓志汇编续集》神功002，上海：上海古籍出版社，2001年，第357页。
③ 《旧唐书》卷89《王方庆传》，第2897页。
④ 《新唐书》卷4《则天武后本纪》，第83页。
⑤ 《新唐书》卷116《王綝传》，第4223页。
⑥ 《资治通鉴》卷203，第6535页。
⑦ 《册府元龟》卷679，北京：中华书局，1960年，第8117页。

于广州之官舍。

志文所记与传世文献大体可互相参证，唯传世文献将此描述为因商胡不堪勒索愤而行刺的意外事件，但从墓志透露的信息来看，卷入其事的商胡应当为数不少，是一次颇具规模的商胡暴动。志文中"彼众我寡"、"斗穷力屈"云云可能更接近史实，否则仅一二昆仑，很难想象能于光天化日之下，在广州官舍中连杀都督路元叡父子及左右十余人，并一路扬长而去，"无敢近者，登舟入海"。

广州自秦汉以来便是南海贸易的枢纽，特别是六朝以降，愈加繁盛，商旅辐辏，获利丰厚。但这些贸易往往由州郡官员掌控，并未被纳入国家的税收体系之中，地方长吏利用上下其手的机会，低买高卖，聚敛了巨额财富：

> （王僧孺）寻出为南海太守。郡常有高凉生口及海舶每岁数至，外国贾人以通货易，旧时州郡以半价就市，又买而即卖，其利数倍，历政以为常。①

因而自东晋南朝以来，广州刺史一职虽因地处边鄙，非士族高门所乐居，但南土沃实，在任者常致巨富，世云"广州刺史但经城门一过，便得三千万也"之处。② 历任刺史者，虽有如上引王僧孺这样廉洁自律者，或亦有如萧劢将异国方物贡献朝廷者，但总体而言，历任广州刺史多以贪渎聚敛为常，"外国舶至，多为刺史所侵"③，故少数清廉自守者才被史书特意表出。至唐代前期，风习不改，永徽二年（651），萧龄之便因广州都督任上贪赃事发，而遭到流放。④ 因此，所谓僚属侵渔不已本是南海各国商人来广州贸易时习见之事，路元叡被杀，虽属偶然，有长期以来官商矛盾积累的因素，但为何在此时爆发，其原因或有进一步推测的余地：

> 显庆六年二月十六日敕："南中有诸国舶，宜令所司，每年四月以前，预支应须市物。委本道长史，舶到十日内，依数交付价值。市了，任百姓交易，其官市物，送少府监简择进内。"⑤

高宗显庆六年（661）这一诏敕为研究海外交通史者所熟知，其目的无疑在于规范南海的贸易往来，在其纳入朝廷控制的范畴，特别强调南海舶来的异域宝货，必须由官府优先市买，具体事务委本道长史负责，在满足宫廷采办需求后，方才听凭百姓交易。这一"先官后私"的贸易监管体制一直延及整个唐代，这在中外文献中皆有反映：

> 臣奉宣皇化，临而存之，除供进备物之外，并任蕃商列肆而市。⑥

---

① 《梁书》卷33《王僧孺传》，第470页。
② 《南齐书》卷32《王琨传》，第578页。
③ 《南史》卷41《萧劢传》，第1262页。
④ 《旧唐书》卷85《唐临传》，第2812页。
⑤ 《唐会要》卷66，上海：上海古籍出版社，2006年，第1366页。
⑥ 《文苑英华》卷613《进岭南王馆市舶使院图表》，第3180页。按此文既往学者一般认为是王虔休所撰，黄楼考为开元曾任市舶使的宦官韦光闰所撰，可从。黄楼：《〈进岭南王馆市舶使院图表〉撰者及制作年代考》，《中山大学学报》2009年第2期，第99—102页。

>海员从海上来到他们的国土，中国人便把商品存入货栈，保管六个月，直到最后一艘海商到达时为止。他们提取十分之三的货物，把其余的十分之七交还商人。这是政府所需的物品，用最高的价格现钱购买，这一点是没有差错的。①

这一举措的推行无疑意味着管制的强化，即在开放民间贸易之前，官员有权检阅并暂存胡商的货物，上文所谓"临而存之"、"中国人便把商品存入货栈，保管六个月"皆反映了这项制度的运作，特别是依据《中国印度见闻录》的记载需等到最后一艘商船到达后，商人、货物齐聚，才开始贸易，决定哪些由朝廷市买，唐后期有阅货宴的记载②，当与之有关。严格的管理与控制当然为宫廷采办提供了便利，但对于依赖季风往来于南洋的胡商而言③，集中贸易的方式无疑是颇为不便的，同时也为当地官员的上下其手提供了更大的方便④，正如文献记录的那样，阅货宴往往成为官吏索取贿赂的良机。路元叡之死无论是归咎他本人的贪渎，还是僚属的侵渔，恐怕多少都与这一诏书所导致的变化有关。

从另一线索而言，显庆六年敕也意味着唐廷有意改变南朝以降例由广府长官管理南海贸易的传统，改由朝廷直接介入，获致市舶之利。开元前期市舶使的出现，也可以循此脉络做进一步的讨论。目前学界所举出最早关于市舶使的记载是开元二年十二月（714），右威卫中郎将周庆立为安南市舶使，与波斯僧广造奇巧，将以进内，为柳泽所谏止。⑤ 因此有学者认为市舶使先置安南，后移置广州⑥，但这一事件更原始的记录见《唐会要》、《册府元龟》，皆云周庆立为岭南市舶使⑦，而纠弹此事的柳泽时以殿中侍御史兼岭南监选使⑧，故得以察悉情状。可知《旧唐书》之安南系岭南之讹，市舶使很可能一开始便置广州，初仍以朝官为之。但可以提出的另一个推测是，市舶使最初或是由唐廷临时派遣，而非常驻岭南，新出《李元琮墓志》提示了有意思的线索："（天宝）十一年，奉使南海，入珠翠宝货之窟，羽毛齿革之乡，典职在斯，视同草芥。"⑨ 此时市舶制度已建立，李元琮所任恐非市舶使，而是临时奉命赴使岭外，因"早宿卫北军"而获玄宗信任的李元琮，其身份与周庆立类似，甚至可以进一步推论，玄宗之所以选派出身禁军者充任使臣，盖是缘于其与宦官一样都具有皇帝家臣的身份。事实上，志文中便记录了肃宗对李元琮的评价"家臣无间"。

市舶使的设置，当即延续显庆六年敕的意图，强化对南海贸易的管理，方便宫廷采办，所不同的是从"委本道长史"改由朝廷派遣市舶使，分化了广州都督的权力，是对历代形成的由广府长官独掌市舶惯例的重大变革。进而大约至开元十年（722）之后，以宦官韦光闰为广州市舶使，

---

① 《中国印度见闻录》，穆根来、汶江、黄倬汉译，北京：中华书局，1983年，第15页。
② 黎虎：《唐代市舶使与市舶管理》，《历史研究》1998年第3期，第31页；李锦绣：《押蕃舶使、阅货宴与唐代的海外贸易管理》，《隋唐辽宋金元史论丛》第6辑，上海：上海古籍出版社，2016年，第133—137页。
③ 一般而言，往来中国与南海贸易的商胡，四月末至五六月利用西南风来华，十月末至十二月借东北风离开，桑原骘藏著，陈裕菁译订：《蒲寿庚考》，第37、79—80页。
④ 《中国印度见闻录》记载的一个宦官利用市买之权强买呼罗珊商人的货物，商人愤而进京告御状的故事，便是典型的案例，第115页。另参桑原骘藏著，陈裕菁译订：《蒲寿庚考》，第154—115页。
⑤ 《旧唐书》卷八《玄宗纪》，第174页。
⑥ 黎虎：《唐代市舶使与市舶管理》，《历史研究》1998年第3期，第25页。
⑦ 《唐会要》卷62，第1270—1271页；《册府元龟》卷101，1209页，卷546，第6547—6548页。
⑧ 所谓岭南监选使是指柳泽以御史的身份监察选补使南选是否公平，《资治通鉴》卷202："壬寅，敕：'桂、广、交、黔等都督府，比来注拟土人，简择未精，自今每四年遣五品已上清正官充使，仍令御史同往注拟'。时人谓之南选"，第6495页。参读王承文：《唐代"南选"制度相关问题新探索》，《唐研究》第19卷，北京大学出版社，2013年，第124—127页。
⑨ 拓本刊《西安新获墓志集萃》，北京：文物出版社，2016年，第157页。

并于广州建造市舶使院①，这成为市舶使制度定型的标志。以宦官取代朝官掌市舶，或可被视为玄宗时代，宦官作为皇帝的私人逐步走出宫掖，更多地在外担负使命潮流下的产物。② 直至安史乱后，渐次形成了以岭南节度使兼押蕃舶使、监军兼市舶使的定制③，这一系列变化的源头大体可以追溯到显庆六年敕。

三、结　语

路元叡之死无疑是一桩意外，甚至在忙于改朝换代的朝廷中未必能掀起太大的波澜，《路季琳墓志》中没有提及其父获得追赠或官给丧事之类的礼遇，或许暗示了唐廷将胡商暴动归咎于路元叡的举措失当。路季琳于一年后迁葬于洛州缑氏县公路乡嵩山少室三福之原，这与之前之后路氏家族皆以京兆府万年县少陵原为祖茔不同。④ 不知是特意的安排，还是随着高宗武后时代政治中心移至东都，路氏也一度随之迁移。作为因偶然的贬谪而与岭南发生联系并在唐初活跃的关陇家族，路元叡同样也因偶然的被刺，以贪渎的形象被定格在史书之中，直到后来学者在海外交通史的视野下关注刺杀路氏的昆仑胡商，这一事件才被重新打捞出来，并在学术史中得到放大。

（作者单位：复旦大学历史学系）

---

① 黄楼《〈进岭南王馆市舶使院图表〉撰者及制作年代考》一文据《韦光闰及妻宋氏墓志》考出《内给事谏议大夫韦公神道碑》中的韦公即韦光闰，进而指出《进岭南王馆市舶使院图表》中"海阳旧馆"非指在潮州海阳建造市舶使院，而是广州临海的北岸，基本廓清了韦光闰担任市舶使前后的情况。(《中山大学学报》2009年第2期，第99—102页)
② 宦官承担朝命，玄宗时代最典型的无疑是杨思勖，多次领兵出征，参读《旧唐书》卷184《杨思勖传》，第4755—4756页；《杨思勖墓志》，《唐代墓志汇编》开元515，第1509—1510页。
③ 黎虎：《唐代市舶使与市舶管理》，《历史研究》1998年第3期，第33—37页；李锦绣：《押蕃舶使、阅货宴与唐代的海外贸易管理》，《隋唐辽宋金元史论丛》第6辑，第126—132页。出土的宦官墓志，进一步印证了监军兼市舶使的制度，除了之前学者已注意到的李敬实墓志等外，王川：《唐宋时代南海贸易中的市舶宦官》，《论衡丛刊》第2辑，成都：巴蜀书社，2002年，第205—224页。近年刊布的有吴德鄘墓志，拓片刊《西安碑林博物馆新藏墓志汇编》，北京：线装书局，2007年，第835页。
④ 如《路文昇墓志》即云其归葬万年县少陵原，直至路嗣恭之父路太一神道碑仍记其"以开元二十三年合祔于京兆府万年县少陵原，从先茔，礼也"，《文苑英华》卷930《并州太原县令路公神道碑》，第4893页。

南汉王朝与北方家族关系新证
——以《王涣墓志》和《高祖天皇大帝哀册文碑》为线索的考察

王承文

一、引　言

　　1954年7月，在广州市越秀山镇海楼附近，出土了《唐故清海军节度掌书记太原王府君墓志铭》。著名唐史学家岑仲勉先生为此撰写其名篇——《从王涣墓志解决了晚唐史一两个问题》①。岑先生依据墓志资料，既解决了晚唐史研究中一系列悬而未决的问题，同时又指出晚唐岭南已成为北方中原官员士人迁徙的重要地区。其相关研究对于我们重新认识晚唐至南汉时期的岭南区域史，至今仍有其重要启发意义。2000年，在广州市番禺区大学城建设中，又出土了南汉《高祖天皇大帝哀册文碑》②。所谓"高祖天皇大帝"，是南汉王朝创立者刘龑的尊号。南汉王朝（917—971）在岭南区域开发史上具有非常重要而特殊的地位。而刘龑长达二十六年的统治，则奠定了南汉割据岭南半个多世纪的重要基础。然而，由于南汉国遥在五岭以南，僻处炎徼蛮裔，加上自宋代以来，历代王朝均将南汉斥为"僭伪"，其结果一方面使南汉许多历史记载都蒙上了扑朔迷离的色彩，另一方面则使刘龑乃至整个南汉王朝在政治上主要以"暴虐"、奢靡和宦官专权等而著称。近一百年来，国内外学术界对于南汉王室的血统、家族来源、政权性质以及历史地位等，也形成了各种不同观点。在以往的讨论中，我们认为大量正史等资料有关南汉刘氏源于北方家族的记载仍是可信的③。本文试以晚唐《王涣墓志》和南汉《高祖天皇大帝哀册文碑》为线索，对南汉王朝与北方家族的关系以及南汉政权的性质和历史地位等问题作进一步讨论。

---

　　①　本文为本人主持的2016年度教育部重大课题攻关项目"古代环南海开发与地域社会变迁研究"（批准号：16JZD034）阶段性研究成果之一。
　　岑仲勉：《从王涣墓志解决了晚唐史一两个问题》，《历史研究》1957年第9期；收入岑仲勉《金石论丛》，北京：中华书局，2004年，第441—452页。
　　②　广州市文物考古研究所：《广州南汉德陵、康陵发掘简报》，载《文物》2006年第7期；伍庆禄、陈鸿钧著：《广东金石图志》，北京：线装书局，2015年，第70—72页。
　　③　王承文：《唐代北方家族与岭南溪洞社会》，《唐研究》第2卷，北京：北京大学出版社，1996年。

二、"梯山航海，募义归仁"：南汉王朝对北方官员士大夫的招纳和重用

（一）《王涣墓志》与唐末五代北方家族南迁的背景

1954 年在广州市出土的《唐故清海军节度掌书记太原王府君墓志铭》，碑志共 1700 字，堪称巨制。碑铭作于唐哀帝天祐三年（906），此时大唐王朝近三百年的统治即将落幕。《王涣墓志》记载：

> 爰我齐公……往镇番禺，君既认旧僚，愿荣介从，不以沧溟为远，不以扶养为难，捧记室之辟书。①

所谓"齐公"即唐昭宗朝宰相徐彦若。而徐彦若南下广州出任清海军节度使是在唐昭宗光化三年（900）九月。徐彦若，河内济源人。其父徐商在唐懿宗咸通四年（863）为宰相。徐商、徐彦若父子均在晚唐至唐末朝廷中颇有政声。

各种史籍对于宰相徐彦若出镇南海的具体背景都有大致相同的记载。《新唐书·刘季述传》记载，权臣崔胤恃朱温的威势，"逐彦若于南海"②。《资治通鉴》记载"崔胤以太保、门下侍郎、同平章事徐彦若位在己上，恶之"，而徐彦若自己"亦自求引去，时藩镇皆为强臣所据，惟嗣薛王知柔在广州，乃求代之"。唐昭宗于是以徐彦若"同平章事、充清海节度使"③。《新五代史》则称"唐末，南海最后乱，僖宗以后，大臣出镇者，天下皆乱，无所之，惟除南海而已"④。南唐尉迟偓：《中朝故事》卷上称："前朝宰相罕有不左降者，唯徐商持政公直，数十年不曾有累。其子齐国公彦若，亦以忠于上、和于众，竟无贬谪之祸。"⑤ 而该书卷下却又称：

> 徐彦若弟彦枢，大中末遇京国中元夜，观灯于坊曲间。夜深，有一人前揖徐公，因同行，谓徐公曰："君贵人也，他年贤兄必为辅弼之官。若近十年，即须请退，去京五千里外，方免难也。不尔，当有祸患。"……光化（898—901）末彦枢官至左谏议大夫，兄方居宰辅，遂话于兄。时四方皆为豪杰所据，唯有广南是嗣薛王知柔为节度使，彦若遂请出广州。昭皇授以节钺而去，果免患难。⑥

以上资料也证实，岭南作为唐末中央能够进行官员选任的最后几个地区之一，不少北方官员不断以出仕等方式迁移岭南。而宰相徐彦若出镇岭南，实际上也有主动引身避祸的性质。

晚唐政治衰败特别是北方中原地区大规模战乱，就是北方官员士大夫向岭南迁徙的主要原

---

① 岑仲勉：《金石论丛》，第 441—452 页。
② 《新唐书》卷 208《刘季述传》，中华书局，1975 年，5893 页。
③ 《资治通鉴》卷 262"唐昭宗光化三年"条，中华书局，1956 年，第 8533 页。
④ 《新五代史》卷 65《南汉世家第五》，中华书局，1974 年，第 811 页。
⑤ （南唐）尉迟偓：《中朝故事》卷上，中华书局，2014 年，第 221 页。
⑥ （南唐）尉迟偓：《中朝故事》卷下，第 228 页。另外，《文献通考》卷 196《经籍二》著录《中朝故事》二卷，并引晁公武称"伪唐尉迟偓撰，记唐懿昭哀三朝事，故曰中朝"（中华书局，2011 年，第 5672 页）。

因。周渥形容唐朝末年形势称："顷者天祐（904）之初，天复（901—904）之末，国步多难，皇纲欲倾，大泽横蛇，中原失鹿。眉赤者，豺狼共战；巾黄者，龙虎相争。乌兔光昏，乾坤色惨。"① 宋人洪迈称："唐之末世，王纲绝纽，学士大夫逃难解散，畏死之不暇。非有扶颠持危之计，能支大厦于将倾者，出力以佐时，则当委身山栖，往而不反，为门户性命虑可也。"② 欧阳修《新五代史·南汉世家》论唐末岭南形势曰：

> 隐父子起封州，遭世多故，数有功于岭南，遂有南海。隐复好贤士。是时，天下已乱，中朝士人以岭外最远，可以避地，多游焉。唐世名臣谪死南方者往往有子孙，或当时仕宦遭乱不得还者，皆客岭表。王定保、倪曙、刘浚、李衡、周杰、杨洞潜、赵光裔之徒，隐皆招礼之。③

欧阳修总结了晚唐至五代北方官僚士人迁移岭南的几种途径，也非常真实地反映了在晚唐中原板荡、"衣冠荡析"的战乱时代，岭南已成为北方官僚士大夫及其家族的主要避难地。

（二）南汉王室与一些北方著名家族的关系

唐朝后期的历史证明，节度使的割据能够成功主要靠武力，但是节度使能够为王为帝，由方镇割据走向分国割据，则得力于宾幕职制度④。南汉刘氏作为从军将、名门、高级地方官僚结合中产生的地方势力，在王纲解纽、"衣冠荡析"的形势下，也就必然成为迁移岭南的官僚士人及其家族集结拥戴的核心。而南汉一代的历史也证明，南汉统治者自始至终都与南迁的所谓"清门望族"、"甲族"等保持十分密切的关系。而《高祖天皇大帝哀册文》称刘龑建立的南汉王朝"梯山航海，募义归仁"，即与此直接相关。

1. 南汉王室与范阳卢氏家族的关系

《王涣墓志》记载王涣的母亲卢氏，祖籍范阳，"祖分于北，门推于甲，时令称美，无得而伦"⑤。唐昭宗天福元年（901）十月王涣病逝，其母卢氏等"先以适止海壖，未遑归北。遂于尉他朝台之侧，设权窆之仪。欲将俟其通宁，归祔伊洛。竟以世逾多故，路且弥艰，太夫人遂追古人之言，谓何土不复其体魄，乃于南海县之北石乡痒□原，用考龟筮，可安窀穸。以天祐三年（906）三月廿六日，改卜于是，谅非得已"⑥。王氏家族从原先"欲将俟其通宁，归祔伊洛"，到最后决定将王涣安葬在南海县，固然是因为"世逾多故，路且弥艰"，即由于唐末北方中原的战乱，使其返回之路已变得非常艰难，但是，我们认为更重要的是王涣家族已被崛起于岭南的刘隐所优待和重用。毫无疑问，《王涣墓志》所反映的多个北方家族，均已进入南汉刘氏政权。岑仲勉先生称："唐末北方的知识分子，鉴于清流之祸，多引身远避，读黄滔《丈六金身碑》（《黄御

---

① 周渥：《大唐故兴国推忠功臣光禄大夫检校太保守左金吾卫大将军韩恭墓志铭》，《全唐文补遗》之《千唐志斋新藏专辑》，西安：三秦出版社，2006年，第423—424页。
② （宋）洪迈撰，孔凡礼点校《容斋随笔》之《容斋续笔》卷14"卢知猷"条，北京：中华书局，2005年，第389页。
③ 《新五代史》卷65《南汉世家》，第810页。
④ 参见郑学檬《五代十国史研究》，上海：上海人民出版社，1991年，第43页。
⑤ 岑仲勉：《金石论丛》，第441页。
⑥ 岑仲勉：《金石论丛》，第443页。

史集》），知结集福州者实繁有徒，读本志又可反映流落岭南者为数亦不少"①。《王涣墓志》前面题有：

> 前岭南东道观察判官朝议大夫尚书吏部郎中兼御史中丞上柱国赐紫金鱼袋卢光济撰。

卢光济，两《唐书》无传。根据《新唐书》卷七三上《宰相世系表》，卢昼之子光济，字子垂②。卢光济也为唐昭宗朝宰相卢光启之兄。《新唐书·卢光启传》称"卢光启字子忠，不详何所人，第进士"，唐昭宗时拜兵部侍郎、同中书门下平章事。后被赐死③。卢光济称自己曾经在长安大明宫、尚书省和岭南东道节度使徐彦若幕府中与王涣先后三次为同事。岑仲勉先生认为，卢光济随徐彦若幕，"系以检校吏部郎中领岭南东道观察判官，大约因其弟光启被朱全忠所迫害，也就流落岭南，不敢回到北方了"④。而新出南汉《高祖天皇大帝哀册文碑》前面题为：

> 翰林学士承旨银青光禄大夫行尚书左丞知制诰上柱国范阳县开国男食邑三百户臣卢应奉敕撰并书。⑤

我们认为南汉中后期的重臣卢应与唐末《王涣墓志》中卢光济有密切关系。自宋代以来，在有关南汉的记载中，一直都有"卢膺"和"卢应"两种不同的说法。宋代钱俨《吴越备史》记载：南汉大有十四年（941）五月，"番禺刘龑遣伪摄太尉、工部侍郎卢膺、尚仪谢宜清、尚衣高素清来逆我故王弟传瑛之室马氏为继室，不克遣。"⑥又据《资治通鉴》记载，周世宗显德四年（957），"南汉中书侍郎、同平章事卢膺卒"⑦。《十国春秋》则将"卢应"写成"卢膺"。《南汉书·卢膺传》亦记载其"不知所自起。大有（928—942）时，累官工部侍郎"，"中宗袭位，拜中书侍郎、同平章事。乾和十五年（957），卒官"⑧。而"卢应"属于南迁的北方家族范阳卢氏。其在南汉殇帝光天元年（942）所任官职，是翰林学士承旨、银青光禄大夫、行尚书左丞、知制诰。而其出任中书侍郎、同平章事，大致是在南汉中宗应乾元年（943）。《十国春秋》记载"卢膺仕高祖（即刘龑），为工部侍郎，大有中加太尉，与谢宜清等出使吴越，求聘钱传瑛之室为继后，无功而还。膺才藻俊茂，酷有体裁。中宗时，拜中书侍郎同平章事，乾和十五年冬，卒于官"⑨。根据新出南汉《高祖天皇大帝哀册文碑》，《资治通鉴》、《吴越备史》、《十国春秋》、《南汉书》等史籍中所有"卢膺"均为"卢应"书写的错误。

从以上讨论来看，唐末仕宦岭南东道节度使府的卢光济及其家族，应一直受到南汉政权的重

---

① 岑仲勉：《金石论丛》，第444页。
② 《新唐书》卷73上《宰相世系表》，第2940页。
③ 《新唐书》卷182《卢光启传》，第5377—5378页。
④ 岑仲勉：《金石论丛》，第445页。
⑤ 《广东金石图志》，第70页。
⑥ （宋）钱俨：《吴越备史》卷2，《五代史书汇编》，杭州：杭州出版社，2004年，第6230页；《十国春秋》卷五八："大有十四年夏五月，遣太尉工部侍郎卢膺、尚仪谢宜清、尚衣高素清如吴越，求聘故王弟传瑛之室马氏。"（北京：中华书局，1983年）而《南汉书·高祖纪》记载，大有十四年（941）五月，"遣摄太尉、工部侍郎卢膺、尚仪谢宜清、尚衣高素清如吴越，求故王弟新安侯传瑛之室马氏为后"（广州：广东人民出版社，1981年，第13页）。
⑦ 《资治通鉴》卷293，后周世宗显德四年（957），第9576页；而《南汉书》卷4《中宗纪》记载，乾和十五年（957）十二月，"中书侍郎、同平章事卢膺卒"（第20页）。
⑧ 《南汉书》卷12，第64页。
⑨ 《十国春秋》卷64《卢膺传》，第903页。

视。卢应不仅担任南汉宰相长达十四年之久，而且在南汉朝廷中亦以文学著称。从新出南汉《高祖天皇大帝哀册文碑》来看，亦确实印证了《十国春秋》所谓"才藻俊茂，酷有体裁"的说法。

2. 南汉王室与太原王氏家族的关系

太原王氏是六朝以来的高门士族，至唐朝仍然有其重要影响。而晚唐《王涣墓志》则反映了太原王氏家族与岭南的关系。墓志记载：

> 夫太原王氏之世绪源流，清风懿美，考始本乎姬姓，因族出自缑仙。尔后则冕绂绲綖，文章礼乐，代有华德，史不绝书，应四海之图谍，百家之龟镜，咸已备载，此不繁文。第彼等威，是为鼎甲，故凡百轩胄，得与王氏申叙姻好者，即其美乃具，遂使世有飒镂之比，此之是矣。君乃厥胤，实承其休。六代祖讳子奇，在开元朝推为门户主，备于孔氏《类例》，此大举也。府君讳涣，字文吉。曾大父讳晤，皇楚州司仓参军事。大父讳镒，皇东都留守推官，试大理评事，累赠刑部郎中。烈考讳憕，皇尚书祠部员外郎，赠礼部郎中。君即礼部府君之嫡嗣，季孟之第二子也。……今司空致政闻喜裴公赞主贡籍之日，登俊造之科。明年赓美制，授秘书省校书郎。……爰属我齐公以中外迭处，倚注斯在，遂颁龙节，往镇番禺，君既认旧僚，愿荣介从，不以沧溟为远，不以扶养为难，捧记室之辟书，被金章之华宠，因授考功郎中兼御史中丞之职……无何，前数日，以膏肓受疾，疠毒寖深，曾未浃辰，奄至厌谢，时乃天复辛酉年（901）十月之三日，去府城之一舍地曰金利镇也。①

王涣既有显赫的家世，又在唐昭宗大顺二年（891）进士及第。诚如碑文所称"既以族推，又以文举"②。王涣富有文学才能，且著述甚丰，"但属世故多艰，斯文几坠。有藏于家而未播于人者"③。王涣在京城作为徐彦若的部属，至唐昭宗光化三年（900）九月徐彦若出镇广州，又以其僚属身份出仕岭南。所谓"不以沧溟为远，不以扶养为难"，其实也从另一方面反映了北方官员士人被迫出仕岭南的苦衷。王涣并不适应岭南的气候环境，其到任不久即因身染瘴毒而亡。而其家族亦因此留居广州。

而出任南汉宰相的王定保其实就与王涣家族有关。王定保是唐末著名文士，以唐光化三年（900）进士及第。《南汉书》称"定保少，力学，富文词"，"好谘访朝廷典故。侍其族先辈唐丞相溥、外舅翰林吴融最久，备闻绪论。所与游者：陆扆、李渥、颜荛、卢延让、杨赞图、崔藉若，皆一时名下士。以故，见闻赅洽。著《唐摭言》十五卷，述唐代贡举之制，至为详备"④。《十国春秋》称王定保"善文辞，高祖（即刘龑）常（尝）作南宫，极土木之盛，定保献《南宫七奇赋》以美之，一时称为绝伦"⑤。而其流传于世的《唐摭言》，更是研究唐朝科举制度最为重要的资料。宋代晁公武《郡斋读书志》称："《摭言》十五卷。右唐王定保撰，分六十三门。记唐朝进士应举登科杂事。"⑥

自清代以来，众多研究者对于王定保的籍贯长期争讼不息，有南昌、太原、琅琊等不同说

---

① 岑仲勉：《金石论丛》，第 441—442 页。
② 岑仲勉：《金石论丛》，第 444 页。
③ 岑仲勉：《金石论丛》，第 443 页。
④ 《南汉书》卷 9《王定保传》，第 49 页。
⑤ 《十国春秋》卷 62《王定保传》，第 892 页。
⑥ （宋）晁公武撰，孙猛校证：《郡斋读书志校证》卷 13，上海：上海古籍出版社，1990 年，第 568 页。

法。钱大昕认为其籍属琅琊[①]。《四库全书总目提要》认为王定保为王溥之族[②]。王溥是唐昭宗时期的25位宰相之一。然而《新唐书》亦称："王溥字德润，失其何所人。"[③]《资治通鉴》、黄佐《广东通志》、《十国春秋》等均记载其为南昌人[④]。清代梁廷楠面对历史资料本身的矛盾，感慨"真抵牾不可适从矣"[⑤]。而岑仲勉先生则考证其籍贯属于太原[⑥]。由于王定保所撰《唐摭言》卷三《散序》明确提及其"从叔南海记室涣"[⑦]，因此晚唐《王涣墓志》在广州的重新发现，最终证实了其籍贯属于太原。

王定保也是南汉立国中最关键的人物之一。他在其所撰《唐摭言》卷三《散序》中自称："定保生于咸通庚寅岁，时属南蛮骚动，诸道征兵，自是联翩，寇乱中土，虽旧第太平里，而迹未尝达京师。"[⑧] 可见，王定保生于唐昭宗咸通十一年（870）。而其最后留居岭南，则与其在唐末出任岭南容州都督府巡官有关。根据《新五代史·南汉世家》记载，王定保出为容管巡官，"遭乱不得还"，刘隐辟置幕府[⑨]。《十国春秋》则记载其"南游湖湘，不为马氏所礼。已而为唐容管巡官，遭乱不得还，烈宗招礼之，辟为幕属"[⑩]。而且王定保进入刘隐幕府，恰恰也是因为其从叔王涣的引荐。《南汉书》记载王定保以中原战乱，出仕岭南，"时从叔（王）涣为烈宗（刘隐）记室，因知其才。招礼之，辟为幕属"。至917年刘龑称帝，"军国事多所匡正"[⑪]。至刘龑大有十三年即940年11月，《资治通鉴》记载"汉门下侍郎、同平章事赵损卒；以宁远节度使南昌王定保为中书侍郎、同平章事"[⑫]。王定保在南汉朝廷中一直担任重要官职，且官至宰相，于此也说明了南汉统治者对太原王氏家族的重视。

3. 南汉王室与京兆奉天赵氏家族的关系

赵光裔和赵损父子二人先后出任南汉宰相的经历，最能说明南汉统治者对北方名门大族的重视。赵光裔字焕业。世居京兆奉天，迁洛阳，遂为洛阳人。其曾祖赵植在唐德宗建中末年平定朱泚之乱有功。唐德宗贞元十七年（801）至十八年任广州刺史、岭南节度，并卒于广州任上。其祖赵存约，为兴王府推官。其父赵隐，大中三年（849）进士擢第，唐懿宗咸通末（874）官至宰相，进阶特进，封天水县伯，食邑七百户。《新唐书》记载赵隐之子赵光逢、赵光裔、赵光胤"皆第进士"[⑬]。而《旧唐书》则记载赵光逢为唐僖宗乾符五年（878）进士，赵光裔本人为光启三年（887）进士，赵光胤为唐昭宗大顺二年（891）进士。史书称"光逢与弟光裔，皆以文学

---

① （清）钱大昕：《十驾斋养新录》卷12，上海：上海书店，1983年，第279页。
② 《四库全书总目提要》卷140，北京：中华书局，1965年，第1186页。
③ 《新唐书》卷182《王溥传》，第5377页。
④ 《资治通鉴》卷282后晋高祖天福五年，第9219页；（明）黄佐《广东通志》卷52《王定保传》，广东省地方志办公室誊印，1997年，第1338页；《十国春秋》卷62《王定保传》，第892页。
⑤ 《南汉书》附《南汉书考异》卷9，第159页。
⑥ 岑仲勉：《跋〈唐摭言〉》，原载《中央研究院历史语言研究所集刊》第9本，1947年，第262页。收入《岑仲勉史学论文集》，北京：中华书局，1990年，第681—708页。
⑦ （唐）王定保：《唐摭言》卷3《散序》，北京：中华书局，1959年，第24页。
⑧ （唐）王定保：《唐摭言》卷3《散序》，第24页。
⑨ 《新五代史》卷65《南汉世家》，第810页。
⑩ 《十国春秋》卷62《王定保传》，第892页。
⑪ 《南汉书》卷9《王定保传》，第48页。
⑫ 《资治通鉴》卷282，后晋高祖天福五年，第9219页。
⑬ 《新唐书》卷182《赵隐传》，第5375页。

德行知名"①;"历台省华剧","士歆羡之"②;"兄弟对掌内外制命,时人荣之"③;"俱以词艺知名","历清显,伯仲之间,咸以方雅自高,北人闻其名者,皆望风钦重"④。因此,京兆奉天赵氏堪称唐末最有代表性的"中朝华胄"之一。

至于赵光裔前往岭南的身份、时间和具体原因等,《旧唐书·赵光裔传》记载宦官刘季述废立之后,"宰相崔胤与黄门争雄,衣冠道丧"。赵光裔"旅游江表以避患,岭南刘隐深礼之,奏为副使,因家岭外"⑤。赵光裔其实是以后梁膳部郎中知制诰的身份前往岭南的。《资治通鉴》记载后梁太祖开平二年(908)十月,"以刘隐为清海、静海节度使,以膳部郎中赵光裔、右补阙李殷衡充官告使,隐皆留之"⑥。而《十国春秋》记载为,赵光裔兄弟"俱仕梁,会梁太祖敕烈宗(即刘隐)为清海静海节度使,命光裔以旧职充官告使,烈宗遂留之不遣。辟置幕府,已奏为节度副使"⑦。然而,欧阳修《新五代史》却将赵光裔与出仕后唐的其弟赵光胤相混淆,称赵光胤(裔)"自以唐甲族,耻事伪国,常怏怏思归。龚乃习为光胤(裔)手书,遣使间道至洛阳,召其二子损、益并其家属皆至。光胤(裔)惊喜,为尽心焉"⑧。宋代苏轼所撰《赵清献公神道碑》称赵抃字阅道,"其先京兆奉天人,唐德宗世,(赵)植为岭南节度使,植生隐,为中书侍郎,隐生光逢、光裔,并掌内外制,皆为唐闻人。五代之乱,徙家于越,公则植之十世从孙也"⑨。而苏轼将赵隐记载为赵植之子,属于记载有误。实际上应是赵植生赵存约,赵存约生赵隐。而苏轼所记载的墓主赵抃本人,则在北宋景祐元年(1034)进士及第。

赵光裔在南汉王朝的建立和稳定中发挥了至关重要的作用。《资治通鉴》记载917年南汉立国,"以梁使赵光裔为兵部尚书"、"同平章事"⑩;又称赵光裔"相汉二十余年,府库充实,边境无虞。及卒,汉主复以其子翰林学士承旨、尚书左丞损为门下侍郎、同平章事"⑪。《十国春秋》记载赵光裔在南汉"为相二十余年,府库充实,政事清明,辑睦四邻,边境无恐,当时号称贤相。又兄光逢相梁,弟光胤相后唐,及子损相继为相。五季之时,一家四相,当世莫不歆羡"⑫。所谓"一家四相",指赵光逢为后梁宰相,赵光胤为后唐宰相,而赵光裔、赵损父子先后为南汉宰相。《南汉书》称:"一家同时有四相国,谈者夸为缙绅盛事。"⑬赵光裔卒于宰相任上,其时间为刘䶮大有十二年(939)十二月。

赵损为赵光裔长子,也受到南汉刘䶮的重用。赵光裔卒,刘䶮以其子赵损为门下侍郎同平章事。《十国春秋》记载赵损"仕高祖为翰林学士承旨、尚书左丞。及光裔殁,高祖复以损为门下侍郎、同平章事。大有十三年卒"⑭。《南汉书·高祖纪》记载,"门下侍郎、同平章事赵光裔卒。

---

① 《旧五代史》卷58《赵光逢传》,北京:中华书局,1976年,第775页。
② 《新唐书》卷182《赵隐传》,第5375页。
③ 《旧唐书》卷178《赵隐传》,北京:中华书局,1975年,第4623页;《册府元龟》卷783《总录部·兄弟齐名》,北京:中华书局,1960年,第9313页。
④ 《旧五代史》卷58《赵光胤传》,第777页。
⑤ 《旧唐书》卷178《赵隐传》,第4623页。
⑥ 《资治通鉴》卷267后梁太祖开平二年(908),第8705页。
⑦ 《十国春秋》卷62《赵光裔传》,第887页。
⑧ 《新五代史》卷67《南汉世家》,第811页。
⑨ (宋)苏轼:《赵清献公神道碑》,《东坡全集》卷86,《景印文渊阁四库全书》第1108册,第392页。
⑩ 《资治通鉴》卷270后梁均王贞明三年(917),第8817页。
⑪ 《资治通鉴》卷282后晋高祖天福四年(939),第9209页。
⑫ 《十国春秋》卷62《赵光裔传》,第888页。
⑬ 《南汉书》卷9,第46页。
⑭ 《十国春秋》卷62《赵损传》,第893页。

帝以其子翰林学士承旨、尚书左丞损为门下侍郎、同平章事"①。赵损有《废长行》诗，称"辨其惑于无益之戏而不务恤民也"，诗中有"莫令终日迷如此，不治生民负天子"②。这里的"天子"是南汉皇帝，其对南汉皇室的忠诚和尊崇亦可见一斑。

4. 南汉王室与兰陵萧氏家族的关系

萧益，祖籍东海兰陵（今山东枣庄市）人，其家族在西晋末年南迁至南兰陵（今江苏常州市）。兰陵萧氏亦是南朝齐、梁两朝的建立者。而萧益家族为梁昭明太子之后，"先世皆显宦，多为唐宰辅"③。在唐玄宗开元朝有萧嵩为宰相，封太师徐国公；萧华，袭徐国公，肃宗朝宰相。至萧益之祖萧仿，大和元年（827）登进士及第，唐宣宗大中十三年（859）至唐懿宗咸通元年（860），出为广州刺史兼岭南节度使。史载咸通末年，"复为兵部尚书、判度支。寻以本官同平章事，累迁中书、门下二侍郎、兼户部、兵部尚书。迁左右仆射，改司空、弘文馆大学士、兰陵郡开国侯"④；其父萧廪，《旧唐书》记载其为咸通三年进士，累迁尚书郎，后"以父出镇南海，免官侍行。中和中，征为中书舍人，再迁京兆尹"⑤。

根据《新唐书·宰相世系表》记载，萧益本人曾为"商州团练推官"⑥。《南汉书》称南汉刘䶮"以（萧）益家世清显，招致录用"。至南汉大有（928—942）年间，"累官崇文使"⑦。《资治通鉴》记载，后晋天福三年（938）十月，南汉主刘䶮"问策于崇文使萧益"，并明确称萧益为唐懿宗朝宰相萧仿之孙⑧。又根据《资治通鉴》记载，942年，南汉高祖刘䶮"寝疾，以其子秦王弘度、晋王弘熙皆骄恣，少子越王弘昌孝谨有智识，与右仆射兼西御院使王翷谋出弘度镇邕州，弘熙镇容州，而立弘昌。制命将行，会崇文使萧益入问疾，以其事访之。益曰：'立嫡以长，违之必乱。'乃止"⑨。可见，萧益在南汉朝政中具有举足轻重的地位。

史书对萧益之后萧氏家族与南汉政权的关系缺乏具体记载。而南汉后期的重要政治人物萧漼很可能与此相关。据《宋史·太祖纪》，开宝四年（971）二月，"南汉刘铱遣其左仆射萧漼等以表来上。己丑，潘美克广州，俘刘铱，广南平"，"伪署官仍得旧"⑩。又根据《宋史·刘铱传》记载，宋太祖平定南汉后，释刘铱之罪，"以其弟保兴为右监门率府率，左仆射萧漼为太子中允，中书舍人卓惟休为太仆寺丞，余并署诸州上佐、县令、主簿"⑪。其中保兴指南汉中宗刘晟第四子⑫。而作为南汉后主刘铱左仆射的萧漼，我们认为应该与萧益及其萧氏家族有关。也就是说，兰陵萧氏家族自始至终都在南汉刘氏政权中发挥重要作用。

5. 南汉王室与赵郡李氏家族的关系

李殷衡，赵郡（今河北邯郸市）人，其高祖李栖筠，官御史大夫。曾祖李吉甫和祖李德裕，

---

① 《南汉书》卷3《高祖纪二》，第12页。
② （清）李调元：《全五代诗》卷61，成都：巴蜀书社，1992年，第1228页。
③ 《南汉书》卷12《萧益传》，第62页。
④ 《旧唐书》172《萧仿传》，第4482页。
⑤ 《旧唐书》172《萧廪传》，第4482页。
⑥ 《新唐书》卷71下《宰相世系表》，第2284页。
⑦ 《南汉书》卷12《萧益传》，第63页。
⑧ 《资治通鉴》卷281后晋高祖天福三年（938），第9192—9193页。
⑨ 《资治通鉴》卷283后晋高祖天福七年（942），第9236页。
⑩ 《宋史》卷2《太祖本纪二》，北京：中华书局，1977年，第32页。
⑪ 《宋史》卷481《南汉刘氏世家》，第13928页；《十国春秋》卷60《南汉·后主本纪》作"萧漼"，第874页。
⑫ 《新五代史》卷65《南汉世家》，第816页；《南汉书》卷8《诸王公主列传·中宗诸子》，第42页。

均为唐朝著名宰相。其父李烨，仕汴宋幕府，因李德裕政治上的失势被贬岭南象州立山县尉，"懿宗时，以赦令徙郴州。余子皆从死贬所"①。《新唐书·李德裕传》记载李烨之子为李延古，并无李殷衡。然而，《新唐书·宰相世系表》则记"德裕字文饶，相文、武，生椅、浑、烨。浑，比部员外郎。烨，郴尉，生殷衡、延古。殷衡，右补阙"②。可见，李殷衡实为李烨长子。《南汉书》称"初，德裕柄国，威望独重一时。及宣宗即位，仇人之党相继挤陷，子弟皆坐贬谪。殷衡适当其会，故名位不获通显"③。

李殷衡仕后梁太祖为右补阙。开平二年（908），副赵光裔充岭南官告副使。《资治通鉴》记载后梁太祖开平二年（908），"以刘隐为清海静海节度使，以膳部郎中赵光裔、右补阙李殷衡充官告使，隐皆留之。光裔，光逢之弟；殷衡，德裕之孙也。"胡三省评论称："史言群雄割据，各收拾衣冠之胄以为用。"④《北梦琐言》称"李侍郎（殷衡）充使番禺，为越王刘氏所縻，为广相而薨"⑤。《十国春秋》称其至岭南，"则烈宗（刘隐）留之幕府，署节度判官，不时遣还。乾亨（917—925）初，官礼部侍郎、同平章事，居无何，终于其职"⑥。而《南汉书》则称其"以中朝兵革相寻，惟岭外可避乱，遂安之。烈宗折节下士，敬礼不少衰，军事多所参画。已而，署为节度判官"⑦。至917年南汉立国，刘龑以李殷衡为礼部侍郎、同平章事。根据史书记载，李殷衡的政治才能并不明显，然而仍以宰相身份卒于官。

梁太祖于开平元年（907）九月所发布的《禁使臣逗留敕》称："近年文武官诸道奉使，皆于所在方外停住，逾年涉岁，未闻归阙。非唯劳费州郡，抑且侮慢国经。臣节既亏，宪章安在？自今后，两浙、福建、广州、安南、邕、容等道，使到发许住一月。湖南、洪、鄂、黔、桂，许住二十日。"⑧唐末五代时期，由于战乱和政治的险恶，有很多北方官员趁出使之机，向岭南等南方地区迁徙，而赵光裔、李殷衡即属于以这种方式留居岭南的北方官员。

6. 南汉王室与滑州刘氏家族的关系

刘浚，字伯深，其先滑州（今河南滑县等）胙人。"其先世居代郡，随元魏迁洛阳，自是占籍河南"⑨。其世代均为名门望族。八世祖刘坦，为隋朝大理卿。七世祖刘政会，为唐太宗凌烟阁首辅功臣，官户部尚书，封渝国公。六世祖刘玄意，尚唐太宗女南平公主，历洪、饶八州采访使。五世祖刘奇，武则天长寿（692—694）年间，官至吏部侍郎。刘浚之父刘崇望，咸通十五年（874）进士，累官至兵部侍郎，唐昭宗龙纪元年（889），拜同中书门下平章事。其伯父刘崇龟，字子长，"擢进士，仕累华要"⑩。唐昭宗大顺元年（890）至乾宁二年（895），为广州刺史兼岭南东道节度使。其在任期间，署刘隐为贺水镇将，又表荐刘隐为封州刺史，因而对南汉刘氏在岭

---

① 《新唐书》卷180《李德裕传》，第5343页。有关李德裕之子李烨事迹，见《唐代墓志汇编》大中〇七一号《唐茅山燕洞宫大洞炼师彭城刘氏墓志铭并序》，上海：上海古籍出版社，1992年，第2303页；咸通〇一六号《唐故郴县尉赵郡李君墓志铭并序》，第2390—2391页。
② 《新唐书》卷72上《宰相世系表》，第2591—2592页。
③ 《南汉书》卷9《李殷衡传》，第47页。
④ 《资治通鉴》卷267后梁太祖开平二年（908），第8705页。
⑤ （五代）孙光宪撰，贾二强点校《北梦琐言》卷10"刘李愚甥"条，北京：中华书局，2002年，第208页。
⑥ 《十国春秋》卷62《李殷衡传》，第889页。
⑦ 《南汉书》卷9《李殷衡传》，第47—48页。
⑧ 《册府元龟》卷191《闰位部·立法制》，第2303—2304页；梁太祖《禁使臣逗留敕》，《全唐文》卷101，北京：中华书局，1983年，第1039页。
⑨ 《南汉书》卷10《刘浚传》，第50页。
⑩ 《新唐书》卷90《刘崇龟传》，第3769页。

南的崛起有重要推动之功。刘崇龟亦卒于广州任上。

《旧五代史》记载刘谦长子刘隐，"及谦卒，贺水诸将有无赖者，幸变作乱，隐定计诛之。连帅刘崇龟闻其才，署为右都校，复领贺水镇。俄奏兼封州刺史，用法清肃，威望颇振"①。《南汉书》记载刘浚"以中原离乱相继，避来岭表，依崇龟"。至刘崇龟死后，刘浚"遂流寓广州"②。《十国春秋》记载刘浚"从崇龟流寓广州，因占籍焉。烈宗据番禺，辟浚居幕府，议论多所商定，与周杰等同为宾客。高祖即位，拜宗正卿兼工部侍郎"③。刘龑即位，官宗正卿兼工部侍郎。《南汉书》又云刘隐"每念旧恩，遇浚有加礼，辟居幕府，与李殷衡、倪曙辈同为宾客，秘密皆就与谋"④。从刘崇龟擢刘隐为封州刺史，到刘龑拜刘浚为宗正卿，也从一个侧面证实了南汉刘氏的籍属及其与中原大族的关系。《资治通鉴》记载后晋高祖天福元年（936）十月，"汉主以宗正卿兼工部侍郎刘浚为中书侍郎、同平章事。浚，崇望之子也"。胡三省注称"刘崇望相昭宗"⑤。《十国春秋》记载南汉大有九年（936），杨洞潜病故，"乃擢浚中书侍郎同平章事以代之。浚在位清简执持，劝高祖养民息兵。子孙在广南多有显者"⑥。而赵光裔、萧益、李殷衡、刘浚等北方名门大族与南汉的关系也能证明南汉刘氏政权的性质。

（三）南汉王室与其他北方家族的关系

1. 杨洞潜。杨洞潜也是南汉立国中的元从功臣。《新五代史》记载杨洞潜"初为邕管巡官，秩满客南海，隐常师事之，后以为节度副使，及龑僭号，为陈吉凶礼法"⑦。明代黄佐：《广东通志》记载杨洞潜字昭玄，始兴（今广东韶关）人，"先世自唐祭酒润生遂宁太守回，回生勉，自蜀逾岭，因家焉。勉生垂，垂生轸，轸生洞潜。居南越四世矣。少好经史，有权略，刘隐荐为试大理评事，清海建武节度判官"⑧。可见，杨洞潜的曾祖杨勉因从巴蜀移居粤北始兴（今韶关），因为始兴人。《十国春秋》记载杨洞潜"幼好经史，开爽有政略"，唐末为邕管巡官，"秩满客南海，烈宗师事之"，表荐试大理评事、清海建武节度判官，"时时为烈宗画策，取湖南容管，颇为楚人所惧，由是显名。高祖继立，洞潜首言刺史不宜用武流，当广延中州人士置之幕府，选为刺史，俾宣政教，则民受其福，从之"，"乾亨元年，高祖即皇帝位，擢兵部侍郎、同平章事。洞潜以梁使赵光裔故宰相光逢之弟，逊使位，居己上；高祖嘉其意，从焉。洞潜遂乘间陈吉凶礼法，请立学校，开贡举，设铨选，国家制度，粗有次叙"⑨。

2. 吴存锷。近年在广州发现（现收藏于广州市博物馆）的《梁使持节泷州诸军事守泷州刺史吴存锷墓志铭》，详细记载了吴存锷家族在唐末从北方移居岭南以及被南汉王室重用的经历。碑文称：

> 公讳存锷，字利枢，本出于秦雍，……洎乎荐昌嗣胤，不绝簪裾。遂辞北京，适兹南

---

① 《旧五代史》卷135《刘陟传》，第1807页。
② 《南汉书》卷10《刘浚传》，第50页。
③ 《十国春秋》卷62《刘浚传》，第890页。
④ 《南汉书》卷10《刘隐传》，第50页。
⑤ 《资治通鉴》卷280后晋高祖天福元年，第9153页。
⑥ 《十国春秋》卷62《刘浚传》，第890—891页。
⑦ 《新五代史》卷65《南汉世家第五》，第810页。
⑧ （明）黄佐：《广东通志》卷55《杨洞潜传》，第1417页。
⑨ 《十国春秋》卷62《杨洞潜传》，第888—889页。

海。高祖讳敬，皇前守左武卫长史。曾祖讳巨璘，皇前凤翔节度左押衙、右威卫将军。考讳太楚，皇岭南东道盐铁院都巡覆官、并南道十州巡检务、试左武卫兵曹参军。宽雅洽众，礼襟出群。……博览典实，以矜时人。有默识者曰：此乃非凡人，其后裔必能盛哉。遂娶扶风马氏。公则参军之长子也。……乃唐朝中和之三载（883），遂入职。其年节度使郑尚书值圣驾幸于西蜀，因遣公入奏。……于时景福三载，是节度使陈相公镇临是府。贺江镇刘太师闻公强干，屡发笺简，请公属贺江，持委奏报之任，不亏前劳，益申精至。逮乾宁光化天复际，公由贺江从节度使南海王就府秉节制。凡厥贡奉，皆伏于公。遂陟随使押衙，仍上都邸务。押诣纲进奉到阙。恩旨加御史大夫、守勤州司马。洎梁朝新革，时开平元年，又加康州司马、守勤州刺史。其年加兵部尚书、守泷州刺史。公详明政事，招茸闾里。所治之郡，民俗旧一岁而得膏雨也。于是南海王重公有妙术。以雷州犷狞之俗，虽累仗刺举而罕归化条。又委公临之。由是才及郡斋，宛然率服，至于虬化。兹年也，又赍进奉入京，复加金紫光禄大夫、尚书右仆射、守泷州刺史赴任。乾化五年，本府节度使南越王统军府，思公旧勋，乃署元从都押衙，委赍进奉并邸务。至贞明三年（梁末帝，917）丁丑岁，梁朝以公为主竭忠无不精切，乃加检校司空。公位望愈高，挥执弥固，未尝顷刻而踞傲也。……以其年四月廿日遘疾，廿六日终于梁朝阙下，春秋六十九。闰十月十五日，灵榇自京归于广府故里。公娶于黄氏，封江夏县君。长子延鲁，充客省军将。……公即以其年十一月一日改号乾亨元年（917）丁丑岁九日，葬于南海县地名大水岗。①

根据碑文可知，吴存锷祖籍秦雍即关中。至其父吴太楚，因出任唐岭南东道盐铁院都巡覆官等职，遂留居岭南。唐僖宗中和三年（883），吴存锷因受岭南东道节度使郑续的委派入京上奏，并获得官职。唐昭宗景福二年（893），被"贺江镇刘太师"即南汉的实际建立者刘隐所重用。吴存锷历任岭南数州刺史，并受刘隐等的委派长驻在京城，先后负责对唐朝和后梁王朝的贡奉等事宜。后梁贞明三年（917）卒于京城。最后，"灵榇自京归于广府故里"，安葬在广州南海县大水岗。而该年刘隐之弟刘龑正式称帝。自唐初以来的历史资料证明，大量北方官员卒于岭南后，历尽千辛万苦亦要迁葬北方特别是两京附近。然而吴存锷虽为北方官员后裔，其卒于北方后却要迁回岭南安葬，可见唐末很多北方籍官员，确实都已经把岭南看作是新的"故里"了。

3. 陈用拙。《十国春秋》称："陈用拙，本名拙，连州人，用拙其字也。少习礼乐，工诗歌，长遂以字显。唐天祐元年（905）擢进士第，授著作郎。"② 连州即今广东连州市。然而，司空图于唐昭宗光化二年（899）所撰《疑经后述》，却称"钟陵秀士陈用拙出其宗人岳所作《春秋折衷论》数十篇，赡博精致，足以下视两汉迂儒矣"③。这里的"钟陵秀士"，应指陈用拙的祖籍或郡望。钟陵县，西晋太康初置，属豫章郡。唐朝为洪州治。在今江西省南昌市。因此，我们认为陈用拙也出身于从钟陵南迁岭南的内地家族。《新唐书》卷五七《艺文志一》著录有"陈拙《大唐正声新址琴谱》十卷"④。陈拙即陈用拙。宋代王应麟《玉海》卷一一〇《唐琴谱》云："《琴籍》九卷，唐陈拙撰，载琴家论议操名及古帝王名士善琴者（第四卷今阙）。"⑤ 或作《大

---

① 何松：《梁故岭南东道清海军随使元从都押衙金紫光禄大夫检校司空前使持节泷州诸军事守泷州刺史御史大夫上柱国吴公（存锷）墓志铭并序》，《全唐文补遗》第 4 辑，西安：三秦出版社，1997 年，第 275 页。
② 《十国春秋》卷 62《陈用拙传》，第 891 页。
③ 司空图：《司空表圣文集》卷 3《疑经后述》；《全唐文》卷 809，第 8502 页。
④ 《新唐书》卷 57《艺文志一》，第 1436 页。
⑤ （宋）王应麟：《玉海》卷 110《唐琴谱》，江苏古籍出版社、上海书店，1987 年，第 2013 页。

唐正声琴籍》。《南汉书》称其唐天祐中擢进士第，除著作郎，"时梁王朱全忠将谋篡立，权势烜赫，用拙心恶其所为，不乐仕进"，时刘隐为清海节度，"乃自请充官告使，假节南还。烈宗探知用拙有欲留意，因以幕职署之"①。而《十国春秋》则记载为陈用拙"心恶梁王全忠所为，假使节南归，加烈宗清海节度、同平章事，烈宗留用之。未几，梁王全忠篡位，改元开平，用拙力劝仍奉天祐年号，烈宗多其义而不能用。遂掌书记，摄观察判官。比烈宗病革，用拙撰表请高祖权知留后，高祖继立，益信任之。乾化四年，奉使吴越，吴越武肃王与语，嘉其专对，赉以金帛甚厚，用拙逊谢，归以献高祖。高祖自立为皇帝，擢用拙吏部郎中，知制诰。久之，卒。有诗集八卷传于世。尤精音律，著《大唐正声琴籍》十卷，中载琴家论操名及古帝王名士善琴者。又以古调缺徵音，补新徵音谱若干卷。"② 明成化《广州志》卷三六《艺文》著录有《陈用拙诗集》八卷。今不传。

4. 冯禧。《宋史·冯元传》记载冯元高祖冯禧，"唐末官广州，以术数仕刘氏。传三世至父邴。广南平，入朝为保章正。元幼从崔颐正、孙奭为五经大义，与乐安孙质、吴陆参、谯夏侯圭，善群居讲学，或达旦不寝，号'四友'。进士中第"③。曾巩《隆平集》记载，冯元字道宗，"三世为伪汉日官，父邴从刘铱入朝，为保章正。元少好学，崔颐正、孙奭授以五经大义，祥符中登进士第"，官至户部侍郎④。王称《东都事略》记载冯元"冯元字道宗，三世仕岭南为日官。刘铱入朝，为保章正"⑤。而宋祁所撰《冯侍讲行状》记载冯元曰：

> 公之先，始平人。四代祖官广州，唐末关辅乱，不敢归。而刘氏据南海，侨断士人，故三世食其禄。太祖定交、广，公之祢本刘氏日御，国除始为王官，授保章正。⑥

可见冯禧本为关中始平（今陕西兴平市）人。唐末官广州，因关中战乱不敢回到北方，遂留居岭南，并三代均出任南汉掌天象历数之官。而以上最值得注意的是所谓"刘氏据南海，侨断士人"，说明南汉王朝曾经仿照东晋南朝，推行"土断"政策，将大量迁移岭南的北方家族统一在其所居住州县编著户口，纳税服役。而这些北方家族亦由此改变为岭南籍人。南汉所推行的"侨断士人"的政策，亦必然促使南迁的北方人口逐步融入岭南地方社会。《十国春秋》记载冯元"其先始平人也，四代祖官广州，以黄巢之乱不敢归，而烈宗据南海，侨断士人，故三世居岭南，为日御。大宝末，元父子从后主朝宋，元父某授保章正。元由大中祥符元年进士，累官翰林侍读，迁户部侍郎"⑦。《南汉书》则称冯禧"唐末官广州，遭黄巢乱，不得还，遂注籍焉"。所谓"注籍"，即重新编录户口和籍贯。而刘隐"接礼中原人士，禧精术数，策名岭表。逮邴祖父三世，并为日御。至邴，夙承家学，世其职"⑧。冯邴先出仕南汉朝，其后宋平定岭南，遂入宋为保章正。其孙冯元为北宋著名儒家学者，宋真宗大中祥符元年（1008）进士。兼通《五经》，尤精于《易》。宋仁宗时任龙图阁学士、翰林学士等官，参与编修《三朝国史》和《景祐广乐记》。明彭

---

① 《南汉书》卷10《陈用拙传》，第52页。
② 《十国春秋》卷62《陈用拙传》，第891页。
③ 《宋史》卷294《冯元传》，第9821页。
④ （宋）曾巩撰，王瑞来校证《隆平集校证》卷14，北京：中华书局，2012年第408页。
⑤ （宋）王称：《东都事略》卷46《冯元传》，济南：齐鲁书社，2000年，第367页。
⑥ （宋）宋祁：《景文集》卷62，《丛书集成初编》，北京：中华书局，1985年，第835页；（宋）吕祖谦编《宋文鉴》卷136，《景印文渊阁四库全书》，第1351册，第548页。
⑦ 《十国春秋》卷65《冯元传》，第917页。
⑧ 《南汉书》卷13《冯邴传》，第71页。

大翼撰《山堂肆考》卷五五"冯孙宿儒"条称:"宋冯元字道宗,仁宗朝判国子监。故事,国子监必宿儒典领,元与孙奭并命,舆论大服。"

5. 陈珣。根据北宋路振《九国志》记载,陈珣实为颍川(治所在今河南禹州市)人,"唐末避乱封州,膂力过人",入刘谦部伍,至刘隐代父为封州刺史,"闻其忠勇,召至帐下,随隐入广州,迁雄虎将军"①。而《十国春秋》和《南汉书》均记载其为端州人②。《南汉书》记载陈道庠之父陈珣,"唐末避乱封州。有膂力,烈宗召隶帐下,随入广州,迁雄虎将军"。而陈道庠"幼俊爽有父风,起家虎贲郎。大有(928—942)末,给事晋王府。高祖既弥留,命道庠为元帅府马步军都指挥使","中宗立,封道庠为功臣,出领英州刺史,赏赐甚厚"③。有研究者将陈道庠作为出身于岭南"当地俚獠的武装酋领"的典型,并用以证明南汉刘氏亦出自于岭南封州的俚獠武装酋领④。然而,《十国春秋》和《南汉书》等之所以将陈道庠记载为岭南端州人,我们认为应与南汉王朝所推行的"侨断士人"的政策直接相关。

6. 杨守庆。《宋史·杨偕传》记载:"杨偕字次公,坊州中部人。唐左仆射于陵六世孙,父守庆,仕广南刘氏,归朝,为坊州司马,因家焉。偕少从种放学于终南山,举进士。释褐坊州军事推官,知汧源县。"⑤ 杨于陵为弘农郡(治所在今河南灵宝市北)人,汉太尉杨震之后。杨于陵"弱冠举进士"⑥,元和三年(808)至五年,为广州刺史兼岭南节度使。唐敬宗宝历二年(826),为检校右仆射。卒,册赠司空。在唐代后期的官场中,杨于陵的德行和人品堪称官员士大夫的楷模。《旧唐书》的作者也给予其极高的评价,称其"居朝三十余年,践更中外,始终不失其正","时人皆仰其风德"。又记载唐宣宗大中以后,"杨氏诸子登进士第者十人"⑦。至于作为杨于陵五世孙的杨守庆,究竟是因什么背景又是以什么方式进入南汉刘氏政权的,由于史料的严重阙如,我们已不得而知。但仍然可以说明南汉刘氏政权对北方"清门望族"的高度重视。

7. 周杰。周杰的家族堪称是唐宋之际的天文学世家。根据《宋史·方技传》的记载,周杰之父周德扶,唐司农卿。周杰开成(836—840)中进士,历弘文馆校书郎。中和(881—884)中,唐僖宗在蜀,周杰上书言治乱万余言,迁司农少卿。周杰"精于历算,尝以《大衍历》数有差,因敷衍其法,著《极衍》二十四篇,以究天地之数。时天下方乱,杰以天文占之,惟岭南可以避地,乃遣其弟鼎求为封州(治今广东封开县境内)录事参军"。以上说明唐末确实有很多北方官员以出仕的方式移居岭南。而周杰本人在天复(901—904)年间,"亦弃官携家南适岭表。刘隐素闻其名,每令占候天文灾变。杰自以年老,尝策名中朝,耻以星历事僭伪,乃谢病不出,龚袭位,强起之,令知司天监事","大有(928—942)中,迁太常少卿。卒。年九十余"。周杰之子周茂元,"亦世其学,事龚至司天少监";其孙周克明,亦"精于数术,凡律历、天官、五行、谶纬及三式、风云、龟筮之书,靡不究其指要。开宝(968—976)中授司天六壬,改台主簿,转监丞,五迁春官正。克明颇修词藻,喜藏书。景德初,尝献所著文十编,召试中书,赐同进士出身"⑧。

---

① (宋)路振:《九国志》卷9,《五代史书汇编》,第3331页。
② 《十国春秋》卷66《陈道庠传》,第926页;《南汉书》卷18《陈道庠传》,第102页。
③ 《南汉书》卷18《陈道庠传》,第102页。
④ 刘美崧:《南汉主刘氏族属为俚獠》,《历史研究》1989年第5期,第190页。
⑤ 《宋史》卷300《杨偕传》,第9953页。
⑥ 《旧唐书》卷164《杨于陵传》,第4294页。
⑦ 《旧唐书》卷164《杨于陵传》,第4294页。
⑧ 《宋史》卷461《方技传》,第13503—13504页。另见《十国春秋》卷62《周杰传》,第892—893页;《十国春秋》卷65《周茂元传》,第917页。

8. 倪曙。倪曙字孟曦，福州侯官人。是晚唐福建籍知名文士。倪曙虽非出自北方家族，但是却长期仕宦京城。倪曙于僖宗中和五年（885）进士及第①。北宋钱易《南部新书》记载："倪曙有赋名，为太学博士，制词萤雪服勤，属词清妙。因广明庚子避乱番禺。刘氏僭号，为翰林学士。"② 所谓"因广明庚子避乱番禺"，意即因唐僖宗广明元年（880）的黄巢之乱，倪曙即直接避乱广州，并最终为南汉刘䶮所重用。然而《南部新书》的记载有误。黄巢之乱后，倪曙实际上是从长安返回其故乡福州，后进入光州固始人王审邽的次子泉州刺史王延彬的幕府，最后才进入岭南刘隐的幕府的。

《十国春秋》记载倪曙"唐中和时及第，有赋名，官太学博士。黄巢之乱，避归故乡。会闽王从子延彬刺泉州，雅好宾客，曙与徐寅、陈郯等赋诗饮酒为乐。未几，西游岭表，烈宗（刘隐）招礼之，辟置幕中。高祖即位，擢为工部侍郎，进尚书左丞。乾亨五年，诏同平章事。无何，以病卒。所著赋一卷行世。"③ 而《南汉书》则称倪曙"除太学博士，文字雅为唐僖宗所知"，"黄巢作乱，弃官归福州"，入王延彬幕府，"居久之，出游岭表。烈宗（刘隐）耳熟其名。既至，延接殷洽，因止就幕属"。及刘䶮称帝，擢工部侍郎。乾亨五年（921）诏同平章事④。《资治通鉴》亦记载后梁龙德元年（921）十二月，"（南）汉以尚书左丞倪曙同平章事"⑤。宋梁克家《淳熙三山志》卷 26 记载倪曙"仕刘隐，为工部侍郎、平章事"。这里的"刘隐"应为"刘䶮"之误。《宋史》卷二〇八《艺文志七》著录有"倪曙《获藻集》三卷，又赋一卷"。唐末五代时期著名禅宗诗人释齐己撰《寄倪曙郎中》一诗称："风雨冥冥春闺移，红残绿满海棠枝。帝乡久别江乡住，椿笋何如樱笋时。海内擅名君作赋，林间外学我为诗。近闻南国升南省，应笑无机老病师。"⑥ 其称"近闻南国升南省"，我们认为与倪曙在南汉王朝内部官职的升迁有关。而释齐己又有《送错公、栖公南游》一诗称："北京丧乱离丹凤，南国烟花入鹧鸪。明月团圆临桂水，白云重迭起苍梧。威仪本是朝天士，暂向辽荒住得无。"⑦ 其所谓"错公"、"栖公"等，应该原本亦属于出仕长安的官员，然而也因北方战乱遂投奔岭南的南汉政权。

9. 梁旻。北宋余靖所撰《宋故光禄寺丞梁君墓表》记载梁颢原为京兆万年人，其祖梁旻"佐幕番禺。属刘氏据有南海，耻非王命，不从所署，遁于东莞，世归其高焉"⑧。《粤大记·梁颢传》从其说，且称"人称其高。宋朝统一区夏，遂占籍高要"⑨。高要即今广东省肇庆市高要市。然而，余靖所称"佐幕番禺"，其实是讳言其进入刘隐幕府。根据余靖的记载，梁旻有二子，长曰梁光云，"署右职"；次曰梁光远，"亦佐戎政"，"皆刘氏官也"，即其二子均为南汉王朝的官员。《南汉书》则称梁文（旻），京兆万年人，其"先世多以仕宦显。烈宗镇岭南，招致中原士族。文闻，遂来就参议政务，为烈宗所喜，署之幕职。高祖嗣节度，文以旧属仍留佐军府"⑩。

---

① （清）徐松：《登科记考》卷 23，北京：中华书局，1984 年，第 884 页。
② （宋）钱易撰，黄寿成点校：《南部新书》卷丙，北京：中华书局，2002 年，第 39 页。
③ 《十国春秋》卷 62《倪曙传》，第 890 页。
④ 《南汉书》卷 9《倪曙传》，第 48 页。
⑤ 《资治通鉴》卷 271，后梁龙德元年，第 8871 页。
⑥ （唐）释齐己：《白莲集》卷 7《寄倪曙郎中》，《景印文渊阁四库全书》，第 1084 册，第 388 页；《全唐诗》卷 844 作《寄倪署郎中》，其名作"倪署"有误，第 9551 页。
⑦ （唐）释齐己：《送错公、栖公南游》，释齐己《白莲集》卷 9，《文渊阁四库全书》本；《全唐诗》卷 846，第 9574 页。
⑧ （宋）余靖撰，黄志辉校笺：《武溪集校笺》卷 20，天津：天津古籍出版社，2000 年，第 619 页。
⑨ 《粤大记》卷 21《梁颢传》，广州：中山大学出版社，第 625 页；又见（明）黄佐：《广东通志》卷 56《梁颢传》，第 1448 页。
⑩ 《南汉书》卷 14《梁旻传》，第 75 页。

及至南汉立国，梁旻虽以大唐遗臣自命，"避居东莞"，然而其子孙却多出仕南汉。

10. 陈效。余靖撰《宋故殿中丞知梅州陈公墓碣》记载陈坦然，字某，"其先颖川人，高祖父效，官容管。属唐季之乱，岭道梗塞，不克北还，遂为普宁郡人。曾祖讳某，祖讳某，考讳某，并仕刘氏，为私署官。考终于绣州营田事"①。可见，陈坦然的祖籍是颖川。其高祖陈效为唐朝容州官员，因唐末北方战乱无法返回原籍，遂留居在容州。陈坦然的曾祖、祖父、父亲三代均为南汉官员。而陈坦然本人则在宋仁宗明道元年（1032）卒于梅州知州任上。

11. 粤北曲江王氏家族。北宋韶州曲江名人王式（988—1053）为唐初宰相王珪（570—639）之后。《旧唐书·王珪传》记载王珪字叔玠，太原祁人，"在魏为乌丸氏，曾祖神念，自魏奔梁，复姓王氏。祖（王）僧辩，梁太尉、尚书令。父颎，北齐乐陵太守"。王珪本人为唐太宗时一代名相，其子王敬直"以尚主拜驸马都尉，坐与太子承乾交结，徙于岭外"②。余靖《宋故大理寺丞知梅州王君墓碣铭》则记载王珪之子王敬直，尚唐太宗南平公主，拜驸马都尉，"坐事贬死岭南。子孙留者，因为曲江著姓。虽世袭簪绅不绝，而禄卑不得谱于国史"。至南汉刘氏立国，其"族人仕者皆得美官"。进入宋朝，王式以学行见称，举进士，得秘书省校书郎，入朝为大理寺丞③。《明一统志》记载："王式，曲江人。唐宰相珪之裔。初，珪之子敬直贬岭南，子孙遂家曲江。式耿介自立，以孝行称。天圣（1023—1032）初，登进士第。累官大理丞，历知梅州。卒，子陶，天圣中进士，官至京东提刑度支郎中。妻朱氏，尤贤淑，善教子，五子相继登第。"④可见，韶州曲江王氏作为唐代北方名门后裔，其在唐初因罪迁居岭南后，应世代保持了儒学门风。其家族成员在南汉时得到任用。进入北宋后，则成为粤北韶州一带有名的科举世家。

12. 粤东龙川罗氏家族。1980年，在广东省东北山区的龙川县，出土了《宋故朝奉郎知海州军州兼管内勤农事轻车都尉罗公墓志铭》（现收藏于该县博物馆）。该碑为北宋元丰（1078—1085）年间知广州军州事曾布所撰，碑文称罗恺字次元，"其先南昌人，五代末徙循之龙川，仕刘氏，有显者"。所谓"仕刘氏，有显者"，就是说其家族成员得到南汉王朝的重用。而碑文又记载北宋嘉祐二年（1057），"仁宗皇帝临轩试进士，擢公第三"⑤。碑主官至知海州军州兼管内勤农事。

13. 裴璟。宋王象之《舆地纪胜》记载："裴璟子闻义。赵丞相为作《家谱》云：'本裴晋公之十四代孙。璟守雷州时，中原乱，不能归。子绍，为吉阳守，遂为吉阳人。至闻义，知昌化军，在郡凡九年而终。子嘉瑞、嘉祥。胡澹庵题其所居之堂曰盛德唐，有唐铭。'"⑥而明代黄佐《广东通志》则记载："裴璟字文璧，河东闻喜人，唐晋公度十四代孙，南汉大宝（958—971）中为雷州刺史。时中原乱，不得归。宋初，召为吉阳守，遂家于崖州。"⑦可见，裴璟作为唐后期著名宰相裴度的后嗣，其家族大致也是因为唐末北方战乱，无法返回内地，于是定居岭南，并出仕南汉刘氏割据政权。至北宋初又因官出仕，遂定居在海南岛崖州（今海南三亚市东北）。

14. 蒙延冰。根据王象之《舆地纪胜》记载："南汉蒙延冰，长沙人也。知宾州，以忠义死

---

① 《武溪集校笺》卷20，第601页。
② 《旧唐书》卷70《王珪传》，第2527—2531页。
③ 《武溪集校笺》卷19《宋故大理寺丞知梅州王君墓碣铭》，第592页。
④ 《明一统志》卷79，《景印文渊阁四库全书》，第473册，第684页。
⑤ 见曾锦初等编：《古邑龙川》，广东龙川客家联谊会编辑出版，1997年，第372页；另见谭棣华等编：《广东碑刻集》，广州：广东高等教育出版社，2001年，第862页。
⑥ （宋）王象之撰，李勇先校点：《舆地纪胜》卷125《昌化军》，成都：四川大学出版社，2005年，第3971页。
⑦ （明）黄佐：《广东通志》卷52《裴璟传》，第1339页。

节。后太守杨居政怜之，创田宅于郡南，使其二子居之。其后延冰之孙传登祥符第。"① 可见，作为长沙人的蒙延冰出任过南汉宾州刺史。其卒后，其家族就留居在宾州（今广西宾阳县），其孙蒙传则在北宋大中祥符（1004—1007）年间进士及第。

15. 马廿四娘。清朝咸丰（1851—1861）年间，在广州小北门外出土了南汉《马廿四娘墓券》②，该墓券记载大宝五年（962）十一月一日，"大汉国内侍省扶风郡没故亡人马氏二十四娘，年登六十四命终，魂归后土"。所谓"大汉国"即南汉。"内侍省"即南汉宫内官。而"扶风郡"在陕西，为魏、隋、唐历朝所设，应为马氏郡望。而立石之年为南汉末主刘鋹大宝五年（962）。而这位马廿四娘必然应来自一个迁居岭南的扶风郡马氏家族。

（四）小结

古代岭南气候炎热，瘴疠严重，北方内地官员士人长期将岭南视为畏途。而唐朝始终都把岭南当作处置流人和安置贬谪官员最主要的地区。柳宗元称："过洞庭，上湘江，非有罪左迁者罕至。又况逾临源岭，下漓水，出荔浦，名不在刑部而来吏者，其加少也固宜。"③ 明代王守仁称岭南曰："唐宋之世，地尽荒服，吏其土者，或未必尽以遣谪，而以遣谪至者居多。"④ 然而，晚唐五代北方战乱以及残酷的政治环境，造成了对北方家族的摧残和对社会文化的巨大破坏。遥在五岭之南的岭南却因此成为北方家族最重要的避难地之一。而南汉刘氏作为北方家族的后裔，恰恰也是依靠这些南迁的北方家族建立起南汉王朝的。

还要指出的是，我们以上所列举和讨论的北方家族，应该仅仅是唐末五代时期南迁岭南并被南汉任用的北方家族中很少的一部分。我们的推断基于这样一些理由：一是《十国春秋》和《南汉书》为南汉文武臣僚正式立传，有许多被记载为"未详其世系"、"不知其所起"、"乡里已逸"，或"不知何地人也"。其先世不明的原因，很可能就与唐末五代北方家族在迁徙过程中谱牒丧失有关；二是不少南汉历史人物在相关资料中被记载为岭南籍人，但其实原来亦属于南迁的北方家族。特别是由于南汉王朝有意识地推行"侨断士人"的政策，从而使很多南迁的北方家族被改变成岭南籍人。我们前面讨论的冯元、陈道庠等就属于这种类型。又如，黄佐《广东通志》、吴任臣《十国春秋》和梁廷楠《南汉书》等，都记载南汉状元简文会是南海人⑤。然而简文会实际上仍属于唐末五代初期南迁的北方家族⑥；三是由于宋朝建立后，明确将南汉视为"僭伪"，不少与南汉王朝有关的北方家族都在相关记载中，往往有意讳言其在南汉王时期的仕宦经历。另外，我们的讨论也证明，宋代有相当一批岭南籍官员和科举士人，其家世往往都可以追溯到唐代南迁的北方家族。而这一点也从另一方面证明了在南汉统治下，大量南迁的北方家族在岭南得到了保全、维系和继续发展。

---

① 《舆地纪胜》卷115《宾州》，第3742页。
② （清）史澄：《番禺县志》（同治）卷28《金石略一·内侍省扶风郡马氏二十四娘墓券》有考证，《广州大典》，第278册，第359页；参见简又文：《南汉马廿四娘墓券考》，《大陆杂志》第17卷第12期，1958年。
③ 柳宗元：《送李渭赴京师序》，《全唐文》卷578，第5840页。
④ （明）王守仁：《王文成全书》卷29《送李柳州序》，《景印文渊阁四库全书》第1265册，第773页。
⑤ （明）黄佐：《广东通志》卷55《简文会传》，第1418页；《十国春秋》卷64《简文会传》，第905页；《南汉书》卷11《简文会传》，第58页。
⑥ 清康熙年间简德鎏所撰《南汉简文会状元墓志》记载，简文会，"五季后梁时，随父一山公由涿州先入粤东，定居南海黎涌乡"（冼剑民、陈鸿钧编：《广州碑刻集》，广州：广东高等教育出版社，2006年，第643页）。

三、北方家族对南汉政治和文化的重要影响

（一）北方家族与南汉文官政治的实行

我们研究南汉王朝与北方家族的关系及其意义，只能将这一问题放置在唐末五代十国特定的历史背景中来讨论。唐末五代时期政治的黑暗以及大规模战乱所引发的社会和文化破坏都是空前的。欧阳修称："五代之乱，可谓极矣，五十三年之间，易五姓十三君，而亡国被弑者八，长者不过十余岁，甚者三四岁而亡。夫五代之主岂皆愚者邪，其心岂乐祸乱而不欲为久安之计乎？顾其力不能为者，时也。"① 而陈师锡所作《五代史记序》称："甚哉，五代不仁之极也，其祸败之复，殄灭剥丧之威，亦其效耳。夫国之所以存者以有民，民之所以生者以有君。方是时，上之人以惨烈自任，刑戮相高，兵革不休，夷灭构祸，置君犹易吏，变国若传舍，生民膏血涂草野，骸骼暴原隰，君民相视如髦蛮草木，几何其不胥为夷也。"② 宋代陶弼称："五代乏真主，奸雄纷僭伪。横磨阔刀剑，白日相篡弑。"③ 宋人田况《进士题名记》称："唐季五代，政纪昏微，斯文与人，几至坠绝。"④ 欧阳修《新五代史》论曰："五代，干戈贼乱之世也，礼乐崩坏，三纲五常之道绝，而先王之制度文章扫地而尽于是矣！"⑤

然而，在历来被视为炎徼蛮荒的岭南，却与此形成了比较鲜明的对比。前引《高祖天皇大帝哀册文碑》记载南汉高祖刘龑称：

> 君临万国，星麈三纪，四海镜清，九州风靡，开物成务，知机其神，光宅寓县，司牧蒸民。惠施五车，葛洪万卷，听朝之余，披览周倦，损益百氏，笙簧六经，东西飞阁，周孔图形。命鸿儒以临莅，选硕生而雠校。……钻研百氏，踩躏六经。对峙飞阁，周孔图形。乙夜披览，循环罕停。群儒惕息，悚惧靡宁。

碑文在相当程度上反映了南汉统治半个多世纪的情况。一方面岭南远离北方中原，战乱相对较少。正如《新五代史·南汉世家》所称："汉乘唐乱，居此五十年，幸中国有故，干戈不及。"⑥ 黄滔代闽王《祭南海南平王》亦称："五羊奥区，番禺巨壤。汉为列郡，唐作雄藩，总百蛮五岭之殷，有出将入相之盛。是故地启嘉数，天生大贤。浚六韬三略之才谋，韫五袴二天之政术。俾其于家受诏，衣锦祎牙，控二十四州之繁难，当二十八齿之美茂。光扬千古，冠绝一时。"⑦ 南唐潘佑《为李后主与南汉后主第二书》称："且足下以英明之资，抚百越之众，北距五岭，南负

---

① （宋）欧阳修撰，李逸安点校：《欧阳修全集》卷60《本论上》，北京：中华书局，2001年，第862页；（元）马端临：《文献通考》卷152《兵制》，第4561页。
② 《新五代史·序》，《景印文渊阁四库全书》第279册，第1页。今中华书局标点本《新五代史》未收此序。
③ （宋）陶弼：《邕州小集》之《兵器》，《景印文渊阁四库全书》第1096册，第394页。
④ （宋）田况：《进士题名记》，《成都文类》卷30，《景印文渊阁四库全书》第1354册，第618页；（明）杨慎编，刘琳、王晓波点校：《全蜀艺文志》卷36，北京：线装书局，2003年，第995页；《全宋文》636，第30册，第53页。
⑤ 《新五代史》卷17"论曰"，第188页。
⑥ 《新五代史》卷65《南汉世家第五》，第818页。
⑦ 黄滔：《祭南海南平王》，《全唐文》卷826，第8712页；《黄御史集》卷6，《景印文渊阁四库全书》第1084册，第159页。

重溟，籍累世之基，有及民之泽，众数十万，表里山川，此足下所以慨然而自负也。"① 所谓"北距五岭，南负重溟"，正反映了岭南相对独立隔绝的地理环境，使之受北方内地大规模战乱的影响很少。另一方面南汉统治者自始至终都奉行优待北方"清流"和"甲族"的政策，维持了岭南一方的安定和半个多世纪的统治。而这些北方家族所带来的人力资源和先进文化，则促进了岭南的开发和经济社会文化的重要发展。

我们试以《资治通鉴》和《南汉书》等资料所载一部分南汉宰相的任职情况，来看北方家族在南汉王朝中的核心地位：①南汉乾亨元年（917）刘䶮称帝，置百官，"以赵光裔为兵部尚书，节度副使杨洞潜为兵部侍郎，节度判官李殷衡为礼部侍郎，皆同平章事。倪曙为工部侍郎，寻改尚书左丞"②；②至刘䶮乾亨五年（921）六月，"以尚书左丞倪曙同平章事"③；③刘䶮大有九年（936）十月，"以宗正卿兼工部侍郎刘浚为中书侍郎、同平章事"④；④大有十二年（939）十二月，"门下侍郎、同平章事赵光裔卒。帝以其子翰林学士承旨、尚书左丞损为门下侍郎、同平章事"⑤；⑤《资治通鉴》记载后晋天福五年（940），"门下侍郎、同平章事赵损卒；以宁远节度使南昌王定保为中书侍郎，同平章事。不逾年亦卒"⑥。而《南汉书》则记载大有十三年（940）十一月，"门下侍郎、同平章事赵损卒。以宁远节度使王定保为中书侍郎、同平章事"⑦；⑥《资治通鉴》记载后晋开运元年（944）三月，"（南）汉以户部侍郎陈偓同平章事"⑧；⑦《南汉书》则记载卢膺（应），"中宗袭位，拜中书侍郎、同平章事。乾和十五年（957），卒官"⑨。卢膺（应）任中书侍郎、同平章事大致开始于南汉中宗应乾元年（943）。可见，来自北方的官员士人构成了南汉王朝的权力核心。

《资治通鉴》称赵光裔"相汉二十余年，府库充实，边境无虞"⑩。赵光裔卒，刘䶮又以其子赵损为门下侍郎同平章事。至南汉大有十三年（939），又以王定保代赵损为中书侍郎、同平章事。《十国春秋》"论曰：五季时，中原扰攘，独岭海承平小安，民不受兵，光裔、洞潜之功居多。殷衡为卫公之后，左右霸主，无忝无誉。曙、泽用文采显，浚以清执称，声施百粤，亦庶几名臣选焉"⑪。《南汉书》称刘隐、刘谦、刘䶮"所招用多中朝名下士，规模草创，略有可观"⑫；"由是名流毕集，分任得宜，岭表获安"⑬。又称"五岭之南，自李唐以前，声名文物，远不逮夫中原。光化（898—901）、天复（901—904）之间，扰攘干戈，事益多故，一旦策以治安，恐非岭表二、三君子所能任。赵光裔、李殷衡之徒皆出中朝华胄，竭其耳目、手足、心腹、肾肠以定

---

① 《宋史》卷481《南汉刘氏》，第13922页；潘佑：《为李后主与南汉后主第二书》，《全唐文》卷876，第9166页。
② 《南汉书》卷2《高祖纪二》，第7页。
③ 《南汉书》卷2《高祖纪二》，第8页。
④ 《南汉书》卷3《高祖纪二》，第12页。
⑤ 《南汉书》卷3《高祖纪二》，第12页。
⑥ 《资治通鉴》卷282后晋天福五年，第9219页。
⑦ 《南汉书》卷3《高祖纪二》，第13页。
⑧ 《资治通鉴》卷284后晋开运元年，第9270页。按《十国春秋》卷64《陈偓传》记载："陈偓，史失其世系。历官至户部侍郎。乾和二年（944），知政事。越王弘昌既遇害，中宗于是择相于朝臣，遂以偓同平章事。"（第903页）《南汉书》卷12《陈偓传》亦强调"亡其世序"（第64页）。《广东通志》卷31《选举志》记载其为后梁贞明四年（918）进士（《景印文渊阁四库全书》第563册，第336页）。我们推测陈偓实际上亦来自南迁的北方家族。
⑨ 《南汉书》卷12，第64页。
⑩ 《资治通鉴》卷282后晋高祖天福四年条，第9209页。
⑪ 《十国春秋》卷62，第891页。
⑫ 《南汉书》卷1《烈祖本纪》，第1页。
⑬ 《南汉书》卷9《杨洞潜传》，第46页。

规模，以匡庶绩，创乘五十余载，视他国运祚较长。虽曰天实为之，抑微之数人者，不及此"①。正是这些具有深厚儒家文化素养又精熟唐代礼乐制度的唐朝高级官员和名门大族，将大唐帝国的典制文化比较完整地移植到岭南。从史籍记载可以发现，南汉礼制以及中央到地方官制，都直接继承了大唐王朝。而其中最重要也最具时代特色的是对唐朝文官政治和科举制度的继承。

南汉王朝从中央到地方都以文官治理为特色。五代人杜光彦论唐末以来武人专权与地方治乱之间的关系称："自唐之末，兵乱相寻，郡县残破，守令失职，耕桑不劝，民卒流亡。或以武夫摄治，尤多苛虐。两汉循风，于兹尽息。"② 而《资治通鉴》记载南汉高祖刘䶮"多延中国士人置于幕府，出为刺史，刺史无武人"③。《十国春秋·杨洞潜传》记刘䶮即位，"洞潜首言刺史不宜用武流，当广延中州人士置之幕府，选为刺史，俾宣政教，则民受其福，从之"④。《南汉书》记载为："洞潜首言刺史不宜用武夫，当广延中州人士置之幕府，选刺诸州，俾宣政教，则民阴受其福。高祖从之。由是名流毕集，分任得宜，岭表获安。"⑤

在唐末五代这种王纲解纽、崇尚武力的战乱时代，岭南数十州的刺史竟然无"武人"。而这些文官州刺史应该以来自北方的官员士人为主。又据五代宋初人陶谷（903—970）所撰《清异录》记载：

> 蒙州立山县丞晁觉民自中原避兵南来，因仕霸朝，食料衣服皆市于邻邑，一吏专主之。⑥

南汉蒙州立山县即今广西蒙山县，在唐朝属于相当偏僻荒远"夷獠杂居"的地区。而这条记载反映南迁的北方家族实际上也进入了南汉县级地方政权。南汉时期岭南有州六十，县二百一十四。南汉主要任用中原士人任州县地方官员，一方面保持了南汉政权中从中央到地方北方官僚士人的核心地位，另一方面则从根本上避免了五代时期武夫称雄割据之祸。毫无疑问，由文人任地方官亦有利于促进文化的发展。晚唐五代人殷文圭所撰《寄广南刘仆射》一诗，则非常典型地反映了南汉王朝推行文官政治的情形。其诗云：

> 战国从今却尚文，品流才子作将军。画船清宴蛮溪雨，粉阁闲吟瘴峤云。暴客卸戈归惠政，史官调笔待儒勋。汉仪一化南人后，牧马无因更夜闻。⑦

王定保《唐摭言》记载殷文圭为池州青阳人，唐昭宗乾宁（894—898）中进士及第，为吏部侍郎裴枢宣谕判官，后事杨行密⑧。殷文圭曾遭受后梁建立者朱温的追捕⑨。其所作《后唐张崇修庐州外罗城记》一文，则反映其对唐末五代乱世的忧心和怨懑。其文云："庚子岁（880），（黄）巢寇陷秦关，僖宗幸蜀部。王纲弛坏，国制抢攘。瞻乌载飞，走鹿争逐。"⑩ 以上殷文圭《寄广

---

① 《南汉书》卷9，第44页。
② 杜光彦：《请旌乐寿令表》，《唐文拾遗》卷51，见《全唐文》，第10957页。
③ 《资治通鉴》卷268后梁太祖乾化元年，第8742页。
④ 《十国春秋》卷62《杨洞潜传》，第888页。
⑤ 《南汉书》卷9《杨洞潜传》，第46页。
⑥ （宋）陶毅：《清异录》卷上，《景印文渊阁四库全书》第1047册，第845页。
⑦ 殷文圭：《寄广南刘仆射》，《全唐诗》卷707，第8134页。
⑧ 《唐摭言》卷九，第99页；另见《十国春秋》卷11《殷文圭传》，第150页。
⑨ 傅璇琮：《唐才子传校笺》卷10，北京：中华书局，1987年，第4册，第362—363页。
⑩ 殷文圭：《后唐张崇修庐州外罗城记》，《全唐文》卷868，第9093页。

南刘仆射》一诗所寄之"广南刘仆射",应该是指曾任南汉宗正卿、中书侍郎和同平章事的刘浚。而其称"战国从今却尚文,品流才子作将军","暴客卸戈归惠政,史官调笔待儒勋。汉仪一化南人后,牧马无因更夜闻",则是对南汉文官政治的形象描述。因而殷文圭的诗,也在一定意义上反映了北方战乱中的知识分子对南汉文官制度下偃武修文、民众安居乐业的向往。

黄损是五代十国时期有较大影响的诗人,其出仕南汉中央和地方的经历颇具有代表性。宋代曾慥《集仙传》称:"黄损,不知何许人也。五代时仕南汉为尚书仆射。"① 而宋代钟辂的《续前定录》则称:"黄损,连州人,有大志,举于庐山,与桑维翰、宋齐丘相遇,每论天下之务,皆出损下,损益自负。"② 宋阮阅撰《诗话总龟后集》称:"郑谷与僧齐己、黄损等共定今体诗格云:凡诗用韵有数格。"③ 史籍又记其常"与都官员外郎郑谷、僧齐己定近体诗格,为湖海骚人所宗"④。《全唐诗》小传亦称:"黄损,字益之,连州人。梁龙德二年(922)登进士第。仕南汉刘龑,累官尚书仆射,有《桂香集》,今存诗四首。"⑤ 徐松《登科记考》等记其登后梁龙德二年(922)进士⑥。北宋陶岳《五代史补》记载:

> 黄损,连州人,少有大志,其为学务于该通。尝上书三书,号曰《三要》,大约类《阴符》、《鬼谷》。同光初,应进士,以此书投于公卿间,议者以为有王佐才。洎登第归,会王潮南称霸,损因献十策,求入幕府,其言多指斥切权要,由是众疾之。然以其摄朝廷名第,不可坐废,逾年始授永州团练判官。未几,又得足疾,遂退居于永州北沧塘湖上,以诗酒自娱。⑦

按以上陶岳所记黄损事迹有失误,一是黄损科举进士及第是在梁龙德二年(922),而非后唐庄宗同光(923—926)年间;二是误记黄损出仕福建闽越的王潮政权。黄损其实是出仕岭南南汉刘氏王朝。苏轼《东坡志林》记载"连州有黄损仆射者,五代时人。仆射盖仕南汉官也,未老退归,一日忽遁去,莫知其存亡","其后颇有禄仕者"⑧。明代黄佐《广东通志》记载:

> 黄损,字益之,连州人。少慷慨有大志,筑室于静福山,扁(匾)之曰"天衢",读书吟啸其中,罕与浮俗接,以积学绩文闻于时。尤善为诗,每遇山水会意处,操笔留题殆遍。自谓所学未广,乃遍舟遂游洞庭、匡庐诸名胜,纳交天下士。都官员外郎宜春郑谷为湖海骚人所宗,一见亟称扬之,举其诗数联谓曰:"君殆夺真宰所有也。"尝相与定近体诗格,世多传之。又尝著书三篇,类《阴符》、《鬼谷》,论修治之术,具有宏识。议者每期以公辅器,为有司所荐,登梁龙德二年(922)进士第。归自京师,适广州与梁绝,乃仕。南汉主龑纳损谋,国事多所咨询,稍亲任之,累迁至尚书左仆射。取湖南数州,皆其策也。……久之,病卒。所撰述有《桂香集》行于世。损为人该博德能,性轻利重义,尝捐赀筑高良之邪陂,

---

① (宋)曾慥:《集仙传》,《说郛》卷43,北京:中国书店,1986年,第24页。
② (宋)钟辂:《续前定录》,《说郛》卷100,第14页
③ (宋)阮阅:《诗话总龟后集》卷2《忠义门》,北京:人民文学出版社,1987年,第13页。
④ (明)黄佐:《广州人物传》卷4,广州:广东高等教育出版社,1991年,第63页;《十国春秋》卷62,第894页。
⑤ 《全唐诗》卷734《黄损小传》,第8389页。
⑥ 《登科记考》卷25,第945页。
⑦ (宋)陶岳:《五代史补》卷2"黄损不调"条,《五代史书汇编》,第2494页。
⑧ (宋)苏轼:《东坡志林》卷4《黄仆射》,北京:中华书局,1981年,第44页;(元)赵道一:《历世真仙体道通鉴》卷43相同(《道藏》第5册,北京:文物出版社等,1987年,第349页)。

灌田畴，多所收，乡邦赖之。①

黄损作为在北方后梁王朝取得进士出身的岭南文人，很受南汉高祖刘䶮的重视，"国事多所咨询"，累迁至尚书左仆射。黄损《读史》一诗云：

逐鹿走红尘，炎炎火德新。家肥生孝子，国霸有余臣。帝道云龙合，民心草木春。须知烟阁上，一半老儒真。②

所谓"逐鹿走红尘，炎炎火德新"，缘于南汉刘氏自称为汉朝宗室后裔，亦以火德而王。而"帝道云龙合，民心草木春。须知烟阁上，一半老儒真"，则是提醒南汉统治者要注意民心，要继续使用儒臣文人治国。

（二）北方家族与南汉科举制度的实行

与文官政治相辅相成的就是南汉王朝对唐代科举制度的继承和高度重视。根据《资治通鉴》记载，后梁贞明六年（920）三月，"杨洞潜请立学校，开贡举，设铨选；汉主岩（即刘䶮）从之"③。《新五代史·南汉世家》称刘岩"置选部，贡举，放进士、明经十余人，如唐故事，岁以为常"④。《十国春秋·杨洞潜传》载其为刘岩"陈吉凶礼法，请立学校，开贡举，设铨选，国家制度，粗有次叙"⑤。《南汉书》亦记载南汉乾亨四年（920）三月，"兵部侍郎杨洞潜请立学校，设铨选，开贡举，岁放进士明经十余人，如唐制。帝悉从之"⑥。而唐朝科举制度通过南汉王朝在岭南各地得到了继续推行，南汉时期也出现了一批科举进士出身的优秀士人。我们试以其中一些最具有代表性的人物来说明。

简文会。黄佐《广东通志·选举表》记简文会为南汉中宗乾和二年（944）进士及第应属讹误。其进士及第应与南汉高祖刘䶮乾亨四年（920）"立学校，开贡举，设铨选"有关⑦。黄佐《广东通志》又记载："简文会，南海人。幼颖攻书，善于诗律，为人耿直无私，南汉高祖刘䶮开进士科，擢第一人及第。累官尚书右丞。逮事中宗刘晟，谏其暴酷。晟怒，谪祯州刺史，尽心民事，卒于官。所居乡号魁岗堡，其居有简状元井。"⑧《十国春秋》记载："简文会，南海人。乾亨元年，改南海为咸宁、常康二县，遂为咸宁人。文会幼颖异，工诗，性耿直。高祖初，开进士科，擢第一人及第。累官尚书右丞。乾和（943—958）时，切谏中宗暴酷，中宗大怒，谪祯州刺史。尽心民事，卒于官。所居里有简状元井。"⑨清康熙年间简德鎏所撰《南汉简文会状元墓志》记载，简文会，"五季后梁时，随父一山公由涿州（今河北涿州市）先入粤东，定居南海黎涌乡。公幼颖异，遵父义方，喜读书，锐意绩学，工诗，性耿直。南汉乾亨二年（918），高祖开

---

① （明）黄佐：《广东通志》卷55《黄损传》，第1417页；《十国春秋》卷62《黄损传》，第893—894页。
② 黄损：《读史》，《全唐诗》卷734，第8389页。
③ 《资治通鉴》卷271后梁均王贞明六年，第8854页。
④ 《新五代史》卷65《南汉世家》，第812页。
⑤ 《十国春秋》卷62《杨洞潜传》，第889页。
⑥ 《南汉书》卷2《高祖纪一》，第8页。
⑦ 《资治通鉴》卷271后梁均王贞明六年，第8854页。
⑧ （明）黄佐：《广东通志》卷55《简文会传》，第1148页。
⑨ 《十国春秋》卷64《简文会传》，第905页。

进士科，如唐故事。公以进士廷试，擢第一人及第，乡人以其选大魁也，称所居为魁冈，号曰魁冈先生"，"公累官尚书右丞"，南汉中宗刘晟时，因谏"谪祯州刺史。公莅治所，克己爱民，凡民事，兴利除弊，靡不悉心规划，循声大著。卒于官"①。

王宏。《十国春秋》记载："王宏，□□人。少颖异，能工诗赋。乾亨（917—925）时，由进士官翰林学士承旨，珥笔左右，甚被亲信。会白虹化为白龙，见三清殿。宏为《白虹化白龙赋》上之，文采巨丽，辞旨畅洽。高祖悦，改元白龙，深加欣赏。已又撰《昭阳殿赋》，亦见称于时。"②

王诩。《十国春秋》记载："王诩，南海人也。及高祖改县名，遂为咸宁人。乾亨（917—925）初举进士，拜中书舍人。会白龙见南宫，诩进《白龙颂》，文采斐然。大有七年（934）昭阳殿成，诩又著《昭阳殿赋》上之，是时献赋者数十百人，称诩为第一。每赐予稍缓，诩必扬言曰：'吾赋字字作金声，何受赐之晚也！'其自负如此。"③

梁嵩。宋代祝穆《方舆胜览》记载梁嵩为浔州（今广西桂平）人，"南汉时状元及第，仕至翰林学士。故（刘）䶮以公为大魁。历显仕，因获蠲一郡之丁赋，以迄于今。郡人感公，立白马庙"④。《十国春秋》记载："梁嵩，浔州平南人。白龙元年（925）举进士第一，仕至翰林学士。见时多虐政，乞归养母，因献《倚门望子赋》以见志。高祖怜之，听其去，锡赉皆却不受，请蠲本州一岁丁赋，从之。及殁，州人感德，岁祀不绝。"⑤《粤西诗载》卷一三收有梁嵩《殿试荔枝诗》一首⑥。《全唐文》卷八九二收录其《代母作倚门望子赋》⑦。

周邦。龚州平南县（今广西平南县）人。南汉高祖刘䶮白龙元年（925）进士，"历官御史大夫，以直节著，风采凛然，秦川里青村犹有故址"⑧。

钟允章。黄佐《广东通志·选举表》、《十国春秋》记载："钟允章，其先邕州人，徙家番禺。博学赡文辞，为人侃直，不畏强御。高祖时设科取士，允章以进士及第。累迁至中书舍人。尤为中宗所知，凡诰敕碑记多命允章属草。允章文思敏捷，操笔立就，由是声名藉甚。常从游罗浮山，应制为诗，动见褒赏，拜工部郎中、知制诰"⑨。《新五代史》记载南汉中宗刘晟乾和六年（948），"遣工部郎中、知制诰钟允章聘楚以求婚"⑩。《资治通鉴》又记载南汉后期，"南汉主（刘铱）以中书舍人钟允章，藩府旧僚，擢为尚书右丞、参政事，甚委任之"⑪。

钟允章之弟钟有章在南汉政权内的仕宦经历亦具有一定的代表性。《十国春秋》记载："钟有章，尚书左丞允章之弟也。少有文学，与允章齐名，累官翰林学士、中书舍人。后主初嗣位，建天华宫于罗浮山，又立云华阁及甘露、羽盖等亭，命有章为之记，辞采宏赡，雅称作者。"⑫北宋苏轼作《天华宫》也记载："天华宫在罗浮山之西。苏轼曰：南汉主建有甘露、羽盖等亭，

---

① 冼剑民、陈鸿钧编：《广州碑刻集》，广州：广东高等教育出版社，2006年，第643页。
② 《十国春秋》卷63《王宏传》，第896页。
③ 《十国春秋》卷63《王诩传》，第897页。
④ （宋）祝穆撰，施和金点校《方舆胜览》卷40《广西路·浔州》，北京：中华书局，2003年，第722页；《舆地纪胜》卷110《浔州》，第3659页，"立白马庙"作"立庙祀之"。
⑤ 《十国春秋》卷63《梁嵩传》，第897页。
⑥ （南汉）梁嵩：《殿试荔枝诗》，（清）汪森编：《粤西诗载》卷13，《景印文渊阁四库全书》第1465册，第185页。
⑦ 梁嵩：《代母作倚门望子赋》，《全唐文》卷892，第9315页。
⑧ （清）金铁：《广西通志》卷76，《景印文渊阁四库全书》第567册，第293页。
⑨ 《十国春秋》卷64《钟允章》，第905—906页。
⑩ 《新五代史》卷65《南汉世家第五》，第815页。
⑪ 《资治通鉴》卷294后周世宗显德六年（959），第9605页。
⑫ 《十国春秋》卷65《钟有章传》，第915页。

云华阁，命中书舍人钟有章作记。"①

胡宾王。黄佐《广东通志》记载"胡宾王字时贤，曲江（今广东韶关市曲江区）人。少力学，以博洽知名。南汉时进士甲科。尝读书中宿峡，经史皆有发挥。累官中书舍人，知制诰。刘铢淫虐，辞官归，乃著《南汉国史》"，"凡十二卷。铢亡，上其书于宋，号《刘氏兴亡录》。以明经授著作郎。会诏有官者得与科试，遂登咸平庚子进士第，累迁翰林学士"②。胡宾王分别于南汉和北宋真宗咸平三年（1000）两次进士及第，而且都是掌管朝廷中枢机要。于此亦可见南汉科举取士的标准并不低。

在以上这些南汉科举进士中，有的来自少数民族聚集的岭南溪洞地区。很显然，以唐末南迁北方官僚士人为核心建立起来的南汉王朝，使唐朝政治制度在岭南地区得到了有效的推行，唐朝文化也得到了进一步传播和发展。《高祖天皇大帝哀册文碑》称刘䶮："若乃阴阳推步，星辰历数，仰观俯察，罔失常矩。此外留情药品，精究医书，或南北臣庶，或羽卫勤劬，疾瘵所萦，御方救疗，名医拱手，稽颡神妙，将圣多能。视民如伤，朝野怵踖，亿兆欢康，多才多艺，允文允武，戡难夷凶，栉风沐雨。"刘䶮确实很重视文学以及对文学之士的招纳、优容和任用。早在20世纪初，日本学者桑原骘藏就指出："唐末五代之乱时，不少中原士人到岭南避难，当地文运因之一代一代的得以开通。五代时期割据福建的闽和偏在岭南的南汉，文物皆相当整备，他们从北方避难的士人得到不少协助，亦自不待言。"③

南汉也确实出现了不少有作为的官员。《十国春秋》和《南汉书》对他们的事迹都有专门的记载。又如宋代郑侠（1041—1119）所撰《怀集林府君墓志铭》记载，林绚字伯素，"君广州怀集人也，五世祖某尝为刘氏相，所作怀州大陂，凡溉田数万顷，民到于今赖之。故君之家世，居于石僵城之西。祖某、父渐皆不仕"④。以上不见于《十国春秋》和《南汉书》等资料中。以上是说广州怀集（今广东肇庆市怀集县）人林绚，其五世祖曾经做过南汉的宰相，其具体名字已不得而知，然而其主持修建的大型水利工程，直至北宋后期仍在使用。而在五代十国的所有割据政权中，南汉"号富强"⑤。宋神宗曾经称南汉"内足自富，外足抗中国"⑥。南汉统治的半个多世纪，正是岭南经济社会文化比较快速发展的重要时期。

四、余　论

南汉王朝在岭南割据长达半个多世纪。从宋初以来，南汉历史存在一个比较明显的被"污名化"和"妖魔化"的过程。特别是作为南汉建立者的刘䶮，在历史上尤其以极端"暴虐"和"奢靡"等著称。五代宋初人陶穀《清异录》称："广府刘䶮僭大号，晚年亦事奢靡，作南熏殿，柱皆通透，刻镂础石，各置炉燃香，故有气无形。尝谓左右：'隋帝论车烧沉水，却成麤疏。争

---

① （宋）苏轼：《东坡全集》卷100，《景印文渊阁四库全书》，第1108册，第592页。
② （明）黄佐：《广东通志》卷56《胡宾王传》，第1428页。
③ ［日］桑原骘藏：《历史上所见的南北中国》，载刘俊文主编：《日本学者研究中国史论著选译》第1卷，北京：中华书局，1992年，第24页。
④ （宋）郑侠：《西塘集》卷4《怀集林府君墓志铭》，《景印文渊阁四库全书》第1117册，第411页；（清）汪森编：《粤西文载》卷73，《景印文渊阁四库全书》第1467册，第283页。
⑤ 《文献通考》卷24《国用考二》，第699页。
⑥ （宋）李焘著，（清）黄以周等辑补：《续资治通鉴长编拾补》卷5，熙宁二年九月壬午，宋史要籍汇编本，北京：中华书局，2004年，第239页。

似我二十四个藏用仙人，纵不及尧舜禹汤，不失作风流天子。"① 北宋初年佚名所著《五国故事》称："岩性严酷，果于杀戮，每视事，则垂帘于便殿，使有司引罪人于殿下，设其非法之具，而屠脍之，故有汤镬铁床之狱。又有投汤镬之后，更加日曝，沃以盐醋，肌体腐烂，尚能行立，久之乃死。其余则锤锯互作，血肉交飞，腥秽之气，冤痛之声，充沸庭庑。而岩之唇吻必垂涎及颐颔，吞噬肤血之气者，久之，方复常态。有司俟其复常，乃引罪人而退，盖妖蠚毒龙之类，非可待以人伦也。岩暴政之外，唯以治宫殿为务。"② 在以上这种记载中，刘䶮显然已经被塑造成一个嗜血成性、行为亦骇人听闻的残暴君主。而这些记载却又大多被正史所吸收。例如，薛居正《旧五代史》称"陟性虽聪辩，然好行苛虐，至有炮烙、刳剔、截舌、灌鼻之刑，一方之民，若据炉炭。惟厚自奉养，广务华靡，末年起玉堂珠殿，饰以金碧翠羽，岭北行商，或至其国，皆召而示之，夸其壮丽"③。欧阳修《新五代史》则称刘䶮"性聪悟而苛酷，为刀锯、支解、刳剔之刑，每视杀人，则不胜其喜，不觉朵颐，垂涎呀呷，人以为真蛟蜃也。又好奢侈，悉聚南海珍宝，以为玉堂珠殿"④。欧阳修将刘䶮比喻成嗜血变态、毫无人性的"蛟蜃"，很明显直接参照了作为小说家的《五国故事》。《资治通鉴》记载为："高祖为人辨察，多权数，好自矜大，常谓中国天子为'洛州刺史'。岭南珍异所聚，每穷奢极丽，宫殿悉以金玉珠翠为饰。用刑惨酷，有灌鼻、割舌、支解、刳剔、炮炙、烹蒸之法；或聚毒蛇水中，以罪人投之，谓之水狱。……末年尤猜忌；以士人多为子孙计，故专任宦官，由是其国中宦者大盛。"⑤ 然而，正如有研究者所指出的，"各史在此方面都无一例外地予以渲染，其中原因有他'僭伪'之故，但嗜血变态狂的描述也令人心生疑窦"⑥。又如宋代史家均称刘䶮极度"奢靡"，然而近年考古发现的南汉"康陵"证明，刘䶮作为在位长达二十六年的南汉开国之君，与五代十国同一时期的各国君主墓葬相比，其墓葬形制规模却都比较简略。《资治通鉴》又记载南汉后主刘鋹重用宦官龚澄枢，"军国之事皆取决焉。凡群臣有才能及进士状头，或僧道可与谈者，皆下蚕室，然后得进。亦有自宫以求进者。亦有免死而宫者。由是宦者近二万人。贵显用事之人，大抵皆宦者也"⑦。可见，南汉后期其宫廷内外有多达近两万人的宦官。然而根据《新唐书》记载，唐中宗时"黄衣乃二千员，七品以上员外置千员"；至唐玄宗开元、天宝时期，因"财用富足，志大事奢"，"宫嫔大率至四万，宦官黄衣以上三千员"⑧。南汉是否真的有规模远超唐朝的宦官群体也是值得怀疑的。

自清代中期以来，一部分粤籍学者开始对南汉资料进行蒐集、整理和研究。其相关著作中虽然也叙述了南汉历史中一些值得肯定的地方，但是在总体上却仍沿袭了宋人对南汉历史的基本看法，均以批判和否定为主。例如，道光十五年（1835），李兆洛为吴兰修所撰《南汉纪》作《序》称："唐之末造，乱贼窃擅，随地蜂涌。大抵莫正于北汉，莫强于南唐，莫狡于吴越，余皆琐细不足数，而莫秽于南汉。刘氏建国，非有恩德要结斯民也，非有奇功伟略震动一时也。其臣尽庸驽，虽文学士避地广南者多有，徒文词相矜为夸美而已。䶮、鋹继迹，奢僭逾滋，淫刑无

---

① （宋）陶谷：《清异录》卷下，《景印文渊阁四库全书》第 353 册，第 893 页。
② （宋）佚名：《五国故事》，《五代史书汇编》，第 3192 页。
③ 《旧五代史》卷 135《僭伪·刘陟传》，第 1808 页。
④ 《新五代史》卷 65《南汉世家》，第 811 页。
⑤ 《资治通鉴》卷 283 后晋高祖天福七年（942），第 9236 页。
⑥ 刘文锁：《南汉〈高祖天皇大帝哀册文〉考释——兼说刘氏先祖血统问题》，《汉学研究》第 26 卷第 2 期，2008 年 6 月，第 302 页。
⑦ 《资治通鉴》卷 294 后周世宗显德六年（959），第 9606 页。
⑧ 《新唐书》卷 207《宦者传上》，第 5856 页。

艺，奄人之祸，亘古所无。救此一方，宋祖以自兴叹；牲牢视民，欧阳（修）所为深尤也。"①正是史书中的刘龑等南汉君主有如此多极度"暴虐"、令人发指以及明显悖离儒家礼仪和道义的行为，这一点恰恰也成为中外不少研究者怀疑南汉王室血统和种族的一个重要原因。

而新出的《高祖天皇大帝哀册文碑》，则为我们重新认识刘龑以及整个南汉王朝的历史地位提供了新的视角。南汉王室的北方家族渊源以及在其崛起过程中与北方名门大族的关系，既是南汉王朝得以建立的基础和前提，也是我们理解南汉一系列重要历史问题的关键。特别是刘龑所推行的文官政治和科举制度等，在五代十国这样的特殊时代具有鲜明的时代特征和重要意义。《高祖天皇大帝哀册文碑》称赞刘龑"禁暴戢兵，讴歌狱讼。龙韬虎韬，七擒七纵。扼腕北顾，中原多事，吊伐在怀，未伸睿志。炅炅王业，巍巍皇猷，三王可拟，五帝难俦"。以上是说刘龑本来也有恢复中原的壮志和宏愿，无奈岭南过于偏居一隅，难以担当起完成统一天下的使命。然而尽管如此，我们认为作为南汉建立者的刘龑，其政治作为和历史作用却仍然值得重新认识和肯定。

（作者单位：中山大学历史学系）

---

① 《南汉纪·序》，《五代史书汇编》，第 6599 页。

沙陀李氏祖先记忆的重塑及其历史背景

王 彬

一、前 言

在有关中晚唐的正史文献上，沙陀的迁徙共有三次。贞元六年，吐蕃攻陷北庭都护府，迁沙陀部落于甘州。十数年后，沙陀主动东迁，进入中原的河朔地区，被唐王朝安置在灵州。元和四年，沙陀劲旅随范希朝迁转河东，驻扎于代北地区。① 以东迁为界限，沙陀的活动逐渐凸显在晚唐朝廷的视界中。本文讨论的中心就是史料记录颇有参差的第二次东迁，以及与此次迁徙相关的沙陀祖先——沙陀尽忠和朱耶执宜。对于这两位沙陀首领的研究，樊文礼在《李克用评传》、《唐末五代的代北集团》中多有涉及，他认为："葛勒阿波为朱邪尽忠之弟，也就是朱邪执宜的叔父，李克用的曾祖父辈，他在归唐后被授予阴山府都督"②，这种看法是以《新唐书·沙陀传》为基础，融合其他史料得出的。而森部丰和石见清裕的联名专论《唐末沙陀「李克用墓志」訳注·考察》则依靠新出的李克用墓志否定正史记录，将沙陀谱系从尽忠与执宜间切断。③ 以这三位研究者为代表，当代学界的观点大体可以分为两类：一类认可传统的连缀正史记载的做法；一类强调东迁部落朱邪姓的特征，区分沙陀与朱邪，认可李克用墓志中执宜祖、父的名号。

沙陀的东迁和祖先世系的断裂与否，可称得上是沙陀乃至五代政治史上的重要问题。笔者认为对这一问题的考察不应仅仅停留在考订真伪的层面，更需结合正史史源分析相关史料是如何产生，如何流传演变的，并揭示相关的历史背景，回应学术史上一些基本的分析框架。

综观整体的沙陀史研究，胡化、汉化总是绕不过的话题。早期中文学界提倡汉化说，认为宋初沙陀已消解于汉人之中的学者较多。④ 在日本，由于战前学者在中亚及西域民族史领域建立了

---

① 2005 年之前中日学界的沙陀史研究概况，可参见石见清裕《沙陀研究史——日本·中国の学界における成果と课题》，《早稲田大学モンゴル研究所紀要》(2)，2005 年，第 121—138 页。关于沙陀迁移的概述，参见西村阳子《九——一〇世纪の沙陀突厥の活动と唐王朝》，《歴史评论》720，2010 年，第 61—75 页。
② 樊文礼：《李克用评传》，济南：山东大学出版社，2005 年，第 21 页。
③ 森部丰、石见清裕：《唐末沙陀「李克用墓志」訳注·考察》，《内陸アジア言语の研究》18，2003 年，第 17—52 页。
④ 傅乐成：《沙陀之汉化》，《汉唐史论集》，台北：联经出版事业公司，1977 年，第 319—338 页。王义康：《沙陀汉化问题再评价》，《陕西师大学报（哲学社会科学）》24 卷 4 期，2005 年，第 132—137 页。赵荣织：《试论沙陀政权后唐的兴起》，《西域研究》2005 年第 4 期，第 35—38 页。陈海涛《"萨葛"钩沉》，《武汉大学学报》（人文科学版）55 卷 2 期，2002 年，第 193—196 页。也有从民族史角度进行研究，强调沙陀民族特性的，如蔡家艺《沙陀族历史杂探》，《民族研究》2001 年第 1 期，第 71—80 页；同氏《辽宋金夏境内的沙陀族遗民》，《民族研究》2004 年第 5 期，第 73—81 页。徐庭云《沙陀与昭武九姓》，《庆祝王锺翰先生八十寿辰学术论文集》，沈阳：辽宁大学出版社，1993 年，第 346—335 页。

深厚的传统,因此他们习惯从民族成分的角度讨论作为"胡"的沙陀。① 同时,近年来也有学者希望在这类强调族属的"根基论"之外,进一步研究"认同"。② 本文则以祖先记忆的重塑为切入点,从朱邪氏在唐后期感受到的政治文化氛围出发、立足内部视角去观察沙陀再造祖先意识背后复杂的历史进程,将"认同"置于历史的顺流中观察,勾勒出隐藏在"汉/胡化"框架之下的多彩图景。

二、沙陀的东迁与谱系问题的提出

《新唐书·沙陀传》云:

> 龙朔初,以处月酋沙陀金山从武卫将军薛仁贵讨铁勒,授墨离军讨击使。长安二年,进为金满州都督,累封张掖郡公。金山死,子辅国嗣。先天初避吐蕃,徙部北庭,率其下入朝。开元二年,复领金满州都督,封其母鼠尼施为鄣国夫人。辅国累爵永寿郡王。死,子骨咄支嗣。天宝初,回纥内附,以骨咄支兼回纥副都护。从肃宗平安禄山,拜特进、骁卫上将军。死,子尽忠嗣,累迁金吾大将军、酒泉县公。(中略)元和三年,悉众三万落循乌德鞬山而东,吐蕃追之,行且战,旁洮水,奏石门,转斗不解,部众略尽,尽忠死之。执宜衰癯伤,士裁二千,骑七百,杂畜橐它千计,款灵州塞,节度使范希朝以闻。诏处其部盐州,置阴山府,以执宜为府兵马使。沙陀素健斗,希朝欲借以捍虏,为市牛羊,广畜牧,休养之。其童耄自凤翔、兴元、太原道归者,皆还其部。尽忠弟葛勒阿波率残部七百叩振武降,授左武卫大将军,兼阴山府都督。③

上引沙陀传所记沙陀的祖先世系和归附事迹极为清晰。后来,《资治通鉴》更是以此段材料为史源,更加明确地说明了朱耶尽忠和执宜是父子关系。④《新五代史·唐本纪》在叙述李存勖先辈的时候亦云:"庄宗光圣神闵孝皇帝,其先本号朱邪,盖出于西突厥,至其后世,别自号曰

---

① 小野川秀美:《河曲六州胡の沿革》,《东亚人文学报》1—4,1942年,第193—226页。室永芳三:《唐代における沙陀部族の成立——沙陀部族考その一》,《有明工业高等专门学校纪要》8,1971年,第117—120页;同氏《吐鲁蕃発见朱邪部落文書について——沙陀部族考その一(补遺)》,《有明工业高等专门学校纪要》10,1974年,第96—102页;同氏《唐代における沙陀部族の抬头——沙陀部族考その二》,《有明工业高等专门学校纪要》11,1975年,第134—138页;同氏《唐代の代北の李氏について——沙陀部族考その三》,《有明工业高等专门学校纪要》7,1971年,第73—76页。冈崎精郎:《チュルク族の始祖伝说について——沙陀朱耶氏の场合》,《史林》34—3,1951年,第40—53页;同氏《后唐の明宗と旧习》,《东洋史研究》新一卷第四号,第50—62页。森部丰:《唐末五代の代北におけるソグド系突厥と沙陀》,《东洋史研究》62卷4号,2004年,第60—93页;同氏《8~10世纪の华北における民族移动:突厥・ソグド・沙陀を事例として》,《唐代史研究》7号,第78—100页;同氏《后晋安万金・何氏夫妻墓志铭および何君政墓志铭》,《内陆アジア言语の研究》XVI,2001年,第1—69页。
② 仇鹿鸣:《药元福墓志考——兼论药氏的源流与沙陀化》,《敦煌学辑刊》2014年第3期,第152—159页。
③ 《新唐书》卷218《沙陀传》,北京:中华书局,1975年,第6154—6155页。
④ 《资治通鉴》卷237唐宪宗元和三年五月条云"沙陀劲勇冠诸胡,吐蕃置之甘州,每战,以为前锋。回鹘攻吐蕃,取凉州;吐蕃疑沙陀贰于回鹘,欲迁之河外。沙陀惧,酋长朱邪尽忠与其子执宜谋复自归于唐,遂帅部落三万,循乌德鞬山而东。行三日,吐蕃追兵大至,自洮水转战至石门,凡数百合;尽忠死,士众死者太半。执宜帅其馀众犹近万人,骑三千,诣灵州降。灵盐节度使范希朝闻之,自帅众迎于塞上,置之盐州,为市牛羊,广其畜牧,善抚之。诏置阴山府,以执宜为兵马使。未几,尽忠弟葛勒阿波又帅众七百诣希朝降;诏以为阴山府都督。自是,灵盐每有征伐,用之所向皆捷,灵盐军益强。"北京:中华书局,1956年,第7651—7653页。

沙陀，而以朱邪为姓。唐德宗时，有朱邪尽忠者，居于北庭之金满州。贞元中，吐蕃赞普攻陷北庭，徙尽忠于甘州而役属之。其后赞普为回鹘所败，尽忠与其子执宜东走，赞普怒，追之，及于石门关，尽忠战死，执宜独走归唐，居之盐州，以隶河西节度使范希朝。"①

本来，以《新唐书·沙陀传》为基础，参考《通鉴》和《新五代史》，笔者就可以得出一个完整的沙陀世系：沙陀金山—沙陀辅国—沙陀骨咄支—沙陀尽忠—朱邪执宜—朱邪赤心（李国昌）—李克用—李存勖。然而，开宝七年修成的《旧五代史·武皇纪》却把沙陀的始祖定作"拔野"，并把拔野和尽忠之间的传承简单记为"其后子孙五世相承"。② 这就说明：即使是同样修撰于北宋时代的正史，其编纂者对沙陀世系的理解也不尽相同。因此，笔者希望把每段史料都作为独立的文本体系，揭示其来源和编纂过程，进而重新考辨沙陀的东迁及祖先世系问题。

其实，清人钱大昕也曾看出上引诸段文献记录存在矛盾之处，氏著《廿二史考异》五代史卷一"尽忠与其子执宜"云："案《唐书沙陀传》'尽忠与朱邪执宜谋'，不云其子；且自金山至尽忠凡四世，彼传但称沙陀，不系以朱邪，则二人之非父子明矣。两史之互异如此。"③ 然而，同代周寿昌《五代史记纂误补续·唐本纪》"尽忠与其子执宜"条则提出反驳："《唐书》云，尽忠与朱邪执宜谋曰：'我也世为唐臣，不幸陷污，今若走萧关自归，不愈于绝种乎？'《薛史》云'执宜即尽忠之长子也。'钱氏因《唐书》称朱邪执宜，不称其子，遂疑二人非父子。考下'我世为唐臣，愈于绝种'云云，似皆父子相商，非同他人语。若忽称其子，忽称其子忽连称姓，古传中亦有之。（中略）又克用杀段文楚事，皆云州沙陀兵马使李尽忠为之。见《庄宗功臣列传》等书，《通鉴》从之。惟《后唐实录》削去李尽忠名，悉以尽忠语为康君立语，盖为庄宗避朱邪尽忠之讳，亦可证尽忠为庄宗之曾祖审矣。"④ 如果纯粹从欧阳修、司马光、宋祁等人编修史书的原意出发，周氏无疑是理解到位了。然而，若以史学的敏感度而言，则钱大昕胜出一筹，惟钱氏此论亦纯以己意断之，缺乏实证，故下文将根据其他证据进行充分的论证

《旧五代史·武皇纪》记载尽忠、执宜事迹的时候说："贞元中，（中略）尽忠寻率部众三万东奔，俄而吐蕃追兵大至，尽忠战殁。祖执宜，即尽忠之长子也，收合馀众，至于灵州，德宗命为阴山府都督。"⑤《旧唐书·宪宗纪》却记作："（元和三年六月）丁丑，沙陀突厥七百人携其亲属归振武节度使范希朝，乃授其大首领葛勒河波阴山府都督。"⑥ 两段史料存在差异的原因在于各自的史源不同。《旧五代史·武皇纪》此条记载源于《资治通鉴》卷二三七注引赵凤《后唐

---

① 《新五代史》卷4《唐本纪》，北京：中华书局，1974年，第31页。
② 《旧五代史》卷25《唐书·武皇纪》云："始祖拔野，唐贞观中为墨离军使，从太宗讨高丽、薛延陀有功，为金方道副都护，因家于瓜州。（中略）永徽中，以拔野为都督，其后子孙五世相承。曾祖尽忠，贞元中，继为沙陁府都督。既而为吐蕃所陷，乃举其族七千帐徙于甘州。尽忠寻率部众三万东奔，俄而吐蕃追兵大至，尽忠战殁。祖执宜，即尽忠之长子也，收合馀众，至于灵州，德宗命为阴山府都督。"北京：中华书局，1976年，第331—332页。
③ （清）钱大昕：《廿二史考异》，上海：上海古籍出版社，2004年，第881页。
④ （清）周寿昌：《五代史记纂误补续》，收入《五代史书汇编》第叁册，杭州：杭州出版社，2004年，第1475页。
⑤ 《旧五代史》卷25《唐书·武皇纪》，第331页。
⑥ 《旧唐书》卷14《宪宗纪》，北京：中华书局，1975年，第426页。

懿祖纪年录》①，而《旧唐书·宪宗纪》则本自《宪宗实录》。《册府元龟》卷九六五有云"（宪宗元和三年）六月沙陀突厥七百人携其亲属归于振武节度使范希朝，寻授其大首领曷勒阿波左武卫大将军同正员兼阴山府都督、秘书监。"②《册府元龟》此条恐怕就是《实录》的原型。综而言之，《旧五代史》、《旧唐书》记归附时间，一为贞元间，一为元和三年；记归附后居官之人，一为都督执宜，一为都督曷勒河波。

然而，后此二书而出的《新唐书·沙陀传》记此事却说"执宜哀瘵伤，士裁二千，骑七百，杂畜橐它千计，款灵州塞，节度使范希朝以闻。诏处其部盐州，置阴山府，以执宜为府兵马使。（中略）尽忠弟葛勒阿波率残部七百叩振武降，授左武卫大将军，兼阴山府都督。"③ 看似已将《旧唐书·宪宗纪》和《旧五代史·武皇纪》的抵牾之处弥合，但在职官上却出现了错漏，即先归的主力嫡系执宜仅居府兵马使，而晚归的残部却得到府都督。④ 至于何以出现如此错漏，唯有正面考订归附时间与阴山府都督两事后，方能明晰。

关于沙陀大队归附的时间。《通鉴考异》已云"据《德宗实录》，贞元十七年无沙陀归国事。《范希朝传》，德宗时为振武节度使，元和二年乃为朔方、灵盐节度使，诱致沙陀。元和元年亦无沙陀朝见。《纪年录》恐误。今从《实录》、《旧传》、《新书》。"⑤ 元稹也有《宪宗章武孝皇帝挽歌词三首》："天宝遗馀事，元和盛圣功。二凶枭帐下，三叛斩都中。始服沙陀虏，方吞逻逤戎。狼星如要射，犹有鼎湖弓。"⑥ 可见，沙陀大队归来，确系宪宗年间事。且《册府元龟》卷九七七云"宪宗元和三年六月，沙陀突厥七百人携其亲属归于振武节度使范希朝。"⑦ 而《与希朝诏》中言道："敕希朝：刘忠谨至，省所奏沙陀突厥共一千八百七十人并驼马器械归投事宜，具悉。"⑧ 故可知沙陀归附于元和三年一事证据实多，当无异议。

关于阴山府都督一事。《旧唐书·穆宗本纪》记："阴山府沙陀突厥兵马使朱耶执宜来朝贡，赐官诰、锦彩、银器。"⑨ 而《资治通鉴》卷二四四文宗太和四年三月条记云："陉北沙陀素骁勇，为九姓、六州胡所畏伏。公绰奏以其酋长朱邪执宜为阴山都督、代北行营招抚使，使居云、

---

① 《资治通鉴》卷237唐宪宗元和三年五月条注引《后唐懿祖纪年录》云："懿祖讳执宜，烈考讳尽忠，自曾祖入觐，复典兵于碛北。德宗贞元五年，回纥葛禄部及白眼突厥叛回纥忠贞可汗，附于吐蕃，因为乡道，驱吐蕃之众三十万寇我北庭。烈考谓忠贞可汗曰：'吐蕃前年屠陷灵、盐，闻唐天子欲与赞普和亲，可汗数世有功，尚主，恩若骄儿，若赞普有宠于唐，则可汗必无前日之宠矣。'忠贞曰：'若之何？'烈考曰：'唐将杨袭古固守北庭，无路归朝，今吐蕃、突厥并兵攻之，傥无援助，陷亡必矣。北庭既没，次及于吾，可汗得无虑乎！'忠贞惧，乃命其将颉干迦斯与烈考将兵援北庭。贞元六年，与吐蕃战于碛口，颉干迦斯不利而退。烈考牙于城下以援袭古，吐蕃攻围经年，诸部继没。十二月，北庭之众劫烈考降于吐蕃，由是举族七千帐徙于甘州，臣事赞普。贞元十三年，回纥奉诚可汗收复凉州，大败吐蕃之众，或有间烈考于赞普者云：'沙陀本回纥部人，今闻回纥强，必为内应。'赞普将迁烈考之牙于河外。时懿祖年已及冠，白烈考曰：'吾家世为唐臣，不幸陷虏，为他效命，反见猜嫌，不如乘其不意，复归本朝。'烈考然之。贞元十七年，自乌德鞬山率其部三万东奔。居三日，吐蕃追兵大至，自洮河转战至石门关，委曲三千里，凡数百战，烈考战殁，懿祖挟护灵舆，收合馀众，至于灵州，犹有马三千骑，胜兵一万。时范希朝为河西、灵盐节度使，闻懿祖至，自帅师蕃界，应接而归，以事奏闻。德宗遣中使赐诏慰劳，赏锡数十万，因于盐州置阴山府，以懿祖为都督，授特进、骁卫将军同正。宪宗即位，诏懿祖入觐。元和元年七月，帝自振武至长安，授特进、金吾卫将军，留宿卫。时范希朝亦征为金吾上将军。二年，吐蕃诱我党项部，寇犯河西，天子复命希朝为灵盐节度，命懿祖将兵佐之。贼平，戍西受降城。"第7651—7652页。
② 《册府元龟》卷965，台北：台湾中华书局，1996年，第11353页。
③ 《新唐书》卷218《沙陀传》，第6155页。
④ 岑仲勉在《隋唐史》中略有提及，石家庄：河北教育出版社，2000年，第515页。
⑤ 《资治通鉴》卷237唐宪宗元和三年五月条，第7652页。
⑥ 杨军笺注：《元稹集编年笺注》（诗歌编），西安：三秦出版社，2002年，第840页。
⑦ 《册府元龟》卷977，第11483页。
⑧ 《全唐文》卷664《与希朝诏》，第6753页。
⑨ 《旧唐书》卷16《穆宗纪》，第499—500页。

朔塞下，捍御北边。"① 由此可知，在文宗之前，执宜并非阴山都督之事也是十分明白。②

这样看来，《旧五代史·武皇纪》在记载沙陀归附时间、阴山府都督人选上都出现了错误，后世著史之人本应对其所记各事尽行考订。而后出的《新唐书·沙陀传》却断章取义，强取了《旧五代史·武皇纪》关于尽忠和执宜的谋划行第以及执宜帅主力之师归附的事迹而舍弃了其他，但碍于《实录》、《旧唐书·宪宗纪》关于都督人选、归附时间上的记录确凿，所以只好在改动后留下了职仕高低的参差。

三、尽忠、执宜父子关系的虚像与实像

通过上文的论证，原本清晰的李存勖先祖执宜、尽忠的事迹因发见《新唐书·沙陀传》的故意删改，而变得模糊。不过，新出土的《唐故河东节度观察处置等使、开府仪同三司、守太师兼中书令、晋王墓志铭》却对我们廓清此问题甚有帮助。该《墓志铭》云："王讳克用，字翼圣，陇西成纪人也，世以象河命氏，与磐石联枝。自四代祖益度，薛延陀国君、无敌将军。曾祖思葛，继国袭爵，霸有阴山。祖执仪，皇任阴山府大都督、三军沙陀都知兵马使、兼御史中丞。烈考国昌，皇任左龙威统军、检校司徒，致休饬终，追加太保。"③ 明系将执宜之父称为"霸有阴山"的思葛。但如上所述，《旧五代史·武皇纪》、《新五代史·唐本纪》都认为执宜之父是尽忠，二人同为归附之首倡。既然史料在此处出现矛盾，执宜与尽忠的父子关系便要再行辨证。

此外，后唐政权的祭祖规范也使笔者对其先代世系的可靠性顿生疑窦。《五代会要》卷一追谥条云："后唐懿祖昭烈皇帝讳执宜，沙陀府都督拔野之六代孙。同光元年闰四月追尊昭烈皇帝，庙号懿祖，葬永兴陵。在代州雁门县。献祖文景皇帝讳国昌，昭烈皇帝长子，母曰昭烈皇后崔氏。同光元年闰四月追尊文景皇帝，庙号献祖，葬长宁陵。在代州雁门县。太祖武皇帝讳克用，文皇帝第一子，母曰文景皇后秦氏。同光元年闰四月追尊武皇帝，庙号太祖，葬建极陵。在代州雁门县。"④ 核查《五代会要》，笔者发现五代之中唯有后唐止追三祖。同时，《新五代史·马缟传》云："明宗入立，继唐太祖、庄宗而不立亲庙。缟言：'汉诸侯王入继统者，必别立亲庙，光武皇帝立四亲庙于南阳，请如汉故事，立庙以申孝享。'"⑤ 故知其时人了解如后唐绍继唐室者当另立四庙，方为正。而后唐仅立三庙，不得不令人怀疑其四代祖（即《新五代史》等书中的尽忠）的真实性。

在《新唐书·沙陀传》中，其实并没有明确认定尽忠即是执宜之父，而仅是言及"尽忠与朱邪执宜谋"，但因其与《新五代史》同朝而现，又在史源上对《后唐懿祖纪年录》、《旧五代

---

① 《资治通鉴》卷244唐文宗太和四年三月条，第7870页。
② 据《唐方镇年表》卷1，可知宪宗三年范希朝时任灵盐节度使。揆诸常理，以阴山之地理位置，置阴山府于灵盐节度使域内尚属合适。不过，元和四年六月，执宜已随范入代北，见《隋唐五代史补编》三，北京：北京图书馆出版社，第93页。而《旧唐书·穆宗本纪》记执宜的官职仍是"阴山府突厥兵马使"。其原因应与阴山府作为军府名称随部落主力迁徙有关，类似的情况可参见村井恭子《唐吐蕃回鹘并存时期的西北边境——以〈李良仅墓志铭〉为中心》，《文史》2009年第4期，第133—149页。
③ 李克用墓最初由沂州地区文物管理处和代县博物馆于1989年进行发掘调查，墓志拓本见《隋唐五代墓志汇编》（山西卷），天津：天津古籍出版社，1991年，第177页。录文参考了森部丰、石见清裕《唐末沙陀「李克用墓志」訳注·考察》，《内陆アジア言語の研究》18，2003年，第21页。
④ 《五代会要》卷1，上海：上海古籍出版社，1978年，第10页。
⑤ 《新五代史》卷55《马缟传》，第633页。

史》有所吸收，且对后代连接整个沙陀世系有重要作用①，所以笔者在下一段中会将其与《新五代史》并举。②

我们若将上述重要材料按成书年代排列，则可以得到不同材料对沙陀先世及事迹的记述，列简表如下：

文献来源	成书时间	祖先谱系
《李克用墓志铭》	天祐五年（908）	益度（四代祖）—思葛（曾祖）（祖）—执仪—李国昌—李克用…
《后唐懿祖纪年录》	后唐天成四年（929）	尽忠（烈考）（懿祖）—执宜—李国昌—李克用…
《旧五代史·武皇纪》	北宋开宝七年（974）	拔野（始祖）—？—？—？—？—尽忠—执宜—李国昌—李克用…
《新五代史·唐本纪》	北宋皇祐五年（1053）	西突厥—？—朱耶尽忠—执宜—李国昌—李克用…
《新唐书·沙陀传》	北宋嘉祐五年（1060）	沙陀金山—辅国—骨咄支—尽忠—？—执宜—李国昌—李克用…

如果按照史源的标准，则可将上表分为三类：（a）成于天祐五年的《墓志铭》：四代祖益度（薛延陀国君、无敌将军）—曾祖思葛（继国袭爵，霸有阴山）—执宜—国昌。（b）成于后唐天成四年的《后唐懿祖纪年录》、北宋开宝七年的《旧五代史·武皇纪》：尽忠—执宜—国昌。③（c）成于北宋皇祐五年的《新五代史·唐本纪》、嘉祐五年的《新唐书·沙陀传》则可以将世系连接：沙陀金山—辅国—骨咄支—尽忠—执宜—国昌。从这个序列中，我们约略可见执宜之父由思葛而变为尽忠，由仅及先世之拔野、后代之尽忠而变为祖先事迹愈发详细、荣耀。随着史料的晚出，记事也转而完善。因此，笔者以为要解决尽忠—执宜关系之问题，就要尽力排除后出史料的干扰。而考订的关键即在于充分利用最早出的史料——《李克用墓志铭》和不同史源体系的史料——《旧唐书·宪宗纪》，以避免转相沿袭之病。

因此，笔者根据上引各种材料形成时，撰修者可见的史源，推论史料形成的过程。同时这样也可以表明沙陀世系记录如何发生错误：沙陀先世并非中原望族，而且唐中央也没有对此部落进行详细的记录。所以，《李克用墓志铭》撰述时，李氏对沙陀（朱邪）先代的记忆可能已经模糊了，其中所云事迹也相对简练。更兼以李克用弃世之时，恰是沙陀军事力量退缩河东一线的危急关头，写下"曾祖思葛，继国袭爵，霸有阴山"之言，恐怕是对其巩固河东地带的一种法统依据解释。到了《后唐懿祖纪年录》修撰之时，后唐已然入主中原，对先世的记载便含糊不得。是以，赵凤等人参合前史，将执宜之父拟为尽忠，一则显示朱邪（李）氏先祖乃主嫡一脉，二则显示执宜所领乃纯正之沙陀归顺主力，绍继唐室宜有其领，但在归顺时间上却把握不定，出现贞元

---

① 前人著述中，常会把《新五代史》关于尽忠、执宜的父子关系填入《新唐书》沙陀世系，如清人林侗《来斋金石考略》、叶奕苞《金石录补》，现代研究如徐庭云《内迁中原前的沙陀及其族源》，《中央民族学院学报》1993 年 6 期，第 10—16 页。

② 换言之，《新唐书》在这个问题上的犹豫亦启发笔者质疑将尽忠比定为执宜之父的可靠性。

③ 《五代会要》卷 18 修国史条云："其年（天成）十一月史馆上新修懿祖、献祖、太祖纪年录共二十卷，庄宗实录三十卷。"而《旧五代史》则只是据《五代会要》填上"始祖拔野"一语。

元和之错漏。《旧五代史·武皇纪》则以《懿祖纪年录》为本，加入《五代会要》中"始祖拔野"数语而已。宋修史书《新唐书·沙陀传》和《新五代史·唐本纪》却延续了《旧五代史·武皇纪》的记述，并改动了时间，俾以符合《实录》。但无论后出史料如何精致的修正，却也无法磨平官职的细节差异。

由此可见，首先记下尽忠乃执宜之父的史料是《后唐懿祖纪年录》，然这段材料一则出现贞元时间之误，二则未曾向前追述祖先，这两点都是由后出史料补充改正的。至宋初再次编订五代史史书的时候，沙陀金山—沙陀辅国—沙陀骨咄支—沙陀尽忠—朱邪执宜？—朱邪赤心（李国昌）—李克用—李存勖的代系方于史乘之上坐实。此亦可解释周寿昌《五代史记纂误补续》的一个疑问："又，克用杀段文楚事，皆云州沙陀兵马使李尽忠为之。见《庄宗功臣列传》等书，《通鉴》从之。惟《后唐实录》削去李尽忠名，悉以尽忠语为康君立语，盖为庄宗避朱邪尽忠之讳，亦可证尽忠为庄宗之曾祖审矣。"其实《五代会要》卷18 修国史条云："其年（天成四年）十一月，史馆上新修懿祖、献祖、太祖纪年录共二十卷，庄宗实录三十卷。"① 可见，《后唐实录》与《懿祖纪年录》是同时进呈的，当时已经认定沙陀尽忠为后唐帝室先人之一。若云避讳，并非是庄宗避尽忠之讳，而是《实录》避《懿祖纪年录》之讳。所以，此种避讳仅仅是停留在文本上的，而不是事实上的。况且这里还涉及到后唐初复杂之政治关系，恐怕也不是简单一句避讳就可以解释的。

然而，《懿祖纪年录》作为最早记下尽忠乃执宜之父的史料，其认定的文献依据究竟本自何处？《新唐书·沙陀传》、《新五代史·唐本纪》又是据何种材料向前追述祖辈的？笔者以为与《册府元龟》卷956 外臣部种族条下的这一段有些许关系：

> 沙陀突厥，本西突厥之别种也。唐则天通天中，有黑离军讨击使沙陀金山为金满州都督。其后，又有沙陀骨咄支、沙陀尽忠等十馀人皆官至将军，仍兼金满州都督。元和三年，回鹘破凉州。吐蕃意沙陀致之，欲西徙，以散弱其类。沙陀遂举帐东来，转战三千馀里，本出甘州有九千馀人。五月到灵州者，小才二千馀人，橐驰千余头，马六七百匹，馀皆战死、馁死及散失。范希朝，时为灵武节度，为市牛羊，孳息群牧。凤翔、兴元、太原等数道后得迸落之馀，归之灵州。四年八月，范希朝移镇太原，诏沙陀举军随之。希朝奏选一千二百人为军。其馀种落，本欲置之大同川。其川接生奚路，虑河冰合，其众西走，遂居之于襄州谷中。②

我们注意这条史料中提到了尽忠，但是没有提及执宜；其文记录了归国之事，但是没有提及大首领是何人，其史料形态较为原始。所以笔者猜测：赵凤等人见到的史料，恐怕和《册府元龟》这条材料有相当大的关系或即同一史源。当时去古未远，且前代记录尚存，因此《纪年录》没能过分追述。至《新唐书·沙陀传》、《新五代史·唐本纪》修撰之时便是据此种史料续编沙陀先世事迹。不过，因《册府元龟》不载出处，这种看法也仅能归于猜测。

根据上文的分析，我们看出：尽忠与执宜之父子关系经过了后代文本的一系列加工。此处，笔者根据《墓志铭》和《旧唐书》正面解释李存勖一系的源起：尽忠并非执宜之父，而极有可能与葛勒河波有亲属关系（《旧唐书》卷14《宪宗本纪上》）。执宜之先祖早于元和年即已内迁，

---

① 《五代会要》卷18 修国史条，第299 页。
② 《册府元龟》卷956，第11252 页。

这就是为何《后唐懿祖纪年录》在归附时间上出现错误的原因——在祖先记忆与史料证据的矛盾下，无法取舍，只好强行认定尽忠乃执宜之父，却旁顾不了时间。同时，这也说明了为何在玄宗末年、肃宗初年，就出现了沙陀与朱耶并举的情况——《安禄山事迹》云："以河西、陇右节度使、西平王哥舒翰为副元帅，领河、陇诸蕃部落奴剌、颉、跌、朱耶、契苾、浑、蹛林、奚结、沙陁、蓬子、处蜜、吐谷浑、恩结等一十三部落督蕃汉兵二十一万八千人镇于潼关。"① 可知，早在中唐，沙陀与朱耶部落经过数度分合，发生了一定程度上的离散，李克用的先世可能就是其中一支。至于《墓志铭》所言"继国袭爵，霸有阴山"，说明朱邪的部族最初之迁居地可能就是阴山附近。② 时值元和三年，沙陀大部归附之际，执宜一系当有所策应，所以才有"府兵马使"之授。（《新唐书》卷二八一《沙陀传》）。等到柳公绰保举执宜为阴山都督时（《资治通鉴》卷二四四文宗太和四年条），朱邪执宜—朱邪赤心（李国昌）—李克用—李存勖这一系方才有崭露头角之机遇。③ 但是，其中也有无法确证的地方——执宜的祖、父究竟为谁？森部丰和石见清裕认为益度—思葛—执宜—国昌—克用，才是朱邪部落的谱系。④ 其实，正如本文对正史的分析一样，这种祖先认知也不过是天祐五年、河东沙陀李氏或者李克用之子李存勖自行认定的结果，在缺乏旁证的情况下，是无法证实的。

然而，从另一个角度来讲，《李克用墓志》的发现确实也为我们提供了新的思路：从天祐五年到后唐天成四年，仅有区区廿一年，在这么短的时间里，沙陀李氏政权却迅速放弃了曾经出现过的祖先认知，转而选择了与李唐王朝关系密切的尽忠作为执宜之父，对祖先谱系进行了初步的重塑。思索其背景，除去上文所说史料修撰时现实政治的考量以外，后唐政权的政治性格恐怕也是重要的诱导因素。在这里，笔者希望通过后唐庄宗即位礼仪中的一些特点来说明此问题。

在很多人看来，皇帝的即位礼仪似乎只是一个程序，王朝的兴起不过是势力较量的结果。或许，对于身处当时的君臣民而言，尤其是在连年战争的乱世，朝代更迭的那一刻更加像是一个过场。然而，如果可以把即位场合看作是"剧"的话，那么我们就能够透过诸种表象，到特定的时空中去理解古代国家的政治主张、去观察那些参与禅代的特定人群、去分析新帝国期待建立的统治秩序。⑤

具体来说，早在后唐建立之初，庄宗李存勖就颁下一道即位制文，来说明国家的基本政治主

---

① （唐）姚汝能：《安禄山事迹》卷中，上海：上海古籍出版社，1983年，第26页。
② 关于沙陀部与阴山的问题，白玉冬注意到《旧五代史》卷60《李袭吉传》中李克用"阴山部落，是仆懿亲"之语，并结合后世史料，推测沙陀与漠北就昔驮靼之间的关系，见《沙陀后唐・九姓タタル関系考》，《东洋学报》97（3），2015年，第384—360页。
③ 樊文礼认为："葛勒阿波为朱邪尽忠之弟，也就是朱邪执宜的叔父，李克用的曾祖父辈，他在归唐后被授予阴山府都督，（中略）思葛或许即葛勒阿波。"（樊文礼：《李克用评传》，济南：山东大学出版社，2005，第21页）但是有两点樊氏无法解释：一、所谓"霸有阴山"并未明指阴山府都督，李存勖并无必要冒认任过阴山府都督的曾叔父葛勒阿波为曾祖父，而在数十年后编著的《纪年录》中却又将曾祖认回沙陀尽忠。二、樊氏没有认识到将沙陀尽忠确定为朱邪执宜之父的史料都是较晚才出现的，简单地将葛勒阿波说成李存勖的曾叔父恐怕只能是盲从史料的结果。
④ 森部丰、石见清裕：《唐末沙陀「李克用墓志」訳注・考察》，第46页。
⑤ 对于汉唐间皇帝即位仪礼研究意义的说明，见尾形勇《中国古代的"家"与国家》，长春：吉林文史出版社，1993年，第257—288页；金子修一《即位仪礼から見た皇帝権力》，《唐代史研究》8，2005年，第70—86页。

张。① 在这篇制文中，有两点意见得到了强调：首先，李存勖政治权力的获得是"法天取象，令王以降衷下民；秉箓承乾，哲后以膺图受命"的结果，也就是说这是天命，是遵循了"天下为公"的原则。② 但同时，他也强调了"爰自丕承丕构，世奉本朝，誓雪耻于君亲，欲再安于庙社"以及"籍系郑王，志存唐室，合中兴于景祚，须再造于洪基"，说明唐王朝的正统性是要被继承的，是一种变相的延续。所以，在后唐成立的过程中，一类理念确立起来：沙陀系的李氏是世奉唐朝的忠臣，是大唐的合法继承者。

此外，还有一点是值得我们注意的，按照《旧五代史》的说法："同光元年春正月丙子，五台山僧献铜鼎三，言于山中石崖间得之。二月，新州团练使李嗣肱卒。是时，以诸藩镇相继上笺劝进，乃命有司制置百官省寺仗卫法物，期以四月行即位之礼，以河东节度判官卢质为大礼使。"③ 由此可见，庄宗即位是通过"符命"和"藩镇劝进"达成的，后唐皇帝权力的来源除了受命于天以外，还需要藩镇在象征上的臣服。这与汉魏以来，由臣子劝进、继而建立君臣之约的方式有了不小变化，同时也说明后唐政治中的基要因素是藩镇，他们的意向和政权的成立之间具有密切的联系。从五代的政治局势来看，统治中原的天子实际是由镇将上升而来的，朝堂上的臣僚也不过是幕府人员的再编与扩大。这样的统治者实际上只是暂时弹压了其他的军阀，而成为最大的军阀，此时的北方政权更加像一个个藩镇联合形成的国家。④

质言之，在后唐成立的时刻，"绍继大唐"和维系"藩镇联合体"便已经构成了政权的基本秩序。这也说明，选择与李唐王朝关系密切的尽忠作为执宜之父，恐怕并不是简单依靠编纂《后唐懿祖纪年录》就能完成的。应该说，在后唐特定的政治理念统治下，是很容易诱导《纪年录》此种史传出现的，而沙陀祖先世系的重塑也从此时逐步展开。《纪年录》中"世为唐臣，复归本朝"的说法与庄宗制"籍系郑王，志存唐室"、"世奉本朝，誓雪耻于君亲"的归纳之间密切的关联性正可提示这一点。

如果我们进一步思考，后唐宣称的国家结构其实也不是在一时一刻创造出来的，它是在晚唐独特的时代氛围中形成的。从黄巢之乱以后，唐中央的政治权威一步步沦丧，但与此相对，长安主导的政治文化却因清流士人在藩镇及幕府中的活动而进一步扩散。在一些极有个性的节度使治下，某些藩镇甚至成为了一个个小长安。⑤ 从这个角度上来说，李存勖父子拥有的河东藩镇既具备一般意义上的独立性，又同时受到长安政治文化的渗透，这些都构成了后唐君臣共同努力重塑祖先记忆的最基本的历史背景。

---

① 《册府元龟》卷92载此制文曰："法天取象，令王以降衷下民；秉箓承乾，哲后以膺图受命。莫不运推历数，道济艰难，经纶于草昧之中，式遏于乱略之始，君临兆庶，子惠万邦，寿域将登，眚灾是宥。朕顾惭凉德，诚愧前修，祗荷鸿休，恭修清问。将布维新之政，是覃革故之恩，遐按彝章，溥颁成宪。爰自丕承丕构，世奉本朝，誓雪耻于君亲，欲再安于庙社。所以躬提义旅，力殄凶徒，渐致小康，永清中夏。俄属列藩群后，不谋同辞，咸称伪逆于天，宗祧乏祀，眷命所属，主鬯攸归，以朕籍系郑王，志存唐室，合中兴于景祚，须再造于洪基。推戴既坚，让辞靡获，既难违众，遂命有司，乃择元辰，率尊前典。寻升坛而奠玉，仍即位以建元，钦若旧章，敬敷需泽。宜改天祐二十年为同光元年，可大赦天下"，第1098页。
② 参见尾形勇《中国古代的"家"与国家》，第281页。
③ 《旧五代史》卷29《唐书·庄宗纪》，第402页。
④ 五代时期，北中国天子的军阀特征，见日野开三郎《东洋史学论集2·五代史の基调》，东京：三一书房，1980年，第307—310页。
⑤ 士人在藩镇中活动的总结，见王寿南《唐代藩镇与中央关系之研究》，台北：大化书局，1978年，第401—423页。陆扬也研究了某些士人在朝廷和藩镇之间的思考与抉择，见《从新出墓志再论9世纪初剑南西川刘辟事件》，收入《清流文化与唐帝国》，北京：北京大学出版社，2016年，第59—86页。

四、从蕃将到藩镇：沙陀祖先记忆形成的历史背景

　　元和三年，沙陀东迁至灵州。一年后，范希朝"镇太原，因诏沙陀举军从之。希朝乃料其劲骑千二百，号沙陀军，置军使，而处余众于定襄川"，朱耶执宜则"保神武川之黄花堆，更号阴山北沙陀。"① 所谓"神武川之黄花堆"即是今日山西省怀仁县，位于桑干水、㶟水合流后正流之北岸，属于广义上的代北地区。② 韦澳在《诸道山河地名要略第二》中对这一地区有"然自代北至云朔等州，北临绝塞之地，封略之内，杂虏所居。戎狄之心，鸟兽不若，歉馑则剽劫、丰饱则柔从。互报怨仇，号为雠掣，不惮攻煞。所谓衽金革死而不厌者也。纵有编户，亦染戎风，比于他邦，实为难理"③ 的描述。沙陀此次移动使其广泛地容纳了当地强有武力的杂蕃和部分汉人，于是便有了"陉北沙陀素为九姓、六州所畏"的说法。④

　　另一面，宪宗执政的元和年间恰恰又是中晚唐历史上新型中央—藩镇关系形成的时代。以元和元年唐中央平定西川和浙西叛乱的那一刻为标志，评判一个藩镇效忠朝廷与否的标准不再像贞元期间那样模糊，而是以是否能无条件地接受朝廷所直接指定的人选为标准。忠诚与否端赖其接受皇命的程度而定，这一标准从此几乎成为唐廷和藩镇关系的基本前提，而且基本维持到唐末黄巢之乱前为止。⑤ 在元和之后，虽有穆宗时河北藩镇的暂时起伏⑥，但中央大体维持住了宪宗时所形成的威慑力。至懿宗登基，上述政治的惯性依然存在，如成德节度使王绍懿临终召其侄景崇，"谓之曰：'亡兄以军政托予，以俟汝成立。今危惙如此，殆将不救。汝虽少年，勉自负荷，下礼藩邻，上奉朝旨，俾吾兄家业不坠，惟汝之才也。'言讫而卒。"⑦ 《通鉴》记绍懿语略异："吾兄以汝之幼，以军政授我。汝今长矣，我复以军政归汝。努力为之，上忠朝廷，下和邻藩，勿坠吾兄之业，汝之功也。"⑧ 二则材料都可以看出当时节度使心目中"忠于朝廷"与"家业不坠"之间的关联性与重要性。

　　反过来说，沙陀将士最初面对的唐王朝，已经远离了安史之乱后虚弱的面貌；长安对藩镇，尤其是节度使的任命上握有相当大的主动权，大多数藩镇至少要在表面上顺从朝廷发布的政治主张，这是当时朝野都需要遵循的规范。对于刚刚进入唐朝边地的朱邪氏而言，元和正是其生活的时代，这个时代的政治氛围更加是其可以借鉴和学习的资源。

　　从宪宗时代开始，沙陀军事力量数次为唐廷所用，参与各处征战。⑨ 但其势力急剧扩张却是在唐懿宗与僖宗年间，且是借助了庞勋与黄巢之变的机遇。正是在这二次变乱中，沙陀集团成功

---

① 《新唐书》卷218《沙陀传》，第6155页。
② 严耕望：《唐代交通图考》五"河东河北区"，上海：上海古籍出版社，2007年，第1378—1379页。
③ 敦煌文书 P. 2511，上海古籍出版社、法国国家图书馆编《法藏敦煌西域文献》一五，上海：上海古籍出版社，2001年，第32页；并参唐耕耦、陆宏基编《敦煌社会经济文献真迹释录》，北京：书目文献出版社，1986年，第72页。
④ 《新唐书》卷218《沙陀传》，第6155页。
⑤ 陆扬：《从西川和浙西事件论元和政治格局的形成》，《唐研究》第八卷，北京：北京大学出版社，2002年，第245—246页。
⑥ 吕思勉：《隋唐五代史》，北京：中华书局，1959年，第361—373页。
⑦ 《旧唐书》卷142《王绍懿传》，第3890页。
⑧ 《资治通鉴》卷250 唐懿宗咸通七年三月条，第8114页。
⑨ 沙陀军事力量的崛起还要考虑唐中央运用游牧势力的理想及边境藩镇的对策，关于这一问题的讨论参见村井恭子《河西と代北：九世紀前半の唐北边藩鎮と游牧兵》，《东洋史研究》74（2），2015年，第245—248页。

地崛起并参与了平定叛乱的军事行动。也正是在平叛的过程里，李国昌一系在晚唐政治中所扮演的角色从蕃将逐步蜕变为藩镇，他们既熟悉了元和以来的政治规范，又反而推动了规范的改变。

（一）

懿宗咸通年间，武宁兵卫戍桂州，不得北还而叛。庞勋拥叛军起兵，沙陀军则随康承训南下平叛①，并且在平叛过程中功劳彰著，《新唐书·沙陀传》云：

> 庞勋乱，诏义成康承训为行营招讨使，赤心以突骑三千从。承训兵绝涣水，遇伏，堕围中几没，赤心以骑五百掀出之。勋欲速战，众八万，短兵接，赤心勒劲骑突贼，与官军夹击，败之，其弟赤衷以千骑追之亳东。勋平，进大同军节度使，赐氏李，名国昌，预郑王属籍，赐亲仁里甲第。②

这就是沙陀朱邪得以赐姓李的来由。但是，此时的李国昌并未得大同节度使，而是得官云州刺史、大同防御使。③ 其后，"回鹘叩榆林，扰灵、盐"，李国昌方为"鄜延节度使"。回鹘"又寇天德"的时候，朝廷"乃徙（国昌）节振武，进检校司徒"。④

仔细品味唐中央对待李国昌的政策，得见其视沙陀不过乃一强有力之蕃将与蕃兵，然而此种沙陀所构成的军事集团却已经不同于玄宗时所成立的蕃兵模式，反类似太宗时的情景。切如陈寅恪先生所论："太宗既任部落之酋长为将帅，则此部落之酋长必率领其部下之胡人，同为太宗效力。功业成后，则此酋长及其部落亦造成一种特殊势力。如唐代中世以后藩镇之比"，而玄宗则多用"寒族之蕃人"。陈先生认为"太宗之用蕃将，乃用此蕃将及其所统之同一部落。玄宗之用蕃将，乃用此蕃将及其统领之诸种不同之部落"⑤。从李国昌的情况来说，至少自其父朱邪执宜一辈起，朱邪氏便已为沙陀之酋长。而李国昌在懿宗初年统帅的军事力量有赖于沙陀本部及相关

---

① 《新唐书》卷148《康承训传》云："咸通中，南诏复盗边。武宁兵七百戍桂州，六岁不得代，列校许佶、赵可立因众怒杀都将，诣监军使丐粮铠北还，不许，即擅斧库，劫战械，推ібрания料判官庞勋为长，勒众上道。懿宗遣中人张敬思郡送，诏本道观察使崔彦曾慰安之。次潭州，监军诡夺其兵，勋畏必诛，篡舟循江下，益袁兵，招亡命，收银刀亡卒艚匿之。及徐城，（中略）勋入据州，自称兵马留后。（中略）帝遣中人康道亨宣慰徐州，（中略）道隐还，固求节度。（中略）帝乃拜承训检校尚书右仆射、义成军节度使、徐泗行营都招讨使，以神武大将军王晏权为武宁军节度使、北面行营招讨使，羽林将军戴可师为南面行营招讨使，率魏博、鄜延、义武、凤翔、沙陀、吐浑兵二十万讨之。（中略）勋谒汉高祖庙受命，以其父举直为大司马，守徐州。（中略）勋闻徐已拔，气夺，无顾赖，众尚二万，自石山而西，所在焚掠。承训悉兵八万逐北，沙陀将朱邪赤衷急追至宋州，勋焚南城，为刺史郑处冲所破，将南趋亳，承训兵循涣水而东，贼走蕲县，官兵断桥，不及济，承训乃纵击之，斩首万级，馀皆溺死。阅三日，得勋尸"，第4774—4779页。
② 《新唐书》卷218《沙陀传》，第6156页。
③ 岑仲勉有具体的考证，兹不繁引，见《隋唐史》，第550—551页。
④ 《新唐书》卷218《沙陀传》，第6156页。
⑤ 陈寅恪：《论唐代之蕃将与府兵》，收入《金明馆丛稿初编》，上海：上海古籍出版社，1980年，第268页。章群《唐代蕃将研究》有相当篇幅集中与陈氏观点辩驳，补充了不少细节，台北：联经出版事业公司，1986年，第243—246页。在日本学界，谷口哲也对蕃将的性格变化进行了更加详细的研究，他把高宗以后的周边民族的自立性所衍生出来的不以部族组织为背景的蕃将和不再维持部族制的蕃兵之间的关系理解为假定的部族结合，《唐代前半期の蕃将》，《史朋》九，1978，参见谷川道雄等编著《魏晋南北朝隋唐时代史の基本问题》，东京：汲古书院，1997，第77—79页。

依附民族①，绝非唐王朝"空降"之属可比。且其部落被唐中央使用来备边、防御回鹘，这与朝廷历来处理蕃部将领的政策亦大体相似②；至于赐姓一节，更是唐廷常用来处理蕃将的方法。于斯可见，李国昌沙陀集团之崛起实际与唐代蕃部入援的政策息息相关，乃此政策一贯而来的趋势。然李国昌领兵的方式却是继承了贞观年间的旧制，而这种模式恰恰容易造成蕃将势力的迅速扩张。此点也为李国昌、李克用父子积蓄力量，向藩镇转型提供了可能。

另一方面，正如上文所述，唐中央自贞观时，开始使用蕃将自领部落兵以补府兵之不足，但也相应的扶植府兵予以制衡。至玄宗时代，唐廷改以寒族蕃人率领蕃兵，虽然府兵制度已经不能维持，然蕃将也不容易形成一种无可抵御的特殊势力。③ 而正因安史之乱发，原有秩序近于崩溃。因此，肃代之后，神策军力量兴起，成为新的制衡点。④ 自德宗建中元年，神策军正式介入了征讨地方的行动，成为中央最有实力的军事力量。⑤ 但是，此军事力量之战斗力也不能长久保持，至黄巢之变的时候，即已见到"神策军士皆长安富家子，赂宦官窜名军籍，厚得廪赐，但华衣怒马，凭势使气，未尝更战陈；闻当出征，父子聚泣，多以金帛雇病坊贫人代行，往往不能操兵"⑥ 的情况，足征其军制崩坏之迅速。所以，当沙陀崛起之时，唐王朝对于蕃将自领部落兵的情况，可谓是内无约束之规矩，外失制衡之力量。⑦

（二）

在李国昌任振武节度使的数年间，中央与沙陀之间的关系尚属稳当。但是至懿宗末年，却发生了李克用戕杀段文楚并求节钺的事件，这为唐中央在代北甚至整个北部边防线的稳定都带来了极大的威胁。

其始，不过是"朝廷以段文楚为代北水陆发运、云州防御使。时岁荐饥，文楚稍削军食，诸军咸怨"。在"边校程怀素、王行审、盖寓、李存璋、薛铁山、康君立等"的策应和拥戴下，李克用"入云州，众且万人，营于斗鸡台，城中械文楚出，以应于外"，"诸将列状以闻，请授武皇（李克用）旄钺。"⑧ 而具体行事的记载，则以《唐末三朝见闻录》为佳：

> 乾符五年戊戌，窦瀚自前守京兆尹拜河东节度使，在任，便值大同军变，杀防御使段文楚。正月二十六日，军于石窰。二十七日，到白泊。二十九日，至静边军。三十日，筑却四面城门。二月一日，在城将士三人共赏绢一匹，监军使差仇判官闻奏，李尽忠等准诏各赏马一匹，银鞍辔一副，银三铤，银碗一枚，绢一束，锦二匹，紫罗三匹，诸军将银碗绢等。三

---

① 对于沙陀集团中的其他民族成分，前贤研究已极多，概述可参见李丹婕《沙陀部族特性与后唐的建立》，《文史》2005年第4辑，第232—236页；具体研究可参考森部丰《唐末五代的代北におけるソグド系突厥と沙陀》，《东洋史研究》62卷4号，2004年，第60—93页。虽然沙陀队伍中有六州胡等其他的民族成分，但也大多以沙陀为号，笼统而言，尚可称为一个"认同"而成的族群。
② 章群：《唐代蕃将研究》，第143页。
③ 陈寅恪：《论唐代之蕃将与府兵》，《金明馆丛稿初编》，第270—271页。
④ 关于神策军，参看唐长孺《唐书兵制笺正》卷3，北京：中华书局，2011年，第91—118页。
⑤ 黄永年：《"泾师之变"发微》，《唐史论丛》第二辑，西安：陕西人民出版社，1987年，第185—200页。
⑥ 《资治通鉴》卷254唐僖宗广明元年十一月条，第8237页。
⑦ 除了笔者这里揭示的现象之外，李丹婕还指出沙陀崛起的原因与李克用的领袖才能有直接联系，见《沙陀部族特性与后唐的建立》，第238页。
⑧ 《旧五代史》卷25《唐书·武皇纪》，第333页。纪年稍有问题，当俱系于乾符五年，参赵绍祖《新旧唐书互证》卷四，上海：商务印书馆，1936年。

日，李尽忠却入。四日，两面马步五万馀人，城四面下营。五日，又赏土团牛酒。六日，监军使送牌印与李九郎。七日，城南门楼上系缚下段尚书、柳汉璋、雍侍御、陈韬等四人。寻分付军兵于斗鸡台西剐却，又令马军践踏却骸骨。八日，李九郎被土团马步军约一千人持弓刀送上。①

于兹可见，整个事件的过程如同藩镇转移权柄一样，而且李克用最后也得到了监军使的认可，这是中晚唐藩部权力转移的惯例。无论李克用究竟如何认识，是否自愿，这种行为已近乎窃夺方镇。然而事件发生自起至讫，不过十日上下，恐怕朝廷与李国昌皆是不明就里。因此，李国昌上言："乞朝廷速除大同防御使；若克用违命，臣请帅本道兵讨之，终不爱一子以负国家"②，表明自己的态度，以便观望。而懿宗则迅速派遣官员前往代北，其在遣发卢简方的时候言道："卿以沧州节镇，屈转大同。然朕以沙陀、羌、浑挠乱边鄙，以卿曾在云中，惠及部落，且忍屈为朕此行，具达朕旨，安慰国昌，勿令有所猜嫌也"③，则明系将李克用的事变视为蕃部扰边，要求卢简方安抚部落。因此，制敕的对策也相应地预定为镇静蕃将。可见，朝廷初始认知下的李克用之变与李克用实际的处置方式存在着差异——朝廷认为李不过是兵饷引起的边境骚乱，李却实际在豪夺方镇。随着时间推移，当唐中央逐渐接近事情实况的时候，便意识到此次事件需要按照藩镇的规范进行有力的约束，故《遣卢简方谕李国昌诏》云：

> 李国昌久怀忠赤，明著功劳。朝廷亦三授土疆，两移旌节，其为宠遇，实寡比伦。昨者征发兵师，又令克让将领，惟嘉节义，同绝嫌疑。近知大同军不安，杀害段文楚，推国昌小男克用主领兵权。事虽出于一时，心岂忘于长久。段文楚若实刻剥，自结怨嫌，但可申论，必行朝典。遽至伤残性命，刳剔肌肤，惨毒凭陵，殊可惊骇。况忠烈之后，节义之门，致兹横亡，尤悚观听。若克用暂勿主兵务，束手待朝廷除人，则事出权宜，不足猜虑。若便图军柄，欲奄有大同，则患系久长，故难依允。料国昌输忠效节，必当已有指挥。知卿两任云中，恩及国昌父子，敬悼怀感，不同常人。宜速与书题，深陈祸福，殷勤晓喻，劈析指宜。切令大节无亏，勿使前功并弃。④

诏旨主意尚属优厚，可见唐中央抚平沙陀的耐心，先述其功业，再析理分辨，甚至允诺"除克用官，必令称惬"⑤。不过，此诏中也明确地提出"若便图军柄，欲奄有大同，则患系久长，故难依允"。足征中央、李克用双方的认识已经逐渐接近，注意力都集中在了藩镇权力的归属上。然而朝廷依然希望可以在元和既有的政治规范下解决李克用擅据云中的政治后果，所以做出"以前大同军防御使卢简方为振武节度使，以振武节度使李国昌为大同节度使"⑥的安排，很明显这是要在维护中央在节度使任命权威的前提下，承认李国昌父子实际占据大同的事实，以便支撑住整个政治结构不至动摇。不过，这种用意被李国昌父子以武力的方式回绝。双方后来的行动主要是

---

① 《资治通鉴》卷253 唐僖宗乾符五年正月条注引，第8198页。
② 《资治通鉴》卷253 唐僖宗乾符五年正月条，第8198页。
③ 《旧唐书》卷19《懿宗纪》，第681页。
④ 《全唐文》卷84《遣卢简方谕李国昌诏》，第881页。
⑤ 《资治通鉴》卷253 唐僖宗乾符五年正月条，第8198页。
⑥ 《旧唐书》卷19《懿宗纪》，第681页；《资治通鉴》卷253 唐僖宗乾符五年三月条，第8202页。旧纪纪年不确，当从《通鉴》。

在军事上进行角逐。结果僖宗朝廷利用其他蕃将取得的暂时胜利①，使其最终免于朝局的剧烈震动。最终，"广明元年，招讨使李琢会幽州李可举、云州赫连铎击沙陀。克用与可举相拒雄武军。其叔父友金以蔚、朔州降于琢，克用闻之，遽还。可举追至药儿岭，大败之，琢军夹击，又败之于蔚州，沙陀大溃，克用父子亡入达靼。"②

（三）

与李克用之变同时，王仙芝、黄巢兵祸亦起，如所周知，唐中央渐渐不能防御。地方藩镇，尤其是朝廷颇是倚重的高骈也持观望的态度。③以至于广明元年十二月甲申，长安陷落。所以，中和元年，"（李）友金军至绛州，将渡河，刺史瞿正谓陈景思曰：'巢贼方盛，不如且还代北，徐图利害。'四月，友金旋军雁门，瞿正至代州，半月之间，募兵三万，营于崞县之西。其军皆北边五部之众，不闲军法，瞿正、李友金不能制。友金谓景思曰：'兴大众，成大事，当威名素著，则可以伏人。今军虽数万，苟无善帅，进亦无功。吾兄李司徒父子，去岁获罪于国家，今寄北部，雄武之略，为众所推。若骠骑急奏召还，代北之人一麾响应，则妖贼不足平也。'景思然之，促奏行在。"④唐廷于是"赦其（李国昌、克用）罪，复为大同防御使"⑤。

根据相关材料，笔者发现以下二点需要注意：一是李国昌父子前此几乎是只身入达靼⑥，而李克用再雁门关的时候则是"率达靼诸部万人"⑦，李友金召李克用，欲使其领的蕃兵也是"北边五部之众"。可见，李克用此番入关，虽然依旧是蕃将的身份，但其所统辖的部众已经转换成为杂蕃，而并非原先的沙陀本部，这种带兵的形态与本节第一部分所论的情形大不相同了。⑧二是李克用入关以后，第一步是选择忻州、代州作为立足之地，与论安等军对峙，即所谓"六月三十日，沙陀收却忻、代州，使司差教练使论安、军使王蟾、高弁、回鹘、吐蕃等军于百井下寨守御。当月内，论安等拔寨，却回到府。"⑨第二步便是四处劫掠，有论者认为这是游牧民族的天性使然⑩，笔者姑且不去辩驳这种看法是否合理，但引一则材料加以分析。《通鉴》云"李克用虽累表请降，而据忻、代州，数侵掠并、汾，争楼烦监"⑪，这里所谓"楼烦监"并非闲职，而是关系到骑兵马匹供应的重要职位，尤其对于李克用这样的蕃将蕃兵，马匹之于骑兵即类似今日的汽油之于坦克。安禄山即是"以内外闲厩都使兼知楼烦监，阴选胜甲马归范阳，故其兵力倾天

---

① 李丹婕：《沙陀部族特性与后唐的建立》，第232—236页。
② 《新五代史》卷4《庄宗纪》，第32页。
③ 参见黄清连《王铎与晚唐政局——以讨伐黄巢之乱为中心》，"中央研究院"历史语言研究所集刊63本2分，1993年，第207—267页；同氏《高骈纵巢渡淮——唐代藩镇对黄巢叛乱的态度研究之一》，《大陆杂志》80卷1期，1990年，第2—22页；周藤吉之《唐末淮南高骈的藩镇体制与黄巢徒党との関系について》，《东洋学报》68卷3.4号，1987年，第1—36页。
④ 《旧五代史》卷25《唐书·武皇纪》，第335页。系年有误，从《通鉴》。
⑤ 《资治通鉴》卷254唐僖宗中和元年二月条，第8248页。
⑥ 有关达靼的研究，参看刘浦江《再论阻卜与达靼》，《历史研究》2005年第2期；陈寅恪认为李克用率军再次南下的时候，军中达靼成分甚多，黄巢之变的平定得到达靼力量的支持如同在安史之乱中得到回鹘支持一样，氏著《读史札记·新唐书之部》，北京：生活·读书·新知三联书店，2001年，第627页。
⑦ 《旧五代史》卷25《唐书·武皇纪》，第336页。
⑧ 沙陀部队在黄巢之变后杂糅其他部落的事实，也为西村阳子的研究所证实。参见《唐末五代代北地区沙陀集团内部构造再探讨——以〈契苾通墓志铭〉为中心》，《文史》2005年第4辑，第211—228页。
⑨ 《资治通鉴》卷254注引唐僖宗中和元年六月条，第8253页。
⑩ 李丹婕：《沙陀部族特性与后唐的建立》，第239页。
⑪ 《资治通鉴》卷255唐僖宗中和二年十月条，第8276页。

下而卒反。"① 至北宋嘉祐年间，当时的牧使欧阳修言："惟闻今河东路岚、石之间，山荒甚多，及汾河之侧，草地亦广，其间草软水甘，最宜养牧，此乃唐楼烦监地也，可以兴置一监。"② 由此可知，李克用其志似乎不小，若以逻辑而言，倘其只是为了劫取财货，寻求马政的权力其实并不关键；反过来说，恰恰在意图扩充部属的前提下，才可能需要大量的马匹支援。如果假以揣测的话，李克用此时应该正在积蓄力量，以军事骚扰试探唐王朝。故朝廷命王处存告知李克用："若诚心款附，宜且归朔州俟朝命；若暴横如故，当与河东、大同军共讨之"③，此中"暴横如故"的"故"恐怕也包括上文所述沙陀欲以军事手段求节度使的故事。

明了了上一层的意见后，方可知晓值朝廷"以忻、代等州留后李克用为雁门节度使"④ 后不久，李克用立刻就有能力并且有意愿参与平定黄巢之变的主要原因，就在于唐中央确认了李克用的藩镇地位，使其不再进行试探，彻底转型成为独挡方面的镇将。虽然此时的朝廷仍有王处存等藩镇的支持，但原有方镇相互制衡的局势，却由于动乱的持续而显现出摇摆的可能。然而，有趣的是，在李克用基于自身诉求致使原有政治秩序不再稳定的前提下，他却在黄巢之乱后成为旧有统治结构的新保护人。

（四）

自黄巢之乱以后，唐中央与藩镇之间基于古代官僚制而形成的依存关系最终被割断⑤，长安的政治权威不再能到达藩镇，藩镇的力量反而可以通过朝臣持续地冲击中央体制，他们的势力就此延伸进了朝廷甚至内廷。维系长安的政治格局，已经不再是藩镇需要共同遵循的惯例了。是否坚持旧有的政治规范，更大程度上要受到节度使本人意愿的影响，这成为藩镇具有个性的选择。

面对这样的时代转折，李存勖和朱全忠在军事对抗中走向了截然相反的路，也正是这样泾渭分明的选择，更加深了双方政治立场的对立。

在唐代历史上，宦官是被当时的士人、后世的史家、现代的研究者一齐诟病的群体。这既是来自于史书撰述对于宦官的强烈偏见，也是由于我们未能将宦官权威放在唐后期特殊的权力结构中加以理解。其实，从德宗以来，皇帝个人在政治格局中发挥的权威越来越依赖具有象征意义的体制化皇权，而宦官官僚正是这一体制内重要的一环。⑥ 具体来说，在皇帝即位的过程中，宦官起着保障帝位顺利交接的作用；在处理中央与藩镇的关系当中，宦官既可以作为皇帝的个人代表出使宣命，更可以成为监军而将皇权体制常态化。宪宗时代的一道制文就已经把监军的政治意义说明得很清晰："近制，选内臣之善于其职者，监视诸镇，盖所以将我腹心之命，达于爪牙之士也。（中略）入可以近天子之光，出可以护将军之旅矣。"⑦ 到了昭宗天复以后，宦官在内廷的政治影响受到士人尤其是宰相崔胤极大的挑战。于是，双方争相援引藩镇以为依靠⑧，崔胤更是进一步"每内殿奏对，夜则继之以烛。常说昭宗请尽诛内官，但以宫人掌内司事。"⑨ 以致引起十

---

① 《新唐书》卷 50《兵制》，第 1339 页。
② 《续资治通鉴长编》卷 192 嘉祐五年八月甲申条，北京：中华书局，1979 年，第 4643 页。
③ 《资治通鉴》卷 255 唐僖宗中和二年十月条，第 8276 页。
④ 《资治通鉴》卷 255 唐僖宗中和二年十二月条，第 8283 页。
⑤ 堀敏一：《唐末诸叛乱的性格：中国における贵族政治的没落について》，《东洋文化》7，1951 年，第 52—94 页。
⑥ 陆扬：《从碑志资料看 9 世纪唐朝政治中的宦官领袖》，《文史》2010 年第 4 辑，第 93—146 页。
⑦ 元稹：《宋常春等可内侍省内仆局令制》，周相录校注《元稹集校注》，上海：上海古籍出版社，2011 年，第 1218 页。
⑧ 王寿南：《唐代宦官权势之研究》，台北：正中书局，1971 年，第 46—48 页。
⑨ 《旧唐书》卷 177《崔胤传》，第 4568 页。

一月韩全海等协昭宗出奔凤翔李茂贞，在这个事件中，宦官群体劝说昭宗的理由是："全忠且至，欲胁陛下幸关东，将谋传禅。臣不忍见高祖天下移他姓，愿至凤翔，合义兵讨元恶"①，仍然把维持皇帝制度的稳定看作是可以宣之于口的根据。宦官的权势无疑来自皇帝，而此种派生出来的权力却在无意间成为平衡政治天平中重要的砝码。宦官，这个特殊类型的官僚在晚唐政治构造里的支柱作用是十分明晰的。

然而，历史也充满着偶然和突发的事件。在朱全忠和崔胤的共同主持下，刚刚回到长安的朝廷就发布诏命："其第五可范已下，并宜赐死。其在畿甸同华、河中，并尽底处置讫。诸道监军使已下，及管内经过并居停内使，敕到并仰随处诛夷讫闻奏。已令准国朝故事，量留三十人，各赐黄绢衫一领，以备宫内指使。仍不得辄有养男。"而诏书的前半段更是将士人对宦官在内廷执政的批评表露无遗："帝王之为治也，内有宰辅卿士，外有藩翰大臣，岂可令刑馀之人，参预大政？况此辈皆朕之家臣也，比于人臣之家，则奴隶之流。恣横如此，罪恶贯盈，天命诛之，罪岂能舍？横尸伏法，固不足矜，含容久之，亦所多愧。"② 这就说明清流士人心中的皇帝应该是无私的，也应该是亲近宰辅大臣的，像宦官这样的家内奴隶是绝对不能得到任用和庇护的。至此，长安内廷的宦官、多数藩镇的监军连同京城的神策军，一齐被摧毁。

与此相对，在沙陀军事集团由藩镇扩展为国家的过程中，被李克用呼为"七哥"的监军张承业却曾发挥了巨大作用。他最初因李存勖"兵击王行瑜，承业数往来兵间，晋王喜其为人"，所以，等到"昭宗为李茂贞所迫，将出奔太原"的时候，"乃先遣承业使晋以道意"，张承业由此成为河东监军。③ 从这个过程来看，承业与其他监军一样，最初也是作为皇帝的私人代表而进入河东藩镇的。对于李存勖、李克用父子而言，张承业则是昭宗皇帝权力在太原的象征，是维系皇帝与节度使关系的纽带。所以，当崔胤要求尽诛宦官的时候，李存勖"伪戮罪人首级以奉诏，匿承业于斛律寺，时昭宗遇弑，乃复请为监军"④。其中，个人的好恶固然是影响李存勖做出这样决定的原因之一，但监军对于沙陀将士的政治意义也是他不得不考虑的因素。站在张承业的立场来说，他本人是从长安政治体制中衍生出来的，却又在河东经历了连年征战和改朝换代，面对这样的巨变，其个人的选择更能说明他与唐王朝权威之间密不可分的联系。天祐十八年，在明知庄宗"已诺诸将即皇帝位"的前提下，张承业仍然进谏说："大王父子与梁血战三十年，本欲雪家国之仇，而复唐之社稷。今元凶未灭，而遽以尊名自居，非王父子之初心，且失天下望，不可！"⑤ 即使其前朝旧臣的姿态表露无遗，后唐的曹太后仍然在承业身故后"遽至其第尽哀，为之行服，如儿侄礼"。这也更加可以说明：李存勖在晚唐乱局中的选择是维护唐中央尤其是皇帝个人的权威。纵然那种权威的象征已经成为新王朝诞生的阻力，起码的礼敬仍是需要遵循的最低原则。

另一方面，后唐建立之初，庄宗便极力重新确立后唐皇帝体制内的宦官制度，同光二年正月庚戌，李存勖即下诏："皇纲已正，紫禁方严，凡事内官，不合更居外地。诏诸道应有内官，不计高低，并仰逐处并家口发遣赴阙，不得辄有停滞。"⑥ 而且，从当年十月开始，已经可以见到

---

① 《新唐书》卷208《韩全海传》，第5897页。
② 《旧唐书》卷184《韩全海传》，第4778页。
③ 《新五代史》卷38《张承业传》，第403页。
④ 《旧五代史》卷72《张承业传》，第949页。
⑤ 《新五代史》卷38《张承业传》，第953页。
⑥ 《旧五代史》卷31《唐书·庄宗纪》，第426页。

天平军监军使柴重厚转任凤翔监军使的例子①，也印证了《通鉴》"既而复置诸道监军"的总结。② 对于李存勖而言，宦官是皇帝制度的外延和羽翼，这样的概念来自他生活的晚唐时代，或许也来自与他关系密切的张承业口中。所以，纵然面对自晚唐以来清流士人对"阉竖"的猛烈攻击，庄宗还是对宦官"委之事务，付以腹心"。从他的个人经历来看，宦官"出纳王命"是他所熟悉的政治结构，也是整个河东藩镇自形成以来的政治选择的自然延续。

同时，在宦官以外，清流构成了晚唐长安政治结构中的又一支配力量。但是，与宦官不同的是，士人的权力不是直接来源于皇帝，他们最基本的活动场合是官场，在官场上的身份是官僚；而作为文人和"衣冠"，学林、家族又在他们的生活中占有很重要的地位。作为一个背景复杂的群体，清流士人的政治观察和主张往往具有个性的差异。本来，经过唐初太宗的着力打击、大姓的时代更替，那些从北朝延续下来的旧族势力已经大不如前。所以，学界一向认为在科举制的综合作用下，门阀制度的最后衰亡约在唐玄宗时期③，或者说门阀士族的衰败是在中唐时期。④ 可是，在行将就木的唐代晚期，出身"衣冠旧族"的清流却又突然回潮、再次充斥了末代王朝的官场⑤；尤其是禁中的宦官被疏远和清理以后，这些自矜"流品"的士大夫越来越成为皇帝倚重的对象，如出身吴郡陆氏的陆扆就被昭宗比作贞元时的陆贽、吴通玄兄弟，得到"今吾得卿，斯文不坠矣"的称赞。⑥ 到了哀帝天祐二年的时候，裴枢以"太常卿唐常以清流为之，延范乃梁客将，不可"的理由来反对朱温"欲以嬖吏张延范为太常卿"的建议⑦，更是说明一部分士人对清浊之分特殊的关注。而就在当年六月，朱全忠携着个人私怨、篡国企图，伙同柳璨酿成了白马驿之祸，将他眼中的"浮薄"之士一扫而空，"左仆射裴枢、独孤损，右仆射崔远、守太保致仕赵崇、兵部侍郎王赞、工部尚书王溥、吏部尚书陆扆皆以无罪贬，同日赐死于白马驿。凡搢绅之士与唐而不与梁者，皆诬以朋党。坐贬死者数百人，而朝廷为之空。"⑧ 至此，原本可以与"藩翰大臣"相对的"宰辅卿士"，在朱全忠的强制干涉下完全消失，唐王朝政治结构里的另一根支柱也随之崩塌。

和朱全忠的做法完全相反，后唐庄宗十分重视"求访本朝衣冠"，后唐初建的同光元年二月，尚为晋王的李存勖就"下教置百官，于四镇判官中选前朝士族，欲以为相"⑨。而在新朝之内，这些士人更是将自身对"阀阅"的追求发挥到了极致，如卢程，就"矜持门地，口多是非"⑩，甚至说出"用人不以门阀而先田舍儿"的话。⑪ 更重要的是，连郭崇韬这样出身代州的"将吏"都在豆卢革等人的影响下，也自认为"经乱失谱牒，先人常云去汾阳王四世"，而且"因是旌别流品，援引簿徒，委之心腹，佐命勋旧，一切鄙弃。"⑫ 从这里，我们就可以感觉到当时后唐朝野弥漫的风气了，应该说，这种氛围与庄宗的用人政策息息相关，这既是他脱胎于晚唐政治秩

---

① 《旧五代史》卷32《唐书·庄宗纪》，第442页。
② 《资治通鉴》卷273后唐庄宗同光二年正月条，第8912页。
③ 唐长孺：《魏晋南北朝隋唐史三论》，北京：中华书局，2011年，第356—389页。
④ 张泽咸：《唐代阶级结构研究》，郑州：中州古籍出版社，1996年，第76页。
⑤ 邓小南：《走向再造：试谈十世纪前中期的文臣群体》，收入《朗润学史丛稿》，北京：北京大学出版社，2010年，第36—73页。
⑥ 《旧唐书》卷179《陆扆传》，第4668页。
⑦ 《新五代史》卷35《唐六臣传》序，第375页。
⑧ 同上。
⑨ 《资治通鉴》卷272后唐庄宗同光元年二月条，第8879页。
⑩ 《旧五代史》卷67《卢程传》，第887页。
⑪ 《新五代史》卷28《卢程传》，第304页。
⑫ 《旧五代史》卷57《郭崇韬传》，第772页。

序、自然而然的选择，也是对后唐政权"绍继大唐"政治主张的又一种表达。

五、结　语

通过上文的考证和分析，我们可以得到这样的结论：唐宪宗元和三年，沙陀部族由尽忠率领，东迁进入中原，最初居于盐州，早期的首领是阴山府都督曷勒河波。朱耶执宜此时不占有主导的位置，他与尽忠也并非父子。但是，从晚唐五代开始，各种记录沙陀早期历史的材料，便不断地被删改、增补、整理，东迁的事迹也是被修饰的目标之一。在修饰的过程中，《后唐懿祖纪年录》和《新唐书·沙陀传》都是重要的环节，而最后集其大成的，则是司马君实《资治通鉴》的重新编订。作为历代修史的典范，《资治通鉴》对一般读书人的影响是巨大的。所以，从此之后，沙陀尽忠与朱邪执宜的父子关系，以至沙陀先世绵长而光辉的谱系就逐渐成为我们的一种历史常识，为大家所熟知。

另一面，就在沙陀迁徙到唐王朝势力边缘的同时，长安的政治构造也正悄然发生着改变。从德宗时代开始，宦官的两种身份——行政官僚和皇帝私人侍从——之间的差异越来越大，作为皇帝制度外延的宦官官僚更多地参与到了中央决策和藩镇事务的处理当中。而在宪宗时代，由于中央军事上的胜利，藩镇政治的规则得到一次更新。与此同时，清流士人作为一股政治力量逐渐抬头，他们一边作为朝廷上的官僚、为皇帝处理政务，一边又不断地指责宦官在内廷的不良影响。于是，宦官、藩镇、清流之间的角力、制衡，共同促成了宪宗之后、唐代晚期新的政治秩序。然而，由于黄巢之乱的爆发，诸多藩镇尤其是李克用与朱全忠二支在平叛的过程中坐大，成为原有体制内最不稳定的因素。这时，最剧烈的震动在昭宗和哀帝朝发生，朱全忠借助执政的援引，在短时间内清剿了宦官和清流两股势力。瞬时间，唐后期政治结构内部的平衡完全崩溃。在唐王朝走向崩溃的过程当中，李国昌祖孙三人既是观察者也是参与者。但是，作为元和年间开始与唐中央接触的军事力量，沙陀李氏学习和借鉴的政治经验更多地是来自于宪宗时代。虽然赐姓李、籍属郑王，以及与朱全忠的军事对抗，都会对后唐政权祖述大唐、主动重塑祖先形象产生影响，但他们在自身生活时代所受到的政治熏染也是值得我们十分注意的。也正因为如此，在后唐政权建立之后，庄宗立即把他无意中接受的晚唐政治全景，通过有意地灌输、重建了起来。

2008 年 12 月初稿
2012 年 12 月二稿
2016 年 10 月修改

附记：本文原系万毅先生指导的 2010 届中山大学本科学位论文。经过答辩，并在清华大学史学沙龙和兰州大学 2013 年历史学博士生学术论坛上报告，先后得到了向群、黄国信、温春来、刘勇、李丹婕、侯旭东、王铭、王珊、方诚峰等先生的帮助和指正。

（作者单位：中国社会科学院历史研究所）

边疆史地、民族史及中外交通

岑仲勉先生唐代三夷教观试诠释

林悟殊

一、前　言

岑仲勉先生（1886年9月—1961年10月7日）"十分注重通识"①，其所撰《隋唐史》为其通识教学的代表作，被誉为"二十世纪中国史学名著"。该书原系岑先生在中山大学历史系课授隋唐史的讲义，1950—1953年撰成，1956—1957年修订。② 最初于1957年由高等教育出版社出版，其后作者又作了一些订正，1982年由中华书局重新出版，尔后其他版本盖据中华版改排。本文拟就本书有关三夷教的论述，玩味作者于唐代三夷教的历史定位，并试加诠释，就教方家。

二、三夷教在《隋唐史》中的比重

岑先生的《隋唐史》，据1982年中华版，全书篇幅约700页，43万字。当今颇为热门的三夷教，即祆教、景教、摩尼教，同入该书"唐史"部分第三十四节，题以《西方宗教之输入》③，置于与回纥关系密切的第三十三节《马政》之后。该节还于天方教，即回教，略有介绍。全节仅12页，约占全书篇幅1.7%。比例如此之小，窃意绝非岑先生于三夷教未多关注，未做过专门深入研究。正如姜伯勤先生所云，"仲勉先生的主要成就是在隋唐史考据方面"④，而早在《隋唐史》成书之前，岑先生便曾对唐代西安景教碑作过深入考证，1944年发表《景教碑书人吕秀岩非吕岩》⑤、1946年发表《景教碑之SARAGH为"洛师"音译》⑥，1951年更撰写《景教碑内好几个没有彻底解决的问题》。⑦ 任何研究景碑的学者都绕不过这三篇文章，尤其就景碑出土的地

---

① 姜伯勤：《岑仲勉》，见陈清泉等编：《中国史学家评传》下册，郑州：中州古籍出版社，1985年，第1299—1325页，引文见第1311页。
② 姜伯勤：《岑仲勉》，见陈清泉等编：《中国史学家评传》下册，第1311页。
③ 岑仲勉：《隋唐史》，北京：中华书局，1982年，第316—330页。
④ 姜伯勤：《岑仲勉》，见陈清泉等编：《中国史学家评传》下册，第1311页。
⑤ 岑仲勉：《景教碑书人吕秀岩非吕岩》，《真理杂志》第1卷第1期，1944年，第114页；后辑补入《贞石证史》，收入氏著：《金石论丛》，上海：上海古籍出版社，1981年，第150—151页。
⑥ 岑仲勉：《景教碑之SARAGH为"洛师"音译》，原载《东方杂志》第42卷第11期，1946年，第24—26页；收入氏著：《金石论丛》，上海：上海古籍出版社，1981年，第323—327页。
⑦ 岑仲勉：《景教碑内好几个没有彻底解决的问题》，1951年撰，收入氏著《金石论丛》，上海：上海古籍出版社，1981年，第302—322页。

点，近年出于非学术原因，或有回避岑先生的考证结论而欲倡别说，唯未见有成功者。成书于唐代的《中国印度见闻录》（旧译《苏莱曼游记》）便记载879年黄巢攻克广府时，屠杀了十二万外来移民，其中包括回教徒、犹太人、基督教徒和琐罗亚斯德教徒[1]，岑先生列举了四点令人信服的理由加以辨正。[2]《唐会要》卷49"摩尼寺"条下记"贞元十五年四月，以久旱，令摩尼师祈雨"[3]，此事《旧唐书》卷十三《德宗纪》则载为："贞元十五年，四月丁丑，以久旱，令阴阳人法术祈雨。"[4] 西人不得其解："此阴阳人是别有人，抑指摩尼教师，尚待考也。"[5] 对此，岑先生更有精解："余按元龟一四四云，'以久旱令阴阳人术士陈混常、吕广顺及摩尼师法术祈雨'，则阴阳人与摩尼师显分两途，旧书、会要各取其一节耳。"[6] 足见岑先生一直关注三夷教的研究。复通读《西方宗教之输入》一节，可看到就三夷教的源头、名称、义理及其入华年代、在唐的传播，甚至唐后的情况，都有简拙的论述。从所涉及的内容，可以断言岑老健在时所能看到的有关中外资料和研究成果，大都细读或浏览过了，而且有过深度的思考，论述时多有精辟过人之处。因此，其于三夷教讲授用很少篇幅，绝非是他所知不多、研究不深；而这与当时政治气候亦应无关，缘在他讲授《隋唐史》和撰写讲义时，学术界还未受到政治运动的严重冲击。真正的原因无妨在该节的引言去体味：

> 说回纥就不可不顺带论及与回纥最密切之摩尼（Mani）教；然回纥之摩尼教，实经中国输入，故又不可不总唐时输入之西方宗教，一并论之。除佛教已见前外，兹依其输入先后为序。[7]

这个引言实际已显明在岑先生心目中，三夷教在唐代社会中并未扮演过什么重要角色，更无起过什么举足轻重、值得大书特书的作用，只缘述回纥而顺带一并论之。窃意岑老把三夷教摆在《隋唐史》的"顺带"地位上，乃其俯视历史长河所得之"通识"。就此，本文拟从朝廷对三夷教的态度，内地民众、士人于三夷教参与度及关注度，还有三夷教在内地寺庙及僧人数量等方面，进行考察，以证岑先生之真知灼见。顾《隋唐史》于三夷教的论述系按其入华的先后为序，即祆教、景教、摩尼教，作为教材自当如此；本文考察三夷教在唐代中国的地位影响，则照唐人于三夷教之排次，即摩尼教、景教、祆教。

---

[1] 穆根来、汶江、黄倬汉译：《中国印度见闻录》，北京：中华书局，1983年，第96页。有关该条资料的发现和引用，详参 A. C. Moule, Christians in Asia before the Year AD 1500, Lndon, New York and Toronto, 1930, repr. New York, 1972, p. 76；郝镇华译：《一五五〇年前的中国基督教史》，北京：中华书局，1984年，第82—83页。

[2] 岑仲勉：《隋唐史》，第526—527页。

[3] （北宋）王溥撰：《唐会要》卷49，北京：中华书局排印本，1955年，1998年第4次印刷，第864页。

[4] 《旧唐书》，北京：中华书局，1975年，第390页。

[5] É. Chavannes et P. Pelliot, "Un traité manichéen retrouvé en Chine (Deuxième partie)", Journal Asiatique, sér. 11, 1, 1913, p. 264；汉译本见冯承钧译，伯希和、沙畹撰：《摩尼教流行中国考》，收入《西域南海史地考证译丛八编》，北京：中华书局，1958年，第65页。

[6] 岑仲勉：《唐史馀渖》，北京：中华书局，1960年，第131页。

[7] 岑仲勉：《隋唐史》，第316页。

三、唐代摩尼教的兴亡

唐长庆四年（824），舒元舆撰《唐鄂州永兴县重岩寺碑铭并序》①，个中有云：

> 故十族之乡，百家之间，必有浮图为其粉黛。国朝沿近古而有加焉，亦容杂夷而来者，有摩尼焉，大秦焉，祆神焉，合天下三夷寺，不足当吾释寺一小邑之数也。②

陈垣先生援引这条史料时评论道："以摩尼居首，此必当时社会之一种现成排次，如儒释道者焉，而元舆引用者也。"③ 陈垣先生复据"会昌五年册尊号敕"和"郑亚叙会昌一品集"考道：

> 摩尼声势之浩大，洵非大秦、火祆之比矣。火祆以北魏神龟中来，大秦以贞观九年来，摩尼以延载元年来，其来最后，而传播最广，所谓后来者居上者，此耶？④

摩尼教居于三夷教之首，学界已有定评。因此，就这个声势最浩大的夷教在唐代之地位及影响先行考察，于评估其他两个夷教自具参照之效。

在三夷教中，摩尼教最具扩张性。⑤ 其教徒在唐前或已进入中国内地活动⑥，但其高僧与朝廷的正式接触则是在唐高宗和武则天时期："慕阇当唐高宗朝行教中国。至武则天时，慕阇高弟密乌没斯拂多诞复入见。群僧妒譖，互相击难。则天悦其说，留使课经。"⑦ 慕阇、拂多诞先后觐见高宗、武则天，自是为了在华传教，汉译其教经典便是题中之义，20世纪初敦煌亦有该教三部写经出洞。当然，有意向汉人传教是一回事，汉人能否接受且皈依毕竟是另一回事。该教在唐代中国的传播可分两波：第一波乃得助于武则天之优容⑧，始于延载元年（694）拂多诞之觐

---

① 是碑据沙畹、伯希和考，立于长庆四年（824），Éd. Chavannes et P. Pelliot, "Un traité manichéen retrouvé en Chine (Deuxième partie)", pp. 99–199, 261–394, see p. 84。
② 《唐文粹》卷六十五之三，杭州：浙江人民出版社影印本，第2册，1986年；董浩等编校《全唐文》卷727，北京，中华书局，1983年，第7498页。
③ 陈垣：《摩尼教入中国考》，《陈垣学术论文集》第1集，北京：中华书局，1980年，第329—374页，引文见第346页。
④ 陈垣：《摩尼教入中国考》，《陈垣学术论文集》第1集，第346—347页。
⑤ 摩尼生前说过："我已选择的宗教要比以往的任何宗教胜十筹。其一，以往的宗教局限于一个国家和一种语言；而我的宗教则不同，它将流行于每个国家，它将采用所有的语言，它将传及天涯海角。其二，以往的宗教只有当其有纯洁的领袖时才得以存在，而一旦领袖们去世了，他们的宗教亦就陷于混乱之中，其戒律及著作亦就遭到忽视。但（我的宗教）却由于有活的（经典），有传教师、主教、选民和听者，由于有智慧和著作，将永存到底。"见吐鲁番出土中古波斯文摩尼教残片 T II D126，即 M5794, Mary Boyce, A Reader in Manichaean Middle Persian and Parthian, Leiden, 1975, p. 29；英译见 J. P. Asmussen, Manichaean Literature, New York, 1975, p. 12。
⑥ 参拙文《摩尼教入华年代质疑》，刊《文史》第18辑，1983年，69—81页；修订稿见《摩尼教及其东渐》，北京：中华书局，1987年，第46—63页；台北：淑馨出版社，1997年增订本，第44—60页；《敦煌文书与夷教研究》（当代敦煌学者自选集），上海：上海古籍出版社，2011年12月，第146—166页。
⑦ （明）何乔远：《闽书》卷7《方域志》"华表山"条下，厦门大学古籍研究所、历史系古籍整理研究室《闽书》校点组点校，福州：福建人民出版社，1994年，第172页。
⑧ 武氏优容摩尼教的原因，参王媛媛：《从波斯到中国：摩尼教在中亚和中国的传播》第二章第一节第一分节《武则天接受摩尼教的原因》，北京：中华书局，2012年，第116—127页。

见武则天①，止于开元二十年（732）玄宗之敕禁该教，不足四十年；而第二波，则在安史之乱后，借回鹘势力重入中国内地，时段大约始于大历三年（768）回鹘请建摩尼寺，止于会昌三年（843）被残酷杀戮，凡七十五载。

如《闽书》所载，则天既悦拂多诞之说，"留使课经"，该教在汉人中当多少有所影响。是以，玄宗开元二十年（732）七月敕有云：

> 末摩尼本是邪见，妄称佛教，诳惑黎元，宜加禁断。以其西胡等既是乡法，当身自行，不须科罪者。②

其间"诳惑黎元"，或被解读为汉人有奉该教者。窃以为，被"诳惑"的"黎元"或包括汉人，但更主要的是指早已定居中原之胡人、胡裔。是以，敕令始称"以其西胡等既是乡法，当身自行，不须科罪者"。至于不属"乡法"的汉人信徒如何措置，敕令不置一词，实际便意味着汉人之入其教者纵有亦甚少。其实，即便有汉人被"诳惑"，照敕令所云，应缘于该教"妄称佛教"而被误导，以其为佛教新宗。若然，则汉人随喜其寺，参拜其神或有之；至若正式皈依该教，即成为其"听者"，则必会明白该教与佛教实不同；何况，一旦成为听者，就得承担相应的宗教义务，即供养彼等胡僧。布施佛僧，于汉人来说，事属平常；但供养蓄有须发之"和尚"③，则难免遭遇异样的眼光。窃意敕令之谓"诳惑黎元"，不过是玄宗为扫除武氏"遗毒"，不让摩尼僧在汉人住地招摇之口实耳。由是看来，摩尼僧的译经，除进呈皇帝御览外，实际多用于对内地胡人胡裔布道；难怪现存唐代外典，于该教典籍、义理一无所提。亦正因为如此，在敦煌摩尼经面世之前，著名的法国汉学家沙畹（Éd. Chavannes）始称"我以为汉文中的'摩尼'指的是穆斯林"，"中国似乎不曾有过摩尼教徒"。④

至于第二波传播，已非和平性质的宗教传播或文化交流，而是摩尼教依仗回鹘军事政治势力重新入华活动。由回鹘出面请求，陆续在内地置寺。不过，即便在其鼎盛时期，亦不过十所左右。无妨试考之。

查李德裕《赐回鹘可汗书意》撰于会昌二年（842）四月⑤，个中写道：

> 摩尼教天宝以前，中国禁断。自累朝缘回鹘敬信，始许兴行。江淮数镇，皆令阐教。近各得本道申奏，缘自闻回鹘破亡，奉法者因兹懈怠，蕃僧在彼，稍似无依。吴楚水乡，人性嚣薄，信心既去，翕习至难。且佛是大师，尚随缘行教；与苍生缘尽，终不力为。朕深念异国远僧，欲其安堵，且令于两都及太原信向处行教；其江淮诸寺权停，待回鹘本土安宁，即却令如旧。⑥

---

① （宋）释志磐：《佛祖统纪》卷39："延载元年（694）……波斯国人拂多诞（西海大秦国人）持《二宗经》伪教来朝。"《大正藏》（49），No. 2035，第369下—370页上。
② 《通典》卷40《职官》22，北京：中华书局，1988年，第229页下。
③ 摩尼僧不削发除须，见吐鲁番高昌摩尼教遗址壁画 IB6918, Z. Gulácsi, Manichaean Art in Berlin Collection, Brepols, 2001, p. 200；拙著《中古三夷教辨证》，北京：中华书局，2005年，第472页，图版十四。
④ Éd. Chavannes, "Le Nestorianisme et l'inscription de Kara-Balgassoun", Journal Asiatique, I^e ser. IX, Jan. -Fed. 1897, pp. 76，85.
⑤ 傅璇琮：《李德裕年谱》，石家庄：河北教育出版社，2001年，第326页。
⑥ （清）《全唐文》卷699，第7182页。

据此《书意》，摩尼教天宝以前禁断，则原有的摩尼寺早被废了；而藉助回鹘势力卷土重来后，其内地寺院则仅限于"两都及太原"，还有"江淮数镇"耳。所谓"两都及太原"，即长安、河南府洛阳及太原。"江淮"自谓长江、淮河之间的地区；"数"者，"或二或三为数，非正之辞也"①；又作"几、几个"解②；亦即"若干"之意③；其"江淮数镇"，当谓江淮流域少许或若干个镇耳，并非该地区所有的镇。而据现有文献所载，回鹘陆续请置寺之地，适好与之对应。

赞宁（919—1001）于太平兴国三年（978）奉诏而撰的《大宋僧史略》，卷下第五十五题为《大秦末尼》，盖述唐代三夷教史，个中有云：

　　大历三年（768）六月勅："回纥置寺，宜赐额大云光明之寺。"④

此处没有明示回纥置寺之地方，但为回鹘初次所请，自应选址京城；复有皇帝赐额，隆重其事，更应在京城无疑。考尔后续请置寺，多每地仅止一所，既属初请，带有试探性，自不可能多于此。

《旧唐书》卷14《宪宗本纪》上载：

　　（宪宗元和二年正月）庚子，回纥请于河南府、太原府置摩尼寺，许之。⑤

此事《册府元龟》卷九百九十九所记较详细：

　　宪宗元和二年（807）正月庚子，回鹘使者请于河南府、太原府置摩尼寺三所，许之。⑥

此处言三所，意味着其间有一地置二所，疑系太原。缘如上面所考，京城长安置寺尚仅止一所，东都洛阳无理由请置二所；倒是太原为回鹘自蒙古至黄河路所必经之城⑦，回鹘可从这个角度坚请置寺二所。由是"两都及太原"所置的摩尼寺应为四所。

至于"江淮数镇"，《僧史略·大秦末尼》载曰：

　　（大历）六年（771）正月又勅荆、越、洪等州，各置大云光明寺一所。⑧

此事《佛祖统纪》卷54"事魔邪党"条下则作：

---

① 宗福邦、陈世铙、萧海波主编：《故训汇川》，"数"的第38个义项，北京：商务印书馆，2003年，第971页。
② 汉语大字典编辑委员会：《汉语大字典》光盘版，2008年修订二版，第1474页。
③ 林尹、高明主编：《中文大辞典》"数"第6个义项，台北：中国文化大学出版部，1980年第8版，第960页下。
④ （宋）赞宁：《大宋僧史略》卷下，《大正藏》（54），第253页中。《佛祖统纪》卷54"事魔邪党"条作"大历三年勅回纥及荆扬等州，奉末尼各建大云光明寺。"[《大正藏》（49），页474下] 显与下面大历六年混并。
⑤ 《旧唐书》卷14，第420页。
⑥ 《宋本册府元龟》，北京：中华书局影印本，1989年，第4041页。
⑦ 参冯承钧译，伯希和、沙畹撰：《摩尼教流行中国考》，第68页。
⑧ 《大宋僧史略》，《大正藏》（54），第253页中。

（大历）六年，回纥请荆、扬、洪、越等州置摩尼寺。①

增示"扬州"一地。是书为南宋释志磐所撰，年代为宝祐六年至咸淳五年（1258—1269），有关摩尼教的记载较《僧史略》为详。② 按两部佛书举列州名都以"等"煞尾，而汉语的"等"字作助词用时，若用于列举可数名词之煞尾，除表示复数外，亦可表示列举未尽。③ 是以，即便照《佛祖统纪》所举列，"荆、扬、洪、越等州"，亦可能还有其他州；不过《书意》云"江淮数镇"，便已提示即便有省而不列者，亦不过一二耳。而《僧史略》则已明示各州各置寺一所，由是，其时在江淮地区所置的寺可确认者仅为四所耳，或可多至五、六所。江淮这几所寺院加上"两都及太原"四所，不过十所左右耳。

至于在内地活动的摩尼僧数量，虽然并非稳定不变，但无妨以会昌年间受迫害的人数作为参数。据上揭会昌元年（841）十一月的《赐回鹘可汗书意》，"其江淮诸寺权停"，意味着此后摩尼僧已不得在江淮活动，若不回西域，便只能"于两都及太原信向处行教"。而照虔诚宗教徒之执着性，绝大多数当转移两都及太原继续行教，而不是黯然回国。

上揭《僧史略·大秦末尼》有云：

武宗会昌三年（843），勒天下摩尼寺并废入官，京城女摩尼七十二人死，及在此国回纥诸摩尼等配流诸道，死者大半。④

《佛祖统纪·事魔邪党》所记略同：

会昌三年，勒天下末尼寺并废，京城女末尼七十二人皆死，在回纥者流之诸道。⑤

可异者两书所载，但言"女摩尼"而不及"男摩尼"。而据圆仁《入唐求法巡礼行记》第463条：

（会昌三年）四月，中旬，敕下，令煞天下摩尼师。剃发，令着袈裟，作沙门形而煞之。摩尼师即回鹘所崇重也。⑥

足见凡属摩尼师皆杀之。圆仁（793—864）为日本入唐请益求法僧，于838年至847年在华，经历了武宗灭佛的全过程；其书于会昌年间事件多有记载，所言自当不虚。赞宁《大秦末尼》和志

---

① 《佛祖统纪》卷54，《大正藏》（49），页474下；并见《佛祖统纪》卷41《法运通塞志》第十七之八《代宗》节下（大历）六年条，《大正藏》（49），第378页下。
② 参林悟殊、王媛媛《五代陈州毋乙之徒非"末尼党类"辨》，《中国史研究》2012年第2期，页92—105；修订本见拙著《摩尼教华化补说》，（余太山主编：欧亚历史文化文库），兰州：兰州大学出版社，2014年，第208—226页。
③ 汉语大字典编辑委员会：《汉语大字典》，第2962页。
④ （宋）《大宋僧史略》卷上，《大正藏》（54），第253页中。《佛祖统纪》卷第54《历代会要志》第十九之四《事魔邪党》节下所记大略相同：会昌三年（843），勒天下末尼寺并废，京城女末尼七十二人皆死，在回纥者流之诸道。
⑤ 《佛祖统纪》卷54，《大正藏》（49），第474页下。
⑥ （唐）释圆仁著，白化文、李鼎霞、许德楠修订校注：《入唐求法巡礼行记校注》卷3，石家庄：花山文艺出版社，2007年，第412页。

磐《事魔邪党》的撰写动机，都旨在把五代陈州母乙之徒归入"末尼党类"①，于摩尼教恨之入骨。假如当时有杀男摩尼，其焉有不提之理？而赞宁撰书的年代距事件发生年代不外百余年，文献保存应较为完整，未必可以文献佚失作解。复顾圆仁记杀摩尼尚有细节："剃发，令着袈裟，作沙门形而煞之。"就此，王媛媛女士曾有一个较合理的解释：

> 唐朝统治者对回鹘深有积怨不假，但如果他们恨及倚仗回鹘势力的摩尼僧的话，大可不必费事将摩尼僧扮成佛僧模样，直接斩杀岂不更痛快？！所以，此举背后的真实意图，很可能是武宗在尚未完全准备好大举向佛教开刀之时，将扮成佛僧形貌的摩尼僧作为代替品予以摧毁，而并非由于后者本身犯了什么杀头之罪。②

既然要把摩尼师"作沙门形"，就不止"剃发"，男性还要除胡须。③ 彼等被押赴刑场时，一按沙门形，与汉人平日所见招摇过市的摩尼僧原貌迥异，误为女摩尼就不奇怪了。是以，京城处死的七十二个"女末尼"，实际包括男摩尼，这个数字亦就是其时京城摩尼僧的基本人数。不过，如何乔远《闽书》所载："会昌中汰僧，明教在汰中。有呼禄法师者，来入福唐，授侣三山，游方泉郡，卒葬郡北山下。"④ 像呼禄法师这样潜逃的摩尼僧，或许不是绝无仅有，但顶多亦就若干耳。京城自属摩尼僧集中活动之重镇，其僧人不外七十多人，那么东都洛阳或太原的摩尼僧人数自应在这个数目上下，不可能相差以倍数。由是，在内地活动的摩尼僧宽打宽算，亦不过二三百人耳。

其实，回鹘之请建摩尼寺，支持一批摩尼僧到内地，未必就是为了向汉人传教，除了方便中土的回鹘与胡人教徒礼拜外，更服务于经济活动的需要，如把寺院兼作货栈、客栈等⑤；至于僧人，既然是回鹘支持下来华的，免不了为回鹘汗廷服务，奉命从事一些与宗教无关的工作。彼等并未留给唐人良好的印象，李肇《国史补》卷下有云：

> 回鹘常与摩尼议政，故京师为之立寺。其法日晚乃食，敬水而茹荤，不饮奶酪。其大摩尼数年一易，往来中国；小者年转江岭，西市商胡袭其源，生于回鹘有功也。⑥

该段记载疑有漏讹，意思有所不清，后来《新唐书》将其明晰化：

> 元和初，再朝献，始以摩尼至。其法日晏食，饮水茹荤，屏湩酪，可汗常与共国者也。

---

① 林悟殊、王媛媛：《五代陈州母乙之徒非"末尼党类"辨》。
② 王媛媛：《唐后景教灭绝说质疑》，《文史》2010年第1辑，第145—162页；引文见第148页。
③ （后秦）佛陀耶舍共竺佛念译：《佛说长阿含经》卷第一有云："尔时，太子问沙门曰：'剃除须发，法服持钵，何所志求？'沙门答曰：'夫出家者，欲调伏心意，永离尘垢，慈育群生，无所侵娆，虚心静寞，唯道是务。'太子曰：'善哉！此道最真。'寻勅御者：'赍吾宝衣并及乘舆，还白大王，我即于此剃除须发，服三法衣，出家修道。所以然者？欲调伏心意，舍离尘垢，清净自居，以求道术。'于是，御者即以太子所乘宝车及与衣服还归父王。太子于后即剃除须发，服三法衣，出家修道。"《大正藏》（1）第01册 No.0001，第7页上。
④ （明）何乔远：《闽书·方域志》（1），第172页。就何氏有关摩尼教史事记载的可信性，学界盖有共识，参拙文《泉州摩尼教渊源考》，刊林中泽主编：《华夏文明与西方世界》，香港：博士苑出版社，2003年，第75—93页；修订本见拙著《中古三夷教辨证》，第375—398页。
⑤ 参拙文《摩尼教在回鹘复兴的社会历史根源》，刊《世界宗教研究》1984年第1期，第136—143页；修订本《回鹘奉摩尼教的社会历史根源》，见《摩尼教及其东渐》，北京：中华书局版，第87—99页；台北淑馨增订版，第83—95页。
⑥ （唐）李肇：《唐国史补》卷下，上海：上海古籍出版社，1983年，第66页。

> 摩尼至京师，岁往来西市，商贾颇与囊橐为奸。①

憎恶摩尼僧之情溢于言表。比照上揭《重岩寺碑》，虽列摩尼为杂夷之首，但元舆站在佛教立场上，鄙夷不屑之情亦跃然于碑。

当会昌初元漠北回鹘败于黠戛斯而西迁时，在中国内地的势力败退，摩尼教亦就厄运临头；武宗把对回鹘的长年积怨倾注到摩尼僧身上，大加杀戮。既然武宗迫害摩尼教系出于对回鹘的泄愤，假如其时确有内地汉人成为其教民，难免要被科以"汉奸"之罪，加以诛伐。但现存有关惩办摩尼教之敕令于此未见提及，其他文献亦无迹可寻，至少默证即便有汉人成为其教民，数量亦极少，以致官方不当一回事。

当然，唐人不喜摩尼僧，窃意倒不是因其有何大奸大恶，《国史补》、《新唐书》所谓"囊橐为奸"者当属个别，而被以偏概全；主要的原因当缘其"所托非人"：武则天被士人目为"牝鸡司晨"，回鹘则为恃功而骄、横行坊市者。摩尼僧本以为只要得到武则天皇帝的支持，在中国就可通行无阻；幻想破灭后，复依仗回鹘势力，重新在华开教，以为可以重造辉煌。然而，事与愿违，回鹘国破西迁后，便当了替罪羊，遭杀身之祸，成为三夷教中下场最悲惨者。如上面所论证，唐代摩尼教本来就没有多少汉人信徒，会昌初元又遭受毁灭性的打击，从敕令看，显然非将摩尼僧杀尽赶绝而后快，由是，若言其还有余绪存于中原，以至引燃五代时期梁贞明六年（920）河南陈州毋乙之乱，乃令人难以置信，窃意当被佛书所误导。②

在专制社会里，任何宗教"不依国主则法事难立"；③ 然不走向民间，其命亦难久长。④ 上揭的呼禄法师，在主观上是否意识到这一点，今人不得而知。但他潜逃到边远的福建，再无国主可依，亦无从与西域教会有任何组织联系，只能"孤军作战"于异域民间，秘密"授侣"，对象无疑应是一般士人和底层民众。为求得自身的生存，保存本教在华夏的法脉，其传法谅必更顺应当地社会环境、当地民情，从而使摩尼教华化进程发生了质的飞跃，此是后话。⑤

四、唐代景教文明的流产

景教源于叙利亚东方基督教会，属基督教的聂斯脱里派（Nestorians）。该教早在544年，便在中亚历史上著名的木鹿城（Merv），建立了都主教区（Metropolitanate）；在教会的众多教区中，名列第七。⑥ 另一中亚名城萨马尔罕（Samarkand），亦于六七世纪左右成为都主教的驻锡地。⑦ 而唐之前，中国与四夷的往来已十分频繁，由陆上丝绸之路进入中土的景教徒必不乏其人，但未闻有与朝廷正式接触者；倒是直接由海路而来的叙利亚高僧阿罗本觐见了唐太宗，得以青史留名。著名的西安景碑正文第8—9行曰：

---

① 《新唐书》卷217上，北京：中华书局，1975年，第6126页。
② 详参林悟殊、王媛媛：《五代陈州毋乙之徒非"末尼党类"辨》。
③ （梁）释慧皎：《高僧传》卷第5《释道安一》《大正藏》（50），No.2059，第351页下。
④ 岑仲勉先生有云："无论何教，其面向群众者必易于流行，则不易之论也。"氏著《隋唐史》，北京：中华书局，1982年，第325页，注释10。
⑤ 参拙文《唐后潜修式明教再思考》，待刊余太山、李锦绣主编《欧亚学刊》新6辑（总第16辑），2017年。
⑥ Cf. Erica C. D. Hunter, "The Church of the East in Central Asia", Bulletin of the John Rylands University Library of Manchester, Vol. 78, No. 3, 1996, p. 132.
⑦ Cf. B. E. Colless, "The Nestorian Province of Samarqand", Abr-nahrain, Vol. 24 (1986), pp. 51–57.

> 大秦国有上德曰阿罗本，占青云而载真经，望风律以驰艰险。贞观九祀（635），至于长安。帝使宰臣房公玄龄，惣仗西郊，宾迎入内。翻经书殿，问道禁闱，深知正真，特令传授。①

复据《唐会要》卷四九"大秦寺"条下所载"贞观十二年七月诏曰"：

> 道无常名，圣无常体，随方设教，密济群生。波斯僧阿罗本，远将经教，来献上京，详其教旨，玄妙无为，生成立要，济物利人，宜行天下。所司即于义宁坊建寺一所，度僧廿一人。②

两者互证，足见阿罗本确有其人。其奉宗主教之命，带着成批经典，不远万里，由叙利亚航海辗转来到中国，意在译经传教乃毋庸置疑；而从诏书看，此举亦得到太宗的认可。③ 不过，唐代士人尤其是知识精英，于景教显不感兴趣。就上揭碑文称阿罗本抵京的排场，陈垣先生在1927年所撰的《基督教入华史》一文中评论道：

> 唐贞观九年，景教传至今陕西省城。这样兴盛的教，同时中国大诗人杜甫、李白，对这样的事，无论赞成、反对或批评，总应有意见发表才对，然而他们没有，这是很奇怪的一件事。④

窃意，事情若非碑文作者景净夸大其词或无中生有的话，则适好说明知识精英们于景教持冷淡态度。其实，景碑还渲染诸多耀人之"辉煌"，如称玄宗曾"令宁国等五王亲临福宇，建立坛场"，"令大将军高力士送五圣写真，寺内安置，赐绢百匹"（正文第15—16行）；复称天宝三年有十八景僧奉诏进"兴庆宫修功德"云云。⑤ 该等均未见有唐代诗文提及。更有，碑文第21至24行颂扬"术高三代，艺博十全"，为郭子仪平定安史之乱建立奇功的"白衣景士"伊斯，史书亦未见载。无论该等"辉煌"是虚是实，但文献全无留下雪泥鸿爪，至少从侧面反映士人于该教未多问津。现代学者虽曾力图在唐诗中找到某些景教思想的痕迹，以论证景教对唐代知识界的影响。例如，把李白的乐府诗《上云乐》作为李白与基督教有涉的例证，但实际经不起推敲。⑥ 据考，景教徒中亦有凭其所长方伎入仕唐朝⑦，或为宫廷服务者⑧，另有像上揭景碑所颂效劳于郭子仪朔方军建奇功的伊斯。该等服务于唐朝的景教徒，自属"楚才晋用"，显非让景教在唐朝社

---

① 该碑释文见拙著《中古夷教华化丛考》（余太山主编：欧亚历史文化文库），兰州：兰州大学出版社，2011年，第259—268页，引文见第261页。
② 《唐会要》，北京：中华书局排印本，1955年，第864页。
③ 有关考证见拙文《唐代景教与广州——寄望岭南文博工作者》，广州市文化广电新闻出版局、广州市文物博物馆学会编《广州文博·玖》，北京：文物出版社，2016年10月，页54—94。
④ 陈垣：《基督教入华史》，收入《陈垣学术论文集》第1集，第93—106页，引文见第96页。
⑤ 景碑正文第16—17行："（天宝）三载（744），大秦国有僧佶和，瞻星向化，望日朝尊。诏僧罗含、僧普论等一七人与大德佶和于兴庆宫修功德。于是天题寺榜，额载龙书。"
⑥ 参拙文《李白〈上云乐〉景教思想质疑》，《文史》2007年第2辑，第169—186页；收入拙著《中古夷教华化丛考》，第93—114页；刘屹：《从周舍到李白——〈上云乐〉的艺术与宗教脉络再解读》，待刊。
⑦ 荣新江：《一个入仕唐朝的波斯景教家族》，刊叶奕良编：《伊朗学在中国论文集》第2集，北京大学出版社，1998年，第82—90页；收入氏著《中古中国与外来文明》，北京：生活·读书·新知三联书店，2001年，第238—257页。
⑧ 黄兰兰：《唐代秦鸣鹤为景医考》，《中山大学学报》（社会科学版）2002年第5期，第61—67、99页。

会政治生活发挥作用。但彼等既与汉人臣僚同朝为官，与士人必多有交集，但在信仰上却未给同仁留下什么印象。迄今有关唐代景教的信息，除了来自官方文献记载及其教碑刻的考古发现外，见于非官方文献包括士人诗文笔记者，犹如凤毛麟角；难怪陈垣先生称唐代景教除"以医传道"外，"于当时文化，无何等影响"。① 由是不妨推度，尽管阿罗本及其后继者曾汉译了一批景经，敦煌亦有其写卷出洞，但其译经实际未进入士人视野，遑论受到知识界精英的青睐。是以，该等译经不过像汉文摩尼经那样，或呈皇帝御览，或作教士布道的脚本，当非街坊流传之物。

于景僧在华译经传教的虔诚热心，实毋庸置疑；但于其在华人社会产生的效果印象，则诚不敢恭维。依现存文献资料，实际无从确认有地道汉人皈依景教。当然，外来景僧毕竟在唐代公开传教长达二百年，出于某些因缘偶合，或果有某些地道汉人受洗入教亦不奇怪。不过，即便有，为数谅必微不足道。景僧布道传法的效果，应多体现于移民内地的胡人。唐代中土居住大量西域移民，个中当有已在中亚皈依景教者；由于宗教信仰的世袭性，其后裔自多有景教情结。因此，汉译经典的主要受众应是该等胡人胡裔，有 2006 年 5 月洛阳出土的唐代景教经幢为证。是幢刻《大秦景教宣元至本经》，据《幢记》，经文勒成于元和九年（814）十二月八日，迁葬立幢的时间则是大和三年（829）二月十六日，盖为武宗之前的文宗李昂（809—840 年）在位年代，距景碑所载阿罗本来华年代约一百八十年。《幢记》所提到幢主及其亲属名字、提及洛阳大秦寺的神职人员盖为胡姓人物。② 由是，揣测上揭贞观十二年七月诏所言"度僧廿一人"，其"度僧"，与其说是让汉人受洗入教，毋宁说是将中土的胡人胡裔信徒接纳到寺中服务。

唐代来自叙利亚的景教曾雄心勃勃，企图藉助朝廷的支持，在华开辟新教区，极力迎合李唐奉老子为先祖的心态，把基督教宣介得可与道家相通似的③，以致上揭贞观十二年七月诏称："详其教旨，玄妙无为，生成立要，济物利人，宜行天下。"照此措辞，其显然获得朝廷的"高度重视"，前景光明，作为一种外来文明，当可在华夏占有一席之位。然而，后来发展的情状未如所愿。景碑正文第 14—15 行有云：

> 圣历年（698—700），释子用壮，腾口于东周；先天末（712—713），下士大笑，讪谤于西镐。有若僧首罗含、大德及烈，并金方贵绪、物外高僧，共振玄纲，俱维绝纽。

这段碑文披露了武周后期到玄宗即位初年，因教敌在朝廷进谗景教，景教遭遇困厄，幸好景僧联合在华的西域质子（金方贵绪）、生活在中国的富有景教徒（物外高僧）齐心合力，得以挽回局势，转危为安。进谗的细节内幕，而今无从稽考。但窃意武则天悦摩尼教而不喜景教，应是事实，这与景僧一味讨好李家皇朝，武氏上位后未能及时改弦更张当不无关系。无妨作一设想，假如当年景士能效法佛僧，博得武氏欢心，任何教敌的进谗必难得逞。至于景教得以转危为安，

---

① 陈垣：《基督教入华史略》，初刊《真理周刊》第二年第十八期，1924 年 7 月；收入《陈垣学术论文集》第 1 集，第 83—92 页，引文见第 85 页。
② 该经幢研究发轫之作为张乃翥《跋河南洛阳新出土的一件唐代景教石刻》，《西域研究》2007 年第 1 期，第 65—73 页；学界有关研究的初步成果汇编，见葛承雍主编：《景教遗珍——洛阳新出土唐代景教经幢研究》，北京：文物出版社，2009 年 5 月。
③ 现存的敦煌景经，亦明显散发浓烈道味，以至伪造敦煌文书的行家，抄袭道家词句以冒充景教经文，如所谓小岛文书之一的《大圣通真归法赞》，便有《老子道德经》第六十二章的词句。羽田亨：《大秦景教大聖通真歸法讚及び大秦景教宣元至本經殘卷について》，《東方学》第 1 辑，1951 年，第 1—11 页；该文已收入《羽田博士史学论文集》下卷，京都：京都大学文学部东洋史研究会，1958 年，第 292—307 页，有关论述见第 300 页）；就此，日本学者西胁常记更详加考证比较，见氏著《〈大秦景敦宣元至本經〉残卷について》，刊《禅文化研究所纪要》第十五号，1988 年 12 月，京都，第 107—136 页。

当与玄宗登基后，景僧通过岭南市舶司周庆立，以奇器异巧，献媚皇上密切相关，愚已另有文章细考①，不赘。

玄宗朝景教恢复后，内地究有景寺几多？现存文献稀见记载。景碑称"寺满百城"（正文第14行），指的是高宗朝，显为文学修辞的夸张手法，不必当真。即便当时寺院较多，但在武周朝亦必香火冷落，几同废墟了。长庆年间景教在三夷教的排位次于摩尼教，而摩尼教最盛时寺院尚仅区区十所左右，景寺之数量又能有几多？就现有文献数据，可以确认者，一为上揭诏书提到的京城义宁坊，即为景碑出土地②；二在洛阳，即上揭洛阳景教经幢提及大秦寺③，是寺很可能就是《唐两京城坊考》所载者："北修善坊，波斯胡寺。"④ 至于盩厔大秦寺，以往学界多目为景寺，窃疑乃为"大秦"之名所惑，洵无实质性证据可资证其与景教有关。⑤ 当然，景寺自不止于两都二所耳，当另有文献失载者。例如，广州为阿罗本"西来初地"，亦是尔后相继而来的叙利亚景僧下榻挂单之地，又是景教在华传播的根据地，为海舶而来波斯景教徒所聚居，阿罗本们安有不请置寺之理？⑥ 另外，基督教有修道院制度，景教是否有将其移植入华虽无案可稽，但若有藏匿于偏僻之地的修道院，为少量修士修女所居，亦不奇怪。不过，窃意由于景教在会昌以前，一直得到李唐朝廷的优容，其官府备案的寺院或可与摩尼寺不相上下，即便有多，亦不可能成倍，否则唐人于三夷教的排次就必定要重组。

景教逃过武氏之厄，但逃不过会昌法难。会昌年间，摩尼教被取缔在先，继之大规模"灭佛"，最后连被太宗肯定的"济物利人，宜行天下"的景教，还有最为"守分"的祆教，亦同受牵连，被科以"邪法"之名取缔。此事见载于《旧唐书》卷18《武宗本纪》：

> 五年秋七月庚子，中书又奏："……其大秦穆护等祠，释教既已厘革，邪法不可独存。其人并勒还俗，递归本贯充税户。如外国人，送还本处收管。"⑦

中书省竟敢把先皇帝太宗所欣赏的景教说成是"邪法"，自是摸准了武宗的排外心理，言武宗所不便言者。而"如外国人，送还本处收管"，这句话，显然主要针对景教那些来自叙利亚的僧人。而源于中亚的胡人景僧，如上揭洛阳经幢《幢记》第20行所载的"大秦寺　寺主法和玄应（俗姓米）　威仪大德玄庆（俗姓米）九阶大德志通（俗姓康）"，都是早已归化中华的胡人或胡裔，并非外国人；而"穆护"亦然，彼等多为世袭看守寺庙圣火和操办法事仪式者，若非世代居于中土者，亦已移民中华有年。倒是那些来自叙利亚的景僧，与本土教会保持联系，甚至要定期回总部汇报，属地道的外国人。

根据下面将讨论的同年八月制书，中书省这个奏折，确作为皇帝敕令下达执行。叙利亚景僧

---

① 详参拙文《唐代景教与广州》。
② 参拙文《唐代首所景教寺院考略》，刊饶宗颐主编：《华学》第4辑，北京：紫禁城出版社，2000年，第275—285页；修订本见拙著《唐代景教再研究》，北京：中国社会科学出版社，2003年，第48—64页。
③ 参殷小平、林悟殊：《幢记若干问题考释——唐代洛阳景教经幢研究之二》，《中华文史论丛》2008年第2辑，第269—292页；修订本见拙著《中古夷教华化丛考》，第192—210页。
④ （清）徐松撰，李建超增订：《增订唐两京城坊考》，西安：三秦出版社，1996年，第293页。
⑤ 参拙文《盩厔大秦寺为唐代景寺质疑》，《世界宗教研究》2000年第4期，第1—12页；修订本见拙著《唐代景教再研究》，第65—84页。
⑥ 详参拙文《唐代景教与广州》。
⑦ 《旧唐书》卷18《武宗本纪》，第605页；并见《资治通鉴》卷248，北京：中华书局，1956年，第8016页；《全唐文》卷967《勒令僧人还俗奏》，第10045页。

系中国教区僧侣阶层的主体、中坚。无论彼等被驱逐回国，抑或仅被还俗、匿迹民间都好，其结果均令教会群龙无首，信众陷于涣散状态，景教在华二百年的传播活动便因中书省这个奏折而告终，以后亦未见有复苏的迹象，于是成为不折不扣的"流产文明"。[1]

景教在唐后虽并非绝迹[2]，甚至近年福建霞浦所见明清时期科仪抄本亦有其赞诗遗迹[3]，但与摩尼教和祆教比较，其在唐后的遗迹不仅隐晦得多，而且实在少得可怜。该教虽没有凭借外来势力，唯以大唐国主是依，但结果却是"成也萧何，败也萧何"。再次证明了任何宗教，若不扎根于民众，最终都难逃避昙花一现的命运。其潜逃的僧人是否有像摩尼教的呼禄法师那样改弦易辙，到底层汉人中去传教播种，现有资料尚不能确认，有待日后类乎霞浦那样的民间新资料面世。但可以肯定的是，即便有，其社会效果远不可与摩尼教比匹。

五、唐代祆教的地位

琐罗亚斯德教（Zoroastrianism）为古代伊朗的民族宗教，隋唐之前，便已随胡人移民中土而入华。[4] 该教在传播过程逐步变异，形成了多个版本，在华活动的琐罗亚斯德教属于粟特版，以粟特人为主体[5]，汉人特造"祆"字以名之。陈垣先生《火祆教入中国考》云该教"因拜光又拜日月星辰，中国人以为其拜天，故名之曰火祆。祆者天神之省文，不称天神而称祆者，明其为外国天神也"[6]。复考曰：

> 曰天神，曰火神，曰胡天神，皆唐以前之称。祆字起于隋末唐初，北魏南梁时无有。魏书康国传虽有祆字，然魏收书西域传原佚，后人特取北史西域传补之。北史西域传之康国传，则又全采自隋书，故与其谓祆字始见于魏书，毋宁谓祆字始见于隋唐。祆盖唐初之新造字也。[7]

就这个新字的造型，岑仲勉先生更有细考：

> 祆字之右旁。或谓从"天"，或谓从"天"，历来争讼不决。按《唐律》三："诸造妖书及妖言者绞"。从夭者即"妖"字，更证祆教字之不从夭。《玉篇》，祆，呵怜切，xien（《广韵》呼烟切），《通典》四〇，呼朝反，xiäu，其差异处只收声附-n缀或不附-n缀，从

---

[1] 蔡鸿生：《〈唐代景教再研究〉序》，见氏著《仰望陈寅恪》，北京：中华书局，2004年，第208—209页。
[2] 王媛媛：《唐后景教灭绝说质疑》，第145—162页。
[3] 拙文《霞浦抄本元代天主教赞诗辨释——附：霞浦抄本景教〈吉思咒〉考略》，《西域研究》2015年第4期，第130—134页。
[4] 参 Liu Ts'un-yan, "Traces of Zoroastrian and Manichaean Activities in Pre-T'ang China", in Liu Ts'un-yan, Selected Papers from the Hall of Harmonious Wind, Leiden: E. J. Brill, 1976, pp.3–55. 是文拙译《唐前火祆教和摩尼教在中国之遗痕》，刊《世界宗教研究》1981年第3期，第36—61页。
[5] 详参拙文《〈伊朗琐罗亚斯德教村落〉中译本序》，余太山主编《欧亚学刊》第4辑，北京：中华书局，2004年，第255—259页；修订本见拙著《中古三夷教辨证》，第432—439页。
[6] 《陈垣学术论文集》第1集，304页。
[7] 《陈垣学术论文集》第1集，第308页。

"天"者示其为天神也（会意字，非谐声字）。读音则两皆可通。①

其实，当今的出版物，把"祆"作成"袄"者尚不乏见，遑论古籍。在古籍中，"祆"或被误作"祓"、"拔"、"袄"、"杖"者，不一而足。其间固缘字形接近混淆之故，窃意更缘传抄传刻者不谙上揭该字真谛所致。

琐罗亚斯德教与摩尼教、景教不同，无何扩张性。其经典《阿维斯陀经》，迄今只知有帕拉维文（Pahlavi 古译"钵罗婆语"）抄本，是为 18 世纪中叶法国学者迪佩农（Anquetil Duperron）得自印度帕尔西人②；该经是否曾被译成其他古代民族文字，至今未有证据可资确认。尽管唐代中国有众多胡人祆教徒，未见其像摩尼教、景教那样，有汉译经典存世；而在文献资料上，亦找不到曾流行汉译祆经的迹象。古籍于该教起源历史所记甚少，仅见上揭《僧史略·大秦末尼》：

火祆（火烟切）教法，本起大波斯国。号苏鲁支，有弟子名玄真，习师之法，居波斯国大总长，如火山，后行化于中国。贞观五年，有传法穆护何禄，将祆教诣阙闻奏。③

此间所云"苏鲁支"信息，当源自该"传法穆护何禄"所闻奏④，尔后汉籍续有提及者盖袭于此。何禄之将祆教诣阙闻奏，究竟是奉诏而来抑或主动求见，记载并不明晰。而"穆护"（Magou, Mage），即祆教的专业神职人员；用岑先生的话，即为祆教之教士。⑤ 由于琐罗亚斯德教并不主张苦行，其神职人员盖有家室，时人殆不以僧称之。⑥ 彼等不事译经，惟负责操办寺庙的宗教仪式，包括守护圣火等，因此人数很有限；由于祆教没有出家修持的制度，因此，其寺庙便不像佛寺那样有住寺僧；若有居者，除穆护外，谅必只有其家眷或勤杂人员。

就三夷教之排次，唐人将祆教置于最后，或许缘其不主动对外传教，穆护少穿梭于街坊之故。其实，由于唐土的西域移民主流信仰为祆教，朝廷于祆教最为优礼，置祠最多，仅京城一地，有案可稽者已有六所，非摩尼、大秦所可比。⑦ 朝廷复置萨宝府，入流品，任胡酋为官管领移民，府内尤设祆正、祆祝二职以主教务。不过，如是做法，与认同支持其宗教无关。就如陈垣先生在《火祆教入中国考》一文所指出："唐代之尊崇火祆，颇有类于清人之尊崇黄教，建祠设官，岁时奉祀，实欲招来西域，并非出自本心。"⑧ 祆教信徒在唐土比其他两夷教为多，入仕唐

---

① 岑仲勉：《隋唐史》，第 316 页。
② 参见拙文《近代琐罗亚斯德教研究的滥觞》，刊《百科知识》1989 年第 4 期，第 26—27 页；修订本见拙著《波斯拜火教与古代中国》，台北：新文丰出版公司，1995 年，第 1—9 页。
③ 《僧史略·大秦末尼》，见《大正藏》（54），No. 2126，第 253 页中。
④ 参拙文《霞浦抄本祆教信息探源——跋〈霞浦抄本所见"苏鲁支"史事考释〉》，《文史》2016 年第 2 辑，第 279—287 页。
⑤ 岑仲勉：《隋唐史》，第 319 页。
⑥ 详参林悟殊、殷小平：《唐代"景僧"释义》，《文史》2009 年第 1 辑，第 181—204 页；修订本见拙著《中古夷教华化丛考》，第 138—167 页。
⑦ 详参张小贵：《中古华化祆教考述》"唐宋祆祠分布辑录"节下，北京：文物出版社，2010 年，第 27—38 页。
⑧ 《陈垣学术论文集》第 1 集，页 316；另参拙文《火祆教在唐代中国社会地位之考察》，载蔡鸿生主编：《戴裔煊教授九十诞辰纪念文集：澳门史与中西交通研究》，广州：广东高等教育出版社，1998 年，第 169—196 页；修订本见拙著《中古三夷教辨证》，第 256—283 页。

朝的胡人自不乏祆教徒，如著名的安禄山然。① 其安史之乱是唐朝由盛而衰的转折点，但这并不等于其所奉宗教亦曾在唐朝叱咤风云。

祆教既乏汉译经典，无意向汉人传教，其作为胡人的体系化宗教，即便有汉人欲入其教亦不得其门。更有，华夏传统以死者入土为安，而若依祆教葬俗，死尸绝不能入土着地。② 单就这一条，已令汉人望而生畏，无从融入该教。因此，该教不存在"诳惑"唐人的问题，"会昌中汰僧"，祆教纯属"躺着中枪"。不过，受伤的程度在三夷教中属最轻者。穆护被"还俗"，实际就是不得在寺庙里操办法事，彼等多早已定居中土，不存在"送还本处收管"的问题；至于一般信徒，更是毫发无损。敕令亦没有提及拆毁祆教寺庙，风头过后，自就复原如旧。宋代张邦基《墨庄漫录》载史世爽世袭祆庙庙祝，可资为证：

> 东京城北有祆（呼烟切）庙。祆神本出西域，盖胡神也。与大秦穆护同入中国，俗以火神祠之。京师人畏其威灵，甚重之。其庙祝姓史，名世爽，自云家世为祝累代矣。藏先世补受之牒凡三：有曰怀恩者，其牒，唐咸通三年（862）宣武节度使令狐给，令狐者，丞相绹也；有曰温者，周显德三年（956）端明殿学士、权知开封府王所给，王乃朴也；有曰贵者，其牒亦周显德五年（958）枢密使、权知开封府王所给，亦朴也。自唐以来，祆神已祀于汴矣，而其祝乃能世继其职，逾二百年，斯亦异矣。③

从这条史料看，史世爽为九姓胡祆祝后裔盖无疑问，其先祖在会昌迫害时既未被"送还本处收管"；虽被"还俗"，但后来亦重新得到度牒，子孙世袭其职"逾二百年"。④ 毕竟大量的胡人胡裔信徒都生活在中土，到祆庙参拜祆神已成为他们难以改变的习惯。

在唐代三夷教中，祆教不仅最为朝廷所重，亦最受士人关注。古籍于祆俗多有记载，瞩目其拜火拜天，于其"祆主"所擅长的巫幻之术，尤感兴趣，作为异闻，记录传世。⑤ 而在唐代传奇

---

① 荣新江：《安禄山的种族与宗教信仰》，载《第三届中国唐代文化学术研讨会论文集》，台北：中国唐代学会编辑委员会编，1997年，第231—241页；另见氏著《中古中国与外来文明》，北京：生活·读书·新知三联书店，2001年，第222—237页。
② 参拙文《火祆教的葬俗及其在古代中亚的遗痕》，《西北民族研究》1990年第1期，第61—67页，60；修订本见拙著《波斯拜火教与古代中国》，第85—97页。
③ （宋）张邦基著，孔凡礼点校：《墨庄漫录》卷4，北京：中华书局，1993年，第110—111页。
④ 参张小贵《中古华化祆教考述》"史氏世袭祆祝"节下，第39—42页。
⑤ （唐）张鷟撰《朝野佥载》卷3载："河南府立德坊及南市西坊皆有胡祆神庙。每岁商胡祈福，烹猪羊，琵琶鼓笛，酣歌醉舞。酹神之后，募一胡为祆主，看者施钱并与之。其祆主取一横刀，利同霜雪，吹毛不过，以刀刺腹，刀出于背，仍乱扰肠肚流血。食顷，喷水呪之，平复如故。此盖西域之幻法也。凉州祆神祠，至祈祷日祆主以铁钉从额上钉之，直洞胸下，即出门，身轻若飞，须臾数百里。至西祆神前舞一曲即却，至旧祆所乃拔钉，无所损。卧十余日，平复如故。莫知其所以然也。"《隋唐嘉话·朝野佥载》（唐宋史料笔记丛刊），北京：中华书局，1979年，第64—65页。

小说，甚至亦可见到祆教身影。① 尽管汉人不皈依祆教，但该教诸多面目奇特的祆神，于向有多神崇拜传统的汉人来说，不乏吸引力；因其来自远方异域，益令唐人"畏其威灵"。是以，祆庙在唐之后仍长期存在，而祆神崇拜作为一种胡俗，亦在汉人中流行，其祆神更有衍变成行业神者。② 此外，会昌年间被还俗的穆护，谅必有以巫术、幻术谋生者，唐后民间长期广泛流行的巫幻之术，与该等穆护有多大关系，有待行家考实。

六、会昌年间"大秦穆护祆"的数量

为了评估景教祆教在华的传教力度，于其在华活动的景僧、穆护的人数，亦有必要像对摩尼教那样，作一较具体估算。上面已考会昌年间在唐土内地的摩尼僧，不过区区二三百人；然现存的唐文献却称景教、祆教的神职人员被还俗者多达三千余人或二千余人，如是数字，可信乎？下面试加考辨。

有关数字源于会昌五年（845）八月颁发的一个制书，就现存文献，最早过录该制书者当数《旧唐书》卷18《武宗本纪》：

> ……其天下所拆寺四千六百余所，还俗僧尼二十六万余人，收充两税户。拆招提、兰若四万余所，收膏腴上田数千万顷，收奴婢为两税户十五万人。隶僧尼属主客，显明外国之教。勒大秦、穆护祆三千余人还俗，不杂中华之风。③

《旧唐书》成书于后晋开运二年（945），所载八月制书，假如最初过录无误，而后又未被误抄的话，应是是最权威的版本。上引中华版《旧唐书》制书有关句子，文渊阁四库版除"祆"作"祓"有异外，即"勒大秦穆护祓三千余人还俗"④，其余盖同。《旧唐书》于该制未见题名，尔后历代古籍所见文本，称《拆寺制》，称《毁佛寺制》，或称《毁佛寺勒僧尼还俗制》，不一而足。

宋代宋敏求（1019—1079）所编《唐大诏令集》卷113《政事·道释》以"拆寺制"为题，

---

① 中唐时人李朝威所作传奇小说《柳毅传》有个情节，言柳毅递送龙女手书给洞庭君，"然而王久不至。毅谓夫（侍卫）曰：'洞庭君安在哉？'曰：'吾君方幸玄珠阁，与太阳道士讲《火经》，少选当毕。'毅曰：'何谓《火经》？'夫曰：'吾君，龙也。龙以水为神，举一滴可包陵谷。道士，乃人也。人以火为神圣，发一灯可燎阿房。然而灵用不同，玄化各异。太阳道士精于人理，吾君邀以听焉。'"《柳毅传》，见鲁迅校录：《唐宋传奇集》，鲁迅先生纪念委员会编印，1941年，第50—59页，引文见第52页。石田干之助在他的《中国琐罗亚斯德教考》（《史学杂志》第三十四编第四号，大正十二年）一文中目这段话为中国火祆教资料，惟未加任何论证。"太阳道士"，《道藏》未见；太阳神（Mihr）为祆教主神之一，以"太阳道士"为号，灵感或来自穆护之称；"火经"，疑指火祆教经典之省，有的版本作"大经"，误。"发一灯"，有的版本作"发一炬"。祆教徒祭祀圣火，是藉助圣火与神沟通，并非惧怕火之巨大毁灭力。（参 R. C. Zaehner, The Dawn and Twilight of Zoroastrianism, Weidenfeld and Nicolson, Lond, 1961, p. 74.）窃意李朝威或曾随喜祆庙，遂凭汉人传统思维，推度祆教徒祀火之原因。参拙文《唐人奉火祆教考辨》，刊《文史》第30辑，1988年，第101—107页；修订稿见拙著《波斯拜火教与古代中国》，第151—162页。

② 参刘铭恕《元人杂剧中所见之火祆教》，刊《金陵学报》第11卷1期，1941年，第35—50页；《边疆研究论丛》1942—1944年，第35—50页；刘长文编：《刘铭恕考古文集》上卷，郑州：河南人民出版社，2013年，第633—646页。另参拙文《波斯琐罗亚斯德教与中国古代的祆神崇拜》，刊余太山主编：《欧亚学刊》第1辑，北京：中华书局，1999年，第207—227页；收入《中古三夷教辨证》，第316—345页。

③ 《旧唐书》卷18《武宗本纪》，第606页。"爱如生数据库中国基本古籍库"所据清乾隆武英殿刻本与此同。

④ 《旧唐书》卷18《武宗本纪》，文渊阁四库全书本，第268册，第421页下。

将制书全录，不过该句却作：

> ……勒大秦穆护拔二千余人，并令还俗，不杂中华之风。①

《唐会要》卷四七录则以《毁佛寺制》为名，过录全文。是书中华书局和和上海古籍出版社都曾据权威版本印行，该句均作：

> 勒大秦穆护祆三千余人还俗，不杂中华之风。②

按《唐会要》为北宋王溥（922—982）所编，据说唐德宗时，苏冕撰成《会要》四十卷，记唐初至代宗时典故。宣宗时，崔铉等人复撰《续会要》四十卷，记德宗至武宗时故事。王溥采唐宣宗以后故事加以续补，合成《唐会要》，于宋太祖建隆二年（961）正月进呈。③

当年崔铉等撰《续会要》，自应收入会昌五年八月制书。但在承传过程，亦难免出现错讹。见诸四库版的《唐会要》（史部十三，政书类一），此句便作：

> 勒大秦穆祆二万余人违俗不杂中华之风。④

个中"还俗"作"违俗"，显为笔误；而"二万余人"，则属离谱。窃疑四库版所据版本作"二千余人"，而该制所提及的寺院、僧人等的数量多以万为单位，抄写者或因疲累走神，不仅将"还"误作"违"，复将"二千"讹为"二万"。此误亦显示就该制录文，《唐会要》的不同版本亦有差。

《全唐文》卷七六收入该制书，题《毁佛寺勒僧尼还俗制》，该句作：

> 勒大秦穆护被二千余人还俗不杂中华之风。⑤

康熙二十四年（1685）编辑的《御选古文渊鉴》卷二十九《毁佛寺制》作：

> 勒大秦穆护被三千余人还俗不杂中华之风。⑥

清代学者在注释唐人著作而征引制书时，或作"二千人"，如冯浩《樊南文集详注》⑦，朱鹤

---

① 《唐大诏令集》卷113《拆寺制》，上海：商务印书馆，1959年，第591页；文渊阁四库全书本，第426册，第798页上。"爱如生数据库中国基本古籍库"所据民国适园丛书刊明钞本与此同。
② 《唐会要》卷47，北京，中华书局，1955年，第841页；上海古籍出版社，2006年，第989页。"爱如生数据库中国基本古籍库"所据清武英殿聚珍版丛书本与此同。
③ 参《四库全书》主编于该书的提要，文渊阁四库全书本，第606册，第1页；《唐会要·前言》，上海：上海古籍出版社，2006年，第2—3页。
④ 《唐会要》，文渊阁四库全书本，第606册，第619页上。
⑤ 《全唐文》卷76，第802页下；"爱如生数据库中国基本古籍库"所据清嘉庆内府刻本与此同。
⑥ 《御选古文渊鉴》，文渊阁四库全书本，第1417册，第614页上。
⑦ 见"爱如生数据库中国基本古籍库"：（唐）李商隐：《樊南文集详注》卷一，清乾隆德聚堂刻本。

龄《李义山文集笺注》①；或作"三千人"，如冯集梧所作《樊川诗集注》诗集卷四。②该等益证此前流行的制书版本，所示人数不一。这实际就意味着，单纯从现存制书本身，无从确定相关数字孰是孰非。是以，再从集部著作寻求对证。

李德裕《会昌一品集》卷20《贺废毁诸寺德音表》，四库版作：

> 大秦穆护袄二十余人并令还俗者。③

《丛书集成》版同作：

> 大秦穆护袄二十余人并令还俗者。④

该表收入《全唐文》卷七〇〇，亦作：

> 大秦穆护袄二十余人并令还俗者。⑤

按"十"与"千"，仅一撇之差，固疑"二十余人"应为"二千余人"之误，如果仅区区"二十余人"，实在不值得入表以贺。当然，亦不能绝对排斥系"三千余人"之讹，缘"二"与"三"毕竟只有一划之别。不过，两字同时笔误的几率显然较低。

复质诸子部著作。李上交《近事会元》，成书于宋嘉祐元年（1056），其卷五"天下减废佛寺及僧"条下有提及：

> 勒大秦穆护杖二千余人还俗，不杂中华之风也。⑥

显明其所读到的制书版本乃作"二千余人"。

子部著作复有明代方以智（1611—1671）《通雅》，其卷二九《乐曲》"穆護煞西曲也"条下提及该句，作：

> 智见唐有大秦穆护袄（从天音轩）僧二千余人。⑦

子部明末清初顾炎武（1613—1682）所撰《日知录》卷十九"立言不为一时"条下亦作：

---

① 见"爱如生数据库中国基本古籍库"：（唐）李商隐：《李义山文集笺注》卷2，清文渊阁四库全书本。
② 见"爱如生数据库中国基本古籍库"：（唐）杜牧：《樊川诗集注》卷4，清嘉庆德裕堂刻本。
③ 李德裕：《会昌一品集》卷20《贺废毁诸寺德音表》，文渊阁四库全书本，第1079册，第238页下。"爱如生数据库中国基本古籍库"所据四部丛刊景明本，李德裕：《李文饶集》卷第20"祈告"与此同。
④ 见王云五主编《丛书集成（初编）》第1858册：李卫公：《会昌一品集》卷20，上海：商务印书馆，1936年，第166页。
⑤ 《全唐文》卷700，第7194页上；"爱如生数据库中国基本古籍库"所据清嘉庆内府刻本与此同。
⑥ 文渊阁四库全书本，第850册，第294页上。"爱如生数据库中国基本古籍库"所据清钞本与此同。
⑦ （明）方以智：《通雅》卷29，北京：中国书店影印本，1990年，第351页下；文渊阁四库全书本，第857册，第568页上。

> 大秦穆护祆僧二千余人。①

方以智、顾炎武都是明末清初之博学鸿儒，两者均采"二千余人"说，必有古本为据。

其实，史部的著作论及武宗灭佛事，亦少不了援引制书中涉及大秦穆护的文字。如《新唐书》，其武宗本纪对灭佛事极为简略，更没有引录制书，但在卷五二《食货志》提及：

> 武宗即位，废浮图法，天下毁寺四千六百、招提兰若四万，籍僧尼为民二十六万五千人，奴婢十五万人，田数千万顷，大秦穆护、祆二千余人。②

该等数字显然来自制书或李德裕的贺表，亦意味着编撰者所据的制书或贺表作"二千余人"。

司马光（1019—1086）《资治通鉴》亦然，卷二四八载道：

> 壬午，诏陈释教之弊，宣告中外。凡天下所毁寺四千六百余区，归俗僧尼二十六万五百人，大秦穆护、祆僧二千余人……③

尔后宋沈枢（1163—1189）辑的《通鉴总类》盖同《资治通鉴》，其卷十四下"李德裕禁五台僧奔幽州"条下作：

> 诏陈释教之弊，宣告中外，凡天下所毁寺四千六百余区，归俗僧尼二十六万五百人，大秦穆护祆僧二千余人，毁招提兰若四万余区，收良田数千万顷，奴婢十五万人，所留僧皆隶主客，不隶祠部。百官奉表称贺……④

而上文已征引的佛书《僧史略·大秦末尼》亦作：

> （武宗会昌）五年，再勒大秦穆护火祆等二千余人并勒还俗。⑤

《佛祖统纪·事魔邪党》雷同：

> 五年，勒大秦穆护火祆等二千余人并勒还俗。⑥

据上面列举诸古籍看，全制书的过录，尽管多作"三千余人"，但亦有作"二千余人"者，而李

---

① （清）顾炎武：《日知录》卷19，文渊阁四库全书本，第858册，第819页下；（清）顾炎武著，黄汝成集释，栾保群、吕宗力校点：《日知录集释（全校本）》中，上海：上海古籍出版社，2006年，第1087页；另据"爱如生数据库中国基本古籍库"所示清宣统二年吴中刻本，顾炎武：《日知录之馀》卷三，所记亦同。
② 《新唐书》卷52，第1361页；文渊阁四库全书本，第273册，第8页上；"爱如生数据库中国基本古籍库"所清乾隆武英殿刻本与此同。
③ 《资治通鉴》卷248，第8017页；文渊阁四库全书本，第309册，第641页上。"爱如生数据库中国基本古籍库"所据四部丛刊景宋刻本与此同。
④ （宋）沈枢：《通鉴总类》卷14，文渊阁四库全书本，第462册，第113页上。
⑤ 《大宋僧史略》卷下，《大正藏》（54），第253页中。
⑥ 《佛祖统纪》卷54，《大正藏》（49），第474页下。

德裕《贺表》所作的"二十"多半是"二千"之误，征引该制书的历代知识精英著作，则多从"二千余人"。这实际已意味着制书原作"二千余人"，所谓"三千余人"，应属最初某个版本的误抄或误刻，尔后以讹传讹。当然，由于上面所举证书籍，毕竟均非影印自原始写本，因此通过文本校勘来推定是非亦就未必无懈可击。不过，对于历史研究者来说，通过校勘，复原文献记载的原始数字固然必要，但更重要的是探索其数字是否符合当时实际。

顾会昌五年八月制书的行文，应为武宗会昌汰僧的一个总结性文件，用于宣示其汰僧政策的理由及取得的成就，旨在让"百官奉表称贺"，争颂圣明。制书所列的诸多数据无疑都是各级官府上报累计所得。而吾人固知，在古代专制社会里，臣僚无不揣摩圣意而献媚，各级官吏为对上邀功，少不了夸大本地执行圣旨的力度；因此在申报政绩数据时，层层加码乃常态，夸大"大秦穆护火祆"还俗的人数理所当然。若非如此，何以势态比"大秦穆护火祆"强得多的摩尼教，据上面所考，僧人不过二三百人，而"大秦穆护火祆"竟数以千计，岂不怪哉？真实的数字几何，也许可从南宋姚宽（1105—1162）所撰《西溪丛语》卷上的记载得到启示：

武宗毁浮图，籍僧为民。会昌五年敕：大秦穆护火祆等六十余人并放还俗。①

按"放"有放逐、放走之意。上揭中书省奏折的"如外国人，送还本处收管"，意思不太明晰，此处则显明是放回本国。不过，八月制书于大秦穆护祆的处理但言还俗，却未及"外国人"如何处置。是以，窃意在具体执行时，于外籍僧人令其还俗、不得在华从事宗教活动固属必然，但是否有强制"放还蕃"②则不一定。而姚宽所云"六十余人"，显然不可能是"二千余人"或"三千余人"之笔误。姚本人就是一位较严谨的学者，其《西溪丛语》多考证典籍异同，《四库全书》主编者在提要中评价氏著曰："大致瑜多而瑕少，考证家之有根柢者也。"③是以，其所载必有所据。细察其文，但称"会昌五年敕"而不称"会昌五年制"。窃意其所引文字当为会昌五年的一个敕令，而非同年八月的制书。该敕令所谓"大秦穆护火祆等六十余人"，当针对京城而言。

考叙利亚景僧，多集中于京城，在西安景碑正面碑文落款的人名，包括撰写碑文"大秦寺僧景净"、主持或参与立碑事务的"捡挍建立碑僧行通"、"助捡挍试太常卿赐紫袈裟寺主僧业利"，还有碑体两侧所勒七十位景士名字，都配有叙利亚文名字，甚或配以叙利亚文的教会职务，俱来自叙利亚无疑。④显然，中国教区的中心就在京城，来自叙利亚的高僧们集中在京城，彼等除处理整个中国教区的教务、积极汉译经典外，更致力于服务朝廷，争取朝廷的支持。而源于中亚的僧人则多分布于京外寺院，如上揭洛阳大秦寺便只见胡姓僧人，未见来自叙利亚者；其他寺院谅必亦然；广州或例外，缘当地集结的是海路而来的西亚教徒。

---

① （宋）姚宽：《西溪丛语》卷上（《西溪丛语·家世旧闻》，唐宋史料笔记丛刊），北京：中华书局，1993年，第42页；文渊阁四库全书本，第850册，第926页上。"爱如生数据库中国基本古籍库"所据明嘉靖俞宪昆鸣馆刻本与此同。明清时期的著作多有征引该条记载者，如见于同一古籍库的（明）顾大韶《炳烛斋随笔》"今世有天主教者"节下，清初刻本；（清）张玉书《御定佩文韵府》卷16之11，文渊阁四库全书本；（清）陈梦雷《古今图书集成理学汇编文学典》第242卷，雍正铜活字本；（清）俞樾《茶香室丛钞》卷19，光绪二十五年刻春在堂全书本；（清）朱一新《无邪堂答问》卷2，光绪二十一年广雅书局刻本；（清）王先谦《虚受堂文集》卷6，光绪二十六年刻本。上揭诸书相关引文均无异，可确认不存在传刻之误。

② 《册府元龟》卷975载"开元二十年八月庚戌，波斯王遣首领潘那蜜与大德僧及烈来朝。授首领为果毅，赐僧紫袈裟一副及帛五十疋，放还蕃。"北京：中华书局，1960年，第11454页。

③ 文渊阁四库全书本，第850册，第914页上。

④ 林悟殊、殷小平：《唐代"景僧"释义》，《文史》2009年第1辑。

按景碑以"景教流行中国碑颂"为题，以"主能作兮臣能述，建丰碑兮颂元吉"为结，教会春风得意、踌躇满志之心态毕现，可见景教时处鼎盛。教会立碑之举，纯属效法华夏勒石纪功的传统文化，由是，冒九死一生航海来华的景僧们，就算未能参与立碑盛典，亦必争相在碑上勒名。是以，碑上所勒七十三位叙籍景僧，应是其时躬逢其盛者，亦即在华叙籍景僧的基本人数。不过，两侧勒名，可发现有的书写字体和间隔不大一致，疑为后来所补入。据碑文落款，该碑立于建中二年（781），因此，这个数字也许就是当时中国教区叙籍僧人的基本人数，纵有遗漏，亦属个别。而会昌五年（845）距立碑已逾一个甲子，其人数或有增减，但恐不可能以倍计。而估算京城在常态下，叙籍僧人三五十人，应属得当。

复考唐代京城祆教祠寺，见于现存文献仅六所耳：

> 布政坊西南隅胡祆祠，武德四年（621）立。①
> 长安崇化坊祆寺，贞观五年（631）立。②
> 西京醴泉坊，十字街南之东，波斯胡寺。仪凤二年（677）立。③
> 醴泉坊西北隅祆祠。④
> 普宁坊西北隅祆祠。⑤
> 靖恭坊街南之西祆祠。⑥

若有失载，误差恐亦一二而已。而觐上揭《墨庄漫录》所载东京城北有祆庙，主其事者惟庙祝史世爽一人，且为世袭。若以每祠一穆护计，京城穆护不外六七人；就算每祠二穆护，那也就是十余人。这个数字加上叙籍僧人三五十人，胡姓景僧若干，当与《西溪丛语》所载"大秦穆护火祆等六十余人"这一数字接近。

考会昌三年对摩尼僧大开杀戒，首先是在京城下手；同理，敕令大秦穆护祆还俗，首先当于京城实施。武宗之取缔释教亦然，先在京畿进行，而后扩至全国。这有上揭圆仁《入唐求法巡礼行记》为证，该书第454条载会昌二年十月事，节录其时敕令：

> 帖诸寺：不放僧尼出寺。左街功德使奏：准敕条流僧尼，除年已衰老及戒行精确外，爱惜资财自［愿］还俗［僧］尼共一千二百卅二人。右街功德使奏：准敕条流僧尼，除年已衰老及戒行精确外，爱惜资财自愿还俗僧尼共二千二百［五］十九人。奉敕：左右街功德使奏，准去年十月七日十六日敕条流，令还俗僧尼，宜依。⑦

---

① （唐）韦述《两京新记》卷3，（宋）宋敏求《长安志》卷10。见［日］平冈武夫编：《唐代的长安和洛阳（资料）》，上海：上海古籍出版社，1989年，第185、116页。（唐）韦述撰，辛德勇辑校：《两京新记辑校》，魏全瑞主编《长安史迹丛刊》），西安：三秦出版社，2006年，第34页。

② （宋）姚宽撰，孔凡礼点校：《西溪丛语》卷上，第42页。

③ （唐）韦述：《两京新记》卷3，（宋）宋敏求：《长安志》卷10；见［日］平冈武夫编：《唐代的长安和洛阳（资料）》，第189、118页。（唐）韦述撰，辛德勇辑校：《两京新记辑校》，第46页。

④ （唐）韦述：《两京新记》卷3，（宋）宋敏求《长安志》卷10作"醴泉坊西门之南祆祠"。见［日］平冈武夫编：《唐代的长安和洛阳（资料）》，第189、118页。（唐）韦述撰，辛德勇辑校：《两京新记辑校》，第47页。

⑤ （唐）韦述：《两京新记》卷3，（宋）宋敏求：《长安志》卷10；见［日］平冈武夫编：《唐代的长安和洛阳（资料）》，第191、120页。（唐）韦述撰，辛德勇辑校：《两京新记辑校》，第56页。

⑥ 宋敏求：《长安志》卷9，见［日］平冈武夫编：《唐代的长安和洛阳（资料）》，第112页。

⑦ （唐）释圆仁著，白化文、李鼎霞、许德楠修订校注：《入唐求法巡礼行记校注》卷3，第405页。

第456条则记会昌三年正月：

> 十七日　功德使帖诸寺："僧尼入条流内并令还俗。"此资圣寺卅七人。①

第457条复记会昌三年正月：

> 十八日早朝，还俗讫。左街还俗僧尼共一千二百卅二人，右街还俗僧尼共二千二百五十九人。②

以上敕令显然是针对京城地区的僧尼，可见自会昌二年十月始，朝廷便已一再下敕约束或取缔京畿释门僧尼。有关的敕令，圆仁未必悉数载录，但仅此数条，已足以证明：会昌五年八月颁发的制书不过是武宗对其整个"灭佛"行动的总结，此前其还发过一系列具体性的相关敕令。窃意姚宽《西溪丛语》所云的"大秦穆护火祆等六十余人并放还俗"，可能就是来自类似的一个敕令。京城大秦穆护祆集中活动的重镇，但"并放还俗"者不外就是六十余人。那么，制书所云"勒大秦穆护祆二千余人还俗"，显然就是一个颇为夸大的数字。

上面曾据会昌年间京城摩尼僧七十多人，而估算其时内地摩尼僧为二三百人，如不算离谱的话，那么排位摩尼教之下的"大秦穆护祆"应亦接近这个人数，绝不可能为这个数字的倍数。窃意，真实的数字很可能是二百余人，臣僚将其夸大十倍以表功。

堂堂神州，渊渊大国，儒释道鼎立，处世界文明之高位，本来雍容大度的唐帝国，到了武宗朝，却一反常态。若云灭摩尼，出于对回鹘之泄愤，尚可理解；但竟惧于区区二三百"大秦穆护祆""杂中华之风"，则不可言喻。显然非因彼等在华夏有何气候，实缘经安史之乱后，已走向衰落，失去了自信，朝野出现了极端排外、仇外的反常心理。③

七、结　语

上面就三夷教在唐代中国社会的影响，从朝廷对彼等的政策、民众的参与、关注度，以及其寺院、僧人、教士数量等方面进行考察，无非要说明岑老当年讲授《隋唐史》时，将三夷教摆在"顺带"的地位上，良有以也。几十年来三夷教资料时有新的发现，学术界于三夷教的研究不断深化，如果重写《隋唐史》的话，于《西方宗教之输入》一节中一些具体论述、提法或有修改补充的余地；尽管如此，窃以为从历史通识的角度，无必特别提高唐代三夷教的历史地位。至于近年福建霞浦等地发现的民间科仪抄本，三夷教成分历历可见，既有源于三夷教的一些神号，亦有三夷教尤其是摩尼教的词章。④ 不过，该等抄本属于明清时期当地法师小群体所用之物，彼等

---

① （唐）释圆仁著，白化文、李鼎霞、许德楠修订校注：《入唐求法巡礼行记校注》卷3，第409页。
② （唐）释圆仁著，白化文、李鼎霞、许德楠修订校注：《入唐求法巡礼行记校注》卷3，第409页。
③ 详参拙文《唐朝三夷教政策论略》，刊荣新江主编：《唐研究》第4卷，北京：北京大学出版社，1998年，第1—14页；修订本见拙著《唐代景教再研究》，第106—119页。
④ 详参陈进国、林鋆《明教的新发现——福建霞浦县摩尼教史迹辨析》，载李少文主编，雷子人执行主编：《不止于艺——中央美院"艺文课堂"名家讲演录》，北京：北京大学出版社，2010年，第343—389页。

以操办乡民法事为生，抄本即其操办法事仪式的脚本。① 由是，该等新发现的夷教遗迹，可证明民间宗教吸收了既往三夷教遗存的材料，夷神进入民间信仰的万神殿，显示了古代外来宗教融入华夏文明的一种模式，但不能反证三夷教于唐代社会曾有过多大的影响，更不能证明在会昌以后，三夷教还一直保持其体系化的宗教形态在华夏传承。

附言：余生也晚，1962 年入读中山大学历史系时，岑仲勉先生已作古近一年，无缘面承其声欬，沐其春风。当然，其时高年级之同学（当年未有时下流行的师兄、师姐的称谓）流传着本系陈寅恪先生和岑仲勉先生二老轶事掌故，余自亦有所闻。不过，于岑老的懿德嘉言、治学方法、学术成就等有实质性的认识，则是"文革"返回母校之后，聆听自蔡师鸿生先生及姜伯勤先生，并在学习岑老著作中自我感受。总之，笔者不过是间接受岑老之熏陶耳。岑老这样一位卓有贡献的 20 世纪史学大师，迄今已逝世逾半个世纪，但此前由于种种原因，一直未曾为其举办过学术纪念活动，蔡师曾多次为之扼腕慨叹。蔡师于岑老感情殊深，早已准备以新著《广州海事录》作为对岑老诞辰 130 周年纪念，当闻知姜伯勤教授几位弟子已获得系领导支持，拟在今年 2016 年 11 月 25 日—11 月 28 日举办"纪念岑仲勉先生诞辰 130 周年学术研讨会"时，欣喜莫名，立刻电告。余已退休多年，卧病山麓，虽不能与会，但作为岑先生的再及门弟子，自应藉此机会，重温岑老著作，写点学习心得，以表赤子之诚。遂由蔡师开示主题，以数月时间，草成此文。谨此说明。

2016 年 10 月 14 日

（作者单位：中山大学历史学系）

---

① 参拙文《清代霞浦"灵源法师"考论》，《中华文史论丛》2015 年第 1 期，第 246—284 页。

纪念岑仲勉先生关于"祆"与"袄"之辨[*]

——兼论"祆道"非"袄道"辨

王永平

"祆"与"袄"二字由于字形相仿,在实际应用中,极易混淆,稍不留神就会出现疏误,影响对原文的理解。岑仲勉先生在《隋唐史》中曾对"祆"与"袄"的区别进行过辨证,他说:

> 祆字之右旁,或谓从"天",或谓从"夭",历来争论不决,按《唐律》三:"诸造袄书及袄言者绞"。从夭者即"妖"字,更证祆字之不从夭。……从"天"者示其为天神也。②

关于"祆"与"袄"之区别,岑先生明确指出从"天"者为"祆",音 xiān,而从"夭"者为"袄",音 yāo,通"妖"。先生所言极是,笔者也曾就"祆"与"袄"的区别及"祆道"非"袄道"等问题有过论述③,兹在此基础之上作进一步的辨证。

一、"祆"与"袄"之区别

关于"祆"字,陈垣先生认为:"祆字之见于字书者,始于《玉篇》,其次则《说文新附》,其次则《续一切经音义》。"《玉篇》虽然写成于梁大同九年(534),但陈垣先生怀疑"《玉篇》之祆字,只可认为唐上元元年甲戌(674 年)以后孙强等所增,实非顾野王原书所有"。所以"祆字起于隋末唐初,北魏南梁时无有。……盖唐初之新造字也。"④ 据《玉篇》卷一"示部"收有:"祆,阿怜切,胡神也。"⑤ 如果此"祆"字确系唐处士孙强所增的话,则是今天所能见到的最早对"祆"字所进行的辨证。目前能够确定最早对"祆"字进行解释者大概是唐代僧人慧琳(737—820 年),他在《一切经音义》卷三十六《掬呬耶亹怛啰经》中说:

> 祆祠,上显坚反。本无此字,胡人谓神明曰天,语转呼天为祆。前贤随音书出此字,从

---

* 本文为国家社科基金项目"全球史视野下汉唐丝绸之路多元文明互动中的'殊方异俗外来风'研究(17BZS007)"
② 岑仲勉:《隋唐史》,石家庄:河北教育出版社,2000 年,第 298 页。
③ 参阅拙作:《论唐代民间道教对陈硕真起义的影响——兼与林梅村同志商榷》,《首都师范大学学报》1995 年第 1 期,第 100—107 页;《"祆道"辨——从南朝梁吴承伯起义谈起》,《晋阳学刊》1999 年第 3 期,第 83—86 页。
④ 陈垣:《火祆教入中国考》,见吴泽主编,陈乐素、陈智超编校:《陈垣史学论著选》,上海:上海人民出版社,1981 年,第 109—132 页。
⑤ (梁)顾野王:《大广益会玉篇》卷 1,北京:中华书局,1987 年,第 4 页。

示从天以别之。①

也就是说"祆"为一特定字，专门指与火祆教有关的事物名，在汉字中出现的较晚，但慧琳说"前贤随音书出此字"，说明在他之前已经有此字，不知慧琳所说是否指孙强等对《玉篇》所进行的增补。至于《说文解字》中所收录的"祆"字，则是五代宋初人徐铉所补充的新附字。② 这一点陈垣先生已经指出。

至于"祆"，与"妖"通假，其来已久，见于古籍者有"祆怪"、"祆祥"、"祆气"、"祆孽"、"祆灾"、"祆星"、"祆氛"等词，都作"妖"解。如：

"祆怪"，《荀子·天论篇》中就有："故水旱不能使之饥渴，寒暑不能使之疾，祆怪不能使之凶。"③《南史·梁武帝诸子·武陵王纪传》中也有："初，纪将僭号，祆怪不一，内寝柏殿柱绕节生花，其茎四十有六，霏靡可爱，状似荷花。识者曰：'王敦祆花，非佳事也。'"而在《梁书·武陵王纪传》中则作"妖怪非一"。④ 可见前两处"祆怪"即"妖怪"。

"祆祥"，《战国策·楚策四》"庄辛谓楚襄王"条有："襄王曰：'先生老悖乎，将以为楚国祆祥乎？'"⑤《史记·五宗世家·赵王彭祖》载唐人司马贞《索隐》引《埤苍》云："禨，祆祥也。"⑥《埤苍》为曹魏时人张揖所著的一部字书，原书大约于宋代已佚。此两处"祆祥"当作"妖祥"。

"祆孽"，《汉书·礼乐志》记载汉武帝定郊祀之礼，立乐府，命协律都尉李延年作《郊祀歌》十九章，其五《西颢·邹子乐》有："奸伪不萌，祆孽伏息。"⑦ 此处"祆孽"即"妖孽"。

"祆灾"，《三国志·蜀书·刘焉传》有："焉徙治成都，既痛失子，又感祆灾，兴平元年（194），痈疽发背而卒。"⑧ 此处"祆灾"即"妖灾"。

"祆气"，梁简文帝《喜疾瘳诗》有"蠲邪无贾服，祆气息梁牛。"⑨ 唐人萧颖士《与崔中圆书》有："窃惟二京未复，祆气方炽。"⑩ 唐代道士吴筠《游仙诗》也有："遂使区宇中，祆气永沦灭。"⑪ 此三处"祆气"即"妖气"。

"祆氛"，唐人周昙《唐虞门·唐尧》诗有："祆氛不起瑞烟轻，端拱垂衣日月明。"⑫ 此处"祆氛"即"妖氛"。

"祆星"，唐人韩休《奉和御制平胡》诗有："祆星乘夜落，害气入朝分。"⑬ 又杜甫《奉送

---

① （唐）慧琳撰：《一切经音义》卷36，见徐时仪校注：《一切经音义三种校本合刊》，上海：上海古籍出版社，2008年，第1137页。
② （汉）许慎撰，（宋）徐铉等校：《说文解字》，上海：上海古籍出版社，2007年，第7页。
③ （战国）荀况著，王天海校释：《荀子校释》卷11《天论篇》，上海：上海古籍出版社，2005年，第676页。
④ 《南史》卷53《梁武帝诸子·武陵王纪传》，北京：中华书局，1975年，第1333页。《梁书》卷55《武陵王纪传》中"王敦祆花"则作"王敦仗花"，北京：中华书局，1973年，第828页。
⑤ （汉）刘向编集，贺伟、侯仰军点校：《战国策》卷17《楚策四·庄辛谓楚襄王》，济南：齐鲁书社，2005年，第173页。
⑥ 《史记》卷59《五宗世家·赵王彭祖》，北京：中华书局，1982年第2版，第2099页。
⑦ 《汉书》卷22《礼乐志》，北京：中华书局，1962年，第1056页。
⑧ 《三国志》卷31《蜀书·刘焉传》，北京：中华书局，1982年第2版，第867页。
⑨ 《梁诗》卷21，逯钦立辑校：《先秦汉魏晋南北朝诗》，北京：中华书局，1983年，第1944页。
⑩ 《文苑英华》卷668，北京：中华书局，1966年，第3432页。
⑪ 《全唐诗》卷853，北京：中华书局，1960年，第9643页。
⑫ 《全唐诗》卷728，第8337页。
⑬ 《全唐诗》卷111，第1133页。

郭中丞兼太仆卿充陇右节度使三十韵》："宸极袄星动，园陵杀气平。""袄"下注曰：一作妖。①此两处"袄星"即"妖星"。

此外，如《论衡·偶会篇》有："二龙之袄当效。"②"袄"亦当作"妖"解。又如《汉书·郊祀志》引伊陟语曰："袄不胜德。"③而在《史记·殷本纪》中则作"妖不胜德"。④在《新唐书·姚崇传》中引姚崇语曰："聪伪主，德不胜袄，今袄不胜德。"⑤而在《旧唐书·姚崇传》中则作："刘聪伪主，德不胜妖；今日圣朝，妖不胜德。"⑥显然姚崇之言乃化用伊陟之语，"袄"乃通"妖"解。

由此可见，"袄"与"祆"除了在字形上相仿外，其实二者在字义上的区别还是非常明显的。"袄"通"妖"，"祆"即专指与火祆教有关的事物，通识者当察之。

二、"祆贼"、"祆道"、"祆人"与"祆言"

在中古史中，把受民间信仰或邪教影响的武装暴动或叛乱，往往称之为"袄贼"、"袄人"、"袄道"或"袄言惑众"，这类事件不绝于书。但由于"妖"与"袄"通假，有时会将"袄"误当作"祆"。如《梁书》卷二十一《蔡撙传》记载："天监九年（510），宣城郡吏吴承伯挟袄道，聚众攻宣城，杀太守朱僧勇。"⑦这里所提到的"袄道"，《辞源》就误将其当作"祆道"解释曰："即波斯火教，亦曰火祆。"并引用了这段记载作为例证。⑧其实，这里的"袄道"应作"妖道"解，而不应该理解为波斯火教之"祆道"。⑨《资治通鉴》卷一四七梁武帝天监九年六月条下就记载为"宣城郡吏吴承伯挟妖术聚众"。⑩此"妖术"，也可作"袄术"，与"袄道"同意。在史籍碑传中，有关"妖道"作"袄道"或"袄贼"的记载经常出现，试举几例：

《晋书》卷八十四《刘牢之传》载：刘牢之领彭城太守时，"袄贼刘黎僭尊号于皇丘，牢之讨灭之。"按：同书卷九《孝武帝纪》和卷十三《天文志》、《宋书》卷二十五《天文志》三及《开元占经》卷四十六《太白经天昼见》都作"妖贼"。可见，《刘牢之传》中的"袄"，当通"妖"解。⑪

《晋书》卷八十四《刘牢之传》又载："袄贼司马徽聚党马头山，牢之遣参军竺郎之讨灭

---

① 《全唐诗》卷225，第2406页。又（唐）杜甫著，（清）仇兆鳌注：《杜诗详注》卷五作"妖星"，注曰："一作袄"，北京：中华书局，1979年，第371页。《文苑英华》卷269也作"妖星"，北京：中华书局，1966年，第1357页。
② （汉）王充著，黄晖校释：《论衡校释》卷3《偶会篇》，北京：中华书局，1990年，第100页。
③ 《汉书》卷25上《郊祀志上》，第1192页。
④ 《史记》卷3《殷本纪》，第100页。
⑤ 《新唐书》卷124《姚崇传》，北京：中华书局，1975年，第4384页。
⑥ 《旧唐书》卷96《姚崇传》，北京：中华书局，1975年，第3024页。
⑦ 《梁书》卷21《蔡撙传》，第333页。又见《南史》卷29《蔡撙传》，第775页。
⑧ 《辞源（合订本）》，北京：商务印书馆，1988年，第1229页。
⑨ 参阅拙作：《"袄道"辨——从南朝梁吴承伯起义谈起》，《晋阳学刊》1999年第3期，第83—86页。
⑩ 《资治通鉴》卷147梁武帝天监九年九月条，北京：中华书局，1956年，第4596页。
⑪ 《晋书》卷84《刘牢之传》，北京：中华书局，1974年，第2189页。又同书卷九《孝武帝纪》载：太元十四年（389），"彭城妖贼刘黎僭称皇帝于皇丘，龙骧将军刘牢之讨平之。"（第237页）又同书卷13《天文志》下载："（太元）十四年正月，彭城妖贼（刘黎）又称号于皇丘，刘牢之破灭之。"（第380页）《宋书》卷25《天文志》三记载同，北京：中华书局，1974年，第725页；（唐）瞿昙悉达编，李克和校点：《开元占经》卷46《太白经天昼见》引《宋书·天文志》，长沙：岳麓书社，1994年，第503页。

之。"按：同书卷九《孝武帝纪》在太元十八年（393）条下记作"妖贼"。所以，这里的"祆"也应通"妖"解。①

《南史》卷一《宋武帝纪》载："晋隆安三年（399）十一月，祆贼孙恩作乱于会稽，朝廷遣将军谢琰、前将军刘牢之东讨。"按：《晋书》卷十《安帝纪》作："十一月甲寅，妖贼孙恩陷会稽……遣卫将军谢琰、辅国将军刘牢之逆击走之。"② 可见，此处的"祆贼"也通"妖贼"解。

《南史》卷十七《刘敬宣传》载："宋武帝既累破祆贼，功名日盛，敬宣深相凭结。"按：《宋书》卷四十七《刘敬宣传》则作"妖贼"。③ 显然，此处"祆贼"也能作"妖贼"。

《南史》卷十七《蒯恩传》载："自征祆贼，常为先登。"按：《宋书》卷四十九《蒯恩传》也作"妖贼"。④ 也即"祆贼"通"妖贼"。

《南史》卷三《宋明帝纪》载：泰始四年（468）三月，"祆贼攻广州，杀刺史羊希，龙骧将军陈伯绍讨平之。"按：《宋书》卷八《明帝纪》则作"妖贼"。⑤ 此处"祆贼"也与"妖贼"通。

《南史》卷七十五《隐逸上·楼惠明传》载："惠明字智远，立性贞固，有道术。居金华山，……（齐）文惠太子在东宫，苦延方至，仍又辞归。俄自金华轻棹西下，及就路，回之丰安。旬日之间，唐寓之祆贼入城涂地，唯丰安独全。"同书卷五十六《吕僧珍传》也载："吕僧珍字元瑜，东平范人也。……事梁文帝为门下书佐，……祆贼唐寓之寇东阳，文帝率众东讨，使僧珍知行军众局事。"按：《梁书》卷十一《吕僧珍传》则作"妖贼唐瑀"。其事发生在齐武帝永明四年（486）正月。⑥ 显然，此两处"祆贼"也应作"妖贼"解。

《南史》卷六十一《陈庆之传》载："会有祆贼沙门僧强自称为帝，土豪蔡伯宠起兵应，攻陷北徐州。诏庆之讨焉。"按：《梁书》卷三十二《陈庆之传》则载："会有妖贼沙门僧强自称为帝，土豪蔡伯宠起兵应。僧强颇知幻术，更相扇惑，众至三万，攻陷北徐州"。⑦ "祆贼"也作"妖贼"解。

《梁书》卷三十四《张缵传》载："（大同）八年（542），安成人刘敬宫挟祆道，遂聚党攻郡。"《南史》卷五十六《张缵传》记载同。按：《梁书》卷三《武帝记》则曰："八年春正月，安成郡民刘敬躬挟左道以反，内史萧说委郡东奔，敬躬据郡，进攻庐陵，取豫章，妖党遂至数万。"《资治通鉴》卷一五八将其事系于梁武帝大同七年末："安成望族刘敬躬以妖术惑众，人多信之。"这几处记载除"刘敬宫"作"刘敬躬"外（"宫"、"躬"音同，应为同一人），所谓"祆道"与"妖术"、"妖党"的意思差不多，也即通"妖道"解。⑧

唐代《崔玄籍墓志》载："属祆贼陈硕真挟持鬼道，摇动人心，以女子持弓之术，为丈夫辍耕之事。"按：《旧唐书》卷七十七《崔义玄传》载崔玄籍语曰："此乃妖诳，岂能得久。"《新

---

① 《晋书》卷84《刘牢之传》，第2189页。同书卷九《孝武帝纪》：太元十八年"闰（七）月，妖贼司马徽聚党于马头山，刘牢之遣部将讨平之。"240页。
② 《南史》卷1《宋武帝纪》，第2页。《晋书》卷10《安帝纪》，第252页。
③ 《南史》卷17《刘敬宣传》，第474页。《宋书》卷47《刘敬宣传》，第1410页。
④ 《南史》卷17《蒯恩传》，第482页。《宋书》卷49《蒯恩传》，第1436页。
⑤ 《南史》卷3《宋明帝纪》，第81页。《宋书》卷8《明帝纪》，第163页。
⑥ 《南史》卷75《隐逸上·楼惠明传》，第1872页。同书卷56《吕僧珍传》，第1394页。《梁书》卷11《吕僧珍传》，第211页。《南齐书》卷3《武帝纪》，北京：中华书局，1972年，第51页。
⑦ 《南史》卷61《陈庆之传》，第1500页。《梁书》卷32《陈庆之传》，第463页。
⑧ 《梁书》卷34《张缵传》，第504页。《南史》卷56《张缵传》记载同，第1389页；又《梁书》卷3《武帝记》，第87页；《资治通鉴》卷158梁武帝大同七年，第4910页。

唐书》卷一〇九《崔义玄传》改作"此乃妖人，势不持久"；《资治通鉴》卷一九九唐高宗永徽四年（653）冬十月条则记载："初，睦州女子陈硕真以妖言惑众，与妹夫章叔胤举兵反，自称文佳皇帝。……崔玄籍曰：'起兵仗顺，犹且无成，况凭妖妄，其能久乎！'"可见，《墓志》中的"祆贼"与史传中之"妖人"、"妖妄"、"妖诳"的意思亦相近，也应作"妖贼"解。①

从上引 10 例来看，"祆贼"和"祆道"都作"妖"解。在中古社会里，传统史家和文人士大夫一般会把受民间宗教或邪教影响的武装暴动和叛乱，一律称之为"妖贼"和"妖人"。这类事件在历史上层出不穷，仅魏晋南北朝时期就有约 70 次左右。② 到唐代，这类事件也很多。③ 所以在唐律中专门规定了对"造祆书祆言"者的严厉处罚条例，这就是岑仲勉先生所提到的"《唐律》三：'诸造祆书及祆言者绞'"条。据《唐律疏议》卷十八《贼盗部》记载：

> 诸造祆书及祆言者，绞。造，谓自造休咎及鬼神之言，妄说吉凶，涉于不顺者。
> 《疏》议曰："造祆书及祆言者"，谓构成怪力之书，诈为鬼神之语。
> 传用以惑众者，亦如之；传，谓传言。用谓用书。……言理无害者，杖一百。即私有祆书，虽不行用，徒二年。
> 《疏》议曰："传用以惑众者"，谓非自造，传用祆言、祆书，以惑三人以上，亦得绞罪。……其"言理无害者"，谓祆书、祆言，虽说变异，无损于时，谓若豫言水旱之类，合杖一百。"即私有祆书"，谓前人旧作，衷私相传，非己所制，虽不行用，仍徒二年。其祆书言理无害于私者，杖六十。④

显然，这里所说的"祆"就是岑仲勉先生所说的"妖"，"祆书"、"祆言"也就是"妖书"、"妖言"。而对于那些"妖言惑众"者，自古以来处罚都非常严厉，如《汉书·眭弘传》载：眭弘与其友人内官长赐就因"妄设祆言惑众，大逆不道，皆伏诛"⑤。这里的"祆言惑众"，也即"妖言惑众"。对待"祆书"，历代也常采取严厉禁止的态度，如《陈史·后主纪》载：陈后主刚即位，就于太建十四年（582）四月庚子下诏："僧尼道士，挟邪左道，不依经律，人间淫祀祆书诸珍怪事，详为条制，并皆禁绝。"⑥ 这里的"祆书"，也就是"妖书"。

但在实际应用中，"祆"与"祆"经常混淆使用，陈垣先生曾节引明代方以智《通雅》卷十一说："祆神，即夷称天神也。字从天，误作祆从夭，故张有、戴侗辈，皆以祆祆妖訞合为一字。按此字起于唐，既通西域，因其言而造祆字，以为其神。汉时佛法西来，祆字未立，唐玄奘有《西域记》，始详其法，故徐铉补之。"⑦ 饶宗颐先生也指出："祆之作祆，习非成是者已久矣"，

---

① 周绍良主编：《唐代墓志汇编》上册，上海古籍出版社，1992 年，第 929—930 页。《旧唐书》卷 77《崔义玄传》，第 2689 页；《新唐书》卷 109《崔义玄传》，第 4096 页；《资治通鉴》卷 199 唐高宗永徽四年冬十月条，第 6283 页。
② 参见张泽咸、朱大渭编：《魏晋南北朝农民战争史料汇编》（全二册），北京：中华书局，1980 年。
③ 参见张泽咸编：《唐五代农民战争史料汇编》（全二册），北京：中华书局，1979 年。
④ （唐）长孙无忌等撰，刘俊文点校：《唐律疏议》卷十八《贼盗部》，北京：中华书局，1983 年，第 345 页。
⑤ 《汉书》卷 75《眭弘传》，第 3154 页。
⑥ 《陈书》卷 6《后主纪》，北京：中华书局，1972 年，第 108 页。又《南史》卷 10《陈本纪下·后主纪》记载同，第 302 页。
⑦ 陈垣：《火祆教入中国考》，见《陈垣史学论著选》，第 109—132 页。原文见（明）方以智：《通雅》卷十一，北京：中国书店，1990 年，第 147—148 页。

"今观元曲，皆以祆为祅"，"按元刊本作祅神急，向来皆定祅神应作祆神"，"祅庙应作祆庙"。①这与"祆"字出现较晚，且不常用有关。即使在今天的很多论著中，也有常把"祆"误作"袄"或"祅"（ǎo），或把"祅"误作"祆"的情况。如《史记•乐书》引子夏答魏文侯语曰："夫古者天地顺而四时当，民有德而五谷昌，疾疢不作而无祆祥，此之谓大当。"②就把"祅祥"误作"祆祥"；又如上引今本《唐律疏议•贼盗部》的"诸造祅书祅言"条下，就把"祅"字全部误作"祆"。不过，把"祆"误作"祅"的情况要多一些，尤其是在古籍中。所以，要正确区分"祆"与"祅"的应用，必须联系上下文意思来定，千万不能望文生义。

前面 10 例中提到的"祅道"或"祅贼"，都通"妖"解，不但有他书佐证，而且从这些人发动暴乱的方式也可以看出。如刘敬宫（躬）所挟之"祅道"，据《南史》卷 63《王僧辩传》载：

> 时有安成望族刘敬躬者，田间得白蛆化为金龟，将销之，龟生光照室，敬躬以为神而祷之，所请多验，无赖者多依之。平生有德有怨者必报，遂谋作乱，远近响应。③

由此观之，刘敬宫（躬）所挟之"祅道"类似于陈后主诏书中所说的"挟邪左道"，也即以邪教蛊惑民众盲从的迷信活动。

至于"祅贼"陈硕真所挟之"鬼道"，则属于民间道教一类的活动④，据《旧唐书•崔义玄传》载："始，硕真自言仙去，与乡邻辞决，或告其诈，已而捕得，诏释不问。于是姻家章叔胤妄言硕真自天还，化为男子，能役使鬼物，转相荧惑，用是能幻众。"⑤《崔玄籍墓志》也载："属祅贼陈硕真挟持鬼道，摇动人心，……君用寡犯众，以正摧邪，破张鲁于汉中，殄卢循于海曲，功无不让。"⑥可见陈硕真是利用"鬼道"鼓动民众信从的。而早期五斗米道和太平道都曾被称为"鬼道"，后来经北魏道士寇谦之和南朝道士葛洪、陶弘景、陆修静等人改革以后的道教，形成了贵族道教（或曰神仙道教）和民间道教（或曰"鬼道"）分流发展的局面。而民间道教由于还保持了早期道教具有反抗现实政权的特性，往往被称为"鬼道"。而墓志中提到的"破张鲁于汉中，殄卢循于海曲"中的张鲁和卢循，一个是早期五斗米道的创始人"三张"（张陵、张衡、张鲁）之一，另一个则是受五斗米道（天师道）的影响而发动叛乱者。据宁可师统计："魏晋南北朝时，与宗教有关或被称为'妖人'、'妖贼'的起事约七十次左右，其中明显地与道教，特别是五斗米道有关的近二十次。"⑦可见，陈硕真事件被称为"祅贼"，应作"妖贼"，而非"祆贼"，也即不是受到火祆教的影响。⑧

---

① 饶宗颐：《穆护歌考——兼论火祆教之早期史料及其对文学、音乐、绘画之影响》，《饶宗颐史学论著选》，上海：上海古籍出版社，1993 年，第 404—441 页。
② 《史记》卷 24《乐书》，第 1223 页。
③ 《南史》卷 63《王僧辩传》，第 1536 页。
④ 参阅拙作《论唐代"鬼道"》，《首都师范大学学报》2001 年第 6 期，第 7—13 页。《论唐代民间道教对陈硕真起义的影响——兼与林梅村同志商榷》，《首都师范大学学报》1995 年第 1 期，第 100—107 页。
⑤ 《旧唐书》卷 77《崔义玄传》，第 2689 页。
⑥ 周绍良主编：《唐代墓志汇编》上册，第 929—930 页。
⑦ 见宁可师：《五斗米道、张鲁政权和"社"》，《中国文化与中国哲学：1987》，北京：生活•读书•新知三联书店，1988 年。
⑧ 参阅拙作《论唐代民间道教对陈硕真起义的影响——兼与林梅村同志商榷》，《首都师范大学学报》1995 年第 1 期，第 100—107 页。又见林梅村《从陈硕真起义看火祆教对唐代民间的影响》，《中国史研究》1993 年第 2 期，收入氏著《西域文明——考古、民族、语言和宗教新论》，北京：东方出版社，1995 年，第 462—466 页。

三、余　论

关于火祆教在中国流行的时间和状况，中外学者曾作过大量的论述，可谓众说纷纭、莫衷一是。比较有代表性的是：陈垣先生认为：火祆之入中国，"自北魏始，灵太后时（516—527 年），胡天神初列祀典。"① 饶宗颐先生则认为"实则更应在其前"，甚至可以往前追溯至魏晋时期，"如慕容瘣曾祖名莫护跋，事在魏初，莫护跋一名，当为 Mogu-yan 之对音，又晋时凉州张寔统治下有刘弘燃灯授人以光明道，富有深厚之祆教色彩"。② 但是，检诸史籍几无以"祆教"称"祆道"者，正如陈垣先生所说："火祆之名闻于中国，其始谓之曰天神。天神云者，以其拜天也。继以其兼拜火也，故又谓之火神天神，或曰天神火神。中国祀之则曰胡天，或曰胡天神。"③ 如刘弘事件，《晋书·张寔传》称其为"挟左道"，"以惑百姓"。④ 所谓"左道"，又称"祆道"，即"妖道"也。又有"祆神"，误作"袄神"（即"妖神"）者。关于"祆神"，论者或曰起自《周书·异域传下》：波斯国，"俗事火祆神"之略称。⑤ 然而《册府元龟·外臣部·土风三》则作"火天神"，《魏书·西域传》、《北史·西域传》和《通典·边防典》则均作"火神天神"。⑥ 以此推之，《周书》之记当为后人在传抄过程中所误改或讹传。或谓唐初也有"祆神"之谓，根据为《旧唐书·太宗纪上》所载：武德九年（626）九月，"壬子，诏私家不得辄立妖神，妄设淫祀，非礼祠祷，一皆禁绝。其龟易五兆之外，诸杂占卜，亦皆停数。"《新唐书·太宗纪》也作"妖神"，《通鉴》则作"妖祠"⑦，或谓此处"妖神"、"妖祠"之"妖"，皆作"祆"，误作"袄"，而成"妖"。⑧ 此说也深可值得怀疑。笔者认为此所谓"妖神"，乃是泛指，应当理解作淫祠，即不在国家祀典的民间祭祀，唐代针对淫祠所展开的禁断行动曾有过多次。⑨ 而从文献记载来看，较早出现"祆神"记载的应是敦煌文书，据 P.2005 号《沙州都督府图经》残卷记载敦煌县有"四所杂神"，其中之一即："祆神：右在州东一里。立舍，画神主，总有廿龛。"⑩ 此后，在敦煌文书中多有关于"祆神"的记载。《沙州图经》据称编成于武周证圣（695）至开元年

---

① 陈垣：《火祆教入中国考》，见《陈垣史学论著选》，第 109—132 页。
② 饶宗颐：《穆护歌考——兼论火祆教之早期史料及其对文学、音乐、绘画之影响》，《饶宗颐史学论著选》，第 404—441 页。
③ 陈垣：《火祆教入中国考》，见《陈垣史学论著选》，第 109—132 页。
④ 《晋书》卷 86《张寔传》，第 2230 页。
⑤ 《周书》卷 50《异域传下》，北京：中华书局，1971 年，第 920 页。
⑥ （宋）王钦若等编：《册府元龟》卷 961《外臣部·土见三》，北京：中华书局，1960 年，第 11306 页。《魏书》卷 102《西域传》，北京：中华书局，1974 年，第 2271 页；《北史》卷 97《西域传》，北京：中华书局，1974 年，第 3223 页。（唐）杜佑撰，王文锦等点校：《通典》卷 193《边防典·西戎·波斯》，北京：中华书局，1988 年，第 5270 页。
⑦ 《旧唐书》卷 2《太宗纪上》，第 31 页；《新唐书》卷 2《太宗纪》，第 27 页；《资治通鉴》卷 192 高祖武德九年九月条，第 6023 页。
⑧ 姚崇新、王媛媛、陈怀宇著：《敦煌三夷教与中古社会》，兰州：甘肃教育出版社，2013 年，第 147 页。
⑨ 参阅拙作《论唐代的民间淫祠与移风易俗》，《史学月刊》2000 年第 5 期，第 124—129 页。
⑩ 唐耕耦、陆宏基编：《敦煌社会经济文献真迹释录》第一辑，北京：书目文献出版社，1986 年，第 13 页。

间①，如果《玉篇》中的"祆"字确系上元中处士孙强所增补的话，那么其时正当"祆"字在唐初开始新造出不久并在社会上行用开来的反映。慧琳（737—820）生活的年代稍后，在开元到元和年间，他撰写的《一切经音义》（也称《慧琳音义》）大约成书于元和三年（808年）以前。②此时火祆教传入既久，已广为唐人所熟知，故慧琳在书中收入"祆祠"条，并解释了"祆"字之来历为"胡人谓神明曰天，语转呼天为祆"。而约活动于唐初太宗至高宗龙朔年间（661—663年）的僧人玄应撰写的《一切经音义》（也称《玄应音义》）中还不见有关于"祆"字的解释，这也进一步证明了《旧唐书·太宗纪》中所载之"妖神"并非"祆神"之误。到宋元以降，"祆神"、"祆庙"之说转盛，然而人们不察"祆"与"祅"之区别，误作"祅神"、"祅庙"，进而讹传为"妖神"、"妖庙"。关于此点，饶宗颐先生已有论述，见前所征引，兹不复述。

(作者单位：首都师范大学历史学院)

---

① 关于《沙州图经》的成书年代，罗振玉先生认为："此书之作，殆在开、天间"（罗振玉撰述，萧文立编校：《雪堂类稿 乙·图籍序跋》乙之二《校刊群书·鸣沙石室佚书》23《沙州图经跋》，沈阳：辽宁教育出版社，2003年，第313—316页）；王重民先生在《敦煌古籍叙录》（北京：中华书局，1979年，第116—117页）中认为：作于武后证圣时，自开元二年九月以下，当系后人增入；日本学者池田温先生《沙州图经略考》认为：此书作于上元三年（676）至证圣元年（695），从武后到开元年代传抄过程中续有增补。见《榎博士还历纪念东洋史论丛》，东京：山川出版社，1975年，第31—101页。

② 徐时仪：《一切经音义三种校本合刊绪论》，见《一切经音义三种校本合刊》，上海：上海古籍出版社，2008年，第21页。

武周时期的景教

王媛媛

《大秦景教流行中国碑》（以下简称"景教碑"）记录了景教自贞观九年（635）入华，至建中二年（781）在中原的传播情况。碑文中对李唐六位皇帝（太宗、高宗、睿宗、玄宗、代宗、德宗）在位时期传教事业的描写，或数十字或数百字不等，而相比之下，武周时期景教的命运仅"圣历年，释子用壮，腾口于东周"一笔带过。学界对此句的理解基本一致，它指的是武周圣历年间（698—700），景教在洛阳受到了佛教徒的排斥或者言语上的攻击。结合该句之后"先天末，下士大笑，讪谤于西镐。有若僧首罗含，大德及烈，并金方贵绪，物外高僧，共振玄纲，俱维绝纽。"可以看出，圣历和先天的遭遇，使中原景教会受到了不小的影响。就目前已知史料而言，我们不一定能找到直接材料揭示圣历年间的洛阳究竟发生了什么，但笔者想试着从景教教义、圣历前后的相关史实及佛教的动向等方面入手，对武周时期的中原景教做一间接的考察。

一、武则天对景教的态度

武氏对景教的态度，可以通过对比来看。因在武周时期，除了景教，还有另一支夷教——摩尼教也受到了佛教徒的排斥，此事发生在圣历之前五年。延载元年（694），摩尼教拂多诞持《二宗经》朝见武则天。《闽书》载"至武则天时，慕阇高弟密乌没斯拂多诞复入见，群僧妒谮，互相击难。则天悦其说，留使课经。"① 由此可见，和景教一样，摩尼教也曾受到佛教徒言语上的攻击，但延载与圣历二事件之结果却截然相反。佛僧对摩尼教的"妒谮"并未得逞，武后仍允许该教在中原传播。反观景教，由于佛僧的攻击及此后道徒②的毁谤，其传教事业受到很大的影响，需仰仗"金方贵绪"的高僧"俱维绝纽"。之所以会出现不同的结局，其中的关键人物应当是武则天。不难看出，摩尼教能在与佛教的"击难"中胜出，主要是因为"则天悦其说"，亦即武则天可能从摩尼教义中听到了符合其政治需要，甚至是有助于革唐为周、即位称帝的说教③，才会力排众议，认可摩尼教。

---

* 本文为广东省哲学社会科学"十二五"规划2011年度青年项目"唐代'广州通海夷道'宗教文化研究"（GD11YLS03）阶段性成果之一。

① 《闽书》卷7《方域志》，厦门大学古籍整理研究所、历史系古籍整理研究室《闽书》校点组校点，厦门：福建人民出版社，1994—1995年，第172页。

② 对于"下士"一词，有认为指的是道士，穆尔（A. C. Moule）认为"也许指道家，但更有可能指儒家学者。" A. C. Moule, Christians in Asia before the Year AD 1500, London et al., 1930, p. 41, 中译本见郝镇华译《一五五〇年前的中国基督教史》，北京：中华书局，1984年，第55页。

③ 拙著《从波斯到中国：摩尼教在中亚和中原的传播》，北京：中华书局，2012年，第117页。

此外，就在圣历元年前后，佛道间也发生了互相谩骂攻击之事。武则天出面调停，于圣历元年正月亲下《条流佛道二教制》：

> 佛道二教，同归于善。无为究竟，皆是一宗。比有浅识之徒，竟生物我，或因忿怒，各出丑言。僧既排斥老君，道士乃诽谤佛法。更相訾毁，务在加诸。人而无知，一至于此。且出家之人，须崇业行，非圣犯义，岂是法门？自今僧及道士敢毁谤佛道者，先决杖，即令还俗。①

饶宗颐先生据此认为，武后对佛道二教已无轻重之别②。总之，无论佛与摩尼，还是佛与道，同是宗教间的倾轧，武则天的态度或是支持或是安抚，与佛景争斗中的"失语"完全不同。从圣历年间事来看，景教会落败，恐怕是因为没有得到武则天真正的支持。

据景教碑记载，该教立足中原完全得益于李唐皇帝：先有太宗许其开教京城，后有高宗许其立寺地方。和中原佛寺道观一样，景寺中供奉有高祖、太宗、高宗、中宗、睿宗的"写真"③，其经典中也体现出很强的护国思想④。尽管武则天篡唐为周，但景教在感念李唐皇恩浩荡的同时，定然不会傻到站出来反对武周政权。若如此，恐怕早在武周新立之时已被处置，不会晚到近十年之后，而且圣历年间事属佛教的排挤，并非直接来自皇权的迫害。不过，武则天虽未直接下达宗教禁令，但她对景教并不支持。笔者以为，这种态度不是因为景教反对武则天，更有可能是因为景教难以对武周政权从意识形态上提供宗教理论支持。

众所周知，佛教在武氏立周的过程中占有举足轻重的作用，《大云经疏》和《宝雨经》是武周政权的佛教理论基础⑤，以强调其女身可为中国主⑥。而摩尼教可能也是从女神信仰及弥勒教义入手，巧妙地将武氏所好融入宗教宣讲之中，既不违背自身教义，又能获得朝廷的肯定⑦。然而，对景教来说，在其教义体系内却很难找到合适的女神形象与武氏相匹配。

作为基督教的一支，景教向来被正统派视为异端。其实，在基督教体系内有现成的圣母崇拜。431年的以弗所（Ephesus）会议正式确立了对圣母玛利亚（Theotokos，原意"神之母"）的崇拜⑧。当时，亚历山大城主教圣·西里尔（Cyril of Alexandria）热情宣讲了圣母布道文，赞美玛利亚是"天下神圣之宝藏、不灭之光芒、贞洁之花环、正教之明镜"，"因为她，三位一体变

---

① 《唐大诏令集》卷113，第587页。
② 饶宗颐：《从石刻论武后之宗教信仰》（原载《历史语言研究所集刊》第45本3分，1974年），此据《饶宗颐佛学文集》，北京：北京出版社，2014年，第3页。
③ 景教碑载："旋令有司将帝写真转模寺壁。天姿泛彩，英朗景门。圣迹腾祥，永辉法界。……天宝初，令大将军高力士送五圣写真寺内安置。"据此，长安景寺中先是供奉有太宗像（有学者认为该像或为阎立本作品，见雷闻《郊庙之外——隋唐国家祭祀与宗教》，北京：生活·读书·新知三联书店，2009年，第119页）。到玄宗时，景寺中供奉了高祖、太宗、高宗、中宗、睿宗像。鉴于在高宗统治时期，景教得以发展到地方，笔者颇疑在太宗之后的景寺中已供奉有高宗像。
④ 陈怀宇：《唐代景教与佛道关系新论》，《世界宗教研究》2015年第5期，第52—53页。
⑤ Antonino Forte, *Political Propaganda and Ideology in China at the End of the Seventh Century*, Ch. I, "The *Ta-Yun Ching* Question", Napoli: InstitutoUniversitario Orientale Seminario di StudiAsiatici, 1976, pp. 125 – 136.
⑥ 有学者认为，与《大云经疏》相比，《宝雨经》才是武氏为女主的直接理论来源，相关研究见孙英刚《神文时代：谶纬、术数与中古政治研究》，上海：上海古籍出版社，2015年，第286—292页。
⑦ 拙著《从波斯到中国：摩尼教在中亚和中原的传播》，116—127页。
⑧ Carl E. Braaten & Robert W. Jenson (eds), *Mary, Mother of God*, Eerdmans, 2004, p. 84.

得神圣；因为她，十字架被视如珍宝为世人所崇拜……因为她，一切生灵不拜偶像，回归真理。"①《圣经·启示录》12：1这样描述玛利亚："有一个妇人，身披太阳，脚踏月亮，头戴十二星的冠冕。"从中，我们仿佛看到了一位女性王者的形象。但是，景教作为"异端"，其与正统派最主要的分歧就在圣母崇拜。景教的创立者聂斯脱利（Nestorius）在以弗所会议上明确提出，圣子早在玛利亚之前已经存在，他是超越一切时空的存在。他从圣父继承了神性，从玛利亚继承了人性，称玛利亚为神之母显然于理不合。聂斯脱利主张将Theotokos改为Christotokos，即称玛利亚为"孕育基督的人"②。正因如此，他也成为了圣·西里尔最大的敌人。

聂斯脱利坚决反对圣母崇拜，而这一景教的根本性教义在其入华之后应该不会改变。景教碑称玛利亚为"室女"，敦煌发现的《序听迷诗所经》称其为"童女"，均未赋予她任何神圣的头衔。有意思的是，即便景教徒有心为武周做宣传，可能也不大适合从玛利亚入手。在基督教中，玛利亚地位的升高是因其童贞。敦煌所出唐代汉文文书《序听迷诗所经》中有一部分内容或相当于《圣经·哥林多前书》③，而就在《哥林多前书》中提到女子的贞洁："但要免淫乱的事，男子当各有自己的妻子，女子也各有自己的丈夫。"（7：2）"至于那已经嫁娶的，我吩咐他们，其实不是我吩咐，乃是主吩咐，说，妻子不可离开丈夫。若是离开了，不可再嫁。"（7：10 - 11）"论到童身的人，我没有主的命令，但我既蒙主怜恤，能作忠心的人，就把自己的意见告诉你们。因现今的艰难，据我看来，人不如守素安常才好。"（7：25 - 26）武氏先后侍奉二帝，永徽年高宗废立皇后之时，褚遂良便曾极谏："武氏经事先帝，众所共知，天下耳目，安可蔽也。"④而《圣经·阿摩司书》2：6 - 7中，上帝惩罚以色列人时说"父子同一个女子行淫，亵渎我的圣名。"看来，在"众所共知"的事实面前，无论是用玛利亚，还是基督教道德体系下的女子形象来比附武氏，都像是对其过往的一种讽刺。如此，佛教有净光天女，摩尼教有生命母和光明女神，而景教却没有光辉的女神形象来比拟武则天，难以为新政权提供宗教理论支持。

其实，翻阅整部《圣经》，我们会发现其对女性的态度都不是积极肯定的。《圣经》不仅投射了一种男性意识，它更提升出男性至高无上的社会权力和认知体系⑤。其开篇的《创世纪》2：18、2：21 - 22中记载了耶和华神为不使亚当独居寂寞，取他一根肋骨造出夏娃："耶和华神说，那人独居不好，我要为他造一个配偶帮助他。……耶和华神使他沉睡，他就睡了。于是取下他的一条肋骨，又把肉合起来。耶和华神就用那人身上所取的肋骨，造成一个女人，领她到那人跟前。"上帝造人的先后次序及方式，已表明女子的地位低于男子。当耶和华得知夏娃偷吃禁果后，对她说："我必多多加增你怀胎的苦楚，你生产儿女必多受苦楚。你必恋慕你丈夫，你丈夫必管辖你。"（《圣经·创世纪》3：16）。上帝的惩罚使男女之间的地位更加悬殊，两者成为管辖与被管辖的关系，男子是女子的主人⑥。景教碑非常简单地阐述了创世说，但在唐代景教经典中有更为详细的上帝造物神话。敦煌汉文文书《尊经》（P. 3847）记录了三十五种景教经名，其中列第二的《宣元至本经》就是宣讲造物主创造世界、救世主拯救人类的内容⑦；而位列第七的

---

① Frances Young, *God's Presence: A Contemporary Recapitulation of Early Christianity*, Cambridge University Press, 2013, p. 219.
② 事实上，聂斯脱利对玛利亚的理解，受其老师狄奥多（Theodore）的影响很深。详参Ian Gillman & H. -J. Klimkeit, *Christians in Asia before 1500*, The University of Michican Press, 1999, p. 40。
③ 翁绍军：《汉语景教文典诠释》，北京：生活·读书·新知三联书店，1996年，第101页。
④ 《资治通鉴》卷199，北京：中华书局，1956年，第6290页。
⑤ 南宫梅芳：《圣经中的女性：〈创世记〉的文本与潜文本》，北京：社会科学文献出版社，2012年，第22页。
⑥ Phyllis Trible, *God and the Rhetoric of Sexuality*, Augsburg Fortress, p. 128.
⑦ 林悟殊：《经幢版景教〈宣元至本经〉考释》，《中古夷教华化丛考》，兰州：兰州大学出版社，2011年，第182页。

《浑元经》从名字看，或许也和创世说有关。

此外，《哥林多前书》11:3 中还有这样一段话："基督是各人的头，男人是女人的头，神是基督的头。"在上揭《尊经》中列有教众需要"敬礼"的二十二位法王，其中的"宝路法王"即保罗①，而所列经目中的《宝路法王经》可能指的是保罗书信②。我们发现，就在保罗写给提摩太的书信（《圣经·提摩太前书》2:9-14）中，他强调：

> 愿女人廉耻、自守，以正派衣裳为妆饰，不以编发、黄金、珍珠和贵价的衣裳为妆饰。只要有善行，这才与自称是敬神的女人相宜。女人要沉静学道，一味地顺服。我不许女人讲道，也不许她辖管男人，只要沉静。因为先造的是亚当，后造的是夏娃，且不是亚当被引诱，乃是女人被引诱，陷在罪里。

尽管来华的景教僧侣，自阿罗本以降，无不百般讨好统治者③，但在武则天面前，景教徒却囿于教义经典，无从讨好。当然，也有可能景教一反其走"上层路线"的惯用策略，顾念李唐恩情，无心向武周示好。但无论如何，与当时的佛、道、摩尼相比，景教给武后的印象显不如前者。武则天对宗教的态度，围绕着如何夺取政权和巩固政权这个总政治目标而确定④。若真如此，武后不支持景教便在情理之中，只不过景教并未反对武周政权，尚不至于到被禁断的地步。但"不依国主，则法事难立"⑤，武后的态度为佛僧的挑衅提供了间接的动力，也使得景教在其统治期内的发展受到了一定的影响。

二、"灵武等五郡，重立景寺"考

景教碑 19—20 行云："肃宗文明皇帝，于灵武等五郡，重立景寺。"景教徒为平定安史之乱做出了贡献，因此，朝廷在灵武等五个郡治重建景寺，作为对景教徒的一种报答⑥。灵武，即今宁夏灵武。唐玄宗"天宝元年（742），改灵州为灵武郡。至德元年（756）七月，肃宗即位于灵武，升为大都督府。乾元元年（758），复为灵州。"⑦ 唐代的灵武名重一时，太宗曾于此接受漠北诸部归顺⑧，肃宗在此登基戡乱。灵武已成一著名的历史地理名词，故景教碑仍袭用郡名，未改称灵州⑨。除灵武外，还有哪四郡也建有景寺已不可考，但应该就在灵武周边地区。肃宗时所建景寺乃"重立"，"重"字表明在肃宗之前，灵武一带的景教寺院至少经历了一次废立的过程。景教碑载高宗时，"于诸州各置景寺……法流十道，国富元休。寺满百城，家殷景福。"灵武地区景寺之初立，有可能在高宗时期。

景僧出于何种考虑选择在灵武地区建寺？我们可以先看一看贞观十二年（638）长安义宁坊

---

① 吴其昱：《唐代景教之法王与尊经考》，《敦煌吐鲁番研究》第 5 卷，北京大学出版社，2001 年，第 13—58 页。
② 翁绍军：《汉语景教文典诠释》，第 214 页。
③ 林悟殊：《唐代景教再研究》，北京：中国社会科学出版社，2003 年，第 88 页。
④ 王永平：《道教与唐代社会》，北京：首都师范大学出版社，2002 年，第 56 页。
⑤ 《晋长安五级寺释道安传》，《高僧传》卷 5，北京：中华书局，1992 年，第 178 页。
⑥ 林悟殊：《唐代景教再研究》，第 41 页。
⑦ 《旧唐书》卷 38《地理志一》，北京：中华书局，1975 年，第 1415—1416 页。
⑧ 《资治通鉴》卷 198，6238—6240 页。
⑨ 林悟殊：《唐代景教再研究》，第 41 页。

景寺的情况。义宁坊在长安城西北，开远门内第一坊。而开远门是长安勾连西方的起点："是时中国盛强，自安（开）远门西尽唐境凡万二千里。"① 唐朝皇帝出长安西行，皆从此门出入，而西域人也从此门进入长安②。义宁坊距西市仅两坊之隔，这一带是胡人聚居的地方，其附近的布政坊③、醴泉坊、普宁坊、崇化坊④中均有祆祠。相比于长安城其他方位，义宁坊景寺位于胡文化中心区，可以更充分地接触到胡人群体。我们不清楚寺址的选择是景僧还是朝廷的考虑，或者更有可能是景僧与朝廷官员商量的结果，但寺院建于义宁坊，应该更符合夷教的传播特点。由此推之，景教选择在胡人麇集的灵州一带立寺，其初衷也应如是。因以灵武为中心的朔方节度使辖区是多民族活跃之地，匈奴、鲜卑、铁勒、突厥、粟特、回纥、薛延陀、吐谷浑、党项先后迁居或辗转于此，而朔方军队伍中的胡族士兵盛时恐逾3万人⑤。此外，灵州、夏州南境还有一重要的胡人聚居区——六胡州，属灵州都督府管辖⑥。其主体居民以昭武九姓为主，人口总数约3—4万⑦。灵武景寺之兴废恐怕俱系于此。

高宗时灵州一带景寺有几所、建于何地，无从知晓，但其在高宗之后、肃宗之前显然曾被废弃过。联系圣历、先天之后中原景教的颓势，笔者猜测，灵州一带景寺荒废有可能是在武周时期。需要明确的是，武后、睿宗均无明令禁断景教，故其遭遇不会严重到动摇其教会根基，比较常见的是信众减少、寺院荒废等。而武周圣历、长安年间灵、夏一带的混乱与动荡，可能阻碍了景教的传播和发展。

武则天在位时正值突厥第二汗国渐兴，默啜势大。694、695年突厥与唐在灵州一带开战，697年突厥又寇掠灵州、胜州⑧。《旧唐书》记：

> 圣历元年，默啜表请与则天为子，并言有女，请和亲。初，咸亨中，突厥诸部落来降附者，多处之丰、胜、灵、夏、朔、代等六州，谓之降户。默啜至是，又索此降户及单于都护府之地，兼请农器、种子，则天初不许。默啜大怨怒，言辞甚慢，拘我使人司宾卿田归道，将害之。时朝廷惧其兵势，纳言姚璹、鸾台侍郎杨再思建议请许其和亲，遂尽驱六州降户数千帐，并种子四万余硕、农器三千事以与之。⑨

---

① 《资治通鉴》卷216，第6919页。
② 张广达：《再读晚唐苏谅妻马氏双语墓志》（原载《国学研究》第10卷，北京：北京大学出版社，2002年），此据氏著《文本、图像与文化流传》，桂林：广西师范大学出版社，2008年，第251页。又，凡出长安西行，或西南入蜀，或西北行，皆以开远门为首途。见王静《城门与都市——以唐长安通化门为主》，《唐研究》第15卷，北京：北京大学出版社，2009年，第29页。
③ 参见陈垣《火祆教入中国考》，《陈垣学术论文集》第1卷，北京：中华书局，1980年，第318页；林悟殊先生认为，武德四年所置的祆祠可能不止此一所，见氏文《火祆教在唐代中国社会地位之考察》，蔡鸿生主编《澳门史与中西交通研究》，广州：广东高等教育出版社，1998年，第173页。
④ 向达：《唐代长安与西域文明》，第91页。
⑤ 李鸿宾：《唐朝朔方军研究——兼论唐廷与西北诸族的关系及其演变》，长春：吉林人民出版社，2000年，第139、151页。
⑥ 《旧唐书》卷38《地理志一》（1415页）："灵州大都督府，隋灵武郡。武德元年，改为灵州总管府，……调露元年（679），又置鲁、丽、塞、含、依、契等六州，总为六胡州。开元初废，复置东皋兰、燕然、燕山、鸡田、鸡鹿、烛龙等六州，并寄灵州界，属灵州都督府。"
⑦ 周伟洲：《唐代六胡州与"康待宾之乱"》，《民族研究》1988年第3期，第60页。另有学者认为，该地胡人总数有6—8万，见王北辰《唐代河曲的"六胡州"》，《内蒙古社会科学》1992年第5期，第63页。
⑧ 《资治通鉴》卷205、卷206，第6493、6501、6512、6514页。
⑨ 《旧唐书》卷194《突厥传》，第5168—5169页。

然而，默啜犹未满足。同年八月，默啜指斥武氏五点不是："与我蒸谷种，种之不生，一也。金银器皆行滥，非真物，二也。我与使者绯紫皆夺之，三也。缯帛皆疏恶，四也。我可汗女当嫁天子儿，武氏小姓，门户不敌，罔冒为昏，五也。"①并以此为由进犯北境。圣历二年（699），默啜"又号为拓西可汗，自是连岁寇边。"②久视元年（700），武周加强防备，"冬，十月，辛亥，以魏元忠为萧关道大总管，以备突厥。"但"十二月，甲寅，突厥掠陇右诸监马万余匹而去"。③萧关，或为先秦时期用以防御狄人的焉氏塞（今宁夏固原一带）④。陇右诸监横跨河陇、朔方之地："自贞观至麟德四十年间，马七十万六千，置八坊岐、豳、泾、宁间，地广千里……八坊之马为四十八监，而马多地狭不能容，又析八监列布河曲丰旷之野。"⑤其实，经由萧关，有一条纵贯宁夏的干道，连接灵州和原州（今固原）。太宗巡视陇右牧马监，曾沿此道抵灵武，后来的肃宗也从此道分兵北上、即位灵武⑥。可以想见，700年突厥进犯的路线应该就是这条，其掳掠所及仍不出灵州及周边地区。长安元年（701）五月，以魏元忠为灵武道行军大总管，以备突厥。但数月之后，突厥复寇盐、夏二州⑦。另据毗伽可汗碑、阙特勤碑载，701—702年，突厥对六胡州发动攻击，消灭了相王旦的五万唐军⑧。此战给当地社会和民众造成的伤害较大，六胡州不得不在长安四年（704）并为匡、长二州⑨。

由上可知，圣历、长安前后，默啜在包括灵州在内的西北一带挑起的战火，对这一地区造成了巨大的破坏⑩，灵、夏等地大量胡人降户被驱逐，也会影响该地人口数量和民族构成⑪。战争的破坏、大量胡人的迁出，势必影响夷教传播的群众基础，该地景寺或许是因为信众减少而日渐荒废。

对于灵武景寺的废弃，笔者只是试着从高宗至肃宗这一时期里，推测一个更有可能的时间段。此事对当时整个中原景教的影响有多大，不敢妄测。它不是武周时期景教经历的唯一挫折，也不一定比睿宗时期的打击更严重⑫，但寺院废弃应该是造成教会"绝纽"的其中一个原因。

余论：圣历年间的佛教"盛事"

就已知材料来看，圣历年间佛景之争的起因、过程均不清楚。宗教天生具有排他性。佛教入

---

① 《资治通鉴》卷206，第6531页。
② 《旧唐书》卷194《突厥传》，第5170页。
③ 《资治通鉴》卷207，第6552、6553页。
④ 史念海：《新秦中考》，《中国历史地理论丛》1987年第1期，第125页。
⑤ 《新唐书》卷50《兵志》，北京：中华书局，1975年，第1337页。
⑥ 薛正昌：《萧关道的历史地理与文化现象》，《宁夏社会科学》1993年第2期，第65页。
⑦ 《资治通鉴》卷207，第6555、6558页。
⑧ 张广达：《唐代六胡州等地的昭武九姓》，《北京大学学报》1986年第2期，第74页。碑铭原文见（苏）克利亚什托尔内著，李佩娟译《古代突厥鲁尼文碑铭——中亚细亚史原始文献》，哈尔滨：黑龙江教育出版社，1991年，第86—87页。
⑨ 《旧唐书》卷38《地理志一》，第1418页。
⑩ 圣历元年的南进，导致单于都护府被迫徙置于安北都护府所在的河西治所，默啜不仅占有单于都护府故地、掠夺了大量的人口和财富，还使西北诸蕃纷纷叛唐归附突厥。参李宗俊《唐代安北单于二都护府再考》，《中国史研究》2009年第2期，第70页。
⑪ 蒲立本曾据《康阿义屈达干墓志》指出，康阿义屈达干之父颉利发就是此时被默啜从六胡州索取而入突厥境内的。参Edwin G. Pulleyblank, "a Sogdian Colony in Inner Mongolia", *T'oung Pao*, vol. 41, 1952, p. 339。
⑫ 据《资治通鉴》卷207至卷208（6552—6617页）记载，武则天退位前后，第二突厥汗国持续进犯唐朝西北和北方边境地区，那么，至少对灵州一带景教组织的破坏还在继续。不过，这一问题或涉睿宗朝景教事，已超出本文所论时段，笔者拟另撰文探讨。

华之后，不仅和本土道教频繁摩擦，更总有与其他外来宗教争胜之心。三夷教之中的摩尼教、景教均受到过佛教的排斥，但我们目前尚未发现佛教直接攻击祆教的记载，其中恐怕涉及到共同利益的问题。祆教相对比较低调，它不主动参与政治或攀附君主，也不主动向汉人社会传教，和佛教没有直接的利益冲突。而前述延载年间事，佛教徒是因"妒"而与摩尼教"互相击难"；圣历元年事，佛道之间"竟生物我，或因悬怒"而"各出丑言"。或许，圣历年间的景教徒也是因为触碰了佛教的利益，或发出了与佛教不同的声音，才会被攻击。

圣历年间有一件较为轰动的佛教盛事，即八十卷《大方广佛华严经》（以下简称《华严经》）的翻译，进一步提升了武则天的佛教热情①。证圣元年（695）以前，武氏已遣使远赴于阗求取《华严经》并译经僧。于是，实叉难陀来到洛阳，组织译场翻译是经。

> 天后明扬佛日，崇重大乘，以华严旧经，处会未备，远闻于阗有斯梵本，发使求访，并请译人。叉与经夹同臻帝阙，以证圣元年乙未于东都大内大徧空寺翻译。天后亲临法座，焕发序文，自运仙毫，首题名品。南印度沙门菩提流志、沙门义净同宣梵本，后付沙门复礼、法藏等于佛授记寺译成八十卷。圣历二年功毕。②

699年，八十卷《华严经》译成。武氏"焕发序文"，回顾了此前佛教之《大云经疏》、《宝雨经》所赋予的祯祥，高度评价《华严经》，并企盼着该经将会带来的"甘露膏雨"：

> 大方广佛华严经者，斯乃诸佛之密藏，如来之性海。视之者，莫识其指归；挹之者，罕测其涯际。有学、无学，志绝窥觊；二乘、三乘，宁希听受。最胜种智，庄严之迹既隆；普贤、文殊，愿行之因斯满。一句之内，包法界之无边；一毫之中，置刹土而非隘。……朕闻其梵本，先在于阗国中，遣使奉迎，近方至此。既睹百千之妙颂，乃披十万之正文。粤以证圣元年，岁次乙未，月旅沽洗，朔惟戊申，以其十四日辛酉，于大徧空寺，亲受笔削，敬译斯经。遂得甘露流津，预梦庚申之夕；膏雨洒润，后覃壬戌之辰。式开实相之门，还符一味之泽。以圣历二年，岁次己亥，十月壬午朔，八日己丑，缮写毕功；添性海之波澜，廓法界之疆域。大乘顿教，普被于无穷；方广真诠，遐该于有识。岂谓后五百岁，忽奉金口之言；娑婆境中，俄启珠函之秘。所冀：阐扬沙界，宣畅尘区；并两曜而长悬，弥十方而永布。一窥宝偈，庆溢心灵；三复幽宗，喜盈身意。虽则无说无示，理符不二之门；然而因言显言，方阐大千之义。辄申鄙作，爰题序云。③

武则天在《华严经》入唐前"遣使奉迎"，在翻译时"亲受笔削"，其对佛教及该经的看重可见

---

① 饶宗颐先生曾指出，武后在圣历元年已将佛道二教平等视之，圣历年间其活动多在嵩山地区，至圣历三年（700），她已醉心道术，将取自佛教的金轮尊号停用，改以《道德经》之长生久视为年号。这似乎暗示了武后的信仰偏好发生了转移。见饶宗颐《从石刻论武后之宗教信仰》，第14—15页。但是，701年，武则天又因"成州言佛迹见，改元大足"。参《资治通鉴》卷207，第6554页。此外，另有观点认为，在证圣元年（695）明堂大火之后，武则天已明显从佛教转向本土意识，往华夏传统回归。详参孙英刚《神文时代：谶纬、术数与中古政治研究》，第262—284页。笔者以为，要对武则天的信仰喜好界定出一个具体的时期并不容易，且不一定准确。
② 《唐洛京大徧空寺实叉难陀传》，《宋高僧传》卷2，北京：中华书局，1987年，第31—32页。
③ 《大周新译大方广佛华严经序》，《大正藏》第10册，第1页。

一斑①。武氏在接触《华严经》的过程中，有一个人很重要，那就是法藏。应该说，武则天是从法藏的讲授及著述中才真正理解了《华严经》②：

> 藏为则天讲新《华严经》至天帝网义十重玄门、海印三昧门、六相和合义门、普眼境界门，此诸义章皆是华严总别义网。帝于此茫然未决。藏乃指镇殿金狮子为喻，因撰义门，径捷易解，号《金师子章》，列十门总别之相，帝遂开悟其旨。③

更为神奇的是，该经译成之后，法藏即于佛授记寺开讲，在其讲授过程中发生了地震。

> 后于佛授记寺译新经毕，众请藏敷演。下元日，序题入文，洎猎月望前三日晚，讲至华藏海震动之说，讲室及寺院欻然震吼，听众稻麻，叹未曾有。当寺龙象，状闻天上。则天御笔批答云："省状具之。昨因敷演微言，弘扬秘颐。初译之日，梦甘露以呈祥；开讲之辰，感地动而标异。斯乃如来降祉，用符九会之文。岂朕庸虚，敢当六种之动。披览来状，欣畅兼怀。"仍命史官编于载籍。④

按天人感应说，地震等灾异是上天用来警示君主的失德或弊政。686年的新丰山涌、695年的明堂火灾，都引起了很多争议⑤。但我们却没看到有臣子上书提及此次地震，且两《唐书》对这次地震也无记载，想来此次震级应该很小。按上文所载，地震在"讲室及寺院"，《法藏传》记同一事时亦云"讲堂及寺中地皆震动"⑥。笔者颇疑其并非真正意义上的地震，或许由于周边人为的因素，寺院受到影响而发生了轻微的晃动。不过，如此难得的"天时地利"，佛僧岂会放过。于是，经过敷衍，地震便成了"如来降祉"，这种做法也符合佛教对武周政权一贯的支持。

《华严经》的翻译与讲授，对武后、对佛教、对圣历年间的洛阳应当算是一件大事，各方的认知，不论褒贬，均会涉及佛教。景僧虽有参与翻译佛经之事⑦，但笔者无意认为他们参与了此次译经，只不知针对这一圣历年间的佛家盛事，在当时的舆论中是否有来自景教的声音呢？

（作者单位：中山大学历史学系）

---

① 有研究认为，《华严经》第二十五品《观世音菩萨普门品》中的观音菩萨与大势至菩萨，合称为阿弥陀佛二胁侍菩萨，与弥陀信仰有着直接关系。武氏支持《华严经》是利用佛经中关于弥陀信仰在社会上流行的现实需要，扩大和巩固统治。见贾发义《武则天与佛教净土信仰》，《首都师范大学学报》2007年第6期，第18页。
② 笔者以为，法藏的观点（如"因果论"）也是《华严经》吸引武氏之处。法藏认为："一切诸佛法尔，皆于无尽世界，常转如此无尽法轮"，即诸佛自然而然，于无尽世界常说此《华严经》之真实教法。也就是说，我们现在所住之世界是佛出现之场所，也是真实教法代代被说之地。我们现在一直由现身之佛来听闻真实的教法，并必至佛果。见木村清孝著，李惠英译：《中国华严思想史》，台北：东大图书股份有限公司，1996年，第128页。
③ 《周洛京佛授记寺法藏传》，《宋高僧传》卷5，第89页。
④ 《唐大荐福寺故寺主翻经大德法藏和尚传》，《大正藏》第50册，第281页。
⑤ 参见孙英刚《神文时代：谶纬、术数与中古政治研究》，第262—277、293—299页。
⑥ 《周洛京佛授记寺法藏传》，《宋高僧传》卷5，第90页。
⑦ 景碑作者景净更参与了佛经的翻译工作，"至贞元二祀，访见乡亲。神策正将罗好心，即般若三藏舅氏之子也。悲喜相慰，将至家中。用展亲亲，延留供养。好心既信重三宝，请译佛经。乃与大秦寺波斯僧景净依胡本《六波罗蜜经》译成七卷。"见《贞元新定释教目录》卷17，《大正藏》第55册目录部，第892页上；又见《大唐贞元续开元释教录》卷上，《大正藏》第55册，第756页。

从新疆吐鲁番出土壁画看景教女性信徒的虔诚

葛承雍

根据历史文献记载,在中国宗教发展史上,佛教有女尼,道教有女冠,摩尼教有女摩尼,那么从唐初传入中国的景教(基督教之聂思脱里派)究竟有没有修女呢?这是我们查及文献关注的问题。但是从现存的敦煌景教遗留文献和西安《大秦景教流行中国碑》、洛阳《大秦景教宣元至本经》经幢等石刻文献中,我们还没有寻觅到女性传教者的痕迹。

在历史上最有影响的世界宗教领袖几乎清一色为男性,如亚伯拉罕、摩西、耶稣、乔达摩·悉达多、穆罕默德等等,而且宗教群体如罗马天主教、正统派犹太教群体等,只允许男性担任神职人员。但是,宗教群体中最虔诚的或者说"最宗教"的往往是女性。女性比男性在宗教上更加虔诚,这不仅造成了宗教的性别差异问题,而且促使我们思考景教东渐传播中的女性问题。

一

20 世纪初,德国探险考察队在新疆吐鲁番的高昌城外附近发现一所 9—10 世纪左右废弃的基督教寺院,相当于晚唐时期,出土有用叙利亚文突厥语、粟特语拼写的残片,其中发现了几幅壁画残片与碎片,收藏于柏林亚洲艺术博物馆,其中最重要的景教壁画,"带有明显的拜占庭艺术风格"①。

我们首先观察景教寺院遗址出土的壁画,这幅壁画图高 70 厘米,宽 63 厘米(图 1)。画面左边有黑色卷发的男性站立,上身披着一件淡红色外套,全身内穿镶嵌淡绿色锦边的白色长袍,脚穿黑色皮靴。他左手提长链黄色香炉,正在摆动,香烟缭绕袅袅向上;他的右手紧紧托着一个深棕色碗钵。这是一个典型

图 1 高昌景寺壁画

---

① 林梅村:《丝绸之路考古十五讲》,北京:北京大学出版社,2006 年,第 296 页。

的主教唱诗做祈祷形象①。

在主教对面有三个人物,全是女性。第一个盘头女性身披淡蓝色翻领外套,内穿深棕色长衣;脚穿尖头皮靴。第二个戴黑帽女性,身披翻领棕色外衣;也穿尖头皮靴。第三个梳高髻发饰的女性披棕色长帛,上身穿短襦,下结长裙;脚穿高头履。这三个女性并排站立,没有所谓"簇拥牧师"的表现。

画面上方原有手持十字架的骑士像,但只揭取了残留棕色马两腿下马蹄部分。有人认为是圣诞平安夜耶稣骑马进城的景象,有人认为是复活节的礼拜场景②。勒柯克起初认为是表现基督教祭司施洗礼的情景,后来他认为是景教"圣枝节"(Palmsunday),也即复活节前一星期天人们欢迎基督进入耶路撒冷的情景③。朱谦之认为此为景教会最下僧位的执事补(Subdeacon)④,因为三位信徒都手持一支有叶子的树枝,究竟是橄榄枝还是棕榈枝,目前还有不同看法,甚至日本吉村大次郎还猜测,此画左边较大的人物像是耶稣,右边三个小人物分别为彼得、约翰和玛利亚·抹大拉。姜涛在《宗教珍宝档案》中说依据服饰和希腊人特征推断这是 5 世纪景教进入高昌地区的见证。关于这幅壁画的解释还有种种推测,但都未详细解释画面中处于主角位置的女信徒。

我们从这幅有限的残片画面里,可以看到女性教徒比较多,即使壁画中三个女信徒穿戴不同服装,但明白无误地表明了各类人物,右边最后一个明显是汉族女性,仅从肩有披帛和脚穿高头履来看其社会地位不是一般的下层平民。或许她们是景教寺院的施主(供养人),等级地位比一般教徒要高。从画面上看,应是女信徒的肖像画,她们面部克制而内敛,神情肃穆而淡漠,绷紧嘴唇的微感情,似乎最隐秘的内心情感都被压抑在画面之下。精彩的是,三个女信徒眼睑低垂,与教主没有直接对视的眼神交流,萌生出多愁善感、心感神赐的情景,女子柔弱的情感亦一览无余。

图 2　高昌景教寺院壁画

另一幅较完整壁画残片高 43 厘米,宽 21 厘米,描绘了一个目光平视的青年女性,也应是女性景教教徒的画像(图 2),她梳着长发,一绺发丝侧垂脸旁和耳畔,双手抱至胸前作恭顺状。

---

① 德国克里姆凯特曾认为,这幅画"描绘了一位教士正在向一群突厥人传教,其手执一个圣餐杯,显然是个伊朗人。这画面证实了我们从文书中了解的情况:教会的领导成员是伊朗人,包括粟特人;而粟特人或许是来自社会的较低层,则构成了会众"。见林悟殊译《达·伽马以前中亚和东亚的基督教》,台北:淑馨出版社,1995 年,第 35 页。
② 吐鲁番博物馆、吐鲁番学研究院:《丝路遗珠:交河故城、高昌故城申报世界文化遗产文物精品展》,上海:上海古籍出版社,2014 年,第 121 页。
③ 勒柯克著,赵崇民译:《高昌——吐鲁番古代艺术珍品》,乌鲁木齐:新疆人民出版社,1998 年。
④ 朱谦之:《中国景教》,北京:人民出版社,1997 年,第 193 页。

这位披着长发的女教徒包裹着圆领淡棕色长袍，脚下是当时最时尚的高履鞋，面容端庄目光平视，究竟是正在向基督忏悔，还是向主教询问，从她的神态上看，也是一副虔诚的形象完美地平衡了宗教和人性的叙事性，让人永远分辨不出她投来的目光是救赎、悲痛还是宽恕、希望。也非常生动表现了信仰者的虔诚。

左边传教的主教是信徒们宗教信仰生活的牧养者和引领者，他有着悲喜不露的刻板形象，代表着对上帝苦行僧式的修行景仰，当时应是高雅涵养的体现。过去有人说这是主教准备让信徒用树枝蘸水播撒甘霖的样子，恐不确，因为主教手里还摇摆着长链香炉，这正是仪式上唱诗做祈祷的形象。

如果确是复活节前教徒欢迎基督入城的故事，那么我认为整幅画面表现出圣枝节前夜传教士带领信徒追念基督的方式：唱诗、读经、听道和追思默祷，讲道的主教劝勉信徒要在信仰里有盼望，并环绕慈爱彼此安慰。女教徒们手持橄榄或柳枝，这是基督教独特的方式，祈祷而不跪拜、献花而不烧香、礼拜而不献贡果，与中土佛教、道教迥然不同。

遗憾的是，吐鲁番景教寺院的壁画全景构图已经看不到了，无法推测被切割画面周围是否还有圣母像、耶稣像以及圣母子像，或是诸神体系中其他神祇的细节，但通过有限的残留画面里"透视"，可见画师投注是选择性的，形成一组表现女性群体的作品链，刻意复原出和表现出女信徒的虔诚了。

二

景教是否有女性传教士或者嬷嬷、修女呢？在叙利亚东方教会中，这是基督教起源地，早期1世纪后就有修女积极参与修道院建设，姐妹兄弟同领同导福音，到4世纪时已经成为基督教修道礼拜的组成部分。

按照叙利亚基督教最早文献传说，带来圣洁福音的上帝使者托马斯，其第一位信徒就是女孩。女性率先获得福音，正如圣母玛利亚第一个了解耶稣基督的救赎计划，第一个获得复活消息。所以女性信仰在东方教会有着自己的印记。此后，独身女性奉献教会团体或教堂被鼓励，教堂里有修女和女执事，为女性服务，并制定出各种对女性定义的位置；不仅在教会医院有女性协助神职人员，而且女子合唱团也是神圣事工的一种形式，在文献中女性甚至被理解为圣灵，在圣像或其他图像中女性形象也被认为是神圣的[①]。

公元400年以后，性别偏见逐渐增大，女性圣灵被男性替代，较大教堂里美丽的女性形象丢失了，修道院中女性执事被排除出教会僧侣教职之外，女性被压抑不提，但在日常生活中妇女仍是以神圣的形象出现，母亲的宗教信仰和精神教导对子女有非常重要的影响。进入波斯后，禁欲主义作为社区一种压力，修女被告诫保持沉默、封闭和被动地沉思，伊斯兰统治中东后基督教修道院迅速消失，也使妇女记载被忽略，原始资料中女性信息极为缺失。

有关女性信仰的文献大概只局限在教派建立早期阶段，中期以后就不再有专门记载了，更没

---

① Susan Ashbrook Harvey: *Women in the Syriac Tradition*, Syriac Studies, No2, 2016.

有修女主动传教的记录①。基督教从犹太渐入希腊、罗马后又成一大支，所以 431 年以佛所（Ephesus）宗教大会聂思脱里派与拜占庭教会决裂后是否还保持修女制度则语焉不详，波斯萨珊朝初期对基督教修女们宽容允许执行教职，但随着萨珊与罗马政治好恶时好时坏，两个世纪内一段时间宽容自由，一会迫害基督教徒达半个世纪②。特别是随着女性被歧视和地位低下，并被贬斥为不洁、邪恶和恶魔的化身，基督徒修女不知所终，其原来面目已很难追溯。从后世修女来看，她们一般都有着较高的文化水平，经历过试学、初学、暂愿、永愿等不同阶段的培育，很多女性因为文化较低、家庭困难只能成为独身的贞女，无法割断与世俗的联系，跨入修女的门槛不易。但是，女性是温和的信徒，她们对教会的虔诚和家庭的忠诚，以及她们谦虚的美德，一直是基督教东方教会的重要成员。

佛教中的女尼，道教中的女冠，都在史书中有记载，并有专著研究③。吐鲁番出土文书《高昌僧智副等僧尼财物疏》还记载高昌有"胡尼"，说明佛寺中有西域"胡"其他种族尼姑④。摩尼教也有女摩尼，会昌灭佛时被杀的 72 个女摩尼"烈士"就是明证。《僧史略》卷下"大秦末尼"条曰："会昌三年，敕天下摩尼寺并废入宫。京城女摩尼七十二人死。及在此国回纥诸摩尼等，配流诸道，死者大半"。史书为何专记女摩尼，是被杀还是自杀，虽不甚明了，但是可见女性传教者是京师摩尼寺中的中坚骨干。

20 世纪初，在新疆吐鲁番出土的大量摩尼教文书中，723 年开始抄写的中古波斯语《摩尼教赞美诗集》存放于焉耆寺院到 9 世纪才完成，其中发现了摩尼教教团内部通信文书中对女信徒的记载，上有可敦、公主、贵妇及汗庭女官，下及普通女性侍从，种族涉及回鹘人、粟特人、汉人等，从而证明漠北回鹘汗廷拥有不少摩尼教女听者⑤。从跋文所列世俗听者名单职衔"听者首领"来看，似乎有宗教教职，但不是具有"慕阇""拂多诞"等身份的传教师。再观察柏林藏吐鲁番出土绘画中高昌回鹘王国女性摩尼教徒形象，她们似乎在聆听僧团领袖慕阇唱诵赞美诗，随声朗读教规和歌唱赞美诗。可是也无摩尼教会中对应的女性神职形象。当然摩尼教女信徒图像与有神职的女摩尼形象不易确定身份也是很重要的原因。

从北魏到南北朝时期，女性出家人一直是佛教活动中重要的力量，《洛阳伽蓝记》就收录了11 所尼寺，而且尼寺中安置了大量信佛的皇室女性和贵族女眷，北朝后妃为尼者就有十五人⑥。隋唐之际，尼寺、尼庵和住着女道士的女冠庙宇，遍及长安、洛阳等地，不仅吸引着大量的女香客，而且俗家女信徒长期寄宿在女庙中。有名的尼师、女冠常常名闻天下，唐天宝十二载（753）十月，跟随鉴真和尚从扬州赴日本的 24 名弟子中，既有胡国人安如宝、昆仑国人军法力、瞻波国人善听，还有"滕州通善寺尼智首等三人"⑦，她们是什么民族、籍贯都不了解，但是尼姑出国远赴异域传教，确是佛教献身精神的女性先行者。

---

① 有关叙利亚东方教派女性修道者、女性信仰者及殉道者的详细研究，见 Susan Ashbrook Harvey 的论著，*Song and Memory: Biblical Women in Syriac Tradition*, publisher Marquette University Press, 2010.（苏珊 Ashbrook 哈维：《歌和记忆：圣经的女人在叙利亚的传统》）。*Holy Women of the Syrian Orient*, by Sebastian P. Brock and Susan Ashbrook Harvey,（塞巴斯蒂安·P·布洛克和苏珊 Ashbrook 哈维《在叙利亚神圣的东方女性》），Berkerley，加州大学出版社，1998。
② 孙培良：《伊朗通史·萨珊朝伊朗》，重庆：西南师范大学出版社，1995 年，第 112 页。
③ 李玉珍：《唐代的比丘尼》，台北：台湾学生书局，1989 年。林雪铃：《唐诗中的女冠》，北京：文津出版社，2002 年。焦杰：《唐代女性与宗教》，西安：陕西人民教育出版社，2016 年。
④ 王启涛：《吐鲁番出土文献词典》，成都：巴蜀书社，2012 年，第 443 页。
⑤ 王媛媛：《从波斯到中国：摩尼教在中亚和中国的传播》，北京：中华书局，2012 年，第 103 页。
⑥ 陈怀宇：《北朝后妃为尼史事考》，《华林》第 2 卷，北京：中华书局，2002 年。
⑦ ［日］真人元开著，汪向荣校注：《唐大和上东征传》，北京：中华书局，1979 年，第 85 页。

在佛教寺院中，尤其是在通常人的印象里，慈眉善目的佛祖是信徒们的男神，观音菩萨则是广大善男信女的女神，男女的区分在寺院里还是比较清楚的。宗教为女性获得男女平等的地位提供了某种制度性的支持，我们可以看到佛教寺院壁画中女性供养人也很多，至少与男性平起平坐平分秋色、不分伯仲，敦煌壁画中的供养人就说明了这一点。不仅佛教、道教如此，后来传入中国的伊斯兰教也有特色鲜明的女学、女阿訇、清真女寺制度。

蔡鸿生和林悟殊先生都提示笔者中古传统基督教会按道理有男有女，即使尊重女先知也应该有修女制度，拜占庭帝国是否有修女出来传教不甚清楚，但是景教文书中还未发现有关女性修士甚至女信徒的记录。现在唯一可证的是，洛阳发现的唐代景教经幢是为安国夫人树立的，安国夫人无疑是景教女信徒，不过洛阳大秦寺寺主仍是粟特男性。

那么景教中的男女传教究竟有什么异同呢？

按照中国人的眼光，基督教里本身就分为女神圣母玛利亚、男神耶稣，聂思脱里派的景教更是认为圣母玛利亚是人不是神，反对玛利亚是神的母亲、反对圣像崇拜、反对炼狱说等传统基督教教义，对女性神明有着自己宗教内部的解读。女性对宗教信仰有着天生的敏感度，因为所处社会地位往往低于男性，若无家族、家庭中的特权，她们不会拥有宽大的人身自由空间，但是她们以女性独有的生存体验去洞察人神关系，更容易提升自己、影响别人，萨珊朝波斯王宫中信仰基督教的王妃贵妇就曾影响了自己的子女，更对祆教、摩尼教僧侣产生了很大的制约作用。女性比之男性更容易走近神、追随神、崇拜神，她们的传教肯定会起到一般男性所起不到的作用。

至于景教入华后男女性别之间对宗教的虔诚远比迄今为止人们认知的更加复杂。虽然我们目前找寻不到唐代景教寺院里的圣像是否有玛利亚和耶稣的区别，1907年斯坦因在敦煌藏经洞发现残存的基督手持十字架像绢画①，吐鲁番高昌城外景寺附近发现残破的绢画中也有手持十字杖骑在驴上的基督像，旁边远处还有一个穿唐服的女信徒②，这些基督教艺术并没有专门凸显女性，但是从吐鲁番景教寺院壁画中，我们可以看出画师对壁画创作非常用心，将教主与女教徒画在同一个空间中，细腻优雅的线条和教堂空间构造配合，淡雅的色彩而不是艳丽的圆美，让观者的步履都庄重起来，很好地阐释了景教的观念与思想③。

值得思考的是，上世纪初高昌故城还出土了很多佛教、摩尼教的壁画以及麻布挂轴画，画中女性供养人数量较多，无论是佛教女信徒合十跪拜还是摩尼教成排身穿白色服饰的女信徒，都反映了她们宗教崇拜的形象④，这对景教寺院壁画也以女性为主要画面呈现是否有影响呢？各种宗教都把争取女性作为扩大自己影响的主要目标。女性对宗教的敏感热情、积极投入和虔信信仰，是各大宗教能够发展的重要因素，而宗教为女性内心的发展与灵魂的解脱提供了途径，并不断加强与女性信教者的联系，提高女性在宗教中的地位，才能达到各自的发展。

---

① 这幅敦煌出土被外国学者断代为8—9世纪的基督画像断片，依据其头饰及有波斯式翼的王冠上带有十字章等，确定具有波斯艺术风格。京都大学羽田亨认为这幅基督画，大概为敦煌地方唐代画家接受景教司祭或教徒订货而画成，所以在整个写实画法中采入了佛教基调，有唐代佛像画样式的影响。林梅村认为这幅基督画是刻意模仿塔奇布伊·博斯坦（Taq-i Bustan）的萨珊波斯神像石雕。例如：两者都带头光，佩戴类似的项圈，甚至两个神像的基本姿势都非常相似。因此，这幅基督像作者应为萨珊波斯艺术家，很可能是以波斯景教僧阿罗本带到长安的圣像为底本摹绘的。笔者认为作为一幅挂轴画，保留原状是很难的。

② ［日］羽田亨著，耿世民译：《西域文化史》，乌鲁木齐：新疆人民出版社，1981年，第73页。

③ 陈继春：《唐代景教绘画的再研究》，《文博》2008年第4期。钟丽娟：《丝绸之路景教艺术初探》，《丝绸之路沿途景教绘画遗存考》，《西北美术》2011年第3期。类似文章均未涉及景教女性问题。

④ ［德］阿尔伯特·格伦威德尔著，管平译：《高昌故城及其周边地区的考古工作报告》（1902—1903年冬季），图版六至十七，北京：文物出版社，2015年。

三

在所有社会、文化和信仰中，女性都比男性更加虔心于宗教。从心理遗传学上说，女性的忠于感比较严重，一旦皈依就会恪守自己的信仰不变，保障自己死后灵魂回归天堂或"西方净土"。

从家庭环境、社会地位、职业身份和缺乏"生存的安全感"上看，女性比男性"更宗教"，或许是因为她们通常比男性更容易受到贫困、疾病、年老、暴力、卑贱地位等不利因素的影响，在她们身上常常体现着家国之痛和兴亡之感，也体现着寄托天国理想的宗教感。

从波斯到中亚，再从粟特到新疆乃至汉地，女性选择信仰的自由往往还是随着家族、家庭中的男性主导，与父亲、丈夫、儿子保持宗教信仰上的一致，但是围绕男女宗教色彩浓度还是有着差别。我们可看出男女虔诚度的几个衡量标准：宗教归属、出席宗教仪式、日常祈祷和宗教在生活中的作用，都可以发现性别的差异，限于唐代资料阙失和景教史料零星，依据后世基督教活动，我们分析推测：

第一，女性教徒的宗教归属即隶属于某个特定宗教群体的比例要高于男性，不管是统治集团上层阶级女性还是寻常人家的女性，一旦信仰一种宗教就会赋予自己生命的意义，而且女性不会轻易放弃自己的宗教观念，随意变换到另一个教派中去。

第二，基督教女信徒定期去教堂的比例要高于男性教徒，穆斯林和正统派犹太教中，男性比女性更经常去清真寺或犹太会堂，这主要是穆斯林和犹太教的教义更侧重于规定男性参加集体礼拜的义务。景教仪式有一套自己的理念与符号，女性教徒重视仪式胜于重视理念，她们为了避免受人议论，尽力顺从宗教仪式的规矩。

第三，在公开或私下的祈祷中，女性每日祈祷的人数也要远远高于男性。女性内心的忏悔与再忏悔心理比男性更强烈，因而频繁的祈祷、祈福也多。

在当时社会动荡的危机中，女性往往经受着更多的磨难与悲苦，她们更迫切地期盼家庭的稳定与团聚，她们的宗教热忱度更高，坚贞不渝的宗教重要性对她们更为敏感。

胡人女性不仅有着比男性更浓郁的离家乡愁，也有独在异乡为异客的漂泊感。她们因身份确认、种族差异、婚姻匹配、语言隔膜、生存困境与精神感伤，成为"无根一代"的特定符号。胡人女性有着身世之痛、断根之哀，她们被作为奴婢买卖，面临着底层边缘的生存黑幕，从吐鲁番出土汉文写本女奴买卖契约记录可见：《唐贞观廿二年（648）庭州人米巡职辞为公请给公验事》记载粟特人米巡职欲将胡婢沙匐带到西州交易。《唐开元廿五年（732）薛十五娘买胡婢市券》《唐开元拾玖年（731）唐荣买胡婢券》和粟特文买婢契约都有当时胡人女性被买卖的史实①，她们有着介入异域生活后的种种拘束，越是母亲地位低的家庭中成长的女孩信仰宗教的比例越高，特别是作为新移民，有着与男性胡人不一样的性别感受。

胡人男性的经商游动，女性的守家等待，造成了生活习惯的不同，可能也造成了宗教虔诚度的差异。4 世纪初的敦煌粟特文古信札记录粟特女性米薇、莎恩母女被丈夫那奈德遗弃在敦煌三

---

① 林梅村：《粟特文买婢契与丝绸之路上的女奴贸易》，见《西域文明：考古、民族、语言和宗教新论》第 68 页，北京：东方出版社，1995 年。

年，向家乡母国撒马尔罕家人求救的急切，显示男人经商走后，女性无依无靠的窘迫和绝望①，最后只好投奔当地寺庙请求僧侣施舍求生。虽然我们不知道这对母女的信仰是什么，但是任何宗教这时对她们的救济和安慰都是重要的。

在粟特特定宗教地区有着不同的差别，佛教、祆教、摩尼教、景教等几个宗教信仰穿插，其中没有一种宗教可以独占天下，或是主宰所有人的精神世界，何况民族习惯和文化价值观又有着很大差别。虽然史书没有记载女信徒的人数、来源、种族，但是作为一种宗教印象，无疑是值得进一步探讨的。

洛阳发现的景教经幢是为安国夫人树立的，为一个信仰景教的女性立石刻经，将《宣元至本经》作为宣传的经典模本，特别是将母爱作为主题，这是景教女信徒增多的表现，洛阳景教高僧大德参加迁葬仪式也是景教教团内部对女性的高度重视②。

有人推测，基督教教堂神职人员为了吸引更多的女性，可能有针对性地改变了装饰、音乐和崇拜方式。但是早期景教教堂和修道院中是否采取了这些措施，因无原始文献，我们还无法考实。

美国皮尤研究中心曾提出从生物遗传学上分析，男性因有更高水平的睾酮素，坚韧性强，有泪不轻弹，所以"先天"上与女性宗教信仰的虔诚度有差别，但这一解释在学界备受争议。因为女性在家不外出就业工作，哭天抹泪，软弱可欺，所以她们每日祈祷的时间较多，生物进化的"先天"因素显然比不过社会存在的"后天"因素。

我们不知道这种结论是否准确，国际学术界毕生探究而难得定论，因为除男女生理差异外，还有种族环境、阶级属性、社会等级、苦难清贫、弱小体格等等诸多因素，只是女性比男性更多的宗教情绪感，需要个体化与人格化的考量③。

无论是中土的佛教、道教还是西来的祆教、摩尼教、景教都需要一种能保持稳定持久的宗教图像，来弘扬自己的信仰和仪式场面，在当时条件下壁画无疑是最佳的载体，也是最好的浅显易懂的宣传附属品，新疆吐鲁番景教寺院壁画生动表现了女性教徒的虔诚，更重要的是，女性成为了占据画面中心位置的主角。这是古代外来宗教的珍贵遗存，也是留给千年之后的稀有宗教艺术品。

2016 年 6 月 1 日初稿于北京城南
2016 年 10 月修改于澳洲布里斯班

（本文承蔡鸿生先生、林英教授、李认博士提出修改意见，特此致谢。）

（作者单位：文物出版社）

---

① 辛姆斯·威廉姆斯：《粟特文古信札新刊本的进展》，《粟特人在中国——历史、考古、语言的新探索》，北京：中华书局，2005 年。
② 葛承雍：《洛阳唐代景教经幢表现的母爱主题》，《世界宗教研究》2016 年第 3 期。
③ 贺璋瑢：《关于女性宗教信仰建立的几点思考》，《华南师范大学学报》2001 年第 3 期。

《大晋故鸡田府部落长史何公墓志铭》发微

张庆捷

《大晋故鸡田府部落长史何公墓志铭》，收藏于山西省艺术博物馆，上世纪出土于太原阳曲县，高约45厘米，宽约47厘米，厚约7厘米，有志有盖（图1）。盖上有篆文四字"何公墓志"。然经过"文革"，资料丧失，出土的时间、确切地点以及随葬品均无人能说清楚，丧失许多信息，令人万分遗憾。该墓志是入华粟特人墓志，早在上世纪80年代，曾有学者在《山西文物》上简单介绍过此墓志①。志文记述了志主身世、家庭、后代诸事，大致分六部分，有些详细，有些隐晦，需要解读阐释，方可了解入华粟特人在中国的活动，填补史书缺载。今借纪念岑仲勉先生诞辰130周年之机会，继岑先生"金石证史"之精神，笔者核对了该墓志并做了较详细探讨，着重通过志主的身世、家庭考释了解以下三个方面，一是粟特人内部通婚现象，二是入华粟特人从军现象，三是唐五代山西入华粟特人数量和活动范围。需要说明，下文楷体字为墓志原文，宋体字为考释文字。

图1 大晋故鸡田府部落长史何公志铭并序

---

① 博保：《大晋何公墓志》，《山西文物》1982年第1期。

大晋，指五代后晋。由首句"大晋故鸡田府部落长史何公墓志铭并序"，可知志主姓何，官居五代鸡田府部落长史。志主任职的古鸡田府，史书不载，但史书记载有鸡田州，《旧唐书·地理一·关内道》："鸡田州，寄在回乐县界，突厥九姓部落所处。户一百四，口四百六十九。"① 鸡田州旧址在今宁夏灵武市境内，《唐会要》73《灵州都督府》也载："开元元年，复以九姓部落置皋兰、燕然、燕山、鸡田、(奚)[鸡] 鹿、烛龙等六州，并属灵州。"鸡田州之设，至晚是在唐贞观年间。《旧唐书·李光进传》载："李光进，本河曲部落稽阿跌之族也。父良臣，袭鸡田州刺史，隶朔方军。"无独有偶，李光进父亲墓志也被发现，《唐故开府仪同三司鸡田州刺史中丞赠太保李公墓碑》记载："号阿跌部，遂以为氏。至太保王父讳贺之，公遂率其所统南诣灵武，请为内臣，太宗召见，与语，奇其材能，拜为银青光禄大夫、鸡田州刺史。"② 既然有州，就有州府，墓志中记载的鸡田州府，当为鸡田州刺史府。

鸡田州是一个小州，户口很少，地广人稀，在唐代仅属于下州。据《唐六典》卷三十《三府督护州县官吏》下的《上州、中州、下州官吏》，制定划分上州、中州、下州的标准，人口四万以上为上州，二万以上为中州，不足二万的为下州，鸡田州人口远远不足二万，无疑属下州。再由志主为故鸡田府部落长史看，志主任职的长史，并非州长史，仅是驻军部落长史，说明"突厥九姓部落"也设置长史。地方长史的官品决定于州的地位，中州"刺史一人，正四品上。别驾一人，正五品下；长史一人，正六品上；司马一人，正六品下。"③ 志主身居下州部落长史，达不到中州长史的官品，即是说，他若有官品，也在七品以下。部落长史之称极为少见，参照刺史府长史，应有一定权力，当为执掌部落事务，协助部落首领管理军事。

墓志称志主为"大晋故鸡田府部落长史"，不知是何用意。因为他逝世于后唐长兴三年 (932)，不曾在后晋为官。后晋天福年，是他正式下葬的时间。按惯例，他应当是"唐或后唐故鸡田府部落长史"，但墓志记载他是"大晋故鸡田府部落长史"，难以理解。蠡测有两个可能，一是后晋对他另有追赏，二是他的三个儿子仍在后晋为官，后晋建立后，为表示忠心，故称大晋故鸡田府部落长史。

> 《易》曰：知生而不知死，德而不丧；知存不亡名其雄，圣人乎？由是知荣禄有杖之期，生死而无究竟之路。则知寿有短长，荣无久固也。

五代墓志，很多都有"序"，以上这段，就是序。该序首句出自《易经》，原文是："知进而不知退，知存而不知亡，知得而不知丧，其唯圣人乎？知进退存亡而不失其正者，其唯圣人乎？"④ 作者由《易经》这句话导引，引申为对生死、名利、寿命的感慨，又通过"寿有短长，荣无久固"之意说明生死乃自然规律。

> 公讳君政，家本大同人也。公主领部落，抚弱过强，矜贫恤寡。家崇文武，世袭冠裳。传孝悌之风仪，绍恭俭之礼让。分枝引流，不可究源。皆继簪缨，拖金拽紫。尽为侯伯，各有功勋。公不幸忽染时疾，药疗无医，去长兴三年 [后唐长兴三年 (932)] 十二月一日，

---

① 《旧唐书》卷38《地理一·关内道》，北京：中华书局，1975年，第1416页。
② 此碑文见《山右石刻丛编》卷7，又见《金石萃编》卷107《李良臣碑》。
③ （唐）李林甫等撰，程仲夫点校：《唐六典》卷30《三府督护州县官吏》，北京：中华书局，2008年，第746页。
④ 《周易正义·乾》，《十三经注疏清嘉庆刻本》，北京：中华书局，2009年影印本，第1册，第30页下栏。

于代州横水镇终于天命。

志文第二部分为正文，扼要介绍了志主何君政的身世经历和逝世时间。志文记载，志主"讳君政"，因此知志主姓名为何君政。志文载何君政"家本大同人也"，颇有深意。实际上，"何"姓为九姓胡之一，来自中亚何国，这由何君政曾任鸡田州部落长史可知，蔡鸿生先生著《唐代九姓胡与突厥文化》指出，九姓胡源于昭武九姓①。但此处墓志不记何国，而记其籍贯为大同，与入华九姓胡汉化意愿有关。唐末，沙陀部落一度迁居大同，何君政自认籍贯是大同，反映了九姓胡与沙陀的密切关系。五代五国，后唐、后晋、后汉，都是沙陀政权，起源于云朔之间，比较复杂。《新五代史》卷36《义儿传》："唐自号沙陀，起代北。"沙陀雄起后，重心由大同南迁太原，何君政一家也随之南迁。志文回顾何君政一生，叙述他曾带领部落，"抚弱遏强，矜贫恤寡"。"皆继簪缨，拖金拽紫。尽为侯伯，各有功勋"。一家为官，荣宗耀祖，但最后仍不免重病难治，卒于后唐长兴三年（932）十二月一日。所谓后唐，乃五代第二个朝代，李克用之子李存勖建立。代州即今山西省忻州市代县，位于山西省东北部。李克用死后，即葬于代州。《旧五代史》称之为"代州武皇陵"②。横水镇当为代州地名，不知为现在何处。

就墓志上下文看，志主来自西域的何国。何国是西域小国，昭武九姓之一，《隋书·西域传·何国》载："何国，都那密水南数里，旧是康居之地也。其王姓昭武，亦康国王之族类，字敦。都城方二里。胜兵千人。其王坐金羊座。东去曹国百五十里，西去小安国三百里，东去瓜州六千七百五十里。大业中，遣使贡方物。"何国人进入并州的时间就在隋代，《通典》卷193记述，何国"大业中及大唐武德、贞观中，皆遣使来贡"③。唐初在晋阳去世的粟特人龙润，其夫人就是来自何国④。唐代，更多何国人进入大唐，较著名的有河北藩镇中魏博节度使何弘敬，灵武人，其妻安氏，他与其父何进滔、其子何全皞三代为魏博节度使，卒于咸通六年（865），享年六十⑤。在何进滔《德政碑》侧面，有许多部将的题名，其中不乏何姓将官，估计该地当有何国人部落⑥。还有中唐宫廷侍卫中有神策军将领何文哲，世为灵武人，其母为"卫国太夫人康氏"，其妻为"武威安氏"⑦。洛阳出土的《安菩墓志》，记载其为"君讳菩字萨，其先安国大首领。破匈奴，衙帐百姓归中国。""夫人何氏，其先何大将军之长女"⑧。西安也出土唐代《何少值墓志》，据记载，他是陈留郡人，任职于右神策军押衙⑨。在宁夏盐池县，还发现过唐代入华何国人家族墓地，M3出有墓志一合，志文记载墓主人卒于唐武周久视元年（700）⑩。何国人入华后，多为举家搬迁，地点多为中国北部。何君政家就是其中之一。在朔州应县木塔文管所，收藏一块唐代《何公墓志》，记载志主曾任"云麾将军"，去世于唐代长庆年间（821—824年），早于何君政百余年，何君政墓志记载，其"家本大同人也"，正好与应县《何公墓志》联系上，应县旧属大同，可以推测，何君政与应县何家是一个家族。也间接反映出，何家入华时间较早，仅在大

---

① 蔡鸿生：《唐代九姓胡与突厥文化》，北京：中华书局，1998年，第2页。
② （宋）薛居正等撰：《旧五代史》卷33《唐书九·庄宗纪第七》，北京：中华书局，第458页。
③ （唐）杜佑：《通典》卷193《边防九》，第5257页。
④ 太原市三晋文化研究会、《晋阳古刻选》编辑委员会：《晋阳古刻选隋唐五代墓志》，北京：文物出版社，2013年。
⑤ 邯郸市文管所：《河北大名县发现何弘敬墓志》，《考古》1984年第8期。
⑥ 孙继民：《唐何进滔德政碑侧部分题名释录》，《唐史论丛（第九辑）》，西安：三秦出版社，2007年。
⑦ 卢兆荫：《何文哲墓志考释——兼谈隋唐时期在中国的中亚何国人》，《考古》1986年9期。
⑧ 赵振华、朱亮：《安菩墓志初探》，《中原文物》1982年第3期。
⑨ 马洪路：《唐何少值墓志铭考释》，《考古与文物》1990年第3期。
⑩ 宁夏回族自治区博物馆：《宁夏盐池唐墓发掘简报》，《文物》1988年第9期。

同地区就盘桓百十来年。《大晋故陈留县君何氏墓志铭文并序》："县君姓何，太原郡晋阳县人也，自长兴元年十月日除授告县君。……即以己亥岁天福四年五月二十五日终于洛京水北景行坊宅斯室，年六十五。……哀次子元超，……充护圣右第三指挥、第五都副兵马使。"①

> 夫人安氏，星姿降瑞，月彩呈样，行美芝兰，德彰闺壸，忽以身萦疾□，药疗无征，须臾莫返香魂，倏忽而俄辞白日，以天祐年四月十九□在京宅内。有男五人。

志文第三部分介绍何君政夫人安氏，称赞她"星姿降瑞，月彩呈样，行美芝兰，德彰闺壸"。但是由于疾病缠身，卒于"天祐年四月十九日"。天祐乃唐昭宗李晔开始使用的年号，天祐元年八月唐哀帝李柷即位沿用，共四年，即904—907年。安氏究竟逝世于哪一年，志文没载，估计是在天祐四年后，天祐四年，朱温篡唐，建立后梁，但李克用父子拒绝朱梁年号，仍旧沿袭唐代年号，所以墓志仅记载天祐年，具体为何年，已不可考。《资治通鉴》卷266《后梁纪一·太祖开平元年条》记载，朱温篡唐后，"是时惟河东、凤翔、淮南称'天祐'，西川称'天复'年号，余皆禀梁正朔，称臣奉贡。"胡三省注释曰："天复四年，梁王劫唐昭宗迁洛，改元曰天祐。河东、西川黯劫天子迁都者梁也，天祐非唐号，不可称，乃称天复五年。是岁梁灭唐，河东称天祐四年，西川仍称天复。"②该注释很重要，指出了五代时期年号混乱的情况与原因。

志文没提夫人安氏的国籍，据其姓氏，当是安国。安国也是昭武九姓之一，《隋书·西域传》载："安国，汉时安息国也。王姓昭武氏，与康国王同族，字设力登。妻，康国王女也。都在那密水南，城有五重，环以流水。宫殿皆为平头。王坐金驼座，高七八尺。每听政，与妻相对，大臣三人评理国事。风俗同于康国。"入华粟特人之间互相通婚的例子很多，何群政与安氏仅是其中一例。值得注意的是，应县《何公墓志》也记载，志主母亲安氏，其妻也是安氏，说明入华何家和安氏一族关系密切，数代通婚。

该段最后一句"有男五人"是说，安氏在世时，曾生育五子。

> 弟二随驾兵马使充左突骑十将，天祐年十二月廿四日从庄宗帝于河南胡柳陂为国战效身殁，敬周。弟三随驾兵马使充左突骑副将，敬千，同光年四月廿三日身殁封坟，殡在庚穴。
> 长男北京押衙充火山军使、银青光禄大夫、检校工部尚书兼御史大夫、上柱国，敬文。次随驾右备征军指挥使、银青光禄大夫、检校右仆射兼御史大夫、上柱国，敬万。次随驾左护圣弟（第）一军副兵马使、银青光禄大夫、检校工部尚书兼御史大夫、上柱国，敬超。
> 新妇三人，长安氏、次康氏、次康氏。孙男九人，从荣、重进、小哥、韩十九、憨哥、小厮儿、小猪、小憨、王七。新妇宗氏，重孙兜儿。

志文第四部分是介绍何君政的五个儿子、儿媳和孙子、重孙等人，又分三部分，第一部分是追述逝世的二子与三子；第二部分叙述在世的长子、四子和五子，第三部分记述儿媳和孙辈。值得注意的是，此墓志乃长子所写，因此他称何君政的二子为"二弟"。志文中的"弟二"，实为二弟。同理，下文的"弟三"为三弟。志文载二弟何敬周官职为李存勖的随驾兵马使、充左突骑十将，在天祐年十二月廿四日，从庄宗帝于河南胡柳陂，为国战效身殁。兵马使是唐代方镇的重

---

① 周阿根著：《五代墓志汇考·安万金妻何氏墓志》，合肥：黄山书社，2012年，第398—399页。
② 《资治通鉴》卷266《后梁纪一·太祖开平元年条》，北京：中华书局，1956年，第18册，第8675页。

要武职僚佐，五代沿用。突骑也是军职，《旧五代史·袁建丰传》："以功迁左亲骑军使，转突骑指挥使。"① 同书《唐明宗纪一》："天祐五年五月，庄宗亲将兵以救潞州之围，帝时领突骑左右军与周德威分为两厢。"② 可见当时有左突骑与右突骑，下面又分为突骑将与突骑副将。汉代已出现"突骑"一词，如《汉书》卷四九《爰盎晁错传》："若夫平原易地，轻车突骑，则匈奴之众易挠乱也"，对于《汉书》中"突骑"一词的含义，颜师古注为："突骑，其言骁锐可用冲突敌人也。"③ 到唐五代，突骑已经发展成为军职。

志文没载二弟去世的具体年代，仅记载是死于胡柳陂之战。志文提及的庄宗帝即后唐建立者李存勖，志文中的"河南胡柳坡"，位于河南濮阳之南，军事位置很重要。胡柳坡之役，是古代著名战役。尽管志文缺载具体年份，但是在史书中，对该战役时间、地点、人物、过程、结果都有明确记载。《新五代史》卷五《唐本纪第五庄宗下》记载：天祐十五年（918）"十二月，进军临濮，梁军追之，战于胡柳，晋军大败，周德威死之。梁军暮休于土山，晋军复击，大败之，遂军德胜，为夹寨。"④ 晋军先败后胜。《旧五代史》卷九《梁书九·末帝纪中》也记载："十二月庚子朔，晋王领军迫行台寨，距寨十里结营而止。……癸亥，北面招讨使贺瑰率大军与晋人战于胡柳陂，晋人败绩。是日既晡，复为晋人所败。初，晋人起军将袭东京，乃下令军中老弱悉归于邺。是月二十二日，晋王次临濮，贺瑰、王彦章自行台寨率军蹑之。二十四日，至胡柳陂，晋王领军出战，瑰军已成列，晋王以骑突之，王彦章一军先败，彦章走濮阳。晋人辎重在阵西，瑰领军薄之，晋人大奔，自相蹈籍，死者不可胜纪，晋大将周德威殁于阵。瑰军乃登土山，列阵于山之下，晋王复领兵来战，瑰军遂败。翌日，晋人攻濮阳，陷之，京师戒严。"⑤

《旧五代史》卷30《唐书六·庄宗纪第四》也载："（十二月）戊寅，诏德胜寨、莘县、杨刘口、通津镇、胡柳陂皆战阵之所，宜令逐处差人收掩战士骸骨，量备祭奠，以慰劳魂。"⑥ 就在这次战役中，何敬周阵亡。

志文又说三弟何敬千官职为随驾兵马使充左突骑副将，同光年四月廿三日身殁，殡在庚穴。庚穴即在世时自造的墓穴，由他自营墓穴推析，可能是病死或伤重不治而死。同光年即五代后唐李存勖同光年号（923），共3年，923—925年。可见在何君政去世前，夫人和二子、三子陆续去世。

其后又介绍了在世的三个儿子，长子何敬文、四子何敬万、五子何敬超，均为将领。长子何敬文官职是北京押衙充火山军使、银青光禄大夫、检校工部尚书兼御史大夫、上柱国。北京即太原，押衙为唐宋官名，管领仪仗侍卫。唐代李匡文《资暇集》卷中："武职，令有押衙之名。衙宜作'牙'，此职名，非押其衙府也，盖押牙旗者。"⑦

《太白阴经》卷3《将军篇》记：一军之中，有大将军一人，副将军二人，一人主征马，一人主军粮；总管四人，"二人主左右虞候，二人主左右押衙。"⑧《旧五代史·外国传二·吐蕃》："明年，晋高祖遣泾州押牙陈延晖赍诏书安抚凉州。"⑨ 宋人程大昌《演繁露·旗鼓》："魏博特置

---

① 《旧五代史》卷61《袁建丰传》，北京：中华书局，1976年，第822页。
② 《旧五代史》卷35《唐书十一·明宗纪第一》，第484页。
③ 《汉书》卷49《晁错传》，北京：中华书局，1962年，第2281页。
④ 《新五代史》卷5《唐本纪第五·庄宗下》，北京：中华书局，1974年，第43页。
⑤ 《旧五代史》卷9《梁书九·末帝纪中》，第136—137页。
⑥ 《旧五代史》卷30《唐书六·庄宗纪第四》，第421页。
⑦ （唐）李匡文：《资暇集》，北京：中华书局，2012年，第178页。
⑧ （唐）李筌：《太白阴经》卷3《杂仪类·将军篇》，清初虞山毛氏汲古阁钞本，第64页。
⑨ 《旧五代史》卷138《外国列传第二·吐蕃》，第1840页。

骁锐可倚仗者，使为护卫，名为牙兵。而典总此兵者其结衔名为押衙。"① 火山军原是地名，本岚州地，因驻军，故名火山军。有学者认为火山军设置于宋，由此碑文可证，五代后唐后晋之际，已经设置有火山军。

银青光禄大夫，隋代为实职，唐、宋以后用作散官文阶之号，唐朝银青光禄大夫为从三品。工部尚书，掌管全国屯田、水利、工程、交通运输等，实职，为正三品。检校，即代理或兼任，唐天宝"安史之乱"以后，"检校"官职盛行，五代比比皆是。御史大夫，专掌监察执法，从一品，因是"兼"，品味应低。上柱国，唐代勋级分十二等，最高等级是"上柱国"。《旧五代史·唐书·明宗纪五》："诏曰：'上柱国，勋之极也。近代已来，文臣官阶稍高，便授柱国，岁月未深，便转上柱国。武资初官，便授上柱国。今后凡加勋，先自武骑尉，十二转方授上柱国，永作成规，不令逾越。'"② 上述官职，当为何敬文书写墓志时的官职。由此可见，何敬文是后晋高官。

四子何敬万官职是随驾右备征军指挥使，银青光禄大夫、检校右仆射兼御史大夫、上柱国，应该指的是后晋官职。"右备征军"指挥使，不见记载。顾名思义，似为右军备征部队。五代多见都指挥使，是诸将统帅。右仆射，本是尚书台长官，总理政务，但从唐后期起，仆射退出尚书台，不再总理政事，但参与议事，下三品。

五子何敬超官职是次随驾左护圣弟一军副兵马使、银青光禄大夫、检校工部尚书兼御史大夫、上柱国，也应该指的是后晋官职。此句中，"弟"字当为"第"。左护圣军是相对右护圣军而言，其时设左右护圣军，下面又各自分为数军。如《大晋故陈留县君何氏墓志铭文并序》记载其子："哀次子元超，……充护圣右第三指挥、第五都副兵马使。"《袁彦进墓志》也载其"转护圣左第五军指挥使"③。护圣左，应就是左护圣之别称。又见《石金俊及妻元氏合袝墓志》："府君第三子，……晋高祖嘉其功，……授护圣军左第六军都指挥使兼维州刺史，十二年，迁护圣军右第四军都指挥使兼连州刺史。乾祐元年三月，迁护圣军左第二军都指挥使。"④

何君政三个儿子俱是武职，反映出唐末五代，粟特军人甚多的历史，也反映出他们父子数人从唐到后唐又到后晋的坎坷路程。山西朔州应县文管所除收藏《何公墓志》外，还收藏两块唐代粟特人墓志，即《曹君墓志》，志文第一列即表明其身份为"唐故云州都防御衙前兵马使"。另一块是《康公墓志》，志主姓康名荣，"门传武略"，"官封司马于部落"，唐咸通五年卒于私第。夫人为武威米氏，同年卒，其子官职为"本府部落十将"。

何君政有子五人，但志文介绍的儿媳只有三人，即"新妇三人，长安氏、次康氏、次康氏"，看来仅介绍了在世三子的媳妇。需要说明，三个儿媳也都是来自粟特地区，"安氏"出自安国，与夫人相同，前文已经谈及，不需赘述。"康氏"明显是来自康国。《隋书·西域传·康国》载："康国者，康居之后也。迁徙无常，不恒故地，然自汉以来相承不绝。其王本姓温，月氏人也。旧居祁连山北昭武城，因被匈奴所破，西逾葱岭，遂有其国。支庶各分王，故康国左右诸国并以昭武为姓，示不忘本也。王字代失毕，为人宽厚，甚得众心。其妻突厥达度可汗女也。都于萨宝水上阿禄迪城。城多众居。大臣三人共掌国事。其王索发，冠七宝金花，衣绫罗锦绣白叠。其妻有髻，幪以皂巾。丈夫翦发锦袍。名为强国，而西域诸国多归之。米国、史国、曹国、何国、安

---

① （宋）程大昌：《演繁露》卷2，清学津讨原本，第1页
② 《旧唐书》卷39《唐书十五·明宗纪第五》，第538页。
③ 周阿根著：《五代墓志汇考·袁彦进墓志》，合肥：黄山书社，2012年，第582页。
④ 周阿根著：《五代墓志汇考·袁彦进墓志》，第553页。

国、小安国、那色波国、乌那曷国、穆国皆归附之。有胡律，置于祆祠，决罚则取而断之。重罪者族，次重者死，贼盗截其足。人皆深目高鼻，多须髯。善于商贾，诸夷交易，多凑其国。"[1] 在昭武九姓诸国中，康国是一个大国，也是昭武九姓的核心国家。

从三个儿媳的国籍考察，都没出昭武九姓范围，间接表明两个问题，一是昭武九姓之间通婚现象很普遍，即使远离家乡，来往也很密切；二是何君政和夫人为昭武九姓之间的通婚，到他儿子辈，还是与昭武九姓通婚。如果连应县唐代《何公墓志》也加上，可见大同地区粟特人之间通婚现象延续一百余年，令人惊讶。但至少反映出，直到何君政儿子时代，晋阳的入华粟特人内部通婚现象比较普遍。两族长久通婚需要一定条件，如两族来往较多，人丁兴旺，内部安定等，间接反映出山西北部地区粟特人数量较多的情况。

> 长男敬文等，俱以义烈门风，孝传井邑。以年匪顺，灵圹不迁。今就吉辰，方茔宅夻。即以天福四年（939）十一月十七日葬于阳曲县连师乡相辅村□。圣地迁合，并置新莹平源（原），礼也。

志文第五部分记述为何君政与夫人安氏合葬之事。由志文显示的"以年匪顺，灵圹不迁。今就吉辰，方茔宅夻。即以天福四年十一月十七日葬于阳曲县连师乡相辅村□。"反映了五代天下不太平，行居难安的乱世情况，因此感叹"以年匪顺，灵圹不迁"。其后，志文记载了两人合葬的时间和准确地点。由土葬和采用墓志等因素推究，至少没有完全采用粟特葬俗。

志文提到的阳曲县，即今太原市阳曲县。阳曲县旧址在今定襄县境内，汉末，建安二十年（215），原阳曲县荒废，曹操迁阳曲县民于今太原市北郊区阳曲镇一带新置阳曲县。

> 其铭曰：□有奇仁，迥摽风格。名重珪璋，智匡郡邑。一任长史，累迁荣禄。尽喜来珠，咸□大兽。安氏夫人，星姿降质。疾构缌帏，身终兰室。贤男贤女，有□□□。晨昏□问，冬夏温凊。卜其宅地兮广莹藏事，乌兔助坟兮旌其孝志，刊勒贞珉兮树德遗芳，地久天长兮百千万祀。

志文第六部分是墓志铭，即归纳志文，对其一家老少功德贤孝加以颂扬。其中"乌兔"应指的是唐人杨筠松著的《天元乌兔经》，一本著名的风水学著作，该书在社会上颇有影响，碑铭引用乌兔，即是受其影响，说明墓地风水很好。

何家是一个典型个案，普通一块墓志反映了入华粟特人四代人的多方面情况，如此有价值的墓志真不多见。最有价值的内容是五个儿子都参加军队，内部通婚，死后合葬等。有的与沙陀军有关，有的与婚姻有关，有的与民俗信仰有关。可惜志文失记何君政及其妻子逝世时的年龄，推敲下来，他五子俱以成家有子，孙辈九人，其中有的已婚，如此看来，何君政去世时年龄已经不小，当在六十岁左右。通过他家的事例，可见入华粟特人除经商外，还有些家庭是世代从军，这部分家庭也占到不小的比例。尤其在北朝至唐五代，入华从军的粟特人在史书中或墓志中屡见记载，扩大了研究入华粟特人的范围。

唐末五代，并州活跃着大批沙陀人，称为沙陀军。沙陀人原属西突厥十姓部落，许多粟特人附属沙陀，入华后也混称沙陀。陈寅恪于《论唐代之番将与府兵》一文考证指出，从唐到五代，

---

[1] 《隋书》卷83《西域·康国》，北京：中华书局，1973年，第1848页。

都有不少粟特人担任将领①。何家父子俱为沙陀族军事集团成员，何君政的几个儿子都任沙陀政权将领，初效力于沙陀人李克用、李存勖的后唐政权，后为石敬瑭的后晋政权服务②，可见粟特人与沙陀族人关系非常密切。另外，该墓志叙述后梁时的事情，不承认后梁年号，一直沿用唐朝年号。但到了后唐、后晋时，不用后梁年号。只用后唐后晋年号，可见他还是忠于沙陀政权。此外，志文多处提到唐、后唐、后晋的职官，对研究职官演变，尤其是对研究沙陀军制有重要价值。

综括上述，唐五代时期，山西由于特殊的地理位置，成为多民族汇聚之地。从《何君政墓志》《曹君墓志》《何公墓志》等可见，唐五代时期，粟特人之间通婚现象普遍存在，是山西北部地区特有现象，还是该历史阶段黄河流域普遍现象，还值得深入探讨。另从以上墓志显示的志主经历来看，不论官职大小，都有从军经历，不见经商经历。显示出，在该时期该地区，粟特军人数量远过于粟特商人和粟特艺人的数量。最后就墓志看，粟特人活动范围，晋中以西者一人，见《曹恪墓志》；以北者7人，如《虞弘墓志》③《龙润墓志》④《石善达墓志》⑤《康公墓志》《曹君墓志》《何公墓志》⑥《何君政墓志》等，证明粟特人活动范围，主要在介州至大同之间。粟特人墓志虽少，但墓志反映出，在山西中北部地区，活跃在该地区的粟特人数量很多，甚至有的以部落形式存在，不能不引起研究者的注意。如果单就何姓粟特人来看，联系前文所引入华何国人墓志和家族墓地发掘简报，可知其活动范围主要在宁夏、河北、山西和河南。

（山西省考古研究所）

---

① 陈寅恪：《论唐代之番将与府兵》，《中山大学学报》（社会科学版）1957年第1期。
② 岑仲勉《隋唐史》第五十二节《沙陀之起并辨石晋不是突厥族沙陀》认为石敬瑭是粟特石国人。按，如按照岑说，何氏死于后唐而立《大晋何公墓志》，与此应有一定之关系。
③ 张庆捷：《隋代虞弘墓志考释》，《唐研究》第7卷，北京：北京大学出版社，2001年。
④ 太原市三晋文化研究会、《晋阳古刻选》编辑委员会：《晋阳古刻选隋唐五代墓志》，北京：文物出版社，2013年。
⑤ 殷宪：《唐石善达墓志考略》，《唐研究》第12卷，北京：北京大学出版社，2006年。
⑥ 《康公墓志》《曹君墓志》《何公墓志》均为唐代墓志，有志有盖，现藏于山西朔州应县木塔文管所，尚未发表。

大明国景教考*

张小贵

一、问题的提出

1956年，著名金石学家曾毅公先生曾于北京房山访碑，发现记有"大明国景教"信息的墨书题记：

> 在石经山曝经台九级石塔下的悬崖下发现了不少墨迹题记，中有一条是：大明国景教庆寿寺僧人超然经匠道□四名，游于□□。正统三年廿九日游到……小西天石经堂瞻礼。①

该石刻题记后来被收入《房山石经题记汇编》，录文作：

> 大明国景教庆寿寺僧人超然经匠道□四名游于□□　正统三年四月廿九日游到□□□□小西天石经堂瞻礼②

有关该题记所记之"景教"，曾毅公先生指出："庆寿寺在哪里，我们还没有查出，但我们可以知道，正统三年（1438）景教僧人和经匠还在云游布道。这也是景教流行中国的重要史料之一。"③ 徐苹芳先生早年已注意此条资料，将"大明国景教"目为也里可温。④ 吴梦麟、熊鹰女士则将此条资料作为明代景教史迹文物收入《北京景教史迹文物研究》一书中，并指出："关于题记中的景教庆寿寺，目前还无文献证明其确切地点及情况，有待进一步考证。"⑤ 唐晓峰在讨论北京房山十字寺的景教身份问题时，亦将此题记作为北京景教遗迹提及。⑥ 不过并未详论。

林悟殊先生在《唐代景教名字的华化轨迹》一文中，根据《房山石经题记汇编》所录内容，将此题记视为景教在中国的晚期遗迹：

---

* 本文为2015年广东省哲学社科规划一般项目"比较视野下的唐元景教研究"（项目编号：GD15CLS03）阶段性成果。
① 曾毅公：《北京石刻中所保存的重要史料》，《文物》1959年第9期，第16—20页；引文见第20页。
② 北京图书馆金石组、中国佛教图书文物馆石经组编：《房山石经题记汇编》，北京：书目文献出版社，1987年，第76页。
③ 曾毅公：《北京石刻中所保存的重要史料》，第20页。
④ 徐苹芳：《北京房山十字寺也里可温石刻》，《中国文化》第2期，1992年。
⑤ 吴梦麟、熊鹰：《北京地区基督教史迹研究》，北京：文物出版社，2010年，第55页。
⑥ 唐晓峰：《北京房山十字寺的研究及存疑》，《世界宗教研究》2011年第6期，第118页。

该题记落款正统三年（1438），远早于西安景碑发现的天启年间（1621—1627），因而，个中的"大明国景教"不可能是受景碑启发而冒出的新教派；而正统年间，西方的耶稣会士也还未到中国，该"大明国景教"也不可能与明末海陆新传入的西方基督教有涉。是以，其无疑应是本土原来所固有的，是否就是唐代景教的余绪，这是一个很值得探讨的有趣问题。假如答案是肯定的，那就意味着唐代景教遭武宗迫害后，民间还有其信众；从其僧人到房山佛教圣地"瞻礼"的题刻，暗示其或以佛教一宗之面目存在于社会。①

王媛媛亦持类似观点："尽管无从证明其是否为承接唐代景教的后世教会，但迟至明朝仍有'景教'寺僧人到房山'瞻礼'，再联系前述崇圣院——十字寺的历史，不禁令人要推想景教与房山地区之间存在着隐晦而深厚的渊源。"②

不过近年来，亦有学者质疑该题记的准确性，针对其中"景教"的宗教属性提出不同看法。2012年5月27日，高山杉先生在《南方都市报》发表《谈"大明国景教庆寿寺"墨书题记》一文，指出："房山这条'大明国景教庆寿寺墨书题记'疑点太多，无法排除其原本为佛教题记的可能性。要拿来作为证明景教在明代尚流传于中国内地的史料，是不能让人放心的。"③ 罗炤先生于2013年在《艺术史研究》发表《房山十字寺辽、元碑及相关问题》一文，其余论部分"石经山的正统三年景教题记问题"一节，是迄今讨论该题记最详细的文字，他认为"石经山这条题记肯定不是出于景教信徒之手，而是佛教徒留下的"④。

就学者有关该题记内容真实性的质疑，林悟殊先生也进行了回应："顾《汇编》所收题记，增加了'四月'二字，且补充了四个缺字号，这意味着继曾毅公先生之后，《汇编》刊出之前，还有行家考察原迹，重新校录其文字。由于先后所录题记的关键词并无抵牾，故即便岁月沧桑，现今原迹已面目全非，甚或荡然无存，于昔年曾毅公老先生所录题记文字之准确度似无须过多质疑，实不足奇。"⑤ 就题记所涉及的景教与佛教之关系，亦有史可考。早在唐代贞元年间（785—804），《景碑》撰者景净就曾与迦毕试佛僧般若合译佛经《六波罗蜜经》七卷⑥；近年新出唐代洛阳景教徒花献墓志乃"洛阳圣善寺沙门文简"所撰⑦，证明景士与佛僧结缘乃由来有自。2006年洛阳发见唐文宗大和三年（829）所刻之景教经幢，则披露了其时当地存在着一所佛化之景教寺院。⑧ 林悟殊先生据以指出："足见景教早在唐代合法传播时期，就有傍依佛教或与之汇流之趋势。会昌灭法之后，这种趋势谅必日益加速。假如在依傍或汇入佛教后而仍以景教自命，亦属正常。……若明代果有某一依托佛门的景教信徒瞻礼元代基督教遗址之后，勒石纪念，亮其景教

---

① 林悟殊：《唐代景教名字的华化轨迹》，初刊《中华文史论丛》2009年第2辑，总第94辑；收入其著《中古夷教华化丛考》，兰州：兰州大学出版社，2011年，第259页。
② 王媛媛：《唐后景教灭绝说质疑》，《文史》2010年第1辑，第156页。
③ 高山杉：《谈"大明国景教庆寿寺"墨书题记》，《南方都市报》2012年5月27日，版次：GB25。
④ 罗炤：《房山十字寺辽、元碑及相关问题》，中山大学艺术史研究中心编：《艺术史研究》第15辑，广州：中山大学出版社，2013年，第177—216页，有关部分见第203—205页。
⑤ 林悟殊：《清代霞浦"灵源教"之"夷数和佛"崇拜》，《中国学术》第37期，待刊。
⑥ 《大唐贞元续开元释教录》卷十七，《大正藏》（55），第755页下。J. Takakusu, "The Name of 'Messiah' Found in a Buddhist Book; the Nestorian Missionary Adam, Presbyter, Papas of China, Translating a Buddhist Sutra", *T'oung Pao* vol. VII, 1896, pp. 589–591；高楠顺次郎：《景教碑の撰者アダムに就て》，《语言学杂志》1—10，明治33年（1900）。
⑦ 郭茂育、赵水森编：《洛阳出土鸳鸯志辑录》，北京：国家图书馆出版社2012年，第211—212页。毛阳光：《洛阳新出土唐代景教徒花献及其妻安氏墓志初探》，《西域研究》2014年第2期，第85页。
⑧ 张乃翥：《跋河南洛阳新出土的一件唐代景教石刻》，《西域研究》2007年第1期，第65—73页。

身份，其实也不出奇。"① 也就是说，不能仅就题记内容的某些佛教特征而排除其属景教的可能性。本文拟在诸家研究基础上，就题记所反映的唐元之后景教传播问题略作申说，祈请学界方家指正。

二、庆寿寺所在考

就题记所云"庆寿寺"方位何在，有学者认为其即北京之庆寿寺。按北京庆寿寺也叫双塔寺，在西长安街上，即电报大楼西，旧时即西长安街28号。该寺创建于金章宗大定二年（1162）。时金国刚刚移都燕京，皇帝即敕建庆寿寺，诏请玄冥禅师为开山第一代，敕皇子燕王降香，赐钱二万，沃田二十顷。"［至元三年（1266）四月］庚午，敕僧、道祈福于中都寺观。诏以僧机为总统，居庆寿寺。"② 僧机为元世祖诏旨任命的诸路释教总统，其居庆寿寺，可见该寺地位之重要。元代大德九年（1305），高丽国王施藏经一部计5048卷，入大庆寿寺藏之，在皇庆元年（1312）六月由程矩夫撰碑立于寺内，记载其事。当时的住持僧为西云子安，法行高卓，累朝所器重，赐号佛光慈照明极净慧大禅师，官荣禄大夫、大司空，领临济一宗事。③ 由此可见，由金至元，庆寿寺一直是京城重要佛寺。

根据史料记载，至迟到明初正统十三年（1448）以前，庆寿寺已改名，"（正统）十三年二月，修大兴隆寺，寺初名庆寿，禁城西，金章宗时创，太监王振言其朽敝，上命役军民万人重修，费物料钜万。既成，壮丽甲于京都内外数百寺。改赐今额，树牌楼，号第一丛林，命僧作佛事。上躬行临幸。……（十三年十月丁巳）大兴隆寺工完。"④ 但仍为京城第一丛林。直到嘉靖十四年（1535），该寺终于被毁，"（嘉靖）十四年四月，大兴隆寺灾。御史诸演言：佛本夷狄之教，非圣人之法，惑世诬民，耗财蠹政，流传既久，卒未尽除。皇上御极，命京师内外毁寺宇，汰尼僧，申敕天下臣工，劝谕僧人还俗，渐除之以挽回天下于三代之隆。此天之心也。即今大兴隆寺之灾，可验陛下之排斥佛教深契天心……又言寺基甚广，宜改为习仪祝圣之处。上曰：寺既毁，永不复。习仪照旧，此故地岂可用。并大慈恩寺，一应修斋，尽行革去。请改僧录司于大隆善寺（即护国寺），并迁姚广孝牌位，散遣僧徒，随住各寺。愿归正从化者听。上曰：归化者还议恤典。"⑤ 由此可见，在明正统十三年之前，庆寿寺已易名大兴隆寺，然正统三年时其"庆寿寺"一名或未改，这与题记所传递的信息倒不矛盾。不过，其时该寺仍是当时最重要的佛教寺院之一，一个景教徒若想假借托身于这样一座佛教名刹中，显非易事。那么题记所云之"庆寿寺"是否另有所指呢？

据文献记载，历史上以庆寿寺为名的佛教寺院并不在少数。较著名者如陕西庆寿寺，其始建于唐贞观二年（628），是唐太宗李世民为庆贺其母亲六十大寿，派尉迟敬德监修的，故取名"庆寿寺"。该寺位于陕西省彬县城以西12公里的清凉山上，"庆寿寺，在州西二十里官路旁。

---

① 林悟殊：《清代霞浦"灵源教"之"夷数和佛"崇拜》。
② 《元史》卷6《本纪第六·世祖三》，北京：中华书局，1976年，第110页。
③ （元）程文海撰：《大庆寿寺大藏经碑》，见《雪楼集》卷18，文津阁四库全书第401册，北京：商务印书馆，2005年，第616页。
④ 中央研究院历史语言研究所校印：《明英宗实录》，卷163，第3156—3157页；卷171，第3290页。
⑤ （明）徐学聚撰：《国朝典汇》卷134，中国国家图书馆编《原国立北平图书馆甲库善本丛书》，第433册，北京：国家图书馆出版社，2013年，第1743页。

唐贞观二年建。像坐石岩下，高十丈许，座后出泉，前护层楼。嘉靖二十三年修，俗名大佛寺。工费金碧，以数千计。雄伟壮丽，关中第一奇观也。"① 关于其建造日期，《豳州庆寿寺造像记》有更详细记录："大唐贞观二年十一月十三日造。"② 按，至迟到嘉靖二十三年（1544），该寺俗名大佛寺，但这一时间晚于正统三年（1438），并不排除当时其仍名庆寿寺的可能。此外，陕西扶风县亦有庆寿寺："在县西北五里，元大德五年，僧云岩建修。"③ 不过到明初时，该寺历史不详。除陕西之外，明时杭州亦有庆寿寺，据明代吴之鲸《武林梵志》卷一记："福田庆寿寺在候潮门外普济桥。宋宝祐二年徐路钤舍宅建寺，请额曰福田，以居白石皓禅师。元至治间毁，泰定间重修，请额加庆寿二字。洪武二十四年立为丛林。"④ 庆寿寺也分布在其他多地，如山西平陆县庆寿寺："旧在城西南隅，宋大中祥符二年僧了宽建，明洪武十五年重修，置僧会司。治正德嘉靖继修，万历辛卯知县郑金移建城外之巽隅。"⑤ 湖北夷陵州远安县庆寿寺："在县西十里，宋建明修。"⑥ 四川广元亦有庆寿寺，唯建寺时间不详。⑦

由此看来，上引房山题记所言景僧所依托的庆寿寺，不一定非得指北京的庆寿寺。况且，北京的庆寿寺离房山不远，寺僧到此地当非难事，似乎不值得专门题记，大书一笔。很可能其是京外某地的庆寿寺，听说房山有十字寺，而专程过来瞻礼，并专书题记以留念。至于这所庆寿寺，究竟是陕西的还是杭州的，抑或是其他地区的庆寿寺，值得进一步考索。早在 1930 年，张星烺先生即根据史料，勾勒了元代基督教在杭州等地传播的情形。⑧ 罗香林先生《唐元二代之景教》，也探讨了元代江浙等地的景教传播。⑨ 若说明代杭州一代有景教余绪，实不足奇。

从宗教传播史的角度看，"大明国景教"题记亦促使我们思考唐元景教在中土社会的传播问题。

三、"大明国景教"的渊源

按照陈垣先生的观点，基督教入华传播史可分为四个时期："第一期是唐朝的景教。第二期是元朝的也里可温教。第三期是明朝的天主教。第四期是清朝以后的耶稣教。"⑩ 有关唐代之后景教的走向，传统观点认为，唐代会昌灭佛，景教与其他外来宗教摩尼教、祆教等亦遭牵连，未能幸免于难。如著名汉学家穆尔（A. C. Moule，1873—1957）就曾指出：

---

① （清）姚本修：《邠州志》，《国家图书馆藏清代孤本方志选》，第一辑 11 册，北京：线装书局，2011 年，第 329—330 页。
② 吴钢主编：《全唐文补遗》第 7 辑，西安：三秦出版社，2000 年，第 467 页。
③ （清）刘于义等修：《陕西通志》卷 28，文津阁四库全书第 185 册，北京：商务印书馆影印，2005 年，第 486 页。
④ （明）吴之鲸：《武林梵志》卷 1，杜洁祥主编《中国佛寺史志汇刊》第 1 辑，第 7—8 册，台北：明文书局，1980 年，第 123 页。
⑤ （清）石麟等修：《山西通志》卷 171，文津阁四库全书第 184 册，北京：商务印书馆影印，2005 年，第 176 页。
⑥ （清）迈柱等修：《湖广通志》卷 78，文津阁四库全书第 179 册，北京：商务印书馆影印，2005 年，第 780 页。
⑦ （清）黄廷桂等修，张晋生等编纂：《四川通志》卷 28 下，文津阁四库全书第 187 册，北京：商务印书馆影印，2005 年，第 886 页。
⑧ 张星烺：《元代中国各地教堂考》，收入张星烺编注、朱杰勤校订《中西交通史料汇编》（一），北京：中华书局，2003 年，第 395—406 页。
⑨ 罗香林：《元代苏浙闽等地之景教传播》，收入其著《唐元二代之景教》，香港：中国书社，1966 年，第 175—191 页。
⑩ 陈垣：《基督教入华史》，收入《陈垣学术论文集》第 1 集，北京：中华书局，1980 年，第 93 页。

十、十一和十二世纪的中国作家，甚少提及基督教；偶有述及，也至为模糊，或干脆宣称为乃属古昔之事。我们相信，尚未找到什么迹象可资说明十一、二世纪，中国还残存有基督教徒。①

这一观点也得到德国著名宗教学家克里木凯特教授的肯定："这一说法，时至今日，尚能成立。"②

不过，近年来的研究表明，唐之后景教并未就此绝迹。③ 根据10世纪末阿拉伯作家阿布·法拉至（Abu'l Faradj）的记述，在他那个时代，中国的景教已灭迹了，不过尚残存有教徒。其撰于巴格达（Baghdad）的著作 *Kitab al Fihrist* 写道：

> 回历377年（公元987年），在教堂之后的基督教徒住区，我碰到了一位来自那及兰（Najran）的僧侣。他七年前为宗主教所派遣，与其他五位教士一道，到中国去处理基督教会的事务……我询问了他旅途的一些情况，他告诉我，在中国，基督教已消灭了，当地的基督教徒悉遭横死，他们使用过的教堂皆被拆毁，那里仅残存一名教徒。该僧侣在那里找不到任何人可资传教，旋即归回。④

也有学者认为元代之也里可温与唐代基督教有直接继承关系，清人洪钧曾指出："也里可温，当即景教之遗绪。"⑤ 不过殷小平比较了元代也里可温文献中的相关概念术语及表述方式，与唐代西安景教碑及景教汉文经典之不同，对此说提出了怀疑。有关元代也里可温的相关描述，见于《至顺镇江志》所收《大兴国寺记》的记载⑥：

> 教以礼东方为主，与天竺寂灭之教不同。且大明出于东，四时始于东，万物生于东，东属木，主生，故混沌即分，乾坤之所以不息，日月之所以运行，人物之所以蕃盛，一生生之道也，故谓之长生天。十字者，取像人身，揭于屋，绘于殿，冠于首，佩于胸，四方上下以是为准。

记文借用阴阳五行萨满佛教诸说，来附会基督教的某些教仪，而并未真正触及基督教基本教义。而与此不同的是，唐代《景教碑》关于本教义理、礼仪的描述更多借鉴儒释道的术语⑦：

> 粤若常然真寂，先先而无元；窅然灵虚，后后而妙有；总玄枢而造化，妙众圣以元尊者，其唯我三一妙身，无元真主阿罗诃欤？判十字以定四方，鼓元气而生二风……印持十字，融四照以合无拘。击木震仁惠之音，东礼趣生荣之路……真常之道，妙而难名，功用昭

---

① A. C. Moule, *Christians in China before the Year 1550*, first published in London, 1930, reprinted in New York, 1977, p. 73.
② ［德］克里木凯特著，林悟殊翻译增订《达·伽玛以前中亚和东亚的基督教》，台北：淑馨出版社，1995年，第120页。
③ 参王媛媛《唐后景教灭绝说质疑》，第145—162页。
④ A. C. Moule, *Christians in China before the Year 1550*, pp. 75-76.
⑤ 洪钧：《元史译文证补》，卷29，丛书集成初编本，北京：中华书局，1985年，第3912—3914册，第454页。
⑥ （元）俞希鲁撰《至顺镇江志》，中华文史丛书之八，台北：华文书局，第534—535页。
⑦ 录文参考朱谦之《中国景教》，北京：商务印书馆，2014年，第233—234页。

彰，强称景教。惟道非圣不弘，圣非道不大。道圣符契，天下文明。

就两者的差异，殷小平做过精彩评论："就沟通两种异质文明这一点上，元代的传教士们显然无从与唐代景僧相比。而且，从梁相对基督教的无知程度来看，我们也很难相信元代江南的景教是唐代景教的遗绪。否则，梁相不至于弃现成的'景教'、'大秦'之类术语不用，却去附会阴阳五行萨满佛教诸说。我们也知道，古《寺记》焉能毫无提及？《寺记》无唐代景教痕迹可寻，正好默证了在历史发展的轨迹上，元代也里可温与唐代景教应无直接的联系。"① "从现有的资料看，我们不得不认为元代江南的也里可温并非唐代景教的遗存或发展，而应是由中亚或域外其他地区基督教门派重新传入的。在时人眼里，纯为一种新来宗教。"② 而元代也里可温虽属基督教，然教徒多为随蒙古征服以军事移民模式入居中国的西域人，所信奉的基督教虽亦属景教涅斯脱里派③，不过，近年霞浦抄本中所见景教信息，与大明国景教"庆寿"之意暗合，或可证明明代景教依旧留存于世。但其人员又仍是外国僧侣，甚少赢得当地居民的信仰。其与唐代景教余绪亦应不同。也就是说，元代之基督教聂斯脱里派，除占主流地位的也里可温外，应有唐代景教余绪存在。

那么元代之后，景教的命运又如何呢？有学者认为，"十四世纪后期，蒙古人之被逐出中国，标志着景教在中国的灭亡。接替蒙古的明朝政府，对外国人颇感疑惧厌憎，对于外来而又奥秘的宗教，了无兴趣。"④ 此处所云之景教，应为元代之也里可温，而对于元亡后，是否尚有唐景教余绪活动，实不得而知。不过近年霞浦抄本中所见景教信息，与大明国景教"庆寿"之意暗合，或可证明代景教依旧留存于世。

四、霞浦抄本的证据

2008年以来，林鋆先生主导、陈进国先生担纲的福建霞浦明教遗迹田野调查，发现了一批当地民间法师保有的科仪抄本，内中固有不少明教术语、辞章⑤，但亦不乏其他失传的外来宗教遗迹，如陈培生法师所藏并手题的"摩尼光佛"科册即包含有丰富的夷教信息。其中所见的景教遗迹，或有助于我们对大明国"景教"与"庆寿寺"渊源的理解。据林悟殊先生录文，"摩尼光佛"科册内文存82页，665行，约8400言，未见任何年代落款，其形成年代，不可能早于明代⑥，应成于清初。⑦

科册第2页（类似写法尚见第47页、第61页）有五佛位牌图，作⑧：

---

① 殷小平：《元代也里可温考述》，兰州：兰州大学出版社，2012年，第133页。
② 殷小平：《元代也里可温考述》，第135页。
③ 参阅殷小平《从〈大兴国寺记〉看元代江南景教的兴起》，《中华文史论丛》2006年第4辑，第289—313页。
④ Samuel N. C. Lieu, "Nestorians and Manichaeans on the South China Coast", in *Manichaeism in Central Asia and China*, Leiden. Boston. Köln: Brill, 1998, p.178. ［英］刘南强（Samuel N. C. Lieu）著，林悟殊译《华南沿海的景教徒和摩尼教徒》，［德］克里木凯特著，林悟殊翻译增订《达·伽玛以前中亚和东亚的基督教》，第158页。
⑤ 详见陈进国、林鋆《明教的新发现——福建霞浦县摩尼教史迹辨析》，载李少文主编，雷子人执行主编《不止于艺——中央美院"艺文课堂"名家讲演录》，北京：北京大学出版社，2010年，第343—389页。
⑥ 林悟殊：《明教五佛崇拜补说》，《文史》2012年第3辑，总第100辑，第387、397页。
⑦ 见林悟殊《清代霞浦"灵源法师"考论》，《中华文史论丛》2015年第1辑，第247—284页。
⑧ 录文据林悟殊《明教五佛崇拜补说》，第396页。

其中的"夷数和佛"被冠以"活命世尊",唐宋文献盖未之见,林悟殊先生疑其为元代天主教输入后始将"夷数"更新之。①

《摩尼光佛》科册中另有所谓"吉思呪"者(见科册第39—42页,总行314—333),把基督耶稣名为"夷数佛"而颂之:

> 称念夷数佛,暨死而复苏;称念夷数佛,枯木令兹茂;称念夷数佛,沉轮具解脱;
> 称念夷数佛,朽骨再苏还活。是身在囚系,令彼所居舍柱,化为大树。病儿请乞愿,救我诸疾苦。再念夷数尊佛,瘖痙及盲聋,能言复闻见。(第40—41页,总318—324行)

此处所称念之"夷数佛"诸多神迹,包括"暨死而复苏"、"枯木令兹茂"、"朽骨再苏还活","瘖痙及盲聋,能言复闻见"等,殆可征诸《圣经》福音书。表明景教一直或明或暗地存在,其一些遗经更流传于民间,成为当地民间宗教制作科仪本之素材。②

按抄本将"夷数和佛"冠以"活命世尊"的头衔,显然可追溯至基督教的复活观念,同时又有所不同。复活是基督教信仰的一个核心观念,以致有人把基督教目为复活的信仰。据《圣经》的记载,不仅耶稣死而复活,所有的人死了也要复活:"行善的复活得生,作恶的复活定罪。"③ 不过基督教所讲的复活,乃是连同尸骨躯体的复活,显然不同于中国传统观念中借尸还魂的复活。至于原始摩尼教,则全无复活之理念。该教认为人体是囚禁光明物质(灵魂)的躯壳,死亡让灵魂得以解脱,回归光明王国,躯壳自应毁灭。因此,在英藏敦煌所出汉文摩尼教经典《下部赞》中,尽管对夷数歌颂备至,但全无提及或暗示其与性命有何联系。④ 当然,"夷数和佛"之"活命"显然又不完全等同于基督教的复活信仰。在汉语中,"活命"意谓保住性命,维持生命或救活性命,这与复活的概念毕竟有所不同,后者乃指生命在死亡后再复生的意思。但依古代国人的传统心理,逝者已矣,多目死人返生为恐怖之事,人们追求的是活命。因此,进入中国的耶稣基督象征的是活命,而不是复活。⑤ 霞浦抄本中另有一份题为《兴福祖庆诞科》的科册,甚至将"夷数和佛"称为"大圣延生益算夷数和佛"(第2页总第10行)⑥,冠"夷数和佛"以"延生益算"的头衔,意味着这一神祇乃主司延年益寿,相当于汉民俗所奉之寿星,很显然用中国传统文化的概念变改了基督教有关复活的信仰,或表明上揭题记中大明国景教与庆寿寺结缘并非巧合。

---

① 林悟殊:《清代霞浦"灵源教"之"夷数和佛"崇拜》。
② 林悟殊:《霞浦抄本元代天主教赞诗辨释——附:霞浦抄本景教〈吉思呪〉考略》,《西域研究》2015年第4期。
③ 《约翰福音》5:29,圣经启导本,中国基督教两会印发,2003年,第1492页。
④ 关于《下部赞》的释文,参阅林悟殊《敦煌文书与夷教研究》,上海:上海古籍出版社,2011年,第434—466页;《摩尼教华化补说》,兰州大学出版社,2014年,第523—553页。
⑤ 详细讨论参阅林悟殊《清代霞浦"灵源教"之"夷数和佛"崇拜》。
⑥ 该抄本为陈培生法师所藏,笔者所见者为陈进国先生于2009年10月9日拍摄,凡31页,末尾残缺。

附启： 本文撰写过程中，得庞晓林同学帮助核对相关史料，谨致谢忱。

（作者单位：暨南大学历史系）

岑仲勉先生与丝绸之路研究

——以钢和泰藏敦煌写本于阗语行记为中心

荣新江

岑仲勉先生（1886—1961）是 20 世纪的史学巨子，著述十分丰富，在隋唐史、文献学、金石学、塞外民族、历史地理、中外关系等方面，都有所贡献，形成专著的有：《佛游天竺记考释》（1934 年）、《两周文史论丛》（1956 年）、《黄河变迁史》（1957 年）、《府兵制度研究》（1957 年）、《西周社会制度问题》（1958 年）、《隋书求是》（1958 年）、《突厥集史》（1958 年）、《西突厥史料补阙及考证》（1958 年）、《唐史馀渖》（1960 年）、《中外史地考证》（1962 年）、《唐人行第录（外三种）》（1962 年）、《通鉴隋唐纪比事质疑》（1964 年）、《汉书西域传地里校释》（1981 年）、《金石论丛》（1981 年）、《隋唐史》（1982 年）、《郎官石柱题名新考订（外三种）》（1984 年）、《岑仲勉史学论文集》（1990 年）、《岑仲勉史学论文续集》（2004 年）。2004 年中华书局编辑部编《岑仲勉著作集》，计有 15 种著作，除《隋唐史》一种因涉版权问题没有重印，其他全部整理重刊，颇便学人①。

一

岑先生早年即关注东西交通，不论海路还是陆路，都有论著探讨，除了形成专著的《佛游天竺记考释》外，单篇论文集中收录在《中外史地考证》一书中。《考证》一书分上下册，收文六十余篇，大体按年代先后排序，涉及今天所说的丝绸之路的许多方面，现择要列出部分篇目，兼提示其学术价值。

（一）关于海上丝绸之路方面，岑先生为广东人，又长期执教于中山大学，所以对海路颇为关心，发表论著涉及海上丝路的许多方面。

《西汉对南洋的海道交通》一文（原载《中山大学学报》（社会科学版）1959 年第 4 期），对于《汉书》卷二八下《地理志》所记从日南障塞徐闻、合浦出发的海上丝路，做了详细的考证，指出所经之地为："先经马来半岛东岸之 Htayan（都元国），次泊苏门答腊之 Yava Lamuri（邑卢没国），又次船抵缅甸南边的 Syriam（湛离国），始弃舟循陆赴缅甸重镇或都城之 Pukam Tattadesa（夫甘都卢国）"，最后到印度东海岸之 Kanci（黄支国），再南至马达拉斯西南之 Chingleput（已程不国）。《汉书·地理志》这一段是中国海上丝绸之路开通时代的最基本史料，其所提到的地名之地理位置，众说纷纭，岑氏的考释可备一说。

《南海昆仑与昆仑山之最初译名及其附近诸国》一文（原载《圣心》第 2 期，1933 年），从

---

① 荣新江：《书评：〈岑仲勉著作集〉》，拙编《唐研究》第 10 卷，北京：北京大学出版社，2004 年，第 581—584 页。

《梁书》卷 54《扶南传》提到的金邻国（Kumrun），进而讨论魏晋南北朝时期南海一些地名，如都昆（Lacon）、边斗（Bandon）、拘利（Kra）、比嵩（Pakchan?）、顿逊（Tenasserim）、林阳（Htayan?）、盘盘（Bang-Tapan），特别指出金邻即"昆仑"旧称，三国时已见，其地在今暹罗西部迤西至下缅甸一带，为南海昆仑之来历，可补前人考证昆仑之说①。

《自波斯湾头至东非中部之唐人航线》（原载《东方杂志》第 41 卷第 18 期，1945 年），是对《新唐书》卷四三下《地理志》所录贾耽《广州通海夷道》大食以西道路的考证，也就是从波斯湾头的乌剌（Vbolla），到东非海岸的三兰国（在今 Dar es Salaam，达尔埃斯萨拉姆）一段。

《娑里三文行程之前段》一文（1949 年未刊稿），是考证《宋史》卷四八九所记大中祥符八年（1015）注辇国使臣娑里三文来华路程。注辇大致在今印度半岛东海岸之 Coromandel，使者经娑里西兰（锡兰），到恒河流域之占宾（法显之瞻波），从恒河口历缅甸西岸之伊麻罗里山，抵古罗海峡，历占不牢山、舟宝龙山，到苏门答腊东南之三佛齐。

对于波斯、阿拉伯文中指称中国的地名，也是海外交通史常常遇到的问题，岑先生也多有论说，如《唐代大商港 Al-Wakin》（原载《东方杂志》第 40 卷第 20 期，1944 年），《Zaitûn 非"刺桐"》（原载《圣心》第 1 期，1932 年），《Quinsai 乃杭州音译》（原载《圣心》第 1 期，1932 年）。以今日通行说法审视之，有得有失。

（二）关于陆上丝绸之路，岑先生也有不少论说。

《外语称中国的两个名词》附《格尔德齐由哈密至西安纪程考》（原载《新中华》复刊第 3 卷第 4 期，1945 年），讨论 Kumdan 和 Machin 两名，前者列举拉丁、叙利亚、阿拉伯、波斯文指称长安的 Kumdan 一名及诸家说法，认为此词来自汉语的"金殿"②。而 Machin，则指秦（Chin）东面广大地域，统称之为"大秦"③。又考订格尔德齐（Gardizi）所记行程中的几个地名④。

《唐代大食七属国考证》（原载《圣心》第 2 期，1932 年）一文，是对陀拨思单、罗利支、都盘、渤达、河没、沙兰、怛满的地理位置和交通道路的考订。此外，还有札记短文《苦国》、《朱禄国与末禄国》（原均载《圣心》第 1 期，1932 年），考订大食西界的苦国，东部的朱禄与末禄国，都有所论说。

宋辽以降，有关西北丝路的记载显然不如唐朝那样系统、详细，材料十分零散，岑仲勉先生涉猎广阔，从中外文献中选择不少珍贵资料，加以考察。《读〈西辽史〉书所见》（原载《金陵学报》第 4 卷第 2 期，1934 年）一文，对于耶律大石西征路线、八剌沙衮之今地、西辽疆域等，均有讨论。《〈耶律希亮神道碑〉之地理人事》（原载中山大学《史学专刊》第 1 卷第 4 期，1936 年），从危素《危太朴文续集》卷二录出此碑，并详细考订耶律希亮经河西到天山北道再从天山南路、吐鲁番返回漠北的经行地理，发掘出这篇重要的元代西北交通文献，虽然是处于战争状态下的旅行路径，但也有极大的参考价值，并提供了许多地名的不同译音。《天山南路元代设驿之今地》（原载《历史语言研究所集刊》第 10 本第 4 分，1942 年），则是对元朝至元二十三年所立罗不、怯台、阇鄽、斡端等驿站的考订，揭示了元初从敦煌到于阗丝路南道通行的状况。《从嘉

---

① 岑仲勉《续贞石证史》"金隣"条，对此有补说，文载作者《金石论丛》，北京：中华书局，1981 年，第 211—212 页。
② 高田时雄在岑仲勉基础上整理了 Khumdan 的研究史，并主张源自"咸阳"，见所撰《Khumdan 的对音》，朱凤玉、汪娟编《张广达先生八十华诞祝寿论文集》，台北：新文丰出版公司，2010 年，第 965—976 页。
③ 对于 Machin 的解说，参考张广达《关于马合木·喀什噶里的〈突厥语词汇〉与见于此书的圆形地图》（上），《中央民族学院学报》1979 年第 2 期，第 29—42 页。
④ 参看王小甫译，巴托尔德《加尔迪齐〈记述的装饰〉摘要》，收入作者《边塞内外》，北京：东方出版社，2016 年，第 587 页。

峪关到南疆西部之明人纪程》（原载《东方杂志》第 44 卷第 3、4 期，1948 年），整理顾炎武《天下郡国利病书》所引《西域土地人物略》及《秦边纪略》卷六所载，对明朝时期从嘉峪关，经哈密、吐鲁番、焉耆、库车、阿克苏，直到喀什葛尔的路程，做了一一对证，为明代的陆上丝绸之路，勾勒出一条清晰的路线。《吐鲁番一带汉回地名对证》（原载《历史语言研究所集刊》第 12 本，1948 年），是对 1890—1892 年间俄国东方学者 N. Th. Katanoy 撰《东突厥斯坦民族记》所载吐鲁番地名的考订，对于俄文所记并经德文转写的地名，对照汉文典籍、出土文书，做了详细的比证，是研究吐鲁番地理以及经行盆地的交通路线的重要论著。

还应当提到岑氏《历代西疆路程简疏》（1948 年）一文，在这篇总括式的文章中，指出了《汉书·西域传》未记天山北道路程，对《魏略》所记西域三道做了解说和考订，对魏晋南北朝时期没有专书记录的道路做了勾勒，指出《新唐书》所引贾耽道里记中的谬误，条列出入清以后西域道路各个分支。

（三）魏晋南北朝至隋唐，中印交往频繁，前往印度的求法僧络绎不绝，他们撰写了不少有关印度、中亚、南海的记录，但除了法显、玄奘、义净有整本著作传世外，大多数都散佚，因此，辑录工作是研究中印交通的一项重要工作。岑氏《晋宋间外国地理佚书辑略》一文（原载《圣心》第 2 期，1933 年），根据《水经注》、《艺文类聚》、《太平御览》等，辑录晋支僧载《外国事》、东晋释道安《西域志》、东晋《佛图调传》、宋（？）竺法维《佛国记》、宋竺枝《扶南记》中有关记录，兼附考释，嘉惠学人。我们知道，辑录中西交通史料者，以张星烺的《中西交通史料汇编》为最有成就之书，但该书没有辑录包含大量中印关系史料的《水经注》，这大概是因为上世纪 30 年代前《水经注》版本较为复杂，经注难以区分。岑氏著有《〈水经注〉卷一笺校》，所以可以着手此事。《〈水经注〉卷一笺校》（原载《圣心》第 2 期，1933 年）也收入本书，文中对《水经注》的误字做了校勘，并对涉及到的印度山川、国邑、佛教遗迹等，都做了详细的笺释，其中许多内容都是研究求法僧所记印度材料的解说。后来意大利学者伯戴克（Luciano Petech）有专著《〈水经注〉记载的北印度》[1]，也可以说是岑氏此文的继续。

王玄策的印度行记是唐代中印交往的重要记载，可惜散佚。岑氏《王玄策〈中天竺国行记〉》一文（原载《圣心》第 2 期，1933 年），考订王玄策此书成书年代，兼及前人所论未及之王玄策事迹。

《唐以前之西域及南蕃地理书》（未刊稿），列出 52 种相关地理著作，提示依据，并略考证作者、年代。

（四）此外，岑先生有关陆上丝绸之路的论著，还收录在《西突厥史料补阙及考证》一书中，其中《西域十六国都督府州治地通考》，对于西域十六羁縻都督府及下属各州的地理位置及对应西文材料中的名称，做了一番考订工作。虽然这是迄今也没有完满解决的工作，但岑氏的推进是有贡献的。另外，《庭州至碎叶道里考》一文，对《新唐书》卷四〇所记天山北路的交通路线，在沙畹的基础上，做了详细考证。该书所收《弓月之今地及其语原》、《处月处密所在部地考》、《哒国都考》、《羯师与赊弥今地详考》、《黎轩、大秦与拂菻之语义及范围》各篇文中，都与陆上丝绸之路密切相关。

---

[1] Luciano Petech, *Northern India according to the Shui-ching-chu*, Roma 1950.

二

本节旨在表彰岑仲勉先生所撰《敦煌于阗文件地理译考》一文的功绩，并详细整理有关钢和泰藏卷于阗文语地理行记部分的研究史，在前人研究基础上，附以己见，以期推进这件文书的研究。

钢和泰（A. von Staël-Holstein，1877—1937）原为沙俄梵文佛教学者，十月革命后到北京，在北京大学国学门任导师，与陈寅恪等多有交往。他曾购得一件敦煌写本，一面为汉文佛经，一面写藏语和于阗语，最早由托玛斯（F. W. Thomas）和柯诺夫（Sten Know）合刊于《敦煌发现的两件中古时期的文书》中，有翻译和注释，附有图版①。以后学界一般因收藏者而命名为"钢和泰藏卷"；因为内容庞杂，也称之为"钢和泰杂纂卷"；惜此卷现在不知去向。写本背面前面写古藏文文书41行，内容为于阗王国的使臣上沙州归义军节度使太保曹议金的状文，其中前23行为草稿，第23—36行为抄清稿，第37—41行为韵文书简②。后面写于阗语文书73行，内容不一，其中第1—6行、第7—24行、第32—51行是三篇于阗使臣所写的文书，上有于阗王尉迟散跋婆（Viśa' Saṃbhava）王第14年的纪年，据考此王即《新五代史》卷七四高居诲《使于阗记》中所记的于阗王李圣天，其在位第14年为925年③。在第二篇使臣文书中，第10—24行大概是于阗使者的旅行路线的记录，其中10—17行记于阗经沙州到朔方一路的地名，17—24行记从沙州到焉耆、龟兹的西州回鹘王国所辖天山南北两路的城镇名。以下第25—26行记几个沙州汉人名字，第27—31行记突厥系各部族名，第52—77行则是一篇抒情诗。背面内容庞杂，但应当都是于阗使者东行过程中所写的各类文书或抄写的文学作品。

钢和泰藏卷中最引人注目的是其中的于阗使人行记，在托玛斯和柯诺夫初步研究的基础上，不少学者发表了对其中部分地名的考证，如克劳森（G. L. M. Clauson）有《钢和泰藏卷中的地名》④，伯希和（P. Pelliot）有评克劳森文章的书评文字，汉译本作《塞语中的几个西域地名》⑤；柯诺夫于1948年对此卷于阗语部分做了重新翻译⑥；另一位于阗语专家贝利（H. W. Bailey）在1951发表《钢和泰藏杂纂卷研究》，给出了于阗语部分更为可靠的译文，在地名比定上也略有进步⑦。但到此为止对于这件文书中地名的研究，大多数学者只是单个的推测，而没有系统的解说。1958年，突厥学家哈密屯（J. Hamilton）发表《钢和泰藏卷研究》，结合汉文、突厥文材料，在

---

① F. W. Thomas & S. Konow, "Two Medieval Documents from Tun-huang", *Oslo Ethnografiske Museums*, Skrifter, vol. 3, Hefte 3, 1929, pp. 1—40.

② 荣新江、朱丽双：《一组反映10世纪于阗与敦煌关系的藏文文书研究》，沈卫荣主编：《西域历史语言研究集刊》第5辑，北京：科学出版社，2012年，第90—98页。

③ E. G. Pulleyblank, "The Date of the Staël-Holstein Roll", *Asia Major*, new series, IV.1, 1954, pp. 90-97. 荣新江译载《新疆文物》1988年第2期，第125—131页。

④ G. L. M. Clauson, "The Geographical Names in the Staël-Holstein Scroll", *Journal of the American Oriental Society*, 1931, pp. 297-309.

⑤ P. Pelliot, "Review of G. L. M. Clausen, The Geographical Names in the Staël-Holstein Scroll", *T'oung Pao*, XXVIII, 1931, pp. 139-141；冯承钧译载《西域南海史地考证译丛二编》，北京：商务印书馆，1962年，第46—47页。

⑥ S. Konow, "The Khotanese Text of the Staël-Holstein Scroll", *Acta Orientalia*, XX, 1948, pp. 133-160.

⑦ H. W. Bailey, "The Staël-Holstein Miscellany", *Asia Major*, new series, II.1, 1951, pp. 1-45.

地名的比定上进了一大步①。大概与此同时，中国学者岑仲勉撰《敦煌于阗文件地理译考》，和哈密屯一样发现了这个地名记录的内在理路，因此比定出来的地名超越前人，但他显然和哈密屯互不通气。这篇文章一直没有发表，虽然我们早就在他的《中外史地考证》一书中得知它的存在，但无缘见到，直到 2004 年中华书局出版《岑仲勉史学论文续集》，我们才首次得知岑先生的完整看法②。岑仲勉先生此文与哈密顿的文章可谓东西辉映，两人虽然没有通信联络，更不可能看到对方的文章，但都发现了这个地名表的记录的顺序，因此成绩显著，至于具体的一些考证，则各有千秋。1986—1987 年，历史地理专家黄盛璋先生在哈密屯比定的基础上，发表《于阗文〈使河西记〉的历史地理研究》上、下篇，取得更多的比定结果③。然而黄氏称行纪部分为"使河西记"，但实际上所记地名不限于河西，所以命名不够确切。此外，高田时雄教授在研究汉语西北方音时，也把钢和泰藏卷中的地名与汉语做了对证④，与黄氏的结果相伯仲。

虽然现在看来各家的结论有些是殊途同归，但从学术史上来讲，我们仍然应当给予岑先生的劳绩以很高的评介，而且他在本文中的有些研究成果，至今仍有参考价值。

钢和泰藏卷的于阗语行纪部分，开头第 7—10 行称："尉迟散跋婆（Vīśa' Saṃbhava）狮子王统治第 14 年、鸡年（925 年）Kaja 月 12 日，此文书是因为此处在沙州有以下使人：论结心（rGyal sum）、出身吐蕃的ṣau Sarrnādatta、于阗地区（？）的舍努（ṣau Saṃdū）与出身 Nampa Jamña 的ṣau Śvāṃnakai，他们皆熟知〔以下〕城镇。"下面罗列这些使者所知的城镇名称。我们先转写于阗文，然后括注译文，译文综合各家的比定意见，择善而从。下面再简要介绍前人的结论，并提示岑仲勉先生看法，个别附有 10 世纪前后有关地名的相关记载。现依原件记载顺序整理如下：

10.3 Phimāna kaṃtha "媲摩城"："媲摩"规范的于阗语写法是 Phema，在唐代于阗国都东 300 里处，今克里雅河流域（于田县境内），斯坦因比定在乌宗塔提（Uzun-Tati）遗址⑤。唐朝曾在此设立坎城守捉，成为东部重镇。五代时成为于阗东部最主要的城镇，即高居诲《行记》的"绀州"，为且末、于阗间最重要的城镇。因此，到了马可波罗《行记》中，媲摩（Pein）成为与于阗并列的大州⑥。岑仲勉先生同意前人比定，并指出此名即《汉书·西域传》所记戎卢国都卑品城。

11.1 Tsādikāṃ bisā kaṃtha "沙狄克地区中的城"：前人比定为精绝，佉卢文作 Caḍota。岑氏赞同其说，并提供音韵学的解释。黄盛璋比定在尼雅南面的伊玛目·札法·沙狄克（Imam Ja'fa Sadik）遗址，今称大马札，唐代之兰城镇、兰城守捉所在地。按，据新出文书，"兰城"当为

---

① J. Hamilton, "Autour du manuscrit Staël-Holstein", *T'oung Pao*, XLVI, 1958, pp. 115 – 153；耿升译载《亚洲文明论丛》，成都：四川人民出版社，1986 年，第 247—259 页。
② 《岑仲勉史学论文续集》，北京：中华书局，2004 年，第 275—357 页。
③ 分载《敦煌学辑刊》1986 年第 2 期，第 1—18 页；1987 年第 1 期，第 1—13 页。
④ 高田时雄：《コータン文書中の漢語語彙》，氏编《漢語史の諸問題》（京都大學人文科學研究所研究報告）别册，71—127 页；汉译本《于阗文书中的汉语语汇》，氏著《敦煌·民族·语言》，钟翀等译，北京：中华书局，2005 年，第 213—305 页。
⑤ M. A. Stein, "Hsüan-tsang's Notice of P'i-mo and Marco Polo's Pein", *T'oung Pao*, VII. 4, 1906, pp. 469 – 480. 修改后收入 M. A. Stein, *Ancient Khotan*, I, Oxford: Clarendon Press, 1907, pp. 452 – 457.
⑥ 参看 Rong Xinjiang, "Reality or Tale? Marco Polo's Description of Khotan", *Journal of Asian History*, 45. 1 – 2, special issue on Chinese and Asian Geographical and Cartographical Views on Central Asia and its Adjacent Regions, 2015, pp. 161 – 174；荣新江《真实还是传说：马可·波罗笔下的于阗》，《西域研究》2016 年第 2 期，第 37—44 页。

"蒳城"之误，即唐代的尼壤城，位于于阗国都东部 600 里处，为于阗国边境①。

11.3 Paḍakä bisā kaṃtha "Paḍakä 地区中的城"：Paḍakä 一名，前人未得其解，当在且末与于阗之间。岑氏以为是《辛卯侍行记》卷五所记"敏托海"，地理位置在且末之东，聊备一说。林梅村考证古城在若羌北阿拉干以东沙漠之中，当古代鄯善到焉耆道路之上，斯坦因标作 Merdek Ruin（麦德克废墟），即于阗文 Paḍakä 之音转②。

11.4 Kadakä bisā kaṃtha "怯台地区中的城"：Kadakä 见于米兰出土的藏文文书，作 Kadag。10 世纪波斯文地理书《世界境域志》："Kādhākh，位于中国内，但其统治者属吐蕃。"即元代文献中的"怯台"。岑氏亦独立取得"怯台"看法，并补《元史》相关记载。黄盛璋比定为且末东南哈迪勒克。

11.7 Ysabaḍä parrūṃ bisā kaṃtha "炎摩多地区中的城"：Ysabaḍä 敦煌文书 P. 3016v《天兴七年（956）十一月于阗回礼使索子全状》有音译作"炎摩多"，哈密屯考证即指且末。岑氏当年看不到 P. 3016 敦煌写本，以为其名与今称 Abdal 或 Abdel（阿不旦）极为相近。

11.5 Nākä chittä-pū "大罗布城"：以下三名写在行间，三名后有 draya kaṃtha "此三城"。按地理位置，应当是插入"炎摩多"之后。大罗布城即大鄯善，唐朝之石城镇，今若羌。

11.5 Nāhä: chuṇu "小罗布城"：此即小鄯善，又称屯城，今米兰。

11.5 Ḍūrtcī "弩支城"：又称新城，"弩支"即粟特文"新"的音译，今瓦石峡。岑氏赞同大小罗卜城之说，但对于最后一词，因为当时转写误作 Hūttartū，故此未得其解。

12.1 Raurata kaṃtha "楼兰城"：前人比定为楼兰城，佉卢文作 Kroraina，玄奘称作"纳缚波"，岑氏赞同此说。此即罗布泊西北岸边的楼兰古城。

12.2 Sucanä kaṃtha "寿昌城"：托马斯以为寿昌，岑氏赞同。唐朝属于沙州下辖的县或乡，在沙州西南 120 里，为丝路南道进入敦煌地区的第一站。归义军时期曾设为镇③。

12.3 Ṣacū kaṃtha "沙州城"：即敦煌，旧址在今敦煌城西。为归义军首府。诸家无异议。

13.1 Śālahä: kaṃtha "常乐城"：岑氏考订为常乐。在瓜州城西 115 里处，即今安西县南岔乡六工破城，唐朝瓜州属县，后为归义军军镇之一。

13.2 Hvinä-tcvinä kaṃtha "悬泉城"：克劳森以为悬泉，岑氏肯定。在今安西县踏实乡西北之破城子，唐朝属瓜州，归义军军镇之一。

13.3 Kvacū kaṃtha "瓜州城"：沙州东三百里。诸家均以为瓜州。

13.4 Sīnäśe kaṃtha "新城城"：岑氏肯定托马斯之"新城"说。属瓜州，归义军时为军镇之一，位于瓜州东北 80 里处，即今安西县布隆吉乡旱湖脑古城。此地名下，文书注记 ttūśä "空"字，似表明此时该城空旷无人。

13.6 Tcīdyaimä kaṃtha "紫亭城"：沙州南 190 里有紫亭山，归义军于此立镇，今肃北蒙古族自治县城东南 4 里的党城遗址，即此地。岑氏以为汉敦煌郡冥安县南籍端水之"籍端"，似有未谛。

13.7 Ūnäkū kaṃtha "雍归城"：归义军六镇之一，在瓜州境内，其地在榆林窟南 70 里石包

---

① 朱丽双：《唐代于阗的羁縻州与地理区划研究》，《中国史研究》2012 年第 2 期，第 78—82 页。
② 林梅村：《敦煌写本钢和泰藏卷所述帕德克城考》，原载《敦煌研究》1997 年第 1 期；收入作者《汉唐西域与中国文明》，北京：文物出版社，1998 年，第 265—278 页。
③ 以下有关归义军时期所辖诸军镇演变及地理位置，学者们多有讨论，冯培红做了综述和辨析，见所撰《归义军镇制考》，《敦煌吐鲁番研究》第 9 卷，上海：上海古籍出版社，2006 年，245—294 页，本文参考用之。

城。按，紫亭城和下面的雍归城，原写在行间，姑置于此。岑氏以为敦煌东北 30 里之效谷，似不确。

14.1 Kviyikye kaṃtha "会稽城"，此地名下注记 ttūṣā "空"：属瓜州，位于瓜州城东北，亦即今安西县东 36 里处的小宛破城。岑氏用旧转写 Dviyikye，比定为"宁寇"，唐朝为军镇所在，在甘州东北千余里，视里数相去过远。

14.2 Gūkä-maṃ'nä kaṃtha "玉门城"，此地名下注记 ttūṣā "空"：岑氏赞同贝利"玉门"说。按，唐代玉门县、玉门军，归义军时六镇之一，后升格为军。其地在肃州西，即今酒泉市西 200 余里处，也即今玉门市赤金堡。

14.3 Hve'dū kaṃtha "横堆城"，此地名下注记 ttūṣā "空"：此为哈密屯比定，在瓜州东。岑氏比定为"休屠"，在凉州姑臧县北 60 里。黄盛璋以为是合黎，在甘州张掖县西北 200 里。

14.4 Puṃkarä kaṃtha "伏谷城"，此地名下注记 ttūṣā "空"：黄盛璋考为伏谷，在肃州北 300 里伏谷泉处。岑氏比定为凉州番禾。

15.1 Sauhä：cū kaṃtha "肃州"：今酒泉。自科诺夫以下，没有异议。

15.2 Lāhä：puṃ kaṃtha "禄福城"：岑氏比定为"六盘"。黄氏比定为禄福，在肃州东 100 里。

15.3 Kyinäkaṃ kaṃtha "建康城"，此地名下注记 ttūṣā "空"：岑氏比定为建康，在甘州西 200 里。

15.4 Lvainä-tsvainä kaṃtha "蓼泉城"，此地名下注记 ttūṣā "空"：在甘州西 120 里，唐朝时为守捉城。岑氏疑为原州之龙泉。

16.1 Kamacū ka（ṃ）tha "甘州城"：今张掖。诸家无异议。

16.2 Laicū kaṃtha "凉州城"：今武威。岑氏指凉州之外，临州也是一个备选之地。

16.3 Ṣāhvā kaṃtha "朔方城"：唐朔方节度使所在，即灵州。岑氏受科诺夫称此地名表都是吐蕃统辖范围的影响，所以指为芳州常芬县。

第 16 行以下有一行的空白，表明下面是行记的另外一个部分，也就是西州回鹘所辖城镇[①]。

17.2 Tti burä Secū kaṃtha "这些是西州地区诸城镇"：

17.3 'Īcū kaṃtha "伊州城"：今哈密。伯希和考订，岑氏等均赞同。

17.4 Kau'yākä "鬼谷"：见于宋初王延德《西州使程记》，在伊州西 300 里。岑氏以为是吐鲁番与哈密间的苦峪，见《肃州新志》。黄盛璋认为应指伊州治下的柔远县，但对音不符。

17.5 Dapäcī ka（ṃ）tha "纳职城"：伊州属县，在伊州西 120 里。岑氏同意托马斯此说。

18.1 Phūcaṇä kaṃtha "蒲昌城"：唐西州属县。王延德《西州使程记》作"宝庄"，清代作辟展（Pichan），今吐鲁番地区鄯善县，城址在东巴扎古城遗址。伯希和考订为蒲昌，岑氏表示赞同。

[①] 付马对此行记西州回鹘所辖城镇部分做过整理，见所撰《西州回鹘王国建立初期的对外扩张——中国文化遗产研究院藏 xj222-0661.09 号回鹘文书的历史学研究》，朱玉麒主编《西域文史》第 8 辑，北京：科学出版社，2013 年，第 158—161 页。有关以下西州地名的相关研究，参看荒川正晴：《麴氏高昌国における郡县制の性格めぐって——主としてトゥルファン出土资料による》，《史学杂志》第 95 编第 3 号，1986 年，第 37—74 页；王素：《高昌史稿·交通编》，北京：文物出版社，2000 年；荣新江：《吐鲁番新出送使文书与阚氏高昌王国的郡县城镇》，《敦煌吐鲁番研究》第 10 卷，上海：上海古籍出版社，2007 年，第 21—41 页；西村阳子、铃木桂、张永兵：《吐鲁番地区古遗址分布考——以麴氏高昌国、唐西州时期的古遗址的空间把握为中心》，《吐鲁番学研究》2009 年第 2 期，第 28—55 页；Matsui Dai, "Old Uigur Toponyms of the Turfan Oases", *Kutadgu Nom Bitig. Festschrift für Jens Peter Laut zum 60. Geburtstag*, ed. E. Ragagnin and J. Wilkens, Harrassowitz, 2014, pp. 265–293.

18.2 Ṣakāhä kaṃtha "萨捍城": 哈密屯、岑仲勉比定为赤谷，黄盛璋以为萨捍。

18.3 Tsīräkyepä kaṃtha "赤谷城": 诸家比定为今斯尔克普（Sirkip），在高昌城和蒲昌县之间。斯尔克普唐朝名称，岑氏以为是"茨萁"，但并非伊州纳职城西茨萁水之地。黄氏以为对应于"赤谷"。

18.4 'Īśumä kaṃtha "威神城": 诸家均认为此处 Yūśumä 与 'Īśumä（18.4）相同，似不确。岑氏以为此二名都是"柔远"，为伊州属县。荒川正晴认为此即高昌国的威神县所在，位于鲁克沁至斯尔克普之间①。松井太由此推测即高昌回鹘后期蒙文文书中的地名 Soim/Sium②。

19.1 Ḍūkäcü kaṃtha "柳中城": 在西州城东南 30 里，唐朝立县，遗址今鲁克沁（Lükchüng）镇西 2 公里处的古城。

19.2 Yūśumä kaṃtha "于湛城": 前者为威神，此为于湛，在柳中县城东 60 里。

19.3 Hve'tsverä kaṃtha "横截城": 在高昌城东 60 里，回鹘文作 Qongsïr/Qongdsïr，蒙文作 Qongsir③。岑氏以为指庭州东北 160 里郝遮城，黄盛璋亦同，但视前后均为西州地名，其说不可取。

19.4 Ḍūkäcü "柳中": 不知何故重复，而且不带"城"字。岑氏称托马斯的"笃进"说也可以成立；又疑为独泉，伊州纳职县西，明代称托和齐。

19.5 Ttiyākä kaṃtha "丁谷城": 在西州东 20 里，属柳中县界，有丁谷，谷中有丁谷窟，即今吐峪沟石窟。岑氏同意前人吐峪沟之说。黄盛璋认为应比定为庭州蒲类镇东北二百余里的特罗堡子。

20.1 Tcyāṃ-tsvainä kaṃtha "长泉城": 庭州东。岑氏以为可以当轮台静塞军名，即在今济木萨。黄盛璋以为咸泉，在庭州蒲类镇东北 200 里。

20.2 Kautaňai kaṃtha "古塔巴城": 哈密屯比定为元代的古塔巴，在乌鲁木齐西北之呼图壁，聊备一说。岑氏据科诺夫将下文 Secū mistä kaṃtha Paṃjäkaṃtha 译作"此即你之大城：五城"，而从车师后王庭有五城来加以考订，指 Kautaňai 即"后庭"，唐朝庭州金满县改名。

20.3 Secū mistä kaṃtha "西州首府": 既称"首府"，则指西州回鹘都城，今吐鲁番盆地高昌古城。

20.4 Paṃjäkaṃtha "五城": 突厥、蒙古语作"别失八里"，也是"五城"之意，当来自伊朗语。即唐朝之北庭，今吉木萨尔县北之北庭故城。

21.1 Hä：nä bihä：rakä nāma kaṃtha "凭洛镇城": 伯希和拟为凭洛，岑氏赞同。在庭州西 370 里。按，nāma 不知何意，此词仅出现在此处凭洛与沙钵后后面的张堡三城名中，而二者在唐朝都是镇或守捉，暂译作"镇"。

21.2 Śaparä nāma kaṃtha "沙钵镇城": 克劳森以下都订为沙钵。在庭州西 50 里。

22.1 Yirrūṃcinä kaṃtha "乌鲁木齐城": 克劳森、伯希和都指出此为唐之轮台，今乌鲁木齐。岑氏补充即汉代之"郁立师"。

22.2 Caṃaiḍä baḍaikä nāma kaṃtha "张堡镇城": 岑氏论此即唐朝张堡守捉城，在庭州轮台县西 150 里。《世界境域志》记为天山以北五城之一，《元史》作彰八里、昌八里。黄盛璋比定

---

① 荒川正晴：《麴氏高昌国における郡县制の性格をめぐって》，第 40、68 页。
② Matsui Dai, "Old Uigur Toponyms of the Turfan Oases", pp. 278–280.
③ Matsui Dai, "Old Uigur Toponyms of the Turfan Oases", pp. 278–279.

为昌吉古城。

22.3 Argiñvā bisā kaṃtha "在焉耆地区的城"：Argī 即焉耆，岑氏亦赞同此说。今南疆喀喇沙尔。

23.1 'ermvā bise kaṃtha "在 'ermvā 地区的城"：哈密屯作"啒末（凉州）"，不可取。岑氏疑为明代记录之"俺鼻"，在焉耆东。黄盛璋比定为龟兹，但尚不能自圆其说。林梅村认为此即王延德《西州使程记》所记宋初高昌回鹘所辖样磨部落，在龟兹、高昌之间①。

23.2 Phalayākä kaṃtha "蒲类城"：贝利、哈密屯指为吐鲁番布拉依克（Bulayïq，葡萄沟），岑氏赞同此说，并考证唐朝应名"白力"，即《慈恩传》所说高昌界白力城，非今鄯善。黄盛璋以为据对音当为唐之"蒲类"，在庭州北 18 里。

23.3 Tturpaṇä kaṃtha "吐鲁番城"：此为"吐鲁番"最早见于记录，唐朝此地为安乐城。岑氏考即汉代之"单桓"。

24.1 Bapaṇä kaṃtha "无半城"：托马斯考订，岑氏意见相同。在高昌城西南，往天山县（托克逊，Toqsun）路上，今阔坦吐尔古城（又称布干土拉/Bögen-tura）遗址。

钢和泰藏卷的藏语、于阗语部分虽然是杂纂在一起的多种文献，但都和 925 年来敦煌的一组于阗使臣有关，这部分地名记录虽然简略，但却是非常珍贵，是同时代或 10—13 世纪之间最详细的有关同一地域范围内丝绸之路的记录了。地名从于阗一路记到敦煌，然后向东直到灵州，再回过头来记西州回鹘范围内的地名，大体上从东面的伊州开始，包括西州、北庭范围内地许多城镇，直到焉耆，甚至龟兹。值得注意的是，这些地名大体上是按照一个从西到东，又从东到西的顺序记载的，但有些地名的先后也不完全是和真实的地理位置相符合的，有的地名还写在行间，所以它不是一份严格意义上的地理行记，正像前面所说，这是来到沙州的于阗使臣所熟悉的城镇名录。然而从前后顺序来说，又好像这些地点是以这批使臣的旅行路线为序的，可能有些较少的城镇，或者比较偏远的地方他们没有到达，所以这些地方的地名就相对较少，或有不确切处，但从总体上说，还是可以看作一篇行记。大多数地名没有任何注记，只有六个地名下面注"空"字，但从同时代的敦煌文书来看，这些城镇也未必就是空无一人，这个"空"字还需要做进一步的分析。

此卷从内容来说，应当命名为"于阗使者行记"，是研究 10 世纪丝绸之路的重要资料，其中相当一段道路与后来马可·波罗一行所走的路线吻合，因此对于《马可·波罗行纪》的研究，也颇有参考价值。

无论如何，这个行记反映了 925 年于阗人对当时丝绸之路的认识程度。从历史背景来看，在 9 世纪中叶回鹘汗国和吐蕃王国两大势力崩溃后，河西、西域地区留下的政治真空，经过半个世纪的争夺，到 9 世纪末，逐渐形成于阗王国、西州回鹘、沙州归义军、甘州回鹘等若干较大的政权，还有不少小的部族占据一方土地。所以，整个 9 世纪后半叶，河西、西域的交通状况比较困难。901 年，于阗使者首次到达敦煌，归义军文人有《谒金门·开于阗》的曲子词来歌颂此事。914 年曹议金取代金山国，开启了曹氏归义军时代，他在 925—928 年前后东征甘州回鹘，再次打通经过河西走廊前往中原王朝的"河西老道"。而当时的道路，往往经过灵州再到后唐都城。这也就是钢和泰藏卷所记于阗使臣能够熟悉从丝路南道经河西走廊到灵州的城镇道路的原因，这批

---

① 林梅村：《中亚写本中的样磨与巴尔楚克》，《文史》第 36 辑，1993 年，223—231 页；收入作者《西域文明》，北京：东方出版社，1995 年，第 371—384 页。

使臣或许带着于阗王国打算直接与中原王朝联系的使命，所以一直深入到灵州地区。到了后晋天福三年（938）九月，于阗国王李圣天所遣使者终于到达晋廷，史籍记载："于阗使马继荣来，回鹘使李万金来。"① 显然是和甘州回鹘的使者一起到达朝廷的。同年十二月戊寅，"制以大宝于阗国进奉使、检校太尉马继荣可镇国大将军，使副黄门将军、国子少监张再通可试卫尉卿，监使殿头承旨、通事舍人吴顺规可试将作少监。"② 可见这个使团是由进奉使、副使、监使构成的完整使团。这次出使显然达到了目的，后晋朝廷不仅给使团首领授了官，还册封李圣天为大宝于阗国王③。这一切成果的取得，实际上和925年前后于阗使者的努力是分不开的，这篇行记其实给后来入朝的马继荣等一行铺平了道路。

天福三年十月，晋高祖石敬瑭册封李圣天为大宝于阗国王，以供奉官张匡邺假鸿胪卿为正使，彰武军节度判官高居诲为判官，前往册封。高居诲的《使于阗国行程记》部分保留下来，可以和钢和泰藏卷的于阗语行记相互印证，今摘引如下：

> 自灵州过黄河，行三十里，始涉沙入党项界，曰细腰沙、神树沙。至三公沙，宿月支都督帐。自此沙行四百余里，至黑堡沙，沙尤广，遂登沙岭。沙岭，党项牙也。其首曰捻崖天子。渡白亭河，至凉州。自凉州西行五百里，至甘州。甘州，回鹘牙也。自甘州西，始涉碛，碛无水，载水以行。西北五百里至肃州，渡金河，西百里出天门关，又西百里出玉门关，经吐蕃界。西至瓜州、沙州，二州俱中国人，闻晋使者来，其刺史曹元深等郊迎，问使者天子起居。其西，渡都乡河曰阳关。沙州西曰仲云，其牙帐居胡卢碛。云仲云者，小月支之遗种也。其人勇而好战，瓜、沙之人皆惮之。匡邺等西行入仲云界，至大屯城。仲云遣宰相四人、都督三十七人候晋使者，匡邺等以诏书慰谕之，皆东向拜。自仲云界西，始涉䤈碛，无水，掘地得湿沙，人置之胸以止渴。又西，渡陷河，伐柽置冰中乃渡，不然则陷。又西，至绀州，绀州，于阗所置也，在沙州西南，云去京师九千五百里矣。又行二日，至安军州，遂至于阗。④

此前后晋的使者也没有走过这样一条道路，他们以灵州为起点，经河西走廊，沿丝路南道，最终到达于阗，与925年于阗使者的行记基本一致。我们不得不认为，后晋的使臣是随着于阗入朝使一起去于阗的，而于阗使者手中应当有925年的这份行记抄本，所以张匡邺一行很可能是参考了于阗使者的行记，这为他们的顺利出使于阗，提供了指南。

有些学者认为，在唐朝安史之乱以后，吐蕃占领了河西和西域的广大土地，以后又有回鹘、党项等部族居住其间，陆上丝绸之路由此断绝。这种看法是非常狭隘的，完全忽视了敦煌、吐鲁番、黑城等地出土文献中有关丝绸之路的记载。事实上，晚唐、五代、宋初西北地区的丝绸之路不仅没有断绝，而且在许多地方王国、政权、部族的推动下，呈现出另一番景象，以中继贸易为基本特征的丝路贸易持续不断，以般次为主要交通形式的官方使团也络绎不绝，不同地域的文化仍然得到广泛的传播，丝绸之路仍然展现出丰富多彩的景观。

---

① 《新五代史》卷8《晋高祖纪》，北京：中华书局，1974年，第83页。
② 《旧五代史》卷78《晋高祖纪》，北京：中华书局，1976年，第1022—1023页。
③ 以上有关于阗与敦煌、中原王朝的往来关系，详参荣新江、朱丽双《于阗与敦煌》第五章《于阗与沙州归义军的交往》，兰州：甘肃教育出版社，2013年，第113—149页。
④ 《新五代史》卷74《四夷附录》于阗条，第917—919页。

岑仲勉先生学术视野广阔，因此很早就关注到中外交通，不论海路还是陆路丝绸之路，都在他的研究范围之内，对于沿途地理的考证，是其最有兴趣也最有收获的方面，同时他也注意到交通道路的走向，以及不同时期的发展变化。他除了取材于中国传世史料外，还注意出土文献、域外史籍，利用钢和泰藏卷来研究西北交通道路和历史地理，就是最好的例证。今天我们许多人重新关注丝绸之路，应当首先继承前辈学者留给我们的文化遗产，岑仲勉先生的著作，就是这些珍贵遗产中的一份。

（作者单位：北京大学中国古代史研究中心）

岑仲勉先生与海外交通史研究

李庆新

著名历史学家岑仲勉先生学问博大精深，著述宏富，具有多方面的学术成就，尤其在隋唐史、西北史地、中外关系等领域，造诣尤深。自1912年起发表论文180余篇，已刊专著18种，特刊专著2种，全部史学著作约1000万字。

岑先生对南海史地、海外交通史也有广泛的涉猎与精深的研究。他在1908年10月入北京高等专门税务学校，1912年12月毕业后在上海江海关及广东财政厅等处任职员，业余从事植物名实考订及中外史地考证。1931年，岑仲勉先生任教于广州圣心中学，致力于中西交通研究，在《圣心》杂志发表《唐以前之西域及南蕃地理书》、《南海昆仑与昆仑山之最初译名及其附近诸国》、《唐代阇婆与爪哇》、《掘伦与昆仑》、《〈诸蕃志〉占城属国考》、《阇婆婆达》、《柳衢国、致物国、不述国、文单国、拘蒌蜜国》、《波凌》、《广府》、《晋宋间外国地理佚书辑略》、《〈水经注〉卷一笺校》、《Zaitun非"刺桐"》、《Quinsai乃杭州音译》等文章，得到旅居北京的辅仁大学校长陈垣先生的赏识，并转送陈寅恪先生。该年1月22日，陈寅恪先生一份致陈垣先生的"手缄"云："岑君（指岑仲勉先生）文读讫，极佩（便中企代致景佩之意）。此君想是粤人，中国将来恐只有南学，江淮已无足言，更不论黄河流域矣。"① 可见陈寅恪先生对岑仲勉先生是十分赞赏的。1934年7月至1935年6月，岑仲勉先生任上海暨南大学秘书兼文书主任，撰著《佛游天竺记考释》，于1934年由上海商务印书馆出版，引起史学界注意。1937年，岑仲勉先生得到傅斯年先生青睐，入职南京历史语言研究所，开始史学研究的专职生涯。此后至40年代，岑仲勉先生在《东方杂志》等发表多篇南海史地及中外海上交通史专论及相关文章，1962年，岑仲勉先生有关中外关系史与历史地理的论著收入《中外史地考证》，由中华书局出版。1950年初编著之《隋唐史讲义》（1982年由中华书局以《隋唐史》书名出版）不少节目也较集中叙述相关问题，如《隋史》第十二节"疆域之开拓"关于隋炀帝遣朱宽使琉球、常骏使赤土，隋朝与倭国来往。《唐史》第八节"新罗、渤海及日本之汉化"，第三十四节"西方宗教之输入"，第五十八节"市虛及商务"，第五十九节"交通之设备及程途"。还有一些则散见于其他著述（及注释）之中。

岑先生对南海史地、海外交通史之所以有兴趣并取得卓越建树，一般认为岑先生为广东顺德人，学问颇受同乡、清代西北史地名家李文田影响，岑先生出版有《西突厥史料补阙及考证》、《突厥集史》及《中外史地考证》等著作，在突厥史料的搜辑与研究方面，广受中外学者的重视和好评，可为明证，这当然是有道理的。实际上，岭南学术历来有关心"海事"（"海事"一词首见于唐代岭南，韩愈名篇《南海神广利王庙碑》首先提及）、关注海外世界之传统。明清以来，从屈大均、梁廷枏，到康有为、梁启超，乃至岑仲勉先生同时代的陈序经、韩振华、朱杰勤

---

① 蔡鸿生：《康乐园"二老"》，《仰望陈寅恪》，北京：中华书局，2004年，第122页。

等等先生，都在南海史地、中外海上交通史研究上各有建树，成为岭南学术的突出特色，在中国学术史中独树一帜。明清以降岭南主流的官方著述如地方志，也关注"夷情""洋务"，往往开辟专题"专志"，介绍与广东关系密切的"粤道贡国"、南海诸国"夷情"及粤海海防，如明代戴璟《（嘉靖）广东通志初稿》专设"外志·番舶"，黄佐《（嘉靖）广东通志》亦有"外志·蕃夷"，郭棐《（万历）广东通志》有"外志·番夷"，清代金光祖修《（康熙）广东通志》有"番夷"，郝玉麟修《（雍正）广东通志》有"外蕃"，阮元修《（道光）广东通志》则设"列传·外蕃"；广州地方志一样，明代吴中、高澄修《（成化）广州府志》设"诸番类""诸番物"，张嗣衍修《（乾隆）广州府志》设"外番"；广东还有一些特殊的专志，如卢坤、邓廷桢《广东海防汇览》，梁廷枏《粤海关志》。这些广东方志的涉海内容，在中国传统的地方志书中，无论体例与内容均属创新之举。岑仲勉先生对南海史地、海上交通史研究，正是受岭南学术传统与氛围的影响，继承岭南学术传统，关注学术新潮流，在上世纪30年代前后边疆史地、中外关系史研究初兴时期，热切投入南海史地、海外关系史这一热门新领域，成为该领域之一员。这一传统成为"南学"特色，一直为广东学人所继承光大。

岑仲勉先生对南海史地与海外交通史研究以古代南海、印度洋、波斯湾地区国家及其海上交通为中心，利用大量古代正史、类书、诗文、地方志乘、佛教典籍等史料，参抉西人研究成果，对南海史地、海外交通问题进行深入细密的研究，涉及海上航线、沿线国家、地名、港口考释、涉海种族人群、涉海历史文献乃至海盗倭寇等等问题，在时间跨度上从秦汉到明清，几乎包括亚洲所有的涉海国家，旁及欧洲、非洲诸国。与中外学人讨论学问，切磋观点。梁启超、张星烺、李长傅、冯承钧、韩振华、温雄飞、陈裕菁、伯希和、列维、费琅、马斯伯乐、高楠顺次郎、藤田丰八、桑原骘藏、谢爱华诸硕学之成果，岑先生均有关注，加以研究，考订精微，取得众多新成果。

岑仲勉先生治学以碑刻考证历史见长，著有《金石证史》、《贞石证史》、《续贞石证史》[①]，堪称碑刻证史之典范。在南海史地与海外交通史研究中，更将历史研究与语言学相结合，发挥天赋，以历史语言学钥匙开启史学考订、研究之大门，校勘辨伪，正误纠谬，澄清异说，发明新见。在《唐代大港 Al-Wakin》（《东方杂志》第40卷20号，1944年）指出："大凡地名考订，先须注重对音，倘对音不符，则史证虽多，都无的放矢。"

岑先生与同时代许多历史学大家一样，具有断代史研究的深厚功力、通史研究的博大圆融与世界史研究的广阔视野，致力于打通隋唐史与中外关系史、边疆史地等研究方向的学科畛域，关注国际学术前沿，注重对相关涉海国家和地区社会、经济、宗教、文化的总体把握与深入的细部研究，注意海洋与大陆之间的交通联系与海陆互动，将南海史地、中外海上交通与西北史地、中外陆路交通融汇贯通。岑仲勉先生在世界史视野下采取专题突破、海陆兼顾的学术取向，不仅汇集成中外关系名篇《中外史地考证》，而且灌注到毕生的中古史研究之中，成为《隋唐史》名著的突出特色。

岑仲勉先生关于南海史地与海外交通史研究成果发表至今已八九十年，但仍有重要参考价值，真知灼见，读之令人肃然起敬！《自波斯湾头至东非中部之唐人航线》一文指出："余不觉发生两种感想：其一，我国人冒险奋斗之性质，不让于世界上任何优秀民族，惟以缺乏组织，故其成绩往往湮没无闻。其二，上层、下层各有其观察，下层之观察，间或为上层所不及知，贾耽所记广州通海道程，可信系得自当日老航海家，否则无知如此确实。"揭示了中国古代官方与民

---

① 后收入《金石论丛》，1981年由上海古籍出版社出版。

间层面在海洋知识、海洋意识上的认识差异，对海洋历史文化研究、思考传统中国海权意识的缺失与教训，均颇有启示。在《明代广东倭寇记》指出："倭之强，自腐者致之耳"，道出了明清中国海防颓势与国势颓败的内在因果关系。

岑仲勉先生具有宽广的世界视野，更具有专门史之精微深邃，与同时代中外关系史、南海史地研究的学者比较，颇多过人之处。可以这么说，岑仲勉先生不仅在人们熟知的隋唐史、先秦史、古代文献、民族关系、西北史地等领域卓有建树，在南海史地、海外关系史研究上也是成就斐然，是一位具有多方面学术建树、在各个领域均占有重要地位的史学大师。

如前所述，早在 30 年代，陈寅恪先生经陈垣先生推介，已经见识了岑仲勉先生的学问卓识，称"中国将来恐只有南学，江淮已无足言，更不论黄河流域矣"。近世岭南学人饱经沧桑，屡遭离乱，但仍奋发图强，励精治学。八年抗战后陈、岑二先生同聚康乐园内，"一盲一瞽"，成就了一段为学人津津乐道的"康乐园'二老'"佳话。[①] 岑仲勉先生讲学著书，南国传灯，郁郁文气，积蓄抒发而为"南学"。岑仲勉先生之于南国之学，无疑亦占有杰出重要的地位。

（作者单位：广东省社科院历史研究所）

[①] 蔡鸿生：《康乐园"二老"》，《仰望陈寅恪》，北京：中华书局，2004 年，第 122 页。

唐宋海上交通史研究之回顾与展望
——以港口、市舶制度、航路与海运诸问题为中心

曹家齐

一、前　言

随着新史观、新文化观和社会科学理论及概念对东方史学之影响，以及"交通"对译西词被普遍接受，自 20 世纪起，具有近代意义的交通史便成为中国正史修撰及历史研究中颇受重视的门类之一，记录和研究电报、邮传、道路、运输等历史内容。尽管后世学术史回顾之论著，多将其归诸经济史、社会史或历史地理，并未给予与政治史、经济史、文化史、军事史比肩之地位，但交通史却一直作为中国史研究中的一个重要方向或类别存在，不仅涌现出大量专门之成果，更在专门史和断代史研究回顾中被视为一个相对独立的专题。如 20 世纪末和 21 世纪中国学术界进行世纪学术回顾中，便有陈高华《中国海外交通史研究的回顾与展望》（《历史研究》1996.1）、王子今《中国交通史研究一百年》（《历史研究》2002.2）、冻国栋《二十世纪唐研究·经济卷》第八章《交通运输》（中国社会科学出版社，2002 年）、李玉琨《20 世纪泉州海外交通史研究回顾》（《泉州港与海上丝绸之路》，中国社会科学出版社，2002 年）、曹家齐《宋代驿传制度研究述评》（《宋代制度史研究百年》，商务印书馆，2004 年）、《宋代交通史研究八十年——〈宋代交通史〉绪论之一》（《宋史研究通讯》2011.2）、龚缨晏《中国"海上丝绸之路"研究百年回顾》（浙江大学出版社，2011.11）① 等。

从历年之研究状况来看，中国古代交通史的内容主要包括陆路交通、驿传制度、内河航运与海上交通四个方面。其中海上交通的涉及面最广，内容亦最复杂。其以港口、海上航路、海运及相关管理制度为基本内容，又贯穿海上贸易、中外关系、文化交流、造船、航海技术与海防诸问题。在中国海上交通发展史上，唐宋时期无疑是空前繁荣的历史阶段，相关研究成果亦甚为丰富。可以说，唐宋海上交通之研究不仅可以在一定程度上反映中国古代海上交通史研究的突出成就，亦当能够体现中国古代海上交通史研究的一般特征。又，唐宋时代前后相贯，且又遭逢政治格局之屡更和制度、社会之转型，其交通状况之因与变均甚突出，而不少交通史研究成果皆是以唐宋冠题，通同考察，故以唐宋海上交通史研究为讨论对象，以作学术回顾，亦当属得宜。因无论整个古代交通史，还是唐宋断代之交通史研究，皆有世纪之总结，故本文仅以唐宋海上交通研究为中心，在简单回顾 20 世纪研究之基础上，述论近十余年来的研究状况，并对今后之研究略抒设想。因海上交通问题关涉甚多，全面回顾实属不易，故本文仅以港口、市舶、航路与海运诸

---

① 该书认为"海上交通就是海上丝绸之路"，见该书第 103 页。

问题为中心进行论述。

二、20 世纪唐宋海上交通史研究之再回顾

历史记载，中唐以后，即有伊斯兰教徒大量东来，或传教，或通商。长达将近两世纪的十字军东征对阿拉伯世界的摧残，更促使阿拉伯、波斯商人为摆脱经济贫困泛海东来，此又与两宋王朝发展海上贸易的需求恰相应合。从而形成了以阿拉伯、波斯商人为主导的海上贸易网络。中国海上交通因而获得空前发展。相关历史问题，早在 19 世纪便有西方学者予以论述。如德国学者 Alfrd von Kremer 的 Culturgesnichte des Orientts unter den Clifen（《哈里发统治下的东方文化史》，1875—1877）、法国学者 Reinaud 所著 Relation des Vogages faits par les Arabes et les persans dans L'Inde et à la Chine dans le IXe sièle de l'ère chrétienne（《9 世纪基督教时代阿拉伯人和波斯人在印度和中国的贸易往来》，该书原以阿拉伯文写成，出版时间为 1811 年）等。之后亦陆续有欧美学者的论著涉及这些问题。但真正以唐宋海上交通史为研究议题进行论述，是日本学者从 20 世纪初开始的。

港口、航路与市舶制度可谓海上交通史研究的起点和基础性问题。1901 年，日本学者石桥五郎发表《唐宋时代的中国沿海贸易港》1、2、3（《史学杂志》12：8、9、11）；1903 年，高楠顺次郎发表《以唐代为中心的对外航海交通》1、2（《史学杂志》14：4、6）；1915 年，谷森饶男发表《关于日唐的交通道路》（《史学杂志》26：5）；1915 年，桑原骘藏陆续在《史学杂志》上发表关于中国唐宋元时期海上交通史的文章，1923 年汇为一书，名为《提举市舶西域人蒲寿庚之事迹》，由上海东亚研究会刊行（该书初由陈裕菁翻译，定名《蒲寿庚考》，中华书局 1929 年出版。后再由冯攸翻译为《唐宋元时代中西交通考》，由上海商务印书馆于 1930 年出版。）。1917 年，藤田丰八在《东洋学报》上发表长文《宋代市舶司及市舶条例》（该书后由魏重庆翻译成中文，由上海商务印书馆于 1936 年出版），又有《东西交涉史·南海篇》（星文馆，1933 年）。其中对桑原骘藏的观点有所批评。于是，桑原骘藏又发表《唐宋贸易港研究》（该书由杨鍊翻译成中文，上海及各埠商务印书馆 1935 年印行）予以回应。另有木宫泰彦、森克己重点研究中日交通。木宫泰彦出版《中日交通史》（中译本，上海商务印书馆 1931 年印行）和《日中文化交流史》（1955 年初版，商务印书馆 1980 年出版胡锡年中译本），森克己的研究主要集中在日宋交通方面，从 1931 年至 1960 年，陆续发表《日宋交通中商船的限制方针》（《历史地理》57—4，1931）、《日宋交通发展的契机》（《史杂》43—10、11，1932）等文。中国学者涉足唐宋海上交通史从 30 年代起，发表论著陆续有陈兰同《唐宋元明的南海舶政》（《南洋研究》1936 年 6 卷 3 期）、王辑五《中国日本交通史》（商务印书馆，1937）、鞠清远《唐代之交通》（北大法学院中国经济史研究室，1944 年）、岑仲勉《自波斯湾头至东非中部之唐人路线》（《东方杂志》41：18，1945）、李天一《唐代中西海上交通之港口》（《中央日报》1947.5.28，1947.6.4）、《唐代中西海上之交通航程》（《中央日报》1948.7.5，1948.7.19）、庄为玑《宋元明泉州港的中外交通史迹》（《考古通讯》1956 年 3 期）、苏宗仁《宋代泉州市舶司研究》（香港大学硕士学位论文，1960）等。另有李剑农《魏晋南北朝隋唐经济史稿》（生活·读书·新知三联书店，1959）、吕思勉《隋唐五代史》（中华书局，1959）等涉及唐宋海上交通史内容。纵观 20 世纪唐宋海上交通史研究之历程，1970 年是一个关节点，1970 年以前，研究者以日本学者为主，研究问题涉及唐宋海上交通的多个方面，且对中日之间的交通史作了深入探讨。之后，研究者则以中国学者

为主，而问题涉及面则略微广泛。

20世纪初至70年代，参与唐宋海上交通史研究的学者虽不在少数，但代表性学者则是桑原骘藏、藤田丰八、木宫泰彦和森克己，标志性成果即为他们的研究论著。

桑原骘藏之《唐宋元时代中西交通考》是为研究蒲寿庚事迹而作的对唐宋元时期中西交通问题之研究，虽涉及元代相关历史问题，但所论内容则是以唐宋为主。该书先以正文简要叙述唐宋元时期的中西交通发展的背景和主要内容，继以大量的注文分别考证相关史实，凡二百一十八目，涉及市舶、港口、蕃坊、海商、外国、海船、航海、贸易诸问题。《唐宋贸易港研究》一书，则是为回应藤田丰八对前书之批评，所作对唐宋海上交通的进一步研究，全书以研究唐宋市舶制度、中西贸易港口为主，对相关问题再作深究。两书所论内容涉及唐宋海上交通史的方方面面，堪称唐宋海上交通史研究的奠基之作。藤田丰八的《宋代市舶司及市舶条例》，分别考述了市舶源流、宋代对外通商港口、市舶机构的废置、市舶官及市舶条例，可谓研究宋代港口和市舶制度的一部力作，宋代海上交通史的许多问题亦在该著中得以发明。该书还针对桑原骘藏研究论著的问题予以辨证商榷。木宫泰彦的《日中文化交流史》是在其前著《中日交通史》基础上写成，以通史体例论述了上古至明清时期中日之间的交往与文化交流历史。其中有九章论述唐宋时期的内容，占全书篇幅一半以上，且有专题讨论这一时期的中日海上航路、航海技术、贸易港与商船往来等问题。该书的论述不仅参考了藤田丰八等人的成果，更是征引了不少日本古文献。森克己除发表前揭两文外，还发表《日宋交通中我方能动贸易的展开》、《佛舍利相承系图和日宋交通及其关联》、《日宋交通和地理学的世界观——关于栗棘庵的舆地图》、《日本高丽来航的宋商人》、《日宋和高丽之间的私献贸易》、《日宋交通和耽罗》、《日本商船进出高丽、宋的端绪》等文章。① 集中讨论宋日之间的交通问题。另外，关于日宋间的海上航线，则有桑田六郎发表于1966年的《关于宋代的东洋航路》（《东海史学》1，1966年3月）。

除以上代表作外，在日本尚有藤田元春《古代中日交通史研究》（刀江书院，1943年）、安藤更生《鉴真大和尚传之研究》（平凡社，1960年）、小野胜年《〈入唐求法巡礼行记〉研究》（法藏馆，1964年）等论著涉及唐宋时期的海上交通问题。

与日本学者的研究相比，1970年前的这一阶段，中国学者对于唐宋海上交通史，乃至对整个中国海上交通史的研究，还处于起步阶段，成果比较少，但亦有值得称道之处。在外国学者的影响下，张星烺先生以十余年之功，通过对文献大量搜集、翻译，并赴泉州港实地调研，编成《中西交通史料汇编》（辅仁大学1930年，初版），其中汇集域内外不少包括唐宋在内的海上交通史料，成为学界研习中外海上交通史的重要参考书和议题生发源泉。冯承钧先生在1936年出版《中国南洋交通史》，不仅有《贾耽所志广州通海夷道》、《唐代往来南海之僧人》、《宋代之南海》等专章讨论唐宋海上交通，而且分别论述了真腊、阇婆、三佛齐等海外诸国的情况。同一时期，冯先生还译介不少国外学者研究中国西域南海史的论著，并校注相关历史文献。其中涉及唐宋交通史的就有《诸蕃志校注》。另外，方豪先生在总结中外学者对于中国历史研究之基础上，先后著成《中外文化交通史》（1943）和《中西交通史》（中华文化事业委员会于1953、1954年分五册出版），以通史体例叙述中国与域外各国的交往与关系，其中有较大篇幅涉及唐宋海上交

---

① 参见拙文《宋代交通史研究八十年——〈宋代交通史〉绪论之一》所附《二十世纪初以来宋代交通史研究论著目录》，《宋史研究通讯》2011年第2期。又，关于森克己的研究成果，1975—1976年，日本国书刊行会出版《森克己著作选集》全六卷，其中前四卷分别为《日宋贸易の研究》（新订）、《続・日宋贸易の研究》、《続々・日宋贸易の研究》和《日宋文化交流の諸問題》（増補）；2008—2011年，勉诚出版会又出版《新编森克己著作集》全四卷，分别为《日宋贸易の研究》（2008）、《日宋贸易の研究続》（2009）、《日宋贸易の研究続々》（2009）和《増補日宋文化交流の諸問題》（2011）。

通史，内容包括海路、海舶、贸易港、贸易国、海商管理、市舶制度，以及文化交流等，堪称这一时期中国学者对唐宋海上交通史，乃至整个中国海上交通史论述最全面的著作。

进入 70 年代，唐宋交通史研究中一个最明显的变化是日本学者的淡出。关于唐宋海上交通史，20 世纪后三十年中，只有森克己《日唐、日宋交通航路的发达》（《日本历史》272，1971），增村宏《遣唐使研究》（同朋舍，1988），土肥祐子《陈称和泉州市舶司的设置》（《海交史研究》1988 年第 1 期），藤善真澄《诸蕃志（译注）》（《関西大学東西学術研究所訳注シリーズ》，関西大学出版部，1991）、砺波护、武田幸男《隋唐帝国与古代朝鲜》（中央公论社，1997 年）等少数论著有所涉足。但值得注意的是，1997 年到 1999 年，广岛大学的植村泰夫教授主持了研究项目《アジアにおける地域と地域間交流の史的研究》，2000 年出版的项目报告书中，有寺地遵的《中国中世における海港の存在形態》，讨论到唐宋港口问题。①

上世纪 70 年以后的三十年中，中国学者成为唐宋海上交通史研究的主力军。这一变化的发生原因，在日本应是唐宋变革期论战的结束，在中国大概与泉州宋船的发现与发掘有关。1974 年，福建泉州后渚港出土了一艘南宋残船，引起了学术界对当时海上交通与贸易研究的热潮，一直持续到 90 年代。1975 年 10 月，《泉州湾宋代海船发掘简报》在《文物》杂志上发表，同期还刊出《泉州湾宋代海船复原初探》和《泉州港的地理变迁与宋元时期的海外交通》两文。三年后，《海交史研究》创刊，创刊号上刊发了吴泰、陈高华《宋元时期的海外贸易和泉州港的兴衰》、刘蕙孙《泉州湾宋船航线与航向的进一步探讨》和李再铭《宋元时期后渚港至泉州城区的交通路线》三文。随后，中国海外交通史研究会、航海史研究会相继成立。除上述背景外，从 80 年代起，"海上丝绸之路"的概念逐渐被中国学者接受，而联合国教科文组织为了促进世界各国的文化交流，在世界范围内发起"丝绸之路综合考察"，随之而来的是对海洋史的重视，这些无疑亦对中国学者是一个激励，促使不少学者关注并投入到海上交通史研究。

在此背景下，唐宋海上交通史的研究成果不断涌现。代表性论文，泉州海船发现前有武伯纶《唐代广州至波斯湾的海上交通》（《文物》1972.2），泉州海船发现后，除前揭诸文外，陆续有童家洲《宋元泉州石桥与海外交通》（《泉州文史》1979.1），沈福伟《十二世纪的中国帆船和印度洋航路》（《历史学》1979.2），林家劲《唐代广州与南海的交通》（《学术研究》1979.6），王文楚《两宋和高丽海上航路初探》（《文史》第十二辑，1981.9）、《圆仁〈入唐求法巡礼行记〉东返日本航路再探》（《历史地理》2，上海人民出版社，1982），陈炎《略论海上"丝绸之路"》（《历史研究》1982.3），李东华《五代北宋以降泉州海外交通转盛的原因》（《台湾大学历史学报》1984，10、11）、《五代北宋时期泉州海上交通之发展》（《中国海洋发展史论文集》第一辑，"中央研究院"三研所，1984）、《印度洋与古代中非交通之开展》（《食货月刊》1991，7 卷 4 期），刘洪石《唐宋时期的海州与海上"陶瓷之路"》（《东南文化》1990.5），刘成《唐宋时代登州港海上航线初探》（《海交史研究》1985.1），冯汉镛《宋朝国内海道考》（《文史》26 辑，中华书局 1986 年），高伟浓《唐宋时期中国东南亚之间的航路综考》（《海交史研究》1987.1），王振芳《唐五代海运钩沉》（《山西大学学报》1989.1），傅宗文《宋元时期的闽台交往与东洋航线》（《厦门大学学报》1991.3），张泽咸《六朝隋唐间福建地区的海运与开发述略》（《中国唐史学会论文集》，三秦出版社，1993），樊文礼《登州与唐代的海上交通》（《海交史研究》1994.2），孙光圻《公元 8—9 世纪新罗与唐的海上交通》（《海交史研究》1997.1）等。

除以上论文外，还有不少专书涉及唐宋海上交通史。重要者有陈高华、吴泰两位先生的《宋

---

① 该研究项目的具体信息由大阪市立大学的平田茂树教授提供，谨此致谢！

元时期的海外贸易》（天津人民出版社，1981）、李东华《泉州与我国中古的海上交通（九世纪末—十五世纪初）》（台湾学生书局，1986）、林天蔚《宋代香药贸易史》（中国文化大学出版部，1986）、邓端本《广州港史》（海洋出版社，1986）、彭德清主编《中国航海史》（古代航海史，人民交通出版社，1988）、王仲荦《隋唐五代史》（上海人民出版社，1988）、傅筑夫《中国封建社会经济史》（四、五，人民出版社，1986、1989）、孙光圻《中国古代航海史》（海洋出版社，1989）、林士民《海上丝绸之路的著名海港——明州》（海洋出版社，1990）、陈高华等《海上丝绸之路》（海洋出版社，1991）、关履权《宋代广州的海外贸易》（广东人民出版社，1994）、张泽咸《唐代工商业》（中国社会科学出版社，1995）等。

  以上诸论著中，较为全面系统论述唐宋海上交通且颇具学术质量的则是张泽咸《唐代工商业》之《商业交通》，陈高华、吴泰的《宋元时期的海外贸易》和李东华《泉州与我国中古的海上交通（九世纪末—十五世纪初）》。张泽咸在前人已有考订基础上，就唐代海上交通线及其航线、航程之特点多所揭示，并上溯两汉、六朝，考察了隋唐海上交通线的由来和新变化。特别是利用大量史料，分别论列了各沿海地段的海运问题。① 陈高华、吴泰亦是在上溯前代历史内容之基础上，系统讨论了宋元时期的海上航线、港口、市舶制度等问题。该书不仅论述了宋代海外交通的整体发展状况，还转引了日本古籍《朝野群载》中收录的崇宁四年明州发给去日本海商的公凭等珍贵资料。李东华则重点讨论了泉州何以能成为对外贸易大港、五代变局在福建对外交通史上的地位、北宋以后南海交通贸易形势的转变、宋元时代泉州空前繁盛的原因、宋末蒲寿庚崛起的历史背景等问题。书中附有《日本遣唐使入华航线转变图》、《泉州港之地理变迁要图》等地图九幅，皆颇有价值。

  综观 20 世纪唐宋海上交通史之研究，可谓成果丰硕，议题涉及面广。但从研究方法上反思，则可以发现，以往对唐宋海上交通史之研究，或基于文献释证，或立足历史地理层面，或本于制度史理路，其基本方法无外乎文献梳理与实证性考论。因此，其研究成就主要表现，一是在对具体交通路线之走向、行经地点、里程等问题之梳理和考证方面；二是对港口和贸易国及其所设地点和时间的考证方面；三是对市舶制度及相关政策的废置时间和执行状况进行考证性描述。这一成就对基本史实之复原和解释都有重要突破。至于将海上交通史问题与社会、政治史问题相结合，或从政治、社会史角度考察海上交通史问题，并采用综合考论与分析之方法研究海上交通史，还显得甚为不足。另外需要指出的是，中国自 1840 年以后一百多年的屈辱与磨难经历，持久地影响着中国人对古代历史的解读立场和主观诉求，不时表露出对"发达"、"盛世"的"追念"和"渴望"情结。特别是中国进入"改革开放"的历史进程后，又逢"海上丝绸之路"概念之造就，学者们更是难以避免地根据现实的愿望表达着对历史的诉求和解读。在这种意识和心态下，不少关于古代海上交通史的研究论著，都不自觉地带有盲目拔高、乐于歌颂的情感因素，甚至囿于一定区域立场，只顾自扬而不理其他。这些实际上都影响到从理性学术立场对包括唐宋海上交通史在内的整个海上交通问题之认识和论断。

  另外，在史料利用方面，因学者中如张星烺、冯承钧、方豪等兼通中西的人甚少，不少研究成果虽有对出土文献的进一步整理和利用，却对域外相关文献之利用甚有局限。

---

① 参见冻国栋：《二十世纪唐研究·经济卷》第八章《交通运输》，北京：中国社会科学出版社，2002 年，第 505 页。

三、近十余年来唐宋海上交通史研究之状况

进入 21 世纪，在新社会史、新政治史、新文化史等新史学的继续影响下，东方史学再遇生机，为之一变。唐宋史研究在此大背景下，转换视野，不断呈现新的气象。与此同时，整个海上交通史研究亦呈现新的高潮，契机接连出现。2001 年 10 月底至 11 月初，中外关系史学会联合云南省社科院等单位在昆明召开了"西南、西北和海上丝绸之路比较研究"学术讨论会，产生较大影响，使 2001 年被称为"丝绸之路年"。① 接着，福建省政府和泉州、广州、宁波等城市，积极着手进行海上丝绸之路申报世界文化遗产活动。在此推动下，政府机构和学术单位对海上交通史研究的投入大量增加，不同形式的研讨会亦频繁进行。又，福建平潭"碗礁一号"、广东阳江"南海一号"和广东汕头"南澳一号"等沉船的发现、打捞与发掘，都成为促进海上交通史研究的推动力。② 特别是 2013 年，中国"一带一路"国家发展战略口号的提出，更使中国全社会对海上交通史予以空前关注，许多地方政府、学术机构、出版单位蜂集似的因应这一形势，对海上交通史及其相关研究予以了极大投入。

不仅中国的海上交通史研究形势如此，日本学界对海上交通史的研究亦在 21 世纪以来呈现新的气象。2005 年，日本东京大学小岛毅教授主持申请到了日本文部省有史以来予以最大支持的人文社会科学研究项目"東アジアの海域交流と日本伝統文化の形成—寧波を焦点とする学際的創生"（简称"宁波计划"），吸引了东亚诸国学者群体性参与。不论是治中国史，还是治日本史、朝鲜史之学者，大家纷纷围绕以中国港口宁波为中心的海上交通问题，对历史时期东亚社会、经济、政治、文化等问题进行探索与讨论。该项目于 2009 年完成，研究成果结集二十册，皆由汲古书院出版，目前已出版十三册。③ 其中有九册涉及唐宋海上交通史。另外，还有 2013 年东京大学出版会出版的《東アジア海域に漕ぎだす》丛书六册。其中，第一册《海から見た歴史》，表达了宁波计划所提出的对东亚海域世界的历史（或变化）的新想法。

在新世纪契机和形势之下，唐宋海上交通史的研究虽然比不上明清以后相关研究引人注目，但成果的数量和质量亦相当可观。特别是日本学者的相关研究，若将贸易及文化交流的内容算在内，涉及唐宋海上交通的研究成果多达百余篇（部）④，而中国学者的相关论述亦不下数十篇（部），对一些问题的讨论亦不断深入。

港口与市舶制度对于唐宋海上交通史而言是两个紧密相连的问题，故在讨论中往往难以分离。在近十余年中，这两个问题仍是学者讨论较多的历史内容。2002 年，曹家齐出版了专著《宋代交通管理制度研究》（河南大学出版社，2002.10），内有专章《边塞与海上交通制度》。其中从交通管理制度之视角论述了宋朝的海上交通禁防以及对进出口商船的管理制度，同时亦进一步梳理了宋朝的市舶机构设置过程及市舶条例问题。2002 年，曹家齐又撰成《唐宋时期南方地区交通研究》（该书于 2005 年 7 月由香港华夏文化艺术出版社出版），内有专章《海道与港口》，

---

① 耿声：《蓬勃发展的中外关系史研究》，中外关系史学会《中外关系史论丛》第八辑，香港社会科学出版社，2005 年。
② 参见龚缨晏《中国"海上丝绸之路"研究百年回顾》，第 119—128 页。
③ 笔者曾蒙子课题负责人平田茂树教授邀请，多次参与该项目的学术研讨。此次撰写该文，又蒙平田教授告知相关信息。谨此致谢！
④ 中山大学历史学系日本留学生（博士生）横山博俊帮助统计整理成《2000 年以来日本学者唐宋海上交通、交易史研究论著目录》所显示。谨此致谢！

在前人论述之基础上，分别论述了唐宋时期两浙、福建和广东沿海各港口的开发利用过程和建设状况。另外，分别梳理了唐宋时期的国内海道与通外海道的路线和具体交通条件。又，该书还从海上交通发展的视角，讨论了唐宋中国交通重心南移之问题。2007年末，广东阳江"南海一号"沉船打捞成为媒体和社会之关注热点。"南海一号"沉船当初最有可能从何处起航，是最受关注的问题。学界对此说法各异，莫衷一是，悬疑数载。针对这一问题，曹家齐又专门撰文《宋朝限定沿海发舶港口问题新探》（《上海交通大学学报》2013.3），详细考述了宋朝两浙、福建、广东地区沿海港口在不同时期的发舶权及其具体执行状况，并从此角度考察了各港口的盛衰原因。指出，从当时制度层面来看，广州、泉州、明州都有可能是"南海一号"沉船的出发港口，但若考虑商贾冒禁之可能性存在，则"南海一号"起发于这三州之一，却亦未必。

论及唐宋时期贸易港的著作还有黄纯艳的《宋代海外贸易》（社会科学文献出版社，2003.3）。该书重点讨论宋代海外贸易的兴盛原因以及海外贸易对于宋代商业、财政、政治生活和东南沿海地区社会经济发展之影响，涉及海上交通问题的多个方面。其中在《宋代海外贸易的兴盛及其原因》一章，从整体上对宋代贸易港的布局和管理进行了论述；在《海外贸易与宋代财政、政治和社会生活》一章，专门讨论了宋代市舶官员的铨选与考课问题；在《海外贸易与东南沿海地区社会经济的发展》一章，专门讨论了东南沿海地区与海外各国的交通，以及交通条件对海外贸易的制约问题。该书讨论的重点虽在宋代，但在具体的讨论中，都或多或少地涉及唐代的相关历史内容。另外，陈少丰《宋代来华外国人旅行手续问题再探》（《国家航海》第十三辑，上海古籍出版社，2015.11）部分涉及宋代来华市舶蕃商旅行手续问题。

除了以上从整体上讨论唐宋港口与市舶制度的论著之外，更多的学者则关注于某一具体港口及其市舶问题。朱龙《隋唐时期登州港的历史地位浅析》（《唐史论丛》9辑，2007）探讨了登州港在隋唐时期的重要作用和显著地位。山崎觉士陆续发表《港湾都市、杭州—9·10世纪中国沿海の都市变貌と东アジア海域》（《都市文化研究》2，2003）、《贸易と都市——宋代市舶司と明州》，（《东方学》116辑，东方学会，2008.7）、《宋代两浙地域における市舶司行政》（《东洋史研究》69卷1号，2010.6），不仅讨论了海上贸易对于港口城市杭州、明州以及东亚海域的影响，而且专门考察了宋代两浙各港口的市舶行政问题。刘文波先后发表《唐末五代泉州对外贸易的兴起》（《泉州师范学院学报》2003.3）、《唐五代泉州海外贸易管理刍议》（《泉州师范学院学报》2005.3）认为泉州在唐五代时期已与市舶使职能相近的海外贸易管理机构，只是名称上和后代市舶使有所不同。王川《唐宋时代南海贸易中的市舶宦官》（《论衡丛刊》2辑，巴蜀书社，2002.8）以唐代岭南最后一位市舶宦官李敬实为例探讨了市舶宦官制度的演变及其与南海贸易的关系。陈明光等《论唐代广州的海外交易、市舶制度与财政》（《中国经济史研究》2005.1）考察了广州海外交易、市舶制度与唐朝财政的基本关系，认为其对国家或地方财政收入的影响均微乎其微。曹家齐《海外贸易与宋代广州城市文化》（张伟主编《和谐共享海洋时代——港口与城市发展研究专辑》，海洋出版社，2012.9）讨论了在海外贸易影响下，宋代广州的城市修建、城市面貌和文化特征。

近年来，对文书本身进行深入研究并且利用文书讨论其中的行政问题，是唐宋史研究的热点之一。这一研究取向亦体现在对海上交通的研究之中。王丽萍发表《宋代の公凭について》（《大谷大学大学院研究纪要》17号，大谷大学，2000），河边隆宏先后发表《来日宋海商の廻却と廻却官符》（《中央史学》33卷，中央大学，2010.3）、《〈朝野群载〉所收宋崇宁四年"公凭"について》（中央大学人文科学研究所（编）《情报の历史学》，中央大学，2011），分别从文书视角讨论到了收到日本《朝野群载》中的北宋崇宁四年的市舶"公凭"文书。另外，平田茂树、

远藤隆俊主编《外交史料から十～十四世紀を探る》（汲古书院，2013），分《東アジアの外交文書》和《東アジアの外交日記》两部，收录对古代外交史料进行研究的论文十三篇，涉及唐宋时期的历史问题的即达十一篇。其中与海上交通关系较密切者则是広瀬宪雄《宋代東アジア地域の国际関系概観—唐代——日本の外交文書研究の成果から》。

　　海上交通路线也是近十余年来唐宋海上交通史研究比较集中的问题。除前揭曹家齐《唐宋时期南方地区交通研究》从整体上讨论了唐宋的国内海道和通外海道外，还有更多的单篇论文或专著讨论到唐宋时期具体的海上航路。遣唐使以及唐宋中日间的航路，一直是日本史学者关注的重要议题。上田雄《遣唐使全航海》（草思社，2006）详细考述了遣唐使船的构造和航路以及季风等相关问题，对航海技术作了新评价。酒寄雅志《遣唐使的航路》（《栃木史学》28，2014））指出，遣唐使的航路受周边诸国国内事件，以及与这些事件相关的政治、外交关系的影响。藤善真澄《参天台五台山記の研究》（关西大学出版部，2006.3）有专章考察入宋航路。其中不仅讨论了宋以前福建和浙东地区与日本之间的关系，还重点围绕壁岛、岱山、杭州诸地，对日宋航路及航海技术进行了新的考察，绘制出入宋航路图。山内晋次《日宋贸易と"硫黄の道"》（山川出版，2009），从日宋贸易之视角，考察了硫磺这一重要商品输入宋朝的状况，提出了日宋之间"硫磺之路"这一海上交通线概念。另外①，日本学者田中史生发表《海上のクロスロード—舟山群島と東アジア》（鈴木靖民・荒井秀規編《古代東アジアの道路と交通》，勉诚出版，2011），立足于海上交通航路问题，考察了舟山群岛在东亚海域中的重要作用，涉及唐宋历史问题。

　　登州入高丽海路，特别是宋使入高丽航路受到了较多的关注。朴天申《八至九世纪东亚交易航线的考察》（《唐史论丛》2008、10）分析《道里记》记载的"登州入高丽渤海航线"的内容，认为当时的贸易船在东亚海上选择了多样的直线航线。日本朝鲜史学者森平雅彦先后发表《高麗における宋使船の寄港地「馬島」の位置をめぐって——文献と現地の照合による麗宋間航路研究序説》（《朝鲜学报》207辑，天理大学，2008.4）、《黒山諸島海域における宋使船の航路——〈高麗図経〉所載の事例から》（《朝鲜学报》212辑，2009.7）、《全羅道沿海における宋使船の航路——〈高麗図経〉所載の事例》（《史渊》147号，九州大学，2010.3）、《高麗・宋間における使船航路の選択とその背景》（《东洋文化研究所纪要》166册，东京大学，2014.12）、《文献と現地の照合による高麗—宋航路の復元——〈高麗図経〉海道の研究——》、《中近世の朝鮮半島と海域交流》（《東アジア海域叢書》14卷），汲古书院，2013），比较细致地考察了宋朝与高丽之间使船航行的具体路线以及对路线选择的背景问题。还有论文从海上交通史角度考察新罗人张保皋在唐贸易以及赤山法华院形成问题，如樊文礼《唐代"登州海行入高丽道"的变迁与赤山法华院的形成》（《中国历史地理论丛》2005.2）、近藤浩一《登州赤山法花院の創建と平盧軍節度使・押衙張詠—張保皋の海上ネットワーク再考—》（《京都产业大学论集.人文科学系列》44号，京都产业大学，2011.3）。另外，张晓东发表《唐代后期的海上力量和东亚地缘博弈》（《史林》2013.2），对唐末新罗张保皋的海洋活动进行了分析，考察了唐后期放弃对海洋权力追求的国策和地缘政策问题。

　　对于唐宋时期南海海上交通状况及与南洋诸国间的航路问题，王承文《晚唐高骈"天威遥"运河事迹释证——以裴铏所撰〈天威遥碑〉为中心的考察》（台北《"中央研究院"历史语言研究所集刊》第八十一本第三分，2010.9），考证出晚唐高骈在镇守安南期间，曾经横穿江山半岛

---

① 参见该书第119—171页。

(今广西防城港市江山半岛)开凿"天威遥",以疏通安南海上通道,并指出"天威遥"实际上是中国古代唯一的一条海上运河。该文不仅考证出"天威遥"的名称和确切地点,还以汉唐安南海上交通状况为背景,解释了"天威遥"及以前海上运河开凿的历史及原因。其中不仅考证揭示了唐代以前南海,特别是北部湾的海上交通的实际状况,还考察了唐代海门镇(今广西博白县西南南流江出海口附近)的兴起及唐代从灵渠经海门镇到安南、从扬州至海门再到安南的军粮运输和其他物资运输问题,揭示出"天威遥"开凿在政治军事和国际贸易方面的多重意义。文章同时讨论了碑文所见"天威遥"运河开凿与北部湾沿岸"雷神"信仰的关系问题。方铁《唐宋两朝至中南半岛交通线的变迁》(《社会科学战线》2011.4)指出,中国腹地与中南半岛之间存在陆、海路两条交通线,并对交通线变迁的原因进行了分析。荣新江《唐朝与黑衣大食关系史新证——记贞元初年杨良瑶的聘使大食》(《文史》2012.3)考察了杨良瑶出使黑衣大食的历史事件与唐、吐蕃、大食之间复杂的关系,将南海神庙、贾耽《皇华四达记》中记载的广州到巴格达的路线,和法门寺出土的伊斯兰玻璃器皿联系起来看待唐朝与当时阿拉伯世界的关系,指出杨良瑶的出使与贞元、元和年间海上丝绸之路的繁盛有很大关系。刘永连《唐代中西交通海路超越陆路问题新论》(《陕西师范大学学报》2013年第1期)认为,从武则天时期开始,海路便已超越陆路,成为唐代对外交往的主要方式。周运中《唐代南海诸国与广州通海夷道新考》(《暨南史学》2014年第9辑)考订了唐代南海诸国位置与《新唐书》"广州通海夷道"。

另外,刘永连、刘家兴的《唐代漂流人与东亚海域》(《国家航海》第14辑,2016.2),通过梳理《太平广记》所载漂流人的故事,分别论述了唐与新罗、唐与日本以及唐代南海区域的海上交通线问题。

除以上论著外,非专论唐宋海上交通但有关联之论著数量更多,重要者有石井正敏《日唐交通と渤海》、《日本渤海関係史の研究》(吉川弘文馆,2001),周伟洲《唐朝与南海诸国通贡关系研究》(《中国史研究》2002.3),廖大珂《福建海外交通史》(福建人民出版社,2002),牟发松《汉唐间的中日关系与东亚世界》(《史林》2004.6),陈勇《唐代长江下游经济发展研究》(上海人民出版社,2006),森公章《宋朝の海外渡航規定と日本僧成尋の入国》(《海南史学》44号,高知大学,2006.6),榎本涉《中国人の海上進出と海上帝国としての中国》(桃木至朗等(编)《海域アジア史研究入門》,岩波书店,2008),広瀬宪雄《東アジアの国際秩序と古代日本》(吉川弘文馆,2011),黄纯艳《宋代朝贡体系研究》(商务印书馆,2014.1),向正树《转变中的大食舶主:两宋时期的朝贡体系及跨国网络》(Conference on Middle Period China,800—1400,与会论文,哈佛大学,2014.6),俞世峰、李远《宋元时期海上运输法中的国际私法规则研究——以〈市舶条法〉为视角》(《国家航海》第九辑,2014.11)等。

还需要提到的是,近十余年来还出现许多用"海上丝绸之路"冠名的论文集、研究专著,甚至丛书,如黄启臣《广东海上丝绸之路史》(广东经济出版社,2003)、顾涧清《广东海上丝绸之路研究》(广东人民出版社,2008)、耿升等《登州与海上丝绸之路:登州与海上丝绸之路国际学术研讨会论文集》(人民出版社,2009)、陈支平《海上丝绸之路与泉港海国文明》(厦门大学出版社,2015)、孙光圻《海上丝绸之路》(大连海事出版社,2015)等,对唐宋交通史或有涉及,但多数是归纳或举例式的概括性论述,能对具体问题作深入探讨者,则不多见。

综观近十余年来唐宋海上交通史之研究,其突出特点有四:其一,世纪之交以后,因海洋史和"海上丝绸之路"问题研究热度的进一步提高,不同国家、不同领域的学者对唐宋海上交通史分别予以关注,并因此形成更为开阔的视野和不同的研究视角,因而产生不少交叉性研究成果。

其二，学界对唐宋海上交通史研究的观念发生了变化。如果说，20世纪对于唐宋海上交通史的研究还是以考证港口、航程走向、航线里程的基本内容为主，那么近十余年来则开始倾向于从宏观上进行讨论，注意考察唐宋海上交通，乃至整个交通发展的态势和深层意义。如前揭曹家齐《唐宋时期南方地区交通研究》中《唐宋中国交通中心之南移及其影响》、小岛毅主持的"宁波计划"项目中不少论著等，均体现了这一特点。其三，对海上交通史中一些具体问题的讨论更为密集、深入。其中最为突出的便是对港口问题的多视角考察和唐宋与高丽、日本之间的海上航路之讨论。其四，史料范围及研究手段的进一步扩展。从唐宋海上交通史的研究来看，较多地利用今存日本、越南、韩国等地的域外文献（包括碑刻）。

以上四点既是特点，亦是近十余年来唐宋海上交通史研究值得肯定之处。但反观近十余年的唐宋交通史，特别是海上交通史研究，亦可发现不足所在。若就唐宋史研究领域本身而言，海上交通史研究的新议题，乃至整个交通史研究的影响力，比不上其他历史内容，特别是政治史和制度史的研究。如中国社科院历史研究所经办的《中国史研究动态》杂志每年均刊出上年的"隋唐五代史研究综述"文章（以中国大陆研究为主。有的称"概况"、"概述"）及"日本隋唐史研究"综述，综述者将交通史或归入经济史研究，或列进历史地理研究。但从2000年以后的研究综述来看，在经济史和历史地理类研究大目下，中国隋唐史研究只有2000、2008和2012年的综述中出现"交通"小目，日本隋唐史研究综述亦仅在2011和2012年中列有"交通"小目，且提到论著都不多。而海上交通史的研究成果则往往附在对外关系或国际关系小目之下。足见近十余年来唐代交通研究之窘状。宋代海上交通史的研究亦大致如此。若与其他时段相比，则唐宋海上交通史研究成果数量和影响力，比不上明清以后的相关研究。这当然有史料的局限，但亦存在研究视野方面的问题。又，水下考古资料愈来愈多，而学者在研究中的利用还甚为不足。另外，上世纪就已存在情感和地域观念之局限，在不少研究成果中仍有体现。

四、对唐宋海上交通史研究之展望

今日之认识，史学之创新，仍是讲求新材料、新议题与新方法。三者往往密切关联，互为依托。但若要强调其中之一，则新议题无疑最为核心。不少情况下，新议题虽与其他两者互为前提，但在史学发展中却是最具牵动力的要素，亦堪称史学研究的灵魂。唐宋海上交通史未来发展的生命力亦当在于新议题的生发。然而任何学术议题的生发与展开，皆须符合一定的学理。

在中国古代交通史上，并没有"丝绸之路"之名。"丝绸之路"这一概念本是西方学者在19世纪对中国与中亚交通线的称法，对中国来说是一个舶来品。若将其作为古代中西交通中特定的陆路商路之名称，则是问题不大的，而这一概念确已被普遍接受和应用。20世纪中叶，这一名称又被移植到海上交通，产生"海上丝绸之路"之概念。如果这一概念仅仅被用作海上交通的代名词，却亦无甚问题和歧义。但这一概念在中国学界和社会传播开来之后，却被无形地赋予特定的前提预设，其中包括价值判断、地域观念、情感因素、实质内涵，甚至是固定形迹，以至于不断有人争论其名实是否得宜，并提出"陶瓷之路"、"香料之路"等替代名，更有甚者，即是争论其起始地点。其实，早有学者指出"海上丝绸之路"是一个伪命题，然而，中国学界和社会却浑然不觉，不少认识和研究仍是囿陷于一系列预设前提之下，以至于脱离学理，难有学术的价值和意义。因此，若要对海上交通史形成真正有价值、有生命力的研究，须要将研究议题置于一定的学理之上，摆脱不合学理的前提预设。

在符合学理的前提下，史学研究的新议题之来源，无外乎史料因成、现实启示、议题延展和理论影响诸渠道，而其中又以史料问题为根本。就唐宋海上交通史而言，相对于其他历史问题，特别是政治、经济与文化等大问题，史料甚是有限，这亦是制约新议题形成关键因素。故而，扩大史料来源，发掘史料新义应是研究者不懈追求的意旨。但寻求新史料并非只能从史料本身着手，开阔研究视野亦是重要途径。

历史内容本是由时间和空间信息构成的一个整体，其内部结构密切相连，实难完全分割。只是因人们能力有限，不可能短时间对其有一个完整的认识，故在认识过程中便形成了学科分工及各自对入手门径之选择。作为勾连人们空间关系的交通问题，亦自然只是人们认识整体历史的入门路径之一。尽管从一开始，史学家们便有整体把握历史的认识初衷，或从某一个入手门径试图对相关历史作纵横之考察，但因缺乏对具体问题的深刻认识，亦只能令人徒兴皮毛肤浅之叹。20世纪上半叶出现的若干交通史通论之作，无不流于这种状况。

20世纪二三十年代，与历史学学科调整及课程专门化相一致的断代史和专门史下的专题研究，无疑是人们深入认识历史的正确选择。交通史作为人们认识历史的途径之一，分成断代、专题进行研究，取得了卓越的成就。反顾20世纪以来唐宋海上交通史研究，其成就亦基本如是。今后如果继续按照以往的研究理路，继续对唐宋海上交通史进行研究，不断取得新成果应是无大问题的。但相关史料毕竟有限，若继续依照断代和专题这两个前提，研究古代交通，则不唯视野、方法大受局限，议题选择空间则亦会越来越窄，学术研究之创新自然亦难以体现。

新世纪以来，将不同的历史问题联系起来，综合考察，并在方法上实现合理性最大化，是历史研究的新趋势，亦应是古代交通史研究的必然选择。所谓将不同历史问题联系起来，亦即从某一历史问题向其他相互关联的历史问题延伸，对历史问题作综合考量，以追求对历史的整体观照。就唐宋海上交通史研究而言，则是充分体现海上交通本身的关联性，还交通之本来面目，将之与政治、经济、社会文化等内容互相连接，整体呈现交通之面貌，真正实现从一个门径尽可能整体认识过去的目标。不同议题的连接，必然引发对更多史料的解读与利用，其方法的选择自然亦随之多样化。此便是开阔视野的途径之一。

在追求议题综合之外，时段和地理范围的跨越和贯通亦势在必行。长期的断代史加专题之视角，严重局限了研究者的视野和思路。长期的断代史研究经验，往往导致研究者习惯从自己熟悉的时段认识问题的意义，对其他时段的同类问题之理解甚为隔膜，虽有"瞻前顾后"之意识，却亦往往限于前后时段。地理范围之局限亦基本类似。如唐宋海上交通史研究，至多亦只能唐宋相互观照，难及秦汉、明清，即便贯通唐宋者，人数亦在屈指之内。就地理范围而言，亦多是立足于中国，甚至是一更小的地理单元。实际上，海上交通史是与整个世界历史相关联的问题。若将此问题置于整个世界历史之中考量，则此议题不仅能展现出新的面貌，而且亦必会涉及更多的议题和史料。事实上，已不断有学者作出尝试，不仅将唐宋海上交通史置于东亚海域世界中予以讨论，亦将中国历史问题和东亚海域问题置于世界史中进行考察。[①] 此便是开阔视野的途径之二。

另外，方兴未艾的水下考古，发掘出越来越多的实物资料，特别是"南海一号"沉船资料，不仅为唐宋海上交通史研究展现出广阔的议题空间，亦提供了丰富的史料来源。不过，这些物质

---

① 2010年，中华书局便出版《世界史中的东亚海域》一书，其中有日本学者吉尾宽《东亚海域世界中的海洋环境》等文章。美国学者伊沛霞亦正致力于从世界史视角解读中国历史问题，参见其《世界史视野之下的宋代》（十至十三世纪中国史国际学术研讨会暨中国宋史研究会第十七届年会主题报告论文，2016年8月，广州中山大学）。又，中国社会科学院历史研究所万明研究员在其《海洋史研究的五大热点》（《国家航海》第七辑，上海古籍出版社，2014.5）中谈到海洋史研究"存在问题与对策"时，亦主张从区域史向全球史拓展。

性史料尚需经过细致的研究和整理方能体现其研究价值和意义。

　　以上所述，实乃笔者一隅之见。且文章仓促草成，尚属初稿，对问题之综述，既未能展开，亦难免挂一漏万，祈请与会学者批评指正。

（作者单位：中山大学历史学系）

唐代外国留学生的调查与研究
——以在唐的韩国留学生为例

[韩] Yoon-rim Kim（金伦琳）

一、唐朝的外国留学生

  唐代很多外国留学生来到中国学习。他们有的是由其国家赞助的公费生，有的是自费生①，还有的是佛教的求学僧等。这些在唐的外国留学生学成回国后，将唐朝文学、艺术及文化等先进知识传回自己的国家，为文化传播做出了巨大的贡献。同时他们作为两国之间的桥梁，大大地促进了两国的文化交流。此外唐朝多元文化的形成他们也功不可没。因为这些在唐的留学生，盛唐文化深刻地影响和改变了东亚世界的文化面貌，形成了"唐文化圈"的东亚文化秩序。

  为了学习唐朝先进的中国文化，周边国家纷纷派遣人员来到唐朝，特别是首都长安。大部分外国留学生进入了当时中国的最高学府——国子监学习，唐政府通过鸿胪寺对这些外国留学生进行管理②，并为他们提供留学期间所需的廪食资粮及相关设施。因此，很多留学生尤其是来自吐蕃、高句丽、新罗、渤海及高昌等国的留学生都选择在长安或者洛阳的国子监学习。他们当中甚至有些人通过了宾贡科考试（唐政府特意为外国人设立的科举考试），被授予了唐朝的官职。根据《新唐书》③和《唐会要》④的记载，当时长安的留学生超过八千余人。

  根据史料来看，关于来唐外国留学生的记录最早可追溯至645年来自吐蕃的留学生。而在705年，唐朝的中宗皇帝曾邀请可汗的王室子弟以及吐蕃王来国子监学习。⑤

  虽然唐政府很欢迎周边国家学子前来学习，但是对进入国子监读书的外国留学生却有着出身方面的严格的要求和限制。最初只有王室或者可汗子弟有资格入学，但随着时间的流逝，唐政府对入学资格的要求和限制逐渐放宽。⑥到后来，除了王室子弟，唐政府也允许国子监接收外国的贵族子弟入学。因此大部分在唐的外国留学生都出身贵族阶级，当然也有一小部分例外。但是无论他们是否出身贵族阶层，至少他们都是自己的国家认可的可造之材，具有较高的素质及出众的

---

  ① 金世润：《关于新罗下代的渡唐留学生》，《韩国史研究》（首尔）1982年第6期，第153—159页。
  ② 郭丽：《唐代留学生教育管理制度述论》，《历史》2016年第10期，第67页。
  ③ 《新唐书》卷44《选举志上》，北京：中华书局，1975年，第1163页。
  ④ 《唐会要》卷35《学校》，《附学读书》，北京：中华书局，1955年，第739页。
  ⑤ 《唐会要》卷36《附学读书》"神龙元年九月二十一日。敕吐蕃王及可汗子孙。欲习学经业。宜附国子学读书。"
  ⑥ "中宗反正，诏宗室三等以下、五等以上未出身，愿宿卫及任国子生，听之。其家居业成而堪贡者，宗正寺试，送监举如常法。三卫番下日，愿入学者，听附国子学、太学及律馆习业。蕃王及可汗子孙愿入学者，附国子学读书。"《新唐书》卷44《选举志上》，第1164页。

才华。例如，新罗派遣学子来唐学习之时，新罗会为他们准备推荐信，具体内容如下：

> 差遣宿卫学生首领，入朝请附国子监习业。谨具人数姓名，分析申奏如后，学生八人，〈崔慎之等〉大首领八人，〈析婥等〉小首领二人。〈苏恩等〉……臣今差前件学生等，以首领充儌。令随贺正使守仓部侍郎级餐金颖船次，赴阙习业，兼充宿卫。其崔慎之等，虽材惭美箭，而业嗣良弓，用之则行，利有攸往，辄以多为贵者，岂亦远于礼乎。金鹄，是故海州县刺史金装亲男，生在中华，历于两代，可承堂构，免坠家声。①

虽然入学时对其出身有着严格的限制和要求，但一旦进入唐朝学习，留学生的出身背景将不会再成为其障碍。例如《旧唐书》卷 158 中记载："新罗人金忠义以机巧进，至少府监，荫其子为两馆生，贯之持其籍不与，曰：'工商之子不当仕。'"根据史料记载，新罗学子金忠义似乎出身于一个商人家庭，他从国子监毕业后，虽然其并非出身贵族阶层，但仍被任命为少府监。②

而唐政府对在唐的留学生给予较为优厚的待遇。除了学费等相关费用外，唐政府还为留学生提供住宿及往来的车旅费。外国留学生在国子监学习期间，所学课程基本上与唐朝学生无异。

唐朝的国子监下分六学馆，分别为国子学、太学、四门学、律学、算学和书学。多数留学生，特别是对儒学经史、文学、书法及算术等方面感兴趣的留学生一般在国子学和太学学习相关的知识。③ 国子监的主要课程都是关于儒家经典史籍的，例如他们学习的内容包括三礼——《周礼》、《仪礼》和《礼记》，《春秋左传》，《论语》，《孝经》，《说文》等儒家经典。④ 据《东史纲目》⑤、《三国史记》⑥ 和《册府元龟》⑦ 记载，唐政府基本上会将外国留学生和质子们分配到太学进行学习。然而，也有一些学生对儒学以外的学问更感兴趣，如来自新罗的大奈麻德福致力于历法学，而允中之孙——金严则潜心学习阴阳学。⑧ 史料中对此有着详细的记述：

> 《三国史记》卷 7《新罗本纪》第七：十四年，春正月，入唐宿卫大奈麻德福，传学历术还，改用新历法。
>
> 《三国史记》卷 43《列传》第三：允中庶孙岩，性聪校勘敏，好习方术。少壮为伊餐，入唐宿卫。间就师，学阴校勘阳家法，闻一隅，则反之以三隅。自述遁甲立成之法，呈于其师，师抚校勘然曰，"不图吾子之明，达至于此也。"从是而后，不敢以弟子待之。

此外，外国留学生可以选修任何他们感兴趣的课程。很多日本学生选择医学课程，渤海的学

---

① 《东文选》卷 47《遣宿卫学生首领等入朝状》。
② 《旧唐书》卷 158《韦贯之传》，北京：中华书局，1975 年，第 4173 页。
③ 李海元：《唐帝国的开放和创造》，首尔：西江大学教出版部，2013 年，第 175 页。
④ 曹凡焕：《新罗下代遣唐国学留学生派遣与它的历史意味》，《西江人文论丛》（首尔），2009 年，第 25 卷，第 254 页。
⑤ "新罗自事唐以后，常遣王子宿卫，又遣学生入太学习业"，《东史纲目》卷 5（上），朝鲜古书刊行会编，景仁文化社，1975 年，第 1 册，第 499 页。
⑥ 《三国史记》卷 10《新罗本纪》第 10：夏五月，遣王子金昕入唐朝贡，遂奏言，"先在大学生［太学］崔利贞、金叔贞、朴季业等，请放还蕃，其新赴朝金允夫、金立之、朴亮之等一十二人，请留宿卫，仍请配国子监习业，鸿胪寺给资粮。"从之。
⑦ 《册府元龟》卷 962《外臣部官号才智》："先是，仲琮年少时，尝充质入朝，诣太学生例读书，颇晓文字。"北京：中华书局，1960 年，第 12 册，第 11322 页
⑧ 杜英雄：《新罗下代渡唐留学生研究》，硕士学位论文，韩国外国语大学校教育大学院历史教育系，2013 年，第 13 页。

生们多学习中国政治体系演化史。当他们完成学业后，他们可以返回自己的国家，但是如果他们愿意，也可以继续留在唐朝。国子监从不对外国留学生的课外生活加以限制。外国留学生可以自由地同中国学子、学者交流及交往，也可以收集中国的书籍、字画及书法，并在回国时将它们带回去。如果一个外国留学生想要在唐朝生活，他可以与唐朝女子结婚。他们也可以通过科举考试进入唐朝政府为其服务。这样的外国留学生也屡见不鲜，比如说，日本的阿倍仲麻吕，新罗的崔承佑和崔致远。[①]

二、在唐的韩国留学生（7—9世纪）

为了学习先进的中国文化，很多国家的学子纷纷来到唐朝。在这些外国学子中，以韩半岛的学子们最为活跃。虽然当时新罗与唐政府有着最为亲密的外交关系，但是从史料来看，最早赴唐学习的韩国学子却来自高句丽。625年，高句丽的荣留王得到了唐朝皇帝的允许，派人去唐朝学习佛学和道学。[②] 但值得注意的是，不同于新罗和百济，高句丽首次派人来唐并非是为了学习唐朝的治国之道或是儒家学说，他们最关注的是宗教信仰，而非政治。当然新罗也曾派遣过很多僧人赴唐学习中国的佛学，却对道学没什么兴趣。

此后，虽然高句丽也曾派人去国子监学习儒学和唐朝的治国之道，但很明显，高句丽在学习中国文化方面远不如新罗那般积极和热衷，因此在中韩两国的史书中并没有留下关于高句丽学子们有价值的记录和史料。

640年，新罗的善德王派遣贵族子弟来唐，并请求太宗皇帝允许他们进入国子监进行学习。那时，太宗皇帝崇儒尚学，下令扩充国子监，招揽生徒多达3260人。一时间有求学意向的学子及学者们从四面八方聚集到长安，而高句丽、百济[③]、高昌和吐蕃也纷纷派遣王室子弟进入国子监学习。《三国史记》卷5中对此有着详细的记载：

> 九年夏五月，王遣子弟于唐请入国学，是时太宗大征天下名儒为学官，数幸国子监使之讲论，学生能明一大经已上皆得补官，增筑学舍千二百间，增学生满三千二百六十员。于是四方学者云集京师，于是高句丽，百济，高昌，吐蕃，亦遣子弟入学。[④]

新罗后期，能够被政府资助去唐朝留学的学子绝大多数都出身于六头品。[⑤] 新罗王意图通过派遣他们赴唐求学来拉拢六头品子弟，将他们变成自己政权的支持者，并希望他们能够协助维护自己的王权。因此是由新罗王来决定谁能够去唐朝留学。而这些学子在学成归来后，往往在加强王权方面扮演着重要的角色。[⑥]

---

① 刘晓筝：《唐代中外文化交流与留学生教育》，《河南财政税务高等专科学校学报》2011年第6期，第86页。杜英雄：《新罗下代渡唐留学生研究》，硕士学位论文，韩国外国语大学校教育大学院历史教育系，2013年，第11—17页。
② "八年（625）王遣使入唐，求学佛老教法，帝许之。"《三国史记》卷20《高句丽本纪·第八荣留王》。
③ "四十一年……二月遣子弟于唐请入国学。"《三国史记》卷27《百济本纪·第四武王》。
④ 《三国史记》卷5《新罗本纪》。
⑤ 车美姬：《统一新罗的官人培养和选拔》，《绿友研究论集》（首尔），2000年，第37卷，第17—19页。
⑥ 曺凡焕：《新罗下代遣唐国学留学生派遣与它的历史的意味》，《西江人文论丛》（首尔），2009年，第25卷，第245—253页。

新罗向唐朝大量派遣留学生的另一目的是为了在外交关系上谋求利益。当时的政治格局是以唐朝为主导，虽然新罗与唐朝建交已久，但是在与唐朝的关系方面，新罗和周边国家特别是渤海进行了外交方面的竞争。为了实现这一目的，新罗王大大增加了派遣到唐朝学习的留学生的人数。可是与新罗王的预期相反，来到唐朝学习的新罗的学子们发现唐朝的社会氛围更为开放包容，他们可以不受出身阶级的限制，通过科举考试出仕；而在新罗，出身背景依然是他们仕途上的一大障碍。因此，当他们学成回到新罗时，他们很难接受但又不得不面对出身给他们带来的窘况，他们只有很小的概率和可能性能谋到一个好职位或者被任命为地方官。①

在新罗有几种途径可以进入唐朝学习。有一部分学子是每年新罗派遣使节来唐进贡纳税时，跟随使节一起来唐学习。佛教僧人在得到新罗和唐朝两国的特许后也可以来唐求学。但是新罗留学生的主体是由宿卫管理的宿卫学生。② 一般说来，宿卫是指保护皇宫或者王宫的侍卫，但是在本文中，宿卫是指由周边民族派遣入唐当质子的王室子弟。与宿卫一起入唐的学子们被称为"宿卫学生"。宿卫要负责管理和监督这些宿卫学生。有些宿卫学生在学成后还参加了唐朝的科举考试，根据《东史纲目》记载，821年金云卿首次在唐朝为外国人设立科举考试中及第③，此后通过唐朝科举考试的宿卫学生不在少数。④ 具体内容见下：

> 新罗自事唐以后，常遣王子宿卫，又遣学生入太学习业，十年限满还国。又遣他学生入学者，多至百余人。买书银货则本国支给，而书粮，唐自鸿胪寺供给。学生去来者相踵，长庆初金云卿始登宾贡科。所谓宾贡科者每自别试附名榜尾。自云卿后至唐末登科者五十八人，梁唐之际亦至三十二人。其表表知名者有崔利贞、金叔贞、朴季业、金允夫、金立之、朴亮之、李同、崔霙、金茂先、杨颖、崔涣、崔匡裕、崔致远、崔慎之、金绍游、朴仁范、金渥、崔承佑、金文蔚等。⑤

在唐的宿卫学生的留学期限一般为十年左右，到了第十一年时，根据政府登记的名单，他们应返回自己的国家。然而也有很多宿卫学生不想回国，非法滞留在唐朝，这也引发了唐朝和其他国家外交方面的一些问题。

唐把质子统一纳入到宿卫系统之中，但728年金嗣宗一事表明，在唐朝的宿卫并非只是充当质子，同时也是在唐新罗留学生的管理者。728年，新罗派遣王的弟弟金嗣宗来唐进贡，并写信

---

① 曹凡焕：《新罗下代遣唐国学留学生派遣与它的历史的意味》，《西江人文论丛》（首尔）2009年，第25卷，第241—242页。
② 刘后滨：《从宿卫学生到宾贡进士——入唐新罗留学生的习业状况》，《中国古代史研究》2013年第1期，第126页。
③ 会昌元年七月，敕："归国新罗官、前入新罗宣慰副使、前充兖州都督府司马、赐绯鱼袋金云卿，可淄州长史。"《旧唐书》卷199上《新罗传》，北京：中华书局，1975年，第5339页。
④ 在唐朝宾贡科及第的新罗学子具体人数尚且不明。根据史书记载，赵莎共统计出有90位新罗学子在唐朝的科举考试中及第，并从《东史纲目》、《册府元龟》以及《三国史记》等史书中证实了其中26位新罗学子的存在。赵莎：《新罗留学生与唐朝"宾贡科"》，《剑南文学》2011年第11期，第215—216页。金圣熙则从史书中发现了36位在唐及第新罗学子的名字。金圣熙《从〈全唐诗〉视角来研究在唐外国留学生与唐朝文人间的往来于交流》，《梨花史学研究》（首尔）第25—26期，1999，第132页。
⑤ 《东史纲目》卷5（上）"真德女王乙酉3年"条，朝鲜古书刊行会编，景仁文化社，1975年，第1册，第499页。

请求唐朝皇帝允许新罗王子进入国子监学习。皇帝应允，封金嗣宗为果毅①，并让他留下担任宿卫。② 836 年（开成元年），金义琮王子来唐谢恩，并担任宿卫一职。第二年四月，唐朝政府赏赐礼物，并送他回国。第二年，鸿胪寺上奏皇帝，新罗有国丧，因此唐朝政府允许质子以及完成学业的学子们回国，共计 150 人。从史料记录中的数字推测，当时在唐学习的新罗学子们至少超过数百人。具体史料如下：

> 开成元年（836），王子金义琮来谢恩，兼宿卫。二年四月，放还藩，赐物遣之。五年四月，鸿胪寺奏：新罗国告哀，质子及年满合归国学生等共一百五人，并放还。会昌元年七月，敕："归国新罗官，前入新罗宣慰副使卿，前充兖州都督府司马，赐绯鱼袋金云卿，可淄州长史。"③

从以上史料可以看出，在唐朝周边的国家中，新罗是最为积极和热衷学习中国文化。737 年，新罗圣德王金兴光去世，唐玄宗派邢璹前去吊祭并册封圣德王之子——金承庆为下一任新罗的国王，就是孝成王。出发前，玄宗皇帝告诉邢璹："新罗号为君子之国，颇知书记，有类中华。以卿学术，善与讲论，故选使充此。到彼宜阐扬经典，使知大国儒教之盛。"④ 从中可以得知，可能是因为受赴唐学习的新罗学子的影响，唐政府认为新罗是一个君子国。像上文曾提过的那样，赴唐学习的新罗学子大多数为出身六头品以上的贵族子弟，这意味着当他们学成归来时可以成为真正参与政治以及国家管理的精英分子。⑤

除了新罗以外，渤海在学习唐朝先进文化方面也十分积极。不同于他们满族的祖先，渤海人民非常推崇中国文化。新罗和渤海两国在学习中国文化方面常常相互比较、彼此竞争。根据崔致远的散文集《孤云集》记载，在 872 年宾贡试中，渤海仕子乌炤度夺得第一名，而且排名在新罗仕子李同之上，他对此觉得非常耻辱。在他笔下他用以"冠（指新罗）履（指渤海）倒置"⑥来表达自己对这件事情的看法及极度的耻辱感。

为了学习先进的中国文化，渤海也尽可能多地派遣人来唐。唐朝的国子监每年都有招生名额的限制，虽然渤海在争取入学名额方面做了很大的努力，但是却不是一件容易的事。837 年，渤海王子携 16 名学子来唐觐见，希望他们能全部进入国子监学习，但是唐政府只允许六人入学，其他学子只能返回渤海。

> 开成元年（836）六月，敕新罗宿卫生王子金义宗等，所请留住学生员，仰准旧例留二人，衣粮准例支给。二年（837）三月，渤海国随贺正王子大俊明，并入朝学生，共一十六人。敕，

---

① 果毅是隋唐时期军队中的一种官职，果毅府是唐朝于 613 年除了折冲府外设立的两个特殊的军事单位之一，果毅都尉是这个单位的指挥官。在唐朝每个府有两位果毅。Charles O. Hucker, *A Dictionary of Official Titles in Imperial China*, Stanford: Stanford University Press, 1985, p. 298。

② 《三国史记》卷 8《新罗本纪》：开元十六年（728），遣使来献方物，又上表请令人就中国学问经教，上许之。二十七年秋七月遣王弟金嗣宗入唐献方物，兼表请子弟入国学许之，授嗣宗果毅仍留宿卫。

③ 《旧唐书》卷 199 上《新罗传》，第 5339 页。

④ 《旧唐书》卷 199 上《新罗传》，第 5337 页。

⑤ 王建宏、赵莎：《"唐风东渐"与新罗"骨品制"的瓦解——以新罗的遣唐留学生为中心》，《民族民间文化研究》2014 年第 12 期，第 8—9 页。

⑥ "然至故靖恭崔侍郎主贡之年宾荐及第者两人以渤海乌昭度为上。有同瘠鲁而肥杞，谁验郑昭而宋聋，淘之汰之。虽甘沙砾居后，时止则止，岂使淄渑并流。车书纵贺其混同，冠履实惭于倒置。"《孤云集》卷 1，《与礼部裴尚书瓒状》，ITKC_ mk _ a033_ 001_ 2011_ 00690_ XML。

渤海所请生徒习学，宜令青州观察使放六人到上都，余十人勒回。①

已有的在唐韩国留学生的研究中，关于新罗留学生的研究占了绝大部分。鉴于两国友好密切的外交关系，新罗与唐朝之间文化交流频繁而活跃这一点是无可置疑的。而且这一点不但可以在中国的史料中找到相关记载，在韩国的史料中也是有迹可循。在两国的史料中，与渤海，甚至与高句丽、百济相比，新罗的史料丰富且详细，而关于渤海的史料却非常少而粗略。所以我们不能下结论说其他国家不像新罗那般热衷和积极学习中国文化。因此除了书面的史料记录以外，我们有必要留心其他可能关于渤海与唐朝相互交流的证据，特别是渤海外国留学生在唐的活动以及其遗留物，以便更好地研究唐朝与韩半岛国家之间的关系。

（作者单位：西密歇根大学历史系）

---

① 《旧唐书》卷199上《新罗传》，第5337页。

南宋北部湾地区的水军与海防初探*

彭海浪

宋代岭南海上交通贸易发达，然而亦常常受到海盗滋扰，为害甚大。太平兴国（976—984）年间，杨允恭以殿直掌广州市舶，即上疏说："自南汉之后，海贼子孙相袭，大者及数百人，州县苦之。"① 但是北宋对水军并不太重视，主力部队禁军中的水军还没有厢军中的水军多，北宋在岭南的水军主要是广州的巡海水军。南宋时期，北部边防线被压缩到淮河、长江一带，而背海立国的局面，使得江防、海防的紧迫性大增，南宋开始重视海防的建设。前人曾关注过南宋的水军建设，对水军的创立时间、分布、兵力、编制等做了探讨②，但是对北部湾地区的水军及海防建设尚无专文论及。元鼎六年（前111），汉武帝统一南越后，开辟了从广州、徐闻、合浦通往印度、斯里兰卡的远洋航线。徐闻、合浦是重要的出海口。③ 随着航海技术的发展，中外船只续航能力增强，船舶可直接绕过海南岛抵达南海诸国，广州港地位逐步上升，取代了徐闻、合浦，成为岭南最大的贸易港口，北部湾地区的国际性航道，也逐渐转变为区域性的通路，历史学者多以广州为研究对象，但是却在一定意义上忽视了北部湾周边地区经济军事活动仍然十分活跃的事实。本文以南宋时期北部湾地区的水军与海防活动为探究对象，分析水军建置的历史背景和过程，讨论海盗滋生的背景与地方社会的关系，以期窥探宋廷对于海疆及沿海地区的经营。

一、凌铁叛乱及雷州、琼州水军建设情况

在南宋之前，雷州半岛几乎没有大的海防建设活动，雷州半岛附近的海域成为海贼活动的天然场所，所谓"雷之为郡，南望琼崖，控诸黎；东附高化，西薄钦廉，而接安南；郡往来皆一海之便，黎僚出没，盗贼猖獗，无岁无之"。④ 隆兴元年（1164），臣僚言："二广及泉、福州，多

---

* 本文为2016年度教育部重大课题攻关项目"古代环南海开发与地域社会变迁研究"（批准号：16JZD034）阶段性研究成果之一。

① 《宋史》卷309《杨允恭传》，北京：中华书局，1977年，第10159页。
② 相关论著参见王曾瑜：《宋朝兵制初探》，北京：中华书局，1983年；[日]曾我部静雄：《南宋的海军》，《日本学者研究中国史论著选译》第五卷，北京：中华书局，1993年；黄宽重：《广东摧锋军——南宋地方军演变的个案研究》，《"中央"研究院史语所集刊》第65本第4分，1994年12月；王青松：《南宋海防初探》，《中国边疆史地研究》2004年第3期；王青松：《南宋的海军》，河北大学历史学硕士学位论文，2004年6月；李坚：《宋代中国南部边疆的海防建置——以潮州为视角》，《宋史研究论丛》第14辑，保定：河北大学出版社，2013年；杨芹：《弭盗靖海与稽管朝贡——宋代广南东路经略安抚使之设置及其主要职能》，《中山大学学报》2014年第6期等等。
③ 《汉书·地理志》："自日南障塞、徐闻、合浦，船行可五日，有都元国；又船行可四日，有邑卢没国；又船行可二十余日，有谌离国；步行可十余日，有夫甘都卢国。自夫甘都卢国船行可二月余，有黄支国，民俗略与珠崖相类。"
④ （明）欧阳保等修，陈于宸等纂：《雷州府志》卷12《兵防志》，明万历四十五年刻本，第594页。

有海贼啸聚。其始皆由居民停藏资给，日月既久，党众渐炽，遂为海盗之害。如福州山门、潮州沙尾，惠州㴉落、广州大奚山、高州硇州，皆停泊之所。官军未至，村民为贼耳目者往往前期报告，遂至出没不常，无从擒捕。"① 据此可见，海贼们在经年的活动中逐渐建立了自己的据点，雷州半岛的海贼据点为硇州。硇州，《太平寰宇记》称："雷州东至海岸二十里渡小海抵化州，地界名硇州，琼州北十五里极大海泛大船或便风十日到广州，路经硇州。"② 可推测硇州的大概位置即今硇州岛附近。

绍兴二年（1132），海贼柳聪活跃海上，"有舟数十，徒党数百人，往来广福雷琼钦高南恩诸州境上，至是愈炽"③。绍兴五年，陈感犯雷州，"感有舟数十，与官军战，统领官余铸陷焉。"④ 绍兴八年（1138），海贼陈旺攻打雷州南城，宋代胡铨撰《雷州城记》载："绍兴八年春二月，海寇陈旺长驱乘潮犯城南郊，纵火大掠，居民惊溃。"雷州半岛偏处岭外，军事戍守力量十分疲弱，"（官）兵［马］虞辅国仓皇率（乌合）［众］迎贼，战殁，效用李宪等遇害，人争保子城，于时民新刳于兵交，走死无吊。"⑤ 军事力量的空虚，使得雷州半岛成为两宋之交动荡局面中，海贼活动频繁的地区之一，这种情形一直持续到凌铁叛乱之时。

凌铁叛乱的时间，一说以为绍兴三十年，一说以为绍兴三十一年。关于凌铁的事迹，史书中并无过多的记载，文献中言其身份为"军贼"，似乎并不算严格意义上的海贼。关于宋代北部湾海贼身份的探讨将在后面予以讨论。《建炎以来系年要录》卷一九一绍兴三十一年七月戊寅载：

> 左朝奉郎知化州廖颙言军贼凌铁等见在雷化州境内啸聚，未能讨荡，望将雷州改除武守，仍许节制，高容廉化四州军马遇有盗贼，会合兵丁掩捕，合用钱粮令转运司应副，从之。时东南第十二将高居弁会五州巡尉官兵与战，铁败死。⑥

胡铨所撰《广西经略余公墓志铭》的记载更为简略："徐闻之寇，厥有凌铁，负固岭海，声摇南粤，纠合两司，一举剪灭。"⑦《宋史》卷三二高宗本纪亦载："戊寅，命雷州守臣节制高、容、廉、化四州军马。时雷州军贼凌铁作乱，东南第十二将高居弁会五州巡尉官兵讨平之。"⑧ 据此凌铁叛乱被东南第十二将高居弁所镇压，其实此次叛乱活动的镇压并非如《要录》、《墓志铭》和《宋史》所说那样顺利，镇压此次叛乱的还有一位关键人物邓酢。

绍兴三十年陆升之所撰《平贼碑》记载了关于此次叛乱的更为详细的内容，此碑已佚，从（嘉庆）《雷州府志》中辑出。陆升之，越州山阴人（今浙江绍兴），绍兴十八年进士，依附秦桧，秦桧死后，陆升之被编管雷州，此碑应为其编管雷州时所撰。作为事件亲历者，其碑文所撰内容应更具可靠性：

> 绍兴三十年夏，陵铁、吴文精以卒叛，官军战不利，两尉死，告急于府。命成将以桂、

---

① 《宋会要辑稿》兵十七之二二至二三，刘琳、刁忠民等点校，上海：上海古籍出版社，2014 年，第 14 册，第 8851 页。
② 《太平寰宇记》卷 167《岭南道 11》，北京：中华书局，2007 年，第 3195 页。
③ 《建炎以来系年要录》卷 61，北京：中华书局，1985 年，第 1046 页。
④ 《建炎以来系年要录》卷 86，第 1424 页。
⑤ （宋）胡铨：《雷州城记》，莫廉、吴史文、邓小由编撰：《雷州碑刻》，广州：岭南美术出版社，2013 年，第 46 页。
⑥ 《建炎以来系年要录》卷 191，第 3194 页。
⑦ 参与平叛的时任广西经略使的余良弼的墓志铭。胡铨：《广东经略余公墓志铭》，曾枣庄、刘琳主编：《全宋文》第 196 册，卷 4328，上海：上海辞书出版社，2006 年，第 119 页。
⑧ 《宋史》卷 32《高宗本纪》，第 601 页。

邕、融、宜之师来。历三时连战，一裨将又死，贼张甚。朝廷札三司招捕转运判官、右朝奉大夫两与邓公冒瘴暑逾千二百里视师，号令始震。士首敌，五月辛卯，缚两酋槛送府下，俘馘三百，纵其万人，给之田，雷、高、化三州罢警，民大悦。①

以上"陵"应为"凌"之误。凌铁叛乱，地方官军难以剿灭，时任广西经略安抚使的官员为俞良弼，率领桂、邕、融、宜的军队前来支援，仍不能扑灭凌铁叛乱，不得已由朝廷再次派将领前来剿灭，镇压此次叛乱的将领《平贼碑》中记为"邓公"，即邓酢。邓酢，字宾礼，始兴南城人，《岭外代答》为周去非仕宦广西时所作，为广西地方史中内容较为全面而时代较早的重要文献，"志异门"之"新圣"载："广西凌铁为变，邓运使擒之"②，邓酢的生平，据（万历）《粤大记》记载：

> 权知梅州，教民陶瓦盖屋，以绝火患。安抚琼州，亲擒叛首戮之，他峒望风震磬。海南帖然。除广西运判，剧贼凌铁啸聚，岭海以西皆震。有旨委帅、宪、漕协力收捕。酢移檄约其降，遂行部致吴川。贼尝有诈来降者，见酢军伍严整，缚二渠致麾下。协从者万八千人，皆释之，使归业。移文静江，俾之列奏。帅、宪自以为功，皆受赏，而酢独不及，人皆扼腕。③

按《琼州府志》记载："靖康中，逆贼王文满寇临高。民祷于昆耶神，以蜂趸驱之，贼溃败，至绍兴三十年，广西运判邓酢上言，遂擒王用宾等，平之。"④

邓酢擒凌铁之功，诸书不言，《粤大记》认为原因是"帅、宪自以为功"，所以导致邓酢的功绩被淹没。《平贼碑》说邓酢到了雷州之后，"号令始震"，《粤大记》说"酢军伍严整"，贼人畏惧军威，主动将叛乱首领擒拿送至麾下。但仔细考察，《平贼碑》以及《粤大记》的记载虽然提及了邓酢在平叛中的突出功绩，但也不是没有可以商榷之处，关于平叛过程的描写与叙述似乎过于美化了。邓酢于绍兴三十年时上奏琼州黎人事，邓酢官只至广西转运判官，到凌铁叛乱时，距离其平定海南黎人叛乱时间间隔并不长，又何来"冒瘴暑逾千二百里视师"之说。而且广西经略使俞良弼率领桂、邕、融、宜的军队前来剿灭尚不能平凌铁叛乱，身为广西转运判官的邓酢又从何处可以掌握军队来扑灭凌铁的叛乱呢？王十朋弹劾俞良弼的《论韩仲通俞良弼札子》为我们提供了线索：

> 知静江府俞良弼不能弭雷化之盗，遂致蔓延，而二广为之骚然，运使邓酢用虔吉茶商以禽凌铁，良弼忌酢，并与茶商等皆不奏功，致茶商愤然啸呼而起，丑党数千人陷没州县，杀戮官军，守臣有死者，其势方炽，朝廷不能正良弼之罪，乃因而久任之……良弼虽无仲通之恶，然闻其老缪不事，事况二广，去朝廷为最远，斯民所恃以为命者，惟师帅之臣尔，良弼为大帅，而盗贼充斥，如此何以安远人乎。⑤

---

① 陆升之：《平贼碑》，载《雷州碑刻》，第74页。
② 周去非：《岭外代答》，北京：中华书局，1999年，第440页。
③ 《邓酢》，载（明）郭棐撰，黄国声、邓贵忠点校：《粤大记》（下册），广州：广东人民出版社，2014年，第597页。
④ （明）欧阳璨等修，陈于宸等撰：（万历）《琼州府志》，北京：书目文献出版社，1990年，第525页。
⑤ （宋）王十朋：《梅溪集》卷3，四库全书本，第78页。

从以上札子可以看到，邓酢启用了来自虔州、吉州的茶商武力才平定了此次叛乱，虔吉茶商在平叛过程中扮演着至关重要的角色。黄宽重先生曾讨论过南宋地方武力中茶商的问题，在宋朝专卖制度下，茶利为政府所独占，在厚利的勾引下，茶民与私商勾结，私贩情况极盛，这些合法或非法的茶商，甚至是以合法掩护非法的茶商为了在保障茶叶运输过程之中的安全，常常结成强大的自卫性团体。虔州、吉州地处江南西路与广南东路的交界地带，历来有"盗贼渊薮"之称，然而又是重要的产茶区。邓酢用来平定凌铁叛乱的这支茶商武力极有可能是在虔吉地区从事私贩的茶商。茶商参与平定凌铁叛乱，却没有得到应有的赏赐与功劳，于是再次叛乱，叛乱的规模与影响似乎并不小于凌铁的叛乱。

这事件背后反映了宋朝政府对于雷州沿海地方甚至整个岭南的社会秩序的控制其实是比较薄弱的。两宋时期基层社会动乱频繁，宋政府若想以低成本来掌控地方，借助民间武力无疑是非常有效的，在镇压凌铁叛乱的过程中，来自江西的茶商武力无疑扮演了重要角色，对于地方武力，朝廷一方面加以利用，一方面又担心其坐大，难以驾驭，所以参与平叛的茶商，朝廷并不想给予他们应得的赏赐和功劳。然而邓酢援引茶商武力平叛凌铁有功，却意外导致了更大的茶商叛乱，自然不能被记功写入正史之中，所谓"良弼忌酢"以及"帅、宪自以为功"恐怕也所言非实，这也是《系年要录》等史料中不言邓酢的原因，而且平叛的过程并非如《粤大记》等所说那般，"胁从者万八千人，皆释之。使归业"。《岭外代答》就记载邓酢平叛后屠杀投降之人，以致"广西群巫乃相造妖且名言曰：有二新圣，曰邓运使、凌太保。必速祭，不然，瘴疠起矣"！

此次凌铁叛乱暴露了广西地方军事力量的空虚，胡铨所撰《广东经略余公墓志铭》记载余良弼任广西经略使时："比来诸州，兵卒逃窜，故额不存，名实相乱，兵官军典，上下叶谋，私纳逋逃，谓之暗投，中分衣粮，号曰鸿沟，名更姓易，不可致诘，一或有过，又窜他刮籍。"① 邓酢对雷州和琼州的水军创制起了推动作用，为了控制雷州地方的社会秩序，邓酢上言，在雷州措置水军，此后又在琼州白沙港措置水军。《宋会要辑稿》记载：

> 绍兴三十二年四月二十七日，广南西路经略安抚提刑司申，本路转运判官邓酢言，广西琼雷化钦廉等州，自来不曾置水军，遇有海贼冲犯，如蹈无人之境，今欲招募水军四百，于琼州白沙海港岸置寨屯驻，差主兵官一员。合用先锋战船六双，面阔一丈六尺，又大战船四双，面阔二丈四尺，从沿海逐州以系省钱置造，逐司详所陈事理，除依旧存留雷州已置水军二百人，统领一员在雷州驻扎。欲琼州招置二百人，就于本州岛驻扎。经略司准备将领兼海南水陆都巡检一员，于白沙港岸置寨，统辖水军，弹压盗贼诏。②

就这样，雷州水军和琼州水军被创建起来，各以 200 人为额，隶属于广西经略安抚使统领。到乾道五年（1169）时，东起潮州、西至琼雷均有水军驻防海岸，其中以珠江口一带最为完善，驻扎广东水军 2000 人，潮州、雷州和琼州各 200 人。

二、南宋北部湾地区海盗身份的探讨

上面提及，凌铁的身份为军贼，仿佛并不是海贼，但值得注意的是，这也在侧面揭示了海贼

---

① 胡铨：《广东经略余公墓志铭》，《全宋文》第 196 册，卷 4328，第 119 页。
② 《宋会要辑稿》方域十八之二至三，第 16 册，第 9625 页。

来源的复杂性以及"军"、"民"、"盗寇"、"海贼"之间身份的模糊性。《宋会要辑稿》所收孝宗乾道年间（1171年）的一条敕令称："册皇太子敕。访闻多有逃亡军人，并沿海州县犯罪小民，畏避刑宪，因而啸聚，在海作过。虽已降指挥，委帅宪司，督责捕盗……自赦到日，立限日月，许经所在官司陈省，以前罪犯并与原免。或徒中能相擒捕，更与推赏。内军人赴本军收管，百姓给据自便。"① 可见逃亡军人占了海贼来源的较大比重，北部湾地区的海贼主要来源于沿海的农民、逃亡军人、东南地区的海贼、疍人以及交趾的海贼等等。正因为海贼身份的这种模糊性，时人在记载这些集团时，对其身份的界定亦十分混乱。当时的海贼活动与内地的农民叛乱之间的界线似乎并没有那么清晰，许多叛乱都是依托于陆地，由内陆转移到海上。大部分知识人或地方官，对海贼来源的认识上基本相同，即认为海贼是地方民众因生计困难而形成的，或因租税负担以及官吏暴政。时人对于这些叛乱性质的区分仅仅显示的是活动地域的差异性，仿佛活动于海上，就可以将其定义为"海寇"。

探讨北部湾海贼的活动时，还必须结合该区域的经济发展状况。相较高雷地区，与之隔海相望的海南岛则开发较晚，但其处在通往南海诸国的重要航线上，是重要的中转站和物资补给处。据《诸蕃志》载，琼山、澄迈、临高、文昌、乐会，皆有市舶。② 海南具有特殊的船舶税法"格纳"，舶舟分三等，上等为舶，中等为包头，下等为蛋舶，至则津务申州，差官打量尺寸，有经册以格税钱，本州官吏仰此以赡。③

岭南地区历来是朝廷流放之所，聚集了大量中原地区犯罪而被流放至此的人员，给地方社会造成了困扰，为了控制沿海的人群，地方上将这些人大量编入到军伍之中。为了维持在海南岛上的行政建置以及军事驻防，陈尧叟于真宗年间出任广南西路转运使时，就从大陆经琼州海岸向海南转输粮食，史载："先是，岁调雷、化、高、藤、容、白诸州兵，使辇军粮泛海给琼州，其兵不习水利，率多沉溺，咸苦之……海北岸有递角场，正与琼对，伺风便一日可达，与雷、化、高、太平四州地水路接近，尧叟因规度，移四州民租米于场，第令琼州遣蜑兵具舟自取，人以为便。"④ 高雷地区与海南岛之间的粮食运输网络带来的直接影响之一，就是大量的军夫及蜑民被征发。可以推测，凌铁等人可能也是一些被流放或是被派往此地戍守的军人。

宋代海南盛产香料，香料将黎峒社会和广阔的贸易网络以及朝廷的财政体系越来越紧密地联系在一起。宋代丁谓称：

> 琼管之地，黎母山苜之，四郡境城，皆枕山麓。香多出此山，甲于天下。然取之有时，售之有主。盖黎人皆力耕治业，不以采香为利，闽越海贾，惟以余杭船即市香，每岁冬季，黎峒候此船，方入山寻香，州人徒而贾贩，尽归船商，故非时不有也。⑤

丁谓反映的是北宋初期的情形，南宋海南岛上的贸易活动日益频繁，"省民以盐、铁、鱼、米转

---

① 《宋会要辑稿》兵十三之二八，第14册，第8865页。
② 海南是否设有市舶机构，存在不同的看法，如方豪《中西交通史》认为："宋时琼州有设立市舶司之议，而未见实施。"（方豪：《中西交通史》第五章《唐宋时代之贸易港》，岳麓书社，1987）；葛金芳认为至少在南宋后期的13世纪这个时段内，海南琼州是有市舶场务机构存在的（葛金芳：《南宋全史（社会经济与对外贸易卷下）》第10章《广南路市舶司和海南市舶场务的设置》，上海：上海古籍出版社，2012）
③ 赵汝适：《诸蕃志校释》卷下《海南条》，北京：中华书局，2000年，第217页。
④ 《宋史》卷284列传四十三《陈尧佐》，第9581页。
⑤ 丁谓：《天香传》，收入（宋）陈敬：《陈氏香谱》卷4，四库全书本，上海：上海古籍出版社，1991年，第29—30页。

博，与商贾贸易。泉舶以酒、米、面粉、纱绢、漆器、瓷器等为货。"① 当时的商贾有自泉、福、两浙、湖广而来的，也有自高、化而来的，后者主要从事牛米以及日常商品的贩运。不仅商贾，官府亦介入到海南香料的开采之中。

该海域商业贸易的繁荣，自然引起海贼的觊觎，来自东南地区的海贼除在东南沿海劫掠外，亦沿着海岸南下，掠夺广东、广西沿海地区，蔡勘《定斋集》记载：

> 其摧锋军近虽准指挥以三千为领，缘广东郡邑地广人稀，邻接江西福建湖南，其汀赣之人每岁春时，动是三二百人为群，以商贩为名，纵横于广东循梅惠新南恩州及广州外邑之境，以往广西雷化等州掠取牛畜而归，稍失备御即纵剽夺。②

海寇通过控制闽广之间的海道，以劫掠从广东输入福建的米谷为业，或从事私盐的贩卖，海寇活动的地域范围远远不止闽广交界地带，用来兴贩私盐的船只被称为"大棹船"，绍兴四年（1134）广南宣谕明橐言："臣自入广东界，闻大棹船为害不细，其大船至三十棹，小船不下十余棹。器仗罗鼓皆备，其始于贩鬻私盐，力势既盛，遂至行劫，大船则出入海道作过，停藏于沿海之地；小船则上下东西两江，东江则自广至于潮、惠，西江则自广至于梧、横。或越数州，或不出本州之界，以其所贩私盐节次卸于停藏之家，径引船去其停藏之家，或就某处出卖，或贼船接续搬运前去，应停藏之家与巡尉弓兵皆收贼赂，以此之故，无由败露。"③ 海寇还将私盐通过西江贩运至广西的梧州、横州，这些私盐贩的猖獗除了"停藏"之家的资助包庇外，巡尉、水军等的包庇、徇私舞弊也是一大原因，甚至水军也参与到私盐的贩运之中。雷、琼水军是否参与到贩运之中不得而知，摧锋军是南宋广南重要的地方军，然而摧锋军也参与到私盐的贩运之中，有资料称"广东摧锋军及大奚山一带人，皆以贩盐为活"④。位于广东的大奚山是私盐贩聚集的一个重要据点，来自兴化郡、漳州以及泉州等东南沿海的私盐贩和岭南沿海的水军都与大奚山存在密切的联系⑤，《宋会要辑稿》记载：

> （庆元元年）十二月二十五日，诏：新（雉）[邕]州左江提举林埙，特除名勒停，送筠州拘管，永不放还……以提举广东常平茶盐公事陈宏规奏："大奚山贼包藏祸心，盖非一日。埙向在水军，曾任统领，与大奚山人素来通同。故贼目窃发之初，便声言须是林左江来，乃受抚谕，及埙到彼，教贼索战，亦曾对众自言高登等曾到其家，意欲夸人，以贼（索）[素] 相亲信，而不知其奸计自露。此寇所以敢如是猖獗，实缘内有所恃。"⑥

庆元三年（1197），徐安国入大奚山逮捕私盐寇，引发岛民啸聚，之后又派钱之望进剿。此则材料揭示了大奚山的私盐贩与水军统领林埙之间的私盐贸易，关于左江提举林埙的资料仅见

---

① 赵汝适：《诸蕃志校释》卷下《海南》，第216页。
② 蔡勘：《定斋集》卷1《割属宜章临武两县奏》，四库全书本，第14页。
③ 《宋会要辑稿》食货二六《盐法杂录四》之21—22，第6569页。
④ （宋）彭龟年：《止堂集》卷1《论雪雷之异为阴盛侵阳之证疏》，四库全书本，第19页。
⑤ 《宋会要》刑法二之一百二十一，第14册，第8349页。"大观中，曾降指挥，大奚山民户所置船面，不得过八尺。近年多有兴化、漳、泉等州逋逃之人，聚集其处，易置大船，创造兵器，般贩私盐，剽劫商旅"。
⑥ 《宋会要辑稿》兵十三之三九至四十，第14册，第8872页。

《宋会要辑稿》所载，知其曾任水军统领，猜测可能为广东巡海水军或摧锋军水军①。广东巡海水军创置于庆历五年（1045），《朝野杂记》甲集卷一八载摧锋军有水军二千人；永乐大典引《三阳志》载摧锋军水军创置于乾道三年（1167），隶属广东安抚司。"停藏"之家的资助包庇，水军也参与到私盐的贩运之中，"军"、"民"与"盗寇"之间的区别更加趋于不明晰了。

泉、福、两浙、湖广、四川等地的商人集聚于此，从事香料、珍珠、奢侈品等的贩运，南宋时期海寇"亦商亦盗"或"亦盗亦商"，也很难断定这些前来贸易的商人没有参与到海寇的劫掠之中。前面提到"硇洲"地区是海贼活动的中心据点，硇州地区地处雷州湾附近海域，易于躲避海上的风浪和官兵的追捕，又邻近商贸发达的南海航路线上，其成为盗贼的窝点自然不难理解。除了逃亡军人、东南地区的商贾和海寇，北部湾沿海的蜑人亦是影响沿海社会秩序的一大重要因子。

《岭外代答》载：钦民有五种，土人、北人、俚人、射耕人以及蜑人②，其中北人指五代之乱以后南迁的中原居民，射耕人指来自福建等地的移民，俚人指俚僚等少数民族，钦廉沿海的蜑人主要以采集珍珠为生。宋太宗继位后，于太平兴国二年（977）遣官员在廉州采珠，雍熙元年（984）裁撤在岭南的采珠场，将采珠场开放给民间开采。大体来说，相较元明清时期官府对采珠活动的垄断情形而言，宋代对于民间采珠很少禁止，民间珍珠贸易繁荣。钦州博易场贸易的繁荣，大量来自中原的富商聚集于该地，"唯富商自蜀贩锦至钦，自钦易香回蜀，岁一往返，每博易动数千缗"。③宋神宗七年，广南珍珠被运往西川路贸易。采珠的工作主要由蜑人来完成，但珍珠贸易的利润主要被控制在沿海一些富户及商人手中，蜑人们生活无着，常以劫掠为生。宋代北部湾沿海地区，官府还很难有效控制当地的人口，粤西南社会豪酋与峒首是当时社会的实际控制人，富户通过控制沿海的沿海蜑人得以垄断珍珠贸易，熙宁九年（1076）六月，诏"广南西路富民得养蜑户，毋致为外夷所诱"④。该诏令发布于宋与交趾战争之前，来自交趾的海寇常常侵扰廉钦地区，蜑人常常成为被掳掠的对象，蜑户亦成为海寇的协从，窥伺内地，"……而溪峒首领，钦廉蜑户素倚寇以徼利，张皇声势以摇边情，轻信喜事之徒同声附和，虑贻南顾之忧。"⑤为了控制沿海社会秩序，政府通过籍蜑人充当水军或者编入户籍等主要手段来对其加以控制，但事实证明这些手段并不奏效。交趾地区以及东南地区的海贼亦常常侵扰北部湾海域，交趾地区的海寇将在后面予以论述。

三、水军设置后的情形

自雷州水军创制后，是否对沿海社会秩序的控制起到了积极的作用，是我们接下来要探讨的问题。《雷州府志》盛赞水军设立之后给沿岸社会带来了极大的好处，"置立本军后，海盗倚之

---

① 乾道四年（1168），新置潮州水军200人，次年增广东水军为2000人，这两者又合称广东水军，或广东经略司水军……摧锋水军应即广东水军，而不是摧锋军中有一只摧锋水军。盖因摧锋军素有威名，有人将广东水军冠以"摧锋"之号（汪延奎：《宋代广南东路的军队》，《广东社会科学》1989年第1期）；黄宽重先生则认为摧锋军中另有水军，《广东摧锋军——南宋地方军演变的个案研究》，《"中央"研究院史语所集刊》第65本第4分，1994年12月，第967页。

② 《岭外代答》卷4《□□门五民》，第144页。

③ 《岭外代答》卷5《财计门 钦州博易场》，第196页。

④ （清）阮元：《广东通志·前事略》，李默、林棕宗、杨伟群点校：《岭南史志三种》，广州：广东人民出版社，2011年，第114页。

⑤ 《续资治通鉴长编》卷291神宗元丰元年，北京：中华书局，第20册，1986年，第7117页。

以宁，其间或有窃发，则军船一出，彼皆敛形退遁，至有授首就擒，前后调遣获捷者，不知其几；间有差出戍邕之边，溪蛮峒獠，帖然心服。水军之号为广右精兵，沿海之民，所以享安靖之福，皆本于弹压之功也。"① 但事实证明雷州水军的设置，并没有起到守护海道及安定地方的作用，不仅沿海地区守备空虚，兵力孱弱，整个广南西路的情形亦是如此。广西境内民族矛盾复杂，宋朝政府多将注意力放在对少数民族叛乱的镇压之上，对于海疆的安全多不措意，水军创建之后，虽然多次参与平定陆上叛乱，然而由于兵额稀少，沿海地区发生动乱时，往往要依靠从别处调发军队才能平定叛乱。

平定凌铁叛乱不久，又有王宣、李云的叛乱，隆兴元年（1163），王宣、李云啸聚容州，廖颙和俞良弼相继放罢。隆兴二年正月，权东南第十一副将李宏率摧锋军追捕王宣等，轻敌寡众，反被贼所捕②，摧锋军是广南东路重要的地方武力，此为摧锋军移驻广西之始。据韩元吉所撰《秘阁修撰郑公墓志铭》记载："信宜县茶寇窃发，执邑尉屠令之子，杀将高居弁，获李宏，朝廷遣鄂军步骑千人来赴，又失期，公摄提点刑狱，会兵雷州水军统领皇甫谨逗挠不进，将斩以徇，同列叩头，乞赐自赎谨，遂以劲兵败。"③ 墓志言此次叛乱活动范围在高州信宜县，与《宋会要辑稿》所说容州不同。墓志铭中将王宣、李云等定义为"茶寇"，也有一些文献将其定义为"妖贼"，可见雷州水军并非专门用于防御从海上而来的盗寇，亦常常参与陆地上的平叛活动，配合陆地上的作战，把截海道。

由于文献资料的不足，我们难以了解这支水军内部的操习教阅等情形，但值得注意的是，其中提到了邓安恭与雷州水军会军剿灭王宣等人，水军统领逗挠不进的情形，此时距离邓酢上疏设置雷州水军开始，仅一年时间。淳熙元年（1174）四月七日，广州知州司马伋言："本路帅司水军以千人弹压海道，有统领一员，无副将管辖，旧有统辖一员，窠阙久不差人，其余队将之属，皆是强盗中选而为之，实难倚托。"④ 南宋朝廷对待沿海的海贼的处置方式常以招安为主，导致沿海水军中充斥大量叛乱而被招抚的海贼，司马伋言广州巡海水军"其余队将之属，皆是强盗中选而为之，实难倚托"，广州巡海水军尚且如此，雷州水军的情况亦可以想见。可知这支水军应是把沿海的罪犯或是海盗一类人籍而为军，临时拼凑而成，水军的素质自然不会很高，自然导致号令难以施行。

在接下来的淳熙六年（1179）夏五月庚申的李接叛乱中，李接从陆川起兵，相继攻陷郁林、博白，之后又进攻化州、雷州，占领了以雷州半岛为主的湛江地区和广西玉林地区的大半部。广西经略安抚使刘焞，听取经略司准备差遣吴猎的建议，让沙世坚率领效用军，从北部梧州、滕州进攻容州，陈玄国从东南部经化州与沙世坚会合，又派雷化州水军，堵截海路，又令周自强自广东率领一支摧锋军阻止叛军东进，结果"甲申帅司水军自雷州至，贼逾城走"⑤。

两广地区朝廷直接控制的军事力量较弱，乾道元年（1165），德庆府知州莫延秀就指出："二广诸州多与江西接境，江西之民以兴贩私茶盐为业，劫杀平民，而二广诸州军兵孱弱，惟赖

---

① 《雷州府志》卷12《兵防志》，第594页。
② 《宋会要辑稿》职官七一黜降八，第3974页。"二年正月二十一日，诏修武郎、阁门祗侯、权东南第十一副将李宏，特追三官，勒停，坐统押摧锋军，讨捕凶贼王宣，轻敌寡众，反被贼捕"。
③ 韩元吉：《秘阁修撰郑公墓志铭》，《南涧甲乙稿》卷20，何竹淇编：《两宋农民战争史料丛编》，北京：中华书局，1976年，第341页。
④ 《宋会要辑稿》职官三二"都统制"之四五至四八，第六册，第3835页。
⑤ 《敷文阁直学士赠通议大夫吴公（猎）行状》，《两宋农民战争史料丛编》（下编）第8卷，第410页。

土豪，号曰'统率'者，聚兵保伍以遏绝之。"① 平定此次叛乱沙世坚所率领的效用军，就是这样的一支军队。

关于沙世坚的生平，《粤西丛载》记载："乾道中，有归正官曰沙世坚，素勇武，坐赃配隶静江府，郑少融为广西宪，命之捕盗，有功，稍复其官。庆元中为德安守，粗暴自如。"② 郑少融难以考订其人事迹，据《桂林石刻》所载《范成大郑少融等四人七星岩题名》以及《张敬夫郑少融等水月洞题名》碑来看③，范成大及张栻等人在广西任职的时间为乾道九年（1174）至淳熙四年（1177），乾道中沙世坚受到郑少融赏识而授予官职的事，应视为沙世坚仕途的开端，沙世坚的身份最有可能即为当地的土豪、强武之民。《岭外代答》即载：

> 广右效用，盖诸郡山川广莫，生齿不蕃，强弱不侔，又四方之奸民萃焉，于是诸郡所在，假强武之民，以"效用"名之，豪民亦借官为重。自王宣、凌铁、谢实为变，赖效用立功。厥后经略司乃置效用五百人于静江。凡强盗贷死、逃卒亡命与其强武愿从之民咸集焉。善接短刃以麾贼，隐然形势，有足取者。静江效用，自成一军。④

从以上可以看到凌铁、王宣等叛乱为地方上豪民势力的崛起提供了一个契机，从这个意义看，"归正人"并非指北方沦陷区南下投奔的人，而应为"回归正道"的意思。此次参与平定王宣、李云叛乱，沙世坚领导的效用军在战争中初露锋芒，此后，在一些重要的平叛活动中，也可以看到效用军的影子。广西宜山县绍熙年间的《沙世坚镇压茚难莫文难莫文察等反抗碑记》载："绍熙改元（1190年），岁次辛亥，茚难莫文察围打普义寨，安化蒙令堂围打镇宁寨，复为边扰。三司剡奏，朝廷复命世坚以广西路副总官自兼守尉……"⑤，到绍熙年间，沙世坚已升任广西路副总管。

除了军队本身素质低下的问题，在水军的统领体制上也存在较大的问题，南宋初期的水军在隶属关系上可分为四个系统，即沿海制置司、各地安抚司、中央三衙或是属于行营护军或由各大将直接指挥。⑥ 雷州水军创立时就隶属于广南西路经略安抚使司，地方守臣是无权节制该军的。"久至是新置都盐使者锐欲禁之，檄水军逐捕，公曰水军专受帅府节度，非它司可得而调也。"⑦ 不受地方守臣的管辖，水军骄纵蛮横，甚至凌驾于地方官员之上，而且地方军、政互异，不相统摄的也给地方军政带来不便，于是便有人上疏让水军接受地方的节制。真德秀所撰《宋文林郎墓志铭》记载：

> 行视诸州，独雷守陈亮弼有治郡材，已乃闻其削秩以免，盖帅司水军戍于雷，主兵官以等夷视守，守顾奉承之，陈至稍绌其礼，主兵官怒谮于帅，勃之，君为雪其诬，且曰兵廪于

---

① 《宋会要辑稿》兵一之二二，第6764页。
② 《沙世坚》，汪森编：《粤西丛载校注》（中），南宁：广西人民出版社，2007年，第428页。
③ 《范成大郑少融等四人七星岩题名》《张敬夫郑少融等水月洞题名》，分载《桂林石刻》，桂林市文物管理委员会编，第187页，第195页。
④ 《岭外代答》卷4《效用》，第142页。
⑤ 《沙世坚镇压茚难莫文难莫文察等反抗碑记》，载《广西少数民族地区石刻碑文集》，南宁：广西人民出版社，1982年，第161页。
⑥ 粟品孝：《南宋军事史》，上海：上海古籍出版社，2008年，第60页。
⑦ 朱熹：《直显谟阁潘公墓志铭》，《全宋文》卷5685，第253册，第181页。

雷而不受节制，非便也。①

出于调戍问题，加上军政合一指挥的需要，淳祐八年（1180）朝廷下诏"以雷州所屯经略司水军颇横，诏守臣节制"，雷州水军改由屯驻地方守臣节制，此后（庆元元年，1195年）七月六日，雷州水军统领何茂椿放罢，坐轻躁恣横，不畏法令，从广西经略司所按②，可见，诏令并没有起到相应的作用。

琼州水军的资料相较雷州水军资料更为稀少，海南岛海岸线绵长，拥有诸多天然港湾，又孤悬海外，远离中原的政治军事中心，从驻扎在海南岛上的军队数量及户税数量上看，实属捉襟见肘，鞭长莫及，民困兵弱的情况，使得海南岛沿海海域也成为海贼活动的最佳场所，商船行驶的安全难以得到保障。咸淳三年（1267），陈明甫、陈公发占据临川，剽掠商贾，影响了南海贸易的发展。咸淳年间邢梦璜任吉阳军金判，三亚市摩崖碑记记载了此次镇压情况：

> 渺矣朱崖，重溟绝岛，百峒窟山。群盗宅海，西交南占。而崖以百余户孱弱之民，五六十疲卒，植军于此……有属镇曰临川，距州百里而遥，初置统领，本军是强（疆）。暨五六十年，奸孽互相攘寇，自相易置，本军力弱。明甫、公发倚黎薮道，窃据为盗，建寨于鹿回头。驾舶有双龙首，服器僭越，榜称王号。系累军卒，擅征民粮，占税户五十余村。剽袭商货，司舶虚设，掠及濒海八州居民，以鬻外番。③

据《正德琼台志》，陈明甫、陈公发活动的范围"远而漳、潮、恩、广，近而钦、廉、雷、化"，从事人口贩卖，剽掠沿岸居民，还抢劫朝廷的舶货，以致"崖之民无宁岁……敢于剿灭朝廷之舶货，连年商贾能有几回舟？诸司舶务殆为虚器。"④

此时的南宋政府已是强弩之末，内忧外患已使其疲于应对，所以一直到咸淳十年，叛乱才被马成旺扑灭。

四、钦廉沿海的海防

宋代安南李朝建国，与交趾比邻的钦廉地区，因此成为边境的防守要地。宋与交趾双方之间商贸往来亦十分频繁，宋代广西路最大的港口是钦州，这里是交趾来华贸易的最主要地点。《岭外代答》称：

> 凡交阯生生之具，悉仰于钦，舟楫往来不绝也。博易场在城外江东驿，其以鱼蚌来易斗米尺布者，谓之交趾。其国富商来博易者，必自永安州移牒来钦，谓之小纲。其国遣使来钦，因以博易，谓之大纲，所赍乃金银、铜钱、沉香、光香、熟香、生香、珍珠、象牙、犀角。吾之小商近贩纸笔、米布之属，日与交人少少博易，亦无足言。⑤

---

① 真德秀：《宋文林郎墓志铭》，《全宋文》卷7191，第314册，第98页。
② 《宋会要辑稿》职官七三黜降官十，第9册，第5036页。
③ 周伟民、唐玲玲著：《海南金石概说》，海口：海南出版社，2008年，第40页。
④ （明）唐胄撰：《正德琼台志》，明正德十六年刻本，第536页。
⑤ 《岭外代答》卷5《财计门　钦州博易场》，第196页。

广州乃广南海上交通的总枢纽，长期设有市舶机构，但由于与交趾的特殊关系，宋朝始终未将与交趾的贸易纳入市舶贸易体制，没有专置市舶官员管理，而是在边防管理体制下进行边境互市。钦州、琼州等港，往来商船仍须向广州市舶领取公凭。

交趾在968年立国后，统治者常常派兵在钦廉沿海港口进行骚扰，黎桓篡权后，对边境的侵略更加猖獗。如淳化二年（991），交州潮阳民卜文勇等杀人，并家亡命至如昔镇，镇将黄令德等匿之，黎桓移牒来追捕卜文勇，黄令德等拒不归还卜文勇，因兹海贼连年剽掠。至道元年（995），钦州如洪镇兵马监押卫昭美皆上言，有交州战船百余艘寇如洪镇，略居民，劫廪实而去。① 大中祥符二年（1009），广南西路言，钦州蛮人劫海口疍户等等。来自交趾的海寇主要以劫掠粮食、居民为主。宋廷晓谕交趾政府约束境内海寇，交趾政府表面上持合作态度，但大多数事件里都没有尽心尽力，敷衍了事。剽掠的海寇得到交趾政权的支持和庇护，淳化二年，交趾海寇侵略钦州边境，宋廷派官员前往交趾，黎桓态度傲慢，史载：

> 桓礼甚薄，因附表起居，且言：劫如洪，乃外境海（贼）〔贼〕尔，即执蛮人不晓华言者二十七人，送转运使。及桓表至，故遣若拙往使。始至，桓出郊迎，词气颇慢，诏若拙曰："昔劫如洪，乃外境〔蛮贼也〕尔皇帝知否？倘交趾（长）〔果〕叛，则（人）〔当〕先（攻）广（叛）〔州〕次及闽中诸郡，岂止如洪镇而已！"②

加之宋初主要将防御力量置于北方，对交趾多不措意，在处理与交趾的关系上，着力构建以自身为中心的宗藩关系，在经历了两次大的战争之后，双方之间以和平为主流，但小的摩擦与冲突不断。

境内溪洞首领、亡赖之徒等也与交趾的海寇等势力相联系，从事人口和私盐的贩运，如《余良弼墓志》就记载："羁縻州洞，密迩边鄙，多掠婆人，贩入交趾，溪酋官典，亦复相诱，鱼贯而行，曰贩生口，老稚壮弱，以金定价，高者金多，下者金寡。交人得之，如牡牛马，髡钳如奴，役无昼夜，官虽约束，终弗能禁。"③ 唐代中后期在岭南所推行的一系列限制奴婢的措施，促进了奴婢阶层走向衰亡，宋代在岭南地区长期延续的南口卖掠习俗亦基本消除，但在国家控制薄弱的溪峒社会，仍残存着人口卖掠的现象。绍兴三年，十月戊戌，广南宣谕明橐奏："邕州之地，南邻交趾，其左右江诸峒，多有亡赖之徒，略卖人口，贩入其国。又闻邕、钦、廉三州，与交趾海道相连，逐年规利之人，贸易金香，必以小平钱为约；而又令下其国，小平钱许入而不许出，若不申严禁止，其害甚大。"④ 虽然宋廷多次下诏禁止岭南地区的人口贩卖以及铜钱流出，但似乎效果并不明显。溪洞地区的食盐主要由廉州石康仓供应，由于食盐运销的不足，"比年边民率通交趾，以其地所产盐杂官盐货之，及减易马盐以易货"⑤。私盐贩卖是禁而不止，最后宋廷不得不默许交趾私盐的流入。

钦廉地区的水军直到理宗宝祐时期才创置，因蒙古采取斡腹之谋，进攻大理，威胁广南西

---

① （清）阮元：《广东通志·前事略》，李默、林棕宗、杨伟群点校：《岭南史志三种》，广州：广东人民出版社，2011年，第107页。
② ［越］黎崱著，武尚清点校：《安南志略》卷11《黎氏世家》，北京：中华书局，2000年，第286页。
③ 胡铨：《广东经略余公墓志铭》，《全宋文》第196册，卷4328，第119页；还可参考王承文：《唐朝岭南地区的奴婢问题与社会变迁》，《中山大学学报》2005年第6期。
④ 《古代中越关系史料选编》，北京：中国社会科学出版社，1982年，第243页。
⑤ 《宋史》卷495《蛮夷三》，第40册，第14213页。

路。李曾伯上疏："钦州则介在海滨，城壁素恶，守臣拱见随宜整葺，引水灌濠，而去海止四十里，犹可籍水军舟楫之用，拱已造到轻捷海船二十只，更接续多数增置，亦足以备缓急。"① 到此时南宋才在钦州设置水军，造轻捷海船二十只。宋廷在钦廉地区主要依靠建立镇砦，设置沿海巡检司等以控扼海道。

《武经总要》约成书于庆历七年（1047），中央王朝在廉江入海口置二寨，鹿井砦在西南面，"控象鼻沙大水口，入海道交州水路；三村砦在东南面，控宝蛤湾至海口水路。东南转海至雷州递角场。"② 廉州通交趾海道，须经乌雷岭等险要之处才可达于钦州、交趾。水路湍险，巨石梗涂，"广州而东，其海易行；自广州而西，其海难行；自钦廉西，则尤难行"③。唐咸通八年，高骈奏请，开凿出了一条横贯江山半岛的人工运河，使得漕船无滞，以沟通和连接江山半岛南部的珍珠湾和北部的月亮湾。④ 使得沿海航行的船只无须绕过白龙尾，大大缩短了航程。

钦州港在唐代时期发展起来，到宋代取代廉州港成为广西重要的出海海港，"自钦西南舟行一日，至其永南州，由玉山大盘寨过永泰、万春，即其国都，不过五日，率用小舟，既出港，遵崖而行，不半里即入钦港。正使至廉，必越钦港"，宋廷在钦州港地区设置镇砦以固戍守。《武经总要》前集："又有如洪、咄步、如昔三镇，皆滨海，与交州密迩，置六戍守。"⑤ "钦于港口置抵棹寨以谁何之，今境有木龙渡以节之，沿海巡检一司，迎且送往。此其备诸海道者也，若乃陆境，则有七峒，于如昔峒置戍，以固吾围。"⑥ 钦州的沿边兵防，基本由管界、沿海二位巡检分别负责陆路及海上的防务。⑦

由于广西地区独特的地理环境，对于广西地区的征戍也产生了影响，广西独特的地理气候，北来的士兵难以适应当地的气候环境，加之对山川道里的不熟悉，侬智高起事后，宋廷加大了对左右江地区溪峒社会的控制，其中一个努力就是对峒丁的教阅，熙宁六年（1073），沈起任广西经略安抚使报告说："邕州五十一郡峒丁，凡四万五千二百，请行保甲，给戍械，教阵仗，艺出众者，依府界推恩补授，奏可。"⑧ 宋廷在广西检点了大量的土丁，峒丁以代北方的士兵，不仅免了北方士兵征戍之苦，也节约了大量的军费钱粮。"钦之澄海，与夫管界、沿海二巡检，合集不过五百人。而如昔之戍，出于峒丁，抵棹之戍，出于土丁"，在与交趾接壤的七峒地区，宋廷征发七峒峒民为兵，"钦州七峒峒丁，为官戍边。盖七峒权力弱于邕管，故听命也。旧制，钦峒置巡防使臣一名，以官军百人戍如昔峒，以备交趾。因官军虐之，峒酋乞不用官军，愿自以峒丁更戍，以故钦州独有峒丁之戍。"⑨ 按宋代史料言七峒，但未言具体名称，嘉靖年间《钦州志》记七峒为：博是、贴浪、监山、时罗、如昔、古森、渐凛。《宋会要辑稿》兵五之一二记载："绍圣元年（1094）闰四月二十六日诏：广西路戍兵，钦州抵棹寨二百人，如昔峒巡防二百人……依逐州县寨防托守隘例，输差土丁以代正兵，抵棹寨土丁六十人，如昔峒丁七十人。"可见以峒丁代戍始于绍圣以后。

---

① 《回宣谕奏》，（宋）李曾伯撰：《可斋续稿》后卷八，四库全书本，第474页。
② （宋）曾公亮、丁度：《武经总要前集》卷20《边防 广南西路 廉州》，四库全书本，第726册，第580页。
③ 《岭外代答》卷1《地理门 象鼻砂》，第37页。
④ 王承文：《晚唐高骈开凿安南天威遥运河事迹释证》，"中央研究院"历史语言研究所集刊第81本，第3分。
⑤ 《武经总要前集》卷20《边防 广南西路 廉州》，第726册，第580页。
⑥ 《岭外代答》卷2《外国门 安南》，第55页。
⑦ 可参见廖幼华《唐宋时期廉钦交三州沿海交通与砦镇》，《深入南荒——唐宋时期岭南西部史地论集》，台北：文津出版社，2013年，第131页。
⑧ 《宋史》卷191《兵》五，第14册，第4747页。
⑨ 《岭外代答》卷4《峒丁》，第136页。

五、结　语

　　以上讨论了雷州水军及琼州水军创立的过程和背景，凌铁叛乱，暴露了宋朝政府在岭南沿海地区军事戍守力量的空虚，不得不借助民间茶商的武力平定叛乱。此后，朝廷为了加强对地方社会秩序的控制，设置了雷州水军和琼州水军，但事实证明水军的设置，并没有起到守护海道、安定地方的作用，兵额的匮乏，军队素质和战斗力的低下，以及调戍制度的弊端等等原因，使得每次叛乱都不得不依靠其他地方调发的军队，也给了豪民等地方武力施展的机会。北部湾地区商贸活动繁荣，逃亡军人、沿岸农民、蛋人、东南沿海的私盐贩、富商等等人群，都可能转化为海贼，"军"、"民"、"商"与"盗"的界限是模糊的，也反映了政府对沿岸人群的控制薄弱。在与交趾交界的钦廉地区，商贸繁荣，也常常遭受来自交趾海寇的侵扰，境内溪峒首领、亡赖之徒等与交趾的海寇等势力的联系使得海防形势亦变得复杂，宋朝通过在沿海设立镇砦、沿海巡检等以防托海道，也因地适宜的掺杂峒丁戍守。

（作者单位：中山大学历史学系）

河西小月氏、卢水胡与河东羯胡关系探源

沈骞

一、小月氏源流

小月氏是两汉时期河西走廊地区特有的民族，与张骞首次出使西域欲与之结盟的大月氏同源，《后汉书·西羌传》记载了小月氏的渊源来历："湟中月氏胡，其先大月氏之别也，旧在张掖、酒泉地。月氏王为匈奴冒顿所杀，余种分散，西逾葱岭。其羸弱者南入山阻，依诸羌居止，遂与共婚姻。及骠骑将军霍去病破匈奴，取西河地，开湟中，于是月氏来降，与汉人错居。虽依附县官，而首施两端。其从汉兵战，随执强弱。被服饮食言语略与羌同，亦以父名母姓为种。其大种有七，胜兵合九千余人，分在湟中及令居。又数百户在张掖，号曰义从胡。中平元年，与北宫伯玉等反，杀护羌校尉泠征、金城太守陈懿，遂寇乱陇右焉。"①

正史明确记载了小月氏是西汉时期月氏族人西迁时在敦煌与祁连南山中遗留下来的一部分同族老弱者，后来与羌族通婚同居，习俗语言等也被羌人某种程度上的同化，后世之湟中义从胡的源头也是保南山羌的这部分小月氏。《汉书·霍去病传》记载了西汉元狩二年（前121）霍去病第二次出兵河西与小月氏发生军事冲突："济居延，遂臻小月氏，攻祁连山"。月氏西迁时期留在敦煌祁连间的余众，在西汉武帝时已经达到万人以上，主要分布地区仍旧在敦煌与酒泉之间，依祁连山而居，酒泉南山的小月氏归属汉朝后，服从汉朝的调遣，参与河西地区各种事务②。《汉书·赵充国传》记载了神爵元年（前61）小月氏和同居的羌人共同应对西羌起义的事件："今诏破羌将军武贤将兵六千一百人，敦煌太守快将二千人，长水校尉富昌、酒泉候奉世将婼羌、月氏兵四千人，亡虑万二千人。"从这条记载可以看出"被服饮食言语略与羌同"的小月氏已经显现出和羌族迥然不同的政治立场；居延汉简387·1·甲1793条简文记载了："小月氏，仰羌人"③。汉武帝时期，汉置居延以卫酒泉，防御匈奴南下，小月氏参与其中。此两条记载表明小月氏和同居的羌人已经成为西汉政府在河西地区重要的雇佣军力量，能出兵数千，按照一户一丁、五口人计，其人口规模至少已经达到数万。

东汉时期，小月氏开始向东发展，逐渐渗透入内地。《后汉书·邓训传》记载："先是，小月氏胡分居塞内，胜兵者二三千骑，缘勇健富强，每与羌战，常以少制多。虽首施两端，汉亦时收其用。时迷吾子迷唐，别与武威种羌合兵万骑，来至塞下，未敢攻训，先欲胁月氏胡，训拥卫

---

① 《后汉书》卷87《西羌传》，北京：中华书局，1965年，第2899页。
② 王宗维：《卢水胡与小月氏》，《西北民族研究》1995年第2期，第101页。
③ 杜庆军：《试析关于郅支的一册诏书》，《濮阳职业技术学院》2009年第5期，第27页。

稽故，令不得战。议者，咸以羌胡相攻，县官之利，以夷伐夷，不宜禁护。训曰：'不然。今张纡失信，众羌大动，经常屯兵，不下二万，转运之费，空竭府帑，凉州吏人，命县丝发。原诸胡所以难得意者，皆恩信不厚耳。今因其迫急，以德怀之，庶能有用。'遂令开城及所居园门，悉驱群胡妻子内之，严兵守卫。羌掠无所得，又不敢逼诸胡，因即解去。由是湟中诸胡皆言'汉家常欲斗我曹，今邓使君待我以恩信，开门内我妻子，乃得父母。'咸欢喜叩头曰：'唯使君所命。'训遂抚养其中少年勇者数百人，以为义从。"① 这段记载描述了小月氏入居塞内和湟中月氏义从胡的由来。小月氏种族大概是印欧人游牧种族善骑射的缘故，深得东汉政府的重视，已经成为其镇压西羌暴乱所依赖的一支重要力量，雇佣军色彩明显。

东汉末年在镇压河湟羌胡起义中，董卓的兴起促进了小月氏由湟中向内地的发展。《后汉书·董卓传》记载："董卓字仲颖，陇西临洮人也。性粗猛有谋。少尝游羌中，尽与豪帅相结。后归耕于野，诸豪帅有来从之者，卓为杀耕牛，与共宴乐，豪帅感其意，归相敛得杂畜千余头以遗之，由是以健侠知名。为州兵马掾，常徼守塞下。六年，征卓为少府，不肯就，上书言：'所将湟中义从及秦胡兵皆诣臣曰：'牢直不毕，禀赐断绝，妻子饥冻。'牵挽臣车，使不得行。羌胡敝肠狗态，臣不能禁止，辄将顺安慰，增异复上。"② 董卓是陇西临洮人，少游羌中，与羌胡部落关系密切，河湟羌胡起义中，董卓为破虏将军，在天水一带镇压羌胡，数年发展中部下就有大批"湟中义从及秦胡兵"，《后汉书·郑太传》记载："且天下强勇，百姓所畏者，有并、凉之人，及匈奴、屠各、湟中义从、西羌八种，而明公拥之，以为爪牙"。③ 湟中小月氏就这样在董卓的军事行动中由湟中发展到三辅地区，善战的湟中义从成为董卓军事力量的主力，董卓败亡后，这些小月氏胡人部落并未离散，自然以部落为单位散居于中原。

魏晋十六国时期，小月氏种族仍旧频频出现在历史舞台上，由于"月氏"同音于"月支"，多以"支"姓面貌出现，《三国志·魏书·后主传》记载："凉州诸国王各遣月支、康居胡侯支富、康植等二十余人诣受节度，大军北出，便欲率将兵马，奋戈先驱。"④ 这是小月氏以支为姓的最早记载。《晋书·怀帝纪》记载："辛未，平阳人刘芒荡自称汉后，扇诱羌戎，僭帝号于马兰山。支胡五斗叟、郝索聚众数千为乱，屯新丰，与芒荡合党。"⑤ 此支胡当居于关中，当为小月氏人无疑。与此几乎同时，《晋书》卷104《石勒载记上》曰："勒拜而受命。遂招集王阳、夔安、支雄、冀保、吴豫、刘膺、桃豹、逯明等八骑为群盗。后郭敖、刘征、刘宝、张曀仆、呼延莫、郭黑略、张越、孔豚、赵鹿、支屈六等又赴之，号为十八骑。"⑥ 支雄与支屈六当为湟中月氏胡之后。马长寿先生的《北狄与匈奴》中引周家禄先生的《晋书校刊记》云"十八骑中的张屈六"，进一步认为"张屈六即支屈六，支，张声转之误"⑦，可见"支，张"可以互转，支和张可能是指同一个姓，十八骑中的张姓也有可能是小月氏人。

---

① 《后汉书》卷16《邓训传》，北京：中华书局，1965年，第899页。
② 《后汉书》卷72《董卓传》，第2331页。
③ 《后汉书》卷70《郑太传》，第2262页。
④ 《三国志》卷33《魏书·后主传》，北京：中华书局，1959年，第930页。
⑤ 《晋书》卷5《怀帝纪》，北京：中华书局，1974年，第156页。
⑥ 《晋书》卷104《石勒载记上》，第2708页。
⑦ 马长寿：《北狄与匈奴》，北京：生活·读书·新知三联书店，1962年，第101页。

二、卢水胡源流

卢水胡之名始见于东汉,《后汉书·窦融附弟子固传》记载:"固与忠率酒泉、敦煌、张掖甲卒及卢水胡羌胡万二千骑出酒泉塞。"①《后汉书·西羌传》记载:"时烧何豪有妇人比铜钳者,年百馀岁,多智算,为种人所信向,皆从取计策。时为卢水胡所击,比铜钳乃将其众来依郡县。二年夏,迷吾遂与诸众聚兵,欲叛出塞。金城太守郝崇追之,战于荔谷,崇兵大败,崇轻骑得脱,死者二千余人。于是诸种及属国卢水胡悉与相应,吴棠不能制,坐征免。"② 由此可见,东汉初年卢水胡已经见于文献记载,且其与上文所述的小月氏胡一样,能征善战,经常被汉政府征为雇佣军使用。魏晋南北朝时期,关于卢水胡的记载频频出现于文献记载中。

《三国·魏志·张既传》:"凉州卢水胡伊健、妓妾治元多等反,河西大扰。"③

《晋书·沮渠蒙逊载记》记载:"沮渠蒙逊,临松卢水胡人也。其先世为匈奴左沮渠,遂以官为氏焉。"④

《宋书·氐胡传》亦载:"大且渠蒙逊,张掖临松卢水胡人。匈奴有左且渠、右且渠之官,蒙逊之祖先曾任此职。羌之酋豪曰'大',故且渠以官位为姓氏,而以'大'字冠之,世居卢水为酋豪。"⑤

卢水胡所居的张掖临松山与保南山羌的小月氏所居之地临近,且《宋书》将其归为氐胡类,当与氐羌有渊源或地望近,这与小月氏与羌人同居通婚的历史也有近似之处。卢水胡沮渠蒙逊先祖以"沮渠"作为姓氏反映出两个事实:一是蒙逊先祖在以"沮渠"为姓氏前尚无姓氏;二是蒙逊先祖在担任"沮渠"一职时,由于卢水胡此前尚无姓氏,故将变故前的官号"沮渠"作为姓氏。《晋书·沮渠蒙逊载记》又记载:"蒙逊哭谓众曰:'昔汉祚中微,吾之乃祖翼奖窦融,保宁河右。'"⑥ 结合《后汉书·窦融附弟子固传》记载:"八年夏,车驾西征隗嚣,融率五郡太守及羌虏小月氏等步骑数万,辎重五千余两,与大军会高平第一。"⑦ 可见小月氏确实与窦融合作过,卢水胡与小月氏确实至少是有近缘关系,很可能就是一个种族,只是由于文献所载的"世居卢水"地望而被称为卢水胡。《汉书·武帝功臣表》载:"骡兹侯稽谷姑,以小月氏右沮(苴)王将众降,侯千九百户。"师古注:"苴,音子余反",与沮和且同音。匈奴官名有沮渠,卢水胡首领为左沮渠,小月氏有右沮渠。稽谷姑时为匈奴所封为右沮渠王后裔,官名仍旧。⑧ 由此可以看出,小月氏和卢水胡确实同属于过匈奴,互为左右,有着比较近缘的关系。

西晋末年的各族人民起兵反晋的军事活动中,卢水胡多次参与其中。《晋书·惠帝纪》载西晋元康六年,"匈奴郝散弟元度师冯翊、北地马兰羌、卢水胡反,攻北地"⑨,此处马兰羌与卢水胡并列,可隐约折射出小月氏保南山羌的这段共存历史。另据唐长孺先生考证,晋元康四年,

---

① 《后汉书》卷53《窦融附弟子固传》,第1749页。
② 《后汉书》卷87《西羌传》,第2892页。
③ 《三国志》卷15《魏志·张既传》,第666页。
④ 《晋书》卷129《沮渠蒙逊载记》,第3192页。
⑤ 《宋书》卷98《氐胡传》,北京:中华书局,1974年,第2418页。
⑥ 《晋书》卷129《沮渠蒙逊载记》,第3192页。
⑦ 《后汉书》卷53《窦融附弟子固传》,第1752页。
⑧ 王宗维:《卢水胡与小月氏》,《西北民族研究》1995年第2期,第101页。
⑨ 《晋书》卷4《惠帝纪》,第103页。

"匈奴郝散起兵于上党，杏城郝氏为卢水大族"，上党为羯胡聚居地，号称匈奴的郝散"应为上党杂胡，亦即羯胡"，其能统领卢水胡，卢水胡与羯胡之间的种族关系着实让人深思①。此外，据唐长孺先生研究，沮渠蒙逊母亲为车氏，车姓乃西域车师之姓，这些姓在匈奴和月氏中很多，他们进入匈奴或月氏族中时间已久，卢水胡中白姓和安姓等西域胡色彩明显的姓氏乃大姓②，这也可见卢水胡与月氏族的渊源关系，其印欧人种源头色彩明显。小月氏在正史中的记载最早出现在西汉时期，而卢水胡则出现于东汉时期。

三、羯族源流

西晋末年崛起于中原之异族号五胡：匈奴、鲜卑、羯、氐、羌，匈奴、鲜卑、氐、羌皆习见于正史，族类源流，斑然可睹；惟独羯族于石勒兴起之前鲜闻，魏晋南北朝正史载其渊源者仅两条：其一，《魏书》卷九五《羯胡石勒传》："其先匈奴别部，分散居于上党武乡羯室，因号羯胡"③；其二，《晋书》卷一零四《石勒载记上》："石勒字世龙，初名㔨，上党武乡羯人也。其先匈奴别部羌渠之胄。祖耶奕于，父周曷朱，一名乞翼加，并为部落小率。"④可见羯族出现在正史记载中的时间大致在十六国时期，晚于小月氏和卢水胡。

关于这一问题的探讨，吕思勉、陈寅恪、顾颉刚、谭其骧、唐长孺、姚薇元诸先生均有精辟论述，经整理大致有如下四种说法：

一，氐羌匈奴混血种说（氐羌成分为多）。吕思勉先生《胡考》云："勒之称赵王也，号胡为国人，下令禁国人不得报嫂及在丧嫁娶，其烧葬令如本胡。报嫂固匈奴旧俗，在丧婚娶或亦非所禁。烧葬则匈奴不闻有是也，惟氐、羌有之。然则羌渠之胄，犹言羌酋之裔耳。《载记》言助之讨靳准也，据襄陵北原，羌、羯降者四万余落，及攻准于平阳，巴帅及羌、羯降者十余万落，皆以羌、羯连言，其情若甚亲者，岂无因哉"⑤；顾颉刚先生《从古籍中探索我国的西部民族——羌族》云："'羯'字从羊，与'羌'正同，'羯'和'羌'又都是齿音，说不定即是一字的分化。而且《晋书》说羯是'羌渠之胄'，这句话的意义应是羌中渠帅的子孙，那么羯为羌人尤为有征"，顾先生也认为羯人是氐羌与匈奴的混血种⑥。钱穆先生《国史大纲》亦云"史称石勒'匈奴别部羌渠之胄'，则此种虽属匈奴，而与西羌为近"⑦。

二，西域胡说。陈寅恪先生在《唐代政治史述论稿》中谓"羯"本义乃种族名，引申为战士之意，"羯"含有"战士"或"勇健者"之意。《新唐书·西域传》曾提到石国"或曰拓支，曰拓析，曰赭时"，"王姓石，治拓析城（中亚塔什干）"。又说安国"募勇健者为柘羯。柘羯，犹中国言战士也"。"柘"字与石国的国名、城名有关。"羯"字则有战士的含义，柘羯为"石国的战士"之意，后扩而泛指西域月氏昭武九姓康、石、安、曹、米、何、火寻、戊地、史，所募

---

① 唐长孺：《魏晋杂胡考》，载于《魏晋南北朝史论丛》，石家庄：河北教育出版社，2000年，第393页。
② 唐长孺：《魏晋杂胡考》，第398页。
③ 《魏书》卷95《羯胡石勒传》，北京：中华书局，1974年，第2047页。
④ 《晋书》卷104《石勒载记上》，第2707页。
⑤ 吕思勉：《胡考》，《国学论衡》第6期，1935年12月，转引自林干编：《匈奴史论文选集》，内蒙古自治区革命委员会蒙古语言文学历史研究所，内部资料，1977年，第45页。
⑥ 顾颉刚：《从古籍中探索我国的西部民族——羌族》，《社会科学战线》1980年第1期，第142页。
⑦ 钱穆：《国史大纲》，北京：商务印书馆，1994年，第180页。

勇健者，均可谓之"柘羯"①。万绳楠先生整理的《陈寅恪魏晋南北朝史讲演录》中详细阐述了这一观点②。谭其骧先生《羯考》中持康居说，根据"居音渠"，康和羌古音相似的音韵学知识将羌渠比定为康居，认为十六国时期的羯人为西汉时期匈奴郅支单于移庭康居时役属于匈奴的羌渠部落，"复以匈奴部落入居塞内，当时秉笔者未遑深究，未由知其即系马、班所谓'康居'，遂别创'羌渠'之新译耳"③。余太山先生从印欧语系民族特有的胁生传说神话出发，结合《晋书·西戎传》的狟胡胁生传说有关记载，认为狟胡即羯胡，余先生此文虽非专门探讨羯族族源，但他的结论正是基于认定羯胡是印欧语系民族而做出的④。

三，包含西域胡成分的杂胡说。唐长孺先生《魏晋杂胡考》一文认为羯胡是包含西域胡成分较多的杂胡⑤，唐先生根据《晋书·北狄匈奴传》的记载认为入居塞内的匈奴十九种中的羌渠、力羯可能与其有关，"这些包含在羯胡中的西域胡决非直接来自西域，大概他们的祖先已是匈奴部族中的一部分，又以匈奴名义入居中国，羯胡只是杂胡，其中虽有不少西域胡，却决不能相等同"；姚薇元先生《北朝胡姓考》中认为，"羯族乃匈奴治下之月氏"，即保南山羌之小月氏，此小月氏已经是羌人混居之杂胡，盖种不纯矣。故此说也应视为杂胡说，但是他的观点又综合了陈寅恪先生和谭其骧先生之说⑥。

四，匈奴苗裔说。如南朝宋刘义庆《世说新语·识鉴篇》称石勒为匈奴苗裔；韩国磐先生的《魏晋南北朝史纲》中认为："羯族是匈奴的一支，源出于匈奴羌渠种，和匈奴其他各种同迁塞内，住在并州上党一带"⑦。

对于羯族起事时候的十八骑基本部众姓氏的研究有助于我们对羯族源流进行探讨。唐长孺先生和姚薇元先生的考证认为羌人和月氏的成分为主，也有不少和屠各⑧。姚薇元先生的《北朝胡姓考》考证十八骑中支雄、支屈六为月氏人，姚先生还根据《汉书·地理志》记载汉安定郡有月氏道，以安置月氏降众，认为月氏人归汉甚早，安定在陇西一带⑨，上文提到的《后汉书·西羌传》关于大月氏人别种小月氏保南山羌杂处通婚的那一段历史，"被服饮食言语略与羌同，亦以父名母姓为种"，说明他们已经羌化了；"又数百户在张掖，号曰义从胡。中平元年，与北宫伯玉等反，杀护羌校尉泠征、金城太守陈懿，遂寇乱陇右焉"，又说明后汉时期有部分湟中月氏胡以义从胡之名迁入河西陇右金城一带，姚先生疑羯人支雄与支屈六为湟中月氏胡之后。河西这一带是屠各匈奴的故地⑩，羌化的月氏胡与屠各是错居杂处的，此二支姓人部族可能是随着屠各一起迁入并州的。

月氏是印欧人种塞语民族⑪，湟中月氏胡虽然"依诸羌居止，遂与共婚姻"，但是多少也应该保留一些印欧人种的体貌特征。关于羯人的相貌，史书多载，《晋书》卷一零六《石季龙载记

---

① 陈寅恪：《唐代政治史述论稿》，北京：生活·读书·新知三联书店，2001年，第214—215页。
② 万绳楠整理：《陈寅恪魏晋南北朝史讲演录》，合肥：黄山书社，1999年，第85—87页。
③ 谭其骧：《羯考》，载于《长水集》，北京：人民出版社，1987年，第230页。
④ 余太山：《两汉魏晋南北朝正史"西域传"所见西域诸国的人种和语言，文字》，《中国史研究》2002年第1期，第54页。
⑤ 唐长孺：《魏晋杂胡考》，第427页。
⑥ 姚薇元：《北朝胡姓考》，北京：科学出版社，1958年，第356页。
⑦ 刘义庆：《世说新语·识鉴篇》，见于《世说新语校笺》，北京：中华书局，1984年，第216页；韩国磐：《魏晋南北朝史纲》，北京：人民出版社，1983年，第155页。
⑧ 唐长孺：《魏晋杂胡考》，第425—427页；姚薇元：《北朝胡姓考》，第276页。
⑨ 姚薇元：《北朝胡姓考》，第376页。
⑩ 唐长孺：《魏晋杂胡考》，第387页。
⑪ 《中亚文明史》第二册第七章，北京：中国对外翻译出版公司，2002年，第128页。

上》曰："太子詹事孙珍问侍中崔约曰：'吾患目疾，何方疗之？'约素狎珍，戏之曰：'溺中则愈。'珍曰：'目何可溺？'约曰：'卿目晼晼，正耐溺中。'珍恨之，以白宣。宣诸子中最胡状，目深，闻之大怒，诛约父子。"《晋书》卷一零七《石季龙载记下》曰："闵躬率赵人诛诸胡羯，无贵贱男女少长皆斩之，死者二十余万，尸诸城外，悉为野犬豺狼所食。屯据四方者，所在承闵书诛之，于时高鼻多须至有滥死者半。"① 可见羯人的种族体貌特征是"深目高鼻多髯"，史书云"宣诸子中最胡状"，细玩文义，"最"字表明石虎诸子相貌的胡状程度有深浅，石宣大概是保留胡貌特征最明显的，这说明石勒种族的印欧人种血统已经不纯，这正印证了上文所引史料所说的月氏胡与西羌通婚的史实，这也可以作为一个证据反过来印证石勒种族为湟中月氏胡之后的事实。虽然广义之羯人可能还包括许多其他的种族，但是从上述文献记载可以看出至少羯族核心的石勒种族是有印欧人种的体貌特征的。余太山先生也提到了西域境内之"（女若）羌西至葱岭数千里"，作为羌人与塞种人混血的例子，例如"（女若）羌"可能就是 Asii 与羌的混血种②，可见羌塞混血的例子不少，盖羌与塞种乃同时代西域两大族群，交错相居，混血之事发生当不足为奇。

至于十八骑中的夔安，经唐长孺先生《魏晋杂胡考》考证也有西域胡的嫌疑，支雄、支屈六和夔安等应该也有此种印欧人的体貌特征，至于可能为石勒母族的钳耳种羌与湟中月氏胡互通婚，大概种族也不纯矣，故《晋书》卷一零零《祖约传》曰："逖有胡奴曰王安，待之甚厚。及在雍丘，告之曰：'石勒是汝种类，吾亦不在尔一人'。"③ 可知王氏种族已经与石勒种族同类了。

《晋书·李矩传》云："后刘聪遣从弟畅步骑三万讨矩，屯于韩王故垒，相去七里，遣使招矩。矩令郭诵祷郑子产祠曰：'君昔相郑，恶鸟不鸣。凶胡臭羯，何得过庭'"④，刘聪政权下有六夷十部落，《晋书》卷一零四《石勒载记上》曰："聪死，其子粲袭伪位，勒命张敬率骑五千为前锋以讨准，勒统精锐五万继之，据襄陵北原，羌羯降者四万余落。勒攻准于平阳小城，平阳大尹周置等率杂户六千降于勒。巴帅及诸羌羯降者十余万落，徙之司州诸县。"⑤ 可见其部众中羌羯很多，"刘聪遣从弟畅步骑三万"中当有不少羯人，"凶胡臭羯"，"凶"是形容相貌，大约胡羯人相貌与汉人迥异，故被汉人诟病称为"凶"，而"臭"是气味问题，众所周知，印欧人种大都有体味，中国人谓之"狐臭"，陈寅恪先生的《狐臭与胡臭》一文揭示了体味与胡人血统之关系⑥，陈先生的这篇文章开了此问题研究的风气之先，此"臭"字乃描述羯人的体味特征的，由此可见羯人之印欧人种特征。

此外周一良先生的《魏晋南北朝史札记》中《晋书》札记《狯胡》条则通过音韵学研究认为狯胡可能即是羯胡，"狯"者，狡猾也，多形容狐狸⑦，联系到中国人谓之"狐臭"由此反推，多少有点诟病其体味的意思。再联系羯人烧葬的羌人因素，如此可证其与湟中月氏胡的关系。

《晋书》卷一零六《石季龙载记上》曰："季龙以平西张伏都为使持节"，《晋书》卷一零七《石季龙载记下》曰："龙骧孙伏都、刘铢等结羯士三千伏于胡天，亦欲诛闵等"。张伏都、孙伏

---

① 《晋书》卷 106、107《石季龙载记》，第 2776、2792 页。
② 余太山：《两汉魏晋南北朝正史"西域传"所见西域诸国的人种和语言、文字》，《中国史研究》2002 年第 1 期，第 54 页。
③ 《晋书》卷 100《祖约传》，第 2627 页。
④ 《晋书》卷 63《李矩传》，第 1707 页。
⑤ 《晋书》卷 104《石勒载记上》，第 2727、2728 页。
⑥ 陈寅恪：《狐臭与胡臭》，载于《寒柳堂集》，北京：生活·读书·新知三联书店，2001 年，第 157—160 页。
⑦ 周一良：《魏晋南北朝史札记》，北京：中华书局，1985 年，第 117—118 页。

都都以"都"为名，且都为石赵大将，孙伏都对石赵政权忠心耿耿，冒死欲诛一般被认为是汉人的叛贼冉闵，且贵为龙骧大将军，《晋书》卷一零二《刘聪载记》曰："聪以刘易为太尉。置辅汉，都护，中军，上军，辅军，镇，卫京，前，后，左，右，上，下军，辅国，冠军，龙骧，武牙大将军，营各配兵二千，皆以诸子为之。"① 从以上记载可见刘汉政权中的龙骧大将军都是以王子为之，可见其重要，同样石赵政权中龙骧大将军大概也不会随便以异族人为之，因此孙伏都应该是羯人，周一良先生的《魏晋南北朝史札记》中《晋书》札记《羌人以都为名》条曰：《晋书》卷一一八姚兴载记下载，兴遣姚成王率骑八千往援与刘裕相攻之司马休之，又言"姚成王至于南阳"。《魏书》三七司马休之传、《通鉴》一一七亦作成王，而《十六国春秋辑补》五四后秦录两处皆作成都。姚兴载记下在记此事之前亦有"平阳太守姚成都来朝"之记载，姚泓载记亦见姚成都之名。疑"都"为羌语，而"王"其译意，故可互见。姚氏大将多以都为名者，如姚寿都（姚兴载记上）、姚广都、姚平都、姚洛都、姚周都、姚和都（姚兴载记下）、姚军都（姚混载记，赫连勃勃载记军都作平都），当是美称，故多取以为名也②。于此可见羯人的羌族文化背景了。

石赵政权内"张"为显贵之姓，姚薇元先生的《北朝胡姓考》中认为石赵政权中的张氏是入塞匈奴十九种中的羌渠部落，他还怀疑张是羌渠的转音，从上引张伏都的名字可以看出羌渠部人的羌人文化背景，其部落名为"羌渠"应该与其羌人文化背景有关。石赵政权中羌渠部张氏多为显贵，盖因其种族相近之缘故③。

前田正明先生《平城历史地理学研究》附篇详细研究了十六国时期石赵政权的徙民活动，羌羯杂胡是被迁徙的主要族群，都是以十几万落的数量被迁徙，前田正明先生通过对文献的仔细研究得出了石勒政权和石虎政权大量迁徙氐羌的结论④。

《晋书》卷一零四《石勒载记上》记载："勒命张敬率骑五千为前锋以讨淮，据襄陵北原，羌羯降者四万余落。勒攻淮于平阳小城，平阳大尹周置等率杂户六千降于勒。巴帅及诸羌羯降者十余万落，徙之司州诸县。"⑤ 可见许多原属屠各政权的羌羯杂胡是主动投降石勒的，石赵政权对于羌羯杂胡的政策是"徙之司州诸县"，石勒愿意迁徙这些羌和杂胡为自己的部众基础，而且据前田正明先生的研究，氐羌是被迁徙的最主要族群，笔者认为这就不仅仅是为了获取人口资源，应该还有更深层次的原因，因为汉人毕竟是数量最多的族群，而进入塞内的匈奴、鲜卑、乌丸等也为数不少，为何独独愿意大量迁徙氐羌呢？非我族类，其心必异，联系到上文所讨论的石勒部族的羌人背景，而石赵政权正是以羯胡种族为主，并联合氐羌等种族形成了其统治基础，这也说明羌人和石勒部族在种族上的密切关系。

《晋书》卷一零三《刘曜载记》曰："曜次于金谷，士卒奔溃，遂归长安。季龙执刘岳及其将王腾等八十余人，并氐羌三千余人，送于襄国，坑士卒一万六千。""季龙执其伪太子熙、南阳王刘胤并将相诸王等及其诸卿校公侯已下三千余人，皆杀之。又坑其王公等及五郡屠各五千余人于洛阳"⑥。大量被迁徙的氐羌很多都是原先屠各政权的部众，是与石赵为敌的，如上文所云"氐羌三千余人"，但他们的命运是"送于襄国"，与被大量屠杀的屠各形成鲜明对比。羌人构成

---

① 《晋书》卷102《石季龙载记上》，第2665页。
② 周一良：《魏晋南北朝史札记》，北京：中华书局，1985年，第115页。
③ 姚薇元：《北朝胡姓考》，第358页。
④ 前田正明：《平城历史地理学研究》，北京：书目文献出版社，1994年，第423页。
⑤ 《晋书》卷104《石勒载记上》，第2727—2728页。
⑥ 《晋书》卷103《刘曜载记》，第2698、2701页。

了石赵政权的部众基础。

从石勒诸子的深目胡貌可以看出石勒种族的月氏胡背景，从其"字世龙"和其母亲的姓氏可以看出其种族有西羌背景，石勒本人很可能是一个月氏胡与西羌混种的杂胡，故其被谓为"羌渠之胄"，就是羌中渠帅的后代，羯胡说到底是一种杂胡，其刚形成时期就包含了羌化月氏胡、西羌、屠各等，但其主要成分是羌化月氏胡和与其杂处的西羌，其羌人文化背景比较深，到了石赵政权建立后，越来越多的部族混入其内，故其成分越来越复杂，后赵政权王族为小月氏，部众基础中有很多羌人。

四、小月氏、卢水胡、羯族之关系探讨

探讨小月氏与卢水胡和羯族的关系，回避不了一个羯族前身小月氏由河西地区向湟中而后再向河东地区迁徙移动的过程。小月氏之种族始于西汉时期，是由大月氏西迁之后留在河西走廊南山地区的余部和当地羌人同居同化而形成的；卢水胡之名始于东汉，其所居的张掖临松山与保南山羌的小月氏所居之地临近，且《宋书》将其归为氐胡类，当与氐羌有渊源或地望近，这与小月氏与羌人同居通婚的历史也有近似之处，小月氏和卢水胡同属于过匈奴，互为左右沮渠，卢水胡与小月氏一样，属于印欧人种游牧人群，在迁徙过程中部落并未离散，能征善战，经常被汉政府征为雇佣军使用，此二者之间应为近缘关系，地望不同而名称不同，经唐长孺先生《魏晋杂胡考》考证因居于青海西宁西部的泸溪水而得名，也即湟中地区①。《后汉书·西羌传》所载："湟中月氏胡，其大种有七，胜兵合九千余人，分在湟中及令居。又数百户在张掖，号曰义从胡。中平元年，与北宫伯玉等反，杀护羌校尉泠征、金城太守陈懿，遂寇乱陇右焉"，表明湟中地区有小月氏的分布，《晋书·沮渠蒙逊载记》又记载："蒙逊哭谓众曰：'昔汉祚中微，吾之乃祖翼奖窦融，保宁河右。'"② 结合《后汉书·窦融附弟子固传》记载："八年夏，车驾西征隗嚣，融率五郡太守及羌胡小月氏等步骑数万，辎重五千余两，与大军会高平第一。"③ 可见小月氏确实与窦融合作过，卢水胡与小月氏确实很可能就是一个种族。《后汉书·西羌传》所载"及骠骑将军霍去病破匈奴，取西河地，开湟中，于是月氏来降，与汉人错居"表述了旧居于祁连和敦煌间的小月氏向湟中地区的移动过程，只是由于文献所载的"世居卢水"地望而被称为卢水胡。

从上文对于石勒起事时候十八骑和石勒部族姓氏名字的分析，联系羯人烧葬的羌人文化背景，可以看出羯人部族的核心是由羌化的月氏胡和一些与其通婚杂处的西羌部落构成，当然也很可能包括一些屠各匈奴，这是不足为奇的，屠各故地河西一带也是羌戎的主要居住地，并州屠各的刘汉政权和刘赵政权都包括很多羌羯部众。

根据《晋书·北狄匈奴传》："武帝践阼后，塞外匈奴大水，塞泥、黑难等二万余落归化，帝复纳之，使居河西故宜阳城下。后复与晋人杂居，由是平阳、西河、太原、新兴、上党、乐平诸郡靡不有焉。""侍御史西河郭钦上疏曰：'戎狄强犷，历古为患。魏初人寡，西北诸郡皆为戎居。今虽服从，若百年之后有风尘之警，胡骑自平阳、上党不三日而至孟津，北地、西河、太原、冯翊、安定、上郡尽为狄庭矣。宜及平吴之威，谋臣猛将之略，出北地、西河、安定，复上

---

① 唐长孺：《魏晋杂胡考》，第390页。
② 《晋书》卷129《沮渠蒙逊载记》，第3192页。
③ 《后汉书》卷53《窦融附弟子固传》，第1752页。

郡，实冯翊，于平阳已北诸县募取死罪，徙三河、三魏见士四万家以充之。裔不乱华，渐徙平阳、弘农、魏郡、京兆、上党杂胡，峻四夷出入之防，明先王荒服之制，万世之长策也。'""北狄以部落为类，其入居塞者有屠各种、鲜支种、寇头种、乌谭种、赤勒种、捍蛭种、黑狼种、赤沙种、郁鞞种、萎莎种、秃童种、勃蔑种、羌渠种、贺赖种、钟跂种、大楼种、雍屈种、真树种、力羯种，凡十九种，皆有部落，不相杂错。屠各最豪贵。"① 入塞匈奴所居平阳、西河、太原、新兴、上党、乐平诸郡皆在今黄河以北的山陕境内，曹操曾把入塞匈奴分为五部，各居一郡，这些地方在晋代时仍是平阳、太原、新兴、上党诸郡②，而匈奴诸部落之迁徙在时间上是有前后的，朱凤《晋书》就曾指出入塞匈奴："前后徙河北诸郡县，谓之羯胡"，其中有与羯人有关的羌渠种，力羯种，也有最豪贵的屠各，可见其部族是随着屠各匈奴进入塞内的。上文提及的《汉书·武帝功臣表》载："騠兹侯稽谷姑，以小月氏右沮（苴）王将众降，侯千九百户。"师古注："苴，音子余反"，与沮和且同音。匈奴官名有沮渠，卢水胡首领为左沮渠，小月氏有右沮渠。稽谷姑时为匈奴所封为右沮渠王后裔，官名仍旧。可见小月氏和卢水胡也隶属过匈奴，其部族是随匈奴进入塞内也是可能的。

在曹魏政权把入塞匈奴分为五部之前，必然有一个屠各匈奴和羯胡由河西向河东并州地区移动的过程。凡是羌人深入的地方，就有卢水胡和小月氏参与其间，羯胡的源头小月氏再向东发展中，董卓起了推动作用，董卓是陇西人，少游羌中，与羌胡关系密切③。董姓在羌人中即有此姓，董卓部将吕布的吕姓本身也是氐羌大姓。河湟羌胡起义后，董卓为汉破虏将军，在天水一带镇压羌胡，数年间，部下就有大批"湟中义从及秦胡兵"，郑太对董卓陈词十条，第七条云："且天下强勇，百姓所畏者，有并、凉之人及匈奴、屠各、湟中义从、西羌八种，而明公拥之，以为爪牙。"月氏胡成分为主的"湟中义从"成为董卓兵力的主要成分之一。董卓失败后，其所领的小月氏胡散居内地，唐长孺先生《魏晋杂胡考》一文就指出董卓之乱后不久的西晋至五胡时期关中渭水南岸就曾存在过一个支姓的月氏人部落④。值得注意的是，前赵的建立者休屠各匈奴原居河西今甘肃民勤境内，与小月氏和卢水胡相邻，后来入并州境内，休屠各和小月氏卢水胡都受过匈奴的统治，也都被董卓控制过，其向并州地区的移动很有可能和董卓之乱有关，其部落组织作为一个战斗集体也并未离散。《晋书》所谓的"力羯种"也是汉人对于入居塞内的匈奴别部的称呼，羯胡大都是剽悍强健、善于骑射的勇士，故年代较晚的《晋书》有所谓"力羯种"之称，石勒部族极有可能是早先的力羯种。史书中关于湟中义从胡的记载就可以看出羯族的源头小月氏和卢水胡都是骁勇善战和精于骑射的，这才成为董卓可以依赖的爪牙力量，颇有些职业雇佣军的味道。据唐长孺先生考证，晋元康四年，"匈奴郝散起兵于上党，杏城郝氏为卢水大族"，上党为羯胡聚居地，号称匈奴的郝散"应为上党杂胡，亦即羯胡"，其能统领卢水胡，卢水胡与羯胡之间的种族近缘关系着实让人深思。

综上所述，大月氏西迁后保南山羌的余部小月氏于西汉时崛起，霍去病破匈奴后，旧居于祁连和敦煌间的一部分小月氏向湟中地区的移动，东汉时候因"世居卢水"地望而被称为卢水胡，小月氏和卢水胡同族同源。董卓之乱使其所领的河西屠各匈奴和小月氏胡散居内地，直至曹魏政权把入塞匈奴分为五部，羯胡就分布在属于五部所在之一的河东并州上党地区，羯胡说到底是一

---

① 《晋书》卷97《北狄匈奴传》，第2549—2550页。
② 万绳楠：《魏晋南北朝史讲论稿》，合肥：安徽教育出版社，1983年，第132页；王仲荦：《魏晋南北朝史》，上海：上海人民出版社，2003年，第175页。
③ 王宗维：《卢水胡与小月氏》，《西北民族研究》1995年第2期。
④ 唐长孺：《魏晋杂胡考》，第403页。

种杂胡，其刚形成时期就包含了羌化月氏胡、西羌、屠各等，但其主要成分是羌化月氏胡和与其杂处的西羌，其羌人文化背景比较深，到了石赵政权建立后，越来越多的部族混入其内，故其成分越来越复杂。前秦《邓太尉祠碑》中"支胡"（小月氏）与"卢水"（卢水胡）并列可见其部落种属还是有区别的，就好比碑文中同时出现的"黑羌"和"白羌"一样，同源却异流，故卢水胡与羯胡在正史文献记载中一直同时出现到北魏时期，直至北魏之后才不见于文献中，取而代之的则是由卢水胡和羯胡与其他种族不断融合形成的居于河东并州的山地杂胡稽胡[1]。

（作者单位：南京博物院）

---

[1] 唐长孺：《魏晋杂胡考》，第379、398、423页。

长安出土《统毗伽可贺敦延陁墓志》考释

杨富学　胡　蓉

一、墓志概况与录文

《统毗伽可贺敦延陁墓志》（以下简称《延陁氏墓志》），刊葬于唐贞观二十一年（647），1992年10月出土于陕西礼泉县昭陵乡庄河村西北李思摩墓中，同出的还有《大唐故右武卫大将军赠兵部尚书谥曰顺李君墓志铭并序》（以下简称《李思摩墓志》）和李思摩墓碑。志石为正方形，底边长59厘米，志盖厚7厘米，志盖篆书"唐故李思摩妻统毗伽可贺敦延陀墓志"16字，四杀饰四神（图1）；志底边长59厘米，厚10.5厘米，正文楷书，25行，行25字，题"大唐故右武卫大将军赠兵部尚书李思摩妻统毗伽可贺敦延陁墓志并序"，四侧饰十二生肖。（图2）唐贞观二十一年（647）与其夫李思摩合葬，其墓志无撰书者姓名，现藏于西安昭陵博物馆。志文如下两图：

图1　《延陁氏墓志》志盖②

＊ 经费来源：国家社科基金重点项目"唐宋回鹘史研究"（编号14AZD064）、教育部人文社会科学重点研究基地重大项目"敦煌民族史研究"（编号14JJD770006）。

② 《统毗伽可贺敦延陁墓志》志盖与志底照片均为昭陵博物馆副馆长李浪潮研究员提供，在此致以诚挚的谢意。

图 2　《延陁氏墓志》志底

　　大唐故右武卫大将军赠兵部尚书李思摩妻统毗伽可贺敦延陀墓志并序
　　夫人姓延陀，阴山人也。肇系绪于轩皇，派昌源于父命，奄瀚海而开祚，疏朔野以承家。曾祖莫贺啜颉筋、祖莫汗达官、父区利支达官，并袭英猷，咸能世职。泛遥源于獯粥，耸崇构于淳维。雄沙①塞以飞声，会龙城而腾实。夫人垂芒昴宿，诞兹淑贞。髫龄而机惠异伦，笄年而艳彩绝类。擅芳声于狼望，流美誉于祁连。遂得作配贤王，嫔于景族。赠兵部尚书故李恩摩即其夫也。逮贞观三年，匈奴中乱，思摩率众，因而归朝。预识去就之机，抑亦夫人之助。贞观十二年十一月己亥朔日辛丑，诏授统毗伽可贺敦。而报施无征，福善虚应，所天先陨，同衾以违。抚总帐以衔哀，阒穹庐而增思。春秋五十有六，贞观廿一年八月十一日遘疾薨于夏州濡鹿辉之所，奉诏合葬于思摩之茔。承议郎守曹王府掾普文直监护葬事。丧纪所由，皆降天慈，礼也。夫人弱而立志，贞固迈于松筠；爰洎壮龄，风霜不渝其劲。殆可以母仪中域，岂直诒训天山而已。华实方茂，摇落先秋。种类攀号，酋豪泄涕。薤歌唱而徐引，掊马嘶以悲吟。风日茫而黯无色，川原寂而拱木阴，乃为铭曰（下略）。②

　　值得注意的是，志文中的"延陀"在志盖中却写作"延陁"。这一例证表明，斯时"陀""陁"是通用的。在同一方墓志中，出现不同的写法，抑或彰显出书手的情趣，未可知也。
　　《延陁氏墓志》自 1992 年发现至今，并未引起学术界足够的重视，人们只是在研究《李思摩

---

① "沙"，张沛编著：《昭陵碑石》（西安：三秦出版社，1993 年，第 113 页下栏—第 114 页上栏）录作"砂"。吴钢主编：《全唐文补遗》第 3 辑（西安：三秦出版社，1996 年，第 340 页上栏）；周绍良、赵超主编：《唐代墓志汇编续集》（上海：上海古籍出版社，2001 年，第 40 页）皆因之。观拓本与志石原件，应为"沙"。拓片刊于昭陵博物馆编著：《昭陵墓志纹饰图案》，北京：文物出版社，2015 年，第 70—71 页。
② 张沛编著：《昭陵碑石》，西安：三秦出版社，1993 年，第 113 页下栏—第 114 页上栏；吴钢主编：《全唐文补遗》第 3 辑，西安：三秦出版社，1996 年，第 339 页下栏—第 340 页下栏；周绍良、赵超主编：《唐代墓志汇编续集》，上海：上海古籍出版社，2001 年，第 40 页。

墓志》时偶尔会对该墓志略有提及。① 其实,《延陁氏墓志》蕴涵着非常丰富的历史信息,对研究薛延陁的发展历史提供非常重要的新材料,可填补薛延陁史研究的某些空白。志主延陁氏出身薛延陁部族,又嫁给了突厥可汗阿史那思摩(后唐太宗赐姓李,遂称李思摩),并南下归唐,她的一生与突厥、薛延陁等北疆民族的命运密切相连,颇有研究价值。

二、延陁氏生平与家世

关于延陁氏,两《唐书》均无记载,唯见于《延陁氏墓志》。据志文所载信息,可勾画出延陁氏一生的大致轮廓:

隋文帝开皇十一年(592)生于漠北。

隋炀帝二年(606)延陁氏15岁,与李思摩成婚。是年,思摩24岁。

唐太宗贞观三年(629)延陁氏38岁,李世民击败突厥颉利可汗,颉利可汗逃亡,为唐朝所俘。李思摩追随之,同被俘。延陁氏劝说思摩降唐。李思摩归唐后,太宗嘉其忠,拜右武后大将军。②

贞观十二年(638)十一月己亥朔日辛丑,延陁氏47岁,被朝廷授予"统毗伽可贺敦"称号。

贞观廿一年(647)八月十一日,病逝于夏州(今陕西榆林),享年56岁。

延陁氏,观其姓氏,当出自薛延陀部(详后)。据《延陁氏墓志》,可知其出自薛延陀部之酋长家族。墓志言延陁氏曾祖为莫贺啜颉筋、祖莫汗达官、父区利支达官,均系两《唐书》所未载者,可补史乘记载之缺。现就其先祖之名号略作考证。

首先是其曾祖莫贺啜颉筋。"莫贺"一词,在柔然、突厥、回鹘时期都是很常见的官号。"莫贺"又作"莫汗",为突厥语ba a的音转,意为"勇健","莫贺咄(ba atur)"为部落首领之称号。③ 该词后为蒙古语所借用,演变为Batuur(巴图尔)。《旧唐书》载颉利可汗最初曾任"莫贺咄设"一职:"颉利可汗者,启民可汗第三子也,初为莫贺咄设,牙直五原之北。"④ "设"者,乃突厥语 Šad 之音译,史载:"典兵者曰'设'。"⑤ 乃突厥领兵之官也。⑥ "莫贺咄"一词在史籍中常常出现,如《薛延陀真珠毗伽可汗诏》中有"其子沙钵弥叶护拔酌达度莫贺咄""颉利苾可汗達度莫贺咄叶护"等语。⑦ 志文中延陁氏曾祖"莫贺啜"的职位类似于"莫贺咄"。"啜"是一种稳定的官称,突厥语写作 Čor,为一部之长;"颉筋"为"俟斤""颉斤"之异写,乃突厥

---

① 如岳绍辉:《唐〈李思摩墓志〉考析》,《碑林集刊》第3辑,西安:陕西人民出版社,1995年,第51—59页;铃木宏节:《突厥阿史那思摩系谱考——突厥第一可汗国的可汗系谱与唐代オルドスの突厥集团》,《东洋学报》第87卷第1号,2005年,第37—68页;艾冲:《唐太宗朝突厥族官员阿史那思摩生平初探——以李思摩墓志铭为中心》,《陕西师范大学继续教育学报》2006年第2期,第59—63页;尤李:《阿史那思摩家族考辨》,达力扎布主编:《中国边疆民族研究》第4辑,北京:中央民族大学出版社,2011年,第13—34页。
② 《旧唐书》等记载思摩追随颉利可汗被俘南下的时间为贞观四年(630)。而延陀墓志记载的思摩夫妇南下归唐的时间是贞观三年(629)。延陀墓志当误。
③ 韩儒林:《突厥官号考释》,《穹庐集——元史及西北民族史研究》,上海:上海人民出版社,1982年,第305—306页。
④ 《旧唐书》卷194上《突厥传上》,北京:中华书局,1995年,第5155页。
⑤ 《新唐书》卷215上《突厥传上》,第6028页。
⑥ G. Doerfer, *Türkische und Mongolische Elemente im Neupersischen. II*, Wiebaden, 1965, S. 405.
⑦ (宋)宋敏求编:《唐大诏令集》卷128《封立薛延陀真珠毗伽可汗诏》,第691页。

语 Irkin 之音译，指代酋长，是部落首领。

其次是其祖父莫汗达官。"莫汗"，前已述及，不赘。"达官"又作"达干"，乃突厥语 Tarqan 之音译，在突厥、回鹘中，它是一种统领兵马的武官，地位十分显赫。① 后为辽朝所借用，音译作"达剌干"。《辽史·太宗纪》："诏以……达剌干为副使……县达剌干为马步。"《国语解》又谓："达剌干，县官也，后升副使。"说明契丹在借用该词时，意义已有改变。② 后又为蒙古语所转借。③ 日本学者羽田亨推测，"达干"应系汉语"达官"一词的音转。④ 此说虽早已为学界所接受，但失于缺乏直接证据，此缺憾恰可通过《延陁氏墓志》之莫汗达官和区利支达官得到弥补。

其三，延陁氏父区利支达官。"区利支"者即"屈律啜"之异写也，乃突厥语 Kül Čor 之音译。Kül 者，意为"湖泊"，乃突厥人原始信仰崇水之反映。汉文转写形式很多，至少有"阙、阙律、屈利、屈律、俱卢、曲勒、处罗和出六"等九种。⑤ 韩儒林先生言："屈律，华言著名。"⑥ 恐不甚妥。"屈律啜"作为突厥官号，见于两《唐书》之《突厥传》。

延陁氏父祖辈之官职都属于突厥官位体系。《新唐书·突厥传》载："至吐门，遂强大，更号可汗，犹单于也，妻曰可敦。其地三垂薄海，南抵大漠。其别部典兵者曰设，子弟曰特勒，大臣曰叶护，曰屈律啜、曰阿波、曰俟利发、曰吐屯、曰俟斤、曰阎洪达、曰颉利发、曰达干，凡二十八等，皆世其官而无员限。"⑦《旧唐书·突厥传》载："可汗者，犹古之单于，妻号可贺敦，犹古之阏氏也。其子弟谓之特勤，别部领兵者皆谓之设，其大官屈律啜，次阿波，次颉利发，次吐屯，次俟斤，并代居其官而无员数，父兄死则子弟承袭。"⑧

关于延陁氏的族属，学界大多未予关注。笔者认为，应来自薛延陀。关于薛延陀的来源，《旧唐书·铁勒传》有如下记载：

> 薛延陀者，自云本姓薛氏，其先击灭延陀而有其众，因号为薛延陀部。其官方兵器及风俗，大抵与突厥同。⑨

大致相同的记载又见于《唐会要》。⑩ 这一记载表明，薛部征服延陀部，二者融合，最终形成了薛延陀部。"薛部"，突厥文写作 Sir，在鄂尔浑河流域发现的突厥卢尼文《暾欲谷碑》中很常见，如：

> 在 Türk Sir budun（突厥—薛部）土地上没有留下［国家的］机体。

---

① 杨富学、牛汝极：《沙州回鹘及其文献》，兰州：甘肃文化出版社，1995 年，第 33 页。
② 杨富学：《论回鹘语文对契丹的影响》，《民族语文》2005 年第 1 期，第 63 页。
③ 于宝林：《契丹古代史论稿》，合肥：黄山书社，1998 年，第 274—275 页。
④ 羽田亨：《回鹘文摩尼教徒祈愿文的断简》，氏著：《羽田博士史学论文集》下卷《言语·宗教篇》，京都：同朋舍，1975 年，第 331 页。
⑤ 罗新：《中古北族名号研究》，第 207 页。
⑥ 韩儒林：《突厥官号考释》，氏著：《穹庐集——元史及西北民族史研究》，上海：上海人民出版社，1982 年，第 322 页。
⑦《新唐书》卷 215 上《突厥传》，第 6028 页。
⑧《旧唐书》卷 194 上《突厥传》，第 5153 页。
⑨《旧唐书》卷 199 下《铁勒传》，第 5343 页。
⑩（宋）王溥：《唐会要》卷 96《薛延陀传》，北京：中华书局，1955 年，第 1726 页。

> 不要让 Türk Sir budun（突厥—薛部）地方存有君主。
>
> 突厥毗迦可汗养育了 Türk Sir budun（突厥—薛部）和乌古斯部。①

其中的 Türk Sir budun，塔拉提·提肯译作"Türk Sir people"（突厥 Sir 人）。② 耿世民译作"突厥—薛（Sir）人民"。③ Budun，在突厥、回鹘文献中常见，有村社、封地上的居民、人民等多种含义。④ 结合上下文，似乎译为"部落"更合适。前文已经谈及，延陁氏先人之官号皆突厥语，明示薛延陀部与突厥一样同属于突厥语族。这里，Türk 又与 Sir 经常连用，足见突厥与薛部之间存在着密切的联系。⑤ 与《旧唐书·铁勒传》不同，《通典》对薛延陀的形成提出了如下说法：

> 薛延陀，铁勒之别部也。前燕慕容俊时，匈奴单于贺刺头率部三万五千来降，延陁盖其后。与薛部杂居，因号薛延陀。可汗姓壹利吐氏，代为强族。初蠕蠕之灭也，并属于突厥，而部落中分，在郁督军山者，东属于始毕；在贪汗山者，西属于叶护。⑥

杜佑认为，是延陁部与薛部杂居，于是得名薛延陀，二者不存在征服与被征服的问题。无论征服与否，薛延陀来自薛部与延陀部的组合，则是不存在争议的。据此大率可定志文所言延陁氏当来自薛延陀部。

除了姓氏因素外，从婚丧习俗也可为延陁氏族别的判定提供佐证。前文述及，延陁氏 15 岁时即与李思摩成婚。《李思摩墓志》同出于昭陵，其中明言李思摩是突厥可汗氏族："公讳思摩，本姓阿史那氏，阴山人也。" 入唐后，因功赐姓李。⑦ 突厥人死后行火葬，如颉利可汗死后，依突厥之俗，"焚尸于灞水之东"。⑧ 同样，思摩死后，"仍任依蕃法烧讫，然后葬"。⑨ 对突厥的这种葬俗，《周书·突厥传》有详细记载：

> 死者，停尸于帐，子孙及亲属男女各杀羊、马，陈于帐前祭之，绕帐走马七匝，诣帐门以刀剺面且哭，血泪俱流，如此者七度乃止。择日，取亡者所乘马及经服用之物，并尸俱焚之，收其余灰，待时而葬。⑩

---

① С. Е. Малов, *Памятники Древнетюркской Письменности. Тексты и исследования*, М. -Л. 1951, стр. 61, 64; Talat Tekin, *A Grammar of Orkhon Turkic*, Indiana University Publications, 1968, pp. 249, 253; 耿世民：《古代突厥文碑铭研究》，北京：中央民族大学出版社，2005 年，第 95、97、107 页。

② Talat Tekin, *A Grammar of Orkhon Turkic*, Indiana University Publications, 1968, pp. 283, 290.

③ 耿世民：《古代突厥文碑铭研究》，北京：中央民族大学出版社，2005 年，第 95、97、107 页。

④ Д. И. Тихнов, Термины Эль и Будун в древннх уйгурских документах, Исследования по истории культуры народов Востока. Сб. в честь акад. И. А. Орбели, М.-Л., 1960, стр. 250–255.

⑤ 包文胜：《薛延陀部名称与起源考》，《内蒙古大学学报》2010 年第 4 期，第 132 页。

⑥ （唐）杜佑：《通典》卷 199《边防典十五》，北京：中华书局，2003 年，第 5465 页。

⑦ 张沛编著：《昭陵碑石》，第 112 页下栏；吴钢主编：《全唐文补遗》第 3 辑，第 338 页下栏；周绍良、赵超主编：《唐代墓志汇编续集》，第 38 页。

⑧ 《旧唐书》卷 194 上《突厥传上》，第 5160 页。

⑨ 张沛编著：《昭陵碑石》，第 113 页上栏；吴钢主编：《全唐文补遗》第 3 辑，西安：三秦出版社，1996 年，第 339 页上栏；周绍良、赵超主编：《唐代墓志汇编续集》，上海：上海古籍出版社，2001 年，第 38—39 页。

⑩ 《周书》卷 50《突厥传》，北京：中华书局，1971 年，第 910 页。

《隋书·突厥传》记载与之稍异，言其"择日置尸马上而焚之，取灰而葬"。① 史载，"突厥事火"。② 拜占庭史学家狄奥菲拉特在《历史》中记载，589 年达头可汗（576—603 年在位）致书东罗马帝国皇帝摩里斯，言："突厥拜火，亦敬空气水土，然仅奉天地之唯一造化主为神，以马牛羊祀之，并有祭司预言未来之事。"③ 可见，拜火是突厥普遍的习俗④，此或为突厥行火葬之原因之一。

从《李思摩墓志》看，思摩死后，先以火焚其尸，然后再埋葬其骨灰于昭陵，这是明确无误的，完全符合突厥葬俗。而作为李思摩妻子的延陁氏，死后却"奉诏合葬于思摩之茔"，不言"焚尸"之举，暗示延陁氏行的是土葬，与薛延陀的埋葬方式同，而别于突厥火葬。同样可证延陁氏出自薛延陀部而非突厥族。

李思摩作为突厥乃至唐朝早期历史之重要人物，生平事迹墓志有详载，两《唐书》亦为之立传，详载其一生的重要经历。⑤ 核诸文献知李思摩生于 583 年，卒于 647 年，得年 65 岁，比延陁氏年长 9 岁，为突厥颉利族人，祖父达拔（达头）可汗，父曰咄六设。少年时代，被授予"波斯特勒（勤）"，贞观十三年（639）七月被唐政府封为"乙弥泥孰俟利苾可汗"，赐姓李。据《新唐书》载，李思摩"性开敏，善占对，始毕、处罗皆爱之。然以貌似胡，疑非阿史那种，故但为夹毕特勒，而不得为设"⑥。易言之，李思摩尽管开朗聪敏，擅长占卜，受到可汗的赏识，但因其相貌不类突厥人，而像是"胡人"，故而被疑血统不纯，于是不可以领兵。同样的问题在《册府元龟》中也有述及：

> 思摩者，颉利族人也。始毕、处罗以其貌似胡人，不类突厥，非阿史那族类，故历处罗、颉利世，常为夹毕特勒，终不得典兵。⑦

那么，在突厥人的认识中，"胡人"究竟是指哪些人呢？荣新江先生曾言："突厥文碑铭用 Sodaq（粟特）来对应'胡'，可见在突厥人眼里，胡就是粟特。"⑧ 在思摩出生的 6 世纪，大量粟特人进入突厥汗国⑨，使思摩杂有粟特血统成为可能。蒲立本即曾论及李思摩有粟特血统，并推测阿义屈达干有粟特背景，这个康姓粟特家族也许与李思摩有婚姻关系。⑩ 阿义屈达干，康氏柳城人，原系安禄山所部成员，在安禄山叛乱后，毅然归唐，为唐朝效忠，颜真卿曾为之撰写神道

---

① 《隋书》卷 84《突厥传》，北京：中华书局，1973 年，第 1864 页。
② （唐）慧立、彦悰著，孙毓棠、谢方点校：《大慈恩寺三藏法师传》卷 2，北京：中华书局，1983 年，第 28 页。
③ Феофилкт Симокатта，*История*，Москва，1957，стр. 161；É. Chavannes，*Documents sur les Tou-Kiue Turcs Occidentaux*，Paris，1903，p. 248；[法]沙畹著，冯承钧译：《西突厥史料》，北京：中华书局，2004 年，第 222 页。
④ 蔡鸿生：《论突厥事火》，中国中亚文化研究协会编：《中亚学刊》第 1 辑，北京：中华书局，1983 年，第 145 页；陈凌：《突厥毗伽可汗宝藏及相关问题》，余太山、李锦绣主编：《欧亚学刊》第 7 辑，北京：中华书局，2007 年，第 82 页。
⑤ 岳绍辉：《唐〈李思摩墓志〉考析》，《碑林集刊》第 3 辑，西安：陕西人民出版社，1995 年，第 51—59 页。
⑥ 《新唐书》卷 215 上《突厥传上》，第 6039 页。
⑦ 《册府元龟》卷 997《外臣部·状貌》，北京：中华书局，1994 年，第 11698 页。
⑧ 荣新江：《何谓胡人？——隋唐时期胡人族属的自认与他认》，《乾陵文化研究》第 4 辑，西安：三秦出版社，2008 年，第 6 页。
⑨ L. Bazin，Turc et Sogdiens：Les enseignements de l'inscription de Bugut（Mongolie），*Mélanges linguistiques offerts à Emile Benveniste*，Paris，1975，pp. 37–48.
⑩ Edwin G. Pulleyblank，A Sogdian Colony in Inner Mongolia，*T'oung Pao*，Second Series，Vol. 41，1952，pp. 317–356.

碑。① 与阿义屈达干同样，李思摩也是一位忠义之士。630 年，东突厥汗国败亡，部落酋长纷纷叛离颉利可汗而降唐，独李思摩不弃不离，一直追随颉利可汗，忠心护主，直到最终与颉利同被唐朝所擒。唐太宗"嘉其忠，拜右武侯大将军"。② 入唐后，思摩曾担任执掌宿卫的右卫将军，负责宫廷安全，足见太宗对思摩的信任。思摩与太宗肝胆相照，641 年，思摩率突厥部众北渡黄河时称："实望世世为国一犬，守吠天子北门，有如延陁侵逼，愿入保长城。"③ 645 年，思摩在征伐辽东的战役中受伤，太宗亲自为他吮血，"从伐辽，中流矢，帝为吮血，其顾厚类此。"④ 异族君臣莫逆如此，实令人感佩。

思摩夫妇有子曰李遮匐，任左屯卫中郎将，不见于《延陁氏墓志》，但见于《李思摩墓志》。⑤ 思摩夫妇对唐朝忠心耿耿，其子却在他们去世后组织突厥旧部叛唐。据《两唐书》《资治通鉴》等史籍载，仪凤二年（677），李遮匐联合西突厥十姓可汗阿史那都支，依附吐蕃，煽动叛乱，起兵反唐。调露元年（679），裴行俭出任西州（新疆吐鲁番市）长史，设计使都支和遮匐投降，并将他们押送京城。

三、延陁氏生活轨迹钩沉

隋唐时期，突厥和包括薛延陀在内的铁勒诸部逐鹿漠北，加之与中原王朝复杂微妙的政治关系，漠北政治形势动荡不安。在这一错综复杂的形势下，兼具薛延陀人和突厥可汗夫人双重身份的延陁氏亲历了突厥汗国的强盛和败亡，又目睹了薛延陀汗国的崛起和衰亡。她的一生与突厥汗国、薛延陀汗国的命运紧密相连。透过这方墓志，可以管窥贞观时期北部边疆历史发展之一斑。

延陁氏的人生可分为入唐前和入唐后两个不同的阶段。前一阶段始于隋开皇十二年至于唐贞观四年（592—630）。

薛延陀是隋朝初年才开始登上历史舞台的铁勒部族之一，其族源可追溯到汉魏时期的丁零和北朝时期的敕勒（高车）。在铁勒诸部当中，薛延陀是最为强大的一支。《资治通鉴》卷192载：

> 初，突厥既强，敕勒诸部分散，有薛延陀、回纥、都播、骨利干、多滥葛、同罗、仆固、拔野古、思结、浑、斛薛、结、阿跌、契苾、白霫等十五部，皆居碛北，风俗大抵与突厥同；薛延陀于诸部为最强。

至于薛延陀国的居地，史称其牙帐在"督尉犍山（即郁督军山，今蒙古国杭爱山）北，独乐河南"。⑥ 说明薛延陀原本活动于土拉河以南地区。然《隋书·铁勒传》却言："金山西南，有薛延陀、咥勒儿、十槃、达契等，一万余兵。"⑦ 这说明薛延陀的原始分布地是金山地区。前引

---

① （唐）颜真卿：《特进行左金吾卫大将军上柱国清河郡开国公赠开府仪同三司兼夏州都督康公神道碑》，《全唐文》卷342，北京：中华书局，1983 年，第 3474—3476 页。
② 《资治通鉴》卷 193 贞观四年五月壬申条，北京：中华书局，1976 年，第 6077 页。
③ 《新唐书》卷 215 上《突厥传上》，第 6040 页。
④ 《新唐书》卷 215 上《突厥传上》，第 6040 页。
⑤ 张沛编著：《昭陵碑石》，第 112 页下栏；吴钢主编：《全唐文补遗》第 3 辑，第 339 页下栏；周绍良、赵超主编：《唐代墓志汇编续集》，第 38 页。
⑥ 《旧唐书》卷 199 下《铁勒传》，第 5344 页。
⑦ 《隋书》卷 84《铁勒传》，北京：中华书局，1994 年，第 1879 页。

《通典》提到："在郁督军山（今蒙古国杭爱山）者，东属于始毕；在贪汗山（今新疆博格达山）者，西属于叶护。"① 这里的薛延陀分布范围又涵盖了漠北和金山二地。到底以何者为是，学界存在争议。段连勤先生依《隋书·铁勒传》的记载，认为薛延陀的原始分布地是金山一带。② 而包文胜从语言学角度入手，提出不同说法。《通典》卷199《边防典十五》有载："匈奴单于贺剌头率部三万五千来降，［延］陀盖其后。" 包文胜认为延陁来源于贺兰部，是驳马国后裔。由此得出薛延陀的原居地是漠北高原而不是金山一带的结论。③ 还有论者认为，薛延陀"初兴时代的地理位置并不在西域，而是近于辽东、漠北"。④

历史文献对隋唐时代漠北诸部分布地域的记载比较混乱，且多有抵牾，要彻底弄清楚薛延陀原居地的问题，似乎需要借助与其息息相关的斛薛部。《通典》卷199《边防典十五》有言："斛薛，亦铁勒之别部，在多滥葛北境，两姓合居，胜兵七千。"明言斛薛部族是"斛部"和"薛部"杂居而构成。依马长寿先生之见，"斛即斛律氏，原属高车六氏"⑤，而薛部很可能与薛延陀之薛部出自同源。史载斛薛在多滥葛北境，而多滥葛又在仆骨以西。如果能够确定仆骨部的位置，则斛薛部之方位可迎刃而解。有幸的是，近期在蒙古国中央省札木日苏木（Zaamar Sum）发现的一处唐代墓葬中发现有《仆固墓志》，其中有云："公讳乙突，朔野金山人，盖铁勤（勒）之别部也……以仪凤三年（678）二月廿九日遘疾，终于部落，春秋卌有四。"⑥《仆固墓志》发现地在乌兰巴托西北280公里处，位于土拉河由东向西而转北流的大转弯处内侧。那么，斛薛部之活动范围就应在土拉河大转弯处外侧，大致在北起今土拉河南岸，南至杭爱山一带。⑦ 可证，薛延陀居漠北说要比金山说或辽东说更令人信服。

在隋炀帝大业年间，薛延陀曾一度自立为可汗，后慑于西突厥射匮可汗之强大，去可汗称号而臣服之。⑧ 1982年，在昭陵祭坛遗址出土了"薛延陀真珠毗伽可汗"像座。"薛延陀真珠毗伽可汗"是夷男建立薛延陀汗国后唐朝所赐封号，至于册封时间，《旧唐书·铁勒传》《资治通鉴》记载为贞观二年，《旧唐书·突厥传上》《新唐书·突厥传上》《新唐书·回鹘传下》《册府元龟》《通典·薛延陀》等，均记载为贞观三年。按《唐会要·北突厥》言贞观二年"十一月，突厥北边多叛颉利归薛延陀。共推其俟斤夷男为可汗，夷男不敢当。"《旧唐书·铁勒传》《新唐书·薛延陀传》也系其事于是年十一月。可以认为，夷男被推为可汗应在贞观二年（628）十一月。⑨ 结合这一记载，可定册封时间应以贞观三年为确，必晚于夷男自立可汗数月之后。⑩ 自贞观二年夷男称汗至贞观二十年薛延陀灭国，共历18年。

思摩与延陁氏的婚姻始于突厥汗国灭亡之前。《延陁氏墓志》载："髫龄而机惠异伦，笄年而艳彩绝类。擅芳声于狼望，流美誉于祁连。遂得作配贤王，嫔于景族。""笄年"指十五岁，由此推测，她结婚时间大约是606年。当时薛延陀还在突厥的统治之下，李思摩是在600年至603年被授予突厥汗国的小可汗即"俱陆可汗"的，统辖漠北延陁、回纥、仆骨、同罗等铁勒诸

---

① （唐）杜佑：《通典》卷199《边防典十五》，第5465页。
② 段连勤：《隋唐时期的薛延陀》，西安：三秦出版社，1988年，第19页。
③ 包文胜：《薛延陀部名称与起源考》，《内蒙古大学学报》2010年第4期，第132—136页。
④ 薛宗正：《突厥史》，北京：中国社会科学出版社，1992年，第373页。
⑤ 马长寿：《突厥人和突厥汗国》，上海：上海人民出版社，1957年，第3页。
⑥ 杨富学：《蒙古国新出仆固墓志研究》，《文物》2014年第5期，第77—78页。
⑦ 杨富学：《蒙古国新出仆固墓志研究》，第79页。
⑧ 《旧唐书》卷199《北狄传》，第5343—5344页。
⑨ 包文胜：《铁勒历史研究——以唐代漠北十五部为主》，博士学位论文，内蒙古大学，2008年，第128页。
⑩ 段连勤：《隋唐时期的薛延陀》，第56—60页。

部，控制着郁督军山及其西接金山的地带。604或605年，思摩之祖、父逃往吐谷浑，留思摩在漠北独立支撑，被启民可汗打败，被缚押送隋都大兴城，后被放还。在始毕、处罗、颉利三可汗时期，思摩担任"伽苾特勤（夹毕特勤）"、"罗失特勤"①。按时间推算，在思摩担任"伽苾特勤（夹毕特勤）"或"罗失特勤"时期，与延陁氏结婚。关于"特勤"一词的起源，韩儒林先生曾做过详细考辩，认为"特勤"一词早在突厥汗国之前的5世纪下半叶就已用于嚈哒称号，并非源自突厥语。②

那么，作为薛延陀部落首领的女儿，嫁给了当时统治漠北的突厥可汗子弟，这是不是一桩政治婚姻呢？他们结婚的动机无从知晓，但是，无论出发点是不是出于政治联姻的目的，这桩婚姻都在一定程度上起到了稳定突厥与铁勒部关系的作用。

婚后的延陁氏徘徊于两族之间，身系两族命运。

在突厥汗国和薛延陀汗国的关系史上，627年堪称关键年份，斯时突厥和铁勒势力此消彼长，漠北政局陷于混乱。生活在金山一带的薛延陀部，在夷南率领下暴动，反对西突厥统治。翌年，夷南率领七万族人向东越过金山，迁至漠北，与正在反抗东突厥的漠北铁勒兵合一处。薛延陀各部落由是得以汇合。是年，延陁氏36岁。此时的漠北，突厥汗国和以薛延陀为首的铁勒剑拔弩张，成为两大敌对阵营。作为突厥贵族和薛延陀反抗的对象，思摩夫妇有何作为？史无记载。

从贞观四年（630）延陁氏入唐到贞观二十一年延陁氏亡故，可谓延陁氏一生的第二个阶段。

在入唐之后的岁月里，延陁氏长期居住在夏州。贞观四年，年当47岁的思摩与颉利可汗一起被擒，思摩被唐太宗任命为化州都督。③夏州属于羁縻州，管理黄河以南的河套地区，统辖原颉利可汗下属的突厥旧部，治所在夏州德静县城（今陕西榆林市榆阳区魏家峁村），延陁氏住在"夏州濡鹿辉之所"（位处陕西榆林市海流兔河流域），也就是墓志所载的延陁氏逝世的地方。贞观四年至贞观十三年，延陁氏的大部分时间应该都生活在这里。归唐后，思摩夫妇在夏州、故定襄城、长安等多处居住过，而在"夏州濡鹿辉之所"居留时间最长。李思摩去世后陪葬昭陵，但仍于此处立碑，"唐李思摩为右武卫将军，从征辽东，为流矢所中，未几，卒，葬讫，仍立碑于化州。"④可见夏州是思摩夫妇灵魂深处之最佳归宿地。

夏州位处漠北与唐朝的中间地带，地当南北交通之"咽喉要道"。李吉甫《元和郡县图志》记载，从东汉末年开始，北方少数民族便活跃在这一地区，东晋末年，匈奴人赫连勃勃在这里建立大夏国，称"统万城"。贞观二年（628），唐政府在这里建立了夏州都督府。天宝元年（742）改朔方郡，乾元元年（758）复为夏州。⑤贞观十三年（639）七月初九日，57岁的阿史那思摩被封为"乙弥泥孰俟利苾可汗"，赐姓李氏，并赐予鼓和大旗，朝廷命思摩所率突厥各部族以及各州的胡族北渡黄河，回到漠南地区，以牵制薛延陀。

---

① 《李思摩墓志》中的"特勤"（拓本刊于昭陵博物馆编著：《昭陵墓志纹饰图案》，北京：文物出版社，2015年，第67页拓片5-2），《昭陵碑石》均误录作"特勒"，《唐代墓志续编》因之。《全唐文补遗》录作"特勤"。是。有关考证见姚玉成：《唐李思摩墓志碑文著录纠错一则》，《哈尔滨学院学报》2010年第7期，第119—124页。

② 韩儒林：《突厥官号考释》，氏著：《穹庐集——元史及西北民族史研究》，上海：上海人民出版社，1982年，第317—319页。

③ 贞观七年，思摩担任北开州都督，兼任夏州都督。次年，北开州改名化州，驻地不变。北开州都督府在历史上仅存一年，所以史籍称思摩为化州都督。参见朱振宏：《新建两方突厥族史氏家族墓志研究》，朱玉琪主编：《西域文史》第8辑，北京：科学出版社，2013年，第179—211页。

④ 《册府元龟》卷820《总录部·立祠》，第9745页。

⑤ （唐）李吉甫：《元和郡县图志》卷4，北京：中华书局，1983年，第99—100页。

是年，延陁氏随河南各州部众从黄河以南迁往黄河以北，驻故定襄城（今内蒙古和林格尔土城子），贞观十三年到十八年间，延陁氏大部分时间应栖身于此。"太宗贞观十五年十一月癸酉，薛延陀尽其甲骑并发……据善阳岭，以击思摩之部"。① 薛延陀对李思摩部的进攻倾尽全力，至于战果如何，史无明载，但可以推想，思摩部元气大伤，因为，仅过三年，李思摩所部即离之而去，史载："［贞观十八年］十二月李思摩部落众十万，胜兵者四万人叛，思摩渡河，请居内地。诏许之处于胜、夏二州之间。"② 思摩不得已，请求内附，唐政府允准其"处于胜、夏二州之间"。思摩遂迁其家眷于夏州，延陁氏居"夏州濡鹿辉之所"。思摩失去突厥部族的支持，入朝请罪，去"可汗"称号，被任命为右卫将军，负责宫廷警卫。贞观十九年（645），63岁的李思摩跟随唐太宗远征辽东。在白崖城战役中，思摩受伤。

贞观二十一年（647）三月，李思摩因病逝于长安居德坊家中。同年八月，延陁氏病逝于夏州家中。那么，李思摩去世前后，延陁氏在不在长安？志文无载，不得而知。

综上可见，延陁氏入唐前生活在漠北，身处突厥、薛延陀等族错综复杂的关系之中，见证了突厥汗国的败亡和薛延陀汗国的崛起。入唐后，在630年至639年的十年时间内，和南下突厥集团一起生活在河南地区。贞观十三年（639），随突厥集团北渡黄河，在漠南生活六年。贞观十八年，思摩败于薛延陀，再次南下河南地区，仍居夏州。

四、延陁氏历史地位刍议

依薛延陀旧习，女子有较高地位，作为可汗夫人，延陁氏亦概莫能外。据志文可知，延陁氏关心家国命运，在亡国被俘的艰难时刻，她帮助丈夫分析判断局势，劝说丈夫降唐。

贞观四年（630）突厥汗国败亡，"诸部多归中国，唯思摩随逐颉利，竟与同擒"。③ 思摩因不愿叛离颉利可汗而被俘，由大同道行军副总管张宝相押送至京师。④ 入长安后，思摩夫妇势必会面临何去何从的艰难抉择。《李思摩墓志》称："公明晓去就，理鉴安危。每劝单于，启颡魏阙。"⑤ 而《延陁氏墓志》的记载稍异："预识去就之机，抑亦夫人之助。"易言之，李思摩之归顺，除了自己的预判外，还可能受到了延陁氏的影响。依志文可作这样的推测：李思摩和颉利可汗被俘后，延陁氏帮助思摩分析政治形势，规劝思摩降唐。而后，思摩又因势利导，劝说颉利可汗归顺唐朝。早在东突厥灭亡之前的武德七年（624），41岁的思摩作为颉利可汗的特使，曾到过长安，觐见唐高祖李渊，被封为"和顺王"。这次出使，使李思摩有机会领略到大唐的实力和文化，延陁氏也必有耳闻，这为他们归顺唐朝埋下伏笔。果若如此，可推定延陁氏是一位有胸襟、有胆识的可汗夫人，在关键时刻具有分析判断局势的能力。

在薛延陀部族中，女子主政是常见的。642年，薛延陀向唐朝请婚，太宗曾谈及漠北诸族女子主政之俗："北狄风俗，多由内政，亦既生子，则我外孙，不侵中国，断可知矣。"⑥ 薛延陀的

---

① 《册府元龟》卷995《外臣部·交侵》，第11685—11686页。
② 《册府元龟》卷46《帝王部·智识》，第524页。
③ 《旧唐书》卷194上《突厥传上》，第5153页。
④ 《旧唐书》卷三《太宗纪下》，第39页。
⑤ 张沛编著：《昭陵碑石》，第112页下栏；吴钢主编：《全唐文补遗》第3辑，第338页下栏；周绍良、赵超主编：《唐代墓志汇编续集》，第38页。
⑥ （唐）吴兢撰，杨宝玉校点：《贞观政要》，北京：燕山出版社，1995年，第294页。

风俗与突厥大抵相同，惟两点有别，一是薛延陀"丈夫婚毕，便就妻家，待产乳男女，然后归舍"①；二是突厥流行火化，而薛延陀实行土葬（详前）。这种带有母系社会痕迹的风俗，也是延陁氏参与政治、对李思摩产生影响的要素之一。

据志文所载，少女时代的延陁氏美丽机惠、有远志，"鬌龄而机惠异伦，笄年而艳彩绝类。擅芳声于狼望，流美誉于祁连……弱而立志，贞固迈于松筠"；中年的延陁氏坚毅从容、有主见，"爰洎壮龄，风霜不渝其劲"。延陁氏从一个天真的薛延陀少女，成长为一位饱经风霜的突厥可汗夫人，她经历了漠北一带战火的洗礼。从志文中，我们能看到延陁氏在族群中是有地位、有威望的。据志文载，延陁氏的葬礼上有众多的族人为她送葬，"种类攀号，酋豪泄涕……种落摧瘁，酋豪缟素，哭恸山阿"。其中的"酋豪"当指部落首领；"种类"与"种落"当指普通族人，突厥、薛延陀皆应包含在内。与之相比，思摩的葬礼，因为在长安，由朝廷措置，葬礼之上只有朝廷官员"悼结宸衷，哀缠士庶"，而"其子左屯卫中郎将李遮匐痛深疮拒，哀缠风树"。②参加葬礼之突厥人明显少于延陁氏葬礼。

那么，延陁氏在南下突厥集团中的地位究竟如何？她有没有参与领导突厥部众？尤李的《阿史那思摩家族考辨》一文，认为延陁氏是带着薛延陀的部分部众嫁给思摩，并且率领着薛延陀的部众来到夏州，属于"内蕃"，至少是领导了南下的那部分薛延陀部族。③此说虽合乎情理，但缺乏实证，未必可信也。

贞观十八年（644），思摩与薛延陀战，败绩。在突厥部众退回河南地区后，李思摩离开突厥集团，轻骑入朝。思摩离开后，由何人接替其管理战败南归的突厥集团呢？铃木宏节给出的答案是延陁氏。④然而，据《资治通鉴》卷198记载，645年，唐政府派遣右领军大将军执失思力统领突厥兵，镇守夏州，646年的夏州都督是乔师望。而李思摩离开突厥集团是贞观十八年十二月。可见，唐政府及时派遣了军政要员驻守夏州，对突厥集团进行有效管理。唐政府没有也不可能对再次南下的突厥集团放任自流，更没有把突厥集团的领导权授予延陁氏。贞观十九年，唐太宗征高丽，"使右领军大将军执失思力将突厥屯夏州之北，以备薛延陀……又令执失思力发灵、胜二州突厥兵，与道宗等相应。薛延陀至塞下，知有备，不敢进……二十年春正月辛未，夏州都督乔师望、右领军大将军执失思力等击薛延陀，大破之，虏获二千余人。多弥可汗轻骑遁去，部内骚然矣"。⑤是证，由延陁氏统领突厥集团的说法难以成立。

那么，在南下突厥集团中有没有薛延陀部众呢？

贞观十二年七月的诏书《突厥李思摩为可汗制》称，朝廷诏令思摩统领安置在河套地区羁縻州府的各族部众即"突厥及胡"，渡河北上。"锡以藩号，绍其宗祀，可乙弥泥孰俟利苾可汗，并赐之鼓纛仍令就其部，备礼册，命突厥及胡诸州安置者，并令渡河还其旧部，俾夫世作藩屏，同之带砺，长保边塞，傅诸后昆。"⑥不难发现，在李思摩统帅的突厥集团中，除突厥本部外，还有其他各族部众，尤有进者，在思摩夫妇归唐之前，就已有大批北方诸族南下归唐，唐政府在

---

① 《隋书》卷84《铁勒传》，第1880页。
② 张沛编著：《昭陵碑石》，第113页上栏；吴钢主编：《全唐文补遗》第3辑，第339页下栏；周绍良、赵超主编：《唐代墓志汇编续集》，第38—39页。
③ 尤李：《阿史那思摩家族考辨》，达力扎布主编：《中国边疆民族研究》第4辑，北京：中央民族大学出版社，2011年，第13—34页。
④ 铃木宏节：《突厥阿史那思摩系谱考——突厥第一可汗国的可汗系谱与唐代オルドス的突厥集团》，《东洋学报》第87卷第1号，2005年，第59页。
⑤ 《资治通鉴》卷198贞观十九年十二月辛亥至二十年春正月辛未条，第6234页。
⑥ （宋）宋敏求编：《唐大诏令集》卷128《突厥李思摩为可汗制》，北京：中华书局，2008年，第692页。

边境地区设置州县予以安置。据《资治通鉴》载,贞观三年,大批突厥、铁勒各部族降唐内附:

> [贞观三年]九月丙午,突厥俟斤九人帅三千骑来降。戊午,拔野古、仆骨、同罗、奚酋长并帅众来降……庚寅,突厥郁射设帅所部来降。①

是见,贞观三年,包括突厥、拔野古、仆骨、同罗、奚等多种北方诸族纷纷内附入唐,据载,其人口多达一百二十余万人。② 翌年,又有大批突厥人内附,史载:

> [贞观四年三月]庚午,突厥思结俟斤帅众四万来降……初,始毕可汗以启民母弟苏尼失为沙钵罗设,督部落五万家,牙直灵州西北……庚辰,行军副总管张宝相帅众奄至沙钵罗营,俘颉利送京师,苏尼失举众来降,漠南之地遂空。③

贞观三、四年的突厥内迁,人数至众,以致造成"漠南之地遂空"的局面。

贞观十五年(641)李绩远征薛延陀,在诺真水(位于今内蒙古乌兰察布市境内)一役中,大败之,杀敌三千,俘虏五万,获马匹一万五千匹,之后,李绩又在五台山一带平定了突厥思结部众的叛乱,俘获男女上千人。④

为了安置大批南下内附的北疆各族部众,贞观时期,唐政府在河套地区的灵州(宁夏灵武西南)、夏州(陕西靖边白城则)、延州(陕西延安)、庆州(甘肃庆阳)和单于、安北两大都护府设立羁縻州府。羁縻州府安置的部族包括突厥、铁勒诸部、薛延陀、回纥、吐谷浑、党项等。"于朔方之地,幽州至灵州置顺、祐、化、长四州都督府,又分颉利之地六州,左置定襄都督府,右置云中都督府,以统其众。"⑤

在羁縻州府中,达浑都督府位于宁朔县,为安置薛延陀部落而设,右隶灵州都督府。⑥ 至于达浑都督府设立的时间,史籍并未明确记载。只是在《旧唐书》中载有这样一则讯息:"[贞观二十年]太宗至灵州,其铁勒诸部相继至数千人,仍请列为州县,北荒悉平。"⑦ 庶几可定达浑都督府建立的时间是在贞观二十年或二十一年,时当薛延陀汗国覆亡,大批薛延陀部众内附之际。唯此时南下的薛延陀部众应该不属思摩夫妇所统领的南下突厥集团之列。

推而论之,在思摩夫妇领导的突厥集团中,当有薛延陀部众。作为薛延陀部落酋长之女兼具突厥可汗夫人身份的延陁氏,在杂有薛延陀部众的突厥集团中地位自然不会低。

另外,综合思摩夫妇的两方墓志,我们注意到,延陁氏被授予"统毗伽可贺敦"的时间是贞观十二年(638)十一月,而思摩被授予"乙弥泥孰俟利苾可汗"的时间却是贞观十三年七月。"可贺敦"又作"可敦",是可汗妻子的尊称,分别对应于古突厥语之 qa atun 和 Qatun。然则,唐太宗给延陁氏"可贺敦"的封号要早于丈夫"可汗"的封号,这似乎有悖常理。

其实,并不存在矛盾,只是记录者的立足点有所不同罢了。据《唐大诏令集》载,唐册封李

---

① 《资治通鉴》卷 193 贞观三年九月丙午至庚寅条,第 6066—6067 页。
② 《旧唐书》卷 2《太宗纪上》,第 37 页。
③ 《资治通鉴》卷 193 贞观四年三月庚午至庚辰条,第 6073—6074 页。
④ 《旧唐书》卷 3《太宗纪下》,第 53—54 页。
⑤ (唐)杜佑:《通典》卷 197《边防典十三》,第 5415 页。
⑥ 《新唐书》卷 43 下《地理志七下》,第 1121 页。
⑦ 《旧唐书》卷 199《铁勒传》,第 5347 页。

思摩为"乙弥泥孰俟利苾可汗"的诏书《突厥李思摩为可汗制》签署于贞观十二年七月,而册文《册突厥李思摩为可汗文》所署时间则是贞观十三年七月。易言之,唐于贞观十二年七月已下诏封李思摩为可汗,四个月后,诏思摩妻为"统毗伽可贺敦",册文之颁布又晚于此。明乎以上史实,两方墓志在册封时间上的不一致处自可冰释。

综上所述,可以看出,《延陁氏墓志》尽管很简短,但所涉内容对于薛延陀部历史及其与突厥的关系具有重要意义,尤其是该墓志可以与《李思摩墓志》互为表里,填补了历史记载的一些空白。薛延陀立国虽然时间不长,仅有十八年,但不失为隋唐时期北疆民族发展史上的重要一环。延陁氏兼具薛延陀人和突厥可汗夫人双重身份,一生游走于薛延陀、突厥和唐朝之间,亲历了突厥汗国和薛延陀汗国的兴衰更替。延陁氏是一位有远见卓识的可汗夫人,她能影响李思摩,甚至影响到突厥集团的前途与命运,故而在突厥集团中享有较高的威望。解读《延陁氏墓志》,为深入研究薛延陀部族的历史和隋唐时期的民族关系提供了新的视角和材料。

[作者单位:杨富学(敦煌研究院民族宗教文化研究所);胡蓉(西北民族大学文学院)]

隋代的云南及西南夷爨氏史事探析

[日] 气贺泽保规

一、序　论

隋王朝历文帝和炀帝两代 38 年（580—618 年），是一个名副其实的短命王朝。然而绝不能低估其在中国历史上的地位。最重要的是其集约了魏晋南北朝分裂时期积累的诸课题，确立了以皇帝为中心的新支配体制，为后来的唐王朝构筑了基础。唐王朝延绵近三百年的国祚与曾经的隋王朝不无关系。

隋代前期文帝治世，平陈的统一事业以及内政的完善与充实成为最重要的课题，在对外关系方面，则将主要精力用于应对北方的突厥（东突厥）。至炀帝君临天下，开始全方位出击，压制北方突厥之后，西征吐谷浑，与以高昌国为首的西域各国建立邦交，挟余威东征高句丽。其间，又出兵台湾（琉球），亦接受赤土国等东南亚各国的朝贡。通过一系列的外交活动，隋志在东亚世界盟主地位的立场凸显出来。唐王朝也重蹈故辙，最终形成了以唐为中心的东亚世界。

如此，伴随着隋的诞生，中国的统一，东亚的国际关系的趋势逐渐明朗，那么，西南方面状况又如何呢？西南无疑主要指云南地区，这里古来并非汉族的居地。早在先秦时期滇国即已建立，其邻邦有夜郎国等。其后，独特的民族文化土壤则孕育了南诏国和大理国。可是，在《隋书·南蛮列传》（卷82）中只能查到林邑、赤土、真腊、婆利四个国名，丝毫未言及所谓"西南夷"的存在。关于隋代西南夷的具体记载见于年代较晚的《新唐书》卷222下《南蛮传下》"两爨蛮"①。

> 1 两爨蛮。自曲州、靖州西南昆川（昆州？）、曲轭、晋宁、喻献、安宁距龙和城，通谓之西爨白蛮。自弥鹿、升麻二川，南至步头，谓之东爨乌蛮。2 西爨自云本安邑人，七世祖晋南宁太守，中国乱，遂王蛮中。3 梁元帝时，南宁州刺史徐文盛召诣荆州。有爨瓒者，据其地，延袤二千余里。土多骏马、犀、象、明珠。4 既死，子震、翫分统其众。<u>隋开皇初，遣使朝贡，命韦世冲以兵戍之，置恭州、协州、昆州</u>。5 未几叛，史万岁击之，至西洱河、滇池而还。震、翫惧而入朝，文帝诛之，诸子没为奴。6 高祖即位，以其子弘达为昆州刺史，奉父丧归。而益州刺史段纶遣俞大施至南宁，治共范川，诱诸部皆纳款贡方物。7 太宗

---

① 与此相关，以前关于隋代该地区的民族动向几乎无人问津，笔者在构思隋代的国际关系图的时候（图1 参照），这一部分也置为空白。参见气贺泽保规编辑：《遣隋使がみた風景—東アジアの新視点—》（东京：八木书店，2012 年）399 页所载图二，隋代（六世纪后半叶）的东亚世界。

遣将击西爨，开青蛉、弄栋为县。

当时西南夷被看作"两爨蛮"，将原文的系统记事（未能确认其他文献有这种系统的记载）加以分析，大致可归纳如下。

1. 所谓"两爨蛮"，所指系西爨白蛮和东爨乌蛮，而且从有关的地名可推知两者势力范围加起来可覆盖云南的东半部。西爨占据了从云南中部以东和东北的地区，而由南部向东部的区域主要为东爨的领地（图2参照）。

2. "两爨蛮"以西爨白蛮系为中心，其"七世祖"在战乱持续的五胡十六国东晋时期支配了云南东部的蛮族。

3. 南朝后半期（梁元帝时）逢侯景之乱，趁南朝自顾不暇之机，爨瓒据其地自立。其土地延袤两千余里，出产骏马、犀、象、明珠。

4. 爨瓒死后，其子震和翫成为后继者，分统其属下。隋开皇初遣使朝贡，隋反而命韦世冲（韦冲）以兵戍之，置恭州、协州、昆州。

5. 未几，爨氏叛，隋遣史万岁讨之。史万岁军至云南中部的西洱河、滇池而返。爨震、爨翫惧怕入朝，对史万岁行贿。文帝再次派军征伐，诛杀二人，诸子没为奴。

6. 唐高祖李渊即位，将被没为奴的爨弘达任命为昆州刺史，奉父亲的遗骸返乡。四川的益州刺史段纶遣俞大施至南宁州，以共范川为治所，诱诸部皆纳款贡方物。

7. 太宗遣将征讨西爨，设置青蛉、弄栋县。

隋代云南研究的先驱是最先开拓中国西南民族史领域的藤泽义美先生。其所著《西南中国民族史的研究》① 收录的《隋代爨姓部族的动向》值得注目。为了探讨隋代的云南和隋的关系，在引用《隋书》中有关记载的同时，也重视《新唐书·南蛮传下》"两爨蛮"条的记载，参照《资治通鉴》卷178 隋文帝开皇十七年二月，同十八年一—二月条的记事进行了反复论证。

其着眼于前述《新唐书·南蛮传下·两爨蛮》所记"隋开皇初，遣使朝贡，命韦世冲以兵戍之，置恭州、协州、昆州。未几叛，史万岁击之"（字下划线处）的部分，作为理解隋代云南动向的基础（前文归纳的第4、5条）。即开皇初韦世冲（韦冲）赴任，治下设恭州、协州、昆州，未几西南夷的爨震、爨翫兄弟反叛，被隋将史万岁讨平。但是，如果重新考证该条记事，会产生诸多疑问。云南方面既已朝贡，韦世冲为何还要发兵，所谓开皇初是开皇几年，关于三州的设置是否还有旁证资料（《隋书》中没有可印证的资料）。"未几"的时间间隔以及其间云南的动态等。这样的疑点与盲点不断地出现，然而，藤泽先生并没有对其进行任何考察②。

此外，中国研究者所著概论类的专著也大体上收录了该时期的重要事件。马曜主编的《云南简史（新增订本）》③ 依据史料论述了云南史的全貌，可作为一例。本书概观了隋文帝时期的云南经营，以下面所述三次出兵以及伴随其产生的三次隋官处分为主线，试图描绘隋和云南的关

---

① 藤泽义美：《西南中国民族史の研究》（大安、1969年）第二章《昆明盆地の前史》的第二节2 为《隋代爨姓部族の動向》。

② 除此之外，日本学者川本芳昭从"（东亚）世界系统论"的观点出发，注意到隋代的云南西南夷受制于中国（隋），走过了与日本相似的历史。不过，对隋代云南的实际状态和爨氏势力的动向等关心度不高，未能具体论述。参照川本：《东亚古代的诸民族和国家》，东京：汲古书院，2015年。第三篇《汉唐间西南中国的动向》之《第一章 汉唐间云南和日本的关系——从比较史学的观点考》。

③ 参照马曜主编《云南简史（新增订本）》，昆明：云南出版集团公司·云南人民出版社，2010年，第三章《三国两晋南北朝时期的云南》（王宏道著）、第四章《隋唐时期的云南》（黄惠焜著）。

系，云南支配的变化。

第1次军事行动：开皇初年。韦冲出任南宁州总管，同时以王长述为行军总管击南宁，遣梁毗任西宁州刺史。但是，因韦冲之甥韦伯仁等行为不端，激起云南豪族爨震、爨翫的武装反叛。

第2次军事行动：开皇十七年（597）。史万岁任行军总管，从四川方面出击，控制云南西部以后，攻击云南东部爨氏的根据地，迫使爨翫降伏。爨翫应被押送至朝廷，但其用金银财宝收买史万岁，免于羁押。蜀王秀时在益州，得知万岁受赂，派使者索取财宝。万岁为了销赃，将全部金银珠宝沉到江底，蜀王一无所获，万岁逃避了追责。

第3次军事行动：开皇十八年（598）。爨翫的再次举兵，史万岁被指控受贿，剥夺官职。文帝命刘哙西讨，杨武通将兵继进，擒爨翫，押送朝廷处刑，诸子没为奴。此次远征，蜀王秀以獠人万智光为杨武通行军司马，试图染指此事。被文帝查知，遭到处分。

如此，云南被纳入隋的行政统治之下，实行郡（州）县制度。长期持续的云南各地各派的掠夺战争得以平息，促进了经济发展，人心思安。三次云南远征所产生的腐败，由于隋文帝及其所授意的官员的毅然应对，也被大致肃清。云南被朝廷直接领有，这一状况持续到隋末。该书作出了上述概括。

但是，这种解释能否被接受呢？一般认为汉人很早就流入云南，汉族文化被云南地区所接受，推动了当地的汉化。在此基础上，接受隋的支配，云南被置于一元统治下。中国学术界的这种见解反映在《云南简史》上。其实这种解释不仅为中国学界所接受，日本学界也大致持有同样的看法。其结果，导致前述对隋代云南的民族问题的理解近于空白的现象。

然而，现在疑点并未澄清。开皇十七年、十八年隋的军事行动是否实现了云南的安定。此后，隋又是怎样具体在云南施政的呢？笔者以为与中国王朝长期对立的西南夷难以沉默地屈从，然而，尚没有人从这一视点考察当时的民族动态。

似乎与此相关，前述《新唐书·南蛮传下》"两爨蛮"条中有如下一段记事。

〔唐〕高祖即位，以其子弘达为昆州刺史，奉父丧归。

唐王朝掌握了政权之后，为了重启对云南的统治，释放了被隋囚禁的爨弘达，使其奉父亲的遗骸还乡，同时任命其为昆州刺史，以在云南笼络人心。如果隋代对云南的直接支配顺利有效的话，唐朝并非一定要采取这种措施，只要继续隋的方针就可以了。然而，事实上隋对云南的支配鞭长莫及，唐朝不得不为了稳定云南，重新将爨氏推到前台。本稿着眼于这一点，试图重新评价隋代云南的动向。

隋代的云南至今几乎没成为话题，原因是传统的史料有限，新史料亦未能确认，其地理位置处于西南一隅，远离当时的主要舞台。然而，着眼于隋周边的国际关系大问题时，会发现只有这里是一片空白。如果重新注目这一空白部分，或许可以揭示隋的一个新的侧面。出于这一目的，本稿试图在与隋的关系中探讨云南的动向[①]。

[①] 川野明正：《云南的历史》，东京：白帝社，2013年。此书是日本现今关于云南的概论性图书中最有价值的一本，其中虽有《魏晋南北朝·隋代的云南》一章，然而，关于隋代（581—618）的记述，只如下寥寥数行："597年（开皇十七年），时昆州刺史爨翫为隋远征军主将史万岁（549—600·陕西人）所败，翌年又掀起叛乱，再次被隋军镇压，爨遂降隋。至唐代，爨氏……"云云。

二、隋开皇初年韦冲的云南派遣

隋代最早承担开拓西南夷（云南）使命的是韦冲，其事迹记载于《隋书》卷47《韦冲传》。

> 高祖践阼，征兼散骑常侍，进位开府，赐爵安固县侯。……以母忧去职。俄而起为南宁州总管，持节抚慰。复遣柱国王长述以兵继进。冲上表固让。诏曰"西南夷裔，屡有生梗，每相残贼。朕甚愍之，已命戎徒，清抚边服。以开府器干堪济，识略英远，军旅事重，故以相任。知在艰疚，日月未多，金革夺情，盖有通式。宜自抑割，即膺往旨。"冲既至南宁，渠帅爨震及西爨首领，皆诣府参谒。上大悦，下诏褒扬之。

韦冲出身于北周重臣韦孝宽（叔父）之名门一族，隋初被任命为南宁州总管，委以抚慰南宁州之全权（持节）①。自南朝以来南宁州是云南实际上的中心或中原王朝的据点，位于今天的曲靖境内。与此同时，文帝（高祖）又派柱国王长述率军为后续，采取了兼备武力的两手策略。韦冲因为母服丧（艰疚）上表固让，但是未得文帝恩准，诏曰："西南夷裔（西南夷的后裔）"饱受"生梗""残贼"之苦，怀柔外族是你的专长，所以将抚慰西南夷的任务交给你。据说带兵的王长述途中病故②，只有韦冲到达云南，致力于慰抚，取得了"渠帅爨震及西爨首领皆诣府（总管府）参谒"的成果。

考察韦冲派遣之始末，下列值得注意的问题浮出水面：1）与西南夷相关的南宁州的位置，2）统领西南夷的"爨震和西爨的首领"之存在，3）怀柔与武力并用的隋王朝的统治方针。基于前述3点，4）"非汉族的西南夷与隋朝"之相互对应关系。同时，王长述病死后军事行动的停止，使人怀疑隋王朝是否认真策划了征服云南的战略。即便如此，还是可以想象出把南宁州作为基点云南地区的西南夷的存在，以及采用君临其上的形式的隋（总管府）的"羁縻统治"之构图。

但是，隋的云南经营未能持久。前文引用的韦冲传记载了其夭折的原因。

> 其兄子伯仁，随冲在府，掠人之妻，士卒纵暴，边人失望。上闻而大怒，令蜀王秀治其事。益州长史元岩，性方正，案冲无所宽贷，冲竟坐免。

即，韦冲的兄子韦伯仁，掠当地人之妻，放纵部下横行暴虐，致"边人失望"。结果导致韦冲因渎职坐免。应该如何理解这一事件呢？虽不能排除其他政治要因介入的可能性③，不过，难以否认属下的不检点和当地势力的排斥导致了其作为南宁州总管的任职遭遇挫折，未能持久。

如此，隋王朝的云南支配的第一步遭受了重挫，不过，以前对实际状态的解释偏于暧昧，似

---

① 关于隋代总管府，参照山崎宏《隋代总管考》，《史潮》六四、六五合并号，1958年；岑仲勉：《隋书求是》（上海商务印书馆，1958年）所收《隋代总管府置废》（60—62页）；严耕望：《隋代总管府考》（《中国学志》六，1972年）；气贺泽保规：《府兵制的研究》（同朋舍，角川书店，1999年）第四章《隋炀帝期府兵制的考察》所收"大业初年废止总管府表"。

② 《隋书》卷54《王长述传》："后数岁，以行军总管击南宁。未至、道病卒。上甚伤惜之。"据此，王长述为军总管。

③ 《隋书·韦冲传》，在前面引用的史料之后又记："其弟太子洗马世约，潜〔元〕岩于皇太子。云云"。蜀王秀的部下元岩负责调查韦冲事件，韦冲等求助于皇太子勇。由此可隐约窥见皇太子（韦冲）和蜀王秀的对立。

乎隋的云南统治在这一事件之后仍然持续。果真如此吗？隋代南宁州总管的就任者只能确认韦冲一人。从这一事实出发，再次分析韦冲的远征，留意到若干不容忽视的问题。

三、韦冲出任南宁州总管的背景及其意义

岑仲勉先生推测隋最初进入云南的时期在"开皇三、四年"左右①。如果再稍微拘泥于年代考证的话，前述《新唐书·南蛮传下》，韦冲任南宁州总管时设置了"恭州、协州、昆州"，《元和郡县图志》（中华书局版）卷32《剑南道中·西川下》，协州和曲州条有如下的（无昆州条）记载：

○协州，下，开元户二百二十九

本夜郎国也，汉武帝开夜郎置犍为郡，今州即犍为郡之南广县也。其后蛮夷内侵，郡因荒废。隋开皇四年中，隶附于此置协州。大业三年废入犍为郡，武德元年开南中复协州。

管县三，东安，西安，胡津。

右三县，隋开皇三年并同州置。本汉南广县之地，大业二年废，武德元年南夷款附重置。

○曲州，朱提，下

本汉夜郎国地。武帝于此置朱提县，属犍为郡。……诸葛亮南征，复置朱提县。自梁陈以来，不复宾服。隋开皇四年，开置南中，立为恭州。武德元年改为曲州……

据此，协州于开皇四年，下辖三县于开皇三年，恭州（曲州，中天）于开皇四年设置，重新审视岑仲勉先生推定的"开皇三、四年"，可证实其判断的正确性。

那么，为何选择隋初这一时期在云南展开行动呢？隋远征的意图又何在呢？开皇初期，隋距统一尚相当遥远，处于为平陈倾注全力的阶段。另一方面，与北方的突厥（东突厥）之间的紧张关系持续，也使隋精疲力竭。在内政方面，还要清算南北朝时期遗留的门阀主义的影响，全力打造以皇帝为中心的一元化国家体制②。宰相高颎（尚书左仆射）为当朝执政，他推行重视内政，充实国力保障民生的稳健路线，在对外扩张问题上采取了极为谨慎的克制姿态③。

如果客观地分析，可知当时隋王朝并无染指云南的多余精力。尽管如此，隋仍然对西南夷用兵，原因何在呢？关于这一点，《隋书》本纪没有任何关于开皇四年前后韦冲赴任云南以及出兵的记载，即使《资治通鉴》也未见韦冲就任南宁州总管和出兵的记事。韦冲赴任及云南出兵应该是隋的云南支配的起点，对如此重要的事件处理方式未免有违常识。

《隋书》中除韦冲传几乎没有具体涉及韦冲远征云南的记载。唯一在旧北齐系的贵族出身的辛德源（陇西辛氏）传中可找到与"南宁"远征有关蛛丝马迹。《隋书》卷五八《辛德源传》云：

---

① 岑仲勉：《隋书求是》，第188—189页"102 南宁州"条。推测该时期为隋初"开皇三、四年"前后。
② 参照滨口重国：《所谓，隋的乡官废止》，《秦汉隋唐朝史的研究》下卷，东京大学出版委员会，1966年；宫崎市定：《九品官人法的研究—科举前史—》，东洋史研究会，1956年。
③ 参照谷川道雄：《高颎和隋的政界》，《田村博士颂寿东洋史论丛》，1968年，后收入《隋唐朝帝国形成史论》，筑摩书房，1971年。

  高祖受禅，不得调者久之，隐于林虑山，郁郁不得志，著幽居赋以自寄，文多不载。德源素与武阳太守卢思道友善，时相往来。魏州刺史崔彦武奏德源潜为交结，恐其有奸计。<u>由是谪令从军讨南宁，岁余而还。</u>

  辛德源是北周灭北齐时，从邺都迁徙到长安的北齐文林馆十八学士之一①。未被隋重用，郁郁不得志，与同为十八学士的卢思道私交甚笃，被人告发。遂获罪被谪入"南宁"远征军，充军一年有余。其恐怕未被充作士卒，而是充当文职杂役之类。不过，以贵族身份从军云南无疑屈辱至极。"南宁"远征军是隋初派遣的，推测辛德源或是与韦冲同行，或是编入王长述军中（前述史料）。

  从关于辛德源的记载勉强可以印证隋初韦冲赴任云南出兵的史实。不过接收辛德源的部队给人留下脆弱而且缺乏紧张感的印象。如果隋认真地考虑支配治理云南的话，恐怕不会让辛德源之类人物随军。再者，辛德源从军云南期间是"岁余"，是否可以理解为其与韦冲任职南宁州总管府的期间有关。

  那么，开皇三、四年前后派遣韦冲出任南宁州总管府支配云南的行动，究竟取得了哪些实质性的效果呢？据有限的史料推测，在那一阶段隋并未深入扎根于云南社会，也没有表现出决心征服西南夷的姿态。

  但是，隋在这一时期出兵云南则是事实。隋初国内局势尚未完全稳定，当时的燃眉之急是解决南朝陈的问题。向西南夷地区派兵与当时的对南朝政策不无关系，隋担心陈与西南夷联手，必然关注西南夷的动向。

  为了取得平陈之役的胜利，隋进入了总动员的态势，从开皇八年（588）十月出征的阵容即可知晓（《隋书》卷2《高祖本纪下》）。

    冬十月……己未，置淮南行台省于寿春，以晋王广为尚书令。……甲子，将伐陈，有事于太庙。命晋王广、秦王俊、清河公杨素并为行军元帅，以伐陈。于是晋王广出六合，秦王俊出襄阳，清河公杨素出信州，荆州刺史刘仁恩出江陵，宜阳公王世积出蕲春，新义公韩擒虎出庐江，襄邑公贺若弼出吴州，落丛公燕荣出东海。合总管九十，兵五十一万八千，皆受晋王节度。东接沧海，西拒巴、蜀，旌旗舟楫，横亘数千里。

  据此，面对陈的首都建康，最高司令官晋王广（文帝次子，后为炀帝）屯军正北方（六合），其西侧（右翼）为王世积（蕲春）和韩擒虎（庐江），东侧（左翼）为贺若弼（吴州＝广陵＝扬州），驻屯下游的燕荣（东海）从海上攻击。此外，扬子江上游方面也配置了战船，取顺流攻击的态势。从襄阳下汉水的是秦王俊（文帝三子），从扬子江中流的江陵（荆州）进攻的是刘仁恩，上游的三峡西侧信州（唐朝的夔州，重庆市奉节县）为杨素。各地总管府的兵力均编入他们麾下，"合总管九十，兵五十一万八千，皆受晋王节度。东接沧海，西拒巴、蜀，旌旗舟楫，横亘数千里"，构成伐陈的一大战线。其中与云南有关，值得关注的是最西侧的杨素所部。

  杨素所部被配置在三峡西侧的信州，从那里溯流而上可至巴郡渝州（巴郡，今重庆），再向上游可抵达四川中心的成都，其中途的左岸（南）与云南相接。总之信州和云南非常接近，如果

---

① 参照《北齐书》卷42阳休之传及宇都宫清吉翻译和注释《颜氏家训》（平凡社"中国古典文学大系9"1969年·平凡社东洋文库全2卷，1989年）的解说。

顺流而下只需要极短时间。为什么把杨素配置在这样的地方呢？目的是为平陈之役制造战船及训练水军。杨素开皇五年十月就任信州总管，到开皇八年十月军事行动开始，在任三年[①]。其间在此地整编水师，制造武装乘员八百人的五层巨舰，号"五牙"。还有可运兵百人的"黄龙"，以及"平乘""舴艋"等兵船。其中"五牙"四艘，"黄龙"以下数千艘。

要建造如此数量的战船需要大量的木材和物资，其应取自上游的四川各地。从地理位置判断信州是来自上游的全部物资的集散地，穿越三峡即可顺流进入攻陈态势的军事要地。运用此地利，可从四川征集兵员，更重要的是可确保熟悉扬子江水文的舵手和船夫。乘巨舰"五牙"的是"巴蜑之卒千人"。巴蜑即以信州和渝州一带（巴）为基地，靠往来于扬子江水道维持生计的水上生活者（蜑民）[②]。实际上杨素军团利用巴蜑在三峡布下几重防线，挫败了打算阻止其东下的陈军，打通了下游的航线。

据此可知平陈之役中，信州地方位置之重要。不过，对隋来说还有一点值得担心之处。该地接近云南，如果利用河流，可以简单地从云南袭击信州的背后（图2参照）。云南的西南夷本来就与南朝有着关系，一直持续到北朝末期，后来被西魏—北周所压制。如果云南方面和陈有默契，从背后袭击信州，容易引发隋的对陈战略从根底崩坏。因此，事先稳定云南，或钳制云南是理所当然的。杨素肩负这一特殊使命就任信州总管是开皇五年十月，韦冲被派遣到云南是更早些时候的开皇三至五年，这种先后关系似乎也可以印证前述看法。

基于这种分析，试将隋初韦冲赴任云南的意义归纳如下。

1）隋初，国内体制尚未巩固，对陈，对突厥需要倾注大量精力，然而隋王朝毅然决心出兵云南。其最主要的目的是在对陈作战之前（或同时）钳制云南，切断云南与陈的关系。

2）韦冲被赋予的使命不是用军力压制云南，如文献所记是"慰抚"，因此他所统兵力不多。如前所述，"冲既至南宁，渠帅爨震及西爨首领，皆诣府参拜谒"。于是"上（文帝）大悦，下诏褒扬之"，给予他极高的评价。这也从一个侧面证明韦冲所充当的角色。

3）韦冲的南宁州总管府下辖三州（恭州、协州、昆州），然而，令人怀疑这些行政机构的名称与实质是否乖离。如前所述，《隋书》中没有关于三州的记录，《元和郡县图志》没有云南昆州的记载。由此可见，当时隋的地方行政机构尚未完善。

4）韦冲作为南宁州总管的目标是笼络土著权势者，使"渠帅爨震及西爨首领"安心，将土著势力纳入隋的影响之下。从隋王朝的大局来说就是通过韦冲实现"羁縻支配"。可是，当时隋的支配能力很弱，因"兄子伯仁"的不轨行为，隋的战略计划破灭了。

5）云南方面虽拒绝了隋的支配，但是也无法确认其摸索与南朝陈联手的迹象。于是首先表现出的是以西南夷"爨氏"为中心的独自的云南国家的形象。那么就需要重新考虑既往解释的合理性。

四、开皇十七年、十八年的远征及此后的云南

北周大象二年（580），梁睿出任益州总管。其征讨西南，战功显赫，却未能震慑恃远不宾的

[①] 《隋书》卷1《文帝纪》开皇五年条，"冬十月壬辰，以上柱国杨素为信州总管"。同九年四月条"辛酉，以信州总管杨素为荆州总管"。据此，其在此期间任信州总管。

[②] 关于巴蜑，《资治通鉴》卷177 开皇九年正月条胡三省注云："蜑亦蛮也。居巴中者曰巴蜑。此水蜑之习于用舟者也。蜑，徒旱翻"。

爨氏，动摇其对西南夷的支配力。继而，隋发动大规模军事行动是近十五年之后的开皇十七年（597），由武将史万岁任远征军统帅。史万岁的云南征讨目的何在呢？导致云南又发生了怎样的变化呢？下面将讨论这一问题。

据《隋书》卷53《史万岁传》，其为西魏—北周系的武人①。隋灭陈后，在平定江南高智慧之乱时战功卓著。因而开皇十七年（597）被委任为云南远征军的统帅（行军总管）②。从韦冲赴任云南的开皇三、四年开始计算，已经过去了十三四年。在此有必要分析相关记事，对当时的云南进行考察。其记事云：

> 先是，南宁夷爨翫来降，拜昆州刺史，既而复叛。

韦冲任南宁州总管时，"南宁夷爨翫来降，拜昆州刺史"，然而，不久因韦伯仁等行为不端，导致"边人失望"，爨翫"既而复叛"。可以理解为云南长期处于爨翫的统治下，隋为了颠覆这种状态才派遣史万岁征伐。

> 遂以万岁为行军总管，率众击之。入自蜻蛉川，经弄栋，次小勃弄、大勃弄，至于南中。贼前后屯据要害，万岁皆击破之。行数百里，见诸葛亮纪功碑，铭其背曰，"万岁之后，胜我者过此。"万岁令左右倒其碑而进。渡西二河，入渠滥川，行千余里，破其三十余部，虏获男女二万余口。诸夷大惧，遣使请降，献明珠径寸。于是勒石颂美隋德。万岁遣使驰奏，请将翫入朝，诏许之。爨翫阴有二心，不欲诣阙，因赂万岁以金宝，万岁于是舍翫而还。蜀王时在益州，知其受赂，遣使将索之。万岁闻而悉以所得金宝沉之于江，索无所获。

此处的"南中"应理解为云南全境或其中心地区。史万岁的进军路线是"蜻蛉川→弄栋→小勃弄、大勃弄→（南中）→（行数百里）→诸葛亮纪功碑→西二河（西洱河？）→渠滥川"。出发地点是蜻蛉川、弄栋，在云南中央北部的姚安附近。从那里南下，渠滥川在大理的洱海以南。具体的相对位置如地图所示（图3参照），其中关于"诸葛亮纪功碑"《新唐书》卷222上《南蛮传上·南诏传记》：

> 广德初，凤迦异筑柘东城，诸葛亮石刻故在，文曰，"碑即仆，蛮为汉奴。夷畏誓，常以石搘捂。

此"诸葛亮石刻"是否即《隋书·史万岁列传》所云诸葛亮记功碑呢？柘东城的所在尚无定论，推测其位于云南西部的洱海南侧。当年面对"南中诸郡，并皆叛乱"的事态，"〔章武〕三年（223）春，（诸葛）亮率众南征"（《三国志》卷35《蜀书五·诸葛亮传》）。诸葛亮云南（南中）远征的主力部队从云南中央的北部南下，先平定了洱海一带，然后挥军东向，取道今昆明市附近的滇池的南岸，控制了建宁郡（隋的南宁州），北上泸州渡江，至秋后班师（到）成

---

① 《隋书》卷52《贺若弼传》云："炀帝之在东宫，尝谓弼曰：'杨素、韩擒虎、史万岁三人，俱称良将，优劣如何？'弼曰：'杨素是猛将，非谋将。韩擒虎是斗将，非领将。史万岁是骑将，非大将。'"可见史万岁是隋期具有代表性的武将。

② 《隋书》卷2《文帝纪》："〔开皇〕十七年春二月癸未，太平公史万岁击西宁羌，平之"。但是此"西宁羌"应该改为"南宁羌"（参照《资治通鉴》卷178开皇十七年二月条）。文帝纪和通鉴皆云开皇十七年二月"平之"。不过似乎可以理解为，平定行动由此开始，而不是结束。

都。史万岁的进军路线几乎与之重叠，控制大理盆地一带之后，挥师东向，"（行千余里，破其三十余部，虏获男女二万余口）→占领爨翫的巢穴（南宁州）→爨翫降→渡泸水凯旋"。

然而，史万岁受贿徇私，原本应偕同爨翫至朝廷，但是，爨翫不欲诣阙，因赂万岁以金宝，万岁于是释放了爨翫而还朝。这件事被在成都的蜀王秀发现，史万岁将赃物沉入江水，销毁了证据。翌年（开皇十八年），爨翫再次反叛，史万岁被追究责任。

> 明年，爨翫复反，蜀王秀奏万岁受赂纵贼，致生边患，无大臣节。上令穷治其事，事皆验，罪当死。……万岁曰，"臣留爨翫者，恐其州有变，留以镇抚。臣还至泸水，诏书方到，由是不将入朝，实不受赂。"

史万岁虽因受贿私自释放爨翫犯下死罪，但是，左仆射高颎等为其求情乞命，免于一死。这里需要注意的是史万岁为自己的辩解："臣留爨翫者，恐其州有变，留以镇抚"。虽然看似在为自己开脱罪责，然而，押解爨翫至进京并不是来自朝廷方面的指示，而是史万岁自己提出的建议。那么，隋朝中央政府原来的方针就是把爨翫留在当地，通过他来施行对云南的支配。如此，可以查知隋试图通过爨翫（爨氏）实现对西南夷"羁縻支配"的战略构想。

尽管如此，史万岁毕竟收受了贿赂，爨翫叛乱的事实清楚，隋不能放任事态发展。文帝命大将军刘哙（或刘哙之），上开府杨武通率军征讨，"震、翫惧而入朝，文帝诛之，诸子没为奴"（前面引述的《新唐书·南蛮传下》"两爨蛮"条）。传统的看法是此后云南的政局稳定了，被直接收纳在隋的统治下。

但是，西南夷爨氏的云南支配就这样被简单地被颠覆了吗？爨氏在隋的武力面前作出了降伏的姿态，烽烟消散后又表现出鲜明的自立姿态，拒绝融入中国。史万岁的远征"破其（西南夷）三十余部，虏获男女二万余口"，即便重创了对方，隋也未必彻底征服了云南。西南夷表面上屈服于隋的支配，然而，开皇十八年以后看不到隋对云南的支配的具体形迹，查不到任何关于地方官派遣等的记载。直到唐初"〔唐〕高祖即位，以其子弘达为昆州刺史，奉父丧归"（前文引述的《新唐书》"两爨蛮"条）。关于西南夷事迹在隋后期记载的空白（岑仲勉《隋书求是》亦无信息）似乎意味着隋支配政策的实施未取得实质性进展。

基于上述观点，最后笔者将引用《太平御览》卷791"四夷部12·南蛮7·西爨"的史料，证明隋后半期对云南的重新控制远非想象般的轻而易举。该史料虽云"唐书曰"，却与《新唐书·南蛮传下》"两爨蛮"条的记载有诸多差异，令人回味。

> 唐书曰。……隋开皇初，遣使朝贡，文帝遣韦世冲将兵镇之，析置恭州、协州、昆州。未几复叛，后遣史万岁击之，所至皆破，逾西洱河，临滇池而还。翫惧而来朝，文帝诛之，诸子没为官奴。不收其地，因与中国绝。高祖受禅，拜翫子弘达为昆州刺史，令持其父尸归葬本乡。益州段纶又遣俞大施至南宁，谕其部落，悉来归款。自是朝贡不绝。

爨翫的来朝、被处刑、子沦为官奴、其后"不收其地，因与中国绝"之一系列记载说明爨氏并未拱手让出自己的支配地域（亦即隋未真正得到这一地域），随后断绝了与中国（隋）的关系。那么隋通过史万岁、刘哙的武力征伐看似征服了云南整个地区，其实并未能实施有效的统治，这种状况从隋末持续到唐初。进入唐代才出现"朝贡不绝"的稳定的关系，而在隋代并未建立这种关系。

五、结　语

本稿试图以云南的动静与隋朝的关系为主要考察线索，填补隋代西南一隅的历史空白。可以确认该时期涉及云南的三次新动向。其一是周隋革命时，益州总管梁睿坚决主张征讨云南；其二是开皇三、四年前后，时任南宁州总管的韦冲于短期间内治理云南（一二年）；其三是开皇十七年（南中）行军总管史万岁有隋以来第一次驱兵攻占云南全境。因其一的梁睿并未实际参与对云南的支配，兹不赘及（将另稿讨论）。

这三次重要动向的背景如何呢？关于动向一，有研究者认为其为周隋革命所触发；关于动向二，与平陈统一全国的课题有直接关联。那么动向三呢？为何是开皇十七年呢？那一年长期未能解决的难题，对突厥（东突厥）问题接近尘埃落定，内部的统一体制基本完成，具备了推行对外扩张线路的基本条件。隋的第一次高句丽远征也在这一期间[1]。因此，开皇十七年的云南远征与隋王朝的这种战略方针转换不无关系。

从民族的层面考察，据《新唐书·南蛮传下》"两爨蛮"条，爨氏（两爨蛮）支配的区域为云南的东半部，其中又分为"西爨白蛮"和"东爨乌蛮"两部。占据北侧从（曲州、靖州）至中部［昆川（州?）、晋宁、安宁等］的是西爨白蛮，正是这一部族成为与隋对峙的爨氏（爨瓒—爨震—爨翫）势力。史万岁征伐云南之际，取得了"破……三十余部"的战果，据此可以想象爨氏西南夷是由若干部（部族、部落?）构成的。

如此，隋代云南东部西南夷的状况模糊地凸现出来。他们从南朝的后期开始，特别是在隋代基本脱离了中国的支配，建立了独立的政权。以前，将云南纳入隋的统治下或者其支配范围内的固定观念则需要修正。首先要认定的是这里存在的是以西蛮系爨氏的爨瓒—爨震—爨翫为中心的权力集合体，或曰爨氏王朝。如果这一推论成立，将影响到如何理解以隋为中心的东亚国际关系，或应该重新审视这种关系。

---

[1] 气贺泽保规：《从亚洲交流史看遣隋使—炀帝的两次的国际节日之间》（注 1 所引文献收录）

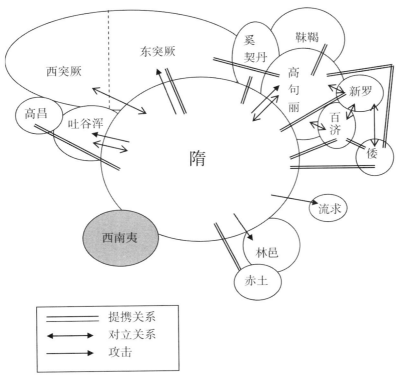

图 1　隋代（6 世纪后半叶）的东亚国际关系图

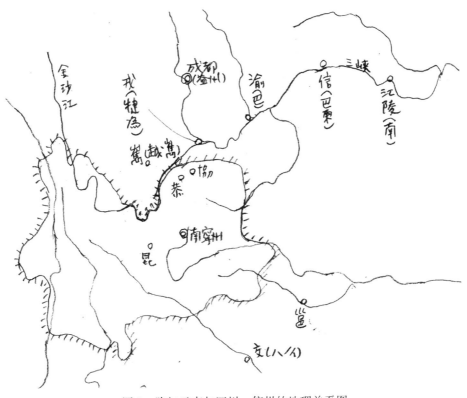

图 2　隋初云南与四川、信州的地理关系图

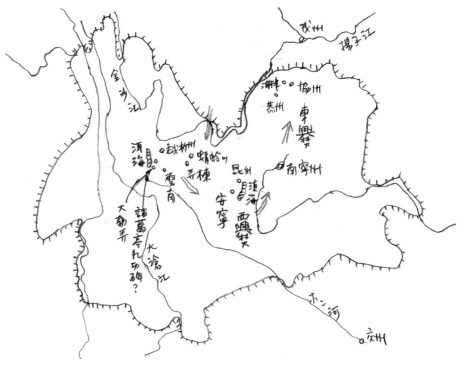

图 3　隋代云南和史万岁的云南远征路线图

（作者单位：日本明治大学）

唐代罗殿国与"鬼主"问题考释

付艳丽

罗殿国是唐宋时代西南地区的一个地方性国邑。自唐武宗会昌六年（846）封国，迄于元世祖至元十六年（1279）纳土，罗殿国存续长达四百三十余年，对唐宋时期的西南政局和广马贸易有举足轻重的作用，在西南民族史和开发史上占有重要地位。数十年来，致力于西南史研究的学者针对罗殿国的族属和源流等问题均有过专门讨论①。然而，由于正史记载的阙略与讹误，有关唐代罗殿国的建立过程及其内部社会组织结构等问题，仍需要进一步研究。本文在对相关史料进行梳理和辨析的基础上，将主要针对唐代罗殿国的族属、封立时间、国名来源以及鬼主等问题展开讨论，进而考察唐代罗殿国内部的组织结构、宗教信仰等情况，并对罗殿国及昆明蛮巫鬼信仰的本质试进行剖析。

一、唐代罗殿国的封立

现存史籍对罗殿国的记载，最早见于《新唐书·南蛮传》。其文称："昆明东九百里，即牂柯国也。兵数出，侵地数千里。元和八年，上表请尽归牂柯故地。开成元年，鬼主阿佩内属。会昌中，封其别帅为罗殿王，世袭爵。其后又封别帅为滇王，皆牂柯蛮也。"②《新唐书》的这段记载，阐明了罗殿国封于"会昌中"，其族属为"牂柯蛮"。此观点为后世学者所承袭，如胡三省亦曰："牂柯蛮国，其王号鬼主，其别帅曰罗殿王。"③ 然而，通过对牂柯蛮的系统考察，没有发现称其部落酋长为"鬼主"的记载，而且牂柯蛮的部落酋长均有姓氏，如谢氏、赵氏、宋氏，没有如"阿佩"这样的称谓。因而，《新唐书》的记载大有可疑之处。

《旧唐书》没有罗殿国的记载，而成书于北宋初的《册府元龟》却保留了"鬼主阿佩"内属之事，其书《外臣部》"朝贡"条记载："开成元年二月，黔南观察使奏：先是羲州昆明部落鬼主阿佩，继袭羲州刺史，朝贡不绝，为明州牂牁所阻，逮今百余年，愿归王化。诏曰：且许令年内一度来朝"，同年十二月又云："吐蕃、回鹘、新罗、渤海、奚、契丹、牂牁、南诏蛮、昆明、

---

① 方国瑜：《中国西南历史地理考释》，中华书局，1987年。陈天俊：《罗殿国形成史》，《贵州民族研究》1982年第4期；《罗殿国都邑与阿札城遗址》，《贵州民族研究》1991年第3期；史继忠：《罗殿国非罗氏鬼国辨》，《贵州民族研究》1982年第4期；王燕玉：《辨罗甸国与罗氏鬼国》，《贵州社会科学》1984年第1期；李卿：《试论罗甸国与罗氏鬼国的异同》，《西南民族研究》（彝族专集），昆明：云南人民出版社，1987年；胡克敏：《唐代黔中地区的罗殿国》，《贵州师范大学学报》1987年第3期。
② 《新唐书》卷222下《南蛮传下》，北京：中华书局，1975年，第6319页。
③ 《资治通鉴》卷193《唐纪九》"太宗贞观三年"，北京：中华书局，1956年，第6068页。

各遣使朝贡"①。显见,"鬼主阿佩"为羲州刺史,出自昆明蛮。又《唐会要》称:"昆明,西南夷也……近又封其别帅为滇王,世袭其国。"② 这则材料亦说明,滇王与鬼主阿佩同为昆明蛮。另外,五代时期的朝贡记录则直接证明罗殿王亦出自昆明蛮。《旧五代史·唐明宗纪》云:"〔天成二年八月〕乙酉,昆明大鬼主罗殿王、普露静王九部落,各差使随牂牁、清州八郡刺史宋朝化等一百五十三人来朝。"③ 至此可以确认,罗殿国和滇王国均出自昆明蛮而非牂柯蛮。

《册府元龟》亦记有元和八年上表之事,《外臣部》"通好"条云:"元和八年十一月,黔中奏昆明夷请归其先侵牂牁之地"④,可见元和八年上表求地的也是昆明蛮,而不是牂柯蛮。如上所述,《册府元龟》、《唐会要》等相关记载,充分印证了《新唐书·南蛮传》所记述的"元和八年"上表和"开成元年"归附两事,并由此厘清了罗殿国和滇王国的族属问题,进而也说明前引《新唐书》的这段史料是关于昆明蛮的记载。而欧阳修将昆明蛮的活动错录于牂柯蛮条目之下,疑因昆明蛮和牂柯蛮两个部族地域相邻,而且昆明蛮一度跟随牂柯蛮朝贡唐朝,以致其将二者的记载混淆。

此外,唐朝封立罗殿国的时间,《新唐书》称在"会昌中",并未记载具体年份。但据现存文献的记录,会昌年间昆明蛮朝贡只有一次,《旧唐书·武宗本纪》记载,会昌六年正月己未,"南诏、契丹、室韦、渤海、牂柯、昆明等国遣使入朝"⑤。按照唐朝封立地方国邑的惯例,一般由朝觐使引领册封使至其国举行册封仪式。如《旧唐书》记载,元和四年正月,牂柯蛮遣使来朝,"是月,遣中使魏德和领其使,并赍国信物,降玺书赐其王焉"⑥。故以朝贡记录推测,唐朝封立罗殿国很可能在会昌六年。

至于"罗殿国"的国名则与其统治家族有关。前引《新唐书》称罗殿国王"世袭爵",宋范成大《桂海虞衡志·志蛮》曰:罗殿"在融、宜之西,邕之西北。唐会昌中,封其帅为罗殿王,世袭爵,岁以马至横山互市。亦有移至邕称守罗国王罗吕"⑦。可见,自唐迄宋,罗氏家族世代承袭罗殿国王的称号。《宋会要辑稿》蕃夷七《历代朝贡》所录宋徽宗宣和六年(1124)十一月二十六日诏曰:"罗殿国王罗唯礼等入贡,并依五姓蕃例。"又记载宋高宗绍兴二十五年(1155)四月二十七日,"罗殿国贡名马、方物。是日,知静江府吕愿忠言:'罗殿国王罗部贡及西南蕃知矩州、忠燕军节度使赵以盛入贡,进奉土产、名马、方物'"⑧。从两宋时期的朝贡记录可以看出,宋徽宗和宋高宗时的罗殿王分别是"罗唯礼"和"罗部贡",与前文之"罗吕"都出自罗氏家族,因此罗殿国之"罗"源自其统治家族罗氏。至于"殿"字,史继忠先生以为可作"坝子"或"地方"解⑨,故"罗殿"即指由罗氏统治的地方。

---

① 《册府元龟》卷972《外臣部·朝贡》,北京:中华书局,1960年,第11419页。
② 《唐会要》卷98《昆弥国》,上海:上海古籍出版社,2006年,第2075页。
③ 《旧五代史》卷38《唐明宗纪》,北京:中华书局,1976年,第526页。《册府元龟》、《五代会要》和《新五代史》的记载与此相同。
④ 《册府元龟》卷980《外臣部·通好》,第11515页。
⑤ 《旧唐书》卷18上《武宗本纪》,北京:中华书局,1975年,第609页。《册府元龟》记载与此相同。
⑥ 《旧唐书》卷197《南蛮·西南蛮传》第5276页。
⑦ (宋)范成大著,齐治平校补:《桂海虞衡志·志蛮》,桂林:广西民族出版社,1984年,第46页。
⑧ (清)徐松辑录,郭声波点校:《宋会要辑稿》蕃夷七《历代朝贡》,成都:四川大学出版社,2010年,第583、585页。
⑨ 史继忠:《罗殿国非罗氏鬼国辨》,第109页。

二、唐代罗殿国的宗教信仰

如前所述，正史和相关文献对唐代罗殿国的记载极其简略，以致今人对其社会结构和发展状况已不甚了解。但从前引三条关键材料，仍可以发现一些关于罗殿国的宗教信仰和社会组织的线索。这三条材料均与"鬼主"有关：

（一）《册府元龟》卷九七二《外臣部》"朝贡"条："开成元年二月，黔南观察使奏：先是羲州昆明部落鬼主阿佩，继袭羲州刺史，朝贡不绝。"

（二）《新唐书》卷二二二《南蛮传》："开成元年，鬼主阿佩内属。"

（三）《旧五代史》卷三八《唐明宗纪》曰："〔天成二年八月〕乙酉，昆明大鬼主罗殿王、普露静王九部落，各差使随牂牁、清州八郡刺史宋朝化等一百五十三人来朝。"

这些记述中，阿佩与罗殿王分别被冠以"鬼主"和"大鬼主"，这并不是唐朝封赐的官职或爵位，而是其部族社会内部的称谓。类似的称谓还见于西南地区的其他族群，如爨蛮、黎州生蛮、和蛮、东蛮的部落首领也带有"鬼主"、"大鬼主"以及"都鬼主"、"都大鬼主"等称谓。

（一）大勃弄、小勃弄二川蛮有"大鬼主"与"鬼主"

《新唐书·南蛮传》记载："永徽初，大勃弄杨承颠私署将帅，寇麻州，都督任怀玉招之，不听，高宗以左领军将军赵孝祖为郎州道行军总管，与怀玉讨之……其酋秃磨蒲与大鬼主都干以众塞菁口……大酋俭弥于、鬼主董朴濒水为栅，以轻骑逆战，孝祖击斩弥于、秃磨蒲、鬼主十余级。"①

（二）和蛮"大鬼主"与爨蛮"都大鬼主"

张九龄作《敕安南首领爨仁哲等书》曰："安南首领岿州刺史爨仁哲、潘州刺史潘明威、獠子首领阿迪、和蛮大鬼主孟谷误、姚州首领左威卫将军爨彦征、将军昆州刺史爨嗣绍、黎州刺史爨曾、戎州首领右监门卫大将军南州刺史爨归王、南宁州司马威州刺史都大鬼主爨崇道、升麻县令孟耽卿等，虽在僻远，各有部落，俱属国家，并识王化……有须陈请，何不奏闻，蕃中事宜，可具言也。"②

（三）东蛮勿邓部首领称"大鬼主"

《蛮书》记载："勿邓部落，大鬼主梦冲地方阔千里。邛部一姓，白蛮五姓，乌蛮初止五姓，在邛部台登中间，皆乌蛮也……又束、钦两姓在北谷，皆白蛮，三姓皆属梦冲。"③

（四）东蛮两林部首领也称"鬼主"

《册府元龟》记东蛮朝贡云：贞元四年，"四月，东蛮鬼主骠旁等来朝"；"五月，赐宴东蛮鬼王骠傍、苴梦冲、苴乌星等于麟德殿，颁赐各有差。（原书注：特封为和义、顺正等郡王，且授以冠带，仍给两林、勿邓等部部印而遣之。）"④

（五）黎州生蛮"大鬼主"

白居易撰《与元衡诏》曰："当管南界外生蛮、东凌六部落大鬼主苴春等，以所管子弟百姓

---

① 《新唐书》卷222下《南蛮传下》，第6315页。
② 张九龄：《敕安南首领爨仁哲等书》，《全唐文》卷287，北京：中华书局，1983年，第2912页。
③ （唐）樊绰撰，向达校注：《蛮书》，北京：中华书局，1962年，第35页。
④ 《册府元龟》卷972《外臣部·朝贡》，第11416页；《册府元龟》卷976《外臣部·褒异》，第11462页。

等二千余户请内属黎州……请通县道，勉于抚慰，以劝将来。"①

从这些材料可以看出，"鬼主"是唐人对两爨及其附近地区的乌蛮与部分白蛮部落首领的称号，并与西南地区各族的巫鬼信仰及其部落组织有重要关系。

明弘治《贵州图经》记载"普定卫"，称"唐为罗殿国地"②。方国瑜先生据此推断，唐罗殿国为"东晋以来之夜郎郡，主要在安顺地区"③。按尤中先生考证，生活在滇东北至黔西一带的"乌蛮"是由汉、晋时期的"昆明"和"叟"分化组合而成，在唐宋时期仍称"昆明"④。而乌蛮中控有东爨之地的仲牟由家族，源出于彝族始祖笃慕俄，其子孙中的恒、布、默三个支系聚居在川、滇、黔毗连地区，形成了"昆明十四姓"⑤，也就是说唐宋时期生活在滇东、黔西的昆明蛮属乌蛮的一支。方国瑜先生亦曾提出"昆明与爨部之居民同一族属，即昆明部族之在平夷、夜郎故地者，由爨地迁居，则与爨地联系密切"⑥。黔中地区的昆明蛮与爨地居民关系密切，族属相同，在社会习俗等方面存在着相同之处。因此通过两爨蛮、黎州生蛮、东蛮、和蛮的相关记载，可以从一个侧面了解唐代罗殿国和昆明蛮的宗教信仰与社会组织结构。

唐宋时代乌蛮社会中将其首领称为"鬼主"，在时人看来与其崇尚巫鬼信仰有密切关系。《新唐书·南蛮传》大勃弄、小勃弄二川蛮后记叙称：

> 夷人尚鬼，谓主祭者为鬼主，每岁户出一牛或一羊，就其家祭之。送鬼迎鬼必有兵，因以复仇云。⑦

《宋史·黎州诸蛮传》亦云：

> 黎州诸蛮，凡十二种……凡风琶、两林、邛部皆谓之东蛮，其余小蛮各分隶焉……夷俗尚鬼，谓主祭者鬼主，故其酋长号都鬼主。⑧

又《新唐书·南蛮传》称东爨乌蛮"俗尚巫鬼"⑨，《蛮书》亦云乌蛮"一切信使鬼巫，用相服制"⑩。通过这些材料，可以看出唐宋时期乌蛮的巫鬼信仰和祭祀传统主要包括：一、崇信巫鬼是乌蛮的传统习俗；二、"鬼主"不仅是部落的首领，还是沟通人与鬼的"祭司"，担任着部落的宗教领袖；三、乌蛮每年都要举行正式的祭鬼活动，由鬼主主持，祭司用品以牛羊为主；四、祭鬼仪式有"迎鬼"和"送鬼"两部分；五、祭鬼实为驱"鬼"，以防其作祟寻生人复仇；六、疾病、生死诸事都要求助于"鬼"，由鬼主问于"鬼"或驱"鬼"。

向达先生在考察了南诏的宗教信仰后指出，大鬼主、小鬼主以及一切信使鬼巫，说明乌蛮部

---

① （唐）白居易：《白氏长庆集》第八帙第57《与元衡诏》，北京：文学古籍刊行社，1955年，第1404页。
② （明）沈庠修，赵瓒纂：（弘治）《贵州图经新志》，国家图书馆藏明弘治刊刻传抄本，贵州省图书馆影印，第150页。
③ 方国瑜：《中国西南历史地理考释》，第520页。
④ 尤中：《唐、宋时期的"乌蛮"（彝族）》，《西南民族研究》，成都：四川民族出版社，1987年，第263页。
⑤ 史继忠：《明代水西的则溪制度》，贵州民族学院民族研究所印，1981年，第134页。
⑥ 方国瑜：《中国西南历史地理考释》，第517页。
⑦ 《新唐书》卷222下《南蛮传下》，第6315页。
⑧ 《宋史》卷496《蛮夷四》"黎州诸蛮"，第14231页。
⑨ 《新唐书》卷222下《南蛮传下》，第6317页。
⑩ 《蛮书》卷1《云南界内途程》，第31页。

落所信奉的是天师道①。诚然,"鬼主"与"一切信使鬼巫"习俗的存在,反映了乌蛮社会的宗教信仰,但并不与天师道有必然的联系。中国古代信奉巫鬼的习俗由来已久,如《易经》、《竹书纪年》诸种典籍即有"鬼方"、"鬼国"之记载②,在岭南、江南、南中、五溪这些"蛮夷"集中的地区,信奉巫鬼之俗则更是盛行③。其中,昆明蛮信奉巫鬼的传统亦有十分久远的历史。《华阳国志·南中志》云:"夷人大种曰昆,小种曰叟……其俗征巫鬼,好诅盟,投石结草,官常以盟诅要之。"④ 可见,自汉晋迄于隋唐,昆明蛮的巫鬼信仰传统世代传承,未发生根本性的变化。唐代张守节《史记正义》称"天神曰神,人神曰鬼"⑤。又《新唐书·南蛮传》称"就其家祭之",可以看出昆明蛮的"巫鬼信仰"是与其祖先、家庭联系在一起的。因而我们认为,古代中原士大夫称乌蛮信奉"巫鬼",实际上与其祭祀祖先的活动有关。

三、唐代罗殿国的社会组织

从唐宋有关乌蛮社会"巫鬼"信仰的描述中,还可以大致了解其部族首领的等级以及与此相对应的部族社会的组织结构。唐樊绰《蛮书》记当时云南界内东爨乌蛮诸部落的社会风俗习惯云:

> 男则发髻,女则散发。见人无礼节拜跪,三译四译,乃与华通。大部落则有大鬼主。百家二百家小部落,亦有小鬼主。一切信使鬼巫,用相服制。土多牛马,无布帛,男女悉披牛羊皮。⑥

《新唐书·南蛮传》的记载与此大致相同,其文曰:

> 土多牛马,无布帛,男子髽髻,女人被发,皆衣牛羊皮。俗尚巫鬼,无拜跪之节。其语四译乃与中国通。大部落有大鬼主,百家则置小鬼主。⑦

---

① 向达:《南诏史略论——南诏史上若干问题的试探》,《唐代长安与西域文明》,石家庄:河北教育出版社,2007年,第186页。(原载《历史研究》1954年第2期)
② 《经·未济九四》:"震,用伐鬼方,三年,有赏于大国",又《既济九三》:"高宗伐鬼方,三年,克之"。《后汉书》卷87《西羌传》注引《竹书纪年》曰:"武乙三十五年,周王季伐西落鬼戎,俘二十翟王。"(第2871页)唐写本《文选集注·赵充国颂》引《汲郡古文》有"鬼国侯"。王国维《鬼方混夷猃狁考》:"西落鬼戎"、"鬼国"即甲骨文、西周金文及《易》、《诗》等典籍之"鬼方"。又指出:"其见于商周间者,曰鬼方、曰混夷、曰獯鬻;其在宗周之季,则曰猃狁;入春秋后,则始谓之戎,继号曰狄;战国以降,又称之曰胡、曰匈奴。综诸称观之,则曰戎、曰狄者,皆中国人所加之名;曰鬼方、曰混夷、曰獯鬻;曰猃狁、曰胡、曰匈奴者,乃其本名。"(《观堂集林》卷一三)
③ 如"越人俗信鬼,而其祠皆见鬼"(《史记》卷12《孝武本纪》,第451页);江南之地"信巫鬼,重淫祀"(《汉书》卷28下《地理志下》,第1666页);五溪地区"俗少学者而信巫鬼"(《后汉书》卷四一《宋均传》,第1411页);隋唐时代,古梁州、扬州、荆州境内的诸郡仍延续着信奉巫鬼之俗,或"好祀鬼神,尤多忌讳",或"俗信鬼神,好淫祀",或"率敬鬼,尤重祠祀之事"(《隋书》卷29《地理志》"梁州",第829—830页;《隋书》卷31《地理志》"扬州",第886页;《隋书》卷31《地理志》"荆州",第897页)
④ 《华阳国志》卷4《南中志》,第364页。
⑤ 《史记》卷1《五帝本纪》,第14页。
⑥ 《蛮书》卷1《云南界内途程》,第31页。
⑦ 《新唐书》卷222下《南蛮传下》,第6317页。

樊绰撰《蛮书》主要依据实地调查情况，并参考袁滋《云南志》而写成，因而这段材料真实地反映了唐代乌蛮社会的状况。这一时期，乌蛮社会以"家"为单位，每百家或两百家组成一个"部落"，众多的小部落则构成一个"部族"。部落首领假威于"鬼"而服其部民，故称为"鬼主"，小部落首领为"小鬼主"，而部族首领则称"大鬼主"，形成了"家—部落—部族"、"小鬼主—大鬼主"这样的基本社会组织结构以及权力层级。

然而，乌蛮社会中除"大鬼主"与"小鬼主"之外，还有"次鬼主"和"都鬼主"。其中，"次鬼主"为部族中副首领的称号。据《蛮书》记载，贞元七年，东蛮鬼主苴梦冲背弃唐朝而与吐蕃联盟，因而"节度使韦皋使巂州刺史苏隗杀梦冲，因别立大鬼主"①。《新唐书·韦皋传》亦记此事曰："梦冲复与吐蕃盟，皋遣别将苏峗召之，诘其叛，斩于琵琶川，立次鬼主样弃等，蛮部震服"②。样弃为"次鬼主"，在梦冲之后被立为"大鬼主"，这表明部族首领"大鬼主"之下，还有"次鬼主"作为副首领。

至于"都鬼主"或"都大鬼主"，则是部族联盟的酋长。前文提及爨蛮首领"爨崇道"有"都鬼主"、"都大鬼主"称号。又《五代会要》记载，后唐明宗天成元年，"山后两林百蛮都鬼主、右武卫大将军李卑晚差大鬼主传能、阿花等来朝贡……拜李卑晚为宁远将军，大渡河南山前邛川六姓都鬼主、怀安定王勿定摽莎为定远将军"③。两《五代史》和《册府元龟》记载与此相同，都记李卑晚为"都鬼主"，传能和阿花为"大鬼主"。李卑晚为五代后唐时人，但"百蛮都鬼主"这个称谓在唐代就已经存在，并一直沿用至宋代。《新唐书·南蛮传》释称："两林地虽狭，而诸部推为长，号都大鬼主"④，宋人章如愚则进一步解释道"其酋长号都鬼主，或云王子，次曰大鬼主"⑤。可见，"都鬼主"又称"都大鬼主"，是由众多部族推举而产生的部族联盟酋长，权位在"大鬼主"之上。"邛川六姓"是唐代东蛮的勿邓部，宋代又称"大路蛮"，与两林部相距十分近，部落的组织结构也相同，其大酋长也自称"都鬼主"或"百蛮都鬼主"⑥。咸平三年（1000），宋真宗赐予其首领诺驱"大渡河南山前后都鬼王之印"⑦。东蛮地域辽阔，"地二千里，胜兵常数万"⑧，两林、勿邓是众多部族中规模较大、实力较强的两部，而且与中原王朝关系比较紧密，因而成为东蛮诸部的大酋长。同样，作为乌蛮一支的昆明蛮的社会组织结构也应大致如此，由众多小部落构成部族，多个部族又组成部族联盟，而罗殿王、滇王则是部族联盟的大酋长。

四、结　语

综上所述，唐代罗殿国是昆明蛮建立的地方国邑，封立于唐武宗会昌六年，其国名源自于其统治家族罗氏。汉唐时代文人以为"巫鬼信仰"是昆明蛮乃至整个乌蛮社会的传统习俗，而其实

---

① 《蛮书》卷1《云南界内途程》，第31页。
② 《新唐书》卷158《韦皋传》，第4935页。
③ 《五代会要》卷30《南诏蛮》，第478页。
④ 《新唐书》卷222下《南蛮传下》，第6317页。
⑤ （宋）章如愚《群书考索》后集卷64《财政门》，北京：书目文献出版社，1992年，第872页。
⑥ 《宋史》卷496《蛮夷四》"黎州诸蛮"，第14232页。
⑦ 《宋史》卷154《舆服志六》"印制"，第3591页。
⑧ 《新唐书》卷158《韦皋传》，第4934页。

质是昆明蛮祖先崇拜及与祭祀祖先相关的活动被中原士大夫"异化"后的描述。唐代的昆明蛮社会仍处于部落制阶段，其宗教信仰与部落组织结构以及权力层级是紧密相连的。昆明蛮基本的社会组织结构是"家—部落—部族—部族联盟"，相对应的政治与宗教的基本权力层级是"小鬼主—次鬼主—大鬼主—都（大）鬼主"。作为乌蛮社会各部首领的"鬼主"，还是沟通生人与祖先的"大祭司"，兼任部落或部族的宗教领袖，"罗殿王"与"滇王"即是黔中昆明部族联盟的大酋长以及宗教祭祀体系中的"大鬼主"。蛮酋首领们通过祭祀共同的祖先将部落成员紧密地凝聚在一起，这或许也是昆明蛮社会长期以来一直处于部落制阶段的重要因素之一。

（作者单位：五邑大学）

族属与等级：蒙古国巴彦诺尔突厥壁画墓初探

林 英 萨仁毕力格

  2011 年，蒙古国科学院历史研究所与哈萨克斯坦欧亚大学联合考古队在布尔干省巴彦诺尔苏木东北进行考古发掘，发现了一座按唐墓规制建造的大型壁画墓，墓内共发现唐代风格的壁画 40 余幅，拜占庭金币及仿制品 40 余枚及各式金银器，发掘报告这样总结了此墓葬重要性：

  根据墓葬形制，葬式及出土遗物，可以认定该墓葬为东突厥汗国时期的遗存，墓主人可能为突厥贵族人物。该墓葬的发现对古突厥民族的历史、文化及丧葬习俗等方面的研究有着极其重要的意义。它的发现也证明了公元 7 世纪时候游牧民族就有建造大型壁画墓的历史。该墓在形制与出土遗物等方面与中国唐代墓葬有着很大的相似之处，除此之外，该墓还出土了许多东罗马帝国与波斯萨珊王朝铸造的金银钱币。这些为突厥汗国与西方的拜占庭帝国、萨珊帝国及唐朝之间的文化交流、贸易往来研究提供了丰富的有价值的资料。[①]

2013 年，东潮总结了日本学者的调查工作，对巴彦诺尔墓及与此密切相关的仆固乙突墓做了详尽的研究，他从墓葬形制，壁画题材，随葬冠帽、马具、金币诸多方面全面比较了巴彦诺尔墓与北朝至隋唐时期中国、新罗、日本出土的同类型墓葬，最后得出了如下的结论：

  贞观二十年（646 年），唐朝设置了瀚海、燕然、金微、幽陵、龟林、贺兰、皋兰、卢山、坚昆九都督府。同年 6 月，英国公李勣在郁督金山击败薛延陀……在唐与突厥共同支配漠北军事力量的背景下，唐朝开始在这一地区实行羁縻体系。
  乙突墓位于蒙古国中央省扎穆日苏木，土拉河流域的东部。墓葬就位于金微州都督府的辖区。巴彦诺尔墓位于乙突墓以南约 30 公里，土拉河的南岸，巴彦诺尔苏木的东北部。旧唐书中提到的"分置瀚海、燕然、金微、幽陵等九都督府"中的瀚海很可能最初设置于此。这里很可能就是安北都护府统治的中心地带，即瀚海和燕然两都督府的所在。巴彦诺尔墓的墓主应该是同乙突墓墓主一样，是唐羁縻体系下的都督。此墓在规模形制上超过了乙突墓，可以想定墓主一定身居高位。
  此墓应该建于唐在漠北实行羁縻体系时期，墓主很可能是获得唐朝将军封号的突厥族贵族，安北都护府辖下的都督。也很有可能是从长安归葬故里，属于陪葬昭陵的阿史那忠一族

[①] 阿·敖其尔等著，萨仁毕力格译：《蒙古国布尔干省巴彦诺尔突厥壁画墓的发掘》，《草原文物》2014 年第 1 期。Ayudai Ochir, Lkhagvasüren Erdenebold et al. Ertnii *n*üüdelchdiin bunkhant bulshny maltlaga sudalgaa [Excavation report on an ancient nomadic underground tomb], Ulaanbaatar: Mongol ülsyn Shinjlekh ukhaany Akademiin Tüükhiin khüreelen, 2013.

的成员。①

在东潮的分析中，仆固乙突墓是确定巴彦诺尔墓墓主身份的重要参照物。乙突墓位于蒙古国中央省扎穆日苏木（Zaamar Sum，位处乌兰巴托西北 280 公里，在土拉河东岸和北岸。2009 年 7 月由蒙古国与俄罗斯联合考古队发掘）。此墓距离土拉河约 2.5 公里，附近同样有辽代古城（和日木·登吉古城），墓葬的形制与巴彦诺尔墓接近，为封土单室耳洞墓，墓室前设约 30 米长墓道，有 3 个天井，中间天井带左右壁龛。在主室入口处掘得唐代墓志一合，墓志内容为"大唐故右骁卫大将军金微州都督上柱国林中县开国公仆固府君墓志铭并序"，此志经罗新等先生的考证，已经明确其内容，墓主为铁勒仆固部首领，唐册封的金微州都督仆固乙突（卒于唐仪凤三年 678）。②志文记载了这位铁勒部落首领从 657 到 678 年之间参加唐军，东征北讨的人生经历，反映出唐朝羁縻州府制度时期漠北的历史状况。东潮正是根据巴彦诺尔墓与乙突墓在墓葬形制上的共同点，推断出墓主当是和仆固乙突一样的部落都督，又结合墓葬天井数目、壁画题材、随葬物品等元素认为墓主的社会地位很可能比乙突更高。

尽管两座墓葬在结构与形制上非常接近，为确定巴彦诺尔墓的年代和墓主身份提供了有利的证据，但是仍有许多不同之处，这些不同，不仅仅反映在天井数目、随葬陶俑、壁画题材这些唐墓元素之中，即墓主在唐朝府州制度中的官职等级问题，而且反映在墓葬中所包含的许多非唐墓葬俗元素。试例举如下：

1. 封石。墓室前的甬道上用数层青石片封堵，只有经过了封石之"门"后才能见到木制墓门。而在同样的位置，仆固乙突墓的墓室门按照唐墓规制加了封砖。③

2. 墓内虽然放置了体现唐代墓葬等级的陶俑和木俑，又发现了木质棺椁，但是在棺内又置小型木箱，盛放死者骨灰。令人联想到突厥"并尸俱焚之，收其余灰"的丧葬习俗，而乙突墓则直接使用了唐式葬俗。

3. 不设墓志。

以上种种不同似乎显示了巴彦诺尔墓与突厥墓葬的关联，那么，这是否如东潮所言，说明墓主有可能是获得了唐朝册封的突厥贵族呢？对此，我们拟从随葬品中的大量西方金银币开始，结合相关文献，做进一步的探讨。

一、拜占庭金币和萨珊银币的"黄金"仿制品

巴彦诺尔墓的木质棺椁里，其实包含了三层空间，最外面的椁（已经严重损坏，无法辨认形制），第二层的棺（长 2.3 米，头宽 0.85 米，尾宽 0.40 米），第三层的小木箱（长 0.8 米，宽 0.4 米，用丝绸覆盖）。箱子里放置盛放墓主骨灰的丝绸袋子，木箱头部和尾部又发现两个丝绸

---

① 東潮：《モンゴル草原の突厥オテターン・ヘレム壁画墓》Turkish Ulann Kherm Mural tomb of Mongolian plateau，《德岛大学综合科学学部 人间社会文化研究》21（2013），pp. 1 - 50.

② 罗新：《蒙古国出土的唐代仆固乙突墓志》，《中原与域外》，台北：台湾政治大学，2011 年；冯恩学：《蒙古国出土金微州都督仆固墓志考研》，《文物》2014 年第 5 期；杨富学：《蒙古国新出土仆固墓志研究》，《文物》2014 年第 5 期。

③ Ayudai Ochir, Lkhagvasüren Erdenebold et al. 前揭书，p. 28. 大量使用石材和石片是突厥墓葬的特点。参见陈凌：《突厥汗国与欧亚文化交流的考古学研究》，上海：上海古籍出版社，2013 年。

袋子，分别装着金银币和金质器物。① 根据郭云艳的详尽编目②，这些钱币包括了五种类型：

第 1 类：萨珊波斯银币背面的仿制品。10 枚。

第 2 类：6—7 世纪拜占庭金币塞米塞斯或崔米塞斯（即二分之一索里得或三分之一索里得）正面的仿制品。4 枚。

第 3 类：6—7 世纪拜占庭金币索里得正面的仿制品。17 枚。

第 4 类：索里得金币和类索里得仿制品。4 枚。

第 5 类：难以辨识的圆形小金片，但是大多数金片的直径在 16—20 毫米，与拜占庭金币索里得、塞米塞斯等的形制一致。9 枚。

总之，仿制品是这批金币的显著特征。如果将这数量众多的金币仿制品同中国境内出土的拜占庭金币及仿制品进行对比，或许有助于我们理解在当时的历史背景下金币仿制品传达的社会意义。

中国出土的拜占庭金币和仿制品集中于北朝晚期到唐中期（6 世纪到 8 世纪中叶），绝大多数出土于有明确纪年的墓葬中。③ 真品金币集中在北朝晚期（北齐和北周）的墓葬中，到了唐代，金币仿制品则更为常见，8 世纪中叶后拜占庭金币和仿制品就几乎不见踪影。此外，真币多出土于北齐、北周、隋代的高官贵戚墓葬，如北齐茹茹公主墓，北齐李希宗夫妇墓，北周原州刺史田弘墓，隋凉州刺史独孤罗墓及夫人贺若阆墓。④ 这说明拜占庭金币主要被北朝至唐初的统治集团成员所收藏，它们出现在墓中，是墓主显赫身份的体现。而中原地区出土的金币仿制品则多和入华粟特人有关，如固原史氏家族墓、洛阳安菩墓、西安史君墓等等。⑤ 总之，拜占庭金币和仿制品的使用过程中包含了社会等级的差别，拜占庭金币很可能通过柔然、突厥汗国，以外交礼物的形式进入北朝到唐初的上层社会，如同在君士坦丁堡一样，它们在东方依旧是"权力的肖像"。

以此观之，巴彦诺尔墓中的大量金币仿制品表明主人可能不是突厥可汗家族，即阿史那氏的成员，甚至也不属于其他突厥贵胄家族。相反，我们从这些不同种类的仿制品中似乎看到一种"极力仿效"的意图。这特别体现在用薄金片来仿制萨珊银币的图案。准确地说，这 40 余枚钱币包括了拜占庭金币和萨珊银币的黄金仿制品，它们呈现了清一色的黄金外观。我们从第五类难以辨识的金片中可以理解这些钱币仿制品的制作技术。部分仿制品，特别是萨珊银币的金仿制品，可能是金匠按照原币图案锤揲而成，制作技术并不复杂，完成的图案也是非常粗糙。但是，金片的直径说明制作者没有采用萨珊银币的规制（萨珊银币的直径是 25—26 毫米），而是模仿了拜占庭金币的尺寸，所有这一类的金片都有着约 20 毫米的直径。显然，制作者要仿效的目标很明确，是拜占庭金币而非萨珊银币。第五类的金片中包括一些还没有被制作图案的金片，上面残留着丝绸包裹的痕迹。其中比较完整的几枚的直径也都接近 20 厘米，即拜占庭索里得的标准尺寸。这似乎在证明，它们的拥有者所要仿制的不仅仅是珍贵的外国钱币，而且就是索里得，黄金之钱，权势和地位的象征。

---

① 萨仁毕力格，前揭文。
② 郭云艳：《蒙古国巴彦诺尔突厥壁画墓所出金银币的形制特征——兼论中国所出拜占庭金币仿制品的类型》。见同刊。
③ 林英：《金钱之旅：从君士坦丁堡到长安》，北京：人民美术出版社，2004 年；《唐代拂菻传说》，北京：中华书局，2006 年。郭云艳：《中国发现的拜占廷金币及其仿制品研究》，博士学位论文，南开大学，2006 年。
④ 新近在洛阳邙山北魏大墓中出土的一枚索里得也说明了这一特点，墓主很可能是北魏节闵帝元恭。刘斌、严辉：《洛阳北魏节闵帝元恭墓》，《大众考古》2014 年第 3 期；刘斌：《洛阳北邙山北魏大墓考古记》，《大众考古》2014 年第 5 期。
⑤ 罗丰：《北周史君墓出土的拜占庭金币仿制品析》，《文物》2005 年第 3 期。

我们从木箱尾部丝绸袋子的内容也可以得到相同的印象。这个袋子里面装着金钵（口径 6.38 厘米，腹径 8.77 厘米，地径 5.77 厘米，高 6.67 厘米），金戒指，两件金手镯，应该是墓主日常用品，也全部是黄金制品。①

此外，从墓室内供桌上木马旁出土的镏金铜马蹬、镏金铜马鑣，再到墓室门和壁龛门上的镏金铜锁，我们看到的仍然是对黄金外观的追求，这些随葬品在唐墓建筑规制的外表下确实构成了一个突出的细节。

将拜占庭金币作为身份地位的标志，这种情形不仅仅出现在 6 至 7 世纪的中原或者漠北，而且普遍存在于同一时期拜占庭帝国境外的欧亚草原地区。如 6 世纪活跃于匈牙利草原和巴尔干北部的东日耳曼部族 Gepidea 人，随后于 7 至 8 世纪在此建立阿瓦尔汗国的阿瓦尔人，从这些草原部族的墓葬中出土的拜占庭金币总是和贵族身份相关，金币成为判断墓主社会等级的一个重要标准。② 如在 Kisselyk（Nagy-Kukullo valley）发现的 Gepidic 墓葬中，出土了约 50 枚拜占庭金币，包括从塞奥多西二世（408—450）到查士丁一世（518—527）所有拜占庭皇帝的金币，显示出贵族家族长期累积拜占庭金币，作为家族财富和身份象征。我们从巴彦诺尔墓中可以发现同样的倾向，这些钱币仿制品的原型包括了 5—6 世纪索里得金币上常见的皇帝正面或 3/4 侧面胸像，而最晚近的则是弗卡斯皇帝（602—610）和伊拉克略皇帝（610—641）时期的金币，这既说明巴彦诺尔墓的时间不会早于 640 年，也显示出这批金币仿制品很可能在墓葬空间中象征着墓主的身份和地位。

不过，将巴彦诺尔墓的金币仿制品、金饰物与真正的突厥可汗墓随葬品进行比较，我们发现二者在数量和质量上都无法相提并论。第二突厥汗国时期的毗伽可汗陵园出土了 20 种 78 件黄金制品，其中包括镶嵌红宝石的金冠，两件金耳坠，两枚金戒指，一些金发簪和 5 件黄金容器。此外还有上千件装饰珠宝箱的银花饰和几十件银器。③

总之，上述分析促使我们推测，巴彦诺尔墓出土的 1 枚拜占庭索里得和其他一些比较精美的金币仿制品很可能是墓主生前的饰物，而仿制萨珊银币背面的薄金片和其他一些无法辨识原型币的金片则可能是为墓葬空间制作的明器，它们和其他金饰和金钵一起构成了墓主贵族身份的标志。但是，如果与中国境内出土的拜占庭金币加以对比，大量钱币仿制品的出现又揭示出他的贵族身份还不够显赫，至少还无法和突厥可汗家族及其他突厥高级贵族相比，相反，他在极力效仿可汗的威仪。

二、突厥政治地理中的土拉河——独洛水

巴彦诺尔墓地处迈罕山南麓坡地，东北距土拉河约 6 公里。④ 土拉河（Tuul River）在隋唐史

---

① 参见阿·敖其尔等著，萨仁毕力格译，前揭文。
② Laszlo Makkai and Andras Mocsy eds, *History of Transylvania*, Volume I. from the Beginnings to 1606, English version translated by Peter Szaffko et al., Colorado.
③ 转引自陈凌，前引书。又参见林梅村《毗伽可汗宝藏与中世纪草原艺术》，《上海文博论丛》2005 年第 1 期；陈凌：《毗伽可汗宝藏及其相关问题》，《欧亚学刊》第 7 辑（2007 年）。
④ 土拉河（图拉河）位于蒙古中北部，全长 704 公里，流域面积 49840 平方公里。发源于肯特山，经今乌兰巴托南面流过。它是鄂尔浑河的支流，并经色楞格河流入贝加尔湖，是流入北冰洋的叶尼塞河系统的一部分。顾祖禹《读史方舆纪要》卷四十五引《唐历》云：郁督军山山在回纥牙帐西，甘州东北，突厥既亡，薛延陀遂建牙于都尉犍山北，独逻水南。山左右有嗢昆河、独逻河，皆屈曲东北流。嗢昆在南，独逻在北，过回纥帐东北五百里而合流。

书里被称为独洛水（独逻河、独乐水）。《隋书》卷 84《铁勒传》开篇就提到此河：

> 铁勒之先，匈奴之苗裔也，种类最多，自西海之东，依据山谷，往往不绝。独洛河北有仆骨、同罗、韦纥、拔也吉、覆罗，并号俟斤。蒙陈、吐如纥、斯结、浑、斛薛等诸姓，胜兵可两万。

在铁勒诸部的居住地里，独洛水流域有着比较重要的地位。唐初，铁勒薛延陀部的首领夷男被唐太宗册封为真珠毗伽可汗。贞观四年，平突厥颉利可汗后，"夷男率其部东返故国，建庭于都尉犍山北（于督斤山），独逻河之南。

但是，独洛水又不仅仅是与铁勒关系密切的河流，而且在突厥汗国的政治地理中占据了独特的地位。《新唐书》卷 232《回纥传》云：

> 回纥姓药罗葛氏，居薛延陀北娑陵水上，距京师七千里。众十万，胜兵半之……有时健俟斤者，众始推为君长。子曰菩萨，材勇有谋，嗜猎射，战必身先，所向辄摧破，故下皆畏附，为时健所逐。时健死，部人贤菩萨，立之。母曰乌罗浑，性严明，能决平部事。回纥由是浸盛。与薛延陀共攻突厥北边，颉利遣欲谷设领骑十万讨之，菩萨身将五千骑破之马鬣山，追北至天山（即于都斤山），大俘其部人，声震北方。繇是附薛延陀，相唇齿，号活颉利发，树牙独乐水上。

被唐册封了可汗称号的薛延陀部称雄漠北之时，在铁勒诸部中，回纥首领菩萨地位稍逊，按照突厥的官号称颉利发，建牙帐于独乐水流域。这一格局令我们联想到第一突厥汗国时期的往事。《隋书·突厥传》云：

> 木杆在位二十年，卒，复舍其子大逻便而立其弟，是为佗钵可汗。佗钵……在位十年，病且卒，谓其子菴罗曰："吾闻亲莫过于父子。吾兄不亲其子，委地于我。我死，汝当避大逻便也。"及佗钵卒，国中将立大逻便，以其母贱，众不服。菴罗母贵，突厥素重之。摄图最后至，谓国中曰："若立菴罗者，我当率兄弟以事之；如立大逻便，我必守境，利刃长矛以相待矣。"摄图长而且雄，国人皆惮，莫敢拒者，竟以菴罗为嗣。大逻便不得立，心不服菴罗，每遣人骂辱之。菴罗不能制，因以国让摄图。国中相与议曰："四可汗之子，摄图最贤。"因迎立之，号伊利俱卢设莫何始波罗可汗，一号沙钵略。治都斤山。菴罗降居独洛水，称第二可汗。

隋唐史籍中都提到，突厥可汗"恒处于都斤山"。而佗钵可汗的儿子菴罗让位于沙钵略可汗之后，则降居独洛水，可见在突厥汗国的贵族"分地"中①，于都斤山（今蒙古杭爱山脉主峰）享有至尊的地位，而土拉河流域虽然水草丰美，却位居第二，其政治地位无法与可汗牙帐所在地（于都斤山至鄂尔浑河流域）相比。这很可能也是因为土拉河一直属于铁勒部的活动范围。

值得注意的是，作为铁勒部落活动区域的土拉河流域似乎和巴彦诺尔墓出土的金币仿制品有着类似的地位，在突厥汗国确立的国家政治体制中，铁勒诸部虽然"东征西讨，以资其用"，但

---

① 蔡鸿生：《突厥法初探》，《蔡鸿生史学文编》，广州：广东人民出版社，2014 年，280 页。

是其权力地位无法和突厥诸部相比，更不能和可汗家族阿史那氏相比。如同土拉河无法和于都斤山比肩一样，巴彦诺尔墓中的金币仿制品也无法和可汗的黄金宝藏相提并论。

三、唐羁縻体系中的铁勒诸部

巴彦诺尔墓中的伊拉克略皇帝（610—641）金币说明此墓不会早于640年，即贞观十四年。《旧唐书·回纥传》云：

> 贞观中擒降突厥颉利等可汗之后，北虏唯菩萨、薛延陀为盛……回纥酋帅吐迷度与诸部大破薛延陀多弥可汗，遂并其部曲，奄有其地。
>
> 贞观二十年（646），南过贺兰山，临黄河，遣使入贡，以破薛延陀功，赐宴内殿。太宗幸灵武，受其降款，因请回鹘已南置邮递，通管北方。太宗为置六府七州，府置都督，州置刺史，府州皆置长史、司马已下官主之。以回纥部为瀚海府，拜其俟利发吐迷度为怀化大将军兼瀚海都督。时吐迷度已自称可汗，署官号皆如突厥故事……
>
> 贞观二十二年（648），吐迷度为其侄乌纥所杀……燕然副都护元礼臣遣人绐乌纥云："将奏而为都督，替吐迷度也。"乌纥轻骑至礼臣所，跪拜致谢，礼臣擒而斩之以闻。
>
> 太宗恐回纥部落携离，十月，遣兵部尚书崔敦礼往安抚之……以吐迷度子前左屯卫大将军、翊卫左郎将婆闰为左骁卫大将军、大俟利发、使持节回纥部落诸军事、瀚海都督……诏西突厥可汗阿史那贺鲁统五啜、五俟斤二十余部，居多罗斯水南，去西州马行十五日程。回纥不肯西属突厥。

646年之后，太宗在漠北设置六府七州，以铁勒诸部中力量最强的回纥部为瀚海都督府，首领吐迷度为瀚海都督，此后直到680年之后突厥第二汗国兴起，漠北地区，特别是土拉河流域一直是九姓铁勒的势力范围。突厥第二汗国初期的史事也为此提供了佐证。691年默啜继骨咄禄称可汗后，先是向西和北用兵，征战原西突厥汗国的势力范围，直至715年后才进攻土拉河流域。《旧唐书·突厥传上》提到：

> 开元二年，遣其子移涅可汗及同俄特勤、妹婿火拔颉利发石阿失毕率精骑围逼北庭……明年，十姓部落左厢五咄六啜、右厢五弩失毕五俟斤及子婿高丽莫离支高文简、睥跌都督峒跌思泰等各率其众，相继来降……其秋，默啜与九姓首领阿布思等战于碛北。九姓大溃，人畜多死，阿布思率众来降。四年，默啜又北讨九姓拔曳固，战于独乐河，拔曳固大败。

那么，唐羁縻体系中的九姓铁勒实行着怎样的政治制度呢？

从上述引文可以看出，尽管被唐朝册封为瀚海都督，但是回纥部首领吐迷度"已自称可汗，署官号皆如突厥故事"，显然，此时的土拉河流域，其实实行着两套制度，对外接受唐朝册封的官职，服从中原王朝的调度，对内以力量最强的回纥为中心，效法突厥汗国的制度，回纥酋长自称可汗，控制其他铁勒部落。

仆固乙突墓志开篇就提到"公讳乙突，朔野金山人，盖铁勤（勒）之别部也"，这里的别部说明九姓铁勒如突厥体制一样有本部和别部之分。①《旧唐书》卷 194 上《突厥上》云：

> 可汗者……其子弟谓之特勒（勤），别部领兵者皆谓之设

又《通典》卷 198《突厥中》：

> 突厥别部车鼻可汗，亦阿史那之族也，代为小可汗，牙在金山之北。

回顾乙突墓和巴彦诺尔墓，二者在唐墓规制上的高下之分，是否意味着铁勒诸部中本部和别部之间的地位差别呢？

与巴彦诺尔墓出土的大量拜占庭金币仿制品相比，乙突墓只出土了一枚残破的开元通宝，更加值得注意的是，巴彦诺尔墓中埋葬的是墓主的骨灰，《旧唐书》卷 121《仆固怀恩传》云：

> 九月九日，死于灵武，部曲以乡法焚而葬之。

显然，焚尸而葬不仅是突厥葬俗，也是铁勒乡法。

总之，墓中出土的拜占庭金币及仿制品可以判断，巴彦诺尔墓的埋葬时间不早于 640 年，当是唐羁縻体系时期的墓葬。其唐墓规制说明墓主是接受唐朝册封的部落首领。但是关于墓主的族属，从墓中大量的金币仿制品，结合墓葬所在的地理位置和时代背景来分析，更可能是属于铁勒系的酋长。

巴彦诺尔墓的特殊之处在于，在唐墓规制的外表下，还存在着许多值得深入发掘的细节，墓主似乎在同时运用唐墓和本族葬俗来体现自己的身份地位，而这种运用里充满着选择和目的，如同墓中四十余枚金币中只有一枚拜占庭金币一样，在如此高规格的唐墓结构中竟然没有放置墓志，这确实也是令人思考的问题。

随着唐羁縻体系的建立，以回纥为首的铁勒诸部日益脱离原突厥汗国的体制，开始形成新的政治力量，而其新的文化也在酝酿之中。草原深处的巴彦诺尔墓，确实为我们理解这一时期漠北唐、突厥和铁勒诸部的关系提供了鲜活的资料。

［林英（中山大学历史学系）；萨仁毕力格（内蒙古自治区文物考古研究所）］

---

① 陈寅恪：《陈寅恪读书札记》，上海：上海古籍出版社，1989 年，第 145 页。吴玉贵：《突厥汗国与隋唐关系史研究》，北京：中国社会科学出版社，1998 年，第 397 页，注 1。

编后记

2016年岁末，纪念岑仲勉先生诞辰120周年国际学术研讨会于广州中山大学隆重举行。

本次会议由中山大学、广东省社会科学界联合会共同主办，中山大学历史学系承办。主办方中山大学校党委的陈春声书记、李萍副书记、历史学系的吴义雄主任及广东省社会科学界联合会的王晓书记、林有能副主席对本次会议给予了高度重视和支持。中山大学历史学系的江滢河副主任，敦煌学研究室的王承文、向群、万毅及世界古代史教研室的林英等诸位老师，广东省社会科学界联合会的汪虹希女士、姜波先生为本次会议的筹备做了大量的工作，令会议得以成功举行。

这是一次学界多年来翘首以盼的盛会！来自国内外的近百名专家学者汇聚于云山珠水之间的中大康乐园，围绕岑仲勉先生的学术贡献、治学特色、中国中古史及中外关系史等学术领域等若干主题各抒己见、畅所欲言，发表了一批内容丰富、涉及广泛的高质量学术成果。会议主办方因此决定在广泛征求与会代表意愿的基础上，将本次会议所提交和发表的论文结集出版。

值此会议论文集付梓交印之际，我们希望借此机会对于在此次会议筹备、举办及会议论文集编纂过程给予支持和帮助的以下单位和个人再一次表达深深的谢意！

本次会议的圆满成功及会议论文集编纂的顺利进行首先有赖于与会学者的鼎力支持，对此我们一直铭记于心，不敢有忘！

中国唐史学会对本次会议的持续关注和支持，亦成为本次会议得以圆满成功的重要保证！

中山大学历史学系的前辈学者对本次会议的筹备、举办及会议论文集的编纂倍加重视，给予了很多具有真知灼见的指导意见。如岑仲勉先生的及门弟子姜伯勤教授对本次会议的意义提出了深刻的见解，蔡鸿生教授则建议以此次会议为契机，做出有价值的岑仲勉先生的扎实研究，如尝试编撰岑先生的学术年谱等，林悟殊教授重点强调只有编好高质量的论文集，会议才算圆满成功等等，前辈学者的情怀及对本次会议的期许，无疑是我们继续前行的动力。

中山大学图书馆特藏部为配合本次盛会的召开，在会议期间特意筹划举办了"馆藏岑仲勉教授学术手稿特展"，令本次会议因之得以增色！

中山大学出版社对会议论文集的出版提供了不少便利条件，本书的责任编辑裴大泉博士以其一贯的严谨细致和专业的编审风格保证了本书的出版印刷品质。

最后还要感谢为本次会议的成功举办而默默付出的工作人员，他们是：中山大学历史学系资料室的张文苑老师以及隋唐史专业和中外关系史专业的研究生们：吴湘、彭海浪、戴方晨、罗亮、豆兴法、张晓雷、胡晓旭、王悦、王楠、冯筱媛、麦永全、张应焘、张亚威、林柏墅、萧文远、陈冬、辜梦子。

还有在论文集编纂过程中承担了稿件的体例修改、清样的文字校对等大量技术性工作的"小朋友们"：吴湘、彭海浪、豆兴法、张晓雷、胡晓旭、王楠、王悦、陈宇衡、李超群、马熙、卓晓纯、刘昭沂、唐小惠。

斯人已逝，功业长存！我们真诚期待并相信本次会议的成功举行及会议论文集的编纂出版，对于传承与弘扬岑仲勉先生等老一辈学术大师所开创的学术传统，推动中国学术走向更加光明的未来或将产生积极的意义和深远的影响。故所愿者，是所望也，同道诸君，其共勉之！

编　者

2017 年 6 月 20 日广州康乐园